Compliance Berater

ESG
(Textsammlung)

CSRD
EU-Umwelttaxonomie
LkSG
CSDDD (Entwurf)
SFDR
und viele weitere Texte

Daniel Graewe (Hrsg.)

Fachmedien Recht und Wirtschaft | dfv Mediengruppe | Frankfurt am Main

Bibliografische Information Der Deutschen Nationalbibliothek

Die Deutsche Nationalbibliothek verzeichnet diese Publikation in der Deutschen Nationalbibliografie; detaillierte bibliografische Daten sind im Internet über http://dnb.de abrufbar.

ISBN 978-3-8005-1877-7

dfv Mediengruppe

www.ruw.de

Druck: WIRmachenDRUCK GmbH, Backnang

Printed in Germany

Inhaltsverzeichnis

I. Einleitung

A. EINFÜHRUNG

Nachhaltigkeit ist ein weit gefasster Begriff, der sich auf die Fähigkeit der menschlichen Gesellschaft bezieht, so mit ihrer Umwelt zu koexistieren, dass die Ressourcen unseres Planeten erhalten bleiben und die Bedürfnisse der heutigen sowie der zukünftigen Generationen erfüllt werden. Nachhaltigkeit umfasst damit ein breites Spektrum an Themen, darunter Umweltschutz, soziale Gerechtigkeit, wirtschaftliche Entwicklung und kulturelle Bewahrung.

I. ESG und Nachhaltigkeit

Drei Schlüsselfaktoren, die zur Operationalisierung der Nachhaltigkeit herangezogen werden, lauten dabei „ESG“, was für Environment (Umwelt), Social (Soziales) und Governance (Unternehmensführung und -kontrolle) steht. ESG-Faktoren berücksichtigen eine ganze Reihe von Themen im Zusammenhang mit der Umwelt, der sozialen Gerechtigkeit und der Unternehmensführung, angefangen von der Verringerung von Treibhausgasemissionen, über die Achtung von Menschenrechten bis hin zur Vergütung der Geschäftsleitung eines Unternehmens.

Obwohl ESG und Nachhaltigkeit eng miteinander verknüpft sind, existieren auch einige wichtige Unterschiede zwischen diesen beiden Begriffen. ESG befasst sich z. B. in erster Linie mit den Auswirkungen von Investitionen und Unternehmen auf die Umwelt, die Gesellschaft und die Unternehmensführung, während Nachhaltigkeit einen ganzheitlicheren Ansatz verfolgt, der die breiteren Auswirkungen menschlicher Aktivitäten auf den Planeten und seine Bewohner berücksichtigt. Während ESG häufig als Instrument zur Bewertung von Investitionen und Unternehmen verwendet wird, ist Nachhaltigkeit eher als Ziel oder Ideal zu verstehen, das die Entscheidungsfindung und das Handeln in einer Reihe von Sektoren und Disziplinen leitet.

II. Entwicklung von ESG

Das ESG-Konzept existiert zwar schon seit vielen Jahren, aber die Regulierung von ESG ist erst in jüngster Zeit zu einer Priorität für Regierungen und Nicht-Regierungsorganisationen (NGOs) auf der ganzen Welt geworden.

a. Historisch

Die Geschichte der ESG-Regulierung lässt sich bis in die frühen 1900er Jahre zurückverfolgen, als die ersten Gesetze zur Regulierung – und damit Begrenzung – der Umweltverschmutzung in den Vereinigten Staaten von Amerika erlassen wurden. Diese Gesetze zielten darauf ab, die Menge an Schadstoffen zu begrenzen, die von der Industrie in die Luft und das Wasser emittiert werden durften.

In den 1960er und 1970er Jahren wuchs dann auch das Bewusstsein für soziale Fragen im Zusammenhang mit Unternehmenspraktiken, wie Arbeitsschutz, Menschenrechten und die Behandlung von Minderheiten. Dies führte zur Entwicklung verschiedener Social-Impact-Investing-Ansätze, die darauf abzielten, Investitionen in Unternehmen zu fördern, die sozial verantwortlich handeln. Im Jahr 1970 kam es dann schließlich zur Gründung der Environmental Protection Agency (EPA) – vier Jahre, bevor in der Bundesrepublik am 22. Juli 1974 das Umweltbundesamt (UBA) aus der Taufe gehoben wurde. Die EPA spielt in den USA seitdem – ebenso wie das UBA in Deutschland – eine entscheidende Rolle bei der Regulierung von Umweltfaktoren im Zusammenhang mit den ESG-Kriterien. Mit fast 2.000 Mitarbeitern ist das UBA dazu auch noch die größte Umweltbehörde Europas.

Die erste Welle von ESG-Regulierungen im engeren Sinne fand dann in den 1990er Jahren statt, die im Ergebnis im Jahr 2006 bei den Vereinten Nationen in die Principles for Responsible Investments (PRI) mündeten. Bei den PRI handelt es sich um eine Reihe freiwilliger Grundsätze, die institutionelle Anleger dazu ermutigen sollten, ESG-Faktoren in ihre Anlageentscheidungen einzubeziehen. Die PRI hatten sich dann in der Folge zu einem Maßstab für ESG-Investitionen entwickelt, denen sich bis heute mehr als 4.000 institutionelle Anleger angeschlossen haben.

Auch die Entwicklung von ESG in der Europäischen Union (EU) kann sich vor diesem Hintergrund durchaus sehen lassen. Im letzten Vierteljahrhundert hat die EU verschiedene Schritte zur Förderung von Nachhaltigkeit und verantwortungsvollen Geschäftspraktiken unternommen. Den Anfang machte dabei im Jahr 2001 die erste EU-Strategie für nachhaltige Entwicklung (EU SDS) der Europäischen Kommission, die einen Rahmen für die Integration von Umwelt-, Sozial- und Wirtschaftspolitik festlegte. Nur wenige Jahre später, nämlich 2006, veröffentlichte die Kommission dann ihre Mitteilung über die soziale Verantwortung der Unternehmen (Corporate Social Responsibility, CSR), in der sie die Bedeutung der CSR für eine nachhaltige Entwicklung hervorhob und die Unternehmen zu verantwortungsvollen Geschäftspraktiken aufforderte. Seitdem machte die EU in immer schnellerer Folge Fortschritte in Sachen Nachhaltigkeit: Im Jahr 2009 wurde der Vertrag von Lissabon angenommen, der eine Verpflichtung zur Förderung der nachhaltigen Entwicklung enthält und die Bedeutung der ESG-Prinzipien anerkennt. Schon zwei Jahre später startete die Kommission dann die Initiative für nachhaltige Finanzen, die darauf abzielte, privates Kapital für nachhaltige Investitionen zu mobilisieren und die Entwicklung von nachhaltigen Finanzprodukten zu unterstützen. Einen Meilenstein stellte dann im Jahr 2013/14 die Verabschiedung der Richtlinie zur nicht-finanziellen Berichterstattung dar (zunächst die Corporate Social Responsibility Directive, sog. CSR-Richtlinie, die im Jahr 2017 in Non-Financial Reporting Directive, NFRD, umbenannt wurde), die große Unternehmen verpflichtete, Informationen über ihre Umwelt-, Sozial- und Unternehmensführungspolitik und -praktiken offenzulegen.

Nur ein Jahr später riefen dann die Vereinten Nationen die Ziele für nachhaltige Entwicklung (Sustainable Development Goals, SDGs) ins Leben, die darauf abzielten, eine nachhaltige Zukunft für alle Menschen zu erreichen, indem sie die dringendsten Herausforderungen der Welt angehen, darunter Armut, Ungleichheit, Klimawandel und Umweltzerstörung. Die 17 SDGs haben auch eine entscheidende Rolle bei der Gestaltung der ESG-Regulierung gespielt, da Regierungen und Organisationen auf der ganzen Welt sie in ihre Richtlinien und Praktiken aufgenommen haben. Im gleichen Jahr, 2015, nahm die EU dann auch das Pariser Abkommen zum Klimawandel an und verpflichtete sich, Treibhausgasemissionen zu reduzieren und die globale Erwärmung auf 1,5 °C zu begrenzen.

Die „Neuzeit“ der ESG-Entwicklung wurde dann durch das Jahr 2018 eingeläutet, als die EU die Verordnung über die Offenlegung nachhaltiger Finanzinstrumente (Sustainable Finance Disclosure Regulation, SFDR) einführte, die Finanzinstitute dazu verpflichtete, Informationen über die ökologischen und sozialen Auswirkungen ihrer Investitionen offenzulegen. Die SFDR zielte darauf ab, mehr Transparenz und Rechenschaftspflicht bei ESG-Investitionen zu fördern, und legte einen Fahrplan für die Integration von Nachhaltigkeit in das Finanzsystem und die Steigerung von Investitionen in nachhaltige Projekte fest. An die SFDR schloss sich dann im Jahr 2019 die EU-Taxonomie-Verordnung an, die ein Klassifizierungssystem für nachhaltige Aktivitäten einführt und darauf abzielte, Investitionen in ökologisch nachhaltige Projekte zu lenken. Eingekleidet wurde diese Bemühungen in Europa schließlich durch den sog. „European Green Deal" im Jahr 2020, nach dem die Wirtschaft der EU bis zum Jahr 2050 nachhaltig und kohlenstoffneutral umgebaut werden soll.

Zusammenfassend lässt sich sagen, dass die Geschichte der ESG-Regulierung über ein Jahrhundert zurückreicht, aber erst in den letzten Jahren ist sie für Regierungen und Organisationen auf der ganzen Welt zu einer Priorität geworden. Diese Entwicklung spiegelt das wachsende Bewusstsein für die Auswirkungen von Geschäftspraktiken auf die Umwelt und die Gesellschaft wider und für die Notwendigkeit, ökologische und soziale Fragen anzugehen. Damit wird das Konzept einer „verantwortungsvollen Unternehmensführung" erst mit Leben gefüllt.

b. Geographisch

In den USA wurde ESG in der Vergangenheit in erster Linie von sich sozial verantwortlich fühlenden Investoren und Interessengruppen vorangetrieben, wobei der Schwerpunkt auf ethischen Investitionen und Desinvestitionen auf dem Kapitalmarkt lag. In den letzten Jahren ist jedoch das Interesse auch von Mainstream-Investoren, Kleinanlegern und Unternehmen an ESG gestiegen, angetrieben durch Faktoren wie Risikomanagement, Reputation, langfristige Wertschöpfung – aber auch gesetzlicher Regulierung. In Europa hat sich ESG in der Vergangenheit hingegen vor allem auf Umweltfaktoren wie Klimawandel und den Verlust der biologischen Vielfalt konzentriert. Die Bedeutung sozialer und Governance-Faktoren, wie Menschenrechte und Vielfalt in den Leitungsorganen, wird jedoch auch hier zunehmend thematisiert. Die Entwicklung von ESG in Asien ist hingegen jünger als diejenige in Europa und den USA, wobei das Interesse an ESG in den letzten zehn Jahren auch dort zugenommen hat. In der Vergangenheit wurde ESG in Asien in erster Linie von den hiesigen Regulierungsbehörden vorangetrieben, wobei der Schwerpunkt auf der Unternehmensführung und Umweltfaktoren wie Luftverschmutzung und Wasserknappheit lag.

III. Zukunft von ESG

Der kurze Abriss der Entwicklungsgeschichte von ESG hat bereits gezeigt, dass sich der Bereich der Nachhaltigkeit in der Vergangenheit ständig weiterentwickelt hat. Diese Tendenz wird aller Voraussicht nach auch in der Zukunft anhalten. Sustainability ist ein Megatrend, der nicht nur die Wirtschaft, sondern auch die Gesellschaft langfristig prägen wird.

In der Wirtschaft werden wir in den nächsten Jahren insoweit eine – dringend notwendige – Standardisierung erleben. Insbesondere im Hinblick auf die ESG-Berichterstattung und das ESG-Rating ist dies auch dringend notwendig und die in diesem Jahr erwarteten European Sustainability Reporting Standards (ESRS) werden hierzu einen wichtigen Beitrag leisten. Hier spielt auch insbesondere der zunehmende Einsatz von Technologie eine wichtige Rolle: Unternehmen, Investoren, Stimmrechtsberater und Rating-Agenturen nutzen zunehmend Datenanalysen, maschinelles Lernen und andere Tools, um ESG-Kennzahlen zu messen und darüber zu berichten. Dieser Trend wird sich wahrscheinlich fortsetzen, wobei die Technologie und die Standardisierung eine Schlüsselrolle beim Vorantreiben der ESG-Agenda spielen werden. Eine entsprechende Standardisierung und damit auch einfachere (automatisierte) Analyse wird Investoren, Banken, Kunden und anderen Stakeholdern helfen, Unternehmen hinsichtlich ihrer ESG-Performance leichter zu vergleichen und fundiertere Handlungsentscheidungen zu treffen. Durch die fortschreitende Standardisierung wird es dann auch einfacher möglich sein, ESG unkomplizierter in die Finanzberichterstattung eines Unternehmens zu integrieren. Viele Gesellschaften haben insoweit schon damit begonnen, ESG-Kennzahlen in ihre Lageberichte und andere Finanzinformationen mit aufzunehmen. Die im nächsten Jahr in nationales Recht umzusetzende CSRD wird diesen Trend weiter befeuern und die 50.000 größten Unternehmen in der EU zu einer entsprechenden Nachhaltigkeitstransparenz verpflichten. Insbesondere die Übergangsphase in den nächsten Jahren wird dabei geprägt sein von einer besonderen Betonung der sozialen Faktoren: standen bislang besonders Umweltfaktoren im Mittelpunkt des regulatorischen Interesses, so wird zunehmend die Bedeutung sozialer Themen wie der Einhaltung von Menschenrechten in den internationalen Lieferketten, Diversität und das Wohlergehen der Mitarbeiter von den Unternehmen angegangen werden. Es ist daher zu erwarten – und insoweit auch schon durch das deutsche Lieferkettensorgfaltspflichtengesetz (LkSG) bzw. die zukünftige europäische Corporate Sustainability Due Diligence Directive (CSDDD, sog. „EU-Lieferkettengesetz") – bestätigt, dass diese ESG-Faktoren in Zukunft mehr Gewicht erhalten werden.

Dazu kommt eine – schon begonnene – Änderung des Blickwinkels: spielte bislang die „Outside-In" Perspektive die dominierende Rolle in Sachen ESG, also die Frage, wie sich etwa die Umwelt auf die Geschäftstätigkeit auswirken könnte, so ist nunmehr die „Inside-Out" Perspektive ebenso maßgeblich und damit die Frage, welche Auswirkungen die Geschäftstätigkeit auf Umwelt und Soziales hat. Es ist daher zu erwarten, dass die positiven Auswirkungen der ESG-Initiativen von Unternehmen auf die Gesellschaft stärker gemessen und in der Berichterstattung berücksichtigt werden und dass der Schwerpunkt stärker darauf liegt, positive Veränderungen durch ESG voranzutreiben (und natürlich schädliche Auswirkungen entsprechend zu reduzieren).

IV. Nachteile der Nachhaltigkeit

Jede Medaille hat allerdings zwei Seiten. Während die ESG-Regulierung der Wirtschaft viele Vorteile bringen kann (allein die International Labour Organization (ILO) geht davon aus, dass in den nächsten zwanzig Jahren bis zu 60 Millionen neue Arbeitsplätze weltweit durch mehr Nachhaltigkeit geschaffen werden können), gibt es auch potenzielle Nachteile, die ebenfalls nicht unerwähnt bleiben sollten.

Ein wichtiger Nachteil der ESG-Regulierung ist, dass sie zusätzliche Kosten für die Analyse, Umsetzung und Einhaltung der neuen Vorschriften für Unternehmen verursacht. Unternehmen müssen in neue Berichts- und Überwachungssysteme investieren, zusätzliche Mitarbeiter einstellen und neue Richtlinien und Verfahren einführen, um die ESG-Standards einzuhalten. Dies wird eine signifikante finanzielle Belastung darstellen, insbesondere für kleine und mittlere Unternehmen, die nach COVID19-Pandemie, Ukrainekrieg, Inflation und Zinsanstieg (um nur einige Faktoren zu nennen) nicht immer über die notwendigen Ressourcen verfügen werden, um in die ESG-Compliance zu investieren.

Ein weiterer Nachteil der ESG-Regulierung besteht darin, dass sie zusätzliche regulatorische Belastungen für Unternehmen schafft. Alleine in den letzten vier Jahren sind in der EU und Deutschland über 170 neue Regulierungen im Nachhaltigkeitsbereich aufgelaufen und die Taktung sowie Eingriffsintensität neuer Gesetzgebungsvorhaben steigt stetig weiter an. Unternehmen müssen sich vor diesem Hintergrund schon heute durch ein komplexes Geflecht von ESG-Standards und -Anforderungen arbeiten, was zeitaufwändig ist und nicht selten verwirrend sein kann. Darüber hinaus besteht das Risiko, dass ESG-Regelungen übermäßig regulierend und/oder unflexibel sind, was Innovationen hemmt und es Unternehmen erschwert, sich an veränderte Marktbedingungen anzupassen.

Schließlich besteht auch das Risiko, dass die ESG-Regulierung dazu führen kann, dass sich Unternehmen zu sehr auf die Einhaltung von ESG-Standards konzentrieren, was höchstwahrscheinlich auf Kosten anderer wichtiger Geschäftsbereiche wie Investitionen in Forschung und Entwicklung oder die Expansion in neue Märkte gehen würde. Darüber hinaus können ESG-Regulierungen zu einem Wettbewerbsnachteil für Unternehmen führen, die in Regionen mit weniger strengen ESG-Standards tätig sind, was zu wirtschaftlichen Ineffizienzen und Verzerrungen führen könnte. Oftmals wird insoweit schon heute der einfachere Weg der Abwanderung in das weniger regulierte Ausland gewählt.

B. INHALT

Diese „Textsammlung ESG" fasst die wichtigsten Materialien im Bereich Nachhaltigkeit in einem handlichen Werk zusammen. Im Folgenden sollen diese Materialien kurz vorgestellt und in einen größeren Entwicklungszusammenhang eingeordnet werden.

I. United Nations Sustainable Development Goals (UN SDG)

Die Ziele für nachhaltige Entwicklung der Vereinten Nationen ([UN] SDGs) sind eine Reihe von 17 globalen Zielen, die von der Generalversammlung der Vereinten Nationen im Jahr 2015 als Teil der Agenda 2030 für nachhaltige Entwicklung angenommen wurden. Die SDGs sind ein universeller Aufruf zum Handeln, um die Armut zu beenden, den Planeten zu schützen und sicherzustellen, dass alle Menschen in Frieden und Wohlstand leben können. Die SDGs sollen integriert und unteilbar sein und wirtschaftliche, soziale sowie ökologische Nachhaltigkeit in Einklang bringen. Ihre Entwicklung erfolgte im Rahmen eines Konsultationsprozesses, an dem Regierungen, gesellschaftliche Akteure und der Privatsektor beteiligt waren; diese orientierten sich an den Ergebnissen der Millenniums-Entwicklungsziele der Vereinten Nationen ([UN] MDGs), die von 2000 bis 2015 in Kraft waren. Die SDGs bauen insofern auf den Errungenschaften der und den Erfahrungen mit den MDGs auf und sind umfassender, anspruchsvoller und universeller angelegt. Sie sollen konkret die globalen Entwicklungsbemühungen bis zum Jahr 2030 leiten und als Rahmen für die Messung der Fortschritte bei der nachhaltigen Entwicklung dienen. Die SDGs werden zunehmend von Regierungen, internationalen Organisationen, Unternehmen und auch der Zivilgesellschaft als gemeinsame Sprache und gemeinsame Vision für nachhaltige Entwicklung übernommen. Die SDGs sind damit bereits jetzt in vielen Sektoren und Ländern zu einem wichtigen Bezugspunkt für die Politikgestaltung, Programmgestaltung und Folgenabschätzung geworden; auch in der Wirtschaft. Die Nachhaltigkeitsziele spielen dabei insbesondere eine wichtige Rolle bei der Mobilisierung von Ressourcen und der Schaffung von Partnerschaften für nachhaltige Entwicklung: sie rufen zu verstärkten Investitionen in nachhaltige Infrastruktur, Innovation sowie sozialen Schutz auf und fördern Partnerschaften zwischen Regierungen, dem Privatsektor und der Zivilgesellschaft, um gemeinsame Ziele zu erreichen. Die SDGs werden daneben auch zunehmend als Grundlage für öffentlich-private Partnerschaften, Impact Investing und andere innovative Finanzierungsmechanismen genutzt, die darauf abzielen, Ressourcen für nachhaltige Entwicklung zu mobilisieren. Damit bilden die SDGs einen umfassenden und ehrgeizigen Rahmen für nachhaltige Entwicklung, der als gemeinsame Sprache und gemeinsame Vision für die globalen Entwicklungsbemühungen dienen soll. Sie spielen so eine Schlüsselrolle bei der Gestaltung der Politik, der Mobilisierung von Ressourcen und der Schaffung von Partnerschaften für nachhaltige Entwicklung.

II. EU Green Deal

Der Europäische „Grüne Deal“ (EU Green Deal), in Anlehnung an den „New Deal“, eine Serie von Wirtschafts- und Sozialreformen, die in den 1930er Jahren unter US-Präsident Franklin D. Roosevelt als Antwort auf die Weltwirtschaftskrise in den USA umgesetzt wurden, ist ein umfassender und ehrgeiziger Plan für die Europäische Union (EU), um bis zum Jahr 2050 Klimaneutralität und nachhaltiges Wirtschaftswachstum in ganz Europa zu erreichen. Der Green Deal wurde von der Europäischen Kommission im Dezember 2019 angekündigt und hat sich seitdem zum Flaggschiff der EU für Umwelt- und Klimaschutzmaßnahmen entwickelt. Er zielt darauf ab, die EU in eine ressourceneffiziente und wettbewerbsfähige Wirtschaft umzuwandeln, das Wirtschaftswachstum vom Ressourcenverbrauch abzukoppeln und die Treibhausgasemissionen der EU auf null zu reduzieren. Die Entwicklung erfolgte im Rahmen eines Konsultationsprozesses, an dem Interessengruppen aus der gesamten EU beteiligt waren, darunter Regierungen, Unternehmen, NGOs und Vertreter der Wissenschaft. Er wurde im Dezember 2019 von der Europäischen Kommission angenommen und vom Europäischen Parlament und dem Rat der Europäischen Union gebilligt. Dabei verfolgt er zwei Hauptbereiche: Zum einen das – bereits angesprochene – Erreichen von Netto-Null-Treibhausgasemissionen bis zum Jahr 2050 durch eine Reihe von legislativen und regulatorischen Maßnahmen, darunter ein EU-weites Emissionshandelssystem, eine Kohlenstoffgrenzsteuer und eine Überprüfung der EU-Klima- und Energiegesetzgebung. Zum anderen den Übergang zu einer Kreislaufwirtschaft, die Abfälle minimiert und die effiziente Nutzung von Ressourcen maximiert, unter anderem durch die Einführung neuer Rechtsvorschriften für Produktdesign, Abfallmanagement und Recycling. Der Green Deal spielt damit eine zentrale Rolle in der politischen Agenda der EU und ist zur Grundlage für eine Reihe von Gesetzes- und Regulierungsinitiativen geworden, darunter das EU-Klimagesetz, der EU-Aktionsplan für die Kreislaufwirtschaft und die EU-Strategie für biologische Vielfalt. Er ist auch ein wichtiger Bezugspunkt für die Außenpolitik der EU, da er die Position der EU in internationalen Klimaverhandlungen beeinflusst und ihre Entwicklungszusammenarbeit und Handelspolitik wesentlich prägt. Daneben umfasst er auch eine Reihe anderer Initiativen und politischer Maßnahmen zur Erreichung dieser Ziele, darunter Investitionen in erneuerbare Energien, Energieeffizienz und nachhaltige Mobilität sowie Maßnahmen zum Schutz der biologischen Vielfalt, zur Gewährleistung einer nachhaltigen Landwirtschaft und zur Unterstützung des Übergangs zu einer digitalen und nachhaltigen Wirtschaft.

III. Sustainability Finance Disclosure Regulation (SFDR)

Die Verordnung über die Offenlegung nachhaltiger Finanzprodukte (Sustainable Finance Disclosure Regulation, SFDR) ist eine von der EU im März 2021 eingeführte Verordnung zur Förderung der Nachhaltigkeit im Finanzsektor. Die SFDR verlangt von Finanzmarktteilnehmern und Finanzberatern, offenzulegen, wie sie ESG-Faktoren in ihre Anlageentscheidungsprozesse integrieren, und mehr Transparenz über die Nachhaltigkeitsmerkmale ihrer Anlageprodukte zu schaffen. Sie ist dabei Teil eines umfassenderen EU-Aktionsplans für nachhaltige Finanzen, der darauf abzielt, privates Kapital in nachhaltige Investitionen zu lenken und die Klima- und Nachhaltigkeitsziele der EU zu erreichen. Die SFDR wurde im Rahmen eines Konsultationsprozesses entwickelt, an dem Stakeholder aus dem gesamten Finanzsektor beteiligt waren, darunter Vermögensverwalter, Banken, Versicherer und Pensionsfonds, sowie die Zivilgesellschaft und die Wissenschaft. Gemäß der SFDR müssen Finanzmarktteilnehmer und Finanzberater eine Reihe von Angaben darüber machen, wie sie ESG-Faktoren in ihre Anlageentscheidungen einbeziehen. Dazu gehören

Informationen über das Ausmaß, in dem ESG-Faktoren berücksichtigt werden, die zur Bewertung von ESG-Risiken und -Chancen angewandte Methodik und die potenziellen Auswirkungen von ESG-Risiken auf die Anlageperformance. Die Finanzmarktteilnehmer müssen auch Informationen zu den Nachhaltigkeitsmerkmalen ihrer Anlageprodukte offenlegen, einschließlich der Frage, wie sie mit der EU-Taxonomie für nachhaltige Aktivitäten in Einklang stehen. Die SFDR soll damit eine größere Transparenz und Konsistenz bei der Offenlegung von ESG-Informationen durch die Finanzmarktteilnehmer fördern und dadurch Anlegern ermöglichen, fundiertere Anlageentscheidungen auf der Grundlage von ESG-Erwägungen zu treffen. Außerdem soll die SFDR gleiche Wettbewerbsbedingungen für nachhaltige Anlageprodukte schaffen und Greenwashing, also die falsche Darstellung der Umweltvorteile eines Anlageprodukts, verhindern. Die SFDR hat bereits erhebliche Auswirkungen auf den Finanzsektor, da viele Finanzmarktteilnehmer und Berater ihre ESG-Richtlinien und Berichterstattungspraktiken überarbeitet haben, um die Verordnung zu erfüllen. Es wird insofern erwartet, dass die SFDR die Nachfrage nach nachhaltigen Anlageprodukten auch weiterhin ankurbeln wird, da sich zum einen die Anleger der Nachhaltigkeitseigenschaften der von ihnen getätigten Investitionen stärker bewusst werden, zum anderen aber auch aufgrund der Regulierung nicht-nachhaltige Anlagen, die hierdurch unattraktiver gemacht werden.

IV. EU-Umwelttaxonomie-VO

Die sog. „EU-Umwelt-Taxonomie“ ist ein Klassifizierungssystem in Form einer Verordnung, das von der EU entwickelt wurde, um eine gemeinsame Sprache und einen gemeinsamen Rahmen für die Identifizierung und Definition von ökologisch nachhaltigen Wirtschaftstätigkeiten zu schaffen. Die EU-Taxonomie ist eine Schlüsselkomponente des EU-Aktionsplans für nachhaltige Finanzen im Rahmen der SFDR, der darauf abzielt, privates Kapital für nachhaltige Investitionen zu mobilisieren und die Klima- und Nachhaltigkeitsziele der EU zu unterstützen, indem sie Finanzmarktteilnehmer und Berater verpflichtet, offenzulegen, inwieweit ihre Anlageprodukte an der Taxonomie ausgerichtet sind. Die EU-Taxonomie enthält technische Prüfkriterien für Wirtschaftstätigkeiten, die zu sechs Umweltzielen beitragen: Abschwächung des Klimawandels, Anpassung an den Klimawandel, nachhaltige Nutzung und Schutz von Wasser- und Meeresressourcen, Übergang zu einer Kreislaufwirtschaft, Vermeidung und Verminderung von Umweltverschmutzung sowie Schutz und Wiederherstellung von Biodiversität und Ökosystemen. Sie wurde als dynamisches und sich weiterentwickelndes System konzipiert, wobei die Kriterien regelmäßig auf der Grundlage wissenschaftlicher und technischer Erkenntnisse überprüft und aktualisiert werden. Die EU-Taxonomie soll den Finanzmarktteilnehmern einen Rahmen bieten, um die ökologische Nachhaltigkeit ihrer Investitionen zu bewerten, und den politischen Entscheidungsträgern die Möglichkeit geben, Bereiche zu ermitteln, in denen weitere politische Maßnahmen zur Unterstützung nachhaltiger Wirtschaftstätigkeiten erforderlich sind. Damit hat sie bereits jetzt erhebliche Auswirkungen auf den Finanzsektor, da viele Finanzmarktteilnehmer die Taxonomie als Referenzpunkt für ihre nachhaltigen Anlagestrategien und -produkte verwenden. Damit unterstützt die EU-Taxonomie auch indirekt die Entwicklung grüner Anleihemärkte und anderer nachhaltiger Finanzinstrumente, indem sie eine klare und einheitliche Definition dessen liefert, was eine grüne oder nachhaltige Investition ausmacht.

V. Non-Financial Reporting Directive (NFRD)

Die Richtlinie über die nichtfinanzielle Berichterstattung (Non-Financial Reporting Directive, NFRD) ist eine von der EU im Jahr 2014 eingeführte Norm, die große (ab 500 Mitarbeitern), in der EU tätige Unternehmen dazu verpflichtet, in ihren Jahresberichten bestimmte nicht-finanzielle Informationen über ihre Umwelt-, Sozial- und Governance-Leistungen offenzulegen. Sie zielt darauf ab, die Transparenz und Rechenschaftspflicht dieser Unternehmen in Bezug auf ihre ESG-Leistung zu verbessern und sie zu ermutigen, Nachhaltigkeitsüberlegungen in ihre Geschäftsstrategien zu integrieren. Hierzu werden die betroffenen Unternehmen verpflichtet, Informationen über ihre Politik, Risiken und Ergebnisse in den Bereichen Umweltschutz, soziale Verantwortung sowie Arbeitnehmer- und Menschenrechte offenzulegen, sowie über ihre Strategien und Maßnahmen zur Bekämpfung von Korruption und Bestechung zu berichten. Im März 2021 schlug die Europäische Kommission eine Überarbeitung der NFRD vor, um einige der Schwächen der aktuellen Richtlinie zu beheben und diese auszuweiten. Die vorgeschlagene Überarbeitung zielte darauf ab, die NFRD mit der umfassenderen EU-Agenda für nachhaltige Finanzen in Einklang zu bringen und die ESG-Berichterstattung von Unternehmen über verschiedene Rechtsordnungen hinweg einheitlicher, vergleichbarer und weitgehender zu gestalten, insbesondere was den Anwendungsbereich betrifft, der nun auch kleinere und mittlere Unternehmen (KMU) umfassen sollte.

VI. Corporate Sustainability Reporting Directive (CSRD)

Die EU-Richtlinie über die Nachhaltigkeitsberichterstattung von Unternehmen (Corporate Sustainability Reporting Directive, CSRD) ist ein wesentlicher Baustein, um im Rahmen der Green Deal-Strategie die Qualität und Konsistenz der Nachhaltigkeitsberichterstattung von Unternehmen in der EU zu verbessern. Sie wurde von der Europäischen Kommission im April 2021 als Teil ihres umfassenderen Aktionsplans für nachhaltige Finanzen vorgeschlagen und löste im November 2022 die bestehende Richtlinie zur nichtfinanziellen Berichterstattung (NFRD) ab; sie muss damit bis Mitte 2024 in das jeweilige nationale Recht der EU-Mitgliedsstaaten umgesetzt werden.

Die CSRD baut zwar auf der NFRD auf, geht aber wesentlich über diese hinaus. Dies gilt nicht nur für den Anwendungsbereich der Vorschrift, die nunmehr auch KMU mit einbezieht. Sondern auch was die Berichtspflichten von Nachhaltigkeitsaspekten betrifft, die Unternehmen verpflichten, über ihre Nachhaltigkeitsrisiken, -auswirkungen und -chancen zu berichten – was freilich voraussetzt, dass es auch etwas in den Unternehmen zu berichten gibt und was dementsprechend von der CSRD mit intendiert ist. Die CSRD zielt auch darauf ab, die Konsistenz und Vergleichbarkeit der Nachhaltigkeitsberichterstattung zu verbessern, indem neue Berichtsstandards genutzt werden, die European Sustainability Reporting Standards (ESRS).

VII. Corporate Sustainability Due Diligence Directive (CSDDD – Entwurf)

Die Richtlinie über die Sorgfaltspflicht von Unternehmen im Bereich der Nachhaltigkeit (Corporate Sustainability Due Diligence, CSDDD) ist derzeit ein Richtlinienentwurf der EU, der Unternehmen dazu verpflichten soll, ESG-Risiken in ihren Lieferketten zu erkennen und zu vermeiden; in Anlehnung an das deutsche Lieferkettensorgfaltspflichtengesetz (vgl. unten) wird es auch „EU-Lieferkettengesetz“ genannt. Die CSDDD wurde im April 2021 von der Europäischen Kommission vorgeschlagen. Sie ist Teil der Bemühungen der EU, nachhaltige Geschäftspraktiken zu fördern und Menschenrechtsverletzungen, Abholzung von Wäldern und andere negative ökologische und soziale Auswirkungen im Zusammenhang mit globalen Lieferketten zu bekämpfen. Die Richtlinie, die sich derzeit noch im Entwurfsstadium befindet, würde Unternehmen dazu verpflichten, ihre Lieferketten einer Sorgfaltsprüfung zu unterziehen und alle festgestellten negativen Auswirkungen zu beseitigen. Nach der CSDDD sollen in der EU tätige Unternehmen mit mehr als 500 Beschäftigten und einem Jahresumsatz von mindestens 40 Millionen Euro verpflichtet werden, die ökologischen und sozialen Risiken und Auswirkungen ihrer Tätigkeiten und Wertschöpfungsketten zu ermitteln, zu vermeiden, zu mindern und darüber Rechenschaft abzulegen. Das vorgeschlagene Gesetz deckt eine Reihe von Themen ab, darunter Kinderarbeit, Zwangsarbeit, Korruption, Menschenrechtsverletzungen, Umweltschäden und Klimawandel. Die CSDDD ist aus Sicht der Kommission ein wichtiger Schritt zur Förderung verantwortungsvoller Geschäftspraktiken und zur Sicherstellung, dass Unternehmen für ihre sozialen und ökologischen Auswirkungen entlang ihrer internationalen Lieferketten für ihre Handlungen zur Rechenschaft gezogen werden. Sie hätte damit das Potenzial, erhebliche positive Auswirkungen auf die Menschenrechte, die Umwelt und die nachhaltige Entwicklung zu haben, und könnte dazu beitragen, den Übergang zu einer nachhaltigeren und gerechteren Weltwirtschaft zu fördern. Auf der anderen Seite würden dadurch erhebliche Mehrbelastungen für die europäische Wirtschaft entstehen, da kein anderer großer Wirtschaftsraum auf der Welt die Einführung solch weitgehender Regelungen plant.

VIII. Lieferkettensorgfaltspflichtengesetz (LkSG)

Das Lieferkettensorgfaltspflichtengesetz (LkSG) ist ein deutsches Gesetz, das im Jahr 2021 verabschiedet wurde. Es verpflichtet deutsche Unternehmen ab einer bestimmten Größe (initial mit über 3.000, später ab 1.000 Arbeitnehmern), ihre internationalen Lieferketten auf Menschenrechtsverletzungen und Umweltverstöße hin zu überprüfen und Maßnahmen zu ergreifen, um diese Risiken zu minimieren. Das Gesetz ist eine Reaktion auf eine Reihe von Fällen von Menschenrechtsverletzungen und Umweltverschmutzung in globalen Lieferketten und soll sicherstellen, dass deutsche Unternehmen ihrer Verantwortung für ihre Lieferketten gerecht werden und zur Vermeidung von Menschenrechtsverletzungen und Umweltverschmutzung beitragen. Mit dem LkSG werden die betroffenen Unternehmen konkret verpflichtet, eine Risikoanalyse ihrer Lieferketten durchzuführen und geeignete Maßnahmen zu ergreifen, um Menschenrechtsverletzungen und Umweltverstöße in ihren Lieferketten zu vermeiden. Dazu gehören unter anderem die Einführung von Überwachungs- und Kontrollmechanismen, die Schulung von Mitarbeitern und die Zusammenarbeit mit Lieferanten und anderen Beteiligten in der Lieferkette.

IX. Deutscher Corporate Governance Kodex (DCGK)

Der Deutsche Corporate Governance Kodex (DCGK) ist ein freiwilliger Regelkatalog (sog. „Softlaw“) für börsennotierte Unternehmen in Deutschland, der – einbezogen über § 161 AktG – Empfehlungen für eine gute Unternehmensführung und -kontrolle gibt. Der Kodex wurde erstmals im Jahr 2002 von der Regierungskommission „Deutscher Corporate Governance Kodex“ veröffentlicht und wird seitdem regelmäßig aktualisiert. Die Entstehung des DCGK war eine Reaktion auf eine Reihe von Corporate-Governance-Skandalen in den 1990er Jahren, die das Vertrauen der Anleger in die Integrität der Unternehmen erschüttert hatten. Der Kodex soll dazu beitragen, das Vertrauen in das deutsche Corporate Governance-System zu stärken und eine Kultur der Unternehmensverantwortung zu fördern. Der DCGK enthält Empfehlungen zu Themen wie Vorstand und Aufsichtsrat, Transparenz und Rechenschaftspflicht, Vergütung, Offenlegung und Compliance. Die Einhaltung des Kodex ist zwar freiwillig, aber in Deutschland (auch unter nicht-börsennotierten Unternehmen) weit verbreitet, da Unternehmen damit ihre Transparenz und Glaubwürdigkeit verbessern und das Vertrauen der Investoren und Kunden gewinnen können. Zudem müssen jedenfalls börsennotierte Unternehmen im Jahresabschluss angeben, ob sie dem DCGk entsprechen und wenn nicht, warum sie dies nicht tun (sg. „Comply-or-Explain Prinzip"). Die Einhaltung des Kodex ist damit ein wichtiger Bestandteil der Compliance-Anforderungen für börsennotierte Unternehmen in Deutschland. Mit seiner Aktualisierung im Jahr 2022 wurde der Kodex zudem in Sachen Nachhaltigkeit wesentlich angepasst und erweitert und reflektiert seitdem auch die gestiegenen gesetzlichen Anforderungen an Unternehmen, was ESG betrifft.

X. Allgemeines Gleichbehandlungsgesetz (AGG)

Das Allgemeine Gleichbehandlungsgesetz (AGG) ist ein Bundesgesetz, das im Jahr 2006 in Kraft getreten ist und die Diskriminierung aufgrund von Geschlecht, ethnischer Herkunft, Religion, Weltanschauung, Behinderung, Alter und sexueller Identität verbietet. Es hat seine Wurzeln in der europäischen Anti-Diskriminierungsrichtlinie aus dem Jahr 2000 und will sicherstellen, dass Menschen in Deutschland gleichbehandelt werden, unabhängig von ihren persönlichen – jedenfalls weitgehend unveränderlichen – Merkmalen. Das Gesetz verbietet nicht nur Diskriminierung im Arbeitsleben, sondern auch in anderen Bereichen wie Bildung, Zugang zu Gütern und Dienstleistungen, sowie beim Wohnen. Es legt insoweit fest, dass es verboten ist, eine Person wegen ihrer persönlichen Merkmale zu benachteiligen oder ihr eine ungünstigere Behandlung zukommen zu lassen, als anderen Personen in vergleichbaren Situationen. Das Gesetz enthält auch Regelungen zur Beweislastumkehr, d. h. die betroffene Person muss keine Beweise für die Diskriminierung vorbringen, sondern es liegt in der Verantwortung des Beschuldigten, nachzuweisen, dass keine Diskriminierung vorliegt.

XI. Bundes-Klimaschutzgesetz (KSG)

Das Bundes-Klimaschutzgesetz (KSG) ist ein Bundesgesetz, das im Jahr 2019 verabschiedet wurde, um die Ziele des Pariser Klimaabkommens in Deutschland umzusetzen und den Klimawandel zu bekämpfen. Es ist im Rahmen der Energiewende in Deutschland entwickelt worden, um den Übergang von fossilen Brennstoffen hin zu erneuerbaren Energien zu fördern und die Energiewende voranzutreiben. Das Gesetz zielt darauf ab, den Ausstoß von Treibhausgasen in Deutschland zu reduzieren und so einen Beitrag zum globalen Klimaschutz zu leisten. Das Gesetz legt insbesondere verbindliche Klimaschutzziele fest und sieht vor, dass die Treibhausgasemissionen in Deutschland bis zum Jahr 2050 um 80-95 % im Vergleich zum Jahr 1990 reduziert werden sollen. Das KSG setzt damit verbindliche jährliche Emissionsminderungsziele für einzelne Sektoren, wie beispielsweise Energie, Verkehr und Landwirtschaft. Die Ziele werden von einem unabhängigen Gremium überwacht und überprüft, das dem Bundesumweltministerium untersteht. Das Gremium kann bei Nichterfüllung der Ziele auch Sanktionen vorschlagen.

XII. Kreislaufwirtschaftsgesetz (KrWG)

Das Kreislaufwirtschaftsgesetz (KrWG) ist ein deutsches Bundesgesetz, das 2012 in Kraft getreten ist und die Abfallwirtschaft in Deutschland regelt. Ziel des Gesetzes ist es, Abfälle zu vermeiden, zu reduzieren und umweltverträglich zu entsorgen. Das KrWG setzt dabei auf ein Konzept der Kreislaufwirtschaft, bei dem Abfälle als Rohstoffe betrachtet werden, die in den Wirtschaftskreislauf zurückgeführt werden können.

Das Gesetz schreibt unter anderem vor, dass Abfälle so weit wie möglich vermieden werden müssen und dass Recycling und Verwertung Vorrang gegenüber der Beseitigung haben. Es regelt auch die Zuständigkeiten der Behörden und die Überwachung von Entsorgungsbetrieben.

Das KrWG ist eine wichtige gesetzliche Grundlage für den Umweltschutz und die Ressourcenschonung in Deutschland. Es fördert eine nachhaltige und ressourceneffiziente Abfallwirtschaft und setzt Anreize für die Entwicklung von Kreislaufwirtschaftskonzepten. Durch das Gesetz werden auch die EU-Abfallrichtlinien in nationales Recht umgesetzt.

XIII. Bundes-Immissionsschutzgesetz (BImschG)

Das Bundes-Immissionsschutzgesetz (BImSchG) ist ein Bundesgesetz, das im Jahr 1974 verabschiedet wurde und seither mehrfach novelliert wurde. Es hat zum Ziel, Mensch und Umwelt vor schädlichen Einwirkungen durch Luftverschmutzung, Lärmbelastungen, Strahlung und Abfall zu schützen.

Das BImSchG legt im Detail fest, welche Anlagen oder Aktivitäten eine Genehmigung benötigen und welche Emissions- oder Immissionswerte eingehalten werden müssen. Es enthält auch Vorschriften zur Überwachung der Einhaltung dieser Werte und zur Durchsetzung von Sanktionen bei Verstößen.

Obwohl das Gesetz auf Immissionen insgesamt abstellt (also auch z. B. Lärm), hat sich das BImSchG zu einem wichtigen Bestandteil der deutschen Umweltschutzgesetzgebung entwickelt und hat im Laufe der Jahre erhebliche Auswirkungen auf die Industrie- und Energiewirtschaft in Deutschland entfaltet. Dabei wurde es in den letzten Jahren im Zusammenhang mit der Energiewende und der Reduzierung von Treibhausgasemissionen in Deutschland angepasst und spielt damit eine wichtige Rolle bei der Förderung des Umweltschutzes und der Durchsetzung von Umweltauflagen und -standards.

XIV. EU-Umweltmanagement und Umweltbetriebsprüfung-VO (EMAS-VO)

Das Gemeinschaftssystem für das Umweltmanagement und die Umweltbetriebsprüfung (EMAS) ist ein freiwilliges Umweltmanagement- und Zertifizierungssystem, das im Jahr 1993 von der EU eingeführt wurde. EMAS ermöglicht es Unternehmen, ihre Umweltleistung durch einen kontinuierlichen Verbesserungszyklus zu bewerten, zu verwalten und zu verbessern, der die Planung, Umsetzung, Überprüfung und Verbesserung der Umweltleistung umfasst. Das System ist heute international als glaubwürdiges Umweltmanagement- und Zertifizierungssystem anerkannt und wird oft in Kombination mit anderen Nachhaltigkeitszertifizierungen wie der ISO 14001 verwendet. Die EMAS-VO wurde im Jahr 2009 verabschiedet und legt die Anforderungen fest, die Unternehmen und Organisationen erfüllen müssen, um sich in EMAS eintragen zu lassen und das EMAS-Zertifikat zu erhalten, das als Anerkennung ihrer Umweltleistung und ihres Engagements für Nachhaltigkeit dient. Die Vorschrift schafft damit einen Rahmen für die freiwillige Beteiligung von Unternehmen und Organisationen die in der EU tätig sind, am EMAS-System und verpflichtet sie, der Öffentlichkeit regelmäßig über ihre Umweltleistung zu berichten, umfassende Umweltprüfungen durchzuführen und ein Umweltmanagementsystem zu entwickeln.

XV. Umweltauditgesetz (UAG)

Das Umweltauditgesetz (UAG) ist ein Bundesgesetz, das im Jahr 1995 verabschiedet wurde, um Unternehmen und Organisationen bei der Verbesserung ihrer Umweltleistung zu unterstützen. Das Gesetz wurde im Rahmen des Umwelt-Audit-Programms der EU (EMAS) entwickelt und setzt die EMAS-Verordnung (vgl. oben) innerhalb Deutschlands um. Das Ziel des UAG ist es, Unternehmen und Organisationen zu ermutigen, Umweltmanagement-Systeme (UMS) einzuführen und sich an EMAS zu beteiligen. EMAS-Teilnehmer müssen einen Umweltbericht erstellen, der der Öffentlichkeit zur Verfügung steht und regelmäßig aktualisiert wird. Der Umweltbericht enthält Informationen über Umweltauswirkungen, Umweltmanagementmaßnahmen und Fortschritte bei der Umsetzung des Umweltmanagementsystems. Das UAG gilt für alle Unternehmen und Organisationen in Deutschland, die sich an EMAS beteiligen möchten, unabhängig von ihrer Größe oder Branche. Um sich für EMAS zu qualifizieren, müssen Unternehmen einen Umweltbericht erstellen, der nach den Anforderungen von EMAS verifiziert wurde. Der Bericht muss auch vom Umweltgutachterausschuss genehmigt werden, bevor das Unternehmen das EMAS-Logo verwenden und sich als EMAS-Teilnehmer registrieren darf.

XVI. Konfliktmaterialien-VO

Die EU-Verordnung über Konfliktmineralien ist eine Verordnung, die darauf abzielt, den Handel mit Mineralien und Metallen zu verhindern, die bewaffnete Konflikte und Menschenrechtsverletzungen in konfliktbetroffenen und hochgefährdeten Gebieten auf der ganzen Welt finanzieren. Sie wurde über einen Zeitraum von mehreren Jahren entwickelt, beginnend mit einem Vorschlag der Europäischen Kommission im Jahr 2014. Der endgültige Text der Verordnung wurde im Jahr 2017 vom Europäischen Parlament und dem Rat der Europäischen Union angenommen und trat im Januar 2021 in Kraft. Sie gilt für EU-Importeure von bestimmten Mineralien, die häufig in Elektronik, Schmuck und anderen Produkten verwendet werden. Sie verpflichtet die Unternehmen, ihre Lieferketten mit der gebotenen Sorgfalt zu prüfen und die Risiken ihrer Mineralienbeschaffungspraktiken zu bewerten. Wenn die Due-Diligence-Prüfung eines Unternehmens ergibt, dass seine Mineralien aus Konflikt- oder Hochrisikogebieten stammen, muss das Unternehmen Maßnahmen ergreifen, um diese Risiken zu mindern. Damit sollen verantwortungsvolle Beschaffungspraktiken gefördert und die nachhaltige Entwicklung in Bergbaugemeinden unterstützt werden. Unternehmen, die entsprechende Mineralien in die EU einführen, sind verpflichtet, die Richtlinie einzuhalten und den zuständigen Behörden ihres Mitgliedstaats über ihre Sorgfaltspflicht zu berichten.

II. United Nations Sustainable Development Goals (UN SDG)*

Progress towards the Sustainable Development Goals:
Towards a Rescue Plan for People and Planet
Report of the Secretary-General

I. Promise in peril

1. Leave no one behind. That defining principle of the 2030 Agenda for Sustainable Development is a shared promise by every country to work together to secure the rights and well-being of everyone on a healthy, thriving planet. But halfway to 2030, that promise is in peril. The Sustainable Development Goals (SDGs) are disappearing in the rear-view mirror – and with them the hope and rights of current and future generations. A fundamental shift in needed – in commitment, solidarity, financing and action – to put the world on a better path. And it is needed now.

2. We can do better, and in moments of severe challenge, humanity has always come through. Now is another of those moments. The SDG Summit, in September 2023, must signal a genuine turning point. It must mobilize the political commitment and breakthroughs our world desperately needs. It must right the historic injustices at the core of the international financial system to give the most vulnerable countries and people a fair chance at a better future. It must deliver a Rescue Plan for People and Planet.

A. Delivering on commitments: Where do we stand halfway to 2030?

3. Early efforts after the SDGs were adopted produced some favourable trends. Extreme poverty and child mortality rates continued to fall. Inroads were made against such diseases as HIV and hepatitis. Some targets for gender equality were seeing positive results. Electricity access in the poorest countries was on the rise and the share of renewables in the energy mix was increasing. Globally, unemployment was back to levels not seen since before the 2008 financial crisis. The proportion of waters under national jurisdiction covered by marine protected areas had more than doubled in five years. But it is clear now that too much of this progress was fragile and most of it was too slow. In the past three years, the COVID-19 pandemic, the war in Ukraine and climate-related disasters have exacerbated already faltering progress.

4. It's time to sound the alarm. At the mid-way point on our way to 2030, the SDGs are in deep trouble. A preliminary assessment of the roughly 140 targets with data show only about 12 % are on track; close to half, though showing progress, are moderately or severely off track and some 30 % have either seen no movement or regressed below the 2015 baseline.

5. Under current trends, 575 million people will still be living in extreme poverty in 2030 – and only about one third of countries will meet the target to halve national poverty levels. Shockingly, the world is back at hunger levels not seen since 2005 – and food prices remain higher in more countries than in the period from 2015-2019. The way things are going, it will take 286 years to close gender gaps in legal protection and remove discriminatory laws. And in the area of education, the impacts of years of underinvestment and learning

* https://hlpf.un.org/sites/default/files/2023-04/SDG%20Progress%20Report%20Special%20Edition.pdf.

losses are such that by 2030, some 84 million children will be out of school and 300 million children or young people who attend school will leave unable to read and write.

6. If ever there was an illumination of the short sightedness of our prevailing economic and political systems, it is the ratcheting up of the war on nature. A small window of opportunity is fast closing to limit global temperatures to 1.5 degrees and prevent the worst impacts of the climate crisis and secure climate justice for people, communities and countries on the frontlines of climate change. Carbon dioxide levels continue to rise – to a level not seen in 2 million years. At the current rate of progress, renewables will remain a mere fraction of our energy supplies in 2030, some 660 million people will remain without electricity and close to 2 billion will continue to rely on polluting fuels and technologies for cooking. So much of our lives and health depend on nature, yet it could take another 25 years to halt deforestation and vast numbers of species worldwide are threatened with extinction.

7. The lack of SDG progress is universal, but it is abundantly clear that developing countries and the world's poorest and most vulnerable people are bearing the brunt of our collective failure. This is a direct result of global injustices that go back hundreds of years but are still playing out today. Compounding climate, COVID and economic injustices are leaving many developing countries with fewer options and even less resources to make the SDGs a reality.

B. Breaking through to a better future for all

8. We cannot simply continue with more of the same and expect a different result. We cannot persist with a morally bankrupt financial system and expect developing countries to meet targets that developed countries met with far fewer constraints. The 2030 Agenda stated that this generation could be the first to succeed in ending poverty—and the last to have a chance of saving the planet. This higher purpose remains within our grasp, but it requires an unprecedented effort by individual governments, a renewed sense of common purpose across the international community and a global alliance for SDG action across business, civil society, science, young people, local authorities and more. It requires that we come together in September to deliver a Rescue Plan for People and Planet.

9. Building on the evidence captured in the Global Sustainable Development Report and on the lessons since 2015, this report identifies a series of urgent actions for your consideration in five key areas:

10. First, I urge Heads of State and Government to recommit to seven years of accelerated, sustained and transformative action, both nationally and internationally, to deliver on the promise of the SDGs.

11. This calls for the strengthening of social cohesion to secure dignity, opportunity and rights for all while reorienting economies through green and digital transitions and towards resilient trajectories that are compatible with the 1.5 degrees goal of the Paris Agreement. It calls for a once in a generation commitment to overhaul the international financial and economic system so that it responds to today's challenges, not those of the 1940s as well as unprecedented collaboration among G20 members and support for all developing countries to advance SDG and climate action.

12. I encourage Member States to adopt an ambitious and forward-looking Political Declaration and to present global and national commitments for SDG Transformation at the SDG Summit.

13. Second, I call on governments to advance concrete, integrated and targeted policies and actions to eradicate poverty, reduce inequality and end the war on nature, with a particular focus on advancing the rights women and girls and empowering the most vulnerable.

14. This means giving meaning to the commitment to leave no one behind by expanding social protection floors and access to essential services; creating job opportunities in the care, digital, and green economies; urgently tackling the profound crisis in education; strengthening action to advance gender equality, leveraging digital technologies to close divides; supporting the inclusion of persons displaced by crises; and tackling exclusion of marginalized groups, such as persons with disabilities.

15. I also urge leaders to embrace my Climate Acceleration Agenda to drive a just renewables revolution and secure climate justice for those on the frontlines of the climate crisis. We must also deliver on the Kunming-Montreal Global Biodiversity Framework, work to further reduce risks from disasters, and build integrated and sustainable food, water and sanitation systems while making the right to a healthy environment a reality for all people.

16. Third, I urge on governments to strengthen national and sub-national capacity, accountability and public institutions to deliver accelerated SDG progress.

17. SDG delivery must become a central focus for national planning, oversight mechanisms and domestic budgets. Major investment is needed to strengthen public sector capacity and build appropriate digital infrastructure. Local and sub-national governments must be empowered and supported to bring SDG implementation to the ground level. An effective regulatory framework is needed to align private sector governance models with sustainable development objectives. A fresh push is needed to reap the data dividend and SDG monitoring, follow-up and review must be taken to the next level including by strengthening civic space and public engagement in policy and decision-making.

18. Fourth, to ensure developing countries can deliver in the above areas, I strongly encourage the international community to recommit this September to deliver on the Addis Ababa Action Agenda and to mobilize the resources and investment needed for developing countries to achieve the SDGs, particularly those in special situations and experiencing acute vulnerability.

19. In this regard, I encourage Member States to endorse and deliver an SDG Stimulus to the tune of $500billion per year between now and 2030. This calls for immediate action to (i) tackle the high cost of debt and rising risks of debt distress, including by converting short-term, high interest borrowing into long-term (more than 30 year) debt at lower interest rates; (ii) massively scale up affordable long- term financing for development, especially through multilateral development banks (MDBs), rechannelling Special Drawing Rights and aligning all financing flows with the SDGs; and (iii) expand contingency financing to all countries in need.

20. I also call on Member States to recognize and address the need for deep reforms of the international financial architecture through a new Bretton Woods Moment, including by enhancing the voice and participation of developing countries in the governance of International Financial Institutions. This is of the essence to ensure the financial architecture delivers for all developing countries and secures urgent access to grants and long-term concessional finance as they transition to renewable energy-based, climate-resilient, inclusive economies. It requires building on lessons from recent efforts to mobilize private finance including by revising risk appetite and the criteria used by Credit Rating Agencies and adjusting policies and instruments.

21. Finally, I urge member states to facilitate the continued strengthening of the UN development system and to boost the capacity of the multilateral system to tackle emerging

challenges and address SDG related gaps and weaknesses in the international architecture that have emerged since 2015.

22. The UN development system continues to play a crucial role in supporting countries to deliver their national SDG ambitions. The system's offer has evolved considerably since 2015, enabled by the most ambitious reforms in decades. I will continue to work with Principals across the system to further strengthen our offer. I urge Member States to continue to support the contribution of UN Resident Coordinators and Country Teams by delivering against the funding compact, ensuring the Resident Coordinator system is fully funded and further capitalizing the Joint SDG Fund.

23. Many of the proposals in Our Common Agenda are already supporting SDG acceleration. I call on Member Stats, through the forthcoming Summit of the Future, to build on the commitment and direction provided by the SDG Summit to ensure progress in other areas of particular importance for SDG progress including reforming the international architecture, going Beyond GDP, strengthening digital cooperation, boosting youth participation in decision-making, transforming education, establishing an emergency platform and advancing a new agenda for peace. Further action is also needed to boost developing country capacities in the area of trade and technology, to align global trading rules with the SDGs and to establish more efficient and effective technology transfer mechanisms.

24. History has shown that the worst hardships can be overcome through human determination, solidarity, leadership and resilience. The destruction of World War II was followed by new forms of solidarity and cooperation through the United Nations and the Marshall Plan. This period also brought advances in global positioning systems, modern air travel and satellite communications and accelerated decolonization. Preventing widespread hunger and starvation in the 1960s galvanized investment in agriculture and the green revolution. Other more recent examples include the global responses to fight HIV/AIDS and, in part, the surge in action and community to save lives and livelihoods during the COVID-19 pandemic.

25. These outcomes, by no means inevitable, resulted from unique combinations of purpose, solidarity, ingenuity and technology. This moment of peril demands a similar response if we are to deliver on our 2015 promise.

II. Sounding the alarm: SDG Progress at the mid-way point

26. At the midpoint of implementation of the 2030 Agenda, the world is not on track to meet most of the Goals by 2030. There has been progress in some areas, however, progress against a very worrying proportion of targets is either moving much to slowly or has regressed.

27. This section provides an overview of progress under each goal with brief assessment for selected targets. Global and regional data and assessments for all targets and indicators for which information is available can be found in the statistical annex.[1]

Progress assessment for the 17 Goals based on assessed targets, 2023 or latest data

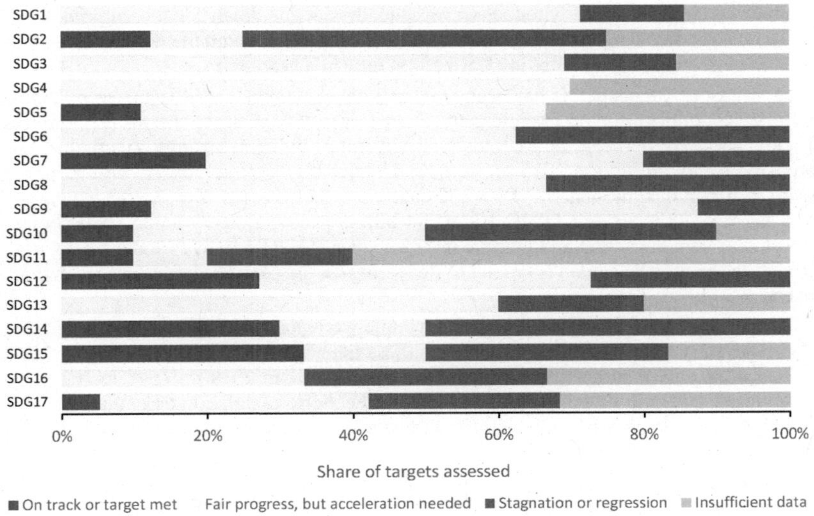

28. The picture is incomplete due to persistent challenges in securing timely data across all 169 targets. While progress has been made in improving data for SDG monitoring, with the number of indicators included in the global SDG database increasing from 115 in 2016 to 225 in 2022, there are still significant gaps in geographic coverage, timeliness, and disaggregation. The chart below indicates that for 9 of the 17 SDGs, only around half of the 193 countries or areas have internationally comparable data since 2015, and only around 21 % of countries have data for SDG13 (climate action). About 8 % of latest available data are from 2023, 21 % are from 2022, and 54 % are from 2021 and 2020. In the coming period, country profiles on SDG progress, together with an overview of data availability against the SDGs in every country will be shared with all Member States. Closing data gaps to reap the data dividend will be a key priority for the UN system in advance of the SDG Summit and beyond.

Proportion of countries or areas with available data since 2015, by Goal (percentage)

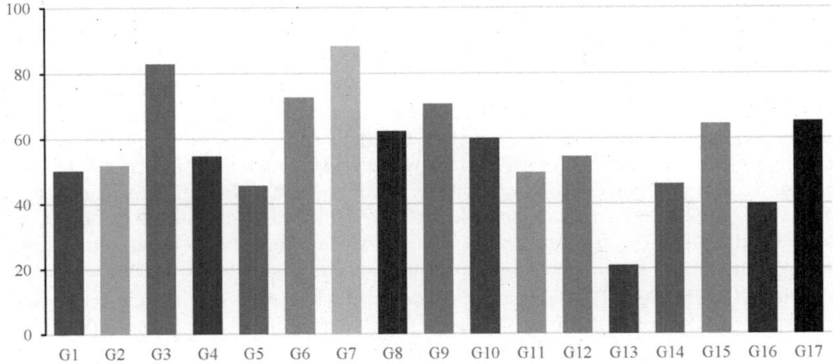

Goal 1. End poverty in all its forms everywhere

29. Since 2015, global poverty reduction was already slowing down and the impacts of the COVID-19 pandemic reversed three decades of steady progress with the number of people living in extreme poverty increasing for the first time in a generation.

Recovery from the pandemic has been slow and uneven as the world is presently facing multiple geopolitical, socioeconomic, and climatic risks. Given current trends, 575 million people (nearly 7 % of the world's population) will still be living in extreme poverty in 2030 compared to 800 million in 2015 (or 10.8 %). Eradicating extreme poverty will be particularly difficult in sub-Saharan Africa and conflict- affected areas. Despite the expansion of social protection during COVID-19, over 4 billion people globally remain entirely unprotected. A surge in action and investment to enhance job opportunities and extend social services to the most excluded is crucial to delivering on the central commitment to ending poverty.

- **Target 1.1:** Since 2019, 70 million more people were pushed back into extreme poverty – currently defined as those who live on less than $2.15 per person per day at 2017 purchasing power parity. The rate increased from 8.5 % in 2019 to 9.3 % in 2020. By the end of 2022, nowcasting suggests 8.4 % of the world population or as many as 670 million people could still be living in extreme poverty today and that the figure will drop to 575 million by 2030 – a fall of less than 30 % since 2015.
- **Target 1.2:** Given historical trends, only one-third of countries will have halved their national poverty rates by 2030 from 2015.
- **Target 1.3:** By 2020, only 47% of the global population was effectively covered by at least one social protection cash benefit, slightly improved from 45 % in 2015. Only 26 % of children under 15 received a social protection benefit; only one in three persons with severe disabilities worldwide receive a disability benefit; only 35 % of workers are covered in case of work injury; and only 18.6 % of unemployed workers worldwide are effectively covered.
- **Target 1.4:** Shifting public resources towards essential services is one of the key policy interventions for reducing poverty and building a better social safety net. The 2021 data for 100 countries shows that the global average proportion of total government spending on essential services is approximately 53 %, with an overall average of 62 % for advanced economies and 44 % for emerging market and developing economies.

Goal 2. End hunger, achieve food security and improved nutrition and promote sustainable agriculture

30. The number of people facing hunger and food insecurity has been on the rise since 2015, with the pandemic, conflict climate change and growing inequalities exacerbating the Situation. In 2015, 589 million people were experiencing hunger, and by 2021, that number had risen to 768 million. Projections show that by 2030, approximately 670 million people will still be facing hunger – 8 % of the world's population, the same as in 2015. Despite global efforts, too many children continue suffering from malnutrition and the current annual rate of reduction in stunting must increase by 2.2 times to meet the global target. To achieve zero hunger by 2030, immediate and intensified efforts are required to transform food systems, ensure food security and invest in sustainable agricultural practices.

- **Target 2.1:** The COVID-19 pandemic exacerbated an already deteriorating food security situation, with about 150 million more people facing hunger in 2021 than in 2019. In addition, nearly 1 in 3 (2.3 billion people) were moderately or severely food insecure in 2021. This represents an increase of almost 350 million people since the beginning of the pandemic. The most worrisome increases were seen in sub-Saharan Africa. The ongoing crisis in Ukraine is yet another threat to food security.

- **Target 2.2:** Globally in 2022, an estimated 22.3% of children under age 5 (148 million) were affected by stunting, down from 24.6% in 2015. Overweight affected 37.0 million children under age 5 (or 5.6%) and wasting affected 45 million (or 6.8%) in 2022. The global prevalence of overweight children has stagnated, and if current trends continue, the 2030 target will be missed by 17.5 million children. Further, the prevalence of anaemia in women of reproductive age continues to be alarming, stagnant at around 30% since 2000. And low and lower-middle income economies bear the greatest burden of stunting, wasting, low birth weight and anaemia.
- **Target 2.5:** Although 71% of local livestock breeds with a known status are at risk of extinction, progress has been made in ex-situ cryopreservation: Between 1995 and 2022, the number of local and transboundary breeds for which sufficient material is available increased from 57 to 287 (out of 7688 local breeds) and from 31 to 175 (out of 1115 transboundary breeds), respectively. At the end of 2021, an estimated 5.8 million accessions of plant genetic resources for food and agriculture were conserved under medium- or long-term conditions in 846 gene banks in 115 countries and 17 regional and international research centres, representing a 1.1% year-on-year increase in 2021.
- **Target 2.a:** Investment in agriculture is falling. Government expenditure on agriculture relative to the agriculture sector's contribution to GDP has declined from 0.50 in 2015 to 0.45 in 2021 in all regions except Northern America and Europe, which was driven mostly by the COVID-19 pandemic response.
- **Target 2.b:** In December 2015, WTO Members adopted the Ministerial Decision on Export Competition, thus formally agreeing to eliminate all forms of agricultural export subsidies entitlements. Total notified annual export subsidy outlays fell from their peak of 218 million in 2015 to almost zero in 2021.
- **Target 2.c:** In 2021, the share of countries facing moderately to abnormally high food prices was 21.5%, a significant decline from the record-high of 48% in 2020, when the easing of COVID-19 related restrictive measures prompted strong demand. However, this is still above the 2015-2019 average (15.2%), reflecting continued increases in food prices, mainly supported by elevated production and transport costs on account of costlier fertilizers and energy. In sub-Saharan Africa and among LDCs, the proportion of countries experiencing high food prices increased for the second consecutive year in 2021.

Goal 3. Ensure healthy lives and promote well-being for all at all ages

31. The pandemic and other ongoing crises are hindering progress in achieving SDG3, exacerbating existing health inequalities and threatening progress towards universal health coverage. As a result, 68 million children are known to be un- or under-vaccinated as of 2022 from TB and malaria increased. This has been particularly challenging in low- and middle- income countries, where health systems were already under-resourced before the pandemic. The pandemic has also highlighted the need for stronger global health security systems to prevent and respond to future pandemics. Overcoming these setbacks and dealing with longstanding shortcomings in health-care provision requires an urgent strengthening of health systems.

- **Target 3.1:** The global maternal mortality ratio decreased only from 227 maternal deaths per 100,000 live births in 2015 to 223 in 2020, still over three times higher than the target of 70 maternal deaths by 2030. This means that almost 800 women are still dying from preventable causes related to pregnancy and childbirth every day. Almost 95 % of these deaths occurred in low and lower-middle-income countries. The global average annual rate of reduction was only 0.04 % in the period of 2016-2020, significantly lower than the 2.7 % rate in 2000-2015. To meet the target, the annual rate of reduction needs to increase to 11 % between 2020 and 2030. In 2022, 86 % of global births were attended by skilled health personnel, which increased from 81 % in 2015, but coverage in sub-Saharan Africa was only 70 %.

- **Target 3.2:** Between 2015 and 2021, the global under-5 mortality rate fell by 12 % from 43 deaths per 1,000 live births in 2015 to 38 deaths and the global neonatal mortality rate fell from 20 to 18 deaths. In 2021, 5 million children died before reaching their fifth birthday—down from 6.1 million in 2015. Of 200 countries and areas analysed, only 54 countries are not on track to meet the target of lower than 25 deaths per 1,000 live births. Among these countries, 37 countries will need to more than double their current rate of progress or reverse a recent increasing trend to achieve the SDG target by 2030.
- **Target 3.3:** Progress towards the SDG target of ending communicable diseases by 2030 remains off course eventhough progress varies across different diseases. a) Tremendous progress has, for instance, been made in reducing new HIV infections, particularly in the highest-burden regions: the estimated 1.5 million new HIV infections in 2021 was almost one-third fewer than in 2010. This is however still far from the 2025 target of fewer than 370,000 new HIV infections as agreed by the UN General Assembly in 2021. b) In 2021, an estimated 1.6 million people died from TB and 10.6 million people fell ill with TB, an increase from 10.1 million in 2020. The TB incidence rate rose by 3.6 % between 2020 and 2021, reversing declines of about 2% per year for most of the previous two decades. Between 2015 and 2021, the net reductions in TB incidence and TB death were 10 % and 5.9 %, respectively, only one-fifth and one-tenth of the way to the 2025 milestone of WHO's End TB Strategy. c) There were an estimated 247 million malaria cases globally in 2021, compared to 224 million in 2015. There were an estimated 619,000 malaria deaths globally in 2021 compared to 625,000 in 2020 and 568,000 in 2019. d) Despite significant disruptions caused by COVID-19, the global number of people requiring treatment and care for neglected tropical diseases (NTDs) declined from 1.8 billion in 2015 to 1.65 billion in 2021. Notably, in LDCs, 47 % of the total population required NTD treatment and care in 2021, down from 79 % in 2010.
- **Target 3.7:** The proportion of women of reproductive age (15-49 years) who have their need for family planning satisfied with modern contraceptive methods has been increasing slightly from 76.5 % in 2015 to 77.6 % in 2023 and is projected to reach 78.2 % by 2030 – strong progress but still not sufficient to meet the target of ensuring universal access to sexual and reproductive health- care services by 2030. Sub-Saharan Africa has witnessed the largest increase from 51.6 % to 57.4 % for this period and is expected to increase to 62.1 % by 2030.
- **Target 3.b:** The percentage of children who received three doses of the vaccine against diphtheria, tetanus and pertussis (DTP3) fell 5 percentage points between 2019 and 2021 to 81 %, causing the largest sustained decline in childhood vaccinations in approximately 30 years. As a result, 25 million children missed out on one or more doses of DTP through routine immunization services in 2021 alone. This is 2 million more than those who missed out in 2020 and 6 million more than in 2019. The global coverage of the last dose of human papillomavirus (HPV) vaccine, targeting 9-14 years old girls to prevent cervical cancer, was only 12 % in 2021.

- **Target 3.c:** A 2020 study shows that the projected global shortage of health workers by 2030 has reduced from 18 million to 10 million. Despite the tremendous increase in health workforce globally, regions with the highest burden of disease continue to have the lowest proportion of health workforce to deliver health services. According to data from 2014-2021, sub-Saharan Africa continues to have the lowest health worker density, with only 2.3 medical doctors and 12.6 nursing and midwifery personnel per 10,000 population. In contrast, Europe has the highest density of 39.4 doctors per 10,000 population, while North America has 152 nursing and midwifery personnel per 10,000 population.

Goal 4. Ensure inclusive and equitable quality education and promote lifelong learning opportunities for all

32. Even before the COVID-19 pandemic, the world was already off-track to achieve its education targets. If no additional measures are taken, only one in six countries will meet SDG4 and achieve universal access to quality education by 2030. An estimated 84 million children and young people will still be out of school and an estimated 300 million student will still not have the basic numeracy and literacy skills they need to succeed in life. To deliver SDG4, education systems must be re-imagined, and education financing must become a priority national investment.

- **Target 4.1:** Between 2015 and 2021, the school completion rate increased from 85% to 87% in primary, from 74% to 77% in lower secondary and from 54% in 2015 to 58% in upper secondary education. Even before the onset of COVID- 19, these rates had slowed down relative to progress in 2010-15. Looking closely at reading levels at the end of primary school, for which trend data cover 34% of the world's children, the analysis shows that global learning levels showed no progress between 2015-2019. Furthermore, learning losses due to COVID-related school closures have been documented in 4 out of 5 of the 104 countries that have carried out such studies.
- **Target 4.2:** Participation rate in organized learning one year before the official primary entry age has stagnated at around 75% since 2015, still far from the target of ensuring that all girls and boys have access to quality pre-primary education by 2030.
- **Target 4.3:** Among 131 countries with data from 2017 onwards, on average approximately one in six youth and adults aged 15-64 recently participated in formal or non-formal education and training. Participation is substantially higher among youth aged 15-24 (40%-50%), compared to those aged 25-55 (only 5% for most regions).
- **Target 4.a:** Basic school infrastructure is far from universal. In 2020, approximately a quarter of primary schools globally do not have access to basic services such as electricity, drinking water and basic sanitation facilities. For other facilities such as computer facilities and the provision of disability- adapted infrastructure, figures are substantially lower, with around 50% of primary schools with access.
- **Target 4.c:** Globally, in 2020, over 14% of teachers are still not qualified according to national norms, with little improvement since 2015.

Goal 5. Achieve gender equality and empower all women and girls

33. The world is not on track to achieve gender equality by 2030. At the global level, none of the 18 indicators "met or almost met" the targets and only one is "close to target". At the current rate of progress, it is estimated that it will take up to 286 years to close gaps in

legal protection and remove discriminatory laws, 140 years for women to be represented equally in positions of power and leadership in the workplace, and 47 years to achieve equal representation in national parliaments. Cascading global crises have highlighted and exacerbated existing gender inequalities, such as unequal access to healthcare, education, and economic opportunities. Political leadership and a comprehensive set of policy reforms are needed to dismantle systemic barriers to the achievement of SDG4.

- **Target 5.1:** Based on data collected in 2022 in 119 countries, 55 % of the countries lacked laws that prohibit direct and indirect discrimination against women; half of the countries continued to lack quotas for women in the national parliament; 60 % of the countries failed to have laws defining rape based on the principle of consent; 45 % of countries did not mandate equal remuneration for work of equal value; over a third of countries failed to provide maternity leave in accordance with ILO standards; almost a quarter of countries did not grant women equal rights with men to enter into marriage and initiate divorce; and close to three-quarters of countries failed to stipulate 18 years as the minimum age of marriage for women and men, with no exceptions.
- **Target 5.3:** One in five young women worldwide (19 %) were married in childhood in 2022. Globally, the prevalence of child marriage has declined from 21 % in 2016. However, the profound effects of COVID-19 are threatening this progress, with up to 10 million additional girls at risk of child marriage over the course of a decade from the onset of the pandemic.
- **Target 5.5:** As of 1 January 2023, women held 26.5 % of seats in lower and single chambers of national parliaments, up from 22.3 % in 2015. At the local level, women held 35.4 % of seats in deliberative bodies, up from 33.9 % in 2020. At this pace, parity in such bodies cannot be achieved by 2030. Also, gender parity in political institutions continues to be rare: only six countries had 50 % or more women in their lower/single chambers of national parliaments and 3 in local legislatures. Globally, women held only 28.2 % of management positions in 2021 (up just 1 % since 2015), although they accounted for almost 40 % of total employment.
- **Target 5.6:** Based on data from 68 countries for 2007-2022, only 56 % of married or in-union women aged 15 to 49 make their own decisions regarding sexual and reproductive health and rights, ranging from an average of 37 % in sub-Saharan Africa to over 80 % in some countries in Europe and Latin America and the Caribbean. Among the 115 countries with data in 2022, countries have in place, on average, 76 % of the laws and regulations needed to guarantee full and equal access to sexual and reproductive health and rights.
- **Target 5.a:** Available data from 46 countries for 2009-2020 show that many women and men involved in agricultural production lack ownership and/or secure tenure rights over agricultural land. In one third of the countries, less than 50 % of women and men have ownership or secure rights over agricultural land. The share of men having ownership is at least twice that of women in almost half of the countries. Of the 68 countries that reported on women's rights to land ownership and/or control in legal frameworks, by 2022, about 31 % protect women's land rights considerably (a score of at least 5 out of 6), while 47 % poorly protect women's land rights (a score of 3 out of 6 or below).
- **Target 5.b:** Globally, 73 % of the population aged 10 and over owned a mobile phone in 2022, up from 67 % in 2019. Women were about 12 % less likely to own mobile phones than men— the gap virtually unchanged from 2019.
- **Target 5.c:** Based on data reported by 105 countries and areas for 2018-2021, 26 % of countries globally have comprehensive systems in place to track and make public alloca-

tions for gender equality, 59 % have some features of a system in place, and 15 % do not have minimum elements of these systems.

Goal 6. Ensure availability and sustainable management of water and sanitation for all

34. Billions of people still lack access to safe water, sanitation, and hygiene, despite improvement in the provision of these basic Services. Water scarcity is a growing problem in many parts of the world, and conflicts and climate change are exacerbating the issue. In addition, water pollution is a significant challenge which affects both human health and the environment in many countries. Achieving universal coverage by 2030 will require a 6-fold increase in current global rates of progress on drinking water, a 5-fold increase for sanitation, and an 8-fold increase for hygiene. Boosting infrastructure investment, improving cross-sectoral coordination, and addressing climate change is key to getting SDG6 back on track.

- **Targets 6.1 and 6.2:** Despite progress, 2.2 billion people still lacked safely managed drinking water services, 3.4 billion lacked safely managed sanitation services, and 1.9 billion lacked basic hygiene services in 2022. While the majority live in rural areas, the unserved population is decreasing in rural areas and stagnating or increasing in urban areas. Achieving universal coverage by 2030 will require an increase of 5 to 8 times the current rate.
- **Target 6.3:** An estimated 58 % of wastewater generated by households was safely treated in 2022, based on data from 140 countries and territories. Trends for domestic wastewater suggest that little, if any, progress is being made towards the target of halving the proportion of unsafe discharges by 2030.
- **Target 6.4:** Water use efficiency rose from $17.4/m3 in 2015 to $18.9/m3 worldwide in 2020, which represents a 9 % efficiency increase. Around 57 % of countries presented a water use efficiency equivalent to $20/m3 or less in 2020, compared to 58 % in 2015.
- **Target 6.4:** At the global level, water stress remains at a safe level of 18.2 % in 2020, but this figure masks vast regional variations and indicates a 1.2 % increase from 2015 to 2020. In 2020, water stress levels ranged from high in Southern Asia and Central Asia to critical in Northern Africa. The situation in Western Asia and Northern Africa is particularly concerning since it registered an 18 % increase in water stress levels from 2015 to 2020.
- **Target 6.5:** One in two countries still lacks effective frameworks for sustainable water management. A lack of cross-sector coordination over water use, between agriculture, industry, energy production, and household supply, threatens the achievement of several SDGs, including those on food, energy, and life on land. While progress has been made globally since 2015—from 49/100 in 2017 to 54/100 in 2020—the rate of implementation needs to double to achieve the target.
- **Target 6.5:** Data from 2017 and 2020 show that only 32 out of 153 countries that share transboundary rivers, lakes, and aquifers have 90 % or more of those waters covered by operational arrangements.
- **Target 6.6:** The extent of surface water bodies, including lakes, rivers, and reservoirs, is rapidly changing across the entire planet, with one in five river basins experiencing high (i. e. above natural) fluctuations in surface water during the last 5 years.
- **Target 6.a:** ODA disbursements to the water sector decreased between 2015 and 2021 from $9.1 billion to $7.8 billion, a decrease of 15 %. Total ODA commitments to the wa-

ter sector have also reduced by 13 % from $10.8 billion in 2015 to $9.4 billion in 2021. Commitments peaked at $13 billion in 2017 and have decreased every year since.

- **Target 6.b:** Since 2016, the percentage of countries having procedures for local community participation defined in law or policy has remained high (over 70 %) for both rural drinking water and for water resources management. However, the percentage of countries with high levels of participation remains consistently low (under 40 %).

Goal 7. Ensure access to affordable, reliable, sustainable and modern energy for all

35. Access to electricity and clean cooking fuels has improved in many parts of the world, but 675 million people are yet to be connected to the grids and 2.3 billion are still cooking with unsafe and polluting fuels. The war in Ukraine and global economic uncertainty continue to cause significant volatility in energy prices, leading some countries to raise investments in renewables and others to increase reliance on coal, putting the green transition at risk. If the current pace continues, about 660 million people will still lack access to electricity and close to 2 billion people will continue to rely on polluting fuels and technologies for cooking by 2030. To ensure access to energy for all by 2030, we must accelerate electrification, increase investments in renewable energy sources and invest in improving electricity grids.

- **Target 7.1:** The global population with access to electricity has increased from 87 % in 2015 to 91 % in 2021. The pace of electrification has rebounded between 2019 and 2021. However, the annual access growth of 0.6 percentage points in the recent period is lower than the 0.8 percentage points in 2015-19. As a result, 675 million people, majorly located in LDCs and sub-Saharan Africa, still lacked access in 2021.
- **Target 7.1:** In 2021, 71 % of the global population had access to clean cooking fuels and technologies, up from 64 % in 2015. In seven (all located in sub-Saharan Africa) of the 20 countries with the largest deficits, fewer than 10 % of the population had access to clean fuels and technologies. The growing access deficit in sub-Saharan Africa, if not reversed, could dampen or undermine increasing trends in global access.
- **Target 7.2:** The share of renewable sources in total final energy consumption amounted to 19.1 % globally in 2020, or 2.4 percentage points higher than in 2015. Part of this progression is due to lower final energy demand in 2020, as the pandemic disrupted social and economic activities worldwide. The electricity sector shows the largest share of renewables in total final energy consumption (28.2 % in 2020) and has driven most of the growth in renewable energy use, while the heat and transport sectors have seen limited progress over the past decade.
- **Target 7.3:** The rate of improvement in primary energy intensity, which had already slowed in recent years, dropped to 0.6 % in 2020. This makes it the worst year for energy intensity improvement since the global financial crisis. Annual improvement through 2030 must now average 3.4 % to meet the target of SDG 7.3. This slowdown was influenced by a shift in the economic structure during Covid towards more energy-intensive industrial production, combined with only modest rates of technical efficiency improvements, in the context of low energy prices.
- **Target 7.a:** International public financial flows in support of clean energy in developing countries have a decreasing trend that started before the COVID-19 pandemic and continued through 2021. In 2021, they amounted to $10.8 billion— an 11 % drop from 2020. This was 35 % less than the 2010-19 decade-long average, and less than half the 2017 peak of $26.4 billion.

- **Target 7.b:** In 2021, there was a record-breaking installation of 268 Watts per capita of renewable capacity in developing countries, representing a year-on-year growth rate of 9.8%. However, even with this positive and accelerating growth, developing countries are not on track to meet SDG7 by 2030. Moreover, the positive global and regional trends hide the fact that the countries that are most in need of support are being left behind, even among developing countries.

Goal 8. Promote sustained, inclusive and sustainable economic growth, full and productive employment and decent work for all

36. Progress towards achieving SDG8 has been challenging and the world is far from reaching most of the targets. The lingering effects of COVID-19, cost-of-living crises, trade tensions, uncertain monetary policy paths, rising debts in developing countries, and the war in Ukraine can each significantly set back global economic growth. Combined, these crises are placing the global economy under a serious threat. Global real GDP per capita is forecast to slow down in 2023, putting at risk not just employment and income but also advances in equitable pay for women and decent work for young people. Achieving SDG8 will require a wholesale reform of our morally bankrupt financial system in order to tackle rising debts, economic uncertainties and trade tensions, while promoting equitable pay and decent work for young people.

- **Target 8.1:** Following a sharp decline of 4.1% in 2020, global real GDP per capita increased by 5.0% in 2021. However, growth in global real GDP per capita is forecast to slow down to 2.1% in 2022 and further to 1.0% in 2023, before recovering somewhat to a growth rate of 1.8% in 2024. The growth in real GDP of LDCs slowed down from 5% in 2019 to just 0.2% in 2020 before recovering to 2.6% in 2021. It is expected that the growth in real GDP of LDCs would strengthen to 4.3% in 2022 and to 4.4% and 5.4% in 2023 and 2024, respectively.
- **Target 8.2:** After a sharp decline in 2020 due to the COVID-19 pandemic, labour productivity rebounded in 2021 by 2.4%. Productivity growth slowed in 2022, increasing by only 0.5%. However, even before the onset of the COVID-19 pandemic, productivity growth had been slowing around the world. The latest estimates extend the downward growth trend, from an average annual rate of 1.8% between 2000-14 to 1.4% between 2015-22.
- **Target 8.3:** Globally, 58.0% of those employed were in informal employment in 2022, amounting to around 2 billion workers in precarious jobs, most lacking any form of social protection. Prior to the onset of the pandemic, the incidence of informal employment had been slowly declining and stood at 57.8% in 2019. The pandemic resulted in a disproportionate job loss for informal workers, particularly for women, in 2020. The subsequent recovery from COVID-19 has been driven by informal employment, which has caused a slight increase in the incidence of informality.
- **Target 8.5:** Equal treatment in employment, including fair and equitable earnings, is fundamental for achieving decent work for all. The median gender pay gap across 102 countries is approximately 14%. However, this calculation is only based on average hourly earnings, thus not controlling for characteristics such as the sector or occupation, educational level or amount of work experience.
- **Target 8.5:** The global unemployment rate declined significantly in 2022, falling to 5.8% from a peak of 6.9% in 2020 as economies began recovering from the shock of the COVID-19 pandemic. Despite an uncertain global economic outlook, unemployment is

projected to increase only moderately, as a large part of the shock is being absorbed by falling real wages in an environment of accelerating inflation. Global unemployment is projected to edge up slightly in 2023, by around 3 million, to reach 208 million, corresponding to an unemployment rate of 5.8%.

- **Target 8.6:** Globally, nearly one in four (23.5%) young people were not in education, employment, or training (NEET) in 2022. Although this is a slight decrease since 2020, when the NEET rate was at an all-time high, it remains above the 2015 baseline of 22.2% and a long way from the 2030 target.
- **Target 8.7:** The latest estimates indicate that the number of children in child labour rose to 160 million worldwide at the beginning of 2020 – an increase of 8.4 million children in the last four years. This translates to almost 1 in 10 of all children in child labour worldwide.
- **Target 8.9:** The share of tourism in global GDP nearly halved in 2020 as a result of the COVID-19 pandemic. The 2021 data shows a very modest 6% upturn, indicating that tourism's economic contribution is on the path to recovery.
- **Target 8.10:** Accelerated adoption of digital solutions is transforming access to finance. Globally, in 2021, 76% of adults had an account at a bank or regulated institution such as a credit union, microfinance institution, or a mobile money service provider, an increase from 62% in 2014.

Goal 9. Build resilient infrastructure, promote inclusive and sustainable industrialization and foster innovation

37. The manufacturing industry's recovery from COVID-19 remains incomplete and uneven: some high-income regions achieved record-high manufacturing value added per capita in 2022 but levels in LDCs were not much higher than the 2015 baseline. In the aftermath of the pandemic, data show that higher-technology industries recovered faster and proved to be more resilient, pointing to the need to promote innovation and technology transfer in a way that benefits all countries. To achieve Goal 9 by 2030 it is essential to support LDCs, invest in advanced technologies, lower carbon emissions, and increase global mobile broadband access.

- **Target 9.2:** Global manufacturing value added (MVA) per capita increased from $1,646 (constant 2015 prices) in 2015 to $1,875 in 2022. While Europe and Northern America reached an all-time high of $5,052 in 2022, MVA per capita in LDCs reached only $159, far from the target of doubling their value of $126 in 2015. Although the share of manufacturing in LDCs increased from 12.1% in 2015 to 14.0% in 2022, this pace is not sufficient to achieve the target of doubling the share by 2030. While LDCs in Asia have made considerable progress and are on track, African LDCs will need to significantly accelerate progress for the goal to remain attainable by 2030.
- **Target 9.2:** After a plunge in 2020, global manufacturing employment returned to the pre-pandemic level in 2021. However, the share of manufacturing employment in total employment continued to decline, falling from 14.3% in 2015 to 13.6% in 2021 worldwide.
- **Target 9.4:** Global carbon dioxide (CO2) emissions from energy combustion and industrial processes grew by 0.9% in 2022 to a new all-time high of 36.8 billion tonnes. Emissions shrank by more than 5% in 2020, but rebounded past pre- pandemic levels in 2021, growing more than 6% in tandem with economic stimulus and a surge in coal de-

mand even as renewables capacity additions scaled record heights. CO2 growth in 2022 was well below GDP growth of 3.2%.

- **Target 9.b:** In 2022, the medium-high and high-technology industries experienced solid growth, mainly due to the recovery in the automotive sector and consistently strong production in sectors such as computers, electronics and optical products, and electrical equipment. However, the production of basic pharmaceuticals declined due to the COVID-19 situation and shortages of essential inputs. In 2020, sub-Saharan Africa and LDCs had low shares of medium-high and high-technology manufacturing, at 21.7% and 10.6% respectively, compared to 47.7% in Europe and Northern America and 47.1% in Eastern Asia.
- **Target 9.c:** Mobile broadband (3G or above) access is available to 95% of the world's population, while 4G coverage has doubled to 88% between 2015 and 2022. However, growth is slowing down, and connecting the remaining 5% is proving difficult. In Sub-Saharan Africa, the gap is 18%, predominantly affecting the population of Central and Western Africa. The coverage gap is almost the same in LDCs and LLDCs.

Goal 10. Reduce inequality within and among countries

38. Before the pandemic, the incomes of the bottom 40% of the population grew faster than the national average in a majority of countries. The impacts of the pandemic and uneven recoveries in different regions of the world threaten to reverse that trend and further worsen global inequality. Record numbers are being forced to flee conflicts and economic hardship. By mid-2022, one in 251 people worldwide was a refugee, the highest proportion ever documented. Achieving SDG 10 requires concerted efforts to address the root causes of wage disparities and access to resources both within- and between-country inequality.

- **Target 10.1:** Across 119 countries with data available prior to the pandemic, more than half of them have achieved income growth of the bottom 40% of the population at a rate higher than the national average. Sparse data from the pandemic suggest that two-thirds of 50 countries have experienced shared prosperity post-2019, driven by Northern America and Europe where in many countries, transfers mitigated the economic impacts of the pandemic on the bottom of distributions.
- **Target 10.2:** For the 53 countries with information in 2015 and 2020, on average, the share of people living below half the median has declined by 1 percentage point, from 13.4% to 12.5%. This trend continued during COVID-19, in large part because of generous social assistance programs implemented in several countries. Yet the share living below half the median remains worryingly high in many countries: In 17 countries, more than 20% of the population lives below half the national median.
- **Target 10.4:** The share of economic output earned by workers has experienced a sizeable decline in the last 15 years, from 54.1% in 2004 to 52.6% in 2019. This decline represents $590 (PPP) per worker on average. As earnings from work are particularly important for the less well-off and vulnerable, and as lower-income workers have been disproportionately impacted by the crisis, the observed decline is disconcerting.
- **Target 10.7:** IOM's Missing Migrants Project has recorded 54,127 deaths on migratory routes worldwide since 2015, of which 6,878 were recorded in 2022. However, the real number of lives lost is certainly higher.
  - The number of people displaced from their countries due to war, conflict, persecution, human rights violations, and public disorder has increased annually for over a decade. By mid-2022 there were 32.5 million refugees worldwide, among 103 million forcib-

ly displaced persons. By the same time, the ratio of refugees to every 100,000 people has risen to 398, an 87% increase from 2015, as forced displacement continues to rise.
  - o Globally, in 2021, 63% of 138 countries with data reported having a wide range of policies to facilitate orderly, safe, regular and responsible migration and mobility of people, defined as having policy measures for 80% or more of the 30 sub-categories under the six domains of the indicator.
- **Target 10.c:** The global average cost of sending $200 in remittances decreased from 9.3% in 2011, to 7.42% in 2016 and 6.3% in 2021, which remains more than twice the SDG 10.c target of 3%.

Goal 11. Make cities and human settlements inclusive, safe, resilient and sustainable

39. The pandemic has caused major shifts in migration patterns, including huge movements of people in and out of urban areas.

Furthermore, climate change and conflicts tend to have disproportionate impacts on cities. These factors mean that the world is far from achieving the goal of sustainable cities. In many developing countries, slum populations have been growing, putting at risk the target of adequate housing for all by 2030. Since 2015, the number of countries with national disaster risk reduction strategies has more than doubled. To achieve SDG 11, efforts must focus on strengthening capacities for planning for urban development, improving access to public transportation and enhancing waste management.

- **Target 11.1:** As of 2022, nearly 1.1 billion people lived in slums or slum-like conditions in urban areas, with an additional 2 billion expected to live in slums or slum-like conditions over the next 30 years. The growing number of slum population is a manifestation of the housing crisis, a situation in many instances that has now been exacerbated by the impacts of the COVID-19 pandemic.
- **Target 11.2:** According to 2022 data from 1507 cities in 126 countries, only 51.6% of the world's urban population has convenient access to public transport, with considerable variations across regions.
- **Target 11.3:** According to data compiled from 815 cities for the period 1990 – 2020, the physical expansion of cities globally was faster than the rates of population growth. For the 2000-2010 period, the average annual land consumption rate was 2.0%, while the population growth rate averaged 1.4%. These rates declined to 1.5% and 0.6% respectively for the period 2010-2020.
- **Target 11.6:** In 2022, the global average municipal solid waste (MSW) collection rate in cities was at 82%, and the average MSW managed in controlled facilities in cities was 55%. The MSW collection rates in sub-Saharan Africa and Oceania are less than 60%. Uncollected waste is the source of plastic pollution, GHG emissions, and sources of incubation for infections.
- **Target 11.7:** Data for 2020 from 1,072 cities in 120 countries indicate that more than three-quarters of these cities have less than 20% of their area dedicated to open public spaces and streets, about half of the proportion recommended. On average, open public spaces account for a meagre 3.2% of urban land, about 4 times less than the share of land in streets.
- **Target 11.a:** According to a 2021 assessment on compliance of the 58 National Urban Policies, 55 (95%) fulfilled the first criterion on "responding to population dynamics",

54 (93 %) fulfilled the second criterion on "ensuring balanced territorial development" and only 26 (45 %) met the third criterion on making considerations for "increased local fiscal space", which calls for setting up more financing mechanisms for local implementation of sustainable urban development.

- **Target 11.b:** By the end of 2022, 102 countries reported having local governments with disaster risk reduction strategies, an increase from 51 countries in 2015.

Goal 12. Ensure sustainable consumption and production patterns

40. The world is seriously off track in its effort to halve per- capita food waste and losses by 2030.The COVID-19 pandemic has had significant impacts on consumption and production patterns, with disruptions to global supply chains and changes in consumer behaviour. Responsible consumption and production must be an integral part of the recovery from the pandemic. But the global economy also needs to speed up the decoupling of economic growth from resource use by maximizing the socio-economic benefits of resources while minimizing their negative impacts. Reporting on corporate sustainability has tripled since the beginning of the SDG period, but the private sector will need to significantly improve reporting on activities that contribute to the SDGs. To deliver SDG12, it is crucial to implement policies that support the shift to sustainable practices and decouple economic growth from resource use.

- **Target 12.1:** Between 2019 and 2022, 484 policy instruments supporting the shift to sustainable consumption and production were reported by 62 countries and the European Union, with increasing linkages with global environmental commitments on climate, biodiversity, pollution and waste, as well as a particular attention to high-impact sectors. Yet, reporting has been decreasing by 30 % on average every year since 2019 and continues to reflect great regional imbalances with more than 50 % of policy instruments reported from Europe and Central Asia.
- **Target 12.2:** In 2019, the total material footprint was 95.9 billion tonnes, close to the world's domestic material consumption of 95.1 billion tonnes. In Northern America and Europe, the material footprint was about 14 % higher than domestic material consumption, while in Latin America and the Caribbean and sub-Saharan Africa, the material footprint was lower than domestic material consumption by 17 % and 32 %, respectively.
- **Target 12.3:** The percentage of food lost globally after harvest on farm, transport, storage, wholesale, and processing levels, usually attributed to structural inadequacies in the countries, is estimated at 13.2 % in 2021, unchanged from 2016 and far from the target of halving post-harvest food losses by 2030.
- **Target 12.6:** A preliminary analysis shows that around 70 % of companies monitored publish sustainability reports in 2022, tripling since 2016. The sustainability indicators that are most widely disclosed by companies include policies on water and energy and CO2 emission, occupational health and safety, as well as board diversity. Companies continue to address their activities in attaining the SDGs, however, only 10 % report on all 17 SDGs.
- **Target 12.7:** In 2022, 67 national governments reported to UNEP on the implementation of Sustainable Public Procurement policies and action plans, up 50 % from 2020.
- **Target 12.c:** Global data showed a rise in fossil fuel subsidies in 2021, after a brief fall in 2020 which was largely caused by a drop in energy prices. In 2021, Governments spent an estimated $732 billion on subsidies to coal, oil, and gas, against $375 billion in 2020. This brings the subsidies back to pre-2015 levels. High oil and gas prices in 2022 will likely bring a new increase, as subsidies are often linked to the price of energy.

Goal 13. Take urgent action to combat climate change and its impacts

41. The world is on the brink of a climate catastrophe and current actions and plans to address the crisis are insufficient. Without transformative action starting now and within this decade to reduce greenhouse gas emissions deeply and rapidly in all sectors, the 1.5°C target will be at risk and with it the lives of more than 3 billion people. Failure to act leads to intensifying heatwaves, droughts, flooding, wildfires, sea-level rise, and famines. Emissions should already be decreasing now and will need to be cut almost by half by 2030 – a mere seven years from now. To combat climate change and its impacts by 2030, urgent and transformative action is needed to meet the commitments under the Paris Agreement across mitigation and adaptation efforts.

- **Target 13.1:** The number of deaths and missing persons due to disasters per 100,000 population has steadily decreased from 1.64 during 2005-2015 to 0.86 during 2012-2021. The average disaster mortality stood at 47,337 in absolute terms in 2015-2021. However, the number of persons affected by disasters per 100,000 people rose from 1,198 during 2005-2015 to 2,113 during 2012-2021. The number of countries with national strategies for disaster risk reduction has increased from 55 in 2015 to 126 by the end of 2021. Based on this, a total of 118 countries have reported having some level of policy coherence with other global frameworks, such as the 2030 Agenda and the Paris Agreement.
- **Target 13.2:** Global temperatures have already hit 1.1°C, rising due to increasing global greenhouse gas emissions, which reached record highs in 2021. Real-time data from 2022 show emissions continuing an upward trajectory. Instead of decreasing emissions as required by the target to limit warming, carbon dioxide levels increased from 2020 to 2021 at a rate higher than the average annual growth rate of the last decade and is already 149% higher than pre-industrial levels. Projected cumulative future CO2 emissions over the lifetime of existing and currently planned fossil fuel infrastructure exceed the total cumulative net CO2 emissions in pathways that limit warming to 1.5°C (>50%) with no or limited overshoot.
- **Target 13.3:** An analysis of 100 national curriculum frameworks reveals that nearly half (47%) do not mention climate change. In 2021, despite 95% of teachers recognizing the importance of teaching about climate change severity, only one-third are capable of effectively explaining its effects in their region. Additionally, 70% of young people can only describe the broad principles of climate change in 2022.
- **Target 13.a:** According to the OECD, total climate finance provided and mobilised by developed countries for developing countries amounted to $83.3 billion in 2020, a 4% increase from 2019, but still short of the $100 billion target. Climate finance remains primarily targeted to mitigation; however, and adaptation finance continues to lag, with international finance flows to developing countries 5-10 times below estimated needs.

Goal 14. Conserve and sustainably use the oceans, seas and marine resources for sustainable development

42. Destructive trends in ocean health have not abated. The ocean, the world's largest ecosystem, continues to be endangered by rising acidification, eutrophication, declining fish Stocks and mounting plastic pollution. While there has been some progress in expanding marine protected areas and combatting illegal, unreported and unregulated fishing over the years, more concerted efforts and acceleration are urgently needed. Urgent and coordinated global action is needed to continue to advance towards SDG14.

- **Target 14.1:** The global trend of elevated coastal eutrophication continued in 2022 above the 2000-2004 baseline conditions, though different in magnitude from recent years. The highest rates are in the Arabian Sea.
- **Target 14.3:** Ocean acidification is increasing and will continue to do so if CO2 emissions do not stop rising, threatening marine ecosystems and the services they provide. Today, the ocean's average pH is 8.1. This means that the ocean today is about 30% more acidic than in pre-industrial times.
- **Target 14.4:** Fishery resources continue to be threatened by overfishing, pollution, poor management and other factors, including illegal fishing. More than a third (35.4%) of global stocks were overfished in 2019, an increase of 1.2% since 2017. Despite ongoing deterioration, the rate of decline has decelerated in recent years. However, the trend continues to deteriorate from the 2020 target to restore fish stocks to biologically sustainable levels.
- **Target 14.6:** By the end of 2022, the Agreement on Port State Measures, targeting illegal, unreported and unregulated (IUU) fishing, reached 74 Parties, (including the European Union) or effectively 100 States. In the 2018-2022 period, there has been some progress at the global level in implementing instruments to combat IUU fishing. The new WTO Agreement on Fisheries Subsidies, adopted in June 2022, marks a major step forward towards ocean sustainability.
- **Target 14.b:** Globally, the degree of application of frameworks that recognize and protect access rights for small-scale fisheries in 2022 was at the highest level based on available data, reaching a maximum score of 5 out of 5. However, this score conceals a reduced number of countries that contributed to the reporting.
- **Target 14.a:** Even though the ocean covers more than 70% of the surface of our planet and contributes to 2.5% of the world gross value added, on average, between 2013 to 2021, only 1.1% of national research budgets were allocated for ocean science.

Goal 15. Protect, restore and promote sustainable use of terrestrial ecosystems, sustainably manage forests, combat desertification, and halt and reverse land degradation and halt biodiversity loss

43. The world is facing a triple planetary crisis of climate change, pollution and biodiversity loss. The trend in forest loss, land degradation and the extinction of species is becoming worse, posing a severe threat to the health of the planet and people. Goal 15 will not be met without a dramatic shift in our relationship with our natural environment.

- **Target 15.2:** The world's forest area continues to decline, from 31.9% in 2000 to 31.2% in 2020, representing a net loss of 100 million hectares. Agricultural expansion is the direct driver for almost 90% of global deforestation. However, globally, there has been progress in sustainable forest management with both certified forest area and the proportion of forests under management plans and within protected areas increasing.
- **Targets 14.5, 15.1, and 15.4:** Globally, coverage over recent years of marine, terrestrial, freshwater, and mountain KBAs has continued to increase to nearly half of each site covered in 2022, on average, but growth in coverage has slowed and coverage is uneven regionally, threatening progress towards the restoration and conservation of these ecosystems.
- **Target 15.3:** Between 2015 and 2019, the world lost at least 100 million hectares of healthy and productive land every year, affecting food and water security globally. Human activities, intensified by climate change, are the main drivers of land degradation,

directly affecting 1.3 billion people. If land degradation continues at a similar rate, this would result in an additional 1.5 billion hectares of degraded land by 2030. To reach the target of ensuring a land degradation neutral world by 2030, avoiding new land degradation and restoring at least one billion degraded hectares of land are needed.

- **Target 15.5:** Species extinction is irreversible, and thus perhaps the most fundamental human impact on nature. Globally, the Red List Index-- derived based on repeat assessments of every species across groups of mammals, birds, amphibians, corals, and cycads- deteriorated by about 4% from 2015 to 2023. However, over the last three decades since 1993, the Index has deteriorated 10%, with each decade deteriorating at a faster rate than the previous one. In 2022, comprehensive assessments of reptile species found that 21% of species are threatened with extinction. All indications are a deterioration in trend toward the target to halt the loss of biodiversity and, by 2020, protect and prevent the extinction of threatened species.
- **Target 15.6:** At the end of 2022, 68 countries had at least one legislative, administrative or policy measure in place to ensure the fair and equitable sharing of benefits arising from the use of genetic resources and associated traditional knowledge in accordance with the Nagoya Protocol (an increase of 62 countries since 2016). Furthermore, 88 countries reported measures in place to implement the International Treaty on Plant Genetic Resources for Food and Agriculture (an increase of 76 countries since 2015).
- **Target 15.8:** Nearly all countries have now adopted national legislation relevant to the prevention or control of invasive alien species, mainly embedded within laws regarding cross-cutting sectors such as Animal Health, Plant Health, Fisheries and Aquaculture; and 87% have aligned to global targets. The COVID- 19 pandemic has brought an increased focus on the prevention, control, and management of biological invasions of pathogenic agents, particularly zoonotic pathogens, in order to mitigate their negative impacts on biodiversity and human health
- **Target 15.9:** There has been a steady upward trend in the number of countries incorporating biodiversity values into national accounting and reporting systems. By December 2022, most countries (90%) had established national targets in relation to Aichi Biodiversity Target 2. However, only about a third of countries are reporting that they are on track to reach or exceed their national targets. In addition,92 countries indicated implementation of the System of Environmental- Economic Accounting (SEEA) in 2022 and the number of countries is expected to grow over the next few years due to the role of SEEA in the Global Biodiversity Framework.

Goal 16. Promote peaceful and inclusive societies for sustainable development, provide access to justice for all and build effective, accountable and inclusive institutions at all levels

44. Ongoing and new violent conflicts around the world are derailing a global path to peace and achievement of SDG 16. One- quarter of humanity lives in conflict-affected areas and as of mid-2022, more than100 million people had been forcibly displaced worldwide--more than double the number a decade ago. Citizens also face challenges accessing justice, basic services/legal guarantees and are generally underrepresented due to ineffective institutions. Moreover, structural injustices, inequalities and emerging human rights challenges are putting peaceful and inclusive societies further out of reach. To meet SDG16 by 2030, action is needed to restore trust and to strengthen the capacity of institutions to secure justice for all and facilitate transitions to drive sustainable development.

- **Target 16.1:** Globally, about 457,000 people were victims of homicide in 2021— the highest number of victims in the last 20 years. The noticeable spike in killings in 2021 can be partly attributed to the economic repercussions of COVID-related restrictions, as well as an escalation of gang-related and socio-political violence in several countries. The homicide rate was 5.8 per 100,000 population, marginally lower than in 2015 (at 5.9 per 100,000). Men and boys represent about 80 % of victims and 90 % of suspects.
  - In 2022, the United Nations recorded 16,988 killings of civilians in armed conflicts: a 53 % increase compared to 2021, and the first increase since the adoption of the 2030 Agenda. Four out of ten deaths occurred in Ukraine. One in five was a woman. The proportion of deaths by heavy weapons and explosive munitions increased significantly, from 13 % in 2021 to 39 % in 2022, in contrast to the steady decline over the previous five years[2].
  - Based on survey data from 114 countries, on average, approximately 69 % of the population report feeling safe or very safe walking alone around the area in which they live after dark, a figure that has remained stable over the period 2016-2021. Women continue to feel significantly less safe than men.
- **Target 16.2:** In 75 countries (mostly low- and middle-income) with available data from 2014 to 2022, 8 in 10 children aged 1-14 years were subjected to some form of psychological aggression and/or physical punishment at home in the previous month. In 70 of these countries, at least half of children experience violent discipline on a regular basis.
  - In 2020, the number of trafficking victims detected worldwide fell for the first time in 20 years, as COVID-19 preventive measures changed the dynamics of exploitation while compromising anti-trafficking responses. As more victims are likely to remain undetected, increasing efforts are needed to tailor responses to the real prevalence of the crime.
  - For the period 2014-2021, only 55 countries (mostly low- and middle- income) have internationally comparable data on sexual violence in childhood against girls and only 12 have produced such data for boys. Across regions with representative estimates, the prevalence of sexual violence in childhood (by age 18) among young women aged 18-29 years ranges from 1 % in Central and Southern Asia to 7 % in Oceania (excluding Australia and New Zealand).
- **Target 16.3:** In 2021, the global prison population was 11.2 million, remaining relatively stable between 2015 and 2021, except for a temporary decline between 2019 and 2020. Some 3.4 million of all prisoners are unsentenced detainees and their share among all prisoners has remained at around 30 % between 2015 and 2021 and far from the target of equal access to justice for all.
- **Target 16.4:** While tracing is a key measure in the process of investigating and disclosing the origins of illicit firearms, its systematic implementation remains a global challenge. On average, Member States with available data successfully traced one-third of seized weapons that are potentially traceable between 2016 and 2021.
- **Target 16.5:** Globally, approximately 1 in 7 (15 %) businesses face requests for bribe payments by public officials, based on establishment-level data from 154 countries surveyed during 2006-2023.
- **Target 16.6:** Multiple crises undermine budget credibility across all regions. The average budget deviations compared to the approved budget decreased from 510 % in 2015 to the target of less than 5 % in 2019. However, budget credibility deteriorated and reached a deviation of almost 10 % for some regions in 20202021.

- **Target 16.7:** In every region of the world except Europe, people under the age of 45 are significantly underrepresented in parliament relative to their share of the national populations.
- **Target 16.9:** By providing all children with proof of legal identity from day one, their rights can be protected and universal access to justice and social services can be enabled. In 2022 the births of around 1 in 4 children under age 5 worldwide have never been officially recorded. Only half of the children under five years of age in sub-Saharan Africa have had their births registered.
- **Target 16.10:** Access to information (ATI) laws provide legal guarantees of the right to information and were adopted by 136 countries in 2022, up from 105 in 2015.

Goal 17. Strengthen the means of implementation and revitalize the Global Partnership for Sustainable Development

45. Progress towards achieving SDG17 has been mixed. On the one hand, there have been some advances in areas such as development aid, remittances flows, and access to technology.

However, funding for development remains a major challenge, particularly in low- income countries. Additionally, geopolitical tensions and the rise of nationalism in some parts of the world have made it more difficult to achieve international cooperation and coordination. Many developing countries are battling record inflation, rising interest rates and looming debt burdens, competing priorities, and limited fiscal space. A major surge in concerted action is needed to ensure developing countries have access to the financing and technologies needed to accelerate SDG implementation.

Finance

- **Target 17.1:** Based on 2021 data from approximately 130 economies, government revenue accounted for approximately 33 % of GDP on average. In addition, the average overall tax burden or revenue in the form of taxes was 26 % of GDP among advanced economies and 17 % of GDP amongst emerging market and developing economies. The proportion of government expenditure funded by taxes has been stable within each region and worldwide has tended to converge. The overall average was about 66 % among advanced economies and 60 % among emerging market and developing economies in 2019, but sharply declined to about 52 % in 2020 before rebounding to about 58 % in 2021 for both groups of economies.
- **Target 17.2:** Net ODA flows amounted to $206 billion (current price in 2022, an increase of 15.3 % in real terms compared to 2021). This is the highest growth rate in record, mainly due to domestic spending on refugees and aid for Ukraine. However, total ODA as a percentage of GNI continues to remain below the 0.7 % target, reaching 0.36 % in 2022 compared to 0.31 % in 2021. Moreover, net bilateral ODA flows to countries in Africa totalled $34 billion in 2022, representing a drop of 7.4 % in real terms compared to 2021.
- **Target 17.3:** The COVID-19 pandemic reshaped development spending, driving significant increases in financial resources mobilized for developing countries from multiple sources. Official sustainable development grants passed the $100 billion mark in 2020 and reached $118 billion in 2021. Official concessional loans amounted to $55 billion and official non-concessional loans to $107 billion in 2021, increases of 37 % and 51 %, respectively compared with 2019. But this is a long way from what is needed to enable

developing countries to invest in the transitions needed to achieve the goals, estimated at some USD 3.9 trillion between now and 2030.

- **Target 17.4:** Debt levels of advanced and low- and middle-income countries reached record highs during the pandemic, increasing the likelihood of adverse consequences on economic growth. Total external debt of low- and middle- income countries increased by 5.6 % in 2021 to $9 trillion, driven primarily by an increase in short-term debt. As of November 2022, 37 out of 69 of the world's poorest countries were either at high risk or already in debt distress, while one in four middle-income countries, which host the majority of the extreme poor, were at high risk of fiscal crisis.

Information and communications technology

- **Target 17.8:** In 2022, an estimated 66 % of the world's population (5.3 billion) used the Internet, compared with 41 % (3 billion) in 2015. Globally, 259 million more men than women used the Internet in 2022. There has been slower growth in the number of Internet users compared to the height of the pandemic, meaning that without increased investment in infrastructure and digital skills, the aim of connecting everyone by 2030 will remain elusive.
- **Target 17.6:** Fixed-broadband subscriptions continue to grow steadily, at an average annual growth rate of 6.7 % over the last 10 years, reaching 18 subscriptions per 100 inhabitants in 2022 globally, up from 11 subscriptions in 2015. While fixed connections are common among households in upper-middle- income and high-income countries, they are nearly non-existent in low-income countries due to high prices and a lack of infrastructure.
- **Target 17.7:** The total trade of tracked Environmentally Sound Technologies (ESTs) in 2020 was $2,364 billion, an increase of 5 % since 2015.

Trade

- **Targets 17.10, 17.12:** The worldwide weighted tariff average was about 2 % in 2020-unchanged since 2017, however, a decline from 2.6 % in 2015. The latest figures from 2020 indicate that agriculture and clothing products continue to face the highest tariff rates at about 6 %, followed by textiles at 4 % and industrial products at 1.4 %. The special tariff treatment that developed countries offer to developing countries, SIDs, and LDCs remains unchanged.
- **Target 17.11:** In 2021, the share of LDCs' exports in global merchandise trade amounted to 1.05 % and has remained almost constant for the last three years. The target of doubling the share of LDCs' exports by 2020, from its value of 1.03 % in 2011, has therefore not been met. The share of all developing countries' exports in global merchandise trade reached 44.4 % in 2021, a share 3.1 percentage points larger than in 2016. It has increased almost continuously over the last five years.

Data, monitoring and accountability

- **Target 17.18:** In 2022, 147 countries and territories reported having national statistical legislation compliant with the Fundamental Principles of Official Statistics. In 2022, 156 countries and territories reported implementing a national statistical plan with 100 of the plans fully funded, compared to 81 countries implementing a national statistical plan with 17 fully funded in 2016. However, due to long-lasting impacts of the pandemic and limited human and financial capacity in strategic planning, many national statistical offices are implementing expired strategic plans for their statistical activities, which may not fully cover their evolving development objectives and emerging demands for data.

- **Target 17.19:** International funding for data and statistics amounted to $542 million in 2020, a decrease of over $100 million and $155 million from funding levels in 2019 and 2018, respectively. This rate is also a decline of 16% since 2015. While this decrease could be partially attributed to pandemic-induced funding and policy shifts, it could reflect the long-standing challenges in mainstreaming data activities, the limited pool of donors, and the low strategic priority of statistics.

III. Breaking through to a better future for all

46. The sobering picture of SDGs in reverse halfway to our 2030 deadline is a clarion call to the world to redouble our efforts to eliminate poverty and hunger, advance gender equality and overcome the triple planetary crisis. Failure to heed this call will fuel greater political instability and displacement, further erode trust in public institutions, upend economies and lead to irreversible existential changes to our natural environment. Above all, it will cause immense suffering for current and future generations – especially among the world's poorest and most vulnerable people and countries.

47. But we can turn things around. Even though the overall picture is deeply concerning, the data also offers a glimpse of the possible. It shows progress in a number of key areas from energy to internet access and more. There is also ample evidence that the transformation demanded by the Goals is one of immense opportunity and in the years since 2015, we have seen governments, business, the private sector and the general public embracing the SDGs.

48. The SDGs remain a truly inspiring and unifying compass and transformative progress can be made even in the face of adversity. What's more, this generation is equipped with knowledge, technologies and resources unprecedented in history and can draw on a wide range of normative frameworks. Breaking through to a better future for all demands that we put this advantage to use to lift hundreds of millions out of poverty, advance gender equality, put our world on a low-emissions pathways by 2030, and secure human rights for all.

49. The 2023 Global Sustainable Development Report provides a synopsis of evidence showing that we can guide transformation toward sustainable and equitable outcomes. The following sub-sections complement its findings and provide Member States with analysis and recommendations to unlock the rapid and deep transitions needed to deliver the Goals by 2030. The UN system will seek to mobilize support for a number of these, through a set of High Impact Initiatives in the lead up to and following the SDG Summit.

50. I urge world leaders to come together at the SDG Summit to deliver a Rescue Plan for People and Planet centred around three major breakthroughs:

- **Equipping governance and institutions for sustainable and inclusive transformation.**
- **Prioritizing policies and investments that have multiplier effects across the goals.**
- **Securing a surge in SDG financing and an enabling global environment for developing countries.**

A. Equipping governance and institutions for sustainable and inclusive transformation

51. Delivering change at the speed and scale required by the SDGs demands more from public institutions and political leaders than ever before. It requires bold decisions, the transfer of resources from one sector to another, the creation of a new regulatory environment, the appropriate deployment of new technologies, the advancement of longer-term holistic perspectives, the mobilizing of a wide range of actors and the capacity to advance disruptive change while strengthening trust and social cohesion.[3] Each of these dimensions present challenges for political leadership and public governance systems. Together they constitute a set of demands for which contemporary governance systems were not built. It is essential therefore that action is taken to equip governance systems for transformation.

52. Since 2015, governments have responded to the SDGs in a variety of ways. Yet Voluntary National Reviews and research studies demonstrate that **SDG nationalization** has not yet had the necessary 'normative and institutional impact, from legislative action to changing resource allocation'.[4] The SDGs must become more than a means to communicate change. They must become a guiding star that shapes national policies, budgets, institutions and long-term national development planning. They must become the core business of Presidents and Prime Ministers, Parliaments and the Private Sector.

53. Incentivizing, steering and advancing transformation is complex and can often result in unintended consequences or trade-offs. **Public Institutions** and public servants need to have capacities and strategies to continually revisit and adjust policy implementation to maximize benefits and capitalize on synergies while understanding trade-offs or identifying feedback loops including by leveraging international human rights and labour Standards. They also need to be able to work across sectors and contribute, including with budget alignment, to a whole-of- government approach to the SDGs. The ability of institutions to steer and leverage digital technologies, in an inclusive and equitable manner, is also key, as is a capacity to work in unison with the private sector and others to advance the public interest.

54. Localization, anchored on the principle of multilevel governance and multistakeholder collaboration, is recognized as a key approach to collectively propel us toward greater inclusion and sustainability. **Local and Regional Governments** have a key role to play in this process as the 65 % of the SDG targets are linked to their work and mandates. Being the sphere of government closest to local communities, they are essential for responding to the erosion of the social contract and protecting our societies amidst intersecting global crises. Since 2018, the Voluntary Local Review global movement has provided an unprecedented push to localization. The more than 200 Voluntary Local Reviews to date have shed light and raised the profile of local action vis-a-vis national action and international processes. In addition, VLRs have contributed to advances in all dimensions of SDG localization – from data innovation, to planning and policy coherence, to project development and financing. Nevertheless, the resources of local and regional governments – financial, human, and technical – across the globe remain limited, hindering their capacities to deliver basic services and drive development at the local level.

55. The **Private sector** is a critical driver of productivity, employment, and growth. Business leaders are increasingly acknowledging the necessity and urgency of taking sustainability factors into account to achieve long-term success. Businesses are making sustainability and climate related commitments daily. They must be held accountable for those commitments, and they must deliver. Corporate governance models, incentive structures and operating practices must be adjusted to align with the objectives of sustainable deve-

lopment. Policies and regulations must facilitate long-term decision-making, include the pricing of externalities and the phasing out of harmful subsidies and we must see an improvement in the transparency and credibility of sustainability labels and ratings, ensuring all efforts are made to eliminate rampant green-washing and SDG- washing.

56. **Culture** is a global public good and a critical enabler and driver of SDG progress. Culture serves as a source of knowledge, values and communication, as a contributor to environmental sustainability and as a generator of economic activity and jobs. Respect for cultural diversity and the diversity of religions and beliefs as well as intercultural dialogue and understanding are also crucial to strengthening social cohesion and sustaining peace. Culture and respect for cultural diversity, however, remain undervalued and underutilized in the push for SDG progress. Greater consideration of culture's role in supporting SDG achievement – including within relevant SDG indicators – would generate an important boost for SDG implementation between now and 2030.

57. Access to **timely, and high-quality, disaggregated data** is essential. It can multiply the efficiency and effectiveness of domestic and development spending, generating a 'data dividend' for SDG implementation. Yet many countries lack the necessary resources and capacities to respond to data demands and, as highlighted in Section 2, there remain significant gaps in SDG indicator geographic coverage, timeliness, and disaggregation. Domestic spending on data and statistics is low and some 40 % of National Statistics Offices saw a drop in funding during the pandemic. There is little transparency around donor support in this area and one study estimated that development cooperation spending on data dropped by over 20 % between 2018 and 2020. Greater use of new data sources and innovative approaches including geospatial information, remote sensing, artificial intelligence and machine learning, crowd sourcing, qualitative methods, citizen-generated data and private sector data represent new opportunities, though not without their own risks and challenges. Strong data governance, data literacy and data protection policies, are essential, but today only about half of the least developed countries have such laws.[5] Support from the UN and other international partners must also become more cohesive and effective. Much more can be done to strengthen data ecosystems.

58. Effective engagement with the global public and effective **follow-up to SDG commitments and implementation** efforts is key to understanding progress, boosting public ownership and identifying major objectives. By July 2023, 188 countries would have conducted voluntary national reviews (VNRs)- the central instrument for SDG follow-up and review at global and national levels. Overall, countries have improved the preparation of the VNRs, engaging stakeholders more systematically and combining multiple tools of analysis. VNRs have also had a spillover effect at the subnational level, with the growth of voluntary local reviews as a key example. With the SDGs so far off track and building on lessons learned since 2015, it is time to take SDG follow-up to the next level. It is essential that the attention shift from reporting national action to an international audience to strengthening national accountability for progress and transformation. This calls for a systematic inclusion of SDG implementation efforts in national oversight systems, for more independent evaluations of national implementation, for greater involvement of scientists in monitoring and review and a fundamental rethink of the Voluntary National Review process.

Priority actions:

- Call on all countries to deliver a **National Commitment to SDG Transformation** at the SDG Summit, including by setting national benchmarks for reducing poverty and inequality, making SDG achievement a central focus in national planning and oversight mechanisms and aligning national and subnational budgets with the SDGs.

- Invest in **public sector capacity and infrastructure** to identify trade-offs and drive large-scale change, enable complex decision-making, leverage digital technologies and boost implementation partnerships
- **Recognize the central role of local and sub-national governments** in implementing the SDGs, including by designing national enabling frameworks to allow subnational governments to meet their devolved responsibilities and by strengthening their capacities and resources to advance the SDGs, while contributing to crisis mitigation, adaptation, preparedness and recovery, anchored on the principles of multilevel governance, multistakeholder and multisectoral collaboration.
- Encourage the development of effective policies and a suitable regulatory framework to support the **alignment of private sector governance models**, operating practices and disclosure requirements with sustainable development objectives.
- Give due consideration to the **contribution of culture** to the achievement of sustainable development in the formulation of national, regional and international development policies and international cooperation instruments.
- Take action to **reap the data dividend** with a focus on the most vulnerable groups by working towards securing data for at least 90 % of the SDG targets in each country by 2027, increasing domestic financing for data and statistics by 50 % from current levels by 2030; embracing new data sources and innovative approaches, and adopting data governance and protection policies. Donors should also commit to increase the share of ODA for data to at least 0.7 % by 2030, for the full implementation of the Cape Town Global Action Plan for Data for Sustainable Development.
- Take **SDG monitoring, follow-up and review to the next level** by boosting independent evaluations of implementation, strengthening engagement with parliament and civil society, centring Voluntary National Reviews on National Commitments to SDG Transformation, establishing official registration systems of Voluntary Local Reviews and supporting the further development of SDG indicators with disaggregated data.

B. Prioritizing policies and investments that will drive just transitions and unlock progress across the goals

59. In 2015 the SDGs were agreed as an integrated and indivisible set of Goals and they cannot be achieved one at a time or in siloes. The 2019 and 2023 Global Sustainable Development Reports make the evidence-based case that transformation toward sustainable development will only be possible if actions address systems of Goals and Targets. Policy actions are needed to drive key transitions and to serve as multipliers that advance progress across the SDGs. National priorities and contexts will determine the precise mix of policies and interventions, but combining actions and actors geared to leave no one behind with those that balance human well-being and the stewardship of nature can help build a holistic approach.

1. Close divides to leave no one behind

60. Recent crises have exposed unequal coping mechanisms and deepened divides across various dimensions of well-being. As Section 2 of this report shows, the decades-long trend of narrowing global income inequality has now reversed, more people are fleeing conflict than at any time on record, and the slum population is growing. The impacts of these reversals are felt most by women and girls and by vulnerable and marginalized populations including persons with disabilities, migrants, refugees and displaced persons and Indigenous Peoples.

61. The world must act to close gaps and improve the well-being of people farthest behind, and thus contribute to stability and resilience globally. Action taken in the following areas can also have multiplier impacts across the SDGs:

Provide shock-responsive, adaptive, and universal social protection and strengthen action to generate jobs for a just transition

62. Social protection and job creation/retention is the only refuge for the large segments of society with no financial buffers and is a crucial tool for reducing and preventing poverty, particularly when crises hit. During the pandemic, many governments rapidly expanded social protection coverage or benefits, often with digital tools, but many were one-time payments or short-term solutions.[6] Most of these additional social protection and job retention measures were implemented in advanced economies with the resources to do so, while in developing countries, many governments now face the prospect of having to roll-back these measures in response to compounding fiscal pressures.

63. In addition, social protection coverage often leaves out those who need it the most, such as informal workers, particularly women.[7] For instance, only 28 % of persons with significant disabilities have access to disability benefits globally, and only 1 % in low-income countries.[8] The current global economic slowdown is also likely to force more workers to accept lower quality, poorly paid jobs which lack job security and social protection. The need for universal social protection and decent job opportunities will also only grow as the transitions to green and digital economic systems accelerate, and as demographic transitions unfold.

64. Despite the devastating impact of today's cascading crises on social protection and livelihood opportunities, these shocks have also highlighted the opportunities for driving progress. Right now, there is a window of opportunity to cement some of the gains and learn from positive experiences, with impacts that can cut across the SDGs.[9] Social protection that is dynamic in both the coverage and the means of distribution can bolster capabilities to weather crises. There is also a strong investment case for expanding social protection and supporting job creation: investing in the care economy, for example, could generate 280 million jobs globally, while investing in the green and circular economy could create 100 million jobs, both by 2030. The revenue from this job creation could fuel a virtuous cycle that can accelerate just transitions and create more resilient, inclusive, and equitable societies for all. Despite high up-front costs in some cases, investing in these areas will yield long-term results that far outweigh immediate costs. Despite high interest rates, inflation and fragile debt situations, long-term, affordable financing to support social protection and decent job creation opportunities can and must be found. The UN Global Accelerator on Jobs and Social Protection for Just Transitions, launched in September 2021, is supporting the design and implementation of inclusive and integrated policies and investment strategies for decent jobs with social protection, to support just transitions for all. It also aims to establish national financing frameworks and mobilize public and private domestic and international resources with the aim of expanding social protection to 4 billion people and creating 400 million new, decent jobs by 2030.

Priority actions:

- Expand investments in social protection floors as a percentage of GDP in national budgets and make institutional changes to promote an integrated approach to achieving adaptive, shock-responsive, and universal social protection and creating new, decent job opportunities in the care, digital, and green economies.

- Mobilize political efforts through the UN Global Accelerator on Jobs and Social Protection for Just Transitions to channel funds from international, national, public and private sources, including from the International Financial Institutions towards this aim.
- Create active labour market policies to help workers upskill and re-skill to keep or change their job, adapt to the green and digital transitions, and find ways out of poverty
- Fully leverage digital technology to expand the foundations—including registries, digital IDs and financial inclusion, on which more comprehensive, dynamic and adaptive social protection systems can be built.

Invest in women and girls

65. Current rates of progress toward gender equality are set to leave half of the world's population and the world's workforce behind. Gender parity for labour-force participation had been slowing since 2009—and it reversed in 2020.[10] Women make about half as much as men do and carry a disproportionate share of care work, both paid and unpaid, which increased during the pandemic.[11] Rates of violence against women were reported to have increased considerably during the pandemic. By one measure, GDP per capita would be almost 20 % higher if all gender employment gaps were closed.[12] This demands a dismantling of discriminatory laws, a shake-up in the existing social structures and norms, and the use of special measures and quotas for the targeted investment in women supported by measures and quotas.

66. The world's population is also drastically changing, and a recent UN study shows that greater parity in the labour force would do more to sustain economies in ageing, low-fertility societies than setting targets for women to have more children. Yet, it is estimated that globally, the number of unintended pregnancies every year is a staggering 121 million, or an average of 331,000 per day. Safeguarding access to quality sexual and reproductive health for all, and instituting policies that are family-friendly are the best ways to ensure a population can achieve their individual reproductive goals and optimize their contribution to society.

Priority actions:

- Leverage special measures and quotas to promote gender parity across all levels of decision-making in political and economic life; accelerate women's economic inclusion by closing the digital divide, investing in women-owned businesses and reducing the unpaid care and domestic burden for women and girls.
- Dismantle all discriminatory laws and practices, take action to shape social norms that promote gender equality and ensure universal access to sexual and reproductive health and reproductive rights.
- Pass laws and put in place emergency response plans that prevent and eliminate violence against women and girls, both on and offline, by 2025.

Make the digital transformation work for everyone

67. Persistent digital divides among and within countries stand in the way of widespread SDG progress through digital technologies and hampers the use of new data sources. These gaps should be tackled at a holistic level, not just a whole-of- government but also whole-of-system level, supported by the global development community.

68. In navigating the double-edged sword of digital transformation, managing digital risks and digital harms and leveraging the potential of technologies requires investing in inclusive and accessible digital infrastructure to ensure meaningful connectivity for all. The large gaps in access to technologies, connectivity, and infrastructure, as well as lack of accessibi-

lity of technologies themselves for groups such as persons with disabilities, has significant human rights and development implications. For instance, only one in 10 people in the world have access to assistive technology products and services.[13] The proliferation of robotics, artificial intelligence, quantum computing, the Internet of Things (IoT) and cloud and mobile computing, can support human well-being and the SDGs. Enhancing digital literacy and data literacy in and outside the public sector is another crucial step and should focus on self-reliance and lifelong learning. Effective digital partnerships with the private sector and other stakeholders can produce applications to advance progress towards the SDGs. Member State development of a Global Digital Compact is underway and would be a substantial step in the direction of making digital technologies work for the public good.

Priority actions:

- Invest in foundational inclusive and accessible digital infrastructures to ensure meaningful connectivity for all and build digital literacy and data literacy in and outside the public sector.
- Incentivize digital partnerships with the private sector and other stakeholders to produce applications that further SDGs progress.

Adopt a life course approach to essential services and urgently tackle the global crisis in education

69. Early and consistent investments in access to essential social services and social inclusion can improve the prospects for work and well-being later in life and is fundamental to a strong social contract. Interventions during early childhood and adolescence can prevent subsequent limitations and support socio-economic mobility, while interventions in adulthood or older age can help individuals recover from past deprivations. But today, systems continue to take a fragmented approach. Limited focus on a life course and intergenerational approach, and inadequate access to training opportunities for older persons hampers their ability to continue working or find new employment.

70. Quality inclusive education is key to preparing today's youth for high-skill jobs and is a major contributor to health and well-being, gender equality and climate mitigation.[14] But against the pandemic's backdrop of lost learning, education today is in deep crisis. In low- and middle-income countries, the share of children living in "learning poverty"—unable to read and understand a simple statement about everyday life at age 10—could possibly reach 70 %[15] with children with disabilities and other marginalized groups suffering disproportionately. As highlighted at the 2022 Transforming Education Summit, ending the current crisis and making education fit to tackle the world's most pressing issues demands a sea-change in how governments and the international community approach and invest in education. Recent analysis shows that almost $100 billion per annum is needed to allow countries to meet their national benchmarks for achieving SDG4.[16] A forthcoming Policy Brief on Transforming Education will elaborate on this challenge as an input to the Summit of the Future preparations. The crisis in education, however, is a ticking time-bomb. Urgent and focussed action now will reap benefits for generations to come.

Priority actions:

- Expand access to early childhood education, nutrition, healthcare and leverage the forthcoming high-level meeting on Universal Health Coverage to strengthen national health systems.
- Equip social protection systems to address needs that arise naturally during the life cycle and during periods of low earning capacity, such as childhood, disability, childbearing and old age.

- Deliver on National Statements of Commitment to Transform Education including by taking concrete steps to invest more, more equitably and more efficiently in education, taking corrective action and monitoring progress at all levels to improve basic literacy and numeracy and digital literacy proficiency, ensuring a future-oriented focus in education curricula and pedagogy and leveraging technologies for greater access and learning.

Invest in peace

71. The data in Part 2 show that one-quarter of humanity lives in a conflict affected area. Development cannot wait in these areas. Investments in peace and sustainable development generate a virtuous cycle – with development gains addressing the drivers of conflict and inclusive peace enabling development priorities to expand.

72. Advancing the SDGs in conflict affected regions and those with humanitarian needs will break cycles of dependency and address the underlying drivers of vulnerability. It is vital to ensure that persons affected by instability, conflict or violence have access to services and protection, including the more than 100 million forcibly displaced people worldwide, among which more than 32 million are refugees.[17] Countries that are affected by conflict or humanitarian disaster need their partners and supporters to act in a coherent manner. They need peacebuilders, development practitioners and humanitarians who can see the bigger picture. They need partners who do not work in isolation. The United Nations must lead by example. I expect all United Nations entities to work in a coherent fashion that simultaneously advances development priorities, meets humanitarian needs and builds peace.

73. The New Agenda for Peace, which is being prepared as part of preparations for the Summit of the Future, will seek to reduce strategic risks by strengthening international foresight and capacities to identify and adapt to new risks and to focus on preventing conflict.[18]

Priority actions:

- Strengthen investment in development priorities in conflict-affected areas and those with humanitarian needs to address the underlying drivers of vulnerability.
- Proactively integrate persons and communities affected by instability, conflict or violence, especially refugees and IDPs, into national systems of healthcare, education and employment.

2. Leverage environment-human well-being synergies

74. Human well-being is integrally connected to the stewardship of nature and protection of the environment—the air, water, land, and ecosystems that are foundations for life. Achieving the 2030 Agenda for Sustainable Development and the Paris Agreement depends on safeguarding these resources for sustainability, equality, and justice. If the current trajectory towards climate change, biodiversity loss, pollution and the degradation of ecosystems goes unaddressed, any progress on the SDGs could unravel, exacerbating hunger, poverty, conflict, natural disasters and public health emergencies. But acting now in the following areas could boost progress across the Goals and support the promise to leave no one behind.

Accelerate access to energy for all and the shift to renewables

75. Access to electricity in developing countries has increased, even during the current period of crisis, while lack of access to clean cooking solutions remains stubbornly persistent. The pace of progress needs to accelerate, along with the reliability and affordability to reach everyone. This needs to happen while also ensuring the transition to renewable energy systems supported by increased energy efficiency measures.

76. Immediate, deep, rapid and sustained reductions in greenhouse gas emissions of the energy sector is imperative to reach the 1.5°C goal of the Paris Agreement since energy accounts for more than two-thirds of global greenhouse gas emissions.[19] Accelerating the renewables revolution is our best hope of ensuring energy security, affordability, access and independence, while keeping 1.5 C target alive. At the same time, the transition to renewables must be proactively managed so as to minimize social disruption and maximize the many socioeconomic benefits including economic growth, poverty eradication and job creation and disruption during the transition. Using solar and wind power to replace coal resources could save USD 23 billion a year.[20] The transition would create 24-25 million new jobs, against the 6 to 7 million jobs that will be lost.[21]

Priority actions:

- Take immediate action to advance the global transition from fossil fuels to renewable energy as proposed in the Secretary-General's Climate Acceleration Agenda:
  a. No new coal and the phase out of coal by 2030 in OECD countries and 2040 in all other countries. End all international public and private funding of coal.
  b. Ensure net zero electricity generation by 2035 for all developed economies and 2040 for the rest of the world.
  c. Cease all licensing or funding of new oil and gas – consistent with the findings of the International Energy Agency. Stop any expansion of existing oil and gas reserves.
  d. Support the preparation of investment-ready energy transition plans consistent with these actions.
- Address critical bottlenecks to renewables deployment in developing countries by ensuring access to battery storage technology, resilient and diversified supply chains for critical raw materials and tackling the high cost of capital for renewables in the developing world.
- Triple finance and investment for renewable energy and energy efficiency including shifting fossil fuels subsidies to renewables and reforming the international financial architecture.
- Mobilizing financing to support the Energy Compacts, and all on the MDBs, DFIs, and bilateral agencies to do their part on taking more risk and develop/repurpose financial instruments to lower the cost of capital for renewable technologies. This can help expand cooperative models on renewable energy transition, such as the Just Energy Transition Partnerships.
- Strengthen international cooperation and collaboration for ensuring transparency, accountability, and credibility around the above-mentioned actions.

Secure food, water and sanitation systems

77. Business as usual approaches are not protecting the right to food and water for a growing population or safeguarding the environment to sustain and secure the provision of these resources. Hunger and food security are falling behind even as direct GHG emissions from agriculture are projected to increase by 6% during the next decade.[22] And access to clean water and water management are at risk as climate disasters increase and several regions face severe water scarcity. Low access to sanitation and hygiene remains a major and urgent challenge with devastating impacts on health, human dignity and the situation of women and girls. Rapid urbanization intensifies these challenges but introduces opportunities to build cities in a more resilient, cost-efficient and inclusive manner. The nexus of food, water, sanitation and environment sustainability must factor into development pathways in a holistic and coherent manner, with adequate human, technological and financial resources.

78. Following the 2021 Food Systems Summit, 117 countries have developed national food system transformation pathways—some have started implementing their pathways while others need technical and financial assistance to move forward. System complexities are being built into emerging initiatives using data from both socioeconomic models and biophysical models. The UN Water Conference in March 2023 mobilized new commitments to solve the water and sanitation crisis, with the potential to generate dividends across the SDGs. For every dollar invested in water and sanitation, there is a USD 4.30 return in reduced health care costs for individuals and society.[23]

Priority actions:

- Integrate decision-making in the water, energy, food and environment sectors to ensure good nutrition, strengthen food and water security and sanitation, support climate action and maintain biodiversity and forests.
- Advance on national pathways for follow up to the 2021 Food Systems Summit and on the outcomes of the 2023 UN Water Conference, engaging all sectors and stakeholders.
- Enable a coordinated policy effort across countries to better meet nutritional needs while addressing climate change and inefficient water and land use.
- Invest in green infrastructure, to upgrade ageing infrastructure for water management, to ensure water efficiencies, access, and lower pollution.

Protect biodiversity and natural resources

79. The environmental resources that sustain life are under threat with trends moving backward since the adoption of the 2030 Agenda. And yet, more than half of the world's GDP is moderately or highly dependent on nature.[24] Some 1.6 billion people depend on forests for their livelihoods where the highest levels of terrestrial biodiversity are found, making sustainable land management critical to human well-being and poverty reduction. 680 million people live in coastal megacities and nearly half of the world's population depends on fish for protein, including the population reliant on aquaculture for their livelihoods. Striking a better balance with nature is also a health priority. Land degradation and habitat fragmentation drive humans and wildlife into closer contact, reducing biodiversity and increasing the risk of future pandemics through the spread of zoonotic disease.

80. Protecting nature is crucial for climate action as well – forests and oceans help mitigate climate change by absorbing carbon dioxide. Ocean absorbs a third of carbon emissions released in the atmosphere, but increased absorption of CO2 resulting from climate change, in turn leads to ocean warming and acidification, ice-melting, sea-level rise, and marine heatwaves, threatening the natural marine ecosystems and populations reliant on the oceans for their lives and livelihoods.

81. The recent adoption of the Kunming-Montreal Global Biodiversity Framework at the culmination of the 15th United Nations Biodiversity Conference represents a landmark agreement by governments to guide actions and funding to safeguard nature, protect indigenous rights, and sustainably manage other critical resources by 2030. The 2018 Regional Agreement on Access to Information, Public Participation and Access to Justice in Environmental Matters in Latin America and the Caribbean can help facilitate implementation of global sustainable development agreements.

Priority actions:

- Strengthen links between the conservation and sustainable use of biodiversity and public health in sectoral policies.

- Raise government and stakeholder awareness, as well as monitoring and predicting impacts of biodiversity loss on human well-being.
- Follow up on the goals and targets of the Kunming-Montreal Global Biodiversity Framework and close the $700 billion biodiversity finance gap, with actions that increase the level of financing from all sources and eliminate and reform incentives harmful for biodiversity by at least $ 500 billion per year.

Prevent new and reduce existing disaster risks

82. COVID-19, conflict, and climate disasters have shown just how vulnerable SDG progress can be to shocks. Systematically integrating risk considerations into planning for the 2030 Agenda can reduce the consequences of shocks, especially for those most vulnerable, and the likelihood of crises. Also important is acknowledging that actions in one system can create or reduce risks for another, as hazards cascade across systems.

83. Countries can shock-proof SDG progress by strengthening risk management governance and adopting a multi-hazard and multisectoral approach to deal with pandemics or climate change that can disrupt societal and economic networks. Also needed is integrating disaster risk reduction with climate, sustainable development and humanitarian action, shifting the balance from responding to investing. The UN policy brief on strengthening the international response to complex global shocks (An Emergency Platform), an input into the preparations for the Summit of the Future, outlines how a more predictable and structured response can help mitigate the risks to the most vulnerable countries.

84. Strengthening disaster risk resilience requires leadership at the highest level of government, engagement from all sectors, and multistakeholder participation. My initiative to ensure universal coverage of multi-hazard early warning systems can ensure minimal loss of lives and livelihoods when disasters strike. Collaborating to develop new tracking systems to record and analyse hazardous events and disaster losses and damages can also help. Greater investments in capacity-building and transformative action on investments to accelerate SDG progress pave the way for greater strategic foresight and the implementation of national disaster risk reduction financing.

Priority actions:

- Systematically integrate risk considerations into planning for the 2030 Agenda by fully implementing the Sendai Framework.
- Ensure universal coverage of multi-hazard early warning systems by 2027.
- Ensure linkages between global data for public health emergencies and other disasters.

C. Securing a surge in SDG financing and an enabling global environment for developing countries

85. The COVID-19 pandemic, impacts of the war in Ukraine on rising food and energy prices, rising inflation, and unsustainable debt burdens have significantly reduced countries' fiscal space, undermining their ability to invest in recovery efforts. Despite increased support from the international community to developing countries, these efforts have remained inadequate, exacerbated by an international financial system that is not fit for purpose and that remains plagued with systemic and historic inequities.

86. In addition, developing countries struggle to gain equitable access to the global trading system and to the benefits of new technologies and the fruits of science and innovation – all of which continue to favour those countries that have benefitted historically from protectionism and global resource extraction.

87. To reverse course and turbo-charge the SDGs, it is essential that countries have the resources needed at scale to invest in both their immediate recovery, and in long-term sustainable development outcomes, including climate action. This requires a two-pronged approach that aims to secure a surge in SDG financing, while simultaneously reforming the international financial architecture to make it resilient, equitable, and accessible for all. It is also critical that developing countries have better access to global trade, science, technology and innovation.

1. Deliver an SDG Stimulus and reform the international financial architecture

88. To secure a surge in SDG financing in the short-term, I launched an SDG Stimulus plan which calls for a significant increase in financing for sustainable development, to the tune of an additional $500 billion per year, to be delivered through a combination of concessional and non-concessional finance in a mutually reinforcing way.

89. The **SDG Stimulus** puts forward three main areas for immediate action: (i) tackle the high cost of debt and rising risks of debt distress, including by converting short-term, high interest borrowing into long-term (more than 30 year) debt at lower interest rates; (ii) massively scale up affordable long-term financing for development, especially through multilateral development banks (MDBs) and by aligning all financing flows with the SDGs; and (iii) expand contingency financing to all countries in need. The SDG Stimulus also aims to ensure that resources are invested in the areas needed to secure the SDGs and just transitions. At the national level, this calls for aligning all forms of finance with the SDGs, including by utilizing tools such as SDG-aligned Integrated National Financing Frameworks (INFFs).

90. Urgent action is also needed to prevent **tax evasion and avoidance and illicit financial flows**, to boost international tax cooperation and to strengthen national fiscal capacities to strengthen domestic resource mobilization.[25] . Globally agreed concepts and tested methods now exist and can be used by all countries to curb illicit finance. Increasing the efficiency of budget execution and achieving greater budget credibility are also critical.

91. While the SDG Stimulus can be achieved within the confines of the current financial architecture, adequate long-term financing requires **reforming the international financial architecture** and overcoming the major structural barriers that predominantly serve wealthy countries and individuals. As a starting point, this calls for delivering on the Addis Ababa Action Agenda and other international frameworks. It also calls for ambitious efforts to go beyond GDP when determining access to concessional finance, create new financing models for global public goods, change the business models of MDBs and aligning their mandates and operational models with the SDGs, strengthen the global financial safety net, improve debt ratings and create an effective sovereign debt workout mechanism. A reformed international financial architecture also calls for reform to global economic governance structures to make them more inclusive and representative. These and other areas will be elaborated in forthcoming Policy Briefs on reforming the international financial architecture and Developing Metrics Beyond GDP, which will be part of a series of crucial inputs to Member Stats as part of preparations for the 2024 Summit of the Future. The holding of the next International Conference on Financing for Development in 2025 is also essential and will provide a clear pathway to secure progress on the full range of issues addressed in the Addis Ababa Action Agenda.

92. International and domestic **private investment** in emerging and developing economies must be scaled up. The Global Investors for Sustainable Development Alliance has put forward a definition of sustainable investing to guide the private sector. It calls for Susta-

inable Development Investing (SDI) in ways that contribute to sustainable development, using the SDGs as a basis for measurement. Attracting such investment at scale requires strong institutions and a conducive regulatory and operating environment. De-risking mechanisms, guarantees, and transparency around key risk markers must be scaled in order to secure greater levels of private investment in the SDGs without saddling governments with even more debt

Priority actions:

- Urge all countries and financial institutions to take the necessary actions to deliver **the SDG Stimulus** aimed at massively scaling up financing for the SDGs to at least $500 billion per year.
- Call for urgent reform of the **international financial architecture** and encourage tangible progress on reform of the multilateral development banks (MDBs), including by increasing their capitalization, supporting the re-channelling of Special Drawing Rights (SDRs) through MDBs, better leveraging their capital bases, securing increases to grants and concessional finance; increasing their risk appetites, providing de-risking mechanisms and guarantees to attract private finance and reforming their business practices by explicitly linking their mandates to the SDGs, including climate action.
- Encourage the development of **fair and effective tax systems**, aligned internationally, to support financing efforts at the national level, including through SDG-aligned Integrated National Financing Frameworks (INFFs).
- Decide to convene the **Fourth International Conference on Financing for Development** in 2025, building on the 2024 Summit of the Future and my proposed Biennial Summit with the members of the G20 and the members of ECOSOC, and the heads of the international financial institutions.

2. Harness trade to work for the SDGs

93. Trade is a critical driver of economic growth, job creation, and poverty reduction in developed and developing countries alike. However, to realize these benefits, countries, especially developing countries must overcome various barriers and challenges that prevent their seamless integration in regional and global value chains and investment networks.

94. One major obstacle to trade is high transport costs, which can make goods uncompetitive in global markets. Developing countries also face price fluctuations for primary commodities, which can lead to volatile and unpredictable export earnings. Unpredictable supply chains can hinder the timely delivery of intermediary and final goods, a problem clearly illustrated during the COVID-19 pandemic. Cumbersome customs processes and protectionist policies can further impede trade flows. Moreover, the shift towards knowledge-intensive services, such as professional services, government services, IT services, and telecommunications, has highlighted the importance of digital infrastructure and literacy. Data flows, which have been growing at close to 50% annually between 2010-2019, make digital infrastructure fundamental.

95. Despite these challenges, several recent developments have generated new momentum for leveraging trade for the SDGs. The COVID-19 pandemic prompted emergency policies to remove trade and financial roadblocks to accelerate the delivery of vaccines, therapeutics, and diagnostics. The Black Sea Grain Initiative has helped countries to withstand shocks to trade caused by the war in Ukraine. The African Trade Exchange Platform is helping address food, fuel, and fertilizer shortages in developing countries. After more than two decades of negotiations, WTO members reached a landmark and novel multilateral Agreement on Fisheries Subsidies. The Global System of Trade Preferences among

developing countries (GSTP)[2] is only one ratification away from entry into force – a move which would allow preferential tariff treatment generating a shared welfare gains of $14 billion.

96. To maximize the role of trade in achieving the SDGs, it is crucial to strengthen the multilateral trading system and align it with the SDGs. This system should be universal, rules-based, open, non-discriminatory, and equitable. At the same time, developing countries need support to build productive capacity and infrastructure to connect with regional and global production and supply chains, including by meeting environmental requirements and using digital trade infrastructures for ecommerce. Inclusion of micro, small, and medium-sized enterprises and women- owned enterprises to engage in international trade should be embedded in approaches , and progress be measured with sex-disaggregated trade and business statistics. Developing countries also need the policy space to implement coherent industrial, innovation, trade, and investment policies to mainstream trade into national and sector strategies in support of the SDGs. Collaboration at the multilateral level is also essential to address vulnerabilities in supply, transport, distribution chain infrastructure, and trade finance for MSMES to reduce disruptions from climate change, conflict, and future pandemics.

Priority actions:

- Commit to strengthen a universal, rules-based, open, non-discriminatory and equitable multilateral trading system and call for aligning the trade regime and national complementary policies with the SDGs.
- Provide support to developing countries, including by scaling up Aid-for-Trade, to build productive capacity and connect with regional and global production and supply chains and to implement trade policies that encourage environmentally friendly production, trade in goods and services that contribute to the energy transition and decarbonization of supply chains.
- Ensure open, competitive, fair and contestable markets through competition and consumer policies and collaborate at the multilateral level to address vulnerabilities in supply, transport and distribution chain infrastructure to increase resilience to climate change, conflict and future pandemics.

3. Revolutionize science, technology and innovation capacities and exchanges

97. The capacity for humanity to use science, technology and innovation (STI) to confront crises in transformative ways, and for STI to deliver for the public good was clear during the pandemic. The potential for STI to be applied to the SDGs is vastly untapped and institutional and other barriers that stand in the way of STI progress must be recognized and lowered.

98. Increasing funding for SDG-related research and innovation on underlying social issues, social policy and grassroot innovations, particularly in low-income countries, would provide the data, evidence and analytical tools to better inform actions for the SDGs. Access to knowledge, technology and opportunities to contribute to STI development must be improved including through strengthened technology transfer. Creative solutions for removing paywalls and sharing knowledge need to be scaled up and public-private partnerships can boost digital infrastructure investments, but governments need to ensure that regulatory frameworks are in place. Applying science to solve complex interlinked challenges calls for cross-disciplinary collaboration. A strong science-policy-society interface can build trust in science and evidence as emphasized in the 2023 Global Sustainable Development Report. Trust in the science behind COVID-19 vaccines and climate change, for example,

needs to be actively built through open and inclusive deliberations for individuals to use technology solutions or change behaviour.

Priority actions:

- Strengthen the science-policy interface to enable the application of science, technology and innovation for the achievement of the SDGs by taking all necessary steps to strengthen the linkages between the scientific community and policymakers.
- Build trust in scientific knowledge, by ensure that information is broadcast with integrity including by instituting regulatory mechanisms and codes of conduct that promote integrity in public information, as recommended by Our Common Agenda.
- Establish more efficient and effective technology transfer mechanisms and strengthen existing mechanisms such as the Technology Facilitation Mechanism while exploring new avenues of open science and open-source data.
- Increase funding for SDG-related research and innovation on underlying social issues and build capacity in all regions to contribute to and benefit from this research.

4. Maximizing the contribution of multilateralism and the UN development system to support SDG acceleration

99. The previous sections have demonstrated the degree to which multilateralism can support national action to achieve the SDGs. My report on Our Common Agenda includes a wide range of recommendations to this end, many of which are already under way.

100. The preparations for the Summit of the Future in 2024 provide a critical opportunity to leverage multilateralism's capacity to support SDG acceleration and to sustain SDG progress by planning for and tackling emerging challenges and to address gaps and weaknesses in the international architecture that have emerged since 2015 and that are undermining our efforts to achieve agenda 2030. Further action in a number of areas in the context of the Summit of the Future – a Global Digital Compact, progress on reforms of the International Financing Architecture, measuring progress by going beyond GDP, ensuring the governance systems protect the rights of future generations and facilitate the active engagement of young people in decision-making and transforming education to better prepare learners of all ages for the future – will further support SDG acceleration.

101. The UN development system is the strongest representation to people across the world of the UN's commitment to the SDGs. In 2018, the UN The General Assembly, in resolution 72/279, embraced my call for an ambitious reform of the UN development system aimed at ensuring that Member States had the transformative support required to advance their national SDG ambitions. At the mid-point of the SDGs, the UN development system is unquestionably better positioned to support Member States' action for SDG delivery. Our new generation of UN country teams and reinvigorated RC system are better aligning to national priorities, shifting to higher-scale programmes and policy support. RCs are convening in unprecedented ways to help governments harness means of implementation, in particular financing. In my 2021 report on the review of the functioning of the UN Resident Coordinator system and in my yearly reporting to the ECOSOC/OAS, I documented – in detail – the progress achieved, the success attained, and areas that require further attention. We have come a long way, but some foundational challenges remain, particularly the insufficient implementation of the funding compact, especially in relation to core and pooled funding; an underfunded and unsustainably funded Resident Coordinator system; continued challenges in mobilizing support on economic and financial issues; and still insufficient integration from the regional to national levels. If the UN system is to step up to the mark in the second half of the SDGs, then targeted and determined action is needed in these areas.

Priority actions:

- Commit to an ambitious outcome at the Summit of the Future in 2024 to further revitalize the multilateral system, fill gaps in global governance, and turbocharge the implementation of the SDGs
- Commit to fully support the UN development system to deliver better in support of Member State efforts to drive SDG transformation for inclusivity and sustainability, including through delivery against the funding compact, capitalizing the Joint SDG Fund by at least $1billion by September 2024, put in place an effective model to fully and sustainably resource the Resident Coordinator system in 2024 and, in the interim, taking urgent action to plug funding gaps in the funding of the RC system.

IV. Looking ahead: Towards a Rescue Plan for People and Planet

102. The world has been rocked by a series of interlinked crises exposing fundamental shortcomings in business-as-usual approaches to sustainability including the vulnerability and fragility of progress, reinforcing inequalities, life-long impacts of adverse events, increasing threats of irreversible change, risks of ignoring interlinkages, and the geographically imbalanced distribution of global assets for achieving sustainable development.

103. Tepid responses will not do for the millions living in poverty and hunger, the women and girls with unequal opportunities, the communities facing climate disaster or the families fleeing conflict. We need a fully-fledged Rescue Plan for People and Planet.

104. There are no excuses not to be ambitious. Never before have we had such an abundance of knowledge, technology and resources to succeed in ending poverty and saving the planet. Never before have we carried such a responsibility to pivot to a bold set of actions.

105. At the SDG Summit, we must match that abundance and responsibility with global, national and local commitments to deliver the finance, to galvanize the leadership and to restore the trust that will put us on course to achieve the SDGs by 2030.

---

[1] The SDG indicator framework, the statistical annex to the present report and the Global Sustainable Development Goal Indicators Database are available at https://unstats.un.org/sdgs .

[2] This figure includes only documented and verified civilian deaths caused directly by war operations in the armed conflicts in Afghanistan, Central African Republic, Democratic Republic of Congo, Iraq, Libya, Mali, State of Palestine and Israel, Somalia, South Sudan, Syria, Ukraine, and Yemen.

[3] https://www.idlo.int/system/files/event-documents/2021_sdg16_conference_report_05072021.pdf

[4] https://www.nature.com/articles/s41893-022-00909-5

[5] UNCTAD. https://unctad.org/page/data-protection-and-privacy-legislation-worldwide

[6] https://socialprotection.org/discover/publications/next-practices-innovations-covid-19-social-protection-responses-and-beyond

[7] https://www.wiego.org/resources/long-economic-covid-worlds-working-class-infographic

[8] United Nations, 'Policy Brief: A Disability-Inclusive Response to COVID-19', May 2020

[9] https://socialprotection.org/discover/publications/un-collaboration-social-protection-reaching-consensus-how-accelerate-social

[10] https://www.weforum.org/reports/global-gender-gap-report-2022/

[11] OECD (2021), OECD Policy Responses to Coronavirus (COVID-19), Caregiving in Crisis: Gender inequality in paid and unpaid work during COVID-19.

[12] https://openknowledge.worldbank.org/handle/10986/37062

[13] World Health Organization, "Assistive technology", available at www.who.int/health- topics/assistive-technology#tab=tab_2.

[14] Cordero EC, Centeno D, Todd AM (2020) The role of climate change education on individual lifetime carbon emissions. PLoS ONE 15(2): e0206266. https://doi.org/10.1371/journal.pone.0206266

[15] https://documents1.worldbank.org/curated/en/416991638768297704/pdf/The-State-of-the-Global-Education-Crisis-A-Path-to-Recovery.pdf
[16] UNESCO GEM Report 2023
[17] https://www.unhcr.org/refugee-statistics/
[18] https://dppa.un.org/en/new-agenda-for-peace
[19] https://www.iea.org/data-and-statistics/data-tools/greenhouse-gas-emissions-from-energy-data-explorer
[20] IRENA (2020). Renewable power generation costs in 2019. Retrieved from https://www.irena.org/publications/2020/Jun/Renewable-Power-Costs-in-2019
[21] https://www.ilo.org/global/publications/books/WCMS_628654/lang--en/index.htm
[22] https://www.oecd-ilibrary.org/docserver/f1b0b29c-en.pdf?expires=1678719176&id=id&accname=guest&checksum=D46813AB4B74489CA8839EE6843A7CF3
[23] https://news.un.org/en/story/2014/11/484032#:~:text=For%20every%20dollar%20invested%20in,United%20Nations%20World%20Healt h%20Organization
[24] https://www.ipbes.net/global-assessment
[25] https://factipanel.org/docpdfs/FACTI_Report_ExecSum.pdf

III. EU-Green-Deal

Der europäische Grüne Deal*

1. Einführung – Eine dringende Herausforderung als einzigartige Chance nutzen

In dieser Mitteilung wird der europäische Grüne Deal für die Europäische Union (EU) und ihre Bürgerinnen und Bürger vorgestellt. Der Grüne Deal bekräftigt das Engagement der Kommission für die Bewältigung klima- und umweltbedingter Herausforderungen, die die entscheidende Aufgabe dieser Generation ist. Mit jedem Jahr steigt die Temperatur der Atmosphäre und verändert sich das Klima. Eine Million der acht Millionen Arten auf dem Planeten droht zu verschwinden. Wälder und Ozeane werden verschmutzt und zerstört.[1]

Der europäische Grüne Deal ist eine Antwort darauf. Es handelt sich um eine neue Wachstumsstrategie, mit der die EU zu einer fairen und wohlhabenden Gesellschaft mit einer modernen, ressourceneffizienten und wettbewerbsfähigen Wirtschaft werden soll, in der im Jahr 2050 keine Netto-Treibhausgasemissionen mehr freigesetzt werden und das Wirtschaftswachstum von der Ressourcennutzung abgekoppelt ist.

Außerdem sollen das Naturkapital der EU geschützt, bewahrt und verbessert und die Gesundheit und das Wohlergehen der Menschen vor umweltbedingten Risiken und Auswirkungen geschützt werden. Gleichzeitig muss dieser Übergang gerecht und inklusiv sein. Dabei müssen die Menschen an erster Stelle stehen, und den Regionen, der Industrie und den Arbeitnehmern, die vor den größten Herausforderungen stehen werden, muss Aufmerksamkeit geschenkt werden. Da der Übergang wesentliche Veränderungen mit sich bringen wird, ist eine aktive Beteiligung der Öffentlichkeit und das Vertrauen in den Übergang von entscheidender Bedeutung, damit die politischen Maßnahmen funktionieren und angenommen werden. Es ist ein neuer Pakt nötig, der die Bürgerinnen und Bürger in all ihrer Vielfalt eint und in dessen Rahmen die nationalen, regionalen und lokalen Behörden, die Zivilgesellschaft und die Industrie eng mit den Organen und beratenden Einrichtungen der EU zusammenarbeiten.

Die EU als Ganze ist in der Lage, ihre Wirtschaft und Gesellschaft umzugestalten, um sie auf einen nachhaltigeren Weg zu bringen. Sie kann auf ihren Stärken als Vorkämpfer in den Bereichen Klima- und Umweltschutzmaßnahmen, Verbraucherschutz und Arbeitnehmerrechte aufbauen. Zusätzliche Emissionsminderungen stellen eine Herausforderung dar und erfordern massive öffentliche Investitionen und verstärkte Bemühungen, um privates Kapital in Klima- und Umweltmaßnahmen zu lenken und gleichzeitig die Abhängigkeit von nicht nachhaltigen Praktiken zu vermeiden. Die EU muss bei der Koordinierung der internationalen Bemühungen um den Aufbau eines Finanzsystems, das weltweit nachhaltige Lösungen fördert, eine führende Rolle übernehmen. Diese anfänglichen Investitionen bieten auch die Chance, Europa auf einen neuen Weg hin zu nachhaltigem und integrativem Wachstum zu bringen. Mit dem europäischen Grünen Deal wird der in allen Sektoren erforderliche Übergang beschleunigt und gefördert.

Europa kann die Umweltziele des Grünen Deals nicht alleine erreichen. Die Ursachen des Klimawandels und des Biodiversitätsverlusts sind globaler Natur und machen nicht an Landesgrenzen Halt. Die EU kann ihren Einfluss, ihr Fachwissen und ihre finanziellen

---

* https://eur-lex.europa.eu/resource.html?uri=cellar:b828d165-1c22-11ea-8c1f-01aa75ed71a1.0021.02/DOC_1&format=PDF.

Ressourcen nutzen, um ihre Nachbarn und Partner zu mobilisieren, damit diese ihr auf einen nachhaltigen Weg folgen. Die EU wird weiterhin eine Führungsrolle bei den internationalen Bemühungen übernehmen und möchte Bündnisse mit gleich gesinnten Partnern schließen. Sie erkennt auch die Notwendigkeit an, ihre Versorgungssicherheit und Wettbewerbsfähigkeit auch dann aufrechtzuerhalten, wenn andere nicht bereit sind zu handeln.

Diese Mitteilung enthält einen ersten Fahrplan für die wichtigsten Strategien und Maßnahmen, die zur Verwirklichung des europäischen Grünen Deals erforderlich sind. Er wird entsprechend der Entwicklung des Bedarfs und der Formulierung der politischen Maßnahmen aktualisiert. Alle Maßnahmen und Strategien der EU müssen zur Verwirklichung der Ziele des europäischen Grünen Deals beitragen. Die Herausforderungen sind komplex und miteinander verknüpft. Die politischen Maßnahmen müssen beherzt und umfassend sein und darauf abzielen, den größtmöglichen Nutzen in Bezug auf Gesundheit, Lebensqualität, Resilienz und Wettbewerbsfähigkeit zu erzielen. Um die verfügbaren Synergien zwischen allen Politikbereichen zu nutzen, ist eine intensive Koordinierung notwendig.[2]

Der Grüne Deal ist integraler Bestandteil der Strategie dieser Kommission zur Umsetzung der Agenda 2030 der Vereinten Nationen und der Ziele für nachhaltige Entwicklung[3] sowie anderer Prioritäten, die in den politischen Leitlinien von Präsidentin von der Leyen angekündigt wurden[4] . Im Rahmen des Grünen Deals wird die Kommission den Prozess der makroökonomischen Koordinierung im Rahmen des Europäischen Semesters darauf ausrichten, die Ziele der Vereinten Nationen für nachhaltige Entwicklung darin einzubinden, um Nachhaltigkeit und die Wohlfahrt der Menschen ins Zentrum der Wirtschaftspolitik zu rücken und die Nachhaltigkeitsziele zum Hauptthema der Politikgestaltung und des politischen Handelns in der EU zu machen.

In der nachstehenden Abbildung werden die verschiedenen Elemente des Grünen Deals veranschaulicht.

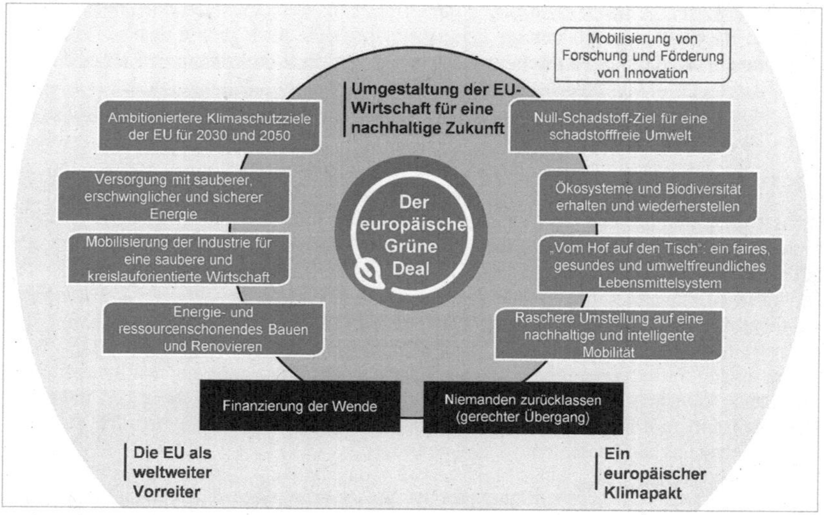

Abbildung 1: Der europäische Grüne Deal

2. Umgestaltung der EU-Wirtschaft für eine nachhaltige Zukunft

2.1. Gestaltung einer Reihe von Maßnahmen, die tiefgreifende Veränderungen bewirken

Um den europäischen Grünen Deal umzusetzen, muss die Politik in Bezug auf die Versorgung der gesamten Wirtschaft mit sauberer Energie sowie in den Bereichen Industrie, Produktion und Verbrauch, großräumige Infrastruktur, Verkehr, Ernährung und Landwirtschaft, Bauwesen, Besteuerung und Sozialleistungen überdacht werden. Zur Verwirklichung dieser Ziele muss dem Schutz und der Wiederherstellung der natürlichen Ökosysteme, der nachhaltigen Nutzung der Ressourcen und der Verbesserung der menschlichen Gesundheit ein höherer Stellenwert beigemessen werden. Hier ist ein Wandel am dringendsten nötig und potenziell von größtem Nutzen für die Wirtschaft, Gesellschaft und die natürliche Umwelt. Die EU sollte Unterstützung und Finanzmittel für den notwendigen digitalen Wandel und die erforderlichen digitalen Instrumente bereitstellen, da sie wesentliche Voraussetzungen für die Veränderungen sind.

Auch wenn all diese Aktionsbereiche eng miteinander verknüpft sind und sich gegenseitig verstärken, muss doch genau auf mögliche Konflikte zwischen wirtschaftlichen, ökologischen und sozialen Zielen geachtet werden. Im Rahmen des Grünen Deals werden alle politischen Hebel konsequent genutzt: Regulierung und Normung, Investitionen und Innovation, nationale Reformen, Dialog mit den Sozialpartnern und internationale Zusammenarbeit. Damit niemand auf der Strecke bleibt, werden die Maßnahmen an der europäischen Säule sozialer Rechte ausgerichtet sein.

Neue Maßnahmen allein werden nicht ausreichen, um die Ziele des europäischen Grünen Deals zu verwirklichen. Neben der Einleitung neuer Initiativen wird die Kommission mit den Mitgliedstaaten zusammenarbeiten, um die Bemühungen der EU zu verstärken und sicherzustellen, dass die geltenden Rechtsvorschriften und Maßnahmen, die für den Grünen Deal relevant sind, durchgesetzt und wirksam umgesetzt werden.

2.1.1. Ambitioniertere Klimaschutzziele der EU für 2030 und 2050

Die Kommission hat bereits eine klare Vision dazu präsentiert, wie bis zum Jahr 2050 Klimaneutralität erreicht werden soll.[5] Diese Vision sollte die Grundlage für die langfristige Strategie bilden, die die EU dem Rahmenübereinkommen der Vereinten Nationen über Klimaänderungen Anfang 2020 vorlegen wird. Die Kommission will bis März 2020 das erste europäische „Klimagesetz" vorschlagen, um die Bedingungen für einen wirksamen und fairen Übergang klar festzulegen, für Vorhersagbarkeit für Investoren zu sorgen und sicherzustellen, dass der Übergang unumkehrbar ist. Damit wird das Ziel der Klimaneutralität bis 2050 in Rechtsvorschriften verankert. Mit dem Klimagesetz wird auch sichergestellt, dass alle politischen Maßnahmen der EU zum Ziel der Klimaneutralität beitragen und alle Sektoren ihren Beitrag leisten.

Die EU hat bereits damit begonnen, ihre Wirtschaft zu modernisieren und umzugestalten, um Klimaneutralität zu erreichen. Im Zeitraum 1990 bis 2018 konnte sie die Treibhausgasemissionen um 23 % senken, während ihre Wirtschaft um 61 % wuchs. Mit den bestehenden politischen Maßnahmen würden die Treibhausgasemissionen bis 2050 jedoch nur um 60 % zurückgehen. Es besteht weiterhin großer Handlungsbedarf, beginnend mit ambitionierteren Klimaschutzmaßnahmen im kommenden Jahrzehnt.

Bis zum Sommer 2020 wird die Kommission einen auf Umweltauswirkungen geprüften Plan vorlegen, mit dem die Reduktionsvorgabe der EU für die Treibhausgasemissionen bis

2030 auf verantwortungsvolle Weise auf mindestens 50 % und angestrebte 55 % gegenüber 1990 angehoben werden soll. Um diese zusätzliche Verringerung der Treibhausgasemissionen zu erreichen, wird die Kommission bis Juni 2021 alle einschlägigen klimabezogenen Politikinstrumente überprüfen und gegebenenfalls eine Überarbeitung vorschlagen. Dazu gehören das Emissionshandelssystem[6] , einschließlich einer möglichen Ausweitung des europäischen Emissionshandels auf neue Sektoren, die Zielvorgaben der Mitgliedstaaten für die Verringerung der Emissionen in Sektoren, die nicht unter das Emissionshandelssystem fallen[7] , und die Verordnung über Landnutzung, Landnutzungsänderungen und Forstwirtschaft[8] . Die Kommission wird vorschlagen, das Klimagesetz entsprechend zu aktualisieren.

Diese politischen Reformen werden dazu beitragen, eine effektive CO2-Bepreisung in der gesamten Wirtschaft zu gewährleisten. Dies wird Veränderungen im Verhalten der Verbraucher und Unternehmen fördern und die Steigerung nachhaltiger öffentlicher und privater Investitionen erleichtern. Die verschiedenen Instrumente zur Bepreisung müssen einander ergänzen und zusammen einen kohärenten politischen Rahmen bieten. Ebenso wichtig ist es sicherzustellen, dass die Besteuerung an die Klimaziele angepasst ist. Die Kommission wird vorschlagen, die Energiebesteuerungsrichtlinie[9] unter besonderer Berücksichtigung von Umweltfragen zu überarbeiten und dabei die Bestimmungen der Verträge heranzuziehen, die es dem Europäischen Parlament und dem Rat ermöglichen, Vorschläge in diesem Bereich im Wege des ordentlichen Gesetzgebungsverfahrens mit qualifizierter Mehrheit statt einstimmig anzunehmen.

Solange viele internationale Partner weniger ambitionierte Ziele verfolgen als die EU, besteht das Risiko der Verlagerung von CO2-Emissionen, entweder weil die Produktion von der EU in andere Länder mit weniger strengen Emissionsreduktionszielen verlagert wird, oder weil EU-Produkte durch eingeführte CO2-intensivere Produkte ersetzt werden. Wenn dieses Risiko eintritt, werden die weltweiten Emissionen nicht verringert, was die Bemühungen der EU und ihrer Industrie, die globalen Klimaziele des Übereinkommens von Paris zu erreichen, untergräbt.

Sollten weltweit weiterhin unterschiedliche Zielvorgaben gelten, während die EU ihre Klimaambitionen erhöht, wird die Kommission für ausgewählte Sektoren ein CO2-Grenzausgleichssystem vorschlagen, um das Risiko der Verlagerung von CO2-Emissionen zu mindern. Dadurch würde sichergestellt, dass der Preis von Einfuhren ihren CO2-Gehalt besser widerspiegelt. Diese Maßnahme wird so konzipiert, dass sie mit den Regeln der Welthandelsorganisation und anderen internationalen Verpflichtungen der EU in Einklang steht. Sie wäre eine Alternative zu den Maßnahmen[10] , mit denen das Risiko der Verlagerung von CO2-Emissionen im Rahmen des EU-Emissionshandelssystems gemindert wird.

Die Kommission wird eine neue, ehrgeizigere EU-Strategie zur Anpassung an den Klimawandel verabschieden. Dies ist unerlässlich, da der Klimawandel trotz der Klimaschutzmaßnahmen weiterhin zu erheblichen Belastungen in Europa führen wird. Es ist von entscheidender Bedeutung, die Bemühungen in den Bereichen Sicherung der Klimaverträglichkeit, Resilienzaufbau, Prävention und Vorsorge zu verstärken. Die Arbeiten zur Anpassung an den Klimawandel sollten sich weiterhin auf öffentliche und private Investitionen, einschließlich Investitionen in naturbasierte Lösungen, auswirken. Es muss sichergestellt werden, dass Investoren, Versicherungsunternehmen, Städte sowie Bürgerinnen und Bürger in der gesamten EU Zugang zu Daten haben und Instrumente zur Einbeziehung des Klimawandels in ihr Risikomanagement entwickeln können.

2.1.2. Versorgung mit sauberer, erschwinglicher und sicherer Energie

Die weitere Dekarbonisierung des Energiesystems ist entscheidend, um die Klimaziele in den Jahren 2030 und 2050 zu erreichen. 75 % der Treibhausgasemissionen der EU entstehen durch die Erzeugung und den Verbrauch von Energie in allen Wirtschaftszweigen. Energieeffizienz muss im Mittelpunkt stehen. Ein Energiesektor muss entwickelt werden, der sich weitgehend auf erneuerbare Energiequellen stützt; dies muss durch den raschen Ausstieg aus der Kohle und die Dekarbonisierung von Gas ergänzt werden. Gleichzeitig muss die Energieversorgung der EU für Verbraucher und Unternehmen sicher und erschwinglich sein. Zu diesem Zweck muss sichergestellt werden, dass der europäische Energiemarkt vollständig integriert, vernetzt und digitalisiert ist, wobei die Technologieneutralität gewahrt werden muss.

Die Mitgliedstaaten legen ihre überarbeiteten Energie- und Klimapläne bis Ende 2019 vor. Gemäß der Verordnung über das Governance-System für die Energieunion und für den Klimaschutz[11] sollten diese Pläne ehrgeizige nationale Beiträge zu den EU-weiten Zielen enthalten. Die Kommission wird das Ambitionsniveau der Pläne und, sollte das Ambitionsniveau unzureichend sein, den Bedarf an zusätzlichen Maßnahmen bewerten. Diese Bewertung wird in den Prozess zur Anhebung der Klimaambitionen bis 2030 einfließen, im Zuge dessen die Kommission die einschlägigen Rechtsvorschriften im Energiebereich bis Juni 2021 überprüfen und gegebenenfalls eine Überarbeitung vorschlagen wird. Wenn die Mitgliedstaaten 2023 mit der Aktualisierung ihrer nationalen Energie- und Klimapläne beginnen, sollten diese den neuen Klimaambitionen Rechnung tragen. Die Kommission wird weiterhin sicherstellen, dass alle einschlägigen Rechtsvorschriften konsequent durchgesetzt werden.

Die Energiewende sollte die Verbraucher einbeziehen und ihnen zugutekommen. Erneuerbare Energiequellen werden eine wesentliche Rolle spielen. Der Ausbau der Offshore-Windenergieerzeugung wird von entscheidender Bedeutung sein und auf der regionalen Zusammenarbeit zwischen den Mitgliedstaaten aufbauen. Die intelligente Integration von erneuerbaren Energien, Energieeffizienz und anderen nachhaltigen Lösungen in allen Sektoren wird dazu beitragen, die Dekarbonisierung zu den geringstmöglichen Kosten zu erreichen. Durch die rasch sinkenden Kosten erneuerbarer Energien und die verbesserte Gestaltung von Fördermaßnahmen konnten die Auswirkungen des Einsatzes erneuerbarer Energien auf die Energiekosten der Haushalte bereits verringert werden. Die Kommission wird bis Mitte 2020 Maßnahmen zur Verwirklichung einer intelligenten Integration vorlegen. Parallel dazu wird die Dekarbonisierung des Gassektors erleichtert, indem unter anderem die Entwicklung dekarbonisierter Gase verstärkt unterstützt, ein zukunftsorientiertes Konzept für einen wettbewerbsfähigen dekarbonisierten Gasmarkt entwickelt und das Problem der energiebezogenen Methanemissionen angegangen wird.

Für Haushalte, die sich für die Sicherung des Mindestlebensstandards wichtige Energiedienstleistungen nicht leisten können, muss das Risiko der Energiearmut eingedämmt werden. Wirksame Programme wie Finanzierungsprogramme für Haushalte zur Renovierung von Wohnhäusern können die Energiekosten senken und die Umwelt schützen. Im Jahr 2020 wird die Kommission Leitlinien veröffentlichen, um den Mitgliedstaaten zu helfen, Energiearmut zu bekämpfen.

Der Übergang zur Klimaneutralität erfordert auch eine intelligente Infrastruktur. Eine engere Zusammenarbeit über Landes- und Regionalgrenzen hinweg wird dabei helfen, die Vorteile der Energiewende zu erschwinglichen Preisen voll auszuschöpfen. Der Rechtsrahmen für die Energieinfrastruktur, einschließlich der TEN-E-Verordnung[12] , muss überprüft werden, um zu gewährleisten, dass er mit dem Ziel der Klimaneutralität im Einklang steht. Dieser Rahmen sollte die Einführung innovativer Technologien und Infrastrukturen (intelligente Netze, Wasserstoffnetze oder CO2-Abscheidung, -Speicherung und -Nutzung sowie Energiespeicherung) fördern und außerdem Sektorenintegration ermöglichen. Einige vorhandene Infrastrukturen und Vermögenswerte müssen modernisiert werden, damit sie weiterhin ihren Zweck erfüllen und klimaresilient sind.

2.1.3. Mobilisierung der Industrie für eine saubere und kreislauforientierte Wirtschaft

Zur Verwirklichung einer klimaneutralen und kreislauforientierten Wirtschaft muss die gesamte Industrie mobilisiert werden. Es dauert 25 Jahre, also eine ganze Generation, um einen Industriesektor und alle Wertschöpfungsketten umzugestalten. Um dies bis 2050 zu erreichen, müssen in den nächsten fünf Jahren Beschlüsse gefasst und Maßnahmen ergriffen werden.

Die jährliche Rohstoffgewinnung hat sich im Zeitraum 1970 bis 2017 weltweit verdreifacht und nimmt weiter zu[13] ,was ein großes globales Risiko darstellt. Etwa die Hälfte der gesamten Treibhausgasemissionen und mehr als 90% des Biodiversitätsverlusts und der Wasserknappheit sind auf die Rohstoffgewinnung und die Verarbeitung von Materialien, Brennstoffen und Lebensmitteln zurückzuführen. Die EU-Industrie hat den Wandel zwar eingeleitet, ist jedoch noch immer für 20% der Treibhausgasemissionen der EU verantwortlich. Sie ist nach wie vor zu „linear" und abhängig von einem Durchsatz neuer Werkstoffe, die abgebaut, gehandelt, zu Waren verarbeitet und schließlich als Abfall entsorgt oder als Emissionen ausgestoßen werden. Nur 12% der verwendeten Werkstoffe stammen aus dem Recycling.[14]

Der Übergang bietet die Möglichkeit, nachhaltige und beschäftigungsintensive Wirtschaftstätigkeiten auszubauen. Auf den Weltmärkten besteht erhebliches Potenzial für emissionsarme Technologien und nachhaltige Produkte und Dienstleistungen. Ebenso weist die Kreislaufwirtschaft ein großes Potenzial für neue Tätigkeiten und Arbeitsplätze auf. Der Wandel vollzieht sich jedoch zu langsam und die Fortschritte sind weder umfassend noch einheitlich. Der europäische Grüne Deal wird den Übergang der Industrie in der EU zu einem nachhaltigen Modell für integratives Wachstum unterstützen und beschleunigen.

Im März 2020 wird die Kommission eine EU-Industriestrategie annehmen, um die doppelte Herausforderung des ökologischen und des digitalen Wandels anzugehen. Europa muss das Potenzial des digitalen Wandels ausschöpfen, der ein wesentlicher Faktor für die Verwirklichung der Ziele des Grünen Deals ist. Zusammen mit der Industriestrategie wird ein neuer Aktionsplan für die Kreislaufwirtschaft dazu beitragen, die Wirtschaft der EU zu modernisieren und die Möglichkeiten im Bereich der Kreislaufwirtschaft auf nationaler und globaler Ebene zu nutzen. Ein zentrales Ziel des neuen politischen Rahmens wird darin bestehen, die Entwicklung von Leitmärkten für klimaneutrale und kreislauforientierte Produkte in und außerhalb der EU voranzutreiben.

Energieintensive Industriezweige wie die Stahl-, die Chemikalien- und die Zementindustrie sind für die europäische Wirtschaft unverzichtbar, da sie mehrere wichtige Wertschöpfungsketten bieten. Die Dekarbonisierung und Modernisierung dieser Sektoren sind von entscheidender Bedeutung. Die von der Hochrangigen Gruppe für energieintensive Industrien veröffentlichten Empfehlungen zeigen, dass sich die Industrie für diese Ziele einsetzt.[15]

Der Aktionsplan für die Kreislaufwirtschaft wird eine Strategie für „nachhaltige Produkte" umfassen, die ein kreislauforientiertes Design aller Produkte unterstützen soll, das auf gemeinsamen Methoden und Grundsätzen basiert. Dabei sollen dem geringeren Einsatz und der Wiederverwendung von Werkstoffen Vorrang gegenüber dem Recycling eingeräumt werden. Mit dem Aktionsplan werden neue Geschäftsmodelle gefördert und Mindestanforderungen festgelegt, um zu verhindern, dass umweltschädliche Produkte in der EU in Verkehr gebracht werden. Die erweiterte Herstellerverantwortung wird ebenfalls verstärkt.

Während der Aktionsplan für die Kreislaufwirtschaft als Richtschnur für den Übergang in allen Sektoren dienen wird, wird der Schwerpunkt der Maßnahmen vor allem auf ressourcenintensiven Sektoren wie dem Textil-, Bau-, Elektronik- und Kunststoffsektor liegen. Die Kommission wird die Kunststoffstrategie 2018 weiterverfolgen und sich unter anderem auf Maßnahmen zur Bekämpfung des gezielten Zusatzes von Mikroplastik und der unbeabsichtigten Freisetzung von Kunststoffen, z. B. aus Textilien und durch Reifenabrieb, konzentrieren. Die Kommission wird Anforderungen ausarbeiten, um sicherzustellen, dass alle in der EU in Verkehr gebrachten Verpackungen bis 2030 in wirtschaftlich tragfähiger Weise wiederverwendbar oder recycelbar sind, einen Rechtsrahmen für biologisch abbaubare und biobasierte Kunststoffe entwickeln und Maßnahmen gegen Einwegkunststoffe durchführen.

Der Aktionsplan für die Kreislaufwirtschaft wird auch Maßnahmen umfassen, mit denen Unternehmen ermutigt werden sollen, wiederverwendbare, langlebige und reparierbare Produkte anzubieten, und die es den Verbrauchern ermöglichen sollen, sich für solche Produkte zu entscheiden. Im Rahmen des Aktionsplans wird untersucht, ob das Recht, Reparaturen durchzuführen, garantiert werden muss, und die geplante Obsoleszenz von Geräten, vor allem Elektronikgeräten, angegangen. Die Verbraucherpolitik wird dazu beitragen, die Verbraucher in die Lage zu versetzen, bewusste Entscheidungen zu treffen und aktiv am ökologischen Wandel mitzuwirken. Neue Geschäftsmodelle, die auf der Anmietung und gemeinsamen Nutzung von Waren und Dienstleistungen basieren, werden ebenfalls eine Rolle spielen, solange sie wirklich nachhaltig und erschwinglich sind.

Verlässliche, vergleichbare und überprüfbare Informationen sind wichtig, um Verbraucher in die Lage zu versetzen, nachhaltigere Entscheidungen zu treffen, und verringern das Risiko der „Grünfärberei" („Greenwashing"). Unternehmen, die umweltbezogene Angaben machen, sollten diese anhand einer Standardmethode zur Bewertung der Umweltauswirkungen belegen. Die Kommission wird ihre regulatorischen und nicht regulatorischen Bemühungen verstärken, um gegen unzutreffende umweltbezogene Angaben vorzugehen. Auch die Digitalisierung kann dazu beitragen, die Verfügbarkeit von Informationen über die Merkmale von in der EU verkauften Produkten zu verbessern. Beispielsweise könnte ein elektronischer Produktpass Informationen über Herkunft, Zusammensetzung, Reparatur- und Demontagemöglichkeiten eines Produkts sowie über die Handhabung am Ende seiner Lebensdauer liefern. Die Behörden, einschließlich der EU-Organe, sollten mit gutem Beispiel vorangehen und sicherstellen, dass ihr Beschaffungswesen umweltfreundlich ist. Die Kommission wird weitere Rechtsvorschriften und Leitlinien für ein umweltgerechtes öffentliches Beschaffungswesen vorschlagen.

Eine nachhaltige Produktpolitik birgt auch das Potenzial, die Abfallmenge erheblich zu verringern. Können Abfälle nicht vermieden werden, muss ihr wirtschaftlicher Wert rückgewonnen und ihre Auswirkungen auf die Umwelt und den Klimawandel müssen vermieden oder minimiert werden. Dafür sind neue Rechtsvorschriften notwendig, einschließlich Zielvorgaben und Maßnahmen zur Bekämpfung überflüssiger Verpackung und Abfallerzeugung. Parallel dazu dürften EU-Unternehmen von einem robusten und integrierten Binnenmarkt für Sekundärrohstoffe und Nebenprodukte profitieren. Dies erfordert eine engere Zusammenarbeit über Wertschöpfungsketten hinweg, wie beispielsweise im Rahmen der Allianz für die Kunststoffkreislaufwirtschaft. Die Kommission wird rechtliche Anforderungen in Erwägung ziehen, um den Markt für Sekundärrohstoffe mithilfe eines vorgeschriebenen Recyclinganteils (z. B. für Verpackungen, Fahrzeuge, Baustoffe und Batterien) zu fördern. Um für die Bürgerinnen und Bürger die Abfallentsorgung einfacher zu gestalten und saubere Sekundärmaterialien für Unternehmen sicherzustellen, wird die Kommission auch ein EU-Modell für die getrennte Abfallsammlung vorschlagen. Die Kommission ist der Auffassung, dass die EU ihre Abfälle nicht mehr ausführen sollte, und wird daher die Vorschriften über die Verbringung von Abfällen und illegale Ausfuhren überprüfen.

Auch der Zugang zu Ressourcen ist von strategischer Bedeutung für das Ziel Europas, den Grünen Deal zu verwirklichen. Daher ist eine der Grundvoraussetzungen für den Übergang die Gewährleistung der Versorgung mit nachhaltigen Rohstoffen, insbesondere kritischen Rohstoffen, die für saubere Technologien sowie für digitale, Raumfahrt- und Verteidigungsanwendungen benötigt werden, durch eine Diversifizierung der Versorgung sowohl aus primären als auch aus sekundären Quellen.

Die Industrie in der EU braucht Vorreiter in den Bereichen Klima und Ressourcen, die bis 2030 die ersten kommerziellen Anwendungen bahnbrechender Technologien in Schlüsselbranchen entwickeln. Die Schwerpunktbereiche umfassen sauberen Wasserstoff, Brennstoffzellen und andere alternative Kraftstoffe, Energiespeicherung sowie CO2-Abscheidung, -Speicherung und -Nutzung. So wird die Kommission beispielsweise bahnbrechende saubere Stahltechnologien fördern, die bis 2030 zu einer CO2-freien Stahlerzeugung führen sollen, und prüfen, ob ein Teil der im Rahmen der Europäischen Gemeinschaft für Kohle und Stahl freigesetzten Mittel verwendet werden kann. Der Innovationsfonds des Emissionshandelssystems der EU wird in größerem Maßstab dazu beitragen, solche groß angelegten innovativen Projekte durchzuführen.

Die Förderung neuer Formen der Zusammenarbeit mit der Industrie und Investitionen in strategische Wertschöpfungsketten sind unerlässlich. Die Kommission wird den Strategischen Aktionsplan für Batterien weiter umsetzen und die Europäische Batterie-Allianz unterstützen. Sie wird im Jahr 2020 Rechtsvorschriften vorschlagen, um eine sichere, kreislauforientierte und nachhaltige Wertschöpfungskette für alle Batterien zu gewährleisten, unter anderem zur Versorgung des wachsenden Marktes für Elektrofahrzeuge. Die Kommission wird auch andere Initiativen unterstützen, die zu Bündnissen und einer groß angelegten Bündelung von Ressourcen führen, beispielsweise in Form wichtiger Vorhaben von gemeinsamem europäischem Interesse, bei denen gezielte, zeitlich befristete staatliche Beihilfen zum Aufbau neuer innovativer Wertschöpfungsketten beitragen können.

Digitale Technologien sind eine entscheidende Voraussetzung für die Verwirklichung der Nachhaltigkeitsziele des Grünen Deals in vielen verschiedenen Sektoren. Die Kommission wird Maßnahmen prüfen, mit denen sichergestellt werden soll, dass digitale Technologien wie künstliche Intelligenz, 5G, Cloud, modernste Rechner und das Internet der Dinge die Wirkung der Politiken zur Bewältigung des Klimawandels und zum Umweltschutz beschleunigen und optimieren können. Durch die Digitalisierung erschließen sich auch neue Möglichkeiten für die Fernüberwachung der Luft- und Wasserverschmutzung oder für die Überwachung und Optimierung der Nutzung von Energie und natürlichen Ressourcen. Gleichzeitig braucht Europa einen digitalen Sektor, in dem Nachhaltigkeit im Mittelpunkt steht. Die Kommission wird auch Maßnahmen zur Verbesserung der Energieeffizienz und Kreislauforientierung des Sektors selbst – von Breitbandnetzen bis hin zu Rechenzentren und IKT-Geräten – prüfen. Die Kommission wird bewerten, ob mehr Transparenz in Bezug auf die Umweltauswirkungen elektronischer Kommunikationsdienste und strengere Maßnahmen beim Aufbau neuer Netze erforderlich sind, sowie die Vorteile von Rücknahmesystemen prüfen, die Anreize schaffen sollen, damit die Menschen ihre nicht mehr gewünschten Geräte wie Mobiltelefone, Tablets und Ladegeräte zurückgeben.

2.1.4. Energie- und ressourcenschonendes Bauen und Renovieren

Für den Bau, die Nutzung und die Renovierung von Gebäuden sind erhebliche Mengen an Energie und mineralischen Ressourcen (z. B. Sand, Kies, Zement) erforderlich. Auf Gebäude entfallen 40 % des Energieverbrauchs. Die jährliche Renovierungsquote des Gebäudebestands in den Mitgliedstaaten liegt derzeit bei zwischen 0,4 und 1,2 %. Diese Quote muss sich mindestens verdoppeln, damit die Energieeffizienz- und Klimaziele der EU erreicht werden. Gleichzeitig haben 50 Millionen Verbraucher Schwierigkeiten, ihre Wohnungen ausreichend zu heizen.

Um die doppelte Herausforderung von Energieeffizienz und Erschwinglichkeit zu bewältigen, sollten sich die EU und die Mitgliedstaaten an einer „Renovierungswelle“ für öffentliche und private Gebäude beteiligen. Die Steigerung der Renovierungsquoten stellt zwar eine Herausforderung dar, Renovierungen senken jedoch Energiekosten und können die Energiearmut verringern. Ferner können sie den Bausektor ankurbeln und eine Möglichkeit bieten, KMU zu unterstützen und lokale Arbeitsplätze zu sichern.

Die Kommission wird die Rechtsvorschriften über die Gesamtenergieeffizienz von Gebäuden rigoros durchsetzen, beginnend mit einer Bewertung der langfristigen nationalen Renovierungsstrategien der Mitgliedstaaten im Jahr 2020[16]. Im Rahmen umfassenderer Bemühungen, mit denen sichergestellt werden soll, dass die relativen Preise verschiedener Energiequellen die richtigen Signale für Energieeffizienz geben, wird die Kommission außerdem an der Möglichkeit arbeiten, Emissionen von Gebäuden in den europäischen Emissionshandel einzubeziehen. Außerdem wird die Kommission die Bauprodukteverordnung[17] überarbeiten. Sie sollte sicherstellen, dass die Gestaltung neuer und renovierter Gebäude in allen Phasen den Erfordernissen der Kreislaufwirtschaft entspricht und zu einer verstärkten Digitalisierung und Sicherung der Klimaverträglichkeit des Gebäudebestands führt.

Parallel dazu schlägt die Kommission vor, im Jahr 2020 mit den Interessenträgern an einer neuen Initiative zu Renovierungen zu arbeiten. Dazu gehört auch eine offene Plattform, die den Gebäude- und Bausektor, Architekten und Ingenieure sowie die lokalen Behörden zusammenbringt, um die Hindernisse für Renovierungen zu beseitigen. Diese Initiative wird auch innovative Finanzierungssysteme im Rahmen von InvestEU umfassen. Diese könnten sich an Wohnungsbaugesellschaften oder Energiedienstleistungsunternehmen richten, die Renovierungen unter anderem über Energieleistungsverträge durchführen könnten. Ein wesentliches Ziel bestünde darin, die Renovierungsbemühungen in größeren Blöcken zu organisieren, um von besseren Finanzierungsbedingungen und Größenvorteilen zu profitieren. Die Kommission wird auch nationale regulatorische Hindernisse abbauen, die Investitionen in die Energieeffizienz von gemieteten Gebäuden und Gebäuden mit mehreren Eigentümern erschweren. Besondere Aufmerksamkeit wird der Renovierung von Sozialwohnungen gewidmet, um Haushalten zu helfen, die Schwierigkeiten haben, ihre Energierechnungen zu bezahlen. Ein Schwerpunkt sollte auch auf die Renovierung von Schulen und Krankenhäusern gelegt werden, da die durch Gebäudeenergieeffizienz eingesparten Mittel den Bereichen Bildung und öffentliche Gesundheit zugutekommen werden.

2.1.5. Raschere Umstellung auf eine nachhaltige und intelligente Mobilität

Ein Viertel der Treibhausgasemissionen in der EU entfällt auf den Verkehrssektor und dieser Anteil steigt weiter. Um Klimaneutralität zu erreichen, müssen die verkehrsbedingten Emissionen bis 2050 um 90 % gesenkt werden. Alle Verkehrsträger (Straße, Schiene, Luft- und Schifffahrt) werden zu dieser Verringerung beitragen müssen. Die Verwirklichung einer nachhaltigen Mobilität bedeutet, den Nutzern Vorrang einzuräumen und ihnen erschwinglichere, besser zugängliche, gesündere und sauberere Alternativen zu ihren derzeitigen Mobilitätsgewohnheiten zu bieten. Die Kommission wird 2020 eine Strategie für nachhaltige und intelligente Mobilität verabschieden, mit der diese Herausforderung in Bezug auf alle Emissionsquellen angegangen wird.

Der multimodale Verkehr muss kräftig angekurbelt werden, sodass das Verkehrssystem effizienter wird. Vorrangig sollte ein wesentlicher Teil des Anteils von 75 % des Güterbinnenverkehrs, der derzeit auf der Straße abgewickelt wird, auf die Schiene und auf Binnenwasserstraßen verlagert werden. Dies erfordert Maßnahmen zur besseren Verwaltung und zur Erhöhung der Kapazität des Schienenverkehrs und der Binnenwasserstraßen, die die Kommission bis 2021 vorschlagen wird. Die Kommission wird ferner erwägen, den Vorschlag zur Überarbeitung der Richtlinie über die Regeln für den kombinierten Güterverkehr[18] zurückzuziehen und einen neuen Vorschlag vorzulegen, um die Richtlinie zu einem wirksamen Instrument zur Unterstützung des multimodalen Güterverkehrs auf der Schiene und mit dem Schiff, einschließlich Kurzstreckenseeverkehr, zu machen. Im Bereich Luftverkehr müssen die Arbeiten an der Annahme des Kommissionsvorschlags für einen wirklich einheitlichen europäischen Luftraum wieder aufgenommen werden, da dieser zu einer erheblichen Senkung der Emissionen aus dem Luftverkehr beitragen wird.

Die automatisierte und vernetzte multimodale Mobilität wird zusammen mit intelligenten Verkehrsmanagementsystemen, die durch die Digitalisierung ermöglicht werden, eine immer wichtigere Rolle spielen. Das Verkehrssystem und die Verkehrsinfrastruktur der EU werden auf neue nachhaltige Mobilitätsdienste eingestellt, die Staus und Umweltverschmutzung, insbesondere in städtischen Gebieten, verringern können. Die Kommission wird durch ihre Finanzierungsinstrumente wie die Fazilität „Connecting Europe" dazu beitragen, intelligente Systeme für das Verkehrsmanagement und Lösungen für „Mobilität als Dienstleistung" zu entwickeln.

Der Preis für Verkehrsdienstleistungen muss die Auswirkungen des Verkehrs auf die Umwelt und die Gesundheit widerspiegeln. Subventionen für fossile Brennstoffe sollten abgeschafft werden, und die Kommission wird – im Rahmen der Überarbeitung der Energiebesteuerungsrichtlinie – die derzeitigen Steuerbefreiungen, auch für Luft- und Seeverkehrskraftstoffe, genau prüfen und überlegen, wie etwaige Schlupflöcher am besten geschlossen werden können. Ebenso wird die Kommission vorschlagen, den europäischen Emissionshandel auf den Seeverkehr auszuweiten und den Luftfahrtunternehmen im Rahmen des EU-Emissionshandelssystems weniger Zertifikate kostenlos zuzuteilen. Dies wird mit Maßnahmen auf globaler Ebene abgestimmt, insbesondere im Rahmen der Internationalen Zivilluftfahrt-Organisation und der Internationalen Seeschifffahrtsorganisation. Darüber hinaus wird die Kommission neue politische Überlegungen dazu anstellen, wie wirksame Straßenbenutzungsgebühren in der EU erreicht werden können. Sie ersucht das Europäische Parlament und den Rat, das hohe Ambitionsniveau des ursprünglichen Vorschlags der Kommission zur Änderung der Eurovignetten-Richtlinie[19] beizubehalten, und ist bereit, ihn erforderlichenfalls zurückzuziehen und alternative Maßnahmen vorzuschlagen.

Parallel dazu sollte die EU die Produktion und Verbreitung nachhaltiger alternativer Kraftstoffe vorantreiben. Bis 2025 werden etwa 1 Million öffentliche Ladestationen und Tankstellen für die 13 Millionen emissionsfreien und emissionsarmen Fahrzeuge benötigt, die voraussichtlich auf europäischen Straßen fahren werden. Die Kommission wird die Einrichtung öffentlicher Ladestationen und Tankstellen dort unterstützen, wo nach wie vor Lücken bestehen, insbesondere im Langstreckenverkehr und in weniger dicht besiedelten Gebieten. Hierzu wird sie so schnell wie möglich eine neue Aufforderung zur Einreichung von Vorschlägen veröffentlichen. Diese Schritte werden die auf nationaler Ebene ergriffenen Maßnahmen ergänzen. Die Kommission wird legislative Optionen prüfen, um die

Produktion und Nutzung nachhaltiger alternativer Kraftstoffe für die verschiedenen Verkehrsträger zu fördern. Die Kommission wird auch die Richtlinie über den Aufbau der Infrastruktur für alternative Kraftstoffe[20] und die TEN-V-Verordnung überprüfen, um die Einführung emissionsfreier und emissionsarmer Fahrzeuge und Schiffe zu beschleunigen.

Der Verkehr sollte vor allem in Städten drastisch weniger umweltschädlich werden. Die Emissionen, die Verkehrsüberlastung in den Städten und die Verbesserung des öffentlichen Verkehrs sollten mit einer Kombination von Maßnahmen angegangen werden. Die Kommission wird strengere Grenzwerte für Luftschadstoffemissionen von Fahrzeugen mit Verbrennungsmotor vorschlagen. Die Kommission wird ferner vorschlagen, bis Juni 2021 die Rechtsvorschriften über CO2-Emissionsnormen für Personenkraftwagen und leichte Nutzfahrzeuge zu überarbeiten, um ab 2025 den Weg hin zu emissionsfreier Mobilität zu ebnen. Parallel dazu wird die Kommission ergänzend zu bestehenden und künftigen CO2-Emissionsnormen für Fahrzeuge die Anwendung des europäischen Emissionshandels auf den Straßenverkehr in Erwägung ziehen. Sie wird Maßnahmen in Bezug auf den Seeverkehr ergreifen, unter anderem zur Regulierung des Zugangs der umweltschädlichsten Schiffe zu den Häfen der EU und zur Verpflichtung von im Hafen liegenden Schiffen, die landseitige Stromversorgung zu nutzen. Ebenso sollte die Luftqualität in der Nähe von Flughäfen verbessert werden, indem die Schadstoffemissionen von Flugzeugen und im Flughafenbetrieb bekämpft werden.

2.1.6. „Vom Hof auf den Tisch“: Entwicklung eines fairen, gesunden und umweltfreundlichen Lebensmittelsystems

Europäische Lebensmittel sind bekannt dafür, dass sie sicher, nahrhaft und qualitativ hochwertig sind. Nun sollten sie auch zum weltweiten Standard für Nachhaltigkeit werden. Obwohl der Übergang zu nachhaltigeren Systemen begonnen hat, bleibt die Ernährung einer rasch wachsenden Weltbevölkerung mit den derzeitigen Erzeugungsmustern eine Herausforderung. Die Lebensmittelerzeugung ist nach wie vor mit Luft-, Wasser- und Bodenverschmutzung verbunden, trägt zum Biodiversitätsverlust und zum Klimawandel bei und verbraucht übermäßige Mengen an natürlichen Ressourcen. Ein bedeutender Teil der Lebensmittel wird zudem verschwendet. Gleichzeitig tragen schlechte Ernährungsgewohnheiten zu Adipositas und Erkrankungen wie Krebs bei.

Allen an der Lebensmittelwertschöpfungskette Beteiligten bieten sich neue Möglichkeiten. Neue Technologien und wissenschaftliche Entdeckungen in Verbindung mit einer stärkeren Sensibilisierung der Öffentlichkeit und der Nachfrage nach nachhaltigen Lebensmitteln werden allen Interessenträgern zugutekommen. Die Kommission wird im Frühjahr 2020 die Strategie „Vom Hof auf den Tisch“ vorlegen und eine breit angelegte Debatte mit den Interessenträgern anstoßen, die alle Stufen der Lebensmittelkette abdeckt, sodass der Weg für die Aufstellung einer nachhaltigeren Lebensmittelpolitik geebnet wird.

Die europäischen Landwirte und Fischer sind von entscheidender Bedeutung, um den Übergang zu meistern. Mit der Strategie „Vom Hof auf den Tisch“ werden ihre Anstrengungen zur Bekämpfung des Klimawandels, zum Schutz der Umwelt und zur Erhaltung der Biodiversität gestärkt. Die Gemeinsame Agrarpolitik und die Gemeinsame Fischereipolitik bleiben zentrale Instrumente, um diese Anstrengungen zu unterstützen und gleichzeitig einen angemessenen Lebensunterhalt für Landwirte, Fischer und ihre Familien zu gewährleisten. Die Vorschläge der Kommission für die Gemeinsame Agrarpolitik für den Zeitraum 2021–2027 sehen vor, dass mindestens 40 % der Gesamtmittel für die Gemeinsame Agrarpolitik und mindestens 30 % der Mittel des Meeres- und Fischereifonds zur Klimapolitik beitragen sollen.

Die Kommission wird mit dem Europäischen Parlament und dem Rat zusammenarbeiten, um in den Vorschlägen zumindest dieses Ambitionsniveau zu erreichen. Da sich die Einführung der überarbeiteten Gemeinsamen Agrarpolitik voraussichtlich bis Anfang 2022 verzögern wird, wird die Kommission mit den Mitgliedstaaten und Interessenträgern zusammenarbeiten, um sicherzustellen, dass die nationalen Strategiepläne für die Landwirtschaft von Beginn an die Ziele des Grünen Deals und der Strategie „Vom Hof auf den Tisch" in vollem Umfang widerspiegeln. Die Kommission wird dafür sorgen, dass diese Strategiepläne anhand solider Klima- und Umweltkriterien bewertet werden. Diese Pläne sollten zur Nutzung von nachhaltigen Verfahren wie Präzisionslandwirtschaft, ökologischem Landbau, Agrarökologie, Agrarforstwirtschaft und strengeren Tierschutzstandards führen. Indem der Schwerpunkt von der Einhaltung der Vorschriften auf Leistung verlagert wird, sollten Landwirte durch Maßnahmen wie Öko-Regelungen für eine verbesserte Umwelt- und Klimaleistung, einschließlich CO2-Management und -Speicherung im Boden, sowie für eine bessere Nährstoffbewirtschaftung, mit der die Wasserqualität verbessert und Emissionen verringert werden, entlohnt werden. Die Kommission wird mit den Mitgliedstaaten zusammenarbeiten, um das Potenzial von nachhaltigem Fisch und nachhaltigen Meereserzeugnissen als Quelle CO2-armer Lebensmittel auszubauen.

Die Strategiepläne müssen einem gehobenen Ambitionsniveau entsprechen, damit der Einsatz und das Risiko chemischer Pestizide sowie die Verwendung von Düngemitteln und Antibiotika deutlich verringert werden. Die Kommission wird auf der Grundlage eines Dialogs mit den Interessenträgern ermitteln, welche Maßnahmen, einschließlich solcher legislativer Art, erforderlich sind, um diese Reduktionen zu erreichen. Auch die für ökologischen/biologischen Landbau in Europa genutzte Anbaufläche muss vergrößert werden. Die EU muss innovative Wege zum Schutz der Ernten vor Schädlingen und Krankheiten entwickeln und die mögliche Rolle neuer innovativer Verfahren bei der Verbesserung der Nachhaltigkeit des Lebensmittelsystems prüfen, wobei gleichzeitig gewährleistet werden muss, dass sie sicher sind.

Die Strategie „Vom Hof auf den Tisch" wird auch zur Verwirklichung einer Kreislaufwirtschaft beitragen. Die Umweltauswirkungen der Lebensmittelverarbeitung und des Einzelhandels sollen durch Maßnahmen in den Bereichen Transport, Lagerung, Verpackung und Lebensmittelverschwendung verringert werden. Dazu gehören Maßnahmen zur Bekämpfung des Lebensmittelbetrugs, einschließlich der Stärkung der Strafverfolgung- und Ermittlungskapazitäten auf EU-Ebene, und die Einleitung eines Verfahrens zur Ermittlung neuer innovativer Lebens- und Futtermittelerzeugnisse wie Erzeugnisse aus dem Meer auf Algenbasis.

Schließlich wird die Strategie „Vom Hof auf den Tisch" darauf abzielen, einen nachhaltigen Lebensmittelverbrauch sowie erschwingliche und gesunde Lebensmittel für alle zu fördern. Eingeführte Lebensmittel, die nicht den einschlägigen EU-Umweltnormen entsprechen, werden auf den EU-Märkten nicht zugelassen. Die Kommission wird Maßnahmen vorschlagen, um den Verbraucherinnen und Verbrauchern zu helfen, eine gesunde und nachhaltige Ernährung zu wählen und die Verschwendung von Lebensmitteln zu verringern. Die Kommission wird neue Wege ausloten, um die Verbraucherinnen und Verbraucher besser über Einzelheiten wie den Ursprungsort des Lebensmittels, seinen Nährwert und seinen ökologischen Fußabdruck zu informieren, auch mit digitalen Mitteln. Die Strategie „Vom Hof auf den Tisch" wird auch Vorschläge zur Verbesserung der Stellung der Landwirte in der Wertschöpfungskette enthalten.

2.1.7. Ökosysteme und Biodiversität erhalten und wiederherstellen

Ökosysteme bieten wichtige Leistungen wie die Versorgung mit Lebensmitteln, Trinkwasser und sauberer Luft sowie Schutz. Sie mildern die Folgen von Naturkatastrophen, Schädlingsbefall und Krankheiten und tragen zur Regulierung des Klimas bei. Einige der wichtigsten Umweltziele der EU für 2020, wie die Ziele von Aichi, die im Rahmen des Übereinkommens über die biologische Vielfalt (CBD) vereinbart wurden, werden jedoch nicht erreicht werden. Die EU und ihre Partner auf der ganzen Welt müssen dem Biodiversitätsverlust Einhalt gebieten. Im „Global Assessment Report on Biodiversity and Ecosystem Services“ (globaler Sachstandsbericht über die Biodiversität und Ökosystemleistungen)[21] des Weltbiodiversitätsrats von 2019 wurde die weltweite Erosion der Biodiversität aufgezeigt, die hauptsächlich auf Veränderungen bei der Nutzung von Land und Meer, die direkte Nutzung natürlicher Ressourcen und den Klimawandel – der drittwichtigste Faktor für den Biodiversitätsverlust – zurückzuführen ist.

Die Konferenz der Vertragsparteien des Übereinkommens über die biologische Vielfalt, die im Oktober 2020 in Kunming (China) stattfindet, bietet der Welt die Gelegenheit, einen soliden globalen Rahmen zu schaffen, mit dem dem Biodiversitätsverlust Einhalt geboten wird. Um sicherzustellen, dass die EU eine Schlüsselrolle spielt, wird die Kommission bis März 2020 eine Biodiversitätsstrategie vorlegen, auf die 2021 spezifische Maßnahmen folgen sollen. In der Strategie wird der Standpunkt der EU für die Konferenz der Vertragsparteien dargelegt, der globale Ziele zum Schutz der Biodiversität sowie Verpflichtungen zur Bekämpfung der Hauptursachen des Biodiversitätsverlusts in der EU umfasst. Sie stützt sich auf messbare Zielvorgaben in Bezug auf die Hauptursachen des Biodiversitätsverlusts.

In der Biodiversitätsstrategie werden die spezifischen Maßnahmen zur Erreichung dieser Zielvorgaben festgelegt. Dazu könnten quantifizierte Zielvorgaben gehören, wie die Ausweitung der Fläche biodiversitätsreicher Schutzgebiete an Land und auf See auf der Grundlage des Natura-2000-Netzes. Die Mitgliedstaaten sollten auch die grenzüberschreitende Zusammenarbeit verstärken, um die unter das Natura-2000-Netz fallenden Gebiete wirksamer zu schützen und wiederherzustellen. Die Kommission wird ermitteln, welche Maßnahmen, einschließlich Rechtsvorschriften, den Mitgliedstaaten helfen würden, den Zustand geschädigter Ökosysteme, einschließlich kohlenstoffreicher Ökosysteme, zu verbessern und sie wieder in einen guten ökologischen Zustand zu versetzen. Darüber hinaus wird die Biodiversitätsstrategie Vorschläge enthalten, um europäische Städte umweltfreundlicher zu gestalten und die Biodiversität in städtischen Gebieten zu steigern. Die Kommission wird die Ausarbeitung eines Renaturierungsplans in Erwägung ziehen und prüfen, wie Mittel bereitgestellt werden können, um die Mitgliedstaaten bei der Umsetzung dieses Ziels zu unterstützen.

Alle politischen Maßnahmen der EU sollten zur Erhaltung und Wiederherstellung des europäischen Naturkapitals beitragen[22]. Die in Abschnitt 2.1.6 skizzierte Strategie „Vom Hof auf den Tisch“ wird sich mit dem Einsatz von Pestiziden und Düngemitteln in der Landwirtschaft befassen. Im Rahmen der Gemeinsamen Fischereipolitik wird weiter daran gearbeitet, die negativen Auswirkungen der Fischerei auf die Ökosysteme, insbesondere in empfindlichen Gebieten, zu verringern. Die Kommission wird auch mehr vernetzte und gut verwaltete Meeresschutzgebiete unterstützen.

Waldökosysteme stehen infolge des Klimawandels zunehmend unter Druck. Die Waldgebiete in der EU müssen sowohl qualitäts- als auch flächenmäßig verbessert werden, damit die EU Klimaneutralität und eine gesunde Umwelt erreichen kann. Eine nachhaltige Wiederaufforstung und Aufforstung sowie die Wiederherstellung geschädigter Wälder können die Absorption von CO2 erhöhen und gleichzeitig die Widerstandsfähigkeit der Wälder verbessern und die kreislauforientierte Bioökonomie fördern. Aufbauend auf der Biodiversitätsstrategie für 2030 wird die Kommission eine neue EU-Forststrategie ausarbeiten, die sich auf den gesamten Waldzyklus erstreckt und die zahlreichen Leistungen der Wälder fördert.

Hauptziele der neuen EU-Forststrategie werden die wirksame Aufforstung sowie die Erhaltung und Wiederherstellung der Wälder in Europa sein, um die Absorption von CO2 zu erhöhen, das Auftreten und das Ausmaß von Waldbränden einzudämmen und die Bioökonomie unter uneingeschränkter Achtung der ökologischen Grundsätze für die Förderung von Biodiversität voranzubringen. Die nationalen Strategiepläne im Rahmen der Gemeinsamen Agrarpolitik sollten den Forstwirten Anreize für die nachhaltige Erhaltung und Bewirtschaftung der Wälder sowie ihr nachhaltiges Wachstum bieten. Aufbauend auf der Mitteilung „Intensivierung der EU-Maßnahmen zum Schutz und zur Wiederherstellung der Wälder in der Welt“[23] wird die Kommission sowohl regulatorische als auch sonstige Maßnahmen ergreifen, um eingeführte Erzeugnisse und Wertschöpfungsketten zu fördern, die nicht mit Entwaldung und Waldschädigung verbunden sind.

Einer nachhaltigen „blauen Wirtschaft“ wird eine zentrale Rolle bei der Verringerung der vielfältigen Ansprüche an die Landressourcen der EU und bei der Bekämpfung des Klimawandels zukommen. Die Bedeutung der Ozeane beim Klimaschutz und der Anpassung an den Klimawandel wird zunehmend anerkannt. Der Sektor kann einen Beitrag leisten, indem die Nutzung der aquatischen und marinen Ressourcen verbessert und beispielsweise die Erzeugung und Nutzung neuer Proteinquellen gefördert wird, sodass sich der Druck auf landwirtschaftliche Flächen verringert. Generell erfordern dauerhafte Lösungen für den Klimawandel eine stärkere Berücksichtigung naturbasierter Lösungen, einschließlich gesunder und widerstandsfähiger Meere und Ozeane. Die Kommission wird die Ergebnisse des Sonderberichts des Weltklimarats über Ozeane[24] analysieren und meerespolitische Maßnahmen vorschlagen, darunter auch Möglichkeiten zur nachhaltigeren Bewirtschaftung des Meeresraums, insbesondere zur Nutzung des wachsenden Potenzials Offshore gewonnener Energie aus erneuerbaren Quellen. Darüber hinaus wird die Kommission eine Nulltoleranzpolitik gegen die illegale, ungemeldete und unregulierte Fischerei verfolgen. Die Ozean-Konferenz der Vereinten Nationen 2020 in Portugal wird der EU Gelegenheit bieten, die Bedeutung von Maßnahmen in Meeresfragen hervorzuheben.

2.1.8. Null-Schadstoff-Ziel für eine schadstofffreie Umwelt

Für eine schadstofffreie Umwelt sind zusätzliche Maßnahmen zur Vermeidung neuer Umweltverschmutzung sowie zur Bereinigung und Beseitigung bestehender Verschmutzung erforderlich. Um die Bürgerinnen und Bürger sowie die Ökosysteme Europas zu schützen, muss die EU die Schadstoffbelastung von Luft, Wasser und Boden sowie Konsumgütern besser überwachen, melden, verhindern und beseitigen. Hierzu müssen die EU und die Mitgliedstaaten alle politischen Maßnahmen und Vorschriften systematischer prüfen. Um diesen miteinander verbundenen Herausforderungen zu begegnen, wird die Kommission 2021 einen Null-Schadstoff-Aktionsplan für Luft, Wasser und Boden annehmen.

Die natürlichen Funktionen von Grundwasser und Oberflächengewässern müssen wiederhergestellt werden. Dies ist unerlässlich, um die Biodiversität in Seen, Flüssen, Feucht- und Mündungsgebieten zu erhalten und wiederherzustellen sowie Hochwasserschäden zu vermeiden und zu begrenzen. Die Umsetzung der Strategie „Vom Hof auf den Tisch“ wird die Verschmutzung durch überschüssige Nährstoffe verringern. Darüber hinaus wird die Kommission Maßnahmen vorschlagen, mit denen die Verschmutzung durch städtischen Regenabfluss und neue oder besonders schädliche Verschmutzungsquellen wie Mikroplastik und Chemikalien, einschließlich Arzneimittel, bekämpft werden sollen. Auch die kombinierten Auswirkungen verschiedener Schadstoffe müssen angegangen werden.

Die Kommission wird sich auf die Erkenntnisse aus der Bewertung der geltenden Rechtsvorschriften zur Luftqualität[25] stützen. Außerdem wird sie vorschlagen, die Bestimmungen für Überwachung[26] , Modellierung und Luftqualitätspläne zu verschärfen, um die lokalen Behörden dabei zu unterstützen, die Vorgaben für sauberere Luft zu erreichen. Die Kommission wird insbesondere eine Überarbeitung der Luftqualitätsnormen vorschlagen, um sie stärker an die Empfehlungen der Weltgesundheitsorganisation anzupassen.

Die Kommission wird die EU-Maßnahmen zur Bekämpfung der Verschmutzung durch große Industrieanlagen überprüfen. Sie wird sich mit dem sektoralen Anwendungsbereich der Rechtsvorschriften sowie der Frage befassen, wie sie vollständig mit der Klima-, Energie- und Kreislaufwirtschaftspolitik in Einklang gebracht werden können. Die Kommission wird außerdem mit den Mitgliedstaaten zusammenarbeiten, um industrielle Schadensfälle besser zu verhüten.

Um für eine schadstofffreie Umwelt zu sorgen, wird die Kommission eine Nachhaltigkeitsstrategie für Chemikalien vorlegen. Dies wird zum besseren Schutz der Bürgerinnen und Bürger und der Umwelt vor gefährlichen Chemikalien beitragen und die Innovation zur Entwicklung sicherer und nachhaltiger Alternativen fördern. Alle Beteiligten, einschließlich der Industrie, sollten zusammenarbeiten, um einen besseren Gesundheits- und Umweltschutz mit einer gesteigerten globalen Wettbewerbsfähigkeit zu verbinden. Dies kann durch eine Vereinfachung und Stärkung des Rechtsrahmens erreicht werden. Die Kommission wird prüfen, wie die Agenturen und wissenschaftlichen Gremien der EU besser genutzt werden können, um zu einem Verfahren zu gelangen, bei dem ein einzelner Stoff nur einmal beurteilt wird („one substance – one assessment“), und wie für mehr Transparenz bei der Priorisierung von Maßnahmen zum Umgang mit Chemikalien gesorgt werden kann. Parallel dazu müssen wissenschaftliche Erkenntnisse über das Risiko, das von endokrinen Disruptoren, gefährlichen Chemikalien in Produkten einschließlich eingeführten Produkten, Kombinationseffekten verschiedener Chemikalien und sehr persistenten Chemikalien ausgeht, rasch in den Rechtsrahmen übertragen werden.

2.2. Einbeziehung der Nachhaltigkeit in alle Politikbereiche der EU

2.2.1. Grüne Finanzierungen und Investitionen fördern und einen fairen Übergang gewährleisten

Um das mit dem europäischen Grünen Deal gesteckte Ziel zu erreichen, muss eine erhebliche Investitionslücke geschlossen werden. Die Kommission schätzt, dass zur Erreichung der derzeitigen Klima- und Energieziele bis 2030 jährlich zusätzliche Investitionen in Höhe von 260 Mrd. EUR erforderlich sein werden[27] , was etwa 1,5 % des BIP von 2018 entspricht.[28] Dieser Investitionsstrom muss auf Dauer aufrechterhalten werden. Angesichts des Umfangs der benötigten Investitionen müssen sowohl der öffentliche als auch der private Sektor mobilisiert werden.

Die Kommission wird einen Investitionsplan für ein nachhaltiges Europa vorlegen, um zur Deckung des zusätzlichen Investitionsbedarfs beizutragen. Sie wird zweckgebundene Finanzierungen zur Unterstützung nachhaltiger Investitionen mit Vorschlägen für verbesserte Rahmenbedingungen kombinieren, die „grüne Investitionen“ begünstigen. Gleichzeitig muss unbedingt eine Auswahl nachhaltiger Projekte vorbereitet werden. Technische Hilfe und Beratungsdienste werden den Projektträgern helfen, Projekte auszuwählen und vorzubereiten und Zugang zu Finanzierungsquellen zu erhalten.

Der EU-Haushalt wird dabei eine Schlüsselrolle spielen. Die Kommission hat vorgeschlagen, dass 25 % der Ausgaben im Rahmen aller EU-Programme zur Verwirklichung der

Klimaziele beitragen sollen. Auch auf der Einnahmenseite wird der EU-Haushalt einen Beitrag dazu leisten. Die Kommission hat neue Einnahmenströme („Eigenmittel") vorgeschlagen, von denen ein Teil auf Zahlungen für nicht recycelte Verpackungsabfälle aus Kunststoff beruht. Ein zweiter Einnahmenstrom könnte darin bestehen, 20 % der Einnahmen aus der Versteigerung von Zertifikaten im Rahmen des EU-EHS dem EU-Haushalt zuzuweisen.

Mindestens 30 % der Mittel aus dem Fonds „InvestEU" werden auch künftig in die Bekämpfung des Klimawandels fließen. Darüber hinaus werden Projekte einer Nachhaltigkeitsprüfung unterzogen, um ihren Beitrag zu klima-, umwelt- und sozialpolitischen Zielen zu bestätigen. Im Rahmen von „InvestEU" können die Mitgliedstaaten auch die EU-Haushaltsgarantie nutzen, um z. B. klimabezogene kohäsionspolitische Ziele in ihren Gebieten und Regionen zu verwirklichen. „InvestEU" stärkt ferner die Zusammenarbeit mit nationalen Förderbanken und instituten, was eine generelle Ökologisierung ihrer Tätigkeiten zur Verwirklichung der politischen Ziele der EU fördern kann. Darüber hinaus wird die Kommission im Rahmen der Überarbeitung des EU-EHS die Rolle des Innovations- und des Modernisierungsfonds überprüfen, die nicht aus dem langfristigen EU-Haushalt finanziert werden. Ziel ist es, ihre Rolle zu stärken und ihre Wirksamkeit bei der Einführung innovativer und klimaneutraler Lösungen in der gesamten EU zu steigern. Bei der Überarbeitung des EU-EHS wird auch die Zuweisung von Einnahmen aus Zertifikaten an den EU-Haushalt erwogen werden, um die Finanzierung des gerechten Übergangs zu stärken.

Die Kommission wird außerdem mit der Europäischen Investitionsbank (EIB-Gruppe), nationalen Förderbanken und instituten sowie mit anderen internationalen Finanzinstituten zusammenarbeiten. Die EIB beabsichtigt, ihr Klimaziel bis 2025 von 25 % auf 50 % zu verdoppeln und damit zur Klimabank Europas zu werden.

Im Rahmen des Investitionsplans für ein zukunftsfähiges Europa wird die Kommission einen Mechanismus für einen gerechten Übergang, einschließlich eines Fonds für einen gerechten Übergang, vorschlagen, sodass niemand auf der Strecke bleibt. Der Übergang kann nur gelingen, wenn er fair und inklusiv erfolgt. Die schwächsten Bevölkerungskreise sind den schädlichen Auswirkungen des Klimawandels und der Umweltzerstörung am stärksten ausgesetzt. Gleichzeitig wird die Bewältigung des Übergangs zu erheblichen strukturellen Veränderungen bei Geschäftsmodellen, Qualifikationsanforderungen und relativen Preisen führen. Für die Bürgerinnen und Bürger werden die Auswirkungen je nach sozialem Stand und Wohnort unterschiedlich ausfallen. Der Startpunkt für den Übergang ist nicht für alle Mitgliedstaaten, Regionen und Städte gleich, und diese können nicht alle in gleichem Maße reagieren. Diese Herausforderungen erfordern eine entschlossene politische Reaktion auf allen Ebenen.

Der Mechanismus für einen gerechten Übergang wird den Schwerpunkt auf die Regionen und Sektoren legen, die den Übergang am stärksten spüren werden, weil sie von fossilen Brennstoffen oder CO2-intensiven Prozessen abhängig sind. Er wird auf Finanzierungsquellen aus dem EU-Haushalt und der EIB-Gruppe zurückgreifen, um die erforderlichen privaten und öffentlichen Mittel zu mobilisieren. Die Mittel werden an die Förderung des Übergangs zu CO2-armen und klimaresilienten Tätigkeiten geknüpft. Der Mechanismus soll ferner dazu dienen, die am stärksten vom Übergang betroffenen Bürgerinnen, Bürger und Erwerbstätigen zu schützen, indem er Zugang zu Umschulungsprogrammen, Beschäftigungsmöglichkeiten in neuen Wirtschaftszweigen oder energieeffizienten Wohnungen ermöglicht. Die Kommission wird mit den Mitgliedstaaten und Regionen zusammenarbeiten, um sie bei der Aufstellung gebietsspezifischer Pläne für den Übergang zu unterstützen.

Der Mechanismus wird den erheblichen Beitrag, den der EU-Haushalt durch alle Programme, die für den Übergang unmittelbar von Bedeutung sind, sowie durch andere Fonds wie den Europäischen Fonds für regionale Entwicklung und den Europäischen Sozialfonds Plus leistet, ergänzen.

Um dem langfristigen Finanzierungsbedarf im Zusammenhang mit dem Übergang gerecht zu werden, wird die Kommission mit den einschlägigen Partnern im Rahmen des Investitionsplans für ein nachhaltiges Europa weiter nach zusätzlichen Quellen und innovativen Möglichkeiten suchen, wie diese mobilisiert werden könnten.

Die Notwendigkeit eines sozial gerechten Übergangs muss sich auch in den politischen Maßnahmen auf EU- und nationaler Ebene widerspiegeln. Dazu gehören Investitionen, um erschwingliche Lösungen für diejenigen zu bieten, auf die sich die Maßnahmen zur Bepreisung von CO2 besonders stark auswirken, z.B. durch öffentliche Verkehrsmittel, sowie Maßnahmen zur Bekämpfung der Energiearmut und zur Förderung von Umschulungsangeboten. Die Kohärenz von Klima- und Umweltpolitik und ein ganzheitlicher Ansatz sind häufig eine Voraussetzung dafür, dass sie als fair wahrgenommen werden, wie die Debatte über die Besteuerung verschiedener Verkehrsträger zeigt. Unternehmen und ihren Beschäftigten hilft ein aktiver sozialer Dialog, den Wandel zu antizipieren und erfolgreich zu bewältigen. Der Prozess der makroökonomischen Koordinierung im Rahmen des Europäischen Semesters wird die nationalen Politiken in diesen Bereichen unterstützen.

Der Privatsektor wird bei der Finanzierung der grünen Wende jedoch eine Schlüsselrolle spielen. Langfristige Signale sind erforderlich, um Finanz- und Kapitalströme auf grüne Investitionen zu lenken und verlorene Vermögenswerte zu vermeiden. Die Kommission wird im dritten Quartal 2020 eine neue Strategie für ein nachhaltiges Finanzwesen vorlegen, die sich auf eine Auswahl von Maßnahmen konzentrieren wird.

Erstens wird die Strategie die Grundlagen für nachhaltige Investitionen stärken. Dies erfordert insbesondere, dass das Europäische Parlament und der Rat die Taxonomie für die Klassifizierung ökologisch nachhaltiger Tätigkeiten annehmen. Nachhaltigkeit sollte stärker in den Corporate-Governance-Rahmen integriert werden, da sich zahlreiche Unternehmen noch immer zu stark auf kurzfristigen finanziellen Ertrag anstelle ihrer langfristigen Entwicklung und von Nachhaltigkeitsaspekten konzentrieren. Gleichzeitig werden Unternehmen und Finanzinstitute mit ihren Klima- und Umweltdaten offener umgehen müssen, damit die Anleger umfassend über die Nachhaltigkeit ihrer Investitionen informiert sind. In diesem Zusammenhang wird die Kommission die Richtlinie über die Angabe nichtfinanzieller Informationen überprüfen. Um einen angemessenen Umgang mit Umweltrisiken und Klimaschutzmöglichkeiten zu gewährleisten und die damit verbundenen Transaktionskosten zu senken, wird die Kommission auch Unternehmen und andere Interessenträger bei der Entwicklung standardisierter Verfahren für die Naturkapitalbilanzierung in der EU und auf internationaler Ebene unterstützen.

Zweitens werden Investoren und Unternehmen mehr Möglichkeiten geboten, indem es ihnen erleichtert wird, nachhaltige Investitionen zu finden und ihre Glaubwürdigkeit zu prüfen. Dies könnte durch klare Kennzeichnungen für Anlageprodukte für Kleinanleger und durch die Entwicklung einer EU-Norm für grüne Anleihen geschehen, durch die nachhaltige Investitionen möglichst einfach gestaltet werden.

Drittens werden Klima- und Umweltrisiken bewältigt und in das Finanzsystem integriert. Dies bedeutet, dass solche Risiken besser in den EU-Aufsichtsrahmen integriert werden und die Eignung der bestehenden Eigenkapitalanforderungen für grüne Vermögenswerte bewertet wird. Wir werden ferner prüfen, wie unser Finanzsystem dazu beitragen kann, die Resilienz gegenüber Klima- und Umweltrisiken zu erhöhen, insbesondere im Hinblick auf physische Risiken und Schäden infolge von Naturkatastrophen.

2.2.2. Berücksichtigung von Umweltbelangen in den nationalen Haushalten und Vermittlung der richtigen Preissignale

Die nationalen Haushalte spielen bei der Wende eine zentrale Rolle. Durch einen verstärkten Einsatz von Instrumenten für die umweltgerechte Haushaltsplanung lassen sich öffentliche Investitionen, Verbrauch und Besteuerung leichter auf grüne Prioritäten umlenken und schädliche Subventionen abschaffen. Die Kommission wird mit den Mitgliedstaaten zusammenarbeiten, um die Verfahren der umweltgerechten Haushaltsplanung zu überprüfen und zu bewerten. So lässt sich leichter beurteilen, inwieweit die jährlichen Haushaltspläne und mittelfristigen Finanzplanungen Umweltbelangen und -risiken Rechnung tragen, und aus bewährten Verfahren lernen. Bei der Überprüfung des EU-Rahmens für die wirtschaftspolitische Steuerung wird im Zusammenhang mit der Qualität der öffentlichen Finanzen eine Bezugnahme auf umweltfreundliche Investitionen der öffentlichen Hand aufgenommen. Diese Überprüfung fließt in eine Debatte darüber ein, wie die haushaltspolitische Steuerung der EU verbessert werden kann. Die Ergebnisse dieser Debatte bilden die Grundlage für mögliche künftige Maßnahmen, wie die Behandlung umweltgerechter Investitionen im Rahmen der haushaltspolitischen Vorschriften der EU, während gleichzeitig Schutzvorkehrungen gegen Risiken in Bezug auf die Finanzierbarkeit der Schuldenlast aufrechterhalten werden.

Gut konzipierte Steuerreformen können das Wirtschaftswachstum und die Resilienz gegenüber Klimaschocks fördern und zu einer faireren Gesellschaft und einem gerechten Übergang beitragen. Sie spielen eine direkte Rolle, indem sie die richtigen Preissignale senden und die richtigen Anreize für nachhaltiges Verhalten von Herstellern, Nutzern und Verbrauchern bieten. Auf nationaler Ebene wird der europäische Grüne Deal den Rahmen für breit angelegte Steuerreformen bilden, bei denen Subventionen für fossile Brennstoffe abgeschafft werden sowie die Steuerlast von Arbeit auf Umweltverschmutzung verlagert und sozialen Belangen Rechnung getragen wird. Der Vorschlag der Kommission über Mehrwertsteuersätze, der gegenwärtig dem Rat vorliegt, muss zügig angenommen werden, damit die Mitgliedstaaten die Mehrwertsteuersätze gezielter einsetzen können, um höheren Umweltambitionen Rechnung zu tragen, beispielsweise zur Förderung von biologisch/ökologisch erzeugtem Obst und Gemüse.

Derzeit werden die einschlägigen Leitlinien für staatliche Beihilfen, darunter auch die Leitlinien für Umweltschutz- und Energiebeihilfen, bewertet. Die Überarbeitung der Leitlinien wird bis 2021 abgeschlossen, damit sie den politischen Zielen des europäischen Grünen Deals Rechnung tragen, einen kostenwirksamen Übergang zur Klimaneutralität bis 2050 unterstützen, den Ausstieg aus fossilen Brennstoffen, allen voran den umweltschädlichsten, erleichtern und gleiche Wettbewerbsbedingungen auf dem Binnenmarkt gewährleisten. Diese Überarbeitung ist zudem eine Gelegenheit, Marktbarrieren für die größere Verbreitung von sauberen Produkten zu beseitigen.

2.2.3. Mobilisierung von Forschung und Förderung von Innovation

Neue Technologien, nachhaltige Lösungen und bahnbrechende Innovationen sind für die Verwirklichung der Ziele des europäischen Grünen Deals von entscheidender Bedeutung. Damit die EU ihren Wettbewerbsvorteil bei sauberen Technologien wahren kann, muss die großmaßstäbliche Einführung und Demonstration neuer Technologien in allen Sektoren und im gesamten Binnenmarkt erheblich verstärkt werden und müssen neue innovative Wertschöpfungsketten geschaffen werden. Diese Herausforderung überschreitet die Möglichkeiten einzelner Mitgliedstaaten. Das Programm „Horizont Europa" wird in Synergie mit anderen EU-Programmen eine zentrale Rolle bei der Mobilisierung nationaler öffentlicher und privater Investitionen spielen. Mindestens 35 % der Mittelausstattung von „Horizont Europa“ dienen der Finanzierung neuer Klimaschutzlösungen, die für die Umsetzung des Grünen Deals relevant sind.

Die erforderlichen Forschungs- und Innovationsanstrengungen werden durch das gesamte Spektrum der im Rahmen von „Horizont Europa“ verfügbaren Instrumente unterstützt. Vier Aufgaben im Rahmen des Green Deals („Green-Deal-Missions“) werden dazu beitragen, umfassende Veränderungen in Bereichen wie Anpassung an den Klimawandel, Ozeane, Städte und Böden herbeizuführen. An diesen Aufgaben wirkt ein breites Spektrum von Interessenträgern mit, darunter Regionen und die Zivilgesellschaft. Forschung und Innovation in den Bereichen Verkehr, einschließlich Batterien, sauberer Wasserstoff, CO2-arme Stahlerzeugung, kreislauforientierte biobasierte Sektoren und bauliche Umwelt werden von Partnerschaften mit der Industrie und den Mitgliedstaaten unterstützt. Die Wissens- und Innovationsgemeinschaften des Europäischen Innovations- und Technologieinstituts werden auch künftig die Zusammenarbeit zwischen Hochschulen, Forschungseinrichtungen und Unternehmen in den Bereichen Klimawandel, nachhaltige Energie, Lebensmittel für die Zukunft sowie intelligenter, umweltfreundlicher und integrierter Stadtverkehr fördern. Der Europäische Innovationsrat wird Finanzmittel, Beteiligungsinvestitionen und Dienstleistungen für die beschleunigte Unternehmensentwicklung für Start-ups und KMU mit hohem Potenzial bereitstellen, damit sie bahnbrechende Innovationen im Rahmen des Grünen Deals erzielen können, deren Dimension auf den Weltmärkten rasch ausgebaut werden kann.

Konventionelle Ansätze reichen nicht aus. Die Forschungs- und Innovationsagenda der EU wird dem systemischen Ansatz folgen, der für die Verwirklichung der Ziele des Grünen Deals erforderlich ist, wobei experimentelle sowie sektor- und fachübergreifende Arbeiten einen größeren Schwerpunkt bilden werden. Das Programm „Horizont Europa“ wird im Rahmen von Initiativen, in denen gesellschaftliche „Pull“-Anreize mit technologischen „Push“-Impulsen kombiniert werden sollen, auch lokale Gemeinschaften in die Bemühungen um eine nachhaltigere Zukunft einbeziehen.

Zugängliche und interoperable Daten stehen im Mittelpunkt datengesteuerter Innovation. Diese Daten erleichtern in Verbindung mit digitaler Infrastruktur (z. B. Supercomputer, Cloud, ultraschnelle Netze) und Lösungen für künstliche Intelligenz faktengestützte Entscheidungen und stärken die Fähigkeit, ökologische Herausforderungen zu verstehen und zu bewältigen. Die Kommission wird Arbeiten unterstützen, die darauf abzielen, die Vorteile des digitalen Wandels voll auszuschöpfen, um den ökologischen Wandel zu unterstützen. Eine vordringliche Priorität ist es, die Fähigkeit der EU zur Vorhersage und Bewältigung von Umweltkatastrophen zu verbessern. Hierfür wird die Kommission europäische wissenschaftliche und industrielle Spitzenleistungen zusammenführen, um ein äußerst präzises digitales Modell der Erde zu entwickeln.

2.2.4. Schul- und Berufsbildung aktivieren

Schulen, Berufsbildungseinrichtungen und Hochschulen eignen sich besonders, um mit Lernenden, Eltern und der Gemeinschaft insgesamt über die Veränderungen zu diskutieren, die für einen erfolgreichen Übergang erforderlich sind. Die Kommission wird einen europäischen Kompetenzrahmen erarbeiten, der dazu beitragen soll, Kenntnisse, Fähigkeiten und Einstellungen in den Bereichen Klimawandel und nachhaltige Entwicklung zu entwickeln und zu bewerten. Außerdem wird sie Hilfsmaterialien bereitstellen und den Austausch bewährter Verfahren in EU-weit vernetzten Ausbildungsprogrammen für Lehrkräfte erleichtern.

Die Kommission hat daran gearbeitet, den Mitgliedstaaten neue Finanzmittel zur Verfügung zu stellen, um Schulgebäude und den Schulbetrieb nachhaltiger zu gestalten. Sie hat die Zusammenarbeit mit der Europäischen Investitionsbank verstärkt und engere Verbindungen zwischen den Strukturfonds und den neuen Finanzierungsinstrumenten geknüpft, damit im Jahr 2020 Investitionen in die Schulinfrastruktur in Höhe von 3 Mrd. EUR mobilisiert werden können.

Eine proaktive Umschulung und Weiterqualifizierung ist notwendig, um die Vorteile des ökologischen Wandels zu nutzen. Dem vorgeschlagenen Europäischen Sozialfonds+ fällt eine wichtige Rolle dabei zu, den Arbeitskräften in Europa zu helfen, die Kompetenzen zu erwerben, die erforderlich sind, um von schrumpfenden Sektoren in Wachstumssektoren zu wechseln und sich an neue Verfahren anzupassen. Die Agenda für Kompetenzen und die Jugendgarantie werden aktualisiert, um die Beschäftigungsfähigkeit in der grünen Wirtschaft zu stärken.

2.2.5. Ein grünes Gebot: „Verursache keine Schäden“

Alle Maßnahmen und Strategien der EU sollten auf dasselbe Ziel ausgerichtet sein, damit der EU ein gerechter Übergang zu einer nachhaltigen Zukunft gelingen kann. Die Instrumente der Kommission für eine bessere Rechtsetzung bieten hierfür eine solide Grundlage. Folgenabschätzungen, die auf öffentlichen Konsultationen, der Ermittlung der ökologischen, sozialen und wirtschaftlichen Auswirkungen und der Analyse der Folgen für KMU sowie für die Förderung bzw. Behinderung von Innovationen beruhen, tragen dazu bei, im Einklang mit den Zielen des Grünen Deals effiziente politische Entscheidungen zu möglichst geringen Kosten zu treffen. Außerdem wird durch Evaluierungen systematisch die Kohärenz zwischen den geltenden Rechtsvorschriften und den neuen Prioritäten bewertet.

Zur Unterstützung ihrer Arbeit, mit der Unstimmigkeiten in geltenden Rechtsvorschriften ermittelt und beseitigt werden sollen, fordert die Kommission Interessenträger auf, die verfügbaren Plattformen[29] zu nutzen, um die Rechtsvorschriften zu vereinfachen und problematische Fälle zu ermitteln. Die Kommission wird die entsprechenden Vorschläge bei den Vorarbeiten zu Evaluierungen, Folgenabschätzungen und Legislativvorschlägen für den Europäischen Grünen Deal berücksichtigen.

Auf der Grundlage der Ergebnisse ihrer jüngsten Bestandsaufnahme der Politik für eine bessere Rechtsetzung wird die Kommission außerdem die Art und Weise verbessern, in der ihre Leitlinien für eine bessere Rechtsetzung und deren unterstützende Instrumente die Themen Nachhaltigkeit und Innovation behandeln. Ziel ist es, dafür zu sorgen, dass alle Initiativen im Rahmen des Grünen Deals ihre Ziele möglichst wirksam und mit dem geringsten Aufwand erreichen und dass alle anderen EU-Initiativen mit dem grünen Gebot „Verursache keine Schäden“ vereinbar sind. Zu diesem Zweck wird die Begründung zu allen Legislativvorschlägen und delegierten Rechtsakten einen gesonderten Abschnitt enthalten, in dem erläutert wird, wie jede einzelne Initiative diesem Grundsatz gerecht wird.

3. Die EU als globaler Vorreiter

Für die globalen Herausforderungen Klimawandel und Umweltzerstörung bedarf es einer globalen Antwort. Die EU wird weiterhin weltweit ambitionierte Umwelt-, Klima- und Energiestrategien fördern und umsetzen. Sie wird eine energische „Diplomatie des Grünen Deals“ entwickeln, die darauf fokussiert ist, andere zu überzeugen, ihren Teil zur Förderung einer nachhaltigeren Entwicklung beizutragen, und sie dabei zu unterstützen. Indem die EU ein glaubwürdiges Beispiel setzt und eine entsprechende Diplomatie, Handelspolitik, Entwicklungshilfe und sonstige außenpolitische Strategie verfolgt, kann sie sich wirksamer für ein globales Vorgehen einsetzen. Die Kommission und der Hohe Vertreter werden eng mit den Mitgliedstaaten zusammenarbeiten, um alle – bilateralen und multilateralen – diplomatischen Kanäle zu mobilisieren, einschließlich der Vereinten Nationen, der G7, der G20, der Welthandelsorganisation und anderer einschlägiger internationaler Foren.

Die EU wird nach wie vor dafür sorgen, dass das Übereinkommen von Paris der unverzichtbare multilaterale Rahmen für die Bekämpfung des Klimawandels bleibt. Der Anteil der EU an den weltweiten Emissionen geht zurück. Es ist somit von entscheidender Bedeutung, dass andere Regionen vergleichbare Maßnahmen ergreifen und verstärkte Anstrengungen unternehmen, wenn die globale Klimaproblematik wirkungsvoll angegangen werden soll. Angesichts der Bestimmungen des Übereinkommens von Paris über regelmäßige Bestandsaufnahmen und Aktualisierungen wird die Debatte über Klimaambitionen in den kommenden Monaten an Intensität gewinnen. Die Konferenz der Vertragsparteien in Glasgow im Jahr 2020 wird ein wichtiger Meilenstein vor der weltweiten Bestandsaufnahme im Jahr 2023 sein. Sie wird die Fortschritte bei der Verwirklichung der langfristigen Ziele bewerten. Das derzeitige globale Ambitionsniveau ist eindeutig nicht hoch genug.[30] Die EU wird intensiver mit allen Partnern zusammenarbeiten, um die gemeinsamen Anstrengungen zu verstärken und ihnen dabei zu helfen, ihre national festgelegten Beiträge zu überprüfen und zu verwirklichen und ehrgeizige langfristige Strategien zu entwickeln. Die Grundlage dafür bilden die höher gesteckten Zielvorgaben EU selbst, die in Abschnitt 2 dargelegt sind.

Parallel dazu wird die EU die bilaterale Zusammenarbeit mit den Partnerländern intensivieren und erforderlichenfalls innovative Formen des Engagements einrichten. Die EU wird weiterhin mit den in der G20 vertretenen Wirtschaftsnationen zusammenarbeiten, die für 80 % der weltweiten Treibhausgasemissionen verantwortlich sind. Verstärkte Klimaschutzmaßnahmen seitens der internationalen Partner machen maßgeschneiderte geografische Strategien erforderlich, die unterschiedlichen Gegebenheiten und lokalen Bedürfnissen gerecht werden – beispielsweise für derzeitige und künftige Großemittenten, für die am wenigsten entwickelten Länder und für kleine Inselentwicklungsländer. Darüber hinaus arbeitet die EU mit globalen Partnern am Aufbau internationaler CO2-Märkte, die ein Schlüsselinstrument sind, um wirtschaftliche Anreize für Klimaschutzmaßnahmen zu schaffen.

Die EU wird schwerpunktmäßig ihre unmittelbaren Nachbarn unterstützen. Die ökologische Wende kann für Europa nur dann wirklich funktionieren, wenn auch die unmittelbaren Nachbarn der EU wirksame Maßnahmen treffen. Derzeit wird an einer grünen Agenda für den Westbalkan gearbeitet. Die Kommission und der Hohe Vertreter planen ferner eine Reihe enger Umwelt-, Energie- und Klimapartnerschaften mit den südlichen Nachbarländern und im Rahmen der Östlichen Partnerschaft.

Die Gipfeltreffen EU-China 2020 in Beijing und Leipzig sind Gelegenheiten, um die Partnerschaft zwischen der EU und China in Klima- und Umweltfragen zu stärken, insbesondere im Vorfeld der Biodiversitätskonferenz in Kunming und der Konferenz der Vertragsparteien in Glasgow.

Ebenso sollte die anstehende umfassende Strategie für Afrika wie auch das Gipfeltreffen zwischen der Afrikanischen Union und der Europäischen Union im Jahr 2020 Klima- und Umweltaspekte zu zentralen Themen der Beziehungen zwischen den beiden Kontinenten machen. Insbesondere mit der Allianz Afrika-Europa für nachhaltige Investitionen und Arbeitsplätze soll das Potenzial Afrikas erschlossen werden, um rasche Fortschritte auf dem Weg zu einer grünen Kreislaufwirtschaft zu erzielen, die nachhaltige Energie- und

Lebensmittelsysteme und intelligente Städte umfasst. Die EU wird ihre Zusammenarbeit mit Afrika im Hinblick auf den breiteren Einsatz von und den Handel mit nachhaltiger und sauberer Energie verstärken. Erneuerbare Energien und Energieeffizienz, beispielsweise mit Blick auf umweltfreundliches Kochen, sind von entscheidender Bedeutung, wenn es darum geht, in Afrika die Kluft beim Zugang zu Energie zu schließen und gleichzeitig die erforderliche Verringerung des CO2-Ausstoßes zu erreichen. Die EU wird eine Initiative „NaturAfrica" auf den Weg bringen, um durch die Einrichtung eines Netzes von Schutzgebieten für wildlebende Arten dem Biodiversitätsverlust entgegenzuwirken und der lokalen Bevölkerung Beschäftigungsmöglichen in grünen Sektoren zu bieten.

Ganz allgemein wird die EU ihre diplomatischen und finanziellen Instrumente nutzen, um sicherzustellen, dass grüne Bündnisse Teil ihrer Beziehungen zu anderen Partnerländern und -regionen sind, insbesondere in Lateinamerika, dem karibischen Raum, Asien und dem Pazifikraum.

Die EU sollte auch laufende Initiativen verstärken und bei Querschnittsfragen im Klima- und Umweltbereich mit Drittländern zusammenarbeiten. Dies könnte Folgendes umfassen: weltweite Abschaffung der Subventionen für fossile Brennstoffe im Einklang mit den Verpflichtungen der G20, Ausstieg aus der Finanzierung von Infrastruktur für fossile Brennstoffe seitens multilateraler Einrichtungen, Stärkung eines nachhaltigen Finanzwesens, Einstellung aller Neubauten von Kohlekraftwerken und Maßnahmen zur Verringerung der Methanemissionen.

Die EU erkennt ferner an, dass die globalen Klima- und Umweltprobleme einen erheblichen Bedrohungsmultiplikator und eine Quelle für Instabilität darstellen. Der ökologische Wandel wird die Geopolitik, d. h. globale wirtschaftliche, handelspolitische und sicherheitspolitische Interessen, neu gestalten, was für eine Reihe von Staaten und Gesellschaften mit Herausforderungen verbunden sein wird. Die EU wird mit allen Partnern zusammenarbeiten, um die Resilienz in den Bereichen Klima und Umwelt zu steigern, damit diese Herausforderungen keine Konflikte, Ernährungsunsicherheit, die Vertreibung der Bevölkerung und Zwangsmigration verursachen, und sie wird sich weltweit für einen gerechten Übergang einsetzen. Die Auswirkungen der Klimapolitik sollten zu einem integralen Bestandteil der Überlegungen und Maßnahmen der EU in Bezug auf externe Angelegenheiten werden, auch im Kontext der Gemeinsamen Sicherheits- und Verteidigungspolitik.

Die Handelspolitik kann den ökologischen Wandel in der EU unterstützen. Sie dient als Plattform für die Zusammenarbeit mit Handelspartnern bei Klima- und Umweltmaßnahmen. In den EU-Handelsabkommen wurden die Nachhaltigkeitsverpflichtungen kontinuierlich verstärkt, insbesondere mit dem Ziel, mehr Klimaschutzmaßnahmen zu erwirken. Darüber hinaus hat sich Kommission vermehrt bemüht, die Verpflichtungen zu nachhaltiger Entwicklung in EU-Handelsabkommen um- und durchzusetzen. Diese Bemühungen wurden mit der Ernennung eines Kommissionsbeauftragten für die Durchsetzung von Handelsregeln weiter verstärkt. Speziell zum Thema Klimawandel werden die Parteien in den jüngsten Abkommen der EU verbindlich verpflichtet, das Übereinkommen von Paris zu ratifizieren und wirksam umzusetzen. Die Kommission wird vorschlagen, die Einhaltung des Übereinkommens von Paris zu einem wesentlichen Bestandteil aller künftigen umfassenden Handelsabkommen zu machen. Die Handelspolitik der EU erleichtert den Handel mit umweltfreundlichen Waren und Dienstleistungen und entsprechende Investitionen und fördert die klimafreundliche Vergabe öffentlicher Aufträge. Darüber hinaus muss sie dafür sorgen, dass der Handel mit Rohstoffen und Investitionen in Rohstoffe, auf die die EU-Wirtschaft für die grüne Wende angewiesen ist, fair sind und es keine Marktverzerrungen gibt. Die Handelspolitik kann schädlichen Praktiken wie dem illegalen Holzeinschlag entgegenwirken, für eine engere Zusammenarbeit bei Regulierungsfragen sorgen, EU-

Standards vorwärtsbringen und nichttarifäre Hemmnisse im Sektor erneuerbare Energien ausräumen. Alle Chemikalien, Werkstoffe, Lebensmittel und sonstigen Produkte, die in der EU in Verkehr gebracht werden, müssen vollständig mit den einschlägigen EU-Vorschriften und -Standards vereinbar sein. Die EU sollte ihre Erfahrung mit „grüner" Rechtsetzung nutzen, um ihre Partner dazu zu ermutigen, vergleichbare Vorschriften mit demselben Ambitionsniveau wie die EU-Vorschriften zu konzipieren, was den Handel erleichtern und den Umwelt- und Klimaschutz in diesen Ländern verbessern würde.

Als weltweit größter Binnenmarkt kann die EU Standards festlegen, die für globale Wertschöpfungsketten in ihrer Gesamtheit gelten. Die Kommission wird weiter an neuen Standards für nachhaltiges Wachstum arbeiten und ihr wirtschaftliches Gewicht nutzen, um internationale Standards so zu gestalten, dass sie mit den Umwelt- und Klimazielen der EU im Einklang stehen. Sie wird in bilateralen und multilateralen Foren darauf hinarbeiten, den Handel mit Umweltgütern und -dienstleistungen zu erleichtern und offene und attraktive EU- und globale Märkte für nachhaltige Produkte zu unterstützen. Sie wird mit globalen Partnern zusammenarbeiten, um für die EU Ressourcensicherheit und einen zuverlässigen Zugang zu strategischen Rohstoffen sicherzustellen.

Die internationale Kooperations- und Partnerschaftspolitik der EU sollte auch künftig dazu beitragen, öffentliche und private Mittel in die Verwirklichung des Wandels zu lenken. Die EU und ihre Mitgliedstaaten sind nach wie vor die weltweit führenden Geber von Entwicklungshilfe und stellen mehr als 40 % der weltweiten öffentlichen Klimafinanzierung bereit. Da öffentliche Mittel nicht ausreichen werden, werden die EU und ihre Mitgliedstaaten ihre Unterstützung koordinieren, um Partner zu gewinnen, mit denen die Finanzierungslücke durch Mobilisierung privater Mittel geschlossen werden kann. Der Vorschlag der Kommission für ein Instrument für Nachbarschaft, Entwicklungszusammenarbeit und internationale Zusammenarbeit sieht vor, 25 % der Gesamtfinanzausstattung des Instruments für die Verwirklichung von Klimazielen bereitzustellen. Die Kommission wird auch die im Rahmen der nationalen öffentlichen Finanzmittel eingegangene Verpflichtung unterstützen, das Investitionsklima zu verbessern und Beiträge des Privatsektors zu erwirken. Diese Arbeiten müssen von Möglichkeiten begleitet sein, die Risiken für Investitionen in nachhaltige Entwicklung durch Instrumente wie Finanzierungsgarantien und Mischfinanzierungen zu mindern.

Um internationale Investoren zu mobilisieren, wird die EU auch weiterhin eine Vorreiterrolle bei den Bemühungen einnehmen, ein Finanzsystem zu schaffen, das weltweit nachhaltiges Wachstum unterstützt. Die EU wird sich auf die Internationale Plattform für ein nachhaltiges Finanzwesen stützen, die kürzlich eingerichtet wurde, um die Bemühungen zur Förderung von Initiativen für ökologisch nachhaltige Finanzierungen wie Taxonomien, Offenlegungspflichten, Standards und Kennzeichnungen zu koordinieren. Darüber hinaus wird die Kommission Diskussionen in anderen internationalen Foren, insbesondere der G7 und der G20, anregen.

4. Der richtige Zeitpunkt, um gemeinsam zu handeln: ein Europäischer Klimapakt

Die Mitwirkung und das Engagement der Öffentlichkeit und aller Interessenträger sind für den Erfolg des europäischen Grünen Deals von entscheidender Bedeutung. Die jüngsten politischen Ereignisse zeigen, dass revolutionäre politische Maßnahmen nur dann etwas erreichen, wenn die Bürgerinnen und Bürger umfassend in ihre Konzeption einbezogen werden. Die Menschen machen sich Sorgen darüber, ob sie ihren Arbeitsplatz behalten, ihre Wohnung heizen oder mit ihrem Geld auskommen können, und die EU-Organe sollten auf sie zugehen, wenn der Grüne Deal erfolgreich sein und dauerhafte Veränderungen bewirken soll. Die Bürgerinnen und Bürger sind eine treibende Kraft für den ökologischen Wandel, und das sollte so bleiben.

Die Kommission wird bis März 2020 einen Europäischen Klimapakt ins Leben rufen, um sich beim Klimaschutz auf drei Arten der Zusammenarbeit mit der Öffentlichkeit zu konzentrieren. Zum einen wird sie den Informationsaustausch und neue Ideen fördern sowie die Öffentlichkeit dafür sensibilisieren, welche Bedrohungen und Herausforderungen mit Klimawandel und Umweltzerstörung verbunden sind und wie dem entgegengewirkt werden kann. Hierzu wird sie nach dem Vorbild der laufenden Bürgerdialoge der Kommission unterschiedliche Kanäle und Instrumente nutzen, einschließlich Veranstaltungen in den Mitgliedstaaten. Zum zweiten sollte es reale und virtuelle Räume geben, in denen die Menschen sowohl auf individueller als auch auf kollektiver Ebene ihre Ideen und ihre Kreativität zum Ausdruck bringen und gemeinsam an ehrgeizigen Maßnahmen arbeiten können. Die Teilnehmer würden ermutigt, sich zu spezifischen Klimaschutzzielen zu verpflichten. Zum dritten wird die Kommission auf den Aufbau von Kapazitäten hinarbeiten, um Basisinitiativen in den Bereichen Klimawandel und Umweltschutz zu erleichtern. Informations-, Orientierungs- und Bildungsmodule könnten zum Austausch bewährter Verfahren beitragen. Die Kommission wird dafür sorgen, dass die grüne Wende in der Debatte über die Zukunft Europas breiten Raum einnimmt.

Der Klimapakt wird auf den laufenden Bürgerdialogen und Bürgerversammlungen der Kommission in der gesamten EU sowie auf der Rolle der Ausschüsse für den sozialen Dialog aufbauen. Die Kommission wird weiter daran arbeiten, regionale und lokale Gemeinschaften, einschließlich Energiegemeinschaften, zur Selbstbestimmung zu befähigen. Die städtische Dimension der Kohäsionspolitik wird gestärkt, und die vorgeschlagene europäische Stadtinitiative wird Städten dabei helfen, die Möglichkeiten zur Entwicklung nachhaltiger Stadtentwicklungsstrategien optimal auszuschöpfen. Der EU-Bürgermeisterkonvent wird auch künftig eine zentrale Kraft sein. Die Kommission wird mit ihm zusammenarbeiten, um weiterhin Städten und Regionen, die ambitionierte klima- und energiepolitische Verpflichtungen eingehen wollen, Hilfestellung zu leisten. Er wird auch künftig eine wichtige Plattform für den Austausch bewährter Verfahren zur Verwirklichung von lokalen Veränderungen sein.

Darüber hinaus ist die Kommission bestrebt, ihre Umweltauswirkung als Organ und als Arbeitgeber zu verringern. Sie wird 2020 einen umfassenden Aktionsplan dazu vorlegen, wie sie selbst die Ziele des Grünen Deals umsetzen und bis zum Jahr 2030 klimaneutral werden will. Sie appelliert an alle anderen Organe, Einrichtungen und Agenturen der EU, mit ihr zusammenzuarbeiten und ähnlich ambitionierte Maßnahmen vorzuschlagen.

Zusätzlich zum Klimapakt sollten die Kommission und die Mitgliedstaaten darauf hinarbeiten, dass alle verfügbaren Planungsinstrumente für den europäischen Grünen Deal kohärent eingesetzt werden. Die wichtigsten davon sind die nationalen Energie- und Klimapläne und die vorgeschlagenen nationalen Strategiepläne zur Umsetzung der Gemeinsamen Agrarpolitik. Die Kommission wird dafür sorgen, dass diese Instrumente zweckmäßig sind und von den Mitgliedstaaten wirksam genutzt werden, und wird gegebenenfalls Instrumente wie das Europäische Semester heranziehen.

Die europäischen Fonds, einschließlich des Fonds für die Entwicklung des ländlichen Raums, werden den ländlichen Gebieten helfen, die Chancen der Kreislauf- und der Biowirtschaft zu nutzen. Die Kommission wird dies in ihrer langfristigen Vision für den ländlichen Raum berücksichtigen. Sie wird im europäischen Grünen Deal der Rolle der Gebiete in äußerster Randlage besondere Aufmerksamkeit widmen und dabei ihrer Anfälligkeit für den Klimawandel und für Naturkatastrophen sowie ihren einzigartigen Reichtümern – Biodiversität und Quellen erneuerbarer Energien – Rechnung tragen. Die Kommission wird die Arbeit an der Initiative „Saubere Energie für EU-Inseln" vorantreiben, um einen langfristigen Rahmen zur Beschleunigung der Energiewende auf allen EU-Inseln zu entwickeln.

Die Kommission und die Mitgliedstaaten müssen außerdem dafür sorgen, dass die Politik und die Rechtsvorschriften wirksam durch- und umgesetzt werden. Die Überprüfung der Umsetzung des Umweltrechts wird eine entscheidende Rolle bei der systematischen Erfassung des Sachstands in jedem Mitgliedstaat spielen. Die Kommission wird außerdem ein neues Umweltaktionsprogramm vorlegen, das den europäischen Grünen Deal ergänzt und einen neuen Überwachungsmechanismus enthält, der sicherstellen soll, dass Europa auch künftig auf Kurs zur Verwirklichung seiner Umweltziele bleibt. Darüber hinaus wird die Kommission ein Dashboard für die Überwachung der Fortschritte bei allen Zielen des europäischen Grünen Deals einrichten.

Die Kommission wird eine Überarbeitung der Århus-Verordnung ins Auge fassen, um Bürgerinnen und Bürgern sowie nichtstaatlichen Organisationen, die Bedenken hinsichtlich der Rechtmäßigkeit von Entscheidungen mit Auswirkungen auf die Umwelt haben, den Zugang zur administrativen und gerichtlichen Überprüfung auf EU-Ebene zu erleichtern. Darüber hinaus wird die Kommission Maßnahmen ergreifen, um deren Zugang zur Justiz vor nationalen Gerichten in allen Mitgliedstaaten zu verbessern. Die Kommission wird außerdem Maßnahmen der EU, ihrer Mitgliedstaaten und der internationalen Gemeinschaft unterstützen, mit denen mehr gegen Umweltkriminalität getan wird.

Mit dem europäischen Grünen Deal wird eine neue Wachstumsstrategie für die EU eingeleitet. Er unterstützt den Übergang der EU zu einer fairen, wohlhabenden Gesellschaft, die die mit Klimawandel und Umweltzerstörung einhergehenden Herausforderungen in Angriff nimmt und die Lebensqualität heutiger und künftiger Generationen verbessert. Die Kommission ersucht das Europäische Parlament und den Europäischen Rat, den europäischen Grünen Deal zu billigen und den darin vorgesehenen Maßnahmen ihr volles Gewicht zu verleihen.

---

(1) Quellen: i) Weltklimarat (IPCC): Special Report on the impacts of global warming of 1.5°C; ii) Weltbiodiversitätsrat (IPBES): 2019 Global assessment report on biodiversity and ecosystem services; iii) The International Resource Panel: Global Resources Outlook 2019: Natural Resources for the Future We Want; iv) Europäische Umweltagentur: The European environment – state and outlook 2020: knowledge for transition to a sustainable Europe.

(2) Im Einklang mit den Ergebnissen des Berichts der Europäischen Umweltagentur (EEA) „European environment – state and outlook 2020: knowledge for transition to a sustainable Europe".

(3) https://sustainabledevelopment.un.org/post2015/transformingourworld

(4) Siehe die politischen Leitlinien von Präsidentin Ursula von der Leyen: Politische Leitlinien für die nächste Kommission (2019-2024) – „Eine Union, die mehr erreichen will: Meine Agenda für Europa" .

(5) Ein sauberer Planet für alle – Eine Europäische strategische, langfristige Vision für eine wohlhabende, moderne, wettbewerbsfähige und klimaneutrale Wirtschaft (COM(2018) 773).

(6) Konsolidierte Fassung der Richtlinie 2003/87/EG des Europäischen Parlaments und des Rates über ein System für den Handel mit Treibhausgasemissionszertifikaten in der Union und zur Änderung der Richtlinie 96/61/EG des Rates.

(7) Verordnung (EU) 2018/842 zur Festlegung verbindlicher nationaler Jahresziele für die Reduzierung der Treibhausgasemissionen im Zeitraum 2021 bis 2030 als Beitrag zu Klimaschutzmaßnahmen zwecks Erfüllung der Verpflichtungen aus dem Übereinkommen von Paris sowie zur Änderung der Verordnung (EU) Nr. 525/2013.

(8) Verordnung (EU) 2018/841 über die Einbeziehung der Emissionen und des Abbaus von Treibhausgasen aus Landnutzung, Landnutzungsänderungen und Forstwirtschaft in den Rahmen für die Klima- und Energiepolitik bis 2030 und zur Änderung der Verordnung (EU) Nr. 525/2013 und des Beschlusses Nr. 529/2013/EU.

(9) Richtlinie 2003/96/EG des Rates zur Restrukturierung der gemeinschaftlichen Rahmenvorschriften zur Besteuerung von Energieerzeugnissen und elektrischem Strom.
(10) Z. B. die kostenlose Zuteilung von Emissionszertifikaten oder der Ausgleich für den Anstieg der Stromkosten.
(11) Verordnung (EU) 2018/1999 über das Governance-System für die Energieunion und für den Klimaschutz.
(12) Verordnung über die transeuropäische Energieinfrastruktur.
(13) Global Resources Outlook 2019 : Natural Resources for the Future We Want: The International Resource Panel.
(14) https://ec.europa.eu/eurostat/tgm/table.do?tab=table&init=1&language=de&pcode=cei_srm030&plugin=1
(15) https://ec.europa.eu/commission/presscorner/detail/de/IP_19_6353
(16) Als Teil der Anforderungen der Richtlinie über die Gesamtenergieeffizienz von Gebäuden.
(17) Verordnung (EU) Nr. 305/2011 zur Festlegung harmonisierter Bedingungen für die Vermarktung von Bauprodukten und zur Aufhebung der Richtlinie 89/106/EWG des Rates.
(18) Vorschlag für eine Richtlinie zur Änderung der Richtlinie 92/106/EWG über die Festlegung gemeinsamer Regeln für bestimmte Beförderungen im kombinierten Güterverkehr zwischen Mitgliedstaaten (COM(2017) 648).
(19) Vorschlag für eine Richtlinie zur Änderung der Richtlinie 1999/62/EG über die Erhebung von Gebühren für die Benutzung bestimmter Verkehrswege durch schwere Nutzfahrzeuge (COM(2017) 275).
(20) Richtlinie 2014/94/EU über den Aufbau der Infrastruktur für alternative Kraftstoffe.
(21) https://ipbes.net/news/ipbes-global-assessment-preview
(22) Arbeitsunterlage der Kommissionsdienststellen „EU guidance on integrating ecosystems and their services into decision-making“ (SWD(2019) 305 final).
(23) COM(2019) 352 final.
(24) „Special Report on the Ocean and Cryosphere in a Changing Climate“.
(25) Eignungsprüfung der Luftqualitätsrichtlinien (SWD(2019) 427).
(26) Unter anderem durch Nutzung neuer Überwachungsmöglichkeiten, die die Digitalisierung bietet.
(27) Mitteilung „Vereint für Energieunion und Klimaschutz – die Grundlage für eine erfolgreiche Energiewende schaffen“ (COM(2019) 285).
(28) Diese Schätzungen sind konservativ, da sie beispielsweise den Investitionsbedarf für die Anpassung an den Klimawandel oder andere ökologische Herausforderungen wie die Biodiversität nicht berücksichtigen. Ebenso wenig berücksichtigt sind die öffentlichen Investitionen, die zur Deckung der sozialen Kosten des Übergangs und der Kosten der Untätigkeit erforderlich sind.
(29) Website „Ihre Meinung zählt“ – „Bürokratieabbau“: https://ec.europa.eu/info/law/better-regulation/lighten-load
(30) United Nations Environment emissions gap report 2019.

IV. Sustainability Finance Disclosure Regulation (SFDR)

VERORDNUNG (EU) 2019/2088 DES EUROPÄISCHEN PARLAMENTS UND DES RATES

vom 27. November 2019

über nachhaltigkeitsbezogene Offenlegungspflichten im Finanzdienstleistungssektor

(Text von Bedeutung für den EWR)

DAS EUROPÄISCHE PARLAMENT UND DER RAT DER EUROPÄISCHEN UNION –

gestützt auf den Vertrag über die Arbeitsweise der Europäischen Union, insbesondere auf Artikel 114,

auf Vorschlag der Europäischen Kommission,

nach Zuleitung des Entwurfs des Gesetzgebungsakts an die nationalen Parlamente,

nach Stellungnahme des Europäischen Wirtschafts- und Sozialausschusses ([1]),

gemäß dem ordentlichen Gesetzgebungsverfahren ([2]),

in Erwägung nachstehender Gründe:

(1) Am 25. September 2015 hat die VN-Generalversammlung einen neuen globalen Rahmen zur nachhaltigen Entwicklung verabschiedet: die Agenda 2030 für nachhaltige Entwicklung (im Folgenden „Agenda 2030), deren Kernstück die Ziele für nachhaltige Entwicklung sind. Die Mitteilung der Kommission vom 22. November 2016 mit dem Titel „Auf dem Weg in eine nachhaltige Zukunft" verbindet diese Nachhaltigkeitsziele mit dem politischen Rahmen der Union, um sicherzustellen, dass bei allen innen- und außenpolitischen Maßnahmen und Initiativen der Union diese Ziele von Beginn an mitberücksichtigt werden. In seinen Schlussfolgerungen vom 20. Juni 2017 hat der Rat die Entschlossenheit der Union und ihrer Mitgliedstaaten bekräftigt, die Agenda 2030 vollständig, kohärent, umfassend, integrativ und wirksam und in enger Zusammenarbeit mit den Partnern und anderen Akteuren umzusetzen.

(2) Der Übergang zu einer CO^2-armen, nachhaltigeren, ressourceneffizienten Kreislaufwirtschaft in Übereinstimmung mit den Zielen für nachhaltige Entwicklung ist für die Sicherung der langfristigen Wettbewerbsfähigkeit der Wirtschaft in der Union von zentraler Bedeutung. Das im Rahmen des Rahmenübereinkommens der Vereinten Nationen über Klimaänderungen geschlossenen Übereinkommen von Paris (im Folgenden „Übereinkommen von Paris"), das am 5. Oktober 2016 von der Union genehmigt wurde ([3]) und am 4. November 2016 in Kraft getreten ist, zielt darauf ab, entschlossener gegen Klimaänderungen vorzugehen, indem unter anderem die Finanzmittelflüsse mit einem Weg hin zu einer hinsichtlich der Treibhausgase emissionsarmen und einer gegenüber Klimaänderungen widerstandsfähigen Entwicklung in Einklang gebracht werden.

(3) Um die Ziele des Übereinkommens von Paris zu erreichen und die Risiken und Auswirkungen des Klimawandels deutlich zu verringern, besteht das globale Ziel darin, den Anstieg der globalen Durchschnittstemperatur deutlich unter 2°C gegenüber dem vorindustriellen Niveau zu halten und Anstrengungen zu unternehmen, um den Temperaturanstieg auf 1,5 °C über dem vorindustriellen Niveau zu begrenzen.

(4) Die Richtlinien 2009/65/EG ([4]), 2009/138/EG ([5]), 2011/61/EU ([6]), 2013/36/EU ([7]), 2014/65/EU ([8]), (EU) 2016/97 ([9]), und (EU) 2016/2341 ([10]) des Europäischen Parlaments und des Rates sowie die Verordnungen (EU) Nr. 345/2013 ([11]), (EU) Nr. 346/2013 ([12]), (EU) 2015/760 ([13]) und (EU) 2019/1238 ([14]) des Europäischen Parlaments und des Rates

haben das gemeinsame Ziel, die Aufnahme und Ausübung der Tätigkeiten von Organismen für gemeinsame Anlagen in Wertpapieren (OGAW), Kreditinstituten, Verwaltern alternativer Investmentfonds (AIFM), die alternative Investmentfonds verwalten oder vertreiben, einschließlich europäischer langfristiger Investmentfonds (European long-term investment funds, im Folgenden: ELTIF), Versicherungsunternehmen, Wertpapierfirmen, Versicherungsvermittlern, Einrichtungen der betrieblichen Altersversorgung (EbAV), Verwaltern qualifizierter Risikokapitalfonds (EuVECA-Verwaltern), Verwaltern qualifizierter Fonds für soziales Unternehmertum (EuSEF-Verwaltern) und Anbietern von Paneuropäischen Privaten Pensionsprodukten (pan-European personal pension products, im Folgenden: PEPP) zu erleichtern. Die genannten Richtlinien und Verordnungen gewährleisten einen einheitlicheren Schutz für Endanleger, machen es einfacher für sie, von einer breiten Auswahl an Finanzprodukten zu profitieren, und sehen gleichzeitig Vorschriften vor, die es Endanlegern ermöglichen, fundierte Investitionsentscheidungen zu treffen.

(5) Offenlegungen von Informationen gegenüber Endanlegern über die Einbeziehung von Nachhaltigkeitsrisiken, über die Berücksichtigung nachteiliger Nachhaltigkeitsauswirkungen und nachhaltiger Investitionsziele oder über die Bewerbung ökologischer oder sozialer Merkmale bei Investitionsentscheidungen und im Beratungsprozess) sind unzureichend entwickelt, da solche Offenlegungen noch keinen harmonisierten Anforderungen unterliegen.

(6) Der Umstand, dass Finanzberater, die weniger als drei Personen beschäftigen, von dieser Verordnung ausgenommen sind, sollte die Anwendung der nationalen Bestimmungen zur Umsetzung der Richtlinien 2014/65/EU und (EU) 2016/97, insbesondere der Vorschriften über Anlage- und Versicherungsberatung, unberührt lassen. Daher sind diese Berater zwar nicht verpflichtet, Informationen gemäß dieser Verordnung zur Verfügung zu stellen, sie müssen aber in ihren Beratungsprozessen die Nachhaltigkeitsrisiken berücksichtigen und einbeziehen.

(7) Unternehmen, die in den Geltungsbereich dieser Verordnung fallen, sollten – je nach Art ihrer Tätigkeit – die Regeln für Finanzmarktteilnehmer befolgen, wenn sie Finanzprodukte herstellen, oder die Regeln für Finanzberater befolgen, wenn sie eine Anlage- oder Versicherungsberatung anbieten. Daher sollten Unternehmen, die gleichzeitig Tätigkeiten sowohl von Finanzmarktteilnehmern als auch von Finanzberatern ausüben, als Finanzmarktteilnehmer eingestuft werden, wenn sie in der Eigenschaft als Hersteller von Finanzprodukten einschließlich der Bereitstellung von Portfolioverwaltung auftreten, und als Finanzberater eingestuft werden, wenn sie Wertpapier- oder Versicherungsberatung anbieten.

(8) Da sich die Union in zunehmendem Maße mit den katastrophalen und unabsehbaren Folgen des Klimawandels, der Ressourcenverknappung und anderer nachhaltigkeitsbezogener Probleme konfrontiert sieht, müssen dringend Maßnahmen ergriffen werden, um Kapital zu mobilisieren, und zwar nicht nur durch die Politik, sondern auch durch den Finanzdienstleistungssektor. Daher sollten Finanzmarktteilnehmer und Finanzberater verpflichtet werden, spezifische Informationen über ihre Ansätze für die Integration von Nachhaltigkeitsrisiken und die Berücksichtigung nachteiliger Nachhaltigkeitsauswirkungen offenzulegen.

(9) Ohne harmonisierte Vorschriften der Union über nachhaltigkeitsbezogene Offenlegungspflichten gegenüber Endanlegern ist davon auszugehen, dass weiterhin unterschiedliche Maßnahmen auf nationaler Ebene getroffen werden und in verschiedenen Finanzdienstleistungsbranchen unterschiedliche Ansätze fortbestehen. Diese divergierenden Maßnahmen und Ansätze würden wegen der großen Unterschiede bei den Offenlegungsstandards auch künftig erhebliche Wettbewerbsverzerrungen verursachen. Überdies bewirkt die parallele Entwicklung marktbasierter Verfahren, die auf kommerziellen Prioritäten beruhen und zu unterschiedlichen Ergebnissen führen, derzeit eine weitere Frag-

mentierung des Marktes und könnte Ineffizienzen im Funktionieren des Binnenmarkts in Zukunft noch weiter verschärfen. Unterschiede bei den Offenlegungsstandards und marktbasierten Verfahren machen Vergleiche zwischen verschiedenen Finanzprodukten überaus schwierig, führen zu ungleichen Wettbewerbsbedingungen für diese Produkte sowie für verschiedene Vertriebskanäle und lassen zusätzliche Hindernisse im Binnenmarkt entstehen. Solche Unterschiede könnten zudem für die Endanleger verwirrend sein und ihre Investitionsentscheidungen verfälschen. Es besteht die Gefahr, dass die Mitgliedstaaten zur Einhaltung des Übereinkommens von Paris unterschiedliche nationale Maßnahmen ergreifen, die das reibungslose Funktionieren des Binnenmarkts behindern und nachteilige Auswirkungen für Finanzmarktteilnehmer und Finanzberater haben könnten. Darüber hinaus erschwert das Fehlen harmonisierter Transparenzvorschriften den Endanlegern, unterschiedliche Finanzprodukte in verschiedenen Mitgliedstaaten in Bezug auf ihre Umwelt-, Sozial- und Unternehmensführungsrisiken sowie auf nachhaltige Investitionsziele zu vergleichen. Daher müssen bestehende Hindernisse für das Funktionieren des Binnenmarkts beseitigt und die Vergleichbarkeit von Finanzprodukten verbessert werden, um absehbare künftige Hindernisse zu vermeiden.

(10) Ziel dieser Verordnung ist es, Informationsasymmetrien in den Beziehungen zwischen Auftraggebern und Auftragnehmern im Hinblick auf die Einbeziehung von Nachhaltigkeitsrisiken, die Berücksichtigung nachteiliger Nachhaltigkeitsauswirkungen, die Bewerbung ökologischer oder sozialer Merkmale sowie im Hinblick auf nachhaltige Investitionen dadurch abzubauen, dass Finanzmarktteilnehmer und Finanzberater zu vorvertraglichen Informationen und laufenden Offenlegungen gegenüber Endanlegern verpflichtet werden, wenn sie als Auftragnehmer im Namen der dieser Endanleger (Auftraggeber) handeln.

(11) Mit dieser Verordnung werden Offenlegungspflichten der Richtlinien 2009/65/EG, 2009/138/EG, 2011/61/EU, 2014/65/EU, (EU) 2016/97, (EU) 2016/2341 und der Verordnungen (EU) Nr. 345/2013, (EU) Nr. 346/2013, (EU) 2015/760 und (EU) 2019/1238 sowie des nationalen Rechts für persönliche und individuelle Altersvorsorgeprodukte ergänzt. Um die ordnungsgemäße und wirksame Überwachung der Erfüllung der Pflichten nach dieser Verordnung sicherzustellen, sollten sich die Mitgliedstaaten auf die im Rahmen der genannten Vorschriften bereits benannten zuständigen Behörden stützen.

(12) Durch diese Verordnung bleiben die Pflichten von Finanzmarktteilnehmern und Finanzberatern, im besten Interesse der Endanleger zu handeln, weiterhin bestehen, einschließlich unter anderem die Pflicht zur Durchführung einer angemessenen Sorgfaltsprüfung vor Tätigung der Anlage gemäß den Richtlinien 2009/65/EG, 2009/138/EG, 2011/61/EU, 2013/36/EU, 2014/65/EU, (EU) 2016/97, (EU) 2016/2341 und den Verordnungen (EU) Nr. 345/2013 und (EU) Nr. 346/2013 sowie dem nationalen Recht für persönliche und individuelle Altersvorsorgeprodukte. Um ihren Pflichten im Rahmen dieser Vorschriften nachzukommen, sollten Finanzmarktteilnehmer und Finanzberater nicht nur alle relevanten finanziellen Risiken, sondern auch einschließlich aller relevanten Nachhaltigkeitsrisiken, die in maßgeblicher Weise erhebliche negative Auswirkungen auf die Rendite einer Investition oder einer Beratung haben könnten, in ihre Verfahren, einschließlich ihrer Sorgfaltsprüfungsverfahren, einbeziehen und fortlaufend bewerten. Daher sollten Finanzmarktteilnehmer und Finanzberater in ihren Strategien angeben, wie sie diese Risiken einbeziehen, und diese Strategien veröffentlichen.

(13) Finanzmarktteilnehmer und Finanzberater, die Anlageberatung oder Versicherungsberatung für Versicherungsanlageprodukte (insurance-based investment products, im Folgenden: IBIP) anbieten, werden mit dieser Verordnung, ungeachtet der Gestaltung des Finanzprodukts und des Zielmarktes, verpflichtet schriftliche Strategien zur Einbeziehung

von Nachhaltigkeitsrisiken zu veröffentlichen und für die Transparenz dieser Einbeziehung zu sorgen.

(14) Als Nachhaltigkeitsrisiko wird ein Ereignis oder eine Bedingung im Bereich Umwelt, Soziales oder Unternehmensführung bezeichnet, dessen beziehungsweise deren Eintreten erhebliche negative Auswirkungen auf den Wert der Investition haben könnte, wie in den sektoralen Rechtsvorschriften, insbesondere in den Richtlinien 2009/65/EG, 2009/138/EG, 2011/61/EU, 2013/36/EU, 2014/65/EU, (EU) 2016/97, (EU) 2016/2341 oder den gemäß diesen Richtlinien erlassenen delegierten Rechtsakten und technischen Regulierungsstandards, festgelegt.

(15) Diese Verordnung sollte unbeschadet der Vorschriften über die Einbeziehung von Risiken im Rahmen der Richtlinien 2009/65/EG, 2009/138/EG, 2011/61/EU, 2013/36/EU, 2014/65/EU, (EU) 2016/97, (EU) 2016/2341 und der Verordnungen (EU) Nr. 345/2013 und (EU) Nr. 346/2013 sowie des nationalen Rechts für persönliche und individuelle Altersvorsorgeprodukte, einschließlich unter anderem der einschlägigen anwendbaren Verhältnismäßigkeitskriterien wie Größe, interne Organisation und Art, Umfang und Komplexität der betreffenden Tätigkeiten gelten. Mit dieser Verordnung soll mehr Transparenz darüber geschaffen werden, wie Finanzmarktteilnehmer und Finanzberater Nachhaltigkeitsrisiken in ihre Investitionsentscheidung, Anlageberatung oder Versicherungsberatung einbeziehen. Führt die Bewertung der Nachhaltigkeitsrisiken zu dem Schluss, dass für das Finanzprodukt keine als relevant erachteten Nachhaltigkeitsrisiken vorliegen, so sollten die Gründe hierfür erläutert werden. Führt die Bewertung zu dem Schluss, dass die entsprechenden Risiken relevant sind, so sollte das Ausmaß, in dem Nachhaltigkeitsrisiken die Wertentwicklung des Finanzprodukts beeinflussen können, entweder in qualitativer oder in quantitativer Hinsicht offengelegt werden. Die Bewertungen der Nachhaltigkeitsrisiken und die damit verbundenen vorvertraglichen Informationen durch Finanzmarktteilnehmer sollten in die vorvertraglichen Informationen durch Finanzberater einfließen. Unabhängig von den Nachhaltigkeitspräferenzen der Endanleger sollten Finanzberater vor der Beratung offenlegen, wie sie Nachhaltigkeitsrisiken bei der Auswahl des den Endanlegern angebotenen Finanzprodukts berücksichtigen. Dies sollte unbeschadet der Anwendung der nationalen Bestimmungen zur Umsetzung der Richtlinien 2014/65/EU und Richtlinie (EU) 2016/97 erfolgen, insbesondere der Pflichten der Finanzmarktteilnehmer und Finanzberater bei der Produktüberwachung, den Bewertungen der Eignung und Angemessenheit und dem Wunsch- und Bedürfnistest.

(16) Investitionsentscheidungen und Anlageberatung können negative – wesentliche oder wahrscheinlich wesentliche – Auswirkungen auf die Nachhaltigkeitsfaktoren hervorrufen, dazu beitragen oder direkt damit verbunden sein.

(17) Im Interesse einer kohärenten und konsequenten Anwendung dieser Verordnung gilt es, eine harmonisierte Begriffsbestimmung für eine „nachhaltige Investition" festzulegen, wonach die Unternehmen, in die investiert wird, Verfahrensweisen einer guten Unternehmensführung anwenden und das Vorsorgeprinzip „keinen erheblichen Schaden verursachen" eingehalten wird, also weder das ökologische noch das soziale Ziel erheblich beeinträchtigt wird.

(18) Berücksichtigen Finanzmarktteilnehmer in Anbetracht ihrer Größe, der Art und des Umfangs ihrer Tätigkeiten und der Arten der von ihnen zugänglich gemachten Finanzprodukte die wichtigsten – wesentlichen oder wahrscheinlich wesentlichen – nachteiligen Auswirkungen von Investitionsentscheidungen auf Nachhaltigkeitsfaktoren, so sollten sie die Verfahren zur Berücksichtigung der wichtigsten nachteiligen Auswirkungen, zusammen mit den Verfahren zur Berücksichtigung der relevanten finanziellen Risiken und der relevanten Nachhaltigkeitsrisiken, in ihre Prozesse, einschließlich ihrer Sorgfaltsprüfungsverfahren, einbeziehen. In den Informationen über solche Verfahren könnte beschrieben

werden, wie Finanzmarktteilnehmer ihrer Verantwortung bezüglich einer nachhaltigkeitsbezogenen Verwaltung oder anderen Verpflichtungen gegenüber den Aktionären nachkommen. Finanzmarktteilnehmer sollten Informationen über diese Verwaltungen und Beschreibungen der wichtigsten nachteiligen Auswirkungen auf ihren Internetseiten aufführen. In diesem Zusammenhang sollten der Gemeinsame Ausschuss der durch die Verordnung (EU) Nr. 1093/2010 des Europäischen Parlaments und des Rates ([15]) errichteten Europäischen Bankenaufsichtsbehörde (EBA), der durch die Verordnung (EU) Nr. 1094/2010 des Europäischen Parlaments und des Rates ([16]) errichteten Europäische Aufsichtsbehörde für das Versicherungswesen und die betriebliche Altersversorgung (EIOPA) und der durch die Verordnung (EU) Nr. 1095/2010 des Europäischen Parlaments und des Rates ([17]) vom 24. November 2010 errichteten Europäische Wertpapier- und Marktaufsichtsbehörde (ESMA) sowie Finanzmarktteilnehmer und Finanzberater die von der Organisation für wirtschaftliche Zusammenarbeit und Entwicklung erarbeiteten Leitsätze zur Erfüllung der Sorgfaltspflicht zur Förderung verantwortungsvollen unternehmerischen Handelns und die von den Vereinten Nationen unterstützten Grundsätze für verantwortungsbewusstes Investment (United Nations-supported Principles for Responsible Investment) berücksichtigen.

(19) Die Berücksichtigung von nachhaltigkeitsbezogenen Faktoren bei Investitionsentscheidungen und Beratungsprozessen kann über die Finanzmärkte hinausgehende Vorteile mit sich bringen. Dies kann die Widerstandsfähigkeit der Realwirtschaft und die Stabilität des Finanzsystems erhöhen. Dadurch kann letztlich eine Auswirkung auf das Risiko- und Ertragsprofil von Finanzprodukten erzielt werden. Daher ist es wichtig, dass Finanzmarktteilnehmer und Finanzberater die Informationen zur Verfügung stellen, die erforderlich sind, damit die Endanleger fundierte Investitionsentscheidungen treffen können.

(20) Finanzmarktteilnehmer, die die wichtigsten nachteiligen Auswirkungen von Investitionsentscheidungen auf die Nachhaltigkeitsfaktoren berücksichtigen, sollten in den vorvertraglichen Informationen für jedes Finanzprodukt in knapper Form, in qualitativer oder quantitativer Hinsicht, offenlegen, wie die wichtigsten nachteiligen Auswirkungen berücksichtigt werden; zudem sollten sie eine Erklärung darüber vorlegen, dass die Informationen über die wichtigsten nachteiligen Auswirkungen auf die Nachhaltigkeitsfaktoren im Rahmen der laufenden Berichterstattung verfügbar sind. Unter wichtigsten nachteiligen Auswirkungen sind diejenigen Auswirkungen von Investitionsentscheidungen und Anlageberatung zu verstehen, die negative Auswirkungen auf die Nachhaltigkeitsfaktoren haben.

(21) Es wurden bereits nachhaltige Produkte mit unterschiedlichem Ambitionsniveau entwickelt. Daher ist es für die Zwecke der vorvertraglichen Informationen und der Offenlegungen mittels regelmäßiger Berichte notwendig, zwischen den Anforderungen an Finanzprodukte, die ökologische oder soziale Merkmale bewerben, und den Anforderungen an Finanzprodukte, mit denen positive Auswirkungen auf Umwelt und Gesellschaft angestrebt werden, zu unterscheiden. Folglich sollten Finanzmarktteilnehmer in Bezug auf Finanzprodukte mit ökologischen oder sozialen Merkmalen offenlegen, ob und in welcher Weise der bestimmte Index – sei es ein Nachhaltigkeitsindex oder ein Standardindex – auf diese Merkmale ausgerichtet ist, und – falls kein Referenzwert verwendet wird – Informationen darüber offenlegen, wie die Nachhaltigkeitsmerkmale der Finanzprodukte erfüllt werden. Bei Finanzprodukten, mit denen positive Auswirkungen auf Umwelt und Gesellschaft angestrebt werden, sollten Finanzmarktteilnehmer offenlegen, anhand welches Nachhaltigkeitsreferenzwerts sie die Wertentwicklung bei der Nachhaltigkeit messen, und – falls kein Referenzwert verwendet wird – erläutern, wie das Nachhaltigkeitsziel erreicht wird. Diese Offenlegungen mittels regelmäßiger Berichte sollten jährlich erfolgen.

(22) Diese Verordnung gilt unbeschadet der Vorschriften über die Vergütung oder Bewertung der Leistung von Mitarbeitern von Finanzmarktteilnehmern und Finanzberatern

gemäß den Richtlinien 2009/65/EG, 2009/138/EG, 2011/61/EU, 2013/36/EU, 2014/65/EU, (EU) 2016/97, (EU) 2016/2341 und den Verordnungen (EU) Nr. 345/2013 und (EU) Nr. 346/2013 oder den Durchführungsrechtsakten und dem nationalen Recht für persönliche und individuelle Altersvorsorgeprodukte, einschließlich unter anderem der einschlägigen anwendbaren Verhältnismäßigkeitskriterien wie Größe, interne Organisation und Art, Umfang und Komplexität der betreffenden Tätigkeiten. Es ist jedoch zweckmäßig, in qualitativer oder quantitativer Hinsicht mehr Transparenz über die Vergütungspolitik von Finanzmarktteilnehmern und Finanzberatern bezüglich ihrer Anlage- oder Versicherungsberatung zu schaffen, die ein solides und wirksames Risikomanagement in Bezug auf Nachhaltigkeitsrisiken fördert, wobei die Vergütungsstruktur keine übermäßige Risikobereitschaft in Bezug auf Nachhaltigkeitsrisiken begünstigt und mit einer risikogewichteten Leistung verknüpft ist.

(23) Zur Erhöhung der Transparenz und Unterrichtung der Endanleger sollte der Zugang zu Informationen darüber, wie Finanzmarktteilnehmer und Finanzberater relevante – wesentliche oder wahrscheinlich wesentliche – Nachhaltigkeitsrisiken in ihre Investitionsentscheidungsprozessen einschließlich der Aspekte der Organisation, des Risikomanagements und der Unternehmensführung solcher Prozesse bzw.in Beratungsprozesse einbeziehen, reguliert werden, indem von den betreffenden Unternehmen verlangt wird, Kurzinformationen über diese Maßnahmen auf ihren Internetseiten bereitzustellen.

(24) Nach den im Unionsrecht derzeit festgelegten Offenlegungspflichten müssen nicht alle Informationen offengelegt werden, die erforderlich sind, um die Endanleger angemessen über die Nachhaltigkeitsauswirkung ihrer Investitionen in Finanzprodukte mit ökologischen oder sozialen Merkmalen oder in Finanzprodukte, mit denen Nachhaltigkeitsziele verfolgt werden, zu unterrichten. Daher ist es angezeigt, spezifischere und standardisierte Offenlegungspflichten in Bezug auf solche Investitionen festzulegen. So sollte beispielsweise regelmäßig anhand von Indikatoren, die für die Messung des angestrebten nachhaltigen Investitionsziels relevant sind, über die Gesamtnachhaltigkeitswirkung von Finanzprodukten Bericht erstattet werden. Wurde ein geeigneter Index als Referenzwert bestimmt, so sollten diese Informationen auch für den bestimmten Index sowie für einen breiten Marktindex bereitgestellt werden, um einen Vergleich zu ermöglichen. Stellen EuSEF-Verwalter gemäß der Verordnung (EU) Nr. 346/2013 Informationen zu den mit einem bestimmten Fonds angestrebten positiven sozialen Auswirkungen, zu den insgesamt erreichten sozialen Ergebnissen und zu den angewandten Methoden zur Verfügung, so können sie diese Informationen gegebenenfalls für die Zwecke der Offenlegungen im Rahmen dieser Verordnung verwenden.

(25) In der Richtlinie 2013/34/EU des Europäischen Parlaments und des Rates ([18]) sind Transparenzpflichten in Bezug auf ökologische, soziale Aspekte und Aspekte der Unternehmensführung im Rahmen der nichtfinanziellen Berichterstattung festgelegt. Die in der genannten Richtlinie vorgeschriebene Form und Darstellung ist jedoch nicht immer für eine direkte Verwendung durch Finanzmarktteilnehmer und Finanzberater im Umgang mit Endanlegern geeignet. Finanzmarktteilnehmern und Finanzberatern sollte die Möglichkeit eingeräumt werden, für die Zwecke dieser Verordnung gegebenenfalls Informationen aus den gemäß der genannten Richtlinie vorzulegenden Lageberichten und nichtfinanziellen Erklärungen zu verwenden.

(26) Um die Zuverlässigkeit der Informationen zu gewährleisten, die auf den Internetseiten von Finanzmarktteilnehmern und Finanzberatern veröffentlicht werden, sollten diese Informationen stets auf dem neuesten Stand gehalten werden und sollte jede Überarbeitung oder Änderung solcher Informationen klar erläutert werden.

(27) Auch wenn diese Verordnung nicht für die unter die Verordnungen (EG) Nr. 883/2004 und (EG) Nr. 987/2009 fallenden nationalen Systeme der sozialen Sicherheit gilt, sollten die Mitgliedstaaten die Option/Möglichkeit haben, diese Verordnung auf solche Systeme anzuwenden, angesichts der Tatsache, dass die Mitgliedstaaten Teile der Verwaltung von gesetzlichen Rentenversicherungssystemen innerhalb ihrer Systeme der sozialen Sicherheit zunehmend für Finanzmarktteilnehmer oder andere Einrichtungen nach Zivilrecht öffnen, dass diese Systeme Nachhaltigkeitsrisiken ausgesetzt sind und dass sie nachteilige Nachhaltigkeitsauswirkungen berücksichtigen oder ökologische oder soziale Merkmale fördern oder nachhaltige Investitionen verfolgen könnten, um Informationsasymmetrien abzubauen.

(28) Diese Verordnung sollte die Mitgliedstaaten nicht daran hindern, strengere Vorschriften über die Veröffentlichung von Strategien zur Anpassung an den Klimawandel und zusätzliche Offenlegungen gegenüber Endanlegern über Nachhaltigkeitsrisiken einzuführen oder beizubehalten, sofern die betroffenen Finanzmarktteilnehmer und Finanzberater ihren Sitz in deren Hoheitsgebiet haben. Solche Bestimmungen sollten allerdings nicht die wirksame Anwendung dieser Verordnung oder die Erreichung ihrer Zielebehindern.

(29) Gemäß der Richtlinie (EU) 2016/2341 sind EbAV schon jetzt dazu verpflichtet, Unternehmensführungs- und Risikomanagementvorschriften bei ihren Anlageentscheidungen und Risikobewertungen anzuwenden, um Kontinuität und Ordnungsmäßigkeit zu gewährleisten. Anlageentscheidungen und die Bewertung relevanter Risiken, einschließlich Umwelt-, Sozial- und Unternehmensführungsrisiken, sollten in einer Weise erfolgen, die die Interessen der Versorgungsanwärter und Leistungsempfänger von EbAV wahrt. Die EIOPA sollte Leitlinien erlassen, in denen festgelegt wird, wie Anlageentscheidungen und Risikobewertungen durch EbAV Umwelt-, Sozial- und Unternehmensführungsrisiken gemäß der genannten Richtlinie berücksichtigen sollen.

(30) EBA, EIOPA und ESMA (zusammen „Europäische Aufsichtsbehörden") sollten beauftragt werden, über den Gemeinsamen Ausschuss Entwürfe für technische Regulierungsstandards auszuarbeiten, in denen gemäß den Artikeln 10 bis 14 der Verordnungen (EU) Nr. 1093/2010, (EU) Nr. 1094/2010 und (EU) Nr. 1095/2010 die Einzelheiten zu Inhalt, Methoden und Darstellung der Informationen über Nachhaltigkeitsindikatoren für das Klima und andere umweltbezogene nachteilige Auswirkungen, für die Bereiche Soziales und Beschäftigung, für die Achtung der Menschenrechte und für die Bekämpfung von Korruption und Bestechung, sowie die Einzelheiten zu Darstellung und Inhalt der in vorvertraglichen Dokumenten, in Jahresberichten und auf Internetseiten von Finanzmarktteilnehmern offenzulegenden Informationen über die Bewerbung ökologischer oder sozialer Merkmale und nachhaltige Investitionsziele festgelegt werden. Der Kommission sollte die Befugnis übertragen werden, diese technischen Regulierungsstandards im Wege von delegierten Rechtsakten gemäß Artikel 290 des Vertrags über die Arbeitsweise der Europäischen Union (TFEU) und gemäß den Artikeln 10 bis 14 der Verordnungen (EU) Nr. 1093/2010, (EU) Nr. 1094/2010 und (EU) Nr. 1095/2010 zu erlassen.

(31) Die Europäischen Aufsichtsbehörden sollten beauftragt werden, über den Gemeinsamen Ausschuss Entwürfe für technische Durchführungsstandards zur Festlegung der einheitlichen Darstellung der Information über die Bewerbung ökologischer oder sozialer Merkmale und nachhaltiger Investitionen in Marketingmitteilungen auszuarbeiten. Der Kommission sollte die Befugnis übertragen werden, diese technischen Durchführungsstandards im Wege eines Durchführungsrechtsakts gemäß Artikel 291 TFEU und gemäß Artikel 15 der Verordnungen (EU) Nr. 1093/2010, (EU) Nr. 1094/2010 und (EU) Nr. 1095/2010 zu erlassen.

(32) Da in den Jahresberichten grundsätzlich die Geschäftsergebnisse für vollständige Kalenderjahre vorgelegt werden, sollten die Bestimmungen dieser Verordnung über die Transparenzanforderungen für solche Berichte nicht vor dem 1. Januar 2022 zur Anwendung kommen.

(33) Die Offenlegungsvorschriften dieser Verordnung sollten die Bestimmungen der Richtlinien 2009/65/EG, 2009/138/EG, 2011/61/EU, 2014/65/EU, (EU) 2016/97 und (EU) 2016/2341 sowie der Verordnungen (EU) Nr. 345/2013 (EU) Nr. 346/2013, (EU) 2015/760 und (EU) 2019/1238 ergänzen.

(34) Diese Verordnung steht im Einklang mit den Grundrechten und Grundsätzen, die insbesondere mit der Charta der Grundrechte der Europäischen Union anerkannt wurden.

(35) Da die Ziele dieser Verordnung, nämlich die Verbesserung des Schutzes und der Information von Endanlegern, unter anderem in Fällen grenzüberschreitender Käufe durch Endanleger von den Mitgliedstaaten nicht ausreichend verwirklicht werden können, sondern vielmehr wegen der Notwendigkeit, einheitliche Offenlegungsanforderungen festzulegen, auf Unionsebene besser zu verwirklichen sind, kann die Union im Einklang mit dem in Artikel 5 des Vertrags über die Europäische Union verankerten Subsidiaritätsprinzip tätig werden. Entsprechend dem in demselben Artikel genannten Grundsatz der Verhältnismäßigkeit geht diese Verordnung nicht über das für die Erreichung dieser Ziele erforderliche Maß hinaus –

HABEN FOLGENDE VERORDNUNG ERLASSEN:

Artikel 1
Gegenstand

Mit dieser Verordnung werden harmonisierte Vorschriften für Finanzmarktteilnehmer und Finanzberater über Transparenz bei der Einbeziehung von Nachhaltigkeitsrisiken und der Berücksichtigung nachteiliger Nachhaltigkeitsauswirkungen in ihren Prozessen und bei der Bereitstellung von Informationen über die Nachhaltigkeit von Finanzprodukten festgelegt.

Artikel 2
Begriffsbestimmungen

Für die Zwecke dieser Verordnung bezeichnet der Ausdruck

1. „Finanzmarktteilnehmer“
   a) ein Versicherungsunternehmen, das ein Versicherungsanlageprodukt (insurance-based investment product, IBIP) anbietet;
   b) eine Wertpapierfirma, die Portfolioverwaltung erbringt;
   c) eine Einrichtung der betrieblichen Altersversorgung (EbAV);
   d) einen Hersteller eines Altersvorsorgeprodukts;
   e) einen Verwalter alternativer Investmentfonds (alternative investment fund manager, AIFM);
   f) einen Anbieter eines Paneuropäischen Privaten Pensionsprodukts (pan-European Personal Pension Product, PEPP-Anbieter);
   g) einen Verwalter eines qualifizierten Risikokapitalfonds, der gemäß Artikel 14 der Verordnung (EU) Nr. 345/2013 registriert ist;
   h) einen Verwalter eines qualifizierten Fonds für soziales Unternehmertum, der gemäß Artikel 15 der Verordnung (EU) Nr. 346/2013 registriert ist;

i) eine Verwaltungsgesellschaft für Organismen für gemeinsame Anlagen in Wertpapieren (OGAW-Verwaltungsgesellschaft); oder
j) ein Kreditinstitut, das Portfolioverwaltung erbringt;

2. „Versicherungsunternehmen" ein Versicherungsunternehmen, das gemäß Artikel 18 der Richtlinie 2009/138/EG zugelassen ist;
3. „IBIP" („insurance-based investment product", Versicherungsanlageprodukt)
   a) ein Versicherungsanlageprodukt im Sinne des Artikels 4 Nummer 2 der Verordnung (EU) Nr. 1286/2014 des Europäischen Parlaments und des Rates ([19]); oder
   b) ein für einen professionellen Anleger bereitgestelltes Versicherungsprodukt, das einen Fälligkeitswert oder einen Rückkaufwert bietet, der vollständig oder teilweise direkt oder indirekt Marktschwankungen ausgesetzt ist;
4. „Verwalter alternativer Investmentfonds" oder „AIFM" einen AIFM im Sinne des Artikels 4 Absatz 1 Buchstabe b der Richtlinie 2011/61/EU;
5. „Wertpapierfirma" eine Wertpapierfirma im Sinne des Artikels 4 Absatz 1 Nummer 1 der Richtlinie 2014/65/EU;
6. „Portfolioverwaltung" eine Portfolioverwaltung im Sinne des Artikels 4 Absatz 1 Nummer 8 der Richtlinie 2014/65/EU;
7. „Einrichtung der betrieblichen Altersversorgung" oder „EbAV" eine Einrichtung der betrieblichen Altersversorgung, die gemäß Artikel 9 der Richtlinie (EU) 2016/2341 eingetragen oder zugelassen ist, mit Ausnahme einer Einrichtung, für die ein Mitgliedstaat sich für die Anwendung von Artikel 5 der genannten Richtlinie entschieden hat, oder eine Einrichtung, die Altersversorgungssysteme betreibt, denen insgesamt weniger als 15 Versorgungsanwärter angeschlossen sind;
8. „Altersvorsorgeprodukt"
   a) ein Altersvorsorgeprodukt im Sinne des Artikels 2 Absatz 2 Buchstabe e der Verordnung (EU) Nr. 1286/2014; oder
   b) ein individuelles Altersvorsorgeprodukt im Sinne des Artikels 2 Absatz 2 Buchstabe g der Verordnung (EU) Nr. 1286/2014;
9. „Paneuropäisches Privates Pensionsprodukt" oder „PEPP" ein Produkt im Sinne des Artikels 2 Nummer 2 der Verordnung (EU) 2019/1238;
10. „OGAW-Verwaltungsgesellschaft"
    a) eine Verwaltungsgesellschaft im Sinne des Artikels 2 Absatz 1 Buchstabe b der Richtlinie 2009/65/EG; oder
    b) eine gemäß der Richtlinie 2009/65/EG zugelassene Investmentgesellschaft, die keine nach der genannten Richtlinie zugelassene Verwaltungsgesellschaft für ihre Verwaltung benannt hat;
11. „Finanzberater"
    a) einen Versicherungsvermittler, der Versicherungsberatung für IBIP erbringt;
    b) ein Versicherungsunternehmen, das Versicherungsberatung für IBIP erbringt;
    c) ein Kreditinstitut, das Anlageberatung anbietet;
    d) eine Wertpapierfirma, die Anlageberatung anbietet;
    e) einen AIFM, der Anlageberatung gemäß Artikel 6 Absatz 4 Buchstabe b Ziffer i der Richtlinie 2011/61/EU anbietet; oder
    f) eine OGAW-Verwaltungsgesellschaft, die Anlageberatung gemäß Artikel 6 Absatz 3 Buchstabe b Ziffer i der Richtlinie 2009/65/EG anbietet;
12. „Finanzprodukt"
    i) ein Portfolio, das gemäß Nummer 6 des vorliegenden Artikels verwaltet wird;
    ii) einen alternativen Investmentfonds (AIF);

iii) ein IBIP;
iv) ein Altersvorsorgeprodukt;
iv) ein Altersversorgungssystem;
v) einen Organismus für gemeinsame Anlagen in Wertpapieren (OGAW); oder
vi) ein PEPP;

13. „alternativer Investmentfonds" oder „AIF" einen AIF im Sinne des Artikels 4 Absatz 1 Buchstabe a der Richtlinie 2011/61/EU;
14. „Altersversorgungssystem" ein Altersversorgungssystem im Sinne des Artikels 6 Nummer 2 der Richtlinie (EU) 2016/2341;
15. „Organismus für gemeinsame Anlagen in Wertpapiere" oder „OGAW" einen Organismus, der gemäß Artikel 5 der Richtlinie 2009/65/EG zugelassen ist;
16. „Anlageberatung" eine Anlageberatung im Sinne des Artikels 4 Absatz 1 Nummer 4 der Richtlinie 2014/65/EU;
17. „nachhaltige Investition" eine Investition in eine wirtschaftliche Tätigkeit, die zur Erreichung eines Umweltziels beiträgt, gemessen beispielsweise an Schlüsselindikatoren für Ressourceneffizienz bei der Nutzung von Energie, erneuerbarer Energie, Rohstoffen, Wasser und Boden, für die Abfallerzeugung, und Treibhausgasemissionen oder für die Auswirkungen auf die biologische Vielfalt und die Kreislaufwirtschaft, oder eine Investition in eine wirtschaftliche Tätigkeit, die zur Erreichung eines sozialen Ziels beiträgt, insbesondere eine Investition, die zur Bekämpfung von Ungleichheiten beiträgt oder den sozialen Zusammenhalt, die soziale Integration und die Arbeitsbeziehungen fördert oder eine Investition in Humankapital oder zugunsten wirtschaftlich oder sozial benachteiligter Bevölkerungsgruppen, vorausgesetzt, dass diese Investitionen keines dieser Ziele erheblich beeinträchtigen und die Unternehmen, in die investiert wird, Verfahrensweisen einer guten Unternehmensführung anwenden, insbesondere bei soliden Managementstrukturen, den Beziehungen zu den Arbeitnehmern, der Vergütung von Mitarbeitern sowie der Einhaltung der Steuervorschriften;
18. „professioneller Anleger" einen Kunden, der die Kriterien des Anhangs II der Richtlinie 2014/65/EU erfüllt;
19. „Kleinanleger" einen Anleger, der kein professioneller Anleger ist;
20. „Versicherungsvermittler" einen Versicherungsvermittler im Sinne des Artikels 2 Absatz 1 Nummer 3 der Richtlinie (EU) 2016/97;
21. „Versicherungsberatung" eine Beratung im Sinne des Artikels 2 Absatz 1 Nummer 15 der Verordnung (EU) 2016/97;
22. „Nachhaltigkeitsrisiko" ein Ereignis oder eine Bedingung in den Bereichen Umwelt, Soziales oder Unternehmensführung, dessen beziehungsweise deren Eintreten tatsächlich oder potenziell wesentliche negative Auswirkungen auf den Wert der Investition haben könnte;
23. „europäischer langfristiger Investmentfonds" oder „ELTIF" Fonds, der gemäß Artikel 6 der Verordnung (EU) 2015/760 zugelassen ist;
24. „Nachhaltigkeitsfaktoren" Umwelt-, Sozial- und Arbeitnehmerbelange, die Achtung der Menschenrechte und die Bekämpfung von Korruption und Bestechung.

Artikel 3
Transparenz bei den Strategien für den Umgang mit Nachhaltigkeitsrisiken

(1) Finanzmarktteilnehmer veröffentlichen auf ihren Internetseiten Informationen zu ihren Strategien zur Einbeziehung von Nachhaltigkeitsrisiken bei ihren Investitionsentscheidungsprozessen.

(2) Finanzberater veröffentlichen auf ihren Internetseiten Informationen zu ihren Strategien zur Einbeziehung von Nachhaltigkeitsrisiken bei ihren Anlageberatungs- oder Versicherungsberatungstätigkeiten verfolgen.

Artikel 4
Transparenz nachteiliger Nachhaltigkeitsauswirkungen auf Ebene des Unternehmens

(1) Finanzmarktteilnehmer veröffentlichen auf ihrer Internetseite folgende Informationen und halten sie auf dem aktuellen Stand:
   a) wenn sie die wichtigsten nachteiligen Auswirkungen von Investitionsentscheidungen auf Nachhaltigkeitsfaktoren berücksichtigen, eine Erklärung über Strategien zur Wahrung der Sorgfaltspflicht im Zusammenhang mit diesen Auswirkungen in Anbetracht ihrer Größe, der Art und des Umfangs ihrer Tätigkeiten und der Arten der Finanzprodukte, die sie zur Verfügung stellen; oder
   b) wenn sie nachteilige Auswirkungen von Investitionsentscheidungen auf Nachhaltigkeitsfaktoren nicht berücksichtigen, klare Gründe, warum sie das nicht tun, einschließlich gegebenenfalls Informationen darüber, ob und wann sie beabsichtigen, solche nachteiligen Auswirkungen zu berücksichtigen.

(2) Die Finanzmarktteilnehmer nehmen in die gemäß Absatz 1 Buchstabe a vorgelegten Informationen mindestens Folgendes auf:
   a) Informationen über ihre Strategien zur Feststellung und Gewichtung der wichtigsten nachteiligen Nachhaltigkeitsauswirkungen und Nachhaltigkeitsindikatoren;
   b) eine Beschreibung der wichtigsten nachteiligen Nachhaltigkeitsauswirkungen und aller in diesem Zusammenhang ergriffenen oder gegebenenfalls geplanten Maßnahmen;
   c) gegebenenfalls kurze Zusammenfassungen ihrer Mitwirkungspolitik gemäß Artikel 3g der Richtlinie 2007/36/EG;
   d) eine Bezugnahme auf ihre Beachtung eines Kodex für verantwortungsvolle Unternehmensführung und international anerkannter Standards für die Sorgfaltspflicht und die Berichterstattung sowie gegebenenfalls den Grad ihrer Ausrichtung auf die Ziele des Übereinkommens von Paris.

(3) Abweichend von Absatz 1 veröffentlichen Finanzmarktteilnehmer, die am Bilanzstichtag das Kriterium erfüllen, im Laufe des Geschäftsjahres durchschnittlich mehr als 500 Mitarbeiter zu beschäftigen, ab dem 30. Juni 2021 auf ihren Internetseiten eine Erklärung über Strategien zur Wahrung der Sorgfaltspflicht im Zusammenhang mit den wichtigsten nachteiligen Auswirkungen von Investitionsentscheidungen auf Nachhaltigkeitsfaktoren und halten diese Erklärung auf dem aktuellen Stand. Diese Erklärung umfasst zumindest die in Absatz 2 aufgeführten Informationen.

(4) Abweichend von Absatz 1 des vorliegenden Artikels veröffentlichen Finanzmarktteilnehmer, die Mutterunternehmen einer großen Gruppe im Sinne des Artikels

3 Absatz 7 der Richtlinie 2013/34/EU sind, die am Bilanzstichtag der Gruppe das Kriterium erfüllt, im Laufe des Geschäftsjahres konsolidiert durchschnittlich mehr als 500 Mitarbeiter zu beschäftigen, ab dem 30. Juni 2021 auf ihren Internetseiten eine Erklärung über Strategien zur Wahrung ihrer Sorgfaltspflicht im Zusammenhang mit den wichtigsten nachteiligen Auswirkungen von Investitionsentscheidungen auf Nachhaltigkeitsfaktoren und halten diese Erklärung auf dem aktuellen Stand halten. Diese Erklärung umfasst zumindest die in Absatz 2 aufgeführten Informationen.

(5) Finanzberater veröffentlichen auf ihrer Internetseite folgende Informationen und halten sie auf dem aktuellen Stand:
   a) Informationen darüber, ob sie in Anbetracht ihrer Größe, der Art und des Umfangs ihrer Tätigkeiten und der Arten der Finanzprodukte, die Gegenstand ihrer Beratung sind, bei ihrer Anlage- oder Versicherungsberatung die wichtigsten nachteiligen Auswirkungen auf Nachhaltigkeitsfaktoren berücksichtigen; oder
   b) Informationen darüber, warum sie nachteilige Auswirkungen von Investitionsentscheidungen auf Nachhaltigkeitsfaktoren bei ihrer Anlage- oder Versicherungsberatung nicht berücksichtigen, gegebenenfalls einschließlich Informationen darüber, ob und wann sie beabsichtigen, solche nachteiligen Auswirkungen zu berücksichtigen.

(6) Die Europäischen Aufsichtsbehörden arbeiten über den Gemeinsamen Ausschuss bis zum 30. Dezember 2020 Entwürfe für technische Regulierungsstandards gemäß den Artikeln 10 bis 14 der Verordnungen (EU) Nr. 1093/2010, (EU) Nr. 1094/2010 und (EU) Nr. 1095/2010 für Inhalt, Methoden und Darstellung der in den Absätzen 1 bis 5 des vorliegenden Artikels genannten Informationen über Nachhaltigkeitsindikatoren für nachteilige Auswirkungen auf das Klima und andere umweltbezogene nachteilige Aspekte aus.

Die Europäischen Aufsichtsbehörden bemühen sich gegebenenfalls um Beiträge der Europäischen Umweltagentur und der Gemeinsamen Forschungsstelle der Europäischen Kommission.

Der Kommission wird die Befugnis übertragen, diese Verordnung durch Annahme der in Unterabsatz 1 genannten technischen Regulierungsstandards gemäß den Artikeln 10 bis 14 der Verordnungen (EU) Nr. 1093/2010, (EU) Nr. 1094/2010 und (EU) Nr. 1095/2010 zu ergänzen.

(7) Die Europäischen Aufsichtsbehörden arbeiten über den Gemeinsamen Ausschuss bis zum 30. Dezember 2021 Entwürfe für technische Regulierungsstandards gemäß den Artikeln 10 bis 14 der Verordnungen (EU) Nr. 1093/2010, (EU) Nr. 1094/2010 und (EU) Nr. 1095/2010 für Inhalt, Methoden und Darstellung der den Absätzen 1 bis 5 des vorliegenden Artikels genannten Informationen über Nachhaltigkeitsindikatoren für nachteilige Auswirkungen in den Bereichen Soziales und Beschäftigung, Achtung der Menschenrechte und Bekämpfung von Korruption und Bestechung aus.

Der Kommission wird die Befugnis übertragen, diese Verordnung durch Annahme der in Unterabsatz 1 genannten technischen Regulierungsstandards gemäß den Artikeln 10 bis 14 der Verordnungen (EU) Nr. 1093/2010, (EU) Nr. 1094/2010 und (EU) Nr. 1095/2010 zu ergänzen.

Artikel 5
Transparenz der Vergütungspolitik im Zusammenhang mit der Berücksichtigung von Nachhaltigkeitsrisiken

(1) Finanzmarktteilnehmer und Finanzberater geben im Rahmen ihrer Vergütungspolitik an, inwiefern diese mit der Einbeziehung von Nachhaltigkeitsrisiken im Einklang steht, und veröffentlichen diese Informationen auf ihren Internetseiten.

(2) Die in Absatz 1 genannten Informationen sind in die Vergütungspolitik aufzunehmen, die Finanzmarktteilnehmer und Finanzberater gemäß den sektoralen Rechtsvorschriften, insbesondere den Richtlinien 2009/65/EG, 2009/138/EG, 2011/61/EU, 2013/36/EU, 2014/65/EU, (EU) 2016/97 und (EU) 2016/2341, festlegen und fortführen müssen.

Artikel 6
Transparenz bei der Berücksichtigung von Nachhaltigkeitsrisiken

(1) Finanzmarktteilnehmer geben in vorvertraglichen Informationen Erläuterungen zu folgenden Aspekten:

a) der Art und Weise, wie Nachhaltigkeitsrisiken bei ihren Investitionsentscheidungen einbezogen werden; und

b) den Ergebnissen der Bewertung der zu erwartenden Auswirkungen von Nachhaltigkeitsrisiken auf die Rendite der Finanzprodukte, die sie zur Verfügung stellen.

Wenn die Finanzmarktteilnehmer Nachhaltigkeitsrisiken als nicht relevant erachten, so enthalten die Erläuterungen zu den in Unterabsatz 1 genannten Aspekten eine klare und knappe Begründung dafür.

(2) Finanzberater geben in vorvertraglichen Informationen Erläuterungen zu Folgendem:

a) der Art und Weise, wie Nachhaltigkeitsrisiken bei ihrer Anlage- oder Versicherungsberatung einbezogen werden; und

b) dem Ergebnis der Bewertung der zu erwartenden Auswirkungen von Nachhaltigkeitsrisiken auf die Rendite der Finanzprodukte, die Gegenstand ihrer Beratung sind.

Wenn die Finanzberater Nachhaltigkeitsrisiken als nicht relevant erachten, so enthalten die Erläuterungen zu den in Unterabsatz 1 genannten Aspekten eine klare und knappe Begründung dafür.

(3) Die in den Absätzen 1 und 2 des vorliegenden Artikels genannten Informationen werden wie folgt offengelegt:

a) bei AIFM im Rahmen ihrer Informationspflichten gegenüber Anlegern nach Artikel 23 Absatz 1 der Richtlinie 2011/61/EU;

b) bei Versicherungsunternehmen im Rahmen der nach Artikel 185 Absatz 2 der Richtlinie 2009/138/EG bereitzustellenden Informationen oder gegebenenfalls gemäß Artikel 29 Absatz 1 der Richtlinie (EU) 2016/97;

c) bei EbAV im Rahmen der nach Artikel 41 der Richtlinie (EU) 2016/2341 bereitzustellenden Informationen;

d) bei Verwaltern eines qualifizierten Risikokapitalfonds im Rahmen der nach Artikel 13 Absatz 1 der Verordnung (EU) Nr. 345/2013 bereitzustellenden Informationen;

e) bei Verwaltern eines qualifizierten Fonds für soziales Unternehmertum im Rahmen der nach Artikel 14 Absatz 1 der Verordnung (EU) Nr. 346/2013 bereitzustellenden Informationen;

f) bei Herstellern von Altersvorsorgeprodukten in Schriftform und rechtzeitig, bevor ein Kleinanleger einen Vertrag über ein entsprechendes Altersvorsorgeprodukt abschließt;
g) bei OGAW-Verwaltungsgesellschaften in dem nach Artikel 69 der Richtlinie 2009/65/EG zu veröffentlichenden Prospekt;
h) bei Wertpapierfirmen, die Portfolioverwaltung oder Anlageberatung anbieten, gemäß Artikel 24 Absatz 4 der Richtlinie 2014/65/EU;
i) bei Kreditinstituten, die Portfolioverwaltung oder Anlageberatung anbieten, gemäß Artikel 24 Absatz 4 der Richtlinie 2014/65/EU;
j) bei Versicherungsvermittlern und Versicherungsunternehmen, die Versicherungsberatung für IBIP anbieten, und bei Versicherungsvermittlern, die Versicherungsberatung für Altersvorsorgeprodukte, die Marktschwankungen ausgesetzt sind, anbieten, gemäß Artikel 29 Absatz 1 der Richtlinie (EU) 2016/97;
k) bei AIFM, die ELTIF verwalten, in dem nach Artikel 23 der Verordnung (EU) 2015/760 zu veröffentlichenden Prospekt;
l) bei PEPP-Anbietern in dem in Artikel 26 der Verordnung (EU) 2019/1238 genannten PEPP-Basisinformationsblatt.

Artikel 7
Transparenz bei nachteiligen Nachhaltigkeitsauswirkungen auf Ebene des Finanzprodukts

(1) Spätestens ab dem 30. Dezember 2022 umfassen die in Artikel 6 Absatz 3 genannten Offenlegungen für jedes Finanzprodukt, sofern ein Finanzmarktteilnehmer Artikel 4 Absatz 1 Buchstabe a oder Artikel 4 Absatz 3 oder Absatz 4 anwendet, Folgendes:
a) klare und begründete Erläuterungen dazu, ob und – wenn ja – wie in einem Finanzprodukt die wichtigsten nachteiligen Auswirkungen auf Nachhaltigkeitsfaktoren berücksichtigt werden;
b) eine Erklärung, dass Informationen über die wichtigsten nachteiligen Auswirkungen auf Nachhaltigkeitsfaktoren im Rahmen der gemäß Artikel 11 Absatz 2 offenzulegenden Informationen verfügbar sind.

Sofern die Informationen gemäß Artikel 11 Absatz 2 eine Quantifizierung der wichtigsten nachteiligen Auswirkungen auf Nachhaltigkeitsfaktoren umfassen, können sich diese Informationen auf die Bestimmungen der gemäß Artikel 4 Absätze 6 und 7 angenommenen technischen Regulierungsstandards stützen.

(2) Die in Artikel 6 Absatz 3 genannten Offenlegungen beinhalten für jedes Finanzprodukt, sofern ein Finanzmarktteilnehmer Artikel 4 Absatz 1 Buchstabe b anwendet, eine Erklärung, dass der Finanzmarktteilnehmer die nachteiligen Auswirkungen von Investitionsentscheidungen auf Nachhaltigkeitsfaktoren nicht berücksichtigt, sowie eine Begründung dafür.

Artikel 8
Transparenz bei der Bewerbung ökologischer oder sozialer Merkmale in vorvertraglichen Informationen

(1) Werden mit einem Finanzprodukt unter anderem ökologische oder soziale Merkmale oder eine Kombination aus diesen Merkmalen beworben – sofern die Unternehmen, in die investiert wird, Verfahrensweisen einer guten Unternehmensführung anwen-

den –, so umfassen die gemäß Artikel 6 Absätze 1 und 3 offenzulegenden Informationen Folgendes:

a) Angaben dazu, wie diese Merkmale erfüllt werden;
b) wenn ein Index als Referenzwert bestimmt wurde, Angaben dazu, ob und wie dieser Index mit diesen Merkmalen vereinbar ist.

(2) Finanzmarktteilnehmer machen im Rahmen der nach Artikel 6 Absätze 1 und 3 offenzulegenden Informationen Angaben dazu, wo eine Beschreibung der Methode zur Berechnung des in Absatz 1 des vorliegenden Artikels genannten Indexes zu finden ist.

(3) Die Europäischen Aufsichtsbehörden arbeiten über den Gemeinsamen Ausschuss Entwürfe technischer Regulierungsstandards aus, um die die Einzelheiten zu Darstellung und Inhalt der nach diesem Artikel offenzulegenden Informationen näher festzulegen.

Bei der Ausarbeitung der in Unterabsatz 1 genannten Entwürfe technischer Regulierungsstandards berücksichtigen die Europäischen Aufsichtsbehörden die verschiedenen Arten von Finanzprodukten, ihre Merkmale und die Unterschiede zwischen ihnen sowie das Ziel, dass Offenlegungen zutreffend, redlich, klar, nicht irreführend, einfach und knapp sein müssen.

Die Europäischen Aufsichtsbehörden übermitteln der Kommission die in Unterabsatz 1 genannten Entwürfe technischer Regulierungsstandards bis zum 30. Dezember 2020.

Der Kommission wird die Befugnis übertragen, die vorliegende Verordnung durch Annahme der technischen Regulierungsstandards nach Unterabsatz 1 gemäß den Artikeln 10 bis 14 der Verordnung (EU) Nr. 1093/2010, der Verordnung (EU) Nr. 1094/2010 und der Verordnung (EU) Nr. 1095/2010 zu ergänzen.

Artikel 9
Transparenz in vorvertraglichen Informationen bei nachhaltigen Investitionen

(1) Wird mit einem Finanzprodukt eine nachhaltige Investition angestrebt und wurde ein Index als Referenzwert bestimmt, so wird den nach Artikel 6 Absätze 1 und 3 offenzulegenden Informationen Folgendes beigefügt:

a) Angaben dazu, wie der bestimmte Index auf das angestrebte Ziel ausgerichtet ist;
b) Erläuterungen dazu, warum und wie sich der bestimmte, auf das betreffende Ziel ausgerichtete Index von einem breiten Marktindex unterscheidet.

(2) Wird mit einem Finanzprodukt eine nachhaltige Investition angestrebt und wurde kein Index als Referenzwert bestimmt, so müssen die gemäß Artikel 6 Absätze 1 und 3 offenzulegenden Informationen Erläuterungen dazu enthalten, wie das angestrebte Ziel zu erreichen ist.

(3) Wird mit einem Finanzprodukt eine Reduzierung der CO^2-Emissionen angestrebt, so enthalten die gemäß Artikel 6 Absätze 1 und 3 offenzulegenden Informationen eine ausführliche Erklärung dazu, wie die Ziele geringer CO^2-Emissionen zur Verwirklichung der langfristigen Erderwärmungsziele des Übereinkommens von Paris gewährleistet werden.

Gibt es keinen EU-Referenzwert für Investitionen in eine klimafreundlichere Wirtschaft oder keinen EU-Referenzwert für auf das Übereinkommen von Paris abgestimmte Investitionen im Sinne der Verordnung (EU) 2016/1011 des Europäischen

Parlaments und des Rates ([20]), so enthalten die nach Artikel 6 vorzulegenden Informationen – abweichend von Absatz 2 dieses Artikels – detaillierte Erläuterungen dazu, wie zur Verwirklichung der langfristigen Erderwärmungsziele des Übereinkommens von Paris sichergestellt wird, dass kontinuierliche Anstrengungen zur Verwirklichung des Ziels einer Reduzierung der CO_2-Emissionen unternommen werden.

(4) Finanzmarktteilnehmer machen im Rahmen der nach Artikel 6 Absätze 1 und 3 offenzulegenden Informationen Angaben dazu, wo die Methode für die Berechnung der in Absatz 1 des vorliegenden Artikels genannten Indizes und der in Absatz 3 Unterabsatz 2 des vorliegenden Artikels genannten Referenzwerte zu finden ist.

(5) Die Europäische Aufsichtsbehörden arbeiten über den Gemeinsamen Ausschuss Entwürfe technischer Regulierungsstandards aus, in denen die Einzelheiten der Darstellung und des Inhalts der nach diesem Artikel offenzulegenden Informationen näher festgelegt werden.

Bei der Ausarbeitung der in Unterabsatz 1 des vorliegenden Absatzes genannten Entwürfe technischer Regulierungsstandards berücksichtigen die Europäischen Aufsichtsbehörden die verschiedenen Arten von Finanzprodukten, ihre Ziele gemäß den Absätzen 1, 2 und 3 und die Unterschiede zwischen ihnen, sowie das Ziel, dass Offenlegungen zutreffend, redlich, klar, nicht irreführend, einfach und knapp sein müssen.

Die Europäischen Aufsichtsbehörden übermitteln der Kommission die in Unterabsatz 1 genannten Entwürfe technischer Regulierungsstandards bis zum 30. Dezember 2020.

Der Kommission wird die Befugnis übertragen, die vorliegende Verordnung durch Annahme technischer Regulierungsstandards nach Unterabsatz 1 gemäß den Artikeln 10 bis 14 der Verordnungen (EU) Nr. 1093/2010, (EU) Nr. 1094/2010 und (EU) Nr. 1095/2010 zu ergänzen.

Artikel 10
Transparenz bei der Bewerbung ökologischer oder sozialer Merkmale und bei nachhaltigen Investitionen auf Internetseiten

(1) Finanzmarktteilnehmer veröffentlichen für jedes in Artikel 8 Absatz 1 und Artikel 9 Absätze 1, 2 oder 3 genannte Finanzprodukt folgende Informationen auf ihrer Internetseite und halten diese Informationen auf dem aktuellen Stand:

a) eine Beschreibung der ökologischen oder sozialen Merkmale oder des nachhaltigen Investitionsziels;
b) Angaben zu den Methoden, die angewandt werden, um die ökologischen oder sozialen Merkmale oder die Auswirkungen der für das Finanzprodukt ausgewählten nachhaltigen Investitionen zu bewerten, zu messen und zu überwachen, unter anderem Angaben zu den Datenquellen, zu den Kriterien für die Bewertung der zugrunde liegenden Vermögenswerte sowie zu den relevanten Nachhaltigkeitsindikatoren, die zur Messung der ökologischen oder sozialen Merkmale oder der Gesamtnachhaltigkeitsauswirkungen des Finanzprodukts herangezogen werden;
c) die in den Artikeln 8a und 9 genannten Informationen;
d) die in Artikel 11 genannten Informationen.

Die gemäß Unterabsatz 1 offenzulegenden Informationen müssen klar, prägnant und für Anleger verständlich sein. Sie sind in einer präzisen, redlichen, klaren, nicht irreführenden, einfachen und knappen Form und an deutlich sichtbarer und leicht zugänglicher Stelle der Internetseite zu veröffentlichen.

(2) Die Europäischen Aufsichtsbehörden arbeiten über den Gemeinsamen Ausschuss Entwürfe technischer Regulierungsstandards aus, in denen die Einzelheiten zum Inhalt der nach Absatz 1 Unterabsatz 1 Buchstaben a und b offenzulegenden Informationen und zu den Anforderungen an die Darstellung nach Absatz 1 Unterabsatz 2 näher festgelegt werden.

Bei der Ausarbeitung der in Unterabsatz 1 des vorliegenden Absatzes genannten Entwürfe technischer Regulierungsstandards berücksichtigen die Europäischen Aufsichtsbehörden die verschiedenen Arten von Finanzprodukten, ihre Merkmale und Ziele gemäß Absatz 1 und die Unterschiede zwischen ihnen. Die Europäischen Aufsichtsbehörden aktualisieren die technischen Regulierungsstandards unter Berücksichtigung rechtlicher und technischer Entwicklungen.

Die Europäischen Aufsichtsbehörden übermitteln der Kommission die im Unterabsatz 1 genannten Entwürfe technischer Regulierungsstandards bis zum 30. Dezember 2020.

Der Kommission wird die Befugnis übertragen, die vorliegende Verordnung durch Annahme technischer Regulierungsstandards nach Unterabsatz 1 gemäß den Artikeln 10 bis 14 der Verordnung (EU) Nr. 1093/2010, der Verordnung (EU) Nr. 1094/2010 und der Verordnung (EU) Nr. 1095/2010 zu ergänzen.

Artikel 11
Transparenz bei der Bewerbung ökologischer oder sozialer Merkmale und bei nachhaltigen Investitionen in regelmäßigen Berichten

(1) Stellen Finanzmarktteilnehmer ein in Artikel 8 Absatz 1 oder in Artikel 9 Absätze 1, 2 oder 3 genanntes Finanzprodukt bereit, so geben sie in ihren regelmäßigen Berichten Erläuterungen zu folgenden Aspekten:
  a) für ein Finanzprodukt nach Artikel 8 Absatz 1, inwieweit die ökologischen oder sozialen Merkmale erfüllt wurden;
  b) für ein Finanzprodukt nach Artikel 9 Absätze 1, 2 oder 3:
    i) Gesamtnachhaltigkeitswirkung des Finanzprodukts, belegt durch relevante Nachhaltigkeitsindikatoren; oder
    ii) wenn ein Index als Referenzwert bestimmt wurde, Vergleich der Gesamtnachhaltigkeitswirkung des Finanzprodukts mit den Wirkungen des bestimmten Indexes und bei Zugrundelegung eines breiten Marktindex anhand von Nachhaltigkeitsindikatoren.

(2) Die in Absatz 1 des vorliegenden Artikels genannten Informationen werden wie folgt offengelegt:
  a) bei AIFM in dem in Artikel 22 der Richtlinie 2011/61/EU genannten Jahresbericht;
  b) bei Versicherungsunternehmen jährlich in schriftlicher Form gemäß Artikel 185 Absatz 6 der Richtlinie 2009/138/EG;
  c) bei EbAV in dem in Artikel 29 der Richtlinie (EU) 2016/2341 genannten Jahresbericht;
  d) bei Verwaltern eines qualifizierten Risikokapitalfonds in dem in Artikel 12 der Verordnung (EU) Nr. 345/2013 genannten Jahresbericht;

e) bei Verwaltern eines qualifizierten Fonds für soziales Unternehmertum in dem in Artikel 13 der Verordnung (EU) Nr. 346/2013 genannten Jahresbericht;
f) bei Herstellern von Altersvorsorgeprodukten in schriftlicher Form im Jahresbericht oder in dem Bericht nach nationalem Recht;
g) bei OGAW-Verwaltungsgesellschaften in dem in Artikel 69 der Richtlinie 2009/65/EG genannten Jahresbericht;
h) bei Wertpapierfirmen, die Portfolioverwaltung anbieten, in einem in Artikel 25 Absatz 6 der Richtlinie 2014/65/EU genannten regelmäßigen Bericht;
i) bei Kreditinstituten, die Portfolioverwaltung anbieten, in einem in Artikel 25 Absatz 6 der Richtlinie 2014/65/EU genannten regelmäßigen Bericht;
j) bei PEPP-Anbietern in dem in Artikel 36 der Verordnung (EU) 2019/1238 genannten PEPP-Leistungsinformation.

(3) Für die Zwecke des Absatzes 1 des vorliegenden Artikels können Finanzmarktteilnehmer gegebenenfalls die Informationen aus den Lageberichten nach Artikel 19 der Richtlinie 2013/34/EU oder die Informationen aus den nichtfinanziellen Erklärungen nach Artikel 19a der genannten Richtlinie verwenden.

(4) Die Europäischen Aufsichtsbehörden arbeiten über den Gemeinsamen Ausschuss Entwürfe technischer Regulierungsstandards aus, in denen die Einzelheiten zu Inhalt und Darstellung der in Absatz 1 genannten Informationen näher festgelegt werden.

Bei der Ausarbeitung der in Unterabsatz 1 genannten Entwürfe technischer Regulierungsstandards berücksichtigen die Europäischen Aufsichtsbehörden die verschiedenen Arten von Finanzprodukten, ihre Merkmale und Ziele und die Unterschiede zwischen ihnen. Die Europäischen Aufsichtsbehörden aktualisieren die technischen Regulierungsstandards unter Berücksichtigung rechtlicher und technischer Entwicklungen.

Die Europäischen Aufsichtsbehörden übermitteln der Kommission die in Unterabsatz 1 genannten Entwürfe technischer Regulierungsstandards bis zum 30. Dezember 2020.

Der Kommission wird die Befugnis übertragen, die vorliegende Verordnung durch Annahme technischer Regulierungsstandards nach Unterabsatz 1 gemäß den Artikeln 10 bis 14 der Verordnung (EU) Nr. 1093/2010, der Verordnung (EU) Nr. 1094/2010 und der Verordnung (EU) Nr. 1095/2010 zu ergänzen.

Artikel 12
Überprüfung der Informationen

(1) Die Finanzmarktteilnehmer stellen sicher, dass die gemäß Artikel 3, 5 oder 10 veröffentlichten Informationen stets auf dem aktuellen Stand sind. Nimmt ein Finanzmarktteilnehmer Änderungen an solchen Informationen vor, so veröffentlicht er auf derselben Internetseite eine klare Erläuterung der betreffenden Änderungen.

(2) Absatz 1 gilt sinngemäß auch für Finanzberater im Hinblick auf die von ihnen gemäß Artikel 3 und Artikel 5 veröffentlichten Informationen.

Artikel 13
Marketingmitteilungen

(1) Unbeschadet strengerer sektoraler Rechtsvorschriften, insbesondere der Richtlinien 2009/65/EG, 2014/65/EU und (EU) 2016/97 sowie der Verordnung (EU)

Nr. 1286/2014, tragen Finanzmarktteilnehmer und Finanzberater dafür Sorge, dass ihre Marketingmitteilungen nicht im Widerspruch zu den gemäß der vorliegenden Verordnung veröffentlichten Informationen stehen.

(2) Die Europäischen Aufsichtsbehörden können über den Gemeinsamen Ausschuss Entwürfe technischer Durchführungsstandards ausarbeiten, um eine einheitliche Darstellung der Informationen über die Bewerbung ökologischer oder sozialer Merkmale und nachhaltiger Investitionen festzulegen.

Der Kommission wird die Befugnis übertragen, die in Unterabsatz 1 genannten technischen Durchführungsstandards gemäß Artikel 15 der Verordnung (EU) Nr. 1093/2010, der Verordnung (EU) Nr. 1094/2010 und der Verordnung (EU) Nr. 1095/2010 zu erlassen.

Artikel 14
Zuständige Behörden

(1) Die Mitgliedstaaten tragen dafür Sorge, dass die gemäß den sektoralen Rechtsvorschriften – insbesondere den in Artikel 6 Absatz 3 der vorliegenden Verordnung genannten sektoralen Rechtsvorschriften – und gemäß der Richtlinie 2013/36/EG benannten zuständigen Behörden die Einhaltung der in der vorliegenden Verordnung genannten Anforderungen durch Finanzmarktteilnehmer und Finanzberater überwachen. Die zuständigen Behörden erhalten alle Aufsichts- und Ermittlungsbefugnisse, die notwendig sind, um ihre Aufgaben gemäß dieser Verordnung zu erfüllen.

(2) Für die Zwecke dieser Verordnung arbeiten die zuständigen Behörden zusammen und übermitteln einander unverzüglich die Informationen, die für die Wahrnehmung ihrer Aufgaben gemäß dieser Verordnung von Bedeutung sind.

Artikel 15
Transparenz von EbAV und Versicherungsvermittlern

(1) EbAV veröffentlichen die in den Artikeln 3 bis 7 sowie in Artikel 10 Absatz 1 Unterabsatz 1 der vorliegenden Verordnung genannten Informationen gemäß Artikel 36 Absatz 2 Buchstabe f der Richtlinie (EU) 2016/2341 und halten diese auf dem aktuellen Stand.

(2) Versicherungsvermittler übermitteln die in Artikel 3, Artikel 4 Absatz 5, Artikel 5, Artikel 6 und Artikel 10 Absatz 1 Unterabsatz 1 der vorliegenden Verordnung genannten Informationen gemäß Artikel 23 der Richtlinie (EU) 2016/97.

Artikel 16
Altersvorsorgeprodukte im Sinne der Verordnungen (EG) Nr. 883/2004 und (EG) Nr. 987/2009

(1) Die Mitgliedstaaten können beschließen, diese Verordnung auf Hersteller von Altersvorsorgeprodukten anzuwenden, die unter die Verordnungen (EG) Nr. 883/2004 und (EG) Nr. 987/2009 fallende nationale Systeme der sozialen Sicherheit betreiben. In diesem Fall gehören zu den Herstellern von – in Artikel 2 Nummer 1 Buchstabe d der vorliegenden Verordnung genannten – Altersvorsorgeprodukten auch Hersteller von Altersvorsorgeprodukten, die nationale Systeme der sozialen Sicherheit und in Artikel 2 Nummer 8 der vorliegenden Verordnung genannte Altersvorsorgeprodukte

betreiben. In diesem Fall umfasst die Definition von Altersvorsorgeprodukten gemäß Artikel 2 Nummer 8 auch die in Satz 1 des vorliegenden Absatzes genannten Altersvorsorgeprodukte.

(2) Die Mitgliedstaaten melden der Kommission und den Europäischen Aufsichtsbehörden alle gemäß Absatz 1 angenommenen Beschlüsse.

Artikel 17
Ausnahmen

(1) Diese Verordnung gilt weder für Versicherungsvermittler, die Versicherungsberatung für IBIP anbieten, noch für Wertpapierfirmen, die Anlageberatung anbieten, bei denen es sich – unabhängig von ihrer Rechtsform – um Unternehmen handelt, einschließlich natürlicher Personen und Selbstständiger, sofern sie weniger als drei Personen beschäftigen.

(2) Die Mitgliedstaaten können beschließen, diese Verordnung auf die in Absatz 1 genannten Versicherungsvermittler, die Versicherungsberatung für IBIP anbieten, oder auf Wertpapierfirmen, die Anlageberatung anbieten, anzuwenden.

(3) Die Mitgliedstaaten melden der Kommission und den Europäischen Aufsichtsbehörden alle gemäß Absatz 2 angenommenen Beschlüsse.

Artikel 18
Berichterstattung

Die Europäischen Aufsichtsbehörden ziehen eine Bilanz über den Umfang der freiwilligen Offenlegungen gemäß Artikel 4 Absatz 1 Buchstabe a und gemäß Artikel 7 Absatz 1 Buchstabe a. Bis zum 10. September 2022 und danach jährlich legen die Europäischen Aufsichtsbehörden der Kommission einen Bericht über bewährte Verfahren vor und geben Empfehlungen für freiwillige Berichtsstandards ab. In diesem Jahresbericht werden die Auswirkungen der Verfahren zur Wahrung der Sorgfaltspflicht bei Offenlegungen gemäß dieser Verordnung berücksichtigt; zudem enthält er Leitlinien zu diesem Thema. Dieser Bericht wird veröffentlicht und dem Europäischen Parlament und dem Rat übermittelt.

Artikel 19
Bewertung

(1) Die Kommission bewertet bis zum 30. Dezember 2022 die Anwendung dieser Verordnung vor; dabei bewertet sie insbesondere:
   a) ob die Bezugnahme auf die durchschnittliche Zahl der Beschäftigten in Artikel 4 Absätze 3 und 4 beibehalten, ersetzt oder durch andere Kriterien ergänzt werden sollte; ferner prüft sie den Nutzen und die Verhältnismäßigkeit des damit verbundenen Verwaltungsaufwands;
   b) ob das Funktionieren dieser Verordnung durch das Fehlen von Daten oder deren suboptimale Qualität behindert wird, einschließlich der Indikatoren zu nachteiligen Auswirkungen auf Nachhaltigkeitsfaktoren durch Unternehmen, in die investiert wird.

(2) Der in Absatz 1 genannten Bewertung werden gegebenenfalls Legislativvorschläge beigefügt.

Artikel 20
Inkrafttreten und Anwendung

(1) Diese Verordnung tritt am zwanzigsten Tag nach ihrer Veröffentlichung im *Amtsblatt der Europäischen Union* in Kraft.

(2) Sie gilt ab dem 10. März 2021.

(3) Abweichend von Absatz 2 des vorliegenden Artikels gelten die Artikel 4 Absätze 6 und 7, Artikel 8 Absatz 3, Artikel 9 Absatz 5, Artikel 10 Absatz 2, Artikel 11 Absatz 4 und Artikel 13 Absatz 2 jedoch ab dem 29. Dezember 2019 und Artikel 11 Absätze 1 bis 3 ab dem 1. Januar 2022.

Diese Verordnung ist in allen ihren Teilen verbindlich und gilt unmittelbar in jedem Mitgliedstaat.

Geschehen zu Straßburg am 27. November 2019.

Im Namen des Europäischen Parlaments

Der Präsident

D. M. SASSOLI

Im Namen des Rates

Die Präsidentin

T. TUPPURAINEN

---

(1) Abl. C 62 vom 15.2.2019, S. 97.

(2) Standpunkt des Europäischen Parlaments vom 18. April 2019 (noch nicht im Amtsblatt veröffentlicht) und Beschluss des Rates vom 8. November 2019.

(3) Beschluss (EU) 2016/1841 des Rates vom 5. Oktober 2016 über den Abschluss des im Rahmen des Rahmenübereinkommens der Vereinten Nationen über Klimaänderungen geschlossenen Übereinkommens von Paris im Namen der Europäischen Union (Abl. L 282 vom 19.10.2016, S. 1).

(4) Richtlinie 2009/65/EG des Europäischen Parlaments und des Rates vom 13. Juli 2009 zur Koordinierung der Rechts- und Verwaltungsvorschriften betreffend bestimmte Organismen für gemeinsame Anlagen in Wertpapieren (OGAW) (Abl. L 302 vom 17.11.2009, S. 32).

(5) Richtlinie 2009/138/EG des Europäischen Parlaments und des Rates vom 25. November 2009 betreffend die Aufnahme und Ausübung der Versicherungs- und der Rückversicherungstätigkeit (Solvabilität II) (Abl. L 335 vom 17.12.2009, S. 1).

(6) Richtlinie 2011/61/EU des Europäischen Parlaments und des Rates vom 8. Juni 2011 über die Verwalter alternativer Investmentfonds (Abl. L 174 vom 1.7.2011, S. 1).

(7) Richtlinie 2013/36/EU des Europäischen Parlaments und des Rates vom 26. Juni 2013 über den Zugang zur Tätigkeit von Kreditinstituten und die Beaufsichtigung von Kreditinstituten und Wertpapierfirmen, zur Änderung der Richtlinie 2002/87/EG und zur Aufhebung der Richtlinien 2006/48/EG und 2006/49/EG (Abl. L 176 vom 27.6.2013, S. 338).

(8) Richtlinie 2014/65/EU des Europäischen Parlaments und des Rates vom 15. Mai 2014 über Märkte für Finanzinstrumente sowie zur Änderung der Richtlinien 2002/92/EG und 2011/61/EU (Abl. L 173 vom 12.6.2014, S. 349).

(9) Richtlinie (EU) 2016/97 des Europäischen Parlaments und des Rates vom 20. Januar 2016 über Versicherungsvertrieb (Abl. L 26 vom 2.2.2016, S. 19).

(10) Richtlinie (EU) 2016/2341 des Europäischen Parlaments und des Rates vom 14. Dezember 2016 über die Tätigkeiten und die Beaufsichtigung von Einrichtungen der betrieblichen Altersversorgung (EbAV) (Abl. L 354 vom 23.12.2016, S. 37).

(11) Verordnung (EU) Nr. 345/2013 des Europäischen Parlaments und des Rates vom 17. April 2013 über Europäische Risikokapitalfonds (Abl. L 115 vom 25.4.2013, S. 1).

(12) Verordnung (EU) Nr. 346/2013 des Europäischen Parlaments und des Rates vom 17. April 2013 über Europäische Fonds für soziales Unternehmertum (Abl. L 115 vom 25.4.2013, S. 18).

(13) Verordnung (EU) 2015/760 des Europäischen Parlaments und des Rates vom 29. April 2015 über europäische langfristige Investmentfonds (Abl. L 123 vom 19.5.2015, S. 98).

([14]) Verordnung (EU) 2019/1238 des Europäischen Parlaments und des Rates vom 20. Juni 2019 über ein Paneuropäisches Privates Pensionsprodukt (PEPP) (Abl. L 198 vom 25.7.2019, S. 1).

([15]) Verordnung (EU) Nr. 1093/2010 des Europäischen Parlaments und des Rates vom 24. November 2010 zur Errichtung einer Europäischen Aufsichtsbehörde (Europäische Bankenaufsichtsbehörde), zur Änderung des Beschlusses Nr. 716/2009/EG und zur Aufhebung des Beschlusses 2009/78/EG der Kommission (Abl. L 331 vom 15.12.2010, S. 12).

([16]) Verordnung (EU) Nr. 1094/2010 des Europäischen Parlaments und des Rates vom 24. November 2010 zur Errichtung einer Europäischen Aufsichtsbehörde (Europäische Aufsichtsbehörde für das Versicherungswesen und die betriebliche Altersversorgung), zur Änderung des Beschlusses Nr. 716/2009/EG und zur Aufhebung des Beschlusses 2009/79/EG der Kommission (Abl. L 331 vom 15.12.2010, S. 48).

([17]) Verordnung (EU) Nr. 1095/2010 des Europäischen Parlaments und des Rates vom 24. November 2010 zur Errichtung einer Europäischen Aufsichtsbehörde (Europäische Wertpapier- und Marktaufsichtsbehörde), zur Änderung des Beschlusses Nr. 716/2009/EG und zur Aufhebung des Beschlusses 2009/77/EG der Kommission (Abl. L 331 vom 15.12.2010, S. 84).

([18]) Richtlinie 2013/34/EU des Europäischen Parlaments und des Rates vom 26. Juni 2013 über den Jahresabschluss, den konsolidierten Abschluss und damit verbundene Berichte von Unternehmen bestimmter Rechtsformen und zur Änderung der Richtlinie 2006/43/EG des Europäischen Parlaments und des Rates und zur Aufhebung der Richtlinien 78/660/EWG und 83/349/EWG des Rates (Abl. L 182 vom 29.6.2013, S. 19).

([19]) Verordnung (EU) Nr. 1286/2014 des Europäischen Parlaments und des Rates vom 26. November 2014 über Basisinformationsblätter für verpackte Anlageprodukte für Kleinanleger und Versicherungsanlageprodukte (PRIIP) (Abl. L 352 vom 9.12.2014, S. 1).

([20]) Verordnung (EU) 2016/1011 des Europäischen Parlaments und des Rates vom 8. Juni 2016 über Indizes, die bei Finanzinstrumenten und Finanzkontrakten als Referenzwert oder zur Messung der Wertentwicklung eines Investmentfonds verwendet werden, und zur Änderung der Richtlinien 2008/48/EG und 2014/17/EU sowie der Verordnung (EU) Nr. 596/2014 (Abl. L 171 vom 29.6.2016, S. 1).

V. EU-Umwelttaxonomie-VO

VERORDNUNG (EU) 2020/852 DES EUROPÄISCHEN PARLAMENTS UND DES RATES

vom 18. Juni 2020

über die Einrichtung eines Rahmens zur Erleichterung nachhaltiger Investitionen und zur Änderung der Verordnung (EU) 2019/2088

(Text von Bedeutung für den EWR)

DAS EUROPÄISCHE PARLAMENT UND DER RAT DER EUROPÄISCHEN UNION –

gestützt auf den Vertrag über die Arbeitsweise der Europäischen Union, insbesondere auf Artikel 114,

auf Vorschlag der Europäischen Kommission,

nach Zuleitung des Entwurfs des Gesetzgebungsakts an die nationalen Parlamente,

nach Stellungnahme des Europäischen Wirtschafts- und Sozialausschusses ([1]),

gemäß dem ordentlichen Gesetzgebungsverfahren ([2]),

in Erwägung nachstehender Gründe:

(1) Artikel 3 Absatz 3 des Vertrags über die Europäische Union stellt auf die Errichtung eines Binnenmarkts ab, mit dem unter anderem auf der Grundlage eines ausgewogenen Wirtschaftswachstums sowie eines hohen Maßes an Umweltschutz und Verbesserung der Umweltqualität auf die nachhaltige Entwicklung Europas hingewirkt wird.

(2) Am 25. September 2015 hat die VN-Generalversammlung einen neuen globalen Rahmen zur nachhaltigen Entwicklung verabschiedet: die Agenda 2030 für nachhaltige Entwicklung (im Folgenden „Agenda 2030"). Die Agenda 2030 hat als Kernstück die Ziele für nachhaltige Entwicklung und deckt die drei Dimensionen der Nachhaltigkeit ab: die wirtschaftliche, soziale und die Umweltdimension. Die Mitteilung der Kommission vom 22. November 2016 mit dem Titel „Auf dem Weg in eine nachhaltige Zukunft" verbindet diese Nachhaltigkeitsziele mit dem politischen Rahmen der Union, um sicherzustellen, dass bei allen innen- und außenpolitischen Maßnahmen und Initiativen der Union diese Ziele von Beginn an mitberücksichtigt werden. In seinen Schlussfolgerungen vom 20. Juni 2017 hat der Rat die Entschlossenheit der Union und ihrer Mitgliedstaaten bekräftigt, die Agenda 2030 vollständig, kohärent, umfassend, integrativ und wirksam, in enger Zusammenarbeit mit den Partnern und anderen Akteuren, umzusetzen. Die Kommission hat am 11. Dezember 2019 ihre Mitteilung „über den europäischen Grünen Deal" veröffentlicht.

(3) Am 5. Oktober 2016 wurde das im Rahmen des Rahmenübereinkommens der Vereinten Nationen über Klimaänderungen geschlossene Übereinkommen von Paris von der Union genehmigt ([3]). In Artikel 2 Absatz 1 Buchstabe c des Übereinkommens von Paris wird das Ziel festgelegt, entschlossener gegen Klimaänderungen vorzugehen, indem unter anderem die Finanzmittelflüsse mit einem Weg hin zu einer hinsichtlich der Treibhausgase emissionsarmen und klimaresilienten Entwicklung in Einklang gebracht werden. In diesem Zusammenhang hat der Europäische Rat am 12. Dezember 2019 Schlussfolgerungen zum Klimawandel angenommen. Vor diesem Hintergrund stellt diese Verordnung einen wichtigen Schritt hin zum Ziel, bis 2050 eine klimaneutrale Union zu erreichen, dar.

(4) Nachhaltigkeit und der Übergang zu einer sicheren, klimaneutralen, klimaresilienten, ressourceneffizienteren und stärker kreislauforientierten Wirtschaft sind von zentraler Bedeutung für die Sicherung der langfristigen Wettbewerbsfähigkeit der Wirtschaft in der Union. Nachhaltigkeit steht seit vielen Jahren im Mittelpunkt der Unionspolitik, und ihre

soziale und umweltpolitische Dimension wird im Vertrag über die Europäische Union und im Vertrag über die Arbeitsweise der Europäischen Union (AEUV) anerkannt.

(5) Im Dezember 2016 beauftragte die Kommission eine hochrangige Sachverständigengruppe mit der Ausarbeitung einer übergeordneten und umfassenden Strategie der Union für ein nachhaltiges Finanzwesen. In dem am 31. Januar 2018 veröffentlichten Bericht der hochrangigen Sachverständigengruppe wird gefordert, ein technisch robustes Klassifikationssystem auf Unionsebene einzuführen, um Klarheit darüber zu schaffen, welche Tätigkeiten als „grün" oder „nachhaltig" gelten sollen.

(6) In ihrer Mitteilung vom 8. März 2018 veröffentlichte die Kommission ihren Aktionsplan „Finanzierung nachhaltigen Wachstums", in dem eine ehrgeizige und umfassende Strategie für nachhaltige Finanzierungen in die Wege geleitet wurde. Eines der Ziele dieses Aktionsplans ist die Neuausrichtung von Kapitalflüssen hin zu nachhaltigen Investitionen, um ein nachhaltiges und integratives Wachstum zu schaffen. Die Einführung eines einheitlichen Klassifikationssystems für nachhaltige Tätigkeiten ist die wichtigste und dringlichste Maßnahme, die im Aktionsplan vorgesehen ist. Im Aktionsplan wird anerkannt, dass die Verlagerung von Kapitalflüssen hin zu nachhaltigeren Tätigkeiten durch ein gemeinsames ganzheitliches Verständnis der ökologischen Nachhaltigkeit von Tätigkeiten und Investitionen untermauert werden muss. Als erster Schritt würde den Anlegern anhand klarer Leitlinien über Tätigkeiten, die zu umweltpolitischen Zielen beitragen können, Informationshilfe darüber geboten werden, mit welchen Investitionen ökologisch nachhaltige Wirtschaftstätigkeiten finanziert werden. Weitere Leitlinien zu den Tätigkeiten, die zu anderen Nachhaltigkeitszielen, einschließlich sozialer Ziele, beitragen, könnten zu einem späteren Zeitpunkt erarbeitet werden.

(7) Angesichts des systemischen Charakters der globalen Umweltprobleme bedarf es eines system- und zukunftsorientierten Ansatzes für die ökologische Nachhaltigkeit, mit dem den zunehmenden negativen Trends wie Klimawandel, Verlust an biologischer Vielfalt, weltweit übermäßige Inanspruchnahme von Ressourcen, Nahrungsknappheit, Ozonabbau, Versauerung der Ozeane, Verschlechterung des Süßwassersystems und Landsystemwandel sowie das Aufkommen neuer Bedrohungen, einschließlich gefährlicher Chemikalien und ihrer kombinierten Wirkungen, begegnet wird.

(8) Im Beschluss 1386/2013/EU des Europäischen Parlaments und des Rates ([4]) wurde eine verstärkte Finanzierung umwelt- und klimabezogener Ausgaben durch den Privatsektor gefordert, insbesondere durch die Schaffung von Anreizen und Methoden, mit denen Unternehmen dazu angeregt werden, die umweltbezogenen Kosten ihres Unternehmens sowie die Vorteile zu bemessen, die sich aus der Nutzung von Umweltdienstleistungen ergeben.

(9) Um die Nachhaltigkeitsziele in der Union zu verwirklichen, müssen die Kapitalflüsse hin zu nachhaltigen Investitionen gelenkt werden. Es ist von zentraler Bedeutung, das Potenzial des Binnenmarkts für die Verwirklichung dieser Ziele voll auszuschöpfen. In diesem Zusammenhang ist es entscheidend, Hindernisse zu beseitigen für die effiziente Lenkung von Kapital hin zu nachhaltigen Investitionen im Binnenmarkt und die Entstehung neuer Hindernisse zu vermeiden.

(10) Angesichts des Ausmaßes der Herausforderung und der Kosten, die durch Untätigkeit oder verzögertes Handeln entstehen, sollte das Finanzsystem nach und nach angepasst werden, in der es die Wirtschaft so unterstützt, dass diese nachhaltige funktionieren kann. Zu diesem Zweck muss ein nachhaltiges Finanzwesen zum Standard werden, und müssen die Auswirkungen von Finanzprodukten und Finanzdienstleistungen auf die Nachhaltigkeit berücksichtigt werden.

(11) Die Bereitstellung von Finanzprodukten, mit denen ökologisch nachhaltige Ziele verfolgt werden, ist ein wirksames Mittel, um private Investitionen in nachhaltige Tätigkeiten zu lenken. Anforderungen an die Vermarktung von Finanzprodukten oder Unternehmensanleihen als ökologisch nachhaltige Investitionen, einschließlich der von den Mitgliedstaaten und der Union festgelegten Anforderungen, die die Finanzmarktteilnehmer oder Emittenten erfüllen müssen, um nationale Kennzeichnungen verwenden zu dürfen, sollen das Anlegervertrauen und das Bewusstsein für die Umweltauswirkungen dieser Finanzprodukte oder Unternehmensanleihen stärken, die Sichtbarkeit erhöhen und Bedenken in Bezug auf „Greenwashing" ausräumen. Im Sinne dieser Verordnung wird „Greenwashing" als die Praxis bezeichnet, durch die die Bewerbung eines Finanzprodukts als umweltfreundlich einen unfairen Wettbewerbsvorteil zu erlangen, obwohl den grundlegenden Umweltstandards nicht entsprochen wird. Derzeit haben einige Mitgliedstaaten bereits Kennzeichnungssysteme eingeführt. Diese bestehenden Systeme beruhen auf verschiedenen Klassifizierungsystemen für ökologisch nachhaltige Wirtschaftstätigkeiten. Vor dem Hintergrund der im Rahmen des Übereinkommens von Paris und auf Unionsebene getroffenen politischen Zusagen dürften immer mehr Mitgliedstaaten Kennzeichnungssysteme einführen oder andere Anforderungen an Finanzmarktteilnehmer oder Emittenten für die Bewerbung von Finanzprodukten oder Unternehmensanleihen, die als ökologisch nachhaltig vermarktet werden, festlegen. Dabei würden die Mitgliedstaaten ihre eigenen nationalen Klassifizierungssysteme verwenden, um zu bestimmen, welche Investitionen als nachhaltig eingestuft werden. Wenn solche nationalen Kennzeichnungssysteme oder Anforderungen unterschiedliche Kriterien verwenden, anhand deren Wirtschaftstätigkeiten als ökologisch nachhaltig eingestuft werden, so würde das Anleger davon abhalten, grenzüberschreitend zu investieren, da dadurch der Vergleich verschiedener Investitionsmöglichkeiten erschwert wird. Darüber hinaus müssten Wirtschaftsteilnehmer, die Investitionen aus der gesamten Union anziehen möchten, in den unterschiedlichen Mitgliedstaaten unterschiedliche Kriterien erfüllen, damit ihre Tätigkeiten als ökologisch nachhaltig eingestuft werden können. Ohne einheitliche Kriterien würden daher höhere Kosten und erhebliche Negativanreize für Wirtschaftsteilnehmer beim Zugang auf grenzüberschreitende Kapitalmärkte für nachhaltige Investitionen entstehen.

(12) Die Kriterien, anhand deren bestimmt wird, ob eine Wirtschaftstätigkeit ökologisch als nachhaltig einzustufen ist, sollten auf Unionsebene harmonisiert werden, um Hindernisse für das Funktionieren des Binnenmarkts im Hinblick auf die Mobilisierung von Finanzmitteln für nachhaltige Projekte zu beseitigen und das künftige Auftreten von Hindernissen für solche Projekte zu verhindern. Eine derartige Harmonisierung würde es den Wirtschaftsteilnehmern erleichtern, grenzüberschreitend Finanzmittel für ihre ökologisch nachhaltigen Tätigkeiten zu mobilisieren, da ihre Wirtschaftstätigkeiten dann anhand einheitlicher Kriterien bewertet werden könnten, um als zugrunde liegende Werte für ökologisch nachhaltige Investitionen ausgewählt zu werden. Eine derartige Harmonisierung würde somit grenzüberschreitende nachhaltige Investitionen innerhalb der Union erleichtern.

(13) Erläutern die Finanzmarktteilnehmer den Anlegern nicht, inwiefern die Tätigkeiten, in die sie investieren, zu Umweltzielen beitragen, oder ziehen die Finanzmarktteilnehmer unterschiedliche Konzepte heran, um näher zu bestimmen, was „ökologisch nachhaltige" Wirtschaftstätigkeiten sind, so wird es für die Anleger unverhältnismäßig aufwendig, verschiedene Finanzprodukte zu prüfen und miteinander zu vergleichen. Es wurde festgestellt, dass solche Praktiken Anleger davon abhalten, in ökologisch nachhaltige Finanzprodukte zu investieren. Mangelndes Anlegervertrauen wirkt sich überdies deutlich negativ auf den Markt für nachhaltige Investitionen aus. Zudem hat sich gezeigt, dass nationale Vorschriften und marktgestützte Initiativen, mit denen das Problem auf einzelstaatlicher Ebe-

ne angegangen werden soll, zu einer Zersplitterung des Binnenmarkts führen. Legen die Finanzmarktteilnehmer offen, inwiefern und in welchem Umfang die Finanzprodukte, die als „ökologisch nachhaltig“ zur Verfügung gestellt werden, in Aktivitäten investieren, die die Kriterien für ökologisch nachhaltige Wirtschaftstätigkeiten gemäß dieser Verordnung erfüllen, und verwenden die Finanzmarktteilnehmer unionsweit einheitliche Kriterien, so würde das den Anlegern helfen, Investitionsmöglichkeiten grenzüberschreitend miteinander zu vergleichen, und es würde Anreize für Beteiligungsunternehmen schaffen, ihre Geschäftsmodelle ökologisch nachhaltiger zu gestalten. Zudem würden die Anleger mit größerem Vertrauen in ökologisch nachhaltige Finanzprodukte in der gesamten Union investieren, was dazu beiträgt, das Funktionieren des Binnenmarkts zu verbessern.

(14) Um die bestehenden Hindernisse für das Funktionieren des Binnenmarkts zu beseitigen, und um zu verhindern, dass solche Hindernisse in Zukunft entstehen, sollte vorgeschrieben werden, dass die Mitgliedstaaten und die Union ein gemeinsames Konzept für ökologisch nachhaltige Investitionen verwenden, wenn sie auf nationaler Ebene und auf Unionsebene Anforderungen an die Finanzmarktteilnehmer oder Emittenten zum Zweck der Kennzeichnung von Finanzprodukten oder Unternehmensanleihen, die als ökologisch nachhaltig vermarktet werden, einführen. Um eine Marktfragmentierung und die Beeinträchtigung von Verbraucher- und Anlegerinteressen infolge unterschiedlicher Vorstellungen davon, was ökologisch nachhaltige Wirtschaftstätigkeiten sind, zu vermeiden, sollten sich die nationalen Anforderungen, die die Finanzmarktteilnehmer oder Emittenten erfüllen müssen, um Finanzprodukte oder Unternehmensanleihen als „ökologisch nachhaltig“ zu bewerben, auf die einheitlichen Kriterien für ökologisch nachhaltige Wirtschaftstätigkeiten stützen. Zu diesen Finanzmarktteilnehmern und Emittenten zählen Finanzmarktteilnehmer, die ökologisch nachhaltige Finanzprodukte bereitstellen, sowie Nichtfinanzunternehmen, die ökologisch nachhaltige Unternehmensanleihen ausgeben.

(15) Die Festlegung von Kriterien für ökologisch nachhaltige Wirtschaftstätigkeiten könnte Wirtschaftsteilnehmer, die nicht unter diese Verordnung fallen, dazu veranlassen, auf ihrer Internetseite freiwillig Informationen über ihre ökologisch nachhaltigen Wirtschaftstätigkeiten zu veröffentlichen und offenzulegen. Anhand dieser Informationen werden die Finanzmarktteilnehmer und andere einschlägige Akteure auf den Finanzmärkten jene Wirtschaftsteilnehmer einfach ermitteln können, die ökologisch nachhaltige Wirtschaftstätigkeiten ausüben; aber die betreffenden Wirtschaftsteilnehmer könnten auf diese Weise auch leichter Finanzmittel für ihre ökologisch nachhaltigen Tätigkeiten mobilisieren.

(16) Eine Klassifikation ökologisch nachhaltiger Wirtschaftstätigkeiten auf Unionsebene dürfte der Entwicklung künftiger politischer Strategien der Union zugunsten eines nachhaltigen Finanzwesens förderlich sein, auch hinsichtlich der Festlegung unionsweiter Standards für ökologisch nachhaltige Finanzprodukte und schließlich der Einführung von Kennzeichnungen, mit denen die Einhaltung dieser Standards in der gesamten Union förmlich anerkannt wird. Diese Klassifikation dürfte ebenfalls die Grundlage für weitere wirtschaftliche und regulatorische Maßnahm bilden. Zur Bestimmung des Grads der ökologischen Nachhaltigkeit von Investitionen bedarf es einheitlicher rechtlicher Anforderungen, die auf einheitlichen Kriterien für ökologisch nachhaltige Wirtschaftstätigkeiten beruhen und auf die sich künftige Rechtsvorschriften der Union stützen können, mit denen die Verlagerung von Investitionen hin zu ökologisch nachhaltigen Wirtschaftstätigkeiten erleichtert werden soll.

(17) Im Zusammenhang mit der Verwirklichung der Nachhaltigkeitsziele in der Union haben politische Entscheidungen wie die Schaffung eines Europäischen Fonds für strategische Investitionen wirksam dazu beigetragen, neben öffentlichen Ausgaben auch private Investitionen hin zu nachhaltigen Investitionen zu lenken. In der Verordnung (EU)

2015/1017 des Europäischen Parlaments und des Rates ([5]) wurde festgelegt, dass 40 % der im Rahmen des Europäischen Fonds für strategische Investitionen durchgeführten Infrastruktur- und Innovationsprojekte zum Klimaschutzziel beitragen sollen. Gemeinsame Kriterien zur Bestimmung der Nachhaltigkeit von Wirtschaftstätigkeiten, einschließlich deren Auswirkungen auf die Umwelt, könnten die Grundlage für künftige ähnliche Initiativen der Union zur Mobilisierung von Investitionen bilden, mit denen klimarelevante oder andere Umweltziele verfolgt werden.

(18) Zur Wahrung der Anlegerinteressen sollten Fondsverwalter und institutionelle Anleger, die Finanzprodukte anbieten, offenlegen, auf welche Weise und in welchem Umfang sie die Kriterien für ökologisch nachhaltige Wirtschaftstätigkeiten anwenden, um die ökologische Nachhaltigkeit ihrer Investitionen zu ermitteln. Die offengelegten Informationen sollten es den Anlegern ermöglichen, nachzuvollziehen, wie hoch der prozentuale Anteil der Investitionen, die in dem Finanzprodukt zugrunde liegen, in die ökologisch nachhaltigen Wirtschaftstätigkeiten an der Gesamtheit der Investitionen ist, die dem Finanzprodukt zugrunde liegen und somit den Anlegern ermöglichen, nachzuvollziehen, inwieweit die Investition als ökologisch nachhaltig gilt. Gehen die Investitionen, die dem Finanzprodukt zugrunde liegen, in eine Wirtschaftstätigkeit, die zur Erreichung eines Umweltziels beiträgt, so sollte in den offenzulegenden Informationen angegeben werden, zu welchem Umweltziel oder zu welchen Umweltzielen die dem Finanzprodukt zugrunde liegende Investition beiträgt, sowie ferner, wie und in welchem Umfang mit den dem Finanzprodukt zugrunde liegenden Investitionen ökologisch nachhaltige Wirtschaftstätigkeiten finanziert werden, und sollte Einzelheiten zu den jeweiligen Anteilen von ermöglichenden Tätigkeiten und Übergangstätigkeiten einschließen. Die Kommission sollte präzisieren, welche Informationen in diesem Zusammenhang offenzulegen sind. Die nationalen zuständigen Behörden sollten anhand dieser Informationen leicht überprüfen können, ob die Offenlegungspflichten eingehalten werden, und deren Einhaltung gemäß den geltenden nationalen Rechtsvorschriften durchsetzen. Wenn Finanzmarktteilnehmer die Kriterien für ökologisch nachhaltige Investitionen nicht berücksichtigen, sollten sie eine entsprechende Erklärung abgeben. Um die Umgehung der Offenlegungspflicht zu verhindern, sollte diese Pflicht auch dann gelten, wenn Finanzprodukte mit ökologischen Merkmalen beworben werden, einschließlich solcher, die im weitesten Sinne auf den Umweltschutz abzielen.

(19) Die in der vorliegenden Verordnung festgelegten Offenlegungspflichten ergänzen die nachhaltigkeitsbezogenen Offenlegungsvorschriften der Verordnung (EU) 2019/2088 des Europäischen Parlaments und des Rates ([6]). Um die Transparenz zu erhöhen und einen objektiven Vergleichsmaßstab für Endanleger bereitzustellen, anhand dessen die Finanzmarktteilnehmer den Anteil an Investitionen, mit denen ökologisch nachhaltige Wirtschaftstätigkeiten finanziert werden, angeben, werden mit der vorliegenden Verordnung die Vorschriften zur Transparenz in vorvertraglichen Offenlegungen und regelmäßigen Berichten, die in der Verordnung (EU) 2019/2088 festgelegt sind, ergänzt. Die Begriffsbestimmung „nachhaltige Investition“ in der Verordnung (EU) 2019/2088 umfasst Investitionen in ökologisch nachhaltige Wirtschaftstätigkeiten im Sinne der vorliegenden Verordnung. Darüber hinaus wird in der Verordnung (EU) 2019/2088 eine Investition nur dann als nachhaltige Investition erachtet, wenn diese keine der festgelegten Ziele der genannten Verordnung „erheblich beeinträchtigt“.

(20) Um die Zuverlässigkeit, Kohärenz und Vergleichbarkeit von nachhaltigkeitsbezogenen Offenlegungspflichten im Finanzdienstleistungssektor zu gewährleisten, sollten bei Offenlegungen im Zusammenhang mit der vorliegenden Verordnung die bestehenden Nachhaltigkeitsindikatoren so weit herangezogen werden, wie es in der Entschließung des Europäischen Parlaments über ein nachhaltiges Finanzwesen vom 29. Mai 2018 ([7]) vorge-

schlagen wurde. In diesem Zusammenhang sollten die technischen Bewertungskriterien so weit wie möglich auf den in der Verordnung (EU) 2019/2088 genannten Nachhaltigkeitsindikatoren beruhen.

(21) Was Wirtschaftstätigkeiten von Unternehmen, die nach der vorliegenden Verordnung nicht zur Offenlegung von Informationen verpflichtet sind, anbelangt, so könnte es Ausnahmefälle geben, in denen Finanzmarktteilnehmer die relevanten Informationen nach vernünftigem Ermessen nicht beschaffen können, die erforderlich sind, um die Angleichung an die technischen Bewertungskriterien, die gemäß dieser Verordnung festgelegt wurden, zuverlässig zu bestimmen. In solchen Ausnahmefällen und nur für die Wirtschaftstätigkeiten, für die keine vollständigen, zuverlässigen und zeitnahen Informationen beschafft werden konnten, sollten Finanzmarktteilnehmer ergänzende Bewertungen und Schätzungen auf der Grundlage von Informationen aus anderen Quellen heranziehen können. Solche Bewertungen und Schätzungen sollten nur für begrenzte und spezifische Teile der benötigten Datenelemente ersatzweise herangezogen und umsichtig ausgelegt werden. Um sicherzustellen, dass die Offenlegung für Anleger klar und nicht irreführend ist, sollten Finanzmarktteilnehmer die Grundlage für ihre Schlussfolgerungen sowie die Gründe dafür, warum zum Zwecke der Offenlegung für Endanleger solche ergänzenden Bewertungen und Schätzungen herangezogen werden müssen, schlüssig darlegen.

(22) In ihrer Mitteilung vom 20. Juni 2019 über „Leitlinien für die nichtfinanzielle Berichterstattung: Ergänzung zur Berichterstattung über klimabezogene Informationen" empfiehlt die Kommission, dass bestimmte große Unternehmen, auf der Grundlage des durch diese Verordnung geschaffenen Rahmens, über bestimmte wichtigste klimabezogene Leistungsindikatoren Bericht erstatten. Insbesondere Angaben dieser großen Nicht-Finanzunternehmen über den Anteil der Umsatzerlöse der Investitionsausgaben (CapEx) oder der Betriebsausgaben (OpEx), die mit ökologisch nachhaltigen Wirtschaftstätigkeiten verbunden sind, sowie über wichtigste Leistungsindikatoren, die auf große Finanzunternehmen zugeschnitten sind, sind für Anleger nützlich, die an Unternehmen interessiert sind, deren Produkte und Dienstleistungen wesentlich zur Erreichung eines der in dieser Verordnung festgelegten Umweltziele beitragen. Es ist daher angebracht, die jährliche Veröffentlichung solcher wichtigster Leistungsindikatoren durch diese großen Unternehmen vorzuschreiben und diese Anforderung in delegierten Rechtsakten, insbesondere in Bezug auf große Finanzunternehmen, näher zu definieren. Es wäre zwar unverhältnismäßig aufwendig, eine solche Anforderung auf kleinere Unternehmen auszuweiten, doch können kleinere Unternehmen freiwillig beschließen, solche Informationen zu veröffentlichen.

(23) Damit die ökologische Nachhaltigkeit einer Wirtschaftstätigkeit bestimmt werden kann, sollte eine vollständige Liste von Umweltzielen ausgearbeitet werden. Die sechs Umweltziele, welche diese Verordnung abdecken sollte, lauten: Klimaschutz, Anpassung an den Klimawandel, nachhaltige Nutzung und Schutz von Wasser- und Meeresressourcen, Übergang zu einer Kreislaufwirtschaft, Vermeidung und Verminderung der Umweltverschmutzung, und Schutz und Wiederherstellung der Biodiversität und der Ökosysteme.

(24) Eine Wirtschaftstätigkeit, mit der das Umweltziel des Klimaschutzes verfolgt wird, sollte wesentlich dazu beitragen, die Treibhausgasemissionen zu stabilisieren, indem sie vermieden oder verringert werden oder der Speicherung von Treibhausgasen verstärkt wird. Die Wirtschaftstätigkeit sollte gemäß dem langfristigen Temperaturziel des Übereinkommens von Paris stehen. Dieses Umweltziel sollte entsprechend dem einschlägigen Unionsrecht, einschließlich der Richtlinie 2009/31/EG des Europäischen Parlaments und des Rates ([8]), ausgelegt werden.

(25) Eine Wirtschaftstätigkeit, mit der das Umweltziel der Anpassung an den Klimawandel verfolgt wird, sollte wesentlich dazu beitragen, die nachteiligen Auswirkungen des derzei-

tigen oder künftigen Klimas oder die Gefahr nachteiliger Auswirkungen auf die Tätigkeit selbst oder Menschen, die Natur oder Vermögenswerte zu verringern oder zu vermeiden. Dieses Umweltziel sollte entsprechend dem einschlägigen Unionsrecht und dem Sendai-Rahmen für Katastrophenvorsorge 2015-2030 ausgelegt werden.

(26) Das Umweltziel der nachhaltigen Nutzung und des Schutzes der Wasser- und Meeresressourcen sollte entsprechend den einschlägigen Rechtsvorschriften der Union ausgelegt werden, einschließlich der Verordnung (EU) Nr. 1380/2013 des Europäischen Parlaments und des Rates ([9]) und der Richtlinien 2000/60/EG ([10]), 2006/7/EG ([11]), 2006/118/EG ([12]), 2008/56/EG ([13]) und 2008/105/EG ([14]) des Europäischen Parlaments und des Rates, der Richtlinien 91/271/EWG ([15]), 91/676/EWG ([16]) und 98/83/EG ([17]) des Rates und des Beschlusses (EU) 2017/848 der Kommission ([18]) sowie der Mitteilungen der Kommission vom 18. Juli 2007 mit dem Titel „Antworten auf die Herausforderung von Wasserknappheit und Dürre in der Europäischen Union", vom 14. November 2012 mit dem Titel „Ein Blueprint für den Schutz der europäischen Wasserressourcen", sowie vom 11. März 2019 mit dem Titel „Strategischer Ansatz der Europäischen Union für Arzneimittel in der Umwelt".

(27) Das Umweltziel des Übergangs zu einer Kreislaufwirtschaft sollte entsprechend den einschlägigen Rechtsvorschriften der Union im Bereich Kreislaufwirtschaft, Abfall und Chemikalien ausgelegt werden, einschließlich der Verordnungen (EG) Nr. 1013/2006 ([19]), (EG) Nr. 1907/2006 ([20]) und (EU) 2019/1021 ([21]) des Europäischen Parlaments und des Rates, der Richtlinien, 94/62/EG ([22]), 2000/53/EG ([23]), 2006/66/EG ([24]), 2008/98/EG ([25]), 2010/75/EU, ([26]) 2011/65/EU ([27]), 2012/19/EU ([28]),, (EU) 2019/883 ([29]) und (EU) 2019/904 ([30]) des Europäischen Parlaments und des Rates, der Richtlinie 1999/31/EG des Rates ([31]), der Verordnung (EU) Nr. 1357/2014 der Kommission ([32]) und der Beschlüsse 2000/532/EG ([33]) und 2014/955/EU ([34]) der Kommission sowie entsprechend den Mitteilungen der Kommission vom 2. Dezember 2015 mit dem Titel „Den Kreislauf schließen – Ein Aktionsplan der EU für die Kreislaufwirtschaft" und vom 16. Januar 2018 mit dem Titel „Eine Europäische Strategie für Kunststoffe in einer Kreislaufwirtschaft".

(28) Eine Wirtschaftstätigkeit kann auf verschiedene Weise wesentlich zum Umweltziel eines Übergangs zu einer Kreislaufwirtschaft beitragen. Sie kann beispielsweise die Haltbarkeit, Reparaturfähigkeit, Nachrüstbarkeit oder Wiederverwendbarkeit von Produkten verbessern oder den Ressourcenverbrauch durch Produktgestaltung und Auswahl von Materialien, Umfunktionierung, Demontage und Abbau im Gebäude- und Bausektor verringern, insbesondere um die Verwendung von Baumaterialien zu verringern und deren Wiederverwendung zu fördern. Sie kann wesentlich zum Umweltziel des Übergangs zu einer Kreislaufwirtschaft durch die Entwicklung von Geschäftsmodellen des Typs „Produkt als Dienstleistung" und von kreislaufgerechten Wertschöpfungsketten, wobei das Ziel ist, Nutzen und Wert von Produkten, Komponenten und Materialien so lange wie möglich auf dem höchsten Stand zu halten, beitragen. Jede Verringerung des Gehalts an gefährlichen Stoffen in Materialien und Produkten während des gesamten Lebenszyklus sollte, unter anderem indem sie durch sicherere Alternativen ersetzt werden, zumindest den Anforderungen des Unionsrechts genügen. Eine Wirtschaftstätigkeit kann auch wesentlich zum Umweltziel des Übergangs zu einer Kreislaufwirtschaft beitragen, indem sie die Entstehung von Lebensmittelabfällen in Produktion, Verarbeitung, Herstellung oder Vertrieb von Lebensmitteln verringert.

(29) Die Umweltziele der Vermeidung und Verminderung der Umweltverschmutzung sollte entsprechend den einschlägigen Rechtsvorschriften der Union ausgelegt werden, einschließlich der Richtlinien 2000/60/EG, 2004/35/EG ([35]), 2004/107/EG ([36]), 2006/118/EG,

2008/50/EG ([37]), 2008/105/EG, 2010/75/EU, (EU) 2016/802 ([38]) und (EU) 2016/2284 ([39]) des Europäischen Parlaments und des Rates.

(30) Die Umweltziele des Schutzes und der Wiederherstellung der Biodiversität und der Ökosysteme sollte entsprechend den einschlägigen Rechtsvorschriften der Union ausgelegt werden, einschließlich der Verordnungen (EU) Nr. 995/2010 ([40]), (EU) Nr. 511/2014 ([41]) und (EU) Nr. 1143/2014 ([42]) des Europäischen Parlaments und des Rates, der Richtlinie 2009/147/EG des Europäischen Parlaments und des Rates ([43]), der Verordnung (EG) Nr. 338/97 des Rates ([44]), der Richtlinien 91/676/EWG und 92/43/EWG ([45]) des Rates und der Mitteilungen der Kommission vom 21. Mai 2003 mit dem Titel „Rechtsdurchsetzung, Politikgestaltung und Handel im Forstsektor (FLEGT)", vom 3. Mai 2011 mit dem Titel „Lebensversicherung und Naturkapital: Eine Biodiversitätsstrategie der EU für das Jahr 2020", vom 6. Mai 2013 mit dem Titel „Grüne Infrastruktur (GI) – Aufwertung des europäischen Naturkapitals", vom 26. Februar 2016 mit dem Titel „Aktionsplan der EU zur Bekämpfung des illegalen Artenhandels" und vom 23. Juli 2019 mit dem Titel „Intensivierung der EU-Maßnahmen zum Schutz und zur Wiederherstellung der Wälder in der Welt".

(31) Eine Wirtschaftstätigkeit kann auf verschiedene Weise wesentlich zum Umweltziel des Schutzes und der Wiederherstellung der Biodiversität und der Ökosysteme beitragen, unter anderem durch Schutz, Erhaltung oder Wiederherstellung der Biodiversität und der Ökosysteme, und damit auch durch Verbesserung der Ökosystemdienstleistungen. Solche Dienstleistungen sind in vier Kategorien aufgeteilt, nämlich Versorgungsleistungen wie die Bereitstellung von Lebensmittel und Wasser, Regulierungsleistungen wie Klima und Krankheiten; Unterstützungsdienste wie Nährstoffkreisläufe und Sauerstofferzeugung; kulturelle Dienstleistungen wie das zur Verfügungstellen geistiger Werte und Erholungswert.

(32) Zum Zwecke dieser Verordnung sollte der Begriff „nachhaltige Waldbewirtschaftung" so ausgelegt werden, dass die Praktiken und Nutzung von Wäldern und Waldflächen berücksichtigt werden, die dazu beitragen, die Biodiversität zu fördern oder die Degradation von Ökosystemen, Entwaldung und Verlust von Lebensraum aufzuhalten oder zu verhindern, dass berücksichtigt wird, dass die Pflege und Nutzung von Wäldern und Waldflächen in einer Art und Intensität erfolgt, die ihre biologische Vielfalt, ihre Produktivität, ihre Verjüngungsfähigkeit, ihre Vitalität und ihre Fähigkeit, gegenwärtig und in Zukunft wichtige ökologische, wirtschaftliche und soziale Funktionen auf lokaler, nationaler und globaler Ebene zu erfüllen, erhält und anderen Ökosystemen keinen Schaden zufügt, was der Begriffsbestimmung in der Entschließung H1 der zweiten Ministerkonferenz zum Schutz der Wälder in Europa vom 16.–17. Juni 1993 in Helsinki über „Allgemeine Leitlinien für die nachhaltige Bewirtschaftung der Wälder in Europa" entspricht; und dass die Verordnungen (EU) Nr. 995/2010, (EU) 2018/841 des Europäischen Parlaments und des Rates ([46]) und die Richtlinie (EU) 2018/2001 des Europäischen Parlaments und des Rates ([47]) und die Mitteilung der Kommission vom 20. September 2013 mit dem Titel: „Eine neue EU- Waldstrategie: für Wälder und den forstbasierten Sektor berücksichtigt werden.

(33) Für die Zwecke der vorliegenden Verordnung wird der Begriff „Energieeffizienz" im weiteren Sinn verwendet und sollte so ausgelegt werden, dass die einschlägigen Rechtsvorschriften der Union berücksichtigt werden, einschließlich der Richtlinie (EU) 2017/1369 des Europäischen Parlaments und des Rates ([48]) und der Richtlinien 2012/27/EU ([49]) und (EU) 2018/844 ([50]) des Europäischen Parlaments und des Rates sowie der gemäß der Richtlinie 2009/125/EG des Europäischen Parlaments und des Rates ([51]) angenommenen Durchführungsmaßnahmen.

(34) Für jedes Umweltziel sollten einheitliche Kriterien festgelegt werden, anhand deren geprüft wird, ob eine Wirtschaftstätigkeit wesentlich zu dem betreffenden Ziel beiträgt. Eines der im Rahmen der einheitlichen Kriterien zu berücksichtigenden Elemente sollte

sein, dass eine erhebliche Beeinträchtigung der in der vorliegenden Verordnung festgelegten Umweltziele vermieden wird. Dadurch soll vermieden werden, dass Investitionen als ökologisch nachhaltig betrachtet werden, wenn sie in Wirtschaftstätigkeiten fließen, deren umweltschädigende Auswirkungen größer sind als ihr Beitrag zu einem Umweltziel. Solche Kriterien sollten dem Lebenszyklus der durch diese Wirtschaftstätigkeit bereitgestellten Produkte und Dienstleistungen – zusätzlich zu den Umweltauswirkungen der Tätigkeit selbst –, einschließlich von Erkenntnissen aus vorhandenen Lebenszyklusanalysen, Rechnung tragen, insbesondere indem ihre Produktion, ihre Verwendung und das Ende ihrer Lebensdauer berücksichtigt werden.

(35) Unter Hinweis auf die gemeinsame Verpflichtung des Europäischen Parlaments, des Rates und der Kommission, die in der europäischen Säule sozialer Rechte verankerten Grundsätze zur Förderung von nachhaltigem und integrativem Wachstum umzusetzen, und in Anerkennung der Bedeutung internationaler Mindeststandards für Menschenrechte und Arbeitsrechte sollte eine Bedingung dafür, dass Wirtschaftstätigkeiten als ökologisch nachhaltig betrachtet werden, die Einhaltung von Mindestschutzvorschriften sein. Aus diesem Grund sollten Wirtschaftstätigkeiten nur dann als ökologisch nachhaltig eingestuft werden, wenn sie gemäß den OECD-Leitsätzen für multinationale Unternehmen und den Leitprinzipien der Vereinten Nationen für Wirtschaft und Menschenrechte einschließlich der Erklärung über die grundlegenden Prinzipien und Rechte bei der Arbeit durch die Internationale Arbeitsorganisation (IAO), der acht Kernarbeitsnormen der IAO und der Internationalen Charta der Menschenrechte durchgeführt werden. In den Kernarbeitsnormen der IAO werden Menschen- und Arbeitnehmerrechte definiert, die die Unternehmen achten sollten. Einige dieser internationalen Standards sind in der Charta der Grundrechte der Europäischen Union verankert, insbesondere das Verbot von Sklaverei und Zwangsarbeit sowie der Grundsatz der Nichtdiskriminierung. Dieser Mindestschutz lässt gegebenenfalls die Anwendung von im Unionsrecht festgelegten strengeren Anforderungen in Bezug auf Umwelt, Gesundheit, Sicherheit sowie soziale Nachhaltigkeit unberührt. Bei der Einhaltung dieses Mindestschutzes sollten sich die Unternehmen an den Grundsatz „Vermeidung erheblicher Beeinträchtigungen“ gemäß der Verordnung (EU) 2019/2088 halten und die technischen Regulierungsstandards gemäß jener Verordnung zur Präzisierung dieses Grundsatzes berücksichtigen.

(36) Um die Kohärenz zwischen der vorliegenden Verordnung und der Verordnung (EU) 2019/2088 zu wahren, sollte mit der vorliegenden Verordnung die Verordnung (EU) 2019/2088 dahin gehend geändert werden, dass die, durch die Verordnungen (EU) Nr. 1093/2010 ([52]), (EU) Nr. 1094/2010 ([53]) und (EU) Nr. 1095/2010 ([54]) des Europäischen Parlaments und des Rates eingerichteten Europäischen Aufsichtsbehörden (zusammen „Europäische Aufsichtsbehörden“) bevollmächtigt werden, gemeinsam technische Regulierungsstandards auszuarbeiten, mit denen die Einzelheiten zu Inhalt und Darstellung der Informationen im Zusammenhang mit dem Grundsatz „Vermeidung erheblicher Beeinträchtigungen“ näher festgelegt werden. Diese technischen Regulierungsstandards sollten mit Inhalt, Methoden und Darstellung von Indikatoren der Nachhaltigkeit für nachteilige Auswirkungen nach Verordnung (EU) 2019/2088 in Einklang stehen. Wirtschaftstätigkeiten sollten auch mit den Grundsätzen in Einklang stehen, die in der europäischen Säule sozialer Rechte, den OECD-Leitsätzen für multinationale Unternehmen, den Leitprinzipien der Vereinten Nationen für Wirtschaft und Menschenrechte einschließlich der Erklärung der IAO über die grundlegenden Prinzipien und Rechte bei der Arbeit, der acht Kernarbeitsnormen der IAO und der Internationalen Charta der Menschenrechte verankert sind.

(37) Die Verordnung (EU) 2019/2088 sollte weiter geändert werden, um die Europäischen Aufsichtsbehörden zu bevollmächtigen, über den Gemeinsamen Ausschuss Entwürfe tech-

nischer Regulierungsstandards zur Ergänzung auszuarbeiten, um die Vorschriften über die Transparenz zur Förderung ökologischer Merkmale sowie ökologisch nachhaltiger Investitionen in vorvertraglichen Offenlegungen und regelmäßigen Berichten zu ergänzen.

(38) Angesichts der spezifischen technischen Details, die für die Bewertung der Umweltauswirkungen einer Wirtschaftstätigkeit erforderlich sind, und des raschen Wandels in Wissenschaft und Technologie sollten die Kriterien für ökologisch nachhaltige Wirtschaftstätigkeiten in diesen Bereichen regelmäßig angepasst werden, um solche Änderungen widerzuspiegeln. Damit die Kriterien auf der Grundlage wissenschaftlicher Erkenntnisse und der Beiträge von Sachverständigen und einschlägigen Interessenträgern auf dem neuesten Stand sind, sollten die Bedingungen dafür, dass ein wesentlicher Beitrag geleistet oder eine erhebliche Beeinträchtigung verursacht wird, für verschiedene Wirtschaftstätigkeiten detaillierter spezifiziert und regelmäßig aktualisiert werden. Zu diesem Zweck sollte die Kommission ausgehend von den technischen Beiträgen einer Multi-Stakeholder-Plattform für ein nachhaltiges Finanzwesen detaillierte und kalibrierte technische Bewertungskriterien für die verschiedenen Wirtschaftstätigkeiten festlegen.

(39) Da es einige Wirtschaftstätigkeiten gibt, die sich negativ auf die Umwelt auswirken, kann ein wesentlicher Beitrag zu einem oder mehreren Umweltzielen auch darin bestehen, dass solche negativen Auswirkungen verringert werden. Für derartige Wirtschaftstätigkeiten sollten technische Bewertungskriterien festgelegt werden, die auf eine wesentliche Verbesserung der Umweltleistung – unter anderem im Vergleich zum Branchendurchschnitt – abstellen, gleichzeitig jedoch während der Lebensdauer der finanzierten Wirtschaftstätigkeit umweltschädliche – einschließlich kohlenstoffintensiver – Lock-in-Effekte verhindern. Diese Kriterien sollten auch die langfristigen Auswirkungen einer bestimmten Wirtschaftstätigkeit berücksichtigen.

(40) Eine Wirtschaftstätigkeit sollte nicht als ökologisch nachhaltig gelten, wenn die von ihr verursachten Umweltschäden ihren Nutzen für die Umwelt übersteigen. In den technischen Bewertungskriterien sollten die Mindestanforderungen festgelegt werden, die erforderlich sind, um eine erhebliche Beeinträchtigung anderer Ziele zu vermeiden, unter anderem indem auf gemäß dem Unionsrecht festgelegten Mindestanforderungen aufgebaut wird. Die Kommission sollte bei der Festlegung und Aktualisierung der technischen Bewertungskriterien sicherstellen, dass diese Kriterien auf verfügbaren wissenschaftlichen Nachweisen beruhen, unter Berücksichtigung von Erwägungen im Zusammenhang mit dem Lebenszyklus, einschließlich vorhandener Lebenszyklusanalysen, erarbeitet und regelmäßig aktualisiert werden. Lässt sich ein Risiko nicht mit hinreichender Sicherheit anhand einer wissenschaftlichen Bewertung bestimmen, so sollte das Vorsorgeprinzip gemäß Artikel 191 AEUV gelten.

(41) Bei der Festlegung und Aktualisierung der technischen Bewertungskriterien für das Umweltziel Klimaschutz sollte die Kommission den laufenden und notwendigen Übergang hin zu einer klimaneutralen Wirtschaft gemäß Artikel 10 Absatz 2 der vorliegenden Verordnung berücksichtigen und Anreize für diesen schaffen. Neben der Nutzung klimaneutraler Energie und mehr Investitionen in Wirtschaftstätigkeiten und Sektoren, die bereits „CO_2-arm“ sind, erfordert der Übergang eine erhebliche Verringerung der Treibhausgasemissionen bei anderen Wirtschaftstätigkeiten und Sektoren, für die es keine technisch und wirtschaftlich durchführbaren CO_2-armen Alternativen gibt. Bei diesen Übergangswirtschaftstätigkeiten sollte davon ausgegangen werden, dass sie einen wesentlichen Beitrag zum Klimaschutz leisten, wenn ihre Treibhausgasemissionen erheblich unter dem Sektor- oder dem Branchendurchschnitt liegen, wenn sie die Entwicklung und den Einsatz CO_2-armer Alternativen nicht behindern und wenn sie nicht zu Lock-in-Effekten bei Vermögenswerten führen, die mit dem Ziel der Klimaneutralität unvereinbar sind, wobei

die wirtschaftliche Lebensdauer dieser Vermögenswerte zu berücksichtigen ist. Die technischen Bewertungskriterien für diese Übergangswirtschaftstätigkeiten sollten sicherstellen, dass diese Übergangstätigkeiten eine glaubwürdige Entwicklung in Richtung Klimaneutralität haben und sollten in regelmäßigen Abständen entsprechend angepasst werden.

(42) Es sollte davon ausgegangen werden, dass eine Wirtschaftstätigkeit einen wesentlichen Beitrag zu einem oder mehreren der in dieser Verordnung genannten Umweltziele leistet, indem sie unmittelbar ermöglichend darauf hinwirkt, dass andere Tätigkeiten einen wesentlichen Beitrag zu einem oder mehreren dieser Ziele leisten. Solche ermöglichenden Tätigkeiten sollten nicht zu Lock-in-Effekten bei Vermögenswerten führen, die den langfristigen Umweltzielen abträglich sind, wobei die wirtschaftliche Lebensdauer dieser Vermögenswerte zu berücksichtigen ist, und sollte auf der Grundlage von Erwägungen im Zusammenhang mit dem Lebenszyklus eine erhebliche positive Auswirkung auf die Umwelt haben.

(43) Bei der Festlegung und Aktualisierung der technischen Bewertungskriterien sollte die Kommission das einschlägige Unionsrecht berücksichtigen, darunter die Verordnungen (EG) Nr. 1221/2009 ([55]) und (EG) Nr. 66/2010 ([56]) des Europäischen Parlaments und des Rates sowie der Empfehlung 2013/179/EU der Kommission ([57]) und der Mitteilung der Kommission vom 16. Juli 2018 mit dem Titel „Vergabe öffentlicher Aufträge für eine bessere Umwelt“. Um unnötige Unstimmigkeiten im Zusammenhang mit bereits für andere Zwecke bestehenden Klassifikationen von Wirtschaftstätigkeiten zu vermeiden, sollte die Kommission auch die statistischen Klassifikationen des Sektors Umweltgüter und -dienstleistungen berücksichtigen, d. h. die Klassifikation der Umweltschutzaktivitäten (CEPA) und die Klassifikation der Ressourcenmanagementaktivitäten (CreMA) der Verordnung (EU) Nr. 538/2014 des Europäischen Parlaments und des Rates ([58]). Die Kommission sollte bei der Festlegung und Aktualisierung der technischen Bewertungskriterien die bestehenden Umweltindikatoren und Berichterstattungsrahmen, die unter anderem von der Kommission und dem Europäischen Umweltamt entwickelt wurden, sowie die bestehenden internationalen Standards, wie sie unter anderem von der OECD entwickelt wurden, berücksichtigen.

(44) Zudem sollte die Kommission bei der Festlegung und Aktualisierung der technischen Bewertungskriterien die Besonderheiten des Infrastruktursektors berücksichtigen und sollte den ökologischen, sozialen und wirtschaftlichen externen Effekten im Rahmen einer Kosten-Nutzen-Analyse Rechnung tragen. Hierbei sollte die Kommission einschlägige Rechtsvorschriften der Union, unter anderem die Richtlinien 2001/42/EG ([59]), 2011/92/EU ([60]), 2014/23/EU ([61]), 2014/24/EU ([62]) und 2014/25/EU ([63]) des Europäischen Parlaments und des Rates, die geltenden Normen und Methodik wie auch die Arbeit internationaler Organisationen wie der OECD berücksichtigen. Vor diesem Hintergrund sollten die technischen Bewertungskriterien dazu beitragen, dass geeignete Steuerungsrahmen gefördert werden, die – nach Maßgabe der von den Vereinten Nationen unterstützten Grundsätze für verantwortungsvolle Investitionen – Faktoren aus den Bereichen Umwelt, Soziales und Unternehmensführung in allen Phasen des Projektlebenszyklus einbinden.

(45) Die technischen Bewertungskriterien sollten gewährleisten, dass die relevanten Wirtschaftstätigkeiten innerhalb eines bestimmten Sektors als ökologisch nachhaltig angesehen werden können und gleich behandelt werden, wenn sie im selben Maße zu einem oder mehreren der in dieser Verordnung festgelegten Umweltziele beitragen. Die potenzielle Fähigkeit, einen Beitrag zu diesen Umweltzielen zu leisten, kann je nach Sektor variieren, was sich in den Kriterien widerspiegeln sollte. Innerhalb der einzelnen Sektoren sollten diese Kriterien jedoch bestimmte Wirtschaftstätigkeiten nicht in unangemessener Weise

gegenüber anderen Wirtschaftstätigkeiten benachteiligen, sofern beide im selben Umfang zu den Umweltzielen beitragen.

(46) Bei der Festlegung und Aktualisierung technischer Bewertungskriterien für ökologisch nachhaltige Tätigkeiten sollte die Kommission prüfen, ob durch die Festlegung dieser Kriterien eine Werteverfall von Vermögenswerten, uneinheitliche Anreize oder sonstige nachteilige Auswirkungen auf die Finanzmärkte entstehen würden.

(47) Um zu vermeiden, dass den Wirtschaftsteilnehmern übermäßig hohe Befolgungskosten entstehen, sollte die Kommission technische Bewertungskriterien festlegen, die ausreichende Rechtsklarheit bieten, praktikabel und leicht anzuwenden sind und deren Befolgung im Rahmen eines angemessenen Kosten-Nutzen-Verhältnisses überprüft werden kann, ohne dass ein übermäßiger Verwaltungsaufwand entsteht. Technische Bewertungskriterien könnten die Durchführung einer Lebenszyklusanalyse erfordern, sofern das praktikabel und notwendig ist.

(48) Damit gewährleistet ist, dass die Investitionen zu den Wirtschaftstätigkeiten gelenkt werden, die die größten positiven Auswirkungen auf die Umweltziele haben, sollte die Kommission prioritär für jene Wirtschaftstätigkeiten technische Bewertungskriterien festlegen, die potenziell den größten Beitrag zur Erreichung der Umweltziele leisten.

(49) Es sollten geeignete technische Bewertungskriterien für den Verkehrssektor festgelegt werden, auch für rollendes Material. Diese Bewertungskriterien sollten berücksichtigen, dass der Verkehrssektor, einschließlich des internationalen Seeverkehrs, fast 26 % der gesamten Treibhausgasemissionen in der Union verursacht. Wie dem Aktionsplan „Finanzierung nachhaltigen Wachstums" zu entnehmen ist, entfallen etwa 30 % des zusätzlichen jährlichen Investitionsbedarfs für nachhaltige Entwicklung in der Union auf den Verkehrssektor, beispielsweise durch den Ausbau der Elektrifizierung oder durch die Unterstützung beim Übergang zu umweltfreundlicheren Verkehrsträgern im Zuge der Förderung von Verkehrsverlagerung und besseres Verkehrsmanagement.

(50) Es ist von besonderer Bedeutung, dass die Kommission bei der Entwicklung der technischen Bewertungskriterien angemessene Konsultationen durchführt, die in Einklang mit der Agenda für bessere Rechtsetzung stehen. Am Verfahren zur Festlegung und Aktualisierung der technischen Bewertungskriterien sollten die einschlägigen Interessenträger beteiligt werden, und die Beratung durch Sachverständige, die über nachgewiesene Kenntnisse und Erfahrung in den betreffenden Bereichen verfügen, sollte ebenfalls einfließen. Zu diesem Zweck sollte die Kommission eine Plattform für ein nachhaltiges Finanzwesen (im Folgenden „Plattform") einrichten. Die Plattform sollte sich aus Sachverständigen aus dem öffentlichen sowie dem privaten Sektor zusammensetzen. Zu den Sachverständigen des öffentlichen Sektors sollten Vertreter der Europäischen Umweltagentur, der Europäischen Aufsichtsbehörden und der Europäischen Investitionsbank sowie der Agentur der Europäischen Union für Grundrechte zählen. Zu den Sachverständigen aus dem Privatsektor sollten Finanzmarkt und Nichtfinanzmarktteilnehmer sowie Unternehmen, die einschlägige Branchen repräsentieren, und Personen mit Expertenwissen im Bereich Rechnungslegung und Berichterstattung zählen. Die Plattform sollte auch Sachverständige umfassen, die die Zivilgesellschaft repräsentieren, auch Experten im Bereich Umwelt, Soziales, Arbeitswelt und Unternehmensführung. Die Finanzmarktteilnehmer sollten dazu angehalten werden, die Kommission zu unterrichten, wenn sie der Auffassung sind, dass eine Wirtschaftstätigkeit, die nicht die technischen Bewertungskriterien erfüllt oder für die noch keine derartigen Kriterien festgelegt worden sind, als ökologisch nachhaltig erachtet werden sollte, um der Kommission bei der Bewertung zu helfen, ob die technischen Bewertungskriterien zu ergänzen oder zu aktualisieren sind.

(51) Die Plattform sollte gemäß den geltenden horizontalen Vorschriften für die Einsetzung und Arbeitsweise von Expertengruppen der Kommission eingerichtet werden, auch im Hinblick auf das Auswahlverfahren. Das Auswahlverfahren sollte darauf abzielen, ein hohes Maß an Expertenwissen, geografische Ausgewogenheit und ein ausgewogenes Verhältnis von Frauen und Männern sowie eine ausgewogene Vertretung des einschlägigen Know-hows unter Berücksichtigung der spezifischen Aufgaben der Plattform zu gewährleisten. Während des Auswahlverfahrens sollte die Kommission nach Maßgabe der horizontalen Vorschriften eine Bewertung vornehmen, um festzustellen, ob potenzielle Interessenkonflikte bestehen, und sollte gegebenenfalls geeignete Maßnahmen zur Bewältigung solcher Konflikte ergreifen.

(52) Die Plattform sollte die Kommission zur Entwicklung, Analyse und Prüfung der technischen Bewertungskriterien beraten, einschließlich zu den potenziellen Auswirkungen auf die Bewertung von Vermögenswerten, die als ökologisch nachhaltige Vermögenswerte angesehen werden. Darüber hinaus sollte die Plattform die Kommission in der Frage beraten, ob die technischen Bewertungskriterien geeignet sind, um künftig im Rahmen weiterer politischer Initiativen der Union zur Förderung nachhaltiger Investitionen angewandt zu werden, und in der Frage, welche Rolle Standards für die Nachhaltigkeitsrechnungslegung und -berichterstattung bei der Anwendung der technischen Bewertungskriterien spielen könnten. Die Plattform sollte die Kommission bei der Entwicklung weiterer Maßnahmen zur Verbesserung der Datenverfügbarkeit und -qualität beraten, wobei dem Ziel, unnötigen Verwaltungsaufwand zu vermeiden, Rechnung zu tragen ist und auf andere Nachhaltigkeitsziele, einschließlich sozialer Ziele, sowie das Funktionieren des Mindestschutzes und dessen möglicherweise erforderlichen Ergänzung einzugehen ist.

(53) Die Kommission sollte die bestehende Sachverständigengruppe der Mitgliedstaaten für nachhaltiges Finanzwesen weiterführen und ihr einen formellen Status verleihen. Die Aufgabe dieser Sachverständigengruppe wird u. a. darin bestehen, die Kommission hinsichtlich der Angemessenheit der technischen Bewertungskriterien und des Ansatzes der Plattform zur Entwicklung dieser Kriterien zu beraten. Zu diesem Zweck sollte die Kommission die Mitgliedstaaten im Wege regelmäßiger Sitzungen der Sachverständigengruppe der Mitgliedstaaten für nachhaltiges Finanzwesen auf dem Laufenden halten.

(54) Um die in dieser Verordnung festgelegten Anforderungen genauer festzulegen und insbesondere detaillierte und kalibrierte technische Bewertungskriterien für verschiedene Wirtschaftstätigkeiten festzulegen und zu aktualisieren, anhand deren bestimmt wird, was als „wesentlicher Beitrag" und was als „erhebliche Beeinträchtigung im Hinblick auf die Umweltziele" gilt, sollte der Kommission die Befugnis übertragen werden, gemäß Artikel 290 AEUV Rechtsakte hinsichtlich der erforderlichen Informationen zur Erfüllung der Offenlegungspflichten gemäß der vorliegenden Verordnung und hinsichtlich der technischen Bewertungskriterien zu erlassen. Es ist von besonderer Bedeutung, dass die Kommission im Zuge ihrer Vorbereitungsarbeit angemessene Konsultationen, auch auf der Ebene von Sachverständigen, wie etwa über die Plattform und die Sachverständigengruppe der Mitgliedstaaten für nachhaltiges Finanzwesen, durchführt, die mit den Grundsätzen in Einklang stehen, die in der Interinstitutionellen Vereinbarung vom 13. April 2016 über bessere Rechtsetzung ([64]) niedergelegt wurden. Um insbesondere für eine gleichberechtigte Beteiligung an der Vorbereitung delegierter Rechtsakte zu sorgen, erhalten das Europäische Parlament und der Rat alle Dokumente zur gleichen Zeit wie die Sachverständigen der Mitgliedstaaten, und ihre Sachverständigen haben systematisch Zugang zu den Sitzungen der Sachverständigengruppen der Kommission, die mit der Vorbereitung der delegierten Rechtsakte befasst sind.

(55) Die vorliegende Verordnung ergänzt die in der Verordnung (EU) 2019/2088 festgelegten Offenlegungspflichten. Um eine ordnungsgemäße und wirksame Überwachung der Einhaltung der vorliegenden Verordnung durch die Finanzmarktteilnehmer sicherzustellen, sollten die Mitgliedstaaten sich auf die zuständigen Behörden stützen, die gemäß der Verordnung (EU) 2019/2088 benannt sind. Um die Einhaltung durchzusetzen, sollten die Mitgliedstaaten Vorschriften zu Maßnahmen und Sanktionen festlegen, die wirksam, verhältnismäßig und abschreckend sein sollten. Die nationalen zuständigen Behörden und die Europäischen Aufsichtsbehörden sollten die gemäß den Verordnungen (EU) Nr. 600/2014 ([65]), (EU) Nr. 1286/2014 ([66]) und (EU) 2019/1238 ([67]) des Europäischen Parlaments und des Rates festgelegten Produktinterventionsbefugnisse auch in Bezug auf missbräuchliche Verkaufspraktiken oder irreführende Offenlegungen von Informationen im Zusammenhang mit der Nachhaltigkeit, einschließlich der Informationspflichten gemäß der vorliegenden Verordnung, ausüben.

(56) Um eine effiziente und nachhaltige Organisation der Arbeits- und Sitzungsgepflogenheiten sowohl bezüglich der Plattform als auch der Sachverständigengruppe der Mitgliedstaaten für nachhaltiges Finanzwesen zu gewährleisten und um eine breite Beteiligung und eine effiziente Interaktion innerhalb der Gruppen, deren Untergruppen, der Kommission und der Interessenträger zu ermöglichen, sollte die verstärkte Nutzung digitaler einschließlich virtueller Technologien gegebenenfalls in Erwägung gezogen werden.

(57) Damit den relevanten Beteiligten genügend Zeit eingeräumt wird, sich mit den Kriterien dieser Verordnung für ökologisch nachhaltige Wirtschaftstätigkeiten vertraut zu machen und ihre Anwendung vorzubereiten, sollten die in dieser Verordnung festgelegten Verpflichtungen für jedes Umweltziel zwölf Monate nach Festlegung der einschlägigen technischen Bewertungskriterien anwendbar werden.

(58) Die Bestimmung dieser Verordnung, die sich auf vor dem Inkrafttreten dieser Verordnung bestehende Regelungen für Steueranreize auf der Grundlage von Zertifikaten bezieht, berührt nicht die in den Verträgen festgelegten jeweiligen Zuständigkeiten der Union und der Mitgliedstaaten für Steuervorschriften.

(59) Die Anwendung dieser Verordnung sollte regelmäßig überprüft werden, um unter anderem zu beurteilen: die Fortschritte im Hinblick auf die Entwicklung technischer Bewertungskriterien für ökologisch nachhaltige Wirtschaftstätigkeiten; die gegebenenfalls notwendige Überarbeitung und Ergänzung jener Kriterien für die Einstufung einer Wirtschaftstätigkeit als ökologisch nachhaltig; die Wirksamkeit des Klassifizierungssystems für ökologisch nachhaltige Wirtschaftstätigkeiten, wenn es darum geht, private Investitionen hin zu solchen Tätigkeiten zu lenken, und insbesondere im Hinblick auf die Eigenkapitalflüsse hin zu privaten Unternehmen und anderen Rechtsträgern; und die Weiterentwicklung des derzeitigen Klassifizierungssystems einschließlich der Ausweitung ihres Anwendungsbereichs über ökologisch nachhaltige Wirtschaftstätigkeiten hinaus auf Wirtschaftstätigkeiten, die die Umwelt erheblich beeinträchtigen, sowie auf andere Nachhaltigkeitsziele, einschließlich sozialer Ziele.

(60) Da die Ziele dieser Verordnung von den Mitgliedstaaten nicht ausreichend verwirklicht werden können, sondern vielmehr wegen der Notwendigkeit, auf Unionsebene einheitliche Kriterien für ökologisch nachhaltige Wirtschaftstätigkeiten einzuführen, auf Unionsebene besser zu verwirklichen sind, kann die Union gemäß dem in Artikel 5 des Vertrags über die Europäische Union verankerten Subsidiaritätsprinzip tätig werden. Entsprechend dem in demselben Artikel genannten Grundsatz der Verhältnismäßigkeit geht diese Verordnung nicht über das für die Verwirklichung dieser Ziele erforderliche Maß –

HABEN FOLGENDE VERORDNUNG ERLASSEN:

KAPITEL I
GEGENSTAND, ANWENDUNGSBEREICH UND BEGRIFFSBESTIMMUNGEN

Artikel 1
Gegenstand und Anwendungsbereich

(1) Diese Verordnung enthält die Kriterien zur Bestimmung, ob eine Wirtschaftstätigkeit als ökologisch nachhaltig einzustufen ist, um damit den Grad der ökologischen Nachhaltigkeit einer Investition ermitteln zu können.

(2) Diese Verordnung gilt für

a) von den Mitgliedstaaten oder der Union verabschiedete Maßnahmen zur Festlegung von Anforderungen an Finanzmarktteilnehmer oder Emittenten im Zusammenhang mit Finanzprodukten oder Unternehmensanleihen, die als ökologisch nachhaltig bereitgestellt werden;

b) Finanzmarktteilnehmer, die Finanzprodukte bereitstellen;

c) Unternehmen, für die die Verpflichtung gilt, eine nichtfinanzielle Erklärung oder eine konsolidierte nichtfinanzielle Erklärung nach Artikel 19a bzw. Artikel 29a der Richtlinie 2013/34/EU des Europäischen Parlaments und des Rates ([68]) zu veröffentlichen.

Artikel 2
Begriffsbestimmungen

Für die Zwecke dieser Verordnung bezeichnet der Ausdruck

1. „ökologisch nachhaltige Investition" eine Investition, in eine oder mehrere Wirtschaftstätigkeiten, die gemäß dieser Verordnung als ökologisch nachhaltig gelten;
2. „Finanzmarktteilnehmer" einen Finanzmarktteilnehmer im Sinne des Artikels 2 Nummer 1 der Verordnung (EU) 2019/2088; darunter fällt auch der Hersteller eines Altersvorsorgeprodukts, wenn ein Mitgliedstaat beschlossen hat, die genannte Verordnung gemäß ihres Artikels 16 auf diesen Hersteller anzuwenden;
3. „Finanzprodukt" ein Finanzprodukt im Sinne des Artikels 2 Nummer 12 der Verordnung (EU) 2019/2088;
4. „Emittent" einen Emittenten im Sinne des Artikels 2 Buchstabe h der Verordnung (EU) 2017/1129 des Europäischen Parlaments und des Rates ([69]);
5. „Klimaschutz" die Vorgehensweise, den Anstieg der durchschnittlichen Erdtemperatur deutlich unter 2 °C zu halten und Anstrengungen zu seiner Begrenzung auf 1,5 °C über dem vorindustriellen Niveau zu unternehmen, wie im Übereinkommen von Paris festgelegt;
6. „Anpassung an den Klimawandel" den Vorgang der Anpassung an den tatsächlichen und den erwarteten Klimawandel und dessen Auswirkungen;
7. „Treibhausgas" ein in Anhang I der Verordnung (EU) Nr. 525/2013 des Europäischen Parlaments und des Rates ([70]) aufgeführtes Treibhausgas;
8. „Abfallhierarchie" die in Artikel 4 der Richtlinie 2008/98/EG festgelegte Abfallhierarchie;
9. „Kreislaufwirtschaft" ein Wirtschaftssystem, bei dem der Wert von Produkten, Materialien und anderen Ressourcen in der Wirtschaft so lange wie möglich erhalten bleibt

und ihre effiziente Nutzung in Produktion und Verbrauch verbessert wird, wodurch die Auswirkungen ihrer Nutzung auf die Umwelt reduziert und das Abfallaufkommen sowie die Freisetzung gefährlicher Stoffe in allen Phasen ihres Lebenszyklus minimiert werden, auch durch Anwendung der Abfallhierarchie;

10. „Schadstoffe" Stoffe, Erschütterungen, Wärme, Lärm, Licht oder andere Kontaminanten in Luft, Wasser oder Boden, die der menschlichen Gesundheit oder der Umwelt schaden, die zu einer Schädigung von Sachwerten oder zu einer Beeinträchtigung oder Störung von Annehmlichkeiten und anderen legitimen Nutzungen der Umwelt führen können;
11. „Boden" die oberste Schicht der Erdkruste, die sich zwischen dem Grundgestein und der Oberfläche befindet und die aus Mineralpartikeln, organischem Material, Wasser, Luft und lebenden Organismen besteht;
12. „Verschmutzung"
    a) die durch menschliches Handeln direkt oder indirekt bewirkte Zuführung von Schadstoffen in Luft, Wasser oder Boden;
    b) im Bereich der Meeresumwelt Verschmutzung im Sinne des Artikels 3 Nummer 8 der Richtlinie 2008/56/EG;
    c) im Bereich der Wasserumwelt Verschmutzung im Sinne des Artikels 2 Nummer 33 der Richtlinie 2000/60/EG;
13. „Ökosystem" ein komplexes dynamisches Wirkungsgefüge von Pflanzen-, Tier- und Mikroorganismengemeinschaften und ihrer abiotischen Umwelt, die eine funktionelle Einheit bilden;
14. „Ökosystemdienstleistungen" die direkten und indirekten Beiträge von Ökosystemen zu den wirtschaftlichen, sozialen, kulturellen und sonstigen Vorteilen, die Menschen aus diesen Ökosystemen ziehen;
15. „Biodiversität" die Vielfalt unter lebenden Organismen jeder Herkunft, darunter Land-, Meeres- und sonstige aquatische Ökosysteme und die ökologischen Komplexe, zu denen sie gehören das umfasst auch die Vielfalt innerhalb der Arten, zwischen verschiedenen Arten und die Vielfalt der Ökosysteme;
16. „guter Zustand" in Verbindung mit einem Ökosystem dass sich das Ökosystem in einem guten physikalischen, chemischen und biologischen Zustand befindet oder von guter physikalischer, chemischer und biologischer Qualität ist, das in der Lage ist, sich selbst zu reproduzieren oder sich selbst zu regenerieren, und bei dem die Artenzusammensetzung, die Ökosystemstruktur und die ökologischen Funktionen nicht beeinträchtigt sind;
17. „Energieeffizienz" eine effizientere Energienutzung entlang der gesamten Energieversorgungskette von der Erzeugung bis zum Endverbrauch;
18. „Meeresgewässer" Meeresgewässer im Sinne des Artikels 3 Nummer 1 der Richtlinie 2008/56/EG;
19. „Oberflächengewässer" Oberflächengewässer im Sinne des Artikels 2 Nummer 1 der Richtlinie 2000/60/EG;
20. „Grundwasser" Grundwasser im Sinne des Artikels 2 Nummer 2 der Richtlinie 2000/60/EG;
21. „guter Umweltzustand" den guten Umweltzustand im Sinne des Artikels 3 Nummer 5 der Richtlinie 2008/56/EG;
22. „guter Zustand"

a) im Fall von Oberflächengewässern, sowohl ein „gutes ökologisches Potenzial“ im Sinne des Artikels 2 Nummer 22 der Richtlinie 2000/60/EG als auch einen „guten chemischen Zustand des Oberflächengewässers“ gemäß Artikel 2 Nummer 24 jener Richtlinie;
b) im Fall von Grundwasser, sowohl „einen „guten chemischen Zustand des Grundwassers“ im Sinne des Artikels 2 Nummer 25 der Richtlinie 2000/60/EG als auch einen „guten mengenmäßigen Zustand“ gemäß Artikel 2 Nummer 28 jener Richtlinie;

23. „gutes ökologisches Potenzial“ ein gutes ökologisches Potenzial im Sinne des Artikels 2 Nummer 23 gemäß der Richtlinie 2000/60/EG;

KAPITEL II ÖKOLOGISCH NACHHALTIGE WIRTSCHAFTSTÄTIGKEITEN

Artikel 3 Kriterien für ökologisch nachhaltige Wirtschaftstätigkeiten

Zum Zwecke der Ermittlung des Grades der ökologischen Nachhaltigkeit einer Investition gilt eine Wirtschaftstätigkeit als ökologisch nachhaltig, wenn diese Wirtschaftstätigkeit:

a) gemäß den Artikeln 10 bis 16 einen wesentlichen Beitrag zur Verwirklichung eines oder mehrerer der Umweltziele des Artikels 9 leistet;
b) nicht zu einer in Artikel 17 bestimmten erheblichen Beeinträchtigung eines oder mehrerer der Umweltziele des Artikels 9 führt;
c) unter Einhaltung des in Artikel 18 festgelegten Mindestschutzes ausgeübt wird;
d) technischen Bewertungskriterien, die die Kommission gemäß Artikel 10 Absatz 3, Artikel 11 Absatz 3, Artikel 12 Absatz 2, Artikel 13 Absatz 2, Artikel 14 Absatz 2 und Artikel 15 Absatz 2 festgelegt hat, entspricht.

Artikel 4 Anwendung der Kriterien für ökologisch nachhaltige Wirtschaftstätigkeiten bei öffentlichen Maßnahmen, Normen und Kennzeichnungen

Die Mitgliedstaaten und die Union bestimmen anhand der Kriterien des Artikels 3, ob eine Wirtschaftstätigkeit als eine ökologisch nachhaltige Wirtschaftstätigkeit für die Zwecke aller Maßnahmen einzustufen ist, mit denen für Finanzmarktteilnehmer oder Emittenten Anforderungen an Finanzprodukte oder Unternehmensanleihen festgelegt werden, die als „ökologisch nachhaltig“ bereitgestellt werden.

Artikel 5 Transparenz in vorvertraglichen Informationen und regelmäßigen Berichten bei ökologisch nachhaltigen Investitionen

Wird mit einem Finanzprodukt im Sinne des Artikels 9 Absätze 1, 2 oder 3 der Verordnung (EU) 2019/2088 in eine Wirtschaftstätigkeit investiert, die zu einem Umweltziel im Sinne des Artikels 2 Nummer 17 der genannten Verordnung beiträgt, so umfassen die gemäß Artikel 6 Absatz 3 und Artikel 11 Absatz 2 der genannten Verordnung offenzulegenden Informationen Folgendes:

a) die Informationen über das Umweltziel oder die Umweltziele gemäß Artikel 9 der vorliegenden Verordnung, zu dessen bzw. deren Erreichung die dem Finanzprodukt zugrunde liegende Investition beiträgt; und

b) eine Beschreibung, wie und in welchem Umfang die dem Finanzprodukt zugrunde liegenden Investitionen solche in Wirtschaftstätigkeiten sind, die gemäß Artikel 3 der vorliegenden Verordnung als ökologisch nachhaltig einzustufen sind.

In der Beschreibung gemäß Absatz 1 Buchstabe b des vorliegenden Artikels ist der Anteil der Investitionen in ökologisch nachhaltige Wirtschaftstätigkeiten, die für das Finanzprodukt ausgewählt wurden, einschließlich Einzelheiten zu den Anteilen der in Artikel 16 beziehungsweise Artikel 10 Absatz 2 genannten ermöglichenden Tätigkeiten und der Übergangstätigkeiten, als Prozentsatz aller für das Finanzprodukt ausgewählten Investitionen anzugeben.

Artikel 6
Transparenz in vorvertraglichen Informationen und regelmäßigen Berichten bei Finanzprodukten, mit denen ökologische Merkmale beworben werden

Werden mit einem Finanzprodukt nach Artikel 8 Absatz 1 der Verordnung (EU) 2019/2088 ökologische Merkmale beworben, so gilt Artikel 5 der vorliegenden Verordnung entsprechend.

Den gemäß Artikel 6 Absatz 3 und Artikel 11 Absatz 2 der Verordnung (EU) 2019/2088 offenzulegenden Informationen wird die folgende Erklärung beigefügt:

„Der Grundsatz „Vermeidung erheblicher Beeinträchtigungen“ findet nur bei denjenigen dem Finanzprodukt zugrunde liegenden Investitionen Anwendung, die die EU-Kriterien für ökologisch nachhaltige Wirtschaftsaktivitäten berücksichtigen.

Die dem verbleibenden Teil dieses Finanzprodukts zugrunde liegenden Investitionen berücksichtigen nicht die EU-Kriterien für ökologisch nachhaltige Wirtschaftsaktivitäten.“

Artikel 7
Transparenz in vorvertraglichen Informationen und regelmäßigen Berichten bei anderen Finanzprodukten

Fällt ein Finanzprodukt nicht unter Artikel 8 Absatz 1 oder Artikel 9 Absatz 1, 2 oder 3 der Verordnung (EU) 2019/2088, so wird den Informationen, die gemäß den Bestimmungen der in Artikel 6 Absatz 3 und Artikel 11 Absatz 2 jener Verordnung genannten sektoralen Rechtsvorschriften offenzulegen sind, die folgende Erklärung beigefügt:

„Die diesem Finanzprodukt zugrunde liegenden Investitionen berücksichtigen nicht die EU-Kriterien für ökologisch nachhaltige Wirtschaftsaktivitäten.“

Artikel 8
Transparenz in nichtfinanziellen Erklärungen bei Unternehmen

(1) Jedes Unternehmen, das verpflichtet ist, nichtfinanzielle Angaben nach Artikel 19a oder Artikel 29a der Richtlinie 2013/34/EU zu veröffentlichen, nimmt in seine nichtfinanzielle Erklärung oder konsolidierte nichtfinanzielle Erklärung Angaben darüber auf, wie und in welchem Umfang die Tätigkeiten des Unternehmens mit Wirtschaftstätigkeiten verbunden sind, die als ökologisch nachhaltige Wirtschaftstätigkeiten gemäß Artikel 3 und Artikel 9 der vorliegenden Verordnung einzustufen sind.

(2) Insbesondere geben Nicht-Finanzunternehmen Folgendes an:
   a) den Anteil ihrer Umsatzerlöse, der mit Produkten oder Dienstleistungen, erzielt wird, die mit Wirtschaftstätigkeiten verbunden sind, die als ökologisch nachhaltige gemäß Artikel 3 und Artikel 9 einzustufen sind; und
   b) den Anteil ihrer Investitionsausgaben und, soweit zutreffend, den Anteil der Betriebsausgaben im Zusammenhang mit Vermögensgegenständen oder Prozessen, die mit Wirtschaftstätigkeiten verbunden sind, die als ökologisch nachhaltig gemäß Artikel 3 und Artikel 9 einzustufen sind.

(3) Veröffentlicht ein Unternehmen nichtfinanzielle Angaben nach Artikel 19a oder Artikel 29a der Richtlinie 2013/34/EU in einem gesonderten Bericht gemäß Artikel 19a Absatz 4 oder Artikel 29a Absatz 4 der Richtlinie 2013/34/EU, so werden die in den Absätzen 1 und 2 des vorliegenden Artikels genannten Angaben in dem gesonderten Bericht veröffentlicht.

(4) Die Kommission erlässt gemäß Artikel 23 einen delegierten Rechtsakt zur Ergänzung der Absätze 1 und 2 des vorliegenden Artikels, in dem der Inhalt und die Darstellung der gemäß den genannten Absätzen zu machenden Angaben, einschließlich der Methode näher erläutert wird, die anzuwenden ist, um diesen Absätzen zu entsprechen, und trägt dabei den Besonderheiten sowohl der Finanzunternehmen als auch der Nicht-Finanzunternehmen und den technischen Bewertungskriterien Rechnung, die gemäß der vorliegenden Verordnung erlassen wurden. Die Kommission erlässt diesen delegierten Rechtsakt bis zum 1. Juni 2021.

Artikel 9
Umweltziele

Für die Zwecke der vorliegenden Verordnung gilt Folgendes als Umweltziel:

a) Klimaschutz;
b) Anpassung an den Klimawandel;
c) die nachhaltige Nutzung und Schutz von Wasser- und Meeresressourcen;
d) der Übergang zu einer Kreislaufwirtschaft;
e) Vermeidung und Verminderung der Umweltverschmutzung;
f) der Schutz und Wiederherstellung der Biodiversität und der Ökosysteme.

Artikel 10
Wesentlicher Beitrag zum Klimaschutz

(1) Eine Wirtschaftstätigkeit wird als ein wesentlicher Beitrag zum Klimaschutz eingestuft, wenn sie wesentlich dazu beiträgt, die Treibhausgaskonzentrationen in der

Atmosphäre auf einem Niveau zu stabilisieren, das eine gefährliche anthropogene Störung des Klimasystems verhindert, indem im Einklang mit dem langfristigen Temperaturziel des Übereinkommens von Paris Treibhausgasemissionen vermieden oder verringert werden oder die Speicherung von Treibhausgasen verstärkt wird, einschließlich durch Prozess- oder Produktinnovationen, durch:

a) Erzeugung, Übertragung, Speicherung, Verteilung oder Nutzung erneuerbarer Energien gemäß der Richtlinie (EU) 2018/2001, unter anderem durch den Einsatz innovativer Technologien mit Potenzial für erhebliche zukünftige Einsparungen oder durch eine notwendige Netzverstärkung oder -erweiterung;
b) Steigerung der Energieeffizienz; hiervon ausgenommen sind die in Artikel 19 Absatz 3 genannten Tätigkeiten zur Stromerzeugung;
c) Ausbau sauberer oder klimaneutraler Mobilität;
d) Umstellung auf die Nutzung erneuerbarer Materialien nachhaltiger Herkunft;
e) verstärkte Nutzung umweltverträglicher Technologien der CO_2-Abscheidung und -Nutzung (CCU) bzw. der CO_2-Abscheidung und -Speicherung (CCS), die Nettoemissionsminderungen bei Treibhausgasen bewirken;
f) Stärkung von CO_2-Senken auf dem Land, unter anderem durch Verhinderung von Entwaldung und Waldschädigung, durch Wiederherstellung von Wäldern, durch nachhaltige Bewirtschaftung und Wiederherstellung von Ackerflächen, Grünflächen und Feuchtgebieten, durch Aufforstung und durch regenerative Landwirtschaft;
g) Einrichtung der Energieinfrastruktur, die für die Ermöglichung der Dekarbonisierung der Energiesysteme erforderlich ist;
h) Erzeugung sauberer und effizienter Kraftstoffe aus erneuerbaren oder CO_2-neutralen Quellen; oder
i) Ermöglichung jeder der in den Buchstaben a bis h dieses Absatzes genannten Tätigkeiten gemäß Artikel 16.

(2) Für die Zwecke von Absatz 1 leistet eine Wirtschaftstätigkeit, für die es keine technologisch und wirtschaftlich durchführbare CO_2-arme Alternative gibt, einen wesentlichen Beitrag zum Klimaschutz, wenn sie den Übergang zu einer klimaneutralen Wirtschaft unterstützt, im Einklang mit dem Weg hin zur Begrenzung des Temperaturanstiegs auf 1,5 °C gegenüber dem vorindustriellen Niveau, auch durch die schrittweise Einstellung von Treibhausgasemissionen, insbesondere aus festen fossilen Brennstoffen, und wenn diese Wirtschaftstätigkeit

a) Treibhausgasemissionswerte aufweist, die den besten Leistungen des Sektors oder der Industrie entsprechen,
b) die Entwicklung und Einführung CO_2-armer Alternativen nicht behindert, und
c) in Anbetracht der wirtschaftlichen Lebensdauer von CO_2-intensiven Vermögenswerten nicht zu Lock-in-Effekten bei diesen Vermögenswerten führt.

Für den Zweck dieses Absatzes und die Festlegung technischer Bewertungskriterien gemäß Artikel 19 bewertet die Kommission den potenziellen Beitrag und die Durchführbarkeit aller relevanten bestehenden Technologien.

(3) Die Kommission erlässt gemäß Artikel 23 einen delegierten Rechtsakt, um

a) zur Ergänzung der Absätze 1 und 2 des vorliegenden Artikels technische Bewertungskriterien festzulegen, anhand deren bestimmt wird unter welchen Bedingungen davon auszugehen ist, dass eine bestimmte Wirtschaftstätigkeit einen wesentlichen Beitrag zum Klimaschutz leistet; und
b) zur Ergänzung von Artikel 17 technische Bewertungskriterien für jedes relevante Umweltziel festzulegen, anhand deren bestimmt wird ob eine Wirtschaftstätig-

keit, für die gemäß Buchstabe a des vorliegenden Absatzes technische Bewertungskriterien festgelegt werden, eines oder mehrere dieser Ziele erheblich beeinträchtigt.

(4) Vor dem Erlass des delegierten Rechtsakts nach Absatz 3 des vorliegenden Artikels konsultiert die Kommission die in Artikel 20 genannte Plattform zu den in Absatz 3 dieses Artikels genannten technischen Bewertungskriterien.

(5) Die Kommission legt die in Absatz 3 des vorliegenden Artikels genannten technischen Bewertungskriterien in einem einzigen delegierten Rechtsakt fest und trägt dabei den Anforderungen des Artikels 19 Rechnung.

(6) Die Kommission erlässt den in Absatz 3 genannten delegierten Rechtsakt bis zum 31. Dezember 2020, um seine Anwendung ab dem 1. Januar 2022 zu gewährleisten.

Artikel 11
Wesentlicher Beitrag zur Anpassung an den Klimawandel

(1) Eine Wirtschaftstätigkeit wird dann als einen wesentlichen Beitrag zur Anpassung an den Klimawandel leistend eingestuft, wenn sie

a) Anpassungslösungen umfasst, die entweder das Risiko der nachteiligen Auswirkungen des gegenwärtigen und des erwarteten künftigen Klimas auf die Wirtschaftstätigkeit selbst erheblich verringern oder diese nachteiligen Auswirkungen erheblich verringern, ohne das Risiko nachteiliger Auswirkungen auf Menschen, Natur oder Vermögenswerte zu erhöhen; oder

b) Anpassungslösungen bietet, die zusätzlich zur Erfüllung der Anforderungen des Artikels 16 wesentlich dazu beitragen, das Risiko der nachteiligen Auswirkungen des gegenwärtigen und des erwarteten künftigen Klimas auf Menschen, Natur oder Vermögenswerte zu vermeiden oder zu verringern, ohne das Risiko nachteiliger Auswirkungen auf Menschen, Natur oder Vermögenswerte zu erhöhen.

(2) Die in Absatz 1 Buchstabe a genannten Anpassungslösungen werden bewertet und unter Heranziehung der besten verfügbaren Klimaprognosen nach Prioritäten gereiht; sie müssen mindestens Folgendes vermeiden oder verringern:

a) die standort- und kontextspezifischen nachteiligen Auswirkungen des Klimawandels auf die Wirtschaftstätigkeit; oder

b) die etwaigen nachteiligen Auswirkungen des Klimawandels auf die Umwelt, in der die Wirtschaftstätigkeit stattfindet.

(3) Die Kommission erlässt einen delegierten Rechtsakt gemäß Artikel 23, um

a) in Ergänzung der Absätze 1 und 2 des vorliegenden Artikels technische Bewertungskriterien festzulegen, anhand deren bestimmt wird, unter welchen Bedingungen davon auszugehen ist, dass eine bestimmte Wirtschaftstätigkeit einen wesentlichen Beitrag zur Anpassung an den Klimawandel leistet; und

b) in Ergänzung des Artikels 17 technische Bewertungskriterien für jedes relevante Umweltziel festzulegen, anhand deren bestimmt wird, ob eine Wirtschaftstätigkeit, für die gemäß Buchstabe a des vorliegenden Absatzes technische Bewertungskriterien festgelegt worden sind, eines oder mehrere dieser Ziele erheblich beeinträchtigt.

(4) Vor dem Erlass des delegierten Rechtsakts nach Absatz 3 des vorliegenden Artikels konsultiert die Kommission die in Artikel 20 genannte Plattform zu den in Absatz 3 dieses Artikels genannten technischen Bewertungskriterien.

(5) Die Kommission legt die in Absatz 3 des vorliegenden Artikels genannten technischen Bewertungskriterien in einem einzigen delegierten Rechtsakt fest und trägt dabei den Anforderungen des Artikels 19 Rechnung.

(6) Die Kommission erlässt den in Absatz 3 genannten delegierten Rechtsakt bis zum 31. Dezember 2020, um seine Anwendung ab dem 1. Januar 2022 zu gewährleisten.

Artikel 12
Wesentlicher Beitrag zur nachhaltigen Nutzung und zum Schutz von Wasser- und Meeresressourcen

(1) Eine Wirtschaftstätigkeit leistet einen wesentlichen Beitrag zur nachhaltigen Nutzung und zum Schutz von Wasser- und Meeresressourcen, wenn sie entweder wesentlich zur Erreichung des guten Zustands von Gewässern, einschließlich Oberflächenwasser und Grundwasserkörper, oder zur Vermeidung der Verschlechterung von Gewässern, wenn sie sich bereits in gutem Zustand befinden, oder zur Erreichung des guten Umweltzustands von Meeresgewässern oder zur Vermeidung einer Verschlechterung von Meeresgewässern, die sie sich bereits in gutem Umweltzustand befinden, beiträgt durch:

a) Schutz der Umwelt vor den nachteiligen Auswirkungen der Einleitung von städtischem und industriellem Abwasser, unter anderem vor zunehmend besorgniserregenden Kontaminanten wie Arzneimittel und Mikroplastik, indem beispielsweise die sachgerechte Sammlung, Behandlung und Entsorgung kommunaler und industrieller Abwässer sichergestellt wird;

b) Schutz der menschlichen Gesundheit vor den nachteiligen Auswirkungen einer Verunreinigung von Wasser für den menschlichen Verbrauch, indem sichergestellt wird, dass es frei von Mikroorganismen, Parasiten und Stoffen ist, die eine potenzielle Gefährdung der menschlichen Gesundheit darstellen, und indem der Zugang der Bevölkerung zu sauberem Trinkwasser Wasser für den menschlichen Verbrauch für alle, insbesondere für benachteiligte Gruppen und Randgruppen, verbessert oder aufrechterhalten wird;

c) Verbesserung der Wasserbewirtschaftung und der Wassereffizienz, auch durch den Schutz und die Verbesserung des Zustands aquatischer Ökosysteme, durch Förderung der nachhaltigen Nutzung von Wasser mithilfe eines langfristigen Schutzes von verfügbaren Wasserressourcen unter anderem durch Nutzung von Maßnahmen wie der Wiederverwendung von Wasser durch die Sicherstellung der schrittweisen Verringerung von Schadstoffemissionen in Oberflächengewässer und Grundwässer, dabei einen Beitrag zur Verringerung der Auswirkungen von Überschwemmungen und Dürren leistend, oder jede andere Tätigkeit, die den Zustand von Gewässern in qualitativer und quantitativer Hinsicht schützt oder verbessert;

d) Gewährleistung der nachhaltigen Nutzung der Dienstleistungen von marinen Ökosystemen oder Leistung von Beiträgen zum guten Umweltzustand von Meeresgewässern, unter anderem durch Schutz, Erhaltung oder Wiederherstellung der Meeresumwelt und durch Vermeidung oder Verringerung von Einträgen in die Meeresumwelt; oder

e) Ermöglichung jeder der in Buchstaben a bis d dieses Absatzes aufgeführten Tätigkeiten gemäß Artikel 16.

(2) Die Kommission erlässt gemäß Artikel 23 einen delegierten Rechtsakt, um

a) in Ergänzung des Absatzes 1 des vorliegenden Artikels technische Bewertungskriterien festzulegen, anhand deren bestimmt wird, unter welchen Bedingungen davon auszugehen ist, dass eine bestimmte Wirtschaftstätigkeit einen wesentlichen Beitrag zur nachhaltigen Nutzung und zum Schutz von Wasser- und Meeresressourcen leistet; und
b) in Ergänzung des Artikels 17 technische Bewertungskriterien für jedes relevante Umweltziel festzulegen, anhand deren bestimmt wird, ob eine Wirtschaftstätigkeit, für die gemäß Buchstabe a des vorliegenden Absatzes technische Bewertungskriterien festgelegt werden, eines oder mehrere dieser Ziele erheblich beeinträchtigt.

(3) Vor dem Erlass des delegierten Rechtsakts nach Absatz 2 des vorliegenden Artikels konsultiert die Kommission die in Artikel 20 genannte Plattform in Bezug auf die in Absatz 2 dieses Artikels genannten technischen Bewertungskriterien.

(4) Die Kommission legt die in Absatz 2 des vorliegenden Artikels genannten technischen Bewertungskriterien in einem einzigen delegierten Rechtsakt fest und trägt dabei den Anforderungen des Artikels 19 Rechnung.

(5) Die Kommission erlässt den in Absatz 2 genannten delegierten Rechtsakt bis zum 31. Dezember 2021, um seine Anwendung ab dem 1. Januar 2023 zu gewährleisten.

Artikel 13
Wesentlicher Beitrag zum Übergang zur Kreislaufwirtschaft

(1) Eine Wirtschaftstätigkeit leistet einen wesentlichen Beitrag zum Übergang zu einer Kreislaufwirtschaft einschließlich Abfallvermeidung, Wiederverwendung und Recycling, wenn sie:
a) die natürlicher Ressourcen, einschließlich beschaffter biobasierter und anderer Rohstoffe nachhaltiger Herkunft, in der Produktion, effizienter nutzt, unter anderem durch
   i) einen reduzierten Einsatz von Primärrohstoffen oder eine Steigerung der Verwendung von Nebenprodukten und Sekundärrohstoffen; oder
   ii) Ressourcen- und Energieeffizienzmaßnahmen;
b) die Haltbarkeit, Reparaturfähigkeit, Nachrüstbarkeit oder Wiederverwendbarkeit von Produkten, insbesondere bei den Entwicklungs- und Fertigungstätigkeiten, verbessert;
c) die Recyclingfähigkeit von Produkten, einschließlich der der in diesen Produkten enthaltenen einzelnen Materialien, unter anderem durch die Ersetzung oder eingeschränkte Verwendung von nicht wiederverwendbaren Produkten und Materialien, insbesondere bei den Entwicklungs- und Fertigungstätigkeiten, verbessert;
d) den an gefährlichen Stoffen wesentlich verringert und besonders besorgniserregender Stoffe in Materialien und Produkten während ihres gesamten Lebenszyklus gemäß den im Unionsrecht festgelegten Zielen ersetzt, unter anderem durch Ersetzung dieser Stoffe durch sicherere Alternativen und durch Gewährleistung der Rückverfolgbarkeit;
e) die Nutzung von Produkten, unter anderem durch Wiederverwendung, Design für Langlebigkeit, Umfunktionierung, Demontage, Wiederaufarbeitung, Modernisierung und Reparatur sowie gemeinsame Nutzung von Produkten, verlängert;
f) Sekundärrohstoffe verstärkt nutzt und ihre Qualität steigert, unter anderem durch eine hochwertiges Recycling von Abfällen;

g) die Abfallerzeugung, einschließlich der Erzeugung von Abfall bei der Gewinnung von Mineralien sowie bei Bau und Abriss von Gebäuden, vermieden oder verringert;
h) die Wiederverwendung und das Recycling von Abfällen verstärkt vorbereitet;
i) die Infrastruktur für die Abfallbewirtschaftung, die für die Vermeidung, die Vorbereitung für die Wiederverwendung und das Recycling erforderlich ist, stärker ausbaut, wobei gleichzeitig gewährleistet wird, dass die wiedergewonnenen Materialien als hochwertige Sekundärrohstoffe für die Produktion unter Vermeidung eines Downcycling recycelt werden;
j) die Abfallverbrennung möglichst verringert und die Abfallbeseitigung, einschließlich der Deponierung, vermeidet, gemäß den Grundsätzen der Abfallhierarchie;
k) Abfall vermeidet oder verringert, oder
l) jede der in den Buchstaben a bis k dieses Absatzes genannten Tätigkeiten gemäß Artikel 16 fördert.

(2) Die Kommission erlässt gemäß Artikel 23 einen delegierten Rechtsakt, um
a) in Ergänzung des Absatzes 1 dieses Artikels technische Bewertungskriterien festzulegen, anhand deren festgestellt wird, unter welchen Bedingungen davon auszugehen ist, dass eine bestimmte Wirtschaftstätigkeit einen wesentlichen Beitrag zum Übergang zu einer kreislauforientierten Wirtschaft leistet; und
b) in Ergänzung des Artikels 17 technische Bewertungskriterien für jedes relevante Umweltziel festzulegen, anhand deren festgestellt wird, ob davon auszugehen ist, dass eine Wirtschaftstätigkeit, für die gemäß Buchstabe a des vorliegenden Absatzes technische Bewertungskriterien festgelegt werden, eines oder mehrere dieser Ziele erheblich beeinträchtigt.

(3) Vor dem Erlass des delegierten Rechtsakts nach Absatz 2 des vorliegenden Artikels konsultiert die Kommission die in Artikel 20 genannte Plattform zu den in Absatz 2 des vorliegenden Artikels genannten technischen Bewertungskriterien

(4) Die Kommission legt die in Absatz 2 des vorliegenden Artikels genannten technischen Bewertungskriterien in einem einzigen delegierten Rechtsakt fest und trägt dabei den Anforderungen des Artikels 19 Rechnung.

(5) Die Kommission erlässt den in Absatz 2 genannten delegierten Rechtsakt bis zum 31. Dezember 2021, um seine Anwendung ab dem 1. Januar 2023 zu gewährleisten.

Artikel 14
Wesentlicher Beitrag zur Vermeidung und Verminderung der Umweltverschmutzung

(1) Eine Wirtschaftstätigkeit leistet einen wesentlichen Beitrag zur Vermeidung und Verminderung der Umweltverschmutzung, wenn sie wesentlich zum Schutz vor Umweltverschmutzung beiträgt durch:
a) Vermeidung oder, sofern nicht durchführbar, Verringerung von Emissionen, mit Ausnahme von Treibhausgasen, in Luft, Wasser oder Boden;
b) Verbesserung der Luft-, Wasser- oder Bodenqualität in den Gebieten, in denen die Wirtschaftstätigkeit stattfindet, bei gleichzeitiger Minimierung aller nachteiligen Auswirkungen auf die menschliche Gesundheit und die Umwelt oder Risiken solcher Auswirkungen;

c) Vermeidung oder Minimierung nachteiliger Auswirkungen auf die menschliche Gesundheit und die Umwelt bei der Herstellung, Verwendung oder Beseitigung von Chemikalien;
d) Beseitigung von Abfällen und sonstigen Schadstoffen; oder
e) Ermöglichung jeder der in Buchstaben a bis d des vorliegenden Absatzes genannten Tätigkeiten gemäß Artikel 16.

(2) Die Kommission erlässt gemäß Artikel 23 einen delegierten Rechtsakt, um
a) zur Ergänzung des Absatzes 1 des vorliegenden Artikels technische Bewertungskriterien festzulegen, anhand deren bestimmt wird, unter welchen Bedingungen davon auszugehen ist, dass eine bestimmte Wirtschaftstätigkeit einen wesentlichen Beitrag zur Vermeidung und Verminderung der Umweltverschmutzung leistet; und
b) zur Ergänzung von Artikel 17 technische Bewertungskriterien für jedes relevante Umweltziel festzulegen, anhand deren bestimmt wird, ob eine Wirtschaftstätigkeit, für die gemäß Buchstabe a des vorliegenden Absatzes technische Bewertungskriterien festgelegt werden, eines oder mehrere dieser Ziele erheblich beeinträchtigt.

(3) Vor dem Erlass des delegierten Rechtsakts nach Absatz 2 des vorliegenden Artikels konsultiert die Kommission die in Artikel 20 genannte Plattform zu den in Absatz 2 dieses Artikels genannten technischen Bewertungskriterien

(4) Die Kommission legt die in Absatz 2 des vorliegenden Artikels genannten technischen Bewertungskriterien in einem einzigen delegierten Rechtsakt fest und trägt dabei den Anforderungen des Artikels 19 Rechnung.

(5) Die Kommission erlässt den in Absatz 2 delegierten Rechtsakt bis zum 31. Dezember 2021, um seine Anwendung ab dem 1. Januar 2023 zu gewährleisten.

Artikel 15
Wesentlicher Beitrag zum Schutz und zur Wiederherstellung der Biodiversität und der Ökosysteme

(1) Eine Wirtschaftstätigkeit leistet einen wesentlichen Beitrag zum Schutz und zur Wiederherstellung der Biodiversität und der Ökosysteme, wenn sie wesentlich zum Schutz, zur Erhaltung oder zur Wiederherstellung der Biodiversität oder zur Erreichung des guten Zustands von Ökosystemen oder zum Schutz von Ökosystemen, die sich bereits in gutem Zustand befinden, beiträgt durch:
a) Erhaltung der Natur und der Biodiversität, einschließlich der Erreichung eines günstigen Erhaltungszustands von natürlichen und naturnahen Lebensräumen und Arten oder der Vermeidung einer Verschlechterung, wenn sie sich bereits in einem günstigen Erhaltungszustand befinden, des Schutzes und der Wiederherstellung von terrestrischen, marinen und anderen aquatischen Ökosystemen, um ihren Zustand und ihre Fähigkeit zur Erbringung von Ökosystemdienstleistungen zu verbessern;
b) nachhaltige Landnutzung und -bewirtschaftung, einschließlich eines angemessenen Schutzes der Biodiversität in Böden, Neutralität gegenüber der Landdegradation Bodendegradierung und Sanierung schadstoffbelasteter Standorte;
c) nachhaltige landwirtschaftliche Verfahren, einschließlich solcher, die dazu beitragen, Biodiversität zu fördern oder Bodendegradierung und die Degradierung

anderer Ökosysteme, Entwaldung oder Verlust von Lebensraum aufzuhalten oder zu verhindern;

d) nachhaltige Waldbewirtschaftung, einschließlich Handhabung und Nutzung von Wäldern und Waldflächen, die dazu beitragen, die Biodiversität zu fördern oder die Degradation von Ökosystemen, Entwaldung und Verlust von Lebensraum aufzuhalten oder zu verhindern; oder

e) Ermöglichung jeder der unter Buchstaben a bis d dieses Absatzes genannten Tätigkeiten gemäß Artikel 16.

(2) Die Kommission erlässt gemäß Artikel 23 einen delegierten Rechtsakt, um

a) in Ergänzung des Absatzes 1 des vorliegenden Artikels technische Bewertungskriterien festzulegen, anhand deren bestimmt wird, unter welchen Bedingungen davon auszugehen ist, dass eine bestimmte Wirtschaftstätigkeit einen wesentlichen Beitrag zum Schutz und zur Wiederherstellung der Biodiversität und der Ökosysteme leistet; und

b) in Ergänzung von Artikel 17 technische Bewertungskriterien für jedes relevante Umweltziel festzulegen, anhand deren bestimmt wird, ob eine Wirtschaftstätigkeit, für die gemäß Buchstabe a des vorliegenden Absatzes technische Bewertungskriterien festgelegt werden, eines oder mehrere dieser Ziele erheblich beeinträchtigt.

(3) Vor dem Erlass des delegierten Rechtsakts nach Absatz 2 des vorliegenden Artikels konsultiert die Kommission die in Artikel 20 genannte Plattform zu den in Artikel 20 genannten technischen Bewertungskriterien.

(4) Die Kommission legt die in Absatz 2 des vorliegenden Artikels genannten technischen Bewertungskriterien in einem einzigen delegierten Rechtsakt fest und trägt dabei den Anforderungen des Artikels 19 Rechnung.

(5) Die Kommission erlässt den in Absatz 2 genannten delegierten Rechtsakt bis zum 31. Dezember 2021, um seine Anwendung ab dem 1. Januar 2023 zu gewährleisten.

Artikel 16
Ermöglichende Tätigkeiten

Eine Wirtschaftstätigkeit leistet einen wesentlichen Beitrag zu einem oder mehreren der in Artikel 9 genannten Umweltziele, indem sie es unmittelbar anderen Tätigkeiten ermöglicht, einen wesentlichen Beitrag zu einem oder mehreren dieser Ziele leisten, und wenn diese Wirtschaftstätigkeit

a) in Anbetracht der wirtschaftlichen Lebensdauer von Vermögenswerten, die den langfristigen Umweltzielen abträglich sind, nicht zu Lock-in-Effekten bei diesen Vermögenswerten führt; und

b) auf der Grundlage von Lebenszyklusüberlegungen wesentliche positive Auswirkungen auf die Umwelt hat.

Artikel 17
Erhebliche Beeinträchtigung der Umweltziele

(1) Für die Zwecke des Artikels 3 Buchstabe b gilt eine Wirtschaftstätigkeit – unter Berücksichtigung des Lebenszyklus der durch eine Wirtschaftstätigkeit bereitgestellten Produkte und Dienstleistungen, darunter auch von Erkenntnissen aus vorhandenen Lebenszyklusanalysen, – als erheblich beeinträchtigend für

a) den Klimaschutz, wenn diese Tätigkeit zu erheblichen Treibhausgasemissionen führt;
b) die Anpassung an den Klimawandel, wenn diese Tätigkeit die nachteiligen Auswirkungen des derzeitigen und des erwarteten zukünftigen Klimas auf die Tätigkeit selbst oder auf Menschen, die Natur oder Vermögenswerte verstärkt;
c) die nachhaltige Nutzung und den Schutz der Wasser- und Meeresressourcen, wenn diese Tätigkeit
   i) den guten Zustand oder das gute ökologische Potenzial von Gewässern, einschließlich Oberflächengewässern und Grundwässern; oder
   ii) den guten Umweltzustand von Meeresgewässern schädigt;
d) die Kreislaufwirtschaft, einschließlich Abfallvermeidung und Recycling, wenn
   i) diese Tätigkeit zu einer erheblichen Ineffizienz bei der Materialnutzung oder der unmittelbaren oder mittelbaren Nutzung natürlicher Ressourcen wie nicht erneuerbaren Energiequellen, Rohstoffen, Wasser und Boden in einer oder mehreren Phasen des Lebenszyklus von Produkten führt, unter anderem bei Haltbarkeit, Reparaturfähigkeit, Nachrüstbarkeit, Wiederverwendbarkeit oder Recyclingfähigkeit der Produkte;
   ii) diese Tätigkeit zu einer deutlichen Zunahme bei der Erzeugung, Verbrennung oder Beseitigung von Abfällen – mit Ausnahme der Verbrennung von nicht recycelbaren gefährlichen Abfällen – führt, oder
   iii) die langfristige Abfallbeseitigung eine erhebliche und langfristige Beeinträchtigung der Umwelt verursachen kann;
e) die Vermeidung und Verminderung der Umweltverschmutzung, wenn diese Tätigkeit – im Vergleich zur Lage vor Beginn der Tätigkeit – zu einem erheblichen Anstieg der Schadstoffemissionen in Luft, Wasser oder Boden führt; oder
f) den Schutz und die Wiederherstellung der Biodiversität und der Ökosysteme, wenn diese Tätigkeit
   i) den guten Zustand und die Widerstandsfähigkeit von Ökosystemen erheblich schädigt, oder
   ii) den Erhaltungszustand der Lebensräume und Arten, einschließlich derjenigen von Unionsinteresse, schädigt.

(2) Bei der Bewertung einer Wirtschaftstätigkeit anhand der Kriterien des Absatzes 1 ist sowohl den Umweltauswirkungen der Tätigkeit selbst als auch den Umweltauswirkungen der durch diese Tätigkeit bereitgestellten Produkte und Dienstleistungen während ihres gesamten Lebenszyklus zu berücksichtigen, insbesondere durch Beachtung der Herstellung, der Verwendung und des Endes der Lebensdauer dieser Produkte und Dienstleistungen.

Artikel 18
Mindestschutz

(1) Bei dem in Artikel 3 Buchstabe c genannten Mindestschutz handelt es sich um Verfahren, die von einem eine Wirtschaftstätigkeit ausübenden Unternehmen durchgeführt werden, um sicherzustellen, dass die OECD-Leitsätze für multinationale Unternehmen und die Leitprinzipien der Vereinten Nationen für Wirtschaft und Menschenrechte, einschließlich der Grundprinzipien und Rechte aus den acht Kernübereinkommen, die in der Erklärung der Internationalen Arbeitsorganisation über grundlegende Prinzipien und Rechte bei der Arbeit festgelegt sind, und aus der Internationalen Charta der Menschenrechte, befolgt werden.

(2) Bei der Umsetzung der Verfahren gemäß Absatz 1 des vorliegenden Artikels halten sich die Unternehmen an den Grundsatz „Vermeidung erheblicher Beeinträchtigungen“ nach Artikel 2 Nummer 17 der Verordnung (EU) 2019/2088.

Artikel 19
Anforderungen an technische Bewertungskriterien

(1) Die gemäß Artikel 10 Absatz 3, Artikel 11 Absatz 3, Artikel 12 Absatz 2, Artikel 13 Absatz 2, Artikel 14 Absatz 2 und Artikel 15 Absatz 2 festgelegten technischen Bewertungskriterien müssen

a) die wichtigsten potenziellen Beiträge zu dem jeweiligen Umweltziel unter Wahrung des Grundsatzes der Technologieneutralität nennen und dabei sowohl die kurzfristigen als auch die langfristigen Auswirkungen einer bestimmten Wirtschaftstätigkeit berücksichtigen;

b) die Mindestanforderungen angeben, die erfüllt sein müssen, um eine erhebliche Beeinträchtigung auch nur eines einschlägigen Umweltziele zu vermeiden, und dabei sowohl die kurzfristigen als auch die langfristigen Auswirkungen einer bestimmten Wirtschaftstätigkeit berücksichtigen;

c) quantitativer Art sein und Schwellenwerte enthalten, soweit das möglich ist, und andernfalls qualitativer Art sein;

d) gegebenenfalls auf Kennzeichnungs- und Zertifizierungssystemen der Union, auf Unionsmethoden für die Bewertung des ökologischen Fußabdrucks und auf statistischen Klassifizierungssystemen der Union aufbauen und dabei einschlägige bestehende Unionsvorschriften berücksichtigen;

e) Nachhaltigkeitsindikatoren nach Artikel 4 Absatz 6 der Verordnung (EU) 2019/2088, verwenden, soweit das durchführbar ist;

f) sich auf schlüssige wissenschaftliche Erkenntnisse und auf das in Artikel 191 AEUV verankerte Vorsorgeprinzip stützen;

g) dem Lebenszyklus sowie den Erkenntnissen aus vorhandenen Lebenszyklusanalysen Rechnung tragen, indem sowohl die Umweltauswirkung der Wirtschaftstätigkeit selbst als auch die Umwelteinwirkungen der durch sie bereitgestellten Produkte und Dienstleistungen berücksichtigt werden, insbesondere durch Beachtung der Herstellung, der Verwendung und des Endes der Lebensdauer dieser Produkte und Dienstleistungen;

h) Art und Umfang der Wirtschaftstätigkeit berücksichtigen, darunter auch die Frage,

   i) ob es sich um eine ermöglichende Tätigkeit t nach Artikel 16 handelt;

   ii) ob es sich um eine Übergangstätigkeit nach Artikel 10 Absatz 2 handelt;

i) die potenziellen Auswirkungen des Übergangs zu einer nachhaltigeren Wirtschaft auf den Markt berücksichtigen, einschließlich des Risikos, dass bestimmte Vermögenswerte infolge des Übergangs wertlos werden, sowie des Risikos, widersprüchliche Anreize für nachhaltige Investitionen zu schaffen;

j) alle relevanten Wirtschaftstätigkeiten innerhalb eines bestimmten Sektors abdecken und sicherstellen, dass diese Tätigkeiten gleich behandelt werden, wenn sie in gleichem Maße zur Erreichung der Umweltziele des Artikels 9 der vorliegenden Verordnung beitragen, um eine Wettbewerbsverzerrung auf dem Markt zu vermeiden; und

k) einfach anzuwenden sein und so festgelegt werden, dass die Überprüfung ihrer Einhaltung erleichtert wird.

Ferner ist in den technischen Bewertungskriterien klar und deutlich anzugeben, ob die Wirtschaftstätigkeit einer der unter Buchstabe h genannten Kategorien angehört.

(2) Die in Absatz 1 genannten technischen Bewertungskriterien umfassen auch Kriterien für Tätigkeiten im Zusammenhang mit dem Übergang zu sauberer Energie, der mit dem Weg hin zur Begrenzung des Temperaturanstiegs auf 1,5 °C gegenüber dem vorindustriellen Niveau vereinbar ist, insbesondere mit Energieeffizienz und erneuerbaren Energien, soweit diese Tätigkeiten wesentlich zur Erreichung mindestens eines der Umweltziele beitragen.

(3) Die in Absatz 1 genannten technischen Bewertungskriterien müssen sicherstellen, dass Stromerzeugungstätigkeiten, bei denen feste fossile Brennstoffe verwendet werden, nicht als ökologisch nachhaltige Wirtschaftstätigkeiten gelten.

(4) Die in Absatz 1 genannten technischen Bewertungskriterien umfassen auch Kriterien für Tätigkeiten im Zusammenhang mit dem Übergang zu sauberer oder klimaneutraler Mobilität, auch durch Verkehrsverlagerung, Effizienzmaßnahmen und alternative Kraftstoffe, soweit diese wesentlich zur Erreichung mindestens eines der Umweltziele beitragen.

(5) Die Kommission überprüft die in Absatz 1 genannten technischen Bewertungskriterien regelmäßig und passt die gemäß dieser Verordnung erlassenen delegierten Rechtsakte gegebenenfalls an wissenschaftliche und technische Entwicklungen an.

In diesem Zusammenhang bewertet die Kommission vor der Änderung oder Ersetzung eines delegierten Rechtsakts die Umsetzung dieser Kriterien unter Berücksichtigung des Ergebnisses ihrer Anwendung durch Finanzmarktteilnehmer und ihre Auswirkungen auf die Kapitalmärkte, einschließlich der Lenkung von Investitionen hin zu ökologisch nachhaltigen Wirtschaftstätigkeiten.

Um sicherzustellen, dass die in Artikel 10 Absatz 2 genannten Wirtschaftstätigkeiten beim Übergang zu einer klimaneutralen Wirtschaft auf einem damit vereinbaren glaubwürdigen Weg bleiben, überprüft die Kommission die technischen Bewertungskriterien für diese Tätigkeiten mindestens alle drei Jahre und ändert gegebenenfalls den in Artikel 10 Absatz 3 genannten delegierten Rechtsakt entsprechend den wissenschaftlichen und technologischen Entwicklungen.

Artikel 20
Plattform für ein nachhaltiges Finanzwesen

(1) Die Kommission richtet eine Plattform für ein nachhaltiges Finanzwesen (im Folgenden „Plattform") ein. Diese setzt sich in ausgewogener Weise aus folgenden Gruppen zusammen:

a) Vertreter:
   i) der Europäischen Umweltagentur,
   ii) der ESAs,
   iii) der Europäischen Investitionsbank und des Europäischen Investitionsfonds,
   iv) der Agentur der Europäischen Union für Grundrechte;
b) Sachverständigen, die einschlägige private Interessenträger vertreten, unter anderem Finanz- und Nichtfinanzmarktteilnehmer und Unternehmen, die einschlägige Wirtschaftszweige repräsentieren, und Personen mit Expertenwissen im Bereich Rechnungslegung und Berichterstattung;

c) Sachverständigen, die die Zivilgesellschaft repräsentieren, auch Personen mit Expertenwissen im Bereich Umwelt, Soziales, Arbeitswelt und Unternehmensführung;
d) ad personam ernannten Sachverständigen, die nachweislich über Kenntnisse und Erfahrungen in den von dieser Verordnung erfassten Bereichen verfügen;
e) Sachverständigen, die die akademische Welt einschließlich Universitäten, Forschungsinstituten und anderen wissenschaftlichen Einrichtungen repräsentieren, auch Personen mit umfassendem Fachwissen.

(2) Die Plattform
a) berät die Kommission zu den in Artikel 19 genannten technischen Bewertungskriterien sowie zu einer gegebenenfalls erforderlichen Aktualisierung dieser Kriterien;
b) analysiert die Auswirkungen der technischen Bewertungskriterien in Form von potenziellen Kosten und Nutzen ihrer Anwendung;
c) unterstützt die Kommission bei der Prüfung von Anfragen von Interessenträgern in Bezug auf die Ausarbeitung oder Änderung technischer Bewertungskriterien für eine bestimmte Wirtschaftstätigkeit;
d) berät die Kommission – soweit angemessen – zur möglichen Rolle von Standards für die Nachhaltigkeitsrechnungslegung und -berichterstattung bei der Förderung der Anwendung der technischen Bewertungskriterien;
e) beobachtet bei Kapitalflüssen in nachhaltige Investitionen auf Ebene der Union und der Mitgliedstaaten und erstattet der Kommission regelmäßig darüber Bericht;
f) berät die Kommission zu der möglicherweise erforderlichen Entwicklung weiterer Maßnahmen zur Verbesserung der Datenverfügbarkeit und -qualität;
g) berät die Kommission zur Nutzbarkeit der technischen Bewertungskriterien unter Berücksichtigung der Notwendigkeit, unnötigen Verwaltungsaufwand zu vermeiden;
h) berät die Kommission zu einer gegebenenfalls erforderlichen Änderung dieser Verordnung;
i) berät die Kommission zu der Bewertung und Entwicklung von politischen Maßnahmen, die auf ein nachhaltiges Finanzwesen ausgerichtet sind, darunter auch zu Fragen der Politikkohärenz;
j) berät die Kommission zu dem Eingehen auf andere Nachhaltigkeitsziele, einschließlich sozialer Ziele;
k) berät die Kommission zur Anwendung des Artikels 18 und einer möglicherweise erforderlichen Ergänzung der Anforderungen des genannten Artikels.

(3) Die Plattform berücksichtigt die Ansichten eines breiten Spektrums von Interessenträgern.

(4) Den Vorsitz der Plattform führt die Kommission, und die Plattform wird entsprechend den horizontalen Regeln der Kommission über die Einsetzung und die Arbeitsweise von Sachverständigengruppen konstituiert. In diesem Zusammenhang kann die Kommission ad hoc Sachverständige mit besonderem Fachwissen einladen.

(5) Die Plattform nimmt ihre Aufgaben gemäß dem Grundsatz der Transparenz wahr. Die Kommission veröffentlicht die Protokolle der Sitzungen der Plattform sowie andere einschlägige Dokumente auf der Internetseite der Kommission.

(6) Falls Finanzmarktteilnehmer der Ansicht sind, dass eine Wirtschaftstätigkeit, die nicht den gemäß dieser Verordnung festgelegten technischen Bewertungskriterien entspricht, oder für die noch keine solchen technischen Bewertungskriterien festge-

legt worden sind, als ökologisch nachhaltig gelten sollte, können sie die Plattform davon in Kenntnis setzen.

Artikel 21
Zuständige Behörden

(1) Die Mitgliedstaaten tragen dafür Sorge, dass die in Artikel 14 Absatz 1 der Verordnung (EU) 2019/2088 genannten zuständigen Behörden die Einhaltung der Anforderungen der Artikel 5, 6 und 7 der vorliegenden Verordnung durch die Finanzmarktteilnehmer überwachen. Die Mitgliedstaaten stellen sicher, dass ihre zuständigen Behörden sämtliche Aufsichts- und Ermittlungsbefugnisse erhalten, die notwendig sind, um ihre Aufgaben gemäß der vorliegenden Verordnung zu erfüllen.

(2) Für die Zwecke dieser Verordnung arbeiten die zuständigen Behörden zusammen und übermitteln einander unverzüglich die Informationen, die für die Wahrnehmung ihrer Aufgaben gemäß dieser Verordnung von Bedeutung sind.

Artikel 22
Maßnahmen und Sanktionen

Die Mitgliedstaaten legen die Vorschriften für Maßnahmen und Sanktionen bei Verstößen gegen die Artikel 5, 6 und 7 fest. Die vorgesehenen Maßnahmen und Sanktionen müssen wirksam, verhältnismäßig und abschreckend sein.

Artikel 23
Ausübung der Befugnisübertragung

(1) Die Befugnis zum Erlass delegierter Rechtsakte wird der Kommission unter den in diesem Artikel festgelegten Bedingungen übertragen.

(2) Die Befugnis zum Erlass delegierter Rechtsakte gemäß Artikel 8 Absatz 4, Artikel 10 Absatz 3, Artikel 11 Absatz 3, Artikel 12 Absatz 2, Artikel 13 Absatz 2, Artikel 14 Absatz 2 und Artikel 15 Absatz 2 wird der Kommission auf unbestimmte Zeit ab dem 12. Juli 2020 übertragen.

(3) Die Befugnisübertragung gemäß Artikel 8 Absatz 4, Artikel 10 Absatz 3, Artikel 11 Absatz 3, Artikel 12 Absatz 2, Artikel 13 Absatz 2, Artikel 14 Absatz 2 und Artikel 15 Absatz 2 kann vom Europäischen Parlament oder vom Rat jederzeit widerrufen werden. Der Beschluss über den Widerruf beendet die Übertragung der in diesem Beschluss angegebenen Befugnis. Er wird am Tag nach seiner Veröffentlichung im *Amtsblatt der Europäischen Union* oder zu einem im Beschluss über den Widerruf angegebenen späteren Zeitpunkt wirksam. Die Gültigkeit von delegierten Rechtsakten, die bereits in Kraft sind, wird von dem Beschluss über den Widerruf nicht berührt.

(4) Die Kommission holt vor der Annahme und während der Ausarbeitung delegierter Rechtsakte das gesamte erforderliche Fachwissen ein, unter anderem durch Konsultation der Sachverständigen der in Artikel 24 genannten Sachverständigengruppe der Mitgliedstaaten für nachhaltiges Finanzwesen. Vor dem Erlass eines delegierten Rechtsakts handelt die Kommission gemäß den in der Interinstitutionellen Vereinbarung vom 13. April 2016 über bessere Rechtsetzung enthaltenen Grundsätzen und Verfahren.

(5) Sobald die Kommission einen delegierten Rechtsakt erlässt, übermittelt sie ihn gleichzeitig dem Europäischen Parlament und dem Rat.

(6) Ein delegierter Rechtsakt, der gemäß Artikel 8 Absatz 4, Artikel 10 Absatz 3, Artikel 11 Absatz 3, Artikel 12 Absatz 2, Artikel 13 Absatz 2, Artikel 14 Absatz 2 und Artikel 15 Absatz 2 erlassen wurde, tritt nur in Kraft, wenn weder das Europäische Parlament noch der Rat innerhalb einer Frist von vier Monaten nach Übermittlung dieses Rechtsakts an das Europäische Parlament und den Rat Einwände erhoben haben oder wenn vor Ablauf dieser Frist sowohl das Europäische Parlament als auch der Rat der Kommission mitgeteilt haben, dass sie keine Einwände erheben werden. Auf Initiative des Europäischen Parlaments oder des Rates wird diese Frist um zwei Monate verlängert.

Artikel 24
Sachverständigengruppe der Mitgliedstaaten für nachhaltiges Finanzwesen

(1) Eine Sachverständigengruppe der Mitgliedstaaten für nachhaltiges Finanzwesen (im Folgenden „Sachverständigengruppe der Mitgliedstaaten“) berät die Kommission über die Angemessenheit der technischen Bewertungskriterien und des Ansatzes, den die Plattform zur Ausarbeitung der Kriterien gemäß Artikel 19 verfolgt.

(2) Die Kommission unterrichtet die Mitgliedstaaten im Wege von Sitzungen der Sachverständigengruppe der Mitgliedstaaten, um einen raschen Gedankenaustausch zwischen den Mitgliedstaaten und der Kommission zu erleichtern, insbesondere was die wichtigsten Ergebnisse der Plattform anbelangt, wie z. B. neue technische Bewertungskriterien oder wesentliche Aktualisierungen derselben oder Entwürfe von Berichten.

KAPITEL III
SCHLUSSBESTIMMUNGEN

Artikel 25
Änderung der Verordnung (EU) 2019/2088

Die Verordnung (EU) 2019/2088 wird wie folgt geändert:

1. Folgender Artikel wird eingefügt:

„Artikel 2a
Grundsatz der Vermeidung erheblicher Beeinträchtigungen

(1) Die durch die Verordnungen (EU) Nr. 1093/2010, (EU) Nr. 1094/2010 und (EU) Nr. 1095/2010 des Europäischen Parlaments und des Rates eingerichteten Europäischen Aufsichtsbehörden arbeiten mithilfe des Gemeinsamen Ausschusses Entwürfe technischer Regulierungsstandards aus, um die Einzelheiten zu Inhalt und Darstellung der Informationen in Zusammenhang mit dem Grundsatz der Vermeidung erheblicher Beeinträchtigungen gemäß Artikel 2 Nummer 17 der vorliegenden Verordnung näher festzulegen, die Inhalt, Methoden und Darstellung von Nachhaltigkeits-Indikatoren für nachteilige Auswirkungen nach Artikel 4 Absätze 6 und 7 der vorliegenden Verordnung entsprechen.

(2) Die Europäischen Aufsichtsbehörden übermitteln der Kommission die in Absatz 1 genannten Entwürfe technischer Regulierungsstandards bis zum 30. Dezember 2020.

(3) Der Kommission wird die Befugnis übertragen, diese Verordnung durch Annahme der in Absatz 1 des vorliegenden Artikels genannten technischen Regulierungsstandards gemäß den Artikeln 10 bis 14 der Verordnungen (EU) Nr. 1093/2010, (EU) Nr. 1094/2010 und (EU) Nr. 1095/2010 zu ergänzen."

2. Artikel 8 wird wie folgt geändert:
   a) Folgender Absatz wird eingefügt:
   *„(2a) Stellen Finanzmarktteilnehmer ein Finanzprodukt nach Artikel 6 der Verordnung (EU) 2020/852 des Europäischen Parlaments und des Rates (*1) bereit, so nehmen sie die nach Artikel 6 der Verordnung (EU) 2020/852 vorgeschriebenen Informationen in die gemäß Artikel 6 Absätze 1 und 3 der vorliegenden Verordnung offenzulegenden Informationen auf."*

---

*(*1) Verordnung (EU) 2020/852 des Europäischen Parlaments und des Rates vom 18. Juni 2020 über die Einrichtung eines Rahmens zur Erleichterung nachhaltiger Investitionen und der Änderungsverordnung (EU 2019/2088 (Abl. L 198 vom 22.6.2020, S. 13)"„*

   b) Absatz 3 Unterabsatz 1 erhält folgende Fassung:
   „3. Die Europäischen Aufsichtsbehörden arbeiten über den Gemeinsamen Ausschuss Entwürfe technischer Regulierungsstandards aus, um die Einzelheiten zu Inhalt und Darstellung der nach den Absätzen 1 und 2 des vorliegenden Artikels offenzulegenden Informationen näher festzulegen.

   c) Folgender Absatz wird angefügt:
   „(4) Die Europäischen Aufsichtsbehörden arbeiten über den Gemeinsamen Ausschuss Entwürfe technischer Regulierungsstandards aus, um die Einzelheiten zu Inhalt und Darstellung der in Absatz 2a des vorliegenden Artikels genannten Informationen näher festzulegen.

   Bei der Ausarbeitung der in Unterabsatz 1 des vorliegenden Absatzes genannten Entwürfe technischer Regulierungsstandards berücksichtigen die Europäischen Aufsichtsbehörden die verschiedenen Arten von Finanzprodukten, ihre Merkmale und die Unterschiede zwischen ihnen sowie das Ziel, dass Offenlegungen zutreffend, redlich, klar, nicht irreführend, einfach und knapp sein müssen, und erstellen, soweit zur Erreichung dieses Ziels erforderlich, Änderungsentwürfe der in Absatz 3 des vorliegenden Artikels genannten technischen Regulierungsstandards. Die Entwürfe technischer Regulierungsstandards tragen den in Artikel 27 Absatz 2 Buchstaben a und b der Verordnung (EU) 2020/852 genannten Zeitpunkten des Geltungsbeginns für die Umweltziele des Artikels 9 der genannten Verordnung Rechnung.

   Die Europäischen Aufsichtsbehörden legen der Kommission die in Unterabsatz 1 genannten Entwürfe technischer Regulierungsstandards:
   a) für die in Artikel 9 Buchstaben a und b der Verordnung (EU) 2020/852 genannten Umweltziele bis zum 1. Juni 2021, und
   b) für die in Artikel 9 Buchstaben c bis f der Verordnung (EU) 2020/852 genannten Umweltziele bis zum 1. Juni 2022 vor.

   Der Kommission wird die Befugnis übertragen, diese Verordnung durch Annahme der in Unterabsatz 1 des vorliegenden Absatzes genannten technischen Regulierungsstandards gemäß den Artikeln 10 bis 14 der Verordnungen (EU) Nr. 1093/2010, (EU) Nr. 1094/2010 und (EU) Nr. 1095/2010 zu ergänzen."

3. Artikel 9 wird wie folgt geändert:
   a) Folgender Absatz wird eingefügt:
      „(4a) Finanzmarktteilnehmer nehmen die nach Artikel 5 der Verordnung (EU) 2020/852 erforderlichen Informationen in die gemäß Artikel 6 Absätze 1 und 3 der vorliegenden Verordnung offenzulegenden Informationen auf."
   b) Absatz 5 Unterabsatz 1 erhält folgende Fassung:
      „5. Die Europäischen Aufsichtsbehörden arbeiten über den Gemeinsamen Ausschuss Entwürfe technischer Regulierungsstandards aus, um die Einzelheiten zu Inhalt und Darstellung der nach den Absätzen 1 bis 4 des vorliegenden Artikels offenzulegenden Informationen näher festzulegen."
   c) Folgender Absatz wird angefügt:
      „(6) Die Europäischen Aufsichtsbehörden arbeiten über den Gemeinsamen Ausschuss Entwürfe technischer Regulierungsstandards aus, um die Einzelheiten zu Inhalt und Darstellung der Informationen nach Absatz 4a des vorliegenden Artikels näher festzulegen.
      Bei der Ausarbeitung der in Unterabsatz 1 des vorliegenden Absatzes genannten Entwürfe technischer Regulierungsstandards berücksichtigen die Europäischen Aufsichtsbehörden die verschiedenen Arten von Finanzprodukten, ihre/deren? Ziele gemäß Absatz 4a und die Unterschiede zwischen ihnen, sowie das Ziel, dass Offenlegungen zutreffend, redlich, klar, nicht irreführend, einfach und knapp sein müssen, und erstellen, soweit zur Erreichung dieses Ziels erforderlich, die in Absatz 5 genannten Änderungsentwürfe der technischen Regulierungsstandards. Die Entwürfe technischer Regulierungsstandards tragen den in Artikel 27 Absatz 2 Buchstaben a und b der Verordnung (EU) 2020/852 genannten Zeitpunkten des Geltungsbeginns für die Umweltziele des Artikels 9 der genannten Verordnung Rechnung.
      Die Europäischen Aufsichtsbehörden legen der Kommission die in Unterabsatz 1 genannten Entwürfe technischer Regulierungsstandards
      a) für die in Artikel 9 Buchstaben a und b der Verordnung (EU) 2020/852 genannten Umweltziele bis zum 1. Juni 2021 und
      b) für die in Artikel 9 Buchstaben c bis f der Verordnung (EU) 2020/852 genannten Umweltziele bis zum 1. Juni 2022 vor.
      Der Kommission wird die Befugnis übertragen, diese Verordnung durch Annahme der in Unterabsatz 1 des vorliegenden Absatzes genannten technischen Regulierungsstandards gemäß den Artikeln 10 bis 14 der Verordnungen (EU) Nr. 1093/2010, (EU) Nr. 1094/2010 und (EU) Nr. 1095/2010 zu ergänzen."
4. Artikel 11 wird wie folgt geändert:
   a) In Absatz 1 werden folgende Buchstaben angefügt:
      „c) für ein Finanzprodukt, für das Artikel 5 der Verordnung (EU) 2020/852 gilt, die Informationen gemäß jenem Artikel;
      d) für ein Finanzprodukt, für das Artikel 6 der Verordnung (EU) 2020/852 gilt, die Informationen gemäß jenem Artikel."
   b) Absatz 4 Unterabsatz 1 erhält folgende Fassung:
      „4. Die Europäischen Aufsichtsbehörden arbeiten über den Gemeinsamen Ausschuss Entwürfe technischer Regulierungsstandards aus, in denen die Einzelheiten zu Inhalt und Darstellung der Informationen nach Absatz 1 Buchstaben a und b näher festgelegt werden."

c) Folgender Absatz wird angefügt:

„*(5) Die Europäischen Aufsichtsbehörden arbeiten über den Gemeinsamen Ausschuss Entwürfe technischer Regulierungsstandards aus, um die Einzelheiten zu Inhalt und Darstellung der Informationen nach Absatz 1 Buchstaben c und d näher festzulegen.*

Bei der Ausarbeitung der in Unterabsatz 1 des vorliegenden Absatzes genannten Entwürfe technischer Regulierungsstandards berücksichtigen die Europäischen Aufsichtsbehörden die verschiedenen Arten von Finanzprodukten, ihre Merkmale und Ziele und die Unterschiede zwischen ihnen und erstellen erforderlichenfalls Änderungsentwürfe der in Absatz 4 des vorliegenden Artikels genannten technischen Regulierungsstandards. Die Entwürfe technischer Regulierungsstandards tragen den in Artikel 27 Absatz 2 Buchstaben a und b der Verordnung (EU) 2020/852 festgelegten Zeitpunkten des Geltungsbeginns für die Umweltziele des Artikels 9 der genannten Verordnung Rechnung. Die Europäischen Aufsichtsbehörden aktualisieren die technischen Regulierungsstandards unter Berücksichtigung rechtlicher und technischer Entwicklungen.

Die Europäischen Aufsichtsbehörden legen der Kommission die in Unterabsatz 1 genannten Entwürfe technischer Regulierungsstandards

a) für die in Artikel 9 Buchstaben a und b der Verordnung (EU) 2020/852 genannten Umweltziele bis zum 1. Juni 2021 und

b) für die in Artikel 9 Buchstaben c bis f der Verordnung (EU) 2020/852 genannten Umweltziele bis zum 1. Juni 2022 vor.

Der Kommission wird die Befugnis übertragen, diese Verordnung durch Annahme der in Unterabsatz 1 des vorliegenden Absatzes genannten technischen Regulierungsstandards gemäß den Artikeln 10 bis 14 der Verordnungen (EU) Nr. 1093/2010, (EU) Nr. 1094/2010 und (EU) Nr. 1095/2010 zu ergänzen.“

5. Artikel 20 Absatz 3 erhält folgende Fassung:

„*(3) Abweichend von Absatz 2 des vorliegenden Artikels gelten:*

a) Artikel 4 Absätze 6 und 7, Artikel 8 Absatz 3, Artikel 9 Absatz 5, Artikel 10 Absatz 2, Artikel 11 Absatz 4, Artikel 13 Absatz 2 ab dem 29. Dezember 2019;

b) Artikel 2a Artikel 8 Absatz 4, Artikel 9 Absatz 6, Artikel 11 Absatz 5 ab dem 12. Juli 2020;

c) Artikel 8 Absatz 2a und Artikel 9 Absatz 4a

i) für die in Artikel 9 Buchstabe a und b der Verordnung (EU) 2020/852 genannten Umweltziele ab dem 1. Januar 2022;

ii) für die in Artikel 9 Buchstaben c bis f der Verordnung (EU) 2020/852 genannten Umweltziele ab dem 1. Januar 2023.

d) Artikel 11 Absätze 1, 2 und 3 gelten ab dem 1. Januar 2022.“

Artikel 26
Überprüfung

(1) Die Kommission veröffentlicht spätestens am 13. Juli 2022 und danach alle drei Jahre einen Bericht über die Anwendung dieser Verordnung. In diesem Bericht wird Folgendes bewertet:

a) die Fortschritte bei der Durchführung dieser Verordnung bei der Entwicklung technischer Bewertungskriterien für ökologisch nachhaltige Wirtschaftstätigkeiten;
b) die gegebenenfalls notwendige Überarbeitung und Ergänzung der in Artikel 3 festgelegten Kriterien für die Einstufung einer Wirtschaftstätigkeit als ökologisch nachhaltig;
c) die Verwendung der Begriffsbestimmung für ökologisch nachhaltige Investitionen im Unionsrecht und auf Ebene der Mitgliedstaaten, einschließlich der Bestimmungen, die für die Einführung von Mechanismen zur Überprüfung der Einhaltung der in der vorliegenden Verordnung festgelegten Kriterien erforderlich sind;
d) die Wirksamkeit der Anwendung der technischen Bewertungskriterien gemäß dieser Verordnung auf die Lenkung privater Investitionen hin zu ökologisch nachhaltigen Wirtschaftstätigkeiten, insbesondere der Kapitalflüsse – einschließlich Eigenkapital – in private Unternehmen und andere Rechtsträger, sowohl durch Finanzprodukte, die unter diese Verordnung fallen als auch durch andere Finanzprodukte;
e) der Zugang von Finanzmarktteilnehmern im Sinne dieser Verordnung und von Anlegern zu zuverlässigen, raschen und überprüfbaren Informationen und Daten über private Unternehmen und andere Rechtsträger, einschließlich Unternehmen, in die investiert wird, innerhalb und außerhalb des Anwendungsbereichs dieser Verordnung, und in beiden Fällen hinsichtlich Eigen- und Fremdkapital, wobei der damit verbundene Verwaltungsaufwand zu berücksichtigen ist, sowie die Verfahren zur Überprüfung der Daten, die zur Bestimmung des Grades der Angleichung an die technischen Bewertungskriterien und zur Gewährleistung von deren Einhaltung erforderlich sind;
f) die Anwendung der Artikel 21 und 22.

(2) Die Kommission veröffentlicht spätestens am 31. Dezember 2021 einen Bericht, in dem die Bestimmungen, die für die Ausweitung des Anwendungsbereichs dieser Verordnung über ökologisch nachhaltige Wirtschaftstätigkeiten hinaus notwendig wären, und die erforderlichen Bestimmungen erläutert werden, um Folgendes abzudecken:
a) ökologisch Wirtschaftstätigkeiten, die keine erheblichen Auswirkungen auf die ökologische Nachhaltigkeit haben, sowie Wirtschaftstätigkeiten, die die ökologische Nachhaltigkeit erheblich beeinträchtigen, sowie die Überprüfung der Angemessenheit besonderer Offenlegungspflichten im Zusammenhang mit Übergangstätigkeiten und ermöglichenden Tätigkeiten; und
b) andere Nachhaltigkeitsziele wie soziale Ziele.

(3) Die Kommission bewertet spätestens am 13. Juli 2022 die Wirksamkeit der Beratungsverfahren für die Ausarbeitung der technischen Bewertungskriterien dieser Verordnung.

Artikel 27
Inkrafttreten und Anwendung

(1) Diese Verordnung tritt am zwanzigsten Tag nach ihrer Veröffentlichung im *Amtsblatt der Europäischen Union* in Kraft.

(2) Die Artikel 4, 5, 6 und 7 sowie Artikel 8 Absätze 1, 2 und 3 finden Anwendung:
a) ab dem 1. Januar 2022 auf die Umweltziele nach Artikel 9 Buchstaben a und b;
b) ab dem 1. Januar 2023 auf die Umweltziele nach Artikel 9 Buchstaben c bis f.

(3) Artikel 4 gilt nicht für Steueranreize auf Grundlage von Zertifikaten, die vor Inkrafttreten dieser Verordnung bestehen und mit denen Anforderungen an Finanzprodukte festgelegt werden, die zur Finanzierung nachhaltiger Projekte dienen sollen.

Diese Verordnung ist in allen ihren Teilen verbindlich und gilt unmittelbar in jedem Mitgliedstaat.

Geschehen zu Brüssel, am 18. Juni 2020.

Im Namen des Europäischen Parlaments

Der Präsident

D. M. SASSOLI

Im Namen des Rates

Die Präsidentin

N. BRNJAC

---

(1) Abl. C 62 vom 15.2.2019, S. 103.

(2) Standpunkt des Europäischen Parlaments vom 28. März 2019 (noch nicht im Amtsblatt veröffentlicht) und Standpunkt des Rates in erster Lesung vom 15. April 2020 (Abl. C 184 vom 3.6.2020, S. 1). Standpunkt des Europäischen Parlaments vom 17. Juni 2020 (noch nicht im Amtsblatt veröffentlicht).

(3) Beschluss (EU) 2016/1841 des Rates vom 5. Oktober 2016 über den Abschluss des im Rahmen des Rahmenübereinkommens der Vereinten Nationen über Klimaänderungen geschlossenen Übereinkommens von Paris im Namen der Europäischen Union (Abl. L 282 vom 19.10.2016, S. 1).

(4) Beschluss Nr. 1386/2013/EU des Europäischen Parlaments und des Rates vom 20. November 2013 über ein allgemeines Umweltaktionsprogramm der Union für die Zeit bis 2020 „Gut leben innerhalb der Belastbarkeitsgrenzen unseres Planeten" (Abl. L 354 vom 28.12.2013, S. 171).

(5) Verordnung (EU) 2015/1017 des Europäischen Parlaments und des Rates vom 25. Juni 2015 über den Europäischen Fonds für strategische Investitionen, die europäische Plattform für Investitionsberatung und das europäische Investitionsvorhabenportal sowie zur Änderung der Verordnungen (EU) Nr. 1291/2013 und (EU) Nr. 1316/2013 – der Europäische Fonds für strategische Investitionen(Abl. L 169 vom 1.7.2015, S. 1).

(6) Verordnung (EU) 2019/2088 des Europäischen Parlaments und des Rates vom 27. November 2019 über nachhaltigkeitsbezogene Offenlegungspflichten im Finanzdienstleistungssektor (Abl. L 317 vom 9.12.2019, S. 1).

(7) Abl. C 76 vom 9.3.2020, S. 23.

(8) Richtlinie 2009/31/EG des Europäischen Parlaments und des Rates vom 23. April 2009 über die geologische Speicherung von Kohlendioxid und zur Änderung der Richtlinie 85/337/EWG des Rates sowie der Richtlinien 2000/60/EG, 2001/80/EG, 2004/35/EG, 2006/12/EG und 2008/1/EG des Europäischen Parlaments und des Rates sowie der Verordnung (EG) Nr. 1013/2006 (Abl. L 140 vom 5.6.2009, S. 114).

(9) Verordnung (EU) Nr. 1380/2013 des Europäischen Parlaments und des Rates vom 11. Dezember 2013 über die Gemeinsame Fischereipolitik und zur Änderung der Verordnungen (EG) Nr. 1954/2003 und (EG) Nr. 1224/2009 des Rates sowie zur Aufhebung der Verordnungen (EG) Nr. 2371/2002 und (EG) Nr. 639/2004 des Rates und des Beschlusses 2004/585/EG des Rates (Abl. L 354 vom 28.12.2013, S. 22).

(10) Richtlinie 2000/60/EG des Europäischen Parlaments und des Rates vom 23. Oktober 2000 zur Schaffung eines Ordnungsrahmens für Maßnahmen der Gemeinschaft im Bereich der Wasserpolitik (Abl. L 327 vom 22.12.2000, S. 1).

(11) Richtlinie 2006/7/EG des Europäischen Parlaments und des Rates vom 15. Februar 2006 über die Qualität der Badegewässer und deren Bewirtschaftung und zur Aufhebung der Richtlinie 76/160/EWG (Abl. L 64 vom 4.3.2006, S. 37).

(12) Richtlinie 2006/118/EG des Europäischen Parlaments und des Rates vom 12. Dezember 2006 zum Schutz des Grundwassers vor Verschmutzung und Verschlechterung (Abl. L 372 vom 27.12.2006, S. 19).

(13) Richtlinie 2008/56/EG des Europäischen Parlaments und des Rates vom 17. Juni 2008 zur Schaffung eines Ordnungsrahmens für Maßnahmen der Gemeinschaft im Bereich der Meeresumwelt (Meeresstrategie-Rahmenrichtlinie) (Abl. L 164 vom 25.6.2008, S. 19).

([14]) Richtlinie 2008/105/EG des Europäischen Parlaments und des Rates vom 16. Dezember 2008 über Umweltqualitätsnormen im Bereich der Wasserpolitik und zur Änderung und anschließenden Aufhebung der Richtlinien des Rates 82/176/EWG, 83/513/EWG, 84/156/EWG, 84/491/EWG und 86/280/EWG sowie zur Änderung der Richtlinie 2000/60/EG des Europäischen Parlaments und des Rates (Abl. L 348 vom 24.12.2008, S. 84).

([15]) Richtlinie 91/271/EWG des Rates vom 21. Mai 1991 über die Behandlung von kommunalem Abwasser (Abl. L 135 vom 30.5.1991, S. 40).

([16]) Richtlinie 91/676/EWG des Rates vom 12. Dezember 1991 zum Schutz der Gewässer vor Verunreinigung durch Nitrat aus landwirtschaftlichen Quellen (Abl. L 375 vom 31.12.1991, S. 1).

([17]) Richtlinie 98/83/EG des Rates vom 3. November 1998 über die Qualität von Wasser für den menschlichen Gebrauch (Abl. L 330 vom 5.12.1998, S. 32).

([18]) Beschluss (EU) 2017/848 der Kommission vom 17. Mai 2017 zur Festlegung der Kriterien und methodischen Standards für die Beschreibung eines guten Umweltzustands von Meeresgewässern und von Spezifikationen und standardisierten Verfahren für die Überwachung und Bewertung sowie zur Aufhebung des Beschlusses 2010/477/EU (Abl. L 125 vom 18.5.2017, S. 43).

([19]) Verordnung (EG) Nr. 1013/2006 des Europäischen Parlaments und des Rates vom 14. Juni 2006 über die Verbringung von Abfällen (Abl. L 190 vom 12.7.2006, S. 1).

([20]) Verordnung (EG) Nr. 1907/2006 des Europäischen Parlaments und des Rates vom 18. Dezember 2006 zur Registrierung, Bewertung, Zulassung und Beschränkung chemischer Stoffe (REACH), zur Schaffung einer Europäischen Agentur für chemische Stoffe, zur Änderung der Richtlinie 1999/45/EG und zur Aufhebung der Verordnung (EWG) Nr. 793/93 des Rates, der Verordnung (EG) Nr. 1488/94 der Kommission, der Richtlinie 76/769/EWG des Rates sowie der Richtlinien 91/155/EWG, 93/67/EWG, 93/105/EG und 2000/21/EG der Kommission (Abl. L 396 vom 30.12.2006, S. 1) mit Änderungen.

([21]) Verordnung (EU) 2019/1021 des Europäischen Parlaments und des Rates vom 20. Juni 2019 über persistente organische Schadstoffe (Abl. L 169 vom 25.6.2019, S. 45).

([22]) Richtlinie 94/62/EG des Europäischen Parlaments und des Rates vom 20. Dezember 1994 über Verpackungen und Verpackungsabfälle (Abl. L 365 vom 31.12.1994, S. 10).

([23]) Richtlinie 2000/53/EG des Europäischen Parlaments und des Rates vom 18. September 2000 über Altfahrzeuge (Abl. L 269 vom 21.10.2000, S. 34).

([24]) Richtlinie 2006/66/EG des Europäischen Parlaments und des Rates vom 6. September 2006 über Batterien und Akkumulatoren sowie Altbatterien und Altakkumulatoren und zur Aufhebung der Richtlinie 91/157/EWG (Abl. L 266 vom 26.9.2006, S. 1).

([25]) Richtlinie 2008/98/EG des Europäischen Parlaments und des Rates vom 19. November 2008 über Abfälle und zur Aufhebung bestimmter Richtlinien (Abl. L 312 vom 22.11.2008, S. 3).

([26]) Richtlinie 2010/75/EU des Europäischen Parlaments und des Rates vom 24. November 2010 über Industrieemissionen (integrierte Vermeidung und Verminderung der Umweltverschmutzung) (Abl. L 334 vom 17.12.2010, S. 17).

([27]) Richtlinie 2011/65/EU des Europäischen Parlaments und des Rates vom 8. Juni 2011 zur Beschränkung der Verwendung bestimmter gefährlicher Stoffe in Elektro- und Elektronikgeräten (Abl. L 174 vom 1.7.2011, S. 88).

([28]) Richtlinie 2012/19/EU des Europäischen Parlaments und des Rates vom 4. Juli 2012 über Elektro- und Elektronik-Altgeräte (Abl. L 197 vom 24.7.2012, S. 38).

([29]) Richtlinie (EU) 2019/883 des Europäischen Parlaments und des Rates vom 17. April 2019 über Hafenauffangeinrichtungen für die Entladung von Abfällen von Schiffen, zur Änderung der Richtlinie 2010/65/EU und zur Aufhebung der Richtlinie 2000/59/EG (Abl. L 151 vom 7.6.2019, S. 116).

([30]) Richtlinie (EU) 2019/904 des Europäischen Parlaments und des Rates vom 5. Juni 2019 über die Verringerung der Auswirkungen bestimmter Kunststoffprodukte auf die Umwelt (Abl. L 155 vom 12.6.2019, S. 1).

([31]) Richtlinie 1999/31/EG des Rates vom 26. April 1999 über Abfalldeponien (Abl. L 182 vom 16.7.1999, S. 1).

([32]) Verordnung (EU) Nr. 1357/2014 der Kommission vom 18. Dezember 2014 zur Ersetzung von Anhang III der Richtlinie 2008/98/EG des Europäischen Parlaments und des Rates über Abfälle und zur Aufhebung bestimmter Richtlinien (Abl. L 365 vom 19.12.2014, S. 89).

([33]) Entscheidung 2000/532/EG der Kommission vom 3. Mai 2000 zur Ersetzung der Entscheidung 94/3/EG über ein Abfallverzeichnis gemäß Artikel 1 Buchstabe a der Richtlinie 75/442/EWG des Rates über Abfälle und der Entscheidung 94/904/EG des Rates über ein Verzeichnis gefährlicher Abfälle im Sinne von Artikel 1 Absatz 4 der Richtlinie 91/689/EWG über gefährliche Abfälle (Abl. L 226 vom 6.9.2000, S. 3).

([34]) Beschluss 2014/955/EU der Kommission vom 18. Dezember 2014 zur Änderung der Entscheidung 2000/532/EG über ein Abfallverzeichnis gemäß der Richtlinie 2008/98/EG des Europäischen Parlaments und des Rates (Abl. L 370 vom 30.12.2014, S. 44).

([35]) Richtlinie 2004/35/EG des Europäischen Parlaments und des Rates vom 21. April 2004 über Umwelthaftung zur Vermeidung und Sanierung von Umweltschäden (Abl. L 143 vom 30.4.2004, S. 56).

([36]) Richtlinie 2004/107/EG des Europäischen Parlaments und des Rates vom 15. Dezember 2004 über Arsen, Kadmium, Quecksilber, Nickel und polyzyklische aromatische Kohlenwasserstoffe in der Luft (Abl. L 23 vom 26.1.2005, S. 3).

([37]) Richtlinie 2008/50/EG des Europäischen Parlaments und des Rates vom 21. Mai 2008 über Luftqualität und saubere Luft für Europa (Abl. L 152 vom 11.6.2008, S. 1).

([38]) Richtlinie (EU) 2016/802 des Europäischen Parlaments und des Rates vom 11. Mai 2016 über eine Verringerung des Schwefelgehalts bestimmter flüssiger Kraft- oder Brennstoffe (Abl. L 132 vom 21.5.2016, S. 58).

([39]) Richtlinie (EU) 2016/2284 des Europäischen Parlaments und des Rates vom 14. Dezember 2016 über die Reduktion der nationalen Emissionen bestimmter Luftschadstoffe, zur Änderung der Richtlinie 2003/35/EG und zur Aufhebung der Richtlinie 2001/81/EG (Abl. L 344 vom 17.12.2016, S. 1).

([40]) Verordnung (EU) Nr. 995/2010 des Europäischen Parlaments und des Rates vom 20. Oktober 2010 über die Verpflichtungen von Marktteilnehmern, die Holz und Holzerzeugnisse in Verkehr bringen (Abl. L 295 vom 12.11.2010, S. 23).

([41]) Verordnung (EU) Nr. 511/2014 des Europäischen Parlaments und des Rates vom 16. April 2014 über Maßnahmen für die Nutzer zur Einhaltung der Vorschriften des Protokolls von Nagoya über den Zugang zu genetischen Ressourcen und die ausgewogene und gerechte Aufteilung der sich aus ihrer Nutzung ergebenden Vorteile in der Union (Abl. L 150 vom 20.5.2014, S. 59).

([42]) Verordnung (EU) Nr. 1143/2014 des Europäischen Parlaments und des Rates vom 22. Oktober 2014 über die Prävention und das Management der Einbringung und Ausbreitung invasiver gebietsfremder Arten (Abl. L 317 vom 4.11.2014, S. 35).

([43]) Richtlinie 2009/147/EG des Europäischen Parlaments und des Rates vom 30. November 2009 über die Erhaltung der wildlebenden Vogelarten (Abl. L 20 vom 26.1.2010, S. 7).

([44]) Verordnung (EG) Nr. 338/97 des Rates vom 9. Dezember 1996 über den Schutz von Exemplaren wildlebender Tier- und Pflanzenarten durch Überwachung des Handels (Abl. L 61 vom 3.3.1997, S. 1).

([45]) Richtlinie 92/43/EWG des Rates vom 21. Mai 1992 zur Erhaltung der natürlichen Lebensräume sowie der wildlebenden Tiere und Pflanzen (Abl. L 206 vom 22.7.1992, S. 7).

([46]) Verordnung (EU) 2018/841 des Europäischen Parlaments und des Rates vom 30. Mai 2018 über die Einbeziehung der Emissionen und des Abbaus von Treibhausgasen aus Landnutzung, Landnutzungsänderungen und Forstwirtschaft in den Rahmen für die Klima- und Energiepolitik bis 2030 und zur Änderung der Verordnung (EU) Nr. 525/2013 und des Beschlusses Nr. 529/2013/EU (Abl. L 156 vom 19.6.2018, S. 1).

([47]) Richtlinie (EU) 2018/2001 des Europäischen Parlaments und des Rates vom 11. Dezember 2018 zur Förderung der Nutzung von Energie aus erneuerbaren Quellen (Abl. L 328 vom 21.12.2018, S. 82).

([48]) Verordnung (EU) 2017/1369 des Europäischen Parlaments und des Rates vom 4. Juli 2017 zur Festlegung eines Rahmens für die Energieverbrauchskennzeichnung und zur Aufhebung der Richtlinie 2010/30/EU (Abl. L 198 vom 28.7.2017, S. 1).

([49]) Richtlinie 2012/27/EU des Europäischen Parlaments und des Rates vom 25. Oktober 2012 zur Energieeffizienz, zur Änderung der Richtlinien 2009/125/EG und 2010/30/EU und zur Aufhebung der Richtlinien 2004/8/EG und 2006/32/EG (Abl. L 315 vom 14.11.2012, S. 1).

([50]) Richtlinie (EU) 2018/844 des Europäischen Parlaments und des Rates vom 30. Mai 2018 zur Änderung der Richtlinie 2010/31/EU über die Gesamtenergieeffizienz von Gebäuden und der Richtlinie 2012/27/EU über Energieeffizienz (Abl. L 156 vom 19.6.2018, S. 75).

([51]) Richtlinie 2009/125/EG des Europäischen Parlaments und des Rates vom 21. Oktober 2009 zur Schaffung eines Rahmens für die Festlegung von Anforderungen an die umweltgerechte Gestaltung energieverbrauchsrelevanter Produkte (Abl. L 285 vom 31.10.2009, S. 10).

([52]) Verordnung (EU) Nr. 1093/2010 des Europäischen Parlaments und des Rates vom 24. November 2010 zur Errichtung einer Europäischen Aufsichtsbehörde (Europäische Bankenaufsichtsbehörde), zur Änderung des Beschlusses Nr. 716/2009/EG und zur Aufhebung des Beschlusses 2009/78/EG der Kommission (Abl. L 331 vom 15.12.2010, S. 12).

([53]) Verordnung (EU) Nr. 1094/2010 des Europäischen Parlaments und des Rates vom 24. November 2010 zur Errichtung einer Europäischen Aufsichtsbehörde (Europäische Aufsichtsbehörde für das Versicherungswesen und die betriebliche Altersversorgung), zur Änderung des Beschlusses Nr. 716/2009/EG und zur Aufhebung des Beschlusses 2009/79/EG der Kommission (Abl. L 331 vom 15.12.2010, S. 48).

(54) Verordnung (EU) Nr. 1095/2010 des Europäischen Parlaments und des Rates vom 24. November 2010 zur Errichtung einer Europäischen Aufsichtsbehörde (Europäische Wertpapier- und Marktaufsichtsbehörde), zur Änderung des Beschlusses Nr. 716/2009/EG und zur Aufhebung des Beschlusses 2009/77/EG der Kommission (Abl. L 331 vom 15.12.2010, S. 84).
(55) Verordnung (EG) Nr. 1221/2009 des Europäischen Parlaments und des Rates vom 25. November 2009 über die freiwillige Teilnahme von Organisationen an einem Gemeinschaftssystem für Umweltmanagement und Umweltbetriebsprüfung und zur Aufhebung der Verordnung (EG) Nr. 761/2001, sowie der Beschlüsse der Kommission 2001/681/EG und 2006/193/EG (Abl. L 342 vom 22.12.2009, S. 1).
(56) Verordnung (EG) Nr. 66/2010 des Europäischen Parlaments und des Rates vom 25. November 2009 über das EU-Umweltzeichen (Abl. L 27 vom 30.1.2010, S. 1).
(57) Empfehlung 2013/179/EU der Kommission vom 9. April 2013 für die Anwendung gemeinsamer Methoden zur Messung und Offenlegung der Umweltleistung von Produkten und Organisationen (Abl. L 124 vom 4.5.2013, S. 1).
(58) Verordnung (EU) Nr. 538/2014 des Europäischen Parlaments und des Rates vom 16. April 2014 zur Änderung der Verordnung (EU) Nr. 691/2011 über europäische umweltökonomische Gesamtrechnungen (Abl. L 158 vom 27.5.2014, S. 113).
(59) Richtlinie 2001/42/EG des Europäischen Parlaments und des Rates vom 27. Juni 2001 über die Prüfung der Umweltauswirkungen bestimmter Pläne und Programme (Abl. L 197 vom 21.7.2001, S. 30).
(60) Richtlinie 2011/92/EU des Europäischen Parlaments und des Rates vom 13. Dezember 2011 über die Umweltverträglichkeitsprüfung bei bestimmten öffentlichen und privaten Projekten (Abl. L 26 vom 28.1.2012, S. 1).
(61) Richtlinie 2014/23/EU des Europäischen Parlaments und des Rates vom 26. Februar 2014 über die Konzessionsvergabe (Abl. L 94 vom 28.3.2014, S. 1).
(62) Richtlinie 2014/24/EU des Europäischen Parlaments und des Rates vom 26. Februar 2014 über die öffentliche Auftragsvergabe und zur Aufhebung der Richtlinie 2004/18/EG (Abl. L 94 vom 28.3.2014, S. 65).
(63) Richtlinie 2014/25/EU des Europäischen Parlaments und des Rates vom 26. Februar 2014 über die Vergabe von Aufträgen durch Auftraggeber im Bereich der Wasser-, Energie- und Verkehrsversorgung sowie der Postdienste und zur Aufhebung der Richtlinie 2004/17/EG (Abl. L 94 vom 28.3.2014, S. 243).
(64) Abl. L 123 vom 12.5.2016, S. 1.
(65) Verordnung (EU) Nr. 600/2014 des Europäischen Parlaments und des Rates vom 15. Mai 2014 über Märkte für Finanzinstrumente und zur Änderung der Verordnung (EU) Nr. 648/2012 (Abl. L 173 vom 12.6.2014, S. 84).
(66) Verordnung (EU) Nr. 1286/2014 des Europäischen Parlaments und des Rates vom 26. November 2014 über Basisinformationsblätter für verpackte Anlageprodukte für Kleinanleger und Versicherungsanlageprodukte (PRIIP) (Abl. L 352 vom 9.12.2014, S. 1).
(67) Verordnung (EU) 2019/1238 des Europäischen Parlaments und des Rates vom 20. Juni 2019 über ein Paneuropäisches Privates Pensionsprodukt (PEPP) (Abl. L 198 vom 25.7.2019, S. 1).
(68) Richtlinie 2013/34/EU des Europäischen Parlaments und des Rates vom 26. Juni 2013 über den Jahresabschluss, den konsolidierten Abschluss und damit verbundene Berichte von Unternehmen bestimmter Rechtsformen und zur Änderung der Richtlinie 2006/43/EG des Europäischen Parlaments und des Rates und zur Aufhebung der Richtlinien 78/660/EWG und 83/349/EWG des Rates (Abl. L 182 vom 29.6.2013, S. 19).
(69) Verordnung (EU) 2017/1129 des Europäischen Parlaments und des Rates vom 14. Juni 2017 über den Prospekt, der beim öffentlichen Angebot von Wertpapieren oder bei deren Zulassung zum Handel an einem geregelten Markt zu veröffentlichen ist und zur Aufhebung der Richtlinie 2003/71/EG (Abl. L 168 vom 30.6.2017, S. 12).
(70) Verordnung (EU) Nr. 525/2013 des Europäischen Parlaments und des Rates vom 21. Mai 2013 über ein System für die Überwachung von Treibhausgasemissionen sowie für die Berichterstattung über diese Emissionen und über andere klimaschutzrelevante Informationen auf Ebene der Mitgliedstaaten und der Union und zur Aufhebung der Entscheidung Nr. 280/2004/EG (Abl. L 165 vom 18.6.2013, S. 13).

VI. Non-Financial Reporting Directive (NFRD)

RICHTLINIE 2014/95/EU DES EUROPÄISCHEN PARLAMENTS UND DES RATES

vom 22. Oktober 2014

zur Änderung der Richtlinie 2013/34/EU im Hinblick auf die Angabe nichtfinanzieller und die Diversität betreffender Informationen durch bestimmte große Unternehmen und Gruppen

(Text von Bedeutung für den EWR)

DAS EUROPÄISCHE PARLAMENT UND DER RAT DER EUROPÄISCHEN UNION –

gestützt auf den Vertrag über die Arbeitsweise der Europäischen Union, insbesondere auf Artikel 50 Absatz 1,

auf Vorschlag der Europäischen Kommission,

nach Zuleitung des Entwurfs des Gesetzgebungsakts an die nationalen Parlamente,

nach Stellungnahme des Europäischen Wirtschafts- und Sozialausschusses ([1]),

gemäß dem ordentlichen Gesetzgebungsverfahren ([2]),

in Erwägung nachstehender Gründe:

(1) In ihrer Mitteilung vom 13. April 2011 mit dem Titel „Binnenmarktakte – Zwölf Hebel zur Förderung von Wachstum und Vertrauen – ‚Gemeinsam für neues Wachstum'" stellte die Kommission fest, dass die Transparenz der Sozial- und Umweltberichterstattung der Unternehmen aller Branchen in allen Mitgliedstaaten auf ein vergleichbar hohes Niveau angehoben werden muss. Dies steht in vollkommenem Einklang mit der Möglichkeit der Mitgliedstaaten, gegebenenfalls weitere Verbesserungen der Transparenz nichtfinanzieller Informationen von Unternehmen vorzuschreiben, was naturgemäß ein kontinuierliches Bestreben ist.

(2) Der Bedarf, die Angabe von Informationen zu sozialen Aspekten und umweltbezogener Informationen durch Unternehmen durch Vorlage eines Gesetzesvorschlags in diesem Bereich zu verbessern, wurde in der Mitteilung der Kommission vom 25. Oktober 2011 mit dem Titel „Eine neue EU-Strategie (2011-14) für die soziale Verantwortung der Unternehmen (CSR)" bekräftigt.

(3) Das Europäische Parlament hat in seinen Entschließungen vom 6. Februar 2013 „zur sozialen Verantwortung der Unternehmen: Rechenschaftspflichtiges, transparentes und verantwortungsvolles Geschäftsgebaren und nachhaltiges Wachstum" bzw. „zur sozialen Verantwortung der Unternehmen: Förderung der Interessen der Gesellschaft und ein Weg zu einem nachhaltigen und integrativen Wiederaufschwung" anerkannt, dass der Offenlegung von Informationen zur Nachhaltigkeit, wie sozialen und umweltbezogenen Faktoren, durch die Unternehmen eine große Bedeutung zukommt, um Gefahren für die Nachhaltigkeit aufzuzeigen und das Vertrauen von Investoren und Verbrauchern zu stärken. Die Angabe nichtfinanzieller Informationen ist nämlich ein wesentliches Element der Bewältigung des Übergangs zu einer nachhaltigen globalen Wirtschaft, indem langfristige Rentabilität mit sozialer Gerechtigkeit und Umweltschutz verbunden wird. In diesem Zusammenhang hilft die Angabe nichtfinanzieller Informationen dabei, das Geschäftsergebnis von Unternehmen und ihre Auswirkungen auf die Gesellschaft zu messen, zu überwachen und zu handhaben. Daher hat das Europäische Parlament die Kommission aufgefordert, einen Gesetzgebungsvorschlag für die Angabe nichtfinanzieller Informationen durch Unternehmen vorzulegen, der ein hohes Maß an Handlungsflexibilität zulässt, um den vielschichtigen Aspekten der sozialen Verantwortung von Unternehmen (Corporate Social Responsibility – CSR) sowie der Vielfalt der von den Unternehmen umgesetzten CSR-Konzepte Rechnung zu tragen,

die mit einem hinreichenden Grad an Vergleichbarkeit einhergehen, um den Anforderungen von Investoren und anderen Interessenträgern gerecht zu werden sowie dem Bedürfnis zu entsprechen, den Verbrauchern leichten Zugang zu Informationen über die Auswirkungen von Unternehmen auf die Gesellschaft zu verschaffen.

(4) Die Koordinierung der nationalen Bestimmungen für die Angabe nichtfinanzieller Informationen in Bezug auf bestimmte große Unternehmen ist für die Interessen der Unternehmen, Aktionäre und anderen Interessenträger gleichermaßen wichtig. Eine Koordinierung in diesen Bereichen ist erforderlich, da die meisten dieser Unternehmen in mehr als einem Mitgliedstaat tätig sind.

(5) Außerdem ist es notwendig, eine gewisse rechtliche Mindestanforderung in Bezug auf den Umfang der Informationen festzulegen, die der Öffentlichkeit und den Behörden unionsweit von Unternehmen zur Verfügung gestellt werden müssen. Die Unternehmen, die dieser Richtlinie unterliegen, sollten ein den tatsächlichen Verhältnissen entsprechendes Gesamtbild ihrer Konzepte, Ergebnisse und Risiken vermitteln.

(6) Um die Konsistenz und Vergleichbarkeit der offengelegten nichtfinanziellen Informationen unionsweit zu erhöhen, sollten bestimmte große Unternehmen eine nichtfinanzielle Erklärung erstellen, die mindestens Angaben zu Umwelt-, Sozial- und Arbeitnehmerbelangen, zur Achtung der Menschenrechte und zur Bekämpfung von Korruption und Bestechung enthält. Diese Erklärung sollte eine Beschreibung der Konzepte, Ergebnisse und Risiken in Bezug auf diese Belange umfassen und in den Lagebericht des betroffenen Unternehmens aufgenommen werden. Die nichtfinanzielle Erklärung sollte auch Angaben zu den Due-Diligence-Prozessen umfassen, die vom Unternehmen angewendet werden, auch, falls dies relevant und verhältnismäßig ist, in Bezug auf seine Lieferkette und die Kette von Unterauftragnehmern, um bestehende und potenzielle negative Auswirkungen zu erkennen, zu verhindern und abzuschwächen. Es sollte den Mitgliedstaaten möglich sein, die dieser Richtlinie unterliegenden Unternehmen von der Pflicht zur Erstellung einer nichtfinanziellen Erklärung auszunehmen, wenn ein gesonderter Bericht in Bezug auf dasselbe Geschäftsjahr und mit dem gleichen Inhalt vorgelegt wird.

(7) Wenn Unternehmen verpflichtet sind, eine nichtfinanzielle Erklärung abzugeben, sollte die Erklärung in Bezug auf Umweltbelange Einzelheiten der aktuellen und vorhersehbaren Auswirkungen der Geschäftstätigkeit des Unternehmens auf die Umwelt und, soweit angebracht, die Gesundheit und die Sicherheit sowie zu der Nutzung erneuerbarer und/oder nicht erneuerbarer Energien, zu Treibhausgasemissionen, zum Wasserverbrauch und zur Luftverschmutzung enthalten. In Bezug auf soziale Belange und Arbeitnehmerbelange kann die Erklärung Angaben zu den Maßnahmen, die ergriffen wurden, um die Geschlechtergleichstellung zu gewährleisten, zur Umsetzung der grundlegenden Übereinkommen der Internationalen Arbeitsorganisation, zu den Arbeitsbedingungen, zum sozialen Dialog, zur Achtung des Rechts der Arbeitnehmer, informiert und konsultiert zu werden, zur Achtung der Rechte der Gewerkschaften, zum Gesundheitsschutz und zur Sicherheit am Arbeitsplatz, zum Dialog mit lokalen Gemeinschaften und/oder zu den zur Sicherstellung des Schutzes und der Entwicklung dieser Gemeinschaften ergriffenen Maßnahmen enthalten. In Bezug auf die Menschenrechte sowie die Bekämpfung von Korruption und Bestechung könnte die nichtfinanzielle Erklärung Angaben zur Verhinderung von Menschenrechtsverletzungen und/oder zu bestehenden Instrumenten zur Bekämpfung von Korruption und Bestechung enthalten.

(8) Die dieser Richtlinie unterliegenden Unternehmen sollten angemessene Informationen zu Belangen bereitstellen, die sich dadurch auszeichnen, dass sie sehr wahrscheinlich zur Verwirklichung wesentlicher Risiken mit schwerwiegenden Auswirkungen führen werden oder zum Eintritt solcher Risiken geführt haben. Die Schwere solcher Auswirkungen sollte nach ihrem Ausmaß und ihrer Intensität beurteilt werden. Die Risiken nachteiliger Aus-

wirkungen können aus eigenen Tätigkeiten des Unternehmens herrühren oder mit seiner Geschäftstätigkeit und, falls dies relevant und verhältnismäßig ist, seinen Erzeugnissen, Dienstleistungen und Geschäftsbeziehungen, einschließlich seiner Lieferkette und seiner Kette von Subunternehmern, verknüpft sein. Dies sollte nicht zu übermäßigem Verwaltungsaufwand für kleine und mittlere Unternehmen führen.

(9) Bei der Bereitstellung dieser Informationen können sich die großen Unternehmen, die dieser Richtlinie unterliegen, auf nationale Rahmenwerke, unionsbasierte Rahmenwerke wie das Umweltmanagement- und -betriebsprüfungssystem (EMAS) oder auf internationale Rahmenwerke wie den Global Compact der Vereinten Nationen (VN), die Leitprinzipien für Unternehmen und Menschenrechte: Umsetzung des Rahmenprogramms „Protect, Respect and Remedy" der Vereinten Nationen, die Leitlinien der Organisation für wirtschaftliche Zusammenarbeit und Entwicklung (OECD) für multinationale Unternehmen, die Norm der Internationalen Organisation für Normung ISO 26000, die Trilaterale Grundsatzerklärung der Internationalen Arbeitsorganisation zu multinationalen Unternehmen und zur Sozialpolitik, die Global Reporting Initiative und auf andere anerkannte internationale Rahmenwerke stützen.

(10) Die Mitgliedstaaten sollten sicherstellen, dass es sachgerechte und wirksame Mechanismen gibt, mit denen die Angabe nichtfinanzieller Informationen durch Unternehmen im Einklang mit dieser Richtlinie gewährleistet wird. Zu diesem Zweck sollten die Mitgliedstaaten dafür sorgen, dass wirksame nationale Verfahren eingerichtet sind, mit denen die Erfüllung der Pflichten nach dieser Richtlinie gewährleistet wird, und dass diese Verfahren allen natürlichen und juristischen Personen offenstehen, die gemäß nationalem Recht ein berechtigtes Interesse daran haben, dass sichergestellt wird, dass die Bestimmungen dieser Richtlinie eingehalten werden.

(11) In Absatz 47 des Abschlussdokuments der Rio+20-Konferenz der Vereinten Nationen mit dem Titel „Die Zukunft, die wir wollen" wird die Bedeutung der Berichterstattung über unternehmerische Nachhaltigkeit anerkannt und den Unternehmen nahegelegt, die Aufnahme von Nachhaltigkeitsinformationen in ihren Berichtszyklus zu erwägen. Außerdem werden die Industrie, die interessierten Regierungen und die maßgeblichen Interessenträger ermutigt, gegebenenfalls mit Unterstützung des Systems der Vereinten Nationen Modelle für bewährte Praktiken zu entwickeln und die Einbeziehung finanzieller und nichtfinanzieller Informationen unter Berücksichtigung der aus den bereits bestehenden Rahmenwerken gewonnenen Erfahrungen zu erleichtern.

(12) Der Zugang von Investoren zu nichtfinanziellen Informationen ist ein Schritt auf dem Weg zur Erreichung des im Rahmen des Fahrplans für ein ressourcenschonendes Europa festgelegten Etappenziels, wonach bis 2020 Marktanreize und politische Anreize eingeführt sein sollen, die Investitionen von Unternehmen in Effizienz belohnen.

(13) Auf seiner Tagung vom 24. Und 25. März 2011 forderte der Europäische Rat in seinen Schlussfolgerungen eine Verringerung der Belastung durch gesetzliche Vorgaben auf europäischer und nationaler Ebene, insbesondere für kleine und mittlere Unternehmen (KMU), und schlug Maßnahmen zur Steigerung der Produktivität vor, während die Strategie Europa 2020 für intelligentes, nachhaltiges und integratives Wachstum darauf abzielt, die unternehmerischen Rahmenbedingungen für KMU zu verbessern und ihre Internationalisierung zu fördern. Daher sollten die neuen Offenlegungsanforderungen gemäß dem Grundsatz „Vorfahrt für KMU" nur für bestimmte große Unternehmen und Gruppen gelten.

(14) Der Geltungsbereich dieser nichtfinanziellen Offenlegungsanforderungen sollte unter Bezugnahme auf die durchschnittliche Beschäftigtenzahl, die Bilanzsumme und den Nettoumsatzerlöse definiert werden. KMU sollten von zusätzlichen Anforderungen befreit werden, und die Pflicht zur Offenlegung einer nichtfinanziellen Erklärung sollte nur für

große Unternehmen, die Unternehmen von öffentlichem Interesse sind, und Unternehmen von öffentlichem Interesse, die Mutterunternehmen einer großen Gruppe sind, gelten, wobei in jedem Fall Bedingung ist, dass sie durchschnittlich mehr als 500 Mitarbeiter beschäftigen, wobei dies im Fall von Gruppen auf einer konsolidierten Basis berechnet wird. Dies sollte die Mitgliedstaaten nicht daran hindern, die Angabe nichtfinanzieller Informationen von anderen Unternehmen und Gruppen als jenen, die unter diese Richtlinie fallen, zu verlangen.

(15) Viele in den Anwendungsbereich die Richtlinie 2013/34/EU des Europäischen Parlaments und des Rates (3) fallende Unternehmen gehören einer Unternehmensgruppe an. Konsolidierte Lageberichte sollten erstellt werden, damit die Informationen über solche Unternehmensgruppen Mitgliedern und Dritten zur Kenntnis gebracht werden können. Um die Ziele der Vergleichbarkeit und Konsistenz der von Unternehmen in der Union zu veröffentlichenden Informationen zu erreichen, sollten die nationalen Rechtsvorschriften über den konsolidierten Lagebericht daher aufeinander abgestimmt werden.

(16) Abschlussprüfer und Prüfungsgesellschaften sollten nur überprüfen, ob die nichtfinanzielle Erklärung oder der gesonderte Bericht vorgelegt wurde. Außerdem sollte es den Mitgliedstaaten möglich sein vorzuschreiben, dass die in der nichtfinanziellen Erklärung oder dem gesonderten Bericht enthaltenen Informationen von einem unabhängigen Erbringer von Bestätigungsleistungen überprüft werden.

(17) Um die Angabe nichtfinanzieller Informationen durch Unternehmen zu erleichtern, sollte die Kommission unverbindliche Leitlinien verfassen, einschließlich der wichtigsten allgemeinen und sektorspezifischen nichtfinanziellen Leistungsindikatoren. Die Kommission sollte derzeitige bewährte Verfahren, internationale Entwicklungen und die Ergebnisse entsprechender Initiativen der Union berücksichtigen. Die Kommission sollte geeignete Konsultationen, auch mit relevanten Interessenträgern, durchführen. In Bezug auf Umweltaspekte sollte die Kommission zumindest Landnutzung, Wassernutzung, Treibhausgasemissionen und Werkstoffeinsatz behandeln.

(18) Vielfalt bei Sachverstand und Auffassungen der Mitglieder der Verwaltungs-, Leitungs- und Aufsichtsorgane von Unternehmen erleichtert ein gutes Verständnis der organisatorischen und geschäftlichen Angelegenheiten des betreffenden Unternehmens. Sie versetzt die Mitglieder dieser Organe in die Lage, Entscheidungen der Geschäftsleitung konstruktiv zu hinterfragen und für innovative Ideen aufgeschlossener zu sein, da sie gleichgerichtetem Denken der Mitglieder, dem sogenannten „Gruppendenken", entgegenwirkt. Sie trägt so zu einer wirksamen Kontrolle der Geschäftsleitung und einer erfolgreichen Führung des Unternehmens bei. Aus diesem Grund ist es wichtig, die Transparenz hinsichtlich der verfolgten Diversitätskonzepte zu erhöhen. Dadurch würde der Markt über die Unternehmensführungspraktiken informiert und indirekt Druck auf die Unternehmen ausgeübt, die Vielfalt in den entsprechenden Organen zu erhöhen.

(19) Die Pflicht zur Offenlegung der Diversitätskonzepte im Zusammenhang mit den Verwaltungs-, Leitungs- und Aufsichtsorganen in Bezug auf Aspekte wie beispielsweise Alter, Geschlecht oder Bildungs- und Berufshintergrund sollte nur für bestimmte große Unternehmen gelten. Die Angabe der Diversitätskonzepte sollte Bestandteil der Erklärung zur Unternehmensführung gemäß Artikel 20 der Richtlinie 2013/34/EU sein. Wird kein Diversitätskonzept angewendet, sollte es keine Verpflichtung zu deren Einführung geben, die Erklärung zur Unternehmensführung sollte aber eine klare Erläuterung enthalten, warum dies der Fall ist.

(20) Initiativen auf Unionsebene, einschließlich einer länderspezifischer Berichterstattung für verschiedene Sektoren, sowie die Erwähnung einer länderspezifischen Berichterstattung großer Unternehmen und Gruppen in den Schlussfolgerungen des Europäischen Rates vom 22. Mai 2013 sowie vom 19. Und 20. Dezember 2013 sowie ähnliche Bestimmungen

in der Richtlinie 2013/36/EU des Europäischen Parlaments und des Rates (4) und internationale Bemühungen zur Verbesserung der Transparenz bei der Finanzberichterstattung wurden zur Kenntnis genommen. Im Rahmen der G8 und der G20 wurde die OECD darum ersucht, ein standardisiertes Berichtsformular für multinationale Unternehmen zu erstellen, mit dem sie den Steuerbehörden melden, wo in der Welt sie ihre Gewinne erzielen und Steuern bezahlen. Solche Entwicklungen ergänzen die in dieser Richtlinie enthaltenen Vorschläge als geeignete Maßnahmen für ihre jeweiligen Zwecke.

(21) Da das Ziel dieser Richtlinie, nämlich die Relevanz, Konsistenz und Vergleichbarkeit der von bestimmten großen Unternehmen und Gruppen in der gesamten Union offengelegten Informationen zu erhöhen, von den Mitgliedstaaten nicht ausreichend verwirklicht werden kann, sondern vielmehr wegen seiner Wirkung auf Unionsebene besser zu verwirklichen ist, kann die Union im Einklang mit dem in Artikel 5 des Vertrags über die Europäische Union verankerten Subsidiaritätsprinzip tätig werden. Entsprechend dem in demselben Artikel genannten Grundsatz der Verhältnismäßigkeit geht diese Richtlinie nicht über das für die Verwirklichung dieses Ziels erforderliche Maß hinaus.

(22) Diese Richtlinie steht im Einklang mit den Grundrechten und den Grundsätzen, die insbesondere mit der Charta der Grundrechte der Europäischen Union anerkannt wurden, und achtet namentlich die unternehmerische Freiheit, das Recht auf Privatsphäre und den Schutz personenbezogener Daten. Diese Richtlinie muss im Einklang mit diesen Rechten und Grundsätzen umgesetzt werden.

(23) Die Richtlinie 2013/34/EU sollte daher entsprechend geändert werden –

HABEN FOLGENDE RICHTLINIE ERLASSEN:

Artikel 1
Änderung der Richtlinie 2013/34/EU

Die Richtlinie 2013/34/EU wird wie folgt geändert:

1. Der folgende Artikel wird eingefügt:

„Artikel 19a
Nichtfinanzielle Erklärung

(1) Große Unternehmen, die Unternehmen von öffentlichem Interesse sind und am Bilanzstichtag das Kriterium erfüllen, im Durchschnitt des Geschäftsjahres mehr als 500 Mitarbeiter zu beschäftigen, nehmen in den Lagebericht eine nichtfinanzielle Erklärung auf, die diejenigen Angaben enthält, die für das Verständnis des Geschäftsverlaufs, des Geschäftsergebnisses, der Lage des Unternehmens sowie der Auswirkungen seiner Tätigkeit erforderlich sind und sich mindestens auf Umwelt-, Sozial-, und Arbeitnehmerbelange, auf die Achtung der Menschenrechte und auf die Bekämpfung von Korruption und Bestechung beziehen, einschließlich

a) einer kurzen Beschreibung des Geschäftsmodells des Unternehmens;

b) einer Beschreibung der von dem Unternehmen in Bezug auf diese Belange verfolgten Konzepte, einschließlich der angewandten Due-Diligence-Prozesse;

c) der Ergebnisse dieser Konzepte;

d) der wesentlichen Risiken im Zusammenhang mit diesen Belangen, die mit der Geschäftstätigkeit des Unternehmens – einschließlich, wenn dies relevant und verhältnismäßig ist, seiner Geschäftsbeziehungen, seiner Erzeugnisse oder seiner Dienstleistungen – verknüpft sind und die wahrscheinlich negative Auswirkungen auf diese Bereiche haben werden, sowie der Handhabung dieser Risiken durch das Unternehmen;

e) der wichtigsten nichtfinanziellen Leistungsindikatoren, die für die betreffende Geschäftstätigkeit von Bedeutung sind.

Verfolgt das Unternehmen in Bezug auf einen oder mehrere dieser Belange kein Konzept, enthält die nichtfinanzielle Erklärung eine klare und begründete Erläuterung, warum dies der Fall ist.

Die in Unterabsatz 1 genannte nichtfinanzielle Erklärung enthält – wenn angebracht – auch Hinweise auf im Jahresabschluss ausgewiesene Beträge und zusätzliche Erläuterungen dazu.

Die Mitgliedstaaten können gestatten, dass Informationen über künftige Entwicklungen oder Belange, über die Verhandlungen geführt werden, in Ausnahmefällen weggelassen werden, wenn eine solche Angabe nach der ordnungsgemäß begründeten Einschätzung der Mitglieder der Verwaltungs-, Leitungs- und Aufsichtsorgane, die im Rahmen der ihnen durch einzelstaatliche Rechtsvorschriften übertragenen Zuständigkeiten handeln und gemeinsam für diese Einschätzung zuständig sind, der Geschäftslage des Unternehmens ernsthaft schaden würde, sofern eine solche Nichtaufnahme ein den tatsächlichen Verhältnissen entsprechendes und ausgewogenes Verständnis des Geschäftsverlaufs, des Geschäftsergebnisses, der Lage des Unternehmens sowie der Auswirkungen seiner Tätigkeit nicht verhindert.

Beim Erlass der Vorschriften zur Angabe der Informationen gemäß Unterabsatz 1 sehen die Mitgliedstaaten vor, dass sich die Unternehmen auf nationale, unionsbasierte oder internationale Rahmenwerke stützen können; wenn sie hiervon Gebrauch machen, haben die Unternehmen anzugeben, auf welche Rahmenwerke sie sich gestützt haben.

(2) Wenn Unternehmen die Pflicht nach Absatz 1 erfüllen, wird davon ausgegangen, dass sie die Pflicht im Zusammenhang mit der Analyse nichtfinanzieller Informationen nach Artikel 19 Absatz 1 Unterabsatz 3 erfüllt haben.

(3) Ein Unternehmen, das ein Tochterunternehmen ist, wird von der in Absatz 1 festgelegten Pflicht befreit, wenn dieses Unternehmen und seine Tochterunternehmen in den konsolidierten Lagebericht oder gesonderten Bericht eines anderen Unternehmens einbezogen werden und dieser konsolidierte Lagebericht oder gesonderte Bericht gemäß Artikel 29 und diesem Artikel erstellt wird.

(4) Erstellt ein Unternehmen für dasselbe Geschäftsjahr einen gesonderten Bericht, können die Mitgliedstaaten unabhängig davon, ob der Bericht sich auf nationale, unionsbasierte oder internationale Rahmenwerke stützt, und davon, ob der Bericht die in Absatz 1 vorgeschriebenen Informationen der nichtfinanziellen Erklärung umfasst, dieses Unternehmen von der gemäß Absatz 1 festgelegten Pflicht zur Abgabe der nichtfinanziellen Erklärung befreien, sofern dieser gesonderte Bericht

a) zusammen mit dem Lagebericht gemäß Artikel 30 veröffentlicht wird oder

b) innerhalb einer angemessenen Frist, die sechs Monate nach dem Bilanzstichtag nicht überschreiten darf, auf der Website des Unternehmens öffentlich zugänglich gemacht wird und der Lagebericht darauf Bezug nimmt.

Absatz 2 ist entsprechend auf Unternehmen anzuwenden, die einen gesonderten Bericht gemäß Unterabsatz 1 dieses Absatzes vorbereiten.

(5) Die Mitgliedstaaten stellen sicher, dass der Abschlussprüfer oder die Prüfungsgesellschaft überprüft, ob die nichtfinanzielle Erklärung gemäß Absatz 1 oder der gesonderte Bericht gemäß Absatz 4 vorgelegt wurde.

(6) Die Mitgliedstaaten können vorschreiben, dass die in der nichtfinanziellen Erklärung gemäß Absatz 1 oder dem gesonderten Bericht gemäß Absatz 4 enthaltenen Informationen von einem unabhängigen Erbringer von Bestätigungsleistungen überprüft werden."

2. Artikel 20 wird wie folgt geändert:
   a) In Absatz 1 wird folgender Buchstabe angefügt:
      „g) eine Beschreibung des Diversitätskonzepts, das im Zusammenhang mit der Verwaltungs-, Leitungs- und Aufsichtsorgane des Unternehmens in Bezug auf Aspekte wie beispielsweise Alter, Geschlecht, oder Bildungs- und Berufshintergrund verfolgt wird, der Ziele dieses Diversitätskonzepts sowie der Art und Weise der Umsetzung dieses Konzepts und der Ergebnisse im Berichtszeitraum. Wird ein derartiges Konzept nicht angewendet, wird in der Erklärung erläutert, warum dies der Fall ist."
   b) Absatz 3 erhält folgende Fassung:
      „(3) Der Abschlussprüfer oder die Prüfungsgesellschaft gibt gemäß Artikel 34 Absatz 1 Unterabsatz 2 ein Urteil hinsichtlich der nach Absatz 1 Buchstaben c und d geforderten Angaben ab und überprüft, ob die in Absatz 1 Buchstaben a, b, e, f und g genannten Angaben gemacht wurden."
   c) Absatz 4 erhält folgende Fassung:
      „(4) Die Mitgliedstaaten können Unternehmen nach Absatz 1, die ausschließlich andere Wertpapiere als zum Handel an einem geregelten Markt im Sinne des Artikels 4 Absatz 1 Nummer 14 der Richtlinie 2004/39/EG zugelassene Aktien emittiert haben, von der Anwendung des Absatzes 1 Buchstaben a, b, e, f und g dieses Artikels ausnehmen, es sei denn, dass diese Unternehmen Aktien emittiert haben, die über ein multilaterales Handelssystem im Sinne des Artikels 4 Absatz 1 Nummer 15 der Richtlinie 2004/39/EG gehandelt werden."
   d) Folgender Absatz wird angefügt:
      „(5) Ungeachtet des Artikels 40 gilt Absatz 1 Buchstabe g nicht für kleine und mittlere Unternehmen."
3. Folgender Artikel wird eingefügt:

„Artikel 29a
Konsolidierte nichtfinanzielle Erklärung

(1) Unternehmen von öffentlichem Interesse, die Mutterunternehmen einer großen Gruppe sind und am Bilanzstichtag das Kriterium erfüllen, im Durchschnitt des Geschäftsjahres auf konsolidierter Basis mehr als 500 Mitarbeiter zu beschäftigen, nehmen in den konsolidierten Lagebericht eine konsolidierte nichtfinanzielle Erklärung auf, die diejenigen Angaben enthält, die für das Verständnis des Geschäftsverlaufs, des Geschäftsergebnisses, der Lage der Gruppe sowie der Auswirkungen ihrer Tätigkeit erforderlich sind und sich mindestens auf Umwelt-, Sozial-, und Arbeitnehmerbelange, auf die Achtung der Menschenrechte und auf die Bekämpfung von Korruption und Bestechung beziehen, einschließlich
   a) einer kurzen Beschreibung des Geschäftsmodells der Gruppe;
   b) einer Beschreibung der von der Gruppe in Bezug auf diese Belange verfolgten Konzepte, einschließlich der angewandten Due-Diligence-Prozesse;
   c) der Ergebnisse dieser Konzepte;
   d) der wesentlichen Risiken im Zusammenhang mit diesen Belangen, die mit der Geschäftstätigkeit der Gruppe – einschließlich, wenn dies relevant und verhältnismäßig ist, ihrer Geschäftsbeziehungen, ihrer Erzeugnisse oder ihrer Dienstleistungen – verknüpft sind und wahrscheinlich negative Auswirkungen auf diese Bereiche haben werden, sowie der Handhabung dieser Risiken durch die Gruppe;
   e) der wichtigsten nichtfinanziellen Leistungsindikatoren, die für die betreffende Geschäftstätigkeit von Bedeutung sind.

Verfolgt die Gruppe in Bezug auf einen oder mehrere dieser Belange kein Konzept, enthält die konsolidierte nichtfinanzielle Erklärung eine klare und begründete Erläuterung, warum dies der Fall ist.
Die in Unterabsatz 1 genannte konsolidierte nichtfinanzielle Erklärung enthält – wenn angebracht – auch Hinweise auf im konsolidierten Abschluss ausgewiesene Beträge und zusätzliche Erläuterungen dazu.
Die Mitgliedstaaten können gestatten, dass Informationen über künftige Entwicklungen oder Belange, über die Verhandlungen geführt werden, in Ausnahmefällen weggelassen werden, wenn nach der ordnungsgemäß begründeten Einschätzung der Mitglieder der Verwaltungs-, Leitungs- und Aufsichtsorgane, die im Rahmen der ihnen durch einzelstaatliche Rechtsvorschriften übertragenen Zuständigkeiten handeln und die gemeinsam für diese Einschätzung zuständig sind, eine solche Angabe der Geschäftslage der Gruppe ernsthaft schaden würde, sofern eine solche Nichtaufnahme ein den tatsächlichen Verhältnissen entsprechendes und ausgewogenes Verständnis des Geschäftsverlaufs, des Geschäftsergebnisses, der Lage der Gruppe sowie der Auswirkungen ihrer Tätigkeit nicht verhindert.
Beim Erlass der Vorschriften zur Angabe der Informationen gemäß Unterabsatz 1 sehen die Mitgliedstaaten vor, dass sich das Mutterunternehmen auf nationale, unionsbasierte oder internationale Rahmenwerke stützen kann; wenn es hiervon Gebrauch macht, hat das Mutterunternehmen anzugeben, auf welche Rahmenwerke es sich gestützt hat.

(2) Wenn ein Unternehmen die Pflicht nach Absatz 1 erfüllt, wird davon ausgegangen, dass es die Pflicht im Zusammenhang mit der Analyse nichtfinanzieller Informationen nach Artikel 19 Absatz 1 Unterabsatz 3 und Artikel 29 erfüllt hat.

(3) Ein Mutterunternehmen, das auch Tochterunternehmen ist, wird von der in Absatz 1 festgelegten Pflicht befreit, wenn dieses befreite Mutterunternehmen und seine Tochterunternehmen in den konsolidierten Lagebericht oder gesonderten Bericht eines anderen Unternehmens einbezogen werden und dieser konsolidierte Lagebericht oder gesonderte Bericht gemäß Artikel 29 und diesem Artikel erstellt wird.

(4) Erstellt ein Mutterunternehmen für dasselbe Geschäftsjahr einen gesonderten Bericht, der sich auf die Gruppe in ihrer Gesamtheit bezieht, können die Mitgliedstaaten unabhängig davon, ob der Bericht sich auf nationale, unionsbasierte oder internationale Rahmenwerke stützt, und davon, ob der Bericht die in Absatz 1 vorgesehenen vorgeschriebenen Informationen der konsolidierten nichtfinanziellen Erklärung umfasst, dieses Mutterunternehmen von der gemäß Absatz 1 festgelegten Pflicht zur Abgabe der konsolidierten nichtfinanziellen Erklärung befreien, sofern dieser gesonderte Bericht

a) zusammen mit dem konsolidierten Lagebericht gemäß Artikel 30 veröffentlicht wird oder

b) innerhalb einer angemessenen Frist, die sechs Monate nach dem Bilanzstichtag nicht überschreiten darf, auf der Website des Mutterunternehmens öffentlich zugänglich gemacht wird und der konsolidierte Lagebericht darauf Bezug nimmt.

Absatz 2 ist entsprechend auf Unternehmen anzuwenden, die einen gesonderten Bericht gemäß Unterabsatz 1 dieses Absatzes vorbereiten.

(5) Die Mitgliedstaaten stellen sicher, dass der Abschlussprüfer oder die Prüfungsgesellschaft überprüft, ob die konsolidierte nichtfinanzielle Erklärung gemäß Absatz 1 oder der gesonderte Bericht gemäß Absatz 4 vorgelegt wurde.

(6) Die Mitgliedstaaten können vorschreiben, dass die in der konsolidierten nichtfinanziellen Erklärung gemäß Absatz 1 oder dem gesonderten Bericht gemäß Ab-

satz 4 enthaltenen Informationen von einem unabhängigen Erbringer von Bestätigungsleistungen überprüft werden."

4. Artikel 33 Absatz 1 erhält folgende Fassung:
   „(1) Die Mitgliedstaaten sorgen dafür, dass die Mitglieder der Verwaltungs-, Leitungs- und Aufsichtsorgane eines Unternehmens im Rahmen der ihnen durch einzelstaatliche Rechtsvorschriften übertragenen Zuständigkeiten die gemeinsame Aufgabe haben, sicherzustellen, dass
   a) der Jahresabschluss, der Lagebericht, die Erklärung zur Unternehmensführung, wenn sie gesondert abgegeben wird, und der Bericht nach Artikel 19a Absatz 4 sowie
   b) der konsolidierte Abschluss, der konsolidierte Lagebericht, die konsolidierte Erklärung zur Unternehmensführung, wenn sie gesondert abgegeben wird, und der Bericht nach Artikel 29a Absatz 4
   entsprechend den Anforderungen dieser Richtlinie und gegebenenfalls entsprechend den internationalen Rechnungslegungsstandards, die gemäß der Verordnung (EG) Nr. 1606/2002 angenommen wurden, erstellt und offengelegt werden."
5. In Artikel 34 wird folgender Absatz angefügt:
   „(3) Dieser Artikel gilt nicht für die nichtfinanzielle Erklärung gemäß Artikel 19a Absatz 1 und die konsolidierte nichtfinanzielle Erklärung gemäß Artikel 29a Absatz 1 oder die gesonderten Berichte gemäß Artikel 19a Absatz 4 und Artikel 29a Absatz 4."
6. In Artikel 48 wird vor dem letzten Absatz folgender Absatz eingefügt:
   „In dem Bericht wird unter Berücksichtigung der Entwicklungen in der OECD und der Ergebnisse entsprechender europäischer Initiativen auch die Möglichkeit der Einführung einer Pflicht geprüft, nach der große Unternehmen jährlich einen länderspezifischen Bericht für jeden Mitgliedstaat und jeden Drittstaat, in dem sie tätig sind, mit Angaben mindestens zu den erzielten Gewinnen, den entrichteten Steuern auf die Gewinne und den erhaltenen staatlichen Beihilfen erstellen müssten."

Artikel 2
Orientierungshilfe für die Berichterstattung

Die Kommission verfasst unverbindliche Leitlinien zur Methode der Berichterstattung über nichtfinanzielle Informationen, einschließlich der wichtigsten allgemeinen und sektorspezifischen nichtfinanziellen Leistungsindikatoren, um eine relevante, zweckdienliche und vergleichbare Angabe nichtfinanzieller Informationen durch Unternehmen zu erleichtern. Dabei konsultiert die Kommission relevante Interessenträger.

Die Kommission veröffentlicht die Leitlinien bis zum 6. Dezember 2016.

Artikel 3
Überprüfung

Die Kommission übermittelt dem Europäischen Parlament und dem Rat einen Bericht über die Umsetzung dieser Richtlinie, der neben anderen Aspekten ihren Geltungsbereich, insbesondere hinsichtlich großer, nicht börsennotierter Unternehmen, ihre Wirksamkeit und das Maß der bereitgestellten Orientierungshilfe und Methoden behandelt. Der Bericht wird bis zum 6. Dezember 2018 veröffentlicht, und gegebenenfalls werden dem Bericht Gesetzgebungsvorschläge beigefügt.

Artikel 4
Umsetzung

(1) Die Mitgliedstaaten setzen die erforderlichen Rechts- und Verwaltungsvorschriften in Kraft, um dieser Richtlinie bis zum 6. Dezember 2016 nachzukommen. Sie setzen die Kommission unverzüglich davon in Kenntnis.

Die Mitgliedstaaten sehen vor, dass die in Unterabsatz 1 genannten Vorschriften für das am 1. Januar 2017 beginnende Geschäftsjahr oder während des Kalenderjahres 2017 für alle Unternehmen im Geltungsbereich des Artikels 1 gelten.

Wenn die Mitgliedstaaten diese Vorschriften erlassen, nehmen sie in den Vorschriften selbst oder durch einen Hinweis bei der amtlichen Veröffentlichung auf diese Richtlinie Bezug. Die Mitgliedstaaten regeln die Einzelheiten dieser Bezugnahme.

(2) Die Mitgliedstaaten teilen der Kommission den Wortlaut der wichtigsten nationalen Rechtsvorschriften mit, die sie auf dem unter diese Richtlinie fallenden Gebiet erlassen.

Artikel 5
Inkrafttreten

Diese Richtlinie tritt am zwanzigsten Tag nach ihrer Veröffentlichung im *Amtsblatt der Europäischen Union* in Kraft.

Artikel 6
Adressaten

Diese Richtlinie ist an die Mitgliedstaaten gerichtet.

Geschehen zu Straßburg am 22. Oktober 2014.

Im Namen des Europäischen Parlaments

Der Präsident

M. SCHULZ

Im Namen des Rates

Der Präsident

B. DELLA VEDOVA

---

(1) Abl. C 327 vom 12.11.2013, S. 47.

(2) Standpunkt des Europäischen Parlaments vom 15. April 2014 (noch nicht im Amtsblatt veröffentlicht) und Beschluss des Rates vom 29. September 2014.

(3) Richtlinie 2013/34/EU des Europäischen Parlaments und des Rates vom 26. Juni 2013 über den Jahresabschluss, den konsolidierten Abschluss und damit verbundene Berichte von Unternehmen bestimmter Rechtsformen und zur Änderung der Richtlinie 2006/43/EG des Europäischen Parlaments und des Rates und zur Aufhebung der Richtlinien 78/660/EWG und 83/349/EWG des Rates (Abl. L 182 vom 29.6.2013, S. 19).

(4) Richtlinie 2013/36/EU des Europäischen Parlaments und des Rates vom 26. Juni 2013 über den Zugang zur Tätigkeit von Kreditinstituten und die Beaufsichtigung von Kreditinstituten und Wertpapierfirmen, zur Änderung der Richtlinie 2002/87/EG und zur Aufhebung der Richtlinien 2006/48/EG und 2006/49/EG (Abl. L 176 vom 27.6.2013, S. 338).

VII. Corporate Sustainability Reporting Directive (CSRD)

RICHTLINIE (EU) 2022/2464 DES EUROPÄISCHEN PARLAMENTS UND DES RATES

vom 14. Dezember 2022

zur Änderung der Verordnung (EU) Nr. 537/2014 und der Richtlinien 2004/109/EG, 2006/43/EG und 2013/34/EU hinsichtlich der Nachhaltigkeitsberichterstattung von Unternehmen

(Text von Bedeutung für den EWR)

DAS EUROPÄISCHE PARLAMENT UND DER RAT DER EUROPÄISCHEN UNION –

gestützt auf den Vertrag über die Arbeitsweise der Europäischen Union, insbesondere auf die Artikel 50 und 114,

auf Vorschlag der Europäischen Kommission,

nach Zuleitung des Entwurfs des Gesetzgebungsakts an die nationalen Parlamente,

nach Stellungnahme des Europäischen Wirtschafts- und Sozialausschusses ([1]),

gemäß dem ordentlichen Gesetzgebungsverfahren ([2]),

in Erwägung nachstehender Gründe:

(1) In ihrer Mitteilung vom 11. Dezember 2019 mit dem Titel „Der europäische Grüne Deal" verpflichtete sich die Europäische Kommission, die die nichtfinanzielle Berichterstattung betreffenden Bestimmungen der Richtlinie 2013/34/EU des Europäischen Parlaments und des Rates ([3]) zu überprüfen. Der Grüne Deal ist die neue Wachstumsstrategie der Union. Er zielt darauf ab, die Union bis 2050 zu einer modernen, ressourcenschonenden und wettbewerbsfähigen Wirtschaft ohne Netto-Treibhausgasemissionen zu machen. Außerdem soll er das Naturkapital der Union schützen, bewahren und verbessern und die Gesundheit und das Wohlergehen der Unionsbürgerinnen und -bürger vor umweltbedingten Risiken und Auswirkungen schützen. Der Grüne Deal ist ferner darauf ausgerichtet, das Wirtschaftswachstum von der Ressourcennutzung zu entkoppeln und sicherzustellen, dass alle Regionen und Unionsbürgerinnen und -bürger an einem sozial gerechten Übergang zu einem nachhaltigen Wirtschaftssystem teilhaben, sodass niemand zurückgelassen und kein Standort abgehängt wird. Er wird zu den Zielen beitragen, eine Wirtschaft im Dienste der Menschen aufzubauen, die soziale Marktwirtschaft der Union zu stärken und sicherzustellen, dass diese zukunftsfähig ist und Stabilität, Arbeitsplätze, Wachstum und nachhaltige Investitionen schafft.

Diese Ziele sind insbesondere angesichts der durch die COVID-19-Pandemie entstandenen sozioökonomischen Schäden und der Notwendigkeit einer nachhaltigen, inklusiven und fairen Erholung von besonderer Bedeutung. Mit der Verordnung (EU) 2021/1119 des Europäischen Parlaments und des Rates ([4]) wird das Ziel der Klimaneutralität bis 2050 in der Union verbindlich gemacht. Darüber hinaus verpflichtet sich die Kommission in ihrer Mitteilung vom 20. Mai 2020 mit dem Titel „EU-Biodiversitätsstrategie für 2030 – Mehr Raum für die Natur in unserem Leben", dafür zu sorgen, dass bis 2050 alle Ökosysteme weltweit wiederhergestellt, widerstandsfähig und angemessen geschützt sind. Ziel dieser Strategie ist es, die biologische Vielfalt in Europa bis 2030 auf einen Pfad der Erholung zu bringen.

(2) In ihrer Mitteilung vom 8. März 2018 mit dem Titel „Aktionsplan: Finanzierung nachhaltigen Wachstums" (im Folgenden „Aktionsplan zur Finanzierung nachhaltigen Wachstums") legte die Kommission Maßnahmen dar, mit denen folgende Ziele erreicht werden sollen: Umlenkung der Kapitalflüsse auf nachhaltige Investitionen, um ein nachhaltiges

und inklusives Wachstum zu erreichen, Bewältigung finanzieller Risiken, die sich aus dem Klimawandel, der Ressourcenknappheit, der Umweltzerstörung und sozialen Problemen ergeben, und Förderung von Transparenz und Langfristigkeit in der Finanz- und Wirtschaftstätigkeit. Eine Grundvoraussetzung für die Erreichung dieser Ziele ist, dass Unternehmen bestimmte Kategorien relevanter, vergleichbarer und zuverlässiger Nachhaltigkeitsinformationen offenlegen. Im Zuge der Umsetzung des Aktionsplans zur Finanzierung nachhaltigen Wachstums haben das Europäische Parlament und der Rat eine Reihe von Rechtsakten angenommen. So regelt die Verordnung (EU) 2019/2088 des Europäischen Parlaments und des Rates ([5]), wie Finanzmarktteilnehmer und Finanzberater Nachhaltigkeitsinformationen gegenüber Endanlegern und Eigentümern von Vermögenswerten offenzulegen haben.

Mit der Verordnung (EU) 2020/852 des Europäischen Parlaments und des Rates ([6]) wird ein Klassifikationssystem für ökologisch nachhaltige Wirtschaftstätigkeiten geschaffen, um nachhaltige Investitionen zu fördern und gegen das „Greenwashing" von zu Unrecht als nachhaltig dargestellten Finanzprodukten vorzugehen. Mit der Verordnung (EU) 2019/2089 des Europäischen Parlaments und des Rates ([7]), ergänzt durch die Delegierten Verordnungen (EU) 2020/1816 ([8]), (EU) 2020/1817 ([9]) und (EU) 2020/1818 ([10]) der Kommission, werden Offenlegungsanforderungen für Referenzwert-Administratoren im Hinblick auf Umwelt-, Sozial- und Governance-Faktoren (ESG) sowie Mindeststandards für EU-Referenzwerte für den klimabedingten Wandel und für Paris-abgestimmte EU-Referenzwerte eingeführt.

Nach der Verordnung (EU) Nr. 575/2013 des Europäischen Parlaments und des Rates ([11]) müssen große Institute, die zum Handel an einem geregelten Markt zugelassene Wertpapiere emittiert haben, ab dem 28. Juni 2022 Informationen zu ESG-Risiken offenlegen. Der mit der Verordnung (EU) 2019/2033 des Europäischen Parlaments und des Rates ([12]) und der Richtlinie (EU) 2019/2034 des Europäischen Parlaments und des Rates ([13]) geschaffene Aufsichtsrahmen für Wertpapierfirmen enthält Bestimmungen zur Einbeziehung von ESG-Risiken in den Prozess der aufsichtlichen Überprüfung und Bewertung (Supervisory Review and Evaluation Process, SREP) durch die zuständigen Behörden sowie Anforderungen bezüglich der Offenlegung von ESG-Risiken durch Wertpapierfirmen, die ab dem 26. Dezember 2022 gelten. Am 6. Juli 2021 verabschiedete die Kommission außerdem einen Vorschlag für eine Verordnung des Europäischen Parlaments und des Rates über europäische grüne Anleihen, womit dem Aktionsplan zur Finanzierung nachhaltigen Wachstums Folge geleistet werden soll.

(3) In ihrer Mitteilung vom 17. Juni 2019 mit dem Titel „Leitlinien für die Berichterstattung über nichtfinanzielle Informationen: Nachtrag zur klimabezogenen Berichterstattung" (im Folgenden „Leitlinien für die klimabezogene Berichterstattung") hat die Kommission die Vorteile hervorgehoben, die die Berichterstattung über klimabezogene Informationen für Unternehmen mit sich bringt, insbesondere durch die stärkere Sensibilisierung und das bessere Verständnis hinsichtlich klimabezogener Risiken und Chancen innerhalb des Unternehmens, die Diversifizierung der Anlegerbasis, die Senkung der Kapitalkosten und die Verbesserung des konstruktiven Dialogs mit allen Interessenträgern. Des Weiteren könnte sich Vielfalt in Leitungsorganen von Unternehmen auf die Entscheidungsfindung, die Unternehmensführung und die Widerstandsfähigkeit auswirken.

(4) In seinen Schlussfolgerungen vom 5. Dezember 2019 zur Vertiefung der Kapitalmarktunion betonte der Rat die Bedeutung zuverlässiger, vergleichbarer und relevanter Informationen zu Risiken, Chancen und Auswirkungen von Nachhaltigkeit und forderte die Kommission auf, die Entwicklung eines europäischen Standards für die nichtfinanzielle Berichterstattung in Erwägung zu ziehen.

(5) In seiner Entschließung vom 29. Mai 2018 zu einem nachhaltigen Finanzwesen ([14]) forderte das Europäische Parlament die Weiterentwicklung der Anforderungen an die nicht-

finanzielle Berichterstattung im Rahmen der Richtlinie 2013/34/EU. In seiner Entschließung vom 17. Dezember 2020 zu der nachhaltigen Unternehmensführung ([15]) begrüßte das Europäische Parlament die Zusage der Kommission zur Überarbeitung der Richtlinie 2013/34/EU und wies darauf hin, dass ein umfassender Unionsrahmen für die Angabe nichtfinanzieller Informationen geschaffen werden müsse, der verpflichtende Standards der Union für die Berichterstattung über nichtfinanzielle Informationen enthält. Das Europäische Parlament forderte ferner eine Erweiterung des Geltungsbereichs der Berichterstattungsanforderungen auf weitere Unternehmenskategorien sowie die Einführung einer Prüfungspflicht.

(6) In seiner Resolution vom 25. September 2015 mit dem Titel „Transformation unserer Welt: Agenda 2030 für nachhaltige Entwicklung“ (im Folgenden „Agenda 2030“) verabschiedete die Generalversammlung der Vereinten Nationen einen neuen globalen Rahmen zur nachhaltigen Entwicklung. Die Agenda 2030 hat als Kernstück die Ziele der Vereinten Nationen für nachhaltige Entwicklung und deckt die drei Dimensionen der Nachhaltigkeit ab: die wirtschaftliche, soziale und die Umweltdimension. In der Mitteilung der Kommission vom 22. November 2016 mit dem Titel „Auf dem Weg in eine nachhaltige Zukunft – Europäische Nachhaltigkeitspolitik“ wurden die Ziele für nachhaltige Entwicklung mit dem politischen Rahmen der Union verbunden, um sicherzustellen, dass bei allen innen- und außenpolitischen Maßnahmen und Initiativen der Union diese Ziele von Beginn an mitberücksichtigt werden. In seinen Schlussfolgerungen vom 20. Juni 2017 mit dem Titel „Eine nachhaltige Zukunft für Europa: Reaktion der EU auf die Agenda 2030 für nachhaltige Entwicklung“ bekräftigte der Rat die Entschlossenheit der Union und ihrer Mitgliedstaaten, die Agenda 2030 vollständig, kohärent, umfassend, integrativ und wirksam sowie in enger Zusammenarbeit mit den Partnern und anderen Akteuren umzusetzen.

(7) Mit der Richtlinie 2014/95/EU des Europäischen Parlaments und des Rates ([16]) wurde die Richtlinie 2013/34/EU im Hinblick auf die Offenlegung nichtfinanzieller Informationen durch bestimmte große Unternehmen und Gruppen geändert. Mit der Richtlinie 2014/95/EU wurden Unternehmen verpflichtet, mindestens über Umwelt-, Sozial-, und Arbeitnehmerbelange, die Achtung der Menschenrechte und die Bekämpfung von Korruption und Bestechung Bericht zu erstatten und dabei Informationen zu folgenden Berichterstattungsbereichen offenzulegen: Geschäftsmodell; Konzepte, einschließlich der Due-Diligence-Prozesse; Ergebnisse dieser Konzepte; Risiken und deren Handhabung sowie wichtigste Leistungsindikatoren, die für die betreffende Geschäftstätigkeit von Bedeutung sind.

(8) Viele Interessenträger halten den Begriff „nichtfinanziell“ für unzutreffend, insbesondere, weil er impliziert, dass betreffende Informationen in finanzieller Hinsicht nicht von Relevanz sind. Allerdings haben solche Informationen zunehmend sehr wohl finanzielle Relevanz. Viele einschlägige Organisationen, Initiativen und Fachleute im Bereich Nachhaltigkeitsberichterstattung verwenden den Begriff „Nachhaltigkeitsinformationen“. Deshalb sollte anstelle des Begriffs „nichtfinanzielle Informationen“ vorzugsweise der Begriff „Nachhaltigkeitsinformationen“ verwendet werden. Daher sollte die Richtlinie 2013/34/EU geändert werden, um dieser neuen Terminologie Rechnung zu tragen.

(9) Wenn Unternehmen eine bessere Nachhaltigkeitsberichterstattung durchführen würden, würde dies letztendlich Bürgerinnen und Bürgern und Sparern, einschließlich Gewerkschaften und Arbeitnehmervertretern, zugutekommen, indem sie angemessen informiert wären und sich so besser in den sozialen Dialog einbringen könnten. Sparer, die nachhaltig investieren wollen, werden fortan die Möglichkeit haben, dies zu tun, während von einem stabilen, nachhaltigen und inklusiven Wirtschaftssystem alle Bürgerinnen und Bürger profitieren würden. Damit sich diese Vorteile auch verwirklichen, müssen die in den Jahresberichten der Unternehmen offengelegten Nachhaltigkeitsinformationen zunächst

zwei Hauptnutzergruppen erreichen. Bei der ersten Gruppe von Nutzern handelt es sich um Anleger, einschließlich Vermögensverwalter, die die Risiken und Chancen von Nachhaltigkeitsfragen für ihre Investitionen sowie die Auswirkungen entsprechender Investitionen auf Mensch und Umwelt besser verstehen wollen. Bei der zweiten Gruppe handelt es sich um Akteure der Zivilgesellschaft, einschließlich Nichtregierungsorganisationen und Sozialpartner, die Unternehmen im Hinblick auf ihre Auswirkungen auf Mensch und Umwelt stärker in die Verantwortung nehmen wollen. Die in den Jahresberichten offengelegten Nachhaltigkeitsinformationen könnten auch von anderen Interessenträgern genutzt werden, insbesondere zur Erhöhung der Vergleichbarkeit zwischen Marktsektoren und innerhalb von Marktsektoren.

So könnten Geschäftspartner von Unternehmen, einschließlich Kunden, sich auf Nachhaltigkeitsinformationen stützen, um ihre Nachhaltigkeitsrisiken und -auswirkungen über die gesamte Wertschöpfungskette hinweg zu verstehen und gegebenenfalls darüber Bericht zu erstatten. Politische Entscheidungsträger und Umweltagenturen können diese Informationen – insbesondere in aggregierter Form – nutzen, um ökologische und soziale Entwicklungen zu überwachen, die umweltökonomische Gesamtrechnung zu fördern und die öffentliche Politik zu informieren. Zwar konsultieren nur wenige Bürgerinnen und Bürger und Verbraucher die Jahresberichte von Unternehmen direkt, doch könnten sie die darin enthaltenen Nachhaltigkeitsinformationen indirekt nutzen, z. B. bei der Prüfung von Empfehlungen oder Stellungnahmen von Finanzberatern oder Nichtregierungsorganisationen. Viele Anleger und Vermögensverwalter erwerben Nachhaltigkeitsinformationen von externen Datenanbietern, die diese verschiedenen Quellen, unter anderem öffentlichen Unternehmensberichten, entnehmen und sammeln.

(10) Der Markt für Nachhaltigkeitsinformationen wächst schnell, und angesichts neuer Verpflichtungen, die Anleger und Vermögensverwalter erfüllen müssen, gewinnt die Rolle der Drittanbieter von Daten an Bedeutung. Da zunehmend aufgeschlüsselte Daten zur Verfügung stehen, dürften Nachhaltigkeitsinformationen kostengünstiger werden. Mit den in dieser Änderungsrichtlinie vorgesehenen Änderungen der Richtlinie 2013/34/EU wird darauf abgezielt, die Vergleichbarkeit von Daten zu erhöhen und Standards anzugleichen. Es wird erwartet, dass sich die Verfahren der Drittanbieter von Daten verbessern werden und die Sachkenntnis in diesem Bereich zunehmen wird, was Potenzial für die Schaffung neuer Arbeitsplätze birgt.

(11) Die Nachfrage nach Nachhaltigkeitsinformationen von Unternehmen ist in den letzten Jahren sehr stark gestiegen, insbesondere seitens der Anleger. Dieser Anstieg bei der Nachfrage ergibt sich daraus, dass sich die Art der Risiken für Unternehmen im Wandel befindet und das Bewusstsein der Anleger für die finanziellen Auswirkungen jener Risiken zunimmt. Dies gilt insbesondere für klimabezogene finanzielle Risiken. Es gibt auch ein wachsendes Bewusstsein für Risiken und Chancen, die sich für Unternehmen und Investitionen im Zusammenhang mit sonstigen Umweltfragen, etwa was den Verlust der biologischen Vielfalt anbelangt, sowie Gesundheitsfragen und sozialen Fragen, einschließlich der Kinder- und der Zwangsarbeit, ergeben. Der Anstieg bei der Nachfrage nach Nachhaltigkeitsinformationen wird auch durch die Zunahme von Anlageprodukten angetrieben, deren erklärtes Ziel es ist, bestimmte Nachhaltigkeitsstandards zu erfüllen oder bestimmte Nachhaltigkeitsziele zu erreichen und für Kohärenz mit den Zielen des am 12. Dezember 2015 angenommenen Übereinkommens von Paris im Rahmen des Rahmenübereinkommens der Vereinten Nationen über Klimaänderungen (im Folgenden „Übereinkommen von Paris“), des Übereinkommens der Vereinten Nationen über die biologische Vielfalt und der Politik der Union zu sorgen. Zum Teil ist dieser Anstieg die logische Konsequenz zuvor erlassener Rechtsvorschriften der Union, insbesondere der Verordnungen (EU) 2019/2088 und

(EU) 2020/852. Angesichts des raschen Wandels im öffentlichen Bewusstsein, bei Verbraucherpräferenzen und Marktpraktiken wäre ein Teil dieses Anstiegs jedoch in jedem Fall eingetreten. Die COVID-19-Pandemie hat dazu geführt, dass der Informationsbedarf der Nutzer weiter zunimmt, zumal sie die Schwachstellen im Hinblick auf Arbeitnehmer sowie auf Wertschöpfungsketten von Unternehmen offengelegt hat. Informationen zu Umweltauswirkungen sind auch mit Blick auf die Abmilderung künftiger Pandemien relevant, da das Auftreten und die Ausbreitung von Krankheiten zunehmend mit menschenverursachten Störungen von Ökosystemen in Verbindung stehen.

(12) Auch den Unternehmen selbst kommt eine qualitativ hochwertige Berichterstattung zu Nachhaltigkeitsaspekten zugute. Die wachsende Zahl der auf Nachhaltigkeitsziele ausgerichteten Anlageprodukte zeigt, dass Unternehmen durch eine gute Nachhaltigkeitsberichterstattung einen besseren Zugang zu Finanzkapital erlangen können. Die Nachhaltigkeitsberichterstattung kann es Unternehmen erleichtern, die eigenen Risiken und Chancen im Zusammenhang mit Nachhaltigkeitsaspekten zu ermitteln und zu steuern. Sie kann ferner als Grundlage für einen besseren Dialog und eine bessere Kommunikation zwischen Unternehmen und ihren Interessenträgern dienen und Unternehmen zu einem besseren Ruf verhelfen. Darüber hinaus würde eine einheitliche Grundlage für die Nachhaltigkeitsberichterstattung in Form von Standards für die Nachhaltigkeitsberichterstattung dazu führen, dass relevante und ausreichende Informationen bereitgestellt werden und somit die Zahl von Ad-hoc-Auskunftsersuchen erheblich verringern.

(13) Im Bericht der Kommission vom 21. April 2021 über die Überprüfungsklausel der Richtlinien 2013/34/EU, 2014/95/EU und 2013/50/EU und in der dazugehörigen Eignungsprüfung der Berichterstattung von Unternehmen (im Folgenden „Bericht der Kommission über die Überprüfungsklauseln und die dazugehörige Eignungsprüfung“) wurden Probleme hinsichtlich der Wirksamkeit der Richtlinie 2014/95/EU aufgezeigt. Es gibt deutliche Hinweise darauf, dass viele Unternehmen nicht zu allen wichtigen Nachhaltigkeitsthemen wesentliche Informationen offenlegen, einschließlich Informationen im Zusammenhang mit dem Klima, etwa zu allen Treibhausgasemissionen und Faktoren, die die Biodiversität beeinträchtigen. In dem Bericht wurden auch die begrenzte Vergleichbarkeit und Zuverlässigkeit von Nachhaltigkeitsinformationen als erhebliche Probleme ausgemacht. Darüber hinaus sind viele Unternehmen, deren Nachhaltigkeitsinformationen Nutzer benötigen würden, nicht zur Berichterstattung über Informationen verpflichtet. Dementsprechend besteht ein eindeutiger Bedarf an einem soliden und erschwinglichen Rahmen für die Berichterstattung, der mit wirksamen Prüfverfahren einhergeht, um die Zuverlässigkeit der Daten zu gewährleisten und „Greenwashing“ sowie Doppelzählung zu verhindern.

(14) Ohne ein politisches Handeln dürfte die Kluft zwischen dem Informationsbedarf der Nutzer und den von den Unternehmen bereitgestellten Nachhaltigkeitsinformationen wachsen. Diese Kluft hat erhebliche negative Auswirkungen. So sind Anleger nicht in der Lage, Risiken und Chancen im Zusammenhang mit Nachhaltigkeitsfragen bei ihren Anlageentscheidungen hinreichend zu berücksichtigen. Gebündelt können eine Vielzahl von Anlageentscheidungen, bei denen Nachhaltigkeitsrisiken nicht angemessen Rechnung getragen wird, potenziell zu systemischen Risiken und somit zu einer Gefährdung der Finanzstabilität führen. Die Europäische Zentralbank (EZB) und internationale Organisationen wie der Rat für Finanzstabilität haben auf diese Systemrisiken hingewiesen, insbesondere in Bezug auf Klimafragen. Darüber hinaus ist es so für Anleger schwieriger, Finanzmittel in Unternehmen und Wirtschaftstätigkeiten zu investieren, die soziale und ökologische Probleme nicht verschärfen, sondern zu ihrer Lösung beitragen, wodurch die Ziele des Grünen Deals, des Aktionsplans zur Finanzierung nachhaltigen Wachstums und des Übereinkommens von Paris untergraben werden. Nichtregierungsorganisationen, So-

zialpartner, von den Tätigkeiten der Unternehmen betroffene Gemeinschaften und andere Interessenträger sind weniger in der Lage, Unternehmen im Hinblick auf ihre Auswirkungen auf Mensch und Umwelt in die Verantwortung zu nehmen. Dies führt zu einem Mangel an Rechenschaftspflicht und könnte bewirken, dass Bürgerinnen und Bürger weniger Vertrauen in Unternehmen haben, was wiederum negative Auswirkungen auf das reibungslose Funktionieren der sozialen Marktwirtschaft haben könnte. Überdies macht es der Mangel an allgemein anerkannten Parametern und Methoden für die Messung, Bewertung und Bewältigung von Nachhaltigkeitsrisiken für Unternehmen schwieriger, ihre Geschäftsmodelle und Tätigkeiten nachhaltig zu gestalten. Der Mangel an von Unternehmen bereitgestellten Nachhaltigkeitsinformationen schränkt zudem die Fähigkeit der Interessenträger ein, darunter die Akteure der Zivilgesellschaft, die Gewerkschaften und die Arbeitnehmervertreter, mit den Unternehmen einen Dialog über Nachhaltigkeitsaspekte aufzunehmen.

(15) Im Bericht der Kommission über die Überprüfungsklauseln und in der dazugehörigen Eignungsprüfung wurde zudem eine erhebliche Zunahme der an Unternehmen gerichteten Ersuchen um Informationen zu Nachhaltigkeitsaspekten, die darauf abzielen, die bestehende Informationslücke zwischen dem Informationsbedarf der Nutzer und den vorhandenen Nachhaltigkeitsinformationen von Unternehmen zu schließen, aufgezeigt. Darüber hinaus dürften die vorherrschenden Erwartungen gegenüber Unternehmen, eine Vielzahl unterschiedlicher Rahmen und Standards zu verwenden, anhalten und sich möglicherweise sogar noch verstärken, da immer mehr Wert auf Nachhaltigkeitsinformationen gelegt wird. Ohne ein politisches Handeln zur Bildung eines Konsenses über die von den Unternehmen bereitzustellenden Informationen werden die Kosten und der Aufwand für Bericht erstattende Unternehmen und die Nutzer solcher Informationen erheblich steigen.

(16) Die bestehende Informationslücke erhöht die Wahrscheinlichkeit, dass einzelne Mitgliedstaaten zunehmend voneinander abweichende nationale Vorschriften oder Standards einführen werden. Unterschiedliche Berichterstattungsanforderungen in den einzelnen Mitgliedstaaten könnten zu zusätzlichen Kosten und mehr Komplexität für grenzüberschreitend tätige Unternehmen führen und somit den Binnenmarkt sowie das Niederlassungsrecht und den freien Kapitalverkehr in der gesamten Union untergraben. Diese unterschiedlichen Berichterstattungsanforderungen könnten auch dazu führen, dass Informationen, über die Bericht erstattet wurde, grenzübergreifend weniger gut vergleichbar sind, was eine Beeinträchtigung der Kapitalmarktunion zur Folge hat.

(17) Die Artikel 19a und 29a der Richtlinie 2013/34/EU gelten für große Unternehmen von öffentlichem Interesse mit einer durchschnittlichen Mitarbeiterzahl von mehr als 500 bzw. für Unternehmen von öffentlichem Interesse, bei denen es sich um Mutterunternehmen einer großen Gruppe mit einer durchschnittlichen Mitarbeiterzahl von mehr als 500 auf konsolidierter Basis handelt. Angesichts des wachsenden Bedarfs der Nutzer an Nachhaltigkeitsinformationen sollten zusätzliche Kategorien von Unternehmen zur Berichterstattung über Nachhaltigkeitsinformationen verpflichtet werden. Daher sollten sämtliche großen Unternehmen sowie sämtliche Unternehmen – mit Ausnahme von Kleinstunternehmen –, deren Wertpapiere zum Handel auf einem geregelten Markt in der Union zugelassen sind, dazu verpflichtet werden, Nachhaltigkeitsinformationen bereitzustellen. In den Bestimmungen dieser Änderungsrichtlinie, mit denen die Artikel 19a und 29a der Richtlinie 2013/34/EU geändert werden, wird der Umfang der Berichterstattungsanforderungen unter Bezugnahme auf die Artikel 2 und 3 der Richtlinie 2013/34/EU ausdrücklich festgelegt. Daher stellen sie keine Vereinfachung oder Änderung einer anderen Anforderung dar, und die Einschränkung der Befreiungen für Unternehmen von öffentlichem Interesse gemäß Artikel 40 der Richtlinie 2013/34/EU findet keine Anwendung. Insbesondere sollten Unternehmen von öffentlichem Interesse für die Zwecke der Anwendung der Anforderungen

an die Nachhaltigkeitsberichterstattung nicht als große Unternehmen behandelt werden. Dementsprechend sollten kleine und mittlere Unternehmen, deren Wertpapiere zum Handel auf einem geregelten Markt in der Union zugelassen sind und bei denen es sich um Unternehmen von öffentlichem Interesse handelt, gemäß den Standards für die Nachhaltigkeitsberichterstattung für kleine und mittlere Unternehmen Bericht erstatten dürfen. Darüber hinaus sollten alle Unternehmen, die Mutterunternehmen einer großen Gruppe sind, Nachhaltigkeitsberichte auf Gruppenebene erstellen. Da in Artikel 8 der Verordnung (EU) 2020/852 zudem auf Artikel 19a und Artikel 29a der Richtlinie 2013/34/EU Bezug genommen wird, werden die Unternehmen, die in den Anwendungsbereich der Anforderungen der Nachhaltigkeitsberichterstattung aufgenommen wurden, auch Artikel 8 der Verordnung (EU) 2020/852 einhalten müssen.

(18) Die Anforderung dieser Änderungsrichtlinie, dass auch große Unternehmen, deren Wertpapiere nicht zum Handel auf einem geregelten Markt in der Union zugelassen sind, Informationen zu Nachhaltigkeitsaspekten offenlegen sollten, liegt in erster Linie in Bedenken hinsichtlich der Auswirkungen und der Rechenschaftspflicht solcher Unternehmen, auch im Hinblick auf ihre Wertschöpfungsketten, begründet. Für sämtliche großen Unternehmen sollten demnach dieselben Anforderungen zur öffentlichen Berichterstattung über Nachhaltigkeitsinformationen gelten. Darüber hinaus benötigen auch Finanzmarktteilnehmer Informationen von solchen großen Unternehmen, deren Wertpapiere nicht zum Handel auf einem geregelten Markt in der Union zugelassen sind.

(19) Mit der Anforderung dieser Änderungsrichtlinie, dass auch Drittlandsunternehmen, deren Wertpapiere zum Handel auf einem geregelten Markt in der Union zugelassen sind, Informationen zu Nachhaltigkeitsaspekten offenlegen sollten, soll dem Umstand Rechnung getragen werden, dass Finanzmarktteilnehmer die Informationen solcher Unternehmen benötigen, um die Risiken und Auswirkungen ihrer Investitionen verstehen und ihre in der Verordnung (EU) 2019/2088 festgelegten Offenlegungspflichten erfüllen zu können.

(20) Drittlandsunternehmen, die in erheblichem Umfang im Hoheitsgebiet der Union tätig sind, sollten ebenfalls verpflichtet werden, Nachhaltigkeitsinformationen vorzulegen, insbesondere über ihre Auswirkungen auf soziale und ökologische Belange, um sicherzustellen, dass Drittlandsunternehmen für ihre Auswirkungen auf Mensch und Umwelt verantwortlich sind und dass für die im Binnenmarkt tätigen Unternehmen gleiche Wettbewerbsbedingungen herrschen. Daher sollten Drittlandunternehmen, die in der Union einen Nettoumsatz von mehr als 150 Mio. EUR erzielen und über ein Tochterunternehmen oder eine Zweigniederlassung im Gebiet der Union verfügen, den Anforderungen der Union an die Nachhaltigkeitsberichterstattung unterliegen. Um die Verhältnismäßigkeit und Durchsetzbarkeit solcher Anforderungen zu gewährleisten, sollte der Schwellenwert eines Nettoumsatzes von mehr als 40 Mio. EUR auch für die Zweigniederlassungen von Unternehmen aus Drittländern gelten, und die Schwellenwerte in Bezug auf die Einordnung als großes Unternehmen oder als kleines oder mittleres Unternehmen, dessen Wertpapiere zum Handel auf einem geregelten Markt in der Union zugelassen sind, sollte für die Tochterunternehmen von Drittlandsunternehmen gelten, da diese Tochterunternehmen und Zweigniederlassungen für die Veröffentlichung des Nachhaltigkeitsberichts des Drittlandsunternehmens verantwortlich sein sollten. Die von dem Tochterunternehmen oder der Zweigniederlassung eines Drittlandsunternehmens veröffentlichten Nachhaltigkeitsberichte sollten im Einklang mit Standards erstellt werden, die bis zum 30. Juni 2024 von der Kommission im Wege delegierter Rechtsakte verabschiedet werden.

Das Tochterunternehmen oder die Zweigniederlassung eines Drittlandunternehmens sollte zudem in der Lage sein, gemäß den Standards, die für in der Union niedergelassene Unternehmen gelten, oder gemäß Standards, die gemäß einem Durchführungsrechtsakt als gleichwertig gelten, Bericht zu erstatten. Werden von dem Drittlandsunternehmen nicht alle gemäß dieser Änderungsrichtlinie erforderlichen Informationen zur Verfügung gestellt, obwohl sich das Tochterunternehmen oder die Zweigniederlassung dieses Drittlandsunternehmens nach besten Kräften bemüht hat, die erforderlichen Informationen einzuholen, so sollte dieses Tochterunternehmen oder diese Zweigniederlassung alle in seinem/ihrem Besitz befindlichen Informationen zur Verfügung stellen und eine Erklärung abgeben, aus der hervorgeht, dass das Drittlandsunternehmen die restlichen erforderlichen Informationen nicht zur Verfügung gestellt hat. Um die Qualität und Zuverlässigkeit der Berichterstattung zu gewährleisten, sollten die Nachhaltigkeitsberichte von Drittlandsunternehmen zusammen mit einem Bestätigungsurteil veröffentlicht werden, das einem von einer Person oder Gesellschaft abgegebenen wurde, die nach dem nationalen Recht des Drittlandsunternehmens oder eines Mitgliedstaats zur Abgabe eines Bestätigungsurteils über die Nachhaltigkeitsberichterstattung befugt ist. Wird ein solches Bestätigungsurteil nicht abgegeben, sollte das Tochterunternehmen oder die Zweigniederlassung des Drittlandsunternehmens eine Erklärung abgeben, aus der hervorgeht, dass das Drittlandsunternehmen das erforderliche Bestätigungsurteil nicht abgegeben hat. Der Nachhaltigkeitsbericht sollte der Öffentlichkeit über die Zentral-, Handels- oder Gesellschaftsregister der Mitgliedstaaten oder alternativ auf der Website des Tochterunternehmens oder der Zweigniederlassung des Drittlandsunternehmens kostenlos zugänglich gemacht werden.

Die Mitgliedstaaten sollten in der Lage sein, die Kommission jährlich über die Tochterunternehmen oder Zweigniederlassungen der Drittlandsunternehmen zu informieren, die die Veröffentlichungspflicht erfüllt haben, sowie über die Fälle, in denen zwar ein Bericht veröffentlicht wurde, das Tochterunternehmen oder die Zweigniederlassung des Drittlandsunternehmens jedoch erklärt hat, dass es/sie die erforderlichen Informationen von dem Drittlandsunternehmen nicht einholen konnte. Die Kommission sollte auf ihrer Website eine Liste der Drittlandsunternehmen öffentlich zugängig machen, die einen Nachhaltigkeitsbericht veröffentlicht haben.

(21) Angesichts der zunehmenden Bedeutung von Nachhaltigkeitsrisiken und unter Berücksichtigung der Tatsache, dass kleine und mittlere Unternehmen, deren Wertpapiere zum Handel auf einem geregelten Markt in der Union zugelassen sind, einen erheblichen Anteil aller Unternehmen ausmachen, deren Wertpapiere zum Handel auf einem geregelten Markt in der Union zugelassen sind, sollten zur Gewährleistung des Anlegerschutzes auch kleine und mittlere Unternehmen – mit Ausnahme von Kleinstunternehmen –, deren Wertpapiere zum Handel auf einem geregelten Markt in der Union zugelassen sind, verpflichtet werden, Informationen zu Nachhaltigkeitsaspekten offenzulegen. Mit der Einführung dieser Anforderung wird mit dazu beigetragen, dass Finanzmarktteilnehmer auch kleinere Unternehmen, deren Wertpapiere zum Handel auf einem geregelten Markt in der Union zugelassen sind, in ihre Anlageportfolios aufnehmen können, da diese sodann die von Finanzmarktteilnehmern benötigten Nachhaltigkeitsinformationen bereitstellen.

So wird dazu beigetragen, den Zugang kleinerer Unternehmen, deren Wertpapiere zum Handel auf einem geregelten Markt in der Union zugelassen sind, zu Finanzkapital zu erhalten und zu verbessern und zu vermeiden, dass solche Unternehmen von den Finanzmarktteilnehmern vernachlässigt werden. Die Einführung der Anforderung für kleine und mittlere Unternehmen – mit Ausnahme von Kleinstunternehmen –, deren Wertpapiere zum Handel auf einem geregelten Markt in der Union zugelassen sind, Informationen zu Nachhaltigkeitsaspekten offenzulegen, ist überdies erforderlich, um sicherzustellen, dass Finanzmarktteilnehmer über die Informationen verfügen, die sie von den Unternehmen, in die investiert wird, benötigen, um ihre eigenen nachhaltigkeitsbezogenen Offenlegungspflichten gemäß der Verordnung (EU) 2019/2088 erfüllen zu können. Kleinen und mittleren Unternehmen, deren Wertpapiere zum Handel auf einem geregelten Markt in der Union zugelassen sind, sollte die Möglichkeit gegeben werden, sich bei ihrer Berichterstattung nach Standards zu richten, die in einem angemessenen Verhältnis zu ihren Kapazitäten und Ressourcen stehen und dem Umfang und der Komplexität ihrer Tätigkeiten entsprechen. Kleine und mittlere Unternehmen, deren Wertpapiere nicht zum Handel auf einem geregelten Markt in der Union zugelassen sind, sollten ebenfalls die Möglichkeit haben, sich dafür zu entscheiden, solche verhältnismäßigen Standards freiwillig anzuwenden.

Die Standards für die Nachhaltigkeitsberichterstattung von kleinen und mittleren Unternehmen werden den in den Anwendungsbereich der durch diese Änderungsrichtlinie eingeführten Anforderungen fallenden Unternehmen als Referenz für den Umfang der Nachhaltigkeitsinformationen dienen, die sie von kleinen und mittleren Unternehmen, die Zulieferer oder Abnehmer entlang ihrer Wertschöpfungsketten dieser Unternehmen sind, vertretbarerweise verlangen können. Kleinen und mittleren Unternehmen, deren Wertpapiere zum Handel auf einem geregelten Markt in der Union zugelassen sind, sollte – aufgrund ihrer geringeren Größe und ihrer begrenzten Ressourcen sowie unter Berücksichtigung der schwierigen wirtschaftlichen Umstände infolge der COVID-19-Pandemie – zudem ausreichend Zeit eingeräumt werden, um sich auf die Anwendung der Bestimmungen, die die Nachhaltigkeitsberichterstattung vorschreiben, vorzubereiten. Daher sollten die Bestimmungen über die Nachhaltigkeitsberichterstattung von Unternehmen in Bezug auf kleine und mittlere Unternehmen – mit Ausnahme von Kleinstunternehmen –, deren Wertpapiere zum Handel auf einem geregelten Markt in der Union zugelassen sind, für Geschäftsjahre gelten, die am oder nach dem 1. Januar 2026 beginnen. Nach diesem Datum sollten kleine und mittlere Unternehmen, deren Wertpapiere zum Handel auf einem geregelten Markt in der Union zugelassen sind, während eines Übergangszeitraums von zwei Jahren die Möglichkeit haben, von den in dieser Änderungsrichtlinie festgelegten Anforderungen an die Nachhaltigkeitsberichterstattung abzuweichen, sofern sie in ihrem Lagebericht kurz darlegen, weshalb die Nachhaltigkeitsinformationen nicht bereitgestellt wurden.

(22) Den Mitgliedstaaten sollte es freistehen, die Auswirkungen ihrer nationalen Umsetzungsmaßnahmen auf kleine und mittlere Unternehmen zu prüfen, um sicherzustellen, dass sie nicht unverhältnismäßig beeinträchtigt werden, wobei Kleinstunternehmen besondere Aufmerksamkeit zu widmen und unnötiger Verwaltungsaufwand zu vermeiden ist. Die Mitgliedstaaten sollten die Einführung von Maßnahmen zur Unterstützung von kleinen und mittleren Unternehmen bei der Anwendung der Standards für die Nachhaltigkeitsberichterstattung in Erwägung ziehen.

(23) Die Richtlinie 2004/109/EG des Europäischen Parlaments und des Rates ([17]) gilt für Unternehmen, deren Wertpapiere zum Handel auf einem geregelten Markt in der Union zugelassen sind. Um sicherzustellen, dass Unternehmen, deren Wertpapiere zum Handel auf einem geregelten Markt in der Union zugelassen sind, einschließlich Emittenten aus einem Drittland, denselben Anforderungen an die Nachhaltigkeitsberichterstattung unterliegen, sollte die Richtlinie 2004/109/EG die erforderlichen Querverweise auf etwaige Anforderungen an die Nachhaltigkeitsberichterstattung im Jahresfinanzbericht enthalten.

(24) Mit Artikel 23 Absatz 4 Unterabsatz 1 Buchstabe i und Artikel 23 Absatz 4 Unterabsatz 4 der Richtlinie 2004/109/EG wird der Kommission jeweils die Befugnis übertragen, Maßnahmen zur Einführung eines Mechanismus für die Feststellung der Gleichwertigkeit von gemäß jener Richtlinie erforderlichen Informationen bzw. zur Aufstellung allgemeiner Äquivalenzkriterien für Rechnungslegungsstandards zu erlassen. Nach Artikel 23 Absatz 4 Unterabsatz 3 der Richtlinie 2004/109/EG ist die Kommission zudem befugt, die notwendigen Beschlüsse über die Gleichwertigkeit der Rechnungslegungsstandards, die von Emittenten mit Sitz in Drittländern angewandt werden, zu fassen. Damit der Erwei-

terung der Richtlinie 2004/109/EG um Nachhaltigkeitsanforderungen Rechnung getragen ist, sollte der Kommission die Befugnis übertragen werden, einen Mechanismus für die Feststellung der Gleichwertigkeit der von Emittenten mit Sitz in Drittländern angewandten Standards für die Nachhaltigkeitsberichterstattung einzurichten, ähnlich der bestehenden Verordnung (EG) Nr. 1569/2007 der Kommission ([18]), in der die Kriterien für die Feststellung der Gleichwertigkeit der von Emittenten mit Sitz in Drittländern angewandten Rechnungslegungsstandards festgelegt sind. Aus demselben Grund sollte die Kommission zudem die Befugnis erhalten, die notwendigen Beschlüsse über die Gleichwertigkeit der Standards für die Nachhaltigkeitsberichterstattung, die von Emittenten mit Sitz in Drittländern angewandt werden, zu fassen. Die mit dieser Änderungsrichtlinie eingeführten Änderungen werden einheitliche Gleichwertigkeitsregelungen für die Anforderungen an die Nachhaltigkeitsberichterstattung und für die Anforderungen an die Finanzberichterstattung im Zusammenhang mit dem Jahresfinanzbericht sicherstellen.

(25) Nach Artikel 19a Absatz 3 und Artikel 29a Absatz 3 der Richtlinie 2013/34/EU sind sämtliche Tochterunternehmen von der Pflicht zur Berichterstattung über nichtfinanzielle Informationen befreit, sofern diese Unternehmen und ihre Tochterunternehmen in den konsolidierten Lagebericht ihres Mutterunternehmens einbezogen werden und dieser Bericht nichtfinanzielle Informationen umfasst, die gemäß der genannten Richtlinie bereitzustellen sind. Es muss jedoch sichergestellt werden, dass Nachhaltigkeitsinformationen für die Nutzer leicht zugänglich sind, und es muss für Transparenz hinsichtlich der Frage gesorgt werden, welches das auf Gruppenebene Bericht erstattende Mutterunternehmen des befreiten Tochterunternehmens ist. Diese Tochterunternehmen müssen daher verpflichtet werden, in ihren Lagebericht den Namen und den Sitz des Mutterunternehmens, das über Nachhaltigkeitsinformationen auf Gruppenebene Bericht erstattet, die Weblinks zum konsolidierten Lagebericht ihres Mutterunternehmens und einen Hinweis darauf, dass sie von der Nachhaltigkeitsberichterstattung befreit sind, aufnehmen. Die Mitgliedstaaten sollten vorschreiben können, dass das Mutterunternehmen den konsolidierten Lagebericht in den von ihnen akzeptierten Sprachen veröffentlicht und die erforderlichen Übersetzungen in diese Sprachen vorlegt. Derartige Befreiungen sollten auch dann gelten, wenn es sich bei dem auf Gruppenebene Bericht erstattenden Mutterunternehmen um ein Drittlandsunternehmen handelt, dessen Nachhaltigkeitsberichterstattung gemäß gleichwertigen Standards für die Nachhaltigkeitsberichterstattung erfolgt.

Die Richtlinie 2004/109/EG in der mit der vorliegenden Änderungsrichtlinie geänderten Fassung sollte geeignete Mechanismen zur Feststellung der Gleichwertigkeit von Standards für die Nachhaltigkeitsberichterstattung vorsehen, und Unternehmen, deren Wertpapiere zum Handel auf einem geregelten Markt in der Union zugelassen sind, sowie Unternehmen, deren Wertpapiere nicht zum Handel auf einem geregelten Markt in der Union zugelassen sind, sollten einer Berichtspflicht nach denselben Standards für die Nachhaltigkeitsberichterstattung unterliegen. In diesem Zusammenhang sollten die gemäß Artikel 23 Absatz 4 Unterabsatz 1 Ziffer i und Artikel 23 Absatz 4 Unterabsatz 4 der Richtlinie 2004/109/EG von der Kommission erlassenen Durchführungsrechtsakte zur Einrichtung eines Mechanismus zur Feststellung der Gleichwertigkeit von Standards für die Feststellung verwendet werden, um zu bestimmen, ob Tochterunternehmen von Mutterunternehmen aus Drittländern im Rahmen der Regelung der Richtlinie 2013/34/EU zu befreien sind. Daher sollte das Tochterunternehmen befreit werden, wenn die konsolidierte Nachhaltigkeitsberichterstattung gemäß den nach dem durch die vorliegende Änderungsrichtlinie eingeführten Artikel 29b der Richtlinie 2013/34/EU von der Kommission erlassenen Standards für die Nachhaltigkeitsberichterstattung oder in einer Weise durchgeführt wurde, die diesen Standards für die Nachhaltigkeitsberichterstattung gleichwertig ist, was in einem gemäß Artikel 23 Absatz 4 Unterabsatz 3 der Richtlinie 2004/109/EG erlassenen Durchführungsrechtsakt über die Gleichwertigkeit der Standards für die Nachhaltigkeitsberichterstattung festgestellt wurde. Diese Befreiung sollte aus Gründen des Anlegerschutzes nicht für große Unternehmen gelten, deren Wertpapiere zum Handel auf einem geregelten Markt in der Union zugelassen sind, um mehr Transparenz in Bezug auf diese Unternehmen sicherzustellen.

(26) Nach Artikel 23 der Richtlinie 2013/34/EU sind Mutterunternehmen von der Verpflichtung zur Erstellung eines konsolidierten Abschlusses und eines konsolidierten Lageberichts ausgenommen, sofern sie Tochterunternehmen eines anderen Mutterunternehmens sind, das dieser Verpflichtung nachkommt. Es sollte jedoch präzisiert werden, dass die Ausnahmeregelung für konsolidierte Abschlüsse und konsolidierte Lageberichte unabhängig von der Ausnahmeregelung für die konsolidierte Nachhaltigkeitsberichterstattung Anwendung findet. Es ist daher möglich, dass ein Unternehmen von den Anforderungen zur konsolidierten Finanzberichterstattung, nicht aber von den Anforderungen zur konsolidierten Nachhaltigkeitsberichterstattung befreit ist, wenn sein oberstes Mutterunternehmen konsolidierte Abschlüsse und konsolidierte Lageberichte im Einklang mit dem Unionsrecht oder – im Fall von Unternehmen mit Sitz in einem Drittland – gemäß gleichwertigen Anforderungen erstellt, jedoch keine konsolidierte Nachhaltigkeitsberichterstattung im Einklang mit dem Unionsrecht oder – im Fall von Unternehmen mit Sitz in einem Drittland – gemäß gleichwertigen Anforderungen vornimmt. Mutterunternehmen, die auf Gruppenebene Bericht erstatten, müssen ein angemessenes Verständnis der Risiken für ihre Tochterunternehmen und der Auswirkungen ihrer Tochterunternehmen vermitteln, gegebenenfalls einschließlich Informationen über ihre Due-Diligence-Prozesse. Es kann Fälle geben, in denen die Unterschiede bei der Situation der Gruppe und der Situation ihrer einzelnen Tochterunternehmen oder bei der Situation einzelner Tochterunternehmen in verschiedenen Bereichen besonders groß sind und die Nutzer der Information in Ermangelung zusätzlicher Informationen über das betreffende Tochterunternehmen zu einer stark abweichenden Schlussfolgerung hinsichtlich der Risiken für ihre oder Auswirkungen ihres Tochterunternehmens veranlassen würden.

(27) Kreditinstitute und Versicherungsunternehmen spielen beim Übergang zu einem gänzlich nachhaltigen und inklusiven Wirtschafts- und Finanzsystem im Einklang mit dem Grünen Deal eine entscheidende Rolle. Sie können durch ihre Kreditvergabe-, Anlage- und Versicherungstätigkeiten erhebliche positive und negative Auswirkungen haben. Kreditinstitute und Versicherungsunternehmen, die nicht zur Einhaltung der Richtlinie 2013/34/EU verpflichtet sind, einschließlich Genossenschaften und Gegenseitigkeitsgesellschaften, sollten daher, sofern sie bestimmte Größenkriterien erfüllen, Anforderungen an die Nachhaltigkeitsberichterstattung unterliegen. Die Nutzer von Nachhaltigkeitsinformationen würden somit in die Lage versetzt, sowohl die gesellschaftlichen und ökologischen Auswirkungen solcher Kreditinstitute und Versicherungsunternehmen als auch die sich aus Nachhaltigkeitsaspekten ergebenden Risiken, denen solche Kreditinstitute und Versicherungsunternehmen ausgesetzt sein könnten, zu bewerten. Die Richtlinie 2013/34/EU sieht drei mögliche Kriterien vor, um festzustellen, ob ein Unternehmen als „großes Unternehmen“ gilt, nämlich die Bilanzsumme, die Nettoumsatzerlöse und die durchschnittliche Zahl der während des Geschäftsjahres Beschäftigten.

Das Kriterium der Nettoumsatzerlöse muss für Kreditinstitute und Versicherungsunternehmen angepasst werden, indem anstelle der allgemeinen Definition der Richtlinie 2013/34/EU auf die Definition der Nettoumsatzerlöse in den Richtlinien 86/635/EWG ([19]) und 91/674/EWG ([20]) des Rates Bezug genommen wird. Zur Gewährleistung der Kohärenz mit den Berichterstattungsanforderungen der Richtlinie 86/635/EWG können die Mitgliedstaaten in diesem Zusammenhang beschließen, die Anforderungen an die Nachhaltigkeitsberichterstattung nicht auf die in Artikel 2 Absatz 5 der Richtlinie 2013/36/EU des Europäischen Parlaments und des Rates ([21]) genannten Kreditinstitute anzuwenden.

(28) Die Liste der Nachhaltigkeitsaspekte, über die Unternehmen Bericht erstatten müssen, sollte so weit wie möglich im Einklang mit der Bestimmung des Begriffs „Nachhaltigkeitsfaktoren“ im Sinne der Verordnung (EU) 2019/2088 stehen, um eine Nichtübereinstimmung der von Datennutzern verlangten Informationen und den Informationen, über die Unternehmen Bericht zu erstatten haben, zu verhindern. Diese Liste sollte zudem den Bedürfnissen und Erwartungen der Nutzer sowie der Unternehmen entsprechen, die zur Kategorisierung der drei wichtigsten Nachhaltigkeitsaspekte häufig die Begriffe „Umwelt“, „Soziales“ und „Unternehmensführung“ verwenden. Der Aspekt der Unternehmensführung wird von der Verordnung (EU) 2019/2088 festgelegten Definition des Begriffs „Nachhaltigkeitsfaktoren“ jedoch nicht ausdrücklich erfasst. Die Definition des Begriffs „Nachhaltigkeitsaspekte“ in der Richtlinie 2013/34/EU in der durch die vorliegende Änderungsrichtlinie geänderten Fassung sollte daher Umwelt-, Sozial- und Menschenrechts- sowie Governance-Faktoren abdecken und die Bestimmung des Begriffs „Nachhaltigkeitsfaktoren“ im Sinne der Verordnung (EU) 2019/2088 miteinschließen. Die Berichterstattungsanforderungen der Richtlinie 2013/34/EU sollten die nationalen Berichterstattungspflichten unberührt lassen.

(29) Nach Artikel 19a Absatz 1 und Artikel 29a Absatz 1 der Richtlinie 2013/34/EU muss die Berichterstattung nicht nur Angaben umfassen, die für das Verständnis des Geschäftsverlaufs, des Geschäftsergebnisses und der Lage des Unternehmens erforderlich sind, sondern auch Angaben, die für das Verständnis der Auswirkungen der Tätigkeiten des Unternehmens im Hinblick auf Umwelt-, Sozial-, und Arbeitnehmerbelange, die Achtung der Menschenrechte und die Bekämpfung von Korruption und Bestechung erforderlich sind. Nach diesen Artikeln sind Unternehmen daher verpflichtet, sowohl über die Auswirkungen der Tätigkeiten des Unternehmens auf Mensch und Umwelt als auch über die Auswirkungen der Nachhaltigkeitsaspekte auf das Unternehmen Bericht zu erstatten. Dies wird als Konzept der doppelten Wesentlichkeit bezeichnet, bei dem die Risiken für das Unternehmen sowie dessen Auswirkungen jeweils einen Wesentlichkeitsaspekt darstellen. Die Eignungsprüfung der Berichterstattung von Unternehmen zeigt, dass diese beiden Aspekte häufig nicht korrekt verstanden oder angewandt werden. Daher muss klargestellt werden, dass Unternehmen jeden Wesentlichkeitsaspekt eigenständig betrachten und sowohl Informationen, die nach beiden Aspekten wesentlich sind, als auch Informationen offenlegen sollten, die nur nach einem Aspekt wesentlich sind.

(30) Nach Artikel 19a Absatz 1 und Artikel 29a Absatz 1 der Richtlinie 2013/34/EU müssen Unternehmen Informationen zu fünf Berichterstattungsbereichen offenlegen: Geschäftsmodell; Konzepte, einschließlich der angewandten Due-Diligence-Prozesse; Ergebnisse dieser Konzepte; Risiken und deren Handhabung sowie wichtigste Leistungsindikatoren, die für die betreffende Geschäftstätigkeit von Bedeutung sind. Artikel 19a Absatz 1 der Richtlinie 2013/34/EU enthält keine ausdrücklichen Verweise auf andere Berichterstattungsbereiche, die Nutzer von Informationen für relevant halten und von denen einige mit Offenlegungen in internationalen Rahmenwerken, einschließlich der Empfehlungen der Taskforce „Klimabezogene Finanzinformationen“, im Einklang stehen. Die Offenlegungspflichten sollten hinreichend spezifiziert werden, um sicherzustellen, dass Unternehmen Bericht über Informationen über ihre Widerstandsfähigkeit im Zusammenhang mit Nachhaltigkeitsrisiken erstatten. Zusätzlich zu den in Artikel 19a Absatz 1 und Artikel 29a Absatz 1 der Richtlinie 2013/34/EU genannten Berichterstattungsbereichen sollten Unternehmen zur Offenlegung von Informationen zu folgenden Bereichen und Fragen verpflichtet werden: Geschäftsstra-

tegie und Widerstandsfähigkeit des Geschäftsmodells und der Strategie im Zusammenhang mit Nachhaltigkeitsrisiken. Sie sollten auch verpflichtet werden, etwaige Pläne offenzulegen, mit denen die Vereinbarkeit ihres Geschäftsmodells und ihrer Geschäftsstrategie mit dem Übergang zu einer nachhaltigen Wirtschaft und mit den Zielen der Begrenzung der Erderwärmung auf 1,5 °C ohne oder mit nur begrenzter Überschreitung im Einklang mit dem Übereinkommen von Paris und der Verwirklichung der Klimaneutralität bis 2050 gemäß der Verordnung (EU) 2021/1119 sichergestellt werden soll.

Es ist besonders wichtig, dass klimabezogene Pläne auf den neuesten wissenschaftlichen Erkenntnissen beruhen, einschließlich der Berichte des Zwischenstaatlichen Ausschusses für Klimaänderungen (IPCC) und der Berichte des europäischen wissenschaftlichen Beirats für Klimaänderungen. Mit gemäß Artikel 8 der Verordnung (EU) 2020/852 offengelegten Informationen über die Höhe der Investitionsausgaben (CapEx) oder der Betriebsausgaben (OpEx) im Zusammenhang mit den taxonomiekonformen Tätigkeiten könnten gegebenenfalls Finanz- und Investitionspläne im Zusammenhang mit diesen Plänen unterstützt werden. Unternehmen sollten daher ebenfalls dazu verpflichtet werden, offenzulegen, ob und wie ihr Geschäftsmodell und ihre Geschäftsstrategie den Interessen der Interessenträger Rechnung tragen; etwaige Chancen des Unternehmens im Zusammenhang mit Nachhaltigkeitsaspekten; Umsetzung jener Aspekte der Geschäftsstrategie, die Auswirkungen auf Nachhaltigkeitsaspekte haben oder von Nachhaltigkeitsaspekten betroffen sind; etwaige Nachhaltigkeitsziele des Unternehmens und diesbezüglich erzielte Fortschritte; die Rolle des Verwaltungsrats und der Geschäftsleitung im Hinblick auf Nachhaltigkeitsaspekte; die wesentlichen – tatsächlichen und potenziellen – nachteiligen Auswirkungen im Zusammenhang mit den Tätigkeiten des Unternehmens; und wie das Unternehmen die Informationen, die Gegenstand der Berichterstattung sind, ermittelt. Sobald die Offenlegung von Elementen wie den Zielen und den diesbezüglich erzielten Fortschritten verpflichtend eingeführt wird, wird eine gesonderte Verpflichtung zur Offenlegung der Ergebnisse von Konzepten hinfällig.

(31) Zur Gewährleistung der Kohärenz mit internationalen Instrumenten wie den „Leitprinzipien der Vereinten Nationen für Unternehmen und Menschenrechte: Umsetzung des Rahmens der Vereinten Nationen „Schutz, Achtung und Abhilfe““ (im Folgenden „Leitprinzipien der Vereinten Nationen für Wirtschaft und Menschenrechte“), den OECD-Leitsätzen für multinationale Unternehmen und den OECD-Leitsätzen für die Erfüllung der Sorgfaltspflicht für verantwortungsvolles unternehmerisches Handeln sollten die Offenlegungspflichten im Hinblick auf Due-Diligence-Prozesse genauer spezifiziert werden, als dies in Artikel 19a Absatz 1 Buchstabe b und Artikel 29a Absatz 1 Buchstabe b der Richtlinie 2013/34/EU aktuell der Fall ist. Due-Diligence-Prozesse werden von Unternehmen mit dem Ziel durchgeführt, die wesentlichen – tatsächlichen und potenziellen – nachteiligen Auswirkungen im Zusammenhang mit ihren Tätigkeiten zu ermitteln, zu überwachen, zu verhüten, zu mildern, wiedergutzumachen oder zu beseitigen; dabei wird auch ermittelt, wie die Unternehmen diesen nachteiligen Auswirkungen begegnen. Die Auswirkungen im Zusammenhang mit den Tätigkeiten eines Unternehmens schließen die unmittelbar vom Unternehmen verursachten Auswirkungen, die Auswirkungen, zu denen das Unternehmen beiträgt, sowie jene Auswirkungen ein, die anderweitig mit der Wertschöpfungskette des Unternehmens zusammenhängen. Der Due-Diligence-Prozess deckt die gesamte Wertschöpfungskette des Unternehmens ab, einschließlich seiner eigenen Tätigkeiten, seiner Produkte und Dienstleistungen, seiner Geschäftsbeziehungen und seiner Lieferketten. Im Einklang mit den Leitprinzipien der Vereinten Nationen für Wirtschaft und Menschenrechte sind tatsächliche oder potenzielle nachteilige Auswirkungen als wesentliche Auswirkungen anzusehen, wenn sie im Hinblick auf die nachstehenden Faktoren zu den größten Aus-

wirkungen im Zusammenhang mit den Tätigkeiten des betreffenden Unternehmens zählen: Schwere der Auswirkungen auf Mensch oder Umwelt; Anzahl der Personen, die betroffen sind oder betroffen sein könnten, bzw. Ausmaß der Umweltschäden; und Aufwand, der erforderlich ist, um die Schäden zu beheben und – mit Blick auf die Umwelt bzw. die betroffenen Menschen – den ursprünglichen Zustand wiederherzustellen.

(32) Nach der Richtlinie 2013/34/EU ist die Offenlegung von Angaben über immaterielle Ressourcen, bei denen es sich nicht um in der Bilanz angesetzte immaterielle Anlagewerte handelt, nicht erforderlich. Es ist weithin anerkannt, dass über Informationen zu immateriellen Anlagewerten und anderen immateriellen Faktoren, einschließlich intern geschaffener immaterieller Ressourcen, in zu geringem Maße Bericht erstattet wird, wodurch eine ordnungsgemäße Bewertung des Geschäftsverlaufs, des Geschäftsergebnisses und der Lage eines Unternehmens sowie die Überwachung von Investitionen erschwert wird. Um Anlegern ein besseres Verständnis der bei zahlreichen Unternehmen und in vielen Wirtschaftszweigen zunehmend beobachteten Diskrepanz zwischen Buchwert und Marktbewertung zu verschaffen, sollte von allen großen Unternehmen und allen Unternehmen– mit Ausnahme von Kleinstunternehmen –, deren Wertpapiere zum Handel auf einem geregelten Markt in der Union zugelassen sind, eine angemessene Berichterstattung über immaterielle Ressourcen verlangt werden. Nichtsdestotrotz sind bestimmte Informationen über immaterielle Ressourcen untrennbar mit Nachhaltigkeitsaspekten verbunden und sollten daher Teil der Nachhaltigkeitsberichterstattung sein. Beispielsweise sind Informationen über die Fähigkeiten der Beschäftigten, ihre Kompetenzen, ihre Erfahrung, ihre Loyalität gegenüber dem Unternehmen und ihre Motivation zur Verbesserung von Prozessen, Waren und Dienstleistungen Nachhaltigkeitsinformationen zu sozialen Aspekten, die auch als Informationen über immaterielle Ressourcen betrachtet werden könnten. Ebenso sind Informationen über die Qualität der Beziehungen zwischen dem Unternehmen und seinen Interessenträgern, einschließlich Kunden, Lieferanten und Gemeinschaften, die von den Tätigkeiten des Unternehmens betroffen sind, Nachhaltigkeitsinformationen, die für Sozial- oder Governance-Aspekte relevant sind und ebenfalls als Informationen über immaterielle Ressourcen betrachtet werden könnten. Diese Beispiele verdeutlichen, dass es in manchen Fällen nicht möglich ist, Informationen über immaterielle Ressourcen von Informationen über Nachhaltigkeitsaspekte zu unterscheiden.

(33) In Artikel 19a Absatz 1 und Artikel 29a Absatz 1 der Richtlinie 2013/34/EU wird nicht spezifiziert, ob die Informationen, über die Bericht zu erstatten ist, zukunftsbezogen sein oder frühere Entwicklungen betreffen sollen. Derzeit ist ein Mangel an zukunftsbezogenen Offenlegungen zu verzeichnen, die von Nutzern von Nachhaltigkeitsinformationen besonders geschätzt werden. In Artikel 19a und Artikel 29a der Richtlinie 2013/34/EU sollte daher spezifiziert werden, dass die bereitgestellten Nachhaltigkeitsinformationen sowohl zukunfts- als auch vergangenheitsbezogene Informationen und sowohl qualitative als auch quantitative Informationen umfassen müssen. Die Informationen sollten sich gegebenenfalls auf schlüssige wissenschaftliche Erkenntnisse stützen. Die Informationen sollten zudem harmonisiert und vergleichbar sein und gegebenenfalls auf einheitlichen Indikatoren beruhen, wobei eine unternehmensspezifische Berichterstattung möglich sein sollte, die die Geschäftslage des Unternehmens nicht gefährdet. Die bereitgestellten Nachhaltigkeitsinformationen sollten zudem kurz-, mittel- und langfristige Zeiträume abdecken und Informationen zur gesamten Wertschöpfungskette des Unternehmens, einschließlich – sofern zweckmäßig – seiner eigenen Tätigkeiten, seiner Produkte und Dienstleistungen, seiner Geschäftsbeziehungen und seiner Lieferketten, enthalten. Informationen zur gesamten Wertschöpfungskette des Unternehmens würden sowohl Informationen zu dessen Wertschöpfungskette in der Union als auch Informationen in Bezug auf Drittländer umfassen,

sofern die Wertschöpfungskette des Unternehmens über die Grenzen der Union hinausgeht. Für die ersten drei Jahre der Anwendung der von den Mitgliedstaaten gemäß dieser Änderungsrichtlinie angenommenen Maßnahmen und für den Fall, dass nicht alle erforderlichen Informationen über seine Wertschöpfungskette verfügbar sind, sollte das Unternehmen erläutern, welche Anstrengungen unternommen wurden, um die Informationen über seine Wertschöpfungskette zu erhalten, begründen, warum diese Informationen nicht eingeholt werden konnten, und seine Pläne darlegen, um künftig die entsprechenden Informationen einzuholen.

(34) Diese Änderungsrichtlinie zielt nicht darauf ab, Unternehmen zur Offenlegung von geistigem Kapital, geistigem Eigentum, Know-how oder Innovationsergebnissen zu verpflichten, die als Geschäftsgeheimnisse im Sinne der Richtlinie (EU) 2016/943 des Europäischen Parlaments und des Rates ([22]) einzustufen sind. Die in dieser Änderungsrichtlinie vorgesehenen Berichterstattungsanforderungen sollten daher unbeschadet der Richtlinie (EU) 2016/943 gelten.

(35) Nach Artikel 19a Absatz 1 und Artikel 29a Absatz 1 der Richtlinie 2013/34/EU müssen Unternehmen in ihre nichtfinanzielle Berichterstattung auch Hinweise auf im Jahresabschluss ausgewiesene Beträge und zusätzliche Erläuterungen dazu aufnehmen. Nach diesen Artikeln sind Unternehmen jedoch nicht dazu verpflichtet, im Lagebericht auf andere Informationen hinzuweisen oder solche Informationen um zusätzliche Erläuterungen zu ergänzen. Folglich mangelt es derzeit an Kohärenz zwischen den nichtfinanziellen Informationen, über die Bericht erstattet wurde, und den übrigen im Lagebericht offengelegten Informationen. Es ist erforderlich, diesbezüglich klare Anforderungen festzulegen.

(36) Nach Artikel 19a Absatz 1 und Artikel 29a Absatz 1 der Richtlinie 2013/34/EU müssen Unternehmen, die in Bezug auf einen oder mehrere der in diesen Artikeln aufgeführten Belange kein Konzept verfolgen, eine klare und begründete Erklärung dafür vorlegen. Dass Offenlegungen zu den etwaigen bestehenden Konzepten von Unternehmen anders behandelt werden als Offenlegungen in den anderen in diesen Artikeln aufgeführten Berichterstattungsbereichen, hat bei den Bericht erstattenden Unternehmen für Verwirrung gesorgt und keineswegs zur Verbesserung der Qualität der Informationen, über die Bericht erstattet wurde, beigetragen. Es ist daher nicht erforderlich, diese unterschiedliche Behandlung von Konzepten in der genannten Richtlinie beizubehalten. In den Standards für die Nachhaltigkeitsberichterstattung sollte festgelegt werden, welche Informationen für jeden der in den Artikeln 19a und 29a der Richtlinie 2013/34/EU in der durch die vorliegenden Änderungsrichtlinie geänderten Fassung genannten Berichterstattungsbereiche offengelegt werden müssen.

(37) Unternehmen, die in den Anwendungsbereich von Artikel 19a Absatz 1 und Artikel 29a Absatz 1 der Richtlinie 2013/34/EU fallen, können sich auf nationale, unionsbasierte oder internationale Rahmenwerke für die Berichterstattung stützen und haben, wenn sie hiervon Gebrauch machen, anzugeben, auf welche Rahmenwerke sie sich gestützt haben. Nach der Richtlinie 2013/34/EU sind Unternehmen jedoch nicht dazu verpflichtet, einen gemeinsamen Rahmen oder Standard für die Berichterstattung zu verwenden, und Unternehmen werden nicht daran gehindert, überhaupt keine Rahmenwerke oder Standards für die Berichterstattung zu verwenden. Gemäß Artikel 2 der Richtlinie 2014/95/EU veröffentlichte die Kommission am 5. Juli 2017 eine Mitteilung mit dem Titel „Leitlinien für die Berichterstattung über nichtfinanzielle Informationen (Methode zur Berichterstattung über nichtfinanzielle Informationen)“ (im Folgenden „Leitlinien für die Berichterstattung über nichtfinanzielle Informationen“), die unverbindliche Leitlinien für in den Anwendungsbereich jener Richtlinie fallende Unternehmen enthält.

Am 17. Juni 2019 verabschiedete die Kommission ihre Leitlinien für die klimabezogene Berichterstattung mit zusätzlichen Leitlinien, die insbesondere die klimabezogene Berichterstattung zum Gegenstand hatten. In diesen Leitlinien für die klimabezogene Berichterstattung fanden die Empfehlungen der Taskforce „Klimabezogene Finanzinformationen" ausdrückliche Berücksichtigung. Die verfügbaren Informationen deuten darauf hin, dass die Leitlinien für die Berichterstattung über nichtfinanzielle Informationen keine wesentlichen Auswirkungen auf die Qualität der Berichterstattung über nichtfinanzielle Informationen von in den Anwendungsbereich von Artikel 19a und Artikel 29a der Richtlinie 2013/34/EU fallenden Unternehmen hatten. Angesichts des unverbindlichen Charakters der Leitlinien steht es den Unternehmen frei zu entscheiden, ob sie diese anwenden oder nicht. Die Leitlinien allein können daher weder die Vergleichbarkeit der von verschiedenen Unternehmen offengelegten Informationen noch die Offenlegung sämtlicher von den Nutzern dieser Informationen für relevant erachteten Informationen gewährleisten. Deshalb sind verbindliche gemeinsame Standards für die Nachhaltigkeitsberichterstattung erforderlich, um sicherzustellen, dass die Informationen vergleichbar sind und alle relevanten Informationen offengelegt werden. Aufbauend auf dem Grundsatz der doppelten Wesentlichkeit sollten die Standards alle Informationen abdecken, die für Nutzer dieser Informationen wesentlich sind. Gemeinsame Standards für die Nachhaltigkeitsberichterstattung sind überdies erforderlich, um die Bestätigung und Digitalisierung der Nachhaltigkeitsberichterstattung zu ermöglichen und deren Beaufsichtigung und Durchsetzung zu erleichtern.

Die Entwicklung verbindlicher gemeinsamer Standards für die Nachhaltigkeitsberichterstattung ist notwendig, um zu erreichen, dass Nachhaltigkeitsinformationen einen vergleichbaren Status haben wie Finanzinformationen. Mit der Verabschiedung von Standards für die Nachhaltigkeitsberichterstattung im Wege delegierter Rechtsakte würde eine unionsweit harmonisierte Nachhaltigkeitsberichterstattung gewährleistet werden. Somit würde ein Unternehmen die Anforderungen der Richtlinie 2013/34/EU an die Nachhaltigkeitsberichterstattung erfüllen, wenn es gemäß den Standards für die Nachhaltigkeitsberichterstattung Bericht erstattet. Bei der Festlegung solcher Standards ist es von wesentlicher Bedeutung, die wichtigsten weltweit angewandten Standards für die Nachhaltigkeitsberichterstattung im größtmöglichen Umfang gebührend zu berücksichtigen, ohne dabei die Ziele dieser Änderungsrichtlinie und der auf ihrer Grundlage erlassenen delegierten Rechtsakte zu mindern.

(38) Kein bestehender Standard und kein bestehendes Rahmenwerk entspricht den Bedürfnissen der Union im Hinblick auf eine Nachhaltigkeitsberichterstattung. Die nach der Richtlinie 2013/34/EU erforderlichen Informationen müssen Informationen, die für beide Wesentlichkeitsaspekte relevant sind, umfassen, sämtliche Nachhaltigkeitsaspekte abdecken und gegebenenfalls mit anderen nach dem Unionsrecht bestehenden Verpflichtungen zur Offenlegung von Nachhaltigkeitsinformationen, einschließlich der in den Verordnungen (EU) 2019/2088 und (EU) 2020/852 vorgesehenen Verpflichtungen, in Einklang gebracht werden. Darüber hinaus sollten solche verbindlichen Standards für die Nachhaltigkeitsberichterstattung von Unternehmen in der Union den Zielsetzungen des Grünen Deals sowie dem Ziel der Union, bis 2050 Klimaneutralität zu erreichen, und den Zwischenzielen gemäß der Verordnung (EU) 2021/1119 gerecht werden. Der Kommission muss daher die Befugnis übertragen werden, Standards der Union für die Nachhaltigkeitsberichterstattung anzunehmen, damit diese rasch verabschiedet werden können und sichergestellt ist, dass der Inhalt dieser Standards für die Nachhaltigkeitsberichterstattung den Bedürfnissen der Union entspricht.

(39) Die Europäische Beratungsgruppe für Rechnungslegung (European Financial Reporting Advisory Group – EFRAG) ist eine nach belgischem Recht gegründete Vereini-

gung ohne Gewinnerzielungsabsicht, die dem öffentlichen Interesse dient, indem sie die Kommission bei der Übernahme internationaler Rechnungslegungsstandards berät. Die EFRAG genießt den Ruf eines europäischen Kompetenzzentrums für Unternehmensberichterstattung und ist gut aufgestellt, um die Koordinierung zwischen Standards der Union für die Nachhaltigkeitsberichterstattung und internationalen Initiativen zur Entwicklung weltweit einheitlicher Standards zu fördern. Im März 2021 veröffentlichte eine von der EFRAG eingesetzte Arbeitsgruppe verschiedener Interessenträger Empfehlungen für die mögliche Entwicklung von Standards für die Nachhaltigkeitsberichterstattung für die Union. Diese Empfehlungen enthalten Vorschläge zur Entwicklung kohärenter und umfassender Standards für die Nachhaltigkeitsberichterstattung, die gemäß dem Konzept der doppelten Wesentlichkeit sämtliche Nachhaltigkeitsaspekte abdecken. Die Empfehlungen enthalten zudem einen detaillierten Fahrplan für die Entwicklung solcher Standards sowie Vorschläge für eine auf gegenseitigen Nutzen ausgelegte Zusammenarbeit zwischen globalen Standardsetzungsinitiativen und Standardsetzungsinitiativen der Union. Im März 2021 veröffentlichte der Präsident des EFRAG-Aufsichtsrats für den Fall, dass die EFRAG zur Ausarbeitung technischer Empfehlungen für Standards für die Nachhaltigkeitsberichterstattung aufgefordert werden sollte, Empfehlungen für mögliche Änderungen an der Governance der EFRAG. Die Empfehlungen des Präsidenten des EFRAG-Aufsichtsrats betreffen unter anderem die Errichtung einer neuen Säule der Nachhaltigkeitsberichterstattung innerhalb der EFRAG, wobei an der bestehenden Säule der Rechnungslegung keine wesentlichen Änderungen vorgenommen werden sollen. Im März 2022 ernannte die Generalversammlung der EFRAG die Mitglieder des neu geschaffenen Gremiums für Nachhaltigkeitsberichterstattung der EFRAG. Bei der Annahme von Standards für die Nachhaltigkeitsberichterstattung sollte die Kommission technische Empfehlungen berücksichtigen, die von der EFRAG ausarbeitet werden.

Zur Gewährleistung hochwertiger Standards, die zum europäischen Gemeinwohl beitragen und den Bedürfnissen der Unternehmen und der Nutzer der bereitgestellten Informationen entsprechen, sollte die EFRAG über ausreichende öffentliche Mittel verfügen, um ihre Unabhängigkeit zu gewährleisten. Ihre technischen Empfehlungen sollten in einem einwandfreien Verfahren mit angemessener öffentlicher Aufsicht und Transparenz und auf der Grundlage des Fachwissens einer ausgewogenen Vertretung einschlägiger Interessenträger, einschließlich Unternehmen, Investoren, Organisationen der Zivilgesellschaft und Gewerkschaften, weiterentwickelt werden und mit Kosten-Nutzen-Analysen einhergehen. Die Teilnahme an der Arbeit der EFRAG auf technischer Ebene sollte von Fachwissen im Bereich der Nachhaltigkeitsberichterstattung und nicht von finanziellen Beiträgen abhängig gemacht werden, unbeschadet der Beteiligung öffentlicher Stellen und nationaler Standardsetzungseinrichtungen an dieser Arbeit. Es sollte ein transparentes Verfahren zur Vermeidung von Interessenkonflikten gewährleistet werden. Um sicherzustellen, dass die Standards der Union für die Nachhaltigkeitsberichterstattung den Standpunkten der Mitgliedstaaten Rechnung tragen, sollte die Kommission vor der Annahme dieser Standards die in der Verordnung (EU) 2020/852 genannte Sachverständigengruppe der Mitgliedstaaten für nachhaltiges Finanzwesen (im Folgenden „Sachverständigengruppe der Mitgliedstaaten für nachhaltiges Finanzwesen“) und den in der Verordnung (EG) Nr. 1606/2002 des Europäischen Parlaments und des Rates ([23]) genannten Regelungsausschuss für Rechnungslegung (im Folgenden «Regelungsausschuss für Rechnungslegung») zu den technischen Empfehlungen der EFRAG konsultieren.

Die Europäische Wertpapier- und Marktaufsichtsbehörde (ESMA), die Europäische Bankenaufsichtsbehörde (EBA) und die Europäische Aufsichtsbehörde für das Versicherungswesen und die betriebliche Altersversorgung (EIOPA) sind gemäß der Verordnung (EU) 2019/2088 an der Ausarbeitung technischer Regulierungsstandards beteiligt, und zwischen diesen technischen Regulierungsstandards und den Standards für die Nachhaltigkeitsberichterstattung muss Kohärenz bestehen. Gemäß der Verordnung (EU) Nr. 1095/2010 des Europäischen Parlaments und des Rates ([24]) trägt die ESMA auch zur Förderung der aufsichtlichen Konvergenz bei der Durchsetzung der Unternehmensberichterstattung von Emittenten bei, deren Wertpapiere zum Handel auf einem geregelten Markt in der Union zugelassen sind und die zur Mitteilung im Einklang mit diesen Standards für die Nachhaltigkeitsberichterstattung verpflichtet sein werden. Daher sollten die ESMA, die EBA und die EIOPA verpflichtet werden, eine Stellungnahme zur fachlichen Stellungnahme der EFRAG abzugeben. Diese Stellungnahmen sollten innerhalb von zwei Monaten nach Eingang des entsprechenden Antrags der Kommission vorgelegt werden. Darüber hinaus sollte die Kommission die Europäische Umweltagentur, die Agentur der Europäischen Union für Grundrechte, die EZB, den Ausschuss der Europäischen Aufsichtsstellen für Abschlussprüfer (im Folgenden „Ausschuss der Aufsichtsstellen“) und die Plattform für ein nachhaltiges Finanzwesen konsultieren, um sicherzustellen, dass die Standards für die Nachhaltigkeitsberichterstattung mit den einschlägigen Strategien und Rechtsvorschriften der Union im Einklang stehen. Beschließt eine dieser Einrichtungen, eine Stellungnahme zu übermitteln, so sollte sie diese binnen zwei Monaten nach ihrer Konsultation durch die Kommission vorlegen.

(40) Im Sinne der Förderung der demokratischen Überwachung, Kontrolle und Transparenz sollte die Kommission mindestens einmal jährlich das Europäische Parlament sowie die Sachverständigengruppe der Mitgliedstaaten für nachhaltiges Finanzwesen und den Regelungsausschuss für Rechnungslegung gemeinsam zum Arbeitsprogramm der EFRAG im Hinblick auf die Entwicklung von Standards für die Nachhaltigkeitsberichterstattung konsultieren.

(41) Die Standards für die Nachhaltigkeitsberichterstattung sollten mit anderem Unionsrecht im Einklang stehen. Diese Standards sollten insbesondere an die in der Verordnung (EU) 2019/2088 festgelegten Offenlegungspflichten angepasst werden und die zugrunde liegenden Indikatoren und Methoden, die in den verschiedenen gemäß der Verordnung (EU) 2020/852 erlassenen delegierten Rechtsakten festgelegt sind, genauso berücksichtigen wie die gemäß der Verordnung (EU) 2016/1011 des Europäischen Parlaments und des Rates ([25]) für Referenzwert-Administratoren geltenden Offenlegungspflichten, die Mindeststandards für EU-Referenzwerte für den klimabedingten Wandel und für Paris-abgestimmte EU-Referenzwerte sowie alle Arbeiten der EBA zur Umsetzung der Säule-III-Offenlegungspflichten nach der Verordnung (EU) Nr. 575/2013.

Die Standards sollten den Umweltvorschriften der Union, einschließlich der Verordnung (EG) Nr. 1221/2009 des Europäischen Parlaments und des Rates ([26]) und Richtlinie 2003/87/EG des Europäischen Parlaments und des Rates ([27]), sowie auch der Empfehlung 2013/179/EU der Kommission ([28]) und deren Anhängen, einschließlich ihrer aktualisierten Fassungen, Rechnung tragen. Anderes Unionsrecht, einschließlich der Richtlinie 2010/75/EU des Europäischen Parlaments und des Rates ([29]), sowie andere im Unionsrecht für Unternehmen geltenden Anforderungen im Hinblick auf die Pflichten von Vorständen und Due Diligence sollten ebenfalls berücksichtigt werden.

(42) Die Standards für die Nachhaltigkeitsberichterstattung sollten den Leitlinien für die Berichterstattung über nichtfinanzielle Informationen sowie den Leitlinien für die klimabezogenen Berichterstattung Rechnung tragen. Sie sollten auch anderen in der Richtlinie 2013/34/EU vorgesehenen Berichterstattungsanforderungen Rechnung tragen, die nicht unmittelbar Nachhaltigkeitsaspekte betreffen, damit den Nutzern der bereitgestellten Informationen – durch engere Verknüpfungen zwischen Nachhaltigkeitsinformationen und anderen gemäß der Richtlinie 2013/34/EU bereitzustellenden Informationen – ein besseres

Verständnis des Geschäftsverlaufs, des Geschäftsergebnisses, der Lage des Unternehmens sowie der Auswirkungen seiner Tätigkeit vermittelt wird.

(43) Die Standards für die Nachhaltigkeitsberichterstattung sollten verhältnismäßig sein und den Unternehmen, die sie anwenden müssen, keinen unnötigen Verwaltungsaufwand auferlegen. Damit Unternehmen, die bereits Nachhaltigkeitsinformationen bereitstellen, so geringe Störungen wie möglich entstehen, sollten die Standards für die Nachhaltigkeitsberichterstattung gegebenenfalls bereits bestehende Standards und Rahmenwerke für nachhaltigkeitsbezogene Berichterstattung und Rechnungslegung berücksichtigen. Zu solchen bestehenden Standards und Rahmenwerken gehören die Global Reporting Initiative, das Sustainability Accounting Standards Board, der International Integrated Reporting Council, das International Accounting Standards Board, die Taskforce „Klimabezogene Finanzinformationen", das Carbon Disclosure Standards Board und CDP, früher bekannt als Carbon Disclosure Project.

Die Standards der Union sollten sämtlichen Standards für die Nachhaltigkeitsberichterstattung Rechnung tragen, die unter der Schirmherrschaft der International Financial Reporting Standards Foundation entwickelt wurden. Zur Vermeidung einer unnötigen regulatorischen Fragmentierung, die negative Folgen für weltweit tätige Unternehmen haben könnte, sollten die Standards der Union für die Nachhaltigkeitsberichterstattung auf globaler Ebene zur Konvergenz der Standards für die Nachhaltigkeitsberichterstattung beitragen, indem die Arbeit des International Sustainability Standards Board (ISSB) unterstützt wird. Anhand Standards der Union für die Nachhaltigkeitsberichterstattung sollte das Risiko inkohärenter Berichterstattungsanforderungen für weltweit tätige Unternehmen verringert werden, indem der Inhalt der vom ISSB zu entwickelnden globalen Basisstandards einbezogen wird, soweit der Inhalt dieser Basisstandards mit dem Rechtsrahmen der Union und den Zielen des Grünen Deals im Einklang steht.

(44) Um einen angemessenen Umgang mit Umweltrisiken zu gewährleisten, für angemessene Klimaschutzmöglichkeiten zu sorgen und die damit verbundenen Transaktionskosten zu senken, verpflichtete sich die Europäische Kommission im Grünen Deal, Unternehmen und andere Interessenträger bei der Entwicklung standardisierter Verfahren für die Naturkapitalbilanzierung in der EU und auf internationaler Ebene zu unterstützen.

Im Rahmen des mit Mitteln aus dem durch die Verordnung (EU) 2021/783 des Europäischen Parlaments und des Rates ([30]) eingerichteten Programm für die Umwelt- und Klimapolitik (LIFE) geförderten Projekts „Transparent" wird eine erste Methodik für die Naturkapitalbilanzierung entwickelt, mit der Vergleichbarkeit und Transparenz der bestehenden Methoden verbessert und Hemmnisse für die Unternehmen gegenüber einer Einführung und Nutzung von Systemen zur zukunftssicheren Gestaltung ihrer Geschäftstätigkeiten abgebaut werden sollen. Das Natural Capital Protocol ist im Zusammenhang mit der Naturkapitalbilanzierung ebenfalls eine wichtige Referenz. Zwar dienen die Methoden für die Naturkapitalbilanzierung in erster Linie der Untermauerung interner Unternehmensentscheidungen, doch sollten sie auch bei der Festlegung von Standards für die Nachhaltigkeitsberichterstattung gebührend berücksichtigt werden. Einige Methoden der Naturkapitalbilanzierung zielen darauf ab, die Auswirkungen von Unternehmenstätigkeiten auf die Umwelt anhand eines monetären Werts auszudrücken; dies könnte den Nutzern von Nachhaltigkeitsinformationen dabei helfen, solche Auswirkungen besser zu verstehen. Standards für die Nachhaltigkeitsberichterstattung sollten daher monetäre Indikatoren für Nachhaltigkeitsauswirkungen einschließen können, sofern dies für notwendig erachtet wird.

(45) Standards für die Nachhaltigkeitsberichterstattung sollten auch international anerkannten Grundsätzen und Rahmenbestimmungen für verantwortungsvolles unternehmerisches Handeln, soziale Verantwortung von Unternehmen und nachhaltige Entwicklung

Rechnung tragen, wie etwa den Zielen für nachhaltige Entwicklung, den Leitprinzipien der Vereinten Nationen für Wirtschaft und Menschenrechte, den OECD-Leitsätzen für multinationale Unternehmen, den OECD-Leitsätzen zur Erfüllung der Sorgfaltspflicht zur Förderung verantwortungsvollen unternehmerischen Handelns und damit verbundenen sektoralen Leitlinien, dem Globalen Pakt, der Trilateralen Grundsatzerklärung der Internationalen Arbeitsorganisation zu multinationalen Unternehmen und zur Sozialpolitik, der ISO-Norm 26000 „Leitfaden zur gesellschaftlichen Verantwortung" und den Grundsätzen der Vereinten Nationen für verantwortungsvolle Investitionen.

(46) Es sollte sichergestellt werden, dass die Informationen, über die Unternehmen gemäß den Standards für die Nachhaltigkeitsberichterstattung Bericht erstatten, den Bedürfnissen der Nutzer entsprechen und den Bericht erstattenden Unternehmen sowie den als Teil der Wertschöpfungskette dieser Unternehmen indirekt Betroffenen keine unverhältnismäßig hohe Last in Bezug auf Aufwand und Kosten auferlegen. In den Standards für die Nachhaltigkeitsberichterstattung sollte daher festgelegt werden, welche Informationen die Unternehmen zu den wichtigen Umweltfaktoren offenlegen müssen, einschließlich Angaben zu ihren Auswirkungen auf Klima, Luft, Boden, Wasser und biologische Vielfalt und damit verbundenen Abhängigkeiten. Die Verordnung (EU) 2020/852 enthält eine Klassifizierung der Umweltziele der Union.

Aus Gründen der Kohärenz empfiehlt es sich, bei der Ermittlung der Umweltfaktoren, auf die Standards für die Nachhaltigkeitsberichterstattung Bezug nehmen sollten, eine ähnliche Klassifizierung zu verwenden. In den Standards für die Nachhaltigkeitsberichterstattung sollten alle geografischen und sonstigen kontextbezogenen Informationen berücksichtigt und präzisiert werden, die Unternehmen offenlegen sollten, um ein besseres Verständnis der wichtigsten nachhaltigkeitsrelevanten Auswirkungen ihrer Tätigkeiten und der größten Risiken, denen sie im Zusammenhang mit Nachhaltigkeitsaspekten ausgesetzt sind, zu vermitteln. Bei der Präzisierung der Informationen über die Umweltfaktoren, die Unternehmen offenlegen müssen, sollte für Kohärenz mit den Begriffsbestimmungen in Artikel 2 der Verordnung (EU) 2020/852 sowie den Berichterstattungsanforderungen gemäß Artikel 8 der genannten Verordnung und den gemäß der genannten Verordnung erlassenen delegierten Rechtsakten gesorgt werden.

(47) Klimabezogene Informationen sind bei den Nutzern insbesondere im Hinblick auf physische Risiken und Übergangsrisiken und die Widerstandsfähigkeit der Unternehmen in verschiedenen Klimaszenarien sowie ihre entsprechenden Pläne zur Anpassung sowie auf das Ziel der Union, bis 2050 Klimaneutralität zu erreichen, sowie ihre entsprechenden Pläne zur Anpassung gefragt. Ferner interessieren diese Nutzer sich für Angaben zu Menge und Umfang der dem Unternehmen zugeordneten Emissionen und des erreichten Abbaus von Treibhausgasen, einschließlich des Umfangs, in dem das Unternehmen Kompensationen nutzt, und der Quelle, aus der diese stammen. Um eine klimaneutrale Wirtschaft zu erreichen, müssen Standards für die Anrechnung und Kompensation von Treibhausgasemissionen aufeinander abgestimmt werden. Doppelzählungen und Überbewertungen bergen Risiken für das Erreichen klimabezogener Ziele, weshalb die Nutzer zuverlässige Informationen über Kompensationen benötigen, bei denen Bedenken hinsichtlich möglicher Doppelzählungen und Überbewertungen Rechnung getragen wird. Bei diesen Nutzern sind auch die Bemühungen der Unternehmen um deutlich reduzierte absolute Treibhausgasemissionen im Rahmen ihrer Strategien für den Klimaschutz und die Anpassung an den Klimawandel, einschließlich Scope-1- und Scope-2-Emissionen und gegebenenfalls Scope-3-Emissionen gefragt.

In Bezug auf Scope-3-Emissionen besteht eine Priorität in Bezug auf die Nutzer darin, dass diese Informationen darüber erhalten, welche Kategorien von Scope 3 im Falle des Unternehmens von Bedeutung sind, sowie über die Emissionen in jeder dieser Kategorien von Scope 3. Daher sollte in den Standards für die Nachhaltigkeitsberichterstattung festgelegt werden, über welche Informationen die Unternehmen in Bezug auf solche Aspekte Bericht erstatten sollten.

(48) Die Ziele einer klimaneutralen Kreislaufwirtschaft ohne Verschmutzung aus diffusen Quellen können nur erreicht werden, wenn es gelingt, sämtliche Wirtschaftszweige uneingeschränkt zu mobilisieren. Die Verringerung des Energieverbrauchs und die Steigerung der Energieeffizienz sind in diesem Zusammenhang von entscheidender Bedeutung, da Energie über Lieferketten hinweg genutzt wird. Daher sollten in den Standards für die Nachhaltigkeitsberichterstattung Energieaspekte, insbesondere im Zusammenhang mit umwelt- und klimarelevanten Aspekten, gebührend berücksichtigt werden.

(49) In den Standards für die Nachhaltigkeitsberichterstattung sollte festgelegt werden, welche Informationen Unternehmen zu sozialen Faktoren, einschließlich Arbeitsbedingungen, Beteiligung der Sozialpartner, Tarifverhandlungen, Gleichstellung, Nichtdiskriminierung, Vielfalt und Inklusion sowie Menschenrechten, offenlegen sollten. Diese Informationen sollten die Auswirkungen des Unternehmens auf Menschen, einschließlich der Arbeitnehmer, und die Auswirkungen auf die menschliche Gesundheit abdecken. Die Informationen, die Unternehmen über Menschenrechte offenlegen, sollten gegebenenfalls auch Angaben über Zwangsarbeit und Kinderarbeit in ihren Wertschöpfungsketten umfassen. Anforderungen an die Nachhaltigkeitsberichterstattung in Bezug auf Zwangsarbeit sollten die Behörden nicht von ihrer Verantwortung befreien, mit handelspolitischen und diplomatischen Mitteln gegen die Einfuhr von Waren vorzugehen, die infolge von Menschenrechtsverletzungen, einschließlich Zwangsarbeit, hergestellt wurden. Unternehmen sollte es ferner möglich sein, über mögliche Risiken und Tendenzen in Bezug auf Beschäftigung und Einkommen Bericht zu erstatten.

In Standards für die Nachhaltigkeitsberichterstattung, die sich mit sozialen Faktoren befassen, sollte präzisiert werden, welche Informationen Unternehmen im Hinblick auf für sie relevante Grundsätze der europäischen Säule sozialer Rechte offenlegen sollten, einschließlich Angaben zur Chancengleichheit für alle und zu den Arbeitsbedingungen. In dem von der Kommission am 4. März 2021 angenommenen Aktionsplan zur europäischen Säule sozialer Rechte werden strengere Anforderungen bezüglich der Berichterstattung der Unternehmen über soziale Fragen gefordert. In den Standards für die Nachhaltigkeitsberichterstattung sollte auch festgelegt werden, welche Informationen Unternehmen in Bezug auf die Menschenrechte, Grundfreiheiten, demokratischen Grundsätze und Normen offenlegen sollten, die in der Internationalen Charta der Menschenrechte und anderen grundlegenden Menschenrechtsübereinkommen der Vereinten Nationen, einschließlich des Übereinkommens der Vereinten Nationen über die Rechte von Menschen mit Behinderungen, der Erklärung der Vereinten Nationen über die Rechte der indigenen Völker, des Übereinkommens der Vereinten Nationen über die Rechte des Kindes, der Erklärung der Internationalen Arbeitsorganisation über grundlegende Prinzipien und Rechte bei der Arbeit, den grundlegenden Übereinkommen der Internationalen Arbeitsorganisation, der Europäischen Konvention zum Schutze der Menschenrechte und Grundfreiheiten, der Europäischen Sozialcharta und der Charta der Grundrechte der Europäischen Union festgelegt sind. Die Berichterstattung über Sozialfaktoren sowie über Umwelt- und Governance-Faktoren sollte in einem angemessenen Verhältnis zum Anwendungsbereich und zu den Zielen dieser Änderungsrichtlinie stehen. In Standards für die Nachhaltigkeitsberichterstattung, die die Gleichstellung der Geschlechter und gleichen Lohn bei gleichwertiger Arbeit betreffen, sollte unter anderem festgelegt werden, über welche Informationen bezüglich des geschlechtsspezifischen Lohngefälles Bericht erstattet werden sollte, wobei anderem einschlägigen Unionsrecht Rechnung getragen werden sollte. In Standards für die Nachhaltigkeitsberichterstattung, die die Beschäftigung und Inklusion von Menschen mit Behinderungen betreffen, sollte unter anderem festgelegt werden, über welche Informationen bezüglich der vom Unternehmen ergriffenen Barrierefreiheitsmaßnahmen Bericht erstattet werden sollte.

In Standards für die Nachhaltigkeitsberichterstattung, die die Bereiche Ausbildung und Kompetenzentwicklung betreffen, sollte unter anderem festgelegt werden, über welche Informationen bezüglich des Anteils und der Aufschlüsselung der an der Ausbildung teilnehmenden Arbeitnehmer Bericht erstattet werden sollte. In Standards für die Nachhaltigkeitsberichterstattung, die Tarifverhandlungen betreffen, sollte unter anderem festgelegt werden, welche Informationen über die Existenz von Betriebsräten sowie über das Bestehen von Tarifverträgen und den Anteil der Arbeitnehmer, für die solche Vereinbarungen gelten, offengelegt werden sollten. In Standards für die Nachhaltigkeitsberichterstattung, die die Arbeitnehmerbeteiligung betreffen, sollte unter anderem festgelegt werden, welche Informationen über die Beteiligung von Arbeitnehmern an Verwaltungs- und Aufsichtsorganen offengelegt werden sollten. In Standards für die Nachhaltigkeitsberichterstattung, die das Thema Vielfalt betreffen, sollte unter anderem festgelegt werden, über welche Informationen über die Geschlechtervielfalt auf der obersten Führungsebene und die Zahl der Mitglieder des unterrepräsentierten Geschlechts in ihren Leitungsorganen Bericht erstattet werden sollte.

(50) Die Nutzer benötigen Informationen über Governance-Faktoren. Die für die Nutzer relevantesten Governance-Faktoren werden in verbindlichen Rahmen für die Berichterstattung, etwa jenen der Global Reporting Initiative und der Taskforce „Klimabezogene Finanzinformationen", sowie in verbindlichen globalen Rahmen wie den Global Governance Principles des International Corporate Governance Network und den G20/OECD-Grundsätzen der Corporate Governance aufgeführt. In Standards für die Nachhaltigkeitsberichterstattung sollte festgelegt werden, welche Informationen Unternehmen zu Governance-Faktoren offenlegen sollten. Diese Informationen sollten sich auf die Rolle der Verwaltungs-, Leitungs- und Aufsichtsorgane eines Unternehmens in Bezug auf Nachhaltigkeitsaspekte, das zur Erfüllung dieser Rolle notwendige Fachwissen und die entsprechend notwendigen Fähigkeiten oder den Zugang dieser Organe zu solchen Fachkenntnissen und Fähigkeiten sowie darauf erstrecken, ob das Unternehmen eine mit den Nachhaltigkeitsaspekten verknüpfte Strategie in Bezug auf Anreize für Mitglieder, die in diesen Organen tätig sind, verfolgt, sowie auf Informationen über die internen Kontroll- und Risikomanagementsysteme eines Unternehmens in Bezug auf den Nachhaltigkeitsberichterstattungsprozess. Die Nutzer benötigen ferner Informationen über Unternehmenskultur und Unternehmensethik, die anerkannte Elemente der verbindlichen Corporate-Governance-Rahmen wie der Global Governance Principles des International Corporate Governance Network sind, einschließlich Informationen über die Bekämpfung von Korruption und Bestechung, sowie über Tätigkeiten und Verpflichtungen des Unternehmens im Hinblick auf die Ausübung seines politischen Einflusses, einschließlich seiner Lobbytätigkeiten.

Informationen über die Leitung des Unternehmens und die Qualität der Beziehungen zu Kunden, Lieferanten und Gemeinschaften, die von den Tätigkeiten des Unternehmens betroffen sind, vermitteln den Nutzern ein besseres Verständnis der Risiken eines Unternehmens und der Auswirkungen im Zusammenhang mit Nachhaltigkeitsaspekten. Informationen über die Beziehungen zu Lieferanten umfassen Zahlungspraktiken in Bezug auf Zahlungstermine oder Zahlungsfristen, den Zinssatz für verspätete Zahlungen oder die Entschädigung für in der Richtlinie 2011/7/EU des Europäischen Parlaments und des Rates ([31]) genannte Beitreibungskosten. Jedes Jahr müssen Tausende von Unternehmen, insbesondere kleine und mittlere Unternehmen (KMU), administrative und finanzielle Belastungen tragen, weil sie verspätet oder gar nicht bezahlt werden. Letztendlich führt Zahlungsverzug zu Insolvenz und Konkurs mit destruktiven Auswirkungen auf ganze Wertschöpfungsketten. Wenn Unternehmen mehr Informationen über Zahlungspraktiken zur Verfügung gestellt werden, dürften sie besser in der Lage sein, schnelle und zuverlässige Zahler zu ermitteln, unlautere Zahlungspraktiken aufzudecken, sich über Unternehmen, mit denen sie Handel treiben, zu informieren und fairere Zahlungsbedingungen auszuhandeln.

(51) Die Standards für die Nachhaltigkeitsberichterstattung sollten darauf ausgerichtet sein, einen stärker integrierten Gesamtüberblick über die Informationen, die die Unternehmen in ihrem Lagebericht veröffentlichen, zu ermöglichen und so den Nutzern dieser Informationen ein besseres Verständnis des Geschäftsverlaufs, des Geschäftsergebnisses, der Lage des Unternehmens sowie der Auswirkungen seiner Tätigkeit zu vermitteln. In den Standards für die Nachhaltigkeitsberichterstattung sollte erforderlichenfalls zwischen Informationen, die Unternehmen bei der Berichterstattung auf Einzelebene und solchen, die sie bei der Berichterstattung auf Gruppenebene offenlegen sollten, unterschieden werden. Die Standards für die Nachhaltigkeitsberichterstattung sollten auch Leitlinien zu dem Verfahren enthalten, anhand dessen Unternehmen die in den Lagebericht aufzunehmenden Nachhaltigkeitsinformationen ermitteln, da ein Unternehmen nur zur Offenlegung der Informationen verpflichtet werden sollte, die für das Verständnis seiner Auswirkungen auf Nachhaltigkeitsaspekte von Belang sind oder die für das Verständnis der Auswirkungen von Nachhaltigkeitsaspekten auf Geschäftsverlauf, Geschäftsergebnis und Lage des Unternehmens von Belang sind.

(52) Die Mitgliedstaaten sollten sicherstellen, dass die Nachhaltigkeitsberichterstattung im Einklang mit dem Recht der Arbeitnehmer auf Unterrichtung und Anhörung durchgeführt wird. Die Unternehmensleitung sollte daher die Arbeitnehmervertreter auf geeigneter Ebene informieren und mit ihnen die einschlägigen Informationen und die Mittel zur Einholung und Überprüfung von Nachhaltigkeitsinformationen erörtern. Dies setzt für die Zwecke dieser Änderungsrichtlinie die Aufnahme eines Dialogs und eines Meinungsaustauschs zwischen den Arbeitnehmervertretern und der zentralen Leitung oder jeder anderen besser geeigneten Leitungsebene voraus, und zwar zu einem Zeitpunkt, in einer Weise und mit einem Inhalt, der es den Arbeitnehmervertretern ermöglicht, Stellung zu nehmen. Ihre Stellungnahme sollte, wo angezeigt, den zuständigen Verwaltungs-, Leitungs- oder Aufsichtsorganen mitgeteilt werden.

(53) Unternehmen derselben Branche sind häufig ähnlichen nachhaltigkeitsbezogenen Risiken ausgesetzt und haben häufig ähnliche Auswirkungen auf Gesellschaft und Umwelt. Vergleiche zwischen Unternehmen derselben Branche sind für Anleger und andere Nutzer von Nachhaltigkeitsinformationen besonders wertvoll. Daher sollte in den Standards für die Nachhaltigkeitsberichterstattung festgelegt werden, welche Informationen die Unternehmen sämtlicher Branchen und welche Informationen die Unternehmen je nach Tätigkeitsbereich offenlegen sollten. Sektorspezifische Standards für die Nachhaltigkeitsberichterstattung sind besonders wichtig für Wirtschaftszweige, die mit hohen Nachhaltigkeitsrisiken für oder mit Auswirkungen auf Umwelt, Menschenrechte und Governance verbunden sind, einschließlich der in Anhang I Abschnitte A bis H und Abschnitt L der Verordnung (EG) Nr. 1893/2006 des Europäischen Parlaments und des Rates ([32]) aufgeführten Wirtschaftszweige und der einschlägigen Tätigkeiten in diesen Wirtschaftszweigen. Bei der Annahme sektorspezifischer Standards für die Nachhaltigkeitsberichterstattung sollte die Kommission sicherstellen, dass die in diesen Standards für die Nachhaltigkeitsberichterstattung vorgeschriebenen Informationen in einem angemessenen Verhältnis zum Ausmaß der Risiken und Auswirkungen im Zusammenhang mit Nachhaltigkeitsaspekten stehen, die für jeden Wirtschaftszweig spezifisch sind, wobei berücksichtigt werden sollte, dass die Risiken und Aus-

wirkungen einiger Wirtschaftszweige im Vergleich höher sind. Die Kommission sollte auch berücksichtigen, dass nicht alle Tätigkeiten in diesen Wirtschaftszweigen notwendigerweise mit hohen Nachhaltigkeitsrisiken oder -auswirkungen verbunden sind. Für Unternehmen, die in Wirtschaftszweigen tätig sind, die in besonderem Maße auf natürliche Ressourcen angewiesen sind, würden sektorspezifische Standards für die Nachhaltigkeitsberichterstattung die Offenlegung der naturbezogenen Auswirkungen auf die biologische Vielfalt und die Ökosysteme sowie der entsprechenden Risiken erfordern.

In den Standards für die Nachhaltigkeitsberichterstattung sollte auch berücksichtigt werden, dass es für Unternehmen nicht immer problemlos möglich ist, Informationen bei Akteuren entlang ihrer gesamten Wertschöpfungskette, insbesondere Lieferanten, bei denen es sich um kleine und mittlere Unternehmen handelt, und Lieferanten aus Schwellenländern und aufstrebenden Märkten, einzuholen. In den Standards für die Nachhaltigkeitsberichterstattung sollten Offenlegungen in Bezug auf Wertschöpfungsketten festgelegt werden, die dem Umfang und der Komplexität der Tätigkeiten der Unternehmen sowie den Kapazitäten und Merkmalen von Unternehmen in Wertschöpfungsketten, insbesondere den Kapazitäten und Merkmalen von Unternehmen, die nicht den Anforderungen an die Nachhaltigkeitsberichterstattung nach dieser Änderungsrichtlinie unterliegen, angemessen sind und entsprechen. In den Standards für die Nachhaltigkeitsberichterstattung sollten keine Offenlegungen festgelegt werden, die Unternehmen verpflichten würden, Informationen von kleinen und mittleren Unternehmen in ihrer Wertschöpfungskette einzuholen, die über die Informationen hinausgehen, die gemäß den Standards für die Nachhaltigkeitsberichterstattung für kleine und mittlere Unternehmen offenzulegen sind. Dies sollte unbeschadet der Anforderungen der Union an Unternehmen, einen Due-Diligence-Prozess durchzuführen, gelten.

(54) Um den Informationsbedarf der Nutzer rechtzeitig zu decken und angesichts des besonderen dringlichen Informationsbedarfs von Finanzmarktteilnehmern, die den Anforderungen der gemäß Artikel 4 Absätze 6 und 7 der Verordnung (EU) 2019/2088 erlassenen delegierten Rechtsakte unterliegen, sollte die Kommission bis zum 30. Juni 2023 mittels delegierter Rechtsakte ein erstes Paket von Standards für die Nachhaltigkeitsberichterstattung festlegen. In diesem Paket von Standards für die Nachhaltigkeitsberichterstattung sollte festgelegt werden, welche Informationen Unternehmen in Bezug auf alle Berichterstattungsbereiche und Nachhaltigkeitsaspekte offenlegen sollten; gleichzeitig sollte von den Finanzmarktteilnehmern verlangt werden, den Offenlegungspflichten der Verordnung (EU) 2019/2088 nachzukommen. Die Kommission sollte spätestens bis zum 30. Juni 2024 mittels delegierter Rechtsakte ein zweites Paket von Standards für die Nachhaltigkeitsberichterstattung annehmen, in denen festgelegt wird, welche ergänzenden Informationen Unternehmen in Bezug auf Nachhaltigkeitsaspekte und Berichterstattungsbereiche erforderlichenfalls offenlegen sollten und welche spezifischen Informationen sie für den Sektor, in dem sie tätig sind, offenlegen sollten. Die Kommission sollte die Standards für die Nachhaltigkeitsberichterstattung, einschließlich der Standards für die Nachhaltigkeitsberichterstattung für kleine und mittlere Unternehmen, alle drei Jahre überprüfen, um relevanten Entwicklungen, einschließlich der Entwicklung internationaler Standards, Rechnung zu tragen.

(55) Die Richtlinie 2013/34/EU schreibt nicht vor, dass der Lagebericht in digitalem Format vorgelegt werden muss, was es schwieriger macht, die Informationen, über die Bericht erstattet wurde, zu finden und zu nutzen. Die Nutzer von Nachhaltigkeitsinformationen erwarten zunehmend, dass diese Informationen in digitalem Format auffindbar, vergleichbar und maschinenlesbar sind. Die Mitgliedstaaten sollten vorschreiben können, dass Unternehmen, die den Anforderungen der Richtlinie 2013/34/EU an die Nachhaltigkeitsberichterstattung unterliegen, ihre Lageberichte der Öffentlichkeit kostenlos auf ihren Websites zugänglich machen. Die Digitalisierung eröffnet Möglichkeiten für eine effizi-

entere Nutzung von Informationen und birgt sowohl für Nutzer als auch für Unternehmen das Potenzial erheblicher Kosteneinsparungen. Die Digitalisierung ermöglicht auch die Zentralisierung von Daten auf Ebene der Union und der Mitgliedstaaten in einem offenen, barrierefreien Format, das das Lesen erleichtert und den Vergleich von Daten ermöglicht. Unternehmen sollten daher dazu verpflichtet werden, den Lagebericht im elektronischen Berichtsformat gemäß Artikel 3 der Delegierten Verordnung (EU) 2019/815 der Kommission ([33]) zu erstellen und Nachhaltigkeitsberichterstattung, einschließlich der nach Artikel 8 der Verordnung (EU) 2020/852 erforderlichen Angaben, im Einklang mit dem elektronischen Berichtsformat gemäß der genannten Delegierten Verordnung (EU) 2019/815 auszuzeichnen, sobald dies entsprechend festgelegt wurde.

Um Informationen, über die Bericht erstattet wurde, gemäß den Standards der Union für die Nachhaltigkeitsberichterstattung kennzeichnen zu können, wird eine entsprechende digitale Taxonomie benötigt. Diese Anforderungen sollten in die von der Kommission in ihrer Mitteilung vom 19. Februar 2020 mit dem Titel „Eine europäische Datenstrategie" und in ihrer Mitteilung vom 24. September 2020 mit dem Titel „Strategie für ein digitales Finanzwesen in der EU" angekündigten Arbeiten zur Digitalisierung einfließen. Diese Anforderungen würden zudem die Schaffung des in der Mitteilung der Kommission vom 24. September 2020 mit dem Titel „Eine Kapitalmarktunion für die Menschen und Unternehmen – neuer Aktionsplan" vorgesehenen einheitlichen europäischen Zugangspunkts (European Single Access Point – ESAP) für öffentliche Unternehmensinformationen ergänzen, in der der Bedarf an der Bereitstellung vergleichbarer Informationen in einem digitalen Format ebenfalls thematisiert wird.

(56) Um die Einbeziehung der Nachhaltigkeitsinformationen, über die Bericht erstattet wurde, in den ESAP zu ermöglichen, sollten die Mitgliedstaaten sicherstellen, dass Unternehmen, deren Wertpapiere nicht zum Handel auf einem geregelten Markt in der Union zugelassen sind, ihren Lagebericht, einschließlich der Nachhaltigkeitsberichterstattung, in dem in Artikel 3 der Delegierten Verordnung (EU) 2019/815 vorgeschriebenen elektronischen Berichtsformat veröffentlichen.

(57) Gemäß Artikel 19a Absatz 4 der Richtlinie 2013/34/EU können Mitgliedstaaten Unternehmen von der gemäß Artikel 19a Absatz 1 der genannten Richtlinie festgelegten Pflicht zur Abgabe der nichtfinanziellen Erklärung befreien. Die Mitgliedstaaten können dies tun, wenn das betreffende Unternehmen einen gesonderten Bericht erstellt, der zusammen mit dem Lagebericht gemäß Artikel 30 der genannten Richtlinie veröffentlicht wird, oder wenn dieser Bericht innerhalb eines angemessenen Zeitraums von höchstens sechs Monaten nach dem Bilanzstichtag auf der Website des Unternehmens öffentlich zugänglich gemacht wird und im Lagebericht auf ihn Bezug genommen wird. Dieselbe Möglichkeit besteht gemäß der Richtlinie 2013/34/EU bei der konsolidierten nichtfinanziellen Erklärung. 20 Mitgliedstaaten haben von dieser Möglichkeit Gebrauch gemacht. Die Möglichkeit, einen gesonderten Bericht zu veröffentlichen, verringert jedoch die Verfügbarkeit von Informationen, die Finanz- und Nachhaltigkeitsaspekte miteinander verbinden. Sie behindert auch die Auffindbarkeit und Zugänglichkeit von Informationen für Nutzer; dies gilt insbesondere für Anleger, die an Finanz- und Nachhaltigkeitsinformationen gleichermaßen interessiert sind. Wenn Finanz- und Nachhaltigkeitsinformationen zudem zu unterschiedlichen Zeitpunkten veröffentlicht werden können, wird dieses Problem weiter verschärft. Außerdem kann die Veröffentlichung in einem gesonderten Bericht intern und extern den Eindruck erwecken, dass Nachhaltigkeitsinformationen zu einer Kategorie von weniger relevanten Informationen gehören, was sich negativ auf die wahrgenommene Zuverlässigkeit der Informationen auswirken kann. Unternehmen sollten über Nachhaltigkeitsinformationen daher in einem dafür vorgesehenen Abschnitt klar erkennbar Bericht erstatten, und die

Mitgliedstaaten sollten Unternehmen nicht länger von der Verpflichtung befreien können, Informationen über Nachhaltigkeitsaspekte in den Lagebericht aufzunehmen.

Eine solche Verpflichtung würde auch dazu beitragen, klarzustellen, welche Rolle den nationalen zuständigen Behörden bei der Aufsicht der Nachhaltigkeitsberichterstattung als Teil des gemäß der Richtlinie 2004/109/EG erstellten Lageberichts zukommt. Darüber hinaus sollten Unternehmen, die Bericht über Nachhaltigkeitsinformationen erstatten müssen, in keinem Fall von der Pflicht zur Veröffentlichung des Lageberichts befreit werden, da sichergestellt werden muss, dass Nachhaltigkeitsinformationen öffentlich zugänglich sind.

(58) Gemäß Artikel 20 der Richtlinie 2013/34/EU müssen Unternehmen, deren Wertpapiere zum Handel auf einem geregelten Markt in der Union zugelassen sind, in ihren Lagebericht eine Erklärung zur Unternehmensführung aufnehmen, die unter anderem eine Beschreibung des im Zusammenhang mit den Verwaltungs-, Leitungs- und Aufsichtsorganen des Unternehmens verfolgten Diversitätskonzepts enthalten muss. Artikel 20 der Richtlinie 2013/34/EU räumt den Unternehmen die Möglichkeit ein, selbst zu entscheiden, über welche Diversitätsaspekte sie Bericht erstatten. Die Unternehmen werden nicht ausdrücklich dazu verpflichtet, Informationen über bestimmte Diversitätsaspekte aufzunehmen. Um Fortschritte in Richtung einer ausgewogeneren Beteiligung von Frauen und Männern am wirtschaftlichen Entscheidungsprozess zu erzielen, muss sichergestellt werden, dass Unternehmen, deren Wertpapiere zum Handel auf einem geregelten Markt in der Union zugelassen sind, stets über ihr Konzept zur Förderung der Geschlechtervielfalt und dessen Umsetzung Bericht zu erstatten. Um jedoch unnötigen Verwaltungsaufwand zu vermeiden, sollten diese Unternehmen die Möglichkeit haben, über einige der gemäß Artikel 20 der Richtlinie 2013/34/EU erforderlichen Informationen zusammen mit anderen Nachhaltigkeitsinformationen Bericht zu erstatten. Wenn sie sich hierfür entscheiden, sollte die Erklärung zur Unternehmensführung einen Verweis auf die Nachhaltigkeitsberichterstattung des Unternehmens enthalten, und die gemäß Artikel 20 der Richtlinie 2013/34/EU erforderlichen Informationen sollten weiterhin den Anforderungen an die Bestätigung der Erklärung zur Unternehmensführung unterliegen.

(59) Gemäß Artikel 33 der Richtlinie 2013/34/EU müssen die Mitgliedstaaten dafür sorgen, dass die Mitglieder der Verwaltungs-, Leitungs- und Aufsichtsorgane eines Unternehmens die gemeinsame Aufgabe haben sicherzustellen, dass der Jahresabschluss, der konsolidierte Abschluss, der Lagebericht, der konsolidierte Lagebericht, die Erklärung zur Unternehmensführung und die konsolidierte Erklärung zur Unternehmensführung entsprechend den Anforderungen der genannten Richtlinie erstellt und offengelegt werden. Diese gemeinsame Verantwortung sollte auf die in der Delegierten Verordnung (EU) 2019/815 festgelegten Digitalisierungsanforderungen, auf die Anforderung, die Standards der Union für die Nachhaltigkeitsberichterstattung einzuhalten, und die Anforderung, die Nachhaltigkeitsberichterstattung auszuzeichnen, ausgeweitet werden.

(60) Es wird zwischen Aufträgen zur Erlangung einer begrenzten Prüfungssicherheit und einer hinreichenden Prüfungssicherheit unterschieden. Bei einem Auftrag zur Erlangung begrenzter Prüfungssicherheit erfolgt die Feststellung in Form einer Negativaussage, d. h. durch die Angabe, dass keine Sachverhalte bekannt geworden sind, die zu der Annahme veranlassen, dass wesentliche falsche Darstellungen enthalten sind. In diesem Fall werden weniger Prüfungen vorgenommen als im Rahmen eines Auftrags zur Erlangung hinreichender Prüfungssicherheit. Die Erlangung begrenzter Prüfungssicherheit verursacht deshalb weniger Arbeitsaufwand als die Erlangung hinreichender Prüfungssicherheit. Ein Auftrag zur Erlangung hinreichender Prüfungssicherheit erfordert umfangreiche Verfahren, einschließlich der Betrachtung der internen Kontrollen des Bericht erstattenden Unternehmens und vertiefter Prüfungen, und ist daher mit deutlich höherem Arbeitsaufwand verbunden als ein Auftrag zur Erlangung begrenzter Prüfungssicherheit.

Bei hinreichender Prüfungssicherheit wird in der Regel eine positive Feststellung getroffen, und sie resultiert in einem Urteil über die Messung des Prüfgegenstands an im Voraus festgelegten Kriterien. Gemäß der Richtlinie 2013/34/EU müssen die Mitgliedstaaten sicherstellen, dass der Abschlussprüfer oder die Prüfungsgesellschaft prüft, ob die nichtfinanzielle Erklärung oder der gesonderte Bericht vorgelegt wurde. Die Richtlinie schreibt nicht vor, dass ein unabhängiger Erbringer von Bestätigungsleistungen die Informationen überprüft, gestattet es den Mitgliedstaaten jedoch, eine solche Überprüfung zu verlangen, wenn sie dies für sinnvoll halten. Wenn im Gegensatz zur Verpflichtung des Abschlussprüfers, die Abschlussprüfung auf der Grundlage einer hinreichenden Prüfungssicherheit durchzuführen, bei der Nachhaltigkeitsberichterstattung keine Bestätigung verlangt werden würde, so würde dies der Glaubwürdigkeit der offengelegten Nachhaltigkeitsinformationen schaden und würden die Bedürfnisse der Nutzer, für die diese Informationen bestimmt sind, nicht erfüllt. Bei der Finanzberichterstattung und bei der Nachhaltigkeitsberichterstattung soll letztlich ein ähnliches Maß an Prüfungssicherheit erreicht werden, doch besteht in Ermangelung eines gemeinsam vereinbarten Standards für die Bestätigung der Nachhaltigkeitsberichterstattung die Gefahr einer unterschiedlichen Auslegung und unterschiedlicher Erwartungen hinsichtlich dessen, was ein Auftrag zur Erlangung hinreichender Prüfungssicherheit bei verschiedenen Kategorien von Nachhaltigkeitsinformationen, insbesondere bei zukunftsgerichteten und qualitativen Offenlegungen, beinhaltet.

Daher sollte im Hinblick auf Nachhaltigkeitsinformationen ein Ansatz zur progressiven Erhöhung der verlangten Prüfungssicherheit in Betracht gezogen werden, beginnend mit der Verpflichtung des Abschlussprüfers oder der Prüfungsgesellschaft, auf der Grundlage eines Auftrags zur Erlangung begrenzter Prüfungssicherheit ein Urteil darüber abzugeben, ob die Nachhaltigkeitsberichterstattung den Anforderungen der Union entspricht. Dabei sollte nicht nur die Einhaltung der Standards der Union für die Nachhaltigkeitsberichterstattung bewertet werden, sondern auch das vom Unternehmen genutzte Verfahren zur Ermittlung der Informationen, über die gemäß den Standards für die Nachhaltigkeitsberichterstattung Bericht erstattet wurde, und die Erfüllung der Pflicht zur Auszeichnung der Nachhaltigkeitsberichterstattung. Der Prüfer sollte ferner bewerten, ob das Unternehmen in seiner Berichterstattung den Berichterstattungsanforderungen gemäß Artikel 8 der Verordnung (EU) 2020/852 genügt. Wenn die Kommission bis spätestens 1. Oktober 2028 nach einer Bewertung dessen, ob hinreichende Prüfungssicherheit für Prüfer und Unternehmen möglich wäre, mittels delegierter Rechtsakte Standards für die Erlangung hinreichender Prüfungssicherheit bei der Bestätigung der Nachhaltigkeitsberichterstattung annimmt, sollte zur Gewährleistung eines gemeinsamen Verständnisses und gemeinsamer Erwartungen hinsichtlich dessen, was unter hinreichender Prüfungssicherheit zu verstehen ist, der Abschlussprüfer oder die Prüfungsgesellschaft verpflichtet sein, auf der Grundlage eines Auftrags zur Erlangung hinreichender Prüfungssicherheit ein Urteil über die Übereinstimmung der Nachhaltigkeitsberichterstattung mit den Anforderungen der Union abzugeben.

Der allmähliche Übergang von der begrenzten Prüfungssicherheit zur hinreichenden Prüfungssicherheit würde auch die Voraussetzung dafür schaffen, dass allmählich ein Markt für die Bestätigung von Nachhaltigkeitsinformationen entsteht und die Unternehmen eine bestimmte Berichterstattungspraxis entwickeln. Dieser allmähliche Ansatz würde schrittweise zu einem Anstieg der Kosten für die Bericht erstattenden Unternehmen führen, da die Bestätigung der Nachhaltigkeitsberichterstattung auf der Grundlage einer hinreichenden Prüfungssicherheit mit höheren Kosten verbunden ist als die Bestätigung der Nachhaltigkeitsberichterstattung auf der Grundlage einer begrenzten Prüfungssicherheit. Unternehmen, die Anforderungen an die Nachhaltigkeitsberichterstattung unterliegen, sollten sich dafür entscheiden können, ein Bestätigungsurteil zu ihrer Nachhaltigkeitsberichterstattung auf der Grundlage eines Auftrags zur Erlangung hinreichender Prüfungssicherheit einzuholen, wenn sie dies wünschen, wobei in diesem Fall davon ausgegangen werden sollte, dass sie der Verpflichtung nachgekommen sind, ein Urteil auf der Grundlage eines Auftrags zur Erlangung begrenzter Prüfungssicherheit einzuholen. Das Urteil auf der Grundlage eines Auftrags zur Erlangung hinreichender Prüfungssicherheit bei zukunftsbezogenen Informationen bietet lediglich Gewähr dafür, dass diese Informationen im Einklang mit den geltenden Standards erstellt wurden.

(61) Abschlussprüfer oder Prüfungsgesellschaften überprüfen bereits Jahresabschluss und Lagebericht. Die Bestätigung der Nachhaltigkeitsberichterstattung durch die Abschlussprüfer oder Prüfungsgesellschaften würde dazu beitragen, die Verknüpfung zwischen Finanz- und Nachhaltigkeitsinformationen und deren Kohärenz zu gewährleisten, was für die Nutzer von Nachhaltigkeitsinformationen von besonderer Bedeutung ist. Allerdings besteht die Gefahr einer weiteren Konzentration am Markt für Abschlussprüfungen, wodurch die Unabhängigkeit der Prüfer gefährdet würde und sich die Abschlussprüfungshonorare oder die Honorare in Bezug auf die Bestätigung der Nachhaltigkeitsberichterstattung erhöhen könnten.

Angesichts der Schlüsselrolle, die Abschlussprüfer bei der Bestätigung der Nachhaltigkeitsberichterstattung und der Gewährleistung zuverlässiger Nachhaltigkeitsinformationen spielen, hat die Kommission angekündigt, dass sie tätig werden wird, damit sich die Qualität der Abschlussprüfung weiter verbessert und ein offenerer, stärker diversifizierter Prüfungsmarkt entsteht, was die Voraussetzung für die erfolgreiche Anwendung dieser Änderungsrichtlinie darstellt. Darüber hinaus ist es im Zusammenhang mit der Bestätigung der Nachhaltigkeitsberichterstattung wünschenswert, dass die Unternehmen auf eine größere Auswahl an unabhängigen Erbringern von Bestätigungsleistungen zurückgreifen können. Die Mitgliedstaaten sollten daher die Möglichkeit haben, unabhängige Erbringer von Bestätigungsleistungen gemäß der Verordnung (EG) Nr. 765/2008 des Europäischen Parlaments und des Rates ([34]) für die Abgabe eines Bestätigungsurteils über die Nachhaltigkeitsberichterstattung zur gemeinsamen Veröffentlichung mit dem Lagebericht zu akkreditieren. Darüber hinaus sollten die Mitgliedstaaten die Möglichkeit haben, einem anderen Abschlussprüfer als dem- oder denjenigen, die die Abschlussprüfung durchführen, zu gestatten, ein Bestätigungsurteil über die Nachhaltigkeitsberichterstattung abzugeben. Gestatten sie zudem unabhängigen Erbringern von Bestätigungsleistungen, die Bestätigung der Nachhaltigkeitsberichterstattung durchzuführen, so sollten die Mitgliedstaaten auch einem anderen Abschlussprüfer als dem- oder denjenigen, die die Abschlussprüfung durchführen, gestatten, ein Bestätigungsurteil über die Nachhaltigkeitsberichterstattung abzugeben.

Die Mitgliedstaaten sollten Anforderungen festlegen, mit denen die Qualität der von unabhängigen Erbringern von Bestätigungsleistungen durchgeführten Bestätigungen der Nachhaltigkeitsberichterstattung sowie kohärente Ergebnisse bei der Bestätigung der Nachhaltigkeitsberichterstattung sichergestellt werden. Daher sollten alle unabhängigen Erbringer von Bestätigungsleistungen Anforderungen unterliegen, die in Bezug auf die Bestätigung der Nachhaltigkeitsberichterstattung den in der Richtlinie 2006/43/EG des Europäischen Parlaments und des Rates ([35]) festgelegten Anforderungen gleichwertig sind, jedoch an die Merkmale unabhängiger Erbringer von Bestätigungsleistungen, die keine Abschlussprüfungen durchführen, angepasst sind. Insbesondere sollten die Mitgliedstaaten gleichwertige Anforderungen an Ausbildung und Eignungsprüfung, kontinuierliche Fortbildung, Qualitätssicherungssysteme, Berufsgrundsätze, Unabhängigkeit, Unparteilichkeit, Verschwiegenheit und Berufsgeheimnis, Bestellung und Abberufung, die Organisation der Arbeit der unabhängigen Erbringer von Bestätigungsleistungen, Untersuchungen und Sanktionen sowie die Meldung von Unregelmäßigkeiten festlegen. Dies würde zudem gleiche Wettbewerbsbedingungen für alle Personen und Gesellschaften gewährleisten, die von den

Mitgliedstaaten dazu befugt werden, ein Bestätigungsurteil über die Nachhaltigkeitsberichterstattung abzugeben, einschließlich Abschlussprüfern. Beschließt ein Unternehmen, das Urteil über seine Nachhaltigkeitsberichterstattung bei einem akkreditierten unabhängigen Erbringer von Bestätigungsleistungen einzuholen, der nicht sein Abschlussprüfer ist, so sollte es nicht zusätzlich ein Bestätigungsurteil des Abschlussprüfers zu seiner Nachhaltigkeitsberichterstattung einholen müssen.

Unabhängige Erbringer von Bestätigungsleistungen, die bereits von einem Mitgliedstaat für die Bestätigung der Nachhaltigkeitsberichterstattung akkreditiert wurden, sollten ebensolche auch weiterhin durchführen dürfen. Ebenso sollten die Mitgliedstaaten sicherstellen, dass unabhängige Erbringer von Bestätigungsleistungen, die zum Zeitpunkt des Inkrafttretens der neuen Anforderungen an Ausbildung und Eignungsprüfung ihr Akkreditierungsverfahren durchlaufen, diesen neuen Akkreditierungsanforderungen nicht unterliegen, sofern sie das Verfahren innerhalb von zwei Jahren nach dem Geltungsbeginn dieser neuen Anforderungen abschließen. Die Mitgliedstaaten sollten jedoch sicherstellen, dass alle unabhängigen Erbringer von Bestätigungsleistungen, die innerhalb von zwei Jahren nach dem Geltungsbeginn der neuen Akkreditierungsanforderungen für die Bestätigung der Nachhaltigkeitsberichterstattung durch einen Mitgliedstaat akkreditiert wurden, durch kontinuierliche berufliche Fortbildung die erforderlichen Kenntnisse auf dem Gebiet der Nachhaltigkeitsberichterstattung und deren Bestätigung erwerben.

(62) Um den freien Dienstleistungsverkehr zu fördern, sollten die Mitgliedstaaten unabhängigen Erbringern von Bestätigungsleistungen, die in einem anderen Mitgliedstaat niedergelassen sind, gestatten, die Bestätigung der Nachhaltigkeitsberichterstattung in ihrem Hoheitsgebiet durchzuführen. Dies würde auch die Öffnung des Marktes für Bestätigungsleistungen begünstigen, auch wenn nicht alle Mitgliedstaaten die Akkreditierung unabhängiger Erbringer von Bestätigungsleistungen in ihrem Hoheitsgebiet zulassen. Wenn unabhängige Erbringer von Bestätigungsleistungen die Bestätigung der Nachhaltigkeitsberichterstattung im Hoheitsgebiet eines Aufnahmemitgliedstaats durchführen, sollte dieser Aufnahmemitgliedstaat beschließen können, unabhängige Erbringer von Bestätigungsleistungen zu beaufsichtigen, wobei die Möglichkeit besteht, den umgesetzten Rahmen für die Beaufsichtigung von Abschlussprüfern, die Bestätigungen der Nachhaltigkeitsberichterstattung durchführen, zu nutzen.

(63) Die Mitgliedstaaten sollten sicherstellen, dass in Fällen, in denen ein Unternehmen nach dem Unionsrecht verpflichtet ist, Teile seiner Nachhaltigkeitsberichterstattung durch eine akkreditierte unabhängige dritte Partei prüfen zu lassen, der Bericht der akkreditierten unabhängigen dritten Partei entweder als Anlage zum Lagebericht oder auf andere öffentlich zugängliche Weise bereitgestellt werden sollte. Eine solche Bereitstellung sollte dem Ergebnis des Bestätigungsurteils, das von der Überprüfung durch dritte Parteien unabhängig bleiben sollte, nicht vorgreifen. Es sollte nicht zu Doppelarbeit zwischen dem Abschlussprüfer oder dem unabhängigen Erbringer von Bestätigungsleistungen, der das Bestätigungsurteil abgibt, und der akkreditierten unabhängigen dritten Partei führen.

(64) Die Richtlinie 2006/43/EG des Europäischen Parlaments und des Rates enthält Vorschriften für die Abschlussprüfung von Jahresabschlüssen und konsolidierten Abschlüssen. Bei den Regeln für die Prüfung von Abschlüssen und die Bestätigung der Nachhaltigkeitsberichterstattung durch den Abschlussprüfer muss Kohärenz gewährleistet sein. Wenn das Bestätigungsurteil über die Nachhaltigkeitsberichterstattung von einem Abschlussprüfer oder einer Prüfungsgesellschaft abgegeben wird, sollte die Richtlinie 2006/43/EG gelten.

(65) Im Rahmen der Vorschriften über die Zulassung und Anerkennung von Abschlussprüfern und Prüfungsgesellschaften sollten Abschlussprüfer sich auch für die Bestätigung der Nachhaltigkeitsberichterstattung qualifizieren können. Die Mitgliedstaaten sollten sicher-

stellen, dass Abschlussprüfer, die sich für die Bestätigung der Nachhaltigkeitsberichterstattung qualifizieren möchten, über die erforderlichen theoretischen Kenntnisse in Bereichen, die für die Bestätigung der Nachhaltigkeitsberichterstattung relevant sind, verfügen und dass sie in der Lage sind, diese Kenntnisse in der Praxis anzuwenden.

Daher sollten Abschlussprüfer eine mindestens achtmonatige praktische Ausbildung zur Bestätigung der jährlichen und konsolidierten Nachhaltigkeitsberichterstattung oder in anderen nachhaltigkeitsbezogenen Dienstleistungen absolvieren, wobei frühere Berufserfahrung berücksichtigt werden sollte. Abschlussprüfer, die bereits von einem Mitgliedstaat zugelassen oder anerkannt wurden, sollten weiterhin Bestätigungen der Nachhaltigkeitsberichterstattung durchführen dürfen. Ebenso sollten die Mitgliedstaaten sicherstellen, dass natürliche Personen, die zum Zeitpunkt des Inkrafttretens solcher neuen Anforderungen an die Bestätigung der Nachhaltigkeitsberichterstattung das Zulassungsverfahren durchlaufen, diesen Anforderungen nicht unterliegen, sofern sie das Verfahren innerhalb der folgenden zwei Jahre abschließen. Die Mitgliedstaaten sollten jedoch sicherstellen, dass Abschlussprüfer, die innerhalb von zwei Jahren nach dem Geltungsbeginn dieser Anforderungen zugelassen werden und Bestätigung der Nachhaltigkeitsberichterstattung durchführen wollen, durch kontinuierliche berufliche Fortbildung die erforderlichen Kenntnisse im Bereich der Nachhaltigkeitsberichterstattung und deren Bestätigung erwerben. Natürliche Personen, die sich entschließen, lediglich eine Zulassung als Abschlussprüfer für die Abschlussprüfung zu erwerben, sollten sich zu einem späteren Zeitpunkt entschließen können, sich auch für die Bestätigung der Nachhaltigkeitsberichterstattung zu qualifizieren. Hierzu sollten diese Personen die Anforderungen erfüllen, die von den Mitgliedstaaten festgelegt wurden, um sicherzustellen, dass sie auch über die erforderlichen theoretischen Kenntnisse in Bereichen, die für die Bestätigung der Nachhaltigkeitsberichterstattung relevant sind, verfügen und dass sie in der Lage sind, diese Kenntnisse in der Praxis anzuwenden.

(66) Es sollte sichergestellt werden, dass Abschlussprüfer in Bezug auf die Abschlussprüfung und die Bestätigung der Nachhaltigkeitsberichterstattung kohärenten Anforderungen unterliegen. Daher sollte mindestens eine benannte Person aktiv an der Durchführung der Bestätigung der Nachhaltigkeitsberichterstattung beteiligt sein („verantwortlicher Nachhaltigkeitspartner"). Abschlussprüfer sollten verpflichtet sein, bei der Durchführung der Bestätigung der Nachhaltigkeitsberichterstattung ausreichend Zeit für das Mandat aufzubringen und die zur angemessenen Wahrnehmung ihrer Aufgaben erforderlichen Ressourcen und das entsprechend notwendige Fachwissen vorzusehen. In der Mandantendatei sollten die Gebühren angegeben werden, die für die Bestätigung der Nachhaltigkeitsberichterstattung in Rechnung gestellt werden, und es sollte eine Bestätigungsakte angelegt werden, die Informationen über die Bestätigung der Nachhaltigkeitsberichterstattung enthält. Führt derselbe Abschlussprüfer die Abschlussprüfung des Jahresabschlusses und die Bestätigung der Nachhaltigkeitsberichterstattung durch, so sollte die Bestätigungsakte in die Prüfungsakte aufgenommen werden können. Anforderungen an Abschlussprüfer in Bezug auf die Bestätigung der Nachhaltigkeitsberichterstattung sollten jedoch nur für die Abschlussprüfer gelten, die die Bestätigung der Nachhaltigkeitsberichterstattung durchführen.

(67) Abschlussprüfer oder Prüfungsgesellschaften, die die Bestätigung der Nachhaltigkeitsberichterstattung durchführen, sollten über ein hohes Maß an technischem und spezifischem Fachwissen auf dem Gebiet der Nachhaltigkeit verfügen.

(68) Gemäß der Richtlinie 2006/43/EG sorgen die Mitgliedstaaten für eine angemessene Regelung, die vermeidet, dass Honorare für Abschlussprüfungen von der Erbringung zusätzlicher Leistungen für das geprüfte Unternehmen beeinflusst oder bestimmt oder an Bedingungen geknüpft werden. Gemäß der genannten Richtlinie sorgen die Mitgliedstaaten ebenfalls dafür, dass Abschlussprüfer, die Abschlussprüfungen durchführen, Anforderun-

gen im Hinblick auf Berufsgrundsätze, Unabhängigkeit, Unparteilichkeit, Verschwiegenheit und Berufsgeheimnis erfüllen. Aus Gründen der Kohärenz sollten diesen Vorschriften auch auf Abschlussprüfer, die Bestätigungen der Nachhaltigkeitsberichterstattung durchführen, ausgeweitet werden.

(69) Um bei der Nachhaltigkeitsberichterstattung unionsweit einheitliche Bestätigungsverfahren und eine hochwertige Bestätigung der Nachhaltigkeitsberichterstattung zu gewährleisten, sollte der Kommission die Befugnis übertragen werden, mittels delegierter Rechtsakte Standards für die Bestätigung der Nachhaltigkeitsberichterstattung anzunehmen. Den Mitgliedstaaten sollte die Möglichkeit eingeräumt werden, nationale Bestätigungsstandards, -verfahren oder -anforderungen anzuwenden, solange die Kommission keine Bestätigungsstandards, die für denselben Bereich gelten, mittels delegierter Rechtsakte angenommen hat. In diesen Standards sollten die Verfahren festgelegt werden, anhand deren der Abschlussprüfer seine Schlussfolgerungen zur Bestätigung der Nachhaltigkeitsberichterstattung zu ziehen hat. Daher sollte die Kommission vor dem 1. Oktober 2026 mittels delegierter Rechtsakte Bestätigungsstandards für die begrenzte Prüfungssicherheit erlassen. Um die Harmonisierung der Bestätigung der Nachhaltigkeitsberichterstattung in den Mitgliedstaaten zu erleichtern, sollte der Ausschuss der Aufsichtsstellen ermutigt werden, unverbindliche Leitlinien anzunehmen, um die Verfahren festzulegen, die bei der Abgabe eines Bestätigungsurteils über die Nachhaltigkeitsberichterstattung anzuwenden sind, bis die Kommission Bestätigungsstandards für denselben Bereich annimmt.

(70) Die Richtlinie 2006/43/EG enthält Vorschriften für die Abschlussprüfung von Unternehmensgruppen. Ähnliche Vorschriften sollten für die Bestätigung der konsolidierten Nachhaltigkeitsberichterstattung festgelegt werden.

(71) Gemäß der Richtlinie 2006/43/EG legen der Abschlussprüfer oder die Prüfungsgesellschaften die Ergebnisse der Abschlussprüfung in einem Bestätigungsvermerk dar. Ähnliche Vorschriften sollten für die Bestätigung der Nachhaltigkeitsberichterstattung festgelegt werden. Die Ergebnisse der Bestätigung der Nachhaltigkeitsberichterstattung sollten in einem Prüfungsvermerk dargelegt werden. Führt derselbe Abschlussprüfer die Abschlussprüfung des Jahresabschlusses und die Bestätigung der Nachhaltigkeitsberichterstattung durch, so sollten die Informationen über die Bestätigung der Nachhaltigkeitsberichterstattung in den Bestätigungsvermerk aufgenommen werden können.

(72) Gemäß der Richtlinie 2006/43/EG richten die Mitgliedstaaten ein Qualitätssicherungssystem für Abschlussprüfer und Prüfungsgesellschaften ein. Um sicherzustellen, dass auch bei der Bestätigung der Nachhaltigkeitsberichterstattung eine Qualitätssicherung erfolgt und dass die Qualitätssicherungsprüfer über eine angemessene fachliche Ausbildung und einschlägige Erfahrung auf dem Gebiet der Nachhaltigkeitsberichterstattung und der Bestätigung der Nachhaltigkeitsberichterstattung verfügen, sollte diese Anforderung zur Einrichtung eines Systems der Qualitätssicherungsprüfung auch für die Bestätigung der Nachhaltigkeitsberichterstattung gelten. Als Übergangsmaßnahme sollten die Personen, die Qualitätssicherungsprüfungen im Zusammenhang mit der Bestätigung der Nachhaltigkeitsberichterstattung durchführen, bis zum 31. Dezember 2025 von der Anforderung befreit werden, über einschlägige Erfahrung auf dem Gebiet der Nachhaltigkeitsberichterstattung und der Bestätigung der Nachhaltigkeitsberichterstattung oder anderer nachhaltigkeitsbezogener Dienstleistungen zu verfügen.

(73) Gemäß der Richtlinie 2006/43/EG müssen die Mitgliedstaaten über ein System für Untersuchungen und Sanktionen für Abschlussprüfer und Prüfungsgesellschaften, die Abschlussprüfungen durchführen, verfügen. Gemäß der genannten Richtlinie müssen die Mitgliedstaaten ein wirksames System für die öffentliche Aufsicht einrichten und sicherstellen, dass die Regelungen für öffentliche Aufsichtssysteme auf Unionsebene eine wirk-

same Zusammenarbeit bei den Aufsichtstätigkeiten der Mitgliedstaaten ermöglichen. Diese Anforderungen sollten auch für Abschlussprüfer und Prüfungsgesellschaften gelten, die die Nachhaltigkeitsberichterstattung bestätigen, um die Kohärenz von Untersuchungen, Sanktionen und Aufsichtsrahmen für die Arbeit des Prüfers im Bereich der Abschlussprüfung und der Bestätigung der Nachhaltigkeitsberichterstattung sicherzustellen.

(74) Die Richtlinie 2006/43/EG enthält Vorschriften über die Bestellung und Entlassung von Abschlussprüfern und Prüfungsgesellschaften, die Abschlussprüfungen durchführen. Diese Vorschriften sollten auch für die Bestätigung der Nachhaltigkeitsberichterstattung gelten, um die Kohärenz der Vorschriften, denen Prüfer im Bereich der Abschlussprüfung und der Bestätigung der Nachhaltigkeitsberichterstattung unterliegen, sicherzustellen.

(75) Gemäß Artikel 6 der Richtlinie 2007/36/EG des Europäischen Parlaments und des Rates ([36]) haben die Mitgliedstaaten sicherzustellen, dass Aktionäre von Unternehmen, deren Wertpapiere zum Handel auf einem geregelten Markt in der Union zugelassen sind, die einzeln oder gemeinsam handeln, das Recht haben, Punkte auf die Tagesordnung der Hauptversammlung der Aktionäre zu setzen, sofern jedem dieser Punkte eine Begründung oder ein Beschlussentwurf beigefügt ist, der in der Hauptversammlung anzunehmen ist, und dass sie das Recht haben, Beschlussentwürfe für Punkte einzureichen, die in die Tagesordnung einer Hauptversammlung aufgenommen wurden oder aufgenommen werden sollen. Sind diese Rechte an die Bedingung geknüpft, dass der bzw. die betreffenden Aktionäre eine Mindestbeteiligung am Unternehmen halten, so darf diese Mindestbeteiligung 5 % des Gesellschaftskapitals nicht überschreiten. Was die Bestätigung der Nachhaltigkeitsberichterstattung betrifft, sollten die Aktionäre die in Artikel 6 der Richtlinie 2007/36/EG festgelegten Rechte ausüben können, um Beschlussentwürfe, die in der Hauptversammlung anzunehmen sind, vorzulegen, nach denen zum einen ein zugelassener Dritter, der nicht derselben Prüfungsgesellschaft oder demselben -netzwerk angehört wie der Abschlussprüfer oder die Prüfungsgesellschaft, der bzw. die die Abschlussprüfung durchführt, einen Bericht über bestimmte Teile der Nachhaltigkeitsberichterstattung erstellen muss und zum anderen dieser Bericht der Hauptversammlung zur Verfügung gestellt werden muss.

Bei Unternehmen, die den durch diese Änderungsrichtlinie eingeführten Anforderungen an die Nachhaltigkeitsberichterstattung unterliegen und nicht in den Anwendungsbereich von Artikel 6 der Richtlinie 2007/36/EG fallen, sollten Aktionäre, die einzeln oder gemeinsam mehr als 5 % der Stimmrechte oder 5 % des Kapitals des Unternehmens vertreten bzw. halten, auch das Recht erhalten, ein Beschlussentwurf, die in der Hauptversammlung anzunehmen ist, auf die Tagesordnung zu setzen, nach der zum einen ein akkreditierter Dritter, der nicht derselben Prüfungsgesellschaft oder demselben Netzwerk angehört wie der Abschlussprüfer oder die Prüfungsgesellschaft, die bzw. der die Abschlussprüfung durchführt, einen Bericht über bestimmte Teile der Nachhaltigkeitsberichterstattung erstellen muss und zum anderen dieser Bericht der Hauptversammlung zur Verfügung gestellt werden muss.

(76) Die Richtlinie 2006/43/EG verlangt, dass die Mitgliedstaaten sicherstellen, dass jedes Unternehmen von öffentlichem Interesse einen Prüfungsausschuss hat, und legt dessen Aufgaben im Zusammenhang mit der Abschlussprüfung fest. Diesem Prüfungsausschuss sollten bestimmte Aufgaben im Zusammenhang mit der Bestätigung der Nachhaltigkeitsberichterstattung übertragen werden. Diese Aufgaben sollten auch die Verpflichtung umfassen, das Verwaltungs- oder Aufsichtsorgan des Unternehmens von öffentlichem Interesse über die Ergebnisse der Bestätigung der Nachhaltigkeitsberichterstattung zu unterrichten und zu erläutern, wie der Prüfungsausschuss zur Integrität der Nachhaltigkeitsberichterstattung beigetragen hat und welche Rolle der Prüfungsausschuss dabei spielte. Die Mitgliedstaaten sollten gestatten können, dass die dem Prüfungsausschuss übertragenen Aufgaben im Zusammenhang mit der Nachhaltigkeitsberichterstattung und im Zusammen-

hang mit der Bestätigung der Nachhaltigkeitsberichterstattung von dem Verwaltungs- oder Aufsichtsorgan in seiner Gesamtheit oder von einem vom Verwaltungs- oder Aufsichtsorgan eigens eingerichteten Gremium wahrgenommen werden.

(77) Die Richtlinie 2006/43/EG enthält Anforderungen an die Registrierung von Abschlussprüfern und Prüfungsgesellschaften aus Drittländern und die Aufsicht über diese. Um einen kohärenten Rahmen für die Tätigkeiten der Prüfer bei der Abschlussprüfung und bei der Bestätigung der Nachhaltigkeitsberichterstattung sicherzustellen, müssen diese Anforderungen auch für die Bestätigung der Nachhaltigkeitsberichterstattung gelten.

(78) Die Verordnung (EU) Nr. 537/2014 des Europäischen Parlaments und des Rates ([37]) gilt für Abschlussprüfer und Prüfungsgesellschaften, die Abschlussprüfungen bei Unternehmen von öffentlichem Interesse durchführen. Um die Unabhängigkeit des Abschlussprüfers bei der Durchführung einer Abschlussprüfung zu gewährleisten, wird in der genannten Verordnung eine Begrenzung der Honorare, die er für andere Leistungen erhalten kann, festgelegt. Es ist wichtig klarzustellen, dass die Bestätigung der Nachhaltigkeitsberichterstattung bei der Berechnung dieser Begrenzung nicht berücksichtigt werden sollte. Darüber hinaus verbietet die Verordnung (EU) Nr. 537/2014 während bestimmter Zeiträume die Erbringung bestimmter Nichtprüfungsleistungen, wenn der Abschlussprüfer die Abschlussprüfung durchführt. Leistungen im Zusammenhang mit der Erstellung der Nachhaltigkeitsberichtserstattung, einschließlich jeglicher Beratungsleistungen, sollten während des in der Verordnung (EU) Nr. 537/2014 festgelegten Zeitraums ebenfalls als verbotene Leistungen betrachtet werden. Das Verbot der Erbringung solcher Leistungen sollte in allen Fällen gelten, in denen der Abschlussprüfer die Abschlussprüfung durchführt.

Um die Unabhängigkeit des Abschlussprüfers zu gewährleisten, sollten auch bestimmte Nichtprüfungsleistungen verboten werden, wenn der Abschlussprüfer die Bestätigung der Nachhaltigkeitsberichterstattung durchführt. Gemäß der Verordnung (EU) Nr. 537/2014 sind Abschlussprüfer verpflichtet, Unregelmäßigkeiten dem geprüften Unternehmen und unter bestimmten Umständen den von den Mitgliedstaaten benannten Behörden, die für die Untersuchung solcher Unregelmäßigkeiten verantwortlich sind, zu melden. Solche Pflichten sollten gegebenenfalls auch auf Abschlussprüfer und Prüfungsgesellschaften im Hinblick auf ihre Tätigkeiten zur Bestätigung der Nachhaltigkeitsberichterstattung bei Unternehmen von öffentlichem Interesse ausgeweitet werden.

(79) In der Richtlinie 2004/109/EG wird die Aufgabe der Durchsetzung der Anforderungen an die Unternehmensberichterstattung durch Unternehmen, deren Wertpapiere zum Handel auf einem geregelten Markt in der Union zugelassen sind, den nationalen Aufsichtsbehörden übertragen. Artikel 4 der genannten Richtlinie legt den Inhalt der Jahresfinanzberichte fest, enthält jedoch keinen expliziten Verweis auf die Artikel 19a und 29a der Richtlinie 2013/34/EU, in denen die Erstellung einer nichtfinanziellen Erklärung und einer konsolidierten nichtfinanziellen Erklärung vorgeschrieben ist. Dies bedeutet in der Folge, dass die zuständigen nationalen Behörden einiger Mitgliedstaaten rechtlich nicht befugt sind, diese nichtfinanziellen Erklärungen zu überwachen, insbesondere wenn diese nichtfinanziellen Erklärungen in einem gesonderten Bericht außerhalb des Jahresabschlusses veröffentlicht werden, was die Mitgliedstaaten derzeit zulassen können. Daher ist es notwendig, in Artikel 4 Absatz 5 der Richtlinie 2004/109/EG einen Verweis auf die Nachhaltigkeitsberichterstattung aufzunehmen. Außerdem müssen die verantwortlichen Personen beim Emittenten dazu verpflichtet werden, im Jahresfinanzbericht zu bestätigen, dass der Lagebericht nach ihrem besten Wissen entsprechend den Standards für die Nachhaltigkeitsberichterstattung erstellt wird.

Darüber hinaus sollte die ESMA angesichts des neuartigen Charakters dieser Anforderungen an die Nachhaltigkeitsberichterstattung Leitlinien für die zuständigen nationalen Behörden herausgeben, um eine konvergierende Aufsicht der Nachhaltigkeitsberichterstattung durch Emittenten, die der Richtlinie 2004/109/EG unterliegen, zu fördern. Diese Leitlinien sollten nur für die Beaufsichtigung von Unternehmen gelten, deren Wertpapiere zum Handel auf einem geregelten Markt in der Union zugelassen sind.

(80) Um die Anforderungen dieser Änderungsrichtlinie festzulegen, sollte der Kommission die Befugnis übertragen werden, gemäß Artikel 290 des Vertrags über die Arbeitsweise der Europäischen Union Rechtsakte hinsichtlich der Festlegung von Standards für die Nachhaltigkeitsberichterstattung, der Festlegung gleichwertiger Standards für Drittlandsunternehmen und der Festlegung von Standards für die Bestätigung der Nachhaltigkeitsberichterstattung zu erlassen. Es ist von besonderer Bedeutung, dass die Kommission im Zuge ihrer Vorbereitungsarbeit angemessene Konsultationen, auch auf der Ebene von Sachverständigen, durchführt, die mit den Grundsätzen in Einklang stehen, die in der Interinstitutionellen Vereinbarung vom 13. April 2016 über bessere Rechtsetzung ([38]) niedergelegt wurden. Um insbesondere für eine gleichberechtigte Beteiligung an der Vorbereitung delegierter Rechtsakte zu sorgen, erhalten das Europäische Parlament und der Rat alle Dokumente zur gleichen Zeit wie die Sachverständigen der Mitgliedstaaten, und ihre Sachverständigen haben systematisch Zugang zu den Sitzungen der Sachverständigengruppen der Kommission, die mit der Vorbereitung der delegierten Rechtsakte befasst sind.

(81) Die Kommission sollte dem Europäischen Parlament und dem Rat einen Bericht über die Umsetzung dieser Änderungsrichtlinie vorlegen, der unter anderem Folgendes umfasst: eine Bewertung der Erreichung der Ziele dieser Änderungsrichtlinie, einschließlich der Konvergenz der Berichterstattungsverfahren zwischen Mitgliedstaaten; eine Bewertung der Zahl der kleinen und mittleren Unternehmen, die freiwillig Standards für die Nachhaltigkeitsberichterstattung anwenden; eine Bewertung, ob und wie der Anwendungsbereich der Berichterstattungsanforderungen ausgeweitet werden sollte, insbesondere in Bezug auf kleine und mittlere Unternehmen und Drittlandsunternehmen, die ohne ein Tochterunternehmen oder eine Zweigniederlassung im Gebiet der Union unmittelbar im Binnenmarkt der Union tätig sind; eine Bewertung der Umsetzung der mit dieser Änderungsrichtlinie eingeführten Berichterstattungsanforderungen für Tochterunternehmen und Zweigniederlassungen von Drittlandsunternehmen, einschließlich einer Bewertung der Zahl der Drittlandsunternehmen, die über ein Tochterunternehmen oder eine Zweigniederlassung verfügen, das bzw. die Berichterstattungsanforderungen gemäß der Richtlinie 2013/34/EU unterliegt bzw. unterliegen; eine Bewertung des Durchsetzungsmechanismus und der einschlägigen in der Richtlinie 2013/34/EU festgelegten Schwellenwerte; eine Bewertung, ob und wie der Zugang von Menschen mit Behinderungen zu der Nachhaltigkeitsberichterstattung sichergestellt werden kann, die von Unternehmen veröffentlicht wird, die in den Anwendungsbereich dieser Änderungsrichtlinie fallen.

Der Bericht über die Umsetzung dieser Änderungsrichtlinie sollte bis zum 30. April 2029 und danach alle drei Jahre veröffentlicht und gegebenenfalls durch Legislativvorschläge ergänzt werden. Bis zum 31. Dezember 2028 sollte die Kommission den Konzentrationsgrad des Marktes für die Bestätigung der Nachhaltigkeitsprüfung überprüfen und darüber Bericht erstatten. Bei der Überprüfung sollten die für unabhängige Erbringer von Bestätigungsleistungen geltenden nationalen Regelungen berücksichtigt werden, und es sollte bewertet werden, ob und inwieweit diese nationalen Regelungen zur Öffnung des Marktes für Bestätigungsleistungen beitragen. Bis zum 31. Dezember 2028 sollte die Kommission mögliche rechtliche Maßnahmen prüfen, um eine ausreichende Diversifizierung des Marktes für die Bestätigung der Nachhaltigkeitsprüfung und eine angemessene Qualität der Nachhaltigkeitsberichterstattung zu gewährleisten. Der Bericht über den Konzentrationsgrad des Marktes für die Bestätigung der Nachhaltigkeitsprüfung sollte dem Europäischen

Parlament und dem Rat bis zum 31. Dezember 2028 übermittelt und gegebenenfalls durch Legislativvorschläge ergänzt werden.

(82) Da die Ziele dieser Änderungsrichtlinie von den Mitgliedstaaten nicht ausreichend verwirklicht werden können, sondern vielmehr wegen des Umfangs oder der Wirkungen der Maßnahme auf Unionsebene besser zu verwirklichen sind, kann die Union im Einklang mit dem in Artikel 5 des Vertrags über die Europäische Union verankerten Subsidiaritätsprinzip tätig werden. Entsprechend dem in demselben Artikel genannten Grundsatz der Verhältnismäßigkeit geht diese Änderungsrichtlinie nicht über das für die Verwirklichung dieser Ziele erforderliche Maß hinaus.

(83) Die Verordnung (EU) Nr. 537/2014 und die Richtlinien 2004/109/EG, 2006/43/EG und 2013/34/EU sollten daher entsprechend geändert werden.

(84) Die EZB wurde angehört und hat ihre Stellungnahme am 7. September 2021 abgegeben –

HABEN FOLGENDE RICHTLINIE ERLASSEN:

Artikel 1
Änderung der Richtlinie 2013/34/EU

Die Richtlinie 2013/34/EU wird wie folgt geändert:

1. Dem Artikel 1 werden die folgenden Absätze angefügt:

   „(3) Die in den Artikeln 19a, 29a, 29d, 30 und 33, Artikel 34 Absatz 1 Unterabsatz 2 Buchstabe aa, Artikel 34 Absätze 2 und 3 sowie Artikel 51 der vorliegenden Richtlinie vorgeschriebenen Koordinierungsmaßnahmen gelten unabhängig von der jeweiligen Rechtsform auch für die Rechts- und Verwaltungsvorschriften der Mitgliedstaaten für folgende Unternehmen, sofern es sich um große Unternehmen oder um kleine und mittlere Unternehmen – mit Ausnahme von Kleinstunternehmen –, handelt, die Unternehmen von öffentlichem Interesse im Sinne von Artikel 2 Nummer 1 Buchstabe a der vorliegenden Richtlinie sind:

   *a) Versicherungsunternehmen im Sinne von Artikel 2 Absatz 1 der Richtlinie 91/674/EWG des Rates (*1);*

   *b) Kreditinstitute im Sinne von Artikel 4 Absatz 1 Nummer 1 der Verordnung (EU) Nr. 575/2013 des Europäischen Parlaments und des Rates (*2).*

   *Die Mitgliedstaaten können beschließen, die in Unterabsatz 1 genannten Koordinierungsmaßnahmen nicht auf die in Artikel 2 Absatz 5 Nummern 2 bis 23 der Richtlinie 2013/36/EU des Europäischen Parlaments und des Rates (*3) genannten Unternehmen anzuwenden.*

   *(4) Die in den Artikeln 19a, 29a und 29d vorgeschriebenen Koordinierungsmaßnahmen gelten nicht für Finanzprodukte nach Artikel 2 Nummer 12 Buchstaben b und f der Verordnung (EU) 2019/2088 des Europäischen Parlaments und des Rates (*4).*

   (5) Die in den Artikeln 40a bis 40d vorgeschriebenen Koordinierungsmaßnahmen gelten auch für die Rechts- und Verwaltungsvorschriften der Mitgliedstaaten für Tochterunternehmen und Zweigniederlassungen von Unternehmen, die nicht dem Recht eines Mitgliedstaats unterliegen, deren Rechtsform aber den in Anhang I genannten Rechtsformen vergleichbar ist.

---

*(*1) Richtlinie 91/674/EWG des Rates vom 19. Dezember 1991 über den Jahresabschluss und den konsolidierten Abschluss von Versicherungsunternehmen (ABl. L 374 vom 31.12.1991, S. 7).“*

*(*2) Verordnung (EU) Nr. 575/2013 des Europäischen Parlaments und des Rates vom 26. Juni 2013 über Aufsichtsanforderungen an Kreditinstitute und zur Änderung der Verordnung (EU) Nr. 648/2012 (ABl. L 176 vom 27.6.2013, S. 1).“*

*(*3) Richtlinie 2013/36/EU des Europäischen Parlaments und des Rates vom 26. Juni 2013 über den Zugang zur Tätigkeit von Kreditinstituten und die Beaufsichtigung von Kreditinstituten, zur Änderung der Richtlinie 2002/87/EG und zur Aufhebung der Richtlinien 2006/48/EG und 2006/49/EG (ABl. L 176 vom 27.6.2013, S. 338).“*

*(*4) Verordnung (EU) 2019/2088 des Europäischen Parlaments und des Rates vom 27. November 2019 über nachhaltigkeitsbezogene Offenlegungspflichten im Finanzdienstleistungssektor (ABl. L 317 vom 9.12.2019, S. 1).“„*

2. Artikel 2 wird wie folgt geändert:
   a) Nummer 5 erhält folgende Fassung:
      *„5. ‚Nettoumsatzerlöse‘ die Beträge, die sich aus dem Verkauf von Produkten und der Erbringung von Dienstleistungen nach Abzug von Erlösschmälerungen und der Mehrwertsteuer sowie sonstigen direkt mit dem Umsatz verbundenen Steuern ergeben; für Versicherungsunternehmen nach Artikel 1 Absatz 3 Unterabsatz 1 Buchstabe a der vorliegenden Richtlinie wird der Begriff ‚Nettoumsatzerlöse‘ jedoch gemäß Artikeln 35 und Artikel 66 Nummer 2 der Richtlinie 91/674/EWG des Rates (*5) definiert; für Kreditinstitute nach Artikel 1 Absatz 3 Unterabsatz 1 Buchstabe b der vorliegenden Richtlinie wird der Begriff ‚Nettoumsatzerlöse‘ gemäß Artikel 43 Absatz 2 Buchstabe c der Richtlinie 86/635/EWG des Rates (*6) definiert; und für Unternehmen, die in den Anwendungsbereich von Artikel 40a Absatz 1 dieser Richtlinie fallen, bezeichnet der Begriff ‚Nettoumsatzerlöse‘ die Einnahmen gemäß der Definition durch die bzw. im Sinne der Rechnungslegungsgrundsätze, auf deren Grundlage die Abschlüsse des Unternehmens erstellt werden;*

      *(*5) Richtlinie 91/674/EWG des Rates vom 19. Dezember 1991 über den Jahresabschluss und den konsolidierten Abschluss von Versicherungsunternehmen (ABl. L 374 vom 31.12.1991, S. 7).“*

      *(*6) Richtlinie 86/635/EWG des Rates vom 8. Dezember 1986 über den Jahresabschluss und den konsolidierten Abschluss von Banken und anderen Finanzinstituten (ABl. L 372 vom 31.12.1986, S. 1).“„*

   b) Folgende Nummern werden angefügt:
      „17. ‚Nachhaltigkeitsaspekte‘ Umwelt-, Sozial- und Menschenrechtsfaktoren sowie Governance-Faktoren, einschließlich Nachhaltigkeitsfaktoren im Sinne von Artikel 2 Nummer 24 der Verordnung (EU) 2019/2088;
      18. ‚Nachhaltigkeitsberichterstattung‘ die Berichterstattung über Informationen über Nachhaltigkeitsaspekte gemäß den Artikeln 19a, 29a und 29d;
      19. ‚wichtigste immaterielle Ressourcen‘ Ressourcen ohne physische Substanz, von denen das Geschäftsmodell des Unternehmens grundlegend abhängt und die eine Wertschöpfungsquelle für das Unternehmen darstellen;
      20. ‚unabhängiger Erbringer von Bestätigungsleistungen‘ eine Konformitätsbewertungsstelle, die gemäß der Verordnung (EG) Nr. 765/2008 des Europäischen Parlaments und des Rates (*7) für die in Artikel 34 Absatz 1 Unterabsatz 2 Buchstabe aa der vorliegenden Richtlinie genannte Konformitätsbewertung akkreditiert ist.

      (*7) Verordnung (EG) Nr. 765/2008 des Europäischen Parlaments und des Rates vom 9. Juli 2008 über die Vorschriften für die Akkreditierung und zur Aufhebung der Verordnung (EWG) Nr. 339/93 des Rates (ABl. L 218 vom 13.8.2008, S. 30).“„

3. In Artikel 19 Absatz 1 wird folgender Unterabsatz angefügt:
„Große Unternehmen sowie kleine und mittlere Unternehmen – mit Ausnahme von Kleinstunternehmen –, bei denen es sich um Unternehmen von öffentlichem Interesse im Sinne von Artikel 2 Nummer 1 Buchstabe a handelt, erstatten Bericht über Informationen über die wichtigsten immateriellen Ressourcen und erläutern, inwiefern das Geschäftsmodell des Unternehmens grundlegend von diesen Ressourcen abhängt und inwiefern diese Ressourcen eine Wertschöpfungsquelle für das Unternehmen darstellen.“

4. Artikel 19a erhält folgende Fassung:

„Artikel 19a
Nachhaltigkeitsberichterstattung

(1) Große Unternehmen sowie kleine und mittlere Unternehmen – mit Ausnahme von Kleinstunternehmen –, bei denen es sich um Unternehmen von öffentlichem Interesse im Sinne von Artikel 2 Nummer 1 Buchstabe a handelt, nehmen in den Lagebericht Angaben auf, die für das Verständnis der Auswirkungen der Tätigkeiten des Unternehmens auf Nachhaltigkeitsaspekte sowie das Verständnis der Auswirkungen von Nachhaltigkeitsaspekten auf Geschäftsverlauf, Geschäftsergebnis und Lage des Unternehmens erforderlich sind.
Die in Unterabsatz 1 genannten Angaben müssen im Lagebericht mittels eines dafür vorgesehenen Abschnitts klar erkennbar sein.

(2) Die in Absatz 1 genannten Informationen umfassen Folgendes:
- *a) eine kurze Beschreibung von Geschäftsmodell und Strategie des Unternehmens, einschließlich Angaben*
  - *i) zur Widerstandsfähigkeit von Geschäftsmodell und Strategie des Unternehmens gegenüber Risiken im Zusammenhang mit Nachhaltigkeitsaspekten;*
  - *ii) zu den Chancen des Unternehmens im Zusammenhang mit Nachhaltigkeitsaspekten;*
  - *iii) zu der Art und Weise, einschließlich Durchführungsmaßnahmen und zugehörigen Finanz- und Investitionsplänen, wie das Unternehmen beabsichtigt sicherzustellen, dass sein Geschäftsmodell und seine Strategie mit dem Übergang zu einer nachhaltigen Wirtschaft und der Begrenzung der Erderwärmung auf 1,5 °C im Einklang mit dem am 12. Dezember 2015 angenommenen Übereinkommen von Paris im Rahmen des Rahmenübereinkommens der Vereinten Nationen über Klimaänderungen (im Folgenden „Übereinkommen von Paris“) und dem in der Verordnung (EU) 2021/1119 des Europäischen Parlaments und des Rates (*8) verankerten Ziel der Verwirklichung der Klimaneutralität bis 2050 vereinbar sind, und gegebenenfalls die Exposition des Unternehmens gegenüber Aktivitäten mit Bezug zu Kohle, Öl und Gas;*
  - *iv) zu der Art und Weise, wie das Unternehmen den Belangen seiner Interessenträger und den Auswirkungen seiner Tätigkeiten auf Nachhaltigkeitsaspekte in seinem Geschäftsmodell und seiner Strategie Rechnung trägt;*
  - *v) zu der Art und Weise, wie die Strategie des Unternehmens im Hinblick auf Nachhaltigkeitsaspekte umgesetzt wird;*
- *b) eine Beschreibung der zeitgebundenen Nachhaltigkeitsziele, die sich das Unternehmen gesetzt hat, gegebenenfalls einschließlich der absoluten Ziele für die Verringerung der Treibhausgasemissionen mindestens für 2030 und 2050, eine Beschreibung der Fortschritte, die das Unternehmen im Hinblick auf die*

Erreichung dieser Ziele erzielt hat, und eine Erklärung, ob die auf Umweltfaktoren bezogenen Ziele des Unternehmens auf schlüssigen wissenschaftlichen Beweisen beruhen;

c) eine Beschreibung der Rolle der Verwaltungs-, Leitungs- und Aufsichtsorgane im Zusammenhang mit Nachhaltigkeitsaspekten sowie ihres Fachwissens und ihrer Fähigkeiten zur Wahrnehmung dieser Rolle oder ihres Zugangs zu solchem Fachwissen und solchen Fähigkeiten;

d) eine Beschreibung der Unternehmenspolitik hinsichtlich Nachhaltigkeit;

e) Angaben über das Vorhandensein von mit Nachhaltigkeitsaspekten verknüpften Anreizsystemen, die Mitgliedern der Verwaltungs-, Leitungs- und Aufsichtsorgane angeboten werden;

f) eine Beschreibung

i) des vom Unternehmen mit Blick auf Nachhaltigkeitsaspekte und gegebenenfalls im Einklang mit den Anforderungen der Union für Unternehmen zur Durchführung eines Due-Diligence-Prozesses durchgeführten Due-Diligence-Prozesses;

ii) der wichtigsten tatsächlichen oder potenziellen negativen Auswirkungen, die mit der eigenen Geschäftstätigkeit des Unternehmens und mit seiner Wertschöpfungskette, einschließlich seiner Produkte und Dienstleistungen, seiner Geschäftsbeziehungen und seiner Lieferkette, verknüpft sind, der Maßnahmen zur Ermittlung und Überwachung dieser Auswirkungen, und anderer negativer Auswirkungen, die das Unternehmen gemäß anderen Anforderungen der Union für Unternehmen zur Durchführung eines Due-Diligence-Prozesses ermitteln muss;

iii) jeglicher Maßnahmen des Unternehmens zur Verhinderung, Minderung, Behebung oder Beendigung tatsächlicher oder potenzieller negativer Auswirkungen und des Erfolgs dieser Maßnahmen;

g) eine Beschreibung der wichtigsten Risiken, denen das Unternehmen im Zusammenhang mit Nachhaltigkeitsaspekten ausgesetzt ist, einschließlich einer Beschreibung der wichtigsten Abhängigkeiten in diesem Bereich, und der Handhabung dieser Risiken durch das Unternehmen;

h) Indikatoren, die für die unter den Buchstaben a bis g genannten Offenlegungen relevant sind.

Die Unternehmen erstattet über den Prozess zur Ermittlung der gemäß Absatz 1 in den Lagebericht aufgenommenen Informationen Bericht. Die in Unterabsatz 1 des vorliegenden Absatzes aufgeführten Informationen umfassen gegebenenfalls Informationen über kurz-, mittel- und langfristige Zeiträume.

(3) Gegebenenfalls umfassen die in den Absätzen 1 und 2 genannten Informationen Angaben zur eigenen Geschäftstätigkeit des Unternehmens und zu seiner Wertschöpfungskette, einschließlich Angaben zu seinen Produkten und Dienstleistungen, seinen Geschäftsbeziehungen und seiner Lieferkette.

*Für die ersten drei Jahre der Anwendung der von den Mitgliedstaaten gemäß Artikel 5 Absatz 2 der Richtlinie (EU) 2022/2464 des Europäischen Parlaments und des Rates (*9) angenommenen Maßnahmen und für den Fall, dass nicht alle erforderlichen Informationen über seine Wertschöpfungskette verfügbar sind, erläutert das Unternehmen, welche Anstrengungen unternommen wurden, um die erforderlichen Informationen über seine Wertschöpfungskette zu erhalten, begründet das Unternehmen, warum nicht alle erforderlichen Informationen eingeholt werden konnten, und erläutert das Unternehmen seine Pläne, um künftig die erforderlichen Informationen einzuholen.*

Gegebenenfalls umfassen die in den Absätzen 1 und 2 genannten Angaben auch Verweise auf andere gemäß Artikel 19 in den Lagebericht aufgenommene Angaben und zusätzliche Erläuterungen dazu sowie auf die im Jahresabschluss ausgewiesenen Beträge.

Die Mitgliedstaaten können gestatten, dass Informationen über künftige Entwicklungen oder Belange, über die Verhandlungen geführt werden, in Ausnahmefällen weggelassen werden, wenn eine solche Angabe nach der ordnungsgemäß begründeten Einschätzung der Mitglieder der Verwaltungs-, Leitungs- und Aufsichtsorgane, die im Rahmen der ihnen durch einzelstaatliche Rechtsvorschriften übertragenen Zuständigkeiten handeln und gemeinsam für diese Einschätzung zuständig sind, der Geschäftslage des Unternehmens ernsthaft schaden würde, sofern eine solche Nichtaufnahme ein den tatsächlichen Verhältnissen entsprechendes und ausgewogenes Verständnis des Geschäftsverlaufs, des Geschäftsergebnisses und der Lage des Unternehmens, sowie der Auswirkungen seiner Tätigkeit nicht verhindert.

(4) Die Unternehmen erstatten Bericht über die in den Absätzen 1 bis 3 des vorliegenden Artikels genannten Informationen gemäß den im Einklang mit Artikel 29b angenommenen Standards für die Nachhaltigkeitsberichterstattung.

(5) Die Unternehmensleitung unterrichtet die Arbeitnehmervertreter auf geeigneter Ebene und erörtert mit ihnen die einschlägigen Informationen und die Mittel zur Einholung und Überprüfung von Nachhaltigkeitsinformationen. Die Stellungnahme der Arbeitnehmervertreter wird gegebenenfalls den zuständigen Verwaltungs-, Leitungs- oder Aufsichtsorganen mitgeteilt.

*(6) Abweichend von den Absätzen 2 bis 4 und unbeschadet der Absätze 9 und 10 können kleine und mittlere Unternehmen nach Absatz 1, kleine und nicht komplexe Institute im Sinne von Artikel 4 Absatz 1 Nummer 145 der Verordnung (EU) Nr. 575/2013, firmeneigene Versicherungsunternehmen im Sinne von Artikel 13 Nummer 2 der Richtlinie 2009/138/EG des Europäischen Parlaments und des Rates (*10) und firmeneigene Rückversicherungsunternehmen im Sinne von Artikel 13 Nummer 5 der genannten Richtlinie ihre Nachhaltigkeitsberichterstattung auf folgende Informationen beschränken:*

a) eine kurze Beschreibung von Geschäftsmodell und Strategie des Unternehmens;

b) eine Beschreibung der Unternehmenspolitik hinsichtlich Nachhaltigkeit;

c) die wichtigsten tatsächlichen oder potenziellen negativen Auswirkungen des Unternehmens in Bezug auf Nachhaltigkeitsaspekte sowie jegliche Maßnahmen zur Ermittlung, Überwachung, Verhinderung, Minderung oder Behebung solcher tatsächlichen oder potenziellen negativen Auswirkungen;

d) die wichtigsten Risiken, denen das Unternehmen im Zusammenhang mit Nachhaltigkeitsaspekten ausgesetzt ist, und die Handhabung dieser Risiken durch das Unternehmen;

e) Schlüsselindikatoren, die für die unter den Buchstaben a bis d genannten Offenlegungen erforderlich sind.

Kleine und mittlere Unternehmen, kleine und nicht komplexe Institute sowie firmeneigene Versicherungs- und Rückversicherungsunternehmen, die von der Ausnahmeregelung gemäß Unterabsatz 1 Gebrauch machen, erstatten gemäß den Standards für die Nachhaltigkeitsberichterstattung durch kleine und mittlere Unternehmen nach Artikel 29c Bericht.

(7) Für Geschäftsjahre, die vor dem 1. Januar 2028 beginnen, können kleine und mittlere Unternehmen, bei denen es sich um Unternehmen von öffentlichem In-

teresse im Sinne von Artikel 2 Nummer 1 Buchstabe a handelt, abweichend von Absatz 1 des vorliegenden Artikels beschließen, die in Absatz 1 genannten Informationen nicht in ihren Lagebericht aufzunehmen. In solchen Fällen gibt das Unternehmen jedoch in seinem Lagebericht kurz an, warum die Nachhaltigkeitsberichterstattung nicht vorgelegt wurde.

(8) Bei Unternehmen, die die Anforderungen der Absätze 1 bis 4 des vorliegenden Artikels erfüllen, und Unternehmen, die von der Ausnahmeregelung nach Absatz 6 des vorliegenden Artikels Gebrauch machen, wird davon ausgegangen, dass sie die Anforderung von Artikel 19 Absatz 1 Unterabsatz 3 erfüllen.

*(9) Sofern die in Unterabsatz 2 des vorliegenden Absatzes festgelegten Bedingungen erfüllt sind, wird ein Unternehmen, das ein Tochterunternehmen ist, von den in den Absätzen 1 bis 4 des vorliegenden Artikels festgelegten Pflichten befreit (im Folgenden „befreites Tochterunternehmen"), wenn dieses Unternehmen und seine Tochterunternehmen in den konsolidierten Lagebericht eines Mutterunternehmens einbezogen werden und dieser konsolidierte Lagebericht gemäß Artikel 29 und Artikel 29a erstellt wird. Ein Unternehmen, das Tochterunternehmen eines in einem Drittland niedergelassenen Mutterunternehmens ist, wird ebenfalls von den in den Absätzen 1 bis 4 des vorliegenden Artikels festgelegten Pflichten befreit, wenn dieses Unternehmen und seine Tochterunternehmen in die konsolidierte Nachhaltigkeitsberichterstattung dieses in einem Drittland niedergelassenen Mutterunternehmens einbezogen werden und diese konsolidierte Nachhaltigkeitsberichterstattung gemäß den nach Artikel 29b erlassenen Standards für die Nachhaltigkeitsberichterstattung oder in einer Weise durchgeführt wird, die diesen Standards für die Nachhaltigkeitsberichterstattung gleichwertig ist, was in einem gemäß Artikel 23 Absatz 4 Unterabsatz 3 der Richtlinie 2004/109/EG des Europäischen Parlaments und des Rates (*11) erlassenen Durchführungsrechtsakt über die Gleichwertigkeit der Standards für die Nachhaltigkeitsberichterstattung festgestellt wurde.*

Die Befreiung nach Unterabsatz 1 ist an folgende Bedingungen geknüpft:

a) Der Lagebericht des befreiten Tochterunternehmens enthält alle folgenden Informationen:

i) Namen und Sitz des Mutterunternehmens, das über Informationen auf Gruppenebene gemäß dem vorliegenden Artikel oder in einer Weise Bericht erstattet, die den nach Artikel 29b der vorliegenden Richtlinie erlassenen Standards für die Nachhaltigkeitsberichterstattung gleichwertig ist, was in einem gemäß Artikel 23 Absatz 4 Unterabsatz 3 der Richtlinie 2004/109/EG erlassenen Durchführungsrechtsakt über die Gleichwertigkeit der Standards für die Nachhaltigkeitsberichterstattung festgestellt wurde;

ii) die Weblinks zum konsolidierten Lagebericht des Mutterunternehmens oder gegebenenfalls zu der konsolidierten Nachhaltigkeitsberichterstattung des Mutterunternehmens nach Unterabsatz 1 des vorliegenden Absatzes und zu dem Bestätigungsurteil nach Artikel 34 Absatz 1 Unterabsatz 2 Buchstabe aa der vorliegenden Richtlinie oder zum Bestätigungsurteil nach Buchstabe b dieses Unterabsatzes;

iii) die Information, dass das Unternehmen von den in den Absätzen 1 bis 4 dieses Artikels genannten Pflichten befreit ist;

b) ist das Mutterunternehmen in einem Drittland niedergelassen, so werden seine konsolidierte Nachhaltigkeitsberichterstattung und das Bestätigungsurteil zu der konsolidierten Nachhaltigkeitsberichterstattung, das von einer oder mehreren Personen oder Gesellschaften abgegeben wurde, die nach dem für dieses Mutterunternehmen geltenden Recht zur Abgabe eines Urteils über die Bestätigung der Nachhaltigkeitsberichterstattung befugt sind, gemäß Artikel 30 der vorliegenden Richtlinie und im Einklang mit dem Recht des Mitgliedstaats, dem das befreite Tochterunternehmen unterliegt, veröffentlicht;

*c) ist das Mutterunternehmen in einem Drittland niedergelassen, so werden die in Artikel 8 der Verordnung (EU) 2020/852 des Europäischen Parlaments und des Rates (*12) festgelegten Offenlegungen über die Tätigkeiten des in der Union niedergelassenen befreiten Tochterunternehmens und seiner Tochterunternehmen in den Lagebericht des befreiten Tochterunternehmens oder in der konsolidierten Nachhaltigkeitsberichterstattung des in einem Drittland niedergelassenen Mutterunternehmens aufgenommen.*

Der Mitgliedstaat, dessen einzelstaatlichem Recht das befreite Tochterunternehmen unterliegt, kann verlangen, dass der konsolidierte Lagebericht des Mutterunternehmens oder gegebenenfalls der konsolidierte Nachhaltigkeitsbericht des Mutterunternehmens in einer von diesem Mitgliedstaat akzeptierten Sprache offengelegt wird und dass alle erforderlichen Übersetzungen in diese Sprache bereitgestellt werden. Jede Übersetzung, die nicht beglaubigt wurde, muss eine entsprechende Erklärung enthalten.

Unternehmen, die gemäß Artikel 37 von der Erstellung eines Lageberichts befreit sind, brauchen die in Unterabsatz 2 Buchstabe a Ziffern i bis iii dieses Absatzes genannten Informationen nicht vorzulegen, sofern diese Unternehmen den konsolidierten Lagebericht gemäß Artikel 37 offenlegen.

Für die Zwecke von Unterabsatz 1 dieses Absatzes und in Fällen, in denen Artikel 10 der Verordnung (EU) Nr. 575/2013 Anwendung findet, werden Kreditinstitute nach Artikel 1 Absatz 3 Unterabsatz 1 Buchstabe b dieser Richtlinie, die einer Zentralorganisation ständig zugeordnet sind, welche sie unter den in Artikel 10 der Verordnung (EU) Nr. 575/2013 festgelegten Bedingungen beaufsichtigt, wie Tochterunternehmen dieser Zentralorganisation behandelt.

Für die Zwecke von Unterabsatz 1 werden Versicherungsunternehmen nach Artikel 1 Absatz 3 Unterabsatz 1 Buchstabe a der vorliegenden Richtlinie, die auf der Grundlage einer in Artikel 212 Absatz 1 Buchstabe c Ziffer ii der Richtlinie 2009/138/EG genannten finanziellen Beziehung einer Gruppe angehören und gemäß Artikel 213 Absatz 2 Buchstaben a bis c der genannten Richtlinie der Gruppenaufsicht unterliegen, wie Tochterunternehmen des Mutterunternehmens der Gruppe behandelt.

(10) Die Befreiung nach Absatz 9 gilt auch für Unternehmen von öffentlichem Interesse, die den Anforderungen dieses Artikels unterliegen, mit Ausnahme großer Unternehmen, bei denen es sich um Unternehmen von öffentlichem Interesse im Sinne von Artikel 2 Nummer 1 Buchstabe a dieser Richtlinie handelt.

---

*(*8) Verordnung (EU) 2021/1119 des Europäischen Parlaments und des Rates vom 30. Juni 2021 zur Schaffung des Rahmens für die Verwirklichung der Klimaneutralität und zur Änderung der Verordnungen (EG) Nr. 401/2009 und (EU) 2018/1999 („Europäisches Klimagesetz") (ABl. L 243 vom 9.7.2021, S. 1)."*

*(*9) Richtlinie (EU) 2022/2464 des Europäischen Parlaments und des Rates vom 14. Dezember 2022 zur Änderung der Verordnung (EU) Nr. 537/2014 und der Richtlinien 2004/109/EG, 2006/43/EG und 2013/34/EU hinsichtlich der Nachhaltigkeitsberichterstattung von Unternehmen (ABl. L 322 vom 16.12.2022, S. 15)."*

*(*10) Richtlinie 2009/138/EG des Europäischen Parlaments und des Rates vom 25. November 2009 betreffend die Aufnahme und Ausübung der Versicherungs- und der Rückversicherungstätigkeit (Solvabilität II) (ABl. L 335 vom 17.12.2009, S. 1)."*

(*11) *Richtlinie 2004/109/EG des Europäischen Parlaments und des Rates vom 15. Dezember 2004 zur Harmonisierung der Transparenzanforderungen in Bezug auf Informationen über Emittenten, deren Wertpapiere zum Handel auf einem geregelten Markt zugelassen sind, und zur Änderung der Richtlinie 2001/34/EG (ABl. L 390 vom 31.12.2004, S. 38).“*

(*12) *Verordnung (EU) 2020/852 des Europäischen Parlaments und des Rates vom 18. Juni 2020 über die Einrichtung eines Rahmens zur Erleichterung nachhaltiger Investitionen und zur Änderung der Verordnung (EU) 2019/2088 (ABl. L 198 vom 22.6.2020, S. 13).“„*

(5) Artikel 20 Absatz 1 wird wie folgt geändert:

a) Buchstabe g erhält folgende Fassung:

„g) eine Beschreibung des Diversitätskonzepts, das im Zusammenhang mit den Verwaltungs-, Leitungs- und Aufsichtsorganen des Unternehmens in Bezug auf das Geschlecht sowie andere Aspekte wie beispielsweise Alter, Behinderungen oder Bildungs- und Berufshintergrund verfolgt wird, der Ziele dieses Diversitätskonzepts sowie der Art und Weise der Umsetzung dieses Konzepts und der Ergebnisse im Berichtszeitraum. Wird ein derartiges Konzept nicht angewendet, wird in der Erklärung erläutert, warum dies der Fall ist.“

b) Folgender Unterabsatz wird eingefügt:

„Bei Unternehmen, die Artikel 19a unterliegen, wird davon ausgegangen, dass sie die Pflichten gemäß Unterabsatz 1 Buchstabe g erfüllen, wenn sie die nach diesem Buchstaben erforderlichen Angaben in ihre Nachhaltigkeitsberichterstattung aufnehmen und in der Erklärung zur Unternehmensführung ein Verweis darauf aufgenommen wird.“

(6) Artikel 23 wird wie folgt geändert:

a) Absatz 4 Buchstabe b erhält folgende Fassung:

„b) der konsolidierte Abschluss nach Buchstabe a und der konsolidierte Lagebericht des größeren Kreises von Unternehmen sind von dem Mutterunternehmen dieses Kreises von Unternehmen nach dem Recht des Mitgliedstaats, dem das Mutterunternehmen unterliegt, im Einklang mit dieser Richtlinie, ausgenommen den in Artikel 29a festgelegten Anforderungen, oder mit gemäß der Verordnung (EG) Nr. 1606/2002 übernommenen internationalen Rechnungslegungsstandards aufgestellt;“

b) Absatz 8 Buchstabe b Ziffer i erhält folgende Fassung:

„i) im Einklang mit dieser Richtlinie, ausgenommen den Anforderungen des Artikels 29a,“

c) Absatz 8 Buchstabe b Ziffer iii erhält folgende Fassung:

„iii) derart, dass sie einem nach dieser Richtlinie erstellten konsolidierten Abschluss und konsolidierten Lagebericht gleichwertig sind, ausgenommen den Anforderungen des Artikels 29a, oder“.

7. Artikel 29a erhält folgende Fassung:

„Artikel 29a
Konsolidierte Nachhaltigkeitsberichterstattung

(1) Mutterunternehmen einer großen Gruppe nach Artikel 3 Absatz 7 nehmen in den konsolidierten Lagebericht Angaben auf, die für das Verständnis der Auswirkungen der Gruppe auf Nachhaltigkeitsaspekte sowie das Verständnis der Auswirkungen von Nachhaltigkeitsaspekten auf Geschäftsverlauf, Geschäftsergebnis und Lage der Gruppe erforderlich sind.

Die in Unterabsatz 1 genannten Angaben müssen im konsolidierten Lagebericht mittels eines dafür vorgesehenen Abschnitts erkennbar ausgewiesen sein.

(2) Die in Absatz 1 genannten Informationen umfassen Folgendes:

a) eine kurze Beschreibung von Geschäftsmodell und Strategie der Gruppe, einschließlich Angaben
   i) zur Widerstandsfähigkeit von Geschäftsmodell und Strategie der Gruppe gegenüber Risiken im Zusammenhang mit Nachhaltigkeitsaspekten;
   ii) zu den Chancen der Gruppe im Zusammenhang mit Nachhaltigkeitsaspekten;
   iii) zu der Art und Weise, einschließlich Durchführungsmaßnahmen und zugehörigen Finanz- und Investitionsplänen, wie die Gruppe beabsichtigt sicherzustellen, dass ihr Geschäftsmodell und ihre Strategie mit dem Übergang zu einer nachhaltigen Wirtschaft und der Begrenzung der Erderwärmung auf 1,5 °C im Einklang mit dem Übereinkommen von Paris und dem in der Verordnung (EU) 2021/1119 verankerten Ziel der Verwirklichung der Klimaneutralität bis 2050 vereinbar sind, und gegebenenfalls die Exposition des Unternehmens gegenüber Aktivitäten mit Bezug zu Kohle, Öl und Gas;
   iv) zu der Art und Weise, wie die Gruppe in ihrem Geschäftsmodell und ihrer Strategie den Belangen ihrer Interessenträger und den nachhaltigkeitsrelevanten Auswirkungen ihrer Tätigkeiten Rechnung trägt;
   v) zu der Art und Weise, wie die Strategie der Gruppe mit Blick auf Nachhaltigkeitsaspekte umgesetzt wird;

b) eine Beschreibung der zeitgebundenen Nachhaltigkeitsziele, die sich die Gruppe gesetzt hat, gegebenenfalls einschließlich der absoluten Ziele für die Verringerung der Treibhausgasemissionen mindestens für 2030 und 2050, eine Beschreibung der Fortschritte, die die Gruppe im Hinblick auf die Erreichung dieser Ziele erzielt hat, und eine Erklärung, ob die auf Umweltfaktoren bezogenen Ziele der Gruppe auf schlüssigen wissenschaftlichen Beweisen beruhen;

c) eine Beschreibung der Rolle der Verwaltungs-, Leitungs- und Aufsichtsorgane im Zusammenhang mit Nachhaltigkeitsaspekten sowie ihres Fachwissens und ihrer Fähigkeiten zur Wahrnehmung dieser Rolle oder ihres Zugangs zu solchem Fachwissen und solchen Fähigkeiten;

d) eine Beschreibung der Unternehmenspolitik der Gruppe hinsichtlich Nachhaltigkeit;

e) Angaben über das Vorhandensein von mit Nachhaltigkeitsaspekten verknüpften Anreizsystemen, die Mitgliedern der Verwaltungs-, Leitungs- und Aufsichtsorgane angeboten werden;

f) eine Beschreibung
   i) des von der Gruppe mit Blick auf Nachhaltigkeitsaspekte und gegebenenfalls im Einklang mit den Anforderungen der Union für Unternehmen zur Durchführung eines Due-Diligence-Prozesses angewandten Due-Diligence-Prozesses;
   ii) der wichtigsten tatsächlichen oder potenziellen negativen Auswirkungen, die mit der eigenen Geschäftstätigkeit der Gruppe und mit ihrer Wertschöpfungskette, einschließlich ihrer Produkte und Dienstleistungen, ihrer Geschäftsbeziehungen und ihrer Lieferkette, verknüpft sind, der Maßnahmen zur Ermittlung und Überwachung dieser Auswirkungen, und anderer negativer Auswirkungen, die das Unternehmen gemäß anderen Anforderungen der Union zur Durchführung eines Due-Diligence-Prozesses ermitteln muss;

iii) jeglicher Maßnahmen der Gruppe zur Verhinderung, Minderung, Behebung oder Beendigung tatsächlicher oder potenzieller negativer Auswirkungen und des Ergebnisses dieser Maßnahmen;

g) eine Beschreibung der wichtigsten Risiken, denen die Gruppe im Zusammenhang mit Nachhaltigkeitsaspekten ausgesetzt ist, einschließlich der wichtigsten Abhängigkeiten in diesem Bereich, und der Art und Weise, wie die Gruppe solche Risiken steuert;

h) Indikatoren, die für die unter den Buchstaben a bis g genannten Offenlegungen relevant sind.

Die Mutterunternehmen teilen das Verfahren zur Ermittlung der im Einklang mit Absatz 1 dieses Artikels in den konsolidierten Lagebericht eingeflossenen Informationen mit. Die in Unterabsatz 1 dieses Absatzes aufgeführten Informationen umfassen gegebenenfalls Informationen über kurz-, mittel- und langfristige Zeiträume.

(3) Gegebenenfalls umfassen die in den Absätzen 1 und 2 genannten Informationen Angaben zur eigenen Geschäftstätigkeit der Gruppe und zu ihrer Wertschöpfungskette, einschließlich Angaben zu ihren Produkten und Dienstleistungen, ihren Geschäftsbeziehungen und ihrer Lieferkette.

Für die ersten drei Jahre der Anwendung der von den Mitgliedstaaten gemäß Artikel 5 Absatz 2 der Richtlinie (EU) 2022/2464 angenommenen Maßnahmen und für den Fall, dass nicht alle erforderlichen Informationen über seine Wertschöpfungskette verfügbar sind, erläutert das Mutterunternehmen, welche Anstrengungen unternommen wurden, um die erforderlichen Informationen über seine Wertschöpfungskette zu erhalten, begründet das Mutterunternehmen, warum nicht alle erforderlichen Informationen eingeholt werden konnten, und erläutert das Mutterunternehmen seine Pläne, um künftig alle erforderlichen Informationen einzuholen.

Gegebenenfalls umfassen die in den Absätzen 1 und 2 genannten Informationen auch Verweise auf andere gemäß Artikel 29 in den konsolidierten Lagebericht aufgenommene Informationen und zusätzliche Erläuterungen dazu sowie auf die im konsolidierten Abschluss ausgewiesenen Beträge.

Die Mitgliedstaaten können gestatten, dass Informationen über künftige Entwicklungen oder Belange, über die Verhandlungen geführt werden, in Ausnahmefällen weggelassen werden, wenn nach der ordnungsgemäß begründeten Einschätzung der Mitglieder der Verwaltungs-, Leitungs- und Aufsichtsorgane, die im Rahmen der ihnen durch einzelstaatliche Rechtsvorschriften übertragenen Zuständigkeiten handeln und die gemeinsam für diese Einschätzung zuständig sind, eine solche Offenlegung von Informationen der Geschäftslage der Gruppe ernsthaft schaden würde, sofern eine solche Nichtaufnahme ein den tatsächlichen Verhältnissen entsprechendes und ausgewogenes Verständnis des Geschäftsverlaufs, des Geschäftsergebnisses und der Lage der Gruppe sowie der Auswirkungen ihrer Tätigkeit nicht verhindert.

(4) Stellt das Bericht erstattende Unternehmen erhebliche Unterschiede zwischen den Risiken für die Gruppe oder Auswirkungen der Gruppe und den Risiken für ein oder mehrere Tochterunternehmen oder Auswirkungen eines oder mehrerer Tochterunternehmen fest, so muss es gegebenenfalls ein hinreichendes Verständnis der Risiken für das betreffende bzw. die betreffenden Tochterunternehmen und Auswirkungen des betreffenden Tochterunternehmens bzw. der betreffenden Tochterunternehmen vermitteln.

Die Unternehmen geben an, welche in die Konsolidierung einbezogenen Tochterunternehmen von der jährlichen oder konsolidierten Nachhaltigkeitsberichterstattung gemäß Artikel 19a Absatz 9 bzw. Artikel 29a Absatz 8 befreit sind.

(5) Die Mutterunternehmen erstatten Bericht über die in den Absätzen 1 bis 3 dieses Artikels genannten Informationen gemäß den im Einklang mit Artikel 29b angenommenen Standards für die Nachhaltigkeitsberichterstattung.

(6) Die Unternehmensleitung des Mutterunternehmens unterrichtet die Arbeitnehmervertreter auf geeigneter Ebene und erörtert mit ihnen die einschlägigen Informationen und die Mittel zur Einholung und Überprüfung von Nachhaltigkeitsinformationen. Die Stellungnahme der Arbeitnehmervertreter wird gegebenenfalls den zuständigen Verwaltungs-, Leitungs- oder Aufsichtsorganen mitgeteilt.

(7) Wenn ein Mutterunternehmen die Anforderungen nach den Absätzen 1 bis 5 des vorliegenden Artikels erfüllt, wird davon ausgegangen, dass es die Anforderungen nach Artikel 19 Absatz 1 Unterabsatz 3 und Artikel 19a erfüllt.

(8) Sofern die in Unterabsatz 2 des vorliegenden Absatzes festgelegten Bedingungen erfüllt sind, wird ein Mutterunternehmen, das auch ein Tochterunternehmen ist, von den in den Absätzen 1 bis 5 des vorliegenden Artikels festgelegten Pflichten befreit (im Folgenden „befreites Mutterunternehmen"), wenn dieses Mutterunternehmen und seine Tochterunternehmen in den konsolidierten Lagebericht eines anderen Unternehmens einbezogen werden und dieser konsolidierte Lagebericht gemäß Artikel 29 und dem vorliegenden Artikel erstellt wird. Ein Mutterunternehmen, das Tochterunternehmen eines in einem Drittland niedergelassenen Mutterunternehmens ist, wird ebenfalls von den in den Absätzen 1 bis 5 des vorliegenden Artikels festgelegten Pflichten befreit, wenn dieses Mutterunternehmen und seine Tochterunternehmen in die konsolidierte Nachhaltigkeitsberichterstattung dieses in einem Drittland niedergelassenen Mutterunternehmens einbezogen werden und diese konsolidierte Nachhaltigkeitsberichterstattung gemäß den nach Artikel 29b erlassenen Standards für die Nachhaltigkeitsberichterstattung oder in einer Weise durchgeführt wird, die diesen Standards für die Nachhaltigkeitsberichterstattung gleichwertig ist, was in einem gemäß Artikel 23 Absatz 4 Unterabsatz 3 der Richtlinie 2004/109/EG erlassenen Durchführungsrechtsakt über die Gleichwertigkeit der Standards für die Nachhaltigkeitsberichterstattung festgestellt wurde.

Die Befreiung nach Unterabsatz 1 ist an folgende Bedingungen geknüpft:

a) Der Lagebericht des befreiten Mutterunternehmens enthält alle folgenden Informationen:

i) Namen und Sitz des Mutterunternehmens, das über Informationen auf Gruppenebene gemäß dem vorliegenden Artikel oder in einer Weise Bericht erstattet, die den nach Artikel 29b der vorliegenden Richtlinie erlassenen Standards für die Nachhaltigkeitsberichterstattung gleichwertig ist, was in einem gemäß Artikel 23 Absatz 4 Unterabsatz 3 der Richtlinie 2004/109/EG erlassenen Durchführungsrechtsakt über die Gleichwertigkeit der Standards für die Nachhaltigkeitsberichterstattung festgestellt wurde;

ii) die Weblinks zum konsolidierten Lagebericht des Mutterunternehmens oder gegebenenfalls zu der konsolidierten Nachhaltigkeitsberichterstattung des Mutterunternehmens nach Unterabsatz 1 des vorliegenden Absatzes und zu dem Bestätigungsurteil nach Artikel 34 Absatz 1 Unterabsatz 2 Buchstabe aa der vorliegenden Richtlinie oder zum Bestätigungsurteil nach Buchstabe b dieses Unterabsatzes;

iii) einen Hinweis auf die Befreiung des Unternehmens von den in den Absätzen 1 bis 5 dieses Artikels genannten Pflichten.

b) Ist das Mutterunternehmen in einem Drittland niedergelassen, so werden seine konsolidierten Nachhaltigkeitsberichterstattung und das Bestätigungsurteil, das von einer oder mehreren Personen oder Gesellschaften abgegeben wurde, die nach dem für das Mutterunternehmen geltenden einzelstaatlichen Recht zur Abgabe eines Urteils über die Bestätigung der Nachhaltigkeitsberichterstattung befugt sind, gemäß Artikel 30 und im Einklang mit dem Recht des Mitgliedstaats, dem das befreite Mutterunternehmen unterliegt, veröffentlicht.

c) Ist das Mutterunternehmen in einem Drittland niedergelassen, werden die in Artikel 8 der Verordnung (EU) 2020/852 festgelegten Angaben über die Tätigkeiten des in der Union niedergelassenen Tochterunternehmens, das gemäß Artikel 19a Absatz 9 der vorliegenden Richtlinie von der Nachhaltigkeitsberichterstattung ausgenommen ist, in den Lagebericht des befreiten Mutterunternehmens oder in die von dem in einem Drittland niedergelassenen Mutterunternehmen durchgeführte konsolidierte Nachhaltigkeitsberichterstattung, aufgenommen.

Der Mitgliedstaat, dessen einzelstaatlichem Recht das befreite Mutterunternehmen unterliegt, kann verlangen, dass der konsolidierte Lagebericht des Mutterunternehmens oder gegebenenfalls der konsolidierte Nachhaltigkeitsbericht des Mutterunternehmens in einer von diesem Mitgliedstaat akzeptierten Sprache offengelegt wird und dass alle erforderlichen Übersetzungen in diese Sprache bereitgestellt werden. Jede Übersetzung, die nicht beglaubigt wurde, muss eine entsprechende Erklärung enthalten.

Mutterunternehmen, die gemäß Artikel 37 von der Erstellung eines Lageberichts befreit sind, brauchen die in Unterabsatz 2 Buchstabe a Ziffern i bis iii dieses Absatzes genannten Informationen nicht vorzulegen, sofern diese Unternehmen den konsolidierten Lagebericht gemäß Artikel 37 offenlegen.

Für die Zwecke von Unterabsatz 1 und in Fällen, in denen Artikel 10 der Verordnung (EU) Nr. 575/2013 Anwendung findet, werden Kreditinstitute nach Artikel 1 Absatz 3 Unterabsatz 1 Buchstabe b dieser Richtlinie, die einer Zentralorganisation ständig zugeordnet sind, welche sie unter den in Artikel 10 der Verordnung (EU) Nr. 575/2013 festgelegten Bedingungen beaufsichtigt, wie Tochterunternehmen dieser Zentralorganisation behandelt.

Für die Zwecke von Unterabsatz 1 werden Versicherungsunternehmen nach Artikel 1 Absatz 3 Unterabsatz 1 Buchstabe a der vorliegenden Richtlinie, die auf der Grundlage einer in Artikel 212 Absatz 1 Buchstabe c Ziffer ii der Richtlinie 2009/138/EG genannten finanziellen Beziehungen einer Gruppe angehören und gemäß Artikel 213 Absatz 2 Buchstaben a bis c der genannten Richtlinie der Gruppenaufsicht unterliegen, wie Tochterunternehmen des Mutterunternehmens der Gruppe behandelt.

(9) Die Befreiung nach Absatz 8 gilt auch für Unternehmen von öffentlichem Interesse, die den Anforderungen dieses Artikels unterliegen, mit Ausnahme großer Unternehmen, bei denen es sich um Unternehmen von öffentlichem Interesse im Sinne von Artikel 2 Nummer 1 Buchstabe a dieser Richtlinie handelt.“

8. Folgendes Kapitel wird eingefügt:

„KAPITEL 6a
STANDARDS FÜR DIE NACHHALTIGKEITSBERICHTERSTATTUNG
Artikel 29b
Standards für die Nachhaltigkeitsberichterstattung

(1) Die Kommission erlässt delegierte Rechtsakte nach Artikel 49 zur Ergänzung dieser Richtlinie, um Standards für die Nachhaltigkeitsberichterstattung festzulegen. In diesen Standards für die Nachhaltigkeitsberichterstattung wird festgelegt, über welche Informationen Unternehmen im Einklang mit den Artikeln 19a und 29a Bericht erstatten müssen, und gegebenenfalls, in welcher Struktur diese Informationen vorzulegen sind.

In den in Unterabsatz 1 des vorliegenden Absatzes genannten delegierten Rechtsakten legt die Kommission bis zum 30. Juni 2023 fest, über welche Informationen Unternehmen im Einklang mit Artikel 19a Absätze 1 und 2 und gegebenenfalls Artikel 29a Absätze 1 und 2 Bericht erstatten müssen, was zumindest die Informationen umfasst, die Finanzmarktteilnehmer, die den Offenlegungspflichten der Verordnung (EU) 2019/2088 unterliegen, benötigen, um diesen Verpflichtungen nachzukommen.

In den in Unterabsatz 1 genannten delegierten Rechtsakten legt die Kommission bis zum 30. Juni 2024 Folgendes fest:

i) ergänzende Informationen, über die Unternehmen in Bezug auf Nachhaltigkeitsaspekte und die unter Artikel 19a Absatz 2 aufgeführten Bereiche der Berichterstattung erforderlichenfalls Bericht zu erstatten haben;

ii) Informationen, über die Unternehmen Bericht zu statten haben, die für den Sektor, in dem sie tätig sind, spezifisch sind.

Die Berichterstattungsanforderungen, die in den in Unterabsatz 1 genannten delegierten Rechtsakten festgelegt sind, treten frühestens vier Monate nach ihrem Erlass durch die Kommission in Kraft.

Beim Erlass delegierter Rechtsakte zur Festlegung der nach Unterabsatz 3 Ziffer ii erforderlichen Informationen achtet die Kommission besonders auf das Ausmaß der Risiken und Auswirkungen im Zusammenhang mit Nachhaltigkeitsaspekten für jeden Sektor, wobei sie der Tatsache Rechnung trägt, dass die Risiken und Auswirkungen für einige Sektoren höher sind als für andere.

Die Kommission überprüft mindestens alle drei Jahre nach deren Geltungsbeginn die gemäß diesem Artikel erlassenen delegierten Rechtsakte unter Berücksichtigung der fachlichen Stellungnahme der Europäischen Beratungsgruppe für Rechnungslegung (European Financial Reporting Advisory Group – EFRAG) und ändert diese delegierten Rechtsakte, falls dies nötig ist, um relevanten Entwicklungen, einschließlich Entwicklungen im Zusammenhang mit internationalen Standards, Rechnung zu tragen.

Die Kommission konsultiert mindestens einmal jährlich das Europäische Parlament und konsultiert die in Artikel 24 der Verordnung (EU) 2020/852 genannte Sachverständigengruppe der Mitgliedstaaten für nachhaltiges Finanzwesen und den in Artikel 6 der Verordnung (EG) Nr. 1606/2002 genannten Regelungsausschuss für Rechnungslegung gemeinsam zum Arbeitsprogramm der EFRAG im Hinblick auf die Entwicklung von Standards für die Nachhaltigkeitsberichterstattung.

(2) Durch die Standards für die Nachhaltigkeitsberichterstattung wird die Qualität der Informationen sichergestellt, über die Bericht erstattet wird, indem darin vorgeschrieben wird, dass die Informationen verständlich, relevant, überprüfbar und

vergleichbar sein und in wahrheitsgetreuer Weise dargestellt werden müssen. Die Standards für die Nachhaltigkeitsberichterstattung müssen einen unverhältnismäßigen Verwaltungsaufwand für Unternehmen vermeiden, unter anderem dadurch, dass die Arbeit globaler Standardsetzungsinitiativen für die Nachhaltigkeitsberichterstattung gemäß Absatz 5 Buchstabe a im größtmöglichen Umfang berücksichtigt wird.

In den Standards für die Nachhaltigkeitsberichterstattung werden unter Berücksichtigung des jeweiligen Gegenstands des Standards für die Nachhaltigkeitsberichterstattung

a) die Informationen präzisiert, die Unternehmen zu folgenden Umweltfaktoren offenlegen müssen:
   i) Klimaschutz, auch in Bezug auf Scope-1-, Scope-2- und gegebenenfalls Scope-3-Treibhausgasemissionen;
   ii) Anpassung an den Klimawandel;
   iii) Wasser- und Meeresressourcen;
   iv) Ressourcennutzung und die Kreislaufwirtschaft;
   v) Verschmutzung;
   vi) Biodiversität und Ökosysteme;

b) die Informationen präzisiert, die Unternehmen zu folgenden Sozial- und Menschenrechtsfaktoren offenlegen müssen:
   i) Gleichbehandlung und Chancengleichheit für alle, einschließlich Geschlechtergerechtigkeit und gleichem Lohn bei gleichwertiger Arbeit, Ausbildung und Kompetenzentwicklung, Beschäftigung und Inklusion von Menschen mit Behinderungen, Maßnahmen gegen Gewalt und Belästigung am Arbeitsplatz sowie Vielfalt;
   ii) Arbeitsbedingungen, einschließlich sicherer Beschäftigung, Arbeitszeit, angemessene Löhne, sozialer Dialog, Vereinigungsfreiheit, Existenz von Betriebsräten, Tarifverhandlungen, einschließlich des Anteils der Arbeitnehmer, für die Tarifverträge gelten, Informations-, Anhörungs- und Mitbestimmungsrechte der Arbeitnehmer, Vereinbarkeit von Beruf und Privatleben sowie Gesundheit und Sicherheit;
   iii) Achtung der Menschenrechte, Grundfreiheiten, demokratischen Grundsätze und Standards, die in der Internationalen Charta der Menschenrechte und anderen grundlegenden Menschenrechtsübereinkommen der Vereinten Nationen, einschließlich des Übereinkommens der Vereinten Nationen über die Rechte von Menschen mit Behinderungen und der Erklärung der Vereinten Nationen über die Rechte der indigenen Völker, sowie in der Erklärung der Internationalen Arbeitsorganisation über grundlegende Prinzipien und Rechte bei der Arbeit und den grundlegenden Übereinkommen der IAO, der Europäischen Konvention zum Schutz der Menschenrechte und Grundfreiheiten, der europäischen Sozialcharta und der Charta der Grundrechte der Europäischen Union festgelegt sind;

c) die Informationen präzisiert, die Unternehmen zu folgenden Governance-Faktoren offenlegen müssen:
   i) die Rolle der Verwaltungs-, Leitungs- und Aufsichtsorgane des Unternehmens im Zusammenhang mit Nachhaltigkeitsaspekten und ihre Zusammensetzung sowie ihr Fachwissen und ihre Fähigkeiten zur Wahrnehmung dieser Rolle oder ihr Zugang zu solchem Fachwissen und solchen Fähigkeiten;

ii) die Hauptmerkmale der internen Kontroll- und Risikomanagementsysteme des Unternehmens in Bezug auf den Prozess der Nachhaltigkeitsberichterstattung und der Beschlussfassung;

iii) Unternehmensethik und Unternehmenskultur, einschließlich der Bekämpfung von Korruption und Bestechung, des Schutzes von Hinweisgebern und des Tierwohls;

iv) Tätigkeiten und Verpflichtungen des Unternehmens im Zusammenhang mit der Ausübung seines politischen Einflusses, einschließlich seiner Lobbytätigkeiten;

v) die Pflege und die Qualität der Beziehungen zu Kunden, Lieferanten und Gemeinschaften, die von den Tätigkeiten des Unternehmens betroffen sind, einschließlich Zahlungspraktiken, insbesondere in Bezug auf verspätete Zahlungen an kleine und mittlere Unternehmen.

(3) In den Standards für die Nachhaltigkeitsberichterstattung werden die zukunfts- und vergangenheitsbezogenen, qualitativen und quantitativen Informationen, über die die Unternehmen gegebenenfalls Bericht zu erstatten haben, spezifiziert.

(4) In den Standards für die Nachhaltigkeitsberichterstattung wird berücksichtigt, dass es für Unternehmen nicht immer problemlos möglich ist, Informationen bei Akteuren entlang ihrer gesamten Wertschöpfungskette einzuholen, insbesondere bei Akteuren, die nicht den Anforderungen an die Nachhaltigkeitsberichterstattung gemäß Artikel 19a oder 29a unterliegen, und bei Lieferanten aus Schwellenländern und aufstrebenden Märkten. In den Standards für die Nachhaltigkeitsberichterstattung werden Angaben zu Wertschöpfungsketten vorgegeben, die den Kapazitäten und Merkmalen von Unternehmen in Wertschöpfungsketten sowie dem Umfang und der Komplexität ihrer Tätigkeiten, insbesondere von Unternehmen, die nicht den Anforderungen an die Nachhaltigkeitsberichterstattung nach Artikel 19a oder 29a unterliegen, angemessen sind und entsprechen. In den Standards für die Nachhaltigkeitsberichterstattung werden keine Angaben festgelegt, die Unternehmen verpflichten würden, Informationen von kleinen und mittleren Unternehmen in ihrer Wertschöpfungskette einzuholen, die über die Informationen hinausgehen, die gemäß den Standards für die Nachhaltigkeitsberichterstattung für kleine und mittlere Unternehmen gemäß Artikel 29c anzugeben sind.

Unterabsatz 1 gilt unbeschadet der Anforderungen der Union an Unternehmen, einen Due-Diligence-Prozess durchzuführen.

(5) Beim Erlass delegierter Rechtsakte gemäß Absatz 1 berücksichtigt die Kommission im größtmöglichen Umfang

a) die Arbeit globaler Standardsetzungsinitiativen für die Nachhaltigkeitsberichterstattung und bestehende Standards und Rahmen für die Naturkapitalbilanzierung und die Bilanzierung von Treibhausgasen, verantwortungsvolles unternehmerisches Handeln, soziale Verantwortung der Unternehmen und nachhaltige Entwicklung;

b) die Informationen, die Finanzmarktteilnehmer benötigen, um ihren Offenlegungspflichten gemäß der Verordnung (EU) 2019/2088 und gemäß den nach der genannten Verordnung erlassenen delegierten Rechtsakten nachzukommen;

c) die Kriterien, Indikatoren und Methoden, die in den gemäß der Verordnung (EU) 2020/852 erlassenen delegierten Rechtsakten festgelegt sind, einschließlich der gemäß Artikel 10 Absatz 3, Artikel 11 Absatz 3, Artikel 12 Absatz 2, Artikel 13 Absatz 2, Artikel 14 Absatz 2 und Artikel 15 Absatz 2 der genannten Verordnung festgelegten technischen Bewertungskriterien und der Berichter-

stattungsanforderungen, die in dem gemäß Artikel 8 der genannten Verordnung erlassenen delegierten Rechtsakt festgelegt sind;

*d) die Offenlegungspflichten für Referenzwert-Administratoren in der Referenzwert-Erklärung und in der Referenzwert-Methodik sowie die Mindestanforderungen für die Konzipierung von EU-Referenzwerten für den klimabedingten Wandel und Paris-abgestimmten EU-Referenzwerten gemäß den Delegierten Verordnungen (EU) 2020/1816 (*13), (EU) 2020/1817 (*14) und (EU) 2020/1818 (*15) der Kommission;*

e) die Offenlegungen, die in den gemäß Artikel 434a der Verordnung (EU) Nr. 575/2013 erlassenen Durchführungsrechtsakten festgelegt sind;

*f) die Empfehlung 2013/179/EU der Kommission (*16);*

*g) die Richtlinie 2003/87/EG des Europäischen Parlaments und des Rates (*17);*

h) die Verordnung (EU) 2021/1119;

*i) die Verordnung (EG) Nr. 1221/2009 des Europäischen Parlaments und des Rates (*18);*

*j) die Richtlinie (EU) 2019/1937 des Europäischen Parlaments und des Rates (*19).*

Artikel 29c

Standards für die Nachhaltigkeitsberichterstattung für kleine und mittlere Unternehmen

(1) Die Kommission erlässt bis zum 30. Juni 2024 delegierte Rechtsakte nach Artikel 49 zur Ergänzung dieser Richtlinie, um Standards für die Nachhaltigkeitsberichterstattung festzulegen, die den Kapazitäten und Merkmalen kleiner und mittlerer Unternehmen und dem Umfang und der Komplexität ihrer Tätigkeiten angemessen sind und entsprechen. In diesen Standards für die Nachhaltigkeitsberichterstattung ist für kleine und mittlere Unternehmen nach Artikel 2 Nummer 1 Buchstabe a spezifiziert, über welche Informationen gemäß Artikel 19a Absatz 6 Bericht zu erstatten ist.

Die Berichterstattungsanforderungen, die in den in Unterabsatz 1 genannten delegierten Rechtsakten festgelegt sind, treten frühestens vier Monate nach ihrem Erlass durch die Kommission in Kraft.

(2) Bei den Standards für die Nachhaltigkeitsberichterstattung für kleine und mittlere Unternehmen werden die in Artikel 29b Absätze 2 bis 5 festgelegten Kriterien berücksichtigt. Darüber hinaus wird soweit möglich die Struktur spezifiziert, in der diese Informationen vorzulegen sind.

(3) Die Kommission überprüft mindestens alle drei Jahre nach deren Geltungsbeginn die gemäß diesem Artikel erlassenen delegierten Rechtsakte unter Berücksichtigung der fachlichen Stellungnahme der EFRAG und ändert diese delegierten Rechtsakte, falls dies nötig ist, um relevanten Entwicklungen, einschließlich Entwicklungen im Zusammenhang mit internationalen Standards, Rechnung zu tragen.

---

*(*13) Delegierte Verordnung (EU) 2020/1816 der Kommission vom 17. Juli 2020 zur Ergänzung der Verordnung (EU) 2016/1011 des Europäischen Parlaments und des Rates hinsichtlich der Erläuterung in der Referenzwert-Erklärung, wie Umwelt-, Sozial- und Governance-Faktoren in den einzelnen Referenzwerten, die zur Verfügung gestellt und veröffentlicht werden, berücksichtigt werden (ABl. L 406 vom 3.12.2020, S. 1).“*

*(*14) Delegierte Verordnung (EU) 2020/1817 der Kommission vom 17. Juli 2020 zur Ergänzung der Verordnung (EU) 2016/1011 des Europäischen Parlaments und des Rates hinsichtlich des Mindestinhalts der Erläuterung, wie Umwelt-, Sozial- und Governance-Faktoren in der Referenzwert-Methodik berücksichtigt werden (ABl. L 406 vom 3.12.2020, S. 12).“*

*(*15) Delegierte Verordnung (EU) 2020/1818 der Kommission vom 17. Juli 2020 zur Ergänzung der Verordnung (EU) 2016/1011 des Europäischen Parlaments und des Rates im Hinblick auf Mindeststandards für EU-Referenzwerte für den klimabedingten Wandel und für Paris-abgestimmte EU-Referenzwerte (ABl. L 406 vom 3.12.2020, S. 17).“*

*(*16) Empfehlung 2013/179/EU der Kommission vom 9. April 2013 für die Anwendung gemeinsamer Methoden zur Messung und Offenlegung der Umweltleistung von Produkten und Organisationen (ABl. L 124 vom 4.5.2013, S. 1).“*

*(*17) Richtlinie 2003/87/EG des Europäischen Parlaments und des Rates vom 13. Oktober 2003 über ein System für den Handel mit Treibhausgasemissionszertifikaten in der Gemeinschaft und zur Änderung der Richtlinie 96/61/EG des Rates (ABl. L 275 vom 25.10.2003, S. 32).“*

*(*18) Verordnung (EG) Nr. 1221/2009 des Europäischen Parlaments und des Rates vom 25. November 2009 über die freiwillige Teilnahme von Organisationen an einem Gemeinschaftssystem für Umweltmanagement und Umweltbetriebsprüfung und zur Aufhebung der Verordnung (EG) Nr. 761/2001 sowie der Beschlüsse der Kommission 2001/681/EG und 2006/193/EG (ABl. L 342 vom 22.12.2009, S. 1).“*

*(*19) Richtlinie (EU) 2019/1937 des Europäischen Parlaments und des Rates vom 23. Oktober 2019 zum Schutz von Personen, die Verstöße gegen das Unionsrecht melden (ABl. L 305 vom 26.11.2019, S. 17).“„*

9. Folgendes Kapitel wird eingefügt:

„KAPITEL 6b
EINHEITLICHES ELEKTRONISCHES BERICHTSFORMAT

Artikel 29d
Einheitliches elektronisches Berichtsformat

*(1) Unternehmen, die den Anforderungen von Artikel 19a dieser Richtlinie unterliegen, stellen ihren Lagebericht im in Artikel 3 der Delegierten Verordnung (EU) 2019/815 der Kommission (*20) dargelegten einheitlichen elektronischen Berichtsformat auf und zeichnen ihre Nachhaltigkeitsberichtserstattung, einschließlich der Angaben nach Artikel 8 der Verordnung (EU) 2020/852, gemäß dem in jener Delegierten Verordnung dargelegten elektronischen Berichtsformat aus.*

(2) Mutterunternehmen, die den Anforderungen von Artikel 29a unterliegen, stellen ihren konsolidierten Lagebericht im in Artikel 3 der Delegierten Verordnung (EU) 2019/815 dargelegten elektronischen Berichtsformat aus und zeichnen die Nachhaltigkeitsberichterstattung, einschließlich der Angaben nach Artikel 8 der Verordnung (EU) 2020/852, gemäß dem in jener Delegierten Verordnung dargelegten elektronischen Berichtsformat aus.

---

*(*20) Delegierte Verordnung (EU) 2019/815 der Kommission vom 17. Dezember 2018 zur Ergänzung der Richtlinie 2004/109/EG des Europäischen Parlaments und des Rates im Hinblick auf technische Regulierungsstandards für die Spezifikation eines einheitlichen elektronischen Berichtsformats (ABl. L 143 vom 29.5.2019, S. 1).“„*

10. Artikel 30 Absatz 1 erhält folgende Fassung:

*„(1) Die Mitgliedstaaten sorgen dafür, dass Unternehmen innerhalb einer angemessenen Frist, die zwölf Monate nach dem Bilanzstichtag nicht überschreiten darf, den ordnungsgemäß gebilligten Jahresabschluss und den Lagebericht gegebenenfalls in dem in Artikel 29d dieser Richtlinie genannten elektronischen Berichtsformat zusammen mit den Urteilen und der Erklärung des Abschlussprüfers oder der Prüfungsgesellschaft gemäß Artikel 34 dieser Richtlinie nach den Rechtsvorschriften der einzelnen Mitgliedstaaten im Einklang mit Titel 1 Kapitel III der Richtlinie (EU) 2017/1132 des Europäischen Parlaments und des Rates (*21) offenlegen.*

Die Mitgliedstaaten können von Unternehmen, die den Artikeln 19a und 29a unterliegen, verlangen, dass sie den Lagebericht der Öffentlichkeit auf ihrer

Website kostenlos zur Verfügung stellen. Wenn ein Unternehmen keine Website betreibt, können die Mitgliedstaaten von ihm verlangen, dass es auf Anfrage eine schriftliche Kopie seines Lageberichts zur Verfügung stellt.
Wird das Urteil im Sinne von Artikel 34 Absatz 1 Unterabsatz 2 Buchstabe aa von einem unabhängigen Erbringer von Bestätigungsleistungen abgegeben, ist dieses Urteil zusammen mit den in Unterabsatz 1 genannten Dokumenten offenzulegen.
Die Mitgliedstaaten können jedoch Unternehmen von der Pflicht zur Offenlegung eines Lageberichts befreien, wenn es möglich ist, eine vollständige oder teilweise Ausfertigung dieses Berichts einfach auf Antrag zu einem Entgelt zu erhalten, das die Verwaltungskosten nicht übersteigt.
Die Befreiung nach Unterabsatz 4 findet keine Anwendung auf Unternehmen, die den Anforderungen an die Nachhaltigkeitsberichterstattung nach den Artikeln 19a und 29a unterliegen.

---

*(*21) Richtlinie (EU) 2017/1132 des Europäischen Parlaments und des Rates vom 14. Juni 2017 über bestimmte Aspekte des Gesellschaftsrechts (ABl. L 169 vom 30.6.2017, S. 46).",,*

11. Artikel 33 Absatz 1 erhält folgende Fassung:
„(1) *Die Mitgliedstaaten sorgen dafür, dass die Mitglieder der Verwaltungs-, Leitungs- und Aufsichtsorgane eines Unternehmens im Rahmen der ihnen durch einzelstaatliche Rechtsvorschriften übertragenen Zuständigkeiten die gemeinsame Aufgabe haben, sicherzustellen, dass die folgenden Dokumente im Einklang mit den Anforderungen dieser Richtlinie und gegebenenfalls mit den gemäß der Verordnung (EG) Nr. 1606/2002 angenommenen internationalen Rechnungslegungsstandards, mit der Delegierten Verordnung (EU) 2019/815, mit den Standards für die Nachhaltigkeitsberichterstattung nach Artikel 29b oder Artikel 29c dieser Richtlinie und mit den Anforderungen des Artikels 29d dieser Richtlinie aufgestellt und offengelegt werden:*
   a) der Jahresabschluss, der Lagebericht und die Erklärung zur Unternehmensführung, wenn sie gesondert abgegeben wird; und
   b) der konsolidierte Abschluss, der konsolidierte Lagebericht und die konsolidierte Erklärung zur Unternehmensführung, wenn sie gesondert abgegeben wird."
12. Die Überschrift von Kapitel 8 erhält folgende Fassung:
„Abschlussprüfung und Bestätigung der Nachhaltigkeitsberichterstattung".
13. Artikel 34 wird wie folgt geändert:
   a) Absatz 1 Unterabsatz 2 wird wie folgt geändert:
      i) Buchstabe a Ziffer ii erhält folgende Fassung:
      „ii) ob der Lagebericht nach den geltenden rechtlichen Anforderungen, ausgenommen der Anforderungen an die Nachhaltigkeitsberichterstattung nach Artikel 19a dieser Richtlinie, aufgestellt wurde;"
      ii) Folgender Buchstabe wird eingefügt:
      „aa) gegebenenfalls ein Urteil auf der Grundlage eines Auftrags zur Erlangung begrenzter Prüfungssicherheit darüber abzugeben, ob die Nachhaltigkeitsberichterstattung mit den Anforderungen dieser Richtlinie übereinstimmt, einschließlich der Frage, ob die Nachhaltigkeitsberichterstattung mit den nach Artikel 29b oder Artikel 29c angenommenen Standards für die Berichterstattung übereinstimmt, und über das vom Unternehmen durchgeführte Verfahren zur Ermittlung von Informationen, über die nach diesen Standards für die Berichterstattung Bericht zu

erstatten ist, ob die Anforderung zur Auszeichnung der Nachhaltigkeitsberichterstattung im Einklang mit Artikel 29d eingehalten wird und ob die Anforderungen an die Berichterstattung nach Artikel 8 der Verordnung (EU) 2020/852 eingehalten werden;"

b) Absatz 3 erhält folgende Fassung:

„(3) Die Mitgliedstaaten können gestatten, dass ein anderer Abschlussprüfer oder eine andere Prüfungsgesellschaft als der- oder diejenige(n), die die Abschlussprüfung durchführen, das Urteil nach Absatz 1 Unterabsatz 2 Buchstabe aa abgibt."

c) Folgende Absätze werden angefügt:

*„(4) Die Mitgliedstaaten können einem in ihrem Hoheitsgebiet niedergelassenen unabhängigen Erbringer von Bestätigungsleistungen gestatten, das Urteil nach Absatz 1 Unterabsatz 2 Buchstabe aa abzugeben, sofern dieser unabhängige Erbringer von Bestätigungsleistungen Anforderungen unterliegt, die den in der Richtlinie 2006/43/EG des Europäischen Parlaments und des Rates (*22) festgelegten Anforderungen hinsichtlich der Bestätigung der Nachhaltigkeitsberichterstattung im Sinne von Artikel 2 Nummer 22 der genannten Richtlinie gleichwertig sind, insbesondere die Anforderungen an Folgendes:*

a) Ausbildung und Eignungsprüfung, um sicherzustellen, dass unabhängige Erbringer von Bestätigungsleistungen das erforderliche Fachwissen auf dem Gebiet der Nachhaltigkeitsberichterstattung und deren Bestätigung erwerben;
b) kontinuierliche Fortbildung;
c) Qualitätssicherungssysteme;
d) Berufsgrundsätze, Unabhängigkeit, Unparteilichkeit, Verschwiegenheit und Berufsgeheimnis;
e) Bestellung und Abberufung;
f) Untersuchungen und Sanktionen;
g) die Organisation der Arbeit des unabhängigen Erbringers von Bestätigungsleistungen, insbesondere im Hinblick auf notwendige Mittel und Personal sowie die Führung von Mandantendateien und Akten, und
h) die Meldung von Unregelmäßigkeiten.

Die Mitgliedstaaten stellen sicher, dass das Urteil in Fällen, in denen es nach Absatz 1 Unterabsatz 2 Buchstabe aa von einem unabhängigen Erbringer von Bestätigungsleistungen abgegeben wird, gemäß den Artikeln 26a, 27a und 28a der Richtlinie 2006/43/EG erstellt wird und dass der Prüfungsausschuss oder ein gesonderter Ausschuss gegebenenfalls die Unabhängigkeit des unabhängigen Erbringers von Bestätigungsleistungen gemäß Artikel 39 Absatz 6 Buchstabe e der Richtlinie 2006/43/EG überprüft und überwacht.

Die Mitgliedstaaten stellen sicher, dass unabhängige Erbringer von Bestätigungsleistungen, die vor dem 1. Januar 2024 gemäß der Verordnung (EG) Nr. 765/2008 für die Bestätigung der Nachhaltigkeitsberichterstattung akkreditiert wurden, nicht den Ausbildungs- und Prüfungsanforderungen nach Unterabsatz 1 Buchstabe a des vorliegenden Absatzes unterliegen.

Die Mitgliedstaaten stellen sicher, dass unabhängige Erbringer von Bestätigungsleistungen, die am 1. Januar 2024 gemäß den einschlägigen einzelstaatlichen Anforderungen das Akkreditierungsverfahren durchlaufen, im Hinblick auf die Bestätigung der Nachhaltigkeitsberichterstattung nicht den Ausbildungs- und Prüfungsanforderungen nach Unterabsatz 1 Buchstabe a unterliegen, sofern sie dieses Verfahren bis zum 1. Januar 2026 abschließen.

Die Mitgliedstaaten stellen sicher, dass die in den Unterabsätzen 3 und 4 genannten unabhängigen Erbringer von Bestätigungsleistungen im Rahmen der Weiterbildungsanforderung nach Unterabsatz 1 Buchstabe b die erforderlichen Kenntnisse auf dem Gebiet der Nachhaltigkeitsberichterstattung und deren Bestätigung erwerben.

Beschließt ein Mitgliedstaat gemäß Unterabsatz 1, einem unabhängigen Erbringer von Bestätigungsleistungen die Abgabe des Urteils nach Absatz 1 Unterabsatz 2 Buchstabe aa zu gestatten, so gestattet er dies auch einem anderen Abschlussprüfer als demjenigen, der die Abschlussprüfung durchführt, wie in Absatz 3 vorgesehen.

(5) Ab dem 6. Januar 2027 gestattet ein Mitgliedstaat, der von der Möglichkeit nach Absatz 4 Gebrauch gemacht hat (im Folgenden „Aufnahmemitgliedstaat"), es unabhängigen Erbringern von Bestätigungsleistungen, die in einem anderen Mitgliedstaat (im Folgenden „Herkunftsmitgliedstaat") niedergelassen sind, die Bestätigung der Nachhaltigkeitsberichterstattung vorzunehmen.

Der Herkunftsmitgliedstaat ist für die Beaufsichtigung der in seinem Hoheitsgebiet niedergelassenen unabhängigen Erbringer von Bestätigungsleistungen zuständig, es sei denn, der Aufnahmemitgliedstaat entscheidet, die von unabhängigen Erbringern von Bestätigungsleistungen in seinem Hoheitsgebiet durchgeführten Bestätigung der Nachhaltigkeitsberichterstattung zu beaufsichtigen.

Beschließt der Aufnahmemitgliedstaat, die Bestätigung der Nachhaltigkeitsberichterstattung, die in seinem Hoheitsgebiet von unabhängigen Erbringern von Bestätigungsleistungen durchgeführt wird, die in einem anderen Mitgliedstaat registriert sind, zu beaufsichtigen, so gilt für den Aufnahmemitgliedstaat Folgendes:

a) Er darf für derartige unabhängige Erbringer von Bestätigungsleistungen keine strengeren Anforderungen oder keine umfassendere Haftung vorsehen als sie nach einzelstaatlichem Recht für die Bestätigung der Nachhaltigkeitsberichterstattung von den unabhängigen Erbringern von Bestätigungsleistungen oder Abschlussprüfern verlangt werden, die in diesem Aufnahmemitgliedstaat niedergelassen sind; und

b) er muss die anderen Mitgliedstaaten von seinem Beschluss in Kenntnis setzen, die Bestätigung der Nachhaltigkeitsberichterstattung, die von unabhängigen Erbringern von Bestätigungsleistungen durchgeführt wird, die in anderen Mitgliedstaaten niedergelassen sind, zu beaufsichtigen.

(6) Die Mitgliedstaaten stellen sicher, dass in Fällen, in denen ein Unternehmen nach dem Unionsrecht verpflichtet ist, Teile seiner Nachhaltigkeitsberichterstattung durch eine akkreditierte unabhängige dritte Partei überprüfen zu lassen, der Bericht der akkreditierten unabhängigen dritten Partei entweder als Anlage zum Lagebericht oder auf andere öffentlich zugängliche Weise bereitgestellt wird.

---

*(*22) Richtlinie 2006/43/EG des Europäischen Parlaments und des Rates vom 17. Mai 2006 über Abschlussprüfungen von Jahresabschlüssen und konsolidierten Abschlüssen, zur Än-*

derung der Richtlinien 78/660/EWG und 83/349/EWG des Rates und zur Aufhebung der Richtlinie 84/253/EWG des Rates (ABl. L 157 vom 9.6.2006, S. 87).“„

14. Folgendes Kapitel wird eingefügt:

„KAPITEL 9a

BERICHTERSTATTUNG BETREFFEND DRITTLANDUNTERNEHMEN

Artikel 40a

Nachhaltigkeitsberichte betreffend Drittlandunternehmen

(1) Ein Mitgliedstaat schreibt vor, dass ein in seinem Hoheitsgebiet niedergelassenes Tochterunternehmen, dessen oberstes Mutterunternehmen dem Recht eines Drittlandes unterliegt, einen Nachhaltigkeitsbericht offengelegt und zugänglich macht, der die in Artikel 29a Absatz 2 Buchstabe a Ziffern iii bis v, Buchstaben b bis f und gegebenenfalls Buchstabe h aufgeführten Informationen auf Gruppenebene dieses obersten Drittland-Mutterunternehmens enthält.

Unterabsatz 1 gilt nur für große Tochterunternehmen sowie für kleine und mittlere Tochterunternehmen – mit Ausnahme von Kleinstunternehmen –, die Unternehmen von öffentlichem Interesse im Sinne von Artikel 2 Nummer 1 Buchstabe a sind.

Ein Mitgliedstaat schreibt vor, dass eine in seinem Hoheitsgebiet ansässige Zweigniederlassung, die eine Zweigniederlassung eines dem Recht eines Drittlands unterliegenden Unternehmens ist, das entweder nicht Teil einer Gruppe ist oder auf oberster Ebene von einem Unternehmen gehalten wird, das nach dem Recht eines Drittlands geschaffen wurde, einen Nachhaltigkeitsbericht offenlegt und zugänglich macht, der die in Artikel 29a Absatz 2 Buchstabe a Ziffern iii bis v, Buchstaben b bis f und gegebenenfalls Buchstabe h aufgeführten Informationen auf Gruppenebene oder, falls dies nicht zutrifft, auf Einzelebene des Drittlandunternehmens enthält.

Die in Unterabsatz 3 genannte Vorschrift gilt für eine Zweigniederlassung nur, wenn das Drittlandunternehmen kein Tochterunternehmen im Sinne von Unterabsatz 1 hat und die Zweigniederlassung im vorangegangenen Geschäftsjahr Nettoumsatzerlöse von mehr als 40 Mio. EUR erzielt hat.

Die Unterabsätze 1 und 3 gelten nur für die in diesen Unterabsätzen genannten Tochterunternehmen oder Zweigniederlassungen, wenn das Drittlandunternehmen auf konsolidierter Ebene oder, falls dies nicht zutrifft, auf Gruppenebene in den beiden letzten aufeinander folgenden Geschäftsjahren in der Union Nettoumsatzerlöse von jeweils mehr als 150 Mio. EUR erzielt hat.

Die Mitgliedstaaten können von den in den Unterabsätzen 1 und 3 genannten Tochterunternehmen oder Zweigniederlassungen verlangen, dass sie ihnen Angaben über die von den Drittlandunternehmen in ihrem Gebiet und in der Union erzielten Nettoumsatzerlöse übermitteln.

(2) Die Mitgliedstaaten schreiben vor, dass der von dem Tochterunternehmen oder der Zweigniederlassung gemäß Absatz 1 übermittelte Nachhaltigkeitsbericht im Einklang mit den gemäß Artikel 40b angenommenen Standards erstellt wird.

Abweichend von Unterabsatz 1 des vorliegenden Absatzes kann der in Absatz 1 des vorliegenden Artikels genannte Nachhaltigkeitsbericht gemäß den nach Artikel 29b erlassenen Standards für die Nachhaltigkeitsberichterstattung oder in einer Weise erstellt werden, die diesen Standards für die Nachhaltigkeitsberichterstattung gleichwertig ist, was in einem gemäß Artikel 23 Absatz 4 Unterabsatz 3 der Richtlinie 2004/109/EG erlassenen Durchführungsrechtsakt über die Gleichwertigkeit der Standards für die Nachhaltigkeitsberichterstattung festgestellt wurde.

Wenn die in Unterabsatz 1 genannten Informationen, die für die Erstellung eines Nachhaltigkeitsberichts erforderlich sind, nicht vorliegen, fordert das in Absatz 1 genannte Tochterunternehmen oder die in Absatz 1 des vorliegenden Absatzes genannte Zweigniederlassung das Drittlandunternehmen auf, ihnen alle erforderlichen Informationen zu übermitteln, damit sie in der Lage sind, ihren Verpflichtungen nachzukommen.

Falls nicht alle erforderlichen Informationen zur Verfügung gestellt werden, erstellt das in Absatz 1 genannte Tochterunternehmen oder die in Absatz 1 genannte Zweigniederlassung den in Absatz 1 genannten Nachhaltigkeitsbericht und legt diesen offen, der alle in seinem bzw. ihrem Besitz befindlichen, erlangten oder erworbenen Informationen enthält, und gibt eine Erklärung ab, aus der hervorgeht, dass das Drittlandunternehmen die erforderlichen Informationen nicht bereitgestellt hat.

(3) Die Mitgliedstaaten schreiben vor, dass der in Absatz 1 genannte Nachhaltigkeitsbericht zusammen mit einem Bestätigungsurteil offengelegt wird, das von einer oder mehreren Personen oder Gesellschaften abgegeben wurde, die nach dem einzelstaatlichen Recht, das für das Drittlandunternehmen oder für einen Mitgliedstaat gilt, zur Abgabe eines Urteils über die Bestätigung der Nachhaltigkeitsberichterstattung befugt ist bzw. sind.

Falls das Drittlandunternehmen das Bestätigungsurteil gemäß Unterabsatz 1 nicht zur Verfügung stellt, gibt das Tochterunternehmen oder die Zweigniederlassung eine Erklärung ab, aus der hervorgeht, dass das Drittlandunternehmen das erforderliche Bestätigungsurteil nicht bereitgestellt hat.

(4) Die Mitgliedstaaten können die Kommission jährlich über die Tochterunternehmen oder Zweigniederlassungen von Drittlandunternehmen, die die Offenlegungspflicht nach Artikel 40d erfüllt haben, sowie über die Fälle unterrichten, in denen ein Bericht offengelegt wurde, das Tochterunternehmen oder die Zweigniederlassung jedoch gemäß Absatz 2 Unterabsatz 4 des vorliegenden Artikels gehandelt hat. Die Kommission macht auf ihrer Website eine Liste der Drittlandunternehmen, die einen Nachhaltigkeitsbericht offenlegen, öffentlich zugänglich.

Artikel 40b

Standards für die Nachhaltigkeitsberichterstattung für Drittlandunternehmen

Die Kommission erlässt bis spätestens 30. Juni 2024 einen delegierten Rechtsakt gemäß Artikel 49 zur Ergänzung dieser Richtlinie, um Standards für die Nachhaltigkeitsberichterstattung für Drittlandsunternehmen festzulegen, durch die präzisiert wird, welche Angaben die in Artikel 40a genannten Nachhaltigkeitsberichte enthalten müssen.

Artikel 40c

Verantwortlichkeit für die Erstellung, Offenlegung und Zugänglichmachung der Nachhaltigkeitsberichte betreffend Drittlandunternehmen

Die Mitgliedstaaten sehen vor, dass die Zweigniederlassungen von Drittlandunternehmen die Verantwortung dafür tragen, nach bestem Wissen und Vermögen sicherzustellen, dass ihr Nachhaltigkeitsbericht gemäß Artikel 40a erstellt wird und dass dieser Bericht gemäß Artikel 40d offengelegt und zugänglich gemacht wird.

Die Mitgliedstaaten sehen vor, dass die Mitglieder der Verwaltungs-, Leitungs- und Aufsichtsorgane der Tochterunternehmen nach Artikel 40a die gemeinsame Verantwortung dafür tragen, nach bestem Wissen und Vermögen sicherzustellen, dass ihr Nachhaltigkeitsbericht gemäß Artikel 40a erstellt wird und dass dieser Bericht gemäß Artikel 40d offengelegt und zugänglich gemacht wird.

Artikel 40d
Offenlegung

(1) Die in Artikel 40a Absatz 1 der vorliegenden Richtlinie genannten Tochterunternehmen und Zweigniederlassungen legen ihren Nachhaltigkeitsbericht zusammen mit dem Bestätigungsurteil und gegebenenfalls der in Artikel 40a Absatz 2 Unterabsatz 4 dieser Richtlinie genannten Erklärung innerhalb von zwölf Monaten nach dem Bilanzstichtag des Geschäftsjahres, für das der Bericht erstellt wird, gemäß den mit den Artikeln 14 bis 28 der Richtlinie (EU) 2017/1132 und gegebenenfalls mit Artikel 36 der genannten Richtlinie in Einklang stehenden Rechtsvorschriften eines jeden Mitgliedstaats offen.

(2) Wenn der Nachhaltigkeitsbericht zusammen mit dem Bestätigungsurteil und gegebenenfalls der Erklärung, die gemäß Absatz 1 des vorliegenden Artikels offengelegt wird, der Öffentlichkeit nicht kostenlos auf der Website des in Artikel 16 der Richtlinie (EU) 2017/1132 genannten Registers zugänglich gemacht werden, stellen die Mitgliedstaaten sicher, dass der Nachhaltigkeitsbericht zusammen mit dem Bestätigungsurteil und gegebenenfalls mit der Erklärung, die von den Unternehmen gemäß Absatz 1 des vorliegenden Artikels offengelegt wird, der Öffentlichkeit in mindestens einer der Amtssprachen der Union spätestens zwölf Monate nach dem Bilanzstichtag des Geschäftsjahres, für das der Bericht erstellt wird, auf der Website des Tochterunternehmens oder der Zweigniederlassung gemäß Artikel 40a Absatz 1 dieser Richtlinie kostenlos zugänglich gemacht wird.“

15. Die Überschrift von Kapitel 11 erhält folgende Fassung:

„KAPITEL 11
ÜBERGANGS- UND SCHLUSSBESTIMMUNGEN“

16. Folgender Artikel wird eingefügt:

„Artikel 48i
Übergangsbestimmungen

(1) Bis zum 6. Januar 2030 gestatten die Mitgliedstaaten es einem Unions-Tochterunternehmen, das Artikel 19a oder 29a unterliegt und dessen Mutterunternehmen nicht den Rechtsvorschriften eines Mitgliedstaats unterliegt, eine konsolidierte Nachhaltigkeitsberichterstattung gemäß den Anforderungen des Artikels 29a zu erstellen, der alle Unions-Tochterunternehmen dieses Mutterunternehmens einschließt, die Artikel 19a oder 29a unterliegen.
Bis zum 6. Januar 2030 gestatten die Mitgliedstaaten, dass die in Unterabsatz 1 des vorliegenden Absatzes genannte konsolidierte Nachhaltigkeitsberichterstattung die in Artikel 8 der Verordnung (EU) 2020/852 festgelegten Offenlegungen enthält, die sich auf die Tätigkeiten aller Unions-Tochterunternehmen des in Unterabsatz 1 des vorliegenden Absatzes genannten Mutterunternehmens beziehen, die Artikel 19a oder 29a dieser Richtlinie unterliegen.

(2) Bei dem in Absatz 1 genannten Unions-Tochterunternehmen muss es sich um eines der Unions-Tochterunternehmen der Gruppe handeln, die – gegebenenfalls auf konsolidierter Basis – in mindestens einem der fünf vorangegangenen Geschäftsjahre in der Union die größten Umsatzerlöse erzielt hat.

(3) Die in Absatz 1 des vorliegenden Artikels genannte konsolidierte Nachhaltigkeitsberichterstattung wird im Einklang mit Artikel 30 offengelegt.

(4) Für die Zwecke der in Artikel 19a Absatz 9 und Artikel 29a Absatz 8 vorgesehenen Befreiung gilt die Berichterstattung gemäß Absatz 1 des vorliegenden Artikels als Berichterstattung eines Mutterunternehmens auf Gruppenebene in Bezug auf die in die Konsolidierung einbezogenen Unternehmen. Die Berichterstattung

gemäß Absatz 1 Unterabsatz 2 des vorliegenden Artikels gilt als Erfüllung der Bedingungen in Artikel 19a Absatz 9 Unterabsatz 2 Buchstabe c bzw. in Artikel 29a Absatz 8 Unterabsatz 2 Buchstabe c.“

17. Artikel 49 wird wie folgt geändert:

a) Die Absätze 2 und 3 erhalten folgende Fassung:

„(2) Die Befugnis zum Erlass delegierter Rechtsakte gemäß Artikel 1 Absatz 2, Artikel 3 Absatz 13, Artikel 29b, Artikel 29c, Artikel 40b und Artikel 46 Absatz 2 wird der Kommission für einen Zeitraum von fünf Jahren ab dem 5. Januar 2023 übertragen. Die Kommission erstellt spätestens neun Monate vor Ablauf des Zeitraums von fünf Jahren einen Bericht über die Befugnisübertragung. Die Befugnisübertragung verlängert sich stillschweigend um Zeiträume gleicher Länge, es sei denn, das Europäische Parlament oder der Rat widersprechen einer solchen Verlängerung spätestens drei Monate vor Ablauf des jeweiligen Zeitraums.

(3) Die Befugnisübertragung gemäß Artikel 1 Absatz 2, Artikel 3 Absatz 13, Artikel 29b, Artikel 29c, Artikel 40b und Artikel 46 Absatz 2 kann vom Europäischen Parlament oder vom Rat jederzeit widerrufen werden. Der Beschluss über den Widerruf beendet die Übertragung der in diesem Beschluss angegebenen Befugnis. Er wird am Tag nach seiner Veröffentlichung im Amtsblatt der Europäischen Union oder zu einem im Beschluss über den Widerruf angegebenen späteren Zeitpunkt wirksam. Die Gültigkeit von delegierten Rechtsakten, die bereits in Kraft sind, wird von dem Beschluss über den Widerruf nicht berührt.“

b) Folgender Absatz wird eingefügt:

„(3b) Beim Erlass delegierter Rechtsakte nach den Artikeln 29b und 29c berücksichtigt die Kommission die fachliche Stellungnahme der EFRAG, sofern

a) eine solche Stellungnahme in einem einwandfreien Verfahren mit angemessener öffentlicher Aufsicht und Transparenz erstellt und dabei auf das Fachwissen einschlägiger Interessenträger zurückgegriffen wurde und sie mit ausreichenden öffentlichen Mitteln, so dass ihre Unabhängigkeit gewährleistet ist, und auf der Grundlage eines Arbeitsprogramms, zu dem die Kommission konsultiert wurde, erstellt wurde;

b) einer solchen Stellungnahme Kosten-Nutzen-Analysen beigefügt sind, einschließlich Analysen der Auswirkungen der fachlichen Stellungnahme auf Nachhaltigkeitsaspekte;

c) einer solchen Stellungnahme eine Erläuterung beigefügt ist, wie die in Artikel 29b Absatz 5 aufgeführten Elemente berücksichtigt werden;

d) die Mitwirkung an der Arbeit der EFRAG auf technischer Ebene auf Fachwissen im Bereich der Nachhaltigkeitsberichterstattung beruht und nicht von einem finanziellen Beitrag abhängig ist.

Die Buchstaben a und d gelten unbeschadet der Beteiligung von öffentlichen Stellen und einzelstaatlichen Standardsetzungseinrichtungen an den technischen Arbeiten der EFRAG.

Die der fachlichen Stellungnahme der EFRAG beigefügten Dokumente sind zusammen mit dieser fachlichen Stellungnahme vorzulegen.

Die Kommission konsultiert die in Artikel 24 der Verordnung (EU) 2020/852 genannte Sachverständigengruppe der Mitgliedstaaten für nachhaltiges Finanzwesen und den in Artikel 6 der Verordnung (EG) Nr. 1606/2002 genannten Regelungsausschuss für Rechnungslegung gemeinsam zu den Ent-

würfen delegierter Rechtsakte vor ihrer Annahme gemäß den Artikeln 29b und 29c dieser Richtlinie.
Die Kommission holt die Stellungnahme der Europäischen Wertpapier- und Marktaufsichtsbehörde (ESMA), der Europäischen Bankenaufsichtsbehörde (EBA) und der Europäischen Aufsichtsbehörde für das Versicherungswesen und die betriebliche Altersversorgung (EIOPA) zur fachlichen Stellungnahme der EFRAG ein, insbesondere im Hinblick auf deren Kohärenz mit der Verordnung (EU) 2019/2088 und den delegierten Rechtsakten, die gemäß jener Verordnung angenommen wurden. ESMA, EBA und EIOPA übermitteln ihre Stellungnahmen binnen zwei Monaten nach Eingang des Ersuchens der Kommission.
Darüber hinaus konsultiert die Kommission die Europäische Umweltagentur, die Agentur der Europäischen Union für Grundrechte, die Europäische Zentralbank, den Ausschuss der Europäischen Aufsichtsstellen für Abschlussprüfer und die nach Artikel 20 der Verordnung (EU) 2020/852 eingerichtete Plattform für ein nachhaltiges Finanzwesen zu der von der EFRAG bereitgestellten fachlichen Stellungnahme vor Annahme der in den Artikeln 29b und 29c dieser Richtlinie genannten delegierten Rechtsakte. Beschließt eine dieser Stellen, eine Stellungnahme zu übermitteln, so legt sie diese binnen zwei Monaten nach ihrer Konsultation durch die Kommission vor.“

c) Absatz 5 erhält folgende Fassung:
„(5) Ein delegierter Rechtsakt, der gemäß Artikel 1 Absatz 2, Artikel 3 Absatz 13, Artikel 29b, Artikel 29c oder Artikel 40b, oder Artikel 46 Absatz 2 erlassen wurde, tritt nur in Kraft, wenn weder das Europäische Parlament noch der Rat innerhalb einer Frist von zwei Monaten nach Übermittlung dieses Rechtsakts an das Europäische Parlament und den Rat Einwände erhoben haben oder wenn vor Ablauf dieser Frist das Europäische Parlament und der Rat beide der Kommission mitgeteilt haben, dass sie keine Einwände erheben werden. Auf Initiative des Europäischen Parlaments oder des Rates wird diese Frist um zwei Monate verlängert.“

Artikel 2
Änderung der Richtlinie 2004/109/EG

Die Richtlinie 2004/109/EG wird wie folgt geändert:

1. In Artikel 2 Absatz 1 wird folgender Buchstabe angefügt:
*„r) „Nachhaltigkeitsberichterstattung“ ist die Nachhaltigkeitsberichterstattung gemäß Artikel 2 Nummer 18 der Richtlinie 2013/34/EU des Europäischen Parlaments und des Rates (*23),*

*(*23) Richtlinie 2013/34/EU des Europäischen Parlaments und des Rates vom 26. Juni 2013 über den Jahresabschluss, den konsolidierten Abschluss und damit verbundene Berichte von Unternehmen bestimmter Rechtsformen und zur Änderung der Richtlinie 2006/43/EG des Europäischen Parlaments und des Rates und zur Aufhebung der Richtlinien 78/660/EWG und 83/349/EWG des Rates (ABl. L 182 vom 29.6.2013, S. 19).“„*

2. Artikel 4 wird wie folgt geändert:
a) Absatz 2 Buchstabe c erhält folgende Fassung:
„c) Erklärungen, in denen die beim Emittenten verantwortlichen Personen un*ter Angabe ihres Namens und ihrer Stellung versichern, dass der im Einklang mit den maßgebenden Rechnungslegungsstandards aufgestellte Abschluss ihres*

*Wissens ein den tatsächlichen Verhältnissen entsprechendes Bild der Vermögenswerte und Verbindlichkeiten sowie der Finanz- und der Ertragslage des Emittenten und der Gesamtheit der in die Konsolidierung einbezogenen Unternehmen vermittelt und dass der Lagebericht den Geschäftsverlauf, das Geschäftsergebnis und die Lage der Gesamtheit der in die Konsolidierung einbezogenen Unternehmen so darstellt, dass ein den tatsächlichen Verhältnissen entsprechendes Bild entsteht, dass er die wesentlichen Risiken und Ungewissheiten, denen sie ausgesetzt sind, beschreibt, und, sofern angebracht, dass er in Einklang mit den Standards für die Nachhaltigkeitsberichterstattung nach Artikel 29b der Richtlinie 2013/34/EU und mit den gemäß Artikel 8 Absatz 4 der Verordnung (EU) 2020/852 des Europäischen Parlaments und des Rates (*24) angenommenen Spezifikationen aufgestellt wurde.*

---

*(*24) Verordnung (EU) 2020/852 des Europäischen Parlaments und des Rates vom 18. Juni 2020 über die Einrichtung eines Rahmens zur Erleichterung nachhaltiger Investitionen und zur Änderung der Verordnung (EU) 2019/2088 (ABl. L 198 vom 22.6.2020, S. 13).",,*

b) Die Absätze 4 und 5 erhalten folgende Fassung:

„(4) Die Abschlüsse werden gemäß Artikel 34 Absatz 1 Unterabsatz 1 und Artikel 34 Absatz 2 der Richtlinie 2013/34/EU geprüft.
Der Abschlussprüfer gibt das Urteil und die Erklärung zum Lagebericht nach Artikel 34 Absatz 1 Unterabsatz 2 Buchstaben a und b und Artikel 34 Absatz 2 der Richtlinie 2013/34/EU ab.
*Der von der oder den für die Durchführung der in Artikel 34 Absätze 1 und 2 der Richtlinie 2013/34/EU festgelegten Arbeiten zuständigen Person oder Personen erteilte Bestätigungsvermerk nach Artikel 28 der Richtlinie 2006/43/EG des Europäischen Parlaments und des Rates (*25) wird in vollem Umfang zusammen mit dem Jahresfinanzbericht offengelegt.*
Gegebenenfalls wird gemäß Artikel 34 Absatz 1 Unterabsatz 2 Buchstabe aa und Artikel 34 Absätze 2 bis 5 der Richtlinie 2013/34/EU ein Bestätigungsurteil über die Nachhaltigkeitsberichterstattung abgegeben.
Der Prüfungsvermerk über die Nachhaltigkeitsberichterstattung nach Artikel 28a der Richtlinie 2006/43/EG wird zusammen mit dem Jahresfinanzbericht vollständig offengelegt.

(5) Der Lagebericht wird gemäß den Artikeln 19, 19a und 20 und Artikel 29d Absatz 1 der Richtlinie 2013/34/EU aufgestellt und umfasst die gemäß Artikel 8 Absatz 4 der Verordnung (EU) 2020/852 angenommenen Spezifikationen, wenn er von den in diesen Bestimmungen genannten Unternehmen aufgestellt wird.
Ist der Emittent verpflichtet, einen konsolidierten Abschluss aufzustellen, wird der konsolidierte Lagebericht gemäß den Artikeln 29 und 29a und Artikel 29d Absatz 2 der Richtlinie 2013/34/EU aufgestellt und umfasst die gemäß Artikel 8 Absatz 4 der Verordnung (EU) 2020/852 angenommenen Spezifikationen, wenn er von den in diesen Bestimmungen genannten Unternehmen aufgestellt wird.

---

*(*25) Richtlinie 2006/43/EG des Europäischen Parlaments und des Rates vom 17. Mai 2006 über Abschlussprüfungen von Jahresabschlüssen und konsolidierten Abschlüssen, zur Änderung der Richtlinien 78/660/EWG und 83/349/EWG des Rates und zur Aufhebung der Richtlinie 84/253/EWG des Rates (ABl. L 157 vom 9.6.2006, S. 87).",,*

3. Artikel 23 Absatz 4 wird wie folgt geändert:
   a) Die Unterabsätze 3 und 4 erhalten folgende Fassung:

„Die Kommission fasst nach dem in Artikel 27 Absatz 2 dieser Richtlinie genannten Verfahren die notwendigen Beschlüsse über die Gleichwertigkeit der Rechnungslegungsstandards unter den in Artikel 30 Absatz 3 dieser Richtlinie festgelegten Bedingungen und über die Gleichwertigkeit der Standards für die Nachhaltigkeitsberichterstattung nach Artikel 29b der Richtlinie 2013/34/EU, die von Emittenten mit Sitz in Drittländern angewandt werden. Kommt die Kommission zu dem Schluss, dass die Rechnungslegungsstandards oder die Standards für die Nachhaltigkeitsberichterstattung eines Drittlandes nicht gleichwertig sind, kann sie den betroffenen Emittenten die weitere Anwendung dieser Standards während einer angemessenen Übergangsperiode gestatten.
In Zusammenhang mit Unterabsatz 3 des vorliegenden Absatzes erlässt die Kommission im Wege delegierter Rechtsakte, die im Einklang mit Artikel 27 Absätze 2a, 2b und 2c angenommen werden, und unter den in den Artikeln 27a und 27b festgelegten Bedingungen zudem Maßnahmen zur Festlegung allgemeiner Kriterien für die Gleichwertigkeit von Rechnungslegungsstandards und Standards für die Nachhaltigkeitsberichterstattung, die für Emittenten aus mehr als einem Land relevant sind."

b) Folgender Unterabsatz wird angefügt:
„Durch die Kriterien, die die Kommission zur Bewertung der Gleichwertigkeit der Standards für die Nachhaltigkeitsberichterstattung heranzieht, die von Emittenten mit Sitz in Drittländern gemäß Unterabsatz 3 verwendet werden, ist zumindest gewährleistet,
a) dass die Standards für die Nachhaltigkeitsberichterstattung die Unternehmen verpflichten, Informationen über Umwelt-, Sozial- und Governance-Faktoren offenzulegen;
b) dass die Standards für die Nachhaltigkeitsberichterstattung die Unternehmen verpflichten, Informationen offenzulegen, die für das Verständnis ihrer nachhaltigkeitsrelevanten Auswirkungen sowie das Verständnis der Auswirkungen von Nachhaltigkeitsaspekten auf ihren Geschäftsverlauf, ihr Geschäftsergebnis und ihre Lage erforderlich sind."

4. Folgender Artikel wird eingefügt:

„Artikel 28d
Leitlinien der ESMA

Nach Konsultation der Europäischen Umweltagentur und der Agentur der Europäischen Union für Grundrechte gibt die ESMA im Einklang mit Artikel 16 der Verordnung (EU) Nr. 1095/2010 Leitlinien über die Beaufsichtigung der Nachhaltigkeitsberichterstattung durch die zuständigen nationalen Behörden heraus."

Artikel 3
Änderung der Richtlinie 2006/43/EG

Die Richtlinie 2006/43/EG wird wie folgt geändert:

1. Artikel 1 erhält folgende Fassung:

„Artikel 1
Gegenstand

Diese Richtlinie regelt die Abschlussprüfung des Jahresabschlusses und des konsolidierten Abschlusses und die Bestätigung der jährlichen und konsolidierten Nachhaltigkeitsberichterstattung."

2. Artikel 2 wird wie folgt geändert:
   a) Die Nummern 2 bis 6 erhalten folgende Fassung:
      „(2) „Abschlussprüfer" ist eine natürliche Person, die von den zuständigen Stellen eines Mitgliedstaats nach dieser Richtlinie für die Durchführung von Abschlussprüfungen und gegebenenfalls von für die Bestätigung der Nachhaltigkeitsberichterstattung zugelassen wurde;
      (3) „Prüfungsgesellschaft" ist eine juristische Person oder eine sonstige Einrichtung gleich welcher Rechtsform, die von den zuständigen Stellen eines Mitgliedstaats nach dieser Richtlinie für die Durchführung von Abschlussprüfungen und gegebenenfalls von für die Bestätigung der Nachhaltigkeitsberichterstattung zugelassen wurde;
      (4) „Prüfungsunternehmen aus einem Drittland" ist ein Unternehmen gleich welcher Rechtsform, das die Prüfungen des Jahresabschlusses oder des konsolidierten Abschlusses oder gegebenenfalls die Bestätigung der Nachhaltigkeitsberichterstattung von in einem Drittland eingetragenen Gesellschaften durchführt und das nicht in einem Mitgliedstaat infolge einer Zulassung gemäß Artikel 3 als Prüfungsgesellschaft registriert ist;
      (5) „Prüfer aus einem Drittland" ist eine natürliche Person, die die Prüfungen des Jahresabschlusses oder des konsolidierten Abschlusses oder gegebenenfalls die Bestätigung der Nachhaltigkeitsberichterstattung von in einem Drittland eingetragenen Gesellschaften durchführt und die nicht in einem Mitgliedstaat infolge einer Zulassung gemäß den Artikeln 3 und 44 als Abschlussprüfer registriert ist;
      (6) „Konzernabschlussprüfer" sind der oder die Abschlussprüfer bzw. die Prüfungsgesellschaft oder -gesellschaften, die die Abschlussprüfung konsolidierter Abschlüsse durchführen oder gegebenenfalls die Bestätigung der Nachhaltigkeitsberichterstattung durchführen;"
   b) Folgende Nummer wird eingefügt:
      „16a. „Verantwortliche(r) Nachhaltigkeitspartner" ist/sind
         a) der oder die Abschlussprüfer, der/die von einer Prüfungsgesellschaft für einen bestimmten Bestätigungsauftrag hinsichtlich der Nachhaltigkeitsberichterstattung als vorrangig verantwortlich für die Durchführung der Bestätigung der Nachhaltigkeitsberichterstattung im Auftrag der Prüfungsgesellschaft bestimmt ist/sind; oder
         b) im Fall der Bestätigung einer konsolidierten Nachhaltigkeitsberichterstattung mindestens der/die Abschlussprüfer, der/die von einer Prüfungsgesellschaft als vorrangig verantwortlich für die Durchführung der Bestätigung der Nachhaltigkeitsberichterstattung auf Konzernebene bestimmt ist/sind, und der/die Abschlussprüfer, der/die als vorrangig verantwortlich auf der Ebene bedeutender Tochterunternehmen bestimmt ist/sind; oder
         c) der/die Abschlussprüfer, der/die den Prüfungsvermerk über die Nachhaltigkeitsberichterstattung nach Artikel 28a unterzeichnet/unterzeichnen;"
   c) Folgende Nummern werden angefügt:
      „21. „Nachhaltigkeitsberichterstattung" ist die Nachhaltigkeitsberichterstattung gemäß Artikel 2 Nummer 18 der Richtlinie 2013/34/EU.
      22. „Bestätigung der Nachhaltigkeitsberichterstattung" ist die Durchführung von Verfahren, die zu dem Urteil des Abschlussprüfers oder der Prüfungs-

gesellschaft nach Artikel 34 Absatz 1 Unterabsatz 2 Buchstabe aa und Artikel 34 Absatz 2 der Richtlinie 2013/34/EU führen.

23. *„Unabhängiger Erbringer von Bestätigungsleistungen" ist eine Konformitätsbewertungsstelle, die gemäß der Verordnung (EG) Nr. 765/2008 des Europäischen Parlaments und des Rates (*26) für die in Artikel 34 Absatz 1 Unterabsatz 2 Buchstabe aa der Richtlinie 2013/34/EU genannte Konformitätsbewertung akkreditiert ist.*

---

*(*26) Verordnung (EG) Nr. 765/2008 des Europäischen Parlaments und des Rats vom 9. Juli 2008 über die Vorschriften für die Akkreditierung und zur Aufhebung der Verordnung (EWG) Nr. 339/93 (ABl. L 218 vom 13.8.2008, S. 30)."„*

3. Artikel 6 erhält folgende Fassung:

„Artikel 6
Ausbildung

(1) Unbeschadet des Artikels 11 kann eine natürliche Person nur zur Durchführung von Abschlussprüfungen zugelassen werden, wenn sie nach Erlangung der Hochschulreife oder einer entsprechenden Ausbildungsstufe eine theoretische und eine praktische Ausbildung absolviert und sich mit Erfolg einer staatlichen oder staatlich anerkannten beruflichen Eignungsprüfung auf dem Niveau eines Hochschulabschlusses oder eines entsprechenden Niveaus in dem betreffenden Mitgliedstaat unterzogen hat.

(2) Zusätzlich zu der Zulassung zur Durchführung von Abschlussprüfungen gemäß Absatz 1 dieses Artikels kann eine natürliche Person zur Durchführung der Bestätigung der Nachhaltigkeitsberichterstattung zugelassen werden, wenn die zusätzlichen spezifischen Anforderungen von Artikel 7 Absatz 2, Artikel 8 Absatz 3, Artikel 10 Absatz 1 Unterabsatz 2 und Artikel 14 Absatz 2 Unterabsatz 4 dieser Richtlinie erfüllt sind.

(3) Die in Artikel 32 genannten zuständigen Behörden arbeiten im Hinblick auf eine Angleichung der in diesem Artikel genannten Anforderungen zusammen. Bei der Aufnahme dieser Zusammenarbeit tragen diese zuständigen Behörden den Entwicklungen im Prüfungswesen und im Berufsstand der Prüfer und insbesondere der Angleichung Rechnung, die bereits in dem Berufsstand erreicht wurde. Sie arbeiten mit dem Ausschuss der Europäischen Aufsichtsstellen für Abschlussprüfer (im Folgenden „Ausschuss der Aufsichtsstellen") und den in Artikel 20 der Verordnung (EU) Nr. 537/2014 genannten zuständigen Behörden zusammen, sofern es bei dieser Angleichung um die Abschlussprüfung und die Bestätigung der Nachhaltigkeitsberichterstattung bei Unternehmen von öffentlichem Interesse geht."

4. Artikel 7 erhält folgende Fassung:

„Artikel 7
Prüfung der beruflichen Eignung

(1) Die in Artikel 6 genannte Eignungsprüfung garantiert die erforderlichen theoretischen *Kenntnisse auf den für die Abschlussprüfung maßgebenden Sachgebieten sowie die Fähigkeit, diese Kenntnisse praktisch anzuwenden. Diese Eignungsprüfung muss zumindest teilweise schriftlich erfolgen.*

(2) Falls der Abschlussprüfer auch zur Durchführung der Bestätigung der Nachhaltigkeitsberichterstattung zugelassen werden soll, garantiert die in Artikel 6 genannte Eignungsprüfung die erforderlichen theoretischen Kenntnisse auf den für die Bestätigung der Nachhaltigkeitsberichterstattung maßgebenden Sachgebieten

sowie die Fähigkeit, diese Kenntnisse praktisch anzuwenden. Diese Eignungsprüfung muss zumindest teilweise schriftlich erfolgen.“

5. In Artikel 8 wird folgender Absatz angefügt:

„*(3) Falls der Abschlussprüfer auch zur Durchführung der Bestätigung der Nachhaltigkeitsberichterstattung zugelassen werden soll, umfasst die in Absatz 1 genannte Prüfung der theoretischen Kenntnisse außerdem zumindest die folgenden Sachgebiete:*
   - *a) gesetzliche Vorschriften und Standards für die Aufstellung der jährlichen und konsolidierten Nachhaltigkeitsberichterstattung;*
   - *b) Nachhaltigkeitsanalyse;*
   - *c) Due-Diligence-Prozesse mit Blick auf Nachhaltigkeitsaspekte;*
   - *d) rechtliche Anforderungen an und Standards für die Bestätigung der Nachhaltigkeitsberichterstattung nach Artikel 26a.“*

6. In Artikel 10 Absatz 1 wird folgender Unterabsatz angefügt:

„Falls der Abschlussprüfer oder der Auszubildende auch zur Durchführung der Bestätigung der Nachhaltigkeitsberichterstattung zugelassen werden soll, bestehen mindestens acht Monate der praktischen Ausbildung nach Absatz 1 in der Bestätigung jährlicher oder konsolidierter Nachhaltigkeitsberichterstattung oder anderen nachhaltigkeitsbezogenen Leistungen.“

7. Artikel 12 erhält folgende Fassung:

„Artikel 12

Kombination von praktischer und theoretischer Ausbildung

(1) Die Mitgliedstaaten können vorsehen, dass Zeiten, in denen eine theoretische Ausbildung in den in Artikel 8 Absätze 1 und 2 genannten Sachgebieten absolviert wurde, auf die in Artikel 11 genannten Berufsjahre angerechnet werden, wenn diese Ausbildung mit einer durch den Mitgliedstaat anerkannten Prüfung abgeschlossen wurde. Diese Ausbildung muss mindestens ein Jahr dauern und darf höchstens mit vier Jahren auf die berufliche Tätigkeit angerechnet werden.

(2) Berufstätigkeit und praktische Ausbildung dürfen nicht kürzer sein als die theoretische Ausbildung zusammen mit der in Artikel 10 Absatz 1 Unterabsatz 1 vorgeschriebenen praktischen Ausbildung.“

8. In Artikel 14 Absatz 2 wird folgender Unterabsatz angefügt:

„Falls der Abschlussprüfer auch zur Durchführung der Bestätigung der Nachhaltigkeitsberichterstattung zugelassen werden soll, erstreckt sich die Eignungsprüfung nach Unterabsatz 1 darauf, ob der Abschlussprüfer über angemessene Kenntnisse der Rechtsvorschriften des Aufnahmemitgliedstaats verfügt, soweit diese Kenntnisse für die Bestätigung der Nachhaltigkeitsberichterstattung relevant sind.“

9. Folgender Artikel wird eingefügt:

„Artikel 14a

Vor dem 1. Januar 2024 zugelassene oder anerkannte Abschlussprüfer und Personen, die am 1. Januar 2024 das Zulassungsverfahren für Abschlussprüfer durchlaufen

Die Mitgliedstaaten stellen sicher, dass Abschlussprüfer, die vor dem 1. Januar 2024 für die Durchführung von Abschlussprüfungen zugelassen oder anerkannt wurden, nicht den Anforderungen von Artikel 7 Absatz 2, Artikel 8 Absatz 3, Artikel 10 Absatz 1 Unterabsatz 2 und Artikel 14 Absatz 2 Unterabsatz 4 unterliegen.

Die Mitgliedstaaten stellen sicher, dass Personen, die am 1. Januar 2024 das in den Artikeln 6 bis 14 vorgesehene Zulassungsverfahren durchlaufen, nicht den Anforderungen von Artikel 7 Absatz 2, Artikel 8 Absatz 3, Artikel 10 Absatz 1 Unterabsatz 2 und Artikel 14 Absatz 2 Unterabsatz 4 unterliegen, sofern sie dieses Verfahren bis zum 1. Januar 2026 abschließen.

Die Mitgliedstaaten stellen sicher, dass vor dem 1. Januar 2026 zugelassene Abschlussprüfer, die Bestätigung der Nachhaltigkeitsberichterstattung durchführen wollen, die erforderlichen Kenntnisse über Nachhaltigkeitsberichterstattung und deren Bestätigung, einschließlich der in Artikel 8 Absatz 3 aufgeführten Sachgebiete, im Wege der kontinuierlichen Fortbildung nach Artikel 13 erwerben."

10. Artikel 16 wird wie folgt geändert:
    a) Absatz 1 erhält folgende Fassung:
       „(1) Für Abschlussprüfer werden im öffentlichen Register zumindest die folgenden Angaben geführt:
       a) Name, Anschrift und Registrierungsnummer;
       b) gegebenenfalls Name, Anschrift, Internet-Adresse und Registrierungsnummer der Prüfungsgesellschaft(en), bei der/denen der Abschlussprüfer angestellt ist oder der/denen er als Partner angehört oder in ähnlicher Form verbunden ist;
       c) Angabe, ob der Abschlussprüfer auch für die Bestätigung der Nachhaltigkeitsberichterstattung zugelassen ist;
       d) andere Registrierung(en) als Abschlussprüfer bei den zuständigen Stellen anderer Mitgliedstaaten und als Prüfer in Drittländern, einschließlich Name(n) der Zulassungsbehörde(n) und gegebenenfalls Registrierungsnummer(n), und Angabe, ob die Registrierung die Abschlussprüfung, die Bestätigung der Nachhaltigkeitsberichterstattung oder beides betrifft."
    b) In Absatz 2 wird folgender Unterabsatz angefügt:
       „Im Register wird angegeben, ob die Prüfer aus Drittländern nach Unterabsatz 1 für die Durchführung der Abschlussprüfung, die Bestätigung der Nachhaltigkeitsberichterstattung oder beides registriert sind."
11. Artikel 17 wird wie folgt geändert:
    a) Absatz 1 Buchstabe e erhält folgende Fassung:
       „e) Name und Registrierungsnummer aller Abschlussprüfer, die bei der Prüfungsgesellschaft angestellt sind oder ihr als Partner angehören oder in ähnlicher Form mit ihr verbunden sind, und Angabe, ob sie auch zur Durchführung der Bestätigung der Nachhaltigkeitsberichterstattung zugelassen sind;"
    b) Absatz 1 Buchstabe i erhält folgende Fassung:
       „i) andere Registrierung(en) als Prüfungsgesellschaft bei den zuständigen Stellen anderer Mitgliedstaaten und als Prüfungsunternehmen in Drittländern, einschließlich Name(n) der Zulassungsbehörde(n), und gegebenenfalls Registrierungsnummer(n), und Angabe, ob die Registrierung die Abschlussprüfung, die Bestätigung der Nachhaltigkeitsberichterstattung oder beides betrifft;"
    c) In Absatz 2 wird folgender Unterabsatz angefügt:
       „Im Register wird angegeben, ob die Prüfungsunternehmen aus Drittländern nach Unterabsatz 1 für die Durchführung der Abschlussprüfung, die Bestätigung der Nachhaltigkeitsberichterstattung oder beides registriert sind."
12. Artikel 24b wird wie folgt geändert:
    a) Absatz 1 erhält folgende Fassung:

„(1) *Die Mitgliedstaaten sorgen dafür, dass eine Prüfungsgesellschaft, die die Abschlussprüfung durchführt, zumindest einen verantwortlichen Prüfungspartner benennt. Die Prüfungsgesellschaft stellt dem verantwortlichen Prüfungspartner oder den verantwortlichen Prüfungspartnern die zur angemessenen Wahrnehmung seiner bzw. ihrer Aufgaben notwendigen Mittel und Personal mit der notwendigen Kompetenz und den notwendigen Fähigkeiten zur Verfügung.*

Die Mitgliedstaaten sorgen dafür, dass eine Prüfungsgesellschaft, die die Bestätigung der Nachhaltigkeitsberichterstattung durchführt, zumindest einen verantwortlichen Nachhaltigkeitspartner benennt, bei dem es sich um den bzw. einen der verantwortlichen Prüfungspartner handeln kann. Die Prüfungsgesellschaft stellt dem verantwortlichen Nachhaltigkeitspartner oder den verantwortlichen Nachhaltigkeitspartnern die zur angemessenen Wahrnehmung seiner bzw. ihrer Aufgaben notwendigen Mittel und Personal mit der notwendigen Kompetenz und den notwendigen Fähigkeiten zur Verfügung.

Die Hauptkriterien, nach denen die Prüfungsgesellschaft den oder die zu benennenden verantwortlichen Prüfungspartner und gegebenenfalls den oder die verantwortlichen Nachhaltigkeitspartner bestimmt, sind die Sicherstellung der Qualität der Prüfung und Bestätigung, Unabhängigkeit und Kompetenz.

Der verantwortliche oder die verantwortlichen Prüfungspartner ist/sind aktiv an der Durchführung der Abschlussprüfung beteiligt. Der verantwortliche Nachhaltigkeitspartner ist aktiv an der Durchführung der Bestätigung der Nachhaltigkeitsberichterstattung beteiligt."

b) Folgender Absatz wird eingefügt:

„(2a) *Der Abschlussprüfer wendet bei der Durchführung der Bestätigung der Nachhaltigkeitsberichterstattung ausreichend Zeit auf und sieht ausreichende Ressourcen vor, um seine Aufgaben angemessen wahrzunehmen.*"

c) Absatz 4 Buchstaben b und c erhalten folgende Fassung:

„b) *bei einer Prüfungsgesellschaft den/die Name(n) des verantwortlichen Prüfungspartners bzw. der verantwortlichen Prüfungspartner und gegebenenfalls den/die Name(n) des verantwortlichen Nachhaltigkeitspartners bzw. der verantwortlichen Nachhaltigkeitspartner,*

c) *für jedes Geschäftsjahr die für die Abschlussprüfung, für die Bestätigung der Nachhaltigkeitsberichterstattung und für andere Leistungen in Rechnung gestellten Honorare.*"

d) Folgender Absatz wird eingefügt:

„(5a) *Abschlussprüfer und Prüfungsgesellschaften legen für jeden Bestätigungsauftrag hinsichtlich der Nachhaltigkeitsberichterstattung eine Bestätigungsakte an.*

Der Abschlussprüfer oder die Prüfungsgesellschaft dokumentiert zumindest die gemäß Artikel 22b aufgezeichneten Daten im Hinblick auf die Bestätigung der Nachhaltigkeitsberichterstattung.

Der Abschlussprüfer oder die Prüfungsgesellschaft bewahrt alle sonstigen Daten und Unterlagen auf, die zur Begründung des Prüfungsvermerks über die Nachhaltigkeitsberichterstattung nach Artikel 28a und zur Beobachtung der Einhaltung dieser Richtlinie und anderer geltender rechtlicher Anforderungen im Hinblick auf die Bestätigung der Nachhaltigkeitsberichterstattung von Bedeutung sind.

Die Bestätigungsakte wird spätestens 60 Tage nach Unterzeichnung des Prüfungsvermerks über die Nachhaltigkeitsberichterstattung nach Artikel 28a geschlossen.
Führt derselbe Abschlussprüfer die Abschlussprüfung des Jahresabschlusses und die Bestätigung der Nachhaltigkeitsberichterstattung durch, so kann die Bestätigungsakte in die Prüfungsakte aufgenommen werden.“

e) Absatz 6 erhält folgende Fassung:
„Der Abschlussprüfer oder die Prüfungsgesellschaft bewahrt alle etwaigen schriftlichen Beschwerden über die Durchführung der ausgeführten Abschlussprüfungen und über die Durchführung jedes ausgeführten Bestätigungsauftrags hinsichtlich der Nachhaltigkeitsberichterstattung auf.“

13. Artikel 25 erhält folgende Fassung:

„Artikel 25
Prüfungs- und Bestätigungshonorare

Die Mitgliedstaaten sorgen für eine angemessene Regelung, die gewährleistet, dass die Honorare für Abschlussprüfungen und die Bestätigung der Nachhaltigkeitsberichterstattung

a) nicht von der Erbringung zusätzlicher Leistungen für das Unternehmen, das Gegenstand der Abschlussprüfung oder der Bestätigung der Nachhaltigkeitsberichterstattung ist, beeinflusst oder bestimmt werden; und
b) an keinerlei Bedingungen geknüpft werden dürfen.“

14. Folgende Artikel werden eingefügt:

„Artikel 25b
Berufsgrundsätze, Unabhängigkeit, Unparteilichkeit, Verschwiegenheit und Berufsgeheimnis bei der Bestätigung der Nachhaltigkeitsberichterstattung

Die Anforderungen der Artikel 21 bis 24a, die sich auf die Abschlussprüfung beziehen, sind entsprechend auf die Bestätigung der Nachhaltigkeitsberichterstattung anzuwenden.

Artikel 25c
Nichtprüfungsleistungen, die verboten sind, wenn der Abschlussprüfer bei einem Unternehmen von öffentlichem Interesse die Bestätigung der Nachhaltigkeitsberichterstattung durchführt

(1) Der Abschlussprüfer oder die Prüfungsgesellschaft, der bzw. die bei einem Unternehmen von öffentlichem Interesse die Bestätigung der Nachhaltigkeitsberichterstattung durchführt, und jedes Mitglied eines Netzwerks, dem der Abschlussprüfer bzw. die Prüfungsgesellschaft angehört, dürfen weder direkt noch indirekt für das Unternehmen von öffentlichem Interesse, das Gegenstand der Bestätigung der Nachhaltigkeitsberichterstattung ist, dessen Mutterunternehmen oder die von ihm beherrschten Unternehmen in der Union die in Artikel 5 Absatz 1 Unterabsatz 2 Buchstaben b und c sowie Buchstaben e bis k der Verordnung (EU) Nr. 537/2014 genannten verbotenen Nichtprüfungsleistungen erbringen, und zwar

a) innerhalb des Zeitraums zwischen dem Beginn des Zeitraums, der Gegenstand der Bestätigung der Nachhaltigkeitsberichterstattung ist, und der Abgabe des Prüfungsvermerks über die Nachhaltigkeitsberichterstattung und
b) in Bezug auf die in Artikel 5 Absatz 1 Unterabsatz 2 Buchstabe e der Verordnung (EU) Nr. 537/2014 genannten Leistungen innerhalb des Geschäftsjahrs, das dem in Buchstabe a des vorliegenden Absatzes genannten Zeitraum unmittelbar vorausgeht.

(2) Ein Abschlussprüfer oder eine Prüfungsgesellschaft, der bzw. die bei Unternehmen von öffentlichem Interesse die Bestätigung der Nachhaltigkeitsberichterstattung durchführt, und – wenn der Abschlussprüfer bzw. die Prüfungsgesellschaft einem Netzwerk angehört – jedes Mitglied eines solchen Netzwerks dürfen für das Unternehmen von öffentlichem Interesse, dessen Nachhaltigkeitsberichterstattung bestätigt wird, für dessen Mutterunternehmen oder für die von ihm beherrschten Unternehmen andere Leistungen erbringen als die verbotenen Nichtprüfungsleistungen nach Absatz 1 dieses Artikels oder gegebenenfalls als die verbotenen Nichtprüfungsleistungen nach Artikel 5 Absatz 1 Unterabsatz 2 der Verordnung (EU) Nr. 537/2014 oder als die Leistungen, die nach Ansicht von Mitgliedstaaten eine Gefährdung ihrer Unabhängigkeit nach Artikel 5 Absatz 2 dieser Verordnung darstellen könnten, sofern der Prüfungsausschuss nach einer ordnungsgemäßen Beurteilung der Gefährdungen für die Unabhängigkeit und der ergriffenen Schutzmaßnahmen gemäß Artikel 22b dieser Richtlinie seine Zustimmung erteilt hat.

(3) Wenn ein Mitglied eines Netzwerks, dem der Abschlussprüfer bzw. die Prüfungsgesellschaft, der bzw. die bei einem Unternehmen von öffentlichem Interesse die Bestätigung der Nachhaltigkeitsberichterstattung durchführt, angehört, für ein Unternehmen mit Sitz in einem Drittland, das von dem der Bestätigung der Nachhaltigkeitsberichterstattung unterzogenen Unternehmen von öffentlichem Interesse beherrscht wird, die verbotenen Nichtprüfungsleistungen nach Absatz 1 dieses Artikels erbringt, beurteilt der Abschlussprüfer bzw. die Prüfungsgesellschaft, ob diese Erbringung von Leistungen durch ein Mitglied des Netzwerks seine bzw. ihre Unabhängigkeit beeinträchtigt.
Wird seine bzw. ihre Unabhängigkeit beeinträchtigt, so wendet der Abschlussprüfer bzw. die Prüfungsgesellschaft Schutzmaßnahmen zur Verminderung der durch die Erbringung verbotener Nichtprüfungsleistungen nach Absatz 1 dieses Artikels in einem Drittland hervorgerufenen Gefahren an. Der Abschlussprüfer bzw. die Prüfungsgesellschaft darf die Bestätigung der Nachhaltigkeitsberichterstattung des Unternehmens von öffentlichem Interesse nur dann fortsetzen, wenn er bzw. sie gemäß Artikel 22b begründen kann, dass die Erbringung dieser Leistungen weder seine bzw. ihre fachliche Einschätzung noch den Prüfungsvermerk über die Nachhaltigkeitsberichterstattung beeinträchtigt.

Artikel 25d
Unregelmäßigkeiten

Artikel 7 der Verordnung (EU) Nr. 537/2014 gilt entsprechend für Abschlussprüfer bzw. Prüfungsgesellschaften, die bei Unternehmen von öffentlichem Interesse Bestätigungen der Nachhaltigkeitsberichterstattung durchführen. "

15. Folgender Artikel wird eingefügt:

„Artikel 26a
Standards für die Bestätigung der Nachhaltigkeitsberichterstattung

(1) Die Mitgliedstaaten verpflichten die Abschlussprüfer und Prüfungsgesellschaften, die Bestätigung der Nachhaltigkeitsberichterstattung unter Beachtung der von der Kommission nach Absatz 3 angenommenen Standards für die Bestätigung durchzuführen.

(2) Die Mitgliedstaaten können nationale Standards, Verfahren oder Anforderungen für die Bestätigung so lange anwenden, wie die Kommission keinen Standard für die Bestätigung, der für denselben Bereich gilt, angenommen hat.

Die Mitgliedstaaten teilen der Kommission die nationalen Standards, Verfahren oder Anforderungen für die Bestätigung spätestens drei Monate vor deren Inkrafttreten mit.

(3) Der Kommission nimmt spätestens am 1. Oktober 2026 delegierte Rechtsakte gemäß Artikel 48a zur Ergänzung dieser Richtlinie an, um Standards für begrenzte Prüfungssicherheit für die vom Abschlussprüfer und der Prüfungsgesellschaft oder den Prüfungsgesellschaften für seine bzw. ihre Schussfolgerungen über die Prüfung der Nachhaltigkeitsberichterstattung durchzuführenden Verfahren, einschließlich Auftragsplanung, Risikoerwägungen und Reaktion auf Risiken, und die Art der in dem Prüfungsvermerk über die Nachhaltigkeitsberichterstattung oder gegebenenfalls im Bestätigungsvermerk zu berücksichtigenden Schlussfolgerungen festzulegen.

Die Kommission nimmt spätestens am 1. Oktober 2028 delegierte Rechtsakte gemäß Artikel 48a zur Ergänzung dieser Richtlinie an, um nach einer Bewertung, mit der festgestellt werden soll, ob hinreichende Prüfungssicherheit für die Prüfer und für die Unternehmen machbar ist, diese Richtlinie so zu ändern, dass sie Standards für die Erlangung hinreichender Prüfungssicherheit enthält. Unter Berücksichtigung der Ergebnisse dieser Bewertung und wenn es daher angemessen ist, wird in diesen delegierten Rechtsakten das Datum angegeben, ab dem das in Artikel 34 Absatz 1 Unterabsatz 2 Buchstabe aa genannte Urteil auf einen Auftrag zur Erlangung hinreichender Prüfungssicherheit gestützt werden muss, der auf diesen Standards für die Erlangung hinreichender Prüfungssicherheit beruht.

Die Kommission darf die in den Unterabsätzen 1 und 2 genannten Standards für die Bestätigung nur annehmen, wenn sie

a) in einem einwandfreien Verfahren mit angemessener öffentlicher Aufsicht und Transparenz erstellt wurden;

b) bei der jährlichen oder konsolidierten Nachhaltigkeitsberichterstattung zu einem hohen Maß an Glaubwürdigkeit und Qualität beitragen; und

c) dem Gemeinwohl der Union dienen.“

16. Folgender Artikel wird eingefügt:

„Artikel 27a

Bestätigung der konsolidierten Nachhaltigkeitsberichterstattung

(1) Die Mitgliedstaaten stellen sicher, dass im Falle von Bestätigungsaufträgen in Bezug auf die konsolidierte Nachhaltigkeitsberichterstattung eines Konzerns

a) der Konzernabschlussprüfer in Bezug auf die konsolidierte Nachhaltigkeitsberichterstattung die volle Verantwortung für den Prüfungsvermerk über die Nachhaltigkeitsberichterstattung nach Artikel 28a trägt;

b) der Konzernabschlussprüfer die von unabhängigen Erbringern von Bestätigungsleistungen, Prüfern aus einem Drittland, Abschlussprüfern, Prüfungsunternehmen aus einem Drittland oder Prüfungsgesellschaften für die Zwecke der Bestätigung der konsolidierten Nachhaltigkeitsberichterstattung durchgeführten Bestätigungstätigkeiten bewertet und die Art, den Zeitplan und das Ausmaß der von diesen Prüfern durchgeführten Arbeit dokumentiert, wozu gegebenenfalls auch die Durchsicht von relevanten Teilen der Bestätigungsunterlagen dieser Prüfer durch den Konzernabschlussprüfer zählt, und

c) der Konzernabschlussprüfer die von unabhängigen Erbringern von Bestätigungsleistungen, Prüfern aus einem Drittland, Abschlussprüfern, Prüfungsunternehmen aus einem Drittland oder Prüfungsgesellschaften für die Zwecke der Bestätigung der konsolidierten Nachhaltigkeitsberichterstattung durchgeführten Bestätigungstätigkeiten überprüft und dokumentiert.

Die von dem Konzernabschlussprüfer aufbewahrten Unterlagen müssen so beschaffen sein, dass die entsprechende zuständige Behörde die Arbeit des Konzernabschlussprüfers überprüfen kann.

Für die Zwecke von Unterabsatz 1 Buchstabe c dieses Absatzes verlangt der Konzernabschlussprüfer als Voraussetzung dafür, dass er sich auf die Arbeit von unabhängigen Erbringern von Bestätigungsleistungen, Prüfern aus einem Drittland, Abschlussprüfern, Prüfungsunternehmen aus einem Drittland oder Prüfungsgesellschaften stützen kann, dass die betreffenden unabhängigen Erbringer von Bestätigungsleistungen, Prüfer aus einem Drittland, Abschlussprüfer, Prüfungsunternehmen aus einem Drittland oder Prüfungsgesellschaften in die Weitergabe relevanter Unterlagen während der Bestätigung der konsolidierten Nachhaltigkeitsberichterstattung einwilligen.

(2) Ist es dem Konzernabschlussprüfer nicht möglich, die Bestimmungen in Absatz 1 Unterabsatz 1 Buchstabe c zu erfüllen, so ergreift er geeignete Maßnahmen und unterrichtet die jeweils zuständige Behörde entsprechend.

Solche Maßnahmen umfassen gegebenenfalls zusätzliche Bestätigungstätigkeiten bei dem betreffenden Tochterunternehmen, die entweder direkt oder im Wege einer Auslagerung durchgeführt werden.

(3) Wird der Konzernabschlussprüfer in Bezug auf die Prüfung der konsolidierten Nachhaltigkeitsberichterstattung eines Konzerns einer Qualitätssicherungsprüfung oder Untersuchung unterzogen, so stellt er der zuständigen Behörde auf Verlangen die relevanten ihm vorliegenden Unterlagen zur Verfügung, die die von den betreffenden unabhängigen Erbringern von Bestätigungsleistungen, Prüfern aus einem Drittland, Abschlussprüfern, Prüfungsunternehmen aus einem Drittland oder Prüfungsgesellschaften für die Zwecke der Prüfung der konsolidierten Nachhaltigkeitsberichterstattung durchgeführten Bestätigungstätigkeiten betreffen, wozu auch sämtliche für die Bestätigung der konsolidierten Nachhaltigkeitsberichterstattung relevanten Arbeitspapiere zählen.

Die zuständige Behörde kann verlangen, dass die jeweils zuständigen Behörden gemäß Artikel 36 zusätzliche Unterlagen zu den von Abschlussprüfern oder Prüfungsgesellschaften für die Zwecke der Bestätigung der konsolidierten Nachhaltigkeitsberichterstattung durchgeführten Bestätigungstätigkeiten zur Verfügung stellen.

Wird die Bestätigung der Nachhaltigkeitsberichterstattung eines Mutter- oder Tochterunternehmens eines Konzerns von einem oder mehreren Prüfern oder Prüfungsunternehmen aus einem Drittland durchgeführt, so kann die zuständige Behörde verlangen, dass die jeweils zuständigen Drittlandsbehörden im Rahmen der Vereinbarung zur Zusammenarbeit zusätzliche Unterlagen zu den von Prüfern oder Prüfungsunternehmen aus einem Drittland durchgeführten Bestätigungstätigkeiten zur Verfügung stellen.

Abweichend von Unterabsatz 3 trägt der Konzernabschlussprüfer für den Fall, dass ein unabhängiger Erbringer von Bestätigungsleistungen, ein oder mehrere Prüfer aus einem Drittland oder ein oder mehrere Prüfungsunternehmen aus einem Drittland, die nicht über eine Vereinbarung zur Zusammenarbeit verfügen, die Bestätigung der Nachhaltigkeitsberichterstattung eines Mutter- oder Tochterunternehmens eines Konzerns durchführen, zudem dafür Sorge, dass – sollte dies verlangt werden – die zusätzlichen Unterlagen zu den von diesem unabhängigen Erbringer von Bestätigungsleistungen, Prüfer oder Prüfungsunternehmen bzw. von diesen unabhängigen Erbringern von Bestätigungsleistungen, Prüfern oder Prüfungsunternehmen aus einem Drittland durchgeführten Bestätigungstätigkeiten samt der für die Bestätigung der konsolidierten Nachhaltigkeitsberichterstattung relevanten Arbeitspapiere ordnungsgemäß ausgehändigt werden. Zur Sicherstellung dieser Aushändigung bewahrt der Konzernabschlussprüfer eine Kopie dieser Unterlagen auf oder vereinbart andernfalls mit dem unabhängigen Erbringer von Bestätigungsleistungen, Prüfer oder Prüfungsunternehmen bzw. den unabhängigen Erbringern von Bestätigungsleistungen, Prüfern oder Prüfungsunternehmen aus einem Drittland, dass auf Antrag unbeschränkter Zugang zu diesen Unterlagen gestattet wird, oder er trifft sonstige geeignete Maßnahmen. Verhindern rechtliche oder andere Hindernisse, dass die die Bestätigung betreffenden Arbeitspapiere aus einem Drittland an den Konzernabschlussprüfer weitergegeben werden können, so müssen die vom Konzernabschlussprüfer aufbewahrten Unterlagen Nachweise dafür enthalten, dass er die geeigneten Verfahren durchgeführt hat, um Zugang zu den Bestätigungsunterlagen zu erhalten, sowie, im Fall anderer als durch die Rechtsvorschriften des betroffenen Drittlands entstandener rechtlicher Hindernisse, Nachweise für das Vorhandensein eines solchen Hindernisses."

17. Artikel 28 Absatz 2 Buchstabe e erhält folgende Fassung:
    „e) enthält ein Prüfungsurteil und eine Erklärung, die jeweils auf den gemäß Artikel 34 Absatz 1 Unterabsatz 2 Buchstaben a und b der Richtlinie 2013/34/EU im Laufe der Prüfung durchgeführten Arbeiten basieren;"
18. Folgender Artikel wird eingefügt:

„Artikel 28a
Prüfungsvermerk zur Nachhaltigkeitsberichterstattung

(1) Der oder die Abschlussprüfer bzw. die Prüfungsgesellschaft oder -gesellschaften legt/legen die Ergebnisse der Bestätigung der Nachhaltigkeitsberichterstattung in einem Prüfungsvermerk zur Nachhaltigkeitsberichterstattung dar. Dieser Vermerk wird entsprechend den Anforderungen der von der Kommission mittels nach Artikel 26a Absatz 3 delegierter Rechtsakte angenommenen Standards für die Bestätigung oder bis zum Erlass dieser Standards für die Bestätigung durch die Kommission im Einklang mit den nationalen Standards für die Bestätigung gemäß Artikel 26a Absatz 2 erstellt.

(2) Der Prüfungsvermerk zur Nachhaltigkeitsberichterstattung wird schriftlich abgefasst und

a) nennt das Unternehmen, dessen jährliche oder konsolidierte Nachhaltigkeitsberichterstattung Gegenstand des Bestätigungsauftrags ist; gibt an, ob es sich um eine jährliche oder eine konsolidierte Nachhaltigkeitsberichterstattung handelt und nennt das Datum und den Zeitraum, auf den er sich bezieht; und gibt den Rahmen für die Nachhaltigkeitsberichterstattung an, der bei seiner Aufstellung verwendet wurde;

b) enthält eine Beschreibung des Umfangs der Bestätigung der Nachhaltigkeitsberichterstattung, die zumindest Angaben über die Standards für die Bestätigung enthält, nach denen die Bestätigung der Nachhaltigkeitsberichterstattung durchgeführt wurde;

c) enthält das Urteil gemäß Artikel 34 Absatz 1 Unterabsatz 2 Buchstabe aa der Richtlinie 2013/34/EU.

(3) Wurde die Bestätigung der Nachhaltigkeitsberichterstattung von mehr als einem Abschlussprüfer oder einer Prüfungsgesellschaft durchgeführt, so einigen sich

diese auf die Ergebnisse der Bestätigung der Nachhaltigkeitsberichterstattung und erstellen einen gemeinsamen Bericht und ein gemeinsames Urteil. Bei Uneinigkeit gibt jeder Abschlussprüfer bzw. jede Prüfungsgesellschaft in einem gesonderten Absatz des Prüfungsvermerks zur Nachhaltigkeitsberichterstattung ein eigenes Urteil ab und legt die Gründe für die Uneinigkeit dar.

(4) Der Prüfungsvermerk zur Nachhaltigkeitsberichterstattung ist vom Abschlussprüfer, der die Bestätigung der Nachhaltigkeitsberichterstattung durchführt, unter Angabe des Datums zu unterzeichnen. Wird die Bestätigung der Nachhaltigkeitsberichterstattung von einer Prüfungsgesellschaft durchgeführt, so wird der Prüfungsvermerk zur Nachhaltigkeitsberichterstattung zumindest von dem Abschlussprüfer oder den Abschlussprüfern, der bzw. die die Bestätigung der Nachhaltigkeitsberichterstattung für die Prüfungsgesellschaft durchgeführt hat bzw. haben, unterzeichnet. Sind mehr als ein Abschlussprüfer oder eine Prüfungsgesellschaft gleichzeitig beauftragt worden, so wird der Prüfungsvermerk zur Nachhaltigkeitsberichterstattung von allen Abschlussprüfern oder zumindest von den Abschlussprüfern, die die Bestätigung der Nachhaltigkeitsberichterstattung für jede Prüfungsgesellschaft durchgeführt haben, unterzeichnet. Unter besonderen Umständen können die Mitgliedstaaten vorsehen, dass diese Unterschrift(en) nicht öffentlich bekannt gemacht werden muss bzw. müssen, weil eine solche Offenlegung zu einer absehbaren und ernst zu nehmenden Gefahr für die persönliche Sicherheit einer Person führen würde.
In jedem Fall müssen die jeweils zuständigen Behörden die Namen der beteiligten Personen kennen.

(5) Die Mitgliedstaaten können verlangen, dass der Prüfungsvermerk zur Nachhaltigkeitsberichterstattung als gesonderter Abschnitt in den Bestätigungsvermerk aufgenommen wird, falls derselbe Abschlussprüfer die Abschlussprüfung des Jahresabschlusses und die Bestätigung der Nachhaltigkeitsberichterstattung durchführt.

(6) Der Bericht des Abschlussprüfers oder der Prüfungsgesellschaft zur konsolidierten Nachhaltigkeitsberichterstattung hat den Anforderungen nach den Absätzen 1 bis 5 zu genügen.“

19. Artikel 29 wird wie folgt geändert:
    a) Absatz 1 Buchstabe d erhält folgende Fassung:
       „d) die Personen, die die Qualitätssicherungsprüfungen durchführen, müssen über eine angemessene fachliche Ausbildung und einschlägige Erfahrungen auf den Gebieten der Abschlussprüfung und Rechnungslegung und gegebenenfalls der Nachhaltigkeitsberichterstattung und der Bestätigung der Nachhaltigkeitsberichterstattung oder anderen nachhaltigkeitsbezogenen Dienstleistungen verfügen und darüber hinaus eine spezielle Ausbildung für Qualitätssicherungsprüfungen absolviert haben;“
    b) Absatz 1 Buchstabe f erhält folgende Fassung:
       „f) die Qualitätssicherungsprüfung muss auf der Grundlage angemessener Überprüfungen von ausgewählten Prüfungsakten und gegebenenfalls Bestätigungsakten eine Beurteilung der Einhaltung einschlägiger Standards für die Bestätigung und Unabhängigkeitsanforderungen und eine Beurteilung der Quantität und der Qualität von eingesetzten Ressourcen, der berechneten Prüfungshonorare und Honorare für die Bestätigung der Nachhaltigkeitsberichterstattung sowie des internen Qualitätssicherungssystems der Prüfungsgesellschaft umfassen;“
    c) Absatz 1 Buchstabe h erhält folgende Fassung:

„h) Qualitätssicherungsprüfungen müssen auf der Grundlage einer Risikoanalyse und im Fall von Abschlussprüfern und Prüfungsgesellschaften, die Abschlussprüfungen im Sinne des Artikels 2 Absatz 1 Buchstabe a und gegebenenfalls Bestätigungen der Nachhaltigkeitsberichterstattung durchführen, mindestens alle sechs Jahre stattfinden;“

d) Absatz 2 Buchstabe a erhält folgende Fassung:

„a) Die Qualitätssicherungsprüfer verfügen über eine angemessene fachliche Ausbildung und einschlägige Erfahrungen auf den Gebieten der Abschlussprüfung und Rechnungslegung und gegebenenfalls der Nachhaltigkeitsberichterstattung und der Bestätigung der Nachhaltigkeitsberichterstattung oder anderen nachhaltigkeitsbezogenen Dienstleistungen und haben eine spezielle Ausbildung in Qualitätssicherungsprüfungen absolviert.“

e) Folgender Absatz wird eingefügt:

„(2a) Die Mitgliedstaaten können Personen, die Qualitätssicherungsprüfungen im Zusammenhang mit der Bestätigung der Nachhaltigkeitsberichterstattung durchführen, bis zum 31. Dezember 2025 von der Anforderung befreien, über einschlägige Erfahrung auf dem Gebiet der Nachhaltigkeitsberichterstattung und der Bestätigung der Nachhaltigkeitsberichterstattung oder anderer nachhaltigkeitsbezogener Dienstleistungen zu verfügen.“

20. Artikel 30 Absätze 1 und 2 erhalten folgende Fassung:

„(1) Die Mitgliedstaaten sorgen für wirksame Untersuchungen und Sanktionen, um eine unzureichende Durchführung von Abschlussprüfungen und Bestätigung der Nachhaltigkeitsberichterstattung aufzudecken, zu berichtigen und zu verhindern.

(2) Unbeschadet ihrer zivilrechtlichen Haftungsvorschriften sehen die Mitgliedstaaten wirksame, verhältnismäßige und abschreckende Sanktionen für Abschlussprüfer und Prüfungsgesellschaften vor, die sich bei der Durchführung von Abschlussprüfungen oder Bestätigungen der Nachhaltigkeitsberichterstattung nicht an die Vorschriften halten, die zur Umsetzung dieser Richtlinie und gegebenenfalls der Verordnung (EU) Nr. 537/2014 angenommen wurden. Die Mitgliedstaaten können beschließen, für Verstöße, die bereits dem einzelstaatlichen Strafrecht unterliegen, keine Vorschriften für verwaltungsrechtliche Sanktionen festzulegen. In diesem Fall teilen sie der Kommission die einschlägigen strafrechtlichen Vorschriften mit.“

21. In Artikel 30a Absatz 1 wird folgender Buchstabe eingefügt:

„ca) ein dem Abschlussprüfer, der Prüfungsgesellschaft oder dem verantwortlichen Nachhaltigkeitspartner auferlegtes vorübergehendes Verbot der Durchführung von Bestätigungen der Nachhaltigkeitsberichterstattung und/oder der Unterzeichnung von Prüfungsvermerken zur Nachhaltigkeitsberichterstattung von bis zu drei Jahren;“

22. In Artikel 30a Absatz 1 wird folgender Buchstabe eingefügt:

„da) eine Erklärung, dass der Prüfungsvermerk zur Nachhaltigkeitsberichterstattung nicht die Anforderungen des Artikels 28a dieser Richtlinie erfüllt;“

23. Artikel 32 wird wie folgt geändert:

a) Absatz 3 Unterabsatz 1 erhält folgende Fassung:

„(3) Die zuständige Behörde wird von Nichtberufsausübenden geleitet, die in den für Abschlussprüfungen und gegebenenfalls für Bestätigungen der Nachhaltigkeitsberichterstattung relevanten Bereichen über entsprechende

Kenntnisse verfügen. Diese Personen werden in einem unabhängigen und transparenten Verfahren ausgewählt.“

b) Absatz 4 Buchstabe b erhält folgende Fassung:

„b) die Annahme von Berufsgrundsätzen, von Standards für die interne Qualitätssicherung von Prüfungsgesellschaften, von Prüfungsstandards sowie von Standards für die Bestätigung der Nachhaltigkeitsberichterstattung zu beaufsichtigen, es sei denn, diese Standards werden von anderen mitgliedstaatlichen Behörden angenommen oder genehmigt;“

24. Folgender Artikel wird eingefügt:

„Artikel 36a

Gegenseitige Anerkennung der mitgliedstaatlichen Regelungen für die Bestätigung der Nachhaltigkeitsberichterstattung

Die Anforderungen der Artikel 34 und 36, die sich auf die Abschlussprüfung beziehen, sind entsprechend auf die Bestätigung der Nachhaltigkeitsberichterstattung anzuwenden.“

25. Artikel 37 wird wie folgt geändert:

a) In Absatz 1 wird folgender Unterabsatz angefügt:

„Unterabsatz 1 gilt auch für die Bestellung des Abschlussprüfers oder der Prüfungsgesellschaft zum Zweck der Bestätigung der Nachhaltigkeitsberichterstattung.“

b) in Absatz 2 wird folgender Unterabsatz angefügt:

„Unterabsatz 1 gilt auch für die Bestellung des Abschlussprüfers oder der Prüfungsgesellschaft zum Zweck der Bestätigung der Nachhaltigkeitsberichterstattung.“

c) Absatz 3 erhält folgende Fassung:

„(3) Jegliche Vertragsklausel, die die Auswahlmöglichkeiten der Gesellschafterversammlung oder der Aktionärshauptversammlung des geprüften Unternehmens gemäß Absatz 1 in Bezug auf Ernennung eines Abschlussprüfers oder einer Prüfungsgesellschaft zur Durchführung der Abschlussprüfung und gegebenenfalls der Bestätigung der Nachhaltigkeitsberichterstattung bei diesem Unternehmen auf bestimmte Kategorien oder Listen von Abschlussprüfern oder Prüfungsgesellschaften beschränkt, ist untersagt. Jede bestehende Klausel dieser Art ist nichtig.

Die Mitgliedstaaten sorgen dafür, dass Aktionäre oder Gesellschafter großer Unternehmen, für die die Artikel 19a und 29a der Richtlinie 2013/34/EU gelten, ausgenommen in Artikel 2 Nummer 1 Buchstabe a der genannten Richtlinie genannte Unternehmen, die mehr als 5 % der Stimmrechte oder 5 % des Kapitals des Unternehmens ausmachen, einzeln oder gemeinsam das Recht haben, Beschlussentwürfe einzureichen, die in der Gesellschafterversammlung oder der Aktionärshauptversammlung anzunehmen sind, in der verlangt wird, dass eine akkreditierte dritte Partei, die nicht zu derselben Prüfungsgesellschaft oder demselben Netzwerk wie der Abschlussprüfer oder die Prüfungsgesellschaft, die die Abschlussprüfung vornimmt, einen Bericht über bestimmte Bestandteile der Nachhaltigkeitsberichterstattung ausarbeitet und dass dieser Bericht der Gesellschafterversammlung bzw. Aktionärshauptversammlung zur Verfügung gestellt wird.“

26. Artikel 38 wird wie folgt geändert:

a) Absatz 1 erhält folgende Fassung:

„(1) Die Mitgliedstaaten stellen sicher, dass Abschlussprüfer oder Prüfungsgesellschaften nur bei Vorliegen triftiger Gründe abberufen werden können. Meinungsverschiedenheiten über Bilanzierungsmethoden, Prüfverfahren oder gegebenenfalls die Nachhaltigkeitsberichterstattung oder entsprechende Bestätigungsverfahren sind kein triftiger Grund für eine Abberufung.“

b) In Absatz 2 wird folgender Unterabsatz angefügt:
„Die Unterrichtungspflicht nach Unterabsatz 1 gilt auch für die Bestätigung der Nachhaltigkeitsberichterstattung.“

c) In Absatz 3 wird folgender Unterabsatz angefügt:
„Unterabsatz 1 gilt auch für die Bestätigung der Nachhaltigkeitsberichterstattung.“

27. Artikel 39 wird wie folgt geändert:

a) Folgender Absatz wird eingefügt:
„(4a) Die Mitgliedstaaten können gestatten, dass die dem Prüfungsausschuss übertragenen Aufgaben im Zusammenhang mit der Nachhaltigkeitsberichterstattung und im Zusammenhang mit der Bestätigung der Nachhaltigkeitsberichterstattung von dem Verwaltungs- oder Aufsichtsorgan in seiner Gesamtheit oder von einem vom Verwaltungs- oder Aufsichtsorgan eigens eingerichteten Gremium wahrgenommen werden.“

b) Absatz 6 Buchstaben a bis e erhalten folgende Fassung:

„a) das Verwaltungs- oder Aufsichtsorgan des geprüften Unternehmens über *das Ergebnis der Abschlussprüfung und gegebenenfalls das Ergebnis der Bestätigung der Nachhaltigkeitsberichterstattung zu unterrichten und darzulegen, wie die Abschlussprüfung und die Bestätigung der Nachhaltigkeitsberichterstattung zur Integrität der Rechnungslegung bzw. der Nachhaltigkeitsberichterstattung beigetragen haben und welche Rolle der Prüfungsausschuss in diesem Prozess gespielt hat;*

b) den Rechnungslegungsprozess und gegebenenfalls der Nachhaltigkeitsberichterstattungsprozess, einschließlich des Prozesses der elektronischen Berichterstattung nach Artikel 29d der Richtlinie 2013/34/EU und des vom Unternehmen durchgeführten Prozesses zur Ermittlung der Informationen, über die Bericht erstattet wurde, im Einklang mit den nach Artikel 29b der genannten Richtlinie angenommenen Standards für die Nachhaltigkeitsberichterstattung, zu beobachten und Empfehlungen oder Vorschläge zur Gewährleistung ihrer Integrität zu unterbreiten;

c) die Wirksamkeit des internen Kontrollsystems und des Risikomanagementsystems sowie gegebenenfalls der internen Revision des Unternehmens, die die Rechnungslegung und gegebenenfalls die Nachhaltigkeitsberichterstattung des Unternehmens berühren, einschließlich des Prozesses der elektronischen Berichterstattung nach Artikel 29d der Richtlinie 2013/34/EU, zu beobachten, ohne dass seine Unabhängigkeit verletzt wird;

d) die Abschlussprüfung des Jahresabschlusses und des konsolidierten Abschlusses und gegebenenfalls die Bestätigung der jährlichen und konsolidierten Nachhaltigkeitsberichterstattung zu beobachten, insbesondere deren Leistung unter Berücksichtigung der Erkenntnisse und Schlussfolgerungen der zuständigen Behörde nach Artikel 26 Absatz 6 der Verordnung (EU) Nr. 537/2014;

e) *die Unabhängigkeit der Abschlussprüfer oder Prüfungsgesellschaften gemäß den Artikeln 22, 22a, 22b, 24a, 24b, 25b, 25c und 25d dieser Richtlinie sowie gemäß Artikel 6 der Verordnung (EU) Nr. 537/2014 und insbesondere die Angemessenheit der für das geprüfte Unternehmen erbrachten Nichtprüfungsleistungen gemäß Artikel 5 jener Verordnung zu überprüfen und zu beobachten;"*

28. Artikel 45 wird wie folgt geändert:
   a) Absatz 1 erhält folgende Fassung:
   *„(1) Die zuständigen Behörden eines Mitgliedstaats registrieren gemäß den Artikeln 15, 16 und 17 der vorliegenden Richtlinie alle Prüfer und Prüfungsunternehmen aus Drittländern, wenn diese Prüfer oder Prüfungsunternehmen aus Drittländern einen Bestätigungsvermerk zu dem Jahresabschluss oder konsolidierten Abschluss oder gegebenenfalls einen Prüfungsvermerk zur jährlichen oder konsolidierten Nachhaltigkeitsberichterstattung eines Unternehmens mit Sitz außerhalb der Union erteilen, dessen übertragbare Wertpapiere zum Handel an einem geregelten Markt dieses Mitgliedstaats im Sinne von Artikel 4 Absatz 1 Nummer 21 der Richtlinie 2014/65/EU des Europäischen Parlaments und des Rates (*27) zugelassen sind, es sei denn, das Unternehmen ist ein Emittent ausschließlich ausstehender Schuldtitel, die eines der folgenden Merkmale aufweisen:*
   a) Diese Titel wurden vor dem 31. Dezember 2010 zum Handel an einem geregelten Markt in einem Mitgliedstaat im Sinne von Artikel 4 Absatz 1 Nummer 21 der Richtlinie 2014/65/EU mit einer Mindeststückelung von 50 000 EUR am Ausgabetag oder, wenn es sich um Schuldtitel handelt, die auf eine andere Währung als Euro lauten, mit einer Mindeststückelung, deren Wert am Ausgabetag mindestens 50 000 EUR entspricht, zugelassen.
   b) Diese Titel wurden ab dem 31. Dezember 2010 zum Handel an einem geregelten Markt in einem Mitgliedstaat im Sinne von Artikel 4 Absatz 1 Nummer 21 der Richtlinie 2014/65/EU mit einer Mindeststückelung von 100 000 EUR am Ausgabetag oder, wenn es sich um Schuldtitel handelt, die auf eine andere Währung als Euro lauten, mit einer Mindeststückelung, deren Wert am Ausgabetag mindestens 100 000 EUR entspricht, zugelassen.

---

*(*27) Richtlinie 2014/65/EU des Europäischen Parlaments und des Rates vom 15. Mai 2014 über Märkte für Finanzinstrumente sowie zur Änderung der Richtlinien 2002/92/EG und 2011/61/EU (ABl. L 173 vom 12.6.2014, S. 349).",,*

   b) Die Absätze 4 bis 6 erhalten folgende Fassung:
   „(4) Unbeschadet des Artikels 46 haben Bestätigungsvermerke zu Jahresabschlüssen oder konsolidierten Abschlüssen oder gegebenenfalls Prüfungsvermerke zu jährlicher oder konsolidierter Nachhaltigkeitsberichterstattung nach Absatz 1 des vorliegenden Artikels, die von in dem Mitgliedstaat nicht registrierten Prüfern oder Prüfungsunternehmen aus Drittländern erteilt werden, in diesem Mitgliedstaat keinerlei Rechtswirkung.
   (5) Ein Mitgliedstaat kann ein Prüfungsunternehmen aus einem Drittland zum Zweck der Abschlussprüfung nur registrieren, wenn
   a) die Mehrheit der Mitglieder des Verwaltungs- bzw. Leitungsorgans des Prüfungsunternehmens aus einem Drittland Voraussetzungen erfüllt, die den Vorgaben der Artikel 4 bis 10 – mit Ausnahme von Artikel 7

Absatz 2, Artikel 8 Absatz 3 und Artikel 10 Absatz 1 Unterabsatz 2 – gleichwertig sind;

b) der Prüfer aus einem Drittland, der die Prüfung im Auftrag des Prüfungsunternehmens aus einem Drittland durchführt, Voraussetzungen erfüllt, die den Vorgaben der Artikel 4 bis 10 – mit Ausnahme von Artikel 7 Absatz 2, Artikel 8 Absatz 3 und Artikel 10 Absatz 1 Unterabsatz 2 – gleichwertig sind;

c) die Prüfungen des Jahresabschlusses bzw. konsolidierten Abschlusses nach Absatz 1 dieses Artikels in Übereinstimmung mit den internationalen Prüfungsstandards gemäß Artikel 26 und den in den Artikeln 22, 22b und 25 niedergelegten Anforderungen oder gleichwertigen Standards und Anforderungen durchgeführt werden;

d) das Prüfungsunternehmen aus einem Drittland auf seiner Website einen jährlichen Transparenzbericht veröffentlicht, der die in Artikel 13 der Verordnung (EU) Nr. 537/2014 genannten Informationen enthält, oder gleichwertige Anforderungen an die Offenlegung erfüllt.

Ein Mitgliedstaat kann ein Prüfungsunternehmen aus einem Drittland zum Zweck der Bestätigung der Nachhaltigkeitsberichterstattung nur registrieren, wenn

a) die Mehrheit der Mitglieder des Verwaltungs- bzw. Leitungsorgans des Prüfungsunternehmens aus einem Drittland Voraussetzungen erfüllt, die den Vorgaben der Artikel 4 bis 10 gleichwertig sind;

b) der Prüfer aus einem Drittland, der die Bestätigung im Auftrag des Prüfungsunternehmens aus einem Drittland durchführt, Voraussetzungen erfüllt, die den Vorgaben der Artikel 4 bis 10 gleichwertig sind;

c) die Bestätigung der jährlichen oder konsolidierten Nachhaltigkeitsberichterstattung nach Absatz 1 in Übereinstimmung mit den Standards für die Bestätigung gemäß Artikel 26a und den in den Artikeln 22, 22b, 25 und 25b niedergelegten Anforderungen oder gleichwertigen Standards und Anforderungen durchgeführt wird;

d) das Prüfungsunternehmen aus einem Drittland auf seiner Website einen jährlichen Transparenzbericht veröffentlicht, der die in Artikel 13 der Verordnung (EU) Nr. 537/2014 genannten Informationen enthält, oder gleichwertige Anforderungen an die Offenlegung erfüllt.

(5a) Ein Mitgliedstaat darf einen Prüfer aus einem Drittland zum Zweck der Abschlussprüfung nur registrieren, wenn er die Anforderungen nach Absatz 5 Unterabsatz 1 Buchstaben b, c und d dieses Artikels erfüllt.

Ein Mitgliedstaat darf einen Prüfer aus einem Drittland zum Zweck der Bestätigung der Nachhaltigkeitsberichterstattung nur registrieren, wenn er die Anforderungen nach Absatz 5 Unterabsatz 2 Buchstaben b, c und d dieses Artikels erfüllt.

(6) Um einheitliche Bedingungen für die Anwendung von Absatz 5 Unterabsatz 1 Buchstabe c und Absatz 5 Unterabsatz 2 Buchstabe c dieses Artikels zu gewährleisten, wird die Kommission ermächtigt, über die darin genannte Gleichwertigkeit im Wege von Durchführungsrechtsakten zu entscheiden. Diese Durchführungsrechtsakte werden gemäß dem in Artikel 48 Absatz 2 genannten Prüfverfahren erlassen.

Bis zu einer solchen Entscheidung der Kommission können die Mitgliedstaaten die Gleichwertigkeit im Sinne von Absatz 5 Unterabsatz 1 Buchsta-

be c und Absatz 5 Unterabsatz 2 Buchstabe c dieses Artikels selbst beurteilen.

Die Kommission wird zum Erlass delegierter Rechtsakte gemäß Artikel 48a zur Ergänzung dieser Richtlinie ermächtigt, um allgemeine Kriterien für die Beurteilung der Gleichwertigkeit festzulegen, die bei der Beurteilung der Frage heranzuziehen sind, ob die Abschlussprüfungen und gegebenenfalls die Bestätigungen der Nachhaltigkeitsberichterstattung nach Absatz 1 im Einklang mit den internationalen Prüfungsstandards nach Artikel 26 bzw. den Standards für die Bestätigung der Nachhaltigkeitsberichterstattung entsprechend der Definition in Artikel 26a und den in den Artikeln 22, 24 und 25 niedergelegten Anforderungen durchgeführt wurden. Die Mitgliedstaaten ziehen bei der Beurteilung der Gleichwertigkeit auf nationaler Ebene diese für alle Drittländer geltenden Kriterien heran.“

29. Artikel 48a wird wie folgt geändert:
    a) In Absatz 2 wird folgender Unterabsatz angefügt:
    „Die Befugnis zum Erlass der in Artikel 26a Absatz 2 genannten delegierten Rechtsakte wird der Kommission auf unbestimmte Zeit übertragen.“
    b) Absatz 3 erhält folgende Fassung:
    „(3) Die Befugnisübertragung gemäß Artikel 26 Absatz 3, Artikel 26a Absatz 3, Artikel 45 Absatz 6, Artikel 46 Absatz 2 und Artikel 47 Absatz 3 kann vom Europäischen Parlament oder vom Rat jederzeit widerrufen werden. Der Beschluss über den Widerruf beendet die Übertragung der in diesem Beschluss angegebenen Befugnis. Er wird am Tag nach seiner Veröffentlichung im Amtsblatt der Europäischen Union oder zu einem im Beschluss über den Widerruf angegebenen späteren Zeitpunkt wirksam. Die Gültigkeit von delegierten Rechtsakten, die bereits in Kraft sind, wird von dem Beschluss über den Widerruf nicht berührt.“
    c) Absatz 5 erhält folgende Fassung:
    „(5) Ein delegierter Rechtsakt, der gemäß Artikel 26 Absatz 3, Artikel 26a Absatz 3, Artikel 45 Absatz 6, Artikel 46 Absatz 2 oder Artikel 47 Absatz 3 erlassen wurde, tritt nur in Kraft, wenn weder das Europäische Parlament noch der Rat innerhalb einer Frist von vier Monaten nach Übermittlung dieses Rechtsakts an das Europäische Parlament und den Rat Einwände erhoben haben oder wenn vor Ablauf dieser Frist das Europäische Parlament und der Rat beide der Kommission mitgeteilt haben, dass sie keine Einwände erheben werden. Auf Initiative des Europäischen Parlaments oder des Rates wird diese Frist um zwei Monate verlängert.“

Artikel 4
Änderung der Verordnung (EU) Nr. 537/2014

Die Verordnung (EU) Nr. 537/2014 wird wie folgt geändert:

1. Artikel 4 Absatz 2 Unterabsatz 2 erhält folgende Fassung:
   „Bestätigungen der Nachhaltigkeitsberichterstattung und andere als die in Artikel 5 Absatz 1 genannten Nichtprüfungsleistungen, die nach Unionsrecht oder nationalem Recht erforderlich sind, sind für die Zwecke der in Unterabsatz 1 des vorliegenden Absatzes genannten Beschränkungen ausgenommen.“
2. Artikel 5 wird wie folgt geändert:
   a) Absatz 1 Unterabsatz 2 Buchstabe c erhält folgende Fassung:

„c) Buchhaltung und Erstellung von Unterlagen der Rechnungslegung und von Abschlüssen sowie Erstellung von Nachhaltigkeitsberichterstattung;“

b) In Absatz 4 wird nach Unterabsatz 1 folgender Unterabsatz eingefügt:
„Die Billigung des Prüfungsausschusses nach Unterabsatz 1 ist für die Durchführung von Bestätigungen der Nachhaltigkeitsberichterstattung nicht erforderlich.“

Artikel 5
Umsetzung

(1) Die Mitgliedstaaten setzen die erforderlichen Rechts- und Verwaltungsvorschriften in Kraft, um den Artikeln 1 bis 3 dieser Richtlinie spätestens bis zum 6. Juli 2024 nachzukommen. Sie teilen der Kommission unverzüglich den Wortlaut dieser Vorschriften mit.

(2) Die Mitgliedstaaten wenden die erforderlichen Vorschriften an, um Artikel 1, mit Ausnahme von Nummer 14, nachzukommen:

a) auf am oder nach dem 1. Januar 2024 beginnende Geschäftsjahre
   i) für große Unternehmen im Sinne von Artikel 3 Absatz 4 der Richtlinie 2013/34/EU, bei denen es sich um Unternehmen von öffentlichem Interesse im Sinne von Artikel 2 Nummer 1 der genannten Richtlinie handelt und die am Bilanzstichtag die durchschnittliche Zahl von 500 während des Geschäftsjahres Beschäftigten überschreiten;
   ii) für Unternehmen von öffentlichem Interesse im Sinne von Artikel 2 Nummer 1 der Richtlinie 2013/34/EU, bei denen es sich um Mutterunternehmen einer großen Gruppe im Sinne von Artikel 3 Absatz 7 der genannten Richtlinie handelt und die am Bilanzstichtag auf konsolidierter Basis die durchschnittliche Zahl von 500 während des Geschäftsjahres Beschäftigten überschreiten;

b) auf am oder nach dem 1. Januar 2025 beginnende Geschäftsjahre
   i) für große Unternehmen im Sinne von Artikel 3 Absatz 4 der Richtlinie 2013/34/EU, die nicht unter Buchstabe a Ziffer i dieses Unterabsatzes fallen;
   ii) für Mutterunternehmen einer großen Gruppe im Sinne von Artikel 3 Absatz 7 der Richtlinie 2013/34/EU, die nicht unter Buchstabe a Ziffer ii dieses Unterabsatzes fallen;

c) auf am oder nach dem 1. Januar 2026 beginnende Geschäftsjahre
   i) für kleine und mittlere Unternehmen im Sinne von Artikel 3 Absätze 2 und 3 der Richtlinie 2013/34/EU, die Unternehmen von öffentlichem Interesse im Sinne von Artikel 2 Nummer 1 Buchstabe a der genannten Richtlinie sind und bei denen es sich nicht um Kleinstunternehmen im Sinne von Artikel 3 Absatz 1 der genannten Richtlinie handelt;
   ii) für kleine und nicht komplexe Institute gemäß der Definition in Artikel 4 Absatz 1 Nummer 145 der Verordnung (EU) Nr. 575/2013, sofern sie große Unternehmen im Sinne von Artikel 3 Absatz 4 der Richtlinie 2013/34/EU sind oder kleine und mittlere Unternehmen im Sinne von Artikel 3 Absätze 2 und 3 der genannten Richtlinie sind, die Unternehmen von öffentlichem Interesse im Sinne von Artikel 2 Nummer 1 Buchstabe a der genannten Richtlinie sind und bei denen es sich nicht um Kleinstunternehmen im Sinne von Artikel 3 Absatz 1 der genannten Richtlinie handelt;
   iii) für firmeneigene Versicherungsunternehmen gemäß der Definition in Artikel 13 Nummer 2 der Richtlinie 2009/138/EG des Europäischen Parlaments

und des Rates ([39]), und firmeneigene Rückversicherungsunternehmen gemäß der Definition in Artikel 13 Nummer 5 der genannten Richtlinie, sofern es sich um große Unternehmen im Sinne von Artikel 3 Absatz 4 der Richtlinie 2013/34/EU handelt oder es sich um kleine und mittlere Unternehmen im Sinne von Artikel 3 Absätze 2 und 3 der genannten Richtlinie handelt, die Unternehmen von öffentlichem Interesse im Sinne von Artikel 2 Nummer 1 Buchstabe a der genannten Richtlinie sind und bei denen es sich nicht um Kleinstunternehmen im Sinne von Artikel 3 Absatz 1 der genannten Richtlinie handelt.

Auf am oder nach dem 1. Januar 2028 beginnende Geschäftsjahre wenden die Mitgliedstaaten die erforderlichen Vorschriften an, um Artikel 1 Absatz 14 nachzukommen.

Die Mitgliedstaaten wenden die erforderlichen Vorschriften an, um Artikel 2 nachzukommen:

a) auf am oder nach dem 1. Januar 2024 beginnende Geschäftsjahre
   i) für Emittenten im Sinne von Artikel 2 Absatz 1 Buchstabe d der Richtlinie 2004/109/EG, bei denen es sich um große Unternehmen im Sinne von Artikel 3 Absatz 4 der Richtlinie 2013/34/EU handelt und die am Bilanzstichtag die durchschnittliche Zahl von 500 während des Geschäftsjahres Beschäftigten überschreiten;
   ii) für Emittenten im Sinne von Artikel 2 Absatz 1 Buchstabe d der Richtlinie 2004/109/EG, bei denen es sich um Mutterunternehmen einer großen Gruppe im Sinne von Artikel 3 Absatz 7 der Richtlinie 2013/34/EU handelt und die am Bilanzstichtag auf konsolidierter Basis die durchschnittliche Zahl von 500 während des Geschäftsjahres Beschäftigten überschreiten;
b) auf am oder nach dem 1. Januar 2025 beginnende Geschäftsjahre
   i) für Emittenten im Sinne von Artikel 2 Absatz 1 Buchstabe d der Richtlinie 2004/109/EG, bei denen es sich um große Unternehmen im Sinne von Artikel 3 Absatz 4 der Richtlinie 2013/34/EU handelt und die nicht unter Buchstabe a Ziffer i dieses Unterabsatzes fallen;
   ii) für Emittenten im Sinne von Artikel 2 Absatz 1 Buchstabe d der Richtlinie 2004/109/EG, bei denen es sich um Mutterunternehmen einer großen Gruppe im Sinne von Artikel 3 Absatz 7 der Richtlinie 2013/34/EU handelt und die nicht unter Buchstabe a Ziffer ii dieses Unterabsatzes fallen;
c) auf am oder nach dem 1. Januar 2026 beginnende Geschäftsjahre
   i) für Emittenten im Sinne von Artikel 2 Absatz 1 Buchstabe d der Richtlinie 2004/109/EG, die kleine und mittlere Unternehmen im Sinne von Artikel 3 Absätze 2 und 3 der Richtlinie 2013/34/EU und bei denen es sich nicht um Kleinstunternehmen im Sinne von Artikel 3 Absatz 1 der Richtlinie 2013/34/EU handelt;
   ii) für in Artikel 4 Absatz 1 Nummer 145 der Verordnung (EU) Nr. 575/2013 als kleine und nicht komplexe Institute definierte Emittenten, sofern es sich um große Unternehmen im Sinne von Artikel 3 Absatz 4 der Richtlinie 2013/34/EU handelt oder es sich um kleine und mittlere Unternehmen im Sinne von Artikel 3 Absätze 2 und 3 der genannten Richtlinie handelt, die Unternehmen von öffentlichem Interesse im Sinne von Artikel 2 Nummer 1 Buchstabe a der genannten Richtlinie sind und bei denen es sich nicht um Kleinstunternehmen im Sinne von Artikel 3 Absatz 1 der genannten Richtlinie handelt;

iii) für in Artikel 13 Nummer 2 der Richtlinie 2009/138/EG als firmeneigene Versicherungsunternehmen oder in Artikel 13 Nummer 5 der genannten Richtlinie als firmeneigene Rückversicherungsunternehmen definierte Emittenten, sofern es sich um große Unternehmen im Sinne von Artikel 3 Absatz 4 der Richtlinie 2013/34/EU handelt oder es sich um kleine und mittlere Unternehmen im Sinne von Artikel 3 Absätze 2 und 3 der genannten Richtlinie handelt, die Unternehmen von öffentlichem Interesse im Sinne von Artikel 2 Nummer 1 Buchstabe a der genannten Richtlinie sind und bei denen es sich nicht um Kleinstunternehmen im Sinne von Artikel 3 Absatz 1 der genannten Richtlinie handelt.

Auf am oder nach dem 1. Januar 2024 beginnende Geschäftsjahre wenden die Mitgliedstaaten die erforderlichen Vorschriften an, um Artikel 3 nachzukommen.

(3) Bei Erlass dieser in Absatz 1 genannten Vorschriften nehmen die Mitgliedstaaten in diesen Vorschriften selbst oder durch einen Hinweis bei der amtlichen Veröffentlichung auf die vorliegende Richtlinie Bezug. Die Mitgliedstaaten regeln die Einzelheiten dieser Bezugnahme.

(4) Die Mitgliedstaaten teilen der Kommission den Wortlaut der wichtigsten nationalen Vorschriften mit, die sie auf dem unter diese Richtlinie fallenden Gebiet erlassen.

Artikel 6
Überprüfung und Berichterstattung

(1) Die Kommission legt dem Europäischen Parlament und dem Rat einen Bericht über die Umsetzung dieser Änderungsrichtlinie vor, der unter anderem Folgendes umfasst:

a) eine Bewertung der Erreichung der Ziele dieser Änderungsrichtlinie, einschließlich der Konvergenz der Berichterstattungsverfahren zwischen Mitgliedstaaten;

b) eine Bewertung der Zahl der kleinen und mittleren Unternehmen, die freiwillig die in Artikel 29c der Richtlinie 2013/34/EU genannten Standards für die Nachhaltigkeitsberichterstattung anwenden;

c) eine Bewertung, ob und wie der Anwendungsbereich der durch diese Änderungsrichtlinie geänderten Vorschriften weiter ausgedehnt werden sollte, insbesondere in Bezug auf kleine und mittlere Unternehmen und Drittlandsunternehmen, die ohne ein Tochterunternehmen oder eine Zweigniederlassung im Gebiet der Union unmittelbar im Binnenmarkt der Union tätig sind;

d) eine Bewertung der Anwendung der durch diese Änderungsrichtlinie eingeführten Berichterstattungsanforderungen auf Tochterunternehmen und Zweigniederlassungen von Drittlandsunternehmen, einschließlich einer Bewertung der Zahl der Drittlandsunternehmen, die ein Tochterunternehmen oder eine Zweigniederlassung besitzen, die gemäß Artikel 40a der Richtlinie 2013/34/EU Bericht erstattet; eine Bewertung des Durchsetzungsmechanismus und der in dem genannten Artikel festgelegten Schwellenwerte;

e) eine Bewertung, ob und wie die Barrierefreiheit der Nachhaltigkeitsberichte, die von in den Anwendungsbereich dieser Änderungsrichtlinie fallenden Unternehmen veröffentlicht werden, für Menschen mit Behinderungen sichergestellt werden kann.

Der Bericht wird bis zum 30. April 2029 und danach alle drei Jahre veröffentlicht und gegebenenfalls durch Legislativvorschläge ergänzt.

(2) Bis zum 31. Dezember 2028 überprüft die Kommission den Konzentrationsgrad des Marktes für die Bestätigung der Nachhaltigkeitsprüfung und erstattet darüber Bericht.

Bei der Überprüfung werden die für unabhängige Erbringer von Bestätigungsleistungen geltenden nationalen Regelungen berücksichtigt, und es wird bewertet, ob und inwieweit die genannten nationalen Regelungen zur Öffnung des Marktes für Bestätigungsleistungen beitragen.

Bis zum 31. Dezember 2028 prüft die Kommission mögliche rechtliche Maßnahmen, um eine ausreichende Diversifizierung des Marktes für die Bestätigung der Nachhaltigkeitsprüfung und eine angemessene Qualität der Nachhaltigkeitsberichterstattung zu gewährleisten. Die Kommission überprüft die in Artikel 34 der Richtlinie 2013/34/EU genannten Maßnahmen und bewertet, ob sie auf weitere große Unternehmen ausgeweitet werden müssen.

Der Bericht wird dem Europäischen Parlament und dem Rat bis zum 31. Dezember 2028 übermittelt und gegebenenfalls durch Legislativvorschläge ergänzt.

Artikel 7
Inkrafttreten und Anwendung

Diese Richtlinie tritt am zwanzigsten Tag nach ihrer Veröffentlichung im *Amtsblatt der Europäischen Union* in Kraft.

Artikel 4 dieser Richtlinie wird ab dem 1. Januar 2024 auf am oder nach dem 1. Januar 2024 beginnende Geschäftsjahre angewandt.

Artikel 8
Adressaten

Diese Richtlinie ist an die Mitgliedstaaten gerichtet.

Artikel 4 ist in allen seinen Teilen verbindlich und gilt unmittelbar in jedem Mitgliedstaat.

Geschehen zu Straßburg am 14. Dezember 2022.

Im Namen des Europäischen Parlaments

Die Präsidentin

R. METSOLA

Im Namen des Rates

Der Präsident

M. BEK

---

(1) ABl. C 517 vom 22.12.2021, S. 51.

(2) Standpunkt des Europäischen Parlaments vom 10. November 2022 (noch nicht im Amtsblatt veröffentlicht) und Beschluss des Rates vom 28. November 2022.

(3) Richtlinie 2013/34/EU des Europäischen Parlaments und des Rates vom 26. Juni 2013 über den Jahresabschluss, den konsolidierten Abschluss und damit verbundene Berichte von Unternehmen bestimmter Rechtsformen und zur Änderung der Richtlinie 2006/43/EG des Europäischen Parlaments und des Rates und zur Aufhebung der Richtlinien 78/660/EWG und 83/349/EWG des Rates (ABl. L 182 vom 29.6.2013, S. 19).

(4) Verordnung (EU) 2021/1119 des Europäischen Parlaments und des Rates vom 30. Juni 2021 zur Schaffung des Rahmens für die Verwirklichung der Klimaneutralität und zur Änderung der Verordnungen (EG) Nr. 401/2009 und (EU) 2018/1999 („Europäisches Klimagesetz") (ABl. L 243 vom 9.7.2021, S. 1).

(5) Verordnung (EU) 2019/2088 des Europäischen Parlaments und des Rates vom 27. November 2019 über nachhaltigkeitsbezogene Offenlegungspflichten im Finanzdienstleistungssektor (ABl. L 317 vom 9.12.2019, S. 1).

(6) Verordnung (EU) 2020/852 des Europäischen Parlaments und des Rates vom 18. Juni 2020 über die Einrichtung eines Rahmens zur Erleichterung nachhaltiger Investitionen und zur Änderung der Verordnung (EU) 2019/2088 (ABl. L 198 vom 22.6.2020, S. 13).

(7) Verordnung (EU) 2019/2089 des Europäischen Parlaments und des Rates vom 27. November 2019 zur Änderung der Verordnung (EU) 2016/1011 hinsichtlich EU-Referenzwerten für den klimabedingten Wandel, hinsichtlich auf das Übereinkommen von Paris abgestimmter EU-Referenzwerte sowie hinsichtlich nachhaltigkeitsbezogener Offenlegungen für Referenzwerte (ABl. L 317 vom 9.12.2019, S. 17).

(8) Delegierte Verordnung (EU) 2020/1816 der Kommission vom 17. Juli 2020 zur Ergänzung der Verordnung (EU) 2016/1011 des Europäischen Parlaments und des Rates hinsichtlich der Erläuterung in der Referenzwert-Erklärung, wie Umwelt-, Sozial- und Governance-Faktoren in den einzelnen Referenzwerten, die zur Verfügung gestellt und veröffentlicht werden, berücksichtigt werden (ABl. L 406 vom 3.12.2020, S. 1).

(9) Delegierte Verordnung (EU) 2020/1817 der Kommission vom 17. Juli 2020 zur Ergänzung der Verordnung (EU) 2016/1011 des Europäischen Parlaments und des Rates hinsichtlich des Mindestinhalts der Erläuterung, wie Umwelt-, Sozial- und Governance-Faktoren in der Referenzwert-Methodik berücksichtigt werden (ABl. L 406 vom 3.12.2020, S. 12).

(10) Delegierte Verordnung (EU) 2020/1818 der Kommission vom 17. Juli 2020 zur Ergänzung der Verordnung (EU) 2016/1011 des Europäischen Parlaments und des Rates im Hinblick auf Mindeststandards für EU-Referenzwerte für den klimabedingten Wandel und für Paris-abgestimmte EU-Referenzwerte (ABl. L 406 vom 3.12.2020, S. 17).

(11) Verordnung (EU) Nr. 575/2013 des Europäischen Parlaments und des Rates vom 26. Juni 2013 über Aufsichtsanforderungen an Kreditinstitute und zur Änderung der Verordnung (EU) Nr. 648/2012 (ABl. L 176 vom 27.6.2013, S. 1).

(12) Verordnung (EU) 2019/2033 des Europäischen Parlaments und des Rates vom 27. November 2019 über Aufsichtsanforderungen an Wertpapierfirmen und zur Änderung der Verordnungen (EU) Nr. 1093/2010, (EU) Nr. 575/2013, (EU) Nr. 600/2014 und (EU) Nr. 806/2014 (ABl. L 314 vom 5.12.2019, S. 1).

(13) Richtlinie (EU) 2019/2034 des Europäischen Parlaments und des Rates vom 27. November 2019 über die Beaufsichtigung von Wertpapierfirmen und zur Änderung der Richtlinien 2002/87/EG, 2009/65/EG, 2011/61/EU, 2013/36/EU, 2014/59/EU und 2014/65/EU (ABl. L 314 vom 5.12.2019, S. 64).

(14) ABl. C 76 vom 9.3.2020, S. 23.

(15) ABl. C 445 vom 29.10.2021, S. 94.

(16) Richtlinie 2014/95/EU des Europäischen Parlaments und des Rates vom 22. Oktober 2014 zur Änderung der Richtlinie 2013/34/EU im Hinblick auf die Angabe nichtfinanzieller und die Diversität betreffender Informationen durch bestimmte große Unternehmen und Gruppen (ABl. L 330 vom 15.11.2014, S. 1).

(17) Richtlinie 2004/109/EG des Europäischen Parlaments und des Rates vom 15. Dezember 2004 zur Harmonisierung der Transparenzanforderungen in Bezug auf Informationen über Emittenten, deren Wertpapiere zum Handel auf einem geregelten Markt zugelassen sind, und zur Änderung der Richtlinie 2001/34/EG (ABl. L 390 vom 31.12.2004, S. 38).

(18) Verordnung (EG) Nr. 1569/2007 der Kommission vom 21. Dezember 2007 über die Einrichtung eines Mechanismus zur Festlegung der Gleichwertigkeit der von Drittstaatemittenten angewandten Rechnungslegungsgrundsätze gemäß den Richtlinien 2003/71/EG und 2004/109/EG des Europäischen Parlaments und des Rates (ABl. L 340 vom 22.12.2007, S. 66).

(19) Richtlinie 86/635/EWG des Rates vom 8. Dezember 1986 über den Jahresabschluss und den konsolidierten Abschluss von Banken und anderen Finanzinstituten (ABl. L 372 vom 31.12.1986, S. 1).

(20) Richtlinie 91/674/EWG des Rates vom 19. Dezember 1991 über den Jahresabschluss und den konsolidierten Abschluss von Versicherungsunternehmen (ABl. L 374 vom 31.12.1991, S. 7).

(21) Richtlinie 2013/36/EU des Europäischen Parlaments und des Rates vom 26. Juni 2013 über den Zugang zur Tätigkeit von Kreditinstituten und die Beaufsichtigung von Kreditinstituten, zur Änderung der Richtlinie 2002/87/EG und zur Aufhebung der Richtlinien 2006/48/EG und 2006/49/EG (ABl. L 176 vom 27.6.2013, S. 338).

(22) Richtlinie (EU) 2016/943 des Europäischen Parlaments und des Rates vom 8. Juni 2016 über den Schutz vertraulichen Know-hows und vertraulicher Geschäftsinformationen (Geschäftsgeheimnisse) vor rechtswidrigem Erwerb sowie rechtswidriger Nutzung und Offenlegung (ABl. L 157 vom 15.6.2016, S. 1).

(23) Verordnung (EG) Nr. 1606/2002 des Europäischen Parlaments und des Rates vom 19. Juli 2002 betreffend die Anwendung internationaler Rechnungslegungsstandards (ABl. L 243 vom 11.9.2002, S. 1).

(24) Verordnung (EU) Nr. 1095/2010 des Europäischen Parlaments und des Rates vom 24. November 2010 zur Errichtung einer Europäischen Aufsichtsbehörde (Europäische Wertpapier- und Marktaufsichtsbehörde), zur Änderung des Beschlusses Nr. 716/2009/EG und zur Aufhebung des Beschlusses 2009/77/EG der Kommission (ABl. L 331 vom 15.12.2010, S. 84).

(25) Verordnung (EU) 2016/1011 des Europäischen Parlaments und des Rates vom 8. Juni 2016 über Indizes, die bei Finanzinstrumenten und Finanzkontrakten als Referenzwert oder zur Messung der Wertentwicklung eines Investmentfonds verwendet werden, und zur Änderung der Richtlinien 2008/48/EG und 2014/17/EU sowie der Verordnung (EU) Nr. 596/2014 (ABl. L 171 vom 29.6.2016, S. 1).

(26) Verordnung (EG) Nr. 1221/2009 des Europäischen Parlaments und des Rates vom 25. November 2009 über die freiwillige Teilnahme von Organisationen an einem Gemeinschaftssystem für Umweltmanagement und Umweltbetriebsprüfung (EMAS) und zur Aufhebung der Verordnung (EG) Nr. 761/2001, sowie der Beschlüsse der Kommission 2001/681/EG und 2006/193/EG (ABl. L 342 vom 22.12.2009, S. 1).

(27) Richtlinie 2003/87/EG des Europäischen Parlaments und des Rates vom 13. Oktober 2003 über ein System für den Handel mit Treibhausgasemissionszertifikaten in der Gemeinschaft und zur Änderung der Richtlinie 96/61/EG des Rates (ABl. L 275 vom 25.10.2003, S. 32).

(28) Empfehlung 2013/179/EU der Kommission vom 9. April 2013 für die Anwendung gemeinsamer Methoden zur Messung und Offenlegung der Umweltleistung von Produkten und Organisationen (ABl. L 124 vom 4.5.2013, S. 1).

(29) Richtlinie 2010/75/EU des Europäischen Parlaments und des Rates vom 24. November 2010 über Industrieemissionen (integrierte Vermeidung und Verminderung der Umweltverschmutzung) (ABl. L 334 vom 17.12.2010, S. 17).

(30) Verordnung (EU) 2021/783 des Europäischen Parlaments und des Rates vom 29. April 2021 zur Einrichtung des Programms für die Umwelt- und Klimapolitik (LIFE) und zur Aufhebung der Verordnung (EU) Nr. 1293/2013 (ABl. L 172 vom 17.5.2021, S. 53).

(31) Richtlinie 2011/7/EU des Europäischen Parlaments und des Rates vom 16. Februar 2011 zur Bekämpfung von Zahlungsverzug im Geschäftsverkehr (ABl. L 48 vom 23.2.2011, S. 1).

(32) Verordnung (EG) Nr. 1893/2006 des Europäischen Parlaments und des Rates vom 20. Dezember 2006 zur Aufstellung der statistischen Systematik der Wirtschaftszweige NACE Revision 2 und zur Änderung der Verordnung (EWG) Nr. 3037/90 des Rates sowie einiger Verordnungen der EG über bestimmte Bereiche der Statistik (ABl. L 393 vom 30.12.2006, S. 1).

(33) Delegierte Verordnung (EU) 2019/815 der Kommission vom 17. Dezember 2018 zur Ergänzung der Richtlinie 2004/109/EG des Europäischen Parlaments und des Rates im Hinblick auf technische Regulierungsstandards für die Spezifikation eines einheitlichen elektronischen Berichtsformats (ABl. L 143 vom 29.5.2019, S. 1).

(34) Verordnung (EG) Nr. 765/2008 des Europäischen Parlaments und des Rates vom 9. Juli 2008 über die Vorschriften für die Akkreditierung und zur Aufhebung der Verordnung (EWG) Nr. 339/93 des Rates (ABl. L 218 vom 13.8.2008, S. 30).

(35) Richtlinie 2006/43/EG des Europäischen Parlaments und des Rates vom 17. Mai 2006 über Abschlussprüfungen von Jahresabschlüssen und konsolidierten Abschlüssen, zur Änderung der Richtlinien 78/660/EWG und 83/349/EWG des Rates und zur Aufhebung der Richtlinie 84/253/EWG des Rates (ABl. L 157 vom 9.6.2006, S. 87).

(36) Richtlinie 2007/36/EG des Europäischen Parlaments und des Rates vom 11. Juli 2007 über die Ausübung bestimmter Rechte von Aktionären in börsennotierten Gesellschaften (ABl. L 184 vom 14.7.2007, S. 17).

(37) Verordnung (EU) Nr. 537/2014 des Europäischen Parlaments und des Rates vom 16. April 2014 über spezifische Anforderungen an die Abschlussprüfung bei Unternehmen von öffentlichem Interesse und zur Aufhebung des Beschlusses 2005/909/EG der Kommission (ABl. L 158 vom 27.5.2014, S. 77).

(38) ABl. L 123 vom 12.5.2016, S. 1.

(39) Richtlinie 2009/138/EG des Europäischen Parlaments und des Rates vom 25. November 2009 betreffend die Aufnahme und Ausübung der Versicherungs- und der Rückversicherungstätigkeit (Solvabilität II) (ABl. L 335 vom 17.12.2009, S. 1).

VIII. Corporate Sustainability Due Diligence Directive – (CSDDD) (Entwurf)

(Text von Bedeutung für den EWR)

DAS EUROPÄISCHE PARLAMENT UND DER RAT DER EUROPÄISCHEN UNION –

gestützt auf den Vertrag über die Arbeitsweise der Europäischen Union, insbesondere auf Artikel 50 Absatz 1, Artikel 50 Absatz 2 Buchstabe g und Artikel 114,

auf Vorschlag der Europäischen Kommission,

nach Zuleitung des Entwurfs des Gesetzgebungsakts an die nationalen Parlamente,

nach Stellungnahme des Europäischen Wirtschafts- und Sozialausschusses,

gemäß dem ordentlichen Gesetzgebungsverfahren,

in Erwägung nachstehender Gründe:

(1) Die Union gründet sich auf die Achtung der Menschenwürde, der Freiheit, Demokratie, Gleichheit, Rechtsstaatlichkeit und Wahrung der Menschenrechte, wie sie in der Charta der Grundrechte der Europäischen Union verankert sind. Diese grundlegenden Werte der Union, die für ihre eigene Entstehung maßgebend waren, sowie die universelle Gültigkeit und Unteilbarkeit der Menschenrechte und Grundfreiheiten und die Achtung der Grundsätze der Charta der Vereinten Nationen und des Völkerrechts sollten das Handeln der Union auf internationaler Ebene leiten. Zu einem solchen Handeln gehört auch die Förderung einer nachhaltigen wirtschaftlichen, sozialen und ökologischen Entwicklung der Entwicklungsländer.

(2) Ein hohes Maß an Umweltschutz und Verbesserung der Umweltqualität sowie die Förderung europäischer Grundwerte zählen zu den Prioritäten der Union, wie in der Mitteilung der Kommission „Der europäische Grüner Deal"[2] dargelegt. Diese Ziele erfordern eine Mitwirkung nicht nur der Behörden, sondern auch der privaten Akteure, insbesondere der Unternehmen.

(3) In ihrer Mitteilung „Ein starkes soziales Europa für einen gerechten Übergang"[3] verpflichtete sich die Kommission zur Modernisierung der sozialen Marktwirtschaft in Europa, um einen gerechten Übergang zur Nachhaltigkeit zu erreichen. Diese Richtlinie wird auch zur Europäischen Säule sozialer Rechte beitragen, die Rechte wie faire Arbeitsbedingungen fördert. Sie ist Teil der politischen Maßnahmen und Strategien der EU zur Förderung menschenwürdiger Arbeit weltweit, auch in globalen Wertschöpfungsketten, wie dies in der Mitteilung der Kommission über menschenwürdige Arbeit weltweit[4] deutlich gemacht wird.

(4) Das Verhalten von Unternehmen in allen Wirtschaftszweigen ist von entscheidender Bedeutung für die erfolgreiche Umsetzung der Nachhaltigkeitsziele der Union, da Unternehmen in der Union, insbesondere große, auf globale Wertschöpfungsketten angewiesen sind. Angesichts der Tatsache, dass diese Themen Verbraucher und Anleger mehr und mehr beschäftigen, liegt es auch im Interesse der Unternehmen, die Menschenrechte und die

2 Mitteilung der Kommission an das Europäische Parlament, den Europäischen Rat, den Rat, den Europäischen Wirtschafts- und Sozialausschuss und den Ausschuss der Regionen – Der europäische Grüne Deal (COM(2019) 640 final).

3 Mitteilung der Kommission an das Europäische Parlament, den Rat, den Europäischen Wirtschafts- und Sozialausschuss und den Ausschuss der Regionen: Ein starkes soziales Europa für einen gerechten Übergang (COM(2020) 14 final).

4 Mitteilung der Kommission an das Europäische Parlament, den Rat und den Europäischen Wirtschafts- und Sozialausschuss – Menschenwürdige Arbeit weltweit für einen globalen gerechten Übergang und eine nachhaltige Erholung (COM(2022) 66 final).

Umwelt zu schützen. Es gibt bereits mehrere Initiativen zur Förderung von Unternehmen, die einen wertorientierten Wandel unterstützen, sowohl auf Ebene der Union[5] als auch auf nationaler[6] Ebene.

(5) Bestehende internationale Standards für verantwortungsvolles unternehmerisches Handeln legen fest, dass Unternehmen die Menschenrechte schützen sollten, und legen dar, wie sie den Schutz der Umwelt in allen ihren Tätigkeiten und Wertschöpfungsketten berücksichtigen sollten. In den Leitprinzipien der Vereinten Nationen für Wirtschaft und Menschenrechte[7] wird die Verantwortung von Unternehmen für die Erfüllung der Sorgfaltspflicht in Bezug auf die Menschenrechte anerkannt, indem sie die negativen Auswirkungen der menschenrechtsbezogenen Risiken ihrer Tätigkeit ermitteln, verhindern und mindern sowie Rechenschaft darüber ablegen, wie sie diesen Auswirkungen begegnen. In diesen Leitprinzipien heißt es, dass Unternehmen vermeiden sollten, gegen Menschenrechte zu verstoßen und dass sie negativen Auswirkungen auf die Menschenrechte, die sie im Rahmen ihrer eigenen Geschäftstätigkeit, der ihrer Tochterunternehmen und durch ihre direkten und indirekten Geschäftsbeziehungen verursacht haben, zu denen sie beigetragen haben oder die in Verbindung mit ihnen stehen, begegnen sollten.

(6) Das Konzept der menschenrechtlichen Sorgfaltspflicht wurde in den OECD-Leitsätzen für multinationale Unternehmen[8] spezifiziert und weiterentwickelt, mit denen die Anwendung der Sorgfaltspflicht auf Themen der Umwelt und der Unternehmensführung ausgeweitet wurde. Der OECD-Leitfaden für die Erfüllung der Sorgfaltspflicht für verantwortungsvolles unternehmerisches Handeln und branchenspezifische Leitfäden[9] sind international anerkannte Rahmenvorgaben, in denen praktische Schritte zur Erfüllung der Sorgfaltspflicht festgelegt sind, um Unternehmen dabei zu unterstützen, tatsächliche und potenzielle Auswirkungen im Zusammenhang mit ihrer Geschäftstätigkeit, ihren Wertschöpfungsketten und sonstigen Geschäftsbeziehungen zu ermitteln, zu verhindern, zu mindern und darüber Rechenschaft abzulegen. Das Konzept der Sorgfaltspflicht ist auch in den Empfehlungen der Dreigliedrigen Grundsatzerklärung der Internationalen Arbeitsorganisation[10] über multinationale Unternehmen und Sozialpolitik verankert.

(7) Die Ziele der Vereinten Nationen für nachhaltige Entwicklung[11], die 2015 von allen Mitgliedstaaten der Vereinten Nationen angenommen wurden, umfassen die Förderung eines dauerhaften, inklusiven und nachhaltigen Wirtschaftswachstums. Die Union hat sich selbst das Ziel gesetzt, die Ziele der Vereinten Nationen für nachhaltige Entwicklung umsetzen. Der Privatsektor trägt zu diesen Zielen bei.

5 „Enterprise Models and the EU agenda" (Unternehmensmodelle und die EU-Agenda), *CEPS Policy Insights*, Nr. PI2021-02, Januar 2021.

6 Zum Beispiel https://www.economie.gouv.fr/entreprises/societe-mission.

7 Vereinte Nationen, Leitprinzipien für Wirtschaft und Menschenrechte: Umsetzung des Rahmens der Vereinten Nationen „Schutz, Achtung und Abhilfe", 2011, abrufbar unter https://www.auswaertiges-amt.de/blob/266624/b51c16faf1b3424d7efa060e8aaa8130/un-leitprinzipien-de-data.pdf.

8 OECD-Leitsätze für multinationale Unternehmen (Aktualisierung 2011), abrufbar unter https://www.oecd-ilibrary.org/governance/oecd-leitsatze-fur-multinationale-unternehmen_9789264122352-de.https://mneguidelines.oecd.org/mneguidelines/

9 OECD-Leitfaden für die Erfüllung der Sorgfaltspflicht für verantwortungsvolles unternehmerisches Handeln (2018) und branchenspezifische OECD-Leitfäden , abrufbar unter:https://www.oecd.org/investment/due-diligence-guidance-for-responsible-business-conduct.htm.

10 Dreigliedrige Grundsatzerklärung der Internationalen Arbeitsorganisation über multinationale Unternehmen und Sozialpolitik, 5. Ausgabe 2017, abrufbar unter: https://www.ilo.org/empent/Publications/WCMS_094386/lang--en/index.htm.

11 https://www.un.org/depts/german/gv-70/band1/ar70001.pdf

(8) In internationalen Übereinkommen auf der Grundlage des Rahmenübereinkommens der Vereinten Nationen über Klimaänderungen, denen die Union und die Mitgliedstaaten beigetreten sind, wie das Übereinkommen von Paris[12] und der vor Kurzem verabschiedete Klimapakt von Glasgow[13], sind konkrete Wege zur Bekämpfung des Klimawandels und zur Begrenzung der Erderwärmung auf 1,5 °C dargelegt. Neben spezifischen Maßnahmen, die von allen Unterzeichnerparteien erwartet werden, wird die Rolle, die der Privatsektor übernimmt, insbesondere seine Anlagestrategien, als entscheidend für die Verwirklichung dieser Ziele betrachtet.

(9) Im Europäischen Klimagesetz[14] hat sich die Union zudem rechtlich verpflichtet, bis 2050 klimaneutral zu werden und die Emissionen bis 2030 um mindestens 55 % zu senken. Für die Erfüllung beider Verpflichtungen ist eine Änderung der Art und Weise erforderlich, in der Unternehmen produzieren und beschaffen. Im Klimazielplan der Kommission für 2030[15] werden unterschiedliche Grade der Verringerung von Emissionen modelliert, die von verschiedenen Wirtschaftssektoren gefordert werden, wenngleich in allen Szenarien erhebliche Verringerungen von allen Seiten erforderlich sind, damit die Union ihre Klimaziele erreichen kann. In dem Plan wird ferner betont, dass Änderungen der Regeln und Praktiken der Unternehmensführung, auch im Bereich des nachhaltigen Finanzwesens, Eigentümer und Manager von Unternehmen dazu bringen werden, Nachhaltigkeitszielen bei ihren Maßnahmen und Strategien Vorrang einzuräumen. In der Mitteilung der Kommission über den europäischen Grünen Deal[16] aus dem Jahr 2019 wird dargelegt, dass alle Maßnahmen und Strategien der Union auf dasselbe Ziel ausgerichtet sein sollten, damit der Union ein gerechter Übergang zu einer nachhaltigen Zukunft gelingen kann. Ferner wird darin dargelegt, dass Nachhaltigkeit stärker in den Corporate-Governance-Rahmen integriert werden sollte.

(10) Gemäß der Mitteilung der Kommission „Ein klimaresilientes Europa aufbauen“[17], in der die Strategie der Union für die Anpassung an den Klimawandel vorgestellt wird, sollten alle neuen Entscheidungen sowohl über Investitionen als auch strategischer Art klimabewusst und zukunftsfähig sein, auch die größerer Unternehmen, die Wertschöpfungsketten verwalten. Diese Richtlinie sollte mit jener Strategie im Einklang stehen. Desgleichen sollte sie in Einklang mit der Richtlinie […] der Kommission zur Änderung der Richtlinie 2013/36/EU im Hinblick auf Aufsichtsbefugnisse, Sanktionen, Zweigstellen aus Drittländern sowie Umwelt-, Sozial- und Unternehmensführungsrisiken (Eigenkapitalrichtlinie)[18] stehen, in der klare Anforderungen an die Unternehmensführungsvorschriften von Banken festgelegt sind, die auch beinhalten, dass auf Ebene des Verwaltungsrats Kenntnis von den Umwelt-, Sozial- und Unternehmensführungsrisiken besteht.

---

12 https://unfccc.int/files/essential_background/convention/application/pdf/english_paris_agreement.pdf

13 Klimapakt von Glasgow, angenommen am 13. November 2021 auf der COP26 in Glasgow, https://unfccc.int/sites/default/files/resource/cma2021_L16_adv.pdf.https://unfccc.int/sites/default/files/resource/cma2021_L16_adv.pdf.

14 Verordnung (EU) 2021/1119 des Europäischen Parlaments und des Rates vom 30. Juni 2021 zur Schaffung des Rahmens für die Verwirklichung der Klimaneutralität und zur Änderung der Verordnungen (EG) Nr. 401/2009 und (EU) 2018/1999 („Europäisches Klimagesetz“) (ABl. L 243 vom 9.7.2021, S. 1).

15 SWD(2020) 176 final.

16 COM(2019) 640 final.

17 Mitteilung der Kommission an das Europäische Parlament, den Rat, den Europäischen Wirtschafts- und Sozialausschuss und den Ausschuss der Regionen: Ein klimaresilientes Europa aufbauen – die neue EU-Strategie für die Anpassung an den Klimawandel (COM(2021) 82 final), abrufbar unter https://eur-lex.europa.eu/legal-content/DE/TXT/?uri=CELEX:52021DC0082.

18 ABl. C […] vom […], S. […].

(11) Der Aktionsplan für die Kreislaufwirtschaft[19], die Biodiversitätsstrategie[20], die Strategie „Vom Hof auf den Tisch"[21], die Chemikalienstrategie[22] und die Aktualisierung der neuen Industriestrategie von 2020: einen stärkeren Binnenmarkt für die Erholung Europas aufbauen[23], die Industrie 5.0[24] und der Aktionsplan zur europäischen Säule sozialer Rechte[25] sowie die Überprüfung der Handelspolitik von 2021[26] enthalten eine Initiative zur nachhaltigen Unternehmensführung als einen ihrer Bestandteile.

(12) Diese Richtlinie steht im Einklang mit dem EU-Aktionsplan für Menschenrechte und Demokratie 2020–2024[27]. Eine der Prioritäten dieses Aktionsplans ist die Stärkung des Engagements der Union zur aktiven Förderung der weltweiten Umsetzung der Leitprinzipien der Vereinten Nationen für Wirtschaft und Menschenrechte und anderer einschlägiger internationaler Leitlinien wie der OECD-Leitsätze für multinationale Unternehmen, unter anderem durch die Förderung einschlägiger Sorgfaltspflichtstandards.

(13) In seiner Entschließung vom 10. März 2021 forderte das Europäische Parlament die Kommission auf, Unionsvorschriften für eine umfassende Sorgfaltspflicht von Unternehmen vorzuschlagen.[28] In den Schlussfolgerungen des Rates zu Menschenrechten und menschenwürdiger Arbeit in globalen Lieferketten vom 1. Dezember 2020 wurde die Kommission aufgefordert, einen Vorschlag für einen Rechtsrahmen der Union für eine nachhaltige Unternehmensführung, einschließlich branchenübergreifender Sorgfaltspflichten von Unternehmen entlang der globalen Lieferketten, vorzulegen.[29] Darüber hinaus fordert das Europäische Parlament in seinem am 2. Dezember 2020 angenommenen Initiativbericht über nachhaltige Unternehmensführung eine Klarstellung der Pflichten von Mitgliedern der Unternehmensleitung. In ihrer Gemeinsamen Erklärung über die legislativen Prioritäten der

---

19 Mitteilung der Kommission an das Europäische Parlament, den Rat, den Europäischen Wirtschafts- und Sozialausschuss und den Ausschuss der Regionen: Ein neuer Aktionsplan für die Kreislaufwirtschaft – Für ein saubereres und wettbewerbsfähigeres Europa (COM(2020) 98 final).

20 Mitteilung der Kommission an das Europäische Parlament, den Rat, den Europäischen Wirtschafts- und Sozialausschuss und den Ausschuss der Regionen: EU-Biodiversitätsstrategie für 2030 – Mehr Raum für die Natur in unserem Leben (COM(2020) 380 final).

21 Mitteilung der Kommission an das Europäische Parlament, den Rat, den Europäischen Wirtschafts- und Sozialausschuss und den Ausschuss der Regionen: „Vom Hof auf den Tisch" – eine Strategie für ein faires, gesundes und umweltfreundliches Lebensmittelsystem (COM(2020) 381 final).

22 Mitteilung der Kommission an das Europäische Parlament, den Rat, den Europäischen Wirtschafts- und Sozialausschuss und den Ausschuss der Regionen: Chemikalienstrategie für Nachhaltigkeit – Für eine schadstofffreie Umwelt (COM(2020) 667 final).

23 Mitteilung der Kommission an das Europäische Parlament, den Rat, den Europäischen Wirtschafts- und Sozialausschuss und den Ausschuss der Regionen: Aktualisierung der neuen Industriestrategie von 2020: einen stärkeren Binnenmarkt für die Erholung Europas aufbauen (COM(2021) 350 final).

24 Industrie 5.0, https://ec.europa.eu/info/research-and-innovation/research-area/industrial-research-and-innovation/industry-50_en.

25 https://op.europa.eu/webpub/empl/european-pillar-of-social-rights/de/

26 Mitteilung der Kommission an das Europäische Parlament, den Rat, den Europäischen Wirtschafts- und Sozialausschuss und den Ausschuss der Regionen: Überprüfung der Handelspolitik – Eine offene, nachhaltige und entschlossene Handelspolitik (COM(2021) 66 final).

27 Gemeinsame Mitteilung an das Europäische Parlament und den Rat – EU-Aktionsplan für Menschenrechte und Demokratie 2020–2024 (JOIN(2020) 5 final).

28 Entschließung des Europäischen Parlaments vom 10. März 2021 mit Empfehlungen an die Kommission zur Sorgfaltspflicht und Rechenschaftspflicht von Unternehmen (2020/2129(INL)), P9_TA(2021)0073, abrufbar unter https://oeil.secure.europarl.europa.eu/oeil/popups/ficheprocedure.do?lang=en&reference=2020/2129(INL).

29 Schlussfolgerungen des Rates zu Menschenrechten und menschenwürdiger Arbeit in globalen Lieferketten vom 1. Dezember 2020 (13512/20).

EU für 2022[30] haben sich das Europäische Parlament, der Rat der Europäischen Union und die Kommission verpflichtet, eine Wirtschaft im Dienste der Menschen zu verwirklichen und den Rechtsrahmen für eine nachhaltige Unternehmensführung zu verbessern.

(14) Mit dieser Richtlinie soll sichergestellt werden, dass im Binnenmarkt tätige Unternehmen zur nachhaltigen Entwicklung und zur Nachhaltigkeitswende der Volkswirtschaften und Gesellschaften beitragen, indem sie potenzielle oder tatsächliche negative Auswirkungen auf die Menschenrechte und die Umwelt im Zusammenhang mit der eigenen Geschäftstätigkeit, ihren Tochterunternehmen und ihren Wertschöpfungsketten ermitteln, vermeiden, abschwächen, beheben und minimieren.

(15) Unternehmen sollten geeignete Schritte unternehmen, um in Bezug auf ihre eigene Geschäftstätigkeit, ihre Tochterunternehmen sowie ihre etablierten direkten oder indirekten Geschäftsbeziehungen entlang ihrer Wertschöpfungsketten gemäß den Bestimmungen dieser Richtlinie Maßnahmen zur Erfüllung der Sorgfaltspflicht einzuführen und durchzuführen. Mit dieser Richtlinie sollten die Unternehmen nicht dazu verpflichtet werden, unter allen Umständen zu gewährleisten, dass überhaupt keine negativen Auswirkungen auftreten oder dass diese gestoppt werden. So kann beispielsweise ein Unternehmen in Bezug auf Geschäftsbeziehungen, bei denen die negativen Auswirkungen auf staatliche Eingriffe zurückzuführen sind, möglicherweise nicht in der Lage sein, solche Ergebnisse zu erreichen. Daher sollten die wichtigsten Verpflichtungen in dieser Richtlinie „Mittelverpflichtungen“ sein. Das Unternehmen sollte geeignete Maßnahmen ergreifen, die unter den Umständen des Einzelfalls nach vernünftigem Ermessen zur Verhinderung oder Minimierung der negativen Auswirkungen führen. Dabei sollten den Besonderheiten der Wertschöpfungskette, des Wirtschaftszweigs oder des geografischen Gebiets des Unternehmens, in dem seine Partner in der Wertschöpfungskette tätig sind, die Fähigkeit des Unternehmens, seine direkten und indirekten Geschäftsbeziehungen zu beeinflussen, sowie die Frage berücksichtigt werden, ob das Unternehmen seine Einflussmöglichkeiten erhöhen könnte.

(16) Das in dieser Richtlinie festgelegte Verfahren zur Erfüllung der Sorgfaltspflicht sollte die sechs im OECD-Leitfaden für die Erfüllung der Sorgfaltspflicht für verantwortungsvolles unternehmerisches Handeln festgelegten Schritte umfassen, zu denen Maßnahmen zur Erfüllung der Sorgfaltspflicht für Unternehmen gehören, um negative Auswirkungen auf die Menschenrechte und die Umwelt zu ermitteln und zu bekämpfen. Hierbei handelt es sich um die folgenden Schritte: 1) Einbeziehung der Sorgfaltspflicht in die Unternehmenspolitik und die Managementsysteme, 2) Ermittlung und Bewertung negativer Auswirkungen auf die Menschenrechte und die Umwelt, 3) Verhinderung, Abstellung oder Minimierung tatsächlicher und potenzieller negativer Auswirkungen auf die Menschenrechte und die Umwelt, 4) Bewertung der Wirksamkeit von Maßnahmen, 5) Kommunikation, 6) Bereitstellung von Abhilfemaßnahmen.

(17) Negative Auswirkungen auf die Menschenrechte und die Umwelt treten bei der eigenen Geschäftstätigkeit der Unternehmen, ihren Tochterunternehmen, Produkten und ihren Wertschöpfungsketten auf, insbesondere auf der Ebene der Rohstoffbeschaffung, der Herstellung oder der Produkt- oder Abfallentsorgung. Damit die Sorgfaltspflicht zu sinnvollen Ergebnissen führt, sollte sie negative Auswirkungen auf die Menschenrechte und die Umwelt abdecken, die während des gesamten Lebenszyklus der Produktion, der Verwendung und der Entsorgung von Produkten oder der Erbringung von Dienstleistungen auf der Ebe-

30 Gemeinsame Erklärung des Europäischen Parlaments, des Rates der Europäischen Union und der Europäischen Kommission – Gesetzgeberische Prioritäten der EU für 2022, abrufbar unter https://ec.europa.eu/info/sites/default/files/joint_declaration_2022.pdf.

ne der eigenen Geschäftstätigkeit der Unternehmen, ihren Tochterunternehmen oder in der Wertschöpfungskette verursacht werden.

(18) Die Wertschöpfungskette sollte Tätigkeiten im Zusammenhang mit der Produktion einer Ware oder der Erbringung einer Dienstleistung durch ein Unternehmen, einschließlich der Entwicklung des Produkts oder der Dienstleistung und der Verwendung und Entsorgung des Produkts, sowie die damit verbundenen Tätigkeiten im Rahmen etablierter Geschäftsbeziehungen des Unternehmens abdecken. Sie sollte vorgelagerte etablierte direkte und indirekte Geschäftsbeziehungen umfassen, bei denen es um den Entwurf, die Gewinnung, Herstellung, Beförderung, Lagerung und Lieferung von Rohstoffen, Produkten, Teilen von Produkten oder Dienstleistungen für das Unternehmen geht, die für die Ausübung der Tätigkeiten des Unternehmens erforderlich sind. Ebenso sollte die Wertschöpfungskette nachgelagerte Beziehungen, einschließlich etablierter direkter und indirekter Geschäftsbeziehungen, umfassen, in denen Produkte, Teile von Produkten oder Dienstleistungen vom Unternehmen bis zum Ende der Lebensdauer des Produkts verwendet oder erhalten werden, wozu unter anderem der Vertrieb des Produkts an Einzelhändler, Transport und Lagerung des Produkts, Demontage des Produkts sowie dessen Recycling, Kompostierung oder Deponierung zählen.

(19) Bei beaufsichtigten Finanzunternehmen, die Darlehen, Kredite und andere Finanzdienstleistungen bereitstellen, sollte die „Wertschöpfungskette" in Bezug auf die Erbringung dieser Dienstleistungen auf die Tätigkeiten der Kunden, die solche Dienstleistungen erhalten, und ihre Tochterunternehmen, deren Tätigkeiten mit dem betreffenden Vertrag verbunden sind, beschränkt sein. Kunden, bei denen es sich um private Haushalte und natürliche Personen handelt, die nicht in beruflicher oder geschäftlicher Eigenschaft handeln, sowie kleine und mittlere Unternehmen sollten nicht als Teil der Wertschöpfungskette betrachtet werden. Die Tätigkeiten der Unternehmen oder sonstiger Rechtssubjekte, die Teil der Wertschöpfungskette jenes Kunden sind, sollten nicht darunter fallen.

(20) Damit die Unternehmen die negativen Auswirkungen in ihrer Wertschöpfungskette ordnungsgemäß ermitteln und eine angemessene Einflussnahme ausüben können, sollten die Sorgfaltspflichten in dieser Richtlinie auf etablierte Geschäftsbeziehungen beschränkt werden. Für die Zwecke dieser Richtlinie sollten unter etablierten Geschäftsbeziehungen direkte und indirekte Geschäftsbeziehungen verstanden werden, die in Anbetracht ihrer Intensität oder Dauer beständig sind oder sein dürften und die keinen unbedeutenden oder lediglich untergeordneten Teil der Wertschöpfungskette darstellen. Ob Geschäftsbeziehungen als „etabliert" gelten, sollte regelmäßig, mindestens jedoch alle zwölf Monate, neu bewertet werden. Wenn die direkte Geschäftsbeziehung eines Unternehmens als etabliert gilt, so sollten auch alle damit verbundenen indirekten Geschäftsbeziehungen als in Bezug auf dieses Unternehmen etabliert betrachtet werden.

(21) Gemäß dieser Richtlinie sollten EU-Unternehmen mit durchschnittlich mindestens 500 Beschäftigten und einem weltweiten Nettoumsatz von über 150 Mio. EUR im Geschäftsjahr, das dem letzten abgeschlossenen Geschäftsjahr vorangeht, verpflichtet werden, die Anforderungen der Sorgfaltspflicht einzuhalten. Für Unternehmen, die diese Kriterien nicht erfüllen, aber im Geschäftsjahr, das dem letzten abgeschlossenen Geschäftsjahr vorangeht, mindestens 250 Mitarbeiter und einen weltweiten Nettoumsatz von über 40 Mio. EUR hatten und die in einer oder mehreren Branchen mit hohem Schadenspotenzial tätig sind, sollten die Sorgfaltspflichtregelungen erst zwei Jahre nach Ablauf der Umsetzungsfrist für diese Richtlinie gelten, damit sie mehr Zeit für die Anpassung haben. Unternehmen, die in solchen Branchen mit hohem Schadenspotenzial tätig sind, sollten zur Erfüllung einer stärker zielgerichteten Sorgfaltspflicht verpflichtet werden, die sich auf schwerwiegende negative Auswirkungen konzentriert, um sicherzustellen, dass ihre Belastung verhältnis-

mäßig ist. Leiharbeitnehmer, einschließlich entsandte Arbeitnehmer gemäß Artikel 1 Absatz 3 Buchstabe c der Richtlinie 96/71/EG in der durch die Richtlinie (EU) 2018/957 des Europäischen Parlaments und des Rates geänderten Fassung[31], sollten in die Berechnung der Zahl der Beschäftigten des entleihenden Unternehmens einbezogen werden. Entsandte Arbeitnehmer gemäß Artikel 1 Absatz 3 Buchstaben a und b der Richtlinie 96/71/EG in der durch die Richtlinie (EU) 2018/957 geänderten Fassung sollten nur in die Berechnung der Zahl der Beschäftigten des entsendenden Unternehmens einbezogen werden.

(22) Bei der Auswahl der Sektoren mit hohem Schadenspotenzial für die Zwecke dieser Richtlinie sollten die bestehenden branchenspezifischen OECD-Leitfäden für die Erfüllung der Sorgfaltspflicht als Grundlage herangezogen werden, um den vorrangigen Bereichen des internationalen Handelns zur Bewältigung von Problemen im Bereich der Menschenrechte und der Umweltfragen Rechnung zu tragen. Die folgenden Sektoren sind für die Zwecke dieser Richtlinie als Sektoren mit hohem Schadenspotenzial zu betrachten: Herstellung von Textilien, Leder und verwandten Erzeugnissen (einschließlich Schuhe) sowie Großhandel mit Textilien, Bekleidung und Schuhen; Landwirtschaft, Forstwirtschaft, Fischerei (einschließlich Aquakultur), Herstellung von Lebensmittelprodukten und Großhandel mit landwirtschaftlichen Rohstoffen, lebenden Tieren, Holz, Lebensmitteln und Getränken; Gewinnung mineralischer Ressourcen, unabhängig davon, wo sie gewonnen werden (einschließlich Rohöl, Erdgas, Steinkohle, Braunkohle, Metalle und Metallerze sowie aller anderen, nichtmetallischen Mineralien und Steinbruchprodukte), Herstellung von Grundmetallerzeugnissen, sonstigen Erzeugnissen aus nichtmetallischen Mineralien und Metallerzeugnissen (ausgenommen Maschinen und Ausrüstungen) sowie Großhandel mit mineralischen Rohstoffen, mineralischen Grunderzeugnissen und Zwischenerzeugnissen (einschließlich Metalle und Metallerze, Baustoffe, Brennstoffe, Chemikalien und andere Zwischenprodukte). Der Finanzsektor sollte aufgrund seiner Besonderheiten, insbesondere hinsichtlich der Wertschöpfungskette und den angebotenen Dienstleistungen, nicht als eine Branche mit hohem Schadenspotenzial gemäß dieser Richtlinie betrachtet werden, auch wenn branchenspezifische OECD-Leitfäden für ihn gelten. Zugleich sollte sichergestellt werden, dass tatsächliche und potenzielle negative Auswirkungen in dieser Branche in breiterem Umfang erfasst werden, indem auch sehr große Unternehmen, die beaufsichtigte Finanzunternehmen sind, in den Anwendungsbereich der Richtlinie einbezogen werden, selbst wenn sie keine Rechtsform mit beschränkter Haftung haben.

(23) Damit die Ziele dieser Richtlinie in Bezug auf die negativen Auswirkungen auf die Menschenrechte und die Umwelt durch die Geschäftstätigkeit von Unternehmen, ihre Tochterunternehmen und ihre Wertschöpfungsketten in vollem Umfang erreicht werden, sollten auch Unternehmen aus Drittländern, die in erheblichem Umfang in der EU tätig sind, einbezogen werden. Genauer gesagt sollte die Richtlinie für Unternehmen aus Drittländern gelten, die in dem Geschäftsjahr, das dem letzten abgeschlossenen Geschäftsjahr vorangeht, in der Union einen Nettoumsatz von über 150 Mio. EUR oder im Geschäftsjahr, das dem letzten abgeschlossenen Geschäftsjahr vorangeht, einen Nettoumsatz von über 40 Mio. EUR, aber unter 150 Mio. EUR in einer oder mehreren der Branchen mit hohem Schadenspotenzial erzielt haben; diese Gruppe von Unternehmen soll diese Richtlinie zwei Jahre nach Ablauf der Umsetzungsfrist für diese Richtlinie erfüllen müssen.

(24) Um die Unternehmen aus Drittländern festzustellen, die in den Anwendungsbereich dieser Richtlinie fallen, sollte das beschriebene Umsatzkriterium gewählt werden, da es eine territoriale Verbindung zwischen den Drittlandunternehmen und dem Gebiet der Uni-

31 Richtlinie (EU) 2018/957 des Europäischen Parlaments und des Rates vom 28. Juni 2018 zur Änderung der Richtlinie 96/71/EG über die Entsendung von Arbeitnehmern im Rahmen der Erbringung von Dienstleistungen (ABl. L 173 vom 9.7.2018, S. 16).

on hergestellt. Der Umsatz ist ein Anhaltspunkt für die Auswirkungen, die die Tätigkeiten dieser Unternehmen auf den Binnenmarkt haben könnten. Solche Auswirkungen rechtfertigen im Einklang mit dem Völkerrecht die Anwendung des Unionsrechts auf Unternehmen aus Drittländern. Um sicherzustellen, dass der relevante Umsatz der betreffenden Unternehmen ermittelt wird, sollten die Methoden zur Berechnung des Nettoumsatzes für Unternehmen aus Drittländern gemäß der Richtlinie 2013/34/EU in der durch die Richtlinie (EU) 2021/2101 geänderten Fassung angewandt werden. Im Interesse einer wirksamen Durchsetzung dieser Richtlinie sollte bei der Ermittlung der Unternehmen aus Drittländern, die unter diese Richtlinie fallen, jedoch kein Schwellenwert für die Anzahl der Beschäftigten angewandt werden, da der für die Zwecke dieser Richtlinie genutzte Begriff „Beschäftigte" auf dem Unionsrecht beruht und nicht ohne Weiteres außerhalb der Union umgesetzt werden könnte. Da es – auch in den Rechnungslegungsrahmen – keine klare und kohärente Methodik zur Ermittlung der Beschäftigten von Unternehmen aus Drittländern gibt, würde ein solcher Schwellenwert zu Rechtsunsicherheit führen und für Aufsichtsbehörden nur schwer anwendbar sein. Der Umsatz sollte auf der Grundlage der Richtlinie 2013/34/EU ermittelt werden, in der die Methoden zur Berechnung des Nettoumsatzes für Unternehmen aus Drittländern bereits festgelegt sind, da die Definitionen von Umsatz und Umsatzerlöse auch in den internationalen Rechnungslegungsrahmen ähnlich sind. Um sicherzustellen, dass die Aufsichtsbehörde weiß, welche Unternehmen aus Drittländern in der Union den Umsatz erzielen, der dazu führt, dass sie in den Anwendungsbereich dieser Richtlinie fallen, sollte in dieser Richtlinie vorgeschrieben werden, dass eine Aufsichtsbehörde des Mitgliedstaats, in dem der Bevollmächtigte des Drittlandunternehmens seinen Wohnsitz oder Sitz hat, und – sofern es sich um unterschiedliche Mitgliedstaaten handelt – eine Aufsichtsbehörde des Mitgliedstaats, in dem das Unternehmen den größten Teil seines Nettoumsatzes in der Union im Geschäftsjahr vor dem letzten abgeschlossenen Geschäftsjahr erzielt hat, darüber informiert wird, dass es sich bei dem Unternehmen um ein Unternehmen handelt, das in den Anwendungsbereich dieser Richtlinie fällt.

(25) Bei der Erfüllung der Sorgfaltspflicht im Rahmen dieser Richtlinie sollten negative Auswirkungen auf die Menschenrechte hinsichtlich geschützter Personen einbezogen werden, die sich aus der Verletzung eines der Rechte und Verbote ergeben, welche in den im Anhang dieser Richtlinie aufgeführten internationalen Übereinkommen verankert sind, damit ein sinnvoller Beitrag zur Nachhaltigkeitswende geleistet wird. Um sicherzustellen, dass die Menschenrechte umfassend abgedeckt werden, sollte auch eine Verletzung eines in diesem Anhang nicht ausdrücklich aufgeführten Verbots oder Rechts, die zu einer unmittelbaren Beeinträchtigung eines durch diese Übereinkommen geschützten rechtlichen Interesses führt, als negative Auswirkung auf die Menschenrechte im Sinne dieser Richtlinie betrachtet werden; Voraussetzung ist, dass das betreffende Unternehmen die Gefahr einer solchen Beeinträchtigung sowie alle geeigneten Maßnahmen, die zur Erfüllung der Sorgfaltspflicht im Rahmen dieser Richtlinie zu ergreifen sind, nach vernünftigem Ermessen hätte feststellen können, wobei alle relevanten Umstände seiner Tätigkeit, wie die Branche und die operativen Rahmenbedingungen, zu berücksichtigen sind. Die Sorgfaltspflicht sollte darüber hinaus negative Auswirkungen auf die Umwelt umfassen, die sich aus einem Verstoß gegen ein Verbot und eine Verpflichtung nach den im Anhang dieser Richtlinie aufgeführten internationalen Umweltübereinkommen ergeben.

(26) Unternehmen stehen Leitlinien zur Verfügung, die veranschaulichen, wie sich ihre Tätigkeit auf die Menschenrechte auswirken kann und welches Verhalten von Unternehmen gemäß international anerkannten Menschenrechten verboten ist. Solche Leitlinien sind

beispielsweise im Berichtsrahmen für die Leitprinzipien der Vereinten Nationen[32] und im Auslegungsleitfaden zu den Leitprinzipien der Vereinten Nationen[33] enthalten. Die Kommission sollte in der Lage sein, auf der Grundlage einschlägiger internationaler Leitlinien und Standards zusätzliche Leitlinien herauszugeben, die die Unternehmen als praktisches Instrument nutzen können.

(27) Um eine angemessene Sorgfaltspflicht im Zusammenhang mit Menschenrechten und Umweltschutz hinsichtlich ihrer Tätigkeiten, ihrer Tochterunternehmen und ihrer Wertschöpfungsketten zu erfüllen, sollten die unter diese Richtlinie fallenden Unternehmen die Sorgfaltspflicht zum integralen Bestandteil ihrer Unternehmenspolitik machen, potenzielle und tatsächliche negative Auswirkungen auf die Menschenrechte und die Umwelt ermitteln, vermeiden, abschwächen und beheben sowie das Ausmaß potenzieller und tatsächlicher negativer Auswirkungen auf die Menschenrechte und die Umwelt minimieren, ein Beschwerdeverfahren einrichten und aufrechterhalten, die Wirksamkeit der ergriffenen Maßnahmen im Einklang mit den in dieser Richtlinie festgelegten Anforderungen überwachen und öffentlich über die Wahrnehmung ihrer Sorgfaltspflicht kommunizieren. Zur Schaffung von Klarheit für die Unternehmen sollten insbesondere die Schritte zur Verhinderung und Minderung potenzieller negativer Auswirkungen und zur Abstellung oder, wenn dies nicht möglich ist, Minimierung der tatsächlichen negativen Auswirkungen in dieser Richtlinie klar voneinander unterschieden werden.

(28) Damit sichergestellt ist, dass die Sorgfaltspflicht Bestandteil der Unternehmenspolitik ist und im Einklang mit dem einschlägigen internationalen Rahmen steht, sollten Unternehmen die Sorgfaltspflicht in all ihre Unternehmensrichtlinien integrieren und über eine Strategie zur Erfüllung der Sorgfaltspflicht verfügen. In der Strategie zur Erfüllung der Sorgfaltspflicht sollte beschrieben werden, welchen Ansatz das Unternehmen – auch langfristig – in Bezug auf die Sorgfaltspflicht verfolgt; ein Verhaltenskodex sollte in die Strategie aufgenommen werden, in dem die von den Beschäftigten und Tochterunternehmen des Unternehmens einzuhaltenden Regeln und Grundsätze beschrieben sind; in der Strategie sollten die Verfahren zur Umsetzung der Sorgfaltspflicht beschrieben sein, einschließlich der Maßnahmen zur Überprüfung der Einhaltung des Verhaltenskodex und zur Ausweitung seiner Anwendung auf etablierte Geschäftsbeziehungen. Der Verhaltenskodex sollte für alle relevanten Unternehmensfunktionen und Geschäftstätigkeiten gelten, auch für Entscheidungen des Beschaffungs- und des Auftragswesens. Die Unternehmen sollten zudem ihre Strategie zur Erfüllung der Sorgfaltspflicht jährlich aktualisieren.

(29) Um ihren Sorgfaltspflichten nachzukommen, müssen Unternehmen geeignete Maßnahmen ergreifen, um negative Auswirkungen zu ermitteln, zu verhindern und abzustellen. Eine „geeignete Maßnahme“ wäre eine Maßnahme, mit der die Ziele der Sorgfaltspflicht erreicht werden können, die dem Schweregrad und der Wahrscheinlichkeit der negativen Auswirkungen entspricht und die dem Unternehmen nach vernünftigem Ermessen zur Verfügung steht, wobei den Umständen des Einzelfalls, einschließlich der Besonderheiten des Wirtschaftszweigs, der spezifischen Geschäftsbeziehung und des diesbezüglichen Einflusses des Unternehmens, sowie der Notwendigkeit, die Priorisierung der Maßnahmen sicherzustellen, Rechnung getragen wird. In diesem Zusammenhang sollte unter dem Einfluss des Unternehmens auf eine Geschäftsbeziehung im Einklang mit internationalen Rahmenwerken einerseits seine Fähigkeit verstanden werden, seinen Geschäftspartner von der Ergreifung von Maßnahmen zu überzeugen, mit denen negative Auswirkungen abgestellt

32 https://www.ungpreporting.org/wp-content/uploads/UNGPReportingFramework_withguidance2017.pdf

33 https://www.ohchr.org/Documents/Issues/Business/RtRInterpretativeGuide.pdf.https://www.ohchr.org/Documents/Issues/Business/RtRInterpretativeGuide.pdf

oder verhindert werden (z. B. über eine Eigentums- oder faktische Kontrolle, über Marktmacht, Präqualifikationsanforderungen, die Verknüpfung von Geschäftsanreizen mit der Leistung in den Bereichen Menschenrechte und Umwelt usw.), und andererseits der Grad des Einflusses oder Drucks, den das Unternehmen vernünftigerweise ausüben könnte, z. B. durch Zusammenarbeit mit dem betreffenden Geschäftspartner oder im Zusammenwirken mit einem anderen Unternehmen, das in einer direkten Partnerbeziehung zu dem mit negativen Auswirkungen verbundenen Geschäftspartner steht.

(30) Im Rahmen der in dieser Richtlinie festgelegten Sorgfaltspflichten sollte ein Unternehmen tatsächliche oder potenzielle negative Auswirkungen auf die Menschenrechte und die Umwelt ermitteln. Für eine umfassende Ermittlung der negativen Auswirkungen sollten quantitative und qualitative Informationen herangezogen werden. Beispielsweise sollte das Unternehmen in Bezug auf negative Auswirkungen auf die Umwelt Informationen über den Ausgangszustand an Standorten oder in Anlagen mit höherem Risiko in Wertschöpfungsketten einholen. Zur Ermittlung negativer Auswirkungen sollte eine in regelmäßigen Abständen durchgeführte dynamische Bewertung der menschenrechtlichen und ökologischen Gegebenheiten gehören: vor einer neuen Tätigkeit oder Beziehung, vor wichtigen Entscheidungen oder Änderungen des Vorhabens, als Reaktion auf oder im Vorgriff auf Veränderungen des Betriebsumfelds und regelmäßig, mindestens alle zwölf Monate, während der gesamten Dauer einer Tätigkeit oder Beziehung. Beaufsichtigte Finanzunternehmen, die Darlehen, Kredite oder andere Finanzdienstleistungen bereitstellen, sollten nur bei Vertragsbeginn die negativen Auswirkungen ermitteln. Im Zuge der Ermittlung negativer Auswirkungen sollten Unternehmen auch die Auswirkungen des Geschäftsmodells und der Strategien einer Geschäftsbeziehung, einschließlich Handels-, Beschaffungs- und Preisbildungspraktiken, ermitteln und bewerten. Wenn das Unternehmen nicht gleichzeitig alle negativen Auswirkungen verhindern, abstellen oder minimieren kann, sollte es in der Lage sein, eine Priorität seiner Maßnahmen festzulegen, vorausgesetzt, es ergreift die Maßnahmen, die dem Unternehmen unter Berücksichtigung der besonderen Umstände nach vernünftigem Ermessen zur Verfügung stehen.

(31) Um eine unzumutbare Belastung kleinerer Unternehmen, die in Branchen mit hohem Schadenspotenzial tätig sind und von dieser Richtlinie erfasst werden, zu vermeiden, sollten diese Unternehmen nur verpflichtet sein, jene tatsächlichen oder potenziellen schwerwiegenden negativen Auswirkungen zu ermitteln, die für die jeweilige Branche relevant sind.

(32) Im Einklang mit internationalen Standards sollten Verhinderung und Minderung sowie Abstellung und Minimierung negativer Auswirkungen den Interessen der von diesen Auswirkungen Betroffenen Rechnung tragen. Damit eine kontinuierliche Zusammenarbeit mit den Geschäftspartnern in der Wertschöpfungskette ermöglicht wird, anstatt die Geschäftsbeziehungen zu beenden (d. h. sich aus diesen zurückzuziehen) und somit möglicherweise negative Auswirkungen zu verschärfen, sollte mit dieser Richtlinie sichergestellt werden, dass der Rückzug ein letztes Mittel im Einklang mit der Null-Toleranz-Politik der Union gegenüber Kinderarbeit ist. Die Beendigung einer Geschäftsbeziehung, in der Kinderarbeit festgestellt wurde, könnte zur Folge haben, dass die Kinder möglicherweise noch schwerwiegenderen negativen Auswirkungen auf die Menschenrechte ausgesetzt sind. Bei der Entscheidung über geeignete Maßnahmen sollte dies daher berücksichtigt werden.

(33) Gemäß den in dieser Richtlinie festgelegten Sorgfaltspflichten sollte ein Unternehmen, das potenzielle negative Auswirkungen auf die Menschenrechte oder die Umwelt feststellt, geeignete Maßnahmen ergreifen, um diese zu verhindern und angemessen zu mindern. Um Rechtsklarheit und Rechtssicherheit für Unternehmen zu schaffen, sollte in dieser Richtlinie festgelegt werden, welche Maßnahmen von den Unternehmen gegebe-

nenfalls zur Verhinderung und Minderung möglicher negativer Auswirkungen je nach den Umständen zu ergreifen sind.

(34) Die Unternehmen sollten verpflichtet werden, gegebenenfalls die folgenden Maßnahmen zu ergreifen, um ihren Vermeidungs- und Abschwächungspflichten gemäß dieser Richtlinie nachzukommen. Wenn dies aufgrund der Komplexität der Vermeidungsmaßnahmen erforderlich ist, sollten die Unternehmen einen Präventionsaktionsplan ausarbeiten und umsetzen. Unternehmen sollten anstreben, dass ein direkter Partner, mit dem sie eine etablierte Geschäftsbeziehung unterhalten, die Einhaltung des Verhaltenskodex oder des Präventionsaktionsplans vertraglich zusichert und unter anderem von seinen Partnern entsprechende vertragliche Zusicherungen verlangt, soweit deren Tätigkeiten Teil der Wertschöpfungskette des Unternehmens sind. Die vertraglichen Zusicherungen sollten von geeigneten Maßnahmen zur Überprüfung der Einhaltung begleitet werden. Um eine umfassende Vermeidung tatsächlicher und potenzieller negativer Auswirkungen zu gewährleisten, sollten Unternehmen auch Investitionen tätigen, die darauf abzielen, negative Auswirkungen zu verhindern; sie sollten KMU, mit denen sie eine etablierte Geschäftsbeziehung unterhalten, gezielt und angemessen unterstützen – beispielsweise durch direkte Finanzierung, zinsgünstige Darlehen, Garantien für die fortgesetzte Beschaffung und Mitwirkung bei der Sicherstellung von Finanzierung, um die Umsetzung des Verhaltenskodex oder des Präventionsplans zu fördern – oder technische Hilfestellung, z. B. in Form von Schulungen oder einer Modernisierung der Managementsysteme, leisten sowie mit anderen Unternehmen zusammenarbeiten.

(35) In dieser Richtlinie sollte des Weiteren auf die Möglichkeit verwiesen werden, dass das Unternehmen den Abschluss eines Vertrags mit dem indirekten Geschäftspartner anstreben kann, um die Einhaltung des Verhaltenskodex oder eines Präventionsplans des Unternehmens zu erreichen, und auch geeignete Maßnahmen ergreifen kann, um die Übereinstimmung der indirekten Geschäftsbeziehung mit dem Vertrag zu überprüfen, damit das gesamte Spektrum an Optionen für das Unternehmen in Fällen erfasst wird, in denen potenzielle Auswirkungen durch die beschriebenen Präventions- oder Minimierungsmaßnahmen nicht bewältigt werden könnten.

(36) Um sicherzustellen, dass potenzielle negative Auswirkungen wirksam verhindert und gemindert werden, sollten die Unternehmen vorrangig aktiv in den bestehenden Geschäftsbeziehungen in der Wertschöpfungskette Lösungen finden, anstatt sich zurückzuziehen, was ein letztes Mittel bleiben sollte, nachdem ihr Versuch, potenzielle negative Auswirkungen zu verhindern und zu mindern, erfolglos geblieben ist. In Fällen, in denen mit den beschriebenen Maßnahmen potenzielle negative Auswirkungen nicht verhindert oder gemindert werden konnten, sollte in der Richtlinie jedoch auch auf die Verpflichtung der Unternehmen verwiesen werden, keine neuen Beziehungen mit dem betreffenden Partner einzugehen und bestehende Beziehungen zu dem betreffenden Partner nicht zu verlängern, und – sofern das für ihre Beziehungen maßgebende Recht dies zulässt – entweder die Geschäftsbeziehungen mit dem betreffenden Partner vorübergehend auszusetzen und dabei gleichzeitig Bemühungen im Hinblick auf eine Verhinderung oder Minimierung zu unternehmen, wenn berechtigterweise davon auszugehen ist, dass solche Bemühungen kurzfristig erfolgreich sein werden, oder die Geschäftsbeziehung in Bezug auf die betreffenden Tätigkeiten zu beenden, wenn die potenziellen negativen Auswirkungen schwerwiegend sind. Damit Unternehmen dieser Verpflichtung nachkommen können, sollten die Mitgliedstaaten die Möglichkeit vorsehen, dass die Geschäftsbeziehungen in Verträgen, die ihrem Recht unterliegen, beendet werden können. Möglicherweise erfordert die Verhinderung negativer Auswirkungen auf der Ebene indirekter Geschäftsbeziehungen eine Zusammenarbeit mit einem anderen Unternehmen, z. B. mit einem Unternehmen, das eine

direkte Vertragsbeziehung mit dem Lieferanten unterhält. In einigen Fällen könnte eine solche Zusammenarbeit die einzige realistische Möglichkeit sein, negative Auswirkungen zu verhindern, insbesondere wenn der Partner in der indirekten Geschäftsbeziehung nicht bereit ist, einen Vertrag mit dem Unternehmen zu schließen. In solchen Fällen sollte das Unternehmen – unter Einhaltung des Wettbewerbsrechts – mit der juristischen Person zusammenarbeiten, die negative Auswirkungen auf der Ebene der indirekten Geschäftsbeziehungen am wirksamsten verhindern oder mindern kann.

(37) Was direkte und indirekte Geschäftsbeziehungen anbetrifft, so können eine Zusammenarbeit in der Branche, Branchenprogramme und Multi-Stakeholder-Initiativen zusätzliche Einflussmöglichkeiten schaffen, die unterstützend dazu beitragen, negative Auswirkungen zu ermitteln, zu mindern und zu verhindern. Unternehmen sollten sich daher bei der Umsetzung ihrer in dieser Richtlinie festgelegten Sorgfaltspflichten auf solche Initiativen stützen können, insoweit solche Programme und Initiativen geeignet sind, die Erfüllung dieser Verpflichtungen zu unterstützen. Die Unternehmen könnten eigenständig überprüfen, ob diese Programme und Initiativen mit den Verpflichtungen aus dieser Richtlinie im Einklang stehen. In der Richtlinie sollte auch darauf hingewiesen werden, dass die Kommission und die Mitgliedstaaten die Verbreitung von Informationen über solche Programme oder Initiativen und ihre Ergebnisse erleichtern können, um so vollständige Informationen über solche Initiativen sicherzustellen. Die Kommission kann in Zusammenarbeit mit den Mitgliedstaaten Leitlinien für die Bewertung der Eignung von Branchenprogrammen und Multi-Stakeholder-Initiativen herausgeben.

(38) Gemäß den in dieser Richtlinie festgelegten Sorgfaltspflichten sollte ein Unternehmen, das tatsächliche negative Auswirkungen auf die Menschenrechte oder die Umwelt feststellt, geeignete Maßnahmen ergreifen, um diese abzustellen. Es ist davon auszugehen, dass ein Unternehmen in der Lage ist, tatsächliche negative Auswirkungen in seinen eigenen Geschäftstätigkeiten und in den seiner Tochterunternehmen abzustellen. Allerdings sollte klargestellt werden, dass Unternehmen in Bezug auf etablierte Geschäftsbeziehungen, bei denen negative Auswirkungen nicht abgestellt werden können, das Ausmaß dieser Auswirkungen minimieren sollten. Bei einer Minimierung des Ausmaßes negativer Auswirkungen sollte ein Ergebnis verlangt werden, das dem Abstellen der negativen Auswirkungen möglichst nahe kommt. Um Rechtsklarheit und Rechtssicherheit für Unternehmen zu schaffen, sollte in dieser Richtlinie festgelegt werden, welche Maßnahmen die Unternehmen ergreifen müssen, um die tatsächlichen negativen Auswirkungen auf die Menschenrechte und die Umwelt abzustellen oder je nach den Umständen deren Ausmaß gegebenenfalls zu minimieren.

(39) Um den Pflichten gemäß dieser Richtlinie, die tatsächlichen negativen Auswirkungen auf die Menschenrechte und die Umwelt abzustellen oder je nach den Umständen deren Ausmaß gegebenenfalls zu minimieren, sollten die Unternehmen verpflichtet werden, die folgenden Maßnahmen zu ergreifen. Sie sollten die negativen Auswirkungen neutralisieren oder deren Ausmaß minimieren, wobei die ergriffene Maßnahme der Bedeutung und dem Umfang der negativen Auswirkungen und dem Beitrag des Verhaltens des Unternehmens zu den nachteiligen Auswirkungen angemessen sein sollte. Wenn dies notwendig ist, weil die negativen Auswirkungen nicht sofort abgestellt werden können, sollten die Unternehmen einen Korrekturmaßnahmenplan ausarbeiten und umsetzen, der angemessene und klar definierte Zeitrahmen für die Maßnahmen sowie qualitative und quantitative Indikatoren für die Messung von Verbesserungen enthält. Unternehmen sollten auch anstreben, dass ein direkter Geschäftspartner, mit dem sie eine etablierte Geschäftsbeziehung unterhalten, vertraglich zusichert, dass er die Einhaltung des Verhaltenskodex und erforderlichenfalls des Präventionsplans des Unternehmens sicherstellen wird, unter anderem indem dieser von

seinen Partnern entsprechende vertragliche Zusicherungen verlangt, soweit deren Tätigkeiten Teil der Wertschöpfungskette des Unternehmens sind. Die vertraglichen Zusicherungen sollten von geeigneten Maßnahmen zur Überprüfung der Einhaltung begleitet werden. Schließlich sollten Unternehmen außerdem Investitionen tätigen, die darauf abzielen, negative Auswirkungen abzustellen oder zu minimieren, KMU, mit denen sie eine etablierte Geschäftsbeziehung unterhalten, gezielt und angemessen unterstützen und mit anderen Unternehmen zusammenarbeiten, gegebenenfalls auch, um die Fähigkeit des Unternehmens zur Abstellung der negativen Auswirkungen zu verbessern.

(40) In dieser Richtlinie sollte des Weiteren auf die Möglichkeit verwiesen werden, dass das Unternehmen den Abschluss eines Vertrags mit dem indirekten Geschäftspartner anstreben kann, um die Einhaltung des Verhaltenskodex oder eines Präventionsplans des Unternehmens zu erreichen, und auch geeignete Maßnahmen ergreifen kann, um die Übereinstimmung der indirekten Geschäftsbeziehung mit dem Vertrag zu überprüfen, damit das gesamte Spektrum an Optionen für das Unternehmen in Fällen erfasst wird, in denen tatsächliche Auswirkungen durch die beschriebenen Maßnahmen nicht bewältigt werden könnten.

(41) Um sicherzustellen, dass potenzielle negative Auswirkungen wirksam abgestellt oder minimiert werden, sollten die Unternehmen vorrangig aktiv in den bestehenden Geschäftsbeziehungen in der Wertschöpfungskette Lösungen finden, anstatt sich zurückzuziehen, was ein letztes Mittel bleiben sollte, nachdem ihr Versuch, potenzielle negative Auswirkungen abzustellen oder zu minimieren, erfolglos geblieben ist. Diese Richtlinie sollte jedoch auch in Fällen, in denen tatsächliche negative Auswirkungen durch die beschriebenen Maßnahmen nicht abgestellt oder angemessen gemindert werden konnten, auf die Verpflichtung von Unternehmen verweisen, keine neuen Beziehungen mit dem betreffenden Partner einzugehen oder bestehende Beziehungen nicht zu verlängern, und, sofern das für ihre Beziehungen maßgebende Recht dies zulässt, entweder Geschäftsbeziehungen mit dem betreffenden Partner vorübergehend auszusetzen und dabei gleichzeitig Bemühungen im Hinblick auf eine Abstellung oder Minimierung des Ausmaßes der negativen Auswirkungen zu unternehmen oder die Geschäftsbeziehung in Bezug auf die betreffenden Tätigkeiten zu beenden, wenn die negativen Auswirkungen als schwerwiegend betrachtet werden. Damit Unternehmen dieser Verpflichtung nachkommen können, sollten die Mitgliedstaaten die Möglichkeit vorsehen, dass die Geschäftsbeziehungen in Verträgen, die ihrem Recht unterliegen, beendet werden können.

(42) Unternehmen sollten Personen und Organisationen die Möglichkeit einräumen, Beschwerden direkt an sie richten zu können, wenn berechtigte Bedenken hinsichtlich tatsächlicher oder potenzieller negativer Auswirkungen auf die Menschenrechte und die Umwelt bestehen. Solche Beschwerden sollten beispielsweise von Gewerkschaften und anderen Arbeitnehmervertretern, die innerhalb der betreffenden Wertschöpfungskette arbeitende Einzelpersonen vertreten, sowie von Organisationen der Zivilgesellschaft, die in mit der betreffenden Wertschöpfungskette in Zusammenhang stehenden Bereichen tätig sind, vorgebracht werden können, wenn sie Kenntnis von potenziellen oder tatsächlichen negativen Auswirkungen haben. Die Unternehmen sollten ein Verfahren für die Bearbeitung dieser Beschwerden einrichten und Arbeitnehmer, Gewerkschaften und andere Arbeitnehmervertreter gegebenenfalls über solche Verfahren informieren. Die Inanspruchnahme des Beschwerde- und Abhilfeverfahrens sollte den Beschwerdeführer nicht daran hindern, einen gerichtlichen Rechtsbehelf einzulegen. Im Einklang mit internationalen Standards sollten Beschwerden dazu berechtigen, vom Unternehmen eine angemessene Nachverfolgung der Beschwerde zu fordern und auf geeigneter Ebene mit Vertretern des Unternehmens zusammenzutreffen, um potenzielle oder tatsächliche schwerwiegende negative Aus-

wirkungen, die Gegenstand der Beschwerde sind, zu erörtern. Dieser Zugang sollte nicht zu unangemessenen Kontaktaufnahmen zu Unternehmen führen.

(43) Unternehmen sollten die Umsetzung und Wirksamkeit ihrer Maßnahmen zur Erfüllung der Sorgfaltspflicht überwachen. Sie sollten regelmäßig Bewertungen ihrer eigenen Geschäftstätigkeit, der ihrer Tochterunternehmen und – soweit mit den Wertschöpfungsketten des Unternehmens verbunden – der Tätigkeiten ihrer Partner in etablierten Geschäftsbeziehungen vornehmen, um die Wirksamkeit der Ermittlung, Verhinderung, Minimierung, Abstellung und Minderung von nachteiligen Auswirkungen auf die Menschenrechte und die Umwelt zu überwachen. Im Rahmen dieser Bewertungen sollte überprüft werden, ob negative Auswirkungen ordnungsgemäß ermittelt werden, ob Maßnahmen zur Erfüllung der Sorgfaltspflicht getroffen worden sind und ob negative Auswirkungen tatsächlich verhindert oder abgestellt wurden. Um sicherzustellen, dass diese Bewertungen aktuell sind, sollten sie mindestens alle zwölf Monate durchgeführt werden, und es sollten zusätzliche Überprüfungen in einem kürzeren Abstand erfolgen, wenn hinreichende Gründe für die Annahme bestehen, dass erhebliche neue Risiken negativer Auswirkungen entstanden sein könnten.

(44) Wie in den bestehenden internationalen Standards, die in den Leitprinzipien der Vereinten Nationen für Wirtschaft und Menschenrechte und im OECD-Rahmen festgelegt sind, ist es Teil der Anforderungen in Bezug auf die Sorgfaltspflicht, extern relevante Informationen zu Strategien, Verfahren und Tätigkeiten zur Wahrnehmung der Sorgfaltspflicht, die der Ermittlung und Bewältigung tatsächlicher oder potenzieller negativer Auswirkungen dienen, zu kommunizieren, wozu auch die Erkenntnisse und Ergebnisse dieser Tätigkeiten zählen. Der Vorschlag zur Änderung der Richtlinie 2013/34/EU im Hinblick auf die Nachhaltigkeitsberichterstattung von Unternehmen enthält die einschlägigen Berichtspflichten für die unter diese Richtlinie fallenden Unternehmen. Um Überschneidungen bei den Berichtspflichten zu vermeiden, sollten mit dieser Richtlinie daher für die unter die Richtlinie 2013/34/EU fallenden Unternehmen keine neuen Berichtspflichten eingeführt werden, die über die in der Richtlinie 2013/34/EU festgelegten Berichtspflichten sowie über die im Rahmen jener Richtlinie zu entwickelnden Standards für die Berichterstattung hinausgehen. Unternehmen, die unter die vorliegende Richtlinie, jedoch nicht unter die Richtlinie 2013/34/EU fallen, sollten zur Erfüllung ihrer Verpflichtung, über die Wahrnehmung ihrer Sorgfaltspflicht im Rahmen der vorliegenden Richtlinie zu kommunizieren, auf ihrer Website eine jährliche Erklärung in einer im internationalen Geschäftsbereich gebräuchlichen Sprache veröffentlichen.

(45) Um den Unternehmen die Erfüllung ihrer Sorgfaltspflichten entlang ihrer Wertschöpfungskette zu erleichtern und eine Verlagerung des Befolgungsaufwands hin zu den KMU-Geschäftspartnern zu begrenzen, sollte die Kommission Leitlinien für Mustervertragsklauseln bereitstellen.

(46) Der Kommission sollte ferner die Möglichkeit haben, unter Heranziehung einschlägiger internationaler Leitlinien und Standards und in Absprache mit den Mitgliedstaaten und Interessenträgern, der Agentur der Europäischen Union für Grundrechte, der Europäischen Umweltagentur und gegebenenfalls internationalen Gremien, die über Fachwissen im Bereich der Sorgfaltspflicht verfügen, Leitlinien – auch für bestimmte Branchen oder in Bezug auf spezifische negative Auswirkungen – herauszugeben, um Unternehmen bei der Erfüllung ihrer Sorgfaltspflichten oder die Behörden der Mitgliedstaaten bei der Bewertung, wie Unternehmen ihre Sorgfaltspflichten erfüllen, zu unterstützen und ihnen praktische Instrumente an die Hand zu geben.

(47) Obwohl KMU nicht in den Anwendungsbereich dieser Richtlinie fallen, könnten sich ihre Bestimmungen auf KMU als Auftragnehmer oder Unterauftragnehmer der in den Anwendungsbereich dieser Richtlinie fallenden Unternehmen auswirken. Ziel ist es jedoch,

den finanziellen oder administrativen Aufwand für KMU zu verringern, von denen viele bereits vor dem Hintergrund der weltweiten Wirtschafts- und Gesundheitskrise zu kämpfen haben. Zur Unterstützung von KMU sollten die Mitgliedstaaten einzeln oder gemeinsam spezielle Websites, Portale oder Plattformen einrichten und betreiben; die Mitgliedstaaten könnten KMU auch finanziell unterstützen und ihnen beim Aufbau von Kapazitäten helfen. Eine solche Unterstützung sollte auch vorgelagerten Wirtschaftsbeteiligten in Drittländern zugänglich gemacht und erforderlichenfalls angepasst und ausgeweitet werden. Unternehmen, deren Geschäftspartner KMU sind, werden auch ermutigt, diese bei der Erfüllung der Sorgfaltspflichten zu unterstützen, falls solche Anforderungen die Existenzfähigkeit der KMU gefährden würden, und sie sollten faire, angemessene, diskriminierungsfreie und verhältnismäßige Anforderungen gegenüber den KMU anwenden.

(48) Zur Ergänzung der Unterstützung von KMU seitens der Mitgliedstaaten kann die Kommission sich auf bestehende EU-Instrumente, Projekte und andere Maßnahmen stützen, die bei der Umsetzung der Sorgfaltspflicht in der EU und in Drittländern helfen. Außerdem kann die Kommission neue Unterstützungsmaßnahmen einführen, die Unternehmen, einschließlich KMU, bei der Erfüllung der Sorgfaltspflichten unterstützen, einschließlich einer Beobachtungsstelle für die Transparenz von Wertschöpfungsketten und der Erleichterung gemeinsamer Initiativen von Interessenträgern.

(49) Die Kommission und die Mitgliedstaaten sollten weiterhin partnerschaftlich mit Drittländern zusammenarbeiten, um vorgelagerte Wirtschaftsbeteiligte beim Aufbau von Kapazitäten zu unterstützen, mit denen negative Auswirkungen ihrer Tätigkeiten und Geschäftsbeziehungen auf die Menschenrechte und die Umwelt wirksam verhindert und gemindert werden, wobei den Herausforderungen, mit denen Kleinbetriebe konfrontiert sind, besondere Aufmerksamkeit gewidmet werden sollte. Sie sollten ihre Instrumente für Nachbarschaft, Entwicklungszusammenarbeit und internationale Zusammenarbeit nutzen, um Regierungen von Drittländern und vorgelagerte Wirtschaftsbeteiligte in Drittländern bei der Bewältigung der negativen Auswirkungen ihrer Tätigkeiten und vorgelagerter Geschäftsbeziehungen auf die Menschenrechte und die Umwelt zu unterstützen. Dazu könnte die Zusammenarbeit mit den Regierungen der Partnerländer, der lokalen Privatwirtschaft und Interessenträgern bei der Bekämpfung der Ursachen für negative Auswirkungen auf die Menschenrechte und die Umwelt gehören.

(50) Um sicherzustellen, dass diese Richtlinie wirksam zur Bekämpfung des Klimawandels beiträgt, sollten die Unternehmen einen Plan annehmen, mit dem sichergestellt wird, dass ihr Geschäftsmodell und ihre Strategie mit dem Übergang zu einer nachhaltigen Wirtschaft und der Begrenzung der Erderwärmung auf 1,5 °C im Einklang mit dem Übereinkommen von Paris vereinbar sind. Falls das Klima als ein Hauptrisiko oder eine Hauptauswirkung der Tätigkeit des Unternehmens ermittelt wird oder hätte ermittelt werden müssen, sollte das Unternehmen Zielvorgaben zur Emissionsverringerung in seinen Plan aufnehmen.

(51) Damit gewährleistet ist, dass ein solcher Plan zur Emissionsverringerung ordnungsgemäß umgesetzt und in den finanziellen Anreizen für Mitglieder der Unternehmensleitung verankert wird, sollte der Plan bei der Festlegung der variablen Vergütung der Mitglieder der Unternehmensleitung gebührend berücksichtigt werden, wenn die variable Vergütung mit dem Beitrag eines Mitglieds der Unternehmensleitung zur Geschäftsstrategie des Unternehmens und zu langfristigen Interessen und Nachhaltigkeit verknüpft ist.

(52) Diese Unternehmen sollten einen mit einem hinreichenden Mandat ausgestatteten Bevollmächtigten in der Union benennen und Informationen über ihre Bevollmächtigten zur Verfügung stellen, damit eine wirksame Beaufsichtigung und erforderlichenfalls Durchsetzung dieser Richtlinie in Bezug auf Unternehmen ermöglicht wird, die nicht dem Recht eines Mitgliedstaats unterliegen. Die Bevollmächtigten sollten auch als Kontaktstellen

fungieren können, sofern die einschlägigen Anforderungen dieser Richtlinie eingehalten werden.

(53) Um die Überwachung der ordnungsgemäßen Umsetzung der Sorgfaltspflichten der Unternehmen und die ordnungsgemäße Durchsetzung dieser Richtlinie sicherzustellen, sollten die Mitgliedstaaten eine oder mehrere nationale Aufsichtsbehörden benennen. Bei diesen Aufsichtsbehörden sollte es sich um staatliche Stellen handeln, die unabhängig von den in den Anwendungsbereich dieser Richtlinie fallenden Unternehmen oder anderen Marktinteressen sind und bei denen keine Interessenkonflikte bestehen. Die Mitgliedstaaten sollten im Einklang mit ihrem nationalen Recht die angemessene finanzielle Ausstattung der zuständigen Aufsichtsbehörde gewährleisten. Sie sollte über die Befugnis verfügen, von sich aus oder aufgrund von Beschwerden oder begründeten Bedenken, die gemäß dieser Richtlinie vorgebracht werden, Untersuchungen durchzuführen. Falls Behörden mit einer Zuständigkeit gemäß sektoralen Rechtsvorschriften bestehen, könnten die Mitgliedstaaten festlegen, dass diese Behörden in ihrem jeweiligen Zuständigkeitsbereich für die Anwendung dieser Richtlinie verantwortlich sind. Für die Zwecke dieser Richtlinie könnten die Mitgliedstaaten auch für die Beaufsichtigung regulierter Finanzunternehmen zuständige Behörden als Aufsichtsbehörden benennen.

(54) Um die wirksame Durchsetzung der nationalen Maßnahmen zur Umsetzung dieser Richtlinie zu gewährleisten, sollten die Mitgliedstaaten abschreckende, verhältnismäßige und wirksame Sanktionen für Verstöße gegen diese Maßnahmen vorsehen. Damit eine solche Sanktionsregelung wirksam ist, sollten die von den nationalen Aufsichtsbehörden zu verhängenden verwaltungsrechtlichen Sanktionen Geldbußen umfassen. Sieht das Rechtssystem eines Mitgliedstaats keine verwaltungsrechtlichen Sanktionen im Sinne dieser Richtlinie vor, so sollten die Vorschriften über verwaltungsrechtliche Sanktionen in der Weise angewandt werden, dass die Sanktion von der zuständigen Aufsichtsbehörde eingeleitet und von der Justizbehörde verhängt wird. Daher müssen diese Mitgliedstaaten sicherstellen, dass die Anwendung der Vorschriften und Sanktionen die gleiche Wirkung wie die von den zuständigen Aufsichtsbehörden verhängten verwaltungsrechtlichen Sanktionen hat.

(55) Um die einheitliche Anwendung und Durchsetzung der aufgrund dieser Richtlinie erlassenen einzelstaatlichen Vorschriften zu gewährleisten, sollten die nationalen Aufsichtsbehörden zusammenarbeiten und ihre Maßnahmen koordinieren. Zu diesem Zweck sollte die Kommission ein Europäisches Netz der Aufsichtsbehörden einrichten, und die Aufsichtsbehörden sollten einander bei der Erfüllung ihrer Aufgaben unterstützen und einander Amtshilfe leisten.

(56) Zur Gewährleistung einer wirksamen Entschädigung der Opfer nachteiliger Auswirkungen sollten die Mitgliedstaaten verpflichtet werden, Vorschriften über die zivilrechtliche Haftung von Unternehmen für Schäden festzulegen, die sich aus der Nichteinhaltung des Verfahrens zur Erfüllung der Sorgfaltspflicht ergeben. Ein Unternehmen sollte für Schäden haftbar sein, wenn es seinen Verpflichtungen zur Verhinderung und Minderung potenzieller negativer Auswirkungen oder zur Abstellung tatsächlicher Auswirkungen und Minimierung ihres Ausmaßes nicht nachgekommen ist und wenn infolge dieses Versäumnisses negative Auswirkungen, die ermittelt, verhindert, gemindert, abgestellt oder durch geeignete Maßnahmen hätten minimiert werden müssen, zu einem Schaden geführt haben.

(57) In Bezug auf Schäden, die auf der Ebene etablierter indirekter Geschäftsbeziehungen entstehen, sollte die Haftung des Unternehmens bestimmten Bedingungen unterliegen. Ein Unternehmen sollte nicht haften, wenn es spezifische Maßnahmen zur Erfüllung der Sorgfaltspflicht durchgeführt hat. Allerdings sollte es durch die Umsetzung solcher Maßnahmen nicht von der Haftung befreit werden, wenn es nach vernünftigem Ermessen nicht

zu erwarten war, dass die tatsächlich ergriffenen Maßnahmen, auch in Bezug auf die Überprüfung der Einhaltung, geeignet waren, um die negativen Auswirkungen zu vermeiden, zu mindern, abzustellen oder zu minimieren. Darüber hinaus sind bei der Bewertung der Frage des Bestehens und des Umfangs der Haftung die Bemühungen des Unternehmens, die von einer Aufsichtsbehörde geforderten Abhilfemaßnahmen umzusetzen – soweit sie sich unmittelbar auf den betreffenden Schaden beziehen –, die vom Unternehmen getätigten Investitionen und die von ihm geleistete gezielte Unterstützung sowie die Zusammenarbeit mit anderen Unternehmen zur Bewältigung der negativen Auswirkungen in seinen Wertschöpfungsketten gebührend zu berücksichtigen.

(58) Die Haftungsregelung enthält keine Bestimmungen dazu, wer nachweisen muss, dass das Handeln des Unternehmens unter den Umständen des Einzelfalls hinreichend angemessen war, und diese Frage bleibt daher dem nationalen Recht überlassen.

(59) Hinsichtlich der zivilrechtlichen Haftungsvorschriften gilt, dass die zivilrechtliche Haftung eines Unternehmens für Schäden, die dadurch entstehen, dass das Unternehmen keine angemessene Sorgfaltsprüfung durchgeführt hat, die zivilrechtliche Haftung seiner Tochterunternehmen oder die entsprechende zivilrechtliche Haftung direkter und indirekter Geschäftspartner in der Wertschöpfungskette unberührt lässt. Darüber hinaus sollten die zivilrechtlichen Haftungsvorschriften gemäß dieser Richtlinie die Vorschriften der Union oder der Mitgliedstaaten über die zivilrechtliche Haftung im Zusammenhang mit negativen Auswirkungen auf die Menschenrechte oder negativen Auswirkungen auf die Umwelt unberührt lassen, welche eine Haftung in Situationen vorsehen, die nicht unter diese Richtlinie fallen oder eine strengere Haftung vorsehen als diese Richtlinie.

(60) Hinsichtlich der zivilrechtlichen Haftung aufgrund negativer Auswirkungen auf die Umwelt gilt, dass Geschädigte auch dann Schadenersatz gemäß dieser Richtlinie geltend machen können, wenn es dabei Überschneidungen mit Ansprüchen aus der Verletzung von Menschenrechten gibt.

(61) Um sicherzustellen, dass Opfer von Menschenrechtsverletzungen und Umweltschäden auch dann Schadenersatzklagen erheben und Schadenersatzansprüche geltend machen können, die aufgrund der Nichteinhaltung der sich aus dieser Richtlinie ergebenden Sorgfaltspflichten entstanden sind, wenn das auf solche Ansprüche anzuwendende Recht nicht das Recht eines Mitgliedstaats ist – was beispielsweise gemäß den Regeln des internationalen Privatrechts der Fall sein könnte, wenn der Schaden in einem Drittland eintritt –, sollte diese Richtlinie die Mitgliedstaaten verpflichten, dafür zu sorgen, dass die in ihren nationalen Rechtsvorschriften zur Umsetzung dieses Artikels vorgesehene Haftung in Fällen, in denen das auf derartige Ansprüche anzuwendende Recht nicht das Recht eines Mitgliedstaats ist, zwingend anwendbar ist.

(62) Die in der vorliegenden Richtlinie vorgesehene Regelung der zivilrechtlichen Haftung sollte die Umwelthaftungsrichtlinie 2004/35/EG unberührt lassen. Die vorliegende Richtlinie sollte die Mitgliedstaaten nicht daran hindern, Unternehmen weitere, strengere Pflichten aufzuerlegen oder auf andere Weise weitere Maßnahmen zu ergreifen, die dieselben Ziele wie die genannte Richtlinie verfolgen.

(63) In allen nationalen Rechtsvorschriften der Mitgliedstaaten haben die Mitglieder der Unternehmensleitung eine Sorgfaltspflicht gegenüber dem Unternehmen. Um sicherzustellen, dass diese allgemeine Pflicht in einer Weise verstanden und angewandt wird, die den mit dieser Richtlinie eingeführten Sorgfaltspflichten entspricht und mit diesen im Einklang steht, und dass die Mitglieder der Unternehmensleitung bei ihren Entscheidungen Nachhaltigkeitsaspekte systematisch berücksichtigen, sollte in dieser Richtlinie die allgemeine Sorgfaltspflicht der Mitglieder der Unternehmensleitung, im besten Interesse der Gesell-

schaft zu handeln, in harmonisierter Weise klargestellt werden, indem festgelegt wird, dass die Mitglieder der Unternehmensleitung die in der Richtlinie 2013/34/EU genannten Nachhaltigkeitsaspekte berücksichtigen müssen, gegebenenfalls einschließlich der Menschenrechte, des Klimawandels und der Umweltauswirkungen, auch in kurz-, mittel- und langfristigen Zeithorizonten. Diese Klarstellung macht keine Änderung bestehender nationaler Unternehmensstrukturen erforderlich.

(64) Die Verantwortung für die Sorgfaltspflicht sollte den Mitgliedern der Unternehmensleitung im Einklang mit den internationalen Rahmen für die Erfüllung der Sorgfaltspflicht übertragen werden. Die Mitglieder der Unternehmensleitung sollten somit für die Einführung und Überwachung der in dieser Richtlinie festgelegten Maßnahmen zur Erfüllung der Sorgfaltspflicht und für die Annahme der Strategie des Unternehmens zur Erfüllung der Sorgfaltspflicht verantwortlich sein, wobei die Beiträge von Interessenträgern und Organisationen der Zivilgesellschaft zu berücksichtigen sind und die Sorgfaltspflicht in die Unternehmensmanagementsysteme integriert werden sollte. Die Mitglieder der Unternehmensleitung sollten die Unternehmensstrategie des Weiteren an die ermittelten tatsächlichen und potenziellen Auswirkungen sowie an etwaige Maßnahmen anpassen, die zur Erfüllung der Sorgfaltspflicht ergriffen wurden.

(65) Personen, die für den Sorgfaltspflichten gemäß dieser Richtlinie unterliegende Unternehmen arbeiten oder die im Rahmen ihrer beruflichen Tätigkeit mit solchen Unternehmen in Kontakt stehen, können eine Schlüsselrolle bei der Aufdeckung von Verstößen gegen die Bestimmungen dieser Richtlinie spielen. Sie können somit zur Verhinderung und Abschreckung solcher Verstöße und zur Verbesserung der Durchsetzung dieser Richtlinie beitragen. Daher sollte die Richtlinie (EU) 2019/1937 des Europäischen Parlaments und des Rates[34] für die Meldung von Verstößen gegen diese Richtlinie und den Schutz von Personen, die solche Verstöße melden, gelten.

(66) Um festzulegen, welche Informationen Unternehmen, die keinen Berichtspflichten nach den Bestimmungen über die Nachhaltigkeitsberichterstattung von Unternehmen gemäß der Richtlinie 2013/34/EU unterliegen, zu den unter diese Richtlinie fallenden Angelegenheiten übermitteln sollten, sollte der Kommission die Befugnis zum Erlass von Rechtsakten gemäß Artikel 290 des Vertrags über die Arbeitsweise der Europäischen Union übertragen werden, um zusätzliche Vorschriften über den Inhalt und die Kriterien einer solchen Berichterstattung festzulegen, in denen die Informationen zur Beschreibung der Sorgfaltspflicht, zu potenziellen und tatsächlichen Auswirkungen und zu diesbezüglich ergriffenen Maßnahmen verankert sind. Es ist von besonderer Bedeutung, dass die Kommission im Zuge ihrer Vorbereitungsarbeit angemessene Konsultationen, auch auf der Ebene von Sachverständigen, durchführt, die mit den Grundsätzen in Einklang stehen, welche in der Interinstitutionellen Vereinbarung vom 13. April 2016 über bessere Rechtsetzung[35] niedergelegt wurden. Um insbesondere für eine gleichberechtigte Beteiligung an der Vorbereitung delegierter Rechtsakte zu sorgen, erhalten das Europäische Parlament und der Rat alle Dokumente zur gleichen Zeit wie die Sachverständigen der Mitgliedstaaten, und ihre Sachverständigen haben systematisch Zugang zu den Sitzungen der Sachverständigengruppen der Kommission, die mit der Vorbereitung der delegierten Rechtsakte befasst sind.

(67) Bei der Anwendung dieser Richtlinie sollten die Rechtsvorschriften der Union zum Datenschutz eingehalten sowie das Recht auf Schutz des Privatlebens und personenbezogener Daten gemäß Artikel 7 und 8 der Charta der Grundrechte der Europäischen Union

34 Richtlinie (EU) 2019/1937 des Europäischen Parlaments und des Rates vom 23. Oktober 2019 zum Schutz von Personen, die Verstöße gegen das Unionsrecht melden (ABl. L 305 vom 26.11.2019, S. 17).

35 ABl. L 123 vom 12.5.2016, S. 1.

gewahrt werden. Jede Verarbeitung personenbezogener Daten im Rahmen dieser Richtlinie erfolgt im Einklang mit der Verordnung (EU) 2016/679 des Europäischen Parlaments und des Rates[36], einschließlich der Anforderungen an Zweckbindung, Datenminimierung und Speicherbegrenzung.

(68) Der Europäische Datenschutzbeauftragte wurde gemäß Artikel 28 Absatz 2 der Verordnung (EU) 2018/1725 des Europäischen Parlaments und des Rates[37] angehört und hat am … 2022 eine Stellungnahme abgegeben.

(69) Diese Richtlinie berührt nicht die Verpflichtungen in den Bereichen Menschenrechte, Umweltschutz und Klimawandel im Rahmen anderer Gesetzgebungsakte der Union. Stehen die Bestimmungen dieser Richtlinie im Widerspruch zu einer Bestimmung eines anderen Gesetzgebungsakts der Union, mit dem dieselben Ziele verfolgt und weitergehende oder spezifischere Verpflichtungen vorgesehen werden, so sollten die Bestimmungen des anderen Gesetzgebungsakts der Union maßgebend sein und finden auf die genannten spezifischen Verpflichtungen Anwendung.

(70) Die Kommission sollte prüfen und darüber Bericht erstatten, ob neue Branchen in die Liste der unter diese Richtlinie fallenden Branchen mit hohem Schadenspotenzial zur Anpassung an die Leitsätze der Organisation für wirtschaftliche Zusammenarbeit und Entwicklung oder angesichts klarer Beweise für die Ausbeutung der Arbeitskraft, für Menschenrechtsverletzungen oder neue Umweltgefahren aufgenommen werden sollten, ob die Liste der einschlägigen internationalen Übereinkommen, auf die in dieser Richtlinie Bezug genommen wird, geändert werden sollte, insbesondere angesichts internationaler Entwicklungen, oder ob die Bestimmungen über die Sorgfaltspflicht im Rahmen dieser Richtlinie auf nachteilige Klimaauswirkungen ausgeweitet werden sollten.

(71) Das Ziel dieser Richtlinie, nämlich das Potenzial des Binnenmarkts besser auszuschöpfen, um zum Übergang zu einer nachhaltigen Wirtschaft beizutragen, und die nachhaltige Entwicklung durch Verhinderung und Minderung potenzieller oder tatsächlicher negativer Auswirkungen auf die Menschenrechte und die Umwelt in den Wertschöpfungsketten von Unternehmen zu unterstützen, kann von den Mitgliedstaaten allein oder ohne Abstimmung untereinander nicht ausreichend verwirklicht werden, sondern ist wegen des Umfangs und der Wirkung der Maßnahmen auf Unionsebene besser zu verwirklichen. Insbesondere haben die Probleme und ihre Ursachen, mit denen sich diese Richtlinie befasst, eine transnationale Dimension, da viele Unternehmen unionsweit oder weltweit tätig sind und Wertschöpfungsketten sich auf andere Mitgliedstaaten und Drittländer erstrecken. Außerdem besteht die Gefahr, dass individuelle Maßnahmen der Mitgliedstaaten unwirksam sind und zu einer Fragmentierung des Binnenmarktes führen. Die Union kann daher im Einklang mit dem in Artikel 5 des Vertrags über die Europäische Union (EUV) verankerten Subsidiaritätsprinzip tätig werden. Entsprechend dem in demselben Artikel genannten Grundsatz der Verhältnismäßigkeit geht diese Richtlinie nicht über das für die Verwirklichung dieses Ziels erforderliche Maß hinaus.

HABEN FOLGENDE RICHTLINIE ERLASSEN:

---

36 Verordnung (EU) 2016/679 des Europäischen Parlaments und des Rates vom 27. April 2016 zum Schutz natürlicher Personen bei der Verarbeitung personenbezogener Daten, zum freien Datenverkehr und zur Aufhebung der Richtlinie 95/46/EG (Datenschutz-Grundverordnung) (ABl. L 119 vom 4.5.2016, S. 1).

37 Verordnung (EU) 2018/1725 des Europäischen Parlaments und des Rates vom 23. Oktober 2018 zum Schutz natürlicher Personen bei der Verarbeitung personenbezogener Daten durch die Organe, Einrichtungen und sonstigen Stellen der Union, zum freien Datenverkehr und zur Aufhebung der Verordnung (EG) Nr. 45/2001 und des Beschlusses Nr. 1247/2002/EG (ABl. L 295 vom 21.11.2018, S. 39).

Artikel 1
Gegenstand

(1) Diese Richtlinie enthält Vorschriften über
  a) Verpflichtungen von Unternehmen in Bezug auf tatsächliche und potenzielle negative Auswirkungen auf die Menschenrechte und die Umwelt in Bezug auf ihre eigenen Tätigkeiten, die Tätigkeiten ihrer Tochterunternehmen und die Tätigkeiten von Unternehmen in der Wertschöpfungskette, mit denen das Unternehmen eine etablierte Geschäftsbeziehung unterhält, und
  b) die Haftung für Verstöße gegen die oben genannten Verpflichtungen.

  Ob Geschäftsbeziehungen als „etabliert" gelten, wird regelmäßig, mindestens jedoch alle zwölf Monate, neu bewertet.

(2) Diese Richtlinie darf nicht als Rechtfertigung für eine Senkung des in den Rechtsvorschriften der Mitgliedstaaten zum Zeitpunkt der Annahme dieser Richtlinie vorgesehenen Niveaus des Schutzes der Menschenrechte oder der Umwelt oder des Klimaschutzes dienen.

(3) Diese Richtlinie berührt nicht die Verpflichtungen in den Bereichen Menschenrechte, Umweltschutz und Klimawandel, die sich aus anderen Rechtsakten der Union ergeben. Stehen die Bestimmungen dieser Richtlinie im Widerspruch zu einer Bestimmung eines anderen Gesetzgebungsakts der Union, mit dem dieselben Ziele verfolgt und weitergehende oder spezifischere Verpflichtungen vorgesehen werden, so sind die Bestimmungen des anderen Gesetzgebungsakts der Union maßgebend und finden auf die genannten spezifischen Verpflichtungen Anwendung.

Artikel 2
Geltungsbereich

(1) Diese Richtlinie gilt für Unternehmen, die nach den Rechtsvorschriften eines Mitgliedstaats gegründet wurden und eine der folgenden Bedingungen erfüllen:
  a) Das Unternehmen hatte im letzten Geschäftsjahr, für das ein Jahresabschluss erstellt wurde, im Durchschnitt mehr als 500 Beschäftigte und erzielte einen weltweiten Nettoumsatz von mehr als 150 Mio. EUR.
  b) Das Unternehmen erreichte die unter Buchstabe a genannten Schwellenwerte nicht, hatte aber im letzten Geschäftsjahr, für das ein Jahresabschluss erstellt wurde, im Durchschnitt mehr als 250 Beschäftigte und erzielte einen weltweiten Nettoumsatz von mehr als 40 Mio. EUR, sofern mindestens 50 % dieses Nettoumsatzes in einem oder mehreren der folgenden Sektoren erwirtschaftet wurden:
    i) Herstellung von Textilien, Leder und verwandten Erzeugnissen (einschließlich Schuhe) sowie Großhandel mit Textilien, Bekleidung und Schuhen;
    ii) Landwirtschaft, Forstwirtschaft, Fischerei (einschließlich Aquakultur), Herstellung von Lebensmittelprodukten und Großhandel mit landwirtschaftlichen Rohstoffen, lebenden Tieren, Holz, Lebensmitteln und Getränken;
    iii) Gewinnung mineralischer Ressourcen unabhängig davon, wo sie gewonnen werden (einschließlich Rohöl, Erdgas, Steinkohle, Braunkohle, Metalle und Metallerze sowie aller anderen, nichtmetallischen Mineralien und Steinbruchprodukte), Herstellung von Grundmetallerzeugnissen, sonstigen Erzeugnissen aus nichtmetallischen Mineralien und Metallerzeugnissen (ausgenommen Maschinen und Ausrüstungen) sowie Großhandel mit mineralischen Rohstoffen, mineralischen Grunderzeugnissen und Zwischenerzeugnissen (ein-

schließlich Metalle und Metallerze, Baustoffe, Brennstoffe, Chemikalien und andere Zwischenprodukte).

(2) Diese Richtlinie gilt zudem für Unternehmen, die nach den Rechtsvorschriften eines Drittlandes gegründet wurden und eine der folgenden Bedingungen erfüllen:
  a) Das Unternehmen erzielte im Geschäftsjahr vor dem letzten Geschäftsjahr in der Union einen Nettoumsatz von mehr als 150 Mio. EUR.
  b) Das Unternehmen erzielte im Geschäftsjahr vor dem letzten Geschäftsjahr in der Union einen Nettoumsatz von mehr als 40 Mio. EUR, aber nicht mehr als 150 Mio. EUR, sofern mindestens 50 % seines weltweiten Nettoumsatzes in einem oder mehreren der in Absatz 1 Buchstabe b genannten Sektoren erwirtschaftet wurden.

(3) Für die Zwecke des Absatzes 1 wird die Zahl der Teilzeitbeschäftigten in Vollzeitäquivalenten berechnet. Leiharbeitnehmer werden bei der Berechnung der Zahl der Beschäftigten so behandelt, als ob sie im Bezugszeitraum direkt vom Unternehmen eingestellte Mitarbeiter wären.

(4) In Bezug auf die in Absatz 1 genannten Unternehmen ist der Mitgliedstaat, in dem das Unternehmen seinen Sitz hat, für die Regelung der unter diese Richtlinie fallenden Angelegenheiten zuständig.

Artikel 3
Begriffsbestimmungen

Für die Zwecke dieser Richtlinie bezeichnet der Ausdruck

a) „Unternehmen" Folgendes:
  i) eine juristische Person, die als eine der in Anhang I der Richtlinie 2013/34/EU des Europäischen Parlaments und des Rates[38] aufgeführten Rechtsformen gegründet wurde;
  ii) eine juristische Person, die nach dem Recht eines Drittlandes als Rechtsform gegründet wurde, die mit den in den Anhängen I und II der genannten Richtlinie aufgeführten Rechtsformen vergleichbar ist;
  iii) eine juristische Person, die als eine der in Anhang II der Richtlinie 2013/34/EU aufgeführten Rechtsformen gegründet wurde und ausschließlich aus Unternehmen besteht, die in einer der unter den Ziffern i und ii genannten Rechtsformen organisiert sind;
  iv) ein beaufsichtigtes Finanzunternehmen, bei dem es sich unabhängig von seiner Rechtsform um Folgendes handelt:
    – ein Kreditinstitut im Sinne von Artikel 4 Absatz 1 Nummer 1 der Verordnung (EU) Nr. 575/2013 des Europäischen Parlaments und des Rates[39];
    – eine Wertpapierfirma im Sinne von Artikel 4 Absatz 1 Nummer 1 der Richtlinie 2014/65/EU des Europäischen Parlaments und des Rates[40];

38 Richtlinie 2013/34/EU des Europäischen Parlaments und des Rates vom 26. Juni 2013 über den Jahresabschluss, den konsolidierten Abschluss und damit verbundene Berichte von Unternehmen bestimmter Rechtsformen (ABl. L 182 vom 29.6.2013, S. 19).

39 Verordnung (EU) Nr. 575/2013 des Europäischen Parlaments und des Rates vom 26. Juni 2013 über Aufsichtsanforderungen an Kreditinstitute und Wertpapierfirmen und zur Änderung der Verordnung (EU) Nr. 648/2012 (ABl. L 176 vom 27.6.2013, S. 1).

40 Richtlinie 2014/65/EU des Europäischen Parlaments und des Rates vom 15. Mai 2014 über Märkte für Finanzinstrumente sowie zur Änderung der Richtlinien 2002/92/EG und 2011/61/EU (ABl. L 173 vom 12.6.2014, S. 349).

– einen Verwalter alternativer Investmentfonds (AIFM) im Sinne von Artikel 4 Absatz 1 Buchstabe b der Richtlinie 2011/61/EU des Europäischen Parlaments und des Rates (2), einschließlich eines EuVECA-Verwalters nach der Verordnung (EU) Nr. 345/2013 des Europäischen Parlaments und des Rates[41], eines EuSEF-Verwalters nach der Verordnung (EU) Nr. 346/2013 des Europäischen Parlaments und des Rates[42] und eines ELTIF-Verwalters nach der Verordnung (EU) 2015/760 des Europäischen Parlaments und des Rates[43];
– eine Verwaltungsgesellschaft für Organismen für gemeinsame Anlagen in Wertpapieren (OGAW) im Sinne von Artikel 2 Absatz 1 Buchstabe b der Richtlinie 2009/65/EG des Europäischen Parlaments und des Rates[44];
– ein Versicherungsunternehmen im Sinne von Artikel 13 Nummer 1 der Richtlinie 2009/138/EG des Europäischen Parlaments und des Rates[45];
– ein Rückversicherungsunternehmen im Sinne von Artikel 13 Nummer 4 der Richtlinie 2009/138/EG;
– eine Einrichtung der betrieblichen Altersversorgung im Sinne von Artikel 1 Nummer 6 der Richtlinie (EU) 2016/2341 des Europäischen Parlaments und des Rates[46];
– eine Einrichtung der Altersversorgung, die Altersversorgungssysteme betreibt, die als Systeme der sozialen Sicherheit im Sinne der Verordnung (EG) Nr. 883/2004 des Europäischen Parlaments und des Rates[47] und der Verordnung (EG) Nr. 987/2009 des Europäischen Parlaments und des Rates[48] gelten, sowie jede juristische Person, die für die Anlagezwecke solcher Systeme gegründet wurde;
– einen alternativen Investmentfonds (AIF), der von einem AIFM im Sinne von Artikel 4 Absatz 1 Buchstabe b der Richtlinie 2011/61/EU verwaltet wird, oder ein AIF, der nach geltendem nationalen Recht beaufsichtigt wird;
– einen OGAW im Sinne des Artikels 1 Absatz 2 der Richtlinie 2009/65/EG;
– eine zentrale Gegenpartei im Sinne von Artikel 2 Nummer 1 der Verordnung (EU) Nr. 648/2012 des Europäischen Parlaments und des Rates[49];

---

41 Verordnung (EU) Nr. 345/2013 des Europäischen Parlaments und des Rates vom 17. April 2013 über Europäische Risikokapitalfonds (ABl. L 115 vom 25.4.2013, S. 1).

42 Verordnung (EU) Nr. 346/2013 des Europäischen Parlaments und des Rates vom 17. April 2013 über Europäische Fonds für soziales Unternehmertum (ABl. L 115 vom 25.4.2013, S. 18).

43 Verordnung (EU) 2015/760 des Europäischen Parlaments und des Rates vom 29. April 2015 über europäische langfristige Investmentfonds (ABl. L 123 vom 19.5.2015, S. 98).

44 Richtlinie 2009/65/EG des Europäischen Parlaments und des Rates vom 13. Juli 2009 zur Koordinierung der Rechts- und Verwaltungsvorschriften betreffend bestimmte Organismen für gemeinsame Anlagen in Wertpapieren (OGAW) (ABl. L 302 vom 17.11.2009, S. 32).

45 Richtlinie 2009/138/EG des Europäischen Parlaments und des Rates vom 25. November 2009 betreffend die Aufnahme und Ausübung der Versicherungs- und der Rückversicherungstätigkeit (Solvabilität II) (ABl. L 335 vom 17.12.2009, S. 1).

46 Richtlinie (EU) 2016/2341 des Europäischen Parlaments und des Rates vom 14. Dezember 2016 über die Tätigkeiten und die Beaufsichtigung von Einrichtungen der betrieblichen Altersversorgung (EbAV) (ABl. L 354 vom 23.12.2016, S. 37).

47 Verordnung (EG) Nr. 883/2004 des Europäischen Parlaments und des Rates vom 29. April 2004 zur Koordinierung der Systeme der sozialen Sicherheit (ABl. L 166 vom 30.4.2004, S. 1).

48 Verordnung (EG) Nr. 987/2009 des Europäischen Parlaments und des Rates vom 16. September 2009 zur Festlegung der Modalitäten für die Durchführung der Verordnung (EG) Nr. 883/2004 über die Koordinierung der Systeme der sozialen Sicherheit (ABl. L 284 vom 30.10.2009, S. 1).

49 Verordnung (EU) Nr. 648/2012 des Europäischen Parlaments und des Rates vom 4. Juli 2012 über OTC-Derivate, zentrale Gegenparteien und Transaktionsregister (ABl. L 201 vom 27.7.2012, S. 1).

– einen Zentralverwahrer im Sinne von Artikel 2 Absatz 1 Nummer 1 der Verordnung (EU) Nr. 909/2014 des Europäischen Parlaments und des Rates[50];
– eine Zweckgesellschaft für Versicherungen oder Rückversicherungen, die gemäß Artikel 211 der Richtlinie 2009/138/EG zugelassen wurde;
– eine „Verbriefungszweckgesellschaft" im Sinne von Artikel 2 Nummer 2 der Verordnung (EU) Nr. 2017/2402 des Europäischen Parlaments und des Rates[51];
– eine Versicherungs-Holdinggesellschaft im Sinne von Artikel 212 Absatz 1 Buchstabe f der Richtlinie 2009/138/EG oder eine gemischte Finanzholdinggesellschaft im Sinne von Artikel 212 Absatz 1 Buchstabe h der Richtlinie 2009/138/EG, die Teil einer Versicherungsgruppe ist, die der Gruppenaufsicht gemäß Artikel 213 der genannten Richtlinie unterliegt, und die nicht gemäß Artikel 214 Absatz 2 der Richtlinie 2009/138/EG von der Gruppenaufsicht ausgenommen ist;
– ein Zahlungsinstitut im Sinne von Artikel 1 Absatz 1 Buchstabe d der Richtlinie (EU) 2015/2366 des Europäischen Parlaments und des Rates[52];
– ein E-Geld-Institut im Sinne von Artikel 2 Nummer 1 der Richtlinie 2009/110/EG des Europäischen Parlaments und des Rates[53];
– einen Schwarmfinanzierungsdienstleister im Sinne von Artikel 2 Absatz 1 Buchstabe e der Verordnung (EU) 2020/1503 des Europäischen Parlaments und des Rates[54];
– einen Anbieter von Krypto-Dienstleistungen im Sinne von Artikel 3 Absatz 1 Nummer 8 des [Vorschlags für eine Verordnung des Europäischen Parlaments und des Rates über Märkte für Kryptowerte und zur Änderung der Richtlinie (EU) 2019/1937[55]], wenn er eine oder mehrere Krypto-Dienstleistungen im Sinne von Artikel 3 Absatz 1 Nummer 9 des [Vorschlags für eine Verordnung des Europäischen Parlaments und des Rates über Märkte für Kryptowerte und zur Änderung der Richtlinie (EU) 2019/1937] erbringt;

b) „negative Auswirkungen auf die Umwelt" nachteilige Auswirkungen auf die Umwelt, die sich aus einem Verstoß gegen ein Verbot und eine Verpflichtung nach den in Teil II des Anhangs aufgeführten internationalen Umweltübereinkommen ergeben;

---

50 Verordnung (EU) Nr. 909/2014 des Europäischen Parlaments und des Rates vom 23. Juli 2014 zur Verbesserung der Wertpapierlieferungen und -abrechnungen in der Europäischen Union und über Zentralverwahrer sowie zur Änderung der Richtlinien 98/26/EG und 2014/65/EU und der Verordnung (EU) Nr. 236/2012 (ABl. L 257 vom 28.8.2014, S. 1).

51 Verordnung (EU) 2017/2402 des Europäischen Parlaments und des Rates vom 12. Dezember 2017 zur Festlegung eines allgemeinen Rahmens für Verbriefungen und zur Schaffung eines europäischen spezifischen Rahmens für eine einfache, transparente und standardisierte Verbriefung und zur Änderung der Richtlinien 2009/65/EG, 2009/138/EG, 2011/61/EU und der Verordnungen (EG) Nr. 1060/2009 und (EU) Nr. 648/2012 (ABl. L 347 vom 28.12.2017, S. 35).

52 Richtlinie (EU) 2015/2366 des Europäischen Parlaments und des Rates vom 25. November 2015 über Zahlungsdienste im Binnenmarkt, zur Änderung der Richtlinien 2002/65/EG, 2009/110/EG und 2013/36/EU und der Verordnung (EU) Nr. 1093/2010 sowie zur Aufhebung der Richtlinie 2007/64/EG (ABl. L 337 vom 23.12.2015, S. 35).

53 Richtlinie 2009/110/EG des Europäischen Parlaments und des Rates vom 16. September 2009 über die Aufnahme, Ausübung und Beaufsichtigung der Tätigkeit von E-Geld-Instituten, zur Änderung der Richtlinien 2005/60/EG und 2006/48/EG sowie zur Aufhebung der Richtlinie 2000/46/EG (ABl. L 267 vom 10.10.2009, S. 7).

54 Verordnung (EU) 2020/1503 des Europäischen Parlaments und des Rates vom 7. Oktober 2020 über Europäische Schwarmfinanzierungsdienstleister für Unternehmen und zur Änderung der Verordnung (EU) 2017/1129 und der Richtlinie (EU) 2019/1937 (ABl. L 347 vom 20.10.2020, S. 1).

55 COM(2020) 593 final.

c) „negative Auswirkungen auf die Menschenrechte“ nachteilige Auswirkungen auf geschützte Personen, die sich aus der Verletzung eines der in Teil I Abschnitt 1 des Anhangs aufgeführten Rechte oder Verbote, wie sie in den in Teil I Abschnitt 2 des Anhangs aufgeführten internationalen Übereinkommen verankert sind, ergeben;

d) „Tochterunternehmen“ eine juristische Person, über die die Tätigkeit eines „kontrollierten Unternehmens“ im Sinne von Artikel 2 Absatz 1 Buchstabe f der Richtlinie 2004/109/EG des Europäischen Parlaments und des Rates[56] ausgeübt wird;

e) „Geschäftsbeziehung“ eine Beziehung zu einem Auftragnehmer, einem Unterauftragnehmer oder jedem anderen Rechtssubjekt („Partner“),
   i) mit denen das Unternehmen eine Geschäftsvereinbarung geschlossen hat oder denen das Unternehmen Finanzmittel, Versicherungs- oder Rückversicherungsleistungen bietet, oder
   ii) die für das Unternehmen oder in dessen Namen mit den Produkten oder Dienstleistungen des Unternehmens zusammenhängende Geschäftstätigkeiten ausüben;

f) „etablierte Geschäftsbeziehung“ eine direkte oder indirekte Geschäftsbeziehung, die in Anbetracht ihrer Intensität oder Dauer beständig ist oder sein dürfte und die keinen unbedeutenden oder lediglich untergeordneten Teil der Wertschöpfungskette darstellt;

g) „Wertschöpfungskette“ Tätigkeiten im Zusammenhang mit der Produktion von Waren oder der Erbringung von Dienstleistungen durch ein Unternehmen, einschließlich der Entwicklung des Produkts oder der Dienstleistung und der Verwendung und Entsorgung des Produkts sowie der damit verbundenen Tätigkeiten im Rahmen vor- und nachgelagerter etablierter Geschäftsbeziehungen des Unternehmens. In Bezug auf Unternehmen im Sinne von Buchstabe a Ziffer iv umfasst die „Wertschöpfungskette“ in Bezug auf die Erbringung dieser spezifischen Dienstleistungen nur die Tätigkeiten der Kunden, die solche Darlehen, Kredite und andere Finanzdienstleistungen erhalten, sowie anderer Unternehmen derselben Gruppe, deren Tätigkeiten mit dem betreffenden Vertrag verbunden sind. Die Wertschöpfungskette solcher beaufsichtigten Finanzunternehmen umfasst nicht KMU, die Darlehen, Kredite, Finanzmittel, Versicherungs- oder Rückversicherungsleistungen von solchen Unternehmen erhalten;

h) „Überprüfung durch unabhängige Dritte“ die Überprüfung der Einhaltung der sich aus dieser Richtlinie ergebenden Menschenrechts- und Umweltanforderungen seitens eines Unternehmens oder Teilen seiner Wertschöpfungskette durch einen von dem Unternehmen unabhängigen Prüfer, der frei von Interessenkonflikten ist, Erfahrung und Kompetenz in Umwelt- und Menschenrechtsfragen besitzt und hinsichtlich der Qualität und Zuverlässigkeit der Prüfung rechenschaftspflichtig ist;

i) „KMU“ Kleinstunternehmen, kleine oder mittlere Unternehmen unabhängig von ihrer Rechtsform, die nicht Teil einer großen Gruppe sind, gemäß den Definitionen in Artikel 3 Absätze 1, 2, 3 und 7 der Richtlinie 2013/34/EU;

j) „Industrieinitiative“ eine Kombination freiwilliger Verfahren, Instrumente und Mechanismen zur Erfüllung der Sorgfaltspflicht in der Wertschöpfungskette, einschließlich Überprüfungen durch unabhängige Dritte, die von Regierungen, Industrieverbänden oder Gruppierungen interessierter Organisationen entwickelt und überwacht werden;

56 Richtlinie 2004/109/EG des Europäischen Parlaments und des Rates vom 15. Dezember 2004 zur Harmonisierung der Transparenzanforderungen in Bezug auf Informationen über Emittenten, deren Wertpapiere zum Handel auf einem geregelten Markt zugelassen sind, und zur Änderung der Richtlinie 2001/34/EG (ABl. L 390 vom 31.12.2004, S. 38).

k) „Bevollmächtigter" eine in der Union ansässige oder niedergelassene natürliche oder juristische Person, die von einem Unternehmen im Sinne von Buchstabe a Ziffer ii beauftragt ist, in Bezug auf die Erfüllung der aus dieser Richtlinie resultierenden Verpflichtungen dieses Unternehmens in dessen Namen zu handeln;

l) „schwerwiegende negative Auswirkungen" nachteilige Auswirkungen auf die Umwelt oder die Menschenrechte, die ihrer Art nach besonders gravierend sind, eine große Zahl von Personen oder einen großen Bereich der Umwelt betreffen, irreversibel sind oder die sich aufgrund der Maßnahmen, die erforderlich sind, um die vor den Auswirkungen herrschende Situation wiederherzustellen, nur besonders schwer beheben lassen;

m) „Nettoumsatz"
   i) die „Nettoumsatzerlöse" im Sinne von Artikel 2 Nummer 5 der Richtlinie 2013/34/EG oder
   ii) Umsatzerlöse gemäß der Definition durch die bzw. im Sinne der Rechnungslegungsgrundsätze, auf deren Grundlage die Abschlüsse des Unternehmens erstellt werden, wenn das Unternehmen auf der Grundlage der Verordnung (EG) Nr. 1606/2002 des Europäischen Parlaments und des Rates[57] angenommene internationale Rechnungslegungsstandards anwendet oder ein Unternehmen im Sinne von Buchstabe a Ziffer ii ist;

n) „Interessenträger" die Beschäftigten des Unternehmens, die Beschäftigten ihrer Tochterunternehmen sowie andere Einzelpersonen, Gruppen, Gemeinschaften oder Unternehmen, deren Rechte oder Interessen durch die Produkte, Dienstleistungen und Tätigkeiten dieses Unternehmens, ihrer Tochterunternehmen und ihrer Geschäftsbeziehungen beeinträchtigt werden oder beeinträchtigt werden könnten;

o) „Mitglied der Unternehmensleitung"
   i) jedes Mitglied des Verwaltungs-, Leitungs- oder Aufsichtsorgans eines Unternehmens;
   ii) den Exekutivdirektor und, falls eine solche Funktion in einem Unternehmen besteht, den stellvertretenden Exekutivdirektor, wenn sie nicht Mitglieder der Verwaltungs-, Leitungs- oder Aufsichtsorgane eines Unternehmens sind;
   iii) sonstige Personen, die ähnliche Funktionen wahrnehmen wie die unter Ziffer i oder ii genannten Funktionen;

p) „Verwaltungsrat" das für die Beaufsichtigung der Geschäftsführung des Unternehmens zuständige Verwaltungs- oder Aufsichtsorgan oder, falls kein solches Organ besteht, die Person oder Personen, die gleichwertige Funktionen wahrnehmen;

q) „geeignete Maßnahme" eine Maßnahme, mit der die Ziele der Sorgfaltspflicht erreicht werden können, die dem Schweregrad und der Wahrscheinlichkeit der negativen Auswirkungen entsprechen und die dem Unternehmen nach vernünftigem Ermessen zur Verfügung stehen, wobei den Umständen des Einzelfalls, einschließlich der Besonderheiten des Wirtschaftssektors, der spezifischen Geschäftsbeziehung und des diesbezüglichen Einflusses des Unternehmens, sowie der Notwendigkeit, die Priorisierung der Maßnahmen sicherzustellen, Rechnung getragen wird.

---

57 Verordnung (EG) Nr. 1606/2002 des Europäischen Parlaments und des Rates vom 19. Juli 2002 betreffend die Anwendung internationaler Rechnungslegungsstandards (ABl. L 243 vom 11.9.2002, S. 1).

Artikel 4
Sorgfaltspflicht

(1) Die Mitgliedstaaten stellen sicher, dass Unternehmen die in den Artikeln 5 bis 11 festgelegte Sorgfaltspflicht in den Bereichen Menschenrechte und Umwelt („Sorgfaltspflicht“) durch folgende Maßnahmen erfüllen:

a) Einbeziehung der Sorgfaltspflicht in ihre Unternehmenspolitik nach Artikel 5;
b) Ermittlung tatsächlicher oder potenzieller negativer Auswirkungen nach Artikel 6;
c) Vermeidung und Abschwächung potenzieller negativer Auswirkungen, Behebung tatsächlicher negativer Auswirkungen und Minimierung ihres Ausmaßes nach den Artikeln 7 und 8;
d) Einrichtung und Aufrechterhaltung eines Beschwerdeverfahrens nach Artikel 9;
e) Überwachung der Wirksamkeit ihrer Strategien und Maßnahmen zur Erfüllung der Sorgfaltspflicht nach Artikel 10;
f) öffentliche Kommunikation über die Sorgfaltspflicht nach Artikel 11.

(2) Die Mitgliedstaaten stellen sicher, dass Unternehmen zum Zwecke der Sorgfaltspflicht berechtigt sind, Ressourcen und Informationen innerhalb ihrer jeweiligen Unternehmensgruppen sowie mit anderen juristischen Personen im Einklang mit dem geltenden Wettbewerbsrecht auszutauschen.

Artikel 5
Einbeziehung der Sorgfaltspflicht in die Unternehmenspolitik

(1) Die Mitgliedstaaten müssen sicherstellen, dass Unternehmen die Sorgfaltspflicht in alle Bereiche ihrer Unternehmenspolitik einbeziehen und über eine Strategie zur Erfüllung der Sorgfaltspflicht verfügen. Die Strategie zur Erfüllung der Sorgfaltspflicht enthält die folgenden Elemente:

a) eine Beschreibung des Ansatzes, den das Unternehmen – auch langfristig – hinsichtlich der Sorgfaltspflicht verfolgt;
b) einen Verhaltenskodex, in dem die Regeln und Grundsätze beschrieben werden, die von den Beschäftigten und Tochterunternehmen des Unternehmens einzuhalten sind;
c) eine Beschreibung der Verfahren zur Umsetzung der Sorgfaltspflicht, einschließlich der Maßnahmen zur Überprüfung der Einhaltung des Verhaltenskodexes und zur Ausweitung seiner Anwendung auf etablierte Geschäftsbeziehungen.

(2) Die Mitgliedstaaten stellen sicher, dass die Unternehmen ihre Strategie zur Erfüllung der Sorgfaltspflicht jährlich aktualisieren.

Artikel 6
Ermittlung tatsächlicher und potenzieller negativer Auswirkungen

(1) Die Mitgliedstaaten stellen sicher, dass die Unternehmen geeignete Maßnahmen ergreifen, um nach den Absätzen 2, 3 und 4 tatsächliche und potenzielle negative Auswirkungen auf die Menschenrechte und die Umwelt zu ermitteln, die sich aus ihren eigenen Tätigkeiten oder denen ihrer Tochterunternehmen und – sofern sie mit ihren Wertschöpfungsketten im Zusammenhang stehen – aus ihren etablierten Geschäftsbeziehungen ergeben.

(2) Abweichend von Absatz 1 sind die in Artikel 2 Absatz 1 Buchstabe b und Artikel 2 Absatz 2 Buchstabe b genannten Unternehmen nur verpflichtet, tatsächliche und potenzielle schwerwiegende negative Auswirkungen zu ermitteln, die für den jeweiligen in Artikel 2 Absatz 1 Buchstabe b genannten Sektor relevant sind.

(3) Stellen Unternehmen nach Artikel 3 Buchstabe a Ziffer iv Kredite, Darlehen oder andere Finanzdienstleistungen bereit, so werden die tatsächlichen und potenziellen negativen Auswirkungen auf die Menschenrechte und die Umwelt noch vor Erbringung der betreffenden Dienstleistung ermittelt.

(4) Die Mitgliedstaaten stellen sicher, dass die Unternehmen für die Zwecke der Ermittlung der in Absatz 1 genannten negativen Auswirkungen, gegebenenfalls auf der Grundlage quantitativer und qualitativer Informationen, berechtigt sind, auf angemessene Ressourcen zurückzugreifen, einschließlich unabhängiger Berichte und Informationen, die im Rahmen des Beschwerdeverfahrens nach Artikel 9 gesammelt werden. Die Unternehmen führen gegebenenfalls auch Konsultationen mit potenziell betroffenen Gruppen wie Arbeitnehmern und anderen einschlägigen Interessenträgern durch, um Informationen über tatsächliche oder potenzielle negative Auswirkungen zu sammeln.

Artikel 7
Vermeidung potenzieller negativer Auswirkungen

(1) Die Mitgliedstaaten stellen sicher, dass die Unternehmen geeignete Maßnahmen ergreifen, um potenzielle negative Auswirkungen auf die Menschenrechte und die Umwelt, die nach Artikel 6 im Einklang mit den Absätzen 2, 3, 4 und 5 des vorliegenden Artikels ermittelt wurden oder hätten ermittelt werden müssen, zu vermeiden oder, falls sie nicht oder nicht unmittelbar vermieden werden können, angemessen abzuschwächen.

(2) Die Unternehmen sind verpflichtet, gegebenenfalls
   a) einen Präventionsaktionsplan mit angemessenen und klar festgelegten Zeitplänen für Maßnahmen und qualitativen wie quantitativen Indikatoren für die Messung der Verbesserung zu entwickeln und umzusetzen, falls dies aufgrund der Art oder Komplexität der für die Vermeidung erforderlichen Maßnahmen notwendig ist. Der Präventionsaktionsplan wird in Absprache mit den betroffenen Interessenträgern ausgearbeitet;
   b) die vertragliche Zusicherung von Geschäftspartnern, mit denen sie eine direkte Geschäftsbeziehung unterhalten, einzuholen, dass sie die Einhaltung des Verhaltenskodexes des Unternehmens und erforderlichenfalls eines Präventionsplans sicherstellen, auch durch Einholung entsprechender vertraglicher Zusicherungen von deren Partnern, soweit ihre Tätigkeiten Teil der Wertschöpfungskette des Unternehmens sind (Vertragskaskaden). Werden solche vertraglichen Zusicherungen gemacht, so findet Absatz 4 Anwendung;
   c) notwendige Investitionen zu tätigen, z.B. in Management- oder Produktionsverfahren und -infrastrukturen, um Absatz 1 zu entsprechen;
   d) gezielte und verhältnismäßige Unterstützung für ein KMU zu leisten, mit dem das Unternehmen eine etablierte Geschäftsbeziehung unterhält, sofern die Einhaltung des Verhaltenskodexes oder des Präventionsaktionsplans die Tragfähigkeit des KMU gefährden würde;
   e) im Einklang mit dem Unionsrecht, einschließlich des Wettbewerbsrechts, mit anderen Unternehmen zusammenzuarbeiten, auch um gegebenenfalls die Fähigkeit

des Unternehmens zu verbessern, die negativen Auswirkungen zu beheben, insbesondere wenn keine anderen Maßnahmen geeignet oder wirksam sind.

(3) Im Hinblick auf potenzielle negative Auswirkungen, die durch die Maßnahmen nach Absatz 2 nicht vermieden oder angemessen abgeschwächt werden könnten, kann das Unternehmen versuchen, einen Vertrag mit einem Partner zu schließen, mit dem es eine indirekte Beziehung unterhält, um die Einhaltung des Verhaltenskodexes des Unternehmens oder eines Präventionsaktionsplans zu erreichen. Wird ein solcher Vertrag geschlossen, so findet Absatz 4 Anwendung;

(4) Die vertraglichen Zusicherungen oder der Vertrag müssen von geeigneten Maßnahmen zur Überprüfung der Einhaltung flankiert werden. Zur Überprüfung der Einhaltung kann das Unternehmen geeignete Industrieinitiativen oder eine Überprüfung durch unabhängige Dritte in Anspruch nehmen.

Macht ein KMU vertragliche Zusicherungen oder wird ein Vertrag mit einem KMU geschlossen, so müssen die angewandten Bedingungen fair, angemessen und nichtdiskriminierend sein. Werden Maßnahmen zur Überprüfung der Einhaltung in Bezug auf KMU durchgeführt, so trägt das Unternehmen die Kosten für die Überprüfung durch unabhängige Dritte.

(5) Im Hinblick auf potenzielle negative Auswirkungen im Sinne des Absatzes 1, die durch Maßnahmen nach den Absätzen 2, 3 und 4 nicht vermieden oder angemessen abgeschwächt werden könnten, darf das Unternehmen mit dem Partner oder in der Wertschöpfungskette, von dem bzw. der die Auswirkungen ausgehen, keine neuen Beziehungen eingehen bzw. bestehende Beziehungen ausbauen und hat, wenn das für ihre Beziehungen maßgebende Recht dies vorsieht, folgende Maßnahmen zu ergreifen:

a) Es setzt die Geschäftsbeziehungen mit dem betreffenden Partner vorübergehend aus und bemüht sich gleichzeitige um eine Vermeidung oder Minimierung der Auswirkungen, wenn nach vernünftigem Ermessen davon auszugehen ist, dass diese Bemühungen kurzfristig erfolgreich sein werden.
b) Es beendet die Geschäftsbeziehung in Bezug auf die betreffenden Tätigkeiten, wenn die potenziellen negativen Auswirkungen schwerwiegend sind.

Die Mitgliedstaaten stellen sicher, dass die ihrem Recht unterliegenden Verträge die Möglichkeit der Beendigung der Geschäftsbeziehung vorsehen.

(6) Abweichend von Absatz 5 Buchstabe b sind Unternehmen im Sinne des Artikels 3 Buchstabe a Ziffer iv, die Kredite, Darlehen oder andere Finanzdienstleistungen anbieten, nicht verpflichtet, den betreffenden Kredit-, Darlehens- oder Finanzdienstleistungsvertrag zu kündigen, wenn nach vernünftigem Ermessen davon auszugehen ist, dass dadurch dem Unternehmen, für das die Dienstleistung erbracht wird, erheblicher Schaden entsteht.

Artikel 8
Behebung tatsächlicher negativer Auswirkungen

(1) Die Mitgliedstaaten stellen sicher, dass Unternehmen geeignete Maßnahmen ergreifen, um tatsächliche negative Auswirkungen, die nach Artikel 6 festgestellt wurden oder hätten festgestellt werden müssen, gemäß den Absätzen 2 bis 6 dieses Artikels zu beheben.

(2) Können die negativen Auswirkungen nicht behoben werden, so stellen die Mitgliedstaaten sicher, dass die Unternehmen das Ausmaß dieser Auswirkungen minimieren.

(3) Die Unternehmen sind verpflichtet, gegebenenfalls

a) die negativen Auswirkungen zu neutralisieren oder ihr Ausmaß zu minimieren, unter anderem durch die Zahlung von Schadensersatz an die betroffenen Personen und einer finanziellen Entschädigung an die betroffenen Gemeinschaften. Dies hat in einem angemessenen Verhältnis zur Bedeutung und zum Umfang der negativen Auswirkungen sowie dazu, wie das Verhalten des Unternehmens zu den negativen Auswirkungen beiträgt, zu erfolgen;

b) einen Korrekturmaßnahmenplan mit angemessenen und klar festgelegten Zeitplänen für Maßnahmen und qualitativen wie quantitativen Indikatoren für die Messung der Verbesserung zu entwickeln und umzusetzen, falls dies aufgrund der Tatsache, dass die negativen Auswirkungen nicht unmittelbar behoben werden können, notwendig ist. Der Korrekturmaßnahmenplan wird gegebenenfalls in Absprache mit den Interessenträgern ausgearbeitet;

c) vertragliche Zusicherungen eines direkten Partners, mit dem sie eine etablierte Geschäftsbeziehung unterhalten, einzuholen, dass er die Einhaltung des Verhaltenskodexes und erforderlichenfalls eines Korrekturmaßnahmenplans sicherstellt, auch durch Einholung entsprechender vertraglicher Zusicherungen von deren Partnern, soweit sie Teil der Wertschöpfungskette sind (Vertragskaskaden). Werden solche vertraglichen Zusicherungen gemacht, so findet Absatz 5 Anwendung;

d) notwendige Investitionen zu tätigen, z. B. in Management- oder Produktionsverfahren und -infrastrukturen, um den Absätzen 1, 2 und 3 zu entsprechen;

e) gezielte und verhältnismäßige Unterstützung für ein KMU zu leisten, mit dem das Unternehmen eine etablierte Geschäftsbeziehung unterhält, sofern die Einhaltung des Verhaltenskodexes oder des Korrekturmaßnahmenplans die Tragfähigkeit des KMU gefährden würde;

f) im Einklang mit dem Unionsrecht, einschließlich des Wettbewerbsrechts, mit anderen Unternehmen zusammenzuarbeiten, auch um gegebenenfalls die Fähigkeit des Unternehmens zu verbessern, die negativen Auswirkungen zu beheben, insbesondere wenn keine anderen Maßnahmen geeignet oder wirksam sind.

(4) Im Hinblick auf tatsächliche negative Auswirkungen, die durch die Maßnahmen nach Absatz 3 nicht behoben oder angemessen abgeschwächt werden könnten, kann das Unternehmen versuchen, einen Vertrag mit einem Partner zu schließen, mit dem es eine indirekte Beziehung unterhält, um die Einhaltung des Verhaltenskodexes des Unternehmens oder eines Korrekturmaßnahmenplans zu gewährleisten. Wird ein solcher Vertrag geschlossen, so findet Absatz 5 Anwendung;

(5) Die vertraglichen Zusicherungen oder der Vertrag müssen von geeigneten Maßnahmen zur Überprüfung der Einhaltung flankiert werden. Zur Überprüfung der Einhaltung kann das Unternehmen geeignete Industrieinitiativen oder eine Überprüfung durch unabhängige Dritte in Anspruch nehmen.

Macht ein KMU vertragliche Zusicherungen oder wird ein Vertrag mit einem KMU geschlossen, so müssen die angewandten Bedingungen fair, angemessen und nichtdiskriminierend sein. Werden Maßnahmen zur Überprüfung der Einhaltung in Bezug auf KMU durchgeführt, so trägt das Unternehmen die Kosten für die Überprüfung durch unabhängige Dritte.

(6) Im Hinblick auf tatsächliche negative Auswirkungen im Sinne des Absatzes 1, die durch die Maßnahmen nach den Absätzen 3, 4 und 5 nicht behoben oder dem Ausmaß nach minimiert werden könnten, darf das Unternehmen mit dem Partner oder in der Wertschöpfungskette, von dem bzw. der die Auswirkungen ausgehen, keine neuen Beziehungen eingehen oder bestehende Beziehungen ausbauen und hat, wenn das für

ihre Beziehungen maßgebende Recht dies vorsieht, eine der folgenden Maßnahmen zu ergreifen:

a) Es setzt die Geschäftsbeziehungen mit dem betreffenden Partner vorübergehend aus und unternimmt gleichzeitig Anstrengungen, um die negativen Auswirkungen zu beheben oder deren Ausmaß zu minimieren, oder
b) es beendet die Geschäftsbeziehung in Bezug auf die betreffenden Tätigkeiten, wenn die negativen Auswirkungen als schwerwiegend angesehen werden.

Die Mitgliedstaaten stellen sicher, dass die ihrem Recht unterliegenden Verträge die Möglichkeit der Beendigung der Geschäftsbeziehung vorsehen.

(7) Abweichend von Absatz 6 Buchstabe b sind Unternehmen im Sinne des Artikels 3 Buchstabe a Ziffer iv, die Kredite, Darlehen oder andere Finanzdienstleistungen anbieten, nicht verpflichtet, den betreffenden Kredit-, Darlehens- oder Finanzdienstleistungsvertrag zu kündigen, wenn nach vernünftigem Ermessen davon auszugehen ist, dass dadurch dem Unternehmen, für das die Dienstleistung erbracht wird, erheblicher Schaden entsteht.

Artikel 9
Beschwerdeverfahren

(1) Die Mitgliedstaaten stellen sicher, dass die Unternehmen den Personen und Organisationen nach Absatz 2 die Möglichkeit einräumen, Beschwerden an das Unternehmen zu richten, wenn diese berechtigte Bedenken hinsichtlich tatsächlicher oder potenzieller negativer Auswirkungen der Geschäftstätigkeit des Unternehmens, ihrer Tochterunternehmen und ihrer Wertschöpfungsketten auf die Menschenrechte und die Umwelt haben.

(2) Die Mitgliedstaaten stellen sicher, dass die Beschwerden eingereicht werden können von

a) betroffenen Personen oder Personen mit berechtigtem Grund zu der Annahme, dass sie von negativen Auswirkungen betroffen sein könnten,
b) Gewerkschaften und anderen Arbeitnehmervertretern, die in der betreffenden Wertschöpfungskette tätige Personen vertreten,
c) den im Bereich der betreffenden Wertschöpfungskette aktiven Organisationen der Zivilgesellschaft.

(3) Die Mitgliedstaaten stellen sicher, dass die Unternehmen ein Verfahren für die Bearbeitung von Beschwerden nach Absatz 1 einrichten, darunter ein Verfahren, wenn das Unternehmen die Beschwerde für unbegründet erachtet, und unterrichtet die betroffenen Arbeitnehmer und Gewerkschaften über diese Verfahren. Die Mitgliedstaaten stellen sicher, dass bei einer begründeten Beschwerde die negative Auswirkung, die Gegenstand der Beschwerde ist, als im Sinne von Artikel 6 ermittelt gilt.

(4) Die Mitgliedstaaten stellen sicher, dass Beschwerdeführer berechtigt sind,

a) angemessene Folgemaßnahmen zu der Beschwerde von dem Unternehmen fordern können, bei dem sie eine Beschwerde gemäß Absatz 1 eingereicht haben, und
b) Vertreter des Unternehmens auf geeigneter Ebene zu treffen, um potenzielle oder tatsächliche schwerwiegende negative Auswirkungen, die Gegenstand der Beschwerde sind, zu erörtern.

Artikel 10
Überwachung

Die Mitgliedstaaten stellen sicher, dass die Unternehmen regelmäßig Bewertungen ihrer eigenen Tätigkeiten und Maßnahmen, jenen ihrer Tochterunternehmen, wenn diese im Zusammenhang mit den Wertschöpfungsketten des Unternehmens stehen, und jenen ihrer etablierten Geschäftsbeziehungen durchführen, um die Wirksamkeit der Ermittlung, Vermeidung, Abschwächung, Behebung und Minimierung der negativen Auswirkungen auf die Menschenrechte und die Umwelt zu überwachen. Diese Bewertungen stützen sich gegebenenfalls auf qualitative und quantitative Indikatoren und werden mindestens alle 12 Monate durchgeführt und sobald die begründete Annahme besteht, dass im Zusammenhang mit diesen negativen Auswirkungen erhebliche neue Risiken auftreten können. Die Strategie zur Erfüllung der Sorgfaltspflicht ist im Einklang mit den Ergebnissen dieser Bewertungen zu aktualisieren.

Artikel 11
Kommunikation

Die Mitgliedstaaten stellen sicher, dass Unternehmen, die nicht den Berichtspflichten nach den Artikeln 19a und 29a der Richtlinie 2013/34/EU unterliegen, zu den unter diese Richtlinie fallenden Angelegenheiten Bericht erstatten, indem sie auf ihrer Website eine jährliche Erklärung in einer in der internationalen Wirtschaftswelt gebräuchlichen Verkehrssprache veröffentlichen. Die Erklärung ist bis zum 30. April jedes Jahres für das vorangegangene Kalenderjahr zu veröffentlichen.

Die Kommission nimmt delegierte Rechtsakte im Einklang mit Artikel 28 in Bezug auf den Inhalt und der Kriterien für die Berichterstattung gemäß Absatz 1 an und legt fest, welche Angaben zur Beschreibung der Sorgfaltspflicht, zu potenziellen und tatsächlichen negativen Auswirkungen und zu den ergriffenen Gegenmaßnahmen zu machen sind.

Artikel 12
Mustervertragsklauseln

Um die Unternehmen bei der Einhaltung von Artikel 7 Absatz 2 Buchstabe b und Artikel 8 Absatz 3 Buchstabe c zu unterstützen, nimmt die Kommission Leitlinien zu freiwilligen Mustervertragsklauseln an.

Artikel 13
Leitlinien

Um Unternehmen oder Behörden der Mitgliedstaaten im Hinblick auf die Erfüllung der Sorgfaltspflichten von Unternehmen zu unterstützen, gibt die Kommission in Absprache mit den Mitgliedstaaten und Interessenträgern, der Agentur der Europäischen Union für Grundrechte, der Europäischen Umweltagentur und gegebenenfalls mit internationalen Gremien mit Fachwissen im Bereich der Sorgfaltspflicht Leitlinien heraus, darunter für bestimmte Sektoren oder spezielle negative Auswirkungen.

Artikel 14
Begleitmaßnahmen

(1) Die Mitgliedstaaten richten einzeln oder gemeinsam spezielle Websites, Plattformen oder Portale ein und betreiben diese, um Unternehmen und Partner, mit denen sie etablierte Geschäftsbeziehungen in ihren Wertschöpfungsketten unterhalten, zu informieren und dabei zu unterstützen, die Verpflichtungen aus dieser Richtlinie zu erfüllen. In diesem Zusammenhang KMU, die in den Wertschöpfungsketten von Unternehmen vertreten sind, besonders zu berücksichtigen.

(2) Unbeschadet der geltenden Vorschriften für staatliche Beihilfen können die Mitgliedstaaten KMU finanziell unterstützen.

(3) Die Kommission kann auf der Grundlage bestehender Maßnahmen der Union zur Unterstützung der Sorgfaltspflicht in der Union und in Drittländern die Unterstützungsmaßnahmen der Mitgliedstaaten ergänzen und neue Maßnahmen ausarbeiten, darunter zur Erleichterung gemeinsamer Initiativen der Interessenträger, um die Unternehmen bei der Erfüllung ihrer Verpflichtungen zu unterstützen.

(4) Unternehmen können sich bei der Umsetzung ihrer Verpflichtungen nach den Artikeln 5 bis 11 dieser Richtlinie auf Regelungen der Industrie und Initiativen von Interessenträgern stützen, insofern diese zur Unterstützung der Erfüllung ihrer Verpflichtungen geeignet sind. Die Kommission und die Mitgliedstaaten können die Verbreitung von Informationen über solche Regelungen oder Initiativen und deren Ergebnis erleichtern. Die Kommission kann in Zusammenarbeit mit den Mitgliedstaaten Leitlinien für die Bewertung der Eignung von Regelungen der Industrie und Initiativen von Interessenträgern herausgeben.

Artikel 15
Eindämmung des Klimawandels

(1) Die Mitgliedstaaten sorgen dafür, dass Unternehmen nach Artikel 2 Absatz 1 Buchstabe a und Artikel 2 Absatz 2 Buchstabe a einen Plan festlegen, mit dem sie sicherstellen, dass das Geschäftsmodell und die Strategie des Unternehmens mit dem Übergang zu einer nachhaltigen Wirtschaft und der Begrenzung der Erderwärmung auf 1,5 C gemäß dem Übereinkommen von Paris vereinbar sind. In diesem Plan wird insbesondere auf der Grundlage von Informationen, die dem Unternehmen vernünftigerweise zur Verfügung stehen, ermittelt, inwieweit der Klimawandel ein Risiko für die Unternehmenstätigkeit darstellt bzw. sich darauf auswirkt.

(2) Die Mitgliedstaaten stellen sicher, dass ein Unternehmen Emissionsreduktionsziele in seinen Plan aufnimmt, wenn der Klimawandel als ein Hauptrisiko oder eine Hauptauswirkung der Unternehmenstätigkeit ermittelt wurde bzw. hätte ermittelt werden sollen.

(3) Die Mitgliedstaaten sorgen dafür, dass die Unternehmen der Erfüllung der Verpflichtungen nach den Absätzen 1 und 2 bei der Festlegung variabler Vergütungen gebührend Rechnung tragen, wenn die variable Vergütung an den Beitrag eines Mitglieds der Unternehmensleitung zur Strategie und zu den langfristigen Interessen und zur Nachhaltigkeit des Unternehmens geknüpft ist.

Artikel 16
Bevollmächtigter

(1) Die Mitgliedstaaten stellen sicher, dass jedes in Artikel 2 Absatz 2 genannte Unternehmen eine juristische oder natürliche Person als seinen Bevollmächtigten benennt, der in einem der Mitgliedstaaten, in dem das Unternehmen tätig ist, niedergelassen oder ansässig ist. Die Benennung ist gültig, wenn sie vom Bevollmächtigten angenommen wird.

(2) Die Mitgliedstaaten stellen sicher, dass der Name, die Anschrift, die elektronische E-Mail-Adresse und die Telefonnummer des Bevollmächtigten einer Aufsichtsbehörde in dem Mitgliedstaat, in dem der Bevollmächtigte ansässig oder niedergelassen ist, gemeldet werden. Die Mitgliedstaaten sorgen dafür, dass der Bevollmächtigte verpflichtet ist, einer Aufsichtsbehörde auf Ersuchen eine Abschrift der Benennung in einer Amtssprache eines Mitgliedstaats vorzulegen.

(3) Die Mitgliedstaaten gewährleisten, dass eine Aufsichtsbehörde des Mitgliedstaats, in dem der Bevollmächtigte niedergelassen oder ansässig ist, bzw. andernfalls eine Aufsichtsbehörde in dem Mitgliedstaat, in dem das Unternehmen in dem Geschäftsjahr, das dem letzten abgeschlossenen Geschäftsjahr vorausgeht, den meisten Nettoumsatz in der Union erzielt hat, darüber informiert wird, dass es sich bei dem Unternehmen um ein Unternehmen im Sinne von Artikel 2 Absatz 2 handelt.

(4) Die Mitgliedstaaten stellen sicher, dass jedes Unternehmen seinen Bevollmächtigten ermächtigt, Mitteilungen von den Aufsichtsbehörden in allen Belangen zu empfangen, die für die Einhaltung und Durchsetzung der nationalen Bestimmungen zur Umsetzung dieser Richtlinie notwendig sind. Die Unternehmen sind verpflichtet, ihren Bevollmächtigten mit den erforderlichen Befugnissen und Ressourcen für die Zusammenarbeit mit den Aufsichtsbehörden auszustatten.

Artikel 17
Aufsichtsbehörden

(1) Jeder Mitgliedstaat benennt eine oder mehrere Aufsichtsbehörden, die für die Überwachung der Einhaltung der Verpflichtungen in den nach Artikel 6 bis 11 und Artikel 15 Absätze 1 und 2 angenommenen nationalen Bestimmungen zuständig ist bzw. sind.

(2) Was die in Artikel 2 Absatz 1 genannten Unternehmen anbelangt, so ist die zuständige Aufsichtsbehörde die Aufsichtsbehörde des Mitgliedstaats, in dem das Unternehmen seinen eingetragenen Sitz hat.

(3) Für die in Artikel 2 Absatz 2 genannten Unternehmen ist die Aufsichtsbehörde in dem Mitgliedstaat zuständig, in dem das Unternehmen eine Zweigstelle hat. Wenn das Unternehmen keine Zweigstelle in einem Mitgliedstaat hat oder sich seine Zweigstellen in verschiedenen Mitgliedstaaten befinden, so ist die zuständige Aufsichtsbehörde die Aufsichtsbehörde des Mitgliedstaats, in dem das Unternehmen in dem Geschäftsjahr vor dem letzten Geschäftsjahr, das dem in Artikel 30 genannten Zeitpunkt oder dem Zeitpunkt, an dem das Unternehmen erstmals die Kriterien nach Artikel 2 Absatz 2 erfüllt, vorangeht, je nachdem welcher Zeitpunkt der spätere ist, den größten Teil seines Nettoumsatzes in der Union erzielt hat.

Unternehmen nach Artikel 2 Absatz 2 können auf der Grundlage der Änderung der Umstände, die dazu führen, dass der größte Teil des Umsatzes in der Union in einem anderen Mitgliedstaat erzielt wird, einen hinreichend begründeten Antrag auf Änderung der Aufsichtsbehörde, die in Bezug auf dieses Unternehmen für die Regulierung der von dieser Richtlinie erfassten Belange zuständig ist, stellen.

(4) Benennt ein Mitgliedstaat mehr als eine Aufsichtsbehörde, so stellt er sicher, dass die jeweiligen Zuständigkeiten dieser Behörden klar geregelt sind und dass sie eng und wirksam zusammenarbeiten.

(5) Die Mitgliedstaaten können die für die Überwachung beaufsichtigter Finanzunternehmen benannten Behörden auch als Aufsichtsbehörden für die Zwecke dieser Richtlinie benennen.

(6) Bis zu dem in Artikel 30 Absatz 1 Buchstabe a genannten Zeitpunkt teilen die Mitgliedstaaten der Kommission die Namen und Kontaktdaten der nach diesem Artikel benannten Aufsichtsbehörden sowie deren jeweilige Zuständigkeiten mit, sofern mehrere Aufsichtsbehörden benannt wurden. Sie unterrichten die Kommission über jede diesbezügliche Änderung.

(7) Die Kommission veröffentlicht unter anderem auf ihrer Website ein Verzeichnis der Aufsichtsbehörden. Die Kommission aktualisiert das Verzeichnis regelmäßig auf der Grundlage der von den Mitgliedstaaten übermittelten Informationen.

(8) Die Mitgliedstaaten gewährleisten die Unabhängigkeit der Aufsichtsbehörden und sorgen dafür, dass sie und alle Personen, die für sie arbeiten bzw. für sie gearbeitet haben, sowie von ihr beauftragte Wirtschaftsprüfer oder Sachverständige ihre Befugnisse unparteiisch, transparent und unter Wahrung des Berufsgeheimnisses ausüben. Die Mitgliedstaaten gewährleisten insbesondere, dass die Behörde rechtlich und funktional von den in den Anwendungsbereich dieser Richtlinie fallenden Unternehmen oder von anderen Marktinteressen unabhängig ist, d. h. dass ihr Personal und die für die Leitung zuständigen Personen keinen Interessenkonflikten ausgesetzt sind, dass sie Vertraulichkeitsanforderungen unterliegen und sich jeder Handlung enthalten, die nicht mit ihren Aufgaben vereinbar ist.

Artikel 18
Befugnisse der Aufsichtsbehörden

(1) Die Mitgliedstaaten stellen sicher, dass die Aufsichtsbehörden über angemessene Befugnisse und Ressourcen verfügen, um die ihnen durch diese Richtlinie übertragenen Aufgaben auszuführen, einschließlich der Befugnis, Informationen anzufordern und Untersuchungen im Zusammenhang mit der Einhaltung der in dieser Richtlinie festgelegten Verpflichtungen durchzuführen.

(2) Eine Aufsichtsbehörde kann von Amts wegen oder aufgrund ihr nach Artikel 19 übermittelter begründeter Bedenken eine Untersuchung einleiten, wenn sie der Auffassung ist, dass ihr ausreichend Informationen vorliegen, die auf einen möglichen Verstoß eines Unternehmens gegen die Verpflichtungen aus den nach dieser Richtlinie erlassenen nationalen Bestimmungen hindeuten.

(3) Untersuchungen werden im Einklang mit dem nationalen Recht des Mitgliedstaats, in dem die Untersuchung stattfindet, und mit vorheriger Warnung des Unternehmens durchgeführt, es sei denn, die vorherige Unterrichtung beeinträchtigt die Wirksamkeit der Untersuchung. Wenn eine Aufsichtsbehörde im Rahmen ihrer Untersuchung im Hoheitsgebiet eines anderen Mitgliedstaats eine Untersuchung durchführen möchte, so ersucht sie die Aufsichtsbehörde in diesem Mitgliedstaat nach Artikel 21 Absatz 2 um Amtshilfe.

(4) Ermittelt eine Aufsichtsbehörde als Ergebnis der Maßnahmen nach den Absätzen 1 und 2 einen Verstoß gegen die nach dieser Richtlinie erlassenen nationalen Vorschriften, so gewährt sie dem betreffenden Unternehmen eine angemessene Frist, um Abhilfe zu schaffen, sofern dies möglich ist.

Im Einklang mit Artikel 20 bzw. 22 schließen Abhilfemaßnahmen die Verhängung von verwaltungsrechtlichen Sanktionen oder das Eintreten der zivilrechtlichen Haftung bei Schäden nicht aus.

(5) Zur Wahrnehmung ihrer Aufgaben verfügen die Aufsichtsbehörden mindestens über die Befugnis

a) zur Anordnung einer Beendigung des Verstoßes gegen die nach dieser Richtlinie erlassenen nationalen Bestimmungen, einer Unterlassung jeglicher Wiederholung des betreffenden Verhaltens und gegebenenfalls zur Anordnung von Abhilfemaßnahmen, die dem Verstoß angemessen und erforderlich sind, um ihn zu beenden;
b) zur Verhängung von finanziellen Sanktionen im Einklang mit Artikel 20;
c) zum Erlass vorläufiger Maßnahmen, um das Risiko eines schweren und nicht wiedergutzumachenden Schadens zu vermeiden.

(6) Sieht die Rechtsordnung eines Mitgliedstaats keine verwaltungsrechtlichen Sanktionen vor, können dieser Artikel und Artikel 20 so angewendet werden, dass die Sanktionen von der zuständigen Aufsichtsbehörde in die Wege geleitet und von den zuständigen nationalen Gerichten verhängt werden, wobei sicherzustellen ist, dass diese Rechtsbehelfe wirksam sind und die gleiche Wirkung wie von Aufsichtsbehörden verhängte verwaltungsrechtliche Sanktionen haben.

(7) Die Mitgliedstaaten stellen sicher, dass jede natürliche Person das Recht auf einen wirksamen gerichtlichen Rechtsbehelf gegen einen sie betreffenden rechtsverbindlichen Beschluss einer Aufsichtsbehörde hat.

Artikel 19
Begründete Bedenken

(1) Die Mitgliedstaaten stellen sicher, dass natürliche und juristische Personen berechtigt sind, vor jeder Aufsichtsbehörde begründete Bedenken geltend zu machen, sollten sie anhand objektiver Umstände Grund zu der Annahme haben, dass ein Unternehmen gegen die nach dieser Richtlinie erlassenen nationalen Vorschriften verstößt.

(2) Fallen die begründeten Bedenken in die Zuständigkeit einer anderen Aufsichtsbehörde, so übermittelt die Behörde, vor der die Bedenken geltend gemacht wurden, diese der anderen Behörde.

(3) Die Mitgliedstaaten stellen sicher, dass die Aufsichtsbehörden begründete Bedenken prüfen und erforderlichenfalls ihre Befugnisse nach Artikel 18 ausüben.

(4) Die Aufsichtsbehörde informiert die in Absatz 1 genannte Person so bald als möglich und im Einklang mit den einschlägigen Bestimmungen des nationalen Rechts sowie des Unionsrechts über das Ergebnis der Prüfung dieser begründeten Bedenken und begründet ihre Entscheidung.

(5) Die Mitgliedstaaten stellen sicher, dass die Personen, die begründete Bedenken nach diesem Artikel geltend machen und die im Einklang mit dem nationalen Recht ein berechtigtes Interesse an dieser Angelegenheit haben, Zugang zu einem Gericht oder einer anderen unabhängigen und unparteiischen öffentlichen Stelle erhalten, die dafür zuständig ist, die verfahrensrechtliche und materielle Rechtmäßigkeit der Entscheidungen, Handlungen oder Unterlassungen der Aufsichtsbehörde zu überprüfen.

Artikel 20
Sanktionen

(1) Die Mitgliedstaaten erlassen Vorschriften über Sanktionen, die bei Verstößen gegen die gemäß dieser Richtlinie erlassenen nationalen Vorschriften zu verhängen sind, und treffen alle für die Anwendung der Sanktionen erforderlichen Maßnahmen. Die vorgesehenen Sanktionen müssen wirksam, verhältnismäßig und abschreckend sein.

(2) Bei der Entscheidung über die Verhängung von Sanktionen und bei der Festlegung ihrer Art und ihrer angemessenen Höhe ist gegebenenfalls den Bemühungen des Unternehmens zur Erfüllung der von einer Aufsichtsbehörde gegen das Unternehmen angeordneten Abhilfemaßnahmen, etwaigen getätigten Investitionen, einer gemäß den Artikeln 7 und 8 geleisteten gezielten Unterstützung sowie der Zusammenarbeit mit anderen Stellen bei der Beseitigung negativer Auswirkungen in den Wertschöpfungsketten des Unternehmens gebührend Rechnung zu tragen.

(3) Werden finanzielle Sanktionen verhängt, so müssen sich diese nach dem Umsatz des Unternehmens richten.

(4) Die Mitgliedstaaten stellen sicher, dass Beschlüsse der Aufsichtsbehörden, die Sanktionen im Zusammenhang mit einem Verstoß gegen die Bestimmungen dieser Richtlinie enthalten, veröffentlicht werden.

Artikel 21
Europäisches Netz der Aufsichtsbehörden

(1) Die Kommission richtet ein aus Vertretern der Aufsichtsbehörden bestehendes europäisches Netz der Aufsichtsbehörden ein. Das Netz erleichtert die Zusammenarbeit mit den Aufsichtsbehörden und die Koordinierung und Konvergenz der Regulierungs-, Untersuchungs-, Sanktions- und Aufsichtsverfahren sowie den Informationsaustausch zwischen diesen Aufsichtsbehörden.

Die Kommission kann Agenturen der Union mit einschlägigem Fachwissen in den unter diese Richtlinie fallenden Bereichen ersuchen, sich dem europäischen Netz der Aufsichtsbehörden anzuschließen.

(2) Die Aufsichtsbehörden übermitteln sich gegenseitig einschlägige Informationen, gewähren einander Amtshilfe und erlassen Maßnahmen für eine wirksame Zusammenarbeit. Gegenseitige Amtshilfe umfasst die Zusammenarbeit im Hinblick auf die Ausübung der Befugnisse nach Artikel 18, unter anderem in Bezug auf Untersuchungen und Auskunftsersuchen.

(3) Die Aufsichtsbehörden ergreifen alle geeigneten Schritte, um einem Ersuchen einer anderen Aufsichtsbehörde unverzüglich und spätestens innerhalb eines Monats nach Eingang des Ersuchens nachzukommen. Dazu kann insbesondere auch die Übermittlung relevanter Informationen über die Durchführung einer Untersuchung gehören.

(4) Amtshilfeersuchen enthalten alle erforderlichen Informationen, einschließlich des Zwecks und der Gründe des Ersuchens. Die Aufsichtsbehörden dürfen die im Rahmen eines Amtshilfeersuchens erhaltene Informationen ausschließlich zu dem Zweck verwenden, für den sie angefordert wurden.

(5) Die ersuchte Aufsichtsbehörde informiert die ersuchende Aufsichtsbehörde über die Ergebnisse oder gegebenenfalls über den Fortgang der Maßnahmen, die getroffen wurden, um dem Amtshilfeersuchen nachzukommen.

(6) Aufsichtsbehörden verlangen für Tätigkeiten und Maßnahmen aufgrund eines Amtshilfeersuchens keine Gebühren.

Die Aufsichtsbehörden können jedoch untereinander Regeln vereinbaren, um einander in Ausnahmefällen besondere, aufgrund der Amtshilfe entstandene Ausgaben zu erstatten.

(7) Die nach Artikel 17 Absatz 3 zuständige Aufsichtsbehörde unterrichtet das europäische Netz der Aufsichtsbehörden über diesen Umstand und über jeden Antrag auf Änderung der zuständigen Aufsichtsbehörde.

(8) Bestehen Zweifel an der Zuständigkeitszuweisung, so werden die Informationen, auf denen diese Zuweisung gründet, dem europäischen Netz der Aufsichtsbehörden mitgeteilt, das Bemühungen um eine Lösung koordinieren kann.

Artikel 22
Zivilrechtliche Haftung

(1) Die Mitgliedstaaten stellen sicher, dass Unternehmen für Schäden haften, wenn

a) sie die Verpflichtungen aus den Artikeln 7 und 8 nicht erfüllt haben und

b) als Ergebnis dieses Versäumnisses negative Auswirkungen eingetreten sind, die ermittelt, vermieden, abgeschwächt, behoben oder durch angemessene Maßnahmen nach den Artikeln 7 und 8 minimiert hätten werden müssen und zu Schaden geführt haben.

(2) Ungeachtet von Absatz 1 stellen die Mitgliedstaaten sicher, dass ein Unternehmen, das Maßnahmen nach Artikel 7 Absatz 2 Buchstabe b und Artikel 7 Absatz 4 oder Artikel 8 Absatz 3 Buchstabe c und Artikel 8 Absatz 5 ergriffen hat, nicht für Schäden durch negative Auswirkungen als Ergebnis der Tätigkeiten eines indirekten Partners haftet, mit dem es eine etablierte Geschäftsbeziehung unterhält, es sei denn, es wäre je nach Einzelfall unangemessen zu erwarten, dass die ergriffene Maßnahme, einschließlich der Prüfung der Einhaltung, geeignet wäre, die negative Auswirkung zu vermeiden, abzuschwächen, zu beheben oder zu minimieren.

Bei der Bewertung des Vorliegens und des Umfangs eines Haftungsfalls nach diesem Absatz ist den Bemühungen des Unternehmens, insoweit diese direkt mit dem fraglichen Schaden in Verbindung stehen, bei der Erfüllung der von einer Aufsichtsbehörde geforderten Abhilfemaßnahmen, getätigten Investitionen und jeder gezielten Unterstützung nach den Artikeln 7 und 8 sowie einer Zusammenarbeit mit anderen Unternehmen bei der Bewältigung negativer Auswirkungen in seinen Wertschöpfungsketten gebührend Rechnung zu tragen.

(3) Die zivilrechtliche Haftung eines Unternehmens aus dieser Bestimmung berührt nicht die zivilrechtliche Haftung ihrer Tochterunternehmen oder direkter indirekter Geschäftspartner in der Wertschöpfungskette.

(4) Die zivilrechtliche Haftung nach dieser Richtlinie lässt Vorschriften der Union oder der Mitgliedstaaten über die zivilrechtliche Haftung im Zusammenhang mit negativen Auswirkungen auf die Menschenrechte oder die Umwelt unberührt, die eine Haftung in Situationen, die nicht unter diese Richtlinie fallen, oder eine strengere Haftung vorsehen als diese Richtlinie.

(5) Die Mitgliedstaaten stellen sicher, dass die in den nationalen Rechtsvorschriften zur Umsetzung dieses Artikels vorgesehene Haftung zwingend Anwendung findet und Vorrang hat in Fällen, in denen das auf entsprechende Ansprüche anzuwendende Recht nicht das Recht eines Mitgliedstaats ist.

Artikel 23
Meldung von Verstößen und Schutz von Hinweisgebern

Für die Meldung von Verstößen gegen diese Richtlinie und den Schutz von Personen, die solche Verstöße melden, gilt die Richtlinie (EU) 2019/1937.

Artikel 24
Öffentliche Unterstützung

Die Mitgliedstaaten stellen sicher, dass die eine öffentliche Unterstützung beantragenden Unternehmen bestätigen, dass keine Sanktionen wegen Nichteinhaltung der Verpflichtungen aus dieser Richtlinie verhängt wurden.

Artikel 25
Sorgfaltspflicht der Mitglieder der Unternehmensleitung

(1) Die Mitgliedstaaten stellen sicher, dass die Mitglieder der Unternehmensleitung nach Artikel 2 Absatz 1 bei Ausübung ihrer Pflicht, im besten Interesse des Unternehmens zu handeln, die kurz-, mittel- und langfristigen Folgen ihrer Entscheidungen für Nachhaltigkeitsaspekte berücksichtigen, gegebenenfalls auch die Folgen für Menschenrechte, Klimawandel und Umwelt.

(2) Die Mitgliedstaaten stellen sicher, dass ihre Rechts- und Verwaltungsvorschriften über einen Verstoß gegen die Pflichten der Mitglieder der Unternehmensleitung auch für die Bestimmungen dieses Artikels gelten.

Artikel 26
Einrichtung und Kontrolle der Sorgfaltspflicht

(1) Die Mitgliedstaaten stellen sicher, dass die in Artikel 2 Absatz 1 genannten Mitglieder der Unternehmensleitung für die Einrichtung und Kontrolle der Maßnahmen zur Erfüllung der Sorgfaltspflicht nach Artikel 4 und insbesondere für die in Artikel 5 genannte Strategie zur Erfüllung der Sorgfaltspflicht verantwortlich sind, wobei Beiträge von Interessenträgern und Organisationen der Zivilgesellschaft angemessen zu berücksichtigen sind. Die Mitglieder der Unternehmensleitung erstatten dem Vorstand hierüber Bericht.

(2) Die Mitgliedstaaten stellen sicher, dass die Mitglieder der Unternehmensleitung Schritte zur Anpassung der Unternehmensstrategie ergreifen, um den nach Artikel 6 ermittelten tatsächlichen und potenziellen negativen Auswirkungen und Maßnahmen nach den Artikeln 7 bis 9 Rechnung tragen.

Artikel 27
Änderung der Richtlinie (EU) 2019/1937

In Teil I Nummer E.2 des Anhangs der Richtlinie (EU) 2019/1937 wird folgende Ziffer angefügt:

*„vi) [Richtlinie ... des Europäischen Parlaments und des Rates vom ...... über die Sorgfaltspflichten von Unternehmen im Hinblick auf Nachhaltigkeit und zur Änderung der Richtlinie (EU) 2019/1937*58[+]]“*

Artikel 28
Ausübung der Befugnisübertragung

(1) Die Befugnis zum Erlass delegierter Rechtsakte wird der Kommission unter den in diesem Artikel festgelegten Bedingungen übertragen.

(2) Die Befugnis zum Erlass delegierter Rechtsakte gemäß Artikel 11 wird der Kommission auf unbestimmte Zeit übertragen.

(3) Die Befugnisübertragung gemäß Artikel 11 kann vom Europäischen Parlament oder vom Rat jederzeit widerrufen werden. Der Beschluss über den Widerruf beendet die Übertragung der in diesem Beschluss angegebenen Befugnis. Er wird am Tag nach seiner Veröffentlichung im Amtsblatt der Europäischen Union oder zu einem im Beschluss über den Widerruf angegebenen späteren Zeitpunkt wirksam. Die Gültigkeit von delegierten Rechtsakten, die bereits in Kraft sind, wird von dem Beschluss über den Widerruf nicht berührt.

(4) Vor dem Erlass eines delegierten Rechtsakts konsultiert die Kommission die von den einzelnen Mitgliedstaaten benannten Sachverständigen im Einklang mit den in der Interinstitutionellen Vereinbarung vom 13. April 2016 über bessere Rechtsetzung enthaltenen Grundsätzen.

(5) Sobald die Kommission einen delegierten Rechtsakt erlässt, übermittelt sie ihn gleichzeitig dem Europäischen Parlament und dem Rat.

(6) Ein delegierter Rechtsakt, der gemäß Artikel 11 erlassen wurde, tritt nur in Kraft, wenn weder das Europäische Parlament noch der Rat innerhalb einer Frist von zwei Monaten nach Übermittlung dieses Rechtsakts an das Europäische Parlament und den Rat Einwände erhoben haben oder wenn vor Ablauf dieser Frist das Europäische Parlament und der Rat beide der Kommission mitgeteilt haben, dass sie keine Einwände erheben werden. Auf Initiative des Europäischen Parlaments oder des Rates wird diese Frist um zwei Monate verlängert.

Artikel 29
Überprüfung

Die Kommission legt dem Europäischen Parlament und dem Rat bis zum [*ABl.: bitte das für sieben Jahre nach Inkrafttreten für die Richtlinie berechnete Datum einfügen*] einen Bericht über die Umsetzung und die Auswirkungen dieser Richtlinie vor. In dem Bericht wird auf die Wirksamkeit dieser Richtlinie im Hinblick auf die Erreichung ihrer Ziele eingegangen und bewertet,

a) ob die Schwellenwerte für die Zahl der Beschäftigten und den Nettoumsatz nach Artikel 2 Absatz 1 gesenkt werden müssen;

b) ob die Liste der Sektoren in Artikel 2 Absatz 1 Buchstabe b geändert werden muss, um sie beispielsweise an die Leitlinien der Organisation für wirtschaftliche Zusammenarbeit und Entwicklung anzupassen;

[+] ABl.: Bitte in den Text die Nummer und das Datum der Richtlinie in Dokument ... sowie die Amtsblattfundstelle dieser Richtlinie in die Fußnote einfügen.

c) ob der Anhang geändert werden muss, auch vor dem Hintergrund von Entwicklungen auf internationaler Ebene;

d) ob die Artikel 4 bis 14 auf negative Klimaauswirkungen ausgeweitet werden sollten.

Artikel 30
Umsetzung

(1) Die Mitgliedstaaten erlassen und veröffentlichen spätestens [*ABl: bitte 2 Jahre nach Inkrafttreten dieser Richtlinie einfügen]* die Rechts- und Verwaltungsvorschriften, die erforderlich sind, um dieser Richtlinie nachzukommen. Sie teilen der Kommission unverzüglich den Wortlaut dieser Vorschriften mit.

Sie wenden diese Vorschriften wie folgt an:

a) ab … [ABl: bitte 2 Jahre nach Inkrafttreten dieser Richtlinie einfügen] auf Unternehmen nach Artikel 2 Absatz 1 Buchstabe a und Artikel 2 Absatz 2 Buchstabe b;

b) ab … [ABl: bitte 4 Jahre nach Inkrafttreten dieser Richtlinie einfügen] auf Unternehmen nach Artikel 2 Absatz 1 Buchstabe b und Artikel 2 Absatz 2 Buchstabe b;

Bei Erlass dieser Vorschriften nehmen die Mitgliedstaaten in den Vorschriften selbst oder durch einen Hinweis bei der amtlichen Veröffentlichung auf diese Richtlinie Bezug. Die Mitgliedstaaten regeln die Einzelheiten dieser Bezugnahme.

(2) Die Mitgliedstaaten teilen der Kommission den Wortlaut der wichtigsten nationalen Rechtsvorschriften mit, die sie auf dem unter diese Richtlinie fallenden Gebiet erlassen.

Artikel 31
Inkrafttreten

Diese Richtlinie tritt am zwanzigsten Tag nach ihrer Veröffentlichung im *Amtsblatt der Europäischen Union* in Kraft.

Artikel 32
Adressaten

Diese Richtlinie ist an die Mitgliedstaaten gerichtet.

Geschehen zu Brüssel am […]

Im Namen des Europäischen Parlaments *Im Namen des Rates*

Die Präsidentin *Der Präsident/Die Präsidentin*

IX. Lieferkettensorgfaltspflichtengesetz (LkSG)

Gesetz über die unternehmerischen Sorgfaltspflichten zur Vermeidung von Menschenrechtsverletzungen in LieferkettenLkSG

Ausfertigungsdatum: 16.07.2021

Vollzitat:

„Lieferkettensorgfaltspflichtengesetz vom 16. Juli 2021 (BGBl. I S. 2959)"

Das G wurde als Artikel 1 des G v. 16.7.2021 I 2595 vom Bundestag beschlossen. Es tritt gem. Art. 5 Abs. 1 dieses G am 1.1.2023 in Kraft. § 13 Abs. 3, § 14 Abs. 2 und die §§ 19 bis 21 treten gem. Art. 5 Abs. 2 am 23.7.2021 in Kraft.

Abschnitt 1
Allgemeine Bestimmungen

§ 1
Anwendungsbereich

(1) Dieses Gesetz ist anzuwenden auf Unternehmen ungeachtet ihrer Rechtsform, die
1. ihre Hauptverwaltung, ihre Hauptniederlassung, ihren Verwaltungssitz oder ihren satzungsmäßigen Sitz im Inland haben und
2. in der Regel mindestens 3 000 Arbeitnehmer im Inland beschäftigen; ins Ausland entsandte Arbeitnehmer sind erfasst.

Abweichend von Satz 1 Nummer 1 ist dieses Gesetz auch anzuwenden auf Unternehmen ungeachtet ihrer Rechtsform, die
1. eine Zweigniederlassung gemäß § 13d des Handelsgesetzbuchs im Inland haben und
2. in der Regel mindestens 3 000 Arbeitnehmer im Inland beschäftigen.

Ab dem 1. Januar 2024 betragen die in Satz 1 Nummer 2 und Satz 2 Nummer 2 vorgesehenen Schwellenwerte jeweils 1 000 Arbeitnehmer.

(2) Leiharbeitnehmer sind bei der Berechnung der Arbeitnehmerzahl (Absatz 1 Satz 1 Nummer 2 und Satz 2 Nummer 2) des Entleihunternehmens zu berücksichtigen, wenn die Einsatzdauer sechs Monate übersteigt.

(3) Innerhalb von verbundenen Unternehmen (§ 15 des Aktiengesetzes) sind die im Inland beschäftigten Arbeitnehmer sämtlicher konzernangehöriger Gesellschaften bei der Berechnung der Arbeitnehmerzahl (Absatz 1 Satz 1 Nummer 2) der Obergesellschaft zu berücksichtigen; ins Ausland entsandte Arbeitnehmer sind erfasst.

§ 2
Begriffsbestimmungen

(1) Geschützte Rechtspositionen im Sinne dieses Gesetzes sind solche, die sich aus den in den Nummern 1 bis 11 der Anlage aufgelisteten Übereinkommen zum Schutz der Menschenrechte ergeben.

(2) Ein menschenrechtliches Risiko im Sinne dieses Gesetzes ist ein Zustand, bei dem aufgrund tatsächlicher Umstände mit hinreichender Wahrscheinlichkeit ein Verstoß gegen eines der folgenden Verbote droht:

1. das Verbot der Beschäftigung eines Kindes unter dem Alter, mit dem nach dem Recht des Beschäftigungsortes die Schulpflicht endet, wobei das Beschäftigungsalter 15 Jahre nicht unterschreiten darf; dies gilt nicht, wenn das Recht des Beschäftigungsortes hiervon in Übereinstimmung mit Artikel 2 Absatz 4 sowie den Artikeln 4 bis 8 des Übereinkommens Nr. 138 der Internationalen Arbeitsorganisation vom 26. Juni 1973 über das Mindestalter für die Zulassung zur Beschäftigung (BGBl. 1976 II S. 201, 202) abweicht;
2. das Verbot der schlimmsten Formen der Kinderarbeit für Kinder unter 18 Jahren; dies umfasst gemäß Artikel 3 des Übereinkommens Nr. 182 der Internationalen Arbeitsorganisation vom 17. Juni 1999 über das Verbot und unverzügliche Maßnahmen zur Beseitigung der schlimmsten Formen der Kinderarbeit (BGBl. 2001 II S. 1290, 1291):
   a) alle Formen der Sklaverei oder alle sklavereiähnlichen Praktiken, wie den Verkauf von Kindern und den Kinderhandel, Schuldknechtschaft und Leibeigenschaft sowie Zwangs- oder Pflichtarbeit, einschließlich der Zwangs- oder Pflichtrekrutierung von Kindern für den Einsatz in bewaffneten Konflikten,
   b) das Heranziehen, Vermitteln oder Anbieten eines Kindes zur Prostitution, zur Herstellung von Pornographie oder zu pornographischen Darbietungen,
   c) das Heranziehen, Vermitteln oder Anbieten eines Kindes zu unerlaubten Tätigkeiten, insbesondere zur Gewinnung von und zum Handel mit Drogen,
   d) Arbeit, die ihrer Natur nach oder aufgrund der Umstände, unter denen sie verrichtet wird, voraussichtlich für die Gesundheit, die Sicherheit oder die Sittlichkeit von Kindern schädlich ist;
3. das Verbot der Beschäftigung von Personen in Zwangsarbeit; dies umfasst jede Arbeitsleistung oder Dienstleistung, die von einer Person unter Androhung von Strafe verlangt wird und für die sie sich nicht freiwillig zur Verfügung gestellt hat, etwa in Folge von Schuldknechtschaft oder Menschenhandel; ausgenommen von der Zwangsarbeit sind Arbeits- oder Dienstleistungen, die mit Artikel 2 Absatz 2 des Übereinkommens Nr. 29 der Internationalen Arbeitsorganisation vom 28. Juni 1930 über Zwangs- oder Pflichtarbeit (BGBl. 1956 II S. 640, 641) oder mit Artikel 8 Buchstabe b und c des Internationen Paktes vom 19. Dezember 1966 über bürgerliche und politische Rechte (BGBl. 1973 II S. 1533, 1534) vereinbar sind;
4. das Verbot aller Formen der Sklaverei, sklavenähnlicher Praktiken, Leibeigenschaft oder anderer Formen von Herrschaftsausübung oder Unterdrückung im Umfeld der Arbeitsstätte, etwa durch extreme wirtschaftliche oder sexuelle Ausbeutung und Erniedrigungen;
5. das Verbot der Missachtung der nach dem Recht des Beschäftigungsortes geltenden Pflichten des Arbeitsschutzes, wenn hierdurch die Gefahr von Unfällen bei der Arbeit oder arbeitsbedingte Gesundheitsgefahren entstehen, insbesondere durch:
   a) offensichtlich ungenügende Sicherheitsstandards bei der Bereitstellung und der Instandhaltung der Arbeitsstätte, des Arbeitsplatzes und der Arbeitsmittel,
   b) das Fehlen geeigneter Schutzmaßnahmen, um Einwirkungen durch chemische, physikalische oder biologische Stoffe zu vermeiden,
   c) das Fehlen von Maßnahmen zur Verhinderung übermäßiger körperlicher und geistiger Ermüdung, insbesondere durch eine ungeeignete Arbeitsorganisation in Bezug auf Arbeitszeiten und Ruhepausen oder
   d) die ungenügende Ausbildung und Unterweisung von Beschäftigten;
6. das Verbot der Missachtung der Koalitionsfreiheit, nach der

a) Arbeitnehmer sich frei zu Gewerkschaften zusammenzuschließen oder diesen beitreten können,
b) die Gründung, der Beitritt und die Mitgliedschaft zu einer Gewerkschaft nicht als Grund für ungerechtfertigte Diskriminierungen oder Vergeltungsmaßnahmen genutzt werden dürfen,
c) Gewerkschaften sich frei und in Übereinstimmung mit dem Recht des Beschäftigungsortes betätigen dürfen; dieses umfasst das Streik- recht und das Recht auf Kollektivverhandlungen;

7. das Verbot der Ungleichbehandlung in Beschäftigung, etwa aufgrund von nationaler und ethnischer Abstammung, sozialer Herkunft, Gesundheitsstatus, Behinderung, sexueller Orientierung, Alter, Geschlecht, politischer Meinung, Religion oder Weltanschauung, sofern diese nicht in den Erfordernissen der Beschäftigung begründet ist; eine Ungleichbehandlung umfasst insbesondere die Zahlung ungleichen Entgelts für gleichwertige Arbeit;
8. das Verbot des Vorenthaltens eines angemessenen Lohns; der angemessene Lohn ist mindestens der nach dem anwendbaren Recht festgelegte Mindestlohn und bemisst sich ansonsten nach dem Recht des Beschäftigungsortes;
9. das Verbot der Herbeiführung einer schädlichen Bodenveränderung, Gewässerverunreinigung, Luftverunreinigung, schädlichen Lärmemission oder eines übermäßigen Wasserverbrauchs, die
   a) die natürlichen Grundlagen zum Erhalt und der Produktion von Nahrung erheblich beeinträchtigt,
   b) einer Person den Zugang zu einwandfreiem Trinkwasser verwehrt,
   c) einer Person den Zugang zu Sanitäranlagen erschwert oder zerstört oder
   d) die Gesundheit einer Person schädigt;
10. das Verbot der widerrechtlichen Zwangsräumung und das Verbot des widerrechtlichen Entzugs von Land, von Wäldern und Gewässern bei dem Erwerb, der Bebauung oder anderweitigen Nutzung von Land, Wäldern und Gewässern, deren Nutzung die Lebensgrundlage einer Person sichert;
11. das Verbot der Beauftragung oder Nutzung privater oder öffentlicher Sicherheitskräfte zum Schutz des unternehmerischen Projekts, wenn aufgrund mangelnder Unterweisung oder Kontrolle seitens des Unternehmens bei dem Einsatz der Sicherheitskräfte
   a) das Verbot von Folter und grausamer, unmenschlicher oder erniedrigender Behandlung missachtet wird,
   b) Leib oder Leben verletzt werden oder
   c) die Vereinigungs- und Koalitionsfreiheit beeinträchtigt werden;
12. das Verbot eines über die Nummern 1 bis 11 hinausgehenden Tuns oder pflichtwidrigen Unterlassens, das unmittelbar geeignet ist, in besonders schwerwiegender Weise eine geschützte Rechtsposition zu beeinträchtigen und dessen Rechtswidrigkeit bei verständiger Würdigung aller in Betracht kommenden Umstände offensichtlich ist.

(3) Ein umweltbezogenes Risiko im Sinne dieses Gesetzes ist ein Zustand, bei dem auf Grund tatsächlicher Umstände mit hinreichender Wahrscheinlichkeit ein Verstoß gegen eines der folgenden Verbote droht:

1. das Verbot der Herstellung von mit Quecksilber versetzten Produkten gemäß Artikel 4 Absatz 1 und Anlage A Teil I des Übereinkommens von Minamata vom 10. Oktober 2013 über Quecksilber (BGBl. 2017 II S. 610, 611) (Minamata-Übereinkommen);

2. das Verbot der Verwendung von Quecksilber und Quecksilberverbindungen bei Herstellungsprozessen im Sinne des Artikels 5 Absatz 2 und Anlage B Teil I des Minamata-Übereinkommens ab dem für die jeweiligen Produkte und Prozesse im Überein- kommen festgelegten Ausstiegsdatum;
3. das Verbot der Behandlung von Quecksilberabfällen entgegen den Bestimmungen des Artikels 11 Absatz 3 des Minamata-Übereinkommens;
4. das Verbot der Produktion und Verwendung von Chemikalien nach Artikel 3 Absatz 1 Buchstabe a und Anlage A des Stockholmer Übereinkommens vom 23. Mai 2001 über persistente organische Schadstoffe (BGBl. 2002 II S. 803, 804) (POPs-Übereinkommen), zuletzt geändert durch den Beschluss vom 6. Mai 2005 (BGBl. 2009 II S. 1060, 1061), in der Fassung der Verordnung (EU) 2019/1021 des Europäischen Parlaments und des Rates vom 20. Juni 2019 über persistente organische Schadstoffe (ABl. L 169 vom 26.5.2019, S. 45), die zuletzt durch die Delegierte Verordnung (EU) 2021/277 der Kommission vom 16. Dezember 2020 (ABl. L 62 vom 23.2.2021, S. 1) geändert worden ist;
5. das Verbot der nicht umweltgerechten Handhabung, Sammlung, Lagerung und Entsorgung von Abfällen nach den Regelungen, die in der anwendbaren Rechtsordnung nach den Maßgaben des Artikels 6 Absatz 1 Buchstabe d Ziffer i und ii des POPs-Übereinkommens gelten;
6. das Verbot der Ausfuhr gefährlicher Abfälle im Sinne des Artikel 1 Absatz 1 und anderer Abfälle im Sinne des Artikel 1 Absatz 2 des Basler Übereinkommens über die Kontrolle der grenzüberschreitenden Verbringung gefährlicher Abfälle und ihrer Entsorgung vom 22. März 1989 (BGBl. 1994 II S. 2703, 2704) (Basler Übereinkommen), zuletzt geändert durch die Dritte Verordnung zur Änderung von Anlagen zum Basler Übereinkommen vom 22. März 1989 vom 6. Mai 2014 (BGBl. II S. 306, 307), und im Sinne der Verordnung (EG) Nr. 1013/2006 des Europäischen Parlaments und des Rates vom 14. Juni 2006 über die Verbringung von Abfällen (ABl. L 190 vom 12.7.2006, S. 1) (Verordnung (EG) Nr. 1013/2006), die zuletzt durch die Delegierte Verordnung (EU) 2020/2174 der Kommission vom 19. Oktober 2020 (ABl. L 433 vom 22.12.2020, S. 11) geändert worden ist
   a) in eine Vertragspartei, die die Einfuhr solcher gefährlichen und anderer Abfälle verboten hat (Artikel 4 Absatz 1 Buchstabe b des Basler Übereinkommens),
   b) in einen Einfuhrstaat im Sinne des Artikel 2 Nummer 11 des Basler Übereinkommens, der nicht seine schriftliche Einwilligung zu der bestimmten Einfuhr gegeben hat, wenn dieser Einfuhrstaat die Einfuhr dieser gefährlichen Abfälle nicht verboten hat (Artikel 4 Absatz 1 Buchstabe c des Basler Übereinkommens),
   c) in eine Nichtvertragspartei des Basler Übereinkommens (Artikel 4 Absatz 5 des Basler Übereinkommens),
   d) in einen Einfuhrstaat, wenn solche gefährlichen Abfälle oder andere Abfälle in diesem Staat oder anderswo nicht umweltgerecht behandelt werden (Artikel 4 Absatz 8 Satz 1 des Basler Übereinkommens);
7. das Verbot der Ausfuhr gefährlicher Abfälle von in Anlage VII des Basler Übereinkommens aufgeführten Staaten in Staaten, die nicht in Anlage VII aufgeführt sind (Artikel 4A des Basler Übereinkommens, Artikel 36 der Verordnung (EG) Nr. 1013/2006) sowie
8. das Verbot der Einfuhr gefährlicher Abfälle und anderer Abfälle aus einer Nichtvertragspartei des Basler Übereinkommens (Artikel 4 Absatz 5 des Basler Übereinkommens).

(4) Eine Verletzung einer menschenrechtsbezogenen Pflicht im Sinne dieses Gesetzes ist der Verstoß gegen ein in Absatz 2 Nummer 1 bis 12 genanntes Verbot. Eine Verletzung einer umweltbezogenen Pflicht im Sinne dieses Gesetzes ist der Verstoß gegen ein in Absatz 3 Nummer 1 bis 8 genanntes Verbot.

(5) Die Lieferkette im Sinne dieses Gesetzes bezieht sich auf alle Produkte und Dienstleistungen eines Unternehmens. Sie umfasst alle Schritte im In- und Ausland, die zur Herstellung der Produkte und zur Erbringung der Dienstleistungen erforderlich sind, angefangen von der Gewinnung der Rohstoffe bis zu der Lieferung an den Endkunden und erfasst

1. das Handeln eines Unternehmens im eigenen Geschäftsbereich,
2. das Handeln eines unmittelbaren Zulieferers und
3. das Handeln eines mittelbaren Zulieferers.

(6) Der eigene Geschäftsbereich im Sinne dieses Gesetzes erfasst jede Tätigkeit des Unternehmens zur Erreichung des Unternehmensziels. Erfasst ist damit jede Tätigkeit zur Herstellung und Verwertung von Produkten und zur Erbringung von Dienstleistungen, unabhängig davon, ob sie an einem Standort im In- oder Ausland vorgenommen wird. In verbundenen Unternehmen zählt zum eigenen Geschäftsbereich der Obergesellschaft eine konzernangehörige Gesellschaft, wenn die Obergesellschaft auf die konzernangehörige Gesellschaft einen bestimmenden Einfluss ausübt.

(7) Unmittelbarer Zulieferer im Sinne dieses Gesetzes ist ein Partner eines Vertrages über die Lieferung von Waren oder die Erbringung von Dienstleistungen, dessen Zulieferungen für die Herstellung des Produktes des Unternehmens oder zur Erbringung und Inanspruchnahme der betreffenden Dienstleistung notwendig sind.

(8) Mittelbarer Zulieferer im Sinne dieses Gesetzes ist jedes Unternehmen, das kein unmittelbarer Zulieferer ist und dessen Zulieferungen für die Herstellung des Produktes des Unternehmens oder zur Erbringung und Inanspruchnahme der betreffenden Dienstleistung notwendig sind.

Abschnitt 2
Sorgfaltspflichten

§ 3
Sorgfaltspflichten

(1) Unternehmen sind dazu verpflichtet, in ihren Lieferketten die in diesem Abschnitt festgelegten menschenrechtlichen und umweltbezogenen Sorgfaltspflichten in angemessener Weise zu beachten mit dem Ziel, menschenrechtlichen oder umweltbezogenen Risiken vorzubeugen oder sie zu minimieren oder die Verletzung menschenrechtsbezogener oder umweltbezogener Pflichten zu beenden. Die Sorgfaltspflichten enthalten:

1. die Einrichtung eines Risikomanagements (§ 4 Absatz 1),
2. die Festlegung einer betriebsinternen Zuständigkeit (§ 4 Absatz 3),
3. die Durchführung regelmäßiger Risikoanalysen (§ 5),
4. die Abgabe einer Grundsatzerklärung (§ 6 Absatz 2),
5. die Verankerung von Präventionsmaßnahmen im eigenen Geschäftsbereich (§ 6 Absatz 1 und 3) und gegenüber unmittelbaren Zulieferern (§ 6 Absatz 4),
6. das Ergreifen von Abhilfemaßnahmen (§ 7 Absatz 1 bis 3),
7. die Einrichtung eines Beschwerdeverfahrens (§ 8),

8. die Umsetzung von Sorgfaltspflichten in Bezug auf Risiken bei mittelbaren Zulieferern (§ 9) und
9. die Dokumentation (§ 10 Absatz 1) und die Berichterstattung (§ 10 Absatz 2).

(2) Die angemessene Weise eines Handelns, das den Sorgfaltspflichten genügt, bestimmt sich nach
1. Art und Umfang der Geschäftstätigkeit des Unternehmens,
2. dem Einflussvermögen des Unternehmens auf den unmittelbaren Verursacher eines menschenrechtlichen oder umweltbezogenen Risikos oder der Verletzung einer menschenrechtsbezogenen oder einer umweltbezogenen Pflicht,
3. der typischerweise zu erwartenden Schwere der Verletzung, der Umkehrbarkeit der Verletzung und der Wahrscheinlichkeit der Verletzung einer menschenrechtsbezogenen oder einer umweltbezogenen Pflicht sowie
4. nach der Art des Verursachungsbeitrages des Unternehmens zu dem menschenrechtlichen oder umweltbezogenen Risiko oder zu der Verletzung einer menschenrechtsbezogenen oder einer umweltbezogenen Pflicht.

(3) Eine Verletzung der Pflichten aus diesem Gesetz begründet keine zivilrechtliche Haftung. Eine unabhängig von diesem Gesetz begründete zivilrechtliche Haftung bleibt unberührt.

§ 4
Risikomanagement

(1) Unternehmen müssen ein angemessenes und wirksames Risikomanagement zur Einhaltung der Sorgfaltspflichten (§ 3 Absatz 1) einrichten. Das Risikomanagement ist in alle maßgebliche Geschäftsabläufe durch angemessene Maßnahmen zu verankern.

(2) Wirksam sind solche Maßnahmen, die es ermöglichen, menschenrechtliche und umweltbezogene Risiken zu erkennen und zu minimieren sowie Verletzungen menschenrechtsbezogener oder umweltbezogener Pflichten zu verhindern, zu beenden oder deren Ausmaß zu minimieren, wenn das Unternehmen diese Risiken oder Verletzungen innerhalb der Lieferkette verursacht oder dazu beigetragen hat.

(3) Das Unternehmen hat dafür zu sorgen, dass festgelegt ist, wer innerhalb des Unternehmens dafür zuständig ist, das Risikomanagement zu überwachen, etwa durch die Benennung eines Menschenrechtsbeauftragten. Die Geschäftsleitung hat sich regelmäßig, mindestens einmal jährlich, über die Arbeit der zuständigen Person oder Personen zu informieren.

(4) Das Unternehmen hat bei der Errichtung und Umsetzung seines Risikomanagementsystems die Interessen seiner Beschäftigten, der Beschäftigten inner- halb seiner Lieferketten und derjenigen, die in sonstiger Weise durch das wirtschaftliche Handeln des Unternehmens oder durch das wirtschaftliche Handeln eines Unternehmens in seinen Lieferketten in einer geschützten Rechtsposition unmittelbar betroffen sein können, angemessen zu berücksichtigen.

§ 5
Risikoanalyse

(1) Im Rahmen des Risikomanagements hat das Unternehmen eine angemessene Risikoanalyse nach den Abätzen 2 bis 4 durchzuführen, um die menschenrechtlichen und umweltbezogenen Risiken im eigenen Geschäftsbereich sowie bei seinen unmittelba-

ren Zulieferern zu ermitteln. In Fällen, in denen ein Unternehmen eine missbräuchliche Gestaltung der unmittelbaren Zuliefererbeziehung oder ein Umgehungsgeschäft vorgenommen hat, um die Anforderungen an die Sorgfaltspflichten in Hinblick auf den unmittelbaren Zulieferer zu umgehen, gilt ein mittelbarer Zulieferer als unmittelbarer Zulieferer.

(2) Die ermittelten menschenrechtlichen und umweltbezogenen Risiken sind angemessen zu gewichten und zu priorisieren. Dabei sind insbesondere die in § 3 Absatz 2 genannten Kriterien maßgeblich.

(3) Das Unternehmen muss dafür Sorge tragen, dass die Ergebnisse der Risikoanalyse intern an die maßgeblichen Entscheidungsträger, etwa an den Vorstand oder an die Einkaufsabteilung, kommuniziert werden.

(4) Die Risikoanalyse ist einmal im Jahr sowie anlassbezogen durchzuführen, wenn das Unternehmen mit einer wesentlich veränderten oder wesentlich erweiterten Risikolage in der Lieferkette rechnen muss, etwa durch die Einführung neuer Produkte, Projekte oder eines neuen Geschäftsfeldes. Erkenntnisse aus der Bearbeitung von Hinweisen nach § 8 Absatz 1 sind zu berücksichtigen.

§ 6
Präventionsmaßnahmen

(1) Stellt ein Unternehmen im Rahmen einer Risikoanalyse nach § 5 ein Risiko fest, hat es unverzüglich angemessene Präventionsmaßnahmen nach den Absätzen 2 bis 4 zu ergreifen.

(2) Das Unternehmen muss eine Grundsatzerklärung über seine Menschenrechtsstrategie abgeben. Die Unternehmensleitung hat die Grundsatzerklärung abzugeben. Die Grundsatzerklärung muss mindestens die folgenden Elemente einer Menschenrechtsstrategie des Unternehmens enthalten:

1. die Beschreibung des Verfahrens, mit dem das Unternehmen seinen Pflichten nach § 4 Absatz 1, § 5 Absatz 1, § 6 Absatz 3 bis 5, sowie den §§ 7 bis 10 nachkommt,
2. die für das Unternehmen auf Grundlage der Risikoanalyse festgestellten prioritären menschenrechtlichen und umweltbezogenen Risiken und
3. die auf Grundlage der Risikoanalyse erfolgte Festlegung der menschenrechtsbezogenen und umweltbezogenen Erwartungen, die das Unternehmen an seine Beschäftigten und Zulieferer in der Lieferkette richtet.

(3) Das Unternehmen muss angemessene Präventionsmaßnahmen im eigenen Geschäftsbereich verankern, insbesondere:

1. die Umsetzung der in der Grundsatzerklärung dargelegten Menschenrechtsstrategie in den relevanten Geschäftsabläufen,
2. die Entwicklung und Implementierung geeigneter Beschaffungsstrategien und Einkaufspraktiken, durch die festgestellte Risiken verhindert oder minimiert werden,
3. die Durchführung von Schulungen in den relevanten Geschäftsbereichen,
4. die Durchführung risikobasierter Kontrollmaßnahmen, mit denen die Einhaltung der in der Grundsatzerklärung enthaltenen Menschenrechtsstrategie im eigenen Geschäftsbereich überprüft wird.

(4) Das Unternehmen muss angemessene Präventionsmaßnahmen gegenüber einem unmittelbaren Zulieferer verankern, insbesondere:

1. die Berücksichtigung der menschenrechtsbezogenen und umweltbezogenen Erwartungen bei der Auswahl eines unmittelbaren Zulieferers,
2. die vertragliche Zusicherung eines unmittelbaren Zulieferers, dass dieser die von der Geschäftsleitung des Unternehmens verlangten menschenrechtsbezogenen und umweltbezogenen Erwartungen einhält und entlang der Lieferkette angemessen adressiert,
3. die Durchführung von Schulungen und Weiterbildungen zur Durchsetzung der vertraglichen Zusicherungen des unmittelbaren Zulieferers nach Nummer 2,
4. die Vereinbarung angemessener vertraglicher Kontrollmechanismen sowie deren risikobasierte Durchführung, um die Einhaltung der Menschenrechtsstrategie bei dem unmittelbaren Zulieferer zu überprüfen.

(5) Die Wirksamkeit der Präventionsmaßnahmen ist einmal im Jahr sowie anlassbezogen zu überprüfen, wenn das Unternehmen mit einer wesentlich veränderten oder wesentlich erweiterten Risikolage im eigenen Geschäftsbereich oder beim unmittelbaren Zulieferer rechnen muss, etwa durch die Einführung neuer Produkte, Projekte oder eines neuen Geschäftsfeldes. Erkenntnisse aus der Bearbeitung von Hinweisen nach § 8 Absatz 1 sind zu berücksichtigen. Die Maßnahmen sind bei Bedarf unverzüglich zu aktualisieren.

§ 7
Abhilfemaßnahmen

(1) Stellt das Unternehmen fest, dass die Verletzung einer menschenrechtsbezogenen oder einer umweltbezogenen Pflicht in seinem eigenen Geschäftsbereich oder bei einem unmittelbaren Zulieferer bereits eingetreten ist oder unmittelbar bevorsteht, hat es unverzüglich angemessene Abhilfemaßnahmen zu ergreifen, um diese Verletzung zu verhindern, zu beenden oder das Ausmaß der Verletzung zu minimieren. § 5 Absatz 1 Satz 2 gilt entsprechend. Im eigenen Geschäftsbereich im Inland muss die Abhilfemaßnahme zu einer Beendigung der Verletzung führen. Im eigenen Geschäftsbereich im Ausland und im eigenen Geschäftsbereich gemäß § 2 Absatz 6 Satz 3 muss die Abhilfemaßnahme in der Regel zur Beendigung der Verletzung führen.

(2) Ist die Verletzung einer menschenrechtsbezogenen oder einer umweltbezogenen Pflicht bei einem unmittelbaren Zulieferer so beschaffen, dass das Unternehmen sie nicht in absehbarer Zeit beenden kann, muss es unverzüglich ein Konzept zur Beendigung oder Minimierung erstellen und umsetzen. Das Konzept muss einen konkreten Zeitplan enthalten. Bei der Erstellung und Umsetzung des Konzepts sind insbesondere folgende Maßnahmen in Betracht zu ziehen:
1. die gemeinsame Erarbeitung und Umsetzung eines Plans zur Beendigung oder Minimierung der Verletzung mit dem Unternehmen, durch das die Verletzung verursacht wird,
2. der Zusammenschluss mit anderen Unternehmen im Rahmen von Brancheninitiativen und Branchenstandards, um die Einflussmöglichkeit auf den Verursacher zu erhöhen,
3. ein temporäres Aussetzen der Geschäftsbeziehung während der Bemühungen zur Risikominimierung.

(3) Der Abbruch einer Geschäftsbeziehung ist nur geboten, wenn
1. die Verletzung einer geschützten Rechtsposition oder einer umweltbezogenen Pflicht als sehr schwerwiegend bewertet wird,

2. die Umsetzung der im Konzept erarbeiteten Maßnahmen nach Ablauf der im Konzept festgelegten Zeit keine Abhilfe bewirkt,
3. dem Unternehmen keine anderen milderen Mittel zur Verfügung stehen und eine Erhöhung des Einflussvermögens nicht aussichtsreich erscheint.

Die bloße Tatsache, dass ein Staat eines der in der Anlage zu diesem Gesetz aufgelisteten Übereinkommen nicht ratifiziert oder nicht in sein nationales Recht umgesetzt hat, führt nicht zu einer Pflicht zum Abbruch der Geschäftsbeziehung. Von Satz 2 unberührt bleiben Einschränkungen des Außenwirtschaftsverkehrs durch oder aufgrund von Bundesrecht, Recht der Europäischen Union oder Völkerrecht.

(4) Die Wirksamkeit der Abhilfemaßnahmen ist einmal im Jahr sowie anlassbezogen zu überprüfen, wenn das Unternehmen mit einer wesentlich veränderten oder wesentlich erweiterten Risikolage im eigenen Geschäftsbereich oder beim unmittelbaren Zulieferer rechnen muss, etwa durch die Einführung neuer Produkte, Projekte oder eines neuen Geschäftsfeldes. Erkenntnisse aus der Bearbeitung von Hinweisen nach § 8 Absatz 1 sind zu berücksichtigen. Die Maßnahmen sind bei Bedarf unverzüglich zu aktualisieren.

§ 8
Beschwerdeverfahren

(1) Das Unternehmen hat dafür zu sorgen, dass ein angemessenes unternehmensinternes Beschwerdeverfahren nach den Absätzen 2 bis 4 eingerichtet ist. Das Beschwerdeverfahren ermöglicht Personen, auf menschenrechtliche und umweltbezogene Risiken sowie auf Verletzungen menschenrechtsbezogener oder umweltbezogener Pflichten hinzuweisen, die durch das wirtschaftliche Handeln eines Unternehmens im eigenen Geschäftsbereich oder eines unmittelbaren Zulieferers entstanden sind. Der Eingang des Hinweises ist den Hinweisgebern zu bestätigen. Die von dem Unternehmen mit der Durchführung des Verfahrens betrauten Personen haben den Sachverhalt mit den Hinweisgebern zu erörtern. Sie können ein Verfahren der einvernehmlichen Beilegung anbieten. Die Unternehmen können sich stattdessen an einem entsprechenden externen Beschwerdeverfahren beteiligen, sofern es die nachfolgenden Kriterien erfüllt.

(2) Das Unternehmen legt eine Verfahrensordnung in Textform fest, die öffentlich zugänglich ist.

(3) Die von dem Unternehmen mit der Durchführung des Verfahrens betrauten Personen müssen Gewähr für unparteiisches Handeln bieten, insbesondere müssen sie unabhängig und an Weisungen nicht gebunden sein. Sie sind zur Verschwiegenheit verpflichtet.

(4) Das Unternehmen muss in geeigneter Weise klare und verständliche Informationen zur Erreichbarkeit und Zuständigkeit und zur Durchführung des Beschwerdeverfahrens öffentlich zugänglich machen. Das Beschwerdeverfahren muss für potenzielle Beteiligte zugänglich sein, die Vertraulichkeit der Identität wahren und wirksamen Schutz vor Benachteiligung oder Bestrafung aufgrund einer Beschwerde gewährleisten.

(5) Die Wirksamkeit des Beschwerdeverfahrens ist mindestens einmal im Jahr sowie anlassbezogen zu überprüfen, wenn das Unternehmen mit einer wesentlich veränderten oder wesentlich erweiterten Risikolage im eigenen Geschäftsbereich oder beim unmittelbaren Zulieferer rechnen muss, etwa durch die Einführung neuer Produkte,

Projekte oder eines neuen Geschäftsfeldes. Die Maßnahmen sind bei Bedarf unverzüglich zu wiederholen.

§ 9
Mittelbare Zulieferer; Verordnungsermächtigung

(1) Das Unternehmen muss das Beschwerdeverfahren nach § 8 so einrichten, dass es Personen auch ermöglicht, auf menschenrechtliche oder umweltbezogene Risiken sowie auf Verletzungen menschenrechtsbezogener oder umweltbezogener Pflichten hinzuweisen, die durch das wirtschaftliche Handeln eines mittelbaren Zulieferers entstanden sind.

(2) Das Unternehmen muss nach Maßgabe des Absatzes 3 sein bestehendes Risikomanagement im Sinne von § 4 anpassen.

(3) Liegen einem Unternehmen tatsächliche Anhaltspunkte vor, die eine Verletzung einer menschenrechtsbezogenen oder einer umweltbezogenen Pflicht bei mittelbaren Zulieferern möglich erscheinen lassen (substantiierte Kenntnis), so hat es anlassbezogen unverzüglich

1. eine Risikoanalyse gemäß § 5 Absatz 1 bis 3 durch- zuführen,
2. angemessene Präventionsmaßnahmen gegenüber dem Verursacher zu verankern, etwa die Durchführung von Kontrollmaßnahmen, die Unterstützung bei der Vorbeugung und Vermeidung eines Risikos oder die Umsetzung von branchenspezifischen oder branchenübergreifenden Initiativen, denen das Unternehmen beigetreten ist,
3. ein Konzept zur Verhinderung, Beendigung oder Minimierung zu erstellen und umzusetzen und
4. gegebenenfalls entsprechend seine Grundsatzerklärung gemäß § 6 Absatz 2 zu aktualisieren.

(4) Das Bundesministerium für Arbeit und Soziales wird ermächtigt, Näheres zu den Pflichten des Absatzes 3 durch Rechtsverordnung im Einvernehmen mit dem Bundesministerium für Wirtschaft und Energie ohne Zustimmung des Bundesrates zu regeln.

§ 10
Dokumentations- und Berichtspflicht

(1) Die Erfüllung der Sorgfaltspflichten nach § 3 ist unternehmensintern fortlaufend zu dokumentieren. Die Dokumentation ist ab ihrer Erstellung mindestens sieben Jahre lang aufzubewahren.

(2) Das Unternehmen hat jährlich einen Bericht über die Erfüllung seiner Sorgfaltspflichten im vergangenen Geschäftsjahr zu erstellen und spätestens vier Monate nach dem Schluss des Geschäftsjahrs auf der Internetseite des Unternehmens für einen Zeitraum von sieben Jahren kostenfrei öffentlich zugänglich zu machen. In dem Bericht ist nachvollziehbar mindestens darzulegen,

1. ob und falls ja, welche menschenrechtlichen und umweltbezogenen Risiken oder Verletzungen einer menschenrechtsbezogenen oder umweltbezogenen Pflicht das Unternehmen identifiziert hat,
2. was das Unternehmen, unter Bezugnahme auf die in den §§ 4 bis 9 beschriebenen Maßnahmen, zur Erfüllung seiner Sorgfaltspflichten unternommen hat; dazu

zählen auch die Elemente der Grundsatzerklärung gemäß § 6 Absatz 2, sowie die Maßnahmen, die das Unternehmen aufgrund von Beschwerden nach § 8 oder nach § 9 Absatz 1 getroffen hat,

3. wie das Unternehmen die Auswirkungen und die Wirksamkeit der Maßnahmen bewertet und
4. welche Schlussfolgerungen es aus der Bewertung für zukünftige Maßnahmen zieht.

(3) Hat das Unternehmen kein menschenrechtliches oder umweltbezogenes Risiko und keine Verletzung einer menschenrechtsbezogenen oder einer umweltbezogenen Pflicht festgestellt und dies in seinem Bericht plausibel dargelegt, sind keine weiteren Ausführungen nach Absatz 2 Satz 2 Nummer 2 bis 4 erforderlich.

(4) Der Wahrung von Betriebs- und Geschäftsgeheimnissen ist dabei gebührend Rechnung zu tragen.

Abschnitt 3
Zivilprozess

§ 11
Besondere Prozessstandschaft

(1) Wer geltend macht, in einer überragend wichtigen geschützten Rechtsposition aus § 2 Absatz 1 verletzt zu sein, kann zur gerichtlichen Geltendmachung seiner Rechte einer inländischen Gewerkschaft oder Nichtregierungsorganisation die Ermächtigung zur Prozessführung erteilen.

(2) Eine Gewerkschaft oder Nichtregierungsorganisation kann nach Absatz 1 nur ermächtigt werden, wenn sie eine auf Dauer angelegte eigene Präsenz unterhält und sich nach ihrer Satzung nicht gewerbsmäßig und nicht nur vorübergehend dafür einsetzt, die Menschenrechte oder entsprechende Rechte im nationalen Recht eines Staates zu realisieren.

Abschnitt 4
Behördliche Kontrolle und Durchsetzung

Unterabschnitt 1
Berichtsprüfung

§ 12
Einreichung des Berichts

(1) Der Bericht nach § 10 Absatz 2 Satz 1 ist in deutscher Sprache und elektronisch über einen von der zuständigen Behörde bereitgestellten Zugang einzureichen.

(2) Der Bericht ist spätestens vier Monate nach dem Schluss des Geschäftsjahres, auf das er sich bezieht, einzureichen.

§ 13
Behördliche Berichtsprüfung; Verordnungsermächtigung

(1) Die zuständige Behörde prüft, ob
   1. der Bericht nach § 10 Absatz 2 Satz 1 vorliegt und
   2. die Anforderungen nach § 10 Absatz 2 und 3 eingehalten wurden.

(2) Werden die Anforderungen nach § 10 Absatz 2 und 3 nicht erfüllt, kann die zuständige Behörde verlangen, dass das Unternehmen den Bericht innerhalb einer angemessenen Frist nachbessert.

(3) Das Bundesministerium für Arbeit und Soziales wird ermächtigt, durch Rechtsverordnung im Einvernehmen mit dem Bundesministerium für Wirtschaft und Energie ohne Zustimmung des Bundesrates folgende Verfahren näher zu regeln:
   1. das Verfahren der Einreichung des Berichts nach § 12 sowie
   2. das Verfahren der behördlichen Berichtsprüfung nach den Absätzen 1 und 2.

Unterabschnitt 2
Risikobasierte Kontrolle

§ 14
Behördliches Tätigwerden; Verordnungsermächtigung

(1) Die zuständige Behörde wird tätig:
   1. von Amts wegen nach pflichtgemäßem Ermessen,
      a) um die Einhaltung der Pflichten nach den §§ 3 bis 10 Absatz 1 im Hinblick auf mögliche menschenrechtliche und umweltbezogene Risiken sowie Verletzungen einer menschenrechtsbezogenen oder einer umweltbezogenen Pflicht zu kontrollieren und
      b) Verstöße gegen Pflichten nach Buchstabe a fest- zustellen, zu beseitigen und zu verhindern;
   2. auf Antrag, wenn die antragstellende Person substantiiert geltend macht,
      a) infolge der Nichterfüllung einer in den §§ 3 bis 9 enthaltenen Pflicht in einer geschützten Rechtsposition verletzt zu sein oder
      b) dass eine in Buchstabe a genannte Verletzung unmittelbar bevorsteht.

(2) Das Bundesministerium für Arbeit und Soziales wird ermächtigt, durch Rechtsverordnung im Einvernehmen mit dem Bundesministerium für Wirtschaft und Energie ohne Zustimmung des Bundesrates das Verfahren der risikobasierten Kontrolle nach Absatz 1 und den §§ 15 bis 17 näher zu regeln.

§ 15
Anordnungen und Maßnahmen

Die zuständige Behörde trifft die geeigneten und erforderlichen Anordnungen und Maßnahmen, um Verstöße gegen die Pflichten nach den §§ 3 bis 10 Absatz 1 festzustellen, zu beseitigen und zu verhindern. Sie kann insbesondere

1. Personen laden,
2. dem Unternehmen aufgeben, innerhalb von drei Monaten ab Bekanntgabe der Anordnung einen Plan zur Behebung der Missstände einschließlich klarer Zeitangaben zu dessen Umsetzung vorzulegen und

3. dem Unternehmen konkrete Handlungen zur Erfüllung seiner Pflichten aufgeben.

§ 16
Betretensrechte

Soweit dies zur Wahrnehmung der Aufgaben nach § 14 erforderlich ist, sind die zuständige Behörde und ihre Beauftragten befugt,

1. Betriebsgrundstücke, Geschäftsräume und Wirtschaftsgebäude der Unternehmen während der üblichen Geschäfts- oder Betriebszeiten zu betreten und zu besichtigen sowie
2. bei Unternehmen während der üblichen Geschäfts- oder Betriebszeiten geschäftliche Unterlagen und Aufzeichnungen, aus denen sich ableiten lässt, ob die Sorgfaltspflichten nach den §§ 3 bis 10 Absatz 1 eingehalten wurden, einzusehen und zu prüfen.

§ 17
Auskunfts- und Herausgabepflichten

(1) Unternehmen und nach § 15 Satz 2 Nummer 1 geladene Personen sind verpflichtet, der zuständigen Behörde auf Verlangen die Auskünfte zu erteilen und die Unterlagen herauszugeben, die die Behörde zur Durchführung der ihr durch dieses Gesetz oder aufgrund dieses Gesetzes übertragenen Aufgaben benötigt. Die Verpflichtung erstreckt sich auch auf Auskünfte über verbundene Unternehmen (§ 15 des Aktiengesetzes), unmittelbare und mittelbare Zulieferer und die Herausgabe von Unterlagen dieser Unternehmen, soweit das auskunfts- oder herausgabepflichtige Unternehmen oder die auskunfts- oder herausgabepflichtige Person die Informationen zur Verfügung hat oder aufgrund bestehender vertraglicher Beziehungen zur Beschaffung der verlangten Informationen in der Lage ist.

(2) Die zu erteilenden Auskünfte und herauszugebenden Unterlagen nach Absatz 1 umfassen insbesondere
   1. die Angaben und Nachweise zur Feststellung, ob ein Unternehmen in den Anwendungsbereich dieses Gesetzes fällt,
   2. die Angaben und Nachweise über die Erfüllung der Pflichten nach den §§ 3 bis 10 Absatz 1 und
   3. die Namen der zur Überwachung der internen Prozesse des Unternehmens zur Erfüllung der Pflichten nach den §§ 3 bis 10 Absatz 1 zuständigen Personen.

(3) Wer zur Auskunft nach Absatz 1 verpflichtet ist, kann die Auskunft auf solche Fragen verweigern, deren Beantwortung ihn selbst oder einen der in § 52 Absatz 1 der Strafprozessordnung bezeichneten Angehörigen der Gefahr strafgerichtlicher Verfolgung oder eines Verfahrens nach dem Gesetz über Ordnungswidrigkeiten aussetzen würde. Die auskunftspflichtige Person ist über ihr Recht zur Verweigerung der Auskunft zu belehren. Sonstige gesetzliche Auskunfts- oder Aussageverweigerungsrechte sowie gesetzliche Verschwiegenheitspflichten bleiben unberührt.

§ 18
Duldungs- und Mitwirkungspflichten

Die Unternehmen haben die Maßnahmen der zuständigen Behörde und ihrer Beauftragten zu dulden und bei der Durchführung der Maßnahmen mitzuwirken. Satz 1 gilt auch für die Inhaber der Unternehmen und ihre Vertretung, bei juristischen Personen für die nach Gesetz oder Satzung zur Vertretung berufenen Personen.

Unterabschnitt 3
Zuständige Behörde, Handreichungen, Rechenschaftsbericht

§ 19
Zuständige Behörde

(1) Für die behördliche Kontrolle und Durchsetzung nach diesem Abschnitt ist das Bundesamt für Wirtschaft und Ausfuhrkontrolle zuständig. Für die Aufgaben nach diesem Gesetz obliegt die Rechts- und Fachaufsicht über das Bundesamt dem Bundesministerium für Wirtschaft und Energie. Das Bundesministerium für Wirtschaft und Energie übt die Rechts- und Fachaufsicht im Einvernehmen mit dem Bundesministerium für Arbeit und Soziales aus.

(2) Bei der Wahrnehmung ihrer Aufgaben verfolgt die zuständige Behörde einen risikobasierten Ansatz.

§ 20
Handreichungen

Die zuständige Behörde veröffentlicht branchen- übergreifende oder branchenspezifische Informationen, Hilfestellungen und Empfehlungen zur Einhaltung dieses Gesetzes und stimmt sich dabei mit den fachlich betroffenen Behörden ab. Die Informationen, Hilfestellungen oder Empfehlungen bedürfen vor Veröffentlichung der Zustimmung des Auswärtigen Amtes, insofern außenpolitische Belange davon berührt sind.

§ 21
Rechenschaftsbericht

(1) Die nach § 19 Absatz 1 Satz 1 zuständige Behörde berichtet einmal jährlich über ihre im vorausgegangenen Kalenderjahr erfolgten Kontroll- und Durchsetzungstätigkeiten nach Abschnitt 4. Der Bericht ist erstmals für das Jahr 2022 zu erstellen und auf der Webseite der zuständigen Behörde zu veröffentlichen.

(2) Die Berichte sollen auf festgestellte Verstöße und angeordnete Abhilfemaßnahmen hinweisen und diese erläutern sowie eine Auswertung der eingereichten Unternehmensberichte nach § 12 enthalten, ohne die jeweils betroffenen Unternehmen zu benennen.

Abschnitt 5
Öffentliche Beschaffung

§ 22
Ausschluss von der Vergabe öffentlicher Aufträge

(1) Von der Teilnahme an einem Verfahren über die Vergabe eines Liefer-, Bau- oder Dienstleistungsauftrags der in den §§ 99 und 100 des Gesetzes gegen Wettbewerbsbeschränkungen genannten Auftraggeber sollen Unternehmen bis zur nachgewiesenen

Selbstreinigung nach § 125 des Gesetzes gegen Wettbewerbsbeschränkungen ausgeschlossen werden, die wegen eines rechtskräftig festgestellten Verstoßes nach § 24 Absatz 1 mit einer Geldbuße nach Maßgabe von Absatz 2 belegt worden sind. Der Ausschluss nach Satz 1 darf nur innerhalb eines angemessenen Zeitraums von bis zu drei Jahren erfolgen.

(2) Ein Ausschluss nach Absatz 1 setzt einen rechts- kräftig festgestellten Verstoß mit einer Geldbuße von wenigstens einhundertfünfundsiebzigtausend Euro vo- raus. Abweichend von Satz 1 wird
1. in den Fällen des § 24 Absatz 2 Satz 2 in Verbindung mit § 24 Absatz 2 Satz 1 Nummer 2 ein rechtskräftig festgestellter Verstoß mit einer Geldbuße von wenigstens eine Million fünfhunderttausend Euro,
2. in den Fällen des § 24 Absatz 2 Satz 2 in Verbindung mit § 24 Absatz 2 Satz 1 Nummer 1 ein rechtskräftig festgestellter Verstoß mit einer Geldbuße von wenigstens zwei Millionen Euro und
3. in den Fällen des § 24 Absatz 3 ein rechtskräftig festgestellter Verstoß mit einer Geldbuße von wenigstens 0,35 Prozent des durchschnittlichen Jahresumsatzes vorausgesetzt.

(3) Vor der Entscheidung über den Ausschluss ist der Bewerber zu hören.

Abschnitt 6
Zwangsgeld und Bußgeld

§ 23
Zwangsgeld

Die Höhe des Zwangsgeldes im Verwaltungszwangsverfahren der nach § 19 Absatz 1 Satz 1 zuständigen Behörde beträgt abweichend von § 11 Absatz 3 des Verwaltungsvollstreckungsgesetzes bis zu 50 000 Euro.

§ 24
Bußgeldvorschriften

(1) Ordnungswidrig handelt, wer vorsätzlich oder fahrlässig
1. entgegen § 4 Absatz 3 Satz 1 nicht dafür sorgt, dass eine dort genannte Festlegung getroffen ist,
2. entgegen § 5 Absatz 1 Satz 1 oder § 9 Absatz 3 Nummer 1 eine Risikoanalyse nicht, nicht richtig, nicht vollständig oder nicht rechtzeitig durchführt,
3. entgegen § 6 Absatz 1 eine Präventionsmaßnahme nicht oder nicht rechtzeitig ergreift,
4. entgegen § 6 Absatz 5 Satz 1, § 7 Absatz 4 Satz 1 oder § 8 Absatz 5 Satz 1 eine Überprüfung nicht oder nicht rechtzeitig vornimmt,
5. entgegen § 6 Absatz 5 Satz 3, § 7 Absatz 4 Satz 3 oder § 8 Absatz 5 Satz 2 eine Maßnahme nicht oder nicht rechtzeitig aktualisiert,
6. entgegen § 7 Absatz 1 Satz 1 eine Abhilfemaßnahme nicht oder nicht rechtzeitig ergreift,
7. entgegen
   a) § 7 Absatz 2 Satz 1 oder
   b) § 9 Absatz 3 Nummer 3

ein Konzept nicht oder nicht rechtzeitig erstellt oder nicht oder nicht rechtzeitig umsetzt,

8. entgegen § 8 Absatz 1 Satz 1, auch in Verbindung mit § 9 Absatz 1, nicht dafür sorgt, dass ein Beschwerdeverfahren eingerichtet ist,
9. entgegen § 10 Absatz 1 Satz 2 eine Dokumentation nicht oder nicht mindestens sieben Jahre aufbewahrt,
10. entgegen § 10 Absatz 2 Satz 1 einen Bericht nicht richtig erstellt,
11. entgegen § 10 Absatz 2 Satz 1 einen dort genannten Bericht nicht oder nicht rechtzeitig öffentlich zugänglich macht,
12. entgegen § 12 einen Bericht nicht oder nicht rechtzeitig einreicht oder
13. einer vollziehbaren Anordnung nach § 13 Absatz 2 oder § 15 Satz 2 Nummer 2 zuwiderhandelt.

(2) Die Ordnungswidrigkeit kann geahndet werden

1. in den Fällen des Absatzes 1
   a) Nummer 3, 7 Buchstabe b und Nummer 8
   b) Nummer 6 und 7 Buchstabe a

mit einer Geldbuße bis zu achthunderttausend Euro,

2. in den Fällen des Absatzes 1 Nummer 1, 2, 4, 5 und 13 mit einer Geldbuße bis zu fünfhunderttausend Euro und
3. in den übrigen Fällen des Absatzes 1 mit einer Geldbuße bis zu hunderttausend Euro.

In den Fällen des Satzes 1 Nummer 1 und 2 ist § 30 Absatz 2 Satz 3 des Gesetzes über Ordnungswidrigkeiten anzuwenden.

(3) Bei einer juristischen Person oder Personenvereinigung mit einem durchschnittlichen Jahresumsatz von mehr als 400 Millionen Euro kann abweichend von Absatz 2 Satz 2 in Verbindung mit Satz 1 Nummer 1 Buchstabe b eine Ordnungswidrigkeit nach Absatz 1 Nummer 6 oder 7 Buchstabe a mit einer Geldbuße bis zu 2 Prozent des durchschnittlichen Jahresumsatzes geahndet werden. Bei der Ermittlung des durchschnittlichen Jahresumsatzes der juristischen Person oder Personenvereinigung ist der weltweite Umsatz aller natürlichen und juristischen Personen sowie aller Personenvereinigungen der letzten drei Geschäftsjahre, die der Behördenentscheidung vorausgehen, zugrunde zu legen, soweit diese Personen und Personenvereinigungen als wirtschaftliche Einheit operieren. Der durch- schnittliche Jahresumsatz kann geschätzt werden.

(4) Grundlage für die Bemessung der Geldbuße bei juristischen Personen und Personenvereinigungen ist die Bedeutung der Ordnungswidrigkeit. Bei der Bemessung sind die wirtschaftlichen Verhältnisse der juristischen Person oder Personenvereinigung zu berücksichtigen. Bei der Bemessung sind die Umstände, insoweit sie für und gegen die juristische Person oder Personenvereinigung sprechen, gegeneinander abzuwägen. Dabei kommen insbesondere in Betracht:

1. der Vorwurf, der den Täter der Ordnungswidrigkeit trifft,
2. die Beweggründe und Ziele des Täters der Ordnungswidrigkeit,
3. Gewicht, Ausmaß und Dauer der Ordnungswidrigkeit,
4. Art der Ausführung der Ordnungswidrigkeit, insbesondere die Anzahl der Täter und deren Position in der juristischen Person oder Personenvereinigung,
5. die Auswirkungen der Ordnungswidrigkeit,
6. vorausgegangene Ordnungswidrigkeiten, für die die juristische Person oder Personenvereinigung nach § 30 des Gesetzes über Ordnungswidrigkeiten, auch in Verbindung mit § 130 des Gesetzes über Ordnungswidrigkeiten, verantwortlich

ist, sowie vor der Ordnungswidrigkeit getroffene Vorkehrungen zur Vermeidung und Aufdeckung von Ordnungswidrigkeiten,

7. das Bemühen der juristischen Person oder Personenvereinigung, die Ordnungswidrigkeit aufzudecken und den Schaden wiedergutzumachen, sowie nach der Ordnungswidrigkeit getroffene Vorkehrungen zur Vermeidung und Aufdeckung von Ordnungswidrigkeiten,
8. die Folgen der Ordnungswidrigkeit, die die juristische Person oder Personenvereinigung getroffen haben.

(5) Verwaltungsbehörde im Sinne des § 36 Absatz 1 Nummer 1 des Gesetzes über Ordnungswidrigkeiten ist das Bundesamt für Wirtschaft und Ausfuhrkontrolle. Für die Rechts- und Fachaufsicht über das Bundesamt gilt § 19 Absatz 1 Satz 2 und 3.

Anlage (zu § 2 Absatz 1, § 7 Absatz 3 Satz 2) Übereinkommen

1. Übereinkommen Nr. 29 der Internationalen Arbeitsorganisation vom 28. Juni 1930 über Zwangs- oder Pflichtarbeit (BGBl. 1956 II S. 640, 641) (ILO-Übereinkommen Nr. 29)
2. Protokoll vom 11. Juni 2014 zum Übereinkommen Nr. 29 der Internationalen Arbeitsorganisation vom 28. Juni 1930 über Zwangs- oder Pflichtarbeit (BGBl. 2019 II S. 437, 438)
3. Übereinkommen Nr. 87 der Internationalen Arbeitsorganisation vom 9. Juli 1948 über die Vereinigungsfreiheit und den Schutz des Vereinigungsrechtes (BGBl. 1956 II S. 2072, 2071) geändert durch das Übereinkommen vom 26. Juni 1961 (BGBl. 1963 II S. 1135, 1136) (ILO-Übereinkommen Nr. 87)
4. Übereinkommen Nr. 98 der Internationalen Arbeitsorganisation vom 1. Juli 1949 über die Anwendung der Grundsätze des Vereinigungsrechtes und des Rechtes zu Kollektivverhandlungen (BGBl. 1955 II S. 1122, 1123) geändert durch das Übereinkommen vom 26. Juni 1961 (BGBl. 1963 II S. 1135, 1136) (ILO-Übereinkommen Nr. 98)
5. Übereinkommen Nr. 100 der Internationalen Arbeitsorganisation vom 29. Juni 1951 über die Gleichheit des Entgelts männlicher und weiblicher Arbeitskräfte für gleichwertige Arbeit (BGBl. 1956 II S. 23, 24) (ILO-Übereinkommen Nr. 100)
6. Übereinkommen Nr. 105 der Internationalen Arbeitsorganisation vom 25. Juni 1957 über die Abschaffung der Zwangsarbeit (BGBl. 1959 II S. 441, 442) (ILO-Übereinkommen Nr. 105)
7. Übereinkommen Nr. 111 der Internationalen Arbeitsorganisation vom 25. Juni 1958 über die Diskriminierung in Beschäftigung und Beruf (BGBl. 1961 II S. 97, 98) (ILO-Übereinkommen Nr. 111)
8. Übereinkommen Nr. 138 der Internationalen Arbeitsorganisation vom 26. Juni 1973 über das Mindestalter für die Zulassung zur Beschäftigung (BGBl. 1976 II S. 201, 202) (ILO-Übereinkommen Nr. 138)
9. Übereinkommen Nr. 182 der Internationalen Arbeitsorganisation vom 17. Juni 1999 über das Verbot und unverzügliche Maßnahmen zur Beseitigung der schlimmsten Formen der Kinderarbeit (BGBl. 2001 II S. 1290, 1291) (ILO-Übereinkommen Nr. 182)
10. Internationaler Pakt vom 19. Dezember 1966 über bürgerliche und politische Rechte, (BGBl. 1973 II S. 1533, 1534)

11. Internationaler Pakt vom 19. Dezember 1966 über wirtschaftliche, soziale und kulturelle Rechte (BGBl. 1973 II S. 1569, 1570)
12. Übereinkommen von Minamata vom 10. Oktober 2013 über Quecksilber (BGBl. 2017 II S. 610, 611) (Minamata-Übereinkommen)
13. Stockholmer Übereinkommen vom 23. Mai 2001 über persistente organische Schadstoffe (BGBl. 2002 II S. 803, 804) (POPs-Übereinkommen), zuletzt geändert durch den Beschluss vom 6. Mai 2005 (BGBl. 2009 II S. 1060, 1061)
14. Basler Übereinkommen über die Kontrolle der grenzüberschreitenden Verbringung gefährlicher Abfälle und ihrer Entsorgung vom 22. März 1989 (BGBl. 1994 II S. 2703, 2704) (Basler Übereinkommen), zuletzt geändert durch die Dritte Verordnung zur Änderung von Anlagen zum Basler Übereinkommen vom 22. März 1989 vom 6. Mai 2014 (BGBl. II S. 306/307)

X. Deutscher Corporate Governance Kodex (DCGK)*

Präambel

Unter Corporate Governance wird der rechtliche und faktische Ordnungsrahmen für die Leitung und Überwachung eines Unternehmens verstanden. Der Deutsche Corporate Governance Kodex (der „Kodex“) enthält Grundsätze, Empfehlungen und Anregungen für den Vorstand und den Aufsichtsrat, die dazu beitragen sollen, dass die Gesellschaft im Unternehmensinteresse geführt wird. Der Kodex verdeutlicht die Verpflichtung von Vorstand und Aufsichtsrat, im Einklang mit den Prinzipien der sozialen Marktwirtschaft unter Berücksichtigung der Belange der Aktionäre, der Belegschaft und der sonstigen mit dem Unternehmen verbundenen Gruppen (Stakeholder) für den Bestand des Unternehmens und seine nachhaltige Wertschöpfung zu sorgen (Unternehmensinteresse). Diese Prinzipien verlangen nicht nur Legalität, sondern auch ethisch fundiertes, eigenverantwortliches Verhalten (Leitbild des Ehrbaren Kaufmanns).

Die Gesellschaft und ihre Organe haben sich in ihrem Handeln der Rolle des Unternehmens in der Gesellschaft und ihrer gesellschaftlichen Verantwortung bewusst zu sein. Sozial- und Umweltfaktoren beeinflussen den Unternehmenserfolg und die Tätigkeiten des Unternehmens haben Auswirkungen auf Mensch und Umwelt. Vorstand und Aufsichtsrat berücksichtigen dies bei der Führung und Überwachung im Rahmen des Unternehmensinteresses.

Der Kodex hat zum Ziel, das duale deutsche Corporate Governance System transparent und nachvollziehbar zu machen. Der Kodex enthält Grundsätze, Empfehlungen und Anregungen zur Leitung und Überwachung deutscher börsennotierter Gesellschaften, die national und international als Standards guter und verantwortungsvoller Unternehmensführung anerkannt sind. Er will das Vertrauen der Anleger, der Kunden, der Belegschaft und der Öffentlichkeit in die Leitung und Überwachung deutscher börsennotierter Gesellschaften fördern.

Die Grundsätze geben wesentliche rechtliche Vorgaben verantwortungsvoller Unternehmensführung wieder und dienen hier der Information der Anleger und weiterer Stakeholder. Empfehlungen des Kodex sind im Text durch die Verwendung des Wortes „soll“ gekennzeichnet. Die Gesellschaften können hiervon abweichen, sind dann aber verpflichtet, dies jährlich offenzulegen und die Abweichungen zu begründen („comply or explain“). Dies ermöglicht den Gesellschaften, branchen- oder unternehmensspezifische Besonderheiten zu berücksichtigen. Eine gut begründete Abweichung von einer Kodexempfehlung kann im Interesse einer guten Unternehmensführung liegen. Schließlich enthält der Kodex Anregungen, von denen ohne Offenlegung abgewichen werden kann; hierfür verwendet der Kodex den Begriff „sollte“.

In Regelungen des Kodex, die nicht nur die Gesellschaft selbst, sondern auch ihre Konzernunternehmen betreffen, wird der Begriff „Unternehmen“ statt „Gesellschaft“ verwendet.

Die Aktionäre üben ihre Mitgliedschaftsrechte regelmäßig vor oder während der Hauptversammlung aus. Institutionelle Anleger sind für die Unternehmen von besonderer Bedeutung. Von ihnen wird erwartet, dass sie ihre Eigentumsrechte aktiv und verantwortungsvoll auf der Grundlage von transparenten und die Nachhaltigkeit berücksichtigenden Grundsätzen ausüben.

Der Kodex richtet sich an börsennotierte Gesellschaften und Gesellschaften mit Kapitalmarktzugang im Sinne des § 161 Absatz 1 Satz 2 des Aktiengesetzes. Nicht kapitalmarkto-

---

* https://www.dcgk.de//files/dcgk/usercontent/de/download/kodex/220627_Deutscher_Corporate_Governance_Kodex_2022.pdf.

rientierten Gesellschaften mögen die Empfehlungen und Anregungen des Kodex zur Orientierung dienen.

Für die Corporate Governance börsennotierter Kreditinstitute und Versicherungsunternehmen ergeben sich aus dem jeweiligen Aufsichtsrecht Besonderheiten, die im Kodex nicht berücksichtigt sind. Empfehlungen des Kodex gelten nur insoweit, als keine gesetzlichen Bestimmungen entgegenstehen.

A. Leitung und Überwachung

I. Geschäftsführungsaufgaben des Vorstands

Grundsatz 1

Der Vorstand leitet das Unternehmen in eigener Verantwortung im Unternehmensinteresse. Die Mitglieder des Vorstands tragen gemeinsam die Verantwortung für die Unternehmensleitung. Der Vorstandsvorsitzende bzw. Sprecher des Vorstands koordiniert die Arbeit der Vorstandsmitglieder.

Grundsatz 2

Der Vorstand entwickelt die strategische Ausrichtung des Unternehmens, stimmt sie mit dem Aufsichtsrat ab und sorgt für ihre Umsetzung.

Empfehlung:

A.1 Der Vorstand soll die mit den Sozial- und Umweltfaktoren verbundenen Risiken und Chancen für das Unternehmen sowie die ökologischen und sozialen Auswirkungen der Unternehmenstätigkeit systematisch identifizieren und bewerten. In der Unternehmensstrategie sollen neben den langfristigen wirtschaftlichen Zielen auch ökologische und soziale Ziele angemessen berücksichtigt werden. Die Unternehmensplanung soll entsprechende finanzielle und nachhaltigkeitsbezogene Ziele umfassen.

Grundsatz 3

Der Vorstand legt für den Frauenanteil in den beiden Führungsebenen unterhalb des Vorstands Zielgrößen fest.

Empfehlung:

A.2 Der Vorstand soll bei der Besetzung von Führungsfunktionen im Unternehmen auf Diversität achten.

Grundsatz 4

Für einen verantwortungsvollen Umgang mit den Risiken der Geschäftstätigkeit bedarf es eines angemessenen und wirksamen internen Kontrollsystems und Risikomanagementsystems. Die Angemessenheit und Wirksamkeit des internen Kontrollsystems und des Risikomanagementsystems setzt deren interne Überwachung voraus.

Empfehlung:

A.3 Das interne Kontrollsystem und das Risikomanagementsystem sollen, soweit nicht bereits gesetzlich geboten, auch nachhaltigkeitsbezogene Ziele abdecken. Dies soll die Prozesse und Systeme zur Erfassung und Verarbeitung nachhaltigkeitsbezogener Daten mit einschließen.

Grundsatz 5

Der Vorstand hat für die Einhaltung der gesetzlichen Bestimmungen und der internen Richtlinien zu sorgen und wirkt auf deren Beachtung im Unternehmen hin (Compliance). Das interne Kontrollsystem und das Risikomanagementsystem umfassen auch ein an der Risikolage des Unternehmens ausgerichtetes Compliance Management System.

Empfehlungen und Anregung:

A.4 Beschäftigten soll auf geeignete Weise die Möglichkeit eingeräumt werden, geschützt Hinweise auf Rechtsverstöße im Unternehmen zu geben; auch Dritten sollte diese Möglichkeit eingeräumt werden.

A.5 Im Lagebericht sollen die wesentlichen Merkmale des gesamten internen Kontrollsystems und des Risikomanagementsystems beschrieben werden und soll zur Angemessenheit und Wirksamkeit dieser Systeme Stellung genommen werden.

II. Überwachungsaufgaben des Aufsichtsrats

Grundsatz 6

Der Aufsichtsrat bestellt und entlässt die Mitglieder des Vorstands, überwacht und berät den Vorstand bei der Leitung des Unternehmens und ist in Entscheidungen von grundlegender Bedeutung für das Unternehmen einzubinden. Überwachung und Beratung umfassen insbesondere auch Nachhaltigkeitsfragen. Für Geschäfte von grundlegender Bedeutung legen die Satzung und/oder der Aufsichtsrat Zustimmungsvorbehalte fest. Geschäfte mit nahestehenden Personen * bedürfen darüber hinaus unter Umständen von Gesetzes wegen der vorherigen Zustimmung des Aufsichtsrats.

Grundsatz 7

Der Aufsichtsratsvorsitzende wird vom Aufsichtsrat aus seiner Mitte gewählt. Er koordiniert die Arbeit im Aufsichtsrat und nimmt die Belange des Aufsichtsrats nach außen wahr.

Anregung:

A.6 Der Aufsichtsratsvorsitzende sollte in angemessenem Rahmen bereit sein, mit Investoren über aufsichtsratsspezifische Themen Gespräche zu führen.

III. Funktion der Hauptversammlung

Grundsatz 8

Die Aktionäre üben ihre Mitgliedschaftsrechte regelmäßig in der Hauptversammlung aus. Die Hauptversammlung entscheidet insbesondere über die Gewinnverwendung sowie die Entlastung von Vorstand und Aufsichtsrat und wählt die Anteilseignervertreter in den Aufsichtsrat sowie den Abschlussprüfer. Daneben entscheidet die Hauptversammlung über rechtliche Grundlagen der Gesellschaft, wie insbesondere Änderungen der Satzung, Kapitalmaßnahmen, Unternehmensverträge und Umwandlungen. Die Hauptversammlung beschließt grundsätzlich mit beratendem Charakter über die Billigung des vom Aufsichtsrat vorgelegten Vergütungssystems für die Vorstandsmitglieder, über die konkrete Vergütung des Aufsichtsrats und mit empfehlendem Charakter über die Billigung des Vergütungsberichts für das vorausgegangene Geschäftsjahr.

Anregungen:

A.7 Der Hauptversammlungsleiter sollte sich davon leiten lassen, dass eine ordentliche Hauptversammlung spätestens nach vier bis sechs Stunden beendet ist.

A.8 Der Vorstand sollte im Fall eines Übernahmeangebots eine außerordentliche Hauptversammlung einberufen, in der die Aktionäre über das Übernahmeangebot beraten und gegebenenfalls über gesellschaftsrechtliche Maßnahmen beschließen.

B. Besetzung des Vorstands

Grundsatz 9

Der Aufsichtsrat entscheidet im Rahmen gesetzlicher und satzungsmäßiger Vorgaben über die Anzahl der Vorstandsmitglieder, die erforderlichen Qualifikationen sowie über die Besetzung der einzelnen Positionen durch geeignete Persönlichkeiten. Der Aufsichtsrat gewährleistet die gesetzlich geregelte Mindestbeteiligung der Geschlechter oder legt im Rahmen gesetzlicher Vorgaben Zielgrößen für den Anteil von Frauen im Vorstand fest.

Empfehlungen:

B.1 Bei der Zusammensetzung des Vorstands soll der Aufsichtsrat auf die Diversität achten.

B.2 Der Aufsichtsrat soll gemeinsam mit dem Vorstand für eine langfristige Nachfolgeplanung sorgen; die Vorgehensweise soll in der Erklärung zur Unternehmensführung beschrieben werden.

B.3 Die Erstbestellung von Vorstandsmitgliedern soll für längstens drei Jahre erfolgen.

B.4 Eine Wiederbestellung vor Ablauf eines Jahres vor dem Ende der Bestelldauer bei gleichzeitiger Aufhebung der laufenden Bestellung soll nur bei Vorliegen besonderer Umstände erfolgen.

B.5 Für Vorstandsmitglieder soll eine Altersgrenze festgelegt und in der Erklärung zur Unternehmensführung angegeben werden.

C. Zusammensetzung des Aufsichtsrats

I. Allgemeine Anforderungen

Grundsatz 10

Der Aufsichtsrat setzt sich aus Vertretern der Aktionäre und gegebenenfalls Vertretern der Arbeitnehmer zusammen. Die Vertreter der Aktionäre werden in der Regel von der Hauptversammlung gewählt. Die Mitbestimmungsgesetze legen abhängig von der Zahl der Arbeitnehmer und der Branche fest, ob und gegebenenfalls wie viele Mitglieder des Aufsichtsrats von den Arbeitnehmern zu wählen sind. Die Anteilseignervertreter und die Arbeitnehmervertreter sind gleichermaßen dem Unternehmensinteresse verpflichtet.

Grundsatz 11

Der Aufsichtsrat ist so zusammenzusetzen, dass seine Mitglieder insgesamt über die zur ordnungsgemäßen Wahrnehmung der Aufgaben erforderlichen Kenntnisse, Fähigkeiten und fachlichen Erfahrungen verfügen und die gesetzliche Geschlechterquote eingehalten wird.

Empfehlungen:

C.1 Der Aufsichtsrat soll für seine Zusammensetzung konkrete Ziele benennen und ein Kompetenzprofil für das Gesamtgremium erarbeiten. Dabei soll der Aufsichtsrat auf Diversität achten. Das Kompetenzprofil des Aufsichtsrats soll auch Expertise zu den für das

Unternehmen bedeutsamen Nachhaltigkeitsfragen umfassen. Vorschläge des Aufsichtsrats an die Hauptversammlung sollen diese Ziele berücksichtigen und gleichzeitig die Ausfüllung des Kompetenzprofils für das Gesamtgremium anstreben. Der Stand der Umsetzung soll in Form einer Qualifikationsmatrix in der Erklärung zur Unternehmensführung offengelegt werden. Diese soll auch über die nach Einschätzung der Anteilseignervertreter im Aufsichtsrat angemessene Anzahl unabhängiger Anteilseignervertreter und die Namen dieser Mitglieder informieren.

C.2 Für Aufsichtsratsmitglieder soll eine Altersgrenze festgelegt und in der Erklärung zur Unternehmensführung angegeben werden.

C.3 Die Dauer der Zugehörigkeit zum Aufsichtsrat soll offengelegt werden.

Grundsatz 12

Jedes Aufsichtsratsmitglied achtet darauf, dass ihm für die Wahrnehmung seiner Aufgaben genügend Zeit zur Verfügung steht.

Empfehlungen:

C.4 Ein Aufsichtsratsmitglied, das keinem Vorstand einer börsennotierten Gesellschaft angehört, soll insgesamt nicht mehr als fünf Aufsichtsratsmandate bei konzernexternen börsennotierten Gesellschaften oder vergleichbare Funktionen wahrnehmen, wobei ein Aufsichtsratsvorsitz doppelt zählt.

C.5 Wer dem Vorstand einer börsennotierten Gesellschaft angehört, soll insgesamt nicht mehr als zwei Aufsichtsratsmandate in konzernexternen börsennotierten Gesellschaften oder vergleichbare Funktionen und keinen Aufsichtsratsvorsitz in einer konzernexternen börsennotierten Gesellschaft wahrnehmen.

II. Unabhängigkeit der Aufsichtsratsmitglieder

Empfehlungen:

C.6 Dem Aufsichtsrat soll auf Anteilseignerseite eine nach deren Einschätzung angemessene Anzahl unabhängiger Mitglieder angehören; dabei soll die Eigentümerstruktur berücksichtigt werden. Ein Aufsichtsratsmitglied ist im Sinne dieser Empfehlung als unabhängig anzusehen, wenn es unabhängig von der Gesellschaft und deren Vorstand und unabhängig von einem kontrollierenden Aktionär ist.

C.7 Mehr als die Hälfte der Anteilseignervertreter soll unabhängig von der Gesellschaft und vom Vorstand sein. Ein Aufsichtsratsmitglied ist unabhängig von der Gesellschaft und deren Vorstand, wenn es in keiner persönlichen oder geschäftlichen Beziehung zu der Gesellschaft oder deren Vorstand steht, die einen wesentlichen und nicht nur vorübergehenden Interessenkonflikt begründen kann. Die Anteilseignerseite soll, wenn sie die Unabhängigkeit ihrer Mitglieder von der Gesellschaft und vom Vorstand einschätzt, insbesondere berücksichtigen, ob das Aufsichtsratsmitglied selbst oder ein naher Familienangehöriger des Aufsichtsratsmitglieds

- in den zwei Jahren vor der Ernennung Mitglied des Vorstands der Gesellschaft war,
- aktuell oder in dem Jahr bis zu seiner Ernennung direkt oder als Gesellschafter oder in verantwortlicher Funktion eines konzernfremden Unternehmens eine wesentliche geschäftliche Beziehung mit der Gesellschaft oder einem von dieser abhängigen Unternehmen unterhält oder unterhalten hat (z. B. als Kunde, Lieferant, Kreditgeber oder Berater),
- ein naher Familienangehöriger eines Vorstandsmitglieds ist oder

– dem Aufsichtsrat seit mehr als 12 Jahren angehört.

C.8 Sofern ein oder mehrere der in Empfehlung C.7 genannten Indikatoren erfüllt sind und das betreffende Aufsichtsratsmitglied dennoch als unabhängig angesehen wird, soll dies in der Erklärung zur Unternehmensführung begründet werden.

C.9 Sofern die Gesellschaft einen kontrollierenden Aktionär hat, sollen im Fall eines Aufsichtsrats mit mehr als sechs Mitgliedern mindestens zwei Anteilseignervertreter unabhängig vom kontrollierenden Aktionär sein. Im Fall eines Aufsichtsrats mit sechs oder weniger Mitgliedern soll mindestens ein Anteilseignervertreter unabhängig vom kontrollierenden Aktionär sein. Deutscher Corporate Governance Kodex 28. April 2022 10 Ein Aufsichtsratsmitglied ist unabhängig vom kontrollierenden Aktionär, wenn es selbst oder ein naher Familienangehöriger weder kontrollierender Aktionär ist noch dem geschäftsführenden Organ des kontrollierenden Aktionärs angehört oder in einer persönlichen oder geschäftlichen Beziehung zum kontrollierenden Aktionär steht, die einen wesentlichen und nicht nur vorübergehenden Interessenkonflikt begründen kann.

C.10 Der Aufsichtsratsvorsitzende, der Vorsitzende des Prüfungsausschusses sowie der Vorsitzende des mit der Vorstandsvergütung befassten Ausschusses sollen unabhängig von der Gesellschaft und vom Vorstand sein. Der Vorsitzende des Prüfungsausschusses soll zudem auch unabhängig vom kontrollierenden Aktionär sein.

C.11 Dem Aufsichtsrat sollen nicht mehr als zwei ehemalige Mitglieder des Vorstands angehören.

C.12 Aufsichtsratsmitglieder sollen keine Organfunktion oder Beratungsaufgaben bei wesentlichen Wettbewerbern des Unternehmens ausüben und nicht in einer persönlichen Beziehung zu einem wesentlichen Wettbewerber stehen.

III. Wahlen zum Aufsichtsrat

Empfehlungen:

C.13 Der Aufsichtsrat soll bei seinen Wahlvorschlägen an die Hauptversammlung die persönlichen und die geschäftlichen Beziehungen eines jeden Kandidaten zum Unternehmen, den Organen der Gesellschaft und einem wesentlich an der Gesellschaft beteiligten Aktionär offenlegen. Die Empfehlung zur Offenlegung beschränkt sich auf solche Umstände, die nach der Einschätzung des Aufsichtsrats ein objektiv urteilender Aktionär für seine Wahlentscheidung als maßgebend ansehen würde. Wesentlich beteiligt im Sinn dieser Empfehlung sind Aktionäre, die direkt oder indirekt mehr als 10% der stimmberechtigten Aktien der Gesellschaft halten.

C.14 Dem Kandidatenvorschlag soll ein Lebenslauf beigefügt werden, der über relevante Kenntnisse, Fähigkeiten und fachliche Erfahrungen Auskunft gibt; dieser soll durch eine Übersicht über die wesentlichen Tätigkeiten neben dem Aufsichtsratsmandat ergänzt und für alle Aufsichtsratsmitglieder jährlich aktualisiert auf der Internetseite des Unternehmens veröffentlicht werden.

C.15 Die Wahl der Anteilseignervertreter im Aufsichtsrat soll als Einzelwahl durchgeführt werden. Ein Antrag auf gerichtliche Bestellung eines Aufsichtsratsmitglieds der Anteilseignerseite soll bis zur nächsten Hauptversammlung befristet sein.

D. Arbeitsweise des Aufsichtsrats

I. Geschäftsordnung Empfehlung:

D.1 Der Aufsichtsrat soll sich eine Geschäftsordnung geben und diese auf der Internetseite der Gesellschaft zugänglich machen.

II. Zusammenarbeit im Aufsichtsrat und mit dem Vorstand

1. Allgemeine Anforderungen

Grundsatz 13

Vorstand und Aufsichtsrat arbeiten zum Wohle des Unternehmens vertrauensvoll zusammen. Gute Unternehmensführung setzt eine offene Diskussion zwischen Vorstand und Aufsichtsrat sowie in Vorstand und Aufsichtsrat voraus. Die umfassende Wahrung der Vertraulichkeit ist dafür von entscheidender Bedeutung.

2. Ausschüsse des Aufsichtsrats

Grundsatz 14

Die Bildung von Ausschüssen fördert bei größeren Gesellschaften regelmäßig die Wirksamkeit der Arbeit des Aufsichtsrats. Ein Prüfungsausschuss ist einzurichten.

Empfehlungen:

D.2 Der Aufsichtsrat soll abhängig von den spezifischen Gegebenheiten des Unternehmens und der Anzahl seiner Mitglieder fachlich qualifizierte Ausschüsse bilden. Die jeweiligen Ausschussmitglieder und der Ausschussvorsitzende sollen namentlich in der Erklärung zur Unternehmensführung genannt werden. Grundsatz 15 Mindestens ein Mitglied des Prüfungsausschusses muss über Sachverstand auf dem Gebiet Rechnungslegung und mindestens ein weiteres Mitglied des Prüfungsausschusses über Sachverstand auf dem Gebiet Abschlussprüfung verfügen.

Empfehlungen:

D.3 Der Sachverstand auf dem Gebiet Rechnungslegung soll in besonderen Kenntnissen und Erfahrungen in der Anwendung von Rechnungslegungsgrundsätzen und interner Kontroll- und Risikomanagementsysteme bestehen und der Sachverstand auf dem Gebiet Abschlussprüfung in besonderen Kenntnissen und Erfahrungen in der Abschlussprüfung. Zur Rechnungslegung und Abschlussprüfung gehören auch die Nachhaltigkeitsberichterstattung und deren Prüfung. Der Vorsitzende des Prüfungsausschusses soll zumindest auf einem der beiden Gebiete entsprechend sachverständig sein. Die Erklärung zur Unternehmensführung soll die betreffenden Mitglieder des Prüfungsausschusses nennen und nähere Angaben zu ihrem Sachverstand auf den genannten Gebieten enthalten. Der Aufsichtsratsvorsitzende soll nicht den Vorsitz im Prüfungsausschuss innehaben.

D.4 Der Aufsichtsrat soll einen Nominierungsausschuss bilden, der ausschließlich mit Vertretern der Anteilseigner besetzt ist und dem Aufsichtsrat geeignete Kandidaten für dessen Vorschläge an die Hauptversammlung zur Wahl von Aufsichtsratsmitgliedern benennt.

3. Informationsversorgung

Grundsatz 16

Die Information des Aufsichtsrats ist Aufgabe des Vorstands. Der Aufsichtsrat hat jedoch seinerseits sicherzustellen, dass er angemessen informiert wird. Der Vorstand informiert den Aufsichtsrat regelmäßig, zeitnah und umfassend über alle für das Unternehmen relevanten Fragen insbesondere der Strategie, der Planung, der Geschäftsentwicklung, der Risikolage, des Risikomanagements und der Compliance. Er geht auf Abweichungen des Geschäftsverlaufs von den aufgestellten Plänen und vereinbarten Zielen unter Angabe von Gründen ein. Der Aufsichtsrat kann jederzeit zusätzliche Informationen vom Vorstand verlangen.

Grundsatz 17

Der Aufsichtsratsvorsitzende wird über wichtige Ereignisse, die für die Beurteilung der Lage und Entwicklung sowie für die Leitung des Unternehmens von wesentlicher Bedeutung sind, unverzüglich durch den Vorsitzenden bzw. Sprecher des Vorstands informiert. Der Aufsichtsratsvorsitzende hat sodann den Aufsichtsrat zu unterrichten und, falls erforderlich, eine außerordentliche Aufsichtsratssitzung einzuberufen.

Empfehlung:

D.5 Der Aufsichtsratsvorsitzende soll zwischen den Sitzungen mit dem Vorstand, insbesondere mit dem Vorsitzenden bzw. Sprecher des Vorstands, regelmäßig Kontakt halten und mit ihm Fragen der Strategie, der Geschäftsentwicklung, der Risikolage, des Risikomanagements und der Compliance des Unternehmens beraten.

4. Sitzungen und Beschlussfassung

Empfehlungen:

D.6 Der Aufsichtsrat soll regelmäßig auch ohne den Vorstand tagen.

D.7 Im Bericht des Aufsichtsrats soll angegeben werden, wie viele Sitzungen des Aufsichtsrats und der Ausschüsse in Präsenz oder als Video- oder Telefonkonferenzen durchgeführt wurden und an wie vielen Sitzungen des Aufsichtsrats und der Ausschüsse die einzelnen Mitglieder jeweils teilgenommen haben.

III. Zusammenarbeit mit dem Abschlussprüfer

Grundsatz 18

Der Abschlussprüfer unterstützt den Aufsichtsrat bzw. den Prüfungsausschuss bei der Überwachung der Geschäftsführung, insbesondere bei der Prüfung der Rechnungslegung und der Überwachung der rechnungslegungsbezogenen Kontroll- und Risikomanagementsysteme. Der Bestätigungsvermerk des Abschlussprüfers informiert den Kapitalmarkt über die Ordnungsmäßigkeit der Rechnungslegung.

Empfehlungen:

D.8 Der Aufsichtsrat oder der Prüfungsausschuss soll mit dem Abschlussprüfer vereinbaren, dass dieser ihn unverzüglich über alle für seine Aufgaben wesentlichen Feststellungen und Vorkommnisse unterrichtet, die bei der Durchführung der Abschlussprüfung zu seiner Kenntnis gelangen.

D.9 Der Aufsichtsrat oder der Prüfungsausschuss soll mit dem Abschlussprüfer vereinbaren, dass dieser ihn informiert und im Prüfungsbericht vermerkt, wenn er bei Durchführung der Abschlussprüfung Tatsachen feststellt, die eine Unrichtigkeit der von Vorstand und Aufsichtsrat abgegebenen Erklärung zum Kodex ergeben.

D.10 Der Prüfungsausschuss soll mit dem Abschlussprüfer die Einschätzung des Prüfungsrisikos, die Prüfungsstrategie und Prüfungsplanung sowie die Prüfungsergebnisse diskutieren. Der Vorsitzende des Prüfungsausschusses soll sich regelmäßig mit dem Abschlussprüfer über den Fortgang der Prüfung austauschen und dem Ausschuss hierüber berichten.

Der Prüfungsausschuss soll regelmäßig mit dem Abschlussprüfer auch ohne den Vorstand beraten.

IV. Aus- und Fortbildung

Grundsatz 19

Die Mitglieder des Aufsichtsrats nehmen die für ihre Aufgaben erforderlichen Aus- und Fortbildungsmaßnahmen eigenverantwortlich wahr.

Empfehlung:

D.11 Die Gesellschaft soll die Mitglieder des Aufsichtsrats bei ihrer Amtseinführung sowie den Aus- und Fortbildungsmaßnahmen angemessen unterstützen und über durchgeführte Maßnahmen im Bericht des Aufsichtsrats berichten.

V. Selbstbeurteilung Empfehlung:

D.12 Der Aufsichtsrat soll regelmäßig beurteilen, wie wirksam der Aufsichtsrat insgesamt und seine Ausschüsse ihre Aufgaben erfüllen. In der Erklärung zur Unternehmensführung soll der Aufsichtsrat berichten, ob und wie eine Selbstbeurteilung durchgeführt wurde.

E. Interessenkonflikte

Grundsatz 20

Die Mitglieder von Vorstand und Aufsichtsrat sind dem Unternehmensinteresse verpflichtet. Sie dürfen bei ihren Entscheidungen weder persönliche Interessen verfolgen noch Geschäftschancen für sich nutzen, die dem Unternehmen zustehen. Vorstandsmitglieder unterliegen während ihrer Tätigkeit einem umfassenden Wettbewerbsverbot.

Empfehlungen:

E.1 Jedes Aufsichtsratsmitglied soll Interessenkonflikte unverzüglich dem Vorsitzenden des Aufsichtsrats offenlegen. Der Aufsichtsrat soll in seinem Bericht an die Hauptversammlung über aufgetretene Interessenkonflikte und deren Behandlung informieren. Wesentliche und nicht nur vorübergehende Interessenkonflikte in der Person eines Aufsichtsratsmitglieds sollen zur Beendigung des Mandats führen.

E.2 Jedes Vorstandsmitglied soll Interessenkonflikte unverzüglich dem Vorsitzenden des Aufsichtsrats und dem Vorsitzenden bzw. Sprecher des Vorstands offenlegen und die anderen Vorstandsmitglieder hierüber informieren.

E.3 Vorstandsmitglieder sollen Nebentätigkeiten, insbesondere konzernfremde Aufsichtsratsmandate, nur mit Zustimmung des Aufsichtsrats übernehmen.

F. Transparenz und externe Berichterstattung

Grundsatz 21

Die Gesellschaft behandelt die Aktionäre bei Informationen unter gleichen Voraussetzungen gleich.

Grundsatz 22

Anteilseigner und Dritte werden insbesondere durch den Konzernabschluss und den Konzernlagebericht (einschließlich CSR-Berichterstattung) sowie durch unterjährige Finanzinformationen unterrichtet.

Empfehlungen:

F.1 Die Gesellschaft soll den Aktionären unverzüglich sämtliche wesentlichen neuen Tatsachen, die Finanzanalysten und vergleichbaren Adressaten mitgeteilt worden sind, zur Verfügung stellen.

F.2 Der Konzernabschluss und der Konzernlagebericht sollen binnen 90 Tagen nach Geschäftsjahresende, die verpflichtenden unterjährigen Finanzinformationen sollen binnen 45 Tagen nach Ende des Berichtszeitraums öffentlich zugänglich sein.

F.3 Ist die Gesellschaft nicht zu Quartalsmitteilungen verpflichtet, soll sie unterjährig neben dem Halbjahresfinanzbericht in geeigneter Form über die Geschäftsentwicklung, insbesondere über wesentliche Veränderungen der Geschäftsaussichten sowie der Risikosituation, informieren.

Grundsatz 23

Aufsichtsrat und Vorstand berichten jährlich in der Erklärung zur Unternehmensführung über die Corporate Governance der Gesellschaft.

Empfehlungen:

F.4 Aufsichtsrat und Vorstand von börsennotierten, spezialgesetzlich regulierten Gesellschaften sollen in der Erklärung zur Unternehmensführung angeben, welche Empfehlungen des Kodex auf Grund vorrangiger gesetzlicher Bestimmungen nicht anwendbar waren.

F.5 Die Gesellschaft soll nicht mehr aktuelle Erklärungen zur Unternehmensführung und Entsprechenserklärungen zu den Empfehlungen des Kodex mindestens fünf Jahre lang auf ihrer Internetseite zugänglich halten.

G. Vergütung von Vorstand und Aufsichtsrat

I. Vergütung des Vorstands

Grundsatz 24

Der Aufsichtsrat beschließt ein klares und verständliches System zur Vergütung der Vorstandsmitglieder und bestimmt auf dessen Basis die konkrete Vergütung der einzelnen Vorstandsmitglieder. Die Hauptversammlung beschließt grundsätzlich mit beratendem Charakter über die Billigung des vom Aufsichtsrat vorgelegten Vergütungssystems sowie mit empfehlendem Charakter über die Billigung des Vergütungsberichts für das vorausgegangene Geschäftsjahr. Die Vergütungsstruktur ist bei börsennotierten Gesellschaften auf eine nachhaltige und langfristige Entwicklung der Gesellschaft auszurichten. Die Vergütung der Vorstandsmitglieder hat zur Förderung der Geschäftsstrategie und zur langfristigen Entwicklung der Gesellschaft beizutragen.

1. Festlegung des Vergütungssystems

Empfehlung:

G.1 Im Vergütungssystem soll insbesondere festgelegt werden,

- wie für die einzelnen Vorstandsmitglieder die Ziel-Gesamtvergütung bestimmt wird und welche Höhe die Gesamtvergütung nicht übersteigen darf (Maximalvergütung),
- welchen relativen Anteil die Festvergütung einerseits sowie kurzfristig variable und langfristig variable Vergütungsbestandteile andererseits an der Ziel-Gesamtvergütung haben,
- welche finanziellen und nichtfinanziellen Leistungskriterien für die Gewährung variabler Vergütungsbestandteile maßgeblich sind,
- welcher Zusammenhang zwischen der Erreichung der vorher vereinbarten Leistungskriterien und der variablen Vergütung besteht,
- in welcher Form und wann das Vorstandsmitglied über die gewährten variablen Vergütungsbeträge verfügen kann.

2. Festlegung der konkreten Gesamtvergütung

Empfehlungen:

G.2 Auf Basis des Vergütungssystems soll der Aufsichtsrat für jedes Vorstandsmitglied zunächst dessen konkrete Ziel-Gesamtvergütung festlegen, die in einem angemessenen Verhältnis zu den Aufgaben und Leistungen des Vorstandsmitglieds sowie zur Lage des Unternehmens steht und die übliche Vergütung nicht ohne besondere Gründe übersteigt. Deutscher Corporate Governance Kodex 28. April 2022 18

G.3 Zur Beurteilung der Üblichkeit der konkreten Gesamtvergütung der Vorstandsmitglieder im Vergleich zu anderen Unternehmen soll der Aufsichtsrat eine geeignete Vergleichsgruppe anderer Unternehmen heranziehen, deren Zusammensetzung er offenlegt. Der Peer Group-Vergleich ist mit Bedacht zu nutzen, damit es nicht zu einer automatischen Aufwärtsentwicklung kommt.

G.4 Zur Beurteilung der Üblichkeit innerhalb des Unternehmens soll der Aufsichtsrat das Verhältnis der Vorstandsvergütung zur Vergütung des oberen Führungskreises und der Belegschaft insgesamt und dieses auch in der zeitlichen Entwicklung berücksichtigen.

G.5 Zieht der Aufsichtsrat zur Entwicklung des Vergütungssystems und zur Beurteilung der Angemessenheit der Vergütung einen externen Vergütungsexperten hinzu, soll er auf dessen Unabhängigkeit vom Vorstand und vom Unternehmen achten.

3. Festsetzung der Höhe der variablen Vergütungsbestandteile

Empfehlungen:

G.6 Die variable Vergütung, die sich aus dem Erreichen langfristig orientierter Ziele ergibt, soll den Anteil aus kurzfristig orientierten Zielen übersteigen.

G.7 Der Aufsichtsrat soll für das bevorstehende Geschäftsjahr für jedes Vorstandsmitglied für alle variablen Vergütungsbestandteile die Leistungskriterien festlegen, die sich – neben operativen – vor allem an strategischen Zielsetzungen orientieren sollen. Der Aufsichtsrat soll festlegen, in welchem Umfang individuelle Ziele der einzelnen Vorstandsmitglieder oder Ziele für alle Vorstandsmitglieder zusammen maßgebend sind.

G.8 Eine nachträgliche Änderung der Zielwerte oder der Vergleichsparameter soll ausgeschlossen sein.

G.9 Nach Ablauf des Geschäftsjahres soll der Aufsichtsrat in Abhängigkeit von der Zielerreichung die Höhe der individuell für dieses Jahr zu gewährenden Vergütungsbestandteile festlegen. Die Zielerreichung soll dem Grunde und der Höhe nach nachvollziehbar sein.

G.10 Die dem Vorstandsmitglied gewährten variablen Vergütungsbeträge sollen von ihm unter Berücksichtigung der jeweiligen Steuerbelastung überwiegend in Aktien der Gesellschaft angelegt oder entsprechend aktienbasiert gewährt werden. Über die langfristig variablen Gewährungsbeträge soll das Vorstandsmitglied erst nach vier Jahren verfügen können.

G.11 Der Aufsichtsrat soll die Möglichkeit haben, außergewöhnlichen Entwicklungen in angemessenem Rahmen Rechnung zu tragen. In begründeten Fällen soll eine variable Vergütung einbehalten oder zurückgefordert werden können. Deutscher

4. Leistungen bei Vertragsbeendigung

Empfehlungen und Anregung:

G.12 Im Fall der Beendigung eines Vorstandsvertrags soll die Auszahlung noch offener variabler Vergütungsbestandteile, die auf die Zeit bis zur Vertragsbeendigung entfallen, nach den ursprünglich vereinbarten Zielen und Vergleichsparametern und nach den im Vertrag festgelegten Fälligkeitszeitpunkten oder Haltedauern erfolgen.

G.13 Zahlungen an ein Vorstandsmitglied bei vorzeitiger Beendigung der Vorstandstätigkeit sollen den Wert von zwei Jahresvergütungen nicht überschreiten (Abfindungs-Cap) und nicht mehr als die Restlaufzeit des Anstellungsvertrags vergüten. Im Fall eines nachvertraglichen Wettbewerbsverbots soll die Abfindungszahlung auf die Karenzentschädigung angerechnet werden.

G.14 Zusagen für Leistungen aus Anlass der vorzeitigen Beendigung des Anstellungsvertrags durch das Vorstandsmitglied infolge eines Kontrollwechsels (Change of Control) sollten nicht vereinbart werden.

5. Sonstige Regelungen

Empfehlungen:

G.15 Sofern Vorstandsmitglieder konzerninterne Aufsichtsratsmandate wahrnehmen, soll die Vergütung angerechnet werden.

G.16 Bei der Übernahme konzernfremder Aufsichtsratsmandate soll der Aufsichtsrat entscheiden, ob und inwieweit die Vergütung anzurechnen ist.

II. Vergütung des Aufsichtsrats

Grundsatz 25

Die Mitglieder des Aufsichtsrats erhalten eine Vergütung, die in einem angemessenen Verhältnis zu ihren Aufgaben und der Lage der Gesellschaft steht. Sie wird durch Beschluss der Hauptversammlung, gegebenenfalls in der Satzung festgesetzt.

Empfehlungen und Anregung:

G.17 Bei der Vergütung der Aufsichtsratsmitglieder soll der höhere zeitliche Aufwand des Vorsitzenden und des stellvertretenden Vorsitzenden des Aufsichtsrats sowie des Vorsitzenden und der Mitglieder von Ausschüssen angemessen berücksichtigt werden.

G.18 Die Vergütung des Aufsichtsrats sollte in einer Festvergütung bestehen. Wird den Aufsichtsratsmitgliedern dennoch eine erfolgsorientierte Vergütung zugesagt, soll sie auf eine langfristige Entwicklung der Gesellschaft ausgerichtet sein.

III. Berichterstattung

Grundsatz 26

Vorstand und Aufsichtsrat erstellen jährlich nach den gesetzlichen Bestimmungen einen Vergütungsbericht.

XI. Allgemeines Gleichbehandlungsgesetz (AGG)

Allgemeines Gleichbehandlungsgesetz (AGG)

Ausfertigungsdatum: 14.08.2006

Vollzitat:

„Allgemeines Gleichbehandlungsgesetz vom 14. August 2006 (BGBl. I S. 1897), das zuletzt durch Artikel 4 des Gesetzes vom 19. Dezember 2022 (BGBl. I S. 2510) geändert worden ist"

Stand: Zuletzt geändert durch Art. 4 G v. 19.12.2022 I 2510

Das G wurde als Artikel 1 des G v. 14.8.2006 I 1897 vom Bundestag beschlossen. Es ist gem. Art. 4 Satz 1 dieses G am 18.8.2006 in Kraft getreten.

Abschnitt 1
Allgemeiner Teil

§ 1
Ziel des Gesetzes

Ziel des Gesetzes ist, Benachteiligungen aus Gründen der Rasse oder wegen der ethnischen Herkunft, des Geschlechts, der Religion oder Weltanschauung, einer Behinderung, des Alters oder der sexuellen Identität zu verhindern oder zu beseitigen.

§ 2
Anwendungsbereich

(1) Benachteiligungen aus einem in § 1 genannten Grund sind nach Maßgabe dieses Gesetzes unzulässig in Bezug auf:

1. die Bedingungen, einschließlich Auswahlkriterien und Einstellungsbedingungen, für den Zugang zu unselbstständiger und selbstständiger Erwerbstätigkeit, unabhängig von Tätigkeitsfeld und beruflicher Position, sowie für den beruflichen Aufstieg,
2. die Beschäftigungs- und Arbeitsbedingungen einschließlich Arbeitsentgelt und Entlassungsbedingungen, insbesondere in individual- und kollektivrechtlichen Vereinbarungen und Maßnahmen bei der Durchführung und Beendigung eines Beschäftigungsverhältnisses sowie beim beruflichen Aufstieg,
3. den Zugang zu allen Formen und allen Ebenen der Berufsberatung, der Berufsbildung einschließlich der Berufsausbildung, der beruflichen Weiterbildung und der Umschulung sowie der praktischen Berufserfahrung,
4. die Mitgliedschaft und Mitwirkung in einer Beschäftigten- oder Arbeitgebervereinigung oder einer Vereinigung, deren Mitglieder einer bestimmten Berufsgruppe angehören, einschließlich der Inanspruchnahme der Leistungen solcher Vereinigungen,
5. den Sozialschutz, einschließlich der sozialen Sicherheit und der Gesundheitsdienste,
6. die sozialen Vergünstigungen,
7. die Bildung,

8. den Zugang zu und die Versorgung mit Gütern und Dienstleistungen, die der Öffentlichkeit zur Verfügung stehen, einschließlich von Wohnraum.

(2) Für Leistungen nach dem Sozialgesetzbuch gelten § 33c des Ersten Buches Sozialgesetzbuch und § 19a des Vierten Buches Sozialgesetzbuch. Für die betriebliche Altersvorsorge gilt das Betriebsrentengesetz.

(3) Die Geltung sonstiger Benachteiligungsverbote oder Gebote der Gleichbehandlung wird durch dieses Gesetz nicht berührt. Dies gilt auch für öffentlich-rechtliche Vorschriften, die dem Schutz bestimmter Personengruppen dienen.

(4) Für Kündigungen gelten ausschließlich die Bestimmungen zum allgemeinen und besonderen Kündigungsschutz.

§ 3
Begriffsbestimmungen

(1) Eine unmittelbare Benachteiligung liegt vor, wenn eine Person wegen eines in § 1 genannten Grundes eine weniger günstige Behandlung erfährt, als eine andere Person in einer vergleichbaren Situation erfährt, erfahren hat oder erfahren würde. Eine unmittelbare Benachteiligung wegen des Geschlechts liegt in Bezug auf § 2 Abs. 1 Nr. 1 bis 4 auch im Falle einer ungünstigeren Behandlung einer Frau wegen Schwangerschaft oder Mutterschaft vor.

(2) Eine mittelbare Benachteiligung liegt vor, wenn dem Anschein nach neutrale Vorschriften, Kriterien oder Verfahren Personen wegen eines in § 1 genannten Grundes gegenüber anderen Personen in besonderer Weise benachteiligen können, es sei denn, die betreffenden Vorschriften, Kriterien oder Verfahren sind durch ein rechtmäßiges Ziel sachlich gerechtfertigt und die Mittel sind zur Erreichung dieses Ziels angemessen und erforderlich.

(3) Eine Belästigung ist eine Benachteiligung, wenn unerwünschte Verhaltensweisen, die mit einem in § 1 genannten Grund in Zusammenhang stehen, bezwecken oder bewirken, dass die Würde der betreffenden Person verletzt und ein von Einschüchterungen, Anfeindungen, Erniedrigungen, Entwürdigungen oder Beleidigungen gekennzeichnetes Umfeld geschaffen wird.

(4) Eine sexuelle Belästigung ist eine Benachteiligung in Bezug auf § 2 Abs. 1 Nr. 1 bis 4, wenn ein unerwünschtes, sexuell bestimmtes Verhalten, wozu auch unerwünschte sexuelle Handlungen und Aufforderungen zu diesen, sexuell bestimmte körperliche Berührungen, Bemerkungen sexuellen Inhalts sowie unerwünschtes Zeigen und sichtbares Anbringen von pornographischen Darstellungen gehören, bezweckt oder bewirkt, dass die Würde der betreffenden Person verletzt wird, insbesondere wenn ein von Einschüchterungen, Anfeindungen, Erniedrigungen, Entwürdigungen oder Beleidigungen gekennzeichnetes Umfeld geschaffen wird.

(5) Die Anweisung zur Benachteiligung einer Person aus einem in § 1 genannten Grund gilt als Benachteiligung. Eine solche Anweisung liegt in Bezug auf § 2 Abs. 1 Nr. 1 bis 4 insbesondere vor, wenn jemand eine Person zu einem Verhalten bestimmt, das einen Beschäftigten oder eine Beschäftigte wegen eines in § 1 genannten Grundes benachteiligt oder benachteiligen kann.

§ 4
Unterschiedliche Behandlung wegen mehrerer Gründe

Erfolgt eine unterschiedliche Behandlung wegen mehrerer der in § 1 genannten Gründe, so kann diese unterschiedliche Behandlung nach den §§ 8 bis 10 und 20 nur gerechtfertigt werden, wenn sich die Rechtfertigung auf alle diese Gründe erstreckt, derentwegen die unterschiedliche Behandlung erfolgt.

§ 5
Positive Maßnahmen

Ungeachtet der in den §§ 8 bis 10 sowie in § 20 benannten Gründe ist eine unterschiedliche Behandlung auch zulässig, wenn durch geeignete und angemessene Maßnahmen bestehende Nachteile wegen eines in § 1 genannten Grundes verhindert oder ausgeglichen werden sollen.

Abschnitt 2
Schutz der Beschäftigten vor Benachteiligung

Unterabschnitt 1
Verbot der Benachteiligung

§ 6
Persönlicher Anwendungsbereich

(1) Beschäftigte im Sinne dieses Gesetzes sind
   1. Arbeitnehmerinnen und Arbeitnehmer,
   2. die zu ihrer Berufsbildung Beschäftigten,
   3. Personen, die wegen ihrer wirtschaftlichen Unselbstständigkeit als arbeitnehmerähnliche Personen anzusehen sind; zu diesen gehören auch die in Heimarbeit Beschäftigten und die ihnen Gleichgestellten.

   Als Beschäftigte gelten auch die Bewerberinnen und Bewerber für ein Beschäftigungsverhältnis sowie die Personen, deren Beschäftigungsverhältnis beendet ist.

(2) Arbeitgeber (Arbeitgeber und Arbeitgeberinnen) im Sinne dieses Abschnitts sind natürliche und juristische Personen sowie rechtsfähige Personengesellschaften, die Personen nach Absatz 1 beschäftigen. Werden Beschäftigte einem Dritten zur Arbeitsleistung überlassen, so gilt auch dieser als Arbeitgeber im Sinne dieses Abschnitts. Für die in Heimarbeit Beschäftigten und die ihnen Gleichgestellten tritt an die Stelle des Arbeitgebers der Auftraggeber oder Zwischenmeister.

(3) Soweit es die Bedingungen für den Zugang zur Erwerbstätigkeit sowie den beruflichen Aufstieg betrifft, gelten die Vorschriften dieses Abschnitts für Selbstständige und Organmitglieder, insbesondere Geschäftsführer oder Geschäftsführerinnen und Vorstände, entsprechend.

§ 7
Benachteiligungsverbot

(1) Beschäftigte dürfen nicht wegen eines in § 1 genannten Grundes benachteiligt werden; dies gilt auch, wenn die Person, die die Benachteiligung begeht, das Vorliegen eines in § 1 genannten Grundes bei der Benachteiligung nur annimmt.

(2) Bestimmungen in Vereinbarungen, die gegen das Benachteiligungsverbot des Absatzes 1 verstoßen, sind unwirksam.

(3) Eine Benachteiligung nach Absatz 1 durch Arbeitgeber oder Beschäftigte ist eine Verletzung vertraglicher Pflichten.

§ 8
Zulässige unterschiedliche Behandlung wegen beruflicher Anforderungen

(1) Eine unterschiedliche Behandlung wegen eines in § 1 genannten Grundes ist zulässig, wenn dieser Grund wegen der Art der auszuübenden Tätigkeit oder der Bedingungen ihrer Ausübung eine wesentliche und entscheidende berufliche Anforderung darstellt, sofern der Zweck rechtmäßig und die Anforderung angemessen ist.

(2) Die Vereinbarung einer geringeren Vergütung für gleiche oder gleichwertige Arbeit wegen eines in § 1 genannten Grundes wird nicht dadurch gerechtfertigt, dass wegen eines in § 1 genannten Grundes besondere Schutzvorschriften gelten.

§ 9
Zulässige unterschiedliche Behandlung wegen der Religion oder Weltanschauung

(1) Ungeachtet des § 8 ist eine unterschiedliche Behandlung wegen der Religion oder der Weltanschauung bei der Beschäftigung durch Religionsgemeinschaften, die ihnen zugeordneten Einrichtungen ohne Rücksicht auf ihre Rechtsform oder durch Vereinigungen, die sich die gemeinschaftliche Pflege einer Religion oder Weltanschauung zur Aufgabe machen, auch zulässig, wenn eine bestimmte Religion oder Weltanschauung unter Beachtung des Selbstverständnisses der jeweiligen Religionsgemeinschaft oder Vereinigung im Hinblick auf ihr Selbstbestimmungsrecht oder nach der Art der Tätigkeit eine gerechtfertigte berufliche Anforderung darstellt.

(2) Das Verbot unterschiedlicher Behandlung wegen der Religion oder der Weltanschauung berührt nicht das Recht der in Absatz 1 genannten Religionsgemeinschaften, der ihnen zugeordneten Einrichtungen ohne Rücksicht auf ihre Rechtsform oder der Vereinigungen, die sich die gemeinschaftliche Pflege einer Religion oder Weltanschauung zur Aufgabe machen, von ihren Beschäftigten ein loyales und aufrichtiges Verhalten im Sinne ihres jeweiligen Selbstverständnisses verlangen zu können.

§ 10
Zulässige unterschiedliche Behandlung wegen des Alters

Ungeachtet des § 8 ist eine unterschiedliche Behandlung wegen des Alters auch zulässig, wenn sie objektiv und angemessen und durch ein legitimes Ziel gerechtfertigt ist. Die Mittel zur Erreichung dieses Ziels müssen angemessen und erforderlich sein. Derartige unterschiedliche Behandlungen können insbesondere Folgendes einschließen:

1. die Festlegung besonderer Bedingungen für den Zugang zur Beschäftigung und zur beruflichen Bildung sowie besonderer Beschäftigungs- und Arbeitsbedingungen, einschließlich der Bedingungen für Entlohnung und Beendigung des Beschäftigungsverhältnisses, um die berufliche Eingliederung von Jugendlichen, älteren Beschäftigten und Personen mit Fürsorgepflichten zu fördern oder ihren Schutz sicherzustellen,
2. die Festlegung von Mindestanforderungen an das Alter, die Berufserfahrung oder das Dienstalter für den Zugang zur Beschäftigung oder für bestimmte mit der Beschäftigung verbundene Vorteile,
3. die Festsetzung eines Höchstalters für die Einstellung auf Grund der spezifischen Ausbildungsanforderungen eines bestimmten Arbeitsplatzes oder auf Grund der Notwendigkeit einer angemessenen Beschäftigungszeit vor dem Eintritt in den Ruhestand,
4. die Festsetzung von Altersgrenzen bei den betrieblichen Systemen der sozialen Sicherheit als Voraussetzung für die Mitgliedschaft oder den Bezug von Altersrente oder von Leistungen bei Invalidität einschließlich der Festsetzung unterschiedlicher Altersgrenzen im Rahmen dieser Systeme für bestimmte Beschäftigte oder Gruppen von Beschäftigten und die Verwendung von Alterskriterien im Rahmen dieser Systeme für versicherungsmathematische Berechnungen,
5. eine Vereinbarung, die die Beendigung des Beschäftigungsverhältnisses ohne Kündigung zu einem Zeitpunkt vorsieht, zu dem der oder die Beschäftigte eine Rente wegen Alters beantragen kann; § 41 des Sechsten Buches Sozialgesetzbuch bleibt unberührt,
6. Differenzierungen von Leistungen in Sozialplänen im Sinne des Betriebsverfassungsgesetzes, wenn die Parteien eine nach Alter oder Betriebszugehörigkeit gestaffelte Abfindungsregelung geschaffen haben, in der die wesentlich vom Alter abhängenden Chancen auf dem Arbeitsmarkt durch eine verhältnismäßig starke Betonung des Lebensalters erkennbar berücksichtigt worden sind, oder Beschäftigte von den Leistungen des Sozialplans ausgeschlossen haben, die wirtschaftlich abgesichert sind, weil sie, gegebenenfalls nach Bezug von Arbeitslosengeld, rentenberechtigt sind.

Unterabschnitt 2
Organisationspflichten des Arbeitgebers

§ 11
Ausschreibung

Ein Arbeitsplatz darf nicht unter Verstoß gegen § 7 Abs. 1 ausgeschrieben werden.

§ 12
Maßnahmen und Pflichten des Arbeitgebers

(1) Der Arbeitgeber ist verpflichtet, die erforderlichen Maßnahmen zum Schutz vor Benachteiligungen wegen eines in § 1 genannten Grundes zu treffen. Dieser Schutz umfasst auch vorbeugende Maßnahmen.

(2) Der Arbeitgeber soll in geeigneter Art und Weise, insbesondere im Rahmen der beruflichen Aus- und Fortbildung, auf die Unzulässigkeit solcher Benachteiligungen hinweisen und darauf hinwirken, dass diese unterbleiben. Hat der Arbeitgeber seine Beschäftigten in geeigneter Weise zum Zwecke der Verhinderung von Benachteiligung geschult, gilt dies als Erfüllung seiner Pflichten nach Absatz 1.

(3) Verstoßen Beschäftigte gegen das Benachteiligungsverbot des § 7 Abs. 1, so hat der Arbeitgeber die im Einzelfall geeigneten, erforderlichen und angemessenen Maßnahmen zur Unterbindung der Benachteiligung wie Abmahnung, Umsetzung, Versetzung oder Kündigung zu ergreifen.

(4) Werden Beschäftigte bei der Ausübung ihrer Tätigkeit durch Dritte nach § 7 Abs. 1 benachteiligt, so hat der Arbeitgeber die im Einzelfall geeigneten, erforderlichen und angemessenen Maßnahmen zum Schutz der Beschäftigten zu ergreifen.

(5) Dieses Gesetz und § 61b des Arbeitsgerichtsgesetzes sowie Informationen über die für die Behandlung von Beschwerden nach § 13 zuständigen Stellen sind im Betrieb oder in der Dienststelle bekannt zu machen. Die Bekanntmachung kann durch Aushang oder Auslegung an geeigneter Stelle oder den Einsatz der im Betrieb oder der Dienststelle üblichen Informations- und Kommunikationstechnik erfolgen.

Unterabschnitt 3
Rechte der Beschäftigten

§ 13
Beschwerderecht

(1) Die Beschäftigten haben das Recht, sich bei den zuständigen Stellen des Betriebs, des Unternehmens oder der Dienststelle zu beschweren, wenn sie sich im Zusammenhang mit ihrem Beschäftigungsverhältnis vom Arbeitgeber, von Vorgesetzten, anderen Beschäftigten oder Dritten wegen eines in § 1 genannten Grundes benachteiligt fühlen. Die Beschwerde ist zu prüfen und das Ergebnis der oder dem beschwerdeführenden Beschäftigten mitzuteilen.

(2) Die Rechte der Arbeitnehmervertretungen bleiben unberührt.

§ 14
Leistungsverweigerungsrecht

Ergreift der Arbeitgeber keine oder offensichtlich ungeeignete Maßnahmen zur Unterbindung einer Belästigung oder sexuellen Belästigung am Arbeitsplatz, sind die betroffenen Beschäftigten berechtigt, ihre Tätigkeit ohne Verlust des Arbeitsentgelts einzustellen, soweit dies zu ihrem Schutz erforderlich ist. § 273 des Bürgerlichen Gesetzbuchs bleibt unberührt.

§ 15
Entschädigung und Schadensersatz

(1) Bei einem Verstoß gegen das Benachteiligungsverbot ist der Arbeitgeber verpflichtet, den hierdurch entstandenen Schaden zu ersetzen. Dies gilt nicht, wenn der Arbeitgeber die Pflichtverletzung nicht zu vertreten hat.

(2) Wegen eines Schadens, der nicht Vermögensschaden ist, kann der oder die Beschäftigte eine angemessene Entschädigung in Geld verlangen. Die Entschädigung darf bei einer Nichteinstellung drei Monatsgehälter nicht übersteigen, wenn der oder die Beschäftigte auch bei benachteiligungsfreier Auswahl nicht eingestellt worden wäre.

(3) Der Arbeitgeber ist bei der Anwendung kollektivrechtlicher Vereinbarungen nur dann zur Entschädigung verpflichtet, wenn er vorsätzlich oder grob fahrlässig handelt.

(4) Ein Anspruch nach Absatz 1 oder 2 muss innerhalb einer Frist von zwei Monaten schriftlich geltend gemacht werden, es sei denn, die Tarifvertragsparteien haben etwas anderes vereinbart. Die Frist beginnt im Falle einer Bewerbung oder eines beruflichen Aufstiegs mit dem Zugang der Ablehnung und in den sonstigen Fällen einer Benachteiligung zu dem Zeitpunkt, in dem der oder die Beschäftigte von der Benachteiligung Kenntnis erlangt.

(5) Im Übrigen bleiben Ansprüche gegen den Arbeitgeber, die sich aus anderen Rechtsvorschriften ergeben, unberührt.

(6) Ein Verstoß des Arbeitgebers gegen das Benachteiligungsverbot des § 7 Abs. 1 begründet keinen Anspruch auf Begründung eines Beschäftigungsverhältnisses, Berufsausbildungsverhältnisses oder einen beruflichen Aufstieg, es sei denn, ein solcher ergibt sich aus einem anderen Rechtsgrund.

§ 16
Maßregelungsverbot

(1) Der Arbeitgeber darf Beschäftigte nicht wegen der Inanspruchnahme von Rechten nach diesem Abschnitt oder wegen der Weigerung, eine gegen diesen Abschnitt verstoßende Anweisung auszuführen, benachteiligen. Gleiches gilt für Personen, die den Beschäftigten hierbei unterstützen oder als Zeuginnen oder Zeugen aussagen.

(2) Die Zurückweisung oder Duldung benachteiligender Verhaltensweisen durch betroffene Beschäftigte darf nicht als Grundlage für eine Entscheidung herangezogen werden, die diese Beschäftigten berührt. Absatz 1 Satz 2 gilt entsprechend.

(3) § 22 gilt entsprechend.

Unterabschnitt 4
Ergänzende Vorschriften

§ 17
Soziale Verantwortung der Beteiligten

(1) Tarifvertragsparteien, Arbeitgeber, Beschäftigte und deren Vertretungen sind aufgefordert, im Rahmen ihrer Aufgaben und Handlungsmöglichkeiten an der Verwirklichung des in § 1 genannten Ziels mitzuwirken.

(2) In Betrieben, in denen die Voraussetzungen des § 1 Abs. 1 Satz 1 des Betriebsverfassungsgesetzes vorliegen, können bei einem groben Verstoß des Arbeitgebers gegen Vorschriften aus diesem Abschnitt der Betriebsrat oder eine im Betrieb vertretene Gewerkschaft unter der Voraussetzung des § 23 Abs. 3 Satz 1 des Betriebsverfassungsgesetzes die dort genannten Rechte gerichtlich geltend machen; § 23 Abs. 3 Satz 2 bis 5 des Betriebsverfassungsgesetzes gilt entsprechend. Mit dem Antrag dürfen nicht Ansprüche des Benachteiligten geltend gemacht werden.

§ 18
Mitgliedschaft in Vereinigungen

(1) Die Vorschriften dieses Abschnitts gelten entsprechend für die Mitgliedschaft oder die Mitwirkung in einer
1. Tarifvertragspartei,
2. Vereinigung, deren Mitglieder einer bestimmten Berufsgruppe angehören oder die eine überragende Machtstellung im wirtschaftlichen oder sozialen Bereich innehat, wenn ein grundlegendes Interesse am Erwerb der Mitgliedschaft besteht,

sowie deren jeweiligen Zusammenschlüssen.

(2) Wenn die Ablehnung einen Verstoß gegen das Benachteiligungsverbot des § 7 Abs. 1 darstellt, besteht ein Anspruch auf Mitgliedschaft oder Mitwirkung in den in Absatz 1 genannten Vereinigungen.

Abschnitt 3
Schutz vor Benachteiligung im Zivilrechtsverkehr

§ 19
Zivilrechtliches Benachteiligungsverbot

(1) Eine Benachteiligung aus Gründen der Rasse oder wegen der ethnischen Herkunft, wegen des Geschlechts, der Religion, einer Behinderung, des Alters oder der sexuellen Identität bei der Begründung, Durchführung und Beendigung zivilrechtlicher Schuldverhältnisse, die
1. typischerweise ohne Ansehen der Person zu vergleichbaren Bedingungen in einer Vielzahl von Fällen zustande kommen (Massengeschäfte) oder bei denen das Ansehen der Person nach der Art des Schuldverhältnisses eine nachrangige Bedeutung hat und die zu vergleichbaren Bedingungen in einer Vielzahl von Fällen zustande kommen oder
2. eine privatrechtliche Versicherung zum Gegenstand haben,

ist unzulässig.

(2) Eine Benachteiligung aus Gründen der Rasse oder wegen der ethnischen Herkunft ist darüber hinaus auch bei der Begründung, Durchführung und Beendigung sonstiger zivilrechtlicher Schuldverhältnisse im Sinne des § 2 Abs. 1 Nr. 5 bis 8 unzulässig.

(3) Bei der Vermietung von Wohnraum ist eine unterschiedliche Behandlung im Hinblick auf die Schaffung und Erhaltung sozial stabiler Bewohnerstrukturen und ausgewogener Siedlungsstrukturen sowie ausgeglichener wirtschaftlicher, sozialer und kultureller Verhältnisse zulässig.

(4) Die Vorschriften dieses Abschnitts finden keine Anwendung auf familien- und erbrechtliche Schuldverhältnisse.

(5) Die Vorschriften dieses Abschnitts finden keine Anwendung auf zivilrechtliche Schuldverhältnisse, bei denen ein besonderes Nähe- oder Vertrauensverhältnis der Parteien oder ihrer Angehörigen begründet wird. Bei Mietverhältnissen kann dies insbesondere der Fall sein, wenn die Parteien oder ihre Angehörigen Wohnraum auf demselben Grundstück nutzen. Die Vermietung von Wohnraum zum nicht nur vorübergehenden Gebrauch ist in der Regel kein Geschäft im Sinne des Absatzes 1 Nr. 1, wenn der Vermieter insgesamt nicht mehr als 50 Wohnungen vermietet.

§ 20
Zulässige unterschiedliche Behandlung

(1) Eine Verletzung des Benachteiligungsverbots ist nicht gegeben, wenn für eine unterschiedliche Behandlung wegen der Religion, einer Behinderung, des Alters, der sexuellen Identität oder des Geschlechts ein sachlicher Grund vorliegt. Das kann insbesondere der Fall sein, wenn die unterschiedliche Behandlung

1. der Vermeidung von Gefahren, der Verhütung von Schäden oder anderen Zwecken vergleichbarer Art dient,
2. dem Bedürfnis nach Schutz der Intimsphäre oder der persönlichen Sicherheit Rechnung trägt,
3. besondere Vorteile gewährt und ein Interesse an der Durchsetzung der Gleichbehandlung fehlt,
4. an die Religion eines Menschen anknüpft und im Hinblick auf die Ausübung der Religionsfreiheit oder auf das Selbstbestimmungsrecht der Religionsgemeinschaften, der ihnen zugeordneten Einrichtungen ohne Rücksicht auf ihre Rechtsform sowie der Vereinigungen, die sich die gemeinschaftliche Pflege einer Religion zur Aufgabe machen, unter Beachtung des jeweiligen Selbstverständnisses gerechtfertigt ist.

(2) Kosten im Zusammenhang mit Schwangerschaft und Mutterschaft dürfen auf keinen Fall zu unterschiedlichen Prämien oder Leistungen führen. Eine unterschiedliche Behandlung wegen der Religion, einer Behinderung, des Alters oder der sexuellen Identität ist im Falle des § 19 Abs. 1 Nr. 2 nur zulässig, wenn diese auf anerkannten Prinzipien risikoadäquater Kalkulation beruht, insbesondere auf einer versicherungsmathematisch ermittelten Risikobewertung unter Heranziehung statistischer Erhebungen.

§ 21
Ansprüche

(1) Der Benachteiligte kann bei einem Verstoß gegen das Benachteiligungsverbot unbeschadet weiterer Ansprüche die Beseitigung der Beeinträchtigung verlangen. Sind weitere Beeinträchtigungen zu besorgen, so kann er auf Unterlassung klagen.

(2) Bei einer Verletzung des Benachteiligungsverbots ist der Benachteiligende verpflichtet, den hierdurch entstandenen Schaden zu ersetzen. Dies gilt nicht, wenn der Benachteiligende die Pflichtverletzung nicht zu vertreten hat. Wegen eines Schadens, der nicht Vermögensschaden ist, kann der Benachteiligte eine angemessene Entschädigung in Geld verlangen.

(3) Ansprüche aus unerlaubter Handlung bleiben unberührt.

(4) Auf eine Vereinbarung, die von dem Benachteiligungsverbot abweicht, kann sich der Benachteiligende nicht berufen.

(5) Ein Anspruch nach den Absätzen 1 und 2 muss innerhalb einer Frist von zwei Monaten geltend gemacht werden. Nach Ablauf der Frist kann der Anspruch nur geltend gemacht werden, wenn der Benachteiligte ohne Verschulden an der Einhaltung der Frist verhindert war.

Abschnitt 4
Rechtsschutz

§ 22
Beweislast

Wenn im Streitfall die eine Partei Indizien beweist, die eine Benachteiligung wegen eines in § 1 genannten Grundes vermuten lassen, trägt die andere Partei die Beweislast dafür, dass kein Verstoß gegen die Bestimmungen zum Schutz vor Benachteiligung vorgelegen hat.

§ 23
Unterstützung durch Antidiskriminierungsverbände

(1) Antidiskriminierungsverbände sind Personenzusammenschlüsse, die nicht gewerbsmäßig und nicht nur vorübergehend entsprechend ihrer Satzung die besonderen Interessen von benachteiligten Personen oder Personengruppen nach Maßgabe von § 1 wahrnehmen. Die Befugnisse nach den Absätzen 2 bis 4 stehen ihnen zu, wenn sie mindestens 75 Mitglieder haben oder einen Zusammenschluss aus mindestens sieben Verbänden bilden.

(2) Antidiskriminierungsverbände sind befugt, im Rahmen ihres Satzungszwecks in gerichtlichen Verfahren als Beistände Benachteiligter in der Verhandlung aufzutreten. Im Übrigen bleiben die Vorschriften der Verfahrensordnungen, insbesondere diejenigen, nach denen Beiständen weiterer Vortrag untersagt werden kann, unberührt.

(3) Antidiskriminierungsverbänden ist im Rahmen ihres Satzungszwecks die Besorgung von Rechtsangelegenheiten Benachteiligter gestattet.

(4) Besondere Klagerechte und Vertretungsbefugnisse von Verbänden zu Gunsten von behinderten Menschen bleiben unberührt.

Abschnitt 5
Sonderregelungen für öffentlich-rechtliche Dienstverhältnisse

§ 24
Sonderregelung für öffentlich-rechtliche Dienstverhältnisse

Die Vorschriften dieses Gesetzes gelten unter Berücksichtigung ihrer besonderen Rechtsstellung entsprechend für

1. Beamtinnen und Beamte des Bundes, der Länder, der Gemeinden, der Gemeindeverbände sowie der sonstigen der Aufsicht des Bundes oder eines Landes unterstehenden Körperschaften, Anstalten und Stiftungen des öffentlichen Rechts,
2. Richterinnen und Richter des Bundes und der Länder,
3. Zivildienstleistende sowie anerkannte Kriegsdienstverweigerer, soweit ihre Heranziehung zum Zivildienst betroffen ist.

Abschnitt 6
Antidiskriminierungsstelle des Bundes und Unabhängige Bundesbeauftragte oder Unabhängiger Bundesbeauftragter für Antidiskriminierung

§ 25
Antidiskriminierungsstelle des Bundes

(1) Beim Bundesministerium für Familie, Senioren, Frauen und Jugend wird unbeschadet der Zuständigkeit der Beauftragten des Deutschen Bundestages oder der Bundesregierung die Stelle des Bundes zum Schutz vor Benachteiligungen wegen eines in § 1 genannten Grundes (Antidiskriminierungsstelle des Bundes) errichtet.

(2) Der Antidiskriminierungsstelle des Bundes ist die für die Erfüllung ihrer Aufgaben notwendige Personal- und Sachausstattung zur Verfügung zu stellen. Sie ist im Einzelplan des Bundesministeriums für Familie, Senioren, Frauen und Jugend in einem eigenen Kapitel auszuweisen.

(3) Die Antidiskriminierungsstelle des Bundes wird von der oder dem Unabhängigen Bundesbeauftragten für Antidiskriminierung geleitet.

§ 26
Wahl der oder des Unabhängigen Bundesbeauftragten für Antidiskriminierung; Anforderungen

(1) Die oder der Unabhängige Bundesbeauftragte für Antidiskriminierung wird auf Vorschlag der Bundesregierung vom Deutschen Bundestag gewählt.

(2) Über den Vorschlag stimmt der Deutsche Bundestag ohne Aussprache ab.

(3) Die vorgeschlagene Person ist gewählt, wenn für sie mehr als die Hälfte der gesetzlichen Zahl der Mitglieder des Deutschen Bundestages gestimmt hat.

(4) Die oder der Unabhängige Bundesbeauftragte für Antidiskriminierung muss zur Erfüllung ihrer oder seiner Aufgaben und zur Ausübung ihrer oder seiner Befugnisse über die erforderliche Qualifikation, Erfahrung und Sachkunde insbesondere im Bereich der Antidiskriminierung verfügen. Insbesondere muss sie oder er über durch einschlägige Berufserfahrung erworbene Kenntnisse des Antidiskriminierungsrechts verfügen und die Befähigung für die Laufbahn des höheren nichttechnischen Verwaltungsdienstes des Bundes haben.

§ 26a
Rechtsstellung der oder des Unabhängigen Bundesbeauftragten für Antidiskriminierung

(1) Die oder der Unabhängige Bundesbeauftragte für Antidiskriminierung steht nach Maßgabe dieses Gesetzes in einem öffentlich-rechtlichen Amtsverhältnis zum Bund. Sie oder er ist bei der Ausübung ihres oder seines Amtes unabhängig und nur dem Gesetz unterworfen.

(2) Die oder der Unabhängige Bundesbeauftragte für Antidiskriminierung untersteht der Rechtsaufsicht der Bundesregierung.

§ 26b
Amtszeit der oder des Unabhängigen Bundesbeauftragten für Antidiskriminierung

(1) Die Amtszeit der oder des Unabhängigen Bundesbeauftragten für Antidiskriminierung beträgt fünf Jahre.

(2) Eine einmalige Wiederwahl ist zulässig.

(3) Kommt vor Ende des Amtsverhältnisses eine Neuwahl nicht zustande, so führt die oder der bisherige Unabhängige Bundesbeauftragte für Antidiskriminierung auf Ersuchen der Bundespräsidentin oder des Bundespräsidenten die Geschäfte bis zur Neuwahl fort.

§ 26c
Beginn und Ende des Amtsverhältnisses der oder des Unabhängigen Bundesbeauftragten für Antidiskriminierung; Amtseid

(1) Die oder der nach § 26 Gewählte ist von der Bundespräsidentin oder dem Bundespräsidenten zu ernennen. Das Amtsverhältnis der oder des Unabhängigen Bundesbeauftragten für Antidiskriminierung beginnt mit der Aushändigung der Ernennungsurkunde.

(2) Die oder der Unabhängige Bundesbeauftragte für Antidiskriminierung leistet vor der Bundespräsidentin oder dem Bundespräsidenten folgenden Eid: „Ich schwöre, dass ich meine Kraft dem Wohl des deutschen Volkes widmen, seinen Nutzen mehren, Schaden von ihm wenden, das Grundgesetz und die Gesetze des Bundes wahren und verteidigen, meine Pflichten gewissenhaft erfüllen und Gerechtigkeit gegen jedermann üben werde. So wahr mir Gott helfe.“ Der Eid kann auch ohne religiöse Beteuerung geleistet werden.

(3) Das Amtsverhältnis endet
1. regulär mit dem Ablauf der Amtszeit oder
2. wenn die oder der Unabhängige Bundesbeauftragte für Antidiskriminierung vorzeitig aus dem Amt entlassen wird.

(4) Entlassen wird die oder der Unabhängige Bundesbeauftragte für Antidiskriminierung
1. auf eigenes Verlangen oder
2. auf Vorschlag der Bundesregierung, wenn die oder der Unabhängige Bundesbeauftragte für Antidiskriminierung eine schwere Verfehlung begangen hat oder die Voraussetzungen für die Wahrnehmung ihrer oder seiner Aufgaben nicht mehr erfüllt.

Die Entlassung erfolgt durch die Bundespräsidentin oder den Bundespräsidenten.

(5) Im Fall der Beendigung des Amtsverhältnisses vollzieht die Bundespräsidentin oder der Bundespräsident eine Urkunde. Die Entlassung wird mit der Aushändigung der Urkunde wirksam.

§ 26d
Unerlaubte Handlungen und Tätigkeiten der oder des Unabhängigen Bundesbeauftragten für Antidiskriminierung

(1) Die oder der Unabhängige Bundesbeauftragte für Antidiskriminierung darf keine Handlungen vornehmen, die mit den Aufgaben des Amtes nicht zu vereinbaren sind.

(2) Die oder der Unabhängige Bundesbeauftragte für Antidiskriminierung darf während der Amtszeit und während einer anschließenden Geschäftsführung keine anderen Tätigkeiten ausüben, die mit dem Amt nicht zu vereinbaren sind, unabhängig davon, ob es entgeltliche oder unentgeltliche Tätigkeiten sind. Insbesondere darf sie oder er
1. kein besoldetes Amt, kein Gewerbe und keinen Beruf ausüben,
2. nicht dem Vorstand, Aufsichtsrat oder Verwaltungsrat eines auf Erwerb gerichteten Unternehmens, nicht einer Regierung oder einer gesetzgebenden Körperschaft des Bundes oder eines Landes angehören und
3. nicht gegen Entgelt außergerichtliche Gutachten abgeben.

§ 26e
Verschwiegenheitspflicht der oder des Unabhängigen Bundesbeauftragten für Antidiskriminierung

(1) Die oder der Unabhängige Bundesbeauftragte für Antidiskriminierung ist verpflichtet, über die Angelegenheiten, die ihr oder ihm im Amt oder während einer anschließenden Geschäftsführung bekannt werden, Verschwiegenheit zu bewahren. Dies gilt nicht für Mitteilungen im dienstlichen Verkehr oder für Tatsachen, die offenkundig sind oder ihrer Bedeutung nach keiner Geheimhaltung bedürfen. Die oder der Unabhängige Bundesbeauftragte für Antidiskriminierung entscheidet nach pflichtgemäßem Ermessen, ob und inwieweit sie oder er über solche Angelegenheiten vor Gericht oder außergerichtlich aussagt oder Erklärungen abgibt.

(2) Die Pflicht zur Verschwiegenheit gilt auch nach Beendigung des Amtsverhältnisses oder nach Beendigung einer anschließenden Geschäftsführung. In Angelegenheiten, für die die Pflicht zur Verschwiegenheit gilt, darf vor Gericht oder außergerichtlich nur ausgesagt werden und dürfen Erklärungen nur abgegeben werden, wenn dies die oder der amtierende Unabhängige Bundesbeauftragte für Antidiskriminierung genehmigt hat.

(3) Unberührt bleibt die Pflicht, bei einer Gefährdung der freiheitlichen demokratischen Grundordnung für deren Erhaltung einzutreten und die gesetzlich begründete Pflicht, Straftaten anzuzeigen.

§ 26f
Zeugnisverweigerungsrecht der oder des Unabhängigen Bundesbeauftragten für Antidiskriminierung

(1) Die oder der Unabhängige Bundesbeauftragte für Antidiskriminierung ist berechtigt, über Personen, die ihr oder ihm in ihrer oder seiner Eigenschaft als Leitung der Antidiskriminierungsstelle des Bundes Tatsachen anvertraut haben, sowie über diese Tatsachen selbst das Zeugnis zu verweigern. Soweit das Zeugnisverweigerungsrecht der oder des Unabhängigen Bundesbeauftragten für Antidiskriminierung reicht, darf von ihr oder ihm nicht gefordert werden, Akten oder andere Dokumente vorzulegen oder herauszugeben.

(2) Das Zeugnisverweigerungsrecht gilt auch für die der oder dem Unabhängigen Bundesbeauftragten für Antidiskriminierung zugewiesenen Beschäftigten mit der Maßgabe, dass über die Ausübung dieses Rechts die oder der Unabhängige Bundesbeauftragte für Antidiskriminierung entscheidet.

§ 26g
Anspruch der oder des Unabhängigen Bundesbeauftragten für Antidiskriminierung auf Amtsbezüge, Versorgung und auf andere Leistungen

(1) Die oder der Unabhängige Bundesbeauftragte für Antidiskriminierung erhält Amtsbezüge entsprechend dem Grundgehalt der Besoldungsgruppe B 6 und den Familienzuschlag entsprechend den §§ 39 bis 41 des Bundesbesoldungsgesetzes.

(2) Der Anspruch auf die Amtsbezüge besteht für die Zeit vom ersten Tag des Monats, in dem das Amtsverhältnis beginnt, bis zum letzten Tag des Monats, in dem das Amtsverhältnis endet. Werden die Geschäfte über das Ende des Amtsverhältnisses hinaus noch bis zur Neuwahl weitergeführt, so besteht der Anspruch für die Zeit bis zum letzten Tag des Monats, in dem die Geschäftsführung endet. Bezieht die oder der Unabhängige Bundesbeauftragte für Antidiskriminierung für einen Zeitraum, für den sie oder er Amtsbezüge erhält, ein Einkommen aus einer Verwendung im öffentlichen Dienst, so ruht der Anspruch auf dieses Einkommen bis zur Höhe der Amtsbezüge. Die Amtsbezüge werden monatlich im Voraus gezahlt.

(3) Für Ansprüche auf Beihilfe und Versorgung gelten § 12 Absatz 6, die §§ 13 bis 18 und 20 des Bundesministergesetzes entsprechend mit der Maßgabe, dass an die Stelle der vierjährigen Amtszeit in § 15 Absatz 1 des Bundesministergesetzes eine Amtszeit als Unabhängige Bundesbeauftragte oder Unabhängiger Bundesbeauftragter für Antidiskriminierung von fünf Jahren tritt. Ein Anspruch auf Übergangsgeld besteht längstens bis zum Ablauf des Monats, in dem die für Bundesbeamtinnen und Bundesbeamte geltende Regelaltersgrenze nach § 51 Absatz 1 und 2 des Bundesbeamtengesetzes vollendet wird. Ist § 18 Absatz 2 des Bundesministergesetzes nicht anzuwenden, weil das Beamtenverhältnis einer Bundesbeamtin oder eines Bundesbeamten nach Beendigung des Amtsverhältnisses als Unabhängige Bundesbeauftragte oder Unabhängiger Bundesbeauftragter für Antidiskriminierung fortgesetzt wird, dann ist die Amtszeit als Unabhängige Bundesbeauftragte oder Unabhängiger Bundesbeauftragter für Antidiskriminierung bei der wegen Eintritt oder Versetzung der Bundesbeamtin oder des Bundesbeamten in den Ruhestand durchzuführenden Festsetzung des Ruhegehalts als ruhegehaltfähige Dienstzeit zu berücksichtigen.

(4) Die oder der Unabhängige Bundesbeauftragte für Antidiskriminierung erhält Reisekostenvergütung und Umzugskostenvergütung entsprechend den für Bundesbeamtinnen und Bundesbeamte geltenden Vorschriften.

§ 26h
Verwendung der Geschenke an die Unabhängige Bundesbeauftragte oder den Unabhängigen Bundesbeauftragten für Antidiskriminierung

(1) Erhält die oder der Unabhängige Bundesbeauftragte für Antidiskriminierung ein Geschenk in Bezug auf das Amt, so muss sie oder er dies der Präsidentin oder dem Präsidenten des Deutschen Bundestages mitteilen.

(2) Die Präsidentin oder der Präsident des Deutschen Bundestages entscheidet über die Verwendung des Geschenks. Sie oder er kann Verfahrensvorschriften erlassen.

§ 26i
Berufsbeschränkung

Die oder der Unabhängige Bundesbeauftragte für Antidiskriminierung ist verpflichtet, eine beabsichtigte Erwerbstätigkeit oder sonstige entgeltliche Beschäftigung außerhalb des öffentlichen Dienstes, die innerhalb der ersten 18 Monate nach dem Ende der Amtszeit oder einer anschließenden Geschäftsführung aufgenommen werden soll, schriftlich oder elektronisch gegenüber der Präsidentin oder dem Präsidenten des Deutschen Bundestages anzuzeigen. Die Präsidentin oder der Präsident des Deutschen Bundestages kann der oder dem Unabhängigen Bundesbeauftragten für Antidiskriminierung die beabsichtigte Erwerbstätigkeit oder sonstige entgeltliche Beschäftigung untersagen, soweit zu besorgen ist, dass öffentliche Interessen beeinträchtigt werden. Von einer Beeinträchtigung ist insbesondere dann auszugehen, wenn die beabsichtigte Erwerbstätigkeit oder sonstige entgeltliche Beschäftigung in Angelegenheiten oder Bereichen ausgeführt werden soll, in denen die oder der Unabhängige Bundesbeauftragte für Antidiskriminierung während der Amtszeit oder einer anschließenden Geschäftsführung tätig war. Eine Untersagung soll in der Regel die Dauer von einem Jahr nach dem Ende der Amtszeit oder einer anschließenden Geschäftsführung nicht überschreiten. In Fällen der schweren Beeinträchtigung öffentlicher Interessen kann eine Untersagung auch für die Dauer von bis zu 18 Monaten ausgesprochen werden.

§ 27
Aufgaben der Antidiskriminierungsstelle des Bundes

(1) Wer der Ansicht ist, wegen eines in § 1 genannten Grundes benachteiligt worden zu sein, kann sich an die Antidiskriminierungsstelle des Bundes wenden. An die Antidiskriminierungsstelle des Bundes können sich auch Beschäftigte wenden, die der Ansicht sind, benachteiligt worden zu sein auf Grund
   1. der Beantragung oder Inanspruchnahme einer Freistellung von der Arbeitsleistung oder der Anpassung der Arbeitszeit als Eltern oder pflegende Angehörige nach dem Bundeselterngeld- und Elternzeitgesetz, dem Pflegezeitgesetz oder dem Familienpflegezeitgesetz,
   2. des Fernbleibens von der Arbeit nach § 2 des Pflegezeitgesetzes oder
   3. der Verweigerung ihrer persönlich zu erbringenden Arbeitsleistung aus dringenden familiären Gründen nach § 275 Absatz 3 des Bürgerlichen Gesetzbuchs, wenn eine Erkrankung oder ein Unfall ihre unmittelbare Anwesenheit erforderten.

(2) Die Antidiskriminierungsstelle des Bundes unterstützt auf unabhängige Weise Personen, die sich nach Absatz 1 an sie wenden, bei der Durchsetzung ihrer Rechte zum Schutz vor Benachteiligungen. Hierbei kann sie insbesondere
   1. über Ansprüche und die Möglichkeiten des rechtlichen Vorgehens im Rahmen gesetzlicher Regelungen zum Schutz vor Benachteiligungen informieren,
   2. Beratung durch andere Stellen vermitteln,
   3. eine gütliche Beilegung zwischen den Beteiligten anstreben.

   Soweit Beauftragte des Deutschen Bundestages oder der Bundesregierung zuständig sind, leitet die Antidiskriminierungsstelle des Bundes die Anliegen der in Absatz 1 genannten Personen mit deren Einverständnis unverzüglich an diese weiter.

(3) Die Antidiskriminierungsstelle des Bundes nimmt auf unabhängige Weise folgende Aufgaben wahr, soweit nicht die Zuständigkeit der Beauftragten der Bundesregierung oder des Deutschen Bundestages berührt ist:

1. Öffentlichkeitsarbeit,
2. Maßnahmen zur Verhinderung von Benachteiligungen aus den in § 1 genannten Gründen sowie von Benachteiligungen von Beschäftigten gemäß Absatz 1 Satz 2,
3. Durchführung wissenschaftlicher Untersuchungen zu diesen Benachteiligungen.

(4) Die Antidiskriminierungsstelle des Bundes und die in ihrem Zuständigkeitsbereich betroffenen Beauftragten der Bundesregierung und des Deutschen Bundestages legen gemeinsam dem Deutschen Bundestag alle vier Jahre Berichte über Benachteiligungen aus den in § 1 genannten Gründen sowie über Benachteiligungen von Beschäftigten gemäß Absatz 1 Satz 2 vor und geben Empfehlungen zur Beseitigung und Vermeidung dieser Benachteiligungen. Sie können gemeinsam wissenschaftliche Untersuchungen zu Benachteiligungen durchführen.

(5) Die Antidiskriminierungsstelle des Bundes und die in ihrem Zuständigkeitsbereich betroffenen Beauftragten der Bundesregierung und des Deutschen Bundestages sollen bei Benachteiligungen aus mehreren der in § 1 genannten Gründe zusammenarbeiten.

§ 28
Amtsbefugnisse der oder des Unabhängigen Bundesbeauftragten für Antidiskriminierung und Pflicht zur Unterstützung durch Bundesbehörden und öffentliche Stellen des Bundes

(1) Die oder der Unabhängige Bundesbeauftragte für Antidiskriminierung ist bei allen Vorhaben, die ihre oder seine Aufgaben berühren, zu beteiligen. Die Beteiligung soll möglichst frühzeitig erfolgen. Sie oder er kann der Bundesregierung Vorschläge machen und Stellungnahmen zuleiten.

(2) Die oder der Unabhängige Bundesbeauftragte für Antidiskriminierung informiert die Bundesministerien – vorbehaltlich anderweitiger gesetzlicher Bestimmungen – frühzeitig in Angelegenheiten von grundsätzlicher politischer Bedeutung, soweit Aufgaben der Bundesministerien betroffen sind.

(3) In den Fällen, in denen sich eine Person wegen einer Benachteiligung an die Antidiskriminierungsstelle des Bundes gewandt hat und die Antidiskriminierungsstelle des Bundes die gütliche Beilegung zwischen den Beteiligten anstrebt, kann die oder der Unabhängige Bundesbeauftragte für Antidiskriminierung Beteiligte um Stellungnahmen ersuchen, soweit die Person, die sich an die Antidiskriminierungsstelle des Bundes gewandt hat, hierzu ihr Einverständnis erklärt.

(4) Alle Bundesministerien, sonstigen Bundesbehörden und öffentlichen Stellen im Bereich des Bundes sind verpflichtet, die Unabhängige Bundesbeauftragte oder den Unabhängigen Bundesbeauftragten für Antidiskriminierung bei der Erfüllung der Aufgaben zu unterstützen, insbesondere die erforderlichen Auskünfte zu erteilen.

§ 29
Zusammenarbeit der Antidiskriminierungsstelle des Bundes mit Nichtregierungsorganisationen und anderen Einrichtungen

Die Antidiskriminierungsstelle des Bundes soll bei ihrer Tätigkeit Nichtregierungsorganisationen sowie Einrichtungen, die auf europäischer, Bundes-, Landes- oder regionaler Ebene zum Schutz vor Benachteiligungen wegen eines in § 1 genannten Grundes tätig sind, in geeigneter Form einbeziehen.

§ 30
Beirat der Antidiskriminierungsstelle des Bundes

(1) Zur Förderung des Dialogs mit gesellschaftlichen Gruppen und Organisationen, die sich den Schutz vor Benachteiligungen wegen eines in § 1 genannten Grundes zum Ziel gesetzt haben, wird der Antidiskriminierungsstelle des Bundes ein Beirat beigeordnet. Der Beirat berät die Antidiskriminierungsstelle des Bundes bei der Vorlage von Berichten und Empfehlungen an den Deutschen Bundestag nach § 27 Abs. 4 und kann hierzu sowie zu wissenschaftlichen Untersuchungen nach § 27 Abs. 3 Nr. 3 eigene Vorschläge unterbreiten.

(2) Das Bundesministerium für Familie, Senioren, Frauen und Jugend beruft im Einvernehmen mit der oder dem Unabhängigen Bundesbeauftragten für Antidiskriminierung sowie den entsprechend zuständigen Beauftragten der Bundesregierung oder des Deutschen Bundestages die Mitglieder dieses Beirats und für jedes Mitglied eine Stellvertretung. In den Beirat sollen Vertreterinnen und Vertreter gesellschaftlicher Gruppen und Organisationen sowie Expertinnen und Experten in Benachteiligungsfragen berufen werden. Die Gesamtzahl der Mitglieder des Beirats soll 16 Personen nicht überschreiten. Der Beirat soll zu gleichen Teilen mit Frauen und Männern besetzt sein.

(3) Der Beirat gibt sich eine Geschäftsordnung, die der Zustimmung des Bundesministeriums für Familie, Senioren, Frauen und Jugend bedarf.

(4) Die Mitglieder des Beirats üben die Tätigkeit nach diesem Gesetz ehrenamtlich aus. Sie haben Anspruch auf Aufwandsentschädigung sowie Reisekostenvergütung, Tagegelder und Übernachtungsgelder. Näheres regelt die Geschäftsordnung.

Abschnitt 7
Schlussvorschriften

§ 31
Unabdingbarkeit

Von den Vorschriften dieses Gesetzes kann nicht zu Ungunsten der geschützten Personen abgewichen werden.

§ 32
Schlussbestimmung

Soweit in diesem Gesetz nicht Abweichendes bestimmt ist, gelten die allgemeinen Bestimmungen.

§ 33
Übergangsbestimmungen

(1) Bei Benachteiligungen nach den §§ 611a, 611b und 612 Abs. 3 des Bürgerlichen Gesetzbuchs oder sexuellen Belästigungen nach dem Beschäftigtenschutzgesetz ist das vor dem 18. August 2006 maßgebliche Recht anzuwenden.

(2) Bei Benachteiligungen aus Gründen der Rasse oder wegen der ethnischen Herkunft sind die §§ 19 bis 21 nicht auf Schuldverhältnisse anzuwenden, die vor dem 18. Au-

gust 2006 begründet worden sind. Satz 1 gilt nicht für spätere Änderungen von Dauerschuldverhältnissen.

(3) Bei Benachteiligungen wegen des Geschlechts, der Religion, einer Behinderung, des Alters oder der sexuellen Identität sind die §§ 19 bis 21 nicht auf Schuldverhältnisse anzuwenden, die vor dem 1. Dezember 2006 begründet worden sind. Satz 1 gilt nicht für spätere Änderungen von Dauerschuldverhältnissen.

(4) Auf Schuldverhältnisse, die eine privatrechtliche Versicherung zum Gegenstand haben, ist § 19 Abs. 1 nicht anzuwenden, wenn diese vor dem 22. Dezember 2007 begründet worden sind. Satz 1 gilt nicht für spätere Änderungen solcher Schuldverhältnisse.

(5) Bei Versicherungsverhältnissen, die vor dem 21. Dezember 2012 begründet werden, ist eine unterschiedliche Behandlung wegen des Geschlechts im Falle des § 19 Absatz 1 Nummer 2 bei den Prämien oder Leistungen nur zulässig, wenn dessen Berücksichtigung bei einer auf relevanten und genauen versicherungsmathematischen und statistischen Daten beruhenden Risikobewertung ein bestimmender Faktor ist. Kosten im Zusammenhang mit Schwangerschaft und Mutterschaft dürfen auf keinen Fall zu unterschiedlichen Prämien oder Leistungen führen.

XII. Bundes-Klimaschutzgesetz (KSG)

Bundes-Klimaschutzgesetz (KSG)

Ausfertigungsdatum: 12.12.2019

Vollzitat:

„Bundes-Klimaschutzgesetz vom 12. Dezember 2019 (BGBl. I S. 2513), das durch Artikel 1 des Gesetzes vom 18. August 2021 (BGBl. I S. 3905) geändert worden ist“

Das G wurde als Artikel 1 des G v. 12.12.2019 I 2513 vom Bundestag beschlossen. Es ist gem. Art. 4 dieses G am 18.12.2019 in Kraft getreten.

Abschnitt 1
Allgemeine Vorschriften

§ 1
Zweck des Gesetzes

Zweck dieses Gesetzes ist es, zum Schutz vor den Auswirkungen des weltweiten Klimawandels die Erfüllung der nationalen Klimaschutzziele sowie die Einhaltung der europäischen Zielvorgaben zu gewährleisten. Die ökologischen, sozialen und ökonomischen Folgen werden berücksichtigt. Grundlage bildet die Verpflichtung nach dem Übereinkommen von Paris aufgrund der Klimarahmenkonvention der Vereinten Nationen, wonach der Anstieg der globalen Durchschnittstemperatur auf deutlich unter 2 Grad Celsius und möglichst auf 1,5 Grad Celsius gegenüber dem vorindustriellen Niveau zu begrenzen ist, um die Auswirkungen des weltweiten Klimawandels so gering wie möglich zu halten.

§ 2
Begriffsbestimmungen

Im Sinne dieses Gesetz ist oder sind:

1. Treibhausgase: Kohlendioxid (CO_2), Methan (CH_4), Distickstoffoxid (N_2O), Schwefelhexafluorid (SF_6), Stickstofftrifluorid (NF_3) sowie teilfluorierte Kohlenwasserstoffe (HFKW) und perfluorierte Kohlenwasserstoffe (PFKW) gemäß Anhang V Teil 2 der Europäischen Governance-Verordnung in der jeweils geltenden Fassung;
2. Treibhausgasemissionen: die anthropogene Freisetzung von Treibhausgasen in Tonnen Kohlendioxidäquivalent, wobei eine Tonne Kohlendioxidäquivalent eine Tonne Kohlendioxid oder die Menge eines anderen Treibhausgases ist, die in ihrem Potenzial zur Erwärmung der Atmosphäre einer Tonne Kohlendioxid entspricht; das Potenzial richtet sich nach der Delegierten Verordnung (EU) Nr. 666/2014 der Kommission vom 12. März 2014 über die grundlegenden Anforderungen an ein Inventarsystem der Union und zur Berücksichtigung von Veränderungen der Treibhauspotenziale und der international vereinbarten Inventarleitlinien gemäß der Verordnung (EU) Nr. 525/2013 des Europäischen Parlaments und des Rates (ABl. L 179 vom 19.6.2014, S. 26) oder nach einer aufgrund von Artikel 26 Absatz 6 Buchstabe b der Europäischen Governance-Verordnung erlassenen Nachfolgeregelung;
3. Europäische Governance-Verordnung: die Verordnung (EU) 2018/1999 des Europäischen Parlaments und des Rates vom 11. Dezember 2018 über das Governance-System für die Energieunion und für den Klimaschutz, zur Änderung der Verord-

nungen (EG) Nr. 663/2009 und (EG) Nr. 715/2009 des Europäischen Parlaments und des Rates, der Richtlinien 94/22/EG, 98/70/EG, 2009/31/EG, 2009/73/EG, 2010/31/EU, 2012/27/EU und 2013/30/EU des Europäischen Parlaments und des Rates, der Richtlinien 2009/119/EG und (EU) 2015/652 des Rates und zur Aufhebung der Verordnung (EU) Nr. 525/2013 des Europäischen Parlaments und des Rates (ABl. L 328 vom 21.12.2018, S. 1), die durch den Beschluss (EU) 2019/504 (ABl. L 85 I vom 27.3.2019, S. 66) geändert worden ist;

4. Europäische Klimaschutzverordnung: die Verordnung (EU) 2018/842 des Europäischen Parlaments und des Rates vom 30. Mai 2018 zur Festlegung verbindlicher nationaler Jahresziele für die Reduzierung der Treibhausgasemissionen im Zeitraum 2021 bis 2030 als Beitrag zu Klimaschutzmaßnahmen zwecks Erfüllung der Verpflichtungen aus dem Übereinkommen von Paris sowie zur Änderung der Verordnung (EU) Nr. 525/2013 (ABl. L 156 vom 19.6.2018, S. 26);
5. Europäische Klimaberichterstattungsverordnung: die Durchführungsverordnung (EU) Nr. 749/2014 der Kommission vom 30. Juni 2014 über die Struktur, das Format, die Verfahren der Vorlage und die Überprüfung der von den Mitgliedstaaten gemäß der Verordnung (EU) Nr. 525/2013 des Europäischen Parlaments und des Rates gemeldeten Informationen (ABl. L 203 vom 11.7.2014, S. 23);
6. Übereinkommen von Paris: das von den Vertragsstaaten der Klimarahmenkonvention der Vereinten Nationen unterzeichnete und mit Gesetz vom 28. September 2016 ratifizierte Übereinkommen von Paris vom 12. Dezember 2015 (BGBl. 2016 II S. 1082, 1083);
7. Klimaschutzplan: die deutsche Langfriststrategie nach dem Übereinkommen von Paris und nach Artikel 15 der Europäischen Governance-Verordnung;
8. Landnutzung, Landnutzungsänderung und Forstwirtschaft: der in Anlage 1 Nummer 7 definierte Sektor Landnutzung, Landnutzungsänderung und Forstwirtschaft; für diesen Sektor sind § 3 Absatz 1 und die §§ 4, 7 und 8 nicht anzuwenden.
9. Netto-Treibhausgasneutralität: das Gleichgewicht zwischen den anthropogenen Emissionen von Treibhausgasen aus Quellen und dem Abbau solcher Gase durch Senken.

Abschnitt 2
Klimaschutzziele und Jahresemissionsmengen

§ 3
Nationale Klimaschutzziele

(1) Die Treibhausgasemissionen werden im Vergleich zum Jahr 1990 schrittweise wie folgt gemindert:
   1. bis zum Jahr 2030 um mindestens 65 Prozent,
   2. bis zum Jahr 2040 um mindestens 88 Prozent.

(2) Bis zum Jahr 2045 werden die Treibhausgasemissionen so weit gemindert, dass Netto-Treibhausgasneutralität erreicht wird. Nach dem Jahr 2050 sollen negative Treibhausgasemissionen erreicht werden.

(3) Die Möglichkeit, die nationalen Klimaschutzziele teilweise im Rahmen von staatenübergreifenden Mechanismen zur Minderung von Treibhausgasemissionen zu erreichen, bleibt unberührt.

(4) Sollten zur Erfüllung europäischer oder internationaler Klimaschutzziele höhere nationale Klimaschutzziele erforderlich werden, so leitet die Bundesregierung die zur Erhöhung der Zielwerte nach Absatz 1 notwendigen Schritte ein. Klimaschutzziele können erhöht, aber nicht abgesenkt werden.

§ 3a
Beitrag des Sektors Landnutzung, Landnutzungsänderung und Forstwirtschaft

(1) Der Beitrag des Sektors Landnutzung, Landnutzungsänderung und Forstwirtschaft zum Klimaschutz soll gestärkt werden. Der Mittelwert der jährlichen Emissionsbilanzen des jeweiligen Zieljahres und der drei vorhergehenden Kalenderjahre des Sektors Landnutzung, Landnutzungsänderung und Forstwirtschaft soll wie folgt verbessert werden:
1. auf mindestens minus 25 Millionen Tonnen Kohlendioxidäquivalent bis zum Jahr 2030,
2. auf mindestens minus 35 Millionen Tonnen Kohlendioxidäquivalent bis zum Jahr 2040,
3. auf mindestens minus 40 Millionen Tonnen Kohlendioxidäquivalent bis zum Jahr 2045.

Grundlage für die Emissionsbilanzen sind die Daten nach § 5 Absatz 2 Nummer 3.

(2) Für die Einhaltung der Ziele nach Absatz 1 ist das aufgrund seines Geschäftsbereichs für den Sektor Landnutzung, Landnutzungsänderung und Forstwirtschaft überwiegend zuständige Bundesministerium verantwortlich. Es hat die Aufgabe, die für die Einhaltung der Ziele nach Absatz 1 erforderlichen nationalen Maßnahmen vorzulegen und umzusetzen. § 4 Absatz 4 Satz 3 und 4 gilt entsprechend.

(3) Die Bundesregierung wird ermächtigt, durch Rechtsverordnung, die nicht der Zustimmung des Bundesrates bedarf,
1. die Anrechnung und Verbuchung gemäß unionsrechtlicher Vorgaben zu regeln,
2. den Umgang mit und die Anrechenbarkeit von natürlichen Störungen zu regeln,
3. nähere Bestimmungen zu den Methoden und Grundlagen für die umfassende Berichterstattung über Treibhausgasemissionen und den Abbau von Kohlendioxid im Sektor Landnutzung, Landnutzungsänderung und Forstwirtschaft, insbesondere zur Erstellung der jährlichen Emissionsbilanzen nach Absatz 1, zu erlassen, und
4. nähere Bestimmungen zur Erhebung, Nutzung und Auswertung von Daten der Fernerkundung, insbesondere mittels satellitengestützter Systeme, für die Treibhausgas-Berichterstattung für den Sektor Landnutzung, Landnutzungsänderung und Forstwirtschaft zu erlassen.

§ 4
Zulässige Jahresemissionsmengen und jährliche Minderungsziele, Verordnungsermächtigung

(1) Zur Erreichung der nationalen Klimaschutzziele nach § 3 Absatz 1 werden jährliche Minderungsziele durch die Vorgabe von Jahresemissionsmengen für die folgenden Sektoren festgelegt:
1. Energiewirtschaft,

2. Industrie,
3. Verkehr,
4. Gebäude,
5. Landwirtschaft,
6. Abfallwirtschaft und Sonstiges.

Die Emissionsquellen der einzelnen Sektoren und deren Abgrenzung ergeben sich aus Anlage 1. Die Jahresemissionsmengen für den Zeitraum bis zum Jahr 2030 richten sich nach Anlage 2. Im Sektor Energiewirtschaft sinken die Treibhausgasemissionen zwischen den angegebenen Jahresemissionsmengen möglichst stetig. Die Bundesregierung wird die in Anlage 2 festgelegten zulässigen Jahresemissionsmengen im Lichte möglicher Änderungen der Europäischen Klimaschutzverordnung und der Europäischen Emissionshandelsrichtlinie zur Umsetzung des erhöhten Klimaziels der Europäischen Union für das Jahr 2030 überprüfen und spätestens sechs Monate nach deren Inkrafttreten einen Gesetzgebungsvorschlag zur Anpassung der zulässigen Jahresemissionsmengen in Anlage 2 vorlegen, soweit dies erforderlich erscheint. Die jährlichen Minderungsziele für die Jahre 2031 bis 2040 richten sich nach Anlage 3. Spätestens im Jahr 2032 legt die Bundesregierung einen Gesetzgebungsvorschlag zur Festlegung der jährlichen Minderungsziele für die Jahre 2041 bis 2045 vor. Die Aufteilung der jährlichen Minderungsziele in zulässige Jahresemissionsmengen für die einzelnen Sektoren für die Jahre 2031 bis 2045 erfolgt durch Rechtsverordnung gemäß Absatz 6. Die Jahresemissionsmengen und jährlichen Minderungsziele sind verbindlich, soweit dieses Gesetz auf sie Bezug nimmt. Subjektive Rechte und klagbare Rechtspositionen werden durch dieses Gesetz oder aufgrund dieses Gesetzes nicht begründet.

(2) Die Bundesregierung wird ermächtigt, durch Rechtsverordnung, die nicht der Zustimmung des Bundesrates bedarf, die Zuordnung von Emissionsquellen zu den Sektoren in Anlage 1 zu ändern, sofern dies zur Sicherstellung der einheitlichen internationalen Berichterstattung über Treibhausgasemissionen erforderlich ist und unionsrechtliche Vorgaben nicht entgegenstehen.

(3) Über- oder unterschreiten die Treibhausgasemissionen ab dem Jahr 2021 in einem Sektor die jeweils zulässige Jahresemissionsmenge, so wird die Differenzmenge auf die verbleibenden Jahresemissionsmengen des Sektors bis zum nächsten in § 3 Absatz 1 genannten Zieljahr gleichmäßig angerechnet. Die Vorgaben der Europäischen Klimaschutzverordnung bleiben unberührt.

(4) Für die Einhaltung der Jahresemissionsmengen ist das aufgrund seines Geschäftsbereichs für einen Sektor überwiegend zuständige Bundesministerium verantwortlich. Es hat die Aufgabe, die für die Einhaltung erforderlichen nationalen Maßnahmen zu veranlassen, insbesondere die Maßnahmen nach den §§ 8 und 9 vorzulegen und umzusetzen. Die Zuständigkeitsverteilung innerhalb der Bundesregierung bleibt unberührt. Die Bundesregierung kann bei Überschneidungen zwischen den Zuständigkeiten einzelner Bundesministerien nach Satz 1, insbesondere in Ansehung der Klimaschutzprogramme nach § 9, die Verantwortlichkeit nach Satz 1 zuweisen.

(5) Die Bundesregierung wird ermächtigt, durch Rechtsverordnung ohne Zustimmung des Bundesrates die Jahresemissionsmengen der Sektoren in Anlage 2 mit Wirkung zum Beginn des jeweils nächsten Kalenderjahres zu ändern. Diese Veränderungen müssen im Einklang mit der Erreichung der Klimaschutzziele dieses Gesetzes und mit den unionsrechtlichen Anforderungen stehen. Die Rechtsverordnung bedarf der Zustimmung des Deutschen Bundestages. Hat sich der Deutsche Bundestag nach

Ablauf von drei Sitzungswochen seit Eingang der Rechtsverordnung nicht mit ihr befasst, gilt seine Zustimmung zu der unveränderten Rechtsverordnung als erteilt.

(6) Durch Rechtsverordnung legt die Bundesregierung die jährlich in grundsätzlich gleichmäßigen Schritten absinkenden zulässigen Jahresemissionsmengen der einzelnen Sektoren im Jahr 2024 für die Jahre 2031 bis 2040 und im Jahr 2034 für die Jahre 2041 bis 2045 fest. Diese Jahresemissionsmengen müssen im Einklang stehen mit der Erreichung der nationalen Klimaschutzziele dieses Gesetzes, mit den jährlichen Minderungszielen gemäß Absatz 1 Satz 6 und 7 und den unionsrechtlichen Anforderungen. Dabei ist sicherzustellen, dass in jedem Sektor deutliche Reduzierungen der Treibhausgase erreicht werden. Die zulässigen Jahresemissionsmengen gelten, soweit nicht auf der Grundlage des § 4 Absatz 7 eine abweichende Reglung getroffen wird. Rechtsverordnungen nach Satz 1 bedürfen der Zustimmung des Deutschen Bundestages. Hat sich der Deutsche Bundestag nach Ablauf von sechs Sitzungswochen seit Eingang der Rechtsverordnung nicht mit ihr befasst, gilt seine Zustimmung zu der unveränderten Rechtsverordnung als erteilt.

(7) Die Bundesregierung wird dem Deutschen Bundestag im Jahr 2028 einen Bericht zum Stand und zur weiteren Entwicklung der CO_2-Bepreisung innerhalb der Europäischen Union sowie zu technischen Entwicklungen vorlegen. In dem Bericht wird die Bundesregierung auch untersuchen, ob in der Zeit ab dem Jahr 2031 im Lichte dieser Entwicklungen auf die Zuweisung von zulässigen Jahresemissionsmengen für einzelne Sektoren verzichtet werden kann. In diesem Fall legt die Bundesregierung einen entsprechenden Gesetzgebungsvorschlag vor.

§ 5
Emissionsdaten, Verordnungsermächtigung

(1) Das Umweltbundesamt erstellt die Daten der Treibhausgasemissionen in den Sektoren nach Anlage 1 (Emissionsdaten) für das zurückliegende Kalenderjahr (Berichtsjahr), beginnend mit dem Berichtsjahr 2020 auf der Grundlage der methodischen Vorgaben der Europäischen Klimaberichterstattungsverordnung oder auf der Grundlage einer nach Artikel 26 der Europäischen Governance-Verordnung erlassenen Nachfolgeregelung. Das Umweltbundesamt veröffentlicht und übersendet bis zum 15. März eines jeden Jahres die Emissionsdaten des Berichtsjahres an den Expertenrat für Klimafragen nach § 10.

(2) Ab dem Berichtsjahr 2021 wird zusätzlich zu den Emissionsdaten Folgendes dargestellt:
1. für das jeweilige Berichtsjahr die Angabe für jeden Sektor, ob die Emissionsdaten die Jahresemissionsmengen nach Anlage 2 über- oder unterschreiten,
2. die Jahresemissionsmengen der einzelnen Sektoren für die auf das Berichtsjahr folgenden Jahre gemäß § 4 Absatz 3,
3. für den Sektor Landnutzung, Landnutzungsänderung und Forstwirtschaft auch Quellen und Senken von Treibhausgasen,
4. ein Anhang, in dem die an die Europäische Kommission übermittelten Emissionsdaten der Vorjahre ab dem Berichtsjahr 2020 beigefügt sind und in dem diejenigen Emissionsanteile der Sektoren separat ausgewiesen werden, die der Europäischen Klimaschutzverordnung unterliegen.

(3) Das Umweltbundesamt darf die zur Erfüllung der Aufgaben nach den Absätzen 1 und 2 erforderlichen Daten erheben. Die Erhebung der Daten von natürlichen und juristischen Personen des privaten und öffentlichen Rechts sowie von Personenverei-

nigungen ist ausgeschlossen, soweit diese Daten bereits auf der Grundlage sonstiger Rechtsvorschriften gegenüber Behörden des Bundes oder der Länder mitgeteilt wurden oder werden. Dem Umweltbundesamt wird jedoch insoweit Zugang zu diesen Daten eingeräumt, als die Erhebung der Daten zur Erfüllung der Aufgaben gemäß Absatz 1 erforderlich ist. Dies gilt auch, wenn die Daten für andere Zwecke erhoben wurden.

(4) Die Bundesregierung kann durch Rechtsverordnung, die nicht der Zustimmung des Bundesrates bedarf,
1. die Verantwortlichkeit für die Ermittlung und die Mitteilung der Daten festlegen,
2. bestimmen, welche Daten ermittelt und mitgeteilt werden müssen,
3. Anforderungen an die Ermittlung und die Mitteilung der Daten festlegen sowie
4. das Verfahren für die Ermittlung und die Mitteilung der Daten regeln.

§ 6
Bußgeldvorschriften

(1) Ordnungswidrig handelt, wer vorsätzlich oder fahrlässig einer Rechtsverordnung nach § 5 Absatz 4 oder einer vollziehbaren Anordnung aufgrund einer solchen Rechtsverordnung zuwiderhandelt, soweit die Rechtsverordnung für einen bestimmten Tatbestand auf diese Bußgeldvorschrift verweist.

(2) Die Ordnungswidrigkeit kann mit einer Geldbuße bis zu fünfzigtausend Euro geahndet werden.

§ 7
Durchführungsvorschriften zur Europäischen Klimaschutzverordnung

(1) Der Ankauf von Emissionszuweisungen zur Erfüllung der Pflichten nach der Europäischen Klimaschutzverordnung wird zentral durch das für die Durchführung der Europäischen Klimaschutzverordnung zuständige Bundesministerium nach Maßgabe der im Bundeshaushalt zur Verfügung stehenden Mittel durchgeführt. Beim Ankauf von Emissionszuweisungen hat das Bundesministerium nach Satz 1 darauf zu achten, dass der Verkäuferstaat zusichert, die erzielten Einnahmen für die Bekämpfung des Klimawandels zu verwenden.

(2) Die Bundesregierung legt dem Deutschen Bundestag und dem Bundesrat zusammen mit dem Entwurf des Bundeshaushaltsplans eine zahlenmäßige Übersicht vor, die insbesondere Folgendes enthält:
1. eine Übersicht über die Einhaltung und die Über- oder Unterschreitungen der Jahresemissionsmengen der Sektoren nach Anlage 2 im jeweils zurückliegenden Kalenderjahr und seit dem Jahr 2021,
2. eine Übersicht über die nach der Europäischen Klimaschutzverordnung zur Verfügung stehenden Emissionszuweisungen im Haushaltsjahr und
3. die Anzahl der im zurückliegenden Kalenderjahr erworbenen Emissionszuweisungen und die Anzahl der seit dem Jahr 2021 insgesamt erworbenen Emissionszuweisungen.

Darüber hinaus ist eine Übersicht der aufgewendeten Haushaltsmittel für den Erwerb beizufügen.

§ 8
Sofortprogramm bei Überschreitung der Jahresemissionsmengen

(1) Weisen die Emissionsdaten nach § 5 Absatz 1 und 2 eine Überschreitung der zulässigen Jahresemissionsmenge für einen Sektor in einem Berichtsjahr aus, so legt das nach § 4 Absatz 4 zuständige Bundesministerium der Bundesregierung innerhalb von drei Monaten nach der Vorlage der Bewertung der Emissionsdaten durch den Expertenrat für Klimafragen nach § 11 Absatz 1 ein Sofortprogramm für den jeweiligen Sektor vor, das die Einhaltung der Jahresemissionsmengen des Sektors für die folgenden Jahre sicherstellt.

(2) Die Bundesregierung berät über die zu ergreifenden Maßnahmen im betroffenen Sektor oder in anderen Sektoren oder über sektorübergreifende Maßnahmen und beschließt diese schnellstmöglich. Dabei kann sie die bestehenden Spielräume der Europäischen Klimaschutzverordnung berücksichtigen und die Jahresemissionsmengen der Sektoren gemäß § 4 Absatz 5 ändern. Vor Erstellung der Beschlussvorlage über die Maßnahmen sind dem Expertenrat für Klimafragen die den Maßnahmen zugrunde gelegten Annahmen zur Treibhausgasreduktion zur Prüfung zu übermitteln. Das Prüfungsergebnis wird der Beschlussvorlage beigefügt.

(3) Die Bundesregierung unterrichtet den Deutschen Bundestag über die beschlossenen Maßnahmen.

(4) Für den Sektor Energiewirtschaft sind die Absätze 1 bis 3 beginnend mit dem Berichtsjahr 2023 im Turnus von drei Jahren entsprechend anzuwenden.

Abschnitt 3
Klimaschutzplanung

§ 9
Klimaschutzprogramme

(1) Die Bundesregierung beschließt mindestens nach jeder Fortschreibung des Klimaschutzplans ein Klimaschutzprogramm; darüber hinaus wird bei Zielverfehlungen eine Aktualisierung des bestehenden Klimaschutzprogramms um Maßnahmen nach § 8 Absatz 2 vorgenommen. In jedem Klimaschutzprogramm legt die Bundesregierung unter Berücksichtigung des jeweils aktuellen Klimaschutz-Projektionsberichts nach § 10 Absatz 2 fest, welche Maßnahmen sie zur Erreichung der nationalen Klimaschutzziele in den einzelnen Sektoren ergreifen wird. Maßgeblich für die Maßnahmen nach Satz 2 ist die Einhaltung der nach § 4 festgelegten zulässigen Jahresemissionsmengen. Zudem legt die Bundesregierung fest, welche Maßnahmen sie zur Erreichung der Ziele nach § 3a ergreifen wird.

(2) Das Klimaschutzprogramm wird spätestens im Kalenderjahr nach der Fortschreibung des Klimaschutzplans beschlossen. Die nach § 4 Absatz 4 für die Sektoren zuständigen Bundesministerien schlagen innerhalb von sechs Monaten nach Fortschreibung des Klimaschutzplans Maßnahmen vor, die geeignet sind, die in den jeweiligen Sektoren erforderlichen zusätzlichen Treibhausgasminderungen zu erzielen. Die Maßnahmenvorschläge enthalten neben wissenschaftlichen Abschätzungen zu den voraussichtlichen Treibhausgasminderungswirkungen auch wissenschaftliche Abschätzungen zu möglichen ökonomischen, sozialen und weiteren ökologischen Folgen. Diese Abschätzungen schließen soweit möglich auch Auswirkungen auf die

Beschäftigungsentwicklung, die Wirtschaftsstruktur, die Gleichwertigkeit der Lebensverhältnisse auch im ländlichen Raum sowie die Effizienz des Einsatzes von natürlichen Ressourcen ein. Das Bundesministerium für Umwelt, Naturschutz und nukleare Sicherheit ermittelt in Abstimmung mit dem Bundesministerium für Wirtschaft und Energie die voraussichtliche Treibhausgasgesamtminderungswirkung der vorgeschlagenen Maßnahmen.

(3) Für jedes Klimaschutzprogramm bezieht die Bundesregierung in einem öffentlichen Konsultationsverfahren Länder, Kommunen, Wirtschaftsverbände und zivilgesellschaftliche Verbände sowie die Wissenschaftsplattform Klimaschutz und wissenschaftliche Begleitgremien der Bundesregierung ein.

§ 10
Berichterstattung

(1) Die Bundesregierung erstellt jährlich einen Klimaschutzbericht, der die Entwicklung der Treibhausgasemissionen in den verschiedenen Sektoren, den Stand der Umsetzung der Klimaschutzprogramme nach § 9 und der Sofortprogramme nach § 8 sowie eine Prognose der zu erwartenden Treibhausgasminderungswirkungen enthält. Erstmals im Jahr 2024 und dann alle zwei Jahre enthält der Klimaschutzbericht eine Darstellung zum Stand und zur weiteren Entwicklung der CO_2-Bepreisung innerhalb der Europäischen Union sowie zu technischen und internationalen Entwicklungen und zu ihrer Kompatibilität mit der nationalen CO_2-Bepreisung sowie den nationalen Klimaschutzzielen einschließlich der Wirkung auf die Sektoren nach § 4 Absatz 1. Die Bundesregierung leitet den Klimaschutzbericht für das jeweilige Vorjahr bis zum 30. Juni dem Deutschen Bundestag zu.

(2) Die Bundesregierung erstellt ab dem Jahr 2021 alle zwei Jahre einen Klimaschutz-Projektionsbericht nach den Vorgaben des Artikels 18 der Europäischen Governance-Verordnung, der die Projektionen von Treibhausgasemissionen, einschließlich der Quellen und Senken des Sektors Landnutzung, Landnutzungsänderung und Forstwirtschaft, und die nationalen Politiken und Maßnahmen zu deren Minderung enthält. Die Bundesregierung leitet den Klimaschutz-Projektionsbericht bis zum 31. März des jeweiligen Jahres dem Deutschen Bundestag zu.

(3) Der Klimaschutz-Projektionsbericht ist maßgeblich für die integrierten nationalen Fortschrittsberichte gemäß Artikel 17 der Europäischen Governance-Verordnung, die das Bundesministerium für Wirtschaft und Energie im Einvernehmen mit dem Bundesministerium für Umwelt, Naturschutz und nukleare Sicherheit erstellt.

Abschnitt 4
Expertenrat für Klimafragen

§ 11
Unabhängiger Expertenrat für Klimafragen, Verordnungsermächtigung

(1) Es wird ein Expertenrat für Klimafragen aus fünf sachverständigen Personen verschiedener Disziplinen eingerichtet. Die Bundesregierung benennt für die Dauer von fünf Jahren die Mitglieder, davon jeweils mindestens ein Mitglied mit hervorragenden wissenschaftlichen Kenntnissen und Erfahrungen aus einem der Bereiche Klimawissenschaften, Wirtschaftswissenschaften, Umweltwissenschaften sowie soziale

Fragen. Der Expertenrat soll als Ganzes auch übergreifende Expertise zu den Sektoren nach § 4 Absatz 1 abbilden. Die gleichberechtigte Vertretung von Frauen und Männern ist sicherzustellen. Eine einmalige Wiederernennung ist möglich.

(2) Der Expertenrat für Klimafragen wählt aus seiner Mitte in geheimer Wahl eine vorsitzende Person und eine Stellvertretung für die vorsitzende Person. Der Expertenrat für Klimafragen gibt sich eine Geschäftsordnung.

(3) Der Expertenrat für Klimafragen ist nur an den durch dieses Gesetz begründeten Auftrag gebunden und in seiner Tätigkeit unabhängig. Der Bund trägt die Kosten des Expertenrats für Klimafragen nach Maßgabe des Bundeshaushaltes.

(4) Der Expertenrat für Klimafragen wird bei der Durchführung seiner Arbeit von einer Geschäftsstelle unterstützt. Diese wird durch die Bundesregierung eingesetzt und untersteht fachlich dem Expertenrat für Klimafragen.

(5) Die Bundesregierung wird ermächtigt, durch Rechtsverordnung ohne Zustimmung des Bundesrates Regelungen zum Sitz, zur Geschäftsstelle, zur pauschalen Entschädigung der Mitglieder, zur Reisekostenerstattung, zur Verschwiegenheit sowie zu sonstigen organisatorischen Angelegenheiten zu bestimmen.

§ 12
Aufgaben des Expertenrats für Klimafragen

(1) Der Expertenrat für Klimafragen prüft die Emissionsdaten nach § 5 Absatz 1 und 2 und legt der Bundesregierung und dem Deutschen Bundestag innerhalb von einem Monat nach Übersendung durch das Umweltbundesamt eine Bewertung der veröffentlichten Daten vor.

(2) Vor der Erstellung der Beschlussvorlage für die Bundesregierung über die Maßnahmen nach § 8 Absatz 2 prüft der Expertenrat für Klimafragen die den Maßnahmen zugrunde gelegten Annahmen zur Treibhausgasreduktion.

(3) Die Bundesregierung holt zu folgenden Maßnahmen eine Stellungnahme des Expertenrats für Klimafragen im Hinblick auf die diesen zugrunde liegenden Annahmen zur Treibhausgasreduktion ein, bevor sie diese veranlasst:

1. Änderungen oder Festlegungen der Jahresemissionsmengen nach diesem Gesetz;
2. Fortschreibung des Klimaschutzplans;
3. Beschluss von Klimaschutzprogrammen nach § 9.

(4) Der Expertenrat für Klimafragen legt erstmals im Jahr 2022 und dann alle zwei Jahre dem Deutschen Bundestag und der Bundesregierung ein Gutachten zu bisherigen Entwicklungen der Treibhausgasemissionen, Trends bezüglich der Jahresemissionsmengen und Wirksamkeit von Maßnahmen mit Blick auf die Zielerreichung nach diesem Gesetz vor. Darüber hinaus können der Deutsche Bundestag oder die Bundesregierung durch Beschluss den Expertenrat für Klimafragen mit der Erstellung von Sondergutachten beauftragen.

(5) Alle öffentlichen Stellen des Bundes im Sinne des § 2 Absatz 1 des Bundesdatenschutzgesetzes gewähren dem Expertenrat für Klimafragen Einsicht in die zur Wahrnehmung seiner Aufgaben benötigten Daten und stellen diese zur Verfügung. Die Bundesregierung stellt sicher, dass der Schutz von Betriebs- und Geschäftsgeheimnissen Dritter sowie personenbezogener Daten gewährleistet ist. Der Expertenrat für Klimafragen kann zu klimaschutzbezogenen Themen Behörden, sowie Sachverständige, insbesondere Vertreter und Vertreterinnen von Organisationen der Wirtschaft und der Umweltverbände, anhören und befragen.

Abschnitt 5
Vorbildfunktion der öffentlichen Hand

§ 13
Berücksichtigungsgebot

(1) Die Träger öffentlicher Aufgaben haben bei ihren Planungen und Entscheidungen den Zweck dieses Gesetzes und die zu seiner Erfüllung festgelegten Ziele zu berücksichtigen. Die Kompetenzen der Länder, Gemeinden und Gemeindeverbände, das Berücksichtigungsgebot innerhalb ihrer jeweiligen Verantwortungsbereiche auszugestalten, bleiben unberührt. Bei der Planung, Auswahl und Durchführung von Investitionen und bei der Beschaffung auf Bundesebene ist für die Vermeidung oder Verursachung von Treibhausgasemissionen ein CO_2-Preis, mindestens der nach § 10 Absatz 2 Brennstoff-Emissionshandelsgesetz gültige Mindestpreis oder Festpreis zugrunde zu legen.

(2) Der Bund prüft bei der Planung, Auswahl und Durchführung von Investitionen und bei der Beschaffung, wie damit jeweils zum Erreichen der nationalen Klimaschutzziele nach § 3 beigetragen werden kann. Kommen mehrere Realisierungsmöglichkeiten in Frage, dann ist in Abwägung mit anderen relevanten Kriterien mit Bezug zum Ziel der jeweiligen Maßnahme solchen der Vorzug zu geben, mit denen das Ziel der Minderung von Treibhausgasemissionen über den gesamten Lebenszyklus der Maßnahme zu den geringsten Kosten erreicht werden kann. Mehraufwendungen sollen nicht außer Verhältnis zu ihrem Beitrag zur Treibhausgasminderung stehen. Soweit vergaberechtliche Bestimmungen anzuwenden sind, sind diese zu beachten.

(3) Bei der Anwendung von Wirtschaftlichkeitskriterien sind bei vergleichenden Betrachtungen die dem Bund entstehenden Kosten und Einsparungen über den jeweiligen gesamten Lebenszyklus der Investition oder Beschaffung zugrunde zu legen.

§ 14
Bund-Länder-Zusammenarbeit

(1) Unbeschadet der Vereinbarkeit mit Bundesrecht können die Länder eigene Klimaschutzgesetze erlassen. Die bestehenden Klimaschutzgesetze der Länder gelten unbeschadet der Vereinbarkeit mit Bundesrecht fort.

(2) Der Bund und die Länder arbeiten in geeigneter Form zusammen, um die Ziele dieses Gesetzes zu erreichen.

§ 15
Klimaneutrale Bundesverwaltung

(1) Der Bund setzt sich zum Ziel, die Bundesverwaltung bis zum Jahr 2030 klimaneutral zu organisieren. Zur Verwirklichung dieses Zieles verabschiedet die Bundesregierung spätestens im Jahr 2023 und im Folgenden alle fünf Jahre Maßnahmen, die von den Behörden des Bundes und von sonstigen Bundeseinrichtungen ohne eigene Rechtspersönlichkeit, wenn sie der unmittelbaren Organisationsgewalt des Bundes unterliegen, einzuhalten sind. Sind zur Verwirklichung des in Satz 1 genannten Zieles gesetzliche Regelungen erforderlich, legt die Bundesregierung dem Deutschen Bundestag innerhalb von sechs Monaten nach dem Beschluss der Maßnahmen einen Entwurf vor.

(2) Die Klimaneutralität der Bundesverwaltung soll insbesondere durch die Einsparung von Energie, durch die effiziente Bereitstellung, Umwandlung, Nutzung und Speicherung von Energie sowie durch die effiziente Nutzung erneuerbarer Energien und die Wahl möglichst klimaschonender Verkehrsmittel erreicht werden. Dabei ist auf die effiziente Nutzung natürlicher Ressourcen zu achten. Bei Verwaltungshandeln des Bundes im Ausland, wie etwa der Errichtung oder Sanierung von Gebäuden des Bundes, sind lokale Vorschriften und technische Standards sowie Marktverhältnisse zu berücksichtigen.

(3) Der Bund wirkt in den unter seiner Aufsicht stehenden Körperschaften, Anstalten und Stiftungen, in seinen Sondervermögen sowie in den sich ausschließlich oder zum Teil in seinem Eigentum befindenden juristischen Personen des Privatrechts darauf hin, dass auch diese ihre Verwaltungstätigkeit klimaneutral organisieren.

(4) Die Bundesregierung führt mit den Ländern einen Erfahrungsaustausch durch, um die Länder bei der Prüfung und im Falle der Erstellung von Regelungen, die mit den Regelungen nach den Absätzen 1 bis 3 vergleichbar sind, für ihren Verantwortungsbereich zu unterstützen.

Anlage 1 (zu den §§ 4 und 5) Sektoren

Die Abgrenzung der Sektoren erfolgt entsprechend der Quellkategorien des gemeinsamen Berichtsformats (Common Reporting Format – CRF) nach der Europäischen Klimaberichterstattungsverordnung oder entsprechend einer auf der Grundlage von Artikel 26 Absatz 7 der Europäischen Governance-Verordnung erlassenen Nachfolgeregelung.

Sektoren	**Beschreibung der Quellkategorien des gemeinsamen Berichtsformats (Common Reporting Formats – CRF)**	**Quellkategorie CRF**
1. Energiewirtschaft	Verbrennung von Brennstoffen in der Energiewirtschaft;	1.A.1
	Pipelinetransport (übriger Transport);	1.A.3.e
	Flüchtige Emissionen aus Brennstoffen	1.B
2. Industrie	Verbrennung von Brennstoffen im verarbeitenden Gewerbe und in der Bauwirtschaft;	1.A.2
	Industrieprozesse und Produktverwendung;	2
	CO_2-Transport und -Lagerung	1.C
3. Gebäude	Verbrennung von Brennstoffen in:	
	Handel und Behörden;	1.A.4.a
	Haushalten.	1.A.4.b
	Sonstige Tätigkeiten im Zusammenhang mit der Verbrennung von Brennstoffen (insbesondere in militärischen Einrichtungen)	1.A.5
4. Verkehr	Transport (ziviler inländischer Luftverkehr; Straßenverkehr; Schienenverkehr; inländischer Schiffsverkehr) ohne Pipelinetransport	1.A.3.a; 1.A.3.b; 1.A.3.c; 1.A.3.d

Sektoren	**Beschreibung der Quellkategorien des gemeinsamen Berichtsformats (Common Reporting Formats – CRF)**	**Quellkategorie CRF**
5. Landwirtschaft	Landwirtschaft;	3
	Verbrennung von Brennstoffen in Land- und Forstwirtschaft und in der Fischerei	1.A.4.c
6. Abfallwirtschaft und Sonstiges	Abfall und Abwasser;	5
	Sonstige	6
7. Landnutzung, Landnutzungsänderung und Forstwirtschaft	Wald, Acker, Grünland, Feuchtgebiete, Siedlungen; Holzprodukte; Änderungen zwischen Landnutzungskategorien	4

Anlage 2 (zu § 4)
Zulässige Jahresemissionsmengen für die Jahre 2020 bis 2030

(Fundstelle: BGBl. I 2021, 3907)

Jahresemissionsmenge in Millionen Tonnen CO2-Äquivalent	**2020**	**2021**	**2022**	**2023**	**2024**	**2025**	**2026**	**2027**	**2028**	**2029**	**2030**
Energiewirtschaft	280		257								108
Industrie	186	182	177	172	165	157	149	140	132	125	118
Gebäude	118	113	108	102	97	92	87	82	77	72	67
Verkehr	150	145	139	134	128	123	117	112	105	96	85
Landwirtschaft	70	68	67	66	65	63	62	61	59	57	56
Abfallwirtschaft und Sonstiges	9	9	8	8	7	7	6	6	5	5	4

Anlage 3 (zu § 4)
Jährliche Minderungsziele für die Jahre 2031 bis 2040

(Fundstelle: BGBl. I 2021, 3907)

	2031	**2032**	**2033**	**2034**	**2035**	**2036**	**2037**	**2038**	**2039**	**2040**
Jährliche Minderungsziele gegenüber 1990	67 %	70 %	72 %	74 %	77 %	79 %	81 %	83 %	86 %	88 %

XIII. Kreislaufwirtschaftsgesetz (KrWG)

Gesetz zur Förderung der Kreislaufwirtschaft und Sicherung der umweltverträglichen Bewirtschaftung von AbfällenAusfertigungsdatum: 24.02.2012

Vollzitat:

„Kreislaufwirtschaftsgesetz vom 24. Februar 2012 (BGBl. I S. 212), das zuletzt durch Artikel 5 des Gesetzes vom 2. März 2023 (BGBl. 2023 I Nr. 56) geändert worden ist"

Stand: Zuletzt geändert durch Art. 5 G v. 2.3.2023 I Nr. 56

Das G wurde als Artikel 1 des G v. 24.2.2012 I 212 vom Bundestag mit Zustimmung des Bundesrates beschlossen. Es tritt gem. Art. 6 dieses G am 1.6.2012 in Kraft. § 4 Absatz 2, § 5 Absatz 2, § 8 Absatz 2, die §§ 10 und 11 Absatz 2 und 3, § 12 Absatz 7, die §§ 16 und 23 Absatz 4, die §§ 24, 25 und 26 Absatz 1, § 36 Absatz 4 Satz 4, § 38 Absatz 1 Satz 2, § 41 Absatz 2, die §§ 43 und 48 Satz 2, die §§ 52 und 53 Absatz 6, § 54 Absatz 7, § 55 Absatz 2, die §§ 57 und 59 Absatz 1 Satz 2, § 60 Absatz 3, die §§ 61, 65 und 67 und 68 treten am Tag nach der Verkündung in Kraft.

Teil 1
Allgemeine Vorschriften

§ 1
Zweck des Gesetzes

(1) Zweck des Gesetzes ist es, die Kreislaufwirtschaft zur Schonung der natürlichen Ressourcen zu fördern und den Schutz von Mensch und Umwelt bei der Erzeugung und Bewirtschaftung von Abfällen sicherzustellen.

(2) Mit diesem Gesetz soll außerdem das Erreichen der europarechtlichen Zielvorgaben der Richtlinie 2008/98/EG des Europäischen Parlaments und des Rates vom 19. November 2008 über Abfälle und zur Aufhebung bestimmter Richtlinien (ABl. L 312 vom 22.11.2008, S. 3; L 127 vom 26.5.2009, S. 24; L 297 vom 13.11.2015, S. 9; L 42 vom 18.2.2017, S. 43), die zuletzt durch die Richtlinie (EU) 2018/851 (ABl. L 150 vom 14.6.2018, S. 109) geändert worden ist, gefördert werden.

§ 2
Geltungsbereich

(1) Die Vorschriften dieses Gesetzes gelten für
   1. die Vermeidung von Abfällen sowie
   2. die Verwertung von Abfällen,
   3. die Beseitigung von Abfällen und
   4. die sonstigen Maßnahmen der Abfallbewirtschaftung.

(2) Die Vorschriften dieses Gesetzes gelten nicht für
   1. Stoffe, die zu entsorgen sind
      a) nach dem Lebensmittel- und Futtermittelgesetzbuch in der Fassung der Bekanntmachung vom 22. August 2011 (BGBl. I S. 1770) in der jeweils geltenden Fassung, soweit es für Lebensmittel, Lebensmittel-Zusatzstoffe, kosmetische Mittel, Bedarfsgegenstände und mit Lebensmitteln verwechselbare Produkte gilt,

b) nach dem Tabakerzeugnisgesetz vom 4. April 2016 (BGBl. I S. 569) in der jeweils geltenden Fassung,
c) nach dem Milch- und Margarinegesetz vom 25. Juli 1990 (BGBl. I S. 1471), das zuletzt durch Artikel 2 des Gesetzes vom 18. Januar 2019 (BGBl. I S. 33) geändert worden ist, in der jeweils geltenden Fassung,
d) nach dem Tiergesundheitsgesetz vom 22. Mai 2013 (BGBl. I S. 1324),
e) nach dem Pflanzenschutzgesetz in der Fassung der Bekanntmachung vom 14. Mai 1998 (BGBl. I S. 971, 1527, 3512), das zuletzt durch Artikel 278 der Verordnung vom 19. Juni 2020 (BGBl. I S. 1328) geändert worden ist, in der jeweils geltenden Fassung sowie
f) nach den auf Grund der in den Buchstaben a bis e genannten Gesetze erlassenen Rechtsverordnungen,

2. tierische Nebenprodukte, soweit diese nach der Verordnung (EG) Nr. 1069/2009 des Europäischen Parlaments und des Rates vom 21. Oktober 2009 mit Hygienevorschriften für nicht für den menschlichen Verzehr bestimmte tierische Nebenprodukte und zur Aufhebung der Verordnung (EG) Nr. 1774/2002 (Verordnung über tierische Nebenprodukte) (ABl. L 300 vom 14.11.2009, S. 1) in der jeweils geltenden Fassung, nach den zu ihrer Durchführung ergangenen Rechtsakten der Europäischen Union, nach dem Tierische Nebenprodukte-Beseitigungsgesetz vom 25. Januar 2004 (BGBl. I S. 82), das zuletzt durch Artikel 279 der Verordnung vom 19. Juni 2020 (BGBl. I S. 1328) geändert worden ist, in der jeweils geltenden Fassung, oder nach den auf Grund des Tierische Nebenprodukte-Beseitigungsgesetzes erlassenen Rechtsverordnungen abzuholen, zu sammeln, zu befördern, zu lagern, zu behandeln, zu verarbeiten, zu verwenden, zu beseitigen oder in Verkehr zu bringen sind, mit Ausnahme derjenigen tierischen Nebenprodukte, die zur Verbrennung, Lagerung auf einer Deponie oder Verwendung in einer Biogas- oder Kompostieranlage bestimmt sind,
3. Stoffe, die
   a) bestimmt sind für die Verwendung als Einzelfuttermittel gemäß Artikel 3 Absatz 2 Buchstabe g der Verordnung (EG) Nr. 767/2009 des Europäischen Parlaments und des Rates vom 13. Juli 2009 über das Inverkehrbringen und die Verwendung von Futtermitteln, zur Änderung der Verordnung (EG) Nr. 1831/2003 des Europäischen Parlaments und des Rates und zur Aufhebung der Richtlinien 79/373/EWG des Rates, 80/511/EWG der Kommission, 82/471/EWG des Rates, 83/228/EWG des Rates, 93/74/EWG des Rates, 93/113/EG des Rates und 96/25/EG des Rates und der Entscheidung 2004/217/EG der Kommission (ABl. L 229 vom 1.9.2009, S. 1; L 192 vom 22.7.2011, S. 71), die zuletzt durch die Verordnung (EU) 2018/1903 (ABl. L 310 vom 6.12.2018, S. 22) geändert worden ist, und
   b) weder aus tierischen Nebenprodukten bestehen noch tierische Nebenprodukte enthalten,
4. Körper von Tieren, die nicht durch Schlachtung zu Tode gekommen sind, einschließlich von solchen Tieren, die zur Tilgung von Tierseuchen getötet wurden, soweit diese Tierkörper nach den in Nummer 2 genannten Rechtsvorschriften zu beseitigen oder zu verarbeiten sind,
5. Fäkalien, soweit sie nicht durch Nummer 2 erfasst werden, Stroh und andere natürliche nicht gefährliche land- oder forstwirtschaftliche Materialien, die in der Land- oder Forstwirtschaft oder zur Energieerzeugung aus einer solchen Biomasse durch Verfahren oder Methoden verwendet werden, die die Umwelt nicht schädigen oder die menschliche Gesundheit nicht gefährden,

6. Kernbrennstoffe und sonstige radioaktive Stoffe im Sinne des Atomgesetzes oder des Strahlenschutzgesetzes,
7. Abfälle, die unmittelbar beim Aufsuchen, Gewinnen und Aufbereiten sowie bei der damit zusammenhängenden Lagerung von Bodenschätzen in Betrieben anfallen, die der Bergaufsicht unterstehen und die nach dem Bundesberggesetz vom 13. August 1980 (BGBl. I S. 1310), das zuletzt durch Artikel 237 der Verordnung vom 19. Juni 2020 (BGBl. I S. 1328) geändert worden ist, in der jeweils geltenden Fassung und den auf Grund des Bundesberggesetzes erlassenen Rechtsverordnungen unter Bergaufsicht entsorgt werden,
8. gasförmige Stoffe, die nicht in Behältern gefasst sind,
9. Stoffe, sobald sie in Gewässer oder Abwasseranlagen eingeleitet oder eingebracht werden,
10. Böden am Ursprungsort (Böden in situ), einschließlich nicht ausgehobener, kontaminierter Böden und Bauwerke, die dauerhaft mit dem Grund und Boden verbunden sind,
11. nicht kontaminiertes Bodenmaterial und andere natürlich vorkommende Materialien, die bei Bauarbeiten ausgehoben wurden, sofern sichergestellt ist, dass die Materialien in ihrem natürlichen Zustand an dem Ort, an dem sie ausgehoben wurden, für Bauzwecke verwendet werden,
12. Sedimente, die zum Zweck der Bewirtschaftung von Gewässern, der Unterhaltung oder des Ausbaus von Wasserstraßen sowie der Vorbeugung gegen Überschwemmungen oder der Abschwächung der Auswirkungen von Überschwemmungen und Dürren oder zur Landgewinnung innerhalb von Oberflächengewässern umgelagert werden, sofern die Sedimente nachweislich nicht gefährlich sind,
13. die Erfassung und Übergabe von Schiffsabfällen und Ladungsrückständen, soweit dies auf Grund internationaler oder supranationaler Übereinkommen durch Bundes- oder Landesrecht geregelt wird,
14. das Aufsuchen, Bergen, Befördern, Lagern, Behandeln und Vernichten von Kampfmitteln sowie
15. Kohlendioxid, das für den Zweck der dauerhaften Speicherung abgeschieden, transportiert und in Kohlendioxidspeichern gespeichert wird, oder das in Forschungsspeichern gespeichert wird.

(3) Die Vorschriften dieses Gesetzes gelten nach Maßgabe der besonderen Vorschriften des Strahlenschutzgesetzes und der auf Grund des Strahlenschutzgesetzes erlassenen Rechtsverordnungen auch für die Entsorgung von Abfällen, die infolge eines Notfalls im Sinne des Strahlenschutzgesetzes radioaktiv kontaminiert sind oder radioaktiv kontaminiert sein können.

§ 3
Begriffsbestimmungen

(1) Abfälle im Sinne dieses Gesetzes sind alle Stoffe oder Gegenstände, derer sich ihr Besitzer entledigt, entledigen will oder entledigen muss. Abfälle zur Verwertung sind Abfälle, die verwertet werden; Abfälle, die nicht verwertet werden, sind Abfälle zur Beseitigung.

(2) Eine Entledigung im Sinne des Absatzes 1 ist anzunehmen, wenn der Besitzer Stoffe oder Gegenstände einer Verwertung im Sinne der Anlage 2 oder einer Beseitigung im Sinne der Anlage 1 zuführt oder die tatsächliche Sachherrschaft über sie unter Wegfall jeder weiteren Zweckbestimmung aufgibt.

(3) Der Wille zur Entledigung im Sinne des Absatzes 1 ist hinsichtlich solcher Stoffe oder Gegenstände anzunehmen,

1. die bei der Energieumwandlung, Herstellung, Behandlung oder Nutzung von Stoffen oder Erzeugnissen oder bei Dienstleistungen anfallen, ohne dass der Zweck der jeweiligen Handlung hierauf gerichtet ist, oder
2. deren ursprüngliche Zweckbestimmung entfällt oder aufgegeben wird, ohne dass ein neuer Verwendungszweck unmittelbar an deren Stelle tritt.

Für die Beurteilung der Zweckbestimmung ist die Auffassung des Erzeugers oder Besitzers unter Berücksichtigung der Verkehrsanschauung zugrunde zu legen.

(4) Der Besitzer muss sich Stoffen oder Gegenständen im Sinne des Absatzes 1 entledigen, wenn diese nicht mehr entsprechend ihrer ursprünglichen Zweckbestimmung verwendet werden, auf Grund ihres konkreten Zustandes geeignet sind, gegenwärtig oder künftig das Wohl der Allgemeinheit, insbesondere die Umwelt, zu gefährden und deren Gefährdungspotenzial nur durch eine ordnungsgemäße und schadlose Verwertung oder gemeinwohlverträgliche Beseitigung nach den Vorschriften dieses Gesetzes und der auf Grund dieses Gesetzes erlassenen Rechtsverordnungen ausgeschlossen werden kann.

(5) Gefährlich im Sinne dieses Gesetzes sind die Abfälle, die durch Rechtsverordnung nach § 48 Satz 2 oder auf Grund einer solchen Rechtsverordnung bestimmt worden sind. Nicht gefährlich im Sinne dieses Gesetzes sind alle übrigen Abfälle.

(5a) Siedlungsabfälle im Sinne von § 14 Absatz 1, § 15 Absatz 4, § 30 Absatz 6 Nummer 9 Buchstabe b sind gemischt und getrennt gesammelte Abfälle

1. aus privaten Haushaltungen, insbesondere Papier und Pappe, Glas, Metall, Kunststoff, Bioabfälle, Holz, Textilien, Verpackungen, Elektro- und Elektronik-Altgeräte, Altbatterien und Altakkumulatoren sowie Sperrmüll, einschließlich Matratzen und Möbel, und
2. aus anderen Herkunftsbereichen, wenn diese Abfälle auf Grund ihrer Beschaffenheit und Zusammensetzung mit Abfällen aus privaten Haushaltungen vergleichbar sind.

   Keine Siedlungsabfälle im Sinne des Satzes 1 sind
   a) Abfälle aus Produktion,
   b) Abfälle aus Landwirtschaft,
   c) Abfälle aus Forstwirtschaft,
   d) Abfälle aus Fischerei,
   e) Abfälle aus Abwasseranlagen,
   f) Bau- und Abbruchabfälle und
   g) Altfahrzeuge.

(6) Inertabfälle im Sinne dieses Gesetzes sind mineralische Abfälle,

1. die keinen wesentlichen physikalischen, chemischen oder biologischen Veränderungen unterliegen,
2. die sich nicht auflösen, nicht brennen und nicht in anderer Weise physikalisch oder chemisch reagieren,
3. die sich nicht biologisch abbauen und
4. die andere Materialien, mit denen sie in Kontakt kommen, nicht in einer Weise beeinträchtigen, die zu nachteiligen Auswirkungen auf Mensch und Umwelt führen könnte.

Die gesamte Auslaugbarkeit und der Schadstoffgehalt der Abfälle sowie die Ökotoxizität des Sickerwassers müssen unerheblich sein und dürfen insbesondere nicht die Qualität von Oberflächen- oder Grundwasser gefährden.

(6a) Bau- und Abbruchabfälle im Sinne dieses Gesetzes sind Abfälle, die durch Bau- und Abbruchtätigkeiten entstehen.

(7) Bioabfälle im Sinne dieses Gesetzes sind biologisch abbaubare pflanzliche, tierische oder aus Pilzmaterialien bestehende

1. Garten- und Parkabfälle,
2. Landschaftspflegeabfälle,
3. Nahrungsmittel- und Küchenabfälle aus privaten Haushaltungen, aus dem Gaststätten-, Kantinen- und Cateringgewerbe, aus Büros und aus dem Groß- und Einzelhandel sowie mit den genannten Abfällen vergleichbare Abfälle aus Nahrungsmittelverarbeitungsbetrieben und
4. Abfälle aus sonstigen Herkunftsbereichen, die den in den Nummern 1 bis 3 genannten Abfällen nach Art, Beschaffenheit oder stofflichen Eigenschaften vergleichbar sind.

(7a) Lebensmittelabfälle im Sinne dieses Gesetzes sind alle Lebensmittel gemäß Artikel 2 der Verordnung (EG) Nr. 178/2002 des Europäischen Parlaments und des Rates vom 28. Januar 2002 zur Festlegung der allgemeinen Grundsätze und Anforderungen des Lebensmittelrechts, zur Errichtung der Europäischen Behörde für Lebensmittelsicherheit und zur Festlegung von Verfahren zur Lebensmittelsicherheit (ABl. L 31 vom 1.2.2002, S. 1), die zuletzt durch die Verordnung (EU) 2017/228 (ABl. L 35 vom 10.2.2017, S. 10) geändert worden ist, die zu Abfall geworden sind.

(7b) Rezyklate im Sinne dieses Gesetzes sind sekundäre Rohstoffe, die durch die Verwertung von Abfällen gewonnen worden sind oder bei der Beseitigung von Abfällen anfallen und für die Herstellung von Erzeugnissen geeignet sind.

(8) Erzeuger von Abfällen im Sinne dieses Gesetzes ist jede natürliche oder juristische Person,

1. durch deren Tätigkeit Abfälle anfallen (Ersterzeuger) oder
2. die Vorbehandlungen, Mischungen oder sonstige Behandlungen vornimmt, die eine Veränderung der Beschaffenheit oder der Zusammensetzung dieser Abfälle bewirken (Zweiterzeuger).

(9) Besitzer von Abfällen im Sinne dieses Gesetzes ist jede natürliche oder juristische Person, die die tatsächliche Sachherrschaft über Abfälle hat.

(10) Sammler von Abfällen im Sinne dieses Gesetzes ist jede natürliche oder juristische Person, die gewerbsmäßig oder im Rahmen wirtschaftlicher Unternehmen, das heißt, aus Anlass einer anderweitigen gewerblichen oder wirtschaftlichen Tätigkeit, die nicht auf die Sammlung von Abfällen gerichtet ist, Abfälle sammelt.

(11) Beförderer von Abfällen im Sinne dieses Gesetzes ist jede natürliche oder juristische Person, die gewerbsmäßig oder im Rahmen wirtschaftlicher Unternehmen, das heißt, aus Anlass einer anderweitigen gewerblichen oder wirtschaftlichen Tätigkeit, die nicht auf die Beförderung von Abfällen gerichtet ist, Abfälle befördert.

(12) Händler von Abfällen im Sinne dieses Gesetzes ist jede natürliche oder juristische Person, die gewerbsmäßig oder im Rahmen wirtschaftlicher Unternehmen, das heißt, aus Anlass einer anderweitigen gewerblichen oder wirtschaftlichen Tätigkeit, die nicht auf das Handeln mit Abfällen gerichtet ist, oder öffentlicher Einrichtungen in eigener Verantwortung Abfälle erwirbt und weiterveräußert; die Erlangung der tatsächlichen Sachherrschaft über die Abfälle ist hierfür nicht erforderlich.

(13) Makler von Abfällen im Sinne dieses Gesetzes ist jede natürliche oder juristische Person, die gewerbsmäßig oder im Rahmen wirtschaftlicher Unternehmen, das heißt, aus Anlass einer anderweitigen gewerblichen oder wirtschaftlichen Tätigkeit, die nicht auf das Makeln von Abfällen gerichtet ist, oder öffentlicher Einrichtungen für die Bewirtschaftung von Abfällen für Dritte sorgt; die Erlangung der tatsächlichen Sachherrschaft über die Abfälle ist hierfür nicht erforderlich.

(14) Abfallbewirtschaftung im Sinne dieses Gesetzes ist die Bereitstellung, die Überlassung, die Sammlung, die Beförderung sowie die Verwertung und die Beseitigung von Abfällen; die beiden letztgenannten Verfahren schließen die Sortierung der Abfälle ein. Zur Abfallbewirtschaftung zählen auch die Überwachung der Tätigkeiten und Verfahren im Sinne des Satzes 1, die Nachsorge von Beseitigungsanlagen und die Tätigkeiten, die von Händlern und Maklern durchgeführt werden.

(15) Sammlung im Sinne dieses Gesetzes ist das Einsammeln von Abfällen, einschließlich deren vorläufiger Sortierung und vorläufiger Lagerung zum Zweck der Beförderung zu einer Abfallbehandlungsanlage.

(16) Getrennte Sammlung im Sinne dieses Gesetzes ist eine Sammlung, bei der ein Abfallstrom nach Art und Beschaffenheit des Abfalls getrennt gehalten wird, um eine bestimmte Behandlung zu erleichtern oder zu ermöglichen.

(17) Eine gemeinnützige Sammlung von Abfällen im Sinne dieses Gesetzes ist eine Sammlung, die durch eine nach § 5 Absatz 1 Nummer 9 des Körperschaftsteuergesetzes in der Fassung der Bekanntmachung vom 15. Oktober 2002 (BGBl. I S. 4144), das zuletzt durch Artikel 8 des Gesetzes vom 22. Juni 2011 (BGBl. I S. 1126) geändert worden ist, in der jeweils geltenden Fassung steuerbefreite Körperschaft, Personenvereinigung oder Vermögensmasse getragen wird und der Beschaffung von Mitteln zur Verwirklichung ihrer gemeinnützigen, mildtätigen oder kirchlichen Zwecke im Sinne der §§ 52 bis 54 der Abgabenordnung dient. Um eine gemeinnützige Sammlung von Abfällen handelt es sich auch dann, wenn die Körperschaft, Personenvereinigung oder Vermögensmasse nach Satz 1 einen gewerblichen Sammler mit der Sammlung beauftragt und dieser den Veräußerungserlös nach Abzug seiner Kosten und eines angemessenen Gewinns vollständig an die Körperschaft, Personenvereinigung oder Vermögensmasse auskehrt.

(18) Eine gewerbliche Sammlung von Abfällen im Sinne dieses Gesetzes ist eine Sammlung, die zum Zweck der Einnahmeerzielung erfolgt. Die Durchführung der Sammeltätigkeit auf der Grundlage vertraglicher Bindungen zwischen dem Sammler und der privaten Haushaltung in dauerhaften Strukturen steht einer gewerblichen Sammlung nicht entgegen.

(19) Kreislaufwirtschaft im Sinne dieses Gesetzes sind die Vermeidung und Verwertung von Abfällen.

(20) Vermeidung im Sinne dieses Gesetzes ist jede Maßnahme, die ergriffen wird, bevor ein Stoff, Material oder Erzeugnis zu Abfall geworden ist, und dazu dient, die Abfallmenge, die schädlichen Auswirkungen des Abfalls auf Mensch und Umwelt oder den Gehalt an schädlichen Stoffen in Materialien und Erzeugnissen zu verringern. Hierzu zählen insbesondere die anlageninterne Kreislaufführung von Stoffen, die abfallarme Produktgestaltung, die Wiederverwendung von Erzeugnissen oder die Verlängerung ihrer Lebensdauer sowie ein Konsumverhalten, das auf den Erwerb von abfall- und schadstoffarmen Produkten sowie die Nutzung von Mehrwegverpackungen gerichtet ist.

(21) Wiederverwendung im Sinne dieses Gesetzes ist jedes Verfahren, bei dem Erzeugnisse oder Bestandteile, die keine Abfälle sind, wieder für denselben Zweck verwendet werden, für den sie ursprünglich bestimmt waren.

(22) Abfallentsorgung im Sinne dieses Gesetzes sind Verwertungs- und Beseitigungsverfahren, einschließlich der Vorbereitung vor der Verwertung oder Beseitigung.

(23) Verwertung im Sinne dieses Gesetzes ist jedes Verfahren, als dessen Hauptergebnis die Abfälle innerhalb der Anlage oder in der weiteren Wirtschaft einem sinnvollen Zweck zugeführt werden, indem sie entweder andere Materialien ersetzen, die sonst zur Erfüllung einer bestimmten Funktion verwendet worden wären, oder indem die Abfälle so vorbereitet werden, dass sie diese Funktion erfüllen. Anlage 2 enthält eine nicht abschließende Liste von Verwertungsverfahren.

(23a) Stoffliche Verwertung im Sinne dieses Gesetzes ist jedes Verwertungsverfahren mit Ausnahme der energetischen Verwertung und der Aufbereitung zu Materialien, die für die Verwendung als Brennstoff oder als anderes Mittel der Energieerzeugung bestimmt sind. Zur stofflichen Verwertung zählen insbesondere die Vorbereitung zur Wiederverwendung, das Recycling und die Verfüllung.

(24) Vorbereitung zur Wiederverwendung im Sinne dieses Gesetzes ist jedes Verwertungsverfahren der Prüfung, Reinigung oder Reparatur, bei dem Erzeugnisse oder Bestandteile von Erzeugnissen, die zu Abfällen geworden sind, so vorbereitet werden, dass sie ohne weitere Vorbehandlung wieder für denselben Zweck verwendet werden können, für den sie ursprünglich bestimmt waren.

(25) Recycling im Sinne dieses Gesetzes ist jedes Verwertungsverfahren, durch das Abfälle zu Erzeugnissen, Materialien oder Stoffen entweder für den ursprünglichen Zweck oder für andere Zwecke aufbereitet werden; es schließt die Aufbereitung organischer Materialien ein, nicht aber die energetische Verwertung und die Aufbereitung zu Materialien, die für die Verwendung als Brennstoff oder zur Verfüllung bestimmt sind.

(25a) Verfüllung im Sinne dieses Gesetzes ist jedes Verwertungsverfahren, bei dem geeignete nicht gefährliche Abfälle zur Rekultivierung von Abgrabungen oder zu bautechnischen Zwecken bei der Landschaftsgestaltung verwendet werden. Abfälle im Sinne des Satzes 1 sind solche, die Materialien ersetzen, die keine Abfälle sind, die für die vorstehend genannten Zwecke geeignet sind und auf die für die Erfüllung dieser Zwecke unbedingt erforderlichen Mengen beschränkt werden.

(26) Beseitigung im Sinne dieses Gesetzes ist jedes Verfahren, das keine Verwertung ist, auch wenn das Verfahren zur Nebenfolge hat, dass Stoffe oder Energie zurückgewonnen werden. Anlage 1 enthält eine nicht abschließende Liste von Beseitigungsverfahren.

(27) Deponien im Sinne dieses Gesetzes sind Beseitigungsanlagen zur Ablagerung von Abfällen oberhalb der Erdoberfläche (oberirdische Deponien) oder unterhalb der Erdoberfläche (Untertagedeponien). Zu den Deponien zählen auch betriebsinterne Abfallbeseitigungsanlagen für die Ablagerung von Abfällen, in denen ein Erzeuger von Abfällen die Abfallbeseitigung am Erzeugungsort vornimmt.

(28) Stand der Technik im Sinne dieses Gesetzes ist der Entwicklungsstand fortschrittlicher Verfahren, Einrichtungen oder Betriebsweisen, der die praktische Eignung einer Maßnahme zur Begrenzung von Emissionen in Luft, Wasser und Boden, zur Gewährleistung der Anlagensicherheit, zur Gewährleistung einer umweltverträglichen Abfallentsorgung oder sonst zur Vermeidung oder Verminderung von Auswirkungen auf die Umwelt zur Erreichung eines allgemein hohen Schutzniveaus für die Umwelt

insgesamt gesichert erscheinen lässt. Bei der Bestimmung des Standes der Technik sind insbesondere die in Anlage 3 aufgeführten Kriterien zu berücksichtigen.

§4
Nebenprodukte

(1) Fällt ein Stoff oder Gegenstand bei einem Herstellungsverfahren an, dessen hauptsächlicher Zweck nicht auf die Herstellung dieses Stoffes oder Gegenstandes gerichtet ist, ist er als Nebenprodukt und nicht als Abfall anzusehen, wenn
1. sichergestellt ist, dass der Stoff oder Gegenstand weiter verwendet wird,
2. eine weitere, über ein normales industrielles Verfahren hinausgehende Vorbehandlung hierfür nicht erforderlich ist,
3. der Stoff oder Gegenstand als integraler Bestandteil eines Herstellungsprozesses erzeugt wird und
4. die weitere Verwendung rechtmäßig ist; dies ist der Fall, wenn der Stoff oder Gegenstand alle für seine jeweilige Verwendung anzuwendenden Produkt-, Umwelt- und Gesundheitsschutzanforderungen erfüllt und insgesamt nicht zu schädlichen Auswirkungen auf Mensch und Umwelt führt.

(2) Die Bundesregierung wird ermächtigt, nach Anhörung der beteiligten Kreise (§ 68) durch Rechtsverordnung mit Zustimmung des Bundesrates nach Maßgabe der in Absatz 1 genannten Anforderungen Kriterien zu bestimmen, nach denen bestimmte Stoffe oder Gegenstände als Nebenprodukt anzusehen sind, und Anforderungen zum Schutz von Mensch und Umwelt festzulegen.

§5
Ende der Abfalleigenschaft

(1) Die Abfalleigenschaft eines Stoffes oder Gegenstandes endet, wenn dieser ein Recycling oder ein anderes Verwertungsverfahren durchlaufen hat und so beschaffen ist, dass
1. er üblicherweise für bestimmte Zwecke verwendet wird,
2. ein Markt für ihn oder eine Nachfrage nach ihm besteht,
3. er alle für seine jeweilige Zweckbestimmung geltenden technischen Anforderungen sowie alle Rechtsvorschriften und anwendbaren Normen für Erzeugnisse erfüllt sowie
4. seine Verwendung insgesamt nicht zu schädlichen Auswirkungen auf Mensch oder Umwelt führt.

(2) Die Bundesregierung wird ermächtigt, nach Anhörung der beteiligten Kreise (§ 68) durch Rechtsverordnung mit Zustimmung des Bundesrates nach Maßgabe der in Absatz 1 genannten Anforderungen die Bedingungen näher zu bestimmen, unter denen für bestimmte Stoffe und Gegenstände die Abfalleigenschaft endet. Diese Bedingungen müssen ein hohes Maß an Schutz für Mensch und Umwelt sicherstellen und die umsichtige, sparsame und effiziente Verwendung der natürlichen Ressourcen ermöglichen. In der Rechtsverordnung ist insbesondere zu bestimmen:
1. welche Abfälle der Verwertung zugeführt werden dürfen,
2. welche Behandlungsverfahren und -methoden zulässig sind,
3. die Qualitätskriterien, soweit erforderlich auch Schadstoffgrenzwerte, für Stoffe und Gegenstände im Sinne des Absatzes 1; die Qualitätskriterien müssen im

Einklang mit den geltenden technischen Anforderungen, Rechtsvorschriften oder Normen für Erzeugnisse stehen,
4. die Anforderungen an Managementsysteme, mit denen die Einhaltung der Kriterien für das Ende der Abfalleigenschaft nachgewiesen wird, einschließlich der Anforderungen
   a) an die Qualitätskontrolle und die Eigenüberwachung und
   b) an eine Akkreditierung oder sonstige Form der Fremdüberwachung der Managementsysteme, soweit dies erforderlich ist, sowie
5. das Erfordernis und die Inhalte einer Konformitätserklärung.

Teil 2
Grundsätze und Pflichten der Erzeuger und Besitzer von Abfällen sowie der öffentlich-rechtlichen Entsorgungsträger

Abschnitt 1
Grundsätze der Abfallvermeidung und Abfallbewirtschaftung

§ 6
Abfallhierarchie

(1) Maßnahmen der Vermeidung und der Abfallbewirtschaftung stehen in folgender Rangfolge:
1. Vermeidung,
2. Vorbereitung zur Wiederverwendung,
3. Recycling,
4. sonstige Verwertung, insbesondere energetische Verwertung und Verfüllung,
5. Beseitigung.

(2) Ausgehend von der Rangfolge nach Absatz 1 soll nach Maßgabe der §§ 7 und 8 diejenige Maßnahme Vorrang haben, die den Schutz von Mensch und Umwelt bei der Erzeugung und Bewirtschaftung von Abfällen unter Berücksichtigung des Vorsorge- und Nachhaltigkeitsprinzips am besten gewährleistet. Für die Betrachtung der Auswirkungen auf Mensch und Umwelt nach Satz 1 ist der gesamte Lebenszyklus des Abfalls zugrunde zu legen. Hierbei sind insbesondere zu berücksichtigen
1. die zu erwartenden Emissionen,
2. das Maß der Schonung der natürlichen Ressourcen,
3. die einzusetzende oder zu gewinnende Energie sowie
4. die Anreicherung von Schadstoffen in Erzeugnissen, in Abfällen zur Verwertung oder in daraus gewonnenen Erzeugnissen.

Die technische Möglichkeit, die wirtschaftliche Zumutbarkeit und die sozialen Folgen der Maßnahme sind zu beachten.

(3) Die Anlage 5 enthält eine nicht abschließende Liste von Beispielen für Maßnahmen und wirtschaftliche Instrumente zur Schaffung von Anreizen für die Anwendung der Abfallhierarchie von Verwertungsverfahren.

Abschnitt 2
Kreislaufwirtschaft

§ 7
Grundpflichten der Kreislaufwirtschaft

(1) Die Pflichten zur Abfallvermeidung richten sich nach § 13 sowie den Rechtsverordnungen, die auf Grund der §§ 24 und 25 erlassen worden sind.

(2) Die Erzeuger oder Besitzer von Abfällen sind zur Verwertung ihrer Abfälle verpflichtet. Die Verwertung von Abfällen hat Vorrang vor deren Beseitigung. Der Vorrang entfällt, wenn die Beseitigung der Abfälle den Schutz von Mensch und Umwelt nach Maßgabe des § 6 Absatz 2 Satz 2 und 3 am besten gewährleistet. Der Vorrang gilt nicht für Abfälle, die unmittelbar und üblicherweise durch Maßnahmen der Forschung und Entwicklung anfallen.

(3) Die Verwertung von Abfällen, insbesondere durch ihre Einbindung in Erzeugnisse, hat ordnungsgemäß und schadlos zu erfolgen. Die Verwertung erfolgt ordnungsgemäß, wenn sie im Einklang mit den Vorschriften dieses Gesetzes und anderen öffentlich-rechtlichen Vorschriften steht. Sie erfolgt schadlos, wenn nach der Beschaffenheit der Abfälle, dem Ausmaß der Verunreinigungen und der Art der Verwertung Beeinträchtigungen des Wohls der Allgemeinheit nicht zu erwarten sind, insbesondere keine Schadstoffanreicherung im Wertstoffkreislauf erfolgt.

(4) Die Pflicht zur Verwertung von Abfällen ist zu erfüllen, soweit dies technisch möglich und wirtschaftlich zumutbar ist, insbesondere für einen gewonnenen Stoff oder gewonnene Energie ein Markt vorhanden ist oder geschaffen werden kann. Die Verwertung von Abfällen ist auch dann technisch möglich, wenn hierzu eine Vorbehandlung erforderlich ist. Die wirtschaftliche Zumutbarkeit ist gegeben, wenn die mit der Verwertung verbundenen Kosten nicht außer Verhältnis zu den Kosten stehen, die für eine Abfallbeseitigung zu tragen wären.

§ 7a
Chemikalien- und Produktrecht

(1) Natürliche oder juristische Personen, die Stoffe und Gegenstände, deren Abfalleigenschaft beendet ist, erstmals verwenden oder erstmals in Verkehr bringen, haben dafür zu sorgen, dass diese Stoffe oder Gegenstände den geltenden Anforderungen des Chemikalien- und Produktrechts genügen.

(2) Bevor für Stoffe und Gegenstände die in Absatz 1 genannten Rechtsvorschriften zur Anwendung kommen, muss ihre Abfalleigenschaft gemäß den Anforderungen nach § 5 Absatz 1 beendet sein.

§ 8
Rangfolge und Hochwertigkeit der Verwertungsmaßnahmen

(1) Bei der Erfüllung der Verwertungspflicht nach § 7 Absatz 2 Satz 1 hat diejenige der in § 6 Absatz 1 Nummer 2 bis 4 genannten Verwertungsmaßnahmen Vorrang, die den Schutz von Mensch und Umwelt nach der Art und Beschaffenheit des Abfalls unter Berücksichtigung der in § 6 Absatz 2 Satz 2 und 3 festgelegten Kriterien am besten gewährleistet. Zwischen mehreren gleichrangigen Verwertungsmaßnahmen besteht ein Wahlrecht des Erzeugers oder Besitzers von Abfällen. Bei der Ausgestaltung der

nach Satz 1 oder 2 durchzuführenden Verwertungsmaßnahme ist eine den Schutz von Mensch und Umwelt am besten gewährleistende, hochwertige Verwertung anzustreben. § 7 Absatz 4 findet auf die Sätze 1 bis 3 entsprechende Anwendung.

(2) Die Bundesregierung bestimmt nach Anhörung der beteiligten Kreise (§ 68) durch Rechtsverordnung mit Zustimmung des Bundesrates für bestimmte Abfallarten auf Grund der in § 6 Absatz 2 Satz 2 und 3 festgelegten Kriterien
1. den Vorrang oder Gleichrang einer Verwertungsmaßnahme und
2. Anforderungen an die Hochwertigkeit der Verwertung.

Durch Rechtsverordnung nach Satz 1 kann insbesondere bestimmt werden, dass die Verwertung des Abfalls entsprechend seiner Art, Beschaffenheit, Menge und Inhaltsstoffe durch mehrfache, hintereinander geschaltete stoffliche und anschließende energetische Verwertungsmaßnahmen (Kaskadennutzung) zu erfolgen hat.

(3) (weggefallen)

§ 9
Getrennte Sammlung und Behandlung von Abfällen zur Verwertung

(1) Soweit dies zur Erfüllung der Anforderungen nach § 7 Absatz 2 bis 4 und § 8 Absatz 1 erforderlich ist, sind Abfälle getrennt zu sammeln und zu behandeln.

(2) Im Rahmen der Behandlung sind unter den in Absatz 1 genannten Voraussetzungen gefährliche Stoffe, Gemische oder Bestandteile aus den Abfällen zu entfernen und nach den Anforderungen dieses Gesetzes zu verwerten oder zu beseitigen.

(3) Eine getrennte Sammlung von Abfällen ist nicht erforderlich, wenn
1. die gemeinsame Sammlung der Abfälle deren Potential zur Vorbereitung zur Wiederverwendung, zum Recycling oder zu sonstigen Verwertungsverfahren unter Beachtung der Vorgaben des § 8 Absatz 1 nicht beeinträchtigt und wenn in diesen Verfahren mit einer gemeinsamen Sammlung verschiedener Abfallarten ein Abfallstrom erreicht wird, dessen Qualität mit dem Abfallstrom vergleichbar ist, der mit einer getrennten Sammlung erreicht wird,
2. die getrennte Sammlung der Abfälle unter Berücksichtigung der von ihrer Bewirtschaftung ausgehenden Umweltauswirkungen den Schutz von Mensch und Umwelt nicht am besten gewährleistet,
3. die getrennte Sammlung unter Berücksichtigung guter Praxis der Abfallsammlung technisch nicht möglich ist oder
4. die getrennte Sammlung im Vergleich zur gemeinsamen Sammlung für den Verpflichteten unverhältnismäßig hohe Kosten verursachen würde; dabei sind zu berücksichtigen:
   a) die Kosten nachteiliger Auswirkungen auf Mensch und Umwelt, die mit einer gemeinsamen Sammlung und der nachfolgenden Behandlung der Abfälle verbunden sind,
   b) die Möglichkeit von Effizienzsteigerungen bei der Abfallsammlung und -behandlung und
   c) die Möglichkeit, aus der Vermarktung der getrennt gesammelten Abfälle Erlöse zu erzielen.

(4) Soweit Abfälle zur Vorbereitung zur Wiederverwendung oder zum Recycling getrennt gesammelt worden sind, ist eine energetische Verwertung nur zulässig für die Abfallfraktionen, die bei der nachgelagerten Behandlung der getrennt gesammelten

Abfälle angefallen sind, und nur soweit die energetische Verwertung dieser Abfallfraktionen den Schutz von Mensch und Umwelt unter Berücksichtigung der in § 6 Absatz 2 Satz 2 und 3 festgelegten Kriterien am besten oder in gleichwertiger Weise wie die Vorbereitung zur Wiederverwendung oder das Recycling gewährleistet. § 7 Absatz 4 gilt entsprechend.

§ 9a
Vermischungsverbot und Behandlung gefährlicher Abfälle

(1) Die Vermischung, einschließlich der Verdünnung, gefährlicher Abfälle mit anderen Kategorien von gefährlichen Abfällen oder mit anderen Abfällen, Stoffen oder Materialien ist unzulässig.

(2) Abweichend von Absatz 1 ist eine Vermischung ausnahmsweise zulässig, wenn
1. sie in einer nach diesem Gesetz oder nach dem Bundes-Immissionsschutzgesetz hierfür zugelassenen Anlage erfolgt,
2. die Anforderungen an eine ordnungsgemäße und schadlose Verwertung nach § 7 Absatz 3 eingehalten werden und schädliche Auswirkungen der Abfallbewirtschaftung auf Mensch und Umwelt durch die Vermischung nicht verstärkt werden und
3. das Vermischungsverfahren dem Stand der Technik entspricht.

(3) Sind gefährliche Abfälle in unzulässiger Weise vermischt worden, sind die Erzeuger und Besitzer der Abfälle verpflichtet, diese unverzüglich zu trennen, soweit die Trennung zur ordnungsgemäßen und schadlosen Verwertung der Abfälle nach § 7 Absatz 3 erforderlich ist. Ist eine Trennung zum Zweck der ordnungsgemäßen und schadlosen Verwertung nicht erforderlich oder zwar erforderlich, aber technisch nicht möglich oder wirtschaftlich nicht zumutbar, sind die Erzeuger und Besitzer der gemischten Abfälle verpflichtet, diese unverzüglich in einer Anlage zu behandeln, die nach diesem Gesetz oder nach dem Bundes-Immissionsschutzgesetz hierfür zugelassen ist.

§ 10
Anforderungen an die Kreislaufwirtschaft

(1) Die Bundesregierung wird ermächtigt, nach Anhörung der beteiligten Kreise (§ 68) durch Rechtsverordnung mit Zustimmung des Bundesrates, soweit es zur Erfüllung der Pflichten nach § 7 Absatz 2 bis 4, § 8 Absatz 1, der §§ 9 und 9a, insbesondere zur Sicherung der schadlosen Verwertung, erforderlich ist,
1. die Einbindung oder den Verbleib bestimmter Abfälle in Erzeugnisse/Erzeugnissen nach Art, Beschaffenheit oder Inhaltsstoffen zu beschränken oder zu verbieten,
2. Anforderungen an die getrennte Sammlung, die Behandlung, die Zulässigkeit der Vermischung sowie die Beförderung und Lagerung von Abfällen festzulegen,
3. Anforderungen an das Bereitstellen, Überlassen, Sammeln und Einsammeln von Abfällen durch Hol- und Bringsysteme, jeweils auch in einer einheitlichen Wertstofftonne oder durch eine einheitliche Wertstofferfassung in vergleichbarer Qualität gemeinsam mit gleichartigen Erzeugnissen oder mit auf dem gleichen Wege zu verwertenden Erzeugnissen, die jeweils einer verordneten Rücknahme nach § 25 unterliegen, festzulegen,
4. für bestimmte Abfälle, deren Verwertung auf Grund ihrer Art, Beschaffenheit oder Menge in besonderer Weise geeignet ist, Beeinträchtigungen des Wohls der

Allgemeinheit, vor allem der in § 15 Absatz 2 Satz 2 genannten Schutzgüter, herbeizuführen, nach Herkunftsbereich, Anfallstelle oder Ausgangsprodukt festzulegen,
   a) dass diese nur in bestimmter Menge oder Beschaffenheit oder nur für bestimmte Zwecke in Verkehr gebracht oder verwertet werden dürfen,
   b) dass diese mit bestimmter Beschaffenheit nicht in Verkehr gebracht werden dürfen,
5. Anforderungen an die Verwertung von mineralischen Abfällen in technischen Bauwerken festzulegen.

(2) Durch Rechtsverordnung nach Absatz 1 können auch Verfahren zur Überprüfung der dort festgelegten Anforderungen bestimmt werden, insbesondere
1. dass Nachweise oder Register zu führen und vorzulegen sind,
   a) auch ohne eine Anordnung nach § 51, oder
   b) abweichend von bestimmten Anforderungen nach den §§ 49 und 50 oder einer Rechtsverordnung nach § 52,
2. dass die Entsorger von Abfällen diese bei Annahme oder Weitergabe in bestimmter Art und Weise zu überprüfen und das Ergebnis dieser Prüfung in den Nachweisen oder Registern zu verzeichnen haben,
3. dass die Beförderer und Entsorger von Abfällen ein Betriebstagebuch zu führen haben, in dem bestimmte Angaben zu den Betriebsabläufen zu verzeichnen sind, die nicht schon in die Register aufgenommen werden,
4. dass die Erzeuger, Besitzer oder Entsorger von Abfällen bei Annahme oder Weitergabe der Abfälle auf die Anforderungen, die sich aus der Rechtsverordnung ergeben, hinzuweisen oder die Abfälle oder die für deren Beförderung vorgesehenen Behältnisse in bestimmter Weise zu kennzeichnen haben,
5. die Entnahme von Proben, der Verbleib und die Aufbewahrung von Rückstellproben und die hierfür anzuwendenden Verfahren,
6. die Analyseverfahren, die zur Bestimmung von einzelnen Stoffen oder Stoffgruppen erforderlich sind,
7. dass der Verpflichtete mit der Durchführung der Probenahme und der Analysen nach den Nummern 5 und 6 einen von der zuständigen Landesbehörde bekannt gegebenen Sachverständigen, eine von dieser Behörde bekannt gegebene Stelle oder eine sonstige Person, die über die erforderliche Sach- und Fachkunde verfügt, zu beauftragen hat,
8. welche Anforderungen an die Sach- und Fachkunde der Probenehmer nach Nummer 7 zu stellen sind sowie
9. dass Nachweise, Register und Betriebstagebücher nach den Nummern 1 bis 3 elektronisch zu führen und Dokumente in elektronischer Form gemäß § 3a Absatz 2 Satz 2 und 3 des Verwaltungsverfahrensgesetzes vorzulegen sind.

(3) Wegen der Anforderungen nach Absatz 2 Nummer 5 bis 7 kann auf jedermann zugängliche Bekanntmachungen verwiesen werden. Hierbei sind
1. in der Rechtsverordnung das Datum der Bekanntmachung anzugeben und die Bezugsquelle genau zu bezeichnen,
2. die Bekanntmachung beim Deutschen Patent- und Markenamt archivmäßig gesichert niederzulegen und in der Rechtsverordnung darauf hinzuweisen.

(4) Durch Rechtsverordnung nach Absatz 1 Nummer 4 kann vorgeschrieben werden, dass derjenige, der bestimmte Abfälle, an deren schadlose Verwertung nach Maßgabe des § 7 Absatz 2 und 3, des § 8 Absatz 1, der §§ 9 und 9a auf Grund ihrer Art, Beschaf-

fenheit oder Menge besondere Anforderungen zu stellen sind, in Verkehr bringt oder verwertet,
1. dies anzuzeigen hat,
2. dazu einer Erlaubnis bedarf,
3. bestimmten Anforderungen an seine Zuverlässigkeit genügen muss oder
4. seine notwendige Sach- oder Fachkunde in einem näher festzulegenden Verfahren nachzuweisen hat.

§ 11
Anforderungen an die Kreislaufwirtschaft für Bioabfälle und Klärschlämme

(1) (weggefallen)

(2) Die Bundesregierung wird ermächtigt, nach Anhörung der beteiligten Kreise (§ 68) durch Rechtsverordnung mit Zustimmung des Bundesrates zur Förderung der Verwertung von Bioabfällen und Klärschlämmen, soweit es zur Erfüllung der Pflichten nach § 20 Absatz 2 Nummer 1, § 7 Absatz 2 bis 4 und § 8 Absatz 1 erforderlich ist, insbesondere festzulegen,
1. welche Abfälle als Bioabfälle oder Klärschlämme gelten,
2. welche Anforderungen an die getrennte Sammlung von Bioabfällen zu stellen sind,
3. ob und auf welche Weise Bioabfälle und Klärschlämme zu behandeln, welche Verfahren hierbei anzuwenden und welche anderen Maßnahmen hierbei zu treffen sind,
4. welche Anforderungen an die Art und Beschaffenheit der unbehandelten, der zu behandelnden und der behandelten Bioabfälle und Klärschlämme zu stellen sind sowie
5. dass bestimmte Arten von Bioabfällen und Klärschlämmen nach Ausgangsstoff, Art, Beschaffenheit, Herkunft, Menge, Art oder Zeit der Aufbringung auf den Boden, Beschaffenheit des Bodens, Standortverhältnissen und Nutzungsart nicht, nur in bestimmten Mengen, nur in einer bestimmten Beschaffenheit oder nur für bestimmte Zwecke in Verkehr gebracht oder verwertet werden dürfen.

Durch Rechtsverordnung nach Satz 1 können entsprechend Satz 1 Nummer 3 bis 5 auch Anforderungen für die gemeinsame Verwertung von Bioabfällen und Klärschlämmen mit anderen Abfällen, Stoffen oder Materialien festgelegt werden. Anforderungen nach Satz 1 Nummer 4 und 5, auch in Verbindung mit Satz 2, können nicht festgelegt werden, soweit die ordnungsgemäße und schadlose Verwertung von Bioabfällen und Klärschlämmen durch Regelungen des Düngerechts gewährleistet ist.

(3) Durch Rechtsverordnung nach Absatz 2 Satz 1 können auch Verfahren zur Überprüfung der dort festgelegten Anforderungen an die Verwertung von Bioabfällen und Klärschlämmen bestimmt werden, insbesondere
1. Untersuchungspflichten hinsichtlich der Wirksamkeit der Behandlung, der Beschaffenheit der unbehandelten und behandelten Bioabfälle und Klärschlämme, der anzuwendenden Verfahren oder der anderen Maßnahmen,
2. Untersuchungsmethoden, die zur Überprüfung der Maßnahmen nach Nummer 1 erforderlich sind,
3. Untersuchungen des Bodens sowie

4. Verfahren zur Überprüfung der Anforderungen entsprechend § 10 Absatz 2 Nummer 1 bis 9 und Absatz 3.

Durch Rechtsverordnung nach Absatz 2 Satz 1 Nummer 1 kann vorgeschrieben werden, dass derjenige, der bestimmte Bioabfälle oder Klärschlämme, an deren schadlose Verwertung nach Maßgabe des § 7 Absatz 2 und 3, des § 8 Absatz 1, der §§ 9 und 9a auf Grund ihrer Art, Beschaffenheit oder Menge besondere Anforderungen zu stellen sind, in Verkehr bringt oder verwertet,

1. dies anzuzeigen hat,
2. dazu einer Erlaubnis bedarf,
3. bestimmten Anforderungen an seine Zuverlässigkeit genügen muss oder
4. seine notwendige Sach- oder Fachkunde in einem näher festzulegenden Verfahren nachzuweisen hat.

(4) Die Landesregierungen können Rechtsverordnungen im Sinne der Absätze 2 und 3 für die Verwertung von Bioabfällen und Klärschlämmen und für die Aufbringung von Bioabfällen und Klärschlämmen auf Böden erlassen, soweit die Bundesregierung von der Ermächtigung keinen Gebrauch macht. Die Landesregierungen können die Ermächtigung nach Satz 1 durch Rechtsverordnung ganz oder teilweise auf andere Behörden übertragen.

§ 12
Qualitätssicherung im Bereich der Bioabfälle und Klärschlämme

(1) Zur Förderung der Kreislaufwirtschaft und zur Sicherstellung des Schutzes von Mensch und Umwelt bei der Erzeugung und Bewirtschaftung von Bioabfällen und Klärschlämmen nach Maßgabe der hierfür geltenden Rechtsvorschriften können die Träger der Qualitätssicherung und die Qualitätszeichennehmer eine regelmäßige Qualitätssicherung einrichten.

(2) Qualitätszeichennehmer ist eine natürliche oder juristische Person, die

1. gewerbsmäßig, im Rahmen wirtschaftlicher Unternehmen oder öffentlicher Einrichtungen Bioabfälle oder Klärschlämme erzeugt, behandelt oder verwertet und
2. in Bezug auf erzeugte, behandelte oder verwertete Bioabfälle oder Klärschlämme, auch in Mischungen mit anderen Abfällen, Stoffen oder Materialien, über ein Qualitätszeichen eines Trägers der Qualitätssicherung verfügt.

(3) Das Qualitätszeichen darf nur erteilt werden, wenn der Qualitätszeichennehmer

1. die für die Sicherung der Qualität der Bioabfälle oder Klärschlämme erforderlichen Anforderungen an die Organisation, die personelle, gerätetechnische und sonstige Ausstattung sowie an die Zuverlässigkeit und Fach- und Sachkunde seines Personals erfüllt,
2. die Anforderungen an die Qualitätssicherung, insbesondere zur Minderung von Schadstoffen, zur Gewährleistung der seuchen- und phytohygienischen Unbedenklichkeit erfüllt und
3. sich verpflichtet, die Erfüllung der Anforderungen nach den Nummern 1 und 2 im Rahmen einer fortlaufenden Überwachung gegenüber dem Träger der Qualitätssicherung darzulegen.

(4) Der Qualitätszeichennehmer darf das Qualitätszeichen nur führen, soweit und solange es ihm vom Träger der Qualitätssicherung erteilt ist.

(5) Ein Träger der Qualitätssicherung ist ein rechtsfähiger Zusammenschluss von Erzeugern oder Bewirtschaftern von Bioabfällen oder Klärschlämmen, Fachverbänden

sowie von fachkundigen Einrichtungen, Institutionen oder Personen. Der Träger der Qualitätssicherung bedarf der Anerkennung der zuständigen Behörde. Die Erteilung des Qualitätszeichens erfolgt auf der Grundlage einer Satzung, eines Überwachungsvertrages oder einer sonstigen für den Qualitätszeichennehmer verbindlichen Regelung, die insbesondere die Anforderungen an die Qualitätszeichennehmer, an die von diesen erzeugten, behandelten oder verwerteten Bioabfälle oder Klärschlämme und an deren Überwachung festlegt.

(6) Der Träger der Qualitätssicherung hat sich für die Überprüfung der Qualitätszeichennehmer Sachverständiger zu bedienen, die die für die Durchführung der Überwachung erforderliche Zuverlässigkeit, Unabhängigkeit sowie Fach- und Sachkunde besitzen.

(7) Die Bundesregierung wird ermächtigt, nach Anhörung der beteiligten Kreise (§ 68) durch Rechtsverordnung mit Zustimmung des Bundesrates Anforderungen an die Qualitätssicherung von Bioabfällen und Klärschlämmen vorzuschreiben. In der Rechtsverordnung können insbesondere

1. Anforderungen an die Maßnahmen zur Qualitätssicherung, einschließlich deren Umfang bestimmt werden,
2. Anforderungen an die Organisation, die personelle, gerätetechnische und sonstige Ausstattung und die Tätigkeit eines Qualitätszeichennehmers bestimmt sowie ein ausreichender Haftpflichtversicherungsschutz gefordert werden,
3. Anforderungen an den Qualitätszeichennehmer und die bei ihm beschäftigten Personen, insbesondere Mindestanforderungen an die Fach- und Sachkunde und die Zuverlässigkeit sowie an deren Nachweis, bestimmt werden,
4. Anforderungen an die Tätigkeit der Träger der Qualitätssicherung, insbesondere an deren Bildung, Auflösung, Organisation und Arbeitsweise, einschließlich der Bestellung, Aufgaben und Befugnisse der Prüforgane sowie Mindestanforderungen an die Mitglieder dieser Prüforgane, bestimmt werden,
5. Mindestanforderungen an die für die Träger der Qualitätssicherung tätigen Sachverständigen sowie deren Bestellung, Tätigkeit und Kontrolle bestimmt werden,
6. Anforderungen an das Qualitätszeichen, insbesondere an die Form und den Inhalt, sowie an seine Erteilung, seine Aufhebung, sein Erlöschen und seinen Entzug bestimmt werden,
7. die besonderen Voraussetzungen, das Verfahren, die Erteilung und die Aufhebung der Anerkennung des Trägers der Qualitätssicherung durch die zuständige Behörde geregelt werden,
8. für die erforderlichen Erklärungen, Nachweise, Benachrichtigungen oder sonstigen Daten die elektronische Führung und die Vorlage von Dokumenten in elektronischer Form gemäß § 3a Absatz 2 Satz 2 und 3 des Verwaltungsverfahrensgesetzes angeordnet werden.

§ 13
Pflichten der Anlagenbetreiber

Die Pflichten der Betreiber von genehmigungsbedürftigen und nicht genehmigungsbedürftigen Anlagen nach dem Bundes-Immissionsschutzgesetz, diese so zu errichten und zu betreiben, dass Abfälle vermieden, verwertet oder beseitigt werden, richten sich nach den Vorschriften des Bundes-Immissionsschutzgesetzes.

§ 14
Förderung des Recyclings und der sonstigen stofflichen Verwertung

(1) Die Vorbereitung zur Wiederverwendung und das Recycling von Siedlungsabfällen sollen betragen:
1. spätestens ab dem 1. Januar 2020 insgesamt mindestens 50 Gewichtsprozent
2. spätestens ab dem 1. Januar 2025 insgesamt mindestens 55 Gewichtsprozent
3. spätestens ab dem 1. Januar 2030 insgesamt mindestens 60 Gewichtsprozent und
4. spätestens ab dem 1. Januar 2035 insgesamt mindestens 65 Gewichtsprozent.

(2) Die Vorbereitung zur Wiederverwendung, das Recycling und die sonstige stoffliche Verwertung von nicht gefährlichen Bau- und Abbruchabfällen mit Ausnahme von in der Natur vorkommenden Materialien, die in der Anlage zur Abfallverzeichnisverordnung mit dem Abfallschlüssel 17 05 04 gekennzeichnet sind, sollen spätestens ab dem 1. Januar 2020 mindestens 70 Gewichtsprozent betragen.

Abschnitt 3
Abfallbeseitigung

§ 15
Grundpflichten der Abfallbeseitigung

(1) Die Erzeuger oder Besitzer von Abfällen, die nicht verwertet werden, sind verpflichtet, diese zu beseitigen, soweit in § 17 nichts anderes bestimmt ist. Durch die Behandlung von Abfällen sind deren Menge und Schädlichkeit zu vermindern. Energie oder Abfälle, die bei der Beseitigung anfallen, sind hochwertig zu nutzen; § 8 Absatz 1 Satz 3 gilt entsprechend.

(2) Abfälle sind so zu beseitigen, dass das Wohl der Allgemeinheit nicht beeinträchtigt wird. Eine Beeinträchtigung liegt insbesondere dann vor, wenn
1. die Gesundheit der Menschen beeinträchtigt wird
2. Tiere oder Pflanzen gefährdet werden,
3. Gewässer oder Böden schädlich beeinflusst werden,
4. schädliche Umwelteinwirkungen durch Luftverunreinigungen oder Lärm herbeigeführt werden,
5. die Ziele oder Grundsätze und sonstigen Erfordernisse der Raumordnung nicht beachtet oder die Belange des Naturschutzes, der Landschaftspflege sowie des Städtebaus nicht berücksichtigt werden oder
6. die öffentliche Sicherheit oder Ordnung in sonstiger Weise gefährdet oder gestört wird.

(3) Soweit dies zur Erfüllung der Anforderungen nach den Absätzen 1 und 2 erforderlich ist, sind Abfälle zur Beseitigung getrennt zu sammeln und zu behandeln. § 9 Absatz 2 und 3 und § 9a gelten entsprechend.

(4) Die Ablagerung von Siedlungsabfällen auf Deponien darf spätestens ab dem 1. Januar 2035 höchstens 10 Gewichtsprozent des gesamten Siedlungsabfallaufkommens betragen.

§ 16
Anforderungen an die Abfallbeseitigung

Die Bundesregierung wird ermächtigt, nach Anhörung der beteiligten Kreise (§ 68) durch Rechtsverordnung mit Zustimmung des Bundesrates zur Erfüllung der Pflichten nach § 15 entsprechend dem Stand der Technik Anforderungen an die Beseitigung von Abfällen nach Herkunftsbereich, Anfallstelle sowie nach Art, Menge und Beschaffenheit festzulegen, insbesondere

1. Anforderungen an die getrennte Sammlung und die Behandlung von Abfällen,
2. Anforderungen an das Bereitstellen, Überlassen, Sammeln und Einsammeln, die Beförderung, Lagerung und Ablagerung von Abfällen sowie
3. Verfahren zur Überprüfung der Anforderungen entsprechend § 10 Absatz 2 Nummer 1 bis 9 und Absatz 3.

Durch Rechtsverordnung nach Satz 1 Nummer 1 und 2 kann vorgeschrieben werden, dass derjenige, der bestimmte Abfälle, an deren Behandlung, Sammlung, Einsammlung, Beförderung, Lagerung und Ablagerung nach Maßgabe des § 15 auf Grund ihrer Art, Beschaffenheit oder Menge besondere Anforderungen zu stellen sind, in Verkehr bringt oder beseitigt,

1. dies anzuzeigen hat,
2. dazu einer Erlaubnis bedarf,
3. bestimmten Anforderungen an seine Zuverlässigkeit genügen muss oder
4. seine notwendige Sach- oder Fachkunde in einem näher festzulegenden Verfahren nachzuweisen hat.

Abschnitt 4
Öffentlich-rechtliche Entsorgung und Beauftragung Dritter

§ 17
Überlassungspflichten

(1) Abweichend von § 7 Absatz 2 und § 15 Absatz 1 sind Erzeuger oder Besitzer von Abfällen aus privaten Haushaltungen verpflichtet, diese Abfälle den nach Landesrecht zur Entsorgung verpflichteten juristischen Personen (öffentlich-rechtliche Entsorgungsträger) zu überlassen, soweit sie zu einer Verwertung auf den von ihnen im Rahmen ihrer privaten Lebensführung genutzten Grundstücken nicht in der Lage sind oder diese nicht beabsichtigen. Satz 1 gilt auch für Erzeuger und Besitzer von Abfällen zur Beseitigung aus anderen Herkunftsbereichen, soweit sie diese nicht in eigenen Anlagen beseitigen. Die Befugnis zur Beseitigung der Abfälle in eigenen Anlagen nach Satz 2 besteht nicht, soweit die Überlassung der Abfälle an den öffentlich-rechtlichen Entsorgungsträger auf Grund überwiegender öffentlicher Interessen erforderlich ist.

(2) Die Überlassungspflicht besteht nicht für Abfälle,

1. die einer Rücknahme- oder Rückgabepflicht auf Grund einer Rechtsverordnung nach § 25 unterliegen, soweit nicht die öffentlich-rechtlichen Entsorgungsträger auf Grund einer Bestimmung nach § 25 Absatz 2 Nummer 8 an der Rücknahme mitwirken; hierfür kann insbesondere eine einheitliche Wertstofftonne oder eine einheitliche Wertstofferfassung in vergleichbarer Qualität vorgesehen werden,

durch die werthaltige Abfälle aus privaten Haushaltungen in effizienter Weise erfasst und einer hochwertigen Verwertung zugeführt werden,
2. die in Wahrnehmung der Produktverantwortung nach § 26 freiwillig zurückgenommen werden, soweit dem zurücknehmenden Hersteller oder Vertreiber ein Feststellungs- oder Freistellungsbescheid nach § 26 Absatz 3 oder § 26a Absatz 1 Satz 1 erteilt worden ist,
3. die durch gemeinnützige Sammlung einer ordnungsgemäßen und schadlosen Verwertung zugeführt werden,
4. die durch gewerbliche Sammlung einer ordnungsgemäßen und schadlosen Verwertung zugeführt werden, soweit überwiegende öffentliche Interessen dieser Sammlung nicht entgegenstehen.

Satz 1 Nummer 3 und 4 gilt nicht für gemischte Abfälle aus privaten Haushaltungen und gefährliche Abfälle. Sonderregelungen der Überlassungspflicht durch Rechtsverordnungen nach den §§ 10, 16 und 25 bleiben unberührt.

(3) Überwiegende öffentliche Interessen nach Absatz 2 Satz 1 Nummer 4 stehen einer gewerblichen Sammlung entgegen, wenn die Sammlung in ihrer konkreten Ausgestaltung, auch im Zusammenwirken mit anderen Sammlungen, die Funktionsfähigkeit des öffentlich-rechtlichen Entsorgungsträgers, des von diesem beauftragten Dritten oder des auf Grund einer Rechtsverordnung nach § 25 eingerichteten Rücknahmesystems gefährdet. Eine Gefährdung der Funktionsfähigkeit des öffentlich-rechtlichen Entsorgungsträgers oder des von diesem beauftragten Dritten ist anzunehmen, wenn die Erfüllung der nach § 20 bestehenden Entsorgungspflichten zu wirtschaftlich ausgewogenen Bedingungen verhindert oder die Planungssicherheit und Organisationsverantwortung wesentlich beeinträchtigt wird. Eine wesentliche Beeinträchtigung der Planungssicherheit und Organisationsverantwortung des öffentlich-rechtlichen Entsorgungsträgers ist insbesondere anzunehmen, wenn durch die gewerbliche Sammlung
1. Abfälle erfasst werden, für die der öffentlich-rechtliche Entsorgungsträger oder der von diesem beauftragte Dritte eine haushaltsnahe oder sonstige hochwertige getrennte Erfassung und Verwertung der Abfälle durchführt,
2. die Stabilität der Gebühren gefährdet wird oder
3. die diskriminierungsfreie und transparente Vergabe von Entsorgungsleistungen im Wettbewerb erheblich erschwert oder unterlaufen wird.

Satz 3 Nummer 1 und 2 gilt nicht, wenn die vom gewerblichen Sammler angebotene Sammlung und Verwertung der Abfälle wesentlich leistungsfähiger ist als die von dem öffentlich-rechtlichen Entsorgungsträger oder dem von ihm beauftragten Dritten bereits angebotene oder konkret geplante Leistung. Bei der Beurteilung der Leistungsfähigkeit sind sowohl die in Bezug auf die Ziele der Kreislaufwirtschaft zu beurteilenden Kriterien der Qualität und der Effizienz, des Umfangs und der Dauer der Erfassung und Verwertung der Abfälle als auch die aus Sicht aller privaten Haushalte im Gebiet des öffentlich-rechtlichen Entsorgungsträgers zu beurteilende gemeinwohlorientierte Servicegerechtigkeit der Leistung zugrunde zu legen. Leistungen, die über die unmittelbare Sammel- und Verwertungsleistung hinausgehen, insbesondere Entgeltzahlungen, sind bei der Beurteilung der Leistungsfähigkeit nicht zu berücksichtigen.

(4) Die Länder können zur Sicherstellung der umweltverträglichen Beseitigung Andienungs- und Überlassungspflichten für gefährliche Abfälle zur Beseitigung bestimmen. Andienungspflichten für gefährliche Abfälle zur Verwertung, die die Länder bis zum 7. Oktober 1996 bestimmt haben, bleiben unberührt.

§ 18
Anzeigeverfahren für Sammlungen

(1) Gemeinnützige Sammlungen im Sinne des § 17 Absatz 2 Satz 1 Nummer 3 und gewerbliche Sammlungen im Sinne des § 17 Absatz 2 Satz 1 Nummer 4 sind spätestens drei Monate vor ihrer beabsichtigten Aufnahme durch ihren Träger der zuständigen Behörde nach Maßgabe der Absätze 2 und 3 anzuzeigen.

(2) Der Anzeige einer gewerblichen Sammlung sind beizufügen
1. Angaben über die Größe und Organisation des Sammlungsunternehmens,
2. Angaben über Art, Ausmaß und Dauer, insbesondere über den größtmöglichen Umfang und die Mindestdauer der Sammlung,
3. Angaben über Art, Menge und Verbleib der zu verwertenden Abfälle,
4. eine Darlegung der innerhalb des angezeigten Zeitraums vorgesehenen Verwertungswege einschließlich der erforderlichen Maßnahmen zur Sicherstellung ihrer Kapazitäten sowie
5. eine Darlegung, wie die ordnungsgemäße und schadlose Verwertung der gesammelten Abfälle im Rahmen der Verwertungswege nach Nummer 4 gewährleistet wird.

(3) Der Anzeige der gemeinnützigen Sammlung sind beizufügen
1. Angaben über die Größe und Organisation des Trägers der gemeinnützigen Sammlung sowie gegebenenfalls des Dritten, der mit der Sammlung beauftragt wird, sowie
2. Angaben über Art, Ausmaß und Dauer der Sammlung.

Die Behörde kann verlangen, dass der Anzeige der gemeinnützigen Sammlung Unterlagen entsprechend Absatz 2 Nummer 3 bis 5 beizufügen sind.

(4) Die zuständige Behörde fordert den von der gewerblichen oder gemeinnützigen Sammlung betroffenen öffentlich-rechtlichen Entsorgungsträger auf, für seinen Zuständigkeitsbereich eine Stellungnahme innerhalb einer Frist von zwei Monaten abzugeben. Hat der öffentlich-rechtliche Entsorgungsträger bis zum Ablauf dieser Frist keine Stellungnahme abgegeben, ist davon auszugehen, dass sich dieser nicht äußern will.

(5) Die zuständige Behörde kann die angezeigte Sammlung von Bedingungen abhängig machen, sie zeitlich befristen oder Auflagen für sie vorsehen, soweit dies erforderlich ist, um die Erfüllung der Voraussetzungen nach § 17 Absatz 2 Satz 1 Nummer 3 oder Nummer 4 sicherzustellen. Die zuständige Behörde hat die Durchführung der angezeigten Sammlung zu untersagen, wenn Tatsachen bekannt sind, aus denen sich Bedenken gegen die Zuverlässigkeit des Anzeigenden oder der für die Leitung und Beaufsichtigung der Sammlung verantwortlichen Personen ergeben, oder die Einhaltung der in § 17 Absatz 2 Satz 1 Nummer 3 oder Nummer 4 genannten Voraussetzungen anders nicht zu gewährleisten ist.

(6) Die zuständige Behörde kann bestimmen, dass eine gewerbliche Sammlung mindestens für einen bestimmten Zeitraum durchzuführen ist; dieser Zeitraum darf drei Jahre nicht überschreiten. Wird die gewerbliche Sammlung vor Ablauf des nach Satz 1 bestimmten Mindestzeitraums eingestellt oder innerhalb dieses Zeitraums in ihrer Art und ihrem Ausmaß in Abweichung von den von der Behörde nach Absatz 5 Satz 1 festgelegten Bedingungen oder Auflagen wesentlich eingeschränkt, ist der Träger der gewerblichen Sammlung dem betroffenen öffentlich-rechtlichen Entsorgungsträger gegenüber zum Ersatz der Mehraufwendungen verpflichtet, die für die Sammlung und Verwertung der bislang von der gewerblichen Sammlung erfassten Abfälle erfor-

derlich sind. Zur Absicherung des Ersatzanspruchs kann die zuständige Behörde dem Träger der gewerblichen Sammlung eine Sicherheitsleistung auferlegen.

(7) Soweit eine gewerbliche Sammlung, die zum Zeitpunkt des Inkrafttretens dieses Gesetzes bereits durchgeführt wurde, die Funktionsfähigkeit des öffentlich-rechtlichen Entsorgungsträgers, des von diesem beauftragten Dritten oder des auf Grund einer Rechtsverordnung nach § 25 eingerichteten Rücknahmesystems bislang nicht gefährdet hat, ist bei Anordnungen nach Absatz 5 oder 6 der Grundsatz der Verhältnismäßigkeit, insbesondere ein schutzwürdiges Vertrauen des Trägers der Sammlung auf ihre weitere Durchführung, zu beachten.

(8) Der von der gewerblichen Sammlung betroffene öffentlich-rechtliche Entsorgungsträger hat einen Anspruch darauf, dass die für gewerbliche Sammlungen geltenden Bestimmungen des Anzeigeverfahrens eingehalten werden.

§ 19
Duldungspflichten bei Grundstücken

(1) Die Eigentümer und Besitzer von Grundstücken, auf denen überlassungspflichtige Abfälle anfallen, sind verpflichtet, das Aufstellen von zur Erfassung notwendigen Behältnissen sowie das Betreten des Grundstücks zum Zweck des Einsammelns und zur Überwachung des Getrennthaltens und der Verwertung von Abfällen zu dulden. Die Bediensteten und Beauftragten der zuständigen Behörde dürfen Geschäfts- und Betriebsgrundstücke und Geschäfts- und Betriebsräume außerhalb der üblichen Geschäftszeiten sowie Wohnräume ohne Einverständnis des Inhabers nur zur Verhütung dringender Gefahren für die öffentliche Sicherheit und Ordnung betreten. Das Grundrecht auf Unverletzlichkeit der Wohnung (Artikel 13 Absatz 1 des Grundgesetzes) wird insoweit eingeschränkt.

(2) Absatz 1 gilt entsprechend für Rücknahme- und Sammelsysteme, die zur Durchführung von Rücknahmepflichten auf Grund einer Rechtsverordnung nach § 25 erforderlich sind.

§ 20
Pflichten der öffentlich-rechtlichen Entsorgungsträger

(1) Die öffentlich-rechtlichen Entsorgungsträger haben die in ihrem Gebiet angefallenen und überlassenen Abfälle aus privaten Haushaltungen und Abfälle zur Beseitigung aus anderen Herkunftsbereichen nach Maßgabe der §§ 6 bis 11 zu verwerten oder nach Maßgabe der §§ 15 und 16 zu beseitigen. Werden Abfälle zur Beseitigung überlassen, weil die Pflicht zur Verwertung aus den in § 7 Absatz 4 genannten Gründen nicht erfüllt werden muss, sind die öffentlich-rechtlichen Entsorgungsträger zur Verwertung verpflichtet, soweit bei ihnen diese Gründe nicht vorliegen.

(2) Die öffentlich-rechtlichen Entsorgungsträger sind verpflichtet, folgende in ihrem Gebiet in privaten Haushaltungen angefallenen und überlassenen Abfälle getrennt zu sammeln:

1. Bioabfälle; § 9 Absatz 1 und 3 Nummer 3 und 4 sowie Absatz 4 gilt entsprechend,
2. Kunststoffabfälle; § 9 gilt entsprechend,
3. Metallabfälle; § 9 gilt entsprechend,
4. Papierabfälle; § 9 gilt entsprechend,
5. Glas; § 9 Absatz 1 und 3 Nummer 3 und 4 sowie Absatz 4 gilt entsprechend,

6. Textilabfälle; § 9 gilt entsprechend,
7. Sperrmüll; die öffentlich-rechtlichen Entsorgungsträger sammeln Sperrmüll in einer Weise, welche die Vorbereitung zur Wiederverwendung und das Recycling der einzelnen Bestandteile ermöglicht und
8. gefährliche Abfälle; die öffentlich-rechtlichen Entsorgungsträger stellen sicher, dass sich die gefährlichen Abfälle bei der Sammlung nicht mit anderen Abfällen vermischen.

Die Verpflichtung zur getrennten Sammlung von Textilabfällen nach Satz 1 Nummer 6 gilt ab dem 1. Januar 2025.

(3) Die öffentlich-rechtlichen Entsorgungsträger können mit Zustimmung der zuständigen Behörde Abfälle von der Entsorgung ausschließen, soweit diese der Rücknahmepflicht auf Grund einer nach § 25 erlassenen Rechtsverordnung oder auf Grund eines Gesetzes unterliegen und entsprechende Rücknahmeeinrichtungen tatsächlich zur Verfügung stehen. Satz 1 gilt auch für Abfälle zur Beseitigung aus anderen Herkunftsbereichen als privaten Haushaltungen, soweit diese nach Art, Menge oder Beschaffenheit nicht mit den in Haushaltungen anfallenden Abfällen entsorgt werden können oder die Sicherheit der umweltverträglichen Beseitigung im Einklang mit den Abfallwirtschaftsplänen der Länder durch einen anderen öffentlich-rechtlichen Entsorgungsträger oder Dritten gewährleistet ist. Die öffentlich-rechtlichen Entsorgungsträger können den Ausschluss von der Entsorgung nach den Sätzen 1 und 2 mit Zustimmung der zuständigen Behörde widerrufen, soweit die dort genannten Voraussetzungen für einen Ausschluss nicht mehr vorliegen.

(4) Die Pflichten nach Absatz 1 gelten auch für Kraftfahrzeuge oder Anhänger ohne gültige amtliche Kennzeichen, wenn diese
1. auf öffentlichen Flächen oder außerhalb im Zusammenhang bebauter Ortsteile abgestellt sind,
2. keine Anhaltspunkte für deren Entwendung oder bestimmungsgemäße Nutzung bestehen sowie
3. nicht innerhalb eines Monats nach einer am Fahrzeug angebrachten, deutlich sichtbaren Aufforderung entfernt worden sind.

§ 21
Abfallwirtschaftskonzepte und Abfallbilanzen

Die öffentlich-rechtlichen Entsorgungsträger im Sinne des § 20 haben Abfallwirtschaftskonzepte und Abfallbilanzen über die Verwertung, insbesondere die Vorbereitung zur Wiederverwendung und das Recycling, und die Beseitigung der in ihrem Gebiet anfallenden und ihnen zu überlassenden Abfälle zu erstellen; dabei werden die betriebenen und geplanten Systeme zur Getrenntsammlung, insbesondere der in § 20 Absatz 2 genannten Abfallarten, gesondert dargestellt. In den Abfallwirtschaftskonzepten und Abfallbilanzen sind zudem die getroffenen Maßnahmen zur Abfallvermeidung darzustellen. Bei der Fortentwicklung von Abfallvermeidungsmaßnahmen sind die Maßnahmen des Abfallvermeidungsprogramms nach § 33 zu berücksichtigen. Die Anforderungen an Abfallwirtschaftskonzepte und Abfallbilanzen richten sich nach Landesrecht.

§ 22
Beauftragung Dritter

Die zur Verwertung und Beseitigung Verpflichteten können Dritte mit der Erfüllung ihrer Pflichten beauftragen. Ihre Verantwortlichkeit für die Erfüllung der Pflichten bleibt hiervon unberührt und so lange bestehen, bis die Entsorgung endgültig und ordnungsgemäß abgeschlossen ist. Die beauftragten Dritten müssen über die erforderliche Zuverlässigkeit verfügen.

Teil 3
Produktverantwortung

§ 23
Produktverantwortung

(1) Wer Erzeugnisse entwickelt, herstellt, be- oder verarbeitet oder vertreibt, trägt zur Erfüllung der Ziele der Kreislaufwirtschaft die Produktverantwortung. Erzeugnisse sind möglichst so zu gestalten, dass bei ihrer Herstellung und ihrem Gebrauch das Entstehen von Abfällen vermindert wird und sichergestellt ist, dass die nach ihrem Gebrauch entstandenen Abfälle umweltverträglich verwertet oder beseitigt werden. Beim Vertrieb der Erzeugnisse ist dafür zu sorgen, dass deren Gebrauchstauglichkeit erhalten bleibt und diese nicht zu Abfall werden.

(2) Die Produktverantwortung umfasst insbesondere

1. die Entwicklung, die Herstellung und das Inverkehrbringen von Erzeugnissen, die ressourceneffizient, mehrfach verwendbar, technisch langlebig, reparierbar und nach Gebrauch zur ordnungsgemäßen, schadlosen und hochwertigen Verwertung sowie zur umweltverträglichen Beseitigung geeignet sind,
2. den vorrangigen Einsatz von verwertbaren Abfällen oder sekundären Rohstoffen, insbesondere Rezyklaten, bei der Herstellung von Erzeugnissen,
3. den sparsamen Einsatz von kritischen Rohstoffen und die Kennzeichnung der in den Erzeugnissen enthaltenen kritischen Rohstoffe, um zu verhindern, dass diese Erzeugnisse zu Abfall werden sowie sicherzustellen, dass die kritischen Rohstoffe aus den Erzeugnissen oder den nach Gebrauch der Erzeugnisse entstandenen Abfällen zurückgewonnen werden können,
4. die Stärkung der Wiederverwendung von Erzeugnissen, insbesondere die Unterstützung von Systemen zur Wiederverwendung und Reparatur,
5. die Senkung des Gehalts an gefährlichen Stoffen sowie die Kennzeichnung von schadstoffhaltigen Erzeugnissen, um sicherzustellen, dass die nach Gebrauch der Erzeugnisse entstandenen Abfälle umweltverträglich verwertet oder beseitigt werden,
6. den Hinweis auf Rückgabe-, Wiederverwendungs-, Verwertungs- und Beseitigungsmöglichkeiten oder -pflichten und Pfandregelungen durch Kennzeichnung der Erzeugnisse,
7. die Rücknahme der Erzeugnisse und der nach Gebrauch der Erzeugnisse entstandenen Abfälle sowie deren nachfolgende umweltverträgliche Verwertung oder Beseitigung,
8. die Übernahme der finanziellen oder der finanziellen und organisatorischen Verantwortung für die Bewirtschaftung der nach Gebrauch der Erzeugnisse entstandenen Abfälle,

9. die Information und Beratung der Öffentlichkeit über Möglichkeiten der Vermeidung, Verwertung und Beseitigung von Abfällen, insbesondere über Anforderungen an die Getrenntsammlung sowie Maßnahmen zur Verhinderung der Vermüllung der Umwelt,
10. die Beteiligung an Kosten, die den öffentlich-rechtlichen Entsorgungsträgern und sonstigen juristischen Personen des öffentlichen Rechts für die Reinigung der Umwelt und die anschließende umweltverträgliche Verwertung und Beseitigung der nach Gebrauch der aus den von einem Hersteller oder Vertreiber in Verkehr gebrachten Erzeugnissen entstandenen Abfälle entstehen sowie
11. eine Obhutspflicht hinsichtlich der vertriebenen Erzeugnisse, insbesondere die Pflicht, beim Vertrieb der Erzeugnisse, auch im Zusammenhang mit deren Rücknahme oder Rückgabe, dafür zu sorgen, dass die Gebrauchstauglichkeit der Erzeugnisse erhalten bleibt und diese nicht zu Abfall werden.

(3) Im Rahmen der Produktverantwortung nach den Absätzen 1 und 2 sind neben der Verhältnismäßigkeit der Anforderungen entsprechend § 7 Absatz 4 die sich aus anderen Rechtsvorschriften ergebenden Regelungen zur Produktverantwortung und zum Schutz von Mensch und Umwelt sowie die Festlegungen des Unionsrechts über den freien Warenverkehr zu berücksichtigen.

(4) Die Bundesregierung bestimmt durch Rechtsverordnungen auf Grund der §§ 24 und 25, welche Verpflichteten die Produktverantwortung nach den Absätzen 1 und 2 wahrzunehmen haben. Sie legt zugleich fest, für welche Erzeugnisse und in welcher Art und Weise die Produktverantwortung wahrzunehmen ist.

§ 24
Anforderungen an Verbote, Beschränkungen, Kennzeichnungen, Beratung, Information und Obhutspflicht

Zur Festlegung von Anforderungen nach § 23 wird die Bundesregierung ermächtigt, nach Anhörung der beteiligten Kreise (§ 68) durch Rechtsverordnung mit Zustimmung des Bundesrates zu bestimmen, dass

1. bestimmte Erzeugnisse nur ressourceneffizient, insbesondere in einer Form, die die mehrfache Verwendung, die technische Langlebigkeit und die Reparierbarkeit erleichtert, sowie in bestimmter, die Abfallbewirtschaftung spürbar entlastender Weise in Verkehr gebracht werden dürfen,
2. bestimmte Erzeugnisse nur in bestimmter Beschaffenheit oder Form oder für bestimmte Verwendungen in Verkehr gebracht werden dürfen, bei denen eine umweltverträgliche Verwertung oder Beseitigung der nach Gebrauch der Erzeugnisse entstandenen Abfälle gewährleistet werden kann,
3. bestimmte Erzeugnisse nur in bestimmter, die Abfallentsorgung spürbar entlastender Weise in Verkehr gebracht werden dürfen, insbesondere in einer Form, die die mehrfache Verwendung oder die Verwertung erleichtert,
4. bestimmte Erzeugnisse nicht in Verkehr gebracht werden dürfen, wenn
   a) bei der Verwertung oder Beseitigung der nach Gebrauch der Erzeugnisse entstehenden Abfälle die Freisetzung von Schadstoffen nicht oder nur mit unverhältnismäßig hohem Aufwand verhindert werden könnte und die umweltverträgliche Verwertung oder Beseitigung nicht auf andere Weise sichergestellt werden kann,

   b) ihre Verwendung in erheblichem Umfang zur Vermüllung der Umwelt beiträgt und dies nicht oder nur mit unverhältnismäßig hohem Aufwand verhindert werden kann,
5. bestimmte Erzeugnisse in bestimmter Weise zu kennzeichnen sind, um insbesondere die Erfüllung der Pflichten nach § 7 Absatz 2 und 3, § 8 Absatz 1 oder § 9 Absatz 1 und 3 im Anschluss an die Rücknahme zu sichern oder zu fördern,
6. bestimmte Erzeugnisse wegen der im Erzeugnis enthaltenen kritischen Rohstoffe, sonstiger Materialien oder des Schadstoffgehalts der nach Gebrauch der Erzeugnisse entstehenden Abfälle nur mit einer Kennzeichnung in Verkehr gebracht werden dürfen, die insbesondere auf die Notwendigkeit einer Rückgabe an die Hersteller, Vertreiber oder bestimmte Dritte hinweist,
7. für bestimmte Erzeugnisse an der Abgabestelle oder der Stelle des Inverkehrbringens Hinweise zu geben oder die Erzeugnisse zu kennzeichnen sind im Hinblick auf
   a) die Vermeidung der nach Gebrauch der Erzeugnisse entstandenen Abfälle und die Wiederverwendbarkeit der Erzeugnisse,
   b) die Vermeidung der Vermüllung der Umwelt durch die nach Gebrauch der Erzeugnisse entstandenen Abfälle,
   c) den Einsatz von sekundären Rohstoffen, insbesondere Rezyklaten, sowie die Recyclingfähigkeit der nach Gebrauch der Erzeugnisse entstandenen Abfälle,
   d) die umweltverträgliche Verwertung und Beseitigung der nach Gebrauch der Erzeugnisse entstandenen Abfälle und
   e) die Rückgabemöglichkeit im Falle einer verordneten Rücknahme- oder Rückgabepflicht nach § 25,
8. bestimmte Erzeugnisse, für die die Erhebung eines Pfandes nach § 25 verordnet wurde, entsprechend zu kennzeichnen sind, gegebenenfalls mit Angabe der Höhe des Pfandes,
9. für bestimmte Erzeugnisse, insbesondere solche, deren Verwendung in erheblichem Umfang zur Vermüllung der Umwelt beiträgt, die Öffentlichkeit über die Auswirkungen der Vermüllung der Umwelt, die Möglichkeiten der Vermeidung und der Bewirtschaftung der nach Gebrauch der Erzeugnisse entstehenden Abfälle zu beraten und zu informieren ist,
10. beim Vertrieb bestimmter Erzeugnisse, auch im Zusammenhang mit deren Rücknahme oder Rückgabe, dafür zu sorgen ist, dass die Gebrauchstauglichkeit der Erzeugnisse erhalten bleibt und diese nicht zu Abfall werden.

§ 25
Anforderungen an Rücknahme- und Rückgabepflichten, die Wiederverwendung, die Verwertung und die Beseitigung der nach Gebrauch der Erzeugnisse entstandenen Abfälle, Kostenbeteiligungen für die Reinigung der Umwelt; Obhutspflicht

(1) Zur Festlegung von Anforderungen nach § 23 wird die Bundesregierung ermächtigt, nach Anhörung der beteiligten Kreise (§ 68) durch Rechtsverordnung mit Zustimmung des Bundesrates zu bestimmen, dass Hersteller oder Vertreiber
   1. bestimmte Erzeugnisse nur bei Eröffnung einer für den jeweiligen Bereich flächendeckenden Rückgabemöglichkeit sowie Sicherstellung der umweltverträglichen Verwertung oder Beseitigung abgeben oder in Verkehr bringen dürfen,

2. bestimmte Erzeugnisse zurückzunehmen und die Rückgabe sowie die umweltverträgliche Verwertung und Beseitigung durch geeignete Maßnahmen sicherzustellen haben, insbesondere durch die Einrichtung von Rücknahmesystemen, die Beteiligung an Rücknahmesystemen, die Erhebung eines Pfandes oder die Gewährung anderer wirtschaftlicher Anreize,
3. bestimmte Erzeugnisse an der Abgabe- oder Anfallstelle oder einer anderen vorgeschriebenen Stelle zurückzunehmen haben,
4. sich an Kosten zu beteiligen haben, die den öffentlich-rechtlichen Entsorgungsträgern und sonstigen juristischen Personen des öffentlichen Rechts für die Reinigung der Umwelt und die anschließende umweltverträgliche Verwertung und Beseitigung der nach Gebrauch der von einem Hersteller oder Vertreiber in Verkehr gebrachten Erzeugnisse gemäß Teil E des Anhangs zu der Richtlinie (EU) 2019/904 des Europäischen Parlaments und des Rates vom 5. Juni 2019 über die Verringerung der Auswirkungen bestimmter Kunststoffprodukte auf die Umwelt (ABl. L 155 vom 12.6.2019, S. 1) entstehen,
5. bestimmte Erzeugnisse nur bei Bestellung eines Bevollmächtigten in Verkehr bringen dürfen, der im Geltungsbereich dieses Gesetzes niedergelassen ist und für die mit der Produktverantwortung verbundenen Pflichten verantwortlich ist, die sich aus den auf Grund der §§ 24 und 25 erlassenen Rechtsverordnungen ergeben, wenn der Hersteller oder Vertreiber in einem anderen Mitgliedstaat niedergelassen ist,
6. bestimmter Erzeugnisse Systeme zur Förderung der Wiederverwendung und Reparatur zu unterstützen haben,
7. einen Nachweis zu führen haben
   a) über die in Verkehr gebrachten Erzeugnisse, deren Eigenschaften und Mengen,
   b) über die Rücknahme von Abfällen und die Beteiligung an Rücknahmesystemen sowie
   c) über Art, Menge und Bewirtschaftung der zurückgenommenen Erzeugnisse oder der nach Gebrauch der Erzeugnisse entstehenden Abfälle,
8. Belege nach Nummer 7 beizubringen, einzubehalten, aufzubewahren oder auf Verlangen vorzuzeigen haben sowie
9. zur Gewährleistung einer angemessenen Transparenz für bestimmte, unter die Obhutspflicht fallende Erzeugnisse einen Bericht zu erstellen haben, der die Verwendung der Erzeugnisse, insbesondere deren Art, Menge, Verbleib und Entsorgung, sowie die getroffenen und geplanten Maßnahmen zur Umsetzung der Obhutspflicht zum Inhalt hat; es kann auch bestimmt werden, ob und in welcher Weise der Bericht durch Dritte zu überprüfen, der zuständigen Behörde vorzulegen oder in geeigneter Weise zu veröffentlichen ist; die gültige Umwelterklärung einer in das EMAS-Register eingetragenen Organisation erfüllt die Anforderungen an den Bericht, soweit sie die erforderlichen Obhutspflichten adressiert.

(2) Durch Rechtsverordnung nach Absatz 1 kann zur Festlegung von Anforderungen nach § 23 sowie zur ergänzenden Festlegung von Pflichten sowohl der Erzeuger und Besitzer von Abfällen als auch der öffentlich-rechtlichen Entsorgungsträger im Rahmen der Kreislaufwirtschaft weiter bestimmt werden,

1. wer die Kosten für die Sammlung, Rücknahme, Verwertung und Beseitigung, die Kennzeichnung, die Datenerhebung und -übermittlung sowie die Beratung und Information nach § 24 Nummer 9 zu tragen hat,

2. wie die Kosten festgelegt werden, insbesondere, dass bei der Festlegung der Kosten der Lebenszyklus der Erzeugnisse zu berücksichtigen ist,
3. dass derjenige, der die Kosten zu tragen hat, einen Nachweis darüber zu erbringen hat, dass er über die erforderlichen finanziellen oder finanziellen und organisatorischen Mittel verfügt, um den Verpflichtungen im Rahmen der Produktverantwortung nachzukommen, insbesondere durch Leisten einer Sicherheit oder Bilden betrieblicher Rücklagen,
4. dass derjenige, der die Kosten zu tragen hat, eine geeignete Eigenkontrolle einzurichten und durchzuführen hat zur Prüfung und Bewertung
   a) seiner Finanzen, einschließlich der Kostenverteilung, und
   b) der Qualität der Daten, für die eine Nachweisführung nach Absatz 1 Nummer 7 verordnet wurde,
5. dass derjenige, der die Kosten zu tragen hat, eine Prüfung der Eigenkontrolle nach Nummer 4 durch einen von der zuständigen Behörde bekannt gegebenen Sachverständigen, eine von dieser Behörde bekannt gegebene Stelle oder eine sonstige Person, die über die erforderliche Fach- und Sachkunde verfügt, durchführen zu lassen hat,
6. dass die Besitzer von Abfällen diese den nach Absatz 1 verpflichteten Herstellern, Vertreibern oder nach Absatz 1 Nummer 2 eingerichteten Rücknahmesystemen zu überlassen haben,
7. auf welche Art und Weise die Abfälle überlassen werden, einschließlich der Maßnahmen zum Bereitstellen, Sammeln und Befördern und des jeweils gebotenen Umfangs sowie der Bringpflichten der in Nummer 6 genannten Besitzer von Abfällen,
8. dass die öffentlich-rechtlichen Entsorgungsträger im Sinne des § 20 durch Erfassung der Abfälle als ihnen übertragene Aufgabe bei der Rücknahme mitzuwirken und die erfassten Abfälle den nach Absatz 1 Verpflichteten zu überlassen haben,
9. welche Form, welchen Inhalt und welches Verfahren die Bestellung eines Bevollmächtigten nach Absatz 1 Nummer 5 oder eines freiwillig Bevollmächtigten einzuhalten hat,
10. welche Anforderungen an die Verwertung eingehalten werden müssen, insbesondere durch Festlegen abfallwirtschaftlicher Ziele, und
11. dass Daten über die Einhaltung der abfallwirtschaftlichen Ziele nach Nummer 10 sowie weitere Daten über die Organisation und Struktur der Rücknahmesysteme zu erheben und in geeigneter Weise zu veröffentlichen sind.

§ 26
Freiwillige Rücknahme, Wahrnehmung der Produktverantwortung

(1) Das Bundesministerium für Umwelt, Naturschutz und nukleare Sicherheit wird ermächtigt, nach Anhörung der beteiligten Kreise (§ 68) durch Rechtsverordnung ohne Zustimmung des Bundesrates Ziele für die freiwillige Rücknahme von Erzeugnissen und den nach Gebrauch der Erzeugnisse entstandenen Abfällen festzulegen, die innerhalb einer angemessenen Frist zu erreichen sind.

(2) Hersteller und Vertreiber, die Erzeugnisse und die nach Gebrauch der Erzeugnisse entstandenen Abfälle in eigenen Anlagen oder Einrichtungen oder in Anlagen oder Einrichtungen der von ihnen beauftragten Dritten freiwillig zurücknehmen, haben dies der zuständigen Behörde vor Beginn der Rücknahme anzuzeigen.

(3) Die im Sinne von Absatz 2 zuständige Behörde stellt auf Antrag des Herstellers oder Vertreibers fest, dass die angezeigte Rücknahme von Abfällen in Wahrnehmung der Produktverantwortung nach § 23 erfolgt, wenn
1. die Abfälle, die vom Hersteller oder Vertreiber zurückgenommen werden, von Erzeugnissen stammen, die vom Hersteller oder Vertreiber selbst hergestellt oder vertrieben wurden,
2. durch die freiwillige Rücknahme die Ziele der Produktverantwortung nach § 23 umgesetzt werden,
3. die umweltverträgliche Verwertung oder Beseitigung der Abfälle gewährleistet bleibt und
4. durch die Rücknahme die Kreislaufwirtschaft gefördert wird.

Eine Förderung der Kreislaufwirtschaft ist anzunehmen, wenn die geplante Rücknahme und Verwertung der Abfälle insgesamt mindestens so hochwertig erfolgen wie die Rücknahme und Verwertung, die von dem zuständigen öffentlich-rechtlichen Entsorgungsträger, den von ihm beauftragten Dritten oder einer gemeinnützigen oder gewerblichen Sammlung im Entsorgungsgebiet angeboten wird. § 26a Absatz 3 gilt entsprechend.

(4) Auf Antrag des Herstellers oder Vertreibers wird die Feststellung der Wahrnehmung der Produktverantwortung auch auf nicht gefährliche Abfälle von Erzeugnissen erstreckt, die nicht von dem Hersteller oder Vertreiber selbst hergestellt oder vertrieben wurden, wenn
1. die Voraussetzungen des Absatzes 3 Satz 1 Nummer 2 bis 4 erfüllt sind,
2. die Erzeugnisse derselben Gattung oder Produktart angehören wie die vom Hersteller oder Vertreiber selbst hergestellten oder vertriebenen Erzeugnisse,
3. die Rücknahme in einem engen Zusammenhang mit der wirtschaftlichen Tätigkeit des Herstellers oder Vertreibers steht,
4. die Menge der zurückgenommenen Abfälle in einem angemessenen Verhältnis zur Menge der vom Hersteller oder Vertreiber hergestellten und vertriebenen Erzeugnisse steht und
5. sichergestellt ist, dass die Rücknahme und die Verwertung mindestens für einen Zeitraum von drei Jahren durchgeführt werden.

§ 26a
Freistellung von Nachweispflichten bei freiwilliger Rücknahme gefährlicher Abfälle

(1) Soweit vom Hersteller oder Vertreiber in Wahrnehmung der Produktverantwortung die nach Gebrauch ihrer Erzeugnisse verbleibenden gefährlichen Abfälle in eigenen Anlagen oder Einrichtungen oder in Anlagen oder Einrichtungen der von ihnen beauftragten Dritten freiwillig zurückgenommen werden, soll die zuständige Behörde den Hersteller oder Vertreiber auf Antrag von der Nachweispflicht nach § 50 bis zum Abschluss der Rücknahme der Abfälle freistellen. Als abgeschlossen gilt die Rücknahme mit der Annahme der Abfälle an einer Anlage zur weiteren Entsorgung, ausgenommen Anlagen zur Zwischenlagerung der Abfälle, wenn im Freistellungsbescheid kein früherer Zeitpunkt bestimmt wird.

(2) Für die Freistellung nach Absatz 1 gelten die in § 26 Absatz 3 Satz 1 Nummer 1 bis 4 festgelegten Voraussetzungen entsprechend. Die Anträge auf Feststellung der Wahrnehmung der Produktverantwortung nach § 26 Absatz 3 und 4 und der Antrag nach Absatz 1 können mit der Anzeige nach § 26 Absatz 2 verbunden werden.

(3) Die Freistellung nach den Absätzen 1 und 2 und die Feststellung der Wahrnehmung der Produktverantwortung nach § 26 Absatz 3 und 4 gelten für die Bundesrepublik Deutschland, soweit keine beschränkte Geltung beantragt oder angeordnet wird. Die jeweils für die Freistellung oder Feststellung zuständige Behörde übersendet je eine Kopie des Freistellungs- und des Feststellungsbescheides an die zuständigen Behörden der Länder, in denen die Abfälle zurückgenommen werden.

(4) Erzeuger, Besitzer, Beförderer oder Entsorger gefährlicher Abfälle, die diese Abfälle an einen Hersteller oder Vertreiber zurückgeben oder in dessen Auftrag entsorgen, sind bis zum Abschluss der Rücknahme von der Nachweispflicht nach § 50 für diese Abfälle befreit, soweit der Hersteller oder Vertreiber von der Pflicht zur Nachweisführung für solche Abfälle freigestellt ist. Die zuständige Behörde kann die Rückgabe oder Entsorgung von Bedingungen abhängig machen, sie zeitlich befristen oder Auflagen für sie vorsehen, soweit dies erforderlich ist, um die umweltverträgliche Verwertung und Beseitigung sicherzustellen.

§ 27
Besitzerpflichten nach Rücknahme

Hersteller und Vertreiber, die Abfälle auf Grund einer Rechtsverordnung nach § 25 oder freiwillig zurücknehmen, unterliegen den Pflichten eines Besitzers von Abfällen.

Teil 4
Planungsverantwortung

Abschnitt 1
Ordnung und Durchführung der Abfallbeseitigung

§ 28
Ordnung der Abfallbeseitigung

(1) Abfälle dürfen zum Zweck der Beseitigung nur in den dafür zugelassenen Anlagen oder Einrichtungen (Abfallbeseitigungsanlagen) behandelt, gelagert oder abgelagert werden. Abweichend von Satz 1 ist die Behandlung von Abfällen zur Beseitigung auch in solchen Anlagen zulässig, die überwiegend einem anderen Zweck als der Abfallbeseitigung dienen und die einer Genehmigung nach § 4 des Bundes-Immissionsschutzgesetzes bedürfen. Die Lagerung oder Behandlung von Abfällen zur Beseitigung in den diesen Zwecken dienenden Abfallbeseitigungsanlagen ist auch zulässig, soweit diese nach dem Bundes-Immissionsschutzgesetz auf Grund ihres geringen Beeinträchtigungspotenzials keiner Genehmigung bedürfen und in einer Rechtsverordnung nach § 23 des Bundes-Immissionsschutzgesetzes oder in einer Rechtsverordnung nach § 16 nichts anderes bestimmt ist. Flüssige Abfälle, die kein Abwasser sind, können unter den Voraussetzungen des § 55 Absatz 3 des Wasserhaushaltsgesetzes vom 31. Juli 2009 (BGBl. I S. 2585), das zuletzt durch Artikel 1 des Gesetzes vom 6. Oktober 2011 (BGBl. I S. 1986) geändert worden ist, in der jeweils geltenden Fassung mit Abwasser beseitigt werden.

(2) Die zuständige Behörde kann im Einzelfall unter dem Vorbehalt des Widerrufs Ausnahmen von Absatz 1 Satz 1 zulassen, wenn dadurch das Wohl der Allgemeinheit nicht beeinträchtigt wird.

(3) Die Landesregierungen können durch Rechtsverordnung die Beseitigung bestimmter Abfälle oder bestimmter Mengen dieser Abfälle außerhalb von Anlagen im Sinne des Absatzes 1 Satz 1 zulassen, soweit hierfür ein Bedürfnis besteht und eine Beeinträchtigung des Wohls der Allgemeinheit nicht zu besorgen ist. Sie können in diesem Fall auch die Voraussetzungen und die Art und Weise der Beseitigung durch Rechtsverordnung bestimmen. Die Landesregierungen können die Ermächtigung durch Rechtsverordnung ganz oder teilweise auf andere Behörden übertragen.

§ 29
Durchführung der Abfallbeseitigung

(1) Die zuständige Behörde kann den Betreiber einer Abfallbeseitigungsanlage verpflichten, einem Beseitigungspflichtigen nach § 15 sowie den öffentlich-rechtlichen Entsorgungsträgern im Sinne des § 20 die Mitbenutzung der Abfallbeseitigungsanlage gegen angemessenes Entgelt zu gestatten, soweit diese auf eine andere Weise den Abfall nicht zweckmäßig oder nur mit erheblichen Mehrkosten beseitigen können und die Mitbenutzung für den Betreiber zumutbar ist. Kommt eine Einigung über das Entgelt nicht zustande, wird es auf Antrag durch die zuständige Behörde festgesetzt. Auf Antrag des nach Satz 1 Verpflichteten kann der durch die Gestattung Begünstigte statt zur Zahlung eines angemessenen Entgelts dazu verpflichtet werden, nach dem Wegfall der Gründe für die Zuweisung Abfälle gleicher Art und Menge zu übernehmen. Die Verpflichtung zur Gestattung darf nur erfolgen, wenn Rechtsvorschriften dieses Gesetzes nicht entgegenstehen; die Erfüllung der Grundpflichten gemäß § 15 muss sichergestellt sein. Die zuständige Behörde hat von demjenigen Beseitigungspflichtigen, der durch die Gestattung begünstigt werden soll, die Vorlage eines Abfallwirtschaftskonzepts zu verlangen und dieses ihrer Entscheidung zugrunde zu legen.

(2) Die zuständige Behörde kann dem Betreiber einer Abfallbeseitigungsanlage, der Abfälle wirtschaftlicher als die öffentlich-rechtlichen Entsorgungsträger beseitigen kann, auf seinen Antrag die Beseitigung dieser Abfälle übertragen. Die Übertragung kann insbesondere mit der Auflage verbunden werden, dass der Antragsteller alle Abfälle, die in dem von den öffentlich-rechtlichen Entsorgungsträgern erfassten Gebiet angefallen sind, gegen Erstattung der Kosten beseitigt, wenn die öffentlich-rechtlichen Entsorgungsträger die verbleibenden Abfälle nicht oder nur mit unverhältnismäßigem Aufwand beseitigen können; dies gilt nicht, wenn der Antragsteller darlegt, dass es unzumutbar ist, die Beseitigung auch dieser verbleibenden Abfälle zu übernehmen.

(3) Die zuständige Behörde kann den Abbauberechtigten oder den Unternehmer eines Mineralgewinnungsbetriebs sowie den Eigentümer, Besitzer oder in sonstiger Weise Verfügungsberechtigten eines zur Mineralgewinnung genutzten Grundstücks verpflichten, die Beseitigung von Abfällen in freigelegten Bauen in seiner Anlage oder innerhalb seines Grundstücks zu dulden, während der üblichen Betriebs- oder Geschäftszeiten den Zugang zu ermöglichen und dabei, soweit dies unumgänglich ist, vorhandene Betriebsanlagen oder Einrichtungen oder Teile derselben zur Verfügung zu stellen. Die dem Verpflichteten nach Satz 1 entstehenden Kosten hat der Beseitigungspflichtige zu erstatten. Kommt eine Einigung über die Erstattung der Kosten nicht zustande, werden sie auf Antrag durch die zuständige Behörde festgesetzt. Der Vorrang der Mineralgewinnung gegenüber der Abfallbeseitigung darf nicht beeinträchtigt werden. Für die aus der Abfallbeseitigung entstehenden Schäden haftet der Duldungspflichtige nicht.

(4) Das Einbringen von Abfällen in die Hohe See sowie die Verbrennung von Abfällen auf Hoher See ist nach Maßgabe des Hohe-See-Einbringungsgesetzes vom 25. August 1998 (BGBl. I S. 2455), das zuletzt durch Artikel 72 der Verordnung vom 31. Oktober 2006 (BGBl. I S. 2407) geändert worden ist, verboten. Baggergut darf nach Maßgabe des in Satz 1 genannten Gesetzes unter Berücksichtigung der jeweiligen Inhaltsstoffe in die Hohe See eingebracht werden.

Abschnitt 2
Abfallwirtschaftspläne und Abfallvermeidungsprogramme

§ 30
Abfallwirtschaftspläne

(1) Die Länder stellen für ihr Gebiet Abfallwirtschaftspläne nach überörtlichen Gesichtspunkten auf. Die Abfallwirtschaftspläne stellen Folgendes dar:

1. die Ziele der Abfallvermeidung, der Abfallverwertung, insbesondere der Vorbereitung zur Wiederverwendung und des Recyclings, sowie der Abfallbeseitigung,
2. die getroffenen Maßnahmen zur Abfallvermeidung und die bestehende Situation der Abfallbewirtschaftung,
3. die erforderlichen Maßnahmen zur Verbesserung der Abfallverwertung und Abfallbeseitigung einschließlich einer Bewertung ihrer Eignung zur Zielerreichung sowie
4. die Abfallentsorgungsanlagen, die zur Sicherung der Beseitigung von Abfällen sowie der Verwertung von gemischten Abfällen aus privaten Haushaltungen einschließlich solcher, die dabei auch in anderen Herkunftsbereichen gesammelt werden, im Inland erforderlich sind.

Die Abfallwirtschaftspläne weisen Folgendes aus:

1. die zugelassenen Abfallentsorgungsanlagen im Sinne des Satzes 2 Nummer 4 sowie
2. die Flächen, die für Deponien, für sonstige Abfallbeseitigungsanlagen sowie für Abfallentsorgungsanlagen im Sinne des Satzes 2 Nummer 4 geeignet sind.

Die Abfallwirtschaftspläne können ferner bestimmen, welcher Entsorgungsträger vorgesehen ist und welcher Abfallentsorgungsanlage im Sinne des Satzes 2 Nummer 4 sich die Entsorgungspflichtigen zu bedienen haben.

(2) Bei der Darstellung des Bedarfs sind zukünftige, innerhalb eines Zeitraums von mindestens zehn Jahren zu erwartende Entwicklungen zu berücksichtigen. Soweit dies zur Darstellung des Bedarfs erforderlich ist, sind Abfallwirtschaftskonzepte und Abfallbilanzen auszuwerten.

(3) Eine Fläche kann als geeignet im Sinne des Absatzes 1 Satz 3 Nummer 2 angesehen werden, wenn ihre Lage, Größe und Beschaffenheit im Hinblick auf die vorgesehene Nutzung mit den abfallwirtschaftlichen Zielsetzungen im Plangebiet übereinstimmen und Belange des Wohls der Allgemeinheit der Eignung der Fläche nicht offensichtlich entgegenstehen. Die Flächenausweisung nach Absatz 1 Satz 3 Nummer 2 ist keine Voraussetzung für die Planfeststellung oder Genehmigung der in § 35 aufgeführten Abfallbeseitigungsanlagen.

(4) Die Ausweisungen im Sinne des Absatzes 1 Satz 3 Nummer 2 und Satz 4 können für die Entsorgungspflichtigen für verbindlich erklärt werden.

(5) Bei der Abfallwirtschaftsplanung sind die Ziele der Raumordnung zu beachten und die Grundsätze und sonstigen Erfordernisse der Raumordnung zu berücksichtigen. § 7 Absatz 4 des Raumordnungsgesetzes bleibt unberührt.

(6) Die Abfallwirtschaftspläne enthalten mindestens

1. Angaben über Art, Menge und Herkunft der im Gebiet erzeugten Abfälle und der Abfälle, die voraussichtlich aus dem oder in das deutsche Hoheitsgebiet verbracht werden, sowie eine Abschätzung der zukünftigen Entwicklung der Abfallströme,
2. Angaben über
   a) bestehende Abfallsammelsysteme und bedeutende Beseitigungs- und Verwertungsanlagen, einschließlich spezieller Vorkehrungen für Altöl, für gefährliche Abfälle und für Abfälle, die erhebliche Mengen kritischer Rohstoffe enthalten, oder
   b) Abfallströme, für die besondere Bestimmungen nach diesem Gesetz oder auf Grund dieses Gesetzes erlassener Rechtsverordnungen gelten,
   c) Abfallströme, für die besondere Gesetze über das Inverkehrbringen und die Rücknahme bestimmter Abfallströme oder auf Grund dieser Gesetze erlassener Rechtsverordnungen gelten,
3. eine Beurteilung der Notwendigkeit der Stilllegung bestehender oder der Errichtung zusätzlicher Abfallentsorgungsanlagen nach Absatz 1 Satz 3 Nummer 1; die Länder stellen sicher, dass die Investitionen und andere Finanzmittel, auch für die zuständigen Behörden, bewertet werden, die für die im Einklang mit dem ersten Halbsatz ermittelten notwendigen Maßnahmen benötigt werden; die Bewertung wird in die entsprechenden Abfallwirtschaftspläne oder andere für das jeweilige Land geltende strategische Dokumente aufgenommen,
4. Informationen über die Maßnahmen zur Erreichung der Zielvorgaben entsprechend Artikel 5 Absatz 3a der Richtlinie 1999/31/EG des Rates vom 26. April 1999 über Abfalldeponien (ABl. L 182 vom 16.7.1999, S. 1), die zuletzt durch die Richtlinie (EU) 2018/850 (ABl. L 150 vom 14.6.2018, S. 100) geändert worden ist, oder die in anderen für das jeweilige Land geltenden strategischen Dokumenten festgelegt sind,
5. eine Beurteilung
   a) der bestehenden Abfallsammelsysteme, einschließlich der Abfälle, die getrennt gesammelt werden, der geografischen Gebiete, in denen die getrennte Sammlung erfolgt, und der Maßnahmen zur Verbesserung der getrennten Sammlung,
   b) der Darlegung der Voraussetzungen nach § 9 Absatz 3, sofern keine getrennte Sammlung erfolgt, und
   c) der Notwendigkeit neuer Sammelsysteme,
6. ausreichende Informationen über die Ansiedlungskriterien zur Standortbestimmung und über die Kapazität künftiger Beseitigungsanlagen oder bedeutender Verwertungsanlagen,
7. allgemeine Abfallbewirtschaftungsstrategien, einschließlich geplanter Abfallbewirtschaftungstechnologien und -verfahren, oder Strategien für Abfälle, die besondere Bewirtschaftungsprobleme aufwerfen,
8. Maßnahmen zur Bekämpfung und Verhinderung jeglicher Form von Vermüllung sowie zur Reinigung der Umwelt von Abfällen jeder Art,
9. geeignete qualitative und quantitative Indikatoren und Zielvorgaben, auch in Bezug auf
   a) die Menge des anfallenden Abfalls und seine Behandlung und

b) die Siedlungsabfälle, die energetisch verwertet oder beseitigt werden,
10. Maßnahmen, die zur Umsetzung der Artikel 4 bis 10 der Richtlinie (EU) 2019/904 getroffen wurden.

(7) Abfallwirtschaftspläne können weiterhin enthalten
1. Angaben über organisatorische Aspekte der Abfallbewirtschaftung, einschließlich einer Beschreibung der Aufteilung der Verantwortlichkeiten zwischen öffentlichen und privaten Akteuren, die die Abfallbewirtschaftung durchführen,
2. eine Bewertung von Nutzen und Eignung des Einsatzes wirtschaftlicher und anderer Instrumente zur Bewältigung verschiedener Abfallprobleme unter Berücksichtigung der Notwendigkeit, ein reibungsloses Funktionieren des Binnenmarkts aufrechtzuerhalten,
3. den Einsatz von Sensibilisierungskampagnen sowie Informationen für die Öffentlichkeit oder eine bestimmte Verbrauchergruppe,
4. Angaben über geschlossene kontaminierte Abfallbeseitigungsstandorte und Maßnahmen für deren Sanierung.

§ 31
Aufstellung von Abfallwirtschaftsplänen

(1) Die Länder sollen ihre Abfallwirtschaftsplanungen aufeinander und untereinander abstimmen. Ist eine die Grenze eines Landes überschreitende Planung erforderlich, sollen die betroffenen Länder bei der Aufstellung der Abfallwirtschaftspläne die Erfordernisse und Maßnahmen in gegenseitigem Benehmen miteinander festlegen.

(2) Bei der Aufstellung der Abfallwirtschaftspläne sind die Gemeinden und die Landkreise sowie ihre jeweiligen Zusammenschlüsse und die öffentlich-rechtlichen Entsorgungsträger zu beteiligen.

(3) Die öffentlich-rechtlichen Entsorgungsträger haben die von ihnen zu erstellenden und fortzuschreibenden Abfallwirtschaftskonzepte und Abfallbilanzen auf Verlangen der zuständigen Behörde zur Auswertung für die Abfallwirtschaftsplanung vorzulegen.

(4) Die Länder regeln das Verfahren zur Aufstellung der Pläne und zu deren Verbindlicherklärung. Die Absätze 1 bis 3 und § 32 bleiben unberührt.

(5) Die Pläne sind mindestens alle sechs Jahre auszuwerten und bei Bedarf fortzuschreiben.

§ 32
Beteiligung der Öffentlichkeit bei der Aufstellung von Abfallwirtschaftsplänen, Unterrichtung der Öffentlichkeit

(1) Bei der Aufstellung oder Änderung von Abfallwirtschaftplänen nach § 30, einschließlich besonderer Kapitel oder gesonderter Teilpläne, insbesondere über die Entsorgung von gefährlichen Abfällen, Altbatterien und Akkumulatoren oder Verpackungen und Verpackungsabfällen, ist die Öffentlichkeit durch die zuständige Behörde zu beteiligen. Die Aufstellung oder Änderung eines Abfallwirtschaftsplans sowie Informationen über das Beteiligungsverfahren sind in einem amtlichen Veröffentlichungsblatt und auf andere geeignete Weise bekannt zu machen.

(2) Der Entwurf des neuen oder geänderten Abfallwirtschaftsplans sowie die Gründe und Erwägungen, auf denen der Entwurf beruht, sind einen Monat zur Einsicht auszulegen. Bis zwei Wochen nach Ablauf der Auslegungsfrist kann gegenüber der zuständi-

gen Behörde schriftlich Stellung genommen werden. Der Zeitpunkt des Fristablaufs ist bei der Bekanntmachung nach Absatz 1 Satz 2 mitzuteilen. Fristgemäß eingegangene Stellungnahmen werden von der zuständigen Behörde bei der Entscheidung über die Annahme des Plans angemessen berücksichtigt.

(3) Die Annahme des Plans ist von der zuständigen Behörde in einem amtlichen Veröffentlichungsblatt und auf einer öffentlich zugänglichen Webseite öffentlich bekannt zu machen; dabei ist in zusammengefasster Form über den Ablauf des Beteiligungsverfahrens und über die Gründe und Erwägungen, auf denen die getroffene Entscheidung beruht, zu unterrichten. Der angenommene Plan ist zur Einsicht für die Öffentlichkeit auszulegen, hierauf ist in der öffentlichen Bekanntmachung nach Satz 1 hinzuweisen.

(4) Die Absätze 1 bis 3 finden keine Anwendung, wenn es sich bei dem Abfallwirtschaftsplan um einen Plan handelt, für den nach dem Gesetz über die Umweltverträglichkeitsprüfung eine Strategische Umweltprüfung durchzuführen ist.

(5) Unbeschadet der Beteiligung der Öffentlichkeit nach den Absätzen 1 bis 4 unterrichten die Länder die Öffentlichkeit über den Stand der Abfallwirtschaftsplanung. Die Unterrichtung enthält unter Beachtung der bestehenden Geheimhaltungsvorschriften eine zusammenfassende Darstellung und Bewertung der Abfallwirtschaftspläne, einen Vergleich zum vorangegangenen sowie eine Prognose für den folgenden Unterrichtungszeitraum.

§ 33
Abfallvermeidungsprogramme

(1) Der Bund erstellt ein Abfallvermeidungsprogramm. Die Länder können sich an der Erstellung des Abfallvermeidungsprogramms beteiligen. In diesem Fall leisten sie für ihren jeweiligen Zuständigkeitsbereich eigenverantwortliche Beiträge; diese Beiträge werden in das Abfallvermeidungsprogramm des Bundes aufgenommen.

(2) Soweit die Länder sich nicht an einem Abfallvermeidungsprogramm des Bundes beteiligen, erstellen sie eigene Abfallvermeidungsprogramme.

(3) Das Abfallvermeidungsprogramm

1. legt die Abfallvermeidungsziele fest; die Ziele sind darauf gerichtet, das Wirtschaftswachstum und die mit der Abfallerzeugung verbundenen Auswirkungen auf Mensch und Umwelt zu entkoppeln,
2. sieht mindestens die folgenden Abfallvermeidungsmaßnahmen vor:
   a) die Förderung und Unterstützung nachhaltiger Produktions- und Konsummodelle,
   b) die Förderung der Entwicklung, der Herstellung und der Verwendung von Produkten, die ressourceneffizient und auch in Bezug auf ihre Lebensdauer und den Ausschluss geplanter Obsoleszenz langlebig, reparierbar sowie wiederverwendbar oder aktualisierbar sind,
   c) die gezielte Identifizierung von Produkten, die kritische Rohstoffe enthalten, um zu verhindern, dass diese Materialien zu Abfall werden,
   d) die Unterstützung der Wiederverwendung von Produkten und der Schaffung von Systemen zur Förderung von Tätigkeiten zur Reparatur und Wiederverwendung, insbesondere von Elektro- und Elektronikgeräten, Textilien, Möbeln, Verpackungen sowie Baumaterialien und -produkten,

e) unbeschadet der Rechte des geistigen Eigentums die Förderung der Verfügbarkeit von Ersatzteilen, Bedienungsanleitungen, technischen Informationen oder anderen Mitteln und Geräten sowie Software, die es ermöglichen, Produkte ohne Beeinträchtigung ihrer Qualität und Sicherheit zu reparieren und wiederzuverwenden,
f) die Verringerung der Abfallerzeugung bei Prozessen im Zusammenhang mit der industriellen Produktion, bei der Gewinnung von Mineralien, bei der Herstellung, bei Bau- und Abbruchtätigkeiten, jeweils unter Berücksichtigung der besten verfügbaren Techniken,
g) die Verringerung der Verschwendung von Lebensmitteln in der Primärerzeugung, Verarbeitung und Herstellung, im Einzelhandel und bei anderen Formen des Vertriebs von Lebensmitteln, in Gaststätten und bei Verpflegungsdienstleistungen sowie in privaten Haushaltungen, um zu dem Ziel der Vereinten Nationen für nachhaltige Entwicklung beizutragen, bis 2030 die weltweit im Einzelhandel und bei den Verbrauchern pro Kopf anfallenden Lebensmittelabfälle zu halbieren und die Verluste von Lebensmitteln entlang der Produktions- und Lieferkette einschließlich Nachernteverlusten zu reduzieren,
h) die Förderung
   aa) von Lebensmittelspenden und anderen Formen der Umverteilung von Lebensmitteln für den menschlichen Verzehr, damit der Verzehr durch den Menschen Vorrang gegenüber dem Einsatz als Tierfutter und der Verarbeitung zu sonstigen Erzeugnissen hat,
   bb) von Sachspenden,
i) die Förderung der Senkung des Gehalts an gefährlichen Stoffen in Materialien und Produkten,
j) die Reduzierung der Entstehung von Abfällen, insbesondere von Abfällen, die sich nicht für die Vorbereitung zur Wiederverwendung oder für das Recycling eignen,
k) die Ermittlung von Produkten, die Hauptquellen der Vermüllung insbesondere der Natur und der Meeresumwelt sind, und die Durchführung geeigneter Maßnahmen zur Vermeidung und Reduzierung des durch diese Produkte verursachten Müllaufkommens,
l) die Vermeidung und deutliche Reduzierung von Meeresmüll als Beitrag zu dem Ziel der Vereinten Nationen für nachhaltige Entwicklung, jegliche Formen der Meeresverschmutzung zu vermeiden und deutlich zu reduzieren,
m) die Entwicklung und Unterstützung von Informationskampagnen, in deren Rahmen für Abfallvermeidung und Vermüllung sensibilisiert wird, sowie
n) Maßnahmen, die zur Umsetzung der Artikel 4 bis 10 der Richtlinie (EU) 2019/904 getroffen wurden,

3. legt, soweit erforderlich, weitere Abfallvermeidungsmaßnahmen fest und
4. gibt zweckmäßige, spezifische, qualitative oder quantitative Maßstäbe für festgelegte Abfallvermeidungsmaßnahmen vor, anhand derer die bei den Maßnahmen erzielten Fortschritte überwacht und bewertet werden; als Maßstab können Indikatoren oder andere geeignete spezifische qualitative oder quantitative Ziele herangezogen werden.

(4) Bei der Festlegung der Abfallvermeidungsmaßnahmen ist Folgendes zu berücksichtigen:

1. die Verhältnismäßigkeit der Maßnahmen entsprechend § 7 Absatz 4,

2. andere Rechtsvorschriften zur Verwendung von Erzeugnissen, zur Produktverantwortung sowie zum Schutz von Mensch und Umwelt und
3. Festlegungen des Unionsrechts über den freien Warenverkehr.

(5) Bei der Erstellung des Abfallvermeidungsprogramms
1. sind die bestehenden Abfallvermeidungsmaßnahmen und ihr Beitrag zur Abfallvermeidung zu beschreiben,
2. ist die Zweckmäßigkeit der in der Anlage 4 angegebenen oder anderer geeigneter Abfallvermeidungsmaßnahmen zu bewerten und
3. ist, soweit relevant, der Beitrag zu beschreiben, den die in der Anlage 5 aufgeführten Instrumente und Maßnahmen zur Abfallvermeidung leisten.

(6) Das Abfallvermeidungsprogramm nimmt auf spezielle Programme zur Vermeidung von Lebensmittelabfällen Bezug und gibt deren Abfallvermeidungsziele und -maßnahmen an.

(7) Das Abfallvermeidungsprogramm kann sich auf andere umweltpolitische Programme oder stoffstromspezifische Programme beziehen. Wird auf ein solches Programm Bezug genommen, sind dessen Abfallvermeidungsziele und -maßnahmen im Abfallvermeidungsprogramm deutlich auszuweisen.

(8) Beiträge der Länder nach Absatz 1 oder Abfallvermeidungsprogramme der Länder nach Absatz 2 können in die Abfallwirtschaftspläne nach § 30 aufgenommen oder als eigenständiges umweltpolitisches Programm oder Teil eines solchen erstellt werden. Wird ein Beitrag oder ein Abfallvermeidungsprogramm in den Abfallwirtschaftsplan oder in ein anderes Programm aufgenommen, sind die Abfallvermeidungsmaßnahmen deutlich auszuweisen.

(9) Bestehende Abfallvermeidungsprogramme sind bis zum Ablauf des 12. Dezember 2025 an die Anforderungen nach Absatz 3 Nummer 2, den Absätzen 4 und 5 anzupassen, alle sechs Jahre auszuwerten und bei Bedarf fortzuschreiben. Bei der Aufstellung oder Änderung von Abfallvermeidungsprogrammen ist die Öffentlichkeit von der zuständigen Behörde entsprechend § 32 Absatz 1 bis 4 zu beteiligen. Zuständig für die Erstellung des Abfallvermeidungsprogramms des Bundes ist das Bundesministerium für Umwelt, Naturschutz und nukleare Sicherheit oder eine von diesem zu bestimmende Behörde. Das Abfallvermeidungsprogramm des Bundes wird im Einvernehmen mit den fachlich betroffenen Bundesministerien erstellt.

Abschnitt 3
Zulassung von Anlagen, in denen Abfälle entsorgt werden

§ 34
Erkundung geeigneter Standorte

(1) Eigentümer und Nutzungsberechtigte von Grundstücken haben zu dulden, dass Beauftragte der zuständigen Behörde und der öffentlich-rechtlichen Entsorgungsträger zur Erkundung geeigneter Standorte für Deponien und öffentlich zugängliche Abfallbeseitigungsanlagen Grundstücke mit Ausnahme von Wohnungen betreten und Vermessungen, Boden- und Grundwasseruntersuchungen sowie ähnliche Maßnahmen durchführen. Die Absicht, Grundstücke zu betreten und solche Maßnahmen durchzuführen, ist den Eigentümern und Nutzungsberechtigten der Grundstücke rechtzeitig vorher bekannt zu geben.

(2) Die zuständige Behörde und die öffentlich-rechtlichen Entsorgungsträger haben nach Abschluss der Maßnahmen den vorherigen Zustand unverzüglich wiederherzustellen. Sie können anordnen, dass bei der Erkundung geschaffene Einrichtungen aufrechtzuerhalten sind. Die Einrichtungen sind zu beseitigen, wenn sie für die Erkundung nicht mehr benötigt werden, oder wenn eine Entscheidung darüber nicht innerhalb von zwei Jahren nach Schaffung der Einrichtung getroffen worden ist und der Eigentümer oder Nutzungsberechtigte dem weiteren Verbleib der Einrichtung gegenüber der Behörde widersprochen hat.

(3) Eigentümer und Nutzungsberechtigte von Grundstücken können für durch Maßnahmen nach Absatz 1 oder Absatz 2 entstandene Vermögensnachteile von der zuständigen Behörde Entschädigung in Geld verlangen.

§ 35
Planfeststellung und Genehmigung

(1) Die Errichtung und der Betrieb von Anlagen, in denen eine Entsorgung von Abfällen durchgeführt wird, sowie die wesentliche Änderung einer solchen Anlage oder ihres Betriebes bedürfen der Genehmigung nach den Vorschriften des Bundes-Immissionsschutzgesetzes; einer weiteren Zulassung nach diesem Gesetz bedarf es nicht.

(2) Die Errichtung und der Betrieb von Deponien sowie die wesentliche Änderung einer solchen Anlage oder ihres Betriebes bedürfen der Planfeststellung durch die zuständige Behörde. In dem Planfeststellungsverfahren ist eine Umweltverträglichkeitsprüfung nach den Vorschriften des Gesetzes über die Umweltverträglichkeitsprüfung durchzuführen.

(3) § 74 Absatz 6 des Verwaltungsverfahrensgesetzes gilt mit der Maßgabe, dass die zuständige Behörde nur dann an Stelle eines Planfeststellungsbeschlusses auf Antrag oder von Amts wegen eine Plangenehmigung erteilen kann, wenn

1. die Errichtung und der Betrieb einer unbedeutenden Deponie beantragt werden, soweit die Errichtung und der Betrieb keine erheblichen nachteiligen Auswirkungen auf ein in § 2 Absatz 1 des Gesetzes über die Umweltverträglichkeitsprüfung genanntes Schutzgut haben können, oder
2. die wesentliche Änderung einer Deponie oder ihres Betriebes beantragt wird, soweit die Änderung keine erheblichen nachteiligen Auswirkungen auf ein in § 2 Absatz 1 des Gesetzes über die Umweltverträglichkeitsprüfung genanntes Schutzgut haben kann, oder
3. die Errichtung und der Betrieb einer Deponie beantragt werden, die ausschließlich oder überwiegend der Entwicklung und Erprobung neuer Verfahren dient, und die Genehmigung für einen Zeitraum von höchstens zwei Jahren nach Inbetriebnahme der Anlage erteilt werden soll; soweit diese Deponie der Ablagerung gefährlicher Abfälle dient, darf die Genehmigung für einen Zeitraum von höchstens einem Jahr nach Inbetriebnahme der Anlage erteilt werden.

Die zuständige Behörde soll ein Genehmigungsverfahren durchführen, wenn die wesentliche Änderung keine erheblichen nachteiligen Auswirkungen auf ein in § 2 Absatz 1 des Gesetzes über die Umweltverträglichkeitsprüfung genanntes Schutzgut hat und den Zweck verfolgt, eine wesentliche Verbesserung für diese Schutzgüter herbeizuführen. Eine Plangenehmigung nach Satz 1 Nummer 1 kann nicht erteilt werden

1. für Deponien zur Ablagerung von gefährlichen Abfällen,

2. für Deponien zur Ablagerung von nicht gefährlichen Abfällen mit einer Aufnahmekapazität von 10 Tonnen oder mehr pro Tag oder mit einer Gesamtkapazität von 25 000 Tonnen oder mehr; dies gilt nicht für Deponien für Inertabfälle.

(4) § 15 Absatz 1 Satz 1 bis 4 und Absatz 2 des Bundes-Immissionsschutzgesetzes gilt entsprechend. Satz 1 findet auch auf die in § 39 genannten Deponien Anwendung.

(5) Für nach Absatz 4 anzeigebedürftige Änderungen kann der Träger des Vorhabens eine Planfeststellung oder eine Plangenehmigung beantragen.

§ 36
Erteilung, Sicherheitsleistung, Nebenbestimmungen

(1) Der Planfeststellungsbeschluss nach § 35 Absatz 2 darf nur erlassen oder die Plangenehmigung nach § 35 Absatz 3 darf nur erteilt werden, wenn
1. sichergestellt ist, dass das Wohl der Allgemeinheit nicht beeinträchtigt wird, insbesondere
   a) keine Gefahren für die in § 15 Absatz 2 Satz 2 genannten Schutzgüter hervorgerufen werden können,
   b) Vorsorge gegen die Beeinträchtigungen der in § 15 Absatz 2 Satz 2 genannten Schutzgüter in erster Linie durch bauliche, betriebliche oder organisatorische Maßnahmen entsprechend dem Stand der Technik getroffen wird und
   c) Energie sparsam und effizient verwendet wird,
2. keine Tatsachen bekannt sind, aus denen sich Bedenken gegen die Zuverlässigkeit des Betreibers oder der für die Errichtung, Leitung oder Beaufsichtigung des Betriebes oder für die Nachsorge der Deponie verantwortlichen Personen ergeben,
3. die Personen im Sinne der Nummer 2 und das sonstige Personal über die für ihre Tätigkeit erforderliche Fach- und Sachkunde verfügen,
4. keine nachteiligen Wirkungen auf das Recht eines anderen zu erwarten sind und
5. die für verbindlich erklärten Feststellungen eines Abfallwirtschaftsplans dem Vorhaben nicht entgegenstehen.

(2) Dem Erlass eines Planfeststellungsbeschlusses oder der Erteilung einer Plangenehmigung stehen die in Absatz 1 Nummer 4 genannten nachteiligen Wirkungen auf das Recht eines anderen nicht entgegen, wenn sie durch Auflagen oder Bedingungen verhütet oder ausgeglichen werden können oder der Betroffene den nachteiligen Wirkungen auf sein Recht nicht widerspricht. Absatz 1 Nummer 4 gilt nicht, wenn das Vorhaben dem Wohl der Allgemeinheit dient. Wird in diesem Fall der Planfeststellungsbeschluss erlassen, ist der Betroffene für den dadurch eingetretenen Vermögensnachteil in Geld zu entschädigen.

(3) Die zuständige Behörde soll verlangen, dass der Betreiber einer Deponie für die Rekultivierung sowie zur Verhinderung oder Beseitigung von Beeinträchtigungen des Wohls der Allgemeinheit nach Stilllegung der Anlage Sicherheit im Sinne von § 232 des Bürgerlichen Gesetzbuchs leistet oder ein gleichwertiges Sicherungsmittel erbringt.

(4) Der Planfeststellungsbeschluss und die Plangenehmigung nach Absatz 1 können von Bedingungen abhängig gemacht, mit Auflagen verbunden und befristet werden, soweit dies zur Wahrung des Wohls der Allgemeinheit erforderlich ist. Die zuständige Behörde überprüft regelmäßig sowie aus besonderem Anlass, ob der Planfeststellungsbeschluss und die Plangenehmigung nach Absatz 1 dem neuesten Stand der in Absatz 1 Nummer 1 bis 3 und 5 genannten Anforderungen entsprechen. Die Auf-

nahme, Änderung oder Ergänzung von Auflagen über Anforderungen an die Deponie oder ihren Betrieb ist auch nach dem Ergehen des Planfeststellungsbeschlusses oder nach der Erteilung der Plangenehmigung zulässig. Die Bundesregierung wird ermächtigt, nach Anhörung der beteiligten Kreise (§ 68) durch Rechtsverordnung mit Zustimmung des Bundesrates zu bestimmen, wann die zuständige Behörde Überprüfungen vorzunehmen und die in Satz 3 genannten Auflagen zu erlassen hat.

§ 37
Zulassung des vorzeitigen Beginns

(1) In einem Planfeststellungs- oder Plangenehmigungsverfahren kann die für die Feststellung des Plans oder Erteilung der Plangenehmigung zuständige Behörde unter dem Vorbehalt des Widerrufs für einen Zeitraum von sechs Monaten zulassen, dass bereits vor Feststellung des Plans oder der Erteilung der Plangenehmigung mit der Errichtung einschließlich der Maßnahmen, die zur Prüfung der Betriebstüchtigkeit der Deponie erforderlich sind, begonnen wird, wenn
1. mit einer Entscheidung zugunsten des Trägers des Vorhabens gerechnet werden kann,
2. an dem vorzeitigen Beginn ein öffentliches Interesse besteht und
3. der Träger des Vorhabens sich verpflichtet, alle bis zur Entscheidung durch die Ausführung verursachten Schäden zu ersetzen und, sofern kein Planfeststellungsbeschluss oder keine Plangenehmigung erfolgt, den früheren Zustand wiederherzustellen.

Diese Frist kann auf Antrag um sechs Monate verlängert werden.

(2) Die zuständige Behörde hat die Leistung einer Sicherheit zu verlangen, soweit dies erforderlich ist, um die Erfüllung der Verpflichtungen des Trägers des Vorhabens nach Absatz 1 Satz 1 Nummer 3 zu sichern.

§ 38
Planfeststellungsverfahren und weitere Verwaltungsverfahren

(1) Für das Planfeststellungsverfahren gelten die §§ 72 bis 78 des Verwaltungsverfahrensgesetzes. Die Bundesregierung wird ermächtigt, durch Rechtsverordnung mit Zustimmung des Bundesrates weitere Einzelheiten des Planfeststellungs- und Plangenehmigungsverfahrens zu regeln, insbesondere
1. Art und Umfang der Antragsunterlagen,
2. nähere Einzelheiten für das Anzeigeverfahren nach § 35 Absatz 4,
3. nähere Einzelheiten für das Verfahren zur Feststellung der endgültigen Stilllegung nach § 40 Absatz 3 sowie
4. nähere Einzelheiten für das Verfahren zur Feststellung des Abschlusses der Nachsorgephase nach § 40 Absatz 5.

(2) Einwendungen im Rahmen des Zulassungsverfahrens können innerhalb der gesetzlich festgelegten Frist nur schriftlich erhoben werden.

§ 39
Bestehende Abfallbeseitigungsanlagen

(1) Die zuständige Behörde kann für Deponien, die vor dem 11. Juni 1972 betrieben wurden oder mit deren Errichtung begonnen war, für deren Betrieb Befristungen, Bedingungen und Auflagen anordnen. Sie kann den Betrieb dieser Anlagen ganz oder teilweise untersagen, wenn eine erhebliche Beeinträchtigung des Wohls der Allgemeinheit durch Auflagen, Bedingungen oder Befristungen nicht verhindert werden kann.

(2) In dem in Artikel 3 des Einigungsvertrages genannten Gebiet kann die zuständige Behörde für Deponien, die vor dem 1. Juli 1990 betrieben wurden oder mit deren Errichtung begonnen war, Befristungen, Bedingungen und Auflagen für deren Errichtung und Betrieb anordnen. Absatz 1 Satz 2 gilt entsprechend.

§ 40
Stilllegung

(1) Der Betreiber einer Deponie hat ihre beabsichtigte Stilllegung der zuständigen Behörde unverzüglich anzuzeigen. Der Anzeige sind Unterlagen über Art, Umfang und Betriebsweise sowie die beabsichtigte Rekultivierung und sonstige Vorkehrungen zum Schutz des Wohls der Allgemeinheit beizufügen.

(2) Soweit entsprechende Regelungen noch nicht in dem Planfeststellungsbeschluss nach § 35 Absatz 2, der Plangenehmigung nach § 35 Absatz 3, in Bedingungen und Auflagen nach § 39 oder den für die Deponie geltenden umweltrechtlichen Vorschriften enthalten sind, hat die zuständige Behörde den Betreiber der Deponie zu verpflichten,

1. auf seine Kosten das Gelände, das für eine Deponie nach Absatz 1 verwendet worden ist, zu rekultivieren,
2. auf seine Kosten alle sonstigen erforderlichen Vorkehrungen, einschließlich der Überwachungs- und Kontrollmaßnahmen während der Nachsorgephase, zu treffen, um die in § 36 Absatz 1 bis 3 genannten Anforderungen auch nach der Stilllegung zu erfüllen, und
3. der zuständigen Behörde alle Überwachungsergebnisse zu melden, aus denen sich Anhaltspunkte für erhebliche nachteilige Auswirkungen auf Mensch und Umwelt ergeben.

Besteht der Verdacht, dass von einer endgültig stillgelegten Deponie nach Absatz 3 schädliche Bodenveränderungen oder sonstige Gefahren für den Einzelnen oder die Allgemeinheit ausgehen, so sind für die Erfassung, Untersuchung, Bewertung und Sanierung die Vorschriften des Bundes-Bodenschutzgesetzes anzuwenden.

(3) Die zuständige Behörde hat den Abschluss der Stilllegung (endgültige Stilllegung) festzustellen.

(4) Die Verpflichtung nach Absatz 1 besteht auch für Betreiber von Anlagen, in denen gefährliche Abfälle anfallen.

(5) Die zuständige Behörde hat auf Antrag den Abschluss der Nachsorgephase festzustellen.

§ 41
Emissionserklärung

(1) Der Betreiber einer Deponie ist verpflichtet, der zuständigen Behörde zu dem in der Rechtsverordnung nach Absatz 2 festgesetzten Zeitpunkt Angaben zu machen über Art und Menge sowie räumliche und zeitliche Verteilung der Emissionen, die von der Anlage in einem bestimmten Zeitraum ausgegangen sind, sowie über die Austrittsbedingungen (Emissionserklärung); er hat die Emissionserklärung nach Maßgabe der Rechtsverordnung nach Absatz 2 entsprechend dem neuesten Stand zu ergänzen. Dies gilt nicht für Betreiber von Deponien, von denen nur in geringem Umfang Emissionen ausgehen können. Die zuständige Behörde kann abweichend von Satz 1 eine kürzere Frist setzen, sofern dies im Einzelfall auf Grund besonderer Umstände erforderlich ist.

(2) Die Bundesregierung wird ermächtigt, durch Rechtsverordnung mit Zustimmung des Bundesrates zu bestimmen, für welche Deponien und für welche Emissionen die Verpflichtung zur Emissionserklärung gilt, sowie Inhalt, Umfang, Form und Zeitpunkt der Abgabe der Emissionserklärung und das bei der Ermittlung der Emissionen einzuhaltende Verfahren zu regeln. In der Rechtsverordnung wird auch bestimmt, welche Betreiber nach Absatz 1 Satz 2 von der Pflicht zur Abgabe einer Emissionserklärung befreit sind.

(3) § 27 Absatz 1 Satz 2, Absatz 2 und 3 des Bundes-Immissionsschutzgesetzes gilt entsprechend.

(4) Die Verpflichtung nach Absatz 1, eine Emissionserklärung abzugeben, entsteht mit Inkrafttreten der Rechtsverordnung nach Absatz 2.

§ 42
Zugang zu Informationen

Planfeststellungsbeschlüsse nach § 35 Absatz 2, Plangenehmigungen nach § 35 Absatz 3, Anordnungen nach § 39 und alle Ablehnungen und Änderungen dieser Entscheidungen sowie die bei der zuständigen Behörde vorliegenden Ergebnisse der Überwachung der von einer Deponie ausgehenden Emissionen sind nach den Bestimmungen des Umweltinformationsgesetzes mit Ausnahme des § 12 des Umweltinformationsgesetzes der Öffentlichkeit zugänglich; für Landesbehörden gelten die landesrechtlichen Vorschriften.

§ 43
Anforderungen an Deponien

(1) Die Bundesregierung wird ermächtigt, nach Anhörung der beteiligten Kreise (§ 68) durch Rechtsverordnung mit Zustimmung des Bundesrates vorzuschreiben, dass die Errichtung, die Beschaffenheit, der Betrieb, der Zustand nach Stilllegung und die betreibereigene Überwachung von Deponien zur Erfüllung des § 36 Absatz 1 und der §§ 39 und 40 sowie zur Umsetzung von Rechtsakten der Europäischen Union zu dem in § 1 genannten Zweck bestimmten Anforderungen genügen müssen, insbesondere dass

1. die Standorte bestimmten Anforderungen entsprechen müssen,
2. die Deponien bestimmten betrieblichen, organisatorischen und technischen Anforderungen entsprechen müssen,

3. die in Deponien zur Ablagerung gelangenden Abfälle bestimmten Anforderungen entsprechen müssen; dabei kann insbesondere bestimmt werden, dass Abfälle mit bestimmten Metallgehalten nicht abgelagert werden dürfen und welche Abfälle als Inertabfälle gelten,
4. die von Deponien ausgehenden Emissionen bestimmte Grenzwerte nicht überschreiten dürfen,
5. die Betreiber während des Betriebes und in der Nachsorgephase bestimmte Mess- und Überwachungsmaßnahmen vorzunehmen haben oder vornehmen lassen müssen,
6. die Betreiber durch einen Sachverständigen bestimmte Prüfungen vornehmen lassen müssen
   a) während der Errichtung oder sonst vor der Inbetriebnahme der Deponie,
   b) nach Inbetriebnahme der Deponie oder einer Änderung im Sinne des § 35 Absatz 2 oder Absatz 5,
   c) in regelmäßigen Abständen oder
   d) bei oder nach der Stilllegung,
7. es den Betreibern erst nach einer Abnahme durch die zuständige Behörde gestattet ist,
   a) die Deponie in Betrieb zu nehmen,
   b) eine wesentliche Änderung in Betrieb zu nehmen oder
   c) die Stilllegung abzuschließen,
8. bei bestimmten Ereignissen der Betreiber innerhalb bestimmter Fristen die zuständige Behörde unterrichten muss, die erforderlichen Maßnahmen zur Begrenzung und Vermeidung von Beeinträchtigungen des Wohls der Allgemeinheit ergreifen muss oder die zuständige Behörde den Betreiber zu solchen Maßnahmen verpflichten muss,
9. die Betreiber der zuständigen Behörde während des Betriebes und in der Nachsorgephase unverzüglich alle Überwachungsergebnisse, aus denen sich Anhaltspunkte für erhebliche nachteilige Umweltauswirkungen ergeben, sowie bestimmte Ereignisse, die solche Auswirkungen haben können, zu melden und der zuständigen Behörde regelmäßig einen Bericht über die Ergebnisse der in der Rechtsverordnung vorgeschriebenen Mess- und Überwachungsmaßnahmen vorzulegen haben.

Bei der Festlegung der Anforderungen sind insbesondere mögliche Verlagerungen von nachteiligen Auswirkungen von einem Schutzgut auf ein anderes zu berücksichtigen; ein hohes Schutzniveau für die Umwelt insgesamt ist zu gewährleisten.

(2) In der Rechtsverordnung nach Absatz 1 kann bestimmt werden, inwieweit die nach Absatz 1 zur Vorsorge gegen Beeinträchtigungen der in § 15 Absatz 2 Satz 2 genannten Schutzgüter festgelegten Anforderungen nach Ablauf bestimmter Übergangsfristen erfüllt werden müssen, soweit zum Zeitpunkt des Inkrafttretens der Rechtsverordnung in einem Planfeststellungsbeschluss, einer Plangenehmigung oder einer landesrechtlichen Vorschrift geringere Anforderungen gestellt worden sind. Bei der Bestimmung der Dauer der Übergangsfristen und der einzuhaltenden Anforderungen sind insbesondere Art, Beschaffenheit und Menge der abgelagerten Abfälle, die Standortbedingungen, Art, Menge und Gefährlichkeit der von den Deponien ausgehenden Emissionen sowie die Nutzungsdauer und technische Besonderheiten der Deponien zu berücksichtigen. Die Sätze 1 und 2 gelten für die in § 39 Absatz 1 und 2 genannten Deponien entsprechend.

(3) Die Bundesregierung wird ermächtigt, nach Anhörung der beteiligten Kreise (§ 68) durch Rechtsverordnung mit Zustimmung des Bundesrates vorzuschreiben, welche

Anforderungen an die Zuverlässigkeit, die Sach- und Fachkunde der für die Errichtung, Leitung oder Beaufsichtigung des Betriebes der Deponie verantwortlichen Personen und die Sach- und Fachkunde des sonstigen Personals, einschließlich der laufenden Fortbildung der verantwortlichen Personen und des sonstigen Personals zu stellen sind.

(4) Die Bundesregierung wird ermächtigt, durch Rechtsverordnung mit Zustimmung des Bundesrates
1. zu bestimmen, dass die Betreiber bestimmter Deponien eine Sicherheit im Sinne von § 232 des Bürgerlichen Gesetzbuchs leisten oder ein anderes gleichwertiges Sicherungsmittel erbringen müssen,
2. Vorschriften über Art, Umfang und Höhe der nach § 36 Absatz 3 zu leistenden Sicherheit im Sinne von § 232 des Bürgerlichen Gesetzbuchs oder eines anderen gleichwertigen Sicherungsmittels zu erlassen sowie
3. zu bestimmen, wie lange die Sicherheit nach Nummer 1 geleistet oder ein anderes gleichwertiges Sicherungsmittel erbracht werden muss.

(5) Durch Rechtsverordnung nach Absatz 1 können auch Verfahren zur Überprüfung der dort festgelegten Anforderungen bestimmt werden, insbesondere Verfahren entsprechend § 10 Absatz 2 Nummer 1 bis 9 und Absatz 3.

§ 44
Kosten der Ablagerung von Abfällen

(1) Die vom Betreiber für die Ablagerung von Abfällen in Rechnung zu stellenden privatrechtlichen Entgelte müssen alle Kosten für die Errichtung und den Betrieb der Deponie, einschließlich der Kosten einer vom Betreiber zu leistenden Sicherheit im Sinne von § 232 des Bürgerlichen Gesetzbuchs oder eines zu erbringenden gleichwertigen Sicherungsmittels, sowie die geschätzten Kosten für die Stilllegung und die Nachsorge für mindestens 30 Jahre abdecken. Soweit dies nach Satz 1 durch Freistellungen nach Artikel 4 § 3 des Umweltrahmengesetzes vom 29. Juni 1990 (GBl. I Nr. 42 S. 649), das durch Artikel 12 des Gesetzes vom 22. März 1991 (BGBl. I S. 766, 1928) geändert worden ist, gewährleistet ist, entfällt eine entsprechende Veranlagung der Kosten für die Stilllegung und die Nachsorge sowie der Kosten der Sicherheitsleistung bei der Berechnung der Entgelte.

(2) Der Betreiber hat die in Absatz 1 genannten Kosten zu erfassen und der zuständigen Behörde innerhalb einer von ihr zu setzenden Frist Übersichten über die Kosten und die erhobenen Entgelte zur Verfügung zu stellen.

(3) Die Gebühren der öffentlich-rechtlichen Entsorgungsträger richten sich nach Landesrecht.

(4) Die Absätze 1 bis 3 gelten entsprechend für die Abdeckung der Kosten von genehmigungsbedürftigen Anlagen zum Lagern von Abfällen im Sinne des Bundes-Immissionsschutzgesetzes, soweit in diesen Anlagen Abfälle vor deren Beseitigung jeweils über einen Zeitraum von mehr als einem Jahr oder Abfälle vor deren Verwertung jeweils über einen Zeitraum von mehr als drei Jahren gelagert werden.

Teil 5
Absatzförderung und Abfallberatung

§45
Pflichten der öffentlichen Hand

(1) Die Behörden des Bundes sowie die der Aufsicht des Bundes unterstehenden juristischen Personen des öffentlichen Rechts, Sondervermögen und sonstigen Stellen sind verpflichtet, durch ihr Verhalten zur Erfüllung des Zweckes des §1 beizutragen.

(2) Die Verpflichteten nach Absatz 1 haben, insbesondere unter Berücksichtigung der §§6 bis 8, bei der Gestaltung von Arbeitsabläufen, bei der Beschaffung oder Verwendung von Material und Gebrauchsgütern, bei Bauvorhaben und sonstigen Aufträgen, ohne damit Rechtsansprüche Dritter zu begründen, Erzeugnissen den Vorzug zu geben, die

1. in rohstoffschonenden, energiesparenden, wassersparenden, schadstoffarmen oder abfallarmen Produktionsverfahren hergestellt worden sind,
2. durch Vorbereitung zur Wiederverwendung oder durch Recycling von Abfällen, insbesondere unter Einsatz von Rezyklaten, oder aus nachwachsenden Rohstoffen hergestellt worden sind,
3. sich durch Langlebigkeit, Reparaturfreundlichkeit, Wiederverwendbarkeit und Recyclingfähigkeit auszeichnen oder
4. im Vergleich zu anderen Erzeugnissen zu weniger oder schadstoffärmeren Abfällen führen oder sich besser zur umweltverträglichen Abfallbewirtschaftung eignen.

Die Pflicht des Satzes 1 gilt, soweit die Erzeugnisse für den vorgesehenen Verwendungszweck geeignet sind, durch ihre Beschaffung oder Verwendung keine unzumutbaren Mehrkosten entstehen, ein ausreichender Wettbewerb gewährleistet wird und keine anderen Rechtsvorschriften entgegenstehen. Soweit vergaberechtliche Bestimmungen anzuwenden sind, sind diese zu beachten. §7 der Bundeshaushaltsordnung bleibt unberührt. Abweichend von der Pflicht des Satzes 1 ist bei der Beschaffung oder Verwendung von Material und Gebrauchsgütern und bei Bauvorhaben sowie sonstigen Aufträgen, die verteidigungs- oder sicherheitsspezifische Aufträge sind oder die Verteidigungs- und Sicherheitsaspekte umfassen sowie bei sonstigen Aufträgen, soweit diese für die Einsatzfähigkeit der Bundeswehr erforderlich sind, zu prüfen, ob und in welchem Umfang die in Satz 1 genannten Erzeugnisse eingesetzt werden können.

(3) Die Verpflichteten nach Absatz 1 wirken im Rahmen ihrer Möglichkeiten darauf hin, dass die Gesellschaften des privaten Rechts, an denen sie beteiligt sind, die Verpflichtungen nach den Absätzen 1 und 2 beachten.

(4) Die öffentliche Hand hat im Rahmen ihrer Pflichten nach den Absätzen 1 bis 3 Regelungen für die Verwendung von Erzeugnissen oder Materialien sowie zum Schutz von Mensch und Umwelt nach anderen Rechtsvorschriften zu berücksichtigen.

§46
Abfallberatungspflicht

(1) Die öffentlich-rechtlichen Entsorgungsträger im Sinne des §20 sind im Rahmen der ihnen übertragenen Aufgaben in Selbstverwaltung zur Information und Beratung über Möglichkeiten der Vermeidung, Verwertung und Beseitigung von Abfällen verpflich-

tet. Zur Beratung verpflichtet sind auch die Industrie- und Handelskammern, Handwerkskammern und Landwirtschaftskammern.

(2) Für die Beratung über Möglichkeiten der Abfallvermeidung sind insbesondere die in § 33 Absatz 3 Nummer 2 genannten Vermeidungsmaßnahmen und die Festlegungen des geltenden Abfallvermeidungsprogramms des Bundes und des jeweiligen Landes zugrunde zu legen. Bei der Beratung ist insbesondere hinzuweisen auf

1. die Einrichtungen des öffentlich-rechtlichen Entsorgungsträgers und, soweit möglich, auf die Einrichtungen sonstiger natürlicher oder juristischer Personen, durch die Erzeugnisse, die kein Abfall sind, erfasst und einer Wiederverwendung zugeführt werden, und
2. die Verfügbarkeit von Mehrwegprodukten, insbesondere als Alternative zu den Einwegkunststoffprodukten nach Artikel 3 Nummer 2 der Richtlinie (EU) 2019/904.

(3) Im Rahmen der Beratung über die Abfallverwertung ist insbesondere auf die Pflicht zur getrennten Sammlung von Abfällen und die Rücknahmepflichten hinzuweisen. Die Beratung umfasst auch

1. die Beratung über die möglichst ressourcenschonende Bereitstellung von Sperrmüll,
2. die Information über die Auswirkungen einer Vermüllung oder einer sonstigen nicht ordnungsgemäßen Verwertung und Beseitigung von Abfällen auf die Umwelt, insbesondere die Meeresumwelt, und die Beratung über Maßnahmen zur Vermeidung dieser Vermüllung sowie
3. die Information über die Auswirkungen einer nicht ordnungsgemäßen Verwertung und Beseitigung von Abfällen auf Abwasseranlagen.

(4) Die zuständige Behörde hat den nach diesem Gesetz zur Beseitigung Verpflichteten Auskunft über geeignete Abfallbeseitigungsanlagen zu erteilen.

Teil 6
Überwachung

§ 47
Allgemeine Überwachung

(1) Die Vermeidung nach Maßgabe der auf Grund der §§ 24 und 25 erlassenen Rechtsverordnungen und die Abfallbewirtschaftung unterliegen der Überwachung durch die zuständige Behörde. Für den Vollzug der nach den §§ 24 und 25 ergangenen Rechtsverordnungen sind die §§ 6, 7 Absatz 1 bis 3, § 8 Absatz 2 und die §§ 9 und 10 des Marktüberwachungsgesetzes vom 9. Juni 2021 (BGBl. I S. 1723) entsprechend anzuwenden. Die nach Satz 2 verpflichteten Personen sind verpflichtet, das Betreten von Geschäfts- und Betriebsgrundstücken und -räumen außerhalb der üblichen Geschäftszeiten sowie das Betreten von Wohnräumen zu gestatten, wenn dies zur Verhütung dringender Gefahren für die öffentliche Sicherheit oder Ordnung erforderlich ist. Das Grundrecht auf Unverletzlichkeit der Wohnung (Artikel 13 Absatz 1 des Grundgesetzes) wird insoweit eingeschränkt.

(2) Die zuständige Behörde überprüft in regelmäßigen Abständen und in angemessenem Umfang Erzeuger von gefährlichen Abfällen, Anlagen und Unternehmen, die Abfälle entsorgen, sowie Sammler, Beförderer, Händler und Makler von Abfällen. Die Überprüfung der Tätigkeiten der Sammler und Beförderer von Abfällen erstreckt sich auch

auf den Ursprung, die Art, die Menge und den Bestimmungsort der gesammelten und beförderten Abfälle.

(3) Auskunft über Betrieb, Anlagen, Einrichtungen und sonstige der Überwachung unterliegende Gegenstände haben den Bediensteten und Beauftragten der zuständigen Behörde auf Verlangen zu erteilen
1. Erzeuger und Besitzer von Abfällen,
2. zur Abfallentsorgung Verpflichtete,
3. Betreiber sowie frühere Betreiber von Unternehmen oder Anlagen, die Abfälle entsorgen oder entsorgt haben, auch wenn diese Anlagen stillgelegt sind, sowie
4. Sammler, Beförderer, Händler und Makler von Abfällen.

Die nach Satz 1 zur Auskunft verpflichteten Personen haben den Bediensteten und Beauftragten der zuständigen Behörde zur Prüfung der Einhaltung ihrer Verpflichtungen nach den §§ 7 und 15 das Betreten der Grundstücke sowie der Geschäfts- und Betriebsräume zu den üblichen Geschäftszeiten, die Einsicht in Unterlagen und die Vornahme von technischen Ermittlungen und Prüfungen zu gestatten. Die nach Satz 1 zur Auskunft verpflichteten Personen sind ferner verpflichtet, zu diesen Zwecken das Betreten von Geschäfts- und Betriebsgrundstücken und -räumen außerhalb der üblichen Geschäftszeiten sowie das Betreten von Wohnräumen zu gestatten, wenn dies zur Verhütung dringender Gefahren für die öffentliche Sicherheit oder Ordnung erforderlich ist. Das Grundrecht auf Unverletzlichkeit der Wohnung (Artikel 13 Absatz 1 des Grundgesetzes) wird insoweit eingeschränkt.

(4) Betreiber von Verwertungs- und Abfallbeseitigungsanlagen oder von Anlagen, in denen Abfälle mitverwertet oder mitbeseitigt werden, haben diese Anlagen den Bediensteten oder Beauftragten der zuständigen Behörde zugänglich zu machen, die zur Überwachung erforderlichen Arbeitskräfte, Werkzeuge und Unterlagen zur Verfügung zu stellen und nach Anordnung der zuständigen Behörde Zustand und Betrieb der Anlage auf eigene Kosten prüfen zu lassen.

(5) Für die nach dieser Vorschrift zur Auskunft verpflichteten Personen gilt § 55 der Strafprozessordnung entsprechend.

(6) Die behördlichen Überwachungsbefugnisse nach den Absätzen 1 bis 5 erstrecken sich auch auf die Prüfung, ob bestimmte Stoffe oder Gegenstände gemäß den Voraussetzungen der §§ 4 und 5 nicht oder nicht mehr als Abfall anzusehen sind.

(7) Für alle zulassungspflichtigen Deponien stellen die zuständigen Behörden in ihrem Zuständigkeitsbereich Überwachungspläne und Überwachungsprogramme zur Durchführung der Absätze 1 bis 4 auf. Satz 1 gilt nicht für Deponien für Inertabfälle und Deponien, die eine Aufnahmekapazität von 10 Tonnen oder weniger je Tag und eine Gesamtkapazität von 25 000 Tonnen oder weniger haben. Zur Überwachung nach Satz 1 gehören insbesondere auch die Überwachung der Errichtung, Vor-Ort-Besichtigungen, die Überwachung der Emissionen und die Überprüfung interner Berichte, Folgedokumente sowie Messungen und Kontrollen, die Überprüfung der Eigenkontrolle, die Prüfung der angewandten Techniken und der Eignung des Umweltmanagements der Deponie. Die Bundesregierung wird ermächtigt, nach Anhörung der beteiligten Kreise (§ 68) durch Rechtsverordnung mit Zustimmung des Bundesrates die Einzelheiten zum Inhalt der Überwachungspläne und Überwachungsprogramme nach Satz 1 zu bestimmen.

(8) Die Länder übermitteln dem Bundesministerium für Umwelt, Naturschutz und nukleare Sicherheit nach Anforderung Informationen über die Umsetzung der Richtlinie 2010/75/EU des Europäischen Parlaments und des Rates vom 24. November 2010

über Industrieemissionen (integrierte Vermeidung und Verminderung der Umweltverschmutzung) (Neufassung) (ABl. L 334 vom 17.12.2010, S. 17), insbesondere über repräsentative Daten über Emissionen und sonstige Arten von Umweltverschmutzung, über Emissionsgrenzwerte sowie über die Anwendung des Standes der Technik. Die Länder stellen diese Informationen auf elektronischem Wege zur Verfügung. Art und Form der von den Ländern zu übermittelnden Informationen sowie der Zeitpunkt ihrer Übermittlung richten sich nach den Anforderungen, die auf der Grundlage von Artikel 72 Absatz 2 der Richtlinie 2010/75/EU festgelegt werden. § 5 Absatz 1 Satz 3 und Absatz 2 bis 6 des Gesetzes zur Ausführung des Protokolls über Schadstofffreisetzungs- und -verbringungsregister vom 21. Mai 2003 sowie zur Durchführung der Verordnung (EG) Nr. 166/2006 vom 6. Juni 2007 (BGBl. I S. 1002), das durch Artikel 1 des Gesetzes vom 9. Dezember 2020 (BGBl. I S. 2873) geändert worden ist, gilt entsprechend.

(9) Die zuständige Behörde kann anordnen, dass der Betreiber einer Deponie ihr Daten zu übermitteln hat, die in einem Durchführungsrechtsakt nach Artikel 72 Absatz 2 der Richtlinie 2010/75/EU aufgeführt sind und die zur Erfüllung der Berichtspflicht nach Absatz 8 erforderlich sind, soweit der zuständigen Behörde solche Daten nicht bereits auf Grund anderer Vorschriften vorliegen. § 3 Absatz 1 Satz 2 und § 5 Absatz 2 bis 6 des Gesetzes zur Ausführung des Protokolls über Schadstofffreisetzungs- und -verbringungsregister vom 21. Mai 2003 sowie zur Durchführung der Verordnung (EG) Nr. 166/2006 vom 6. Juni 2007 (BGBl. I S. 1002), das durch Artikel 1 des Gesetzes vom 9. Dezember 2020 (BGBl. I S. 2873) geändert worden ist, gelten entsprechend.

§ 48
Abfallbezeichnung, gefährliche Abfälle

An die Entsorgung sowie die Überwachung gefährlicher Abfälle sind nach Maßgabe dieses Gesetzes besondere Anforderungen zu stellen. Zur Umsetzung von Rechtsakten der Europäischen Union wird die Bundesregierung ermächtigt, nach Anhörung der beteiligten Kreise (§ 68) durch Rechtsverordnung mit Zustimmung des Bundesrates die Bezeichnung von Abfällen sowie gefährliche Abfälle zu bestimmen und die Bestimmung gefährlicher Abfälle durch die zuständige Behörde im Einzelfall zuzulassen.

§ 49
Registerpflichten

(1) Die Betreiber von Anlagen oder Unternehmen, die Abfälle in einem Verfahren nach Anlage 1 oder Anlage 2 entsorgen (Entsorger von Abfällen), haben ein Register zu führen, in dem hinsichtlich der Vorgänge nach Anlage 1 oder Anlage 2 folgende Angaben verzeichnet sind:
   1. die Menge, die Art und der Ursprung sowie
   2. die Bestimmung, die Häufigkeit der Sammlung, die Beförderungsart sowie die Art der Verwertung oder Beseitigung, einschließlich der Vorbereitung vor der Verwertung oder Beseitigung, soweit diese Angaben zur Gewährleistung einer ordnungsgemäßen Abfallbewirtschaftung von Bedeutung sind.

(2) Entsorger, die Abfälle behandeln oder lagern, haben die nach Absatz 1 erforderlichen Angaben, insbesondere die Bestimmung der behandelten oder gelagerten Abfälle, auch für die weitere Entsorgung zu verzeichnen, soweit dies erforderlich ist, um auf Grund der Zweckbestimmung der Abfallentsorgungsanlage eine ordnungsgemäße

Entsorgung zu gewährleisten. Satz 1 gilt entsprechend für die weitere Verwendung von Erzeugnissen, Materialien und Stoffen, die aus der Vorbereitung zur Wiederverwendung, aus dem Recycling oder einem sonstigen Verwertungsverfahren hervorgegangen sind. Entsorger nach Satz 1 werden durch Rechtsverordnung nach § 52 Absatz 1 Satz 1 bestimmt.

(3) Die Pflicht nach Absatz 1, ein Register zu führen, gilt auch für die Erzeuger, Besitzer, Sammler, Beförderer, Händler und Makler von gefährlichen Abfällen.

(4) Auf Verlangen der zuständigen Behörde sind die Register vorzulegen oder Angaben aus diesen Registern mitzuteilen.

(5) In ein Register eingetragene Angaben oder eingestellte Belege über gefährliche Abfälle haben die Erzeuger, Besitzer, Händler, Makler und Entsorger von Abfällen mindestens drei Jahre, die Beförderer von Abfällen mindestens zwölf Monate jeweils ab dem Zeitpunkt der Eintragung oder Einstellung in das Register gerechnet aufzubewahren, soweit eine Rechtsverordnung nach § 52 keine längere Frist vorschreibt.

(6) Die Registerpflichten nach den Absätzen 1 bis 3 gelten nicht für private Haushaltungen.

§ 50
Nachweispflichten

(1) Die Erzeuger, Besitzer, Sammler, Beförderer und Entsorger von gefährlichen Abfällen haben sowohl der zuständigen Behörde gegenüber als auch untereinander die ordnungsgemäße Entsorgung gefährlicher Abfälle nachzuweisen. Der Nachweis wird geführt

1. vor Beginn der Entsorgung in Form einer Erklärung des Erzeugers, Besitzers, Sammlers oder Beförderers von Abfällen zur vorgesehenen Entsorgung, einer Annahmeerklärung des Abfallentsorgers sowie der Bestätigung der Zulässigkeit der vorgesehenen Entsorgung durch die zuständige Behörde und
2. über die durchgeführte Entsorgung oder Teilabschnitte der Entsorgung in Form von Erklärungen der nach Satz 1 Verpflichteten über den Verbleib der entsorgten Abfälle.

(2) Die Nachweispflichten nach Absatz 1 gelten nicht für die Entsorgung gefährlicher Abfälle, welche die Erzeuger oder Besitzer von Abfällen in eigenen Abfallentsorgungsanlagen entsorgen, wenn diese Entsorgungsanlagen in einem engen räumlichen und betrieblichen Zusammenhang mit den Anlagen oder Stellen stehen, in denen die zu entsorgenden Abfälle angefallen sind. Die Registerpflichten nach § 49 bleiben unberührt.

(3) Die Nachweispflichten nach Absatz 1 gelten nicht bis zum Abschluss der Rücknahme oder Rückgabe von Erzeugnissen oder der nach Gebrauch der Erzeugnisse verbleibenden gefährlichen Abfälle, die einer verordneten Rücknahme oder Rückgabe nach § 25 unterliegen. Eine Rücknahme oder Rückgabe von Erzeugnissen und der nach Gebrauch der Erzeugnisse verbleibenden Abfälle gilt spätestens mit der Annahme an einer Anlage zur weiteren Entsorgung, ausgenommen Anlagen zur Zwischenlagerung der Abfälle, als abgeschlossen, soweit die Rechtsverordnung, welche die Rückgabe oder Rücknahme anordnet, keinen früheren Zeitpunkt bestimmt.

(4) Die Nachweispflichten nach Absatz 1 gelten nicht für private Haushaltungen.

§ 51
Überwachung im Einzelfall

(1) Die zuständige Behörde kann anordnen, dass die Erzeuger, Besitzer, Sammler, Beförderer, Händler, Makler oder Entsorger von Abfällen, jedoch ausgenommen private Haushaltungen,
1. Register oder Nachweise zu führen und vorzulegen oder Angaben aus den Registern mitzuteilen haben, soweit Pflichten nach den §§ 49 und 50 nicht bestehen, oder
2. bestimmten Anforderungen entsprechend § 10 Absatz 2 Nummer 2 und 3 sowie 5 bis 8 nachzukommen haben.

Durch Anordnung nach Satz 1 kann auch bestimmt werden, dass Nachweise und Register elektronisch geführt und Dokumente in elektronischer Form nach § 3a Absatz 2 Satz 2 und 3 des Verwaltungsverfahrensgesetzes vorzulegen sind.

(2) Ist der Erzeuger, Besitzer, Sammler, Beförderer, Händler, Makler oder Entsorger von Abfällen Entsorgungsfachbetrieb im Sinne des § 56 oder auditierter Unternehmensstandort im Sinne des § 61, so hat die zuständige Behörde dies bei Anordnungen nach Absatz 1, insbesondere auch im Hinblick auf mögliche Beschränkungen des Umfangs oder des Inhalts der Nachweispflicht, zu berücksichtigen. Dies umfasst vor allem die Berücksichtigung der vom Umweltgutachter geprüften und im Rahmen der Teilnahme an dem Gemeinschaftssystem für das Umweltmanagement und die Umweltbetriebsprüfung (EMAS) erstellten Unterlagen.

§ 52
Anforderungen an Nachweise und Register

(1) Die Bundesregierung wird ermächtigt, nach Anhörung der beteiligten Kreise (§ 68) durch Rechtsverordnung mit Zustimmung des Bundesrates zur Erfüllung der sich aus den §§ 49 bis 51 ergebenden Pflichten die näheren Anforderungen an die Form, den Inhalt sowie das Verfahren zur Führung und Vorlage der Nachweise, Register und der Mitteilung bestimmter Angaben aus den Registern festzulegen sowie die nach § 49 Absatz 2 verpflichteten Anlagen oder Unternehmen zu bestimmen. Durch Rechtsverordnung nach Satz 1 kann auch bestimmt werden, dass
1. der Nachweis nach § 50 Absatz 1 Satz 2 Nummer 1 nach Ablauf einer bestimmten Frist als bestätigt gilt oder eine Bestätigung entfällt, soweit jeweils die ordnungsgemäße Entsorgung gewährleistet bleibt,
2. auf Verlangen der zuständigen Behörde oder eines früheren Besitzers Belege über die Durchführung der Entsorgung der Behörde oder dem früheren Besitzer vorzulegen sind,
3. für bestimmte Kleinmengen, die nach Art und Beschaffenheit der Abfälle auch unterschiedlich festgelegt werden können, oder für einzelne Abfallbewirtschaftungsmaßnahmen, Abfallarten oder Abfallgruppen bestimmte Anforderungen nicht oder abweichende Anforderungen gelten, soweit jeweils die ordnungsgemäße Entsorgung gewährleistet bleibt,
4. die zuständige Behörde unter dem Vorbehalt des Widerrufs auf Antrag oder von Amts wegen Verpflichtete ganz oder teilweise von der Führung von Nachweisen oder Registern freistellen kann, soweit die ordnungsgemäße Entsorgung gewährleistet bleibt,

5. die Register in Form einer sachlich und zeitlich geordneten Sammlung der vorgeschriebenen Nachweise oder der Belege, die in der Entsorgungspraxis gängig sind, geführt werden,
6. die Nachweise und Register bis zum Ablauf bestimmter Fristen aufzubewahren sind sowie
7. bei der Beförderung von Abfällen geeignete Angaben zum Zweck der Überwachung mitzuführen sind.

(2) Durch Rechtsverordnung nach Absatz 1 kann auch angeordnet werden, dass
1. Nachweise und Register elektronisch zu führen und Dokumente in elektronischer Form gemäß § 3a Absatz 2 Satz 2 und 3 des Verwaltungsverfahrensgesetzes vorzulegen sind,
2. die zur Erfüllung der in Nummer 1 genannten Pflichten erforderlichen Voraussetzungen geschaffen und vorgehalten werden sowie
3. den zuständigen Behörden oder den beteiligten Nachweispflichtigen bestimmte Angaben zu den technischen Voraussetzungen nach Nummer 2, insbesondere die erforderlichen Empfangszugänge sowie Störungen der für die Kommunikation erforderlichen Einrichtungen, mitgeteilt werden.

§ 53
Sammler, Beförderer, Händler und Makler von Abfällen

(1) Sammler, Beförderer, Händler und Makler von Abfällen haben die Tätigkeit ihres Betriebes vor Aufnahme der Tätigkeit der zuständigen Behörde anzuzeigen, es sei denn, der Betrieb verfügt über eine Erlaubnis nach § 54 Absatz 1. Die zuständige Behörde bestätigt dem Anzeigenden unverzüglich schriftlich den Eingang der Anzeige. Zuständig ist die Behörde des Landes, in dem der Anzeigende seinen Hauptsitz hat.

(2) Der Inhaber eines Betriebes im Sinne des Absatzes 1 sowie die für die Leitung und Beaufsichtigung des Betriebes verantwortlichen Personen müssen zuverlässig sein. Der Inhaber, soweit er für die Leitung des Betriebes verantwortlich ist, die für die Leitung und Beaufsichtigung des Betriebes verantwortlichen Personen und das sonstige Personal müssen über die für ihre Tätigkeit notwendige Fach- und Sachkunde verfügen.

(3) Die zuständige Behörde kann die angezeigte Tätigkeit von Bedingungen abhängig machen, sie zeitlich befristen oder Auflagen für sie vorsehen, soweit dies zur Wahrung des Wohls der Allgemeinheit erforderlich ist. Sie kann Unterlagen über den Nachweis der Zuverlässigkeit und der Fach- und Sachkunde vom Anzeigenden verlangen. Sie hat die angezeigte Tätigkeit zu untersagen, wenn Tatsachen bekannt sind, aus denen sich Bedenken gegen die Zuverlässigkeit des Inhabers oder der für die Leitung und Beaufsichtigung des Betriebes verantwortlichen Personen ergeben, oder wenn die erforderliche Fach- oder Sachkunde nach Absatz 2 Satz 2 nicht nachgewiesen wurde.

(4) Nachweise aus einem anderen Mitgliedstaat der Europäischen Union oder einem anderen Vertragsstaat des Abkommens über den Europäischen Wirtschaftsraum über die Erfüllung der Anforderungen nach Absatz 2 stehen inländischen Nachweisen gleich, wenn aus ihnen hervorgeht, dass die betreffenden Anforderungen oder die auf Grund ihrer Zielsetzung im Wesentlichen vergleichbaren Anforderungen des Ausstellungsstaates erfüllt sind. Gleichwertige Nachweise nach Satz 1 sind auf Verlangen der zuständigen Behörde im Original oder in Kopie vorzulegen. Eine Beglaubigung der Kopie sowie eine beglaubigte deutsche Übersetzung können verlangt werden.

(5) Hinsichtlich der Überprüfung der erforderlichen Fach- und Sachkunde nach Absatz 2 Satz 2 eines Anzeigenden aus einem anderen Mitgliedstaat der Europäischen Union oder einem anderen Vertragsstaat des Abkommens über den Europäischen Wirtschaftsraum gilt § 36a Absatz 1 Satz 2, Absatz 2 und 4 Satz 4 der Gewerbeordnung entsprechend; bei vorübergehender und nur gelegentlicher Tätigkeit eines in einem anderen Mitgliedstaat der Europäischen Union oder in einem anderen Vertragsstaat des Abkommens über den Europäischen Wirtschaftsraum niedergelassenen Dienstleistungserbringers gilt hinsichtlich der erforderlichen Fach- und Sachkunde § 13a Absatz 2 Satz 2 bis 5 und Absatz 3 der Gewerbeordnung entsprechend.

(6) Die Bundesregierung wird ermächtigt, nach Anhörung der beteiligten Kreise (§ 68) durch Rechtsverordnung mit Zustimmung des Bundesrates für die Anzeige und Tätigkeit der Sammler, Beförderer, Händler und Makler von Abfällen, für Sammler und Beförderer von Abfällen insbesondere unter Berücksichtigung der Besonderheiten der jeweiligen Verkehrsträger, Verkehrswege oder der jeweiligen Beförderungsart,
   1. Vorschriften zu erlassen über die Form, den Inhalt und das Verfahren zur Erstattung der Anzeige, über Anforderungen an die Zuverlässigkeit, die Fach- und Sachkunde und deren Nachweis,
   2. anzuordnen, dass das Verfahren zur Erstattung der Anzeige elektronisch zu führen ist und Dokumente in elektronischer Form gemäß § 3a Absatz 2 Satz 2 und 3 des Verwaltungsverfahrensgesetzes vorzulegen sind,
   3. bestimmte Tätigkeiten von der Anzeigepflicht nach Absatz 1 auszunehmen, soweit eine Anzeige aus Gründen des Wohls der Allgemeinheit nicht erforderlich ist,
   4. Anforderungen an die Anzeigepflichtigen und deren Tätigkeit zu bestimmen, die sich aus Rechtsvorschriften der Europäischen Union ergeben, sowie
   5. anzuordnen, dass bei der Beförderung von Abfällen geeignete Unterlagen zum Zweck der Überwachung mitzuführen sind.

§ 54
Sammler, Beförderer, Händler und Makler von gefährlichen Abfällen

(1) Sammler, Beförderer, Händler und Makler von gefährlichen Abfällen bedürfen der Erlaubnis. Die zuständige Behörde hat die Erlaubnis zu erteilen, wenn
   1. keine Tatsachen bekannt sind, aus denen sich Bedenken gegen die Zuverlässigkeit des Inhabers oder der für die Leitung und Beaufsichtigung des Betriebes verantwortlichen Personen ergeben, sowie
   2. der Inhaber, soweit er für die Leitung des Betriebes verantwortlich ist, die für die Leitung und Beaufsichtigung des Betriebes verantwortlichen Personen und das sonstige Personal über die für ihre Tätigkeit notwendige Fach- und Sachkunde verfügen.

   Zuständig ist die Behörde des Landes, in dem der Antragsteller seinen Hauptsitz hat. Die Erlaubnis nach Satz 1 gilt für die Bundesrepublik Deutschland.

(2) Die zuständige Behörde kann die Erlaubnis mit Nebenbestimmungen versehen, soweit dies zur Wahrung des Wohls der Allgemeinheit erforderlich ist.

(3) Von der Erlaubnispflicht nach Absatz 1 Satz 1 ausgenommen sind
   1. öffentlich-rechtliche Entsorgungsträger sowie
   2. Entsorgungsfachbetriebe im Sinne von § 56, soweit sie für die erlaubnispflichtige Tätigkeit zertifiziert sind.

(4) Erlaubnisse aus einem anderen Mitgliedstaat der Europäischen Union oder einem anderen Vertragsstaat des Abkommens über den Europäischen Wirtschaftsraum stehen Erlaubnissen nach Absatz 1 Satz 1 gleich, soweit sie ihnen gleichwertig sind. Bei der Prüfung des Antrags auf Erlaubnis nach Absatz 1 Satz 1 stehen Nachweise aus einem anderen Mitgliedstaat der Europäischen Union oder einem anderen Vertragsstaat des Abkommens über den Europäischen Wirtschaftsraum inländischen Nachweisen gleich, wenn aus ihnen hervorgeht, dass der Antragsteller die betreffenden Anforderungen des Absatzes 1 Satz 2 oder die auf Grund ihrer Zielsetzung im Wesentlichen vergleichbaren Anforderungen des Ausstellungsstaates erfüllt. Unterlagen über die gleichwertige Erlaubnis nach Satz 1 und sonstige Nachweise nach Satz 2 sind der zuständigen Behörde vor Aufnahme der Tätigkeit im Original oder in Kopie vorzulegen. Eine Beglaubigung der Kopie sowie eine beglaubigte deutsche Übersetzung können verlangt werden.

(5) Hinsichtlich der Überprüfung der erforderlichen Fach- und Sachkunde nach Absatz 1 Satz 2 Nummer 2 eines Antragstellers aus einem anderen Mitgliedstaat der Europäischen Union oder einem anderen Vertragsstaat des Abkommens über den Europäischen Wirtschaftsraum gilt § 36a Absatz 1 Satz 2, Absatz 2 und 4 Satz 4 der Gewerbeordnung entsprechend; bei vorübergehender und nur gelegentlicher Tätigkeit eines in einem anderen Mitgliedstaat der Europäischen Union oder in einem anderen Vertragsstaat des Abkommens über den Europäischen Wirtschaftsraum niedergelassenen Dienstleistungserbringers gilt hinsichtlich der erforderlichen Fach- und Sachkunde § 13a Absatz 2 Satz 2 bis 5 und Absatz 3 der Gewerbeordnung entsprechend.

(6) Erlaubnisverfahren nach Absatz 1 und 4 können über eine einheitliche Stelle abgewickelt werden. § 42a des Verwaltungsverfahrensgesetzes findet für das Verfahren nach den Absätzen 1 und 4 Anwendung, sofern der Antragsteller Staatsangehöriger eines Mitgliedstaates der Europäischen Union oder eines anderen Vertragsstaates des Abkommens über den Europäischen Wirtschaftsraum ist oder als juristische Person in einem dieser Staaten seinen Sitz hat.

(7) Die Bundesregierung wird ermächtigt, nach Anhörung der beteiligten Kreise (§ 68) durch Rechtsverordnung mit Zustimmung des Bundesrates für die Erlaubnispflicht und Tätigkeit der Sammler, Beförderer, Händler und Makler von gefährlichen Abfällen, für Sammler und Beförderer von gefährlichen Abfällen, insbesondere unter Berücksichtigung der Besonderheiten der jeweiligen Verkehrsträger, Verkehrswege oder Beförderungsart,

1. Vorschriften zu erlassen über die Antragsunterlagen, die Form, den Inhalt und das Verfahren zur Erteilung der Erlaubnis, die Anforderungen an die Zuverlässigkeit, Fach- und Sachkunde sowie deren Nachweis, die Fristen, nach denen das Vorliegen der Voraussetzungen erneut zu überprüfen ist,
2. anzuordnen, dass das Erlaubnisverfahren elektronisch zu führen ist und Dokumente in elektronischer Form gemäß § 3a Absatz 2 Satz 2 und 3 des Verwaltungsverfahrensgesetzes vorzulegen sind,
3. bestimmte Tätigkeiten von der Erlaubnispflicht nach Absatz 1 auszunehmen, soweit eine Erlaubnis aus Gründen des Wohls der Allgemeinheit nicht erforderlich ist,
4. Anforderungen an die Erlaubnispflichtigen und deren Tätigkeit zu bestimmen, die sich aus Rechtsvorschriften der Europäischen Union ergeben, sowie
5. anzuordnen, dass bei der Beförderung von Abfällen geeignete Unterlagen zum Zweck der Überwachung mitzuführen sind.

§ 55
Kennzeichnung der Fahrzeuge

(1) Sammler und Beförderer haben Fahrzeuge, mit denen sie Abfälle in Ausübung ihrer Tätigkeit auf öffentlichen Straßen befördern, vor Antritt der Fahrt mit zwei rückstrahlenden weißen Warntafeln gemäß Satz 3 zu versehen (A-Schilder). Satz 1 gilt nicht für Sammler und Beförderer, die im Rahmen wirtschaftlicher Unternehmen Abfälle sammeln oder befördern. Hinsichtlich der Anforderungen an die Kennzeichnung der Fahrzeuge gilt § 10 des Abfallverbringungsgesetzes vom 19. Juli 2007 (BGBl. I S. 1462) in der jeweils geltenden Fassung entsprechend.

(2) Die Bundesregierung wird ermächtigt, in einer Rechtsverordnung nach § 53 Absatz 6 oder § 54 Absatz 7 Ausnahmen von der Kennzeichnungspflicht nach Absatz 1 Satz 1 vorzusehen.

(3) Rechtsvorschriften, die aus Gründen der Sicherheit im Zusammenhang mit der Beförderung gefährlicher Güter erlassen sind, bleiben unberührt.

Teil 7
Entsorgungsfachbetriebe

§ 56
Zertifizierung von Entsorgungsfachbetrieben

(1) Entsorgungsfachbetriebe wirken an der Förderung der Kreislaufwirtschaft und der Sicherstellung des Schutzes von Mensch und Umwelt bei der Erzeugung und Bewirtschaftung von Abfällen nach Maßgabe der hierfür geltenden Rechtsvorschriften mit.

(2) Entsorgungsfachbetrieb ist ein Betrieb, der
1. gewerbsmäßig, im Rahmen wirtschaftlicher Unternehmen oder öffentlicher Einrichtungen Abfälle sammelt, befördert, lagert, behandelt, verwertet, beseitigt, mit diesen handelt oder makelt und
2. in Bezug auf eine oder mehrere der in Nummer 1 genannten Tätigkeiten durch eine technische Überwachungsorganisation oder eine Entsorgergemeinschaft als Entsorgungsfachbetrieb zertifiziert ist.

(3) Das Zertifikat darf nur erteilt werden, wenn der Betrieb die für die ordnungsgemäße Wahrnehmung seiner Aufgaben erforderlichen Anforderungen an seine Organisation, seine personelle, gerätetechnische und sonstige Ausstattung, seine Tätigkeit sowie die Zuverlässigkeit und Fach- und Sachkunde seines Personals erfüllt. In dem Zertifikat sind die zertifizierten Tätigkeiten des Betriebes, insbesondere bezogen auf seine Standorte und Anlagen sowie die Abfallarten, genau zu bezeichnen. Das Zertifikat ist zu befristen. Die Gültigkeitsdauer darf einen Zeitraum von 18 Monaten nicht überschreiten. Das Vorliegen der Voraussetzungen des Satzes 1 wird mindestens jährlich von der technischen Überwachungsorganisation oder der Entsorgergemeinschaft überprüft.

(4) Mit Erteilung des Zertifikats ist dem Betrieb von der technischen Überwachungsorganisation oder Entsorgergemeinschaft die Berechtigung zum Führen eines Überwachungszeichens zu erteilen, das die Bezeichnung „Entsorgungsfachbetrieb“ in Verbindung mit dem Hinweis auf die zertifizierte Tätigkeit und die das Überwachungszeichen erteilende technische Überwachungsorganisation oder Entsorgerge-

meinschaft aufweist. Ein Betrieb darf das Überwachungszeichen nur führen, soweit und solange er als Entsorgungsfachbetrieb zertifiziert ist.

(5) Eine technische Überwachungsorganisation ist ein rechtsfähiger Zusammenschluss mehrerer Sachverständiger, deren Sachverständigentätigkeit auf dauernde Zusammenarbeit angelegt ist. Die Erteilung des Zertifikats und der Berechtigung zum Führen des Überwachungszeichens durch die technische Überwachungsorganisation erfolgt auf der Grundlage eines Überwachungsvertrages, der insbesondere die Anforderungen an den Betrieb und seine Überwachung sowie an die Erteilung und den Entzug des Zertifikats und der Berechtigung zum Führen des Überwachungszeichens festlegt. Der Überwachungsvertrag bedarf der Zustimmung der zuständigen Behörde.

(6) Eine Entsorgergemeinschaft ist ein rechtsfähiger Zusammenschluss von Entsorgungsfachbetrieben im Sinne des Absatzes 2. Sie bedarf der Anerkennung der zuständigen Behörde. Die Erteilung des Zertifikats und der Berechtigung zum Führen des Überwachungszeichens durch die Entsorgergemeinschaft erfolgt auf der Grundlage einer Satzung oder sonstigen Regelung, die insbesondere die Anforderungen an die zu zertifizierenden Betriebe und ihre Überwachung sowie an die Erteilung und den Entzug des Zertifikats und der Berechtigung zum Führen des Überwachungszeichens festlegt.

(7) Technische Überwachungsorganisation und Entsorgergemeinschaft haben sich für die Überprüfung der Betriebe Sachverständiger zu bedienen, die die für die Durchführung der Überwachung erforderliche Zuverlässigkeit, Unabhängigkeit sowie Fach- und Sachkunde besitzen.

(8) Entfallen die Voraussetzungen für die Erteilung des Zertifikats, hat die technische Überwachungsorganisation oder die Entsorgergemeinschaft dem Betrieb das von ihr erteilte Zertifikat und die Berechtigung zum Führen des Überwachungszeichens zu entziehen sowie den Betrieb aufzufordern, das Zertifikat zurückzugeben und das Überwachungszeichen nicht weiterzuführen. Kommt der Betrieb dieser Aufforderung innerhalb einer von der technischen Überwachungsorganisation oder Entsorgergemeinschaft gesetzten Frist nicht nach, kann die zuständige Behörde dem Betrieb das erteilte Zertifikat und die Berechtigung zum Führen des Überwachungszeichens entziehen sowie die sonstige weitere Verwendung der Bezeichnung „Entsorgungsfachbetrieb" untersagen.

§ 57
Anforderungen an Entsorgungsfachbetriebe, technische Überwachungsorganisationen und Entsorgergemeinschaften

Die Bundesregierung wird ermächtigt, nach Anhörung der beteiligten Kreise (§ 68) durch Rechtsverordnung mit Zustimmung des Bundesrates Anforderungen an Entsorgungsfachbetriebe, technische Überwachungsorganisationen und Entsorgergemeinschaften zu bestimmen. In der Rechtsverordnung können insbesondere

1. Anforderungen an die Organisation, die personelle, gerätetechnische und sonstige Ausstattung und die Tätigkeit eines Entsorgungsfachbetriebes bestimmt sowie ein ausreichender Haftpflichtversicherungsschutz gefordert werden,
2. Anforderungen an den Inhaber und die im Entsorgungsfachbetrieb beschäftigten Personen, insbesondere Mindestanforderungen an die Fach- und Sachkunde und die Zuverlässigkeit sowie an deren Nachweis, bestimmt werden,

3. Anforderungen an die Tätigkeit der technischen Überwachungsorganisationen, insbesondere Mindestanforderungen an den Überwachungsvertrag sowie dessen Abschluss, Durchführung, Auflösung und Erlöschen, bestimmt werden,
4. Anforderungen an die Tätigkeit der Entsorgergemeinschaften, insbesondere an deren Bildung, Auflösung, Organisation und Arbeitsweise, einschließlich der Bestellung, Aufgaben und Befugnisse der Prüforgane sowie Mindestanforderungen an die Mitglieder dieser Prüforgane, bestimmt werden,
5. Mindestanforderungen an die für die technischen Überwachungsorganisationen oder für die Entsorgergemeinschaften tätigen Sachverständigen sowie deren Bestellung, Tätigkeit und Kontrolle bestimmt werden,
6. Anforderungen an das Überwachungszeichen und das zugrunde liegende Zertifikat, insbesondere an die Form und den Inhalt, sowie Anforderungen an ihre Erteilung, ihre Aufhebung, ihr Erlöschen und ihren Entzug bestimmt werden,
7. die besonderen Voraussetzungen, das Verfahren, die Erteilung und Aufhebung
   a) der Zustimmung zum Überwachungsvertrag durch die zuständige Behörde geregelt werden sowie
   b) der Anerkennung der Entsorgergemeinschaften durch die zuständige Behörde geregelt werden; dabei kann die Anerkennung der Entsorgergemeinschaften bei drohenden Beschränkungen des Wettbewerbes widerrufen werden,
8. die näheren Anforderungen an den Entzug des Zertifikats und der Berechtigung zum Führen des Überwachungszeichens sowie an die Untersagung der sonstigen weiteren Verwendung der Bezeichnung „Entsorgungsfachbetrieb“ durch die zuständige Behörde nach § 56 Absatz 8 Satz 2 bestimmt werden sowie
9. für die erforderlichen Erklärungen, Nachweise, Benachrichtigungen oder sonstigen Daten die elektronische Führung und die Vorlage von Dokumenten in elektronischer Form gemäß § 3a Absatz 2 Satz 2 und 3 des Verwaltungsverfahrensgesetzes angeordnet werden.

Teil 8
Betriebsorganisation, Betriebsbeauftragter für Abfall und Erleichterungen für auditierte Unternehmensstandorte

§ 58
Mitteilungspflichten zur Betriebsorganisation

(1) Besteht bei Kapitalgesellschaften das vertretungsberechtigte Organ aus mehreren Mitgliedern oder sind bei Personengesellschaften mehrere vertretungsberechtigte Gesellschafter vorhanden, so ist der zuständigen Behörde anzuzeigen, wer von ihnen nach den Bestimmungen über die Geschäftsführungsbefugnis für die Gesellschaft die Pflichten des Betreibers einer genehmigungsbedürftigen Anlage im Sinne des § 4 des Bundes-Immissionsschutzgesetzes oder die Pflichten des Besitzers im Sinne des § 27 wahrnimmt, die ihm nach diesem Gesetz und nach den auf Grund dieses Gesetzes erlassenen Rechtsverordnungen obliegen. Die Gesamtverantwortung aller Organmitglieder oder Gesellschafter bleibt hiervon unberührt.

(2) Der Betreiber einer genehmigungsbedürftigen Anlage im Sinne des § 4 des Bundes-Immissionsschutzgesetzes, der Besitzer im Sinne des § 27 oder im Rahmen ihrer Geschäftsführungsbefugnis die nach Absatz 1 Satz 1 anzuzeigende Person hat der

zuständigen Behörde mitzuteilen, auf welche Weise sichergestellt ist, dass die Vorschriften und Anordnungen, die der Vermeidung, Verwertung und umweltverträglichen Beseitigung von Abfällen dienen, beim Betrieb beachtet werden.

§ 59
Bestellung eines Betriebsbeauftragten für Abfall

(1) Betreiber von genehmigungsbedürftigen Anlagen im Sinne des § 4 des Bundes-Immissionsschutzgesetzes, Betreiber von Anlagen, in denen regelmäßig gefährliche Abfälle anfallen, Betreiber ortsfester Sortier-, Verwertungs- oder Abfallbeseitigungsanlagen, Besitzer im Sinne des § 27 sowie Betreiber von Rücknahmesystemen und -stellen, die von den Besitzern im Sinne des § 27 eingerichtet worden sind oder an denen sie sich beteiligen, haben unverzüglich einen oder mehrere Betriebsbeauftragte für Abfall (Abfallbeauftragte) zu bestellen, sofern dies im Hinblick auf die Art oder die Größe der Anlagen oder die Bedeutung der abfallwirtschaftlichen Tätigkeit, insbesondere unter Berücksichtigung von Art oder Umfang der Rücknahme der Abfälle und der damit verbundenen Besitzerpflichten, erforderlich ist wegen der
1. anfallenden, zurückgenommenen, verwerteten oder beseitigten Abfälle,
2. technischen Probleme der Vermeidung, Verwertung oder Beseitigung oder
3. Eignung der Produkte oder Erzeugnisse, die bei oder nach bestimmungsgemäßer Verwendung Probleme hinsichtlich der ordnungsgemäßen und schadlosen Verwertung oder umweltverträglichen Beseitigung hervorrufen.

Das Bundesministerium für Umwelt, Naturschutz und nukleare Sicherheit bestimmt nach Anhörung der beteiligten Kreise (§ 68) durch Rechtsverordnung mit Zustimmung des Bundesrates die Betreiber von Anlagen nach Satz 1, die Besitzer nach Satz 1 sowie die Betreiber von Rücknahmesystemen und -stellen nach Satz 1, die Abfallbeauftragte zu bestellen haben. Durch Rechtsverordnung nach Satz 2 kann auch bestimmt werden, welche Besitzer von Abfällen und welche Betreiber von Rücknahmesystemen und -stellen, für die Satz 1 entsprechend gilt, Abfallbeauftragte zu bestellen haben.

(2) Die zuständige Behörde kann anordnen, dass Betreiber von Anlagen nach Absatz 1 Satz 1, Besitzer nach Absatz 1 Satz 1 und Betreiber von Rücknahmesystemen und -stellen nach Absatz 1 Satz 1, für die die Bestellung eines Abfallbeauftragten nicht durch Rechtsverordnung nach Absatz 1 Satz 2 und 3 vorgeschrieben ist, einen oder mehrere Abfallbeauftragte zu bestellen haben, soweit sich im Einzelfall die Notwendigkeit der Bestellung aus den in Absatz 1 Satz 1 genannten Gesichtspunkten ergibt.

(3) Ist nach § 53 des Bundes-Immissionsschutzgesetzes ein Immissionsschutzbeauftragter oder nach § 64 des Wasserhaushaltsgesetzes ein Gewässerschutzbeauftragter zu bestellen, so können diese auch die Aufgaben und Pflichten eines Abfallbeauftragten nach diesem Gesetz wahrnehmen.

§ 60
Aufgaben des Betriebsbeauftragten für Abfall

(1) Der Abfallbeauftragte berät den zur Bestellung Verpflichteten und die Betriebsangehörigen in Angelegenheiten, die für die Abfallvermeidung und Abfallbewirtschaftung bedeutsam sein können. Er ist berechtigt und verpflichtet,
1. den Weg der Abfälle von ihrer Entstehung oder Anlieferung bis zu ihrer Verwertung oder Beseitigung zu überwachen,

2. die Einhaltung der Vorschriften dieses Gesetzes und der auf Grund dieses Gesetzes erlassenen Rechtsverordnungen sowie die Erfüllung erteilter Bedingungen und Auflagen zu überwachen, insbesondere durch Kontrolle der Betriebsstätte und der Art und Beschaffenheit der bewirtschafteten Abfälle in regelmäßigen Abständen, Mitteilung festgestellter Mängel und Vorschläge zur Mängelbeseitigung,
3. die Betriebsangehörigen aufzuklären
   a) über Beeinträchtigungen des Wohls der Allgemeinheit, welche von den Abfällen oder der abfallwirtschaftlichen Tätigkeit ausgehen können,
   b) über Einrichtungen und Maßnahmen zur Verhinderung von Beeinträchtigungen des Wohls der Allgemeinheit unter Berücksichtigung der für die Vermeidung, Verwertung und Beseitigung von Abfällen geltenden Gesetze und Rechtsverordnungen,
4. hinzuwirken auf die Entwicklung und Einführung
   a) umweltfreundlicher und abfallarmer Verfahren, einschließlich Verfahren zur Vermeidung, ordnungsgemäßen und schadlosen Verwertung oder umweltverträglichen Beseitigung von Abfällen,
   b) umweltfreundlicher und abfallarmer Erzeugnisse, einschließlich Verfahren zur Wiederverwendung, Verwertung oder umweltverträglichen Beseitigung nach Wegfall der Nutzung, sowie
5. bei der Entwicklung und Einführung der in Nummer 4 Buchstabe a und b genannten Verfahren mitzuwirken, insbesondere durch Begutachtung der Verfahren und Erzeugnisse unter den Gesichtspunkten der Abfallbewirtschaftung,
6. bei Anlagen, in denen Abfälle anfallen, verwertet oder beseitigt werden, zudem auf Verbesserungen des Verfahrens hinzuwirken.

(2) Der Abfallbeauftragte erstattet dem zur Bestellung Verpflichteten jährlich einen schriftlichen Bericht über die nach Absatz 1 Satz 2 Nummer 1 bis 5 getroffenen und beabsichtigten Maßnahmen.

(3) Auf das Verhältnis zwischen dem zur Bestellung Verpflichteten und dem Abfallbeauftragten finden § 55 Absatz 1, 1a, 2 Satz 1 und 2, Absatz 3 und 4 und die §§ 56 bis 58 des Bundes-Immissionsschutzgesetzes entsprechende Anwendung. Das Bundesministerium für Umwelt, Naturschutz und nukleare Sicherheit wird ermächtigt, nach Anhörung der beteiligten Kreise (§ 68) durch Rechtsverordnung mit Zustimmung des Bundesrates vorzuschreiben, welche Anforderungen an die Fachkunde und Zuverlässigkeit des Abfallbeauftragten zu stellen sind.

§ 61
Anforderungen an Erleichterungen für auditierte Unternehmensstandorte

(1) Die Bundesregierung wird ermächtigt, zur Förderung der privaten Eigenverantwortung für Standorte des Gemeinschaftssystems für das Umweltmanagement und die Umweltbetriebsprüfung (EMAS) durch Rechtsverordnung mit Zustimmung des Bundesrates Erleichterungen zum Inhalt der Antragsunterlagen in abfallrechtlichen Verfahren sowie überwachungsrechtliche Erleichterungen vorzusehen, soweit die entsprechenden Anforderungen der Verordnung (EG) Nr. 1221/2009 des Europäischen Parlaments und des Rates vom 25. November 2009 über die freiwillige Teilnahme von Organisationen an einem Gemeinschaftssystem für Umweltmanagement und Umweltbetriebsprüfung und zur Aufhebung der Verordnung (EG) Nr. 761/2001 sowie der Beschlüsse der Kommission 2001/681/EG und 2006/193/EG (ABl. L 342 vom

22.12.2009, S. 1) gleichwertig mit den Anforderungen sind, die zur Überwachung und zu den Antragsunterlagen nach diesem Gesetz oder den auf Grund dieses Gesetzes erlassenen Rechtsverordnungen vorgesehen sind oder soweit die Gleichwertigkeit durch die Rechtsverordnung nach dieser Vorschrift sichergestellt wird.

(2) Durch Rechtsverordnung nach Absatz 1 können weitere Voraussetzungen für die Inanspruchnahme und die Rücknahme von Erleichterungen oder die vollständige oder teilweise Aussetzung von Erleichterungen für Fälle festgelegt werden, in denen die Voraussetzungen für deren Gewährung nicht mehr vorliegen.

(3) Durch Rechtsverordnung nach Absatz 1 können ordnungsrechtliche Erleichterungen, insbesondere zu
1. Kalibrierungen, Ermittlungen, Prüfungen und Messungen,
2. Messberichten sowie sonstigen Berichten und Mitteilungen von Ermittlungsergebnissen,
3. Aufgaben des Betriebsbeauftragten für Abfall,
4. Mitteilungspflichten zur Betriebsorganisation und
5. der Häufigkeit der behördlichen Überwachung

nur gewährt werden, wenn der Umweltgutachter oder die Umweltgutachterorganisation im Sinne des Umweltauditgesetzes die Einhaltung der Umweltvorschriften geprüft hat, keine Abweichungen festgestellt hat und dies in der Validierung bescheinigt.

(4) Durch Rechtsverordnung nach Absatz 1 können unter den dort genannten Voraussetzungen Erleichterungen im Genehmigungsverfahren sowie überwachungsrechtliche Erleichterungen für Entsorgungsfachbetriebe gewährt werden.

Teil 9
Schlussbestimmungen

§ 62
Anordnungen im Einzelfall

Die zuständige Behörde kann im Einzelfall die erforderlichen Anordnungen zur Durchführung dieses Gesetzes und der auf Grund dieses Gesetzes erlassenen Rechtsverordnungen treffen.

§ 63
Geheimhaltung und Datenschutz

Die Rechtsvorschriften über Geheimhaltung und Datenschutz bleiben unberührt.

§ 64
Elektronische Kommunikation

Soweit auf Grund dieses Gesetzes oder einer auf Grund dieses Gesetzes erlassenen Rechtsverordnung die Schriftform angeordnet wird, ist auch die elektronische Form nach Maßgabe des § 3a des Verwaltungsverfahrensgesetzes zugelassen.

§ 65
Umsetzung von Rechtsakten der Europäischen Union

(1) Zur Umsetzung von Rechtsakten der Europäischen Union kann die Bundesregierung mit Zustimmung des Bundesrates zu dem in § 1 genannten Zweck Rechtsverordnungen zur Sicherstellung der umweltverträglichen Abfallvermeidung und Abfallbewirtschaftung, insbesondere zur ordnungsgemäßen und schadlosen Verwertung sowie zur umweltverträglichen Beseitigung von Abfällen erlassen. In den Rechtsverordnungen kann auch geregelt werden, wie die Öffentlichkeit zu unterrichten ist.

(2) Zur Umsetzung von Rechtsakten der Europäischen Union kann die Bundesregierung durch Rechtsverordnung mit Zustimmung des Bundesrates das Verwaltungsverfahren zur Erteilung von Genehmigungen und Erlaubnissen oder Erstattung von Anzeigen nach diesem Gesetz oder nach einer auf Grund dieses Gesetzes erlassenen Rechtsverordnung regeln.

§ 66
Vollzug im Bereich der Bundeswehr

(1) Im Geschäftsbereich des Bundesministeriums der Verteidigung obliegt der Vollzug des Gesetzes und der auf Grund dieses Gesetzes erlassenen Rechtsverordnungen für Material, das zur Verwendung für militärische Zwecke bestimmt ist, sowie für die Verwertung und Beseitigung militäreigentümlicher Abfälle sowie von Abfällen, für die ein besonderes militärisches Sicherheitsinteresse besteht, dem Bundesministerium der Verteidigung und den von ihm bestimmten Stellen.

(2) Das Bundesministerium der Verteidigung wird ermächtigt, für Material, das zur Verwendung für militärische Zwecke bestimmt ist, sowie für die Verwertung oder die Beseitigung von Abfällen im Sinne des Absatzes 1 aus dem Bereich der Bundeswehr Ausnahmen von diesem Gesetz und den auf Grund dieses Gesetzes erlassenen Rechtsverordnungen zuzulassen, soweit zwingende Gründe der Verteidigung oder die Erfüllung zwischenstaatlicher Pflichten dies erfordern.

§ 67
Beteiligung des Bundestages beim Erlass von Rechtsverordnungen

Rechtsverordnungen nach § 8 Absatz 2, § 10 Absatz 1 Nummer 1 und 4, den §§ 24, 25 und 65 sind dem Bundestag zuzuleiten. Die Zuleitung erfolgt vor der Zuleitung an den Bundesrat. Die Rechtsverordnungen können durch Beschluss des Bundestages geändert oder abgelehnt werden. Der Beschluss des Bundestages wird der Bundesregierung zugeleitet. Hat sich der Bundestag nach Ablauf von drei Sitzungswochen seit Eingang der Rechtsverordnung nicht mit ihr befasst, so wird die unveränderte Rechtsverordnung dem Bundesrat zugeleitet.

§ 68
Anhörung beteiligter Kreise

Soweit Ermächtigungen zum Erlass von Rechtsverordnungen und allgemeinen Verwaltungsvorschriften die Anhörung der beteiligten Kreise vorschreiben, ist ein jeweils auszuwählender Kreis von Vertretern der Wissenschaft, der Betroffenen, der beteiligten Wirtschaft, der für die Abfallwirtschaft zuständigen obersten Landesbehörden, der Gemeinden und Gemeindeverbände zu hören.

§ 69
Bußgeldvorschriften

(1) Ordnungswidrig handelt, wer vorsätzlich oder fahrlässig
1. entgegen § 9a Absatz 1 gefährliche Abfälle vermischt,
1a. entgegen § 9a Absatz 3 Abfälle nicht oder nicht rechtzeitig trennt oder nicht oder nicht rechtzeitig behandelt,
1b. entgegen § 12 Absatz 4 oder § 56 Absatz 4 Satz 2 ein dort genanntes Zeichen führt,
2. entgegen § 28 Absatz 1 Satz 1 Abfälle zur Beseitigung behandelt, lagert oder ablagert,
3. ohne Planfeststellungsbeschluss nach § 35 Absatz 2 Satz 1 oder ohne Plangenehmigung nach § 35 Absatz 3 Satz 1 eine Deponie errichtet oder wesentlich ändert,
4. einer vollziehbaren Auflage nach § 36 Absatz 4 Satz 1 oder Satz 3, § 39 Absatz 1 Satz 1 oder Absatz 2 Satz 1, § 53 Absatz 3 Satz 1 oder § 54 Absatz 2 zuwiderhandelt,
5. einer mit einer Zulassung nach § 37 Absatz 1 Satz 1 verbundenen vollziehbaren Auflage zuwiderhandelt,
6. einer vollziehbaren Untersagung nach § 53 Absatz 3 Satz 3 zuwiderhandelt,
7. ohne Erlaubnis nach § 54 Absatz 1 Satz 1 gefährliche Abfälle sammelt, befördert, mit ihnen Handel treibt oder diese makelt oder
8. einer Rechtsverordnung nach § 4 Absatz 2, § 5 Absatz 2, § 10 Absatz 1 oder 4 Nummer 2, § 11 Absatz 2 Satz 1 oder 2 oder Absatz 3 Satz 1 Nummer 1 bis 3 oder Satz 2 Nummer 2, § 12 Absatz 7, § 16 Satz 1 Nummer 1 oder Nummer 2, § 24, § 25 Absatz 1 Nummer 1 bis 3 oder 5 oder Absatz 2 Nummer 5 bis 7 oder 10, § 28 Absatz 3 Satz 2, § 43 Absatz 1 Satz 1 Nummer 2 bis 5, 7 oder Nummer 8 oder § 57 Satz 2 Nummer 1 bis 7 oder Nummer 8 oder einer vollziehbaren Anordnung auf Grund einer solchen Rechtsverordnung zuwiderhandelt, soweit die Rechtsverordnung für einen bestimmten Tatbestand auf diese Bußgeldvorschrift verweist.

(2) Ordnungswidrig handelt, wer vorsätzlich oder fahrlässig
1. entgegen § 18 Absatz 1, § 26 Absatz 2, § 40 Absatz 1 Satz 1 oder § 53 Absatz 1 Satz 1 eine Anzeige nicht, nicht richtig, nicht vollständig oder nicht rechtzeitig erstattet,
2. entgegen § 34 Absatz 1 Satz 1 das Betreten eines Grundstücks oder eine dort genannte Maßnahme nicht duldet,
3. entgegen § 41 Absatz 1 Satz 1 in Verbindung mit einer Rechtsverordnung nach § 41 Absatz 2 Satz 1 eine Emissionserklärung nicht, nicht richtig, nicht vollständig oder nicht rechtzeitig abgibt oder nicht, nicht richtig, nicht vollständig oder nicht rechtzeitig ergänzt,
4. entgegen § 47 Absatz 3 Satz 1 eine Auskunft nicht, nicht richtig, nicht vollständig oder nicht rechtzeitig erteilt,
5. entgegen § 47 Absatz 3 Satz 2 oder Satz 3 das Betreten eines Grundstücks oder eines Wohn-, Geschäfts- oder Betriebsraumes, die Einsicht in eine Unterlage oder die Vornahme einer technischen Ermittlung oder Prüfung nicht gestattet,
6. entgegen § 47 Absatz 4 eine dort genannte Anlage nicht zugänglich macht oder eine Arbeitskraft, ein Werkzeug oder eine Unterlage nicht zur Verfügung stellt,

7. einer vollziehbaren Anordnung nach § 47 Absatz 4 oder Absatz 9 Satz 1, § 51 Absatz 1 Satz 1 oder § 59 Absatz 2 zuwiderhandelt,
8. entgegen § 49 Absatz 1, auch in Verbindung mit § 49 Absatz 3 oder einer Rechtsverordnung nach § 10 Absatz 2 Nummer 1 Buchstabe b oder § 52 Absatz 1 Satz 1 oder Satz 2 Nummer 3 oder Nummer 5, ein Register nicht, nicht richtig oder nicht vollständig führt,
9. entgegen § 49 Absatz 2 in Verbindung mit einer Rechtsverordnung nach § 52 Absatz 1 Satz 1 eine Angabe nicht, nicht richtig, nicht vollständig oder nicht rechtzeitig verzeichnet,
10. entgegen § 49 Absatz 4, auch in Verbindung mit einer Rechtsverordnung nach § 10 Absatz 2 Nummer 1 Buchstabe b oder § 52 Absatz 1 Satz 1 oder Satz 2 Nummer 3, ein Register nicht, nicht richtig, nicht vollständig oder nicht rechtzeitig vorlegt oder eine Mitteilung nicht, nicht richtig, nicht vollständig oder nicht rechtzeitig macht,
11. entgegen § 49 Absatz 5, auch in Verbindung mit einer Rechtsverordnung nach § 52 Absatz 1 Satz 2 Nummer 6, eine Angabe oder einen Beleg nicht oder nicht für die vorgeschriebene Dauer aufbewahrt,
12. entgegen § 50 Absatz 1 in Verbindung mit einer Rechtsverordnung nach § 52 Absatz 1 Satz 1, jeweils auch in Verbindung mit einer Rechtsverordnung nach § 10 Absatz 2 Nummer 1 Buchstabe b oder § 52 Absatz 1 Satz 2 Nummer 3, einen Nachweis nicht, nicht richtig, nicht vollständig oder nicht rechtzeitig führt,
13. entgegen § 55 Absatz 1 Satz 1 ein Fahrzeug nicht, nicht richtig, nicht vollständig oder nicht rechtzeitig mit Warntafeln versieht,
14. entgegen § 59 Absatz 1 Satz 1 in Verbindung mit einer Rechtsverordnung nach § 59 Absatz 1 Satz 2 und 3 einen Abfallbeauftragten nicht oder nicht rechtzeitig bestellt oder
15. einer Rechtsverordnung nach § 10 Absatz 2 Nummer 1 Buchstabe a, Nummer 2 bis 7 oder Nummer 8, jeweils auch in Verbindung mit § 11 Absatz 3 Satz 1 Nummer 4, § 16 Satz 1 Nummer 3 oder § 43 Absatz 5, nach § 10 Absatz 4 Nummer 1, § 11 Absatz 3 Satz 2 Nummer 1, § 25 Absatz 1 Nummer 7 oder 8 oder Absatz 2 Nummer 3, 9 oder 11, § 43 Absatz 1 Satz 1 Nummer 6 oder Nummer 9, § 52 Absatz 1 Satz 1 und Absatz 2 Nummer 2 oder Nummer 3, § 53 Absatz 6 Nummer 1, 2, 4 oder Nummer 5, § 54 Absatz 7 Nummer 1, 2, 4 oder Nummer 5 oder § 57 Satz 2 Nummer 9 oder einer vollziehbaren Anordnung auf Grund einer solchen Rechtsverordnung zuwiderhandelt, soweit die Rechtsverordnung für einen bestimmten Tatbestand auf diese Vorschrift verweist.

(3) Die Ordnungswidrigkeit nach Absatz 1 kann mit einer Geldbuße bis zu hunderttausend Euro, die Ordnungswidrigkeit nach Absatz 2 mit einer Geldbuße bis zu zehntausend Euro geahndet werden.

(4) Verwaltungsbehörde im Sinne des § 36 Absatz 1 Nummer 1 des Gesetzes über Ordnungswidrigkeiten ist das Bundesamt für Logistik und Mobilität, soweit es sich um Ordnungswidrigkeiten nach Absatz 1 Nummer 6 bis 8 oder nach Absatz 2 Nummer 1, 7, 8, 10 bis 13 und 15 handelt und die Zuwiderhandlung im Zusammenhang mit der Beförderung von Abfällen durch Fahrzeuge zur Güterbeförderung auf der Straße in einem Unternehmen begangen wird, das im Inland weder seinen Sitz noch eine geschäftliche Niederlassung hat, und soweit die betroffene Person im Inland keinen Wohnsitz hat.

§ 70
Einziehung

Ist eine Ordnungswidrigkeit nach § 69 Absatz 1 Nummer 2 bis 7 oder Nummer 8 begangen worden, so können Gegenstände eingezogen werden,

1. auf die sich die Ordnungswidrigkeit bezieht oder
2. die zu ihrer Begehung oder Vorbereitung gebraucht worden oder bestimmt gewesen sind.

§ 23 des Gesetzes über Ordnungswidrigkeiten ist anzuwenden.

§ 71
Ausschluss abweichenden Landesrechts

Von den in diesem Gesetz oder auf Grund dieses Gesetzes getroffenen Regelungen des Verwaltungsverfahrens kann durch Landesrecht nicht abgewichen werden.

§ 72
Übergangsvorschrift

(1) Pflichtenübertragungen nach § 16 Absatz 2, § 17 Absatz 3 oder § 18 Absatz 2 des Kreislaufwirtschafts- und Abfallgesetzes vom 27. September 1994 (BGBl. I S. 2705), das zuletzt durch Artikel 5 des Gesetzes vom 6. Oktober 2011 (BGBl. I S. 1986) geändert worden ist, gelten fort. Die zuständige Behörde kann bestehende Pflichtenübertragungen nach Maßgabe des § 13 Absatz 2 und der §§ 16 bis 18 des Kreislaufwirtschafts- und Abfallgesetzes vom 27. September 1994 (BGBl. I S. 2705), das zuletzt durch Artikel 5 des Gesetzes vom 6. Oktober 2011 (BGBl. I S. 1986) geändert worden ist, verlängern.

(2) Für Verfahren zur Aufstellung von Abfallwirtschaftsplänen, die bis zum Ablauf des 5. Juli 2020 eingeleitet worden sind, ist § 30 des Kreislaufwirtschaftsgesetzes vom 24. Februar 2012 (BGBl. I S. 212) in der bis zum 28. Oktober 2020 geltenden Fassung anzuwenden. Für Verfahren zur Aufstellung von Abfallwirtschaftsplänen, die bis zum Ablauf des 3. Juli 2021 eingeleitet worden sind, ist § 30 des Kreislaufwirtschaftsgesetzes vom 24. Februar 2012 (BGBl. I S. 212) in der bis zum Ablauf des 3. Juli 2021 geltenden Fassung anzuwenden.

(3) Eine Transportgenehmigung nach § 49 Absatz 1 des Kreislaufwirtschafts- und Abfallgesetzes vom 27. September 1994 (BGBl. I S. 2705), das zuletzt durch Artikel 5 des Gesetzes vom 6. Oktober 2011 (BGBl. I S. 1986) geändert worden ist, auch in Verbindung mit § 1 der Transportgenehmigungsverordnung vom 10. September 1996 (BGBl. I S. 1411; 1997 I S. 2861), die zuletzt durch Artikel 5 des Gesetzes vom 19. Juli 2007 (BGBl. I S. 1462) geändert worden ist, gilt bis zum Ende ihrer Befristung als Erlaubnis nach § 54 Absatz 1 fort.

(4) Eine Genehmigung für Vermittlungsgeschäfte nach § 50 Absatz 1 des Kreislaufwirtschafts- und Abfallgesetzes vom 27. September 1994 (BGBl. I S. 2705), das zuletzt durch Artikel 5 des Gesetzes vom 6. Oktober 2011 (BGBl. I S. 1986) geändert worden ist, gilt bis zum Ende ihrer Befristung als Erlaubnis nach § 54 Absatz 1 fort.

Anlage 1 Beseitigungsverfahren

(Fundstelle: BGBl. I 2012, 242)

D 1 Ablagerungen in oder auf dem Boden (zum Beispiel Deponien)

D 2 Behandlung im Boden (zum Beispiel biologischer Abbau von flüssigen oder schlammigen Abfällen im Erdreich)

D 3 Verpressung (zum Beispiel Verpressung pumpfähiger Abfälle in Bohrlöcher, Salzdome oder natürliche Hohlräume)

D 4 Oberflächenaufbringung (zum Beispiel Ableitung flüssiger oder schlammiger Abfälle in Gruben, Teiche oder Lagunen)

D 5 Speziell angelegte Deponien (zum Beispiel Ablagerung in abgedichteten, getrennten Räumen, die gegeneinander und gegen die Umwelt verschlossen und isoliert werden)

D 6 Einleitung in ein Gewässer mit Ausnahme von Meeren und Ozeanen

D 7 Einleitung in Meere und Ozeane einschließlich Einbringung in den Meeresboden

D 8 Biologische Behandlung, die nicht an anderer Stelle in dieser Anlage beschrieben ist und durch die Endverbindungen oder Gemische entstehen, die mit einem der in D 1 bis D 12 aufgeführten Verfahren entsorgt werden

D 9 Chemisch-physikalische Behandlung, die nicht an anderer Stelle in dieser Anlage beschrieben ist und durch die Endverbindungen oder Gemische entstehen, die mit einem der in D 1 bis D 12 aufgeführten Verfahren entsorgt werden (zum Beispiel Verdampfen, Trocknen, Kalzinieren)

D 10 Verbrennung an Land

D 11 Verbrennung auf See[1)]

D 12 Dauerlagerung (zum Beispiel Lagerung von Behältern in einem Bergwerk)

D 13 Vermengung oder Vermischung vor Anwendung eines der in D 1 bis D 12 aufgeführten Verfahren[2)]

D 14 Neuverpacken vor Anwendung eines der in D 1 bis D 13 aufgeführten Verfahren

D 15 Lagerung bis zur Anwendung eines der in D 1 bis D 14 aufgeführten Verfahren (ausgenommen zeitweilige Lagerung bis zur Sammlung auf dem Gelände der Entstehung der Abfälle)[3)]

---

1) Nach EU-Recht und internationalen Übereinkünften verbotenes Verfahren.

2) Falls sich kein anderer D-Code für die Einstufung eignet, kann das Verfahren D 13 auch vorbereitende Verfahren einschließen, die der Beseitigung einschließlich der Vorbehandlung vorangehen, zum Beispiel Sortieren, Zerkleinern, Verdichten, Pelletieren, Trocknen, Schreddern, Konditionierung oder Trennung vor Anwendung eines der unter D 1 bis D 12 aufgeführten Verfahren.

3) Unter einer zeitweiligen Lagerung ist eine vorläufige Lagerung im Sinne des § 3 Absatz 15 zu verstehen.

Anlage 2 Verwertungsverfahren

R 1 Hauptverwendung als Brennstoff oder als anderes Mittel der Energieerzeugung[1)]

R 2 Rückgewinnung und Regenerierung von Lösemitteln

R 3 Recycling und Rückgewinnung organischer Stoffe, die nicht als Lösemittel verwendet werden (einschließlich der Kompostierung und sonstiger biologischer Umwandlungsverfahren)[2)]

R 4 Recycling und Rückgewinnung von Metallen und Metallverbindungen

R 5 Recycling und Rückgewinnung von anderen anorganischen Stoffen[3)]

R 6 Regenerierung von Säuren und Basen

R 7 Wiedergewinnung von Bestandteilen, die der Bekämpfung von Verunreinigungen dienen

R 8 Wiedergewinnung von Katalysatorenbestandteilen

R 9 Erneute Ölraffination oder andere Wiederverwendungen von Öl

R 10 Aufbringung auf den Boden zum Nutzen der Landwirtschaft oder zur ökologischen Verbesserung

R 11 Verwendung von Abfällen, die bei einem der in R 1 bis R 10 aufgeführten Verfahren gewonnen werden

R 12 Austausch von Abfällen, um sie einem der in R 1 bis R 11 aufgeführten Verfahren zu unterziehen[4)]

R 13 Lagerung von Abfällen bis zur Anwendung eines der in R 1 bis R 12 aufgeführten Verfahren (ausgenommen zeitweilige Lagerung bis zur Sammlung auf dem Gelände der Entstehung der Abfälle)[5)]

---

1) a) Hierunter fallen Verbrennungsanlagen, deren Zweck in der Behandlung fester Siedlungsabfälle besteht, nur dann, wenn deren Energieeffizienz mindestens folgende Werte hat:
   aa) 0,60 für in Betrieb befindliche Anlagen, die bis zum 31. Dezember 2008 genehmigt worden sind,
   bb) 0,65 für Anlagen, die nach dem 31. Dezember 2008 genehmigt worden sind oder genehmigt werden.

   b) Bei der Berechnung nach Buchstabe a wird folgende Formel verwendet: Energieeffizienz = (Ep – (Ef + Ei))/(0,97 x (Ew + Ef)).

   c) Im Rahmen der in Buchstabe b enthaltenen Formel bedeutet:
   aa) Ep die jährlich als Wärme oder Strom erzeugte Energie. Der Wert wird berechnet, indem Elektroenergie mit dem Faktor 2,6 und für gewerbliche Zwecke erzeugte Wärme mit dem Faktor 1,1 (Gigajoule pro Jahr) multipliziert wird;
   bb) Ef der jährliche Input von Energie in das System aus Brennstoffen, die zur Erzeugung von Dampf eingesetzt werden (Gigajoule pro Jahr);
   cc) Ew die jährliche Energiemenge, die im behandelten Abfall enthalten ist, berechnet anhand des unteren Heizwerts des Abfalls (Gigajoule pro Jahr);
   dd) Ei die jährliche importierte Energiemenge ohne Ew und Ef (Gigajoule pro Jahr);
   ee) 0,97 ein Faktor zur Berechnung der Energieverluste durch Rost- und Kesselasche sowie durch Strahlung.

   d) Der Wert der Energieeffizienzformel wird mit einem Klimakorrekturfaktor (Climate Correction Factor, CCF) wie folgt multipliziert:
   aa) CCF für vor dem 1. September 2015 in Betrieb befindliche und nach geltendem EU-Recht genehmigte Anlagen:
   CCF =
   1, wenn HDD > = 3 350
   CCF =
   1,25, wenn HDD < = 2 150
   CCF =
   – (0,25/1 200) × HDD + 1,698, wenn 2 150 < HDD < 3 350;
   bb) CCF für nach dem 31. August 2015 genehmigte Anlagen und für Anlagen gemäß Nummer 1 ab 31. Dezember 2029:
   CCF =
   1, wenn HDD > = 3 350
   CCF =
   1,12, wenn HDD < = 2 150
   CCF =
   – (0,12/1 200) × HDD + 1,335, wenn 2 150 < HDD < 3 350.
   (Der sich daraus ergebende CCF-Wert wird auf drei Dezimalstellen gerundet).

Der HDD-Wert (Heizgradtage) sollte dem Durchschnitt der jährlichen HDD-Werte für den Standort der Verbrennungsanlage entsprechen, berechnet für einen Zeitraum von 20 aufeinanderfolgenden Jahren vor dem Jahr, für das der CCF bestimmt wird. Der HDD-Wert sollte nach der folgenden Eurostat-Methode berechnet werden: HDD = (18° C – Tm) × d, wenn Tm weniger als oder gleich 15° C (Heizschwelle) beträgt, und HDD = null, wenn Tm über 15° C beträgt; dabei ist Tm der mittleren (Tmin + Tmax)/2 Außentemperatur über einen Zeitraum von d Tagen. Die Berechnungen sind täglich durchzuführen (d = 1) und auf ein Jahr hochzurechnen.

e) Diese Formel ist entsprechend dem Referenzdokument zu den besten verfügbaren Techniken für die Abfallverbrennung zu verwenden.

2) Dies schließt Vergasung und Pyrolyse unter Verwendung der Bestandteile als Chemikalien ein.
3) Dies schließt die Bodenreinigung, die zu einer Verwertung des Bodens und zu einem Recycling anorganischer Baustoffe führt, ein.
4) Falls sich kein anderer R-Code für die Einstufung eignet, kann das Verfahren R 12 vorbereitende Verfahren einschließen, die der Verwertung einschließlich der Vorbehandlung vorangehen, zum Beispiel Demontage, Sortieren, Zerkleinern, Verdichten, Pelletieren, Trocknen, Schreddern, Konditionierung, Neuverpacken, Trennung, Vermengen oder Vermischen vor Anwendung eines der in R 1 bis R 11 aufgeführten Verfahren.
5) Unter einer zeitweiligen Lagerung ist eine vorläufige Lagerung im Sinne des § 3 Absatz 15 zu verstehen.

Anlage 3 Kriterien zur Bestimmung des Standes der Technik

Bei der Bestimmung des Standes der Technik sind unter Berücksichtigung der Verhältnismäßigkeit zwischen Aufwand und Nutzen möglicher Maßnahmen sowie des Grundsatzes der Vorsorge und der Vorbeugung, jeweils bezogen auf Anlagen einer bestimmten Art, insbesondere folgende Kriterien zu berücksichtigen:

1. Einsatz abfallarmer Technologie,
2. Einsatz weniger gefährlicher Stoffe,
3. Förderung der Rückgewinnung und Wiederverwertung der bei den einzelnen Verfahren erzeugten und verwendeten Stoffe und gegebenenfalls der Abfälle,
4. vergleichbare Verfahren, Vorrichtungen und Betriebsmethoden, die mit Erfolg im Betrieb erprobt wurden,
5. Fortschritte in der Technologie und in den wissenschaftlichen Erkenntnissen,
6. Art, Auswirkungen und Menge der jeweiligen Emissionen,
7. Zeitpunkte der Inbetriebnahme der neuen oder der bestehenden Anlagen,
8. für die Einführung einer besseren, verfügbaren Technik erforderliche Zeit,
9. Verbrauch an Rohstoffen und die Art der bei den einzelnen Verfahren verwendeten Rohstoffe (einschließlich Wasser) sowie Energieeffizienz,
10. Notwendigkeit, die Gesamtwirkung der Emissionen und die Gefahren für den Menschen und die Umwelt so weit wie möglich zu vermeiden oder zu verringern,
11. Notwendigkeit, Unfällen vorzubeugen und deren Folgen für den Menschen und die Umwelt zu verringern,
12. Informationen, die von internationalen Organisationen veröffentlicht werden,
13. Informationen, die in BVT-Merkblättern enthalten sind.

Anlage 4 Beispiele für Abfallvermeidungsmaßnahmen nach § 33

1. Maßnahmen, die sich auf die Rahmenbedingungen im Zusammenhang mit der Abfallerzeugung auswirken können:

a) Einsatz von Planungsmaßnahmen oder sonstigen wirtschaftlichen Instrumenten, die die Effizienz der Ressourcennutzung fördern,
b) Förderung einschlägiger Forschung und Entwicklung mit dem Ziel, umweltfreundlichere und weniger abfallintensive Produkte und Technologien hervorzubringen, sowie Verbreitung und Einsatz dieser Ergebnisse aus Forschung und Entwicklung,
c) Entwicklung wirksamer und aussagekräftiger Indikatoren für die Umweltbelastungen im Zusammenhang mit der Abfallerzeugung als Beitrag zur Vermeidung der Abfallerzeugung auf sämtlichen Ebenen, vom Produktvergleich auf Gemeinschaftsebene über Aktivitäten kommunaler Behörden bis hin zu nationalen Maßnahmen.

2. Maßnahmen, die sich auf die Konzeptions-, Produktions- und Vertriebsphase auswirken können:
a) Förderung von Ökodesign (systematische Einbeziehung von Umweltaspekten in das Produktdesign mit dem Ziel, die Umweltbilanz des Produkts über den gesamten Lebenszyklus hinweg zu verbessern),
b) Bereitstellung von Informationen über Techniken zur Abfallvermeidung im Hinblick auf einen erleichterten Einsatz der besten verfügbaren Techniken in der Industrie,
c) Schulungsmaßnahmen für die zuständigen Behörden hinsichtlich der Einbeziehung der Abfallvermeidungsanforderungen bei der Erteilung von Genehmigungen auf Grund dieses Gesetzes sowie des Bundes-Immissionsschutzgesetzes und der auf Grundlage des Bundes-Immissionsschutzgesetzes erlassenen Rechtsverordnungen,
d) Einbeziehung von Maßnahmen zur Vermeidung der Abfallerzeugung in Anlagen, die keiner Genehmigung nach § 4 des Bundes-Immissionsschutzgesetzes bedürfen. Hierzu könnten gegebenenfalls Maßnahmen zur Bewertung der Abfallvermeidung und zur Aufstellung von Plänen gehören,
e) Sensibilisierungsmaßnahmen oder Unterstützung von Unternehmen bei der Finanzierung oder der Entscheidungsfindung. Besonders wirksam dürften derartige Maßnahmen sein, wenn sie sich gezielt an kleine und mittlere Unternehmen richten, auf diese zugeschnitten sind und auf bewährte Netzwerke des Wirtschaftslebens zurückgreifen,
f) Rückgriff auf freiwillige Vereinbarungen, Verbraucher- und Herstellergremien oder branchenbezogene Verhandlungen, damit die jeweiligen Unternehmen oder Branchen eigene Abfallvermeidungspläne oder -ziele festlegen oder abfallintensive Produkte oder Verpackungen verbessern,
g) Förderung anerkannter Umweltmanagementsysteme.

3. Maßnahmen, die sich auf die Verbrauchs- und Nutzungsphase auswirken können:
a) Wirtschaftliche Instrumente wie zum Beispiel Anreize für umweltfreundlichen Einkauf oder die Einführung eines vom Verbraucher zu zahlenden Aufpreises für einen Verpackungsartikel oder Verpackungsteil, der sonst unentgeltlich bereitgestellt werden würde,
b) Sensibilisierungsmaßnahmen und Informationen für die Öffentlichkeit oder eine bestimmte Verbrauchergruppe,
c) Förderung von Ökozeichen,
d) Vereinbarungen mit der Industrie, wie der Rückgriff auf Produktgremien etwa nach dem Vorbild der integrierten Produktpolitik, oder mit dem Einzelhandel über

die Bereitstellung von Informationen über Abfallvermeidung und umweltfreundliche Produkte,

e) Einbeziehung von Kriterien des Umweltschutzes und der Abfallvermeidung in Ausschreibungen des öffentlichen und privaten Beschaffungswesens im Sinne des Handbuchs für eine umweltgerechte öffentliche Beschaffung, das von der Kommission am 29. Oktober 2004 veröffentlicht wurde (Amt für amtliche Veröffentlichungen der Europäischen Gemeinschaften, 2005),

f) Förderung der Wiederverwendung und Reparatur geeigneter entsorgter Produkte oder ihrer Bestandteile, vor allem durch den Einsatz pädagogischer, wirtschaftlicher, logistischer oder anderer Maßnahmen wie Unterstützung oder Einrichtung von akkreditierten Zentren und Netzen für Reparatur und Wiederverwendung, insbesondere in dicht besiedelten Regionen.

Anlage 5 (zu § 6 Absatz 3) Beispiele für wirtschaftliche Instrumente und andere Maßnahmen zur Schaffung von Anreizen für die Anwendung der Abfallhierarchie

1. Gebühren und Beschränkungen für die Ablagerung von Abfällen auf Deponien und die Verbrennung von Abfällen als Anreiz für Abfallvermeidung und Recycling, wobei die Ablagerung von Abfällen auf Deponien die am wenigsten bevorzugte Abfallbewirtschaftungsoption bleibt,
2. verursacherbezogene Gebührensysteme, in deren Rahmen Abfallerzeugern ausgehend von der tatsächlich verursachten Abfallmenge Gebühren in Rechnung gestellt werden und die Anreize für die getrennte Sammlung recycelbarer Abfälle und für die Verringerung gemischter Abfälle schaffen,
3. steuerliche Anreize für die Spende von Produkten, insbesondere von Lebensmitteln und Textilien,
4. Produktverantwortung für verschiedene Arten von Abfällen und Maßnahmen zur Optimierung der Wirksamkeit, Kosteneffizienz und Steuerung dieser Produktverantwortung,
5. Pfandsysteme und andere Maßnahmen zur Förderung der effizienten Sammlung gebrauchter Erzeugnisse, Materialien und Stoffe,
6. solide Planung von Investitionen in die Infrastruktur zur Abfallbewirtschaftung, auch über die Unionsfonds,
7. ein auf Nachhaltigkeit ausgerichtetes öffentliches Beschaffungswesen zur Förderung einer besseren Abfallbewirtschaftung und des Einsatzes von recycelten Erzeugnissen, Materialien und Stoffen,
8. schrittweise Abschaffung von Subventionen, die nicht mit der Abfallhierarchie vereinbar sind,
9. Einsatz steuerlicher Maßnahmen oder anderer Mittel zur Förderung des Absatzes von Erzeugnissen, Materialien und Stoffen, die zur Wiederverwendung vorbereitet oder recycelt wurden,
10. Förderung von Forschung und Innovation im Bereich moderner Recycling- und Generalüberholungstechnologie,
11. Nutzung der besten verfügbaren Verfahren der Abfallbehandlung,

12. wirtschaftliche Anreize für Behörden, insbesondere zur Förderung der Abfallvermeidung und zur verstärkten Einführung von Systemen der getrennten Sammlung, bei gleichzeitiger Vermeidung der Förderung der Ablagerung von Abfällen auf Deponien und der Verbrennung von Abfällen,
13. Kampagnen zur Sensibilisierung der Öffentlichkeit, insbesondere in Bezug auf die Abfallvermeidung, die getrennte Sammlung und die Vermeidung von Vermüllung, sowie durchgängige Berücksichtigung dieser Fragen im Bereich Aus- und Weiterbildung,
14. Systeme für die Koordinierung, auch mit digitalen Mitteln, aller für die Abfallbewirtschaftung zuständigen Behörden,
15. Förderung des fortgesetzten Dialogs und der Zusammenarbeit zwischen allen Interessenträgern der Abfallbewirtschaftung sowie Unterstützung von freiwilligen Vereinbarungen und der Berichterstattung über Abfälle durch Unternehmen.

XIV. Bundes-Immissionsschutzgesetz (BImSchG)

Gesetz zum Schutz vor schädlichen Umwelteinwirkungen durch Luftverunreinigungen, Geräusche, Erschütterungen und ähnliche Vorgänge

Ausfertigungsdatum: 15.03.1974

Vollzitat:

„Bundes-Immissionsschutzgesetz in der Fassung der Bekanntmachung vom 17. Mai 2013 (BGBl. I S. 1274; 2021 I S. 123), das zuletzt durch Artikel 2 Absatz 3 des Gesetzes vom 19. Oktober 2022 (BGBl. I S. 1792) geändert worden ist"

Stand: Neugefasst durch Bek. v. 17.5.2013 I 1274; 2021, 123;
zuletzt geändert durch Art. 2 Abs. 3 G v. 19.10.2022 I 1792

Erster Teil
Allgemeine Vorschriften

§ 1
Zweck des Gesetzes

(1) Zweck dieses Gesetzes ist es, Menschen, Tiere und Pflanzen, den Boden, das Wasser, die Atmosphäre sowie Kultur- und sonstige Sachgüter vor schädlichen Umwelteinwirkungen zu schützen und dem Entstehen schädlicher Umwelteinwirkungen vorzubeugen.

(2) Soweit es sich um genehmigungsbedürftige Anlagen handelt, dient dieses Gesetz auch
- der integrierten Vermeidung und Verminderung schädlicher Umwelteinwirkungen durch Emissionen in Luft, Wasser und Boden unter Einbeziehung der Abfallwirtschaft, um ein hohes Schutzniveau für die Umwelt insgesamt zu erreichen, sowie
- dem Schutz und der Vorsorge gegen Gefahren, erhebliche Nachteile und erhebliche Belästigungen, die auf andere Weise herbeigeführt werden.

§ 2
Geltungsbereich

(1) Die Vorschriften dieses Gesetzes gelten für
1. die Errichtung und den Betrieb von Anlagen,
2. das Herstellen, Inverkehrbringen und Einführen von Anlagen, Brennstoffen und Treibstoffen, Stoffen und Erzeugnissen aus Stoffen nach Maßgabe der §§ 32 bis 37,
3. die Beschaffenheit, die Ausrüstung, den Betrieb und die Prüfung von Kraftfahrzeugen und ihren Anhängern und von Schienen-, Luft- und Wasserfahrzeugen sowie von Schwimmkörpern und schwimmenden Anlagen nach Maßgabe der §§ 38 bis 40 und
4. den Bau öffentlicher Straßen sowie von Eisenbahnen, Magnetschwebebahnen und Straßenbahnen nach Maßgabe der §§ 41 bis 43.

(2) Die Vorschriften dieses Gesetzes gelten nicht für Flugplätze, soweit nicht die sich aus diesem Gesetz ergebenden Anforderungen für Betriebsbereiche oder der Sechste Teil betroffen sind, und für Anlagen, Geräte, Vorrichtungen sowie Kernbrennstoffe

und sonstige radioaktive Stoffe, die den Vorschriften des Atomgesetzes oder einer hiernach erlassenen Rechtsverordnung unterliegen, soweit es sich um den Schutz vor den Gefahren der Kernenergie und der schädlichen Wirkung ionisierender Strahlen handelt. Sie gelten ferner nicht, soweit sich aus wasserrechtlichen Vorschriften des Bundes und der Länder zum Schutz der Gewässer oder aus Vorschriften des Düngemittel- und Pflanzenschutzrechts etwas anderes ergibt.

(3) Die Vorschriften dieses Gesetzes über Abfälle gelten nicht für
1. Luftverunreinigungen,
2. Böden am Ursprungsort (Böden in situ) einschließlich nicht ausgehobener, kontaminierter Böden und Bauwerke, die dauerhaft mit dem Boden verbunden sind,
3. nicht kontaminiertes Bodenmaterial und andere natürlich vorkommende Materialien, die bei Bauarbeiten ausgehoben wurden, sofern sichergestellt ist, dass die Materialien in ihrem natürlichen Zustand an dem Ort, an dem sie ausgehoben wurden, für Bauzwecke verwendet werden.

§ 3
Begriffsbestimmungen

(1) Schädliche Umwelteinwirkungen im Sinne dieses Gesetzes sind Immissionen, die nach Art, Ausmaß oder Dauer geeignet sind, Gefahren, erhebliche Nachteile oder erhebliche Belästigungen für die Allgemeinheit oder die Nachbarschaft herbeizuführen.

(2) Immissionen im Sinne dieses Gesetzes sind auf Menschen, Tiere und Pflanzen, den Boden, das Wasser, die Atmosphäre sowie Kultur- und sonstige Sachgüter einwirkende Luftverunreinigungen, Geräusche, Erschütterungen, Licht, Wärme, Strahlen und ähnliche Umwelteinwirkungen.

(3) Emissionen im Sinne dieses Gesetzes sind die von einer Anlage ausgehenden Luftverunreinigungen, Geräusche, Erschütterungen, Licht, Wärme, Strahlen und ähnlichen Erscheinungen.

(4) Luftverunreinigungen im Sinne dieses Gesetzes sind Veränderungen der natürlichen Zusammensetzung der Luft, insbesondere durch Rauch, Ruß, Staub, Gase, Aerosole, Dämpfe oder Geruchsstoffe.

(5) Anlagen im Sinne dieses Gesetzes sind
1. Betriebsstätten und sonstige ortsfeste Einrichtungen,
2. Maschinen, Geräte und sonstige ortsveränderliche technische Einrichtungen sowie Fahrzeuge, soweit sie nicht der Vorschrift des § 38 unterliegen, und
3. Grundstücke, auf denen Stoffe gelagert oder abgelagert oder Arbeiten durchgeführt werden, die Emissionen verursachen können, ausgenommen öffentliche Verkehrswege.

(5a) Ein Betriebsbereich ist der gesamte unter der Aufsicht eines Betreibers stehende Bereich, in dem gefährliche Stoffe im Sinne des Artikels 3 Nummer 10 der Richtlinie 2012/18/EU des Europäischen Parlaments und des Rates vom 4. Juli 2012 zur Beherrschung der Gefahren schwerer Unfälle mit gefährlichen Stoffen, zur Änderung und anschließenden Aufhebung der Richtlinie 96/82/EG des Rates (ABl. L 197 vom 24.7.2012, S. 1) in einer oder mehreren Anlagen einschließlich gemeinsamer oder verbundener Infrastrukturen oder Tätigkeiten auch bei Lagerung im Sinne des Artikels 3 Nummer 16 der Richtlinie in den in Artikel 3 Nummer 2 oder Nummer 3 der Richtlinie bezeichneten Mengen tatsächlich vorhanden oder vorgesehen sind oder vorhanden sein werden, soweit vernünftigerweise vorhersehbar ist, dass die genannten gefährlichen Stoffe bei außer Kontrolle geratenen Prozessen anfallen; ausgenommen sind die in Artikel 2 Absatz 2 der Richtlinie 2012/18/EU angeführten Einrichtungen, Gefahren und Tätigkeiten, es sei denn, es handelt sich um eine in Artikel 2 Absatz 2 Unterabsatz 2 der Richtlinie 2012/18/EU genannte Einrichtung, Gefahr oder Tätigkeit.

(5b) Eine störfallrelevante Errichtung und ein Betrieb oder eine störfallrelevante Änderung einer Anlage oder eines Betriebsbereichs ist eine Errichtung und ein Betrieb einer Anlage, die Betriebsbereich oder Bestandteil eines Betriebsbereichs ist, oder eine Änderung einer Anlage oder eines Betriebsbereichs einschließlich der Änderung eines Lagers, eines Verfahrens oder der Art oder physikalischen Form oder der Mengen der gefährlichen Stoffe im Sinne des Artikels 3 Nummer 10 der Richtlinie 2012/18/EU, aus der sich erhebliche Auswirkungen auf die Gefahren schwerer Unfälle ergeben können. Eine störfallrelevante Änderung einer Anlage oder eines Betriebsbereichs liegt zudem vor, wenn eine Änderung dazu führen könnte, dass ein Betriebsbereich der unteren Klasse zu einem Betriebsbereich der oberen Klasse wird oder umgekehrt.

(5c) Der angemessene Sicherheitsabstand im Sinne dieses Gesetzes ist der Abstand zwischen einem Betriebsbereich oder einer Anlage, die Betriebsbereich oder Bestandteil eines Betriebsbereichs ist, und einem benachbarten Schutzobjekt, der zur gebotenen Begrenzung der Auswirkungen auf das benachbarte Schutzobjekt, welche durch schwere Unfälle im Sinne des Artikels 3 Nummer 13 der Richtlinie 2012/18/EU hervorgerufen werden können, beiträgt. Der angemessene Sicherheitsabstand ist anhand störfallspezifischer Faktoren zu ermitteln.

(5d) Benachbarte Schutzobjekte im Sinne dieses Gesetzes sind ausschließlich oder überwiegend dem Wohnen dienende Gebiete, öffentlich genutzte Gebäude und Gebiete, Freizeitgebiete, wichtige Verkehrswege und unter dem Gesichtspunkt des Naturschutzes besonders wertvolle oder besonders empfindliche Gebiete.

(6) Stand der Technik im Sinne dieses Gesetzes ist der Entwicklungsstand fortschrittlicher Verfahren, Einrichtungen oder Betriebsweisen, der die praktische Eignung einer Maßnahme zur Begrenzung von Emissionen in Luft, Wasser und Boden, zur Gewährleistung der Anlagensicherheit, zur Gewährleistung einer umweltverträglichen Abfallentsorgung oder sonst zur Vermeidung oder Verminderung von Auswirkungen auf die Umwelt zur Erreichung eines allgemein hohen Schutzniveaus für die Umwelt insgesamt gesichert erscheinen lässt. Bei der Bestimmung des Standes der Technik sind insbesondere die in der Anlage aufgeführten Kriterien zu berücksichtigen.

(6a) BVT-Merkblatt im Sinne dieses Gesetzes ist ein Dokument, das auf Grund des Informationsaustausches nach Artikel 13 der Richtlinie 2010/75/EU des Europäischen Parlaments und des Rates vom 24. November 2010 über Industrieemissionen (integrierte Vermeidung und Verminderung der Umweltverschmutzung) (Neufassung) (ABl. L 334 vom 17.12.2010, S. 17) für bestimmte Tätigkeiten erstellt wird und insbesondere die angewandten Techniken, die derzeitigen Emissions- und Verbrauchswerte, alle Zukunftstechniken sowie die Techniken beschreibt, die für die Festlegung der besten verfügbaren Techniken sowie der BVT-Schlussfolgerungen berücksichtigt wurden.

(6b) BVT-Schlussfolgerungen im Sinne dieses Gesetzes sind ein nach Artikel 13 Absatz 5 der Richtlinie 2010/75/EU von der Europäischen Kommission erlassenes Dokument, das die Teile eines BVT-Merkblatts mit den Schlussfolgerungen in Bezug auf Folgendes enthält:

1. die besten verfügbaren Techniken, ihrer Beschreibung und Informationen zur Bewertung ihrer Anwendbarkeit,
2. die mit den besten verfügbaren Techniken assoziierten Emissionswerte,
3. die zu den Nummern 1 und 2 gehörigen Überwachungsmaßnahmen,
4. die zu den Nummern 1 und 2 gehörigen Verbrauchswerte sowie
5. die gegebenenfalls einschlägigen Standortsanierungsmaßnahmen.

(6c) Emissionsbandbreiten im Sinne dieses Gesetzes sind die mit den besten verfügbaren Techniken assoziierten Emissionswerte.

(6d) Die mit den besten verfügbaren Techniken assoziierten Emissionswerte im Sinne dieses Gesetzes sind der Bereich von Emissionswerten, die unter normalen Betriebsbedingungen unter Verwendung einer besten verfügbaren Technik oder einer Kombination von besten verfügbaren Techniken entsprechend der Beschreibung in den BVT-Schlussfolgerungen erzielt werden, ausgedrückt als Mittelwert für einen vorgegebenen Zeitraum unter spezifischen Referenzbedingungen.

(6e) Zukunftstechniken im Sinne dieses Gesetzes sind neue Techniken für Anlagen nach der Industrieemissions-Richtlinie, die bei gewerblicher Nutzung entweder ein höheres allgemeines Umweltschutzniveau oder zumindest das gleiche Umweltschutzniveau und größere Kostenersparnisse bieten könnten als der bestehende Stand der Technik.

(7) Dem Herstellen im Sinne dieses Gesetzes steht das Verarbeiten, Bearbeiten oder sonstige Behandeln, dem Einführen im Sinne dieses Gesetzes das sonstige Verbringen in den Geltungsbereich dieses Gesetzes gleich.

(8) Anlagen nach der Industrieemissions-Richtlinie im Sinne dieses Gesetzes sind die in der Rechtsverordnung nach § 4 Absatz 1 Satz 4 gekennzeichneten Anlagen.

(9) Gefährliche Stoffe im Sinne dieses Gesetzes sind Stoffe oder Gemische gemäß Artikel 3 der Verordnung (EG) Nr. 1272/2008 des Europäischen Parlaments und des Rates vom 16. Dezember 2008 über die Einstufung, Kennzeichnung und Verpackung von Stoffen und Gemischen, zur Änderung und Aufhebung der Richtlinien 67/548/EWG und 1999/45/EG und zur Änderung der Verordnung (EG) Nr. 1907/2006 (ABl. L 353 vom 31.12.2008, S. 1), die zuletzt durch die Verordnung (EG) Nr. 286/2011 (ABl. L 83 vom 30.3.2011, S. 1) geändert worden ist.

(10) Relevante gefährliche Stoffe im Sinne dieses Gesetzes sind gefährliche Stoffe, die in erheblichem Umfang in der Anlage verwendet, erzeugt oder freigesetzt werden und die ihrer Art nach eine Verschmutzung des Bodens oder des Grundwassers auf dem Anlagengrundstück verursachen können.

Zweiter Teil
Errichtung und Betrieb von Anlagen

Erster Abschnitt
Genehmigungsbedürftige Anlagen

§ 4
Genehmigung

(1) Die Errichtung und der Betrieb von Anlagen, die auf Grund ihrer Beschaffenheit oder ihres Betriebs in besonderem Maße geeignet sind, schädliche Umwelteinwirkungen

hervorzurufen oder in anderer Weise die Allgemeinheit oder die Nachbarschaft zu gefährden, erheblich zu benachteiligen oder erheblich zu belästigen, sowie von ortsfesten Abfallentsorgungsanlagen zur Lagerung oder Behandlung von Abfällen bedürfen einer Genehmigung. Mit Ausnahme von Abfallentsorgungsanlagen bedürfen Anlagen, die nicht gewerblichen Zwecken dienen und nicht im Rahmen wirtschaftlicher Unternehmungen Verwendung finden, der Genehmigung nur, wenn sie in besonderem Maße geeignet sind, schädliche Umwelteinwirkungen durch Luftverunreinigungen oder Geräusche hervorzurufen. Die Bundesregierung bestimmt nach Anhörung der beteiligten Kreise (§ 51) durch Rechtsverordnung mit Zustimmung des Bundesrates die Anlagen, die einer Genehmigung bedürfen (genehmigungsbedürftige Anlagen); in der Rechtsverordnung kann auch vorgesehen werden, dass eine Genehmigung nicht erforderlich ist, wenn eine Anlage insgesamt oder in ihren in der Rechtsverordnung bezeichneten wesentlichen Teilen der Bauart nach zugelassen ist und in Übereinstimmung mit der Bauartzulassung errichtet und betrieben wird. Anlagen nach Artikel 10 in Verbindung mit Anhang I der Richtlinie 2010/75/EU sind in der Rechtsverordnung nach Satz 3 zu kennzeichnen.

(2) Anlagen des Bergwesens oder Teile dieser Anlagen bedürfen der Genehmigung nach Absatz 1 nur, soweit sie über Tage errichtet und betrieben werden. Keiner Genehmigung nach Absatz 1 bedürfen Tagebaue und die zum Betrieb eines Tagebaus erforderlichen sowie die zur Wetterführung unerlässlichen Anlagen.

§ 5
Pflichten der Betreiber genehmigungsbedürftiger Anlagen

(1) Genehmigungsbedürftige Anlagen sind so zu errichten und zu betreiben, dass zur Gewährleistung eines hohen Schutzniveaus für die Umwelt insgesamt

1. schädliche Umwelteinwirkungen und sonstige Gefahren, erhebliche Nachteile und erhebliche Belästigungen für die Allgemeinheit und die Nachbarschaft nicht hervorgerufen werden können;
2. Vorsorge gegen schädliche Umwelteinwirkungen und sonstige Gefahren, erhebliche Nachteile und erhebliche Belästigungen getroffen wird, insbesondere durch die dem Stand der Technik entsprechenden Maßnahmen;
3. Abfälle vermieden, nicht zu vermeidende Abfälle verwertet und nicht zu verwertende Abfälle ohne Beeinträchtigung des Wohls der Allgemeinheit beseitigt werden; Abfälle sind nicht zu vermeiden, soweit die Vermeidung technisch nicht möglich oder nicht zumutbar ist; die Vermeidung ist unzulässig, soweit sie zu nachteiligeren Umweltauswirkungen führt als die Verwertung; die Verwertung und Beseitigung von Abfällen erfolgt nach den Vorschriften des Kreislaufwirtschaftsgesetzes und den sonstigen für die Abfälle geltenden Vorschriften;
4. Energie sparsam und effizient verwendet wird.

(2) Soweit genehmigungsbedürftige Anlagen dem Anwendungsbereich des Treibhausgas-Emissionshandelsgesetzes unterliegen, sind Anforderungen zur Begrenzung von Emissionen von Treibhausgasen nur zulässig, um zur Erfüllung der Pflichten nach Absatz 1 Nummer 1 sicherzustellen, dass im Einwirkungsbereich der Anlage keine schädlichen Umwelteinwirkungen entstehen; dies gilt nur für Treibhausgase, die für die betreffende Tätigkeit nach Anhang 1 des Treibhausgas-Emissionshandelsgesetzes umfasst sind. Bei diesen Anlagen dürfen zur Erfüllung der Pflicht zur effizienten Verwendung von Energie in Bezug auf die Emissionen von Kohlendioxid, die auf Verbrennungs- oder anderen Prozessen der Anlage beruhen, keine Anforderungen

gestellt werden, die über die Pflichten hinausgehen, welche das Treibhausgas-Emissionshandelsgesetz begründet.

(3) Genehmigungsbedürftige Anlagen sind so zu errichten, zu betreiben und stillzulegen, dass auch nach einer Betriebseinstellung
   1. von der Anlage oder dem Anlagengrundstück keine schädlichen Umwelteinwirkungen und sonstige Gefahren, erhebliche Nachteile und erhebliche Belästigungen für die Allgemeinheit und die Nachbarschaft hervorgerufen werden können,
   2. vorhandene Abfälle ordnungsgemäß und schadlos verwertet oder ohne Beeinträchtigung des Wohls der Allgemeinheit beseitigt werden und
   3. die Wiederherstellung eines ordnungsgemäßen Zustandes des Anlagengrundstücks gewährleistet ist.

(4) Wurden nach dem 7. Januar 2013 auf Grund des Betriebs einer Anlage nach der Industrieemissions-Richtlinie erhebliche Bodenverschmutzungen oder erhebliche Grundwasserverschmutzungen durch relevante gefährliche Stoffe im Vergleich zu dem im Bericht über den Ausgangszustand angegebenen Zustand verursacht, so ist der Betreiber nach Einstellung des Betriebs der Anlage verpflichtet, soweit dies verhältnismäßig ist, Maßnahmen zur Beseitigung dieser Verschmutzung zu ergreifen, um das Anlagengrundstück in jenen Ausgangszustand zurückzuführen. Die zuständige Behörde hat der Öffentlichkeit relevante Informationen zu diesen vom Betreiber getroffenen Maßnahmen zugänglich zu machen, und zwar auch über das Internet. Soweit Informationen Geschäfts- oder Betriebsgeheimnisse enthalten, gilt § 10 Absatz 2 entsprechend.

§ 6
Genehmigungsvoraussetzungen

(1) Die Genehmigung ist zu erteilen, wenn
   1. sichergestellt ist, dass die sich aus § 5 und einer auf Grund des § 7 erlassenen Rechtsverordnung ergebenden Pflichten erfüllt werden, und
   2. andere öffentlich-rechtliche Vorschriften und Belange des Arbeitsschutzes der Errichtung und dem Betrieb der Anlage nicht entgegenstehen.

(2) Bei Anlagen, die unterschiedlichen Betriebsweisen dienen oder in denen unterschiedliche Stoffe eingesetzt werden (Mehrzweck- oder Vielstoffanlagen), ist die Genehmigung auf Antrag auf die unterschiedlichen Betriebsweisen und Stoffe zu erstrecken, wenn die Voraussetzungen nach Absatz 1 für alle erfassten Betriebsweisen und Stoffe erfüllt sind.

(3) Eine beantragte Änderungsgenehmigung darf auch dann nicht versagt werden, wenn zwar nach ihrer Durchführung nicht alle Immissionswerte einer Verwaltungsvorschrift nach § 48 oder einer Rechtsverordnung nach § 48a eingehalten werden, wenn aber
   1. der Immissionsbeitrag der Anlage unter Beachtung des § 17 Absatz 3a Satz 3 durch das Vorhaben deutlich und über das durch nachträgliche Anordnungen nach § 17 Absatz 1 durchsetzbare Maß reduziert wird,
   2. weitere Maßnahmen zur Luftreinhaltung, insbesondere Maßnahmen, die über den Stand der Technik bei neu zu errichtenden Anlagen hinausgehen, durchgeführt werden,
   3. der Antragsteller darüber hinaus einen Immissionsmanagementplan zur Verringerung seines Verursacheranteils vorlegt, um eine spätere Einhaltung der Anforderungen nach § 5 Absatz 1 Nummer 1 zu erreichen, und

4. die konkreten Umstände einen Widerruf der Genehmigung nicht erfordern.

§ 7
Rechtsverordnungen über Anforderungen an genehmigungsbedürftige Anlagen

(1) Die Bundesregierung wird ermächtigt, nach Anhörung der beteiligten Kreise (§ 51) durch Rechtsverordnung mit Zustimmung des Bundesrates vorzuschreiben, dass die Errichtung, die Beschaffenheit, der Betrieb, der Zustand nach Betriebseinstellung und die betreibereigene Überwachung genehmigungsbedürftiger Anlagen zur Erfüllung der sich aus § 5 ergebenden Pflichten bestimmten Anforderungen genügen müssen, insbesondere, dass

1. die Anlagen bestimmten technischen Anforderungen entsprechen müssen,
2. die von Anlagen ausgehenden Emissionen bestimmte Grenzwerte nicht überschreiten dürfen oder Anlagen äquivalenten Parametern oder äquivalenten technischen Maßnahmen entsprechen müssen,

2a. der Einsatz von Energie bestimmten Anforderungen entsprechen muss,

3. die Betreiber von Anlagen Messungen von Emissionen und Immissionen nach in der Rechtsverordnung näher zu bestimmenden Verfahren vorzunehmen haben oder vornehmen lassen müssen,
4. die Betreiber von Anlagen bestimmte sicherheitstechnische Prüfungen sowie bestimmte Prüfungen von sicherheitstechnischen Unterlagen nach in der Rechtsverordnung näher zu bestimmenden Verfahren
   a) während der Errichtung oder sonst vor der Inbetriebnahme der Anlage,
   b) nach deren Inbetriebnahme oder einer Änderung im Sinne des § 15 oder des § 16,
   c) in regelmäßigen Abständen oder
   d) bei oder nach einer Betriebseinstellung,

   durch einen Sachverständigen nach § 29a vornehmen lassen müssen, soweit solche Prüfungen nicht gemäß § 7 Absatz 1 in Verbindung mit einer Rechtsverordnung gemäß § 31 Satz 2 Nummer 4 des Gesetzes über überwachungsbedürftige Anlagen vorgeschrieben sind, und
5. die Rückführung in den Ausgangszustand nach § 5 Absatz 4 bestimmten Anforderungen entsprechen muss, insbesondere in Bezug auf den Ausgangszustandsbericht und die Feststellung der Erheblichkeit von Boden- und Grundwasserverschmutzungen.

Bei der Festlegung der Anforderungen nach Satz 1 sind insbesondere mögliche Verlagerungen von nachteiligen Auswirkungen von einem Schutzgut auf ein anderes zu berücksichtigen; ein hohes Schutzniveau für die Umwelt insgesamt ist zu gewährleisten.

(1a) Nach jeder Veröffentlichung einer BVT-Schlussfolgerung ist unverzüglich zu gewährleisten, dass für Anlagen nach der Industrieemissions-Richtlinie bei der Festlegung von Emissionsgrenzwerten nach Absatz 1 Satz 1 Nummer 2 die Emissionen unter normalen Betriebsbedingungen die in den BVT-Schlussfolgerungen genannten Emissionsbandbreiten nicht überschreiten. Im Hinblick auf bestehende Anlagen ist

1. innerhalb eines Jahres nach Veröffentlichung von BVT-Schlussfolgerungen zur Haupttätigkeit eine Überprüfung und gegebenenfalls Anpassung der Rechtsverordnung vorzunehmen und

2. innerhalb von vier Jahren nach Veröffentlichung von BVT-Schlussfolgerungen zur Haupttätigkeit sicherzustellen, dass die betreffenden Anlagen die Emissionsgrenzwerte der Rechtsverordnung einhalten.

(1b) Abweichend von Absatz 1a
1. können in der Rechtsverordnung weniger strenge Emissionsgrenzwerte und Fristen festgelegt werden, wenn
   a) wegen technischer Merkmale der betroffenen Anlagenart die Anwendung der in den BVT-Schlussfolgerungen genannten Emissionsbandbreiten unverhältnismäßig wäre und dies begründet wird oder
   b) in Anlagen Zukunftstechniken für einen Gesamtzeitraum von höchstens neun Monaten erprobt oder angewendet werden sollen, sofern nach dem festgelegten Zeitraum die Anwendung der betreffenden Technik beendet wird oder in der Anlage mindestens die mit den besten verfügbaren Techniken assoziierten Emissionsbandbreiten erreicht werden, oder
2. kann in der Rechtsverordnung bestimmt werden, dass die zuständige Behörde weniger strenge Emissionsbegrenzungen und Fristen festlegen kann, wenn
   a) wegen technischer Merkmale der betroffenen Anlagen die Anwendung der in den BVT-Schlussfolgerungen genannten Emissionsbandbreiten unverhältnismäßig wäre oder
   b) in Anlagen Zukunftstechniken für einen Gesamtzeitraum von höchstens neun Monaten erprobt oder angewendet werden sollen, sofern nach dem festgelegten Zeitraum die Anwendung der betreffenden Technik beendet wird oder in der Anlage mindestens die mit den besten verfügbaren Techniken assoziierten Emissionsbandbreiten erreicht werden.

Absatz 1 Satz 2 bleibt unberührt. Emissionsgrenzwerte und Emissionsbegrenzungen nach Satz 1 dürfen die in den Anhängen der Richtlinie 2010/75/EU festgelegten Emissionsgrenzwerte nicht überschreiten und keine schädlichen Umwelteinwirkungen hervorrufen.

(2) In der Rechtsverordnung kann bestimmt werden, inwieweit die nach Absatz 1 zur Vorsorge gegen schädliche Umwelteinwirkungen festgelegten Anforderungen nach Ablauf bestimmter Übergangsfristen erfüllt werden müssen, soweit zum Zeitpunkt des Inkrafttretens der Rechtsverordnung in einem Vorbescheid oder einer Genehmigung geringere Anforderungen gestellt worden sind. Bei der Bestimmung der Dauer der Übergangsfristen und der einzuhaltenden Anforderungen sind insbesondere Art, Menge und Gefährlichkeit der von den Anlagen ausgehenden Emissionen sowie die Nutzungsdauer und technische Besonderheiten der Anlagen zu berücksichtigen. Die Sätze 1 und 2 gelten entsprechend für Anlagen, die nach § 67 Absatz 2 oder § 67a Absatz 1 anzuzeigen sind oder vor Inkrafttreten dieses Gesetzes nach § 16 Absatz 4 der Gewerbeordnung anzuzeigen waren.

(3) Soweit die Rechtsverordnung Anforderungen nach § 5 Absatz 1 Nummer 2 festgelegt hat, kann in ihr bestimmt werden, dass bei in Absatz 2 genannten Anlagen von den auf Grund der Absätze 1 und 2 festgelegten Anforderungen zur Vorsorge gegen schädliche Umwelteinwirkungen abgewichen werden darf. Dies gilt nur, wenn durch technische Maßnahmen an Anlagen des Betreibers oder Dritter insgesamt eine weitergehende Minderung von Emissionen derselben oder in ihrer Wirkung auf die Umwelt vergleichbaren Stoffen erreicht wird als bei Beachtung der auf Grund der Absätze 1 und 2 festgelegten Anforderungen und hierdurch der in § 1 genannte Zweck gefördert wird. In der Rechtsverordnung kann weiterhin bestimmt werden, inwieweit zur Erfüllung von zwischenstaatlichen Vereinbarungen mit Nachbarstaaten der Bundes-

republik Deutschland Satz 2 auch für die Durchführung technischer Maßnahmen an Anlagen gilt, die in den Nachbarstaaten gelegen sind.

(4) Zur Erfüllung von bindenden Rechtsakten der Europäischen Gemeinschaften oder der Europäischen Union kann die Bundesregierung zu dem in § 1 genannten Zweck mit Zustimmung des Bundesrates durch Rechtsverordnung Anforderungen an die Errichtung, die Beschaffenheit und den Betrieb, die Betriebseinstellung und betreibereigene Überwachung genehmigungsbedürftiger Anlagen vorschreiben. Für genehmigungsbedürftige Anlagen, die vom Anwendungsbereich der Richtlinie 1999/31/EG des Rates vom 26. April 1999 über Abfalldeponien (ABl. EG Nr. L 182 S. 1) erfasst werden, kann die Bundesregierung durch Rechtsverordnung mit Zustimmung des Bundesrates dieselben Anforderungen festlegen wie für Deponien im Sinne des § 3 Absatz 27 des Kreislaufwirtschaftsgesetzes, insbesondere Anforderungen an die Erbringung einer Sicherheitsleistung, an die Stilllegung und die Sach- und Fachkunde des Betreibers.

(5) Wegen der Anforderungen nach Absatz 1 Nummer 1 bis 4, auch in Verbindung mit Absatz 4, kann auf jedermann zugängliche Bekanntmachungen sachverständiger Stellen verwiesen werden; hierbei ist

1. in der Rechtsverordnung das Datum der Bekanntmachung anzugeben und die Bezugsquelle genau zu bezeichnen,
2. die Bekanntmachung bei dem Deutschen Patentamt archivmäßig gesichert niederzulegen und in der Rechtsverordnung darauf hinzuweisen.

§ 8
Teilgenehmigung

Auf Antrag soll eine Genehmigung für die Errichtung einer Anlage oder eines Teils einer Anlage oder für die Errichtung und den Betrieb eines Teils einer Anlage erteilt werden, wenn

1. ein berechtigtes Interesse an der Erteilung einer Teilgenehmigung besteht,
2. die Genehmigungsvoraussetzungen für den beantragten Gegenstand der Teilgenehmigung vorliegen und
3. eine vorläufige Beurteilung ergibt, dass der Errichtung und dem Betrieb der gesamten Anlage keine von vornherein unüberwindlichen Hindernisse im Hinblick auf die Genehmigungsvoraussetzungen entgegenstehen.

Die Bindungswirkung der vorläufigen Gesamtbeurteilung entfällt, wenn eine Änderung der Sach- oder Rechtslage oder Einzelprüfungen im Rahmen späterer Teilgenehmigungen zu einer von der vorläufigen Gesamtbeurteilung abweichenden Beurteilung führen.

§ 8a
Zulassung vorzeitigen Beginns

(1) In einem Verfahren zur Erteilung einer Genehmigung soll die Genehmigungsbehörde auf Antrag vorläufig zulassen, dass bereits vor Erteilung der Genehmigung mit der Errichtung einschließlich der Maßnahmen, die zur Prüfung der Betriebstüchtigkeit der Anlage erforderlich sind, begonnen wird, wenn

1. mit einer Entscheidung zugunsten des Antragstellers gerechnet werden kann,
2. ein öffentliches Interesse oder ein berechtigtes Interesse des Antragstellers an dem vorzeitigen Beginn besteht und

3. der Antragsteller sich verpflichtet, alle bis zur Entscheidung durch die Errichtung der Anlage verursachten Schäden zu ersetzen und, wenn das Vorhaben nicht genehmigt wird, den früheren Zustand wiederherzustellen.

(2) Die Zulassung kann jederzeit widerrufen werden. Sie kann mit Auflagen verbunden oder unter dem Vorbehalt nachträglicher Auflagen erteilt werden. Die zuständige Behörde kann die Leistung einer Sicherheit verlangen, soweit dies erforderlich ist, um die Erfüllung der Pflichten des Antragstellers zu sichern.

(3) In einem Verfahren zur Erteilung einer Genehmigung nach § 16 Absatz 1 kann die Genehmigungsbehörde unter den in Absatz 1 genannten Voraussetzungen auch den Betrieb der Anlage vorläufig zulassen, wenn die Änderung der Erfüllung einer sich aus diesem Gesetz oder einer auf Grund dieses Gesetzes erlassenen Rechtsverordnung ergebenden Pflicht dient.

§ 9
Vorbescheid

(1) Auf Antrag soll durch Vorbescheid über einzelne Genehmigungsvoraussetzungen sowie über den Standort der Anlage entschieden werden, sofern die Auswirkungen der geplanten Anlage ausreichend beurteilt werden können und ein berechtigtes Interesse an der Erteilung eines Vorbescheides besteht.

(2) Der Vorbescheid wird unwirksam, wenn der Antragsteller nicht innerhalb von zwei Jahren nach Eintritt der Unanfechtbarkeit die Genehmigung beantragt; die Frist kann auf Antrag bis auf vier Jahre verlängert werden.

(3) Die Vorschriften der §§ 6 und 21 gelten sinngemäß.

§ 10
Genehmigungsverfahren

(1) Das Genehmigungsverfahren setzt einen schriftlichen oder elektronischen Antrag voraus. Dem Antrag sind die zur Prüfung nach § 6 erforderlichen Zeichnungen, Erläuterungen und sonstigen Unterlagen beizufügen. Reichen die Unterlagen für die Prüfung nicht aus, so hat sie der Antragsteller auf Verlangen der zuständigen Behörde innerhalb einer angemessenen Frist zu ergänzen. Erfolgt die Antragstellung elektronisch, kann die zuständige Behörde Mehrfertigungen sowie die Übermittlung der dem Antrag beizufügenden Unterlagen auch in schriftlicher Form verlangen.

(1a) Der Antragsteller, der beabsichtigt, eine Anlage nach der Industrieemissions-Richtlinie zu betreiben, in der relevante gefährliche Stoffe verwendet, erzeugt oder freigesetzt werden, hat mit den Unterlagen nach Absatz 1 einen Bericht über den Ausgangszustand vorzulegen, wenn und soweit eine Verschmutzung des Bodens oder des Grundwassers auf dem Anlagengrundstück durch die relevanten gefährlichen Stoffe möglich ist. Die Möglichkeit einer Verschmutzung des Bodens oder des Grundwassers besteht nicht, wenn auf Grund der tatsächlichen Umstände ein Eintrag ausgeschlossen werden kann.

(2) Soweit Unterlagen Geschäfts- oder Betriebsgeheimnisse enthalten, sind die Unterlagen zu kennzeichnen und getrennt vorzulegen. Ihr Inhalt muss, soweit es ohne Preisgabe des Geheimnisses geschehen kann, so ausführlich dargestellt sein, dass es Dritten möglich ist, zu beurteilen, ob und in welchem Umfang sie von den Auswirkungen der Anlage betroffen werden können.

(3) Sind die Unterlagen des Antragstellers vollständig, so hat die zuständige Behörde das Vorhaben in ihrem amtlichen Veröffentlichungsblatt und außerdem entweder im Internet oder in örtlichen Tageszeitungen, die im Bereich des Standortes der Anlage verbreitet sind, öffentlich bekannt zu machen. Der Antrag und die vom Antragsteller vorgelegten Unterlagen, mit Ausnahme der Unterlagen nach Absatz 2 Satz 1, sowie die entscheidungserheblichen Berichte und Empfehlungen, die der Behörde im Zeitpunkt der Bekanntmachung vorliegen, sind nach der Bekanntmachung einen Monat zur Einsicht auszulegen. Weitere Informationen, die für die Entscheidung über die Zulässigkeit des Vorhabens von Bedeutung sein können und die der zuständigen Behörde erst nach Beginn der Auslegung vorliegen, sind der Öffentlichkeit nach den Bestimmungen über den Zugang zu Umweltinformationen zugänglich zu machen. Bis zwei Wochen nach Ablauf der Auslegungsfrist kann die Öffentlichkeit gegenüber der zuständigen Behörde schriftlich oder elektronisch Einwendungen erheben; bei Anlagen nach der Industrieemissions-Richtlinie gilt eine Frist von einem Monat. Mit Ablauf der Einwendungsfrist sind für das Genehmigungsverfahren alle Einwendungen ausgeschlossen, die nicht auf besonderen privatrechtlichen Titeln beruhen. Einwendungen, die auf besonderen privatrechtlichen Titeln beruhen, sind auf den Rechtsweg vor den ordentlichen Gerichten zu verweisen.

(3a) Nach dem Umwelt-Rechtsbehelfsgesetz anerkannte Vereinigungen sollen die zuständige Behörde in einer dem Umweltschutz dienenden Weise unterstützen.

(4) In der Bekanntmachung nach Absatz 3 Satz 1 ist

1. darauf hinzuweisen, wo und wann der Antrag auf Erteilung der Genehmigung und die Unterlagen zur Einsicht ausgelegt sind;
2. dazu aufzufordern, etwaige Einwendungen bei einer in der Bekanntmachung zu bezeichnenden Stelle innerhalb der Einwendungsfrist vorzubringen; dabei ist auf die Rechtsfolgen nach Absatz 3 Satz 5 hinzuweisen;
3. ein Erörterungstermin zu bestimmen und darauf hinzuweisen, dass er auf Grund einer Ermessensentscheidung der Genehmigungsbehörde nach Absatz 6 durchgeführt wird und dass dann die formgerecht erhobenen Einwendungen auch bei Ausbleiben des Antragstellers oder von Personen, die Einwendungen erhoben haben, erörtert werden;
4. darauf hinzuweisen, dass die Zustellung der Entscheidung über die Einwendungen durch öffentliche Bekanntmachung ersetzt werden kann.

(5) Die für die Erteilung der Genehmigung zuständige Behörde (Genehmigungsbehörde) holt die Stellungnahmen der Behörden ein, deren Aufgabenbereich durch das Vorhaben berührt wird. Hat eine zu beteiligende Behörde bei einem Verfahren zur Genehmigung einer Anlage zur Nutzung erneuerbarer Energien innerhalb einer Frist von einem Monat keine Stellungnahme abgegeben, so ist davon auszugehen, dass die beteiligte Behörde sich nicht äußern will. Die zuständige Behörde hat die Entscheidung in diesem Fall auf Antrag auf der Grundlage der geltenden Sach- und Rechtslage zum Zeitpunkt des Ablaufs der Monatsfrist zu treffen. Soweit für das Vorhaben selbst oder für weitere damit unmittelbar in einem räumlichen oder betrieblichen Zusammenhang stehende Vorhaben, die Auswirkungen auf die Umwelt haben können und die für die Genehmigung Bedeutung haben, eine Zulassung nach anderen Gesetzen vorgeschrieben ist, hat die Genehmigungsbehörde eine vollständige Koordinierung der Zulassungsverfahren sowie der Inhalts- und Nebenbestimmungen sicherzustellen.

(5a) Betrifft das Vorhaben eine Anlage, die in den Anwendungsbereich der Richtlinie (EU) 2018/2001 des Europäischen Parlaments und des Rates vom 11. Dezember 2018 zur

Förderung der Nutzung von Energie aus erneuerbaren Quellen (Neufassung) (ABl. L 328 vom 21.12.2018, S. 82) fällt, gilt ergänzend Folgendes:

1. Auf Antrag des Trägers des Vorhabens wird das Genehmigungsverfahren sowie alle sonstigen Zulassungsverfahren, die für die Durchführung des Vorhabens nach Bundes- oder Landesrecht erforderlich sind, über eine einheitliche Stelle abgewickelt.
2. Die einheitliche Stelle nach Nummer 1 stellt ein Verfahrenshandbuch für Träger von Vorhaben bereit und macht diese Informationen auch im Internet zugänglich. Dabei geht sie gesondert auch auf kleinere Vorhaben und Vorhaben zur Eigenversorgung mit Elektrizität ein, soweit sich das Genehmigungserfordernis nach § 1 Absatz 2 der Verordnung über genehmigungsbedürftige Anlagen darauf erstreckt. In den im Internet veröffentlichten Informationen weist die einheitliche Stelle auch darauf hin, für welche Vorhaben sie zuständig ist und welche weiteren einheitlichen Stellen im jeweiligen Land für Vorhaben nach Satz 1 zuständig sind.
3. Die zuständige und die zu beteiligenden Behörden sollen die zur Prüfung des Antrags zusätzlich erforderlichen Unterlagen in einer einmaligen Mitteilung an den Antragsteller zusammenfassen. Nach Eingang der vollständigen Antragsunterlagen erstellt die Genehmigungsbehörde einen Zeitplan für das weitere Verfahren und teilt diesen Zeitplan in den Fällen der Nummer 1 der einheitlichen Stelle, andernfalls dem Antragsteller mit.

(6) Nach Ablauf der Einwendungsfrist kann die Genehmigungsbehörde die rechtzeitig gegen das Vorhaben erhobenen Einwendungen mit dem Antragsteller und denjenigen, die Einwendungen erhoben haben, erörtern.

(6a) Über den Genehmigungsantrag ist nach Eingang des Antrags und der nach Absatz 1 Satz 2 einzureichenden Unterlagen innerhalb einer Frist von sieben Monaten, in vereinfachten Verfahren innerhalb einer Frist von drei Monaten, zu entscheiden. Die zuständige Behörde kann die Frist um jeweils drei Monate verlängern, wenn dies wegen der Schwierigkeit der Prüfung oder aus Gründen, die dem Antragsteller zuzurechnen sind, erforderlich ist. Die Fristverlängerung soll gegenüber dem Antragsteller begründet werden.

(7) Der Genehmigungsbescheid ist schriftlich zu erlassen, schriftlich zu begründen und dem Antragsteller und den Personen, die Einwendungen erhoben haben, zuzustellen. Er ist, soweit die Zustellung nicht nach Absatz 8 erfolgt, öffentlich bekannt zu machen. Die öffentliche Bekanntmachung erfolgt nach Maßgabe des Absatzes 8.

(8) Die Zustellung des Genehmigungsbescheids an die Personen, die Einwendungen erhoben haben, kann durch öffentliche Bekanntmachung ersetzt werden. Die öffentliche Bekanntmachung wird dadurch bewirkt, dass der verfügende Teil des Bescheides und die Rechtsbehelfsbelehrung in entsprechender Anwendung des Absatzes 3 Satz 1 bekannt gemacht werden; auf Auflagen ist hinzuweisen. In diesem Fall ist eine Ausfertigung des gesamten Bescheides vom Tage nach der Bekanntmachung an zwei Wochen zur Einsicht auszulegen. In der öffentlichen Bekanntmachung ist anzugeben, wo und wann der Bescheid und seine Begründung eingesehen und nach Satz 6 angefordert werden können. Mit dem Ende der Auslegungsfrist gilt der Bescheid auch gegenüber Dritten, die keine Einwendung erhoben haben, als zugestellt; darauf ist in der Bekanntmachung hinzuweisen. Nach der öffentlichen Bekanntmachung können der Bescheid und seine Begründung bis zum Ablauf der Widerspruchsfrist von den Personen, die Einwendungen erhoben haben, schriftlich oder elektronisch angefordert werden.

(8a) Unbeschadet der Absätze 7 und 8 sind bei Anlagen nach der Industrieemissions-Richtlinie folgende Unterlagen im Internet öffentlich bekannt zu machen:
1. der Genehmigungsbescheid mit Ausnahme in Bezug genommener Antragsunterlagen und des Berichts über den Ausgangszustand sowie
2. die Bezeichnung des für die betreffende Anlage maßgeblichen BVT-Merkblatts.

Soweit der Genehmigungsbescheid Geschäfts- oder Betriebsgeheimnisse enthält, sind die entsprechenden Stellen unkenntlich zu machen. Absatz 8 Satz 3, 5 und 6 gilt entsprechend.

(9) Die Absätze 1 bis 8 gelten entsprechend für die Erteilung eines Vorbescheides.

(10) Die Bundesregierung wird ermächtigt, durch Rechtsverordnung mit Zustimmung des Bundesrates das Genehmigungsverfahren zu regeln; in der Rechtsverordnung kann auch das Verfahren bei Erteilung einer Genehmigung im vereinfachten Verfahren (§ 19) sowie bei der Erteilung eines Vorbescheides (§ 9), einer Teilgenehmigung (§ 8) und einer Zulassung vorzeitigen Beginns (§ 8a) geregelt werden. In der Verordnung ist auch näher zu bestimmen, welchen Anforderungen das Genehmigungsverfahren für Anlagen genügen muss, für die nach dem Gesetz über die Umweltverträglichkeitsprüfung eine Umweltverträglichkeitsprüfung durchzuführen ist.

(11) Das Bundesministerium der Verteidigung wird ermächtigt, im Einvernehmen mit dem Bundesministerium für Umwelt, Naturschutz und nukleare Sicherheit durch Rechtsverordnung mit Zustimmung des Bundesrates das Genehmigungsverfahren für Anlagen, die der Landesverteidigung dienen, abweichend von den Absätzen 1 bis 9 zu regeln.

§ 11
Einwendungen Dritter bei Teilgenehmigung und Vorbescheid

Ist eine Teilgenehmigung oder ein Vorbescheid erteilt worden, können nach Eintritt ihrer Unanfechtbarkeit im weiteren Verfahren zur Genehmigung der Errichtung und des Betriebs der Anlage Einwendungen nicht mehr auf Grund von Tatsachen erhoben werden, die im vorhergehenden Verfahren fristgerecht vorgebracht worden sind oder nach den ausgelegten Unterlagen hätten vorgebracht werden können.

§ 12
Nebenbestimmungen zur Genehmigung

(1) Die Genehmigung kann unter Bedingungen erteilt und mit Auflagen verbunden werden, soweit dies erforderlich ist, um die Erfüllung der in § 6 genannten Genehmigungsvoraussetzungen sicherzustellen. Zur Sicherstellung der Anforderungen nach § 5 Absatz 3 soll bei Abfallentsorgungsanlagen im Sinne des § 4 Absatz 1 Satz 1 auch eine Sicherheitsleistung auferlegt werden.

(1a) Für den Fall, dass eine Verwaltungsvorschrift nach § 48 für die jeweilige Anlagenart keine Anforderungen vorsieht, ist bei der Festlegung von Emissionsbegrenzungen für Anlagen nach der Industrieemissions-Richtlinie in der Genehmigung sicherzustellen, dass die Emissionen unter normalen Betriebsbedingungen die in den BVT-Schlussfolgerungen genannten Emissionsbandbreiten nicht überschreiten.

(1b) Abweichend von Absatz 1a kann die zuständige Behörde weniger strenge Emissionsbegrenzungen festlegen, wenn

1. eine Bewertung ergibt, dass wegen technischer Merkmale der Anlage die Anwendung der in den BVT-Schlussfolgerungen genannten Emissionsbandbreiten unverhältnismäßig wäre, oder
2. in Anlagen Zukunftstechniken für einen Gesamtzeitraum von höchstens neun Monaten erprobt oder angewendet werden sollen, sofern nach dem festgelegten Zeitraum die Anwendung der betreffenden Technik beendet wird oder in der Anlage mindestens die mit den besten verfügbaren Techniken assoziierten Emissionsbandbreiten erreicht werden.

Bei der Festlegung der Emissionsbegrenzungen nach Satz 1 sind insbesondere mögliche Verlagerungen von nachteiligen Auswirkungen von einem Schutzgut auf ein anderes zu berücksichtigen; ein hohes Schutzniveau für die Umwelt insgesamt ist zu gewährleisten. Emissionsbegrenzungen nach Satz 1 dürfen die in den Anhängen der Richtlinie 2010/75/EU festgelegten Emissionsgrenzwerte nicht überschreiten und keine schädlichen Umwelteinwirkungen hervorrufen.

(2) Die Genehmigung kann auf Antrag für einen bestimmten Zeitraum erteilt werden. Sie kann mit einem Vorbehalt des Widerrufs erteilt werden, wenn die genehmigungsbedürftige Anlage lediglich Erprobungszwecken dienen soll.

(2a) Die Genehmigung kann mit Einverständnis des Antragstellers mit dem Vorbehalt nachträglicher Auflagen erteilt werden, soweit hierdurch hinreichend bestimmte, in der Genehmigung bereits allgemein festgelegte Anforderungen an die Errichtung oder den Betrieb der Anlage in einem Zeitpunkt nach Erteilung der Genehmigung näher festgelegt werden sollen. Dies gilt unter den Voraussetzungen des Satzes 1 auch für den Fall, dass eine beteiligte Behörde sich nicht rechtzeitig äußert.

(2b) Im Falle des § 6 Absatz 2 soll der Antragsteller durch eine Auflage verpflichtet werden, der zuständigen Behörde unverzüglich die erstmalige Herstellung oder Verwendung eines anderen Stoffes innerhalb der genehmigten Betriebsweise mitzuteilen.

(2c) Der Betreiber kann durch Auflage verpflichtet werden, den Wechsel eines im Genehmigungsverfahren dargelegten Entsorgungswegs von Abfällen der zuständigen Behörde anzuzeigen. Das gilt ebenso für in Abfallbehandlungsanlagen erzeugte Abfälle. Bei Abfallbehandlungsanlagen können außerdem Anforderungen an die Qualität und das Schadstoffpotential der angenommenen Abfälle sowie der die Anlage verlassenden Abfälle gestellt werden.

(3) Die Teilgenehmigung kann für einen bestimmten Zeitraum oder mit dem Vorbehalt erteilt werden, dass sie bis zur Entscheidung über die Genehmigung widerrufen oder mit Auflagen verbunden werden kann.

§ 13
Genehmigung und andere behördliche Entscheidungen

Die Genehmigung schließt andere die Anlage betreffende behördliche Entscheidungen ein, insbesondere öffentlich-rechtliche Genehmigungen, Zulassungen, Verleihungen, Erlaubnisse und Bewilligungen mit Ausnahme von Planfeststellungen, Zulassungen bergrechtlicher Betriebspläne, behördlichen Entscheidungen auf Grund atomrechtlicher Vorschriften und wasserrechtlichen Erlaubnissen und Bewilligungen nach § 8 in Verbindung mit § 10 des Wasserhaushaltsgesetzes.

§ 14
Ausschluss von privatrechtlichen Abwehransprüchen

Auf Grund privatrechtlicher, nicht auf besonderen Titeln beruhender Ansprüche zur Abwehr benachteiligender Einwirkungen von einem Grundstück auf ein benachbartes Grundstück kann nicht die Einstellung des Betriebs einer Anlage verlangt werden, deren Genehmigung unanfechtbar ist; es können nur Vorkehrungen verlangt werden, die die benachteiligenden Wirkungen ausschließen. Soweit solche Vorkehrungen nach dem Stand der Technik nicht durchführbar oder wirtschaftlich nicht vertretbar sind, kann lediglich Schadensersatz verlangt werden.

§ 14a
Vereinfachte Klageerhebung

Der Antragsteller kann eine verwaltungsgerichtliche Klage erheben, wenn über seinen Widerspruch nach Ablauf von drei Monaten seit der Einlegung nicht entschieden ist, es sei denn, dass wegen besonderer Umstände des Falles eine kürzere Frist geboten ist.

§ 15
Änderung genehmigungsbedürftiger Anlagen

(1) Die Änderung der Lage, der Beschaffenheit oder des Betriebs einer genehmigungsbedürftigen Anlage ist, sofern eine Genehmigung nicht beantragt wird, der zuständigen Behörde mindestens einen Monat, bevor mit der Änderung begonnen werden soll, schriftlich oder elektronisch anzuzeigen, wenn sich die Änderung auf in § 1 genannte Schutzgüter auswirken kann. Der Anzeige sind Unterlagen im Sinne des § 10 Absatz 1 Satz 2 beizufügen, soweit diese für die Prüfung erforderlich sein können, ob das Vorhaben genehmigungsbedürftig ist. Die zuständige Behörde hat dem Träger des Vorhabens den Eingang der Anzeige und der beigefügten Unterlagen unverzüglich schriftlich oder elektronisch zu bestätigen; sie kann bei einer elektronischen Anzeige Mehrausfertigungen sowie die Übermittlung der Unterlagen, die der Anzeige beizufügen sind, auch in schriftlicher Form verlangen. Sie teilt dem Träger des Vorhabens nach Eingang der Anzeige unverzüglich mit, welche zusätzlichen Unterlagen sie zur Beurteilung der Voraussetzungen des § 16 Absatz 1 und des § 16a benötigt. Die Sätze 1 bis 4 gelten entsprechend für eine Anlage, die nach § 67 Absatz 2 oder § 67a Absatz 1 anzuzeigen ist oder vor Inkrafttreten dieses Gesetzes nach § 16 Absatz 4 der Gewerbeordnung anzuzeigen war.

(2) Die zuständige Behörde hat unverzüglich, spätestens innerhalb eines Monats nach Eingang der Anzeige und der nach Absatz 1 Satz 2 erforderlichen Unterlagen, zu prüfen, ob die Änderung einer Genehmigung bedarf. Der Träger des Vorhabens darf die Änderung vornehmen, sobald die zuständige Behörde ihm mitteilt, dass die Änderung keiner Genehmigung bedarf, oder sich innerhalb der in Satz 1 bestimmten Frist nicht geäußert hat. Absatz 1 Satz 3 gilt für nachgereichte Unterlagen entsprechend.

(2a) Bei einer störfallrelevanten Änderung einer genehmigungsbedürftigen Anlage, die Betriebsbereich oder Bestandteil eines Betriebsbereichs ist, hat die zuständige Behörde unverzüglich, spätestens innerhalb von zwei Monaten nach Eingang der Anzeige und der nach Absatz 1 Satz 2 erforderlichen Unterlagen zu prüfen, ob diese Änderung einer Genehmigung bedarf. Soweit es zur Ermittlung des angemessenen Sicherheitsabstands erforderlich ist, kann die zuständige Behörde ein Gutachten zu den Auswirkungen verlangen, die bei schweren Unfällen durch die Anlage hervorgerufen werden können. Der Träger des Vorhabens darf die störfallrelevante Änderung vornehmen, sobald ihm die zuständige Behörde mitteilt, dass sie keiner Genehmigung bedarf.

(3) Beabsichtigt der Betreiber, den Betrieb einer genehmigungsbedürftigen Anlage einzustellen, so hat er dies unter Angabe des Zeitpunktes der Einstellung der zuständigen Behörde unverzüglich anzuzeigen. Der Anzeige sind Unterlagen über die vom Betreiber vorgesehenen Maßnahmen zur Erfüllung der sich aus § 5 Absatz 3 und 4 ergebenden Pflichten beizufügen. Die Sätze 1 und 2 gelten für die in Absatz 1 Satz 5 bezeichneten Anlagen entsprechend.

(4) In der Rechtsverordnung nach § 10 Absatz 10 können die näheren Einzelheiten für das Verfahren nach den Absätzen 1 bis 3 geregelt werden.

§ 16
Wesentliche Änderung genehmigungsbedürftiger Anlagen

(1) Die Änderung der Lage, der Beschaffenheit oder des Betriebs einer genehmigungsbedürftigen Anlage bedarf der Genehmigung, wenn durch die Änderung nachteilige Auswirkungen hervorgerufen werden können und diese für die Prüfung nach § 6 Absatz 1 Nummer 1 erheblich sein können (wesentliche Änderung); eine Genehmigung ist stets erforderlich, wenn die Änderung oder Erweiterung des Betriebs einer genehmigungsbedürftigen Anlage für sich genommen die Leistungsgrenzen oder Anlagengrößen des Anhangs zur Verordnung über genehmigungsbedürftige Anlagen erreichen. Eine Genehmigung ist nicht erforderlich, wenn durch die Änderung hervorgerufene nachteilige Auswirkungen offensichtlich gering sind und die Erfüllung der sich aus § 6 Absatz 1 Nummer 1 ergebenden Anforderungen sichergestellt ist.

(2) Die zuständige Behörde soll von der öffentlichen Bekanntmachung des Vorhabens sowie der Auslegung des Antrags und der Unterlagen absehen, wenn der Träger des Vorhabens dies beantragt und erhebliche nachteilige Auswirkungen auf in § 1 genannte Schutzgüter nicht zu besorgen sind. Dies ist insbesondere dann der Fall, wenn erkennbar ist, dass die Auswirkungen durch die getroffenen oder vom Träger des Vorhabens vorgesehenen Maßnahmen ausgeschlossen werden oder die Nachteile im Verhältnis zu den jeweils vergleichbaren Vorteilen gering sind. Betrifft die wesentliche Änderung eine in einem vereinfachten Verfahren zu genehmigende Anlage, ist auch die wesentliche Änderung im vereinfachten Verfahren zu genehmigen. § 19 Absatz 3 gilt entsprechend.

(3) Über den Genehmigungsantrag ist innerhalb einer Frist von sechs Monaten, im Falle des Absatzes 2 in drei Monaten zu entscheiden. Im Übrigen gilt § 10 Absatz 6a Satz 2 und 3 entsprechend.

(4) Für nach § 15 Absatz 1 anzeigebedürftige Änderungen kann der Träger des Vorhabens eine Genehmigung beantragen. Diese ist im vereinfachten Verfahren zu erteilen; Absatz 3 und § 19 Absatz 3 gelten entsprechend.

(5) Einer Genehmigung bedarf es nicht, wenn eine genehmigte Anlage oder Teile einer genehmigten Anlage im Rahmen der erteilten Genehmigung ersetzt oder ausgetauscht werden sollen.

§ 16a
Störfallrelevante Änderung genehmigungsbedürftiger Anlagen

Die störfallrelevante Änderung einer genehmigungsbedürftigen Anlage, die Betriebsbereich oder Bestandteil eines Betriebsbereichs ist, bedarf der Genehmigung, wenn durch die störfallrelevante Änderung der angemessene Sicherheitsabstand zu benachbarten Schutzobjekten erstmalig unterschritten wird, der bereits unterschrittene Sicherheitsabstand räumlich noch weiter unterschritten wird oder eine erhebliche Gefahrenerhöhung ausgelöst wird und die Änderung nicht bereits durch § 16 Absatz 1 Satz 1 erfasst ist. Einer Genehmigung bedarf es nicht, soweit dem Gebot, den angemessenen Sicherheitsabstand zu wahren, bereits auf Ebene einer raumbedeutsamen Planung oder Maßnahme durch verbindliche Vorgaben Rechnung getragen worden ist.

§ 16b
Repowering von Anlagen zur Erzeugung von Strom aus erneuerbaren Energien, Sondervorschriften für Windenergieanlagen

(1) Wird eine Anlage zur Erzeugung von Strom aus erneuerbaren Energien modernisiert (Repowering), müssen auf Antrag des Vorhabenträgers im Rahmen des Änderungsgenehmigungsverfahrens nur Anforderungen geprüft werden, soweit durch das Repowering im Verhältnis zum gegenwärtigen Zustand unter Berücksichtigung der auszutauschenden Anlage nachteilige Auswirkungen hervorgerufen werden und diese für die Prüfung nach § 6 erheblich sein können.

(2) Die Modernisierung umfasst den vollständigen oder teilweisen Austausch von Anlagen oder Betriebssystemen und -geräten zum Austausch von Kapazität oder zur Steigerung der Effizienz oder der Kapazität der Anlage. Bei einem vollständigen Austausch der Anlage sind zusätzlich folgende Anforderungen einzuhalten:
   1. Die neue Anlage wird innerhalb von 24 Monaten nach dem Rückbau der Bestandsanlage errichtet und
   2. der Abstand zwischen der Bestandsanlage und der neuen Anlage beträgt höchstens das Zweifache der Gesamthöhe der neuen Anlage.

(3) Die Genehmigung einer Windenergieanlage im Rahmen einer Modernisierung nach Absatz 2 darf nicht versagt werden, wenn nach der Modernisierung nicht alle Immissionsrichtwerte der technischen Anleitung zum Schutz gegen Lärm eingehalten werden, wenn aber
   1. der Immissionsbeitrag der Windenergieanlage nach der Modernisierung niedriger ist als der Immissionsbeitrag der durch sie ersetzten Windenergieanlagen und
   2. die Windenergieanlage dem Stand der Technik entspricht.

(4) Die Prüfung anderer öffentlich-rechtlicher Vorschriften, insbesondere des Raumordnungs-, Bauplanungs- und Bauordnungsrechts, und der Belange des Arbeitsschutzes nach § 6 Absatz 1 Nummer 2 bleibt unberührt.

(5) Auf einen Erörterungstermin soll verzichtet werden, wenn nicht der Antragsteller diesen beantragt.

(6) § 19 findet auf Genehmigungsverfahren im Sinne von Absatz 1 für das Repowering von bis zu 19 Windenergieanlagen Anwendung. § 2 Absatz 1 Satz 1 Nummer 1 Buchstabe c der Verordnung über genehmigungsbedürftige Anlagen bleibt unberührt. Im vereinfachten Verfahren ist die Genehmigung auf Antrag des Trägers des Vorhabens öffentlich bekannt zu machen. In diesem Fall gilt § 10 Absatz 8 Satz 2 bis 6 entsprechend.

(7) Werden bei einer genehmigten Windenergieanlage vor der Errichtung Änderungen am Anlagentyp vorgenommen oder wird er gewechselt, müssen im Rahmen des Änderungsgenehmigungsverfahrens nur dann Anforderungen geprüft werden, soweit durch die Änderung des Anlagentyps im Verhältnis zur genehmigten Anlage nachteilige Auswirkungen hervorgerufen werden und diese für die Prüfung nach § 6 erheblich sein können. Die Absätze 5 und 6 sind entsprechend anzuwenden.

(8) Wird die Leistung einer Windenergieanlage an Land ohne bauliche Veränderungen oder ohne den Austausch von Teilen und ohne eine Änderung der genehmigten Betriebszeiten erhöht, sind ausschließlich die Standsicherheit sowie die schädlichen Umwelteinwirkungen durch Geräusche und nachteilige Auswirkungen durch Turbulenzen zu prüfen. Die Absätze 5 und 6 sind entsprechend anzuwenden.

§ 17
Nachträgliche Anordnungen

(1) Zur Erfüllung der sich aus diesem Gesetz und der auf Grund dieses Gesetzes erlassenen Rechtsverordnungen ergebenden Pflichten können nach Erteilung der Genehmigung sowie nach einer nach § 15 Absatz 1 angezeigten Änderung Anordnungen getroffen werden. Wird nach Erteilung der Genehmigung sowie nach einer nach § 15 Absatz 1 angezeigten Änderung festgestellt, dass die Allgemeinheit oder die Nachbarschaft nicht ausreichend vor schädlichen Umwelteinwirkungen oder sonstigen Gefahren, erheblichen Nachteilen oder erheblichen Belästigungen geschützt ist, soll die zuständige Behörde nachträgliche Anordnungen treffen.

(1a) Bei Anlagen nach der Industrieemissions-Richtlinie ist vor dem Erlass einer nachträglichen Anordnung nach Absatz 1 Satz 2, durch welche Emissionsbegrenzungen neu festgelegt werden sollen, der Entwurf der Anordnung öffentlich bekannt zu machen. § 10 Absatz 3 und 4 Nummer 1 und 2 gilt für die Bekanntmachung entsprechend. Einwendungsbefugt sind Personen, deren Belange durch die nachträgliche Anordnung berührt werden, sowie Vereinigungen, welche die Anforderungen von § 3 Absatz 1 oder § 2 Absatz 2 des Umwelt-Rechtsbehelfsgesetzes erfüllen. Für die Entscheidung über den Erlass der nachträglichen Anordnung gilt § 10 Absatz 7 bis 8a entsprechend.

(1b) Absatz 1a gilt für den Erlass einer nachträglichen Anordnung entsprechend, bei der von der Behörde auf Grundlage einer Verordnung nach § 7 Absatz 1b oder einer Verwaltungsvorschrift nach § 48 Absatz 1b weniger strenge Emissionsbegrenzungen festgelegt werden sollen.

(2) Die zuständige Behörde darf eine nachträgliche Anordnung nicht treffen, wenn sie unverhältnismäßig ist, vor allem wenn der mit der Erfüllung der Anordnung verbundene Aufwand außer Verhältnis zu dem mit der Anordnung angestrebten Erfolg steht; dabei sind insbesondere Art, Menge und Gefährlichkeit der von der Anlage ausgehenden Emissionen und der von ihr verursachten Immissionen sowie die Nutzungsdauer und technische Besonderheiten der Anlage zu berücksichtigen. Darf eine nachträgliche Anordnung wegen Unverhältnismäßigkeit nicht getroffen werden, soll die zuständige Behörde die Genehmigung unter den Voraussetzungen des § 21 Absatz 1 Nummer 3 bis 5 ganz oder teilweise widerrufen; § 21 Absatz 3 bis 6 sind anzuwenden.

(2a) § 12 Absatz 1a gilt für Anlagen nach der Industrieemissions-Richtlinie entsprechend.

(2b) Abweichend von Absatz 2a kann die zuständige Behörde weniger strenge Emissionsbegrenzungen festlegen, wenn

1. wegen technischer Merkmale der Anlage die Anwendung der in den BVT-Schlussfolgerungen genannten Emissionsbandbreiten unverhältnismäßig wäre und die Behörde dies begründet oder
2. in Anlagen Zukunftstechniken für einen Gesamtzeitraum von höchstens neun Monaten erprobt oder angewendet werden sollen, sofern nach dem festgelegten Zeitraum die Anwendung der betreffenden Technik beendet wird oder in der Anlage mindestens die mit den besten verfügbaren Techniken assoziierten Emissionsbandbreiten erreicht werden.

§ 12 Absatz 1b Satz 2 und 3 gilt entsprechend. Absatz 1a gilt entsprechend.

(3) Soweit durch Rechtsverordnung die Anforderungen nach § 5 Absatz 1 Nummer 2 abschließend festgelegt sind, dürfen durch nachträgliche Anordnungen weitergehende Anforderungen zur Vorsorge gegen schädliche Umwelteinwirkungen nicht gestellt werden.

(3a) Die zuständige Behörde soll von nachträglichen Anordnungen absehen, soweit in einem vom Betreiber vorgelegten Plan technische Maßnahmen an dessen Anlagen oder an Anlagen Dritter vorgesehen sind, die zu einer weitergehenden Verringerung der Emissionsfrachten führen als die Summe der Minderungen, die durch den Erlass nachträglicher Anordnungen zur Erfüllung der sich aus diesem Gesetz oder den auf Grund dieses Gesetzes erlassenen Rechtsverordnungen ergebenden Pflichten bei den beteiligten Anlagen erreichbar wäre und hierdurch der in § 1 genannte Zweck gefördert wird. Dies gilt nicht, soweit der Betreiber bereits zur Emissionsminderung auf Grund einer nachträglichen Anordnung nach Absatz 1 oder einer Auflage nach § 12 Absatz 1 verpflichtet ist oder eine nachträgliche Anordnung nach Absatz 1 Satz 2 getroffen werden soll. Der Ausgleich ist nur zwischen denselben oder in der Wirkung auf die Umwelt vergleichbaren Stoffen zulässig. Die Sätze 1 bis 3 gelten auch für nicht betriebsbereite Anlagen, für die die Genehmigung zur Errichtung und zum Betrieb erteilt ist oder für die in einem Vorbescheid oder einer Teilgenehmigung Anforderungen nach § 5 Absatz 1 Nummer 2 festgelegt sind. Die Durchführung der Maßnahmen des Plans ist durch Anordnung sicherzustellen.

(4) Ist es zur Erfüllung der Anordnung erforderlich, die Lage, die Beschaffenheit oder den Betrieb der Anlage wesentlich zu ändern und ist in der Anordnung nicht abschließend bestimmt, in welcher Weise sie zu erfüllen ist, so bedarf die Änderung der Genehmigung nach § 16. Ist zur Erfüllung der Anordnung die störfallrelevante Änderung einer Anlage erforderlich, die Betriebsbereich oder Bestandteil eines Betriebsbereichs ist, und wird durch diese Änderung der angemessene Sicherheitsabstand erstmalig unterschritten, wird der bereits unterschrittene Sicherheitsabstand räumlich noch weiter unterschritten oder wird eine erhebliche Gefahrenerhöhung ausgelöst, so bedarf die Änderung einer Genehmigung nach § 16 oder § 16a, wenn in der Anordnung nicht abschließend bestimmt ist, in welcher Weise sie zu erfüllen ist.

(4a) Zur Erfüllung der Pflichten nach § 5 Absatz 3 soll bei Abfallentsorgungsanlagen im Sinne des § 4 Absatz 1 Satz 1 auch eine Sicherheitsleistung angeordnet werden. Nach der Einstellung des gesamten Betriebs können Anordnungen zur Erfüllung der sich aus § 5 Absatz 3 ergebenden Pflichten nur noch während eines Zeitraums von einem Jahr getroffen werden.

(4b) Anforderungen im Sinne des § 12 Absatz 2c können auch nachträglich angeordnet werden.

(5) Die Absätze 1 bis 4b gelten entsprechend für Anlagen, die nach § 67 Absatz 2 anzuzeigen sind oder vor Inkrafttreten dieses Gesetzes nach § 16 Absatz 4 der Gewerbeordnung anzuzeigen waren.

§ 18
Erlöschen der Genehmigung

(1) Die Genehmigung erlischt, wenn
1. innerhalb einer von der Genehmigungsbehörde gesetzten angemessenen Frist nicht mit der Errichtung oder dem Betrieb der Anlage begonnen oder
2. eine Anlage während eines Zeitraums von mehr als drei Jahren nicht mehr betrieben

worden ist.

(2) Die Genehmigung erlischt ferner, soweit das Genehmigungserfordernis aufgehoben wird.

(3) Die Genehmigungsbehörde kann auf Antrag die Fristen nach Absatz 1 aus wichtigem Grunde verlängern, wenn hierdurch der Zweck des Gesetzes nicht gefährdet wird.

§ 19
Vereinfachtes Verfahren

(1) Durch Rechtsverordnung nach § 4 Absatz 1 Satz 3 kann vorgeschrieben werden, dass die Genehmigung von Anlagen bestimmter Art oder bestimmten Umfangs in einem vereinfachten Verfahren erteilt wird, sofern dies nach Art, Ausmaß und Dauer der von diesen Anlagen hervorgerufenen schädlichen Umwelteinwirkungen und sonstigen Gefahren, erheblichen Nachteilen und erheblichen Belästigungen mit dem Schutz der Allgemeinheit und der Nachbarschaft vereinbar ist. Satz 1 gilt für Abfallentsorgungsanlagen entsprechend.

(2) In dem vereinfachten Verfahren sind § 10 Absatz 2, 3, 3a, 4, 6, 7 Satz 2 und 3, Absatz 8 und 9 sowie die §§ 11 und 14 nicht anzuwenden.

(3) Die Genehmigung ist auf Antrag des Trägers des Vorhabens abweichend von den Absätzen 1 und 2 nicht in einem vereinfachten Verfahren zu erteilen.

(4) Die Genehmigung einer Anlage, die Betriebsbereich oder Bestandteil eines Betriebsbereichs ist, kann nicht im vereinfachten Verfahren erteilt werden, wenn durch deren störfallrelevante Errichtung und Betrieb der angemessene Sicherheitsabstand zu benachbarten Schutzobjekten unterschritten wird oder durch deren störfallrelevante Änderung der angemessene Sicherheitsabstand zu benachbarten Schutzobjekten erstmalig unterschritten wird, der bereits unterschrittene Sicherheitsabstand räumlich noch weiter unterschritten wird oder eine erhebliche Gefahrenerhöhung ausgelöst wird. In diesen Fällen ist das Verfahren nach § 10 mit Ausnahme von Absatz 4 Nummer 3 und Absatz 6 anzuwenden. § 10 Absatz 3 Satz 4 ist mit der Maßgabe anzuwenden, dass nur die Personen Einwendungen erheben können, deren Belange berührt sind oder Vereinigungen, welche die Anforderungen des § 3 Absatz 1 oder des § 2 Absatz 2 des Umwelt-Rechtsbehelfsgesetzes erfüllen. Bei störfallrelevanten Änderungen ist § 16 Absatz 3 entsprechend anzuwenden. Die Sätze 1 bis 4 gelten nicht, soweit dem Gebot, den angemessenen Sicherheitsabstand zu wahren, bereits auf Ebene einer raumbedeutsamen Planung oder Maßnahme durch verbindliche Vorgaben Rechnung getragen worden ist.

§ 20
Untersagung, Stilllegung und Beseitigung

(1) Kommt der Betreiber einer genehmigungsbedürftigen Anlage einer Auflage, einer vollziehbaren nachträglichen Anordnung oder einer abschließend bestimmten Pflicht aus einer Rechtsverordnung nach § 7 nicht nach und betreffen die Auflage, die Anordnung oder die Pflicht die Beschaffenheit oder den Betrieb der Anlage, so kann die zuständige Behörde den Betrieb ganz oder teilweise bis zur Erfüllung der Auflage, der Anordnung oder der Pflichten aus der Rechtsverordnung nach § 7 untersagen. Die zuständige Behörde hat den Betrieb ganz oder teilweise nach Satz 1 zu untersagen, wenn ein Verstoß gegen die Auflage, Anordnung oder Pflicht eine unmittelbare Gefährdung der menschlichen Gesundheit verursacht oder eine unmittelbare erhebliche Gefährdung der Umwelt darstellt.

(1a) Die zuständige Behörde hat die Inbetriebnahme oder Weiterführung einer genehmigungsbedürftigen Anlage, die Betriebsbereich oder Bestandteil eines Betriebsbereichs ist und gewerblichen Zwecken dient oder im Rahmen wirtschaftlicher Unternehmungen Verwendung findet, ganz oder teilweise zu untersagen, solange und soweit die von dem Betreiber getroffenen Maßnahmen zur Verhütung schwerer Unfälle im Sinne des Artikels 3 Nummer 13 der Richtlinie 2012/18/EU oder zur Begrenzung der Auswirkungen derartiger Unfälle eindeutig unzureichend sind. Bei der Entscheidung über eine Untersagung berücksichtigt die zuständige Behörde auch schwerwiegende Unterlassungen in Bezug auf erforderliche Folgemaßnahmen, die in einem Überwachungsbericht nach § 16 Absatz 2 Nummer 1 der Störfall-Verordnung festgelegt worden sind. Die zuständige Behörde kann die Inbetriebnahme oder Weiterführung einer Anlage im Sinne des Satzes 1 ganz oder teilweise untersagen, wenn der Betreiber die in einer zur Umsetzung der Richtlinie 2012/18/EU erlassenen Rechtsverordnung vorgeschriebenen Mitteilungen, Berichte oder sonstigen Informationen nicht fristgerecht übermittelt.

(2) Die zuständige Behörde soll anordnen, dass eine Anlage, die ohne die erforderliche Genehmigung errichtet, betrieben oder wesentlich geändert wird, stillzulegen oder zu beseitigen ist. Sie hat die Beseitigung anzuordnen, wenn die Allgemeinheit oder die Nachbarschaft nicht auf andere Weise ausreichend geschützt werden kann.

(3) Die zuständige Behörde kann den weiteren Betrieb einer genehmigungsbedürftigen Anlage durch den Betreiber oder einen mit der Leitung des Betriebs Beauftragten untersagen, wenn Tatsachen vorliegen, welche die Unzuverlässigkeit dieser Personen in Bezug auf die Einhaltung von Rechtsvorschriften zum Schutz vor schädlichen Umwelteinwirkungen dartun, und die Untersagung zum Wohl der Allgemeinheit geboten ist. Dem Betreiber der Anlage kann auf Antrag die Erlaubnis erteilt werden, die Anlage durch eine Person betreiben zu lassen, die die Gewähr für den ordnungsgemäßen Betrieb der Anlage bietet. Die Erlaubnis kann mit Auflagen verbunden werden.

§ 21
Widerruf der Genehmigung

(1) Eine nach diesem Gesetz erteilte rechtmäßige Genehmigung darf, auch nachdem sie unanfechtbar geworden ist, ganz oder teilweise mit Wirkung für die Zukunft nur widerrufen werden,

1. wenn der Widerruf gemäß § 12 Absatz 2 Satz 2 oder Absatz 3 vorbehalten ist;

2. wenn mit der Genehmigung eine Auflage verbunden ist und der Begünstigte diese nicht oder nicht innerhalb einer ihm gesetzten Frist erfüllt hat;
3. wenn die Genehmigungsbehörde auf Grund nachträglich eingetretener Tatsachen berechtigt wäre, die Genehmigung nicht zu erteilen, und wenn ohne den Widerruf das öffentliche Interesse gefährdet würde;
4. wenn die Genehmigungsbehörde auf Grund einer geänderten Rechtsvorschrift berechtigt wäre, die Genehmigung nicht zu erteilen, soweit der Betreiber von der Genehmigung noch keinen Gebrauch gemacht hat, und wenn ohne den Widerruf das öffentliche Interesse gefährdet würde;
5. um schwere Nachteile für das Gemeinwohl zu verhüten oder zu beseitigen.

(2) Erhält die Genehmigungsbehörde von Tatsachen Kenntnis, welche den Widerruf einer Genehmigung rechtfertigen, so ist der Widerruf nur innerhalb eines Jahres seit dem Zeitpunkt der Kenntnisnahme zulässig.

(3) Die widerrufene Genehmigung wird mit dem Wirksamwerden des Widerrufs unwirksam, wenn die Genehmigungsbehörde keinen späteren Zeitpunkt bestimmt.

(4) Wird die Genehmigung in den Fällen des Absatzes 1 Nummer 3 bis 5 widerrufen, so hat die Genehmigungsbehörde den Betroffenen auf Antrag für den Vermögensnachteil zu entschädigen, den dieser dadurch erleidet, dass er auf den Bestand der Genehmigung vertraut hat, soweit sein Vertrauen schutzwürdig ist. Der Vermögensnachteil ist jedoch nicht über den Betrag des Interesses hinaus zu ersetzen, das der Betroffene an dem Bestand der Genehmigung hat. Der auszugleichende Vermögensnachteil wird durch die Genehmigungsbehörde festgesetzt. Der Anspruch kann nur innerhalb eines Jahres geltend gemacht werden; die Frist beginnt, sobald die Genehmigungsbehörde den Betroffenen auf sie hingewiesen hat.

(5) Die Länder können die in Absatz 4 Satz 1 getroffene Bestimmung des Entschädigungspflichtigen abweichend regeln.

(6) Für Streitigkeiten über die Entschädigung ist der ordentliche Rechtsweg gegeben.

(7) Die Absätze 1 bis 6 gelten nicht, wenn eine Genehmigung, die von einem Dritten angefochten worden ist, während des Vorverfahrens oder während des verwaltungsgerichtlichen Verfahrens aufgehoben wird, soweit dadurch dem Widerspruch oder der Klage abgeholfen wird.

Zweiter Abschnitt
Nicht genehmigungsbedürftige Anlagen

§ 22
Pflichten der Betreiber nicht genehmigungsbedürftiger Anlagen

(1) Nicht genehmigungsbedürftige Anlagen sind so zu errichten und zu betreiben, dass
1. schädliche Umwelteinwirkungen verhindert werden, die nach dem Stand der Technik vermeidbar sind,
2. nach dem Stand der Technik unvermeidbare schädliche Umwelteinwirkungen auf ein Mindestmaß beschränkt werden und
3. die beim Betrieb der Anlagen entstehenden Abfälle ordnungsgemäß beseitigt werden können.

Die Bundesregierung wird ermächtigt, nach Anhörung der beteiligten Kreise (§ 51) durch Rechtsverordnung mit Zustimmung des Bundesrates auf Grund der Art oder

Menge aller oder einzelner anfallender Abfälle die Anlagen zu bestimmen, für die die Anforderungen des § 5 Absatz 1 Nummer 3 entsprechend gelten. Für Anlagen, die nicht gewerblichen Zwecken dienen und nicht im Rahmen wirtschaftlicher Unternehmungen Verwendung finden, gilt die Verpflichtung des Satzes 1 nur, soweit sie auf die Verhinderung oder Beschränkung von schädlichen Umwelteinwirkungen durch Luftverunreinigungen, Geräusche oder von Funkanlagen ausgehende nichtionisierende Strahlen gerichtet ist.

(1a) Geräuscheinwirkungen, die von Kindertageseinrichtungen, Kinderspielplätzen und ähnlichen Einrichtungen wie beispielsweise Ballspielplätzen durch Kinder hervorgerufen werden, sind im Regelfall keine schädliche Umwelteinwirkung. Bei der Beurteilung der Geräuscheinwirkungen dürfen Immissionsgrenz- und -richtwerte nicht herangezogen werden.

(2) Weitergehende öffentlich-rechtliche Vorschriften bleiben unberührt.

§ 23
Anforderungen an die Errichtung, die Beschaffenheit und den Betrieb nicht genehmigungsbedürftiger Anlagen

(1) Die Bundesregierung wird ermächtigt, nach Anhörung der beteiligten Kreise (§ 51) durch Rechtsverordnung mit Zustimmung des Bundesrates vorzuschreiben, dass die Errichtung, die Beschaffenheit und der Betrieb nicht genehmigungsbedürftiger Anlagen bestimmten Anforderungen zum Schutz der Allgemeinheit und der Nachbarschaft vor schädlichen Umwelteinwirkungen und, soweit diese Anlagen gewerblichen Zwecken dienen oder im Rahmen wirtschaftlicher Unternehmungen Verwendung finden und Betriebsbereiche oder Bestandteile von Betriebsbereichen sind, vor sonstigen Gefahren zur Verhütung schwerer Unfälle im Sinne des Artikels 3 Nummer 13 der Richtlinie 2012/18/EU und zur Begrenzung der Auswirkungen derartiger Unfälle für Mensch und Umwelt sowie zur Vorsorge gegen schädliche Umwelteinwirkungen genügen müssen, insbesondere dass

1. die Anlagen bestimmten technischen Anforderungen entsprechen müssen,
2. die von Anlagen ausgehenden Emissionen bestimmte Grenzwerte nicht überschreiten dürfen,
3. die Betreiber von Anlagen Messungen von Emissionen und Immissionen nach in der Rechtsverordnung näher zu bestimmenden Verfahren vorzunehmen haben oder von einer in der Rechtsverordnung zu bestimmenden Stelle vornehmen lassen müssen,
4. die Betreiber bestimmter Anlagen der zuständigen Behörde unverzüglich die Inbetriebnahme oder eine Änderung einer Anlage, die für die Erfüllung von in der Rechtsverordnung vorgeschriebenen Pflichten von Bedeutung sein kann, anzuzeigen haben,

4a. die Betreiber von Anlagen, die Betriebsbereiche oder Bestandteile von Betriebsbereichen sind, innerhalb einer angemessenen Frist vor Errichtung, vor Inbetriebnahme oder vor einer Änderung dieser Anlagen, die für die Erfüllung von in der Rechtsverordnung vorgeschriebenen Pflichten von Bedeutung sein kann, dies der zuständigen Behörde anzuzeigen haben und

5. bestimmte Anlagen nur betrieben werden dürfen, nachdem die Bescheinigung eines von der nach Landesrecht zuständigen Behörde bekannt gegebenen Sachverständigen vorgelegt worden ist, dass die Anlage den Anforderungen der Rechtsverordnung oder einer Bauartzulassung nach § 33 entspricht.

In der Rechtsverordnung nach Satz 1 können auch die Anforderungen bestimmt werden, denen Sachverständige hinsichtlich ihrer Fachkunde, Zuverlässigkeit und gerätetechnischen Ausstattung genügen müssen. Wegen der Anforderungen nach Satz 1 Nummer 1 bis 3 gilt § 7 Absatz 5 entsprechend.

(1a) Für bestimmte nicht genehmigungsbedürftige Anlagen kann durch Rechtsverordnung nach Absatz 1 vorgeschrieben werden, dass auf Antrag des Trägers des Vorhabens ein Verfahren zur Erteilung einer Genehmigung nach § 4 Absatz 1 Satz 1 in Verbindung mit § 6 durchzuführen ist. Im Falle eines Antrags nach Satz 1 sind für die betroffene Anlage an Stelle der für nicht genehmigungsbedürftige Anlagen geltenden Vorschriften die Vorschriften über genehmigungsbedürftige Anlagen anzuwenden. Für das Verfahren gilt § 19 Absatz 2 und 3 entsprechend.

(2) Soweit die Bundesregierung von der Ermächtigung keinen Gebrauch macht, sind die Landesregierungen ermächtigt, durch Rechtsverordnung Vorschriften im Sinne des Absatzes 1 zu erlassen. Die Landesregierungen können die Ermächtigung auf eine oder mehrere oberste Landesbehörden übertragen.

§ 23a
Anzeigeverfahren für nicht genehmigungsbedürftige Anlagen, die Betriebsbereich oder Bestandteil eines Betriebsbereichs sind

(1) Die störfallrelevante Errichtung und der Betrieb oder die störfallrelevante Änderung einer nicht genehmigungsbedürftigen Anlage, die Betriebsbereich oder Bestandteil eines Betriebsbereichs ist, ist der zuständigen Behörde vor ihrer Durchführung schriftlich oder elektronisch anzuzeigen, sofern eine Genehmigung nach Absatz 3 in Verbindung mit § 23b nicht beantragt wird. Der Anzeige sind alle Unterlagen beizufügen, die für die Feststellung nach Absatz 2 erforderlich sein können; die zuständige Behörde kann bei einer elektronischen Anzeige Mehrausfertigungen sowie die Übermittlung der der Anzeige beizufügenden Unterlagen auch in schriftlicher Form verlangen. Soweit es zur Ermittlung des angemessenen Sicherheitsabstands erforderlich ist, kann die zuständige Behörde ein Gutachten zu den Auswirkungen verlangen, die bei schweren Unfällen durch die Anlage hervorgerufen werden können. Die zuständige Behörde hat dem Träger des Vorhabens den Eingang der Anzeige und der beigefügten Unterlagen unverzüglich schriftlich oder elektronisch zu bestätigen. Sie teilt dem Träger des Vorhabens nach Eingang der Anzeige unverzüglich mit, welche zusätzlichen Unterlagen sie für die Feststellung nach Absatz 2 benötigt.

(2) Die zuständige Behörde hat festzustellen, ob durch die störfallrelevante Errichtung und den Betrieb oder die störfallrelevante Änderung der Anlage der angemessene Sicherheitsabstand zu benachbarten Schutzobjekten erstmalig unterschritten wird, räumlich noch weiter unterschritten wird oder eine erhebliche Gefahrenerhöhung ausgelöst wird. Diese Feststellung ist dem Träger des Vorhabens spätestens zwei Monate nach Eingang der Anzeige und der erforderlichen Unterlagen bekannt zu geben und der Öffentlichkeit nach den Bestimmungen des Bundes und der Länder über den Zugang zu Umweltinformationen zugänglich zu machen. Wird kein Genehmigungsverfahren nach § 23b durchgeführt, macht die zuständige Behörde dies in ihrem amtlichen Veröffentlichungsblatt und entweder im Internet oder in örtlichen Tageszeitungen, die im Bereich des Standortes des Betriebsbereichs verbreitet sind, öffentlich bekannt. Der Träger des Vorhabens darf die Errichtung und den Betrieb oder die Änderung vornehmen, sobald die zuständige Behörde ihm mitteilt, dass sein Vorhaben keiner Genehmigung bedarf.

(3) Auf Antrag des Trägers des Vorhabens führt die zuständige Behörde das Genehmigungsverfahren nach § 23b auch ohne die Feststellung nach Absatz 2 Satz 1 durch.

§ 23b
Störfallrechtliches Genehmigungsverfahren

(1) Ergibt die Feststellung nach § 23a Absatz 2 Satz 1, dass der angemessene Sicherheitsabstand erstmalig unterschritten wird, räumlich noch weiter unterschritten wird oder eine erhebliche Gefahrenerhöhung ausgelöst wird, bedarf die störfallrelevante Errichtung und der Betrieb oder die störfallrelevante Änderung einer nicht genehmigungsbedürftigen Anlage, die Betriebsbereich oder Bestandteil eines Betriebsbereichs ist, einer störfallrechtlichen Genehmigung. Dies gilt nicht, soweit dem Gebot, den angemessenen Sicherheitsabstand zu wahren, bereits auf Ebene einer raumbedeutsamen Planung oder Maßnahme durch verbindliche Vorgaben Rechnung getragen worden ist. Die Genehmigung setzt einen schriftlichen oder elektronischen Antrag voraus. § 10 Absatz 1 Satz 4 und Absatz 2 gilt entsprechend. Die Genehmigung ist zu erteilen, wenn sichergestellt ist, dass die Anforderungen des § 22 und der auf Grundlage des § 23 erlassenen Rechtsverordnungen eingehalten werden und andere öffentlich-rechtliche Vorschriften und Belange des Arbeitsschutzes nicht entgegenstehen. Die Genehmigung kann unter Bedingungen erteilt und mit Auflagen verbunden werden, soweit dies erforderlich ist, um die Erfüllung der Genehmigungsvoraussetzungen sicherzustellen. Die Genehmigung schließt andere die Anlage betreffende behördliche Entscheidungen ein mit Ausnahme von Planfeststellungen, Zulassungen bergrechtlicher Betriebspläne, behördlichen Entscheidungen auf Grund atomrechtlicher Vorschriften und wasserrechtlichen Erlaubnissen und Bewilligungen nach § 8 in Verbindung mit § 10 des Wasserhaushaltsgesetzes. Die §§ 8, 8a, 9 und 18 gelten entsprechend.

(2) Im Genehmigungsverfahren ist die Öffentlichkeit zu beteiligen. Dazu macht die zuständige Behörde das Vorhaben öffentlich bekannt und legt den Antrag, die vom Antragsteller vorgelegten Unterlagen mit Ausnahme der Unterlagen nach Absatz 1 Satz 4 sowie die entscheidungserheblichen Berichte und Empfehlungen, die der Behörde im Zeitpunkt der Bekanntmachung vorliegen, einen Monat zur Einsicht aus. Personen, deren Belange durch das Vorhaben berührt werden sowie Vereinigungen, welche die Anforderungen von § 3 Absatz 1 oder § 2 Absatz 2 des Umwelt-Rechtsbehelfsgesetzes erfüllen, können innerhalb der in § 10 Absatz 3 Satz 4 erster Halbsatz genannten Frist gegenüber der zuständigen Behörde schriftlich oder elektronisch Einwendungen erheben. § 10 Absatz 3 Satz 5 und Absatz 3a gilt entsprechend. Einwendungen, die auf besonderen privatrechtlichen Titeln beruhen, sind auf den Rechtsweg vor den ordentlichen Gerichten zu verweisen.

(3) Die Genehmigungsbehörde holt die Stellungnahmen der Behörden ein, deren Aufgabenbereich durch das Vorhaben berührt wird. Soweit für das Vorhaben selbst oder für weitere damit unmittelbar in Zusammenhang stehende Vorhaben, die Auswirkungen auf die Umwelt haben können und die für die Genehmigung Bedeutung haben, eine Zulassung nach anderen Gesetzen vorgeschrieben ist, hat die Genehmigungsbehörde eine vollständige Koordinierung der Zulassungsverfahren sowie der Inhalts- und Nebenbestimmungen sicherzustellen.

(3a) Betrifft das Vorhaben eine Anlage, die in den Anwendungsbereich der Richtlinie (EU) 2018/2001 des Europäischen Parlaments und des Rates vom 11. Dezember 2018 zur Förderung der Nutzung von Energie aus erneuerbaren Quellen (Neufassung) (ABl. L 328 vom 21.12.2018, S. 82) fällt, gilt ergänzend Folgendes:

1. Auf Antrag des Trägers des Vorhabens wird das störfallrechtliche Genehmigungsverfahren sowie alle sonstigen Zulassungsverfahren, die für die Durchführung des Vorhabens nach Bundes- oder Landesrecht erforderlich sind, über eine einheitliche Stelle abgewickelt.
2. Die einheitliche Stelle nach Nummer 1 stellt ein Verfahrenshandbuch für Träger von Vorhaben bereit und macht diese Informationen auch im Internet zugänglich. In den im Internet veröffentlichten Informationen weist die einheitliche Stelle auch darauf hin, für welche Vorhaben sie zuständig ist und welche weiteren einheitlichen Stellen im jeweiligen Land für Vorhaben nach Satz 1 zuständig sind.
3. Die zuständige und die zu beteiligenden Behörden sollen die zur Prüfung des Antrags zusätzlich erforderlichen Unterlagen in einer einmaligen Mitteilung an den Antragsteller zusammenfassen. Nach Eingang der vollständigen Antragsunterlagen erstellt die zuständige Behörde einen Zeitplan für das weitere Verfahren und teilt diesen Zeitplan in den Fällen der Nummer 1 der einheitlichen Stelle, andernfalls dem Antragsteller mit.

§ 16b ist entsprechend anzuwenden.

(4) Über den Antrag auf störfallrelevante Errichtung und Betrieb einer Anlage hat die zuständige Behörde innerhalb einer Frist von sieben Monaten nach Eingang des Antrags und der erforderlichen Unterlagen zu entscheiden. Über den Antrag auf störfallrelevante Änderung einer Anlage ist innerhalb einer Frist von sechs Monaten nach Eingang des Antrags und der erforderlichen Unterlagen zu entscheiden. Die zuständige Behörde kann die jeweilige Frist um drei Monate verlängern, wenn dies wegen der Schwierigkeit der Prüfung oder aus Gründen, die dem Antragsteller zuzurechnen sind, erforderlich ist. Die Fristverlängerung soll gegenüber dem Antragsteller begründet werden. § 10 Absatz 7 Satz 1 gilt entsprechend.

(5) Die Bundesregierung wird ermächtigt, durch Rechtsverordnung mit Zustimmung des Bundesrates weitere Einzelheiten des Verfahrens nach den Absätzen 1 bis 4 zu regeln, insbesondere
1. Form und Inhalt des Antrags,
2. Verfahren und Inhalt der Bekanntmachung und Auslegung des Vorhabens durch die zuständige Behörde sowie
3. Inhalt und Bekanntmachung des Genehmigungsbescheids.

§ 23c
Betriebsplanzulassung nach dem Bundesberggesetz

Die §§ 23a und 23b Absatz 1, 3 und 4 gelten nicht für die störfallrelevante Errichtung und den Betrieb oder die störfallrelevante Änderung einer nicht genehmigungsbedürftigen Anlage, die Betriebsbereich oder Bestandteil eines Betriebsbereichs ist, wenn für die Errichtung und den Betrieb oder die Änderung eine Betriebsplanzulassung nach dem Bundesberggesetz erforderlich ist. § 23b Absatz 2 ist für die in Satz 1 genannten Vorhaben unter den in § 57d des Bundesberggesetzes genannten Bedingungen entsprechend anzuwenden. Die Regelungen, die auf Grundlage des § 23b Absatz 5 durch Rechtsverordnung getroffen werden, gelten für die in Satz 1 genannten Vorhaben, soweit § 57d des Bundesberggesetzes dies anordnet.

§ 24
Anordnungen im Einzelfall

Die zuständige Behörde kann im Einzelfall die zur Durchführung des § 22 und der auf dieses Gesetz gestützten Rechtsverordnungen erforderlichen Anordnungen treffen. Kann das Ziel der Anordnung auch durch eine Maßnahme zum Zwecke des Arbeitsschutzes erreicht werden, soll diese angeordnet werden.

§ 25
Untersagung

(1) Kommt der Betreiber einer Anlage einer vollziehbaren behördlichen Anordnung nach § 24 Satz 1 nicht nach, so kann die zuständige Behörde den Betrieb der Anlage ganz oder teilweise bis zur Erfüllung der Anordnung untersagen.

(1a) Die zuständige Behörde hat die Inbetriebnahme oder Weiterführung einer nicht genehmigungsbedürftigen Anlage, die Betriebsbereich oder Bestandteil eines Betriebsbereichs ist und gewerblichen Zwecken dient oder im Rahmen wirtschaftlicher Unternehmungen Verwendung findet, ganz oder teilweise zu untersagen, solange und soweit die von dem Betreiber getroffenen Maßnahmen zur Verhütung schwerer Unfälle im Sinne des Artikels 3 Nummer 13 der Richtlinie 2012/18/EU oder zur Begrenzung der Auswirkungen derartiger Unfälle eindeutig unzureichend sind. Bei der Entscheidung über eine Untersagung berücksichtigt die zuständige Behörde auch schwerwiegende Unterlassungen in Bezug auf erforderliche Folgemaßnahmen, die in einem Überwachungsbericht nach § 16 Absatz 2 Nummer 1 der Störfall-Verordnung festgelegt worden sind. Die zuständige Behörde kann die Inbetriebnahme oder die Weiterführung einer Anlage im Sinne des Satzes 1 außerdem ganz oder teilweise untersagen, wenn der Betreiber

1. die in einer zur Umsetzung der Richtlinie 2012/18/EU erlassenen Rechtsverordnung vorgeschriebenen Mitteilungen, Berichte oder sonstige Informationen nicht fristgerecht übermittelt oder
2. eine nach § 23a erforderliche Anzeige nicht macht oder die Anlage ohne die nach § 23b erforderliche Genehmigung störfallrelevant errichtet, betreibt oder störfallrelevant ändert.

(2) Wenn die von einer Anlage hervorgerufenen schädlichen Umwelteinwirkungen das Leben oder die Gesundheit von Menschen oder bedeutende Sachwerte gefährden, soll die zuständige Behörde die Errichtung oder den Betrieb der Anlage ganz oder teilweise untersagen, soweit die Allgemeinheit oder die Nachbarschaft nicht auf andere Weise ausreichend geschützt werden kann.

§ 25a
Stilllegung und Beseitigung nicht genehmigungsbedürftiger Anlagen, die Betriebsbereich oder Bestandteil eines Betriebsbereichs sind

Die zuständige Behörde kann anordnen, dass eine Anlage, die Betriebsbereich oder Bestandteil eines Betriebsbereichs ist und ohne die erforderliche Genehmigung nach § 23b störfallrelevant errichtet oder geändert wird, ganz oder teilweise stillzulegen oder zu beseitigen ist. Sie soll die Beseitigung anordnen, wenn die Allgemeinheit oder die Nachbarschaft nicht auf andere Weise ausreichend geschützt werden kann.

Dritter Abschnitt
Ermittlung von Emissionen und Immissionen, sicherheitstechnische Prüfungen

§ 26
Messungen aus besonderem Anlass

Die zuständige Behörde kann anordnen, dass der Betreiber einer genehmigungsbedürftigen Anlage oder, soweit § 22 Anwendung findet, einer nicht genehmigungsbedürftigen Anlage Art und Ausmaß der von der Anlage ausgehenden Emissionen sowie die Immissionen im Einwirkungsbereich der Anlage durch eine der von der zuständigen Behörde eines Landes bekannt gegebenen Stellen ermitteln lässt, wenn zu befürchten ist, dass durch die Anlage schädliche Umwelteinwirkungen hervorgerufen werden. Die zuständige Behörde ist befugt, Einzelheiten über Art und Umfang der Ermittlungen sowie über die Vorlage des Ermittlungsergebnisses vorzuschreiben.

§ 27
Emissionserklärung

(1) Der Betreiber einer genehmigungsbedürftigen Anlage ist verpflichtet, der zuständigen Behörde innerhalb einer von ihr zu setzenden Frist oder zu dem in der Rechtsverordnung nach Absatz 4 festgesetzten Zeitpunkt Angaben zu machen über Art, Menge, räumliche und zeitliche Verteilung der Luftverunreinigungen, die von der Anlage in einem bestimmten Zeitraum ausgegangen sind, sowie über die Austrittsbedingungen (Emissionserklärung); er hat die Emissionserklärung nach Maßgabe der Rechtsverordnung nach Absatz 4 entsprechend dem neuesten Stand zu ergänzen. § 52 Absatz 5 gilt sinngemäß. Satz 1 gilt nicht für Betreiber von Anlagen, von denen nur in geringem Umfang Luftverunreinigungen ausgehen können.

(2) Auf die nach Absatz 1 erlangten Kenntnisse und Unterlagen sind die §§ 93, 97, 105 Absatz 1, § 111 Absatz 5 in Verbindung mit § 105 Absatz 1 sowie § 116 Absatz 1 der Abgabenordnung nicht anzuwenden. Dies gilt nicht, soweit die Finanzbehörden die Kenntnisse für die Durchführung eines Verfahrens wegen einer Steuerstraftat sowie eines damit zusammenhängenden Besteuerungsverfahrens benötigen, an deren Verfolgung ein zwingendes öffentliches Interesse besteht, oder soweit es sich um vorsätzlich falsche Angaben des Auskunftspflichtigen oder der für ihn tätigen Personen handelt.

(3) Der Inhalt der Emissionserklärung ist Dritten auf Antrag bekannt zu geben. Einzelangaben der Emissionserklärung dürfen nicht veröffentlicht oder Dritten bekannt gegeben werden, wenn aus diesen Rückschlüsse auf Betriebs- oder Geschäftsgeheimnisse gezogen werden können. Bei Abgabe der Emissionserklärung hat der Betreiber der zuständigen Behörde mitzuteilen und zu begründen, welche Einzelangaben der Emissionserklärung Rückschlüsse auf Betriebs- oder Geschäftsgeheimnisse erlauben.

(4) Die Bundesregierung wird ermächtigt, durch Rechtsverordnung mit Zustimmung des Bundesrates Inhalt, Umfang, Form und Zeitpunkt der Abgabe der Emissionserklärung, das bei der Ermittlung der Emissionen einzuhaltende Verfahren und den Zeitraum, innerhalb dessen die Emissionserklärung zu ergänzen ist, zu regeln. In der Rechtsverordnung wird auch bestimmt, welche Betreiber genehmigungsbedürftiger Anlagen nach Absatz 1 Satz 3 von der Pflicht zur Abgabe einer Emissionserklärung befreit sind. Darüber hinaus kann zur Erfüllung der Pflichten aus bindenden Rechts-

akten der Europäischen Gemeinschaften oder der Europäischen Union in der Rechtsverordnung vorgeschrieben werden, dass die zuständigen Behörden über die nach Landesrecht zuständige Behörde dem Bundesministerium für Umwelt, Naturschutz und nukleare Sicherheit zu einem festgelegten Zeitpunkt Emissionsdaten zur Verfügung stellen, die den Emissionserklärungen zu entnehmen sind.

§ 28
Erstmalige und wiederkehrende Messungen bei genehmigungsbedürftigen Anlagen

Die zuständige Behörde kann bei genehmigungsbedürftigen Anlagen

1. nach der Inbetriebnahme oder einer Änderung im Sinne des § 15 oder des § 16 und sodann
2. nach Ablauf eines Zeitraums von jeweils drei Jahren

Anordnungen nach § 26 auch ohne die dort genannten Voraussetzungen treffen. Hält die Behörde wegen Art, Menge und Gefährlichkeit der von der Anlage ausgehenden Emissionen Ermittlungen auch während des in Nummer 2 genannten Zeitraums für erforderlich, so soll sie auf Antrag des Betreibers zulassen, dass diese Ermittlungen durch den Immissionsschutzbeauftragten durchgeführt werden, wenn dieser hierfür die erforderliche Fachkunde, Zuverlässigkeit und gerätetechnische Ausstattung besitzt.

§ 29
Kontinuierliche Messungen

(1) Die zuständige Behörde kann bei genehmigungsbedürftigen Anlagen anordnen, dass statt durch Einzelmessungen nach § 26 oder § 28 oder neben solchen Messungen bestimmte Emissionen oder Immissionen unter Verwendung aufzeichnender Messgeräte fortlaufend ermittelt werden. Bei Anlagen mit erheblichen Emissionsmassenströmen luftverunreinigender Stoffe sollen unter Berücksichtigung von Art und Gefährlichkeit dieser Stoffe Anordnungen nach Satz 1 getroffen werden, soweit eine Überschreitung der in Rechtsvorschriften, Auflagen oder Anordnungen festgelegten Emissionsbegrenzungen nach der Art der Anlage nicht ausgeschlossen werden kann.

(2) Die zuständige Behörde kann bei nicht genehmigungsbedürftigen Anlagen, soweit § 22 anzuwenden ist, anordnen, dass statt durch Einzelmessungen nach § 26 oder neben solchen Messungen bestimmte Emissionen oder Immissionen unter Verwendung aufzeichnender Messgeräte fortlaufend ermittelt werden, wenn dies zur Feststellung erforderlich ist, ob durch die Anlage schädliche Umwelteinwirkungen hervorgerufen werden.

§ 29a
Anordnung sicherheitstechnischer Prüfungen

(1) Die zuständige Behörde kann anordnen, dass der Betreiber einer genehmigungsbedürftigen Anlage oder einer Anlage innerhalb eines Betriebsbereichs nach § 3 Absatz 5a einen der von der zuständigen Behörde eines Landes bekannt gegebenen Sachverständigen mit der Durchführung bestimmter sicherheitstechnischer Prüfungen sowie Prüfungen von sicherheitstechnischen Unterlagen beauftragt. In der Anordnung kann die Durchführung der Prüfungen durch den Störfallbeauftragten

(§ 58a), eine zugelassene Überwachungsstelle nach § 2 Nummer 4 des Gesetzes über überwachungsbedürftige Anlagen oder einen in einer für Anlagen nach § 2 Nummer 1 des Gesetzes über überwachungsbedürftige Anlagen erlassenen Rechtsverordnung genannten Sachverständigen gestattet werden, wenn diese die Anforderungen nach § 29b Absatz 2 Satz 2 und 3 erfüllen; das Gleiche gilt für einen nach § 36 Absatz 1 der Gewerbeordnung bestellten Sachverständigen oder für Sachverständige, die im Rahmen von § 13a der Gewerbeordnung ihre gewerbliche Tätigkeit nur vorübergehend und gelegentlich im Inland ausüben wollen, soweit eine besondere Sachkunde im Bereich sicherheitstechnischer Prüfungen nachgewiesen wird. Die zuständige Behörde ist befugt, Einzelheiten über Art und Umfang der sicherheitstechnischen Prüfungen sowie über die Vorlage des Prüfungsergebnisses vorzuschreiben.

(2) Prüfungen können angeordnet werden

1. für einen Zeitpunkt während der Errichtung oder sonst vor der Inbetriebnahme der Anlage,
2. für einen Zeitpunkt nach deren Inbetriebnahme,
3. in regelmäßigen Abständen,
4. im Falle einer Betriebseinstellung oder
5. wenn Anhaltspunkte dafür bestehen, dass bestimmte sicherheitstechnische Anforderungen nicht erfüllt werden.

Satz 1 gilt entsprechend bei einer Änderung im Sinne des § 15 oder des § 16.

(3) Der Betreiber hat die Ergebnisse der sicherheitstechnischen Prüfungen der zuständigen Behörde spätestens einen Monat nach Durchführung der Prüfungen vorzulegen; er hat diese Ergebnisse unverzüglich vorzulegen, sofern dies zur Abwehr gegenwärtiger Gefahren erforderlich ist.

§ 29b
Bekanntgabe von Stellen und Sachverständigen

(1) Die Bekanntgabe von Stellen im Sinne von § 26, von Stellen im Sinne einer auf Grund dieses Gesetzes erlassenen Rechtsverordnung oder von Sachverständigen im Sinne von § 29a durch die zuständige Behörde eines Landes berechtigt die bekannt gegebenen Stellen und Sachverständigen, die in der Bekanntgabe festgelegten Ermittlungen oder Prüfungen auf Antrag eines Anlagenbetreibers durchzuführen.

(2) Die Bekanntgabe setzt einen Antrag bei der zuständigen Behörde des Landes voraus. Sie ist zu erteilen, wenn der Antragsteller oder die Antragstellerin über die erforderliche Fachkunde, Unabhängigkeit, Zuverlässigkeit und gerätetechnische Ausstattung verfügt sowie die für die Aufgabenerfüllung erforderlichen organisatorischen Anforderungen erfüllt. Sachverständige im Sinne von § 29a müssen über eine Haftpflichtversicherung verfügen.

(3) Die Bundesregierung wird ermächtigt, nach Anhörung der beteiligten Kreise (§ 51) durch Rechtsverordnung mit Zustimmung des Bundesrates Anforderungen an die Bekanntgabe von Stellen und Sachverständigen sowie an bekannt gegebene Stellen und Sachverständige zu regeln. In der Rechtsverordnung nach Satz 1 können insbesondere

1. Anforderungen an die Gleichwertigkeit nicht inländischer Anerkennungen und Nachweise bestimmt werden,
2. Anforderungen an das Verfahren der Bekanntgabe und ihrer Aufhebung bestimmt werden,

3. Anforderungen an den Inhalt der Bekanntgabe bestimmt werden, insbesondere dass sie mit Nebenbestimmungen versehen und für das gesamte Bundesgebiet erteilt werden kann,
4. Anforderungen an die Organisationsform der bekannt zu gebenden Stellen bestimmt werden,
5. Anforderungen an die Struktur bestimmt werden, die die Sachverständigen der Erfüllung ihrer Aufgaben zugrunde legen,
6. Anforderungen an die Fachkunde, Zuverlässigkeit, Unabhängigkeit und gerätetechnische Ausstattung der bekannt zu gebenden Stellen und Sachverständigen bestimmt werden,
7. Pflichten der bekannt gegebenen Stellen und Sachverständigen festgelegt werden.

§ 30
Kosten der Messungen und sicherheitstechnischen Prüfungen

Die Kosten für die Ermittlungen der Emissionen und Immissionen sowie für die sicherheitstechnischen Prüfungen trägt der Betreiber der Anlage. Bei nicht genehmigungsbedürftigen Anlagen trägt der Betreiber die Kosten für Ermittlungen nach § 26 oder § 29 Absatz 2 nur, wenn die Ermittlungen ergeben, dass

1. Auflagen oder Anordnungen nach den Vorschriften dieses Gesetzes oder der auf dieses Gesetz gestützten Rechtsverordnungen nicht erfüllt worden sind oder
2. Anordnungen oder Auflagen nach den Vorschriften dieses Gesetzes oder der auf dieses Gesetz gestützten Rechtsverordnungen geboten sind.

§ 31
Auskunftspflichten des Betreibers

(1) Der Betreiber einer Anlage nach der Industrieemissions-Richtlinie hat nach Maßgabe der Nebenbestimmungen der Genehmigung oder auf Grund von Rechtsverordnungen der zuständigen Behörde jährlich Folgendes vorzulegen:
1. eine Zusammenfassung der Ergebnisse der Emissionsüberwachung,
2. sonstige Daten, die erforderlich sind, um die Einhaltung der Genehmigungsanforderungen gemäß § 6 Absatz 1 Nummer 1 zu überprüfen.

Die Pflicht nach Satz 1 besteht nicht, soweit die erforderlichen Angaben der zuständigen Behörde bereits auf Grund anderer Vorschriften vorzulegen sind. Wird in einer Rechtsverordnung nach § 7 ein Emissionsgrenzwert nach § 7 Absatz 1a, in einer Verwaltungsvorschrift nach § 48 ein Emissionswert nach § 48 Absatz 1a oder in einer Genehmigung nach § 12 Absatz 1 oder einer nachträglichen Anordnung nach § 17 Absatz 2a eine Emissionsbegrenzung nach § 12 Absatz 1a oder § 17 Absatz 2a oberhalb der in den BVT-Schlussfolgerungen genannten Emissionsbandbreiten bestimmt, so hat die Zusammenfassung nach Satz 1 Nummer 1 einen Vergleich mit den in den BVT-Schlussfolgerungen genannten Emissionsbandbreiten zu ermöglichen.

(2) Der Betreiber einer Anlage nach der Industrieemissions-Richtlinie kann von der zuständigen Behörde verpflichtet werden, diejenigen Daten zu übermitteln, deren Übermittlung nach einem Durchführungsrechtsakt nach Artikel 72 Absatz 2 der Richtlinie 2010/75/EU vorgeschrieben ist und die zur Erfüllung der Berichtspflicht nach § 61 Absatz 1 erforderlich sind, soweit solche Daten nicht bereits auf Grund anderer Vorschriften bei der zuständigen Behörde vorhanden sind. § 3 Absatz 1 Satz 2 und § 5 Absatz 2 bis 6 des Gesetzes zur Ausführung des Protokolls über Schadstofffrei-

setzungs- und -verbringungsregister vom 21. Mai 2003 sowie zur Durchführung der Verordnung (EG) Nr. 166/2006 vom 6. Juni 2007 (BGBl. I S. 1002), das durch Artikel 1 des Gesetzes vom 9. Dezember 2020 (BGBl. I S. 2873) geändert worden ist, gelten entsprechend.

(2a) Der Betreiber von Anlagen, die Betriebsbereich oder Bestandteil eines Betriebsbereichs sind, kann von der zuständigen Behörde verpflichtet werden, diejenigen Daten zu übermitteln, deren Übermittlung nach einem Durchführungsrechtsakt nach Artikel 21 Absatz 5 der Richtlinie 2012/18/EU vorgeschrieben ist und die zur Erfüllung der Berichtspflicht nach § 61 Absatz 2 erforderlich sind, soweit solche Daten nicht bereits auf Grund anderer Vorschriften bei der zuständigen Behörde vorhanden sind. Absatz 2 Satz 2 gilt entsprechend.

(3) Wird bei einer Anlage nach der Industrieemissions-Richtlinie festgestellt, dass Anforderungen gemäß § 6 Absatz 1 Nummer 1 nicht eingehalten werden, hat der Betreiber dies der zuständigen Behörde unverzüglich mitzuteilen.

(4) Der Betreiber einer Anlage nach der Industrieemissions-Richtlinie hat bei allen Ereignissen mit schädlichen Umwelteinwirkungen die zuständige Behörde unverzüglich zu unterrichten, soweit er hierzu nicht bereits nach § 4 des Umweltschadensgesetzes oder nach § 19 der Störfall-Verordnung verpflichtet ist.

(5) Der Betreiber der Anlage hat das Ergebnis der auf Grund einer Anordnung nach § 26, § 28 oder § 29 getroffenen Ermittlungen der zuständigen Behörde auf Verlangen mitzuteilen und die Aufzeichnungen der Messgeräte nach § 29 fünf Jahre lang aufzubewahren. Die zuständige Behörde kann die Art der Übermittlung der Messergebnisse vorschreiben. Die Ergebnisse der Überwachung der Emissionen, die bei der Behörde vorliegen, sind für die Öffentlichkeit nach den Bestimmungen des Umweltinformationsgesetzes mit Ausnahme des § 12 zugänglich; für Landesbehörden gelten die landesrechtlichen Vorschriften.

Vierter Abschnitt
Sonderregelungen zur Bewältigung einer Gasmangellage

§ 31a
Abweichungen nach Artikel 30 Absatz 5 der Richtlinie 2010/75/EU

(1) Die zuständige Behörde kann eine Abweichung von der Verpflichtung zur Einhaltung der in der Verordnung über Großfeuerungs-, Gasturbinen- und Verbrennungsmotoranlagen vom 6. Juli 2021 (BGBl. I S. 2514), in der jeweils geltenden Fassung, vorgesehenen Emissionsgrenzwerte für Schwefeldioxid für eine Dauer von bis zu sechs Monaten bei Feuerungsanlagen zulassen, in denen zu diesem Zweck normalerweise ein schwefelarmer Brennstoff verfeuert wird, wenn der Betreiber aufgrund einer sich aus einer ernsten Mangellage ergebenden Unterbrechung der Versorgung mit schwefelarmem Brennstoff nicht in der Lage ist, diese Grenzwerte einzuhalten.

(2) Die zuständige Behörde hat unverzüglich eine Ausfertigung der Zulassung der Abweichung nach Absatz 1 dem Bundesministerium für Umwelt, Naturschutz, nukleare Sicherheit und Verbraucherschutz zur Weiterleitung an die Europäische Kommission zuzuleiten. Das Bundesministerium für Umwelt, Naturschutz, nukleare Sicherheit und Verbraucherschutz unterrichtet die Europäische Kommission unverzüglich über jede nach Absatz 1 gewährte Abweichung.

§ 31b
Abweichungen nach Artikel 30 Absatz 6 der Richtlinie 2010/75/EU

(1) Die zuständige Behörde kann eine Abweichung von der Verpflichtung zur Einhaltung der in der Verordnung über Großfeuerungs-, Gasturbinen- und Verbrennungsmotoranlagen vom 6. Juli 2021 (BGBl. I S. 2514), in der jeweils geltenden Fassung, vorgesehenen Emissionsgrenzwerte in den Fällen zulassen, in denen eine Feuerungsanlage, in der nur gasförmiger Brennstoff verfeuert wird, wegen einer plötzlichen Unterbrechung der Gasversorgung ausnahmsweise auf andere Brennstoffe ausweichen muss und aus diesem Grund mit einer Abgasreinigungsanlage ausgestattet werden müsste. Eine solche Abweichung darf nur für einen Zeitraum von nicht mehr als zehn Tagen zugelassen werden, es sei denn, es ist ein vorrangiges Bedürfnis für einen längeren Zeitraum im Hinblick auf die Aufrechterhaltung der Energieversorgung gegeben.

(2) Der Betreiber unterrichtet die zuständige Behörde umgehend über jeden einzelnen Fall im Sinne des Absatzes 1.

(3) § 31a Absatz 2 ist entsprechend anzuwenden.

§ 31c
Abweichungen nach Artikel 6 Absatz 11 der Richtlinie (EU) 2015/2193

(1) Die zuständige Behörde kann für eine Dauer von bis zu sechs Monaten eine Abweichung von der Verpflichtung zur Einhaltung der in den §§ 10 bis 16 und 18 der Verordnung über mittelgroße Feuerungs-, Gasturbinen- und Verbrennungsmotoranlagen vom 13. Juni 2019 (BGBl. I S. 804), die durch Artikel 3 Absatz 1 der Verordnung vom 6. Juli 2021 (BGBl. I S. 2514), geändert worden ist, in der jeweils geltenden Fassung, vorgesehenen Emissionsgrenzwerte für Schwefeldioxid bei mittelgroßen Feuerungsanlagen zulassen, in denen normalerweise ein schwefelarmer Brennstoff verfeuert wird, wenn der Betreiber aufgrund einer sich aus einer erheblichen Mangellage ergebenden Unterbrechung der Versorgung mit schwefelarmem Brennstoff nicht in der Lage ist, diese Emissionsgrenzwerte einzuhalten.

(2) Die zuständige Behörde hat unverzüglich eine Ausfertigung der Zulassung der Abweichung nach Absatz 1 dem Bundesministerium für Umwelt, Naturschutz, nukleare Sicherheit und Verbraucherschutz zur Weiterleitung an die Europäische Kommission zuzuleiten. Das Bundesministerium für Umwelt, Naturschutz, nukleare Sicherheit und Verbraucherschutz unterrichtet die Europäische Kommission innerhalb eines Monats über jede nach Absatz 1 gewährte Abweichung.

§ 31d
Abweichungen nach Artikel 6 Absatz 12 der Richtlinie (EU) 2015/2193

(1) Die zuständige Behörde kann eine Abweichung von der Verpflichtung zur Einhaltung der in den §§ 10 bis 16 und 18 der Verordnung über mittelgroße Feuerungs-, Gasturbinen- und Verbrennungsmotoranlagen vom 13. Juni 2019 (BGBl. I S. 804), die durch Artikel 3 Absatz 1 der Verordnung vom 6. Juli 2021 (BGBl. I S. 2514) geändert worden ist, in der jeweils geltenden Fassung, vorgesehenen Emissionsgrenzwerte in den Fällen zulassen, in denen eine mittelgroße Feuerungsanlage, in der nur gasförmiger Brennstoff verfeuert wird, wegen einer plötzlichen Unterbrechung der Gasversorgung ausnahmsweise auf andere Brennstoffe ausweichen muss und aus diesem Grund mit einer sekundären Emissionsminderungsvorrichtung ausgestattet werden müsste. Eine

solche Abweichung darf nur für einen Zeitraum von nicht mehr als zehn Tagen zugelassen werden, es sei denn, der Betreiber weist der zuständigen Behörde nach, dass ein längerer Zeitraum gerechtfertigt ist.

(2) § 31c Absatz 2 ist entsprechend anzuwenden.

§ 31e
Zulassung vorzeitigen Beginns bei einer Gasmangellage

(1) § 8a ist nach Maßgabe der Absätze 2 bis 5 anzuwenden, wenn eine Genehmigung beantragt wird

1. im Zusammenhang mit einem Brennstoffwechsel wegen einer ernsten oder erheblichen Gasmangellage,
2. weil wegen einer ernsten oder erheblichen Gasmangellage notwendige Betriebsmittel für Abgaseinrichtungen nicht ausreichend zur Verfügung stehen oder
3. wegen einer anderen durch die ernste oder erhebliche Gasmangellage ausgelösten Notwendigkeit.

(2) § 8a Absatz 1 Nummer 1 findet mit der Maßgabe Anwendung, dass die Genehmigungsbehörde den vorzeitigen Beginn bereits vor dem Vorliegen vollständiger Antragsunterlagen zulassen kann, wenn

1. die Erstellung der fehlenden Unterlagen im Hinblick auf die Eilbedürftigkeit des Vorhabens bislang nicht möglich war und
2. auch ohne Berücksichtigung der fehlenden Unterlagen mit einer Entscheidung zugunsten des Antragstellers gerechnet werden kann.

In diesem Fall hat der Antragsteller das Vorhaben, die voraussichtlichen Auswirkungen des Vorhabens und den Grund für die nicht rechtzeitige Erstellung der vollständigen Unterlagen darzulegen. Der Antragsteller hat die fehlenden Unterlagen unverzüglich nachzureichen.

(3) § 8a Absatz 1 Nummer 1 findet mit der Maßgabe Anwendung, dass die Genehmigungsbehörde den vorzeitigen Beginn bereits vor der Beteiligung der Öffentlichkeit zulassen soll.

(4) In den in Absatz 1 genannten Fällen besteht ein öffentliches Interesse oder ein berechtigtes Interesse des Antragstellers an dem vorzeitigen Beginn im Sinne des § 8a Absatz 1 Nummer 2.

(5) In einem Verfahren zur Erteilung einer Genehmigung kann die Genehmigungsbehörde unter den in § 8a Absatz 1 genannten Voraussetzungen auch den Betrieb der Anlage vorläufig zulassen. Die Absätze 1 bis 4 gelten entsprechend. Satz 1 ist nicht anzuwenden, soweit die Richtlinie 2010/75/EU oder die Richtlinie 2012/18/EU entgegenstehen.

§ 31f
Beteiligung der Öffentlichkeit in Genehmigungsverfahren

(1) § 10 ist nach Maßgabe der Absätze 2 bis 4 anzuwenden, wenn ein Genehmigungsverfahren nach § 10, auch in Verbindung mit § 16 oder § 16a, durchzuführen ist

1. im Zusammenhang mit einem Brennstoffwechsel wegen einer ernsten oder erheblichen Gasmangellage,
2. weil wegen einer ernsten oder erheblichen Gasmangellage notwendige Betriebsmittel für Abgaseinrichtungen nicht ausreichend zur Verfügung stehen oder

3. wegen einer anderen durch die ernste oder erhebliche Gasmangellage ausgelösten Notwendigkeit.

§ 16 Absatz 2 Satz 1 und 2 sowie § 19 Absatz 4 Satz 2 bis 4 bleiben unberührt.

(2) Abweichend von § 10 Absatz 3 Satz 2 sind der Antrag und die vom Antragsteller vorgelegten Unterlagen, mit Ausnahme der Unterlagen nach § 10 Absatz 2 Satz 1, sowie die entscheidungserheblichen Berichte und Empfehlungen, die der Behörde im Zeitpunkt der Bekanntmachung vorliegen, nach der Bekanntmachung eine Woche zur Einsicht auszulegen.

(3) Abweichend von § 10 Absatz 3 Satz 4 kann die Öffentlichkeit bis eine Woche nach Ablauf der Auslegungsfrist gegenüber der zuständigen Behörde schriftlich oder elektronisch Einwendungen erheben; diese Frist gilt auch bei Anlagen nach der Richtlinie 2010/75/EU.

(4) Die Genehmigungsbehörde soll auf die Durchführung eines Erörterungstermins nach § 10 Absatz 6 verzichten.

§ 31g
Entbehrlichkeit einer Änderungsanzeige oder Änderungsgenehmigung

(1) Es bedarf weder einer Anzeige nach § 15 noch einer Änderungsgenehmigung nach § 16, wenn der Betreiber einer Anlage bei der zuständigen Behörde die Zulassung einer Ausnahme nach einer der in Absatz 2 genannten Vorschriften beantragt

1. im Zusammenhang mit einem Brennstoffwechsel wegen einer ernsten oder erheblichen Gasmangellage,
2. weil wegen einer ernsten oder erheblichen Gasmangellage notwendige Betriebsmittel für Abgaseinrichtungen nicht ausreichend zur Verfügung stehen oder
3. wegen einer anderen durch die ernste oder erhebliche Gasmangellage ausgelösten Notwendigkeit.

Ausnahmen nach den in Absatz 2 genannten Vorschriften sollen erteilt werden, wenn die Voraussetzungen hierfür vorliegen.

(2) Ausnahmevorschriften im Sinne des Absatzes 1 sind

1. die §§ 31a bis 31d,
2. § 23 der Verordnung über Großfeuerungs-, Gasturbinen- und Verbrennungsmotoranlagen in der jeweils geltenden Fassung,
3. § 6 Absatz 6 und § 24 der Verordnung über die Verbrennung und die Mitverbrennung von Abfällen vom 2. Mai 2013 (BGBl. I S. 1021, 1044, 3754), die durch Artikel 2 der Verordnung vom 6. Juli 2021 (BGBl. I S. 2514) geändert worden ist, in der jeweils geltenden Fassung,
4. § 16 der Verordnung über Anlagen zur biologischen Behandlung von Abfällen vom 20. Februar 2001 (BGBl. I S. 305, 317), die zuletzt durch Artikel 2 der Verordnung vom 13. Dezember 2019 (BGBl. I S. 2739) geändert worden ist, in der jeweils geltenden Fassung,
5. § 11 der Verordnung zur Begrenzung der Emissionen flüchtiger organischer Verbindungen bei der Verwendung organischer Lösemittel in bestimmten Anlagen vom 21. August 2001 (BGBl. I S. 2180), die zuletzt durch Artikel 13 des Gesetzes vom 27. Juli 2021 (BGBl. I S. 3146) geändert worden ist, in der jeweils geltenden Fassung und
6. § 32 der Verordnung über mittelgroße Feuerungs-, Gasturbinen- und Verbrennungsmotoranlagen in der jeweils geltenden Fassung.

§ 31h
Abweichungen von der Vierten Verordnung zum Bundes-Immissionsschutzgesetz

Anlagen nach Nummer 9.1.1 des Anhangs 1 der Verordnung über genehmigungsbedürftige Anlagen in der Fassung der Bekanntmachung vom 31. Mai 2017 (BGBl. I S. 1440), die durch Artikel 1 der Verordnung vom 12. Januar 2021 (BGBl. I S. 69) geändert worden ist, in der jeweils geltenden Fassung, die nicht länger als zwei Jahre betrieben werden und ein Fassungsvermögen von nicht mehr als 200 Tonnen haben, sind

1. im Zusammenhang mit einem Brennstoffwechsel wegen einer ernsten oder erheblichen Gasmangellage,
2. weil wegen einer ernsten oder erheblichen Gasmangellage notwendige Betriebsmittel für Abgaseinrichtungen nicht ausreichend zur Verfügung stehen oder
3. wegen einer anderen durch die ernste oder erhebliche Gasmangellage ausgelösten Notwendigkeit

im vereinfachten Verfahren nach § 19 des Bundes-Immissionsschutzgesetzes zu genehmigen. Die Genehmigung ist entsprechend zu befristen. § 19 Absatz 4 des Bundes-Immissionsschutzgesetzes bleibt von dieser Vorschrift unberührt.

§ 31i
Abweichungen von der Technischen Anleitung zur Reinhaltung der Luft

(1) Die zuständige Behörde soll auf Antrag des Betreibers nach der Nummer 5.1.1 der Neufassung der Ersten Allgemeinen Verwaltungsvorschrift zum Bundes-Immissionsschutzgesetz (Technische Anleitung zur Reinhaltung der Luft – TA Luft) vom 18. August 2021 (GMBl S. 1050) Abweichungen von den Anforderungen der Nummer 5 der Ersten Allgemeinen Verwaltungsvorschrift zum Bundes-Immissionsschutzgesetz (Technische Anleitung zur Reinhaltung der Luft – TA Luft) vom 18. August 2021 (GMBl S. 1050) oder den Anforderungen der Nummer 5 der Ersten Allgemeinen Verwaltungsvorschrift zum Bundes-Immissionsschutzgesetz (Technische Anleitung zur Reinhaltung der Luft – TA Luft) vom 24. Juli 2002 (GMBl S. 511) zulassen, solange und soweit diese Abweichungen erforderlich sind
   1. im Zusammenhang mit einem Brennstoffwechsel wegen einer ernsten oder erheblichen Gasmangellage,
   2. weil wegen einer ernsten oder erheblichen Gasmangellage notwendige Betriebsmittel für Abgaseinrichtungen nicht ausreichend zur Verfügung stehen oder
   3. wegen einer anderen durch die ernste oder erhebliche Gasmangellage ausgelösten Notwendigkeit.

   Bei Anlagen, die von der Richtlinie 2010/75/EU erfasst werden, müssen die Anforderungen der Richtlinie 2010/75/EU eingehalten werden.

(2) Es bedarf weder einer Anzeige nach § 15 noch einer Änderungsgenehmigung nach § 16, wenn der Betreiber einer Anlage bei der zuständigen Behörde Abweichungen nach Absatz 1 beantragt.

§ 31j
Überschreitung von Immissionsrichtwerten der Technischen Anleitung zum Schutz gegen Lärm

(1) Die zuständige Behörde soll auf Antrag des Betreibers nach der Nummer 7.1 der Sechsten Allgemeinen Verwaltungsvorschrift zum Bundes-Immissionsschutzgesetz (Technische Anleitung zum Schutz gegen Lärm – TA Lärm) vom 26. August 1998 (GMBl S. 503), geändert durch die Allgemeine Verwaltungsvorschrift vom 1. Juni 2017 (BAnz AT 08.06.2017 B5) die Überschreitung von Immissionsrichtwerten zulassen, solange und soweit diese Überschreitung erforderlich ist
1. im Zusammenhang mit einem Brennstoffwechsel wegen einer ernsten oder erheblichen Gasmangellage,
2. weil wegen einer ernsten oder erheblichen Gasmangellage notwendige Betriebsmittel für Abgaseinrichtungen nicht ausreichend zur Verfügung stehen oder
3. wegen einer anderen durch die ernste oder erhebliche Gasmangellage ausgelösten Notwendigkeit.

(2) Es bedarf weder einer Anzeige nach § 15 noch einer Änderungsgenehmigung nach § 16, wenn der Betreiber einer Anlage bei der zuständigen Behörde eine Überschreitung nach Absatz 1 beantragt.

§ 31k
Abweichungen von Vorgaben zu nächtlichen Geräuschwerten und zur Vermeidung von Schattenwurf bei Windenergieanlagen

(1) Bei Vorliegen der Alarmstufe oder der Notfallstufe nach Artikel 8 Absatz 2 Buchstabe b und Artikel 11 Absatz 1 der Verordnung (EU) 2017/1938 des Europäischen Parlaments und des Rates vom 25. Oktober 2017 über Maßnahmen zur Gewährleistung der sicheren Gasversorgung und zur Aufhebung der Verordnung (EU) Nr. 994/2010 (ABl. L 280 vom 28.10.2017, S. 1), die durch die Delegierte Verordnung (EU) 2022/517 (ABl. L 104 vom 1.4.2022, S. 53) geändert worden ist, in Verbindung mit dem Notfallplan Gas des Bundesministeriums für Wirtschaft und Energie vom September 2019, der auf der Internetseite des Bundesministeriums für Wirtschaft und Klimaschutz veröffentlicht ist, soll die zuständige Behörde auf Antrag des Betreibers Abweichungen von einzelnen in der Genehmigung enthaltenen Anforderungen an die Geräusche zur Nachtzeit unter Abweichung von den Immissionsrichtwerten der Technischen Anleitung zum Schutz gegen Lärm und an die optischen Immissionen der Windenergieanlage zulassen,
1. um die Strommenge einer Windenergieanlage zu erhöhen, deren Betriebszeit zur Verminderung oder Vermeidung von Schattenwurf beschränkt ist, oder
2. um die Leistung oder die Strommenge einer Windenergieanlage in der Nachtzeit zu erhöhen, soweit sich der Schallpegel der Anlage in dieser Zeit um maximal 4 Dezibel gegenüber dem bisher genehmigten Wert erhöht.

(2) Dem Antrag sind die zur Beurteilung erforderlichen Unterlagen beizufügen. Die zuständige Behörde hat dem Betreiber den Eingang des Antrags unverzüglich zu bestätigen.

(3) Eine beantragte Abweichung gilt nach Ablauf eines Monats nach Eingang des Antrags als zugelassen, wenn der Antrag hinreichend bestimmt ist, sich die beantragte Abweichung auf Anforderungen an die Geräusche zur Nachtzeit oder die optische

Immission beschränkt und alle weiteren Anforderungen des Absatzes 1 eingehalten sind.

(4) Über die Zulassung der Abweichungen nach Absatz 1 hinaus bedarf es weder einer Änderungsgenehmigung nach § 16 noch einer Anzeige nach § 15. Nach Absatz 1 zugelassene Abweichungen sind bis zum 15. April 2023 befristet. Hebt das Bundesministerium für Wirtschaft und Klimaschutz die Alarmstufe oder Notfallstufe im Sinne des Absatzes 1 vor dem 15. April 2023 auf, endet die Zulassung der Abweichungen bereits zum Ablauf des letzten Tages des auf die Aufhebung folgenden Quartals.

§ 31l
Übergangsregelungen zu den §§ 31e bis 31k

(1) Die Regelungen der §§ 31e bis 31k sind auf bereits vor ihrem Inkrafttreten begonnene, aber noch nicht abgeschlossene Verfahren anzuwenden. Ein Verfahrensschritt, der bereits begonnen, aber noch nicht abgeschlossen wurde, ist neu zu beginnen, wenn er nach den §§ 31e bis 31k durchgeführt wird. Ein Verfahrensschritt nach Satz 2 muss nicht beendet werden, wenn er nach den §§ 31e bis 31k entfallen kann.

(2) Abweichend von Absatz 1 soll ein Verfahrensschritt, der bereits begonnen, aber noch nicht abgeschlossen wurde, nach den Vorschriften, die zum Zeitpunkt des Beginns des Verfahrens galten, beendet werden, wenn der Verfahrensschritt hiernach schneller abgeschlossen werden kann.

(3) Für Verfahrensschritte, bei denen von einer Regelung nach den §§ 31e bis 31k Gebrauch gemacht worden ist und die bei Außerkrafttreten der §§ 31e bis 31k noch nicht abgeschlossen sind, gelten die Bestimmungen der §§ 31e bis 31k bis zum Abschluss des jeweiligen Verfahrensschrittes weiter.

Dritter Teil
Beschaffenheit von Anlagen, Stoffen, Erzeugnissen, Brennstoffen, Treibstoffen und Schmierstoffen; Treibhausgasminderung bei Kraftstoffen

Erster Abschnitt
Beschaffenheit von Anlagen, Stoffen, Erzeugnissen, Brennstoffen, Treibstoffen und Schmierstoffen

§ 32
Beschaffenheit von Anlagen

(1) Die Bundesregierung wird ermächtigt, nach Anhörung der beteiligten Kreise (§ 51) durch Rechtsverordnung mit Zustimmung des Bundesrates vorzuschreiben, dass serienmäßig hergestellte Teile von Betriebsstätten und sonstigen ortsfesten Einrichtungen sowie die in § 3 Absatz 5 Nummer 2 bezeichneten Anlagen und hierfür serienmäßig hergestellte Teile gewerbsmäßig oder im Rahmen wirtschaftlicher Unternehmungen nur in den Verkehr gebracht oder eingeführt werden dürfen, wenn sie bestimmten Anforderungen zum Schutz vor schädlichen Umwelteinwirkungen durch Luftverun-

reinigungen, Geräusche, Erschütterungen oder nichtionisierende Strahlen genügen. In den Rechtsverordnungen nach Satz 1 kann insbesondere vorgeschrieben werden, dass

1. die Emissionen der Anlagen oder der serienmäßig hergestellten Teile bestimmte Werte nicht überschreiten dürfen,
2. die Anlagen oder die serienmäßig hergestellten Teile bestimmten technischen Anforderungen zur Begrenzung der Emissionen entsprechen müssen.

Emissionswerte nach Satz 2 Nummer 1 können unter Berücksichtigung der technischen Entwicklung auch für einen Zeitpunkt nach Inkrafttreten der Rechtsverordnung festgesetzt werden. Wegen der Anforderungen nach den Sätzen 1 bis 3 gilt § 7 Absatz 4 entsprechend.

(2) In einer Rechtsverordnung kann ferner vorgeschrieben werden, dass die Anlagen oder die serienmäßig hergestellten Teile gewerbsmäßig oder im Rahmen wirtschaftlicher Unternehmungen nur in den Verkehr gebracht oder eingeführt werden dürfen, wenn sie mit Angaben über die Höhe ihrer Emissionen gekennzeichnet sind.

§ 33
Bauartzulassung

(1) Die Bundesregierung wird ermächtigt, zum Schutz vor schädlichen Umwelteinwirkungen sowie zur Vorsorge gegen schädliche Umwelteinwirkungen nach Anhörung der beteiligten Kreise (§ 51) durch Rechtsverordnung mit Zustimmung des Bundesrates

1. zu bestimmen, dass in § 3 Absatz 5 Nummer 1 oder 2 bezeichnete Anlagen oder bestimmte Teile von solchen Anlagen nach einer Bauartprüfung allgemein zugelassen und dass mit der Bauartzulassung Auflagen zur Errichtung und zum Betrieb verbunden werden können;
2. vorzuschreiben, dass bestimmte serienmäßig hergestellte Anlagen oder bestimmte hierfür serienmäßig hergestellte Teile gewerbsmäßig oder im Rahmen wirtschaftlicher Unternehmungen nur in Verkehr gebracht werden dürfen, wenn die Bauart der Anlage oder des Teils allgemein zugelassen ist und die Anlage oder der Teil dem zugelassenen Muster entspricht;
3. das Verfahren der Bauartzulassung zu regeln;
4. zu bestimmen, welche Gebühren und Auslagen für die Bauartzulassung zu entrichten sind; die Gebühren werden nur zur Deckung des mit den Prüfungen verbundenen Personal- und Sachaufwandes erhoben, zu dem insbesondere der Aufwand für die Sachverständigen, die Prüfeinrichtungen und -stoffe sowie für die Entwicklung geeigneter Prüfverfahren und für den Erfahrungsaustausch gehört; es kann bestimmt werden, dass eine Gebühr auch für eine Prüfung erhoben werden kann, die nicht begonnen oder nicht zu Ende geführt worden ist, wenn die Gründe hierfür von demjenigen zu vertreten sind, der die Prüfung veranlasst hat; die Höhe der Gebührensätze richtet sich nach der Zahl der Stunden, die ein Sachverständiger durchschnittlich für die verschiedenen Prüfungen der bestimmten Anlagenart benötigt; in der Rechtsverordnung können die Kostenbefreiung, die Kostengläubigerschaft, die Kostenschuldnerschaft, der Umfang der zu erstattenden Auslagen und die Kostenerhebung abweichend von den Vorschriften des Verwaltungskostengesetzes vom 23. Juni 1970 (BGBl. I S. 821) geregelt werden.

(2) Die Zulassung der Bauart darf nur von der Erfüllung der in § 32 Absatz 1 und 2 genannten oder in anderen Rechtsvorschriften festgelegten Anforderungen sowie von

einem Nachweis der Höhe der Emissionen der Anlage oder des Teils abhängig gemacht werden.

§ 34
Beschaffenheit von Brennstoffen, Treibstoffen und Schmierstoffen

(1) Die Bundesregierung wird ermächtigt, nach Anhörung der beteiligten Kreise (§ 51) durch Rechtsverordnung mit Zustimmung des Bundesrates vorzuschreiben, dass Brennstoffe, Treibstoffe, Schmierstoffe oder Zusätze zu diesen Stoffen gewerbsmäßig oder im Rahmen wirtschaftlicher Unternehmungen nur hergestellt, in den Verkehr gebracht oder eingeführt werden dürfen, wenn sie bestimmten Anforderungen zum Schutz vor schädlichen Umwelteinwirkungen durch Luftverunreinigungen genügen. In den Rechtsverordnungen nach Satz 1 kann insbesondere bestimmt werden, dass

1. natürliche Bestandteile oder Zusätze von Brennstoffen, Treibstoffen oder Schmierstoffen nach Satz 1, die bei bestimmungsgemäßer Verwendung der Brennstoffe, Treibstoffe, Schmierstoffe oder Zusätze Luftverunreinigungen hervorrufen oder die Bekämpfung von Luftverunreinigungen behindern, nicht zugesetzt werden oder einen bestimmten Höchstgehalt nicht überschreiten dürfen,

1a. Zusätze zu Brennstoffen, Treibstoffen oder Schmierstoffen bestimmte Stoffe, die Luftverunreinigungen hervorrufen oder die Bekämpfung von Luftverunreinigungen behindern, nicht oder nur in besonderer Zusammensetzung enthalten dürfen,

2. Brennstoffe, Treibstoffe oder Schmierstoffe nach Satz 1 bestimmte Zusätze enthalten müssen, durch die das Entstehen von Luftverunreinigungen begrenzt wird,

3. Brennstoffe, Treibstoffe, Schmierstoffe oder Zusätze nach Satz 1 einer bestimmten Behandlung, durch die das Entstehen von Luftverunreinigungen begrenzt wird, unterworfen werden müssen,

4. derjenige, der gewerbsmäßig oder im Rahmen wirtschaftlicher Unternehmungen flüssige Brennstoffe, Treibstoffe, Schmierstoffe oder Zusätze zu diesen Stoffen herstellt, einführt oder sonst in den Geltungsbereich dieses Gesetzes verbringt, der zuständigen Bundesoberbehörde
   a) Zusätze zu flüssigen Brennstoffen, Treibstoffen oder Schmierstoffen, die in ihrer chemischen Zusammensetzung andere Elemente als Kohlenstoff, Wasserstoff und Sauerstoff enthalten, anzuzeigen hat und
   b) näher zu bestimmende Angaben über die Art und die eingesetzte Menge sowie die möglichen schädlichen Umwelteinwirkungen der Zusätze und deren Verbrennungsprodukte zu machen hat.

Anforderungen nach Satz 2 können unter Berücksichtigung der technischen Entwicklung auch für einen Zeitpunkt nach Inkrafttreten der Rechtsverordnungen festgesetzt werden. Wegen der Anforderungen nach den Sätzen 1 bis 3 gilt § 7 Absatz 5 entsprechend.

(2) Die Bundesregierung wird ermächtigt, durch Rechtsverordnung mit Zustimmung des Bundesrates vorzuschreiben,

1. dass bei der Einfuhr von Brennstoffen, Treibstoffen, Schmierstoffen oder Zusätzen, für die Anforderungen nach Absatz 1 Satz 1 festgesetzt worden sind, eine schriftliche Erklärung des Herstellers über die Beschaffenheit der Brennstoffe, Treibstoffe, Schmierstoffe oder Zusätze den Zolldienststellen vorzulegen, bis zum ersten Bestimmungsort der Sendung mitzuführen und bis zum Abgang der Sendung vom ersten Bestimmungsort dort verfügbar zu halten ist,

2. dass der Einführer diese Erklärung zu seinen Geschäftspapieren zu nehmen hat,

3. welche Angaben über die Beschaffenheit der Brennstoffe, Treibstoffe, Schmierstoffe oder Zusätze die schriftliche Erklärung enthalten muss,
4. dass Brennstoffe, Treibstoffe, Schmierstoffe oder Zusätze nach Absatz 1 Satz 1, die in den Geltungsbereich dieses Gesetzes, ausgenommen in Zollausschlüsse, verbracht werden, bei der Verbringung von dem Einführer den zuständigen Behörden des Bestimmungsortes zu melden sind,
5. dass bei der Lagerung von Brennstoffen, Treibstoffen, Schmierstoffen oder Zusätzen nach Absatz 1 Satz 1 Tankbelegbücher zu führen sind, aus denen sich die Lieferer der Brennstoffe, Treibstoffe, Schmierstoffe oder Zusätze nach Absatz 1 Satz 1 ergeben,
6. dass derjenige, der gewerbsmäßig oder im Rahmen wirtschaftlicher Unternehmungen an den Verbraucher Stoffe oder Zusätze nach Absatz 1 Satz 1 veräußert, diese deutlich sichtbar und leicht lesbar mit Angaben über bestimmte Eigenschaften kenntlich zu machen hat und
7. dass derjenige, der Stoffe oder Zusätze nach Absatz 1 Satz 1 gewerbsmäßig oder im Rahmen wirtschaftlicher Unternehmungen in den Verkehr bringt, den nach Nummer 6 Auszeichnungspflichtigen über bestimmte Eigenschaften zu unterrichten hat.

(3) Die Bundesregierung wird ermächtigt, nach Anhörung der beteiligten Kreise (§ 51) durch Rechtsverordnung mit Zustimmung des Bundesrates vorzuschreiben, dass, wer gewerbsmäßig oder im Rahmen wirtschaftlicher Unternehmungen Treibstoffe in den Verkehr bringt, zur Vermeidung von Schäden an Fahrzeugen verpflichtet werden kann, auch Treibstoffe mit bestimmten Eigenschaften, insbesondere mit nicht zu überschreitenden Höchstgehalten an Sauerstoff und Biokraftstoff, in den Verkehr zu bringen. In der Rechtsverordnung nach Satz 1 kann darüber hinaus die Unterrichtung der Verbraucher über biogene Anteile der Treibstoffe und den geeigneten Einsatz der verschiedenen Treibstoffmischungen geregelt werden; für die Regelung der Pflicht zur Unterrichtung gilt Absatz 2 Nummer 6 und 7 entsprechend.

(4) Die Bundesregierung wird ermächtigt, nach Anhörung der beteiligten Kreise (§ 51) durch Rechtsverordnung ohne Zustimmung des Bundesrates zu regeln, dass Unternehmen, die Treibstoffe in Verkehr bringen, jährlich folgende Daten der in der Rechtsverordnung zu bestimmenden Bundesbehörde vorzulegen haben:
a) die Gesamtmenge der jeweiligen Art von geliefertem Treibstoff unter Angabe des Erwerbsortes und des Ursprungs des Treibstoffs und
b) die Lebenszyklustreibhausgasemissionen pro Energieeinheit.

§ 35
Beschaffenheit von Stoffen und Erzeugnissen

(1) Die Bundesregierung wird ermächtigt, nach Anhörung der beteiligten Kreise (§ 51) durch Rechtsverordnung mit Zustimmung des Bundesrates vorzuschreiben, dass bestimmte Stoffe oder Erzeugnisse aus Stoffen, die geeignet sind, bei ihrer bestimmungsgemäßen Verwendung oder bei der Verbrennung zum Zwecke der Beseitigung oder der Rückgewinnung einzelner Bestandteile schädliche Umwelteinwirkungen durch Luftverunreinigungen hervorzurufen, gewerbsmäßig oder im Rahmen wirtschaftlicher Unternehmungen nur hergestellt, eingeführt oder sonst in den Verkehr gebracht werden dürfen, wenn sie zum Schutz vor schädlichen Umwelteinwirkungen durch Luftverunreinigungen bestimmten Anforderungen an ihre Zusammensetzung

und das Verfahren zu ihrer Herstellung genügen. Die Ermächtigung des Satzes 1 erstreckt sich nicht auf Anlagen, Brennstoffe, Treibstoffe und Fahrzeuge.

(2) Anforderungen nach Absatz 1 Satz 1 können unter Berücksichtigung der technischen Entwicklung auch für einen Zeitpunkt nach Inkrafttreten der Rechtsverordnung festgesetzt werden. Wegen der Anforderungen nach Absatz 1 und Absatz 2 Satz 1 gilt § 7 Absatz 5 entsprechend.

(3) Soweit dies mit dem Schutz der Allgemeinheit vor schädlichen Umwelteinwirkungen durch Luftverunreinigungen vereinbar ist, kann in der Rechtsverordnung nach Absatz 1 an Stelle der Anforderungen über die Zusammensetzung und das Herstellungsverfahren vorgeschrieben werden, dass die Stoffe und Erzeugnisse deutlich sichtbar und leicht lesbar mit dem Hinweis zu kennzeichnen sind, dass bei ihrer bestimmungsgemäßen Verwendung oder bei ihrer Verbrennung schädliche Umwelteinwirkungen entstehen können oder dass bei einer bestimmten Verwendungsart schädliche Umwelteinwirkungen vermieden werden können.

§ 36
Ausfuhr

In den Rechtsverordnungen nach den §§ 32 bis 35 kann vorgeschrieben werden, dass die Vorschriften über das Herstellen, Einführen und das Inverkehrbringen nicht gelten für Anlagen, Stoffe, Erzeugnisse, Brennstoffe und Treibstoffe, die zur Lieferung in Gebiete außerhalb des Geltungsbereichs dieses Gesetzes bestimmt sind.

§ 37
Erfüllung von zwischenstaatlichen Vereinbarungen und Rechtsakten der Europäischen Gemeinschaften oder der Europäischen Union

Zur Erfüllung von Verpflichtungen aus zwischenstaatlichen Vereinbarungen oder von bindenden Rechtsakten der Europäischen Gemeinschaften oder der Europäischen Union kann die Bundesregierung zu dem in § 1 genannten Zweck durch Rechtsverordnung mit Zustimmung des Bundesrates bestimmen, dass Anlagen, Stoffe, Erzeugnisse, Brennstoffe oder Treibstoffe gewerbsmäßig oder im Rahmen wirtschaftlicher Unternehmungen nur in den Verkehr gebracht werden dürfen, wenn sie nach Maßgabe der §§ 32 bis 35 bestimmte Anforderungen erfüllen. In einer Rechtsverordnung nach Satz 1, die der Erfüllung bindender Rechtsakte der Europäischen Gemeinschaften oder der Europäischen Union über Maßnahmen zur Bekämpfung der Emission von gasförmigen Schadstoffen und luftverunreinigenden Partikeln aus Verbrennungsmotoren für mobile Maschinen und Geräte dient, kann das Kraftfahrt-Bundesamt als Genehmigungsbehörde bestimmt und insoweit der Fachaufsicht des Bundesministeriums für Umwelt, Naturschutz und nukleare Sicherheit unterstellt werden.

Zweiter Abschnitt
Treibhausgasminderung bei Kraftstoffen

§ 37a
Pflichten für Inverkehrbringer von Kraftstoffen

(1) Wer gewerbsmäßig oder im Rahmen wirtschaftlicher Unternehmungen nach § 2 Absatz 1 Nummer 1 und 4 des Energiesteuergesetzes zu versteuernde Otto- oder Dieselkraftstoffe in Verkehr bringt, hat sicherzustellen, dass für die gesamte im Lauf eines Kalenderjahres (Verpflichtungsjahr) von ihm in Verkehr gebrachte Menge Kraftstoffs die Vorgaben des Absatzes 4 eingehalten werden. Kraftstoff gilt mit dem Entstehen der Energiesteuer nach § 8 Absatz 1, § 9 Absatz 1, § 9a Absatz 4, § 15 Absatz 1 oder Absatz 2, auch jeweils in Verbindung mit § 15 Absatz 4, §§ 19b Absatz 1, § 22 Absatz 1 oder § 23 Absatz 1 oder Absatz 2, § 38 Absatz 1, § 42 Absatz 1 oder § 43 Absatz 1 des Energiesteuergesetzes als in Verkehr gebracht. Die Abgabe von fossilem Otto- und fossilem Dieselkraftstoff an die Bundeswehr zu Zwecken der Verteidigung oder der Erfüllung zwischenstaatlicher Verpflichtungen gilt nicht als Inverkehrbringen im Sinne der Sätze 1 und 2. Dies gilt auch für den Erwerb von fossilem Otto- und fossilem Dieselkraftstoff durch die Bundeswehr zu einem in Satz 3 genannten Zweck. Der Bundeswehr gleichgestellt sind auf Grund völkerrechtlicher Verträge in der Bundesrepublik Deutschland befindliche Truppen sowie Einrichtungen, die die Bundeswehr oder diese Truppen zur Erfüllung ihrer jeweiligen Aufgaben einsetzt oder einsetzen. Die Abgabe von Kraftstoff im Eigentum des Erdölbevorratungsverbandes auf Grund einer Freigabe nach § 12 Absatz 1 des Erdölbevorratungsgesetzes durch den Erdölbevorratungsverband, Mitglieder des Erdölbevorratungsverbandes oder Dritte sowie nachfolgende Abgaben gelten nicht als Inverkehrbringen im Sinne der Sätze 1 und 2. Dies gilt auch für die Abgabe von Kraftstoff in den in Satz 6 genannten Fällen im Rahmen von Delegationen nach § 7 Absatz 1 des Erdölbevorratungsgesetzes durch Mitglieder des Erdölbevorratungsverbandes oder Dritte sowie für nachfolgende Abgaben. Die Abgabe von Ausgleichsmengen an unterversorgte Unternehmen zum Versorgungsausgleich im Sinne von § 1 Absatz 1 der Mineralölausgleichs-Verordnung vom 13. Dezember 1985 (BGBl. I S. 2267), die zuletzt durch Artikel 5 Absatz 3 des Gesetzes vom 26. Juni 2013 (BGBl. I S. 1738) geändert worden ist, in der jeweils geltenden Fassung gilt nicht als Inverkehrbringen im Sinne der Sätze 1 und 2. Ein Inverkehrbringen im Sinne der Sätze 1 und 2 liegt ebenfalls nicht vor, wenn der Erdölbevorratungsverband Kraftstoff aus seinem Eigentum abgibt und dieser Abgabe keine Rücklieferung am Abgabeort gegenüber steht oder er dafür Mineralölprodukte erwirbt, die nicht unter die Vorschrift des Satzes 1 fallen. Satz 9 gilt auch für die nachfolgenden Abgaben des Kraftstoffs.

(2) Wer gewerbsmäßig oder im Rahmen wirtschaftlicher Unternehmungen nach § 27 Absatz 2 und 3 des Energiesteuergesetzes steuerbefreiten oder nach § 2 Absatz 1 Nummer 3 des Energiesteuergesetzes zu versteuernden Flugturbinenkraftstoff der Unterposition 2710 19 21 der Kombinierten Nomenklatur in Verkehr bringt, hat sicherzustellen, dass die im gesamten Verpflichtungsjahr von ihm in Verkehr gebrachte Menge Kraftstoffs die Vorgaben des Absatzes 4a eingehalten werden. Als in Verkehr gebracht gilt Flugturbinenkraftstoff mit dem Entstehen der Energiesteuer nach § 8 Absatz 1, § 9a Absatz 4, § 15 Absatz 1 und § 19b Absatz 1 des Energiesteuergesetzes; dies gilt auch, wenn sich an die Entnahme ein Verfahren der Steuerbefreiung nach § 24 in Verbindung mit § 27 Absatz 2 und 3 des Energiesteuergesetzes anschließt. Absatz 1 Satz 3 bis 10 gilt entsprechend.

(3) Verpflichteter nach Absatz 1 Satz 1 und 2 ist der jeweilige Steuerschuldner im Sinne des Energiesteuergesetzes. Abweichend von Satz 1 ist in den Fällen des § 7 Absatz 4 Satz 1 des Energiesteuergesetzes der Dritte (Einlagerer) Verpflichteter. In den Fällen des § 22 Absatz 1 des Energiesteuergesetzes gilt allein derjenige als Verpflichteter im Sinne von Satz 1, der eine der dort jeweils genannten Handlungen zuerst vornimmt. Verpflichteter nach Absatz 2 Satz 1 und 2 ist der jeweilige Steuerschuldner im Sinne des Energiesteuergesetzes oder der Steuerlagerinhaber, der Flugturbinenkraftstoff zu steuerfreien Zwecken nach § 27 Absatz 2 und 3 des Energiesteuergesetzes abgibt. Verpflichteter ist abweichend von Satz 4
1. in den Fällen des § 7 Absatz 4 Satz 1 des Energiesteuergesetzes der Einlagerer,
2. in den Fällen des § 7 Absatz 6 des Energiesteuergesetzes derjenige, der die Betankung kaufmännisch veranlasst hat.

(4) Verpflichtete nach Absatz 1 haben sicherzustellen, dass die Treibhausgasemissionen der von ihnen in Verkehr gebrachten fossilen Otto- und fossilen Dieselkraftstoffe zuzüglich der Treibhausgasemissionen der von ihnen eingesetzten Erfüllungsoptionen um einen festgelegten Prozentsatz gegenüber dem Referenzwert nach Satz 3 gemindert werden. Die Höhe des in Satz 1 genannten Prozentsatzes beträgt
1. ab dem Kalenderjahr 2020 6 Prozent,
2. ab dem Kalenderjahr 2022 7 Prozent,
3. ab dem Kalenderjahr 2023 8 Prozent,
4. ab dem Kalenderjahr 2024 9,25 Prozent,
5. ab dem Kalenderjahr 2025 10,5 Prozent,
6. ab dem Kalenderjahr 2026 12 Prozent,
7. ab dem Kalenderjahr 2027 14,5 Prozent,
8. ab dem Kalenderjahr 2028 17,5 Prozent,
9. ab dem Kalenderjahr 2029 21 Prozent,
10. ab dem Kalenderjahr 2030 25 Prozent.

Der Referenzwert, gegenüber dem die Treibhausgasminderung zu erfolgen hat, berechnet sich durch Multiplikation des Basiswertes mit der vom Verpflichteten in Verkehr gebrachten energetischen Menge an fossilen Otto- und fossilen Dieselkraftstoffen zuzüglich der energetischen Menge an eingesetzten Erfüllungsoptionen. Der Basiswert wird festgelegt durch eine Verordnung nach § 37d Absatz 2 Satz 1 Nummer 6. Die Treibhausgasemissionen von fossilen Otto- und fossilen Dieselkraftstoffen berechnen sich durch Multiplikation der Werte, die durch eine Verordnung nach § 37d Absatz 2 Satz 1 Nummer 9 festgelegt werden, mit der vom Verpflichteten in Verkehr gebrachten energetischen Menge fossilen Otto- und fossilen Dieselkraftstoffs. Die Treibhausgasemissionen von Biokraftstoffen berechnen sich durch Multiplikation der in den anerkannten Nachweisen nach § 14 der Biokraftstoff-Nachhaltigkeitsverordnung vom 30. September 2009 (BGBl. I S. 3182), die zuletzt durch Artikel 2 der Verordnung vom 26. November 2012 (BGBl. I S. 2363) geändert worden ist, in der jeweils geltenden Fassung ausgewiesenen Treibhausgasemissionen in Kilogramm Kohlenstoffdioxid-Äquivalent pro Gigajoule mit der vom Verpflichteten in Verkehr gebrachten energetischen Menge Biokraftstoffs. Biokraftstoffe werden wie fossile Otto- oder fossile Dieselkraftstoffe behandelt, sofern
1. für die Biokraftstoffe anerkannte Nachweise nach § 14 der Biokraftstoff-Nachhaltigkeitsverordnung nicht vorgelegt werden,
2. für die Biokraftstoffe anerkannte Nachweise nach § 14 der Biokraftstoff-Nachhaltigkeitsverordnung vorgelegt werden, die keine Treibhausgasemissionen ausweisen,

3. für die Biokraftstoffe anerkannte Nachweise nach § 14 der Biokraftstoff-Nachhaltigkeitsverordnung vorgelegt werden, die unwirksam im Sinne der Biokraftstoff-Nachhaltigkeitsverordnung sind und nicht anerkannt werden dürfen,
4. die Biokraftstoffe nach § 37b Absatz 8 Satz 1 von der Anrechenbarkeit ausgeschlossen sind oder
5. die Europäische Kommission nach Artikel 30 Absatz 10 der Richtlinie (EU) 2018/2001 des Europäischen Parlaments und des Rates vom 11. Dezember 2018 zur Förderung der Nutzung von Energie aus erneuerbaren Quellen (ABl. L 328 vom 21.12.2018, S. 82; L 311 vom 25.9.2020, S. 11) in der jeweils geltenden Fassung oder nach Artikel 7c Absatz 8 der Richtlinie 98/70/EG des Europäischen Parlaments und des Rates vom 13. Oktober 1998 über die Qualität von Otto- und Dieselkraftstoffen und zur Änderung der Richtlinie 93/12/EWG des Rates (ABl. L 350 vom 28.12.1998, S. 58), die zuletzt durch die Verordnung (EU) 2018/1999 (ABl. L 328 vom 21.12.2018, S. 1) geändert worden ist, in der jeweils geltenden Fassung entschieden hat, dass die Bundesrepublik Deutschland den Biokraftstoff für die in Artikel 25 Absatz 1 Unterabsatz 1 und 4 der Richtlinie (EU) 2018/2001 oder für die in Artikel 7a der Richtlinie 98/70/EG genannten Zwecke nicht berücksichtigen darf.

Satz 7 erster Halbsatz gilt entsprechend für die in § 37b Absatz 2 bis 6 genannten Energieerzeugnisse, wenn diese keine Biokraftstoffe im Sinne dieses Gesetzes sind. Bei der Berechnung des Referenzwertes nach den Sätzen 3 und 4 sowie der Treibhausgasemissionen nach den Sätzen 5 und 6 sind Kraftstoffmengen, für die dem Verpflichteten eine Steuerentlastung nach § 8 Absatz 7, nach § 46 Absatz 1 Satz 1 Nummer 1 oder Nummer 3 oder nach § 47 Absatz 1 Nummer 1, 2 oder Nummer 6 des Energiesteuergesetzes gewährt wurde oder wird, nicht zu berücksichtigen. In den Fällen des Absatzes 5 Satz 1 Nummer 2 und 3 gilt Satz 9 unabhängig von der Person des Entlastungsberechtigten.

(4a) Verpflichtete nach Absatz 2 haben einen Mindestanteil an Kraftstoff, der Flugturbinenkraftstoff ersetzt, aus erneuerbaren Energien nicht-biogenen Ursprungs sicherzustellen. Die Höhe des in Satz 1 genannten Anteils beträgt

1. ab dem Kalenderjahr 2026 0,5 Prozent,
2. ab dem Kalenderjahr 2028 1 Prozent,
3. ab dem Kalenderjahr 2030 2 Prozent.

Die Mindestanteile von Kraftstoff aus erneuerbaren Energien nicht-biogenen Ursprungs beziehen sich jeweils auf den Energiegehalt der Menge fossilen Flugturbinenkraftstoffs zuzüglich des Energiegehalts an Kraftstoff aus erneuerbaren Energien nicht-biogenen Ursprungs. Anforderungen an diese Kraftstoffe regelt eine Rechtsverordnung nach § 37d Absatz 2 Satz 1.

(5) Die Verpflichtungen nach Absatz 1 Satz 1 und 2 in Verbindung mit dem Absatz 4 können von Verpflichteten erfüllt werden durch folgende Optionen (Erfüllungsoptionen):

1. Inverkehrbringen von Biokraftstoff, der fossilem Otto- oder fossilem Dieselkraftstoff, welcher nach § 2 Absatz 1 Nummer 1 und 4 des Energiesteuergesetzes zu versteuern ist, beigemischt wurde,
2. Inverkehrbringen von reinem Biokraftstoff, der nach § 2 Absatz 1 Nummer 1 und 4 des Energiesteuergesetzes zu versteuern ist,
3. Inverkehrbringen von

a) Biokraftstoff nach § 37b Absatz 6, der fossilem Erdgaskraftstoff, welcher nach § 2 Absatz 1 Nummer 7 oder Absatz 2 Nummer 1 des Energiesteuergesetzes zu versteuern ist, zugemischt wurde, und
b) reinem Biokraftstoff nach § 37b Absatz 6, der nach § 2 Absatz 1 Nummer 7 oder Absatz 2 Nummer 1 des Energiesteuergesetzes zu versteuern ist,

4. elektrischen Strom zur Verwendung in Straßenfahrzeugen, soweit eine Rechtsverordnung der Bundesregierung nach § 37d Absatz 2 Satz 1 Nummer 11 dies zulässt und gegenüber der zuständigen Stelle nachgewiesen wird, dass der Strom ordnungsgemäß gemessen und überwacht wurde,
5. bis zum Verpflichtungsjahr 2026 Upstream-Emissionsminderungen, soweit eine Rechtsverordnung der Bundesregierung nach § 37d Absatz 2 Satz 1 Nummer 13 dies zulässt,
6. flüssige oder gasförmige erneuerbare Kraftstoffe nicht-biogenen Ursprungs, soweit eine Rechtsverordnung der Bundesregierung nach § 37d Absatz 2 Satz 1 Nummer 13 dies zulässt,
7. flüssige oder gasförmige erneuerbare Kraftstoffe nicht-biogenen Ursprungs, wenn sie als Zwischenprodukt zur Produktion konventioneller Kraftstoffe verwendet werden, soweit eine Rechtsverordnung der Bundesregierung nach § 37d Absatz 2 Satz 1 Nummer 13 dies zulässt,
8. flüssige oder gasförmige erneuerbare Kraftstoffe nicht-biogenen Ursprungs, die in einem raffinerietechnischen Verfahren gemeinsam mit mineralölstämmigen Ölen verarbeitet werden, wenn eine Rechtsverordnung der Bundesregierung nach § 37d Absatz 2 Satz 1 Nummer 13 dies zulässt,
9. andere Kraftstoffe, soweit eine Rechtsverordnung der Bundesregierung nach § 37d Absatz 2 Satz 1 Nummer 13 dies zulässt.

Erfüllungsoptionen nach Satz 1 Nummer 6 bis 8 werden mindestens mit dem Doppelten ihres Energiegehaltes auf die Erfüllung der Verpflichtungen nach Absatz 1 Satz 1 und 2 in Verbindung mit dem Absatz 4 angerechnet. Die Verpflichtung nach Absatz 2 in Verbindung mit Absatz 4a wird von Verpflichteten durch das Inverkehrbringen von flüssigen oder gasförmigen erneuerbaren Kraftstoffen nicht-biogenen Ursprungs erfüllt, soweit eine Rechtsverordnung der Bundesregierung nach § 37d Absatz 2 Satz 1 Nummer 13 dies zulässt.

(6) Die Erfüllung von Verpflichtungen
1. nach Absatz 1 Satz 1 und 2 in Verbindung mit Absatz 4 und
2. nach Absatz 2 in Verbindung mit Absatz 4a

kann durch Vertrag, der der Schriftform bedarf, auf einen Dritten, der nicht selbst Verpflichteter ist, übertragen werden. Der Vertrag muss mengenmäßige Angaben zum Umfang der vom Dritten gegenüber dem Verpflichteten eingegangenen Verpflichtung enthalten sowie Angaben, für welche Erfüllungsoptionen die Übertragung gilt. Außerdem muss der Vertrag Angaben zu den Treibhausgasemissionen der Kraftstoffe in Kilogramm Kohlenstoffdioxid-Äquivalent enthalten. Der Dritte kann den Vertrag ausschließlich durch Erfüllungsoptionen erfüllen, die er im Verpflichtungsjahr einsetzt oder eingesetzt hat. Abweichend von Satz 4 kann der Dritte Verträge nach Satz 3 auch durch Erfüllungsoptionen erfüllen, die er bereits im Vorjahr des Verpflichtungsjahres in Verkehr gebracht hat, wenn die Erfüllungsoptionen nicht bereits Gegenstand eines Vertrages nach Satz 1 waren und der Dritte im Vorjahr des Verpflichtungsjahres nicht selbst Verpflichteter gewesen ist. Absatz 1 Satz 2, Absatz 2 Satz 2, Absatz 5 Satz 1 und 2 gelten entsprechend. Bei Vorliegen der Voraussetzungen nach den Sätzen 1 bis 6 ist der Verpflichtete so zu behandeln, als hätte er die vom Dritten eingesetzten

Erfüllungsoptionen im Verpflichtungsjahr selbst in Verkehr gebracht. Absatz 4 Satz 3 bis 10 gelten entsprechend. Die vom Dritten zur Erfüllung einer nach Satz 1 übertragenen Verpflichtung eingesetzten Erfüllungsoptionen können nicht zur Erfüllung der Verpflichtung eines weiteren Verpflichteten eingesetzt werden.

(7) Die Erfüllung von Verpflichtungen
1. nach Absatz 1 Satz 1 und 2 in Verbindung mit Absatz 4 und
2. nach Absatz 2 in Verbindung mit Absatz 4a

kann durch Vertrag, der der Schriftform bedarf, auf einen Dritten, der selbst Verpflichteter ist, übertragen werden. Absatz 6 Satz 2 gilt entsprechend. Der Vertrag zur Erfüllung von Verpflichtungen nach Absatz 1 Satz 1 und 2 in Verbindung mit Absatz 4 muss Angaben zum Umfang der vom Dritten im Verpflichtungsjahr sicherzustellenden Treibhausgasminderungsmenge in Kilogramm Kohlenstoffdioxid-Äquivalent enthalten. Der Vertrag zur Erfüllung von Verpflichtungen nach Absatz 2 Satz 1 und 2 in Verbindung mit Absatz 4a muss Angaben zum Umfang der vom Dritten im Verpflichtungsjahr sicherzustellenden energetischen Menge erneuerbarer Kraftstoffe nicht-biogenen Ursprungs nach Absatz 5 Satz 2 in Gigajoule enthalten. Der Dritte kann Verträge ausschließlich durch Erfüllungsoptionen erfüllen, die er im Verpflichtungsjahr einsetzt oder eingesetzt hat. Absatz 1 Satz 2, Absatz 2 Satz 2, Absatz 5 Satz 1 und 2 gelten entsprechend. Bei Vorliegen der Voraussetzungen nach den Sätzen 1 bis 5 werden zugunsten des Verpflichteten berücksichtigt
1. im Fall des Absatzes 1 Satz 1 und 2 in Verbindung mit Absatz 4 die vom Dritten erreichte Treibhausgasminderungsmenge ausschließlich bei der Berechnung der Treibhausgasemissionen nach Absatz 4 Satz 5 und 6 und
2. im Fall des Absatzes 2 in Verbindung mit Absatz 4a die vom Dritten eingesetzten Erfüllungsoptionen ausschließlich bei der Ermittlung der Mindestanteile von erneuerbaren Kraftstoffen nicht-biogenen Ursprungs nach Absatz 4a Satz 3.

Im Fall des Satzes 6 Nummer 1 berechnet sich die Treibhausgasminderungsmenge in entsprechender Anwendung des Absatzes 4 Satz 3 bis 10. Die vom Dritten zur Erfüllung einer nach Satz 1 übertragenen Verpflichtung eingesetzten Treibhausgasminderungs- und Kraftstoffmengen können nicht zur Erfüllung der eigenen Verpflichtung des Dritten oder der Verpflichtung eines weiteren Verpflichteten eingesetzt werden.

(8) Treibhausgasminderungs- oder Kraftstoffmengen, die den nach den Absätzen 4 oder 4a vorgeschriebenen Prozentsatz oder Mindestanteil für ein bestimmtes Verpflichtungsjahr übersteigen, werden auf Antrag des Verpflichteten auf den Prozentsatz oder Mindestanteil des folgenden Kalenderjahres angerechnet.

§ 37b
Begriffsbestimmungen und Anrechenbarkeit von Biokraftstoffen

(1) Biokraftstoffe sind unbeschadet der Absätze 2 bis 6 Energieerzeugnisse ausschließlich aus Biomasse im Sinne der Biomasseverordnung vom 21. Juni 2001 (BGBl. I S. 1234), die zuletzt durch Artikel 12 des Gesetzes vom 21. Juli 2014 (BGBl. I S. 1066) geändert worden ist, in der jeweils geltenden Fassung. Energieerzeugnisse, die anteilig aus Biomasse hergestellt werden, gelten in Höhe dieses Anteils als Biokraftstoff.

(2) Fettsäuremethylester (Biodiesel) sind abweichend von Absatz 1 nur dann Biokraftstoffe, wenn sie aus biogenen Ölen oder Fetten gewonnen werden, die selbst Biomasse im Sinne der Biomasseverordnung sind, und wenn ihre Eigenschaften mindestens

den Anforderungen für Biodiesel nach § 5 der Verordnung über die Beschaffenheit und die Auszeichnung der Qualitäten von Kraft- und Brennstoffen vom 8. Dezember 2010 (BGBl. I S. 1849), die durch Artikel 8 Absatz 1 der Verordnung vom 2. Mai 2013 (BGBl. I S. 1021) geändert worden ist, in der jeweils geltenden Fassung entsprechen. Biodiesel ist unter diesen Voraussetzungen in vollem Umfang als Biokraftstoff zu behandeln.

(3) Bioethanol ist abweichend von Absatz 1 nur dann Biokraftstoff, wenn es sich um Ethylalkohol ex Unterposition 2207 10 00 der Kombinierten Nomenklatur im Sinne des § 1a Satz 1 Nummer 2 des Energiesteuergesetzes handelt. Im Fall von Bioethanol, das fossilem Ottokraftstoff beigemischt wird, müssen die Eigenschaften des Bioethanols außerdem mindestens den Anforderungen der DIN EN 15376, Ausgabe März 2008 oder Ausgabe November 2009 oder Ausgabe April 2011, entsprechen. Im Fall von Bioethanol, das im Ethanolkraftstoff (E85) enthalten ist, müssen die Eigenschaften des Ethanolkraftstoffs (E85) außerdem mindestens den Anforderungen für Ethanolkraftstoff (E85) nach § 6 der Verordnung über die Beschaffenheit und die Auszeichnung der Qualitäten von Kraft- und Brennstoffen entsprechen. Für Energieerzeugnisse, die anteilig aus Bioethanol hergestellt werden, gelten für den Bioethanolanteil die Sätze 1 und 2 entsprechend.

(4) Pflanzenöl ist abweichend von Absatz 1 nur dann Biokraftstoff, wenn seine Eigenschaften mindestens den Anforderungen für Pflanzenölkraftstoff nach § 9 der Verordnung über die Beschaffenheit und die Auszeichnung der Qualitäten von Kraft- und Brennstoffen entsprechen.

(5) Hydrierte biogene Öle sind abweichend von Absatz 1 nur dann Biokraftstoffe, wenn sie aus biogenen Ölen oder Fetten gewonnen werden, die selbst Biomasse im Sinne der Biomasseverordnung sind, und wenn die Hydrierung nicht in einem raffinerietechnischen Verfahren gemeinsam mit mineralölstämmigen Ölen erfolgt ist. Hydrierte biogene Öle sind unter diesen Voraussetzungen in vollem Umfang als Biokraftstoff zu behandeln.

(6) Biomethan ist abweichend von Absatz 1 nur dann Biokraftstoff, wenn es den Anforderungen für Erdgas nach § 8 der Verordnung über die Beschaffenheit und die Auszeichnung der Qualitäten von Kraft- und Brennstoffen entspricht.

(7) Für die Kraftstoffe nach den Absätzen 1 bis 6 gilt § 11 der Verordnung über die Beschaffenheit und die Auszeichnung der Qualitäten von Kraft- und Brennstoffen entsprechend. Die in Satz 1 sowie den Absätzen 2 bis 4 und 6 genannten oder in Bezug genommenen Normen sind im Beuth Verlag GmbH, Berlin, erschienen und bei der Deutschen Nationalbibliothek archivmäßig gesichert niedergelegt.

(8) Nicht auf die Erfüllung von Verpflichtungen nach § 37a Absatz 1 Satz 1 und 2 in Verbindung mit § 37a Absatz 4 angerechnet werden können

1. biogene Öle, die in einem raffinerietechnischen Verfahren gemeinsam mit mineralölstämmigen Ölen hydriert wurden,
2. der Biokraftstoffanteil von Energieerzeugnissen mit einem Bioethanolanteil von weniger als 70 Volumenprozent, denen Bioethanol enthaltende Waren der Unterposition 3824 90 99 der Kombinierten Nomenklatur zugesetzt wurden,
3. Biokraftstoffe, die vollständig oder teilweise aus tierischen Ölen oder Fetten hergestellt wurden, und
4. Wasserstoff aus biogenen Quellen.

Abweichend von Satz 1 Nummer 3 und Absatz 1 Satz 1 können Biokraftstoffe, die vollständig oder teilweise aus tierischen Fetten und Ölen der Kategorie 1 und 2 gemäß Artikel 8 und 9 der Verordnung (EG) Nr. 1069/2009 des Europäischen Parlaments und des Rates vom 21. Oktober 2009 mit Hygienevorschriften für nicht für den menschlichen Verzehr bestimmte tierische Nebenprodukte und zur Aufhebung der Verordnung (EG) Nr. 1774/2002, die zuletzt durch die Verordnung (EU) 2019/1009 (ABl. L 170 vom 25.6.2019, S. 1) geändert worden ist, in ihrer jeweils geltenden Fassung bestehen, auf die Erfüllung von Verpflichtungen nach § 37a Absatz 1 Satz 1 und 2 in Verbindung mit § 37a Absatz 4 angerechnet werden. Abweichend von Satz 1 Nummer 4 und Absatz 1 Satz 1 wird Wasserstoff aus biogenen Quellen des Anhangs IX Teil A der Richtlinie (EU) 2018/2001, der in Straßenfahrzeugen eingesetzt wird, ab dem 1. Juli 2023 auf die Erfüllung nach § 37a Absatz 1 Satz 1 und 2 in Verbindung mit § 37a Absatz 4 angerechnet; eine Rechtsverordnung der Bundesregierung nach § 37d Absatz 2 Satz 1 Nummer 19 regelt weitere Bestimmungen. Ab dem Kalenderjahr 2023 wird für die Treibhausgasemissionen von Biokraftstoffen aus Rohstoffen mit hohem Risiko indirekter Landnutzungsänderung nach Artikel 3 der Verordnung (EU) 2019/807 der Basiswert zugrunde gelegt. Der Rechenfaktor nach § 37d Absatz 2 Satz 1 Nummer 2 für Biokraftstoffe aus Abwasser aus Palmölmühlen und leeren Palmfruchtbündeln beträgt eins.

(9) Das Bundesministerium für Umwelt, Naturschutz und nukleare Sicherheit gibt den Energiegehalt der verschiedenen Kraftstoffe sowie Änderungen ihres Energiegehaltes im Bundesanzeiger bekannt.

§ 37c
Mitteilungs- und Abgabepflichten

(1) Verpflichtete haben der zuständigen Stelle jeweils bis zum Ablauf des 15. April des auf das Verpflichtungsjahr folgenden Kalenderjahres schriftlich mitzuteilen

1. die im Verpflichtungsjahr von ihnen in Verkehr gebrachte Menge fossilen Otto- und fossilen Dieselkraftstoffs oder fossilen Flugturbinenkraftstoffs,
2. die im Verpflichtungsjahr von ihnen eingesetzte Menge an Erfüllungsoptionen, bezogen auf die verschiedenen jeweils betroffenen Erfüllungsoptionen, und
3. die Treibhausgasemissionen in Kilogramm Kohlenstoffdioxid-Äquivalent der jeweiligen Mengen.

In der Mitteilung sind darüber hinaus die Firma des Verpflichteten, der Ort der für das Inverkehrbringen verantwortlichen Niederlassung oder der Sitz des Unternehmens, die jeweils zugehörige Anschrift sowie der Name und die Anschrift des Vertretungsberechtigten anzugeben. Soweit die Erfüllung von Verpflichtungen nach § 37a Absatz 6 Satz 1 oder nach § 37a Absatz 7 Satz 1 vertraglich auf Dritte übertragen wurde, haben Verpflichtete der zuständigen Stelle zusätzlich die Angaben nach § 37a Absatz 6 Satz 2 oder Satz 3 oder § 37a Absatz 7 Satz 2 oder Satz 3 schriftlich mitzuteilen und eine Kopie des Vertrags mit dem Dritten vorzulegen. Im Fall des § 37a Absatz 6 hat der Dritte der zuständigen Stelle schriftlich mitzuteilen

1. die auf Grund seiner vertraglichen Verpflichtung von ihm im Verpflichtungsjahr in Verkehr gebrachte Menge Kraftstoff, bezogen auf die verschiedenen jeweils betroffenen Erfüllungsoptionen, und
2. die Treibhausgasemissionen in Kilogramm Kohlenstoffdioxid-Äquivalent der jeweiligen Mengen.

Im Fall des § 37a Absatz 6 Satz 5 gilt dies entsprechend für die im Vorjahr des Verpflichtungsjahres vom Dritten eingesetzte Erfüllungsoptionen. Im Fall des § 37a Absatz 7 hat der Dritte der zuständigen Stelle die auf Grund seiner vertraglichen Verpflichtung von ihm im Verpflichtungsjahr in Verkehr gebrachte Menge Kraftstoff, bezogen auf die verschiedenen jeweils betroffenen Erfüllungsoptionen, und die auf Grund seiner vertraglichen Verpflichtung im Verpflichtungsjahr sichergestellte Treibhausgasminderungsmenge in Kilogramm Kohlenstoffdioxid-Äquivalent schriftlich mitzuteilen. Die zuständige Stelle erteilt jedem Verpflichteten eine Registriernummer und führt ein elektronisches Register, das für alle Verpflichteten die nach den Sätzen 1 bis 6 erforderlichen Angaben enthält.

(2) Soweit Verpflichtete einer Verpflichtung nach § 37a Absatz 1 Satz 1 und 2 in Verbindung mit § 37a Absatz 4 oder nach § 37a Absatz 2 Satz 1 und 2 in Verbindung mit § 37a Absatz 4a nicht nachkommen, setzt die zuständige Stelle eine Abgabe fest
1. in den Fällen des § 37a Absatz 4 für die Fehlmenge der zu mindernden Treibhausgasemissionen oder
2. in den Fällen des § 37a Absatz 4a für die nach dem Energiegehalt berechnete Fehlmenge Kraftstoffs.

Die Abgabenschuld des Verpflichteten entsteht mit Ablauf des 15. Aprils des auf das Verpflichtungsjahr folgenden Kalenderjahres. In den Fällen, in denen ein Verpflichteter durch eine Rechtsverordnung der Bundesregierung nach § 37d Absatz 2 Satz 1 Nummer 8 einen Mindestanteil bestimmter Biokraftstoffe oder anderer erneuerbarer Kraftstoffe in Verkehr zu bringen hat, setzt die zuständige Stelle bis einschließlich zum Verpflichtungsjahr 2021 eine Abgabe in Höhe von 19 Euro pro Gigajoule und ab dem Verpflichtungsjahr 2022 eine Abgabe in Höhe von 45 Euro pro Gigajoule fest. In den Fällen des § 37a Absatz 4a beträgt die Höhe der Abgabe 70 Euro pro Gigajoule. In den Fällen des § 37a Absatz 4 wird die Abgabe nach der Fehlmenge der zu mindernden Treibhausgasemissionen berechnet und beträgt bis einschließlich zum Verpflichtungsjahr 2021 0,47 Euro pro Kilogramm Kohlenstoffdioxid-Äquivalent und ab dem Verpflichtungsjahr 2022 0,60 Euro pro Kilogramm Kohlenstoffdioxid-Äquivalent. Soweit im Falle des § 37a Absatz 6 Satz 1 oder des § 37a Absatz 7 Satz 1 der Dritte seine vertragliche Verpflichtung nicht erfüllt, setzt die zuständige Stelle die Abgabe gegen den Verpflichteten fest.

(3) Soweit der Verpflichtete der zuständigen Stelle die nach Absatz 1 Satz 1 und 3 erforderlichen Angaben nicht oder nicht ordnungsgemäß mitgeteilt hat, schätzt die zuständige Stelle die vom Verpflichteten im Verpflichtungsjahr in Verkehr gebrachten Mengen an Kraftstoffen und auch die Treibhausgasminderung. Die Schätzung ist unwiderlegliche Basis für die Verpflichtung nach § 37a Absatz 1 Satz 1 und 2 in Verbindung mit § 37a Absatz 4 sowie nach § 37a Absatz 2 Satz 1 und 2 in Verbindung mit § 37a Absatz 4a. Die Schätzung unterbleibt, soweit der Verpflichtete im Rahmen der Anhörung zum Festsetzungsbescheid nach Absatz 2 Satz 1 in Verbindung mit Absatz 2 Satz 3, 4 oder Satz 5 die Mitteilung nachholt. Soweit ein Dritter die nach Absatz 1 Satz 4 bis 6 erforderlichen Angaben nicht ordnungsgemäß mitgeteilt hat, geht die zuständige Stelle davon aus, dass der Dritte die von ihm eingegangene Verpflichtung nicht erfüllt hat. Satz 4 gilt nicht, soweit der Dritte im Rahmen der Anhörung zum Festsetzungsbescheid gegen den Verpflichteten nach Absatz 2 Satz 6 diese Mitteilung nachholt.

(4) In den Fällen des § 37a Absatz 3 Satz 2 hat der Steuerlagerinhaber dem zuständigen Hauptzollamt mit der monatlichen Energiesteueranmeldung die für jeden Verpflichteten in Verkehr gebrachte Menge an Energieerzeugnissen schriftlich mitzuteilen. In den Fällen des § 37a Absatz 3 Satz 4 hat der Steuerlagerinhaber der zuständigen Stelle die in einem Verpflichtungsjahr für jeden Verpflichteten in Verkehr gebrachte Menge an Energieerzeugnissen zum Ablauf des 1. Februar des folgenden Kalenderjahres

schriftlich mitzuteilen. Im Falle des § 37a Absatz 3 Satz 5 hat der Erlaubnisinhaber der zuständigen Stelle die in einem Verpflichtungsjahr für den Vertragspartner in Verkehr gebrachten Mengen zum Ablauf des 1. Februar des folgenden Kalenderjahres schriftlich mitzuteilen.

(5) Hinsichtlich der Absätze 1 bis 4 finden die für die Verbrauchsteuern geltenden Vorschriften der Abgabenordnung entsprechende Anwendung. Die Mitteilungen nach Absatz 1 und Absatz 4 gelten als Steueranmeldungen im Sinne der Abgabenordnung. § 170 Absatz 2 Satz 1 Nummer 1 der Abgabenordnung findet Anwendung. In den Fällen des Absatzes 2 ist der Verpflichtete vor der Festsetzung der Abgabe anzuhören.

§ 37d
Zuständige Stelle, Rechtsverordnungen

(1) Innerhalb der Bundesverwaltung werden eine oder mehrere Stellen errichtet, denen die Aufgaben übertragen werden, die Erfüllung der Verpflichtungen nach § 37a zu überwachen, die in § 37c geregelten Aufgaben zu erfüllen und die Berichte nach § 37f zu überprüfen. Die Bundesregierung wird ermächtigt, die jeweils zuständige Stelle durch Rechtsverordnung ohne Zustimmung des Bundesrates zu bestimmen.

(2) Die Bundesregierung wird ermächtigt, nach Anhörung der beteiligten Kreise (§ 51) durch Rechtsverordnung ohne Zustimmung des Bundesrates

1. unter Berücksichtigung der technischen Entwicklung
   a) auch in Abweichung von § 37b Absatz 1 bis 6 Energieerzeugnisse als Biokraftstoffe zu bestimmen,
   b) in Abweichung von § 37b Absatz 1 bis 6 festzulegen, dass bestimmte Energieerzeugnisse nicht oder nicht mehr in vollem Umfang als Biokraftstoffe gelten,
   c) die Anrechenbarkeit von biogenen Ölen aus Rohstoffen des Anhangs IX Teil A der Richtlinie (EU) 2018/2001 im Sinne von § 37b Absatz 8 Satz 1 Nummer 1 auf die Erfüllung von Verpflichtungen nach § 37a Absatz 1 Satz 1 und 2 in Verbindung mit § 37a Absatz 4 abweichend von § 37b Absatz 8 Satz 1 Nummer 1 zu regeln, soweit landwirtschaftliche Rohstoffe, Abfälle oder Reststoffe, die bei der Herstellung von biogenen Ölen aus Rohstoffen des Anhangs IX Teil A der Richtlinie (EU) 2018/2001 verwendet werden sollen, nachhaltig erzeugt worden sind,
   d) die Anrechenbarkeit von Biomethan auf die Erfüllung von Verpflichtungen nach § 37a Absatz 1 Satz 1 und 2 in Verbindung mit § 37a Absatz 4 zu konkretisieren,
   e) die Anrechenbarkeit von Biomethan, das in das Erdgasnetz eingespeist wird, auf die Erfüllung von Verpflichtungen nach § 37a Absatz 1 Satz 1 und 2 in Verbindung mit § 37a Absatz 4 näher zu regeln,
   f) zu bestimmen, wie im Falle der Einspeisung von Biomethan in das Erdgasnetz der Nachweis über die Treibhausgasemissionen zu führen ist, sowie
   g) das Nachweisverfahren für die Anrechenbarkeit von Biomethan insgesamt näher zu regeln,
2. zu bestimmen, dass der Anteil an bestimmten Erfüllungsoptionen im Rahmen der Erfüllung von Verpflichtungen nach § 37a Absatz 1 Satz 1 und 2 in Verbindung mit § 37a Absatz 4 nach Maßgabe einer Multiplikation der tatsächlich in Verkehr gebrachten energetischen Menge der jeweiligen Erfüllungsoption mit einem bestimmten Rechenfaktor zu berechnen ist,

3. vorzuschreiben, dass Biokraftstoffe nur dann auf die Erfüllung von Verpflichtungen nach § 37a Absatz 1 Satz 1 und 2 in Verbindung mit § 37a Absatz 4 angerechnet werden, wenn bei der Erzeugung der eingesetzten Biomasse nachweislich bestimmte ökologische und soziale Anforderungen an eine nachhaltige Produktion der Biomasse sowie zum Schutz natürlicher Lebensräume erfüllt werden und wenn der Biokraftstoff eine bestimmte Treibhausgasminderung aufweist,
4. die Anforderungen im Sinne der Nummer 3 festzulegen,
5. die Höhe der Abgabe nach § 37c Absatz 2 Satz 3, 4 oder Satz 6 zu ändern, um im Fall von Änderungen des Preisniveaus für Kraftstoffe eine vergleichbare wirtschaftliche Belastung aller Verpflichteten sicherzustellen,
6. den Basiswert im Sinne des § 37a Absatz 4 Satz 4 zu bestimmen,
7. die Anrechenbarkeit bestimmter Biokraftstoffe auf die Verpflichtungen nach § 37a Absatz 1 Satz 1 und 2 in Verbindung mit § 37a Absatz 4 zu begrenzen, sofern die Richtlinie (EU) 2018/2001 eine Begrenzung der Anrechenbarkeit dieser Biokraftstoffe auf das Ziel von Artikel 25 Absatz 1 der Richtlinie (EU) 2018/2001 vorsieht, sowie das Nachweisverfahren zu regeln,
8. einen Mindestanteil bestimmter Biokraftstoffe oder anderer erneuerbarer Kraftstoffe zur Erfüllung der Verpflichtungen nach § 37a Absatz 1 Satz 1 und 2 in Verbindung mit § 37a Absatz 4 festzulegen sowie das Nachweisverfahren zu regeln,
9. das Berechnungsverfahren für die Treibhausgasemissionen von fossilen Otto- und fossilen Dieselkraftstoffen im Sinne des § 37a Absatz 4 Satz 5 festzulegen und das Nachweisverfahren zu regeln,
10. das Berechnungsverfahren für die Treibhausgasemissionen von Biokraftstoffen abweichend von § 37a Absatz 4 Satz 6 festzulegen und das Nachweisverfahren zu regeln,
11. die Anrechenbarkeit von elektrischem Strom zur Verwendung in Straßenfahrzeugen gemäß § 37a Absatz 5 Satz 1 Nummer 4 zu regeln und dabei insbesondere
    a) das Berechnungsverfahren für die Treibhausgasemissionen der eingesetzten Mengen elektrischen Stroms festzulegen und
    b) das Nachweisverfahren zu regeln und
    c) die erzeugten Treibhausgasminderungsmengen der energetischen Menge elektrischen Stroms, die nicht von Dritten der zuständigen Stelle mitgeteilt werden, zu versteigern und das erforderliche Verfahren zu regeln,
12. unter Berücksichtigung der technischen Entwicklung den Anwendungsbereich in § 37a Absatz 1 Satz 1 auf weitere Kraftstoffe auszudehnen und dabei insbesondere
    a) das Berechnungsverfahren für die Treibhausgasemissionen dieser Kraftstoffe festzulegen und
    b) das Nachweisverfahren zu regeln,
13. unter Berücksichtigung der technischen Entwicklung weitere Erfüllungsoptionen zu ergänzen und dabei insbesondere
    a) das Berechnungsverfahren für die Treibhausgasemissionen dieser Maßnahmen festzulegen,
    b) das Nachweisverfahren sowie die Übertragbarkeit der Nachweise zu regeln,
    c) Methoden zur Einhaltung der Anforderungen der Richtlinie (EU) 2018/2001 für den Bezug des elektrischen Stroms zur Produktion von Kraftstoffen festzulegen und
    d) Mindestwerte für die Treibhausgaseinsparung von Kraftstoffen festzulegen,
14. die Berichtspflicht nach § 37f Absatz 1 insbesondere zu Art, Form und Inhalt des Berichts näher auszugestalten sowie die zur Sicherstellung einer ordnungsgemä-

ßen Berichterstattung erforderlichen Anordnungen der zuständigen Stelle zu regeln,

15. ein Nachweisverfahren festzulegen für die Voraussetzungen
    a) nach § 37a Absatz 4 Satz 7 Nummer 5,
    b) nach § 37b Absatz 1 bis 7, gegebenenfalls in Verbindung mit der Verordnung nach Nummer 1 Buchstabe a oder Buchstabe b,
    c) nach § 37b Absatz 8 Satz 1,
    d) der Verordnung nach Nummer 1 Buchstabe c und
    e) der Verordnung nach den Nummern 2 bis 4,
16. Ausnahmen von den Vorgaben nach § 37b Absatz 8 Satz 1 Nummer 3 festzulegen, sofern dies dem Sinn und Zweck der Regelung nicht entgegensteht,
17. von § 37c Absatz 1 und 3 bis 5 abweichende Verfahrensregelungen zu treffen,
18. Ausnahmen von der in § 37a Absatz 6 Satz 5 und Absatz 8 Satz 1 vorgesehenen Möglichkeit der Anrechnung von Übererfüllungen auf den Mindestanteil des Folgejahres festzulegen, sofern dies zur Einhaltung von Zielvorgaben aus bindenden Rechtsakten der Europäischen Gemeinschaften oder der Europäischen Union erforderlich ist,
19. unter Berücksichtigung der technischen Entwicklung Kriterien für die Anrechenbarkeit von Wasserstoff aus biogenen Quellen gemäß § 37b Absatz 8 Satz 3 festzulegen und dabei insbesondere
    a) das Berechnungsverfahren für die Treibhausgasemissionen,
    b) das Nachweisverfahren sowie die Übertragbarkeit der Nachweise und
    c) die Anforderungen an die erneuerbaren Energiequellen zur Erzeugung des Wasserstoffs.

In Rechtsverordnungen nach Satz 1 kann die Zuständigkeit zur Durchführung einer in einer Rechtsverordnung nach Absatz 1 Satz 2 bestimmten Stelle übertragen werden. Rechtsverordnungen nach Satz 1 Nummer 1 Buchstabe c bedürfen der Zustimmung des Deutschen Bundestages. Rechtsverordnungen nach Satz 1 Nummer 13 oder 19 bedürfen der Zustimmung des Deutschen Bundestages, sofern Regelungen zu strombasierten Kraftstoffen oder Wasserstoff aus biogenen Quellen getroffen werden. Hat sich der Deutsche Bundestag nach Ablauf von vier Sitzungswochen seit Eingang der Rechtsverordnung nach Satz 3 oder 4 nicht mit ihr befasst, gilt die Zustimmung zu der unveränderten Rechtsverordnung als erteilt.

(3) Die Bundesregierung wird ermächtigt, durch Rechtsverordnung ohne Zustimmung des Bundesrates nähere Bestimmungen zur Durchführung der §§ 37a bis 37c sowie der auf Absatz 2 beruhenden Rechtsverordnungen zu erlassen und darin insbesondere

1. das Verfahren zur Sicherung und Überwachung der Erfüllung der Quotenverpflichtung in den Fällen des § 37a Absatz 6 und 7 und hinsichtlich der für die Ermittlung der Mindestanteile an Biokraftstoff oder der Treibhausgasminderung benötigten Daten näher zu regeln,
2. zur Sicherung und Überwachung der Erfüllung der Quotenverpflichtung abweichende Bestimmungen zu § 37a Absatz 4 Satz 9 und 10 sowie zu § 37a Absatz 6 und 7 zu erlassen,
3. die erforderlichen Nachweise und die Überwachung der Einhaltung der Anforderungen an Biokraftstoffe sowie die hierfür erforderlichen Probenahmen näher zu regeln,
4. zu bestimmen, dass das Entstehen von Verpflichtungen nach § 37a Absatz 1 Satz 1 und 2 in Verbindung mit § 37a Absatz 4 an das Inverkehrbringen einer bestimmten Mindestmenge an Kraftstoff geknüpft wird.

§ 37e
Gebühren und Auslagen; Verordnungsermächtigung

(1) Für Amtshandlungen, die auf Rechtsverordnungen beruhen
1. die auf der Grundlage des § 37d Absatz 2 Satz 1 Nummer 3 und 4 erlassen worden sind oder
2. die auf der Grundlage des § 37d Absatz 2 Satz 1 Nummer 13 erlassen worden sind,

werden zur Deckelung des Verwaltungsaufwands Gebühren und Auslagen erhoben.

(2) Das Bundesministerium für Ernährung und Landwirtschaft wird ermächtigt, im Einvernehmen mit dem Bundesministerium für Umwelt, Naturschutz und nukleare Sicherheit und dem Bundesministerium der Finanzen durch Rechtsverordnung ohne Zustimmung des Bundesrates die gebührenpflichtigen Tatbestände und Gebührensätze für Amtshandlungen im Sinne von Absatz 1 Nummer 1 zu bestimmen und dabei feste Sätze, auch in Form von Zeitgebühren oder Rahmensätzen, vorzusehen. In der Rechtsverordnung kann die Erstattung von Auslagen abweichend vom Verwaltungskostengesetz in der bis zum 14. August 2013 geltenden Fassung oder von § 12 Absatz 1 des Bundesgebührengesetzes vom 7. August 2013 (BGBl. I S. 3154), das zuletzt durch Artikel 3 des Gesetzes vom 31. März 2016 (BGBl. I S. 518) geändert worden ist, geregelt werden.

(3) Das Bundesministerium für Umwelt, Naturschutz und nukleare Sicherheit wird ermächtigt, durch Rechtsverordnung ohne Zustimmung des Bundesrates die gebührenpflichtigen Tatbestände und Gebührensätze für Amtshandlungen im Sinne von Absatz 1 Nummer 2 zu bestimmen und dabei feste Sätze, auch in Form von Zeitgebühren oder Rahmensätzen, vorzusehen. In der Rechtsverordnung kann die Erstattung von Auslagen auch abweichend von § 12 Absatz 1 des Bundesgebührengesetzes geregelt werden.

§ 37f
Berichte über Kraftstoffe und Energieerzeugnisse

(1) Verpflichtete haben der zuständigen Stelle jährlich bis zum 31. März einen Bericht über die im vorangegangenen Verpflichtungsjahr in Verkehr gebrachten Kraftstoffe und Energieerzeugnisse vorzulegen, sofern eine Rechtsverordnung nach § 37d Absatz 2 Satz 1 Nummer 14 dies vorsieht. Der Bericht enthält zumindest folgende Angaben:
1. die Gesamtmenge jedes Typs von in Verkehr gebrachten Kraftstoffen und Energieerzeugnissen unter Angabe des Erwerbsortes und des Ursprungs und
2. die Treibhausgasemissionen pro Energieeinheit.

(2) Die zuständige Stelle überprüft die Berichte. Der Verpflichtete hat der zuständigen Stelle auf Verlangen die Auskünfte zu erteilen und die Unterlagen vorzulegen, die zur Überprüfung der Berichte erforderlich sind.

§ 37g
Bericht der Bundesregierung

Nachdem der Bericht nach Artikel 22 der Richtlinie 2009/28/EG der Europäischen Kommission vorgelegt wurde, übermittelt die Bundesregierung den Bericht nach § 64 der Biokraftstoff-Nachhaltigkeitsverordnung dem Deutschen Bundestag und dem Bundesrat. Die Bundesregierung evaluiert die §§ 37a bis 37f dieses Gesetzes sowie die auf Grund dieser

Regelungen erlassenen Verordnungen, insbesondere die Verordnung zur Durchführung der Regelungen der Biokraftstoffquote, die Verordnung zur Anrechnung von strombasierten Kraftstoffen und mitverarbeiteten biogenen Ölen auf die Treibhausgasquote, die Verordnung zur Festlegung weiterer Bestimmungen zur Treibhausgasminderung bei Kraftstoffen sowie die Biokraftstoff-Nachhaltigkeitsverordnung und legt dem Deutschen Bundestag bis zum 31. März 2024 und dann alle zwei Jahre einen Erfahrungsbericht vor. Der Bericht enthält insbesondere Angaben über

1. die Entwicklung des nachhaltigen Rohstoffpotenzials für die unterschiedlichen Erfüllungsoptionen,
2. den Stand der technischen Entwicklung und Kosten unterschiedlicher Herstellungstechnologien für Biokraftstoffe, Wasserstoff, strombasierte Kraftstoffe und anderer Erfüllungsoptionen,
3. die Produktionskapazitäten unterschiedlicher Erfüllungsoptionen, insbesondere der Mengen an Wasserstoff und strombasierten Kraftstoffen, die durch dieses Gesetz angereizt werden,
4. die Einhaltung der Nachhaltigkeitskriterien und Auswirkungen der ansteigenden Treibhausgasminderungs-Quote auf Natur, Umwelt und Artenvielfalt,
5. die Angemessenheit der Höhe der unterschiedlichen Anrechnungsfaktoren der betreffenden Erfüllungsoptionen und der Höhe der Ausgleichsabgaben.

Der Bericht gibt auch Empfehlungen zur Weiterentwicklung des Regelwerkes.

§ 37h
Mechanismus zur Anpassung der Treibhausgasminderungs-Quote; Verordnungsermächtigung

(1) Das Bundesministerium für Umwelt, Naturschutz und nukleare Sicherheit gibt die Summe der für ein Verpflichtungsjahr an die zuständige Stelle (§ 37d Absatz 1) gemeldeten Mengen an elektrischem Strom zur Verwendung in Straßenfahrzeugen im Bundesanzeiger bekannt.

(2) Übersteigt die Summe der nach Absatz 1 bekannt gemachten Menge elektrischen Stroms

1. im Kalenderjahr 2022 5 Petajoule,
2. im Kalenderjahr 2023 9 Petajoule,
3. im Kalenderjahr 2024 13 Petajoule,
4. im Kalenderjahr 2025 19 Petajoule,
5. im Kalenderjahr 2026 25 Petajoule,
6. im Kalenderjahr 2027 38 Petajoule,
7. im Kalenderjahr 2028 53 Petajoule,
8. im Kalenderjahr 2029 71 Petajoule,
9. im Kalenderjahr 2030 88 Petajoule,

erhöht die Bundesregierung den Prozentsatz nach § 37a Absatz 4 Satz 2 durch Rechtsverordnung ohne Zustimmung des Bundesrates für alle nachfolgenden Verpflichtungsjahre. Eine Erhöhung durch eine Rechtsverordnung nach Satz 1 erfolgt für das übernächste Verpflichtungsjahr. Die Erhöhung hat sicherzustellen, dass andere Erfüllungsoptionen in gleichem Maße zur Erfüllung der Verpflichtung nach § 37a Absatz 1 Satz 1 und 2 in Verbindung mit Absatz 4 eingesetzt werden können. Die Erhöhung hat der halben bis eineinhalbfachen Treibhausgasminderung durch die Menge an elektrischem Strom, die die Menge nach Satz 1 übersteigt, gegenüber der Summe der Referenzwerte aller Verpflichteten zu entsprechen.

Vierter Teil
Beschaffenheit und Betrieb von Fahrzeugen, Bau und Änderung von Straßen und Schienenwegen

§ 38
Beschaffenheit und Betrieb von Fahrzeugen

(1) Kraftfahrzeuge und ihre Anhänger, Schienen-, Luft- und Wasserfahrzeuge sowie Schwimmkörper und schwimmende Anlagen müssen so beschaffen sein, dass ihre durch die Teilnahme am Verkehr verursachten Emissionen bei bestimmungsgemäßem Betrieb die zum Schutz vor schädlichen Umwelteinwirkungen einzuhaltenden Grenzwerte nicht überschreiten. Sie müssen so betrieben werden, dass vermeidbare Emissionen verhindert und unvermeidbare Emissionen auf ein Mindestmaß beschränkt bleiben.

(2) Das Bundesministerium für Verkehr und digitale Infrastruktur und das Bundesministerium für Umwelt, Naturschutz und nukleare Sicherheit bestimmen nach Anhörung der beteiligten Kreise (§ 51) durch Rechtsverordnung mit Zustimmung des Bundesrates die zum Schutz vor schädlichen Umwelteinwirkungen notwendigen Anforderungen an die Beschaffenheit, die Ausrüstung, den Betrieb und die Prüfung der in Absatz 1 Satz 1 genannten Fahrzeuge und Anlagen, auch soweit diese den verkehrsrechtlichen Vorschriften des Bundes unterliegen. Dabei können Emissionsgrenzwerte unter Berücksichtigung der technischen Entwicklung auch für einen Zeitpunkt nach Inkrafttreten der Rechtsverordnung festgesetzt werden.

(3) Wegen der Anforderungen nach Absatz 2 gilt § 7 Absatz 5 entsprechend.

§ 39
Erfüllung von zwischenstaatlichen Vereinbarungen und Rechtsakten der Europäischen Gemeinschaften oder der Europäischen Union

Zur Erfüllung von Verpflichtungen aus zwischenstaatlichen Vereinbarungen oder von bindenden Rechtsakten der Europäischen Gemeinschaften oder der Europäischen Union können zu dem in § 1 genannten Zweck das Bundesministerium für Verkehr und digitale Infrastruktur und das Bundesministerium für Umwelt, Naturschutz und nukleare Sicherheit durch Rechtsverordnung mit Zustimmung des Bundesrates bestimmen, dass die in § 38 genannten Fahrzeuge bestimmten Anforderungen an Beschaffenheit, Ausrüstung, Prüfung und Betrieb genügen müssen. Wegen der Anforderungen nach Satz 1 gilt § 7 Absatz 5 entsprechend.

§ 40
Verkehrsbeschränkungen

(1) Die zuständige Straßenverkehrsbehörde beschränkt oder verbietet den Kraftfahrzeugverkehr nach Maßgabe der straßenverkehrsrechtlichen Vorschriften, soweit ein Luftreinhalteplan oder ein Plan für kurzfristig zu ergreifende Maßnahmen nach § 47

Absatz 1 oder 2 dies vorsehen. Die Straßenverkehrsbehörde kann im Einvernehmen mit der für den Immissionsschutz zuständigen Behörde Ausnahmen von Verboten oder Beschränkungen des Kraftfahrzeugverkehrs zulassen, wenn unaufschiebbare und überwiegende Gründe des Wohls der Allgemeinheit dies erfordern.

(2) Die zuständige Straßenverkehrsbehörde kann den Kraftfahrzeugverkehr nach Maßgabe der straßenverkehrsrechtlichen Vorschriften auf bestimmten Straßen oder in bestimmten Gebieten verbieten oder beschränken, wenn der Kraftfahrzeugverkehr zur Überschreitung von in Rechtsverordnungen nach § 48a Absatz 1a festgelegten Immissionswerten beiträgt und soweit die für den Immissionsschutz zuständige Behörde dies im Hinblick auf die örtlichen Verhältnisse für geboten hält, um schädliche Umwelteinwirkungen durch Luftverunreinigungen zu vermindern oder deren Entstehen zu vermeiden. Hierbei sind die Verkehrsbedürfnisse und die städtebaulichen Belange zu berücksichtigen. § 47 Absatz 6 Satz 1 bleibt unberührt.

(3) Die Bundesregierung wird ermächtigt, nach Anhörung der beteiligten Kreise (§ 51) durch Rechtsverordnung mit Zustimmung des Bundesrates zu regeln, dass Kraftfahrzeuge mit geringem Beitrag zur Schadstoffbelastung von Verkehrsverboten ganz oder teilweise ausgenommen sind oder ausgenommen werden können, sowie die hierfür maßgebenden Kriterien und die amtliche Kennzeichnung der Kraftfahrzeuge festzulegen. Die Verordnung kann auch regeln, dass bestimmte Fahrten oder Personen ausgenommen sind oder ausgenommen werden können, wenn das Wohl der Allgemeinheit oder unaufschiebbare und überwiegende Interessen des Einzelnen dies erfordern.

§ 41
Straßen und Schienenwege

(1) Bei dem Bau oder der wesentlichen Änderung öffentlicher Straßen sowie von Eisenbahnen, Magnetschwebebahnen und Straßenbahnen ist unbeschadet des § 50 sicherzustellen, dass durch diese keine schädlichen Umwelteinwirkungen durch Verkehrsgeräusche hervorgerufen werden können, die nach dem Stand der Technik vermeidbar sind.

(2) Absatz 1 gilt nicht, soweit die Kosten der Schutzmaßnahme außer Verhältnis zu dem angestrebten Schutzzweck stehen würden.

§ 42
Entschädigung für Schallschutzmaßnahmen

(1) Werden im Falle des § 41 die in der Rechtsverordnung nach § 43 Absatz 1 Satz 1 Nummer 1 festgelegten Immissionsgrenzwerte überschritten, hat der Eigentümer einer betroffenen baulichen Anlage gegen den Träger der Baulast einen Anspruch auf angemessene Entschädigung in Geld, es sei denn, dass die Beeinträchtigung wegen der besonderen Benutzung der Anlage zumutbar ist. Dies gilt auch bei baulichen Anlagen, die bei Auslegung der Pläne im Planfeststellungsverfahren oder bei Auslegung des Entwurfs der Bauleitpläne mit ausgewiesener Wegeplanung bauaufsichtlich genehmigt waren.

(2) Die Entschädigung ist zu leisten für Schallschutzmaßnahmen an den baulichen Anlagen in Höhe der erbrachten notwendigen Aufwendungen, soweit sich diese im Rahmen der Rechtsverordnung nach § 43 Absatz 1 Satz 1 Nummer 3 halten. Vorschriften, die weitergehende Entschädigungen gewähren, bleiben unberührt.

(3) Kommt zwischen dem Träger der Baulast und dem Betroffenen keine Einigung über die Entschädigung zustande, setzt die nach Landesrecht zuständige Behörde auf Antrag eines der Beteiligten die Entschädigung durch schriftlichen Bescheid fest. Im Übrigen gelten für das Verfahren die Enteignungsgesetze der Länder entsprechend.

§ 43
Rechtsverordnung der Bundesregierung

(1) Die Bundesregierung wird ermächtigt, nach Anhörung der beteiligten Kreise (§ 51) durch Rechtsverordnung mit Zustimmung des Bundesrates die zur Durchführung des § 41 und des § 42 Absatz 1 und 2 erforderlichen Vorschriften zu erlassen, insbesondere über

1. bestimmte Grenzwerte, die zum Schutz der Nachbarschaft vor schädlichen Umwelteinwirkungen durch Geräusche nicht überschritten werden dürfen, sowie über das Verfahren zur Ermittlung der Emissionen oder Immissionen,
2. bestimmte technische Anforderungen an den Bau von Straßen, Eisenbahnen, Magnetschwebebahnen und Straßenbahnen zur Vermeidung von schädlichen Umwelteinwirkungen durch Geräusche und
3. Art und Umfang der zum Schutz vor schädlichen Umwelteinwirkungen durch Geräusche notwendigen Schallschutzmaßnahmen an baulichen Anlagen.

Der in den Rechtsverordnungen auf Grund des Satzes 1 zur Berücksichtigung der Besonderheiten des Schienenverkehrs vorgesehene Abschlag von 5 Dezibel (A) ist ab dem 1. Januar 2015 und für Schienenbahnen, die ausschließlich der Verordnung über den Bau und Betrieb der Straßenbahnen vom 11. Dezember 1987 (BGBl. I S. 2648) unterliegen, ab dem 1. Januar 2019 nicht mehr anzuwenden, soweit zu diesem Zeitpunkt für den jeweiligen Abschnitt eines Vorhabens das Planfeststellungsverfahren noch nicht eröffnet ist und die Auslegung des Plans noch nicht öffentlich bekannt gemacht wurde. Von der Anwendung des in Satz 2 genannten Abschlags kann bereits vor dem 1. Januar 2015 abgesehen werden, wenn die damit verbundenen Mehrkosten vom Vorhabenträger oder dem Bund getragen werden.

(2) Wegen der Anforderungen nach Absatz 1 gilt § 7 Absatz 5 entsprechend.

Fünfter Teil
Überwachung und Verbesserung der Luftqualität, Luftreinhalteplanung, Lärmminderungspläne

§ 44
Überwachung der Luftqualität

(1) Zur Überwachung der Luftqualität führen die zuständigen Behörden regelmäßige Untersuchungen nach den Anforderungen der Rechtsverordnungen nach § 48a Absatz 1 oder 1a durch.

(2) Die Landesregierungen oder die von ihnen bestimmten Stellen werden ermächtigt, durch Rechtsverordnungen Untersuchungsgebiete festzulegen, in denen Art und Umfang bestimmter nicht von Absatz 1 erfasster Luftverunreinigungen in der Atmosphäre, die schädliche Umwelteinwirkungen hervorrufen können, in einem bestimmten

Zeitraum oder fortlaufend festzustellen sowie die für die Entstehung der Luftverunreinigungen und ihrer Ausbreitung bedeutsamen Umstände zu untersuchen sind.

§ 45
Verbesserung der Luftqualität

(1) Die zuständigen Behörden ergreifen die erforderlichen Maßnahmen, um die Einhaltung der durch eine Rechtsverordnung nach § 48a festgelegten Immissionswerte sicherzustellen. Hierzu gehören insbesondere Pläne nach § 47.

(2) Die Maßnahmen nach Absatz 1
   a) müssen einem integrierten Ansatz zum Schutz von Luft, Wasser und Boden Rechnung tragen;
   b) dürfen nicht gegen die Vorschriften zum Schutz von Gesundheit und Sicherheit der Arbeitnehmer am Arbeitsplatz verstoßen;
   c) dürfen keine erheblichen Beeinträchtigungen der Umwelt in anderen Mitgliedstaaten verursachen.

§ 46
Emissionskataster

Soweit es zur Erfüllung von bindenden Rechtsakten der Europäischen Gemeinschaften oder der Europäischen Union erforderlich ist, stellen die zuständigen Behörden Emissionskataster auf.

§ 46a
Unterrichtung der Öffentlichkeit

Die Öffentlichkeit ist nach Maßgabe der Rechtsverordnungen nach § 48a Absatz 1 über die Luftqualität zu informieren. Überschreitungen von in Rechtsverordnungen nach § 48a Absatz 1 festgelegten Informations- oder Alarmschwellen sind der Öffentlichkeit von der zuständigen Behörde unverzüglich durch Rundfunk, Fernsehen, Presse oder auf andere Weise bekannt zu geben.

§ 47
Luftreinhaltepläne, Pläne für kurzfristig zu ergreifende Maßnahmen, Landesverordnungen

(1) Werden die durch eine Rechtsverordnung nach § 48a Absatz 1 festgelegten Immissionsgrenzwerte einschließlich festgelegter Toleranzmargen überschritten, hat die zuständige Behörde einen Luftreinhalteplan aufzustellen, welcher die erforderlichen Maßnahmen zur dauerhaften Verminderung von Luftverunreinigungen festlegt und den Anforderungen der Rechtsverordnung entspricht. Satz 1 gilt entsprechend, soweit eine Rechtsverordnung nach § 48a Absatz 1 zur Einhaltung von Zielwerten die Aufstellung eines Luftreinhalteplans regelt. Die Maßnahmen eines Luftreinhalteplans müssen geeignet sein, den Zeitraum einer Überschreitung von bereits einzuhaltenden Immissionsgrenzwerten so kurz wie möglich zu halten.

(2) Besteht die Gefahr, dass die durch eine Rechtsverordnung nach § 48a Absatz 1 festgelegten Alarmschwellen überschritten werden, hat die zuständige Behörde einen Plan

für kurzfristig zu ergreifende Maßnahmen aufzustellen, soweit die Rechtsverordnung dies vorsieht. Besteht die Gefahr, dass durch eine Rechtsverordnung nach § 48a Absatz 1 festgelegte Immissionsgrenzwerte oder Zielwerte überschritten werden, kann die zuständige Behörde einen Plan für kurzfristig zu ergreifende Maßnahmen aufstellen, soweit die Rechtsverordnung dies vorsieht. Die im Plan festgelegten Maßnahmen müssen geeignet sein, die Gefahr der Überschreitung der Werte zu verringern oder den Zeitraum, während dessen die Werte überschritten werden, zu verkürzen. Ein Plan für kurzfristig zu ergreifende Maßnahmen kann Teil eines Luftreinhalteplans nach Absatz 1 sein.

(3) Liegen Anhaltspunkte dafür vor, dass die durch eine Rechtsverordnung nach § 48a Absatz 1a festgelegten Immissionswerte nicht eingehalten werden, oder sind in einem Untersuchungsgebiet im Sinne des § 44 Absatz 2 sonstige schädliche Umwelteinwirkungen zu erwarten, kann die zuständige Behörde einen Luftreinhalteplan aufstellen. Bei der Aufstellung dieser Pläne sind die Ziele der Raumordnung zu beachten; die Grundsätze und sonstigen Erfordernisse der Raumordnung sind zu berücksichtigen.

(4) Die Maßnahmen sind entsprechend des Verursacheranteils unter Beachtung des Grundsatzes der Verhältnismäßigkeit gegen alle Emittenten zu richten, die zum Überschreiten der Immissionswerte oder in einem Untersuchungsgebiet im Sinne des § 44 Absatz 2 zu sonstigen schädlichen Umwelteinwirkungen beitragen. Werden in Plänen nach Absatz 1 oder 2 Maßnahmen im Straßenverkehr erforderlich, sind diese im Einvernehmen mit den zuständigen Straßenbau- und Straßenverkehrsbehörden festzulegen. Werden Immissionswerte hinsichtlich mehrerer Schadstoffe überschritten, ist ein alle Schadstoffe erfassender Plan aufzustellen. Werden Immissionswerte durch Emissionen überschritten, die außerhalb des Plangebiets verursacht werden, hat in den Fällen der Absätze 1 und 2 auch die dort zuständige Behörde einen Plan aufzustellen.

(4a) Verbote des Kraftfahrzeugverkehrs für Kraftfahrzeuge mit Selbstzündungsmotor kommen wegen der Überschreitung des Immissionsgrenzwertes für Stickstoffdioxid in der Regel nur in Gebieten in Betracht, in denen der Wert von 50 Mikrogramm Stickstoffdioxid pro Kubikmeter Luft im Jahresmittel überschritten worden ist. Folgende Kraftfahrzeuge sind von Verkehrsverboten ausgenommen:

1. Kraftfahrzeuge der Schadstoffklasse Euro 6,
2. Kraftfahrzeuge der Schadstoffklassen Euro 4 und Euro 5, sofern diese im praktischen Fahrbetrieb in entsprechender Anwendung des Artikels 2 Nummer 41 in Verbindung mit Anhang IIIa der Verordnung (EG) Nr. 692/2008 der Kommission vom 18. Juli 2008 zur Durchführung und Änderung der Verordnung (EG) Nr. 715/2007 des Europäischen Parlaments und des Rates über die Typgenehmigung von Kraftfahrzeugen hinsichtlich der Emissionen von leichten Personenkraftwagen und Nutzfahrzeugen (Euro 5 und Euro 6) und über den Zugang zu Reparatur- und Wartungsinformationen für Fahrzeuge (ABl. L 199 vom 28.7.2008, S. 1), die zuletzt durch die Verordnung (EU) 2017/1221 (ABl. L 174 vom 7.7.2017, S. 3) geändert worden ist, weniger als 270 Milligramm Stickstoffoxide pro Kilometer ausstoßen,
3. Kraftomnibusse mit einer Allgemeinen Betriebserlaubnis für ein Stickstoffoxid-Minderungssystem mit erhöhter Minderungsleistung, sofern die Nachrüstung finanziell aus einem öffentlichen Titel des Bundes gefördert worden ist, oder die die technischen Anforderungen erfüllen, die für diese Förderung erforderlich gewesen wären,

4. schwere Kommunalfahrzeuge mit einer Allgemeinen Betriebserlaubnis für ein Stickstoffoxid-Minderungssystem mit erhöhter Minderungsleistung, sofern die Nachrüstung finanziell aus einem öffentlichen Titel des Bundes gefördert worden ist, oder die die technischen Anforderungen erfüllen, die für diese Förderung erforderlich gewesen wären, sowie Fahrzeuge der privaten Entsorgungswirtschaft von mehr als 3,5 Tonnen mit einer Allgemeinen Betriebserlaubnis für ein Stickstoffoxid-Minderungssystem mit erhöhter Minderungsleistung, die die technischen Anforderungen erfüllen, die für diese Förderung erforderlich gewesen wären,
5. Handwerker- und Lieferfahrzeuge zwischen 2,8 und 7,5 Tonnen mit einer Allgemeinen Betriebserlaubnis für ein Stickstoffoxid-Minderungssystem mit erhöhter Minderungsleistung, sofern die Nachrüstung finanziell aus einem öffentlichen Titel des Bundes gefördert worden ist, oder die die technischen Anforderungen erfüllen, die für diese Förderung erforderlich gewesen wären,
6. Kraftfahrzeuge der Schadstoffklasse Euro VI und
7. Kraftfahrzeuge im Sinne von Anhang 3 Nummer 5, 6 und 7 der Verordnung zur Kennzeichnung der Kraftfahrzeuge mit geringem Beitrag zur Schadstoffbelastung vom 10. Oktober 2006 (BGBl. I S. 2218), die zuletzt durch Artikel 85 der Verordnung vom 31. August 2015 (BGBl. I S. 1474) geändert worden ist.

Im Einzelfall kann der Luftreinhalteplan im Fall des Satzes 2 Nummer 6 auch für diese Kraftfahrzeuge ein Verbot des Kraftfahrzeugverkehrs vorsehen, wenn die schnellstmögliche Einhaltung des Immissionsgrenzwertes für Stickstoffdioxid anderenfalls nicht sichergestellt werden kann. Weitere Ausnahmen von Verboten des Kraftfahrzeugverkehrs, insbesondere nach § 40 Absatz 1 Satz 2, können durch die zuständigen Behörden zugelassen werden. Die Vorschriften zu ergänzenden technischen Regelungen, insbesondere zu Nachrüstmaßnahmen bei Kraftfahrzeugen, im Straßenverkehrsgesetz und in der Straßenverkehrs-Zulassungs-Ordnung bleiben unberührt.

(5) Die nach den Absätzen 1 bis 4 aufzustellenden Pläne müssen den Anforderungen des § 45 Absatz 2 entsprechen. Die Öffentlichkeit ist bei der Aufstellung von Plänen nach den Absätzen 1 und 3 zu beteiligen. Die Pläne müssen für die Öffentlichkeit zugänglich sein.

(5a) Bei der Aufstellung oder Änderung von Luftreinhalteplänen nach Absatz 1 ist die Öffentlichkeit durch die zuständige Behörde zu beteiligen. Die Aufstellung oder Änderung eines Luftreinhalteplanes sowie Informationen über das Beteiligungsverfahren sind in einem amtlichen Veröffentlichungsblatt und auf andere geeignete Weise öffentlich bekannt zu machen. Der Entwurf des neuen oder geänderten Luftreinhalteplanes ist einen Monat zur Einsicht auszulegen; bis zwei Wochen nach Ablauf der Auslegungsfrist kann gegenüber der zuständigen Behörde schriftlich oder elektronisch Stellung genommen werden; der Zeitpunkt des Fristablaufs ist bei der Bekanntmachung nach Satz 2 mitzuteilen. Fristgemäß eingegangene Stellungnahmen werden von der zuständigen Behörde bei der Entscheidung über die Annahme des Plans angemessen berücksichtigt. Der aufgestellte Plan ist von der zuständigen Behörde in einem amtlichen Veröffentlichungsblatt und auf andere geeignete Weise öffentlich bekannt zu machen. In der öffentlichen Bekanntmachung sind das überplante Gebiet und eine Übersicht über die wesentlichen Maßnahmen darzustellen. Eine Ausfertigung des Plans, einschließlich einer Darstellung des Ablaufs des Beteiligungsverfahrens und der Gründe und Erwägungen, auf denen die getroffene Entscheidung beruht, wird zwei Wochen zur Einsicht ausgelegt. Dieser Absatz findet keine Anwendung, wenn es sich bei dem Luftreinhalteplan nach Absatz 1 um einen Plan handelt, für den nach dem Gesetz über die Umweltverträglichkeitsprüfung eine Strategische Umweltprüfung durchzuführen ist.

(5b) Werden nach Absatz 2 Pläne für kurzfristig zu ergreifende Maßnahmen aufgestellt, macht die zuständige Behörde der Öffentlichkeit sowohl die Ergebnisse ihrer Untersuchungen zur Durchführbarkeit und zum Inhalt solcher Pläne als auch Informationen über die Durchführung dieser Pläne zugänglich.

(6) Die Maßnahmen, die Pläne nach den Absätzen 1 bis 4 festlegen, sind durch Anordnungen oder sonstige Entscheidungen der zuständigen Träger öffentlicher Verwaltung nach diesem Gesetz oder nach anderen Rechtsvorschriften durchzusetzen. Sind in den Plänen planungsrechtliche Festlegungen vorgesehen, haben die zuständigen Planungsträger dies bei ihren Planungen zu berücksichtigen.

(7) Die Landesregierungen oder die von ihnen bestimmten Stellen werden ermächtigt, bei der Gefahr, dass Immissionsgrenzwerte überschritten werden, die eine Rechtsverordnung nach § 48a Absatz 1 festlegt, durch Rechtsverordnung vorzuschreiben, dass in näher zu bestimmenden Gebieten bestimmte
1. ortsveränderliche Anlagen nicht betrieben werden dürfen,
2. ortsfeste Anlagen nicht errichtet werden dürfen,
3. ortsveränderliche oder ortsfeste Anlagen nur zu bestimmten Zeiten betrieben werden dürfen oder erhöhten betriebstechnischen Anforderungen genügen müssen,
4. Brennstoffe in Anlagen nicht oder nur beschränkt verwendet werden dürfen,

soweit die Anlagen oder Brennstoffe geeignet sind, zur Überschreitung der Immissionswerte beizutragen. Absatz 4 Satz 1 und § 49 Absatz 3 gelten entsprechend.

Sechster Teil
Lärmminderungsplanung

§ 47a
Anwendungsbereich des Sechsten Teils

Dieser Teil des Gesetzes gilt für den Umgebungslärm, dem Menschen insbesondere in bebauten Gebieten, in öffentlichen Parks oder anderen ruhigen Gebieten eines Ballungsraums, in ruhigen Gebieten auf dem Land, in der Umgebung von Schulgebäuden, Krankenhäusern und anderen lärmempfindlichen Gebäuden und Gebieten ausgesetzt sind. Er gilt nicht für Lärm, der von der davon betroffenen Person selbst oder durch Tätigkeiten innerhalb von Wohnungen verursacht wird, für Nachbarschaftslärm, Lärm am Arbeitsplatz, in Verkehrsmitteln oder Lärm, der auf militärische Tätigkeiten in militärischen Gebieten zurückzuführen ist.

§ 47b
Begriffsbestimmungen

Im Sinne dieses Gesetzes bezeichnen die Begriffe

1. „Umgebungslärm“ belästigende oder gesundheitsschädliche Geräusche im Freien, die durch Aktivitäten von Menschen verursacht werden, einschließlich des Lärms, der von Verkehrsmitteln, Straßenverkehr, Eisenbahnverkehr, Flugverkehr sowie Geländen für industrielle Tätigkeiten ausgeht;

2. „Ballungsraum“ ein Gebiet mit einer Einwohnerzahl von über 100 000 und einer Bevölkerungsdichte von mehr als 1 000 Einwohnern pro Quadratkilometer;
3. „Hauptverkehrsstraße“ eine Bundesfernstraße, Landesstraße oder auch sonstige grenzüberschreitende Straße, jeweils mit einem Verkehrsaufkommen von über drei Millionen Kraftfahrzeugen pro Jahr;
4. „Haupteisenbahnstrecke“ ein Schienenweg von Eisenbahnen nach dem Allgemeinen Eisenbahngesetz mit einem Verkehrsaufkommen von über 30 000 Zügen pro Jahr;
5. „Großflughafen“ ein Verkehrsflughafen mit einem Verkehrsaufkommen von über 50 000 Bewegungen pro Jahr, wobei mit „Bewegung“ der Start oder die Landung bezeichnet wird, hiervon sind ausschließlich der Ausbildung dienende Bewegungen mit Leichtflugzeugen ausgenommen.

§ 47c
Lärmkarten

(1) Die zuständigen Behörden arbeiten bis zum 30. Juni 2007 bezogen auf das vorangegangene Kalenderjahr Lärmkarten für Ballungsräume mit mehr als 250 000 Einwohnern sowie für Hauptverkehrsstraßen mit einem Verkehrsaufkommen von über sechs Millionen Kraftfahrzeugen pro Jahr, Haupteisenbahnstrecken mit einem Verkehrsaufkommen von über 60 000 Zügen pro Jahr und Großflughäfen aus. Gleiches gilt bis zum 30. Juni 2012 und danach alle fünf Jahre für sämtliche Ballungsräume sowie für sämtliche Hauptverkehrsstraßen und Haupteisenbahnstrecken.

(2) Die Lärmkarten haben den Mindestanforderungen des Anhangs IV der Richtlinie 2002/49/EG des Europäischen Parlaments und des Rates vom 25. Juni 2002 über die Bewertung und Bekämpfung von Umgebungslärm (ABl. EG Nr. L 189 S. 12) zu entsprechen und die nach Anhang VI der Richtlinie 2002/49/EG an die Kommission zu übermittelnden Daten zu enthalten.

(2a) Öffentliche Eisenbahninfrastrukturunternehmen sind verpflichtet, den für die Ausarbeitung von Lärmkarten zuständigen Behörden folgende für die Erarbeitung von Lärmkarten erforderlichen Daten unentgeltlich zur Verfügung zu stellen:
1. Daten zur Eisenbahninfrastruktur und
2. Daten zum Verkehr der Eisenbahnen auf den Schienenwegen.

(3) Die zuständigen Behörden arbeiten bei der Ausarbeitung von Lärmkarten für Grenzgebiete mit den zuständigen Behörden anderer Mitgliedstaaten der Europäischen Union zusammen.

(4) Die Lärmkarten werden mindestens alle fünf Jahre nach dem Zeitpunkt ihrer Erstellung überprüft und bei Bedarf überarbeitet.

(5) Die zuständigen Behörden teilen dem Bundesministerium für Umwelt, Naturschutz und nukleare Sicherheit oder einer von ihm benannten Stelle zum 30. Juni 2005 und danach alle fünf Jahre die Ballungsräume mit mehr als 250 000 Einwohnern, die Hauptverkehrsstraßen mit einem Verkehrsaufkommen von über sechs Millionen Kraftfahrzeugen pro Jahr, die Haupteisenbahnstrecken mit einem Verkehrsaufkommen von über 60 000 Zügen pro Jahr und die Großflughäfen mit. Gleiches gilt zum 31. Dezember 2008 für sämtliche Ballungsräume sowie sämtliche Hauptverkehrsstraßen und Haupteisenbahnstrecken.

(6) Die zuständigen Behörden teilen Informationen aus den Lärmkarten, die in der Rechtsverordnung nach § 47f bezeichnet werden, dem Bundesministerium für Umwelt, Naturschutz und nukleare Sicherheit oder einer von ihm benannten Stelle mit.

§ 47d
Lärmaktionspläne

(1) Die zuständigen Behörden stellen bis zum 18. Juli 2008 Lärmaktionspläne auf, mit denen Lärmprobleme und Lärmauswirkungen geregelt werden für

1. Orte in der Nähe der Hauptverkehrsstraßen mit einem Verkehrsaufkommen von über sechs Millionen Kraftfahrzeugen pro Jahr, der Haupteisenbahnstrecken mit einem Verkehrsaufkommen von über 60 000 Zügen pro Jahr und der Großflughäfen,
2. Ballungsräume mit mehr als 250 000 Einwohnern.

Gleiches gilt bis zum 18. Juli 2013 für sämtliche Ballungsräume sowie für sämtliche Hauptverkehrsstraßen und Haupteisenbahnstrecken. Die Festlegung von Maßnahmen in den Plänen ist in das Ermessen der zuständigen Behörden gestellt, sollte aber auch unter Berücksichtigung der Belastung durch mehrere Lärmquellen insbesondere auf die Prioritäten eingehen, die sich gegebenenfalls aus der Überschreitung relevanter Grenzwerte oder aufgrund anderer Kriterien ergeben, und insbesondere für die wichtigsten Bereiche gelten, wie sie in den Lärmkarten ausgewiesen werden.

(2) Die Lärmaktionspläne haben den Mindestanforderungen des Anhangs V der Richtlinie 2002/49/EG zu entsprechen und die nach Anhang VI der Richtlinie 2002/49/EG an die Kommission zu übermittelnden Daten zu enthalten. Ziel dieser Pläne soll es auch sein, ruhige Gebiete gegen eine Zunahme des Lärms zu schützen.

(2a) Öffentliche Eisenbahninfrastrukturunternehmen sind verpflichtet, an der Aufstellung von Lärmaktionsplänen für Orte in der Nähe der Haupteisenbahnstrecken und für Ballungsräume mit Eisenbahnverkehr mitzuwirken.

(3) Die Öffentlichkeit wird zu Vorschlägen für Lärmaktionspläne gehört. Sie erhält rechtzeitig und effektiv die Möglichkeit, an der Ausarbeitung und der Überprüfung der Lärmaktionspläne mitzuwirken. Die Ergebnisse der Mitwirkung sind zu berücksichtigen. Die Öffentlichkeit ist über die getroffenen Entscheidungen zu unterrichten. Es sind angemessene Fristen mit einer ausreichenden Zeitspanne für jede Phase der Beteiligung vorzusehen.

(4) § 47c Absatz 3 gilt entsprechend.

(5) Die Lärmaktionspläne werden bei bedeutsamen Entwicklungen für die Lärmsituation, ansonsten jedoch alle fünf Jahre nach dem Zeitpunkt ihrer Aufstellung überprüft und erforderlichenfalls überarbeitet.

(6) § 47 Absatz 3 Satz 2 und Absatz 6 gilt entsprechend.

(7) Die zuständigen Behörden teilen Informationen aus den Lärmaktionsplänen, die in der Rechtsverordnung nach § 47f bezeichnet werden, dem Bundesministerium für Umwelt, Naturschutz und nukleare Sicherheit oder einer von ihm benannten Stelle mit.

§ 47e
Zuständige Behörden

(1) Zuständige Behörden für die Aufgaben dieses Teils des Gesetzes sind die Gemeinden oder die nach Landesrecht zuständigen Behörden, soweit nicht nachstehend Abweichendes geregelt ist.

(2) Die obersten Landesbehörden oder die von ihnen benannten Stellen sind zuständig für die Mitteilungen nach § 47c Absatz 5 und 6 sowie nach § 47d Absatz 7.

(3) Das Eisenbahn-Bundesamt ist zuständig für die Ausarbeitung der Lärmkarten für Schienenwege von Eisenbahnen des Bundes nach § 47c sowie insoweit für die Mitteilung der Haupteisenbahnstrecken nach § 47c Absatz 5, für die Mitteilung der Informationen nach § 47c Absatz 6 und für die Information der Öffentlichkeit über Lärmkarten nach § 47f Absatz 1 Satz 1 Nummer 3.

(4) Abweichend von Absatz 1 ist ab dem 1. Januar 2015 das Eisenbahn-Bundesamt zuständig für die Aufstellung eines bundesweiten Lärmaktionsplanes für die Haupteisenbahnstrecken des Bundes mit Maßnahmen in Bundeshoheit. Bei Lärmaktionsplänen für Ballungsräume wirkt das Eisenbahn-Bundesamt an der Lärmaktionsplanung mit.

§ 47f
Rechtsverordnungen

(1) Die Bundesregierung wird ermächtigt, nach Anhörung der beteiligten Kreise (§ 51) durch Rechtsverordnung mit Zustimmung des Bundesrates weitere Regelungen zur Umsetzung der Richtlinie 2002/49/EG in deutsches Recht zu erlassen, insbesondere

1. zur Definition von Lärmindizes und zu ihrer Anwendung,
2. zu den Berechnungsmethoden für Lärmindizes und zur Bewertung gesundheitsschädlicher Auswirkungen,
3. zur Information der Öffentlichkeit über zuständige Behörden sowie Lärmkarten und Lärmaktionspläne,
4. zu Kriterien für die Festlegung von Maßnahmen in Lärmaktionsplänen.

Passt die Kommission gemäß Artikel 12 der Richtlinie 2002/49/EG deren Anhang I Abschnitt 3, Anhang II und Anhang III nach dem Verfahren des Artikels 13 Absatz 2 der Richtlinie 2002/49/EG an den wissenschaftlichen und technischen Fortschritt an, gilt Satz 1 auch insoweit.

(2) Die Bundesregierung wird ermächtigt, nach Anhörung der beteiligten Kreise (§ 51) durch Rechtsverordnung mit Zustimmung des Bundesrates weitere Regelungen zu erlassen

1. zum Format und Inhalt von Lärmkarten und Lärmaktionsplänen,
2. zur Datenerhebung und Datenübermittlung.

Siebenter Teil
Gemeinsame Vorschriften

§ 48
Verwaltungsvorschriften

(1) Die Bundesregierung erlässt nach Anhörung der beteiligten Kreise (§ 51) mit Zustimmung des Bundesrates zur Durchführung dieses Gesetzes und der auf Grund dieses Gesetzes erlassenen Rechtsverordnungen des Bundes allgemeine Verwaltungsvorschriften, insbesondere über

1. Immissionswerte, die zu dem in § 1 genannten Zweck nicht überschritten werden dürfen,
2. Emissionswerte, deren Überschreiten nach dem Stand der Technik vermeidbar ist,
3. das Verfahren zur Ermittlung der Emissionen und Immissionen,

4. die von der zuständigen Behörde zu treffenden Maßnahmen bei Anlagen, für die Regelungen in einer Rechtsverordnung nach § 7 Absatz 2 oder 3 vorgesehen werden können, unter Berücksichtigung insbesondere der dort genannten Voraussetzungen,
5. äquivalente Parameter oder äquivalente technische Maßnahmen zu Emissionswerten,
6. angemessene Sicherheitsabstände gemäß § 3 Absatz 5c.

Bei der Festlegung der Anforderungen sind insbesondere mögliche Verlagerungen von nachteiligen Auswirkungen von einem Schutzgut auf ein anderes zu berücksichtigen; ein hohes Schutzniveau für die Umwelt insgesamt ist zu gewährleisten.

(1a) Nach jeder Veröffentlichung einer BVT-Schlussfolgerung ist unverzüglich zu gewährleisten, dass für Anlagen nach der Industrieemissions-Richtlinie bei der Festlegung von Emissionswerten nach Absatz 1 Satz 1 Nummer 2 die Emissionen unter normalen Betriebsbedingungen die in den BVT-Schlussfolgerungen genannten Emissionsbandbreiten nicht überschreiten. Im Hinblick auf bestehende Anlagen ist innerhalb eines Jahres nach Veröffentlichung von BVT-Schlussfolgerungen zur Haupttätigkeit eine Überprüfung und gegebenenfalls Anpassung der Verwaltungsvorschrift vorzunehmen.

(1b) Abweichend von Absatz 1a

1. können in der Verwaltungsvorschrift weniger strenge Emissionswerte festgelegt werden, wenn
   a) wegen technischer Merkmale der betroffenen Anlagenart die Anwendung der in den BVT-Schlussfolgerungen genannten Emissionsbandbreiten unverhältnismäßig wäre und dies begründet wird oder
   b) in Anlagen Zukunftstechniken für einen Gesamtzeitraum von höchstens neun Monaten erprobt oder angewendet werden sollen, sofern nach dem festgelegten Zeitraum die Anwendung der betreffenden Technik beendet wird oder in der Anlage mindestens die mit den besten verfügbaren Techniken assoziierten Emissionsbandbreiten erreicht werden, oder
2. kann in der Verwaltungsvorschrift bestimmt werden, dass die zuständige Behörde weniger strenge Emissionsbegrenzungen festlegen kann, wenn
   a) wegen technischer Merkmale der betroffenen Anlagen die Anwendung der in den BVT-Schlussfolgerungen genannten Emissionsbandbreiten unverhältnismäßig wäre oder
   b) in Anlagen Zukunftstechniken für einen Gesamtzeitraum von höchstens neun Monaten erprobt oder angewendet werden sollen, sofern nach dem festgelegten Zeitraum die Anwendung der betreffenden Technik beendet wird oder in der Anlage mindestens die mit den besten verfügbaren Techniken assoziierten Emissionsbandbreiten erreicht werden.

Absatz 1 Satz 2 bleibt unberührt. Emissionswerte und Emissionsbegrenzungen nach Satz 1 dürfen die in den Anhängen der Richtlinie 2010/75/EU festgelegten Emissionsgrenzwerte nicht überschreiten.

(2) (weggefallen)

§ 48a
Rechtsverordnungen über Emissionswerte und Immissionswerte

(1) Zur Erfüllung von bindenden Rechtsakten der Europäischen Gemeinschaften oder der Europäischen Union kann die Bundesregierung zu dem in § 1 genannten Zweck mit Zustimmung des Bundesrates Rechtsverordnungen über die Festsetzung von Immissions- und Emissionswerten einschließlich der Verfahren zur Ermittlung sowie Maßnahmen zur Einhaltung dieser Werte und zur Überwachung und Messung erlassen. In den Rechtsverordnungen kann auch geregelt werden, wie die Bevölkerung zu unterrichten ist.

(1a) Über die Erfüllung von bindenden Rechtsakten der Europäischen Gemeinschaften oder der Europäischen Union hinaus kann die Bundesregierung zu dem in § 1 genannten Zweck mit Zustimmung des Bundesrates Rechtsverordnungen über die Festlegung von Immissionswerten für weitere Schadstoffe einschließlich der Verfahren zur Ermittlung sowie Maßnahmen zur Einhaltung dieser Werte und zur Überwachung und Messung erlassen. In den Rechtsverordnungen kann auch geregelt werden, wie die Bevölkerung zu unterrichten ist.

(2) Die in Rechtsverordnungen nach Absatz 1 festgelegten Maßnahmen sind durch Anordnungen oder sonstige Entscheidungen der zuständigen Träger öffentlicher Verwaltung nach diesem Gesetz oder nach anderen Rechtsvorschriften durchzusetzen; soweit planungsrechtliche Festlegungen vorgesehen sind, haben die zuständigen Planungsträger zu befinden, ob und inwieweit Planungen in Betracht zu ziehen sind.

(3) Zur Erfüllung von bindenden Rechtsakten der Europäischen Gemeinschaften oder der Europäischen Union kann die Bundesregierung zu dem in § 1 genannten Zweck mit Zustimmung des Bundesrates in Rechtsverordnungen von Behörden zu erfüllende Pflichten begründen und ihnen Befugnisse zur Erhebung, Verarbeitung und Nutzung personenbezogener Daten einräumen, soweit diese für die Beurteilung und Kontrolle der in den Beschlüssen gestellten Anforderungen erforderlich sind.

§ 48b
Beteiligung des Bundestages beim Erlass von Rechtsverordnungen

Rechtsverordnungen nach § 7 Absatz 1 Satz 1 Nummer 2, § 23 Absatz 1 Satz 1 Nummer 2, § 43 Absatz 1 Satz 1 Nummer 1, § 48a Absatz 1 und § 48a Absatz 1a dieses Gesetzes sind dem Bundestag zuzuleiten. Die Zuleitung erfolgt vor der Zuleitung an den Bundesrat. Die Rechtsverordnungen können durch Beschluss des Bundestages geändert oder abgelehnt werden. Der Beschluss des Bundestages wird der Bundesregierung zugeleitet. Hat sich der Bundestag nach Ablauf von vier Sitzungswochen seit Eingang der Rechtsverordnung nicht mit ihr befasst, wird die unveränderte Rechtsverordnung dem Bundesrat zugeleitet. Die Sätze 1 bis 5 gelten nicht bei Rechtsverordnungen nach § 7 Absatz 1 Satz 1 Nummer 2 für den Fall, dass wegen der Fortentwicklung des Standes der Technik die Umsetzung von BVT-Schlussfolgerungen nach § 7 Absatz 1a erforderlich ist.

§ 49
Schutz bestimmter Gebiete

(1) Die Landesregierungen werden ermächtigt, durch Rechtsverordnung vorzuschreiben, dass in näher zu bestimmenden Gebieten, die eines besonderen Schutzes vor schäd-

lichen Umwelteinwirkungen durch Luftverunreinigungen oder Geräusche bedürfen, bestimmte

1. ortsveränderliche Anlagen nicht betrieben werden dürfen,
2. ortsfeste Anlagen nicht errichtet werden dürfen,
3. ortsveränderliche oder ortsfeste Anlagen nur zu bestimmten Zeiten betrieben werden dürfen oder erhöhten betriebstechnischen Anforderungen genügen müssen oder
4. Brennstoffe in Anlagen nicht oder nur beschränkt verwendet werden dürfen,

soweit die Anlagen oder Brennstoffe geeignet sind, schädliche Umwelteinwirkungen durch Luftverunreinigungen oder Geräusche hervorzurufen, die mit dem besonderen Schutzbedürfnis dieser Gebiete nicht vereinbar sind, und die Luftverunreinigungen und Geräusche durch Auflagen nicht verhindert werden können.

(2) Die Landesregierungen werden ermächtigt, durch Rechtsverordnung Gebiete festzusetzen, in denen während austauscharmer Wetterlagen ein starkes Anwachsen schädlicher Umwelteinwirkungen durch Luftverunreinigungen zu befürchten ist. In der Rechtsverordnung kann vorgeschrieben werden, dass in diesen Gebieten

1. ortsveränderliche oder ortsfeste Anlagen nur zu bestimmten Zeiten betrieben oder
2. Brennstoffe, die in besonderem Maße Luftverunreinigungen hervorrufen, in Anlagen nicht oder nur beschränkt verwendet

werden dürfen, sobald die austauscharme Wetterlage von der zuständigen Behörde bekannt gegeben wird.

(3) Landesrechtliche Ermächtigungen für die Gemeinden und Gemeindeverbände zum Erlass von ortsrechtlichen Vorschriften, die Regelungen zum Schutz der Bevölkerung vor schädlichen Umwelteinwirkungen durch Luftverunreinigungen oder Geräusche zum Gegenstand haben, bleiben unberührt.

§ 50
Planung

Bei raumbedeutsamen Planungen und Maßnahmen sind die für eine bestimmte Nutzung vorgesehenen Flächen einander so zuzuordnen, dass schädliche Umwelteinwirkungen und von schweren Unfällen im Sinne des Artikels 3 Nummer 13 der Richtlinie 2012/18/EU in Betriebsbereichen hervorgerufene Auswirkungen auf die ausschließlich oder überwiegend dem Wohnen dienenden Gebiete sowie auf sonstige schutzbedürftige Gebiete, insbesondere öffentlich genutzte Gebiete, wichtige Verkehrswege, Freizeitgebiete und unter dem Gesichtspunkt des Naturschutzes besonders wertvolle oder besonders empfindliche Gebiete und öffentlich genutzte Gebäude, so weit wie möglich vermieden werden. Bei raumbedeutsamen Planungen und Maßnahmen in Gebieten, in denen die in Rechtsverordnungen nach § 48a Absatz 1 festgelegten Immissionsgrenzwerte und Zielwerte nicht überschritten werden, ist bei der Abwägung der betroffenen Belange die Erhaltung der bestmöglichen Luftqualität als Belang zu berücksichtigen.

§ 51
Anhörung beteiligter Kreise

Soweit Ermächtigungen zum Erlass von Rechtsverordnungen und allgemeinen Verwaltungsvorschriften die Anhörung der beteiligten Kreise vorschreiben, ist ein jeweils auszuwählender Kreis von Vertretern der Wissenschaft, der Betroffenen, der beteiligten Wirtschaft, des beteiligten Verkehrswesens und der für den Immissionsschutz zuständigen obersten Landesbehörden zu hören.

§ 51a
Kommission für Anlagensicherheit

(1) Beim Bundesministerium für Umwelt, Naturschutz und nukleare Sicherheit wird zur Beratung der Bundesregierung oder des zuständigen Bundesministeriums eine Kommission für Anlagensicherheit gebildet.

(2) Die Kommission für Anlagensicherheit soll gutachtlich in regelmäßigen Zeitabständen sowie aus besonderem Anlass Möglichkeiten zur Verbesserung der Anlagensicherheit aufzeigen. Sie schlägt darüber hinaus dem Stand der Sicherheitstechnik entsprechende Regeln (sicherheitstechnische Regeln) unter Berücksichtigung der für andere Schutzziele vorhandenen Regeln vor. Nach Anhörung der für die Anlagensicherheit zuständigen obersten Landesbehörden kann das Bundesministerium für Umwelt, Naturschutz und nukleare Sicherheit diese Regeln im Bundesanzeiger veröffentlichen. Die Kommission für Anlagensicherheit überprüft innerhalb angemessener Zeitabstände, spätestens nach jeweils fünf Jahren, ob die veröffentlichten sicherheitstechnischen Regeln weiterhin dem Stand der Sicherheitstechnik entsprechen.

(3) In die Kommission für Anlagensicherheit sind im Einvernehmen mit dem Bundesministerium für Arbeit und Soziales neben Vertreterinnen oder Vertretern der beteiligten Bundesbehörden sowie der für den Immissions- und Arbeitsschutz zuständigen Landesbehörden insbesondere Vertreterinnen oder Vertreter der Wissenschaft, der Umweltverbände, der Gewerkschaften, der Sachverständigen nach § 29a und der zugelassenen Überwachungsstellen nach § 2 Nummer 4 des Gesetzes über überwachungsbedürftige Anlagen, der Berufsgenossenschaften, der beteiligten Wirtschaft sowie Vertreterinnen oder Vertreter der nach § 24 der Betriebssicherheitsverordnung und § 21 der Gefahrstoffverordnung eingesetzten Ausschüsse zu berufen.

(4) Die Kommission für Anlagensicherheit wählt aus ihrer Mitte eine Vorsitzende oder einen Vorsitzenden und gibt sich eine Geschäftsordnung. Die Wahl der oder des Vorsitzenden und die Geschäftsordnung bedürfen der im Einvernehmen mit dem Bundesministerium für Arbeit und Soziales zu erteilenden Zustimmung des Bundesministeriums für Umwelt, Naturschutz und nukleare Sicherheit.

§ 51b
Sicherstellung der Zustellungsmöglichkeit

Der Betreiber einer genehmigungsbedürftigen Anlage hat sicherzustellen, dass für ihn bestimmte Schriftstücke im Geltungsbereich dieses Gesetzes zugestellt werden können. Kann die Zustellung nur dadurch sichergestellt werden, dass ein Bevollmächtigter bestellt wird, so hat der Betreiber den Bevollmächtigten der zuständigen Behörde zu benennen.

§ 52
Überwachung

(1) Die zuständigen Behörden haben die Durchführung dieses Gesetzes und der auf dieses Gesetz gestützten Rechtsverordnungen zu überwachen. Sie können die dafür erforderlichen Maßnahmen treffen und bei der Durchführung dieser Maßnahmen Be-

auftragte einsetzen. Sie haben Genehmigungen im Sinne des § 4 regelmäßig zu überprüfen und soweit erforderlich durch nachträgliche Anordnungen nach § 17 auf den neuesten Stand zu bringen. Eine Überprüfung im Sinne von Satz 2 wird in jedem Fall vorgenommen, wenn

1. Anhaltspunkte dafür bestehen, dass der Schutz der Nachbarschaft und der Allgemeinheit nicht ausreichend ist und deshalb die in der Genehmigung festgelegten Begrenzungen der Emissionen überprüft oder neu festgesetzt werden müssen,
2. wesentliche Veränderungen des Standes der Technik eine erhebliche Verminderung der Emissionen ermöglichen,
3. eine Verbesserung der Betriebssicherheit erforderlich ist, insbesondere durch die Anwendung anderer Techniken, oder
4. neue umweltrechtliche Vorschriften dies fordern.

Bei Anlagen nach der Industrieemissions-Richtlinie ist innerhalb von vier Jahren nach der Veröffentlichung von BVT-Schlussfolgerungen zur Haupttätigkeit

1. eine Überprüfung und gegebenenfalls Aktualisierung der Genehmigung im Sinne von Satz 3 vorzunehmen und
2. sicherzustellen, dass die betreffende Anlage die Genehmigungsanforderungen nach § 6 Absatz 1 Nummer 1 und der Nebenbestimmungen nach § 12 einhält.

Satz 5 gilt auch für Genehmigungen, die nach Veröffentlichung von BVT-Schlussfolgerungen auf der Grundlage der bislang geltenden Rechts- und Verwaltungsvorschriften erteilt worden sind. Wird festgestellt, dass eine Einhaltung der nachträglichen Anordnung nach § 17 oder der Genehmigung innerhalb der in Satz 5 bestimmten Frist wegen technischer Merkmale der betroffenen Anlage unverhältnismäßig wäre, kann die zuständige Behörde einen längeren Zeitraum festlegen. Als Teil jeder Überprüfung der Genehmigung hat die zuständige Behörde die Festlegung weniger strenger Emissionsbegrenzungen nach § 7 Absatz 1b Satz 1 Nummer 2 Buchstabe a, § 12 Absatz 1b Satz 1 Nummer 1, § 17 Absatz 2b Satz 1 Nummer 1 und § 48 Absatz 1b Satz 1 Nummer 2 Buchstabe a erneut zu bewerten.

(1a) Im Falle des § 31 Absatz 1 Satz 3 hat die zuständige Behörde mindestens jährlich die Ergebnisse der Emissionsüberwachung zu bewerten, um sicherzustellen, dass die Emissionen unter normalen Betriebsbedingungen die in den BVT-Schlussfolgerungen festgelegten Emissionsbandbreiten nicht überschreiten.

(1b) Zur Durchführung von Absatz 1 Satz 1 stellen die zuständigen Behörden zur regelmäßigen Überwachung von Anlagen nach der Industrieemissions-Richtlinie in ihrem Zuständigkeitsbereich Überwachungspläne und Überwachungsprogramme gemäß § 52a auf. Zur Überwachung nach Satz 1 gehören insbesondere Vor-Ort-Besichtigungen, Überwachung der Emissionen und Überprüfung interner Berichte und Folgedokumente, Überprüfung der Eigenkontrolle, Prüfung der angewandten Techniken und der Eignung des Umweltmanagements der Anlage zur Sicherstellung der Anforderungen nach § 6 Absatz 1 Nummer 1.

(2) Eigentümer und Betreiber von Anlagen sowie Eigentümer und Besitzer von Grundstücken, auf denen Anlagen betrieben werden, sind verpflichtet, den Angehörigen der zuständigen Behörde und deren Beauftragten den Zutritt zu den Grundstücken und zur Verhütung dringender Gefahren für die öffentliche Sicherheit oder Ordnung auch zu Wohnräumen und die Vornahme von Prüfungen einschließlich der Ermittlung von Emissionen und Immissionen zu gestatten sowie die Auskünfte zu erteilen und die Unterlagen vorzulegen, die zur Erfüllung ihrer Aufgaben erforderlich sind. Das Grundrecht der Unverletzlichkeit der Wohnung (Artikel 13 des Grundgesetzes) wird insoweit eingeschränkt. Betreiber von Anlagen, für die ein Immissionsschutz-

beauftragter oder ein Störfallbeauftragter bestellt ist, haben diesen auf Verlangen der zuständigen Behörde zu Überwachungsmaßnahmen nach Satz 1 hinzuzuziehen. Im Rahmen der Pflichten nach Satz 1 haben die Eigentümer und Betreiber der Anlagen Arbeitskräfte sowie Hilfsmittel, insbesondere Treibstoffe und Antriebsaggregate, bereitzustellen.

(3) Absatz 2 gilt entsprechend für Eigentümer und Besitzer von Anlagen, Stoffen, Erzeugnissen, Brennstoffen, Treibstoffen und Schmierstoffen, soweit diese den §§ 37a bis 37c oder der Regelung der nach den §§ 32 bis 35, 37 oder 37d erlassenen Rechtsverordnung unterliegen. Die Eigentümer und Besitzer haben den Angehörigen der zuständigen Behörde und deren Beauftragten die Entnahme von Stichproben zu gestatten, soweit dies zur Erfüllung ihrer Aufgaben erforderlich ist.

(4) Kosten, die durch Prüfungen im Rahmen des Genehmigungsverfahrens entstehen, trägt der Antragsteller. Kosten, die bei der Entnahme von Stichproben nach Absatz 3 und deren Untersuchung entstehen, trägt der Auskunftspflichtige. Kosten, die durch sonstige Überwachungsmaßnahmen nach Absatz 2 oder 3 entstehen, trägt der Auskunftspflichtige, es sei denn, die Maßnahme betrifft die Ermittlung von Emissionen und Immissionen oder die Überwachung einer nicht genehmigungsbedürftigen Anlage außerhalb des Überwachungssystems nach der Zwölften Verordnung zur Durchführung des Bundes-Immissionsschutzgesetzes; in diesen Fällen sind die Kosten dem Auskunftspflichtigen nur aufzuerlegen, wenn die Ermittlungen ergeben, dass
1. Auflagen oder Anordnungen nach den Vorschriften dieses Gesetzes oder der auf dieses Gesetz gestützten Rechtsverordnungen nicht erfüllt worden oder
2. Auflagen oder Anordnungen nach den Vorschriften dieses Gesetzes oder der auf dieses Gesetz gestützten Rechtsverordnungen geboten

sind.

(5) Der zur Auskunft Verpflichtete kann die Auskunft auf solche Fragen verweigern, deren Beantwortung ihn selbst oder einen der in § 383 Absatz 1 Nummer 1 bis 3 der Zivilprozessordnung bezeichneten Angehörigen der Gefahr strafgerichtlicher Verfolgung oder eines Verfahrens nach dem Gesetz über Ordnungswidrigkeiten aussetzen würde.

(6) Soweit zur Durchführung dieses Gesetzes oder der auf dieses Gesetz gestützten Rechtsverordnungen Immissionen zu ermitteln sind, haben auch die Eigentümer und Besitzer von Grundstücken, auf denen Anlagen nicht betrieben werden, den Angehörigen der zuständigen Behörde und deren Beauftragten den Zutritt zu den Grundstücken und zur Verhütung dringender Gefahren für die öffentliche Sicherheit oder Ordnung auch zu Wohnräumen und die Vornahme der Prüfungen zu gestatten. Das Grundrecht der Unverletzlichkeit der Wohnung (Artikel 13 des Grundgesetzes) wird insoweit eingeschränkt. Bei Ausübung der Befugnisse nach Satz 1 ist auf die berechtigten Belange der Eigentümer und Besitzer Rücksicht zu nehmen; für entstandene Schäden hat das Land, im Falle des § 59 Absatz 1 der Bund, Ersatz zu leisten. Waren die Schäden unvermeidbare Folgen der Überwachungsmaßnahmen und haben die Überwachungsmaßnahmen zu Anordnungen der zuständigen Behörde gegen den Betreiber einer Anlage geführt, so hat dieser die Ersatzleistung dem Land oder dem Bund zu erstatten.

(7) Auf die nach den Absätzen 2, 3 und 6 erlangten Kenntnisse und Unterlagen sind die §§ 93, 97, 105 Absatz 1, § 111 Absatz 5 in Verbindung mit § 105 Absatz 1 sowie § 116 Absatz 1 der Abgabenordnung nicht anzuwenden. Dies gilt nicht, soweit die Finanzbehörden die Kenntnisse für die Durchführung eines Verfahrens wegen einer Steuer-

straftat sowie eines damit zusammenhängenden Besteuerungsverfahrens benötigen, an deren Verfolgung ein zwingendes öffentliches Interesse besteht, oder soweit es sich um vorsätzlich falsche Angaben des Auskunftspflichtigen oder der für ihn tätigen Personen handelt.

§ 52a
Überwachungspläne, Überwachungsprogramme für Anlagen nach der Industrieemissions-Richtlinie

(1) Überwachungspläne haben Folgendes zu enthalten:
1. den räumlichen Geltungsbereich des Plans,
2. eine allgemeine Bewertung der wichtigen Umweltprobleme im Geltungsbereich des Plans,
3. ein Verzeichnis der in den Geltungsbereich des Plans fallenden Anlagen,
4. Verfahren für die Aufstellung von Programmen für die regelmäßige Überwachung,
5. Verfahren für die Überwachung aus besonderem Anlass sowie
6. soweit erforderlich, Bestimmungen für die Zusammenarbeit zwischen verschiedenen Überwachungsbehörden.

Die Überwachungspläne sind von den zuständigen Behörden regelmäßig zu überprüfen und, soweit erforderlich, zu aktualisieren.

(2) Auf der Grundlage der Überwachungspläne erstellen oder aktualisieren die zuständigen Behörden regelmäßig Überwachungsprogramme, in denen auch die Zeiträume angegeben sind, in denen Vor-Ort-Besichtigungen stattfinden müssen. In welchem zeitlichen Abstand Anlagen vor Ort besichtigt werden müssen, richtet sich nach einer systematischen Beurteilung der mit der Anlage verbundenen Umweltrisiken insbesondere anhand der folgenden Kriterien:
1. mögliche und tatsächliche Auswirkungen der betreffenden Anlage auf die menschliche Gesundheit und auf die Umwelt unter Berücksichtigung der Emissionswerte und -typen, der Empfindlichkeit der örtlichen Umgebung und des von der Anlage ausgehenden Unfallrisikos,
2. bisherige Einhaltung der Genehmigungsanforderungen nach § 6 Absatz 1 Nummer 1 und der Nebenbestimmungen nach § 12,
3. Eintragung eines Unternehmens in ein Verzeichnis gemäß den Artikeln 13 bis 15 der Verordnung (EG) Nr. 1221/2009 des Europäischen Parlaments und des Rates vom 25. November 2009 über die freiwillige Teilnahme von Organisationen an einem Gemeinschaftssystem für Umweltmanagement und Umweltbetriebsprüfung und zur Aufhebung der Verordnung (EG) Nr. 761/2001, sowie der Beschlüsse der Kommission 2001/681/EG und 2006/193/EG (ABl. L 342 vom 22.12.2009, S. 1).

(3) Der Abstand zwischen zwei Vor-Ort-Besichtigungen darf die folgenden Zeiträume nicht überschreiten:
1. ein Jahr bei Anlagen, die der höchsten Risikostufe unterfallen, sowie
2. drei Jahre bei Anlagen, die der niedrigsten Risikostufe unterfallen.

Wurde bei einer Überwachung festgestellt, dass der Betreiber einer Anlage in schwerwiegender Weise gegen die Genehmigung verstößt, hat die zuständige Behörde innerhalb von sechs Monaten nach der Feststellung des Verstoßes eine zusätzliche Vor-Ort-Besichtigung durchzuführen.

(4) Die zuständigen Behörden führen unbeschadet des Absatzes 2 bei Beschwerden wegen ernsthafter Umweltbeeinträchtigungen, bei Ereignissen mit erheblichen Umweltauswirkungen und bei Verstößen gegen die Vorschriften dieses Gesetzes oder der auf Grund dieses Gesetzes erlassenen Rechtsverordnungen eine Überwachung durch.

(5) Nach jeder Vor-Ort-Besichtigung einer Anlage erstellt die zuständige Behörde einen Bericht mit den relevanten Feststellungen über die Einhaltung der Genehmigungsanforderungen nach § 6 Absatz 1 Nummer 1 und der Nebenbestimmungen nach § 12 sowie mit Schlussfolgerungen, ob weitere Maßnahmen notwendig sind. Der Bericht ist dem Betreiber innerhalb von zwei Monaten nach der Vor-Ort-Besichtigung durch die zuständige Behörde zu übermitteln. Der Bericht ist der Öffentlichkeit nach den Vorschriften über den Zugang zu Umweltinformationen innerhalb von vier Monaten nach der Vor-Ort-Besichtigung zugänglich zu machen.

§ 52b
Mitteilungspflichten zur Betriebsorganisation

(1) Besteht bei Kapitalgesellschaften das vertretungsberechtigte Organ aus mehreren Mitgliedern oder sind bei Personengesellschaften mehrere vertretungsberechtigte Gesellschafter vorhanden, so ist der zuständigen Behörde anzuzeigen, wer von ihnen nach den Bestimmungen über die Geschäftsführungsbefugnis für die Gesellschaft die Pflichten des Betreibers der genehmigungsbedürftigen Anlage wahrnimmt, die ihm nach diesem Gesetz und nach den auf Grund dieses Gesetzes erlassenen Rechtsverordnungen und allgemeinen Verwaltungsvorschriften obliegen. Die Gesamtverantwortung aller Organmitglieder oder Gesellschafter bleibt hiervon unberührt.

(2) Der Betreiber der genehmigungsbedürftigen Anlage oder im Rahmen ihrer Geschäftsführungsbefugnis die nach Absatz 1 Satz 1 anzuzeigende Person hat der zuständigen Behörde mitzuteilen, auf welche Weise sichergestellt ist, dass die dem Schutz vor schädlichen Umwelteinwirkungen und vor sonstigen Gefahren, erheblichen Nachteilen und erheblichen Belästigungen dienenden Vorschriften und Anordnungen beim Betrieb beachtet werden.

§ 53
Bestellung eines Betriebsbeauftragten für Immissionsschutz

(1) Betreiber genehmigungsbedürftiger Anlagen haben einen oder mehrere Betriebsbeauftragte für Immissionsschutz (Immissionsschutzbeauftragte) zu bestellen, sofern dies im Hinblick auf die Art oder die Größe der Anlagen wegen der
1. von den Anlagen ausgehenden Emissionen,
2. technischen Probleme der Emissionsbegrenzung oder
3. Eignung der Erzeugnisse, bei bestimmungsgemäßer Verwendung schädliche Umwelteinwirkungen durch Luftverunreinigungen, Geräusche oder Erschütterungen hervorzurufen,

erforderlich ist. Das Bundesministerium für Umwelt, Naturschutz und nukleare Sicherheit bestimmt nach Anhörung der beteiligten Kreise (§ 51) durch Rechtsverordnung mit Zustimmung des Bundesrates die genehmigungsbedürftigen Anlagen, deren Betreiber Immissionsschutzbeauftragte zu bestellen haben.

(2) Die zuständige Behörde kann anordnen, dass Betreiber genehmigungsbedürftiger Anlagen, für die die Bestellung eines Immissionsschutzbeauftragten nicht durch Rechts-

verordnung vorgeschrieben ist, sowie Betreiber nicht genehmigungsbedürftiger Anlagen einen oder mehrere Immissionsschutzbeauftragte zu bestellen haben, soweit sich im Einzelfall die Notwendigkeit der Bestellung aus den in Absatz 1 Satz 1 genannten Gesichtspunkten ergibt.

§ 54
Aufgaben

(1) Der Immissionsschutzbeauftragte berät den Betreiber und die Betriebsangehörigen in Angelegenheiten, die für den Immissionsschutz bedeutsam sein können. Er ist berechtigt und verpflichtet,

1. auf die Entwicklung und Einführung
   a) umweltfreundlicher Verfahren, einschließlich Verfahren zur Vermeidung oder ordnungsgemäßen und schadlosen Verwertung der beim Betrieb entstehenden Abfälle oder deren Beseitigung als Abfall sowie zur Nutzung von entstehender Wärme,
   b) umweltfreundlicher Erzeugnisse, einschließlich Verfahren zur Wiedergewinnung und Wiederverwendung,

   hinzuwirken,
2. bei der Entwicklung und Einführung umweltfreundlicher Verfahren und Erzeugnisse mitzuwirken, insbesondere durch Begutachtung der Verfahren und Erzeugnisse unter dem Gesichtspunkt der Umweltfreundlichkeit,
3. soweit dies nicht Aufgabe des Störfallbeauftragten nach § 58b Absatz 1 Satz 2 Nummer 3 ist, die Einhaltung der Vorschriften dieses Gesetzes und der auf Grund dieses Gesetzes erlassenen Rechtsverordnungen und die Erfüllung erteilter Bedingungen und Auflagen zu überwachen, insbesondere durch Kontrolle der Betriebsstätte in regelmäßigen Abständen, Messungen von Emissionen und Immissionen, Mitteilung festgestellter Mängel und Vorschläge über Maßnahmen zur Beseitigung dieser Mängel,
4. die Betriebsangehörigen über die von der Anlage verursachten schädlichen Umwelteinwirkungen aufzuklären sowie über die Einrichtungen und Maßnahmen zu ihrer Verhinderung unter Berücksichtigung der sich aus diesem Gesetz oder Rechtsverordnungen auf Grund dieses Gesetzes ergebenden Pflichten.

(2) Der Immissionsschutzbeauftragte erstattet dem Betreiber jährlich einen Bericht über die nach Absatz 1 Satz 2 Nummer 1 bis 4 getroffenen und beabsichtigten Maßnahmen.

§ 55
Pflichten des Betreibers

(1) Der Betreiber hat den Immissionsschutzbeauftragten schriftlich zu bestellen und die ihm obliegenden Aufgaben genau zu bezeichnen. Der Betreiber hat die Bestellung des Immissionsschutzbeauftragten und die Bezeichnung seiner Aufgaben sowie Veränderungen in seinem Aufgabenbereich und dessen Abberufung der zuständigen Behörde unverzüglich anzuzeigen. Dem Immissionsschutzbeauftragten ist eine Abschrift der Anzeige auszuhändigen.

(1a) Der Betreiber hat den Betriebs- oder Personalrat vor der Bestellung des Immissionsschutzbeauftragten unter Bezeichnung der ihm obliegenden Aufgaben zu unterrichten. Entsprechendes gilt bei Veränderungen im Aufgabenbereich des Immissionsschutzbeauftragten und bei dessen Abberufung.

(2) Der Betreiber darf zum Immissionsschutzbeauftragten nur bestellen, wer die zur Erfüllung seiner Aufgaben erforderliche Fachkunde und Zuverlässigkeit besitzt. Werden der zuständigen Behörde Tatsachen bekannt, aus denen sich ergibt, dass der Immissionsschutzbeauftragte nicht die zur Erfüllung seiner Aufgaben erforderliche Fachkunde oder Zuverlässigkeit besitzt, kann sie verlangen, dass der Betreiber einen anderen Immissionsschutzbeauftragten bestellt. Das Bundesministerium für Umwelt, Naturschutz und nukleare Sicherheit wird ermächtigt nach Anhörung der beteiligten Kreise (§ 51) durch Rechtsverordnung mit Zustimmung des Bundesrates vorzuschreiben, welche Anforderungen an die Fachkunde und Zuverlässigkeit des Immissionsschutzbeauftragten zu stellen sind.

(3) Werden mehrere Immissionsschutzbeauftragte bestellt, so hat der Betreiber für die erforderliche Koordinierung in der Wahrnehmung der Aufgaben, insbesondere durch Bildung eines Ausschusses für Umweltschutz, zu sorgen. Entsprechendes gilt, wenn neben einem oder mehreren Immissionsschutzbeauftragten Betriebsbeauftragte nach anderen gesetzlichen Vorschriften bestellt werden. Der Betreiber hat ferner für die Zusammenarbeit der Betriebsbeauftragten mit den im Bereich des Arbeitsschutzes beauftragten Personen zu sorgen.

(4) Der Betreiber hat den Immissionsschutzbeauftragten bei der Erfüllung seiner Aufgaben zu unterstützen und ihm insbesondere, soweit dies zur Erfüllung seiner Aufgaben erforderlich ist, Hilfspersonal sowie Räume, Einrichtungen, Geräte und Mittel zur Verfügung zu stellen und die Teilnahme an Schulungen zu ermöglichen.

§ 56
Stellungnahme zu Entscheidungen des Betreibers

(1) Der Betreiber hat vor Entscheidungen über die Einführung von Verfahren und Erzeugnissen sowie vor Investitionsentscheidungen eine Stellungnahme des Immissionsschutzbeauftragten einzuholen, wenn die Entscheidungen für den Immissionsschutz bedeutsam sein können.

(2) Die Stellungnahme ist so rechtzeitig einzuholen, dass sie bei den Entscheidungen nach Absatz 1 angemessen berücksichtigt werden kann; sie ist derjenigen Stelle vorzulegen, die über die Einführung von Verfahren und Erzeugnissen sowie über die Investition entscheidet.

§ 57
Vortragsrecht

Der Betreiber hat durch innerbetriebliche Organisationsmaßnahmen sicherzustellen, dass der Immissionsschutzbeauftragte seine Vorschläge oder Bedenken unmittelbar der Geschäftsleitung vortragen kann, wenn er sich mit dem zuständigen Betriebsleiter nicht einigen konnte und er wegen der besonderen Bedeutung der Sache eine Entscheidung der Geschäftsleitung für erforderlich hält. Kann der Immissionsschutzbeauftragte sich über eine von ihm vorgeschlagene Maßnahme im Rahmen seines Aufgabenbereichs mit der Geschäftsleitung nicht einigen, so hat diese den Immissionsschutzbeauftragten umfassend über die Gründe ihrer Ablehnung zu unterrichten.

§ 58
Benachteiligungsverbot, Kündigungsschutz

(1) Der Immissionsschutzbeauftragte darf wegen der Erfüllung der ihm übertragenen Aufgaben nicht benachteiligt werden.

(2) Ist der Immissionsschutzbeauftragte Arbeitnehmer des zur Bestellung verpflichteten Betreibers, so ist die Kündigung des Arbeitsverhältnisses unzulässig, es sei denn, dass Tatsachen vorliegen, die den Betreiber zur Kündigung aus wichtigem Grund ohne Einhaltung einer Kündigungsfrist berechtigen. Nach der Abberufung als Immissionsschutzbeauftragter ist die Kündigung innerhalb eines Jahres, vom Zeitpunkt der Beendigung der Bestellung an gerechnet, unzulässig, es sei denn, dass Tatsachen vorliegen, die den Betreiber zur Kündigung aus wichtigem Grund ohne Einhaltung einer Kündigungsfrist berechtigen.

§ 58a
Bestellung eines Störfallbeauftragten

(1) Betreiber genehmigungsbedürftiger Anlagen haben einen oder mehrere Störfallbeauftragte zu bestellen, sofern dies im Hinblick auf die Art und Größe der Anlage wegen der bei einer Störung des bestimmungsgemäßen Betriebs auftretenden Gefahren für die Allgemeinheit und die Nachbarschaft erforderlich ist. Die Bundesregierung bestimmt nach Anhörung der beteiligten Kreise (§ 51) durch Rechtsverordnung mit Zustimmung des Bundesrates die genehmigungsbedürftigen Anlagen, deren Betreiber Störfallbeauftragte zu bestellen haben.

(2) Die zuständige Behörde kann anordnen, dass Betreiber genehmigungsbedürftiger Anlagen, für die die Bestellung eines Störfallbeauftragten nicht durch Rechtsverordnung vorgeschrieben ist, einen oder mehrere Störfallbeauftragte zu bestellen haben, soweit sich im Einzelfall die Notwendigkeit der Bestellung aus dem in Absatz 1 Satz 1 genannten Gesichtspunkt ergibt.

§ 58b
Aufgaben des Störfallbeauftragten

(1) Der Störfallbeauftragte berät den Betreiber in Angelegenheiten, die für die Sicherheit der Anlage bedeutsam sein können. Er ist berechtigt und verpflichtet,
   1. auf die Verbesserung der Sicherheit der Anlage hinzuwirken,
   2. dem Betreiber unverzüglich ihm bekannt gewordene Störungen des bestimmungsgemäßen Betriebs mitzuteilen, die zu Gefahren für die Allgemeinheit und die Nachbarschaft führen können,
   3. die Einhaltung der Vorschriften dieses Gesetzes und der auf Grund dieses Gesetzes erlassenen Rechtsverordnungen sowie die Erfüllung erteilter Bedingungen und Auflagen im Hinblick auf die Verhinderung von Störungen des bestimmungsgemäßen Betriebs der Anlage zu überwachen, insbesondere durch Kontrolle der Betriebsstätte in regelmäßigen Abständen, Mitteilung festgestellter Mängel und Vorschläge zur Beseitigung dieser Mängel,
   4. Mängel, die den vorbeugenden und abwehrenden Brandschutz sowie die technische Hilfeleistung betreffen, unverzüglich dem Betreiber zu melden.

(2) Der Störfallbeauftragte erstattet dem Betreiber jährlich einen Bericht über die nach Absatz 1 Satz 2 Nummer 1 bis 3 getroffenen und beabsichtigten Maßnahmen. Da-

rüber hinaus ist er verpflichtet, die von ihm ergriffenen Maßnahmen zur Erfüllung seiner Aufgaben nach Absatz 1 Satz 2 Nummer 2 schriftlich oder elektronisch aufzuzeichnen. Er muss diese Aufzeichnungen mindestens fünf Jahre aufbewahren.

§ 58c
Pflichten und Rechte des Betreibers gegenüber dem Störfallbeauftragten

(1) Die in den §§ 55 und 57 genannten Pflichten des Betreibers gelten gegenüber dem Störfallbeauftragten entsprechend; in Rechtsverordnungen nach § 55 Absatz 2 Satz 3 kann auch geregelt werden, welche Anforderungen an die Fachkunde und Zuverlässigkeit des Störfallbeauftragten zu stellen sind.

(2) Der Betreiber hat vor Investitionsentscheidungen sowie vor der Planung von Betriebsanlagen und der Einführung von Arbeitsverfahren und Arbeitsstoffen eine Stellungnahme des Störfallbeauftragten einzuholen, wenn diese Entscheidungen für die Sicherheit der Anlage bedeutsam sein können. Die Stellungnahme ist so rechtzeitig einzuholen, dass sie bei den Entscheidungen nach Satz 1 angemessen berücksichtigt werden kann; sie ist derjenigen Stelle vorzulegen, die die Entscheidungen trifft.

(3) Der Betreiber kann dem Störfallbeauftragten für die Beseitigung und die Begrenzung der Auswirkungen von Störungen des bestimmungsgemäßen Betriebs, die zu Gefahren für die Allgemeinheit und die Nachbarschaft führen können oder bereits geführt haben, Entscheidungsbefugnisse übertragen.

§ 58d
Verbot der Benachteiligung des Störfallbeauftragten, Kündigungsschutz

§ 58 gilt für den Störfallbeauftragten entsprechend.

§ 58e
Erleichterungen für auditierte Unternehmensstandorte

(1) Die Bundesregierung wird ermächtigt, zur Förderung der privaten Eigenverantwortung für EMAS-Standorte durch Rechtsverordnung mit Zustimmung des Bundesrates Erleichterungen zum Inhalt der Antragsunterlagen im Genehmigungsverfahren sowie überwachungsrechtliche Erleichterungen vorzusehen, soweit die entsprechenden Anforderungen der Verordnung (EG) Nr. 1221/2009 gleichwertig mit den Anforderungen sind, die zur Überwachung und zu den Antragsunterlagen nach diesem Gesetz oder nach den auf Grund dieses Gesetzes erlassenen Rechtsverordnungen vorgesehen sind oder soweit die Gleichwertigkeit durch die Rechtsverordnung nach dieser Vorschrift sichergestellt wird.

(2) Durch Rechtsverordnung nach Absatz 1 können weitere Voraussetzungen für die Inanspruchnahme und die Rücknahme von Erleichterungen oder die vollständige oder teilweise Aussetzung von Erleichterungen für Fälle festgelegt werden, in denen die Voraussetzungen für deren Gewährung nicht mehr vorliegen.

(3) Durch Rechtsverordnung nach Absatz 1 können ordnungsrechtliche Erleichterungen gewährt werden, wenn der Umweltgutachter oder die Umweltgutachterorganisation die Einhaltung der Umweltvorschriften geprüft hat, keine Abweichungen festgestellt

hat und dies in der Validierung bescheinigt. Dabei können insbesondere Erleichterungen vorgesehen werden zu

1. Kalibrierungen, Ermittlungen, Prüfungen und Messungen,
2. Messberichten sowie sonstigen Berichten und Mitteilungen von Ermittlungsergebnissen,
3. Aufgaben des Immissionsschutz- und Störfallbeauftragten,
4. Mitteilungspflichten zur Betriebsorganisation und
5. der Häufigkeit der behördlichen Überwachung.

§ 59
Zuständigkeit bei Anlagen der Landesverteidigung

Die Bundesregierung wird ermächtigt, durch Rechtsverordnung mit Zustimmung des Bundesrates zu bestimmen, dass der Vollzug dieses Gesetzes und der auf dieses Gesetz gestützten Rechtsverordnungen bei Anlagen, die der Landesverteidigung dienen, Bundesbehörden obliegt.

§ 60
Ausnahmen für Anlagen der Landesverteidigung

(1) Das Bundesministerium der Verteidigung kann für Anlagen nach § 3 Absatz 5 Nummer 1 und 3, die der Landesverteidigung dienen, in Einzelfällen, auch für bestimmte Arten von Anlagen, Ausnahmen von diesem Gesetz und von den auf dieses Gesetz gestützten Rechtsverordnungen zulassen, soweit dies zwingende Gründe der Verteidigung oder die Erfüllung zwischenstaatlicher Verpflichtungen erfordern. Dabei ist der Schutz vor schädlichen Umwelteinwirkungen zu berücksichtigen.

(2) Die Bundeswehr darf bei Anlagen nach § 3 Absatz 5 Nummer 2, die ihrer Bauart nach ausschließlich zur Verwendung in ihrem Bereich bestimmt sind, von den Vorschriften dieses Gesetzes und der auf dieses Gesetz gestützten Rechtsverordnungen abweichen, soweit dies zur Erfüllung ihrer besonderen Aufgaben zwingend erforderlich ist. Die auf Grund völkerrechtlicher Verträge in der Bundesrepublik Deutschland stationierten Truppen dürfen bei Anlagen nach § 3 Absatz 5 Nummer 2, die zur Verwendung in deren Bereich bestimmt sind, von den Vorschriften dieses Gesetzes und der auf dieses Gesetz gestützten Rechtsverordnungen abweichen, soweit dies zur Erfüllung ihrer besonderen Aufgaben zwingend erforderlich ist.

§ 61
Berichterstattung an die Europäische Kommission

(1) Die Länder übermitteln dem Bundesministerium für Umwelt, Naturschutz und nukleare Sicherheit nach dessen Vorgaben Informationen über die Umsetzung der Richtlinie 2010/75/EU, insbesondere über repräsentative Daten über Emissionen und sonstige Arten von Umweltverschmutzung, über Emissionsgrenzwerte und darüber, inwieweit der Stand der Technik angewendet wird. Die Länder stellen diese Informationen auf elektronischem Wege zur Verfügung. Art und Form der von den Ländern zu übermittelnden Informationen sowie der Zeitpunkt ihrer Übermittlung richten sich nach den Anforderungen, die auf der Grundlage von Artikel 72 Absatz 2 der Richtlinie 2010/75/EU festgelegt werden. § 5 Absatz 1 Satz 2 und Absatz 2 bis 6 des Gesetzes zur Ausführung des Protokolls über Schadstofffreisetzungs- und -ver-

bringungsregister vom 21. Mai 2003 sowie zur Durchführung der Verordnung (EG) Nr. 166/2006 vom 6. Juni 2007 (BGBl. I S. 1002), das durch Artikel 1 des Gesetzes vom 9. Dezember 2020 (BGBl. I S. 2873) geändert worden ist, gilt entsprechend.

(2) Die Länder übermitteln dem Bundesministerium für Umwelt, Naturschutz und nukleare Sicherheit nach dessen Vorgaben Informationen über die Umsetzung der Richtlinie 2012/18/EU sowie über die unter diese Richtlinie fallenden Betriebsbereiche. Art und Form der von den Ländern zu übermittelnden Informationen sowie der Zeitpunkt ihrer Übermittlung richten sich nach den Anforderungen, die auf der Grundlage von Artikel 21 Absatz 5 der Richtlinie 2012/18/EU festgelegt werden. Absatz 1 Satz 2 und 4 gilt entsprechend.

§ 62
Ordnungswidrigkeiten

(1) Ordnungswidrig handelt, wer vorsätzlich oder fahrlässig

1. eine Anlage ohne die Genehmigung nach § 4 Absatz 1 errichtet,
2. einer auf Grund des § 7 erlassenen Rechtsverordnung oder auf Grund einer solchen Rechtsverordnung erlassenen vollziehbaren Anordnung zuwiderhandelt, soweit die Rechtsverordnung für einen bestimmten Tatbestand auf diese Bußgeldvorschrift verweist,
3. eine vollziehbare Auflage nach § 8a Absatz 2 Satz 2 oder § 12 Absatz 1 nicht, nicht richtig, nicht vollständig oder nicht rechtzeitig erfüllt,
4. die Lage, die Beschaffenheit oder den Betrieb einer genehmigungsbedürftigen Anlage ohne die Genehmigung nach § 16 Absatz 1 wesentlich ändert,

4a. ohne Genehmigung nach § 16a Satz 1 oder § 23b Absatz 1 Satz 1 eine dort genannte Anlage störfallrelevant ändert oder störfallrelevant errichtet,

5. einer vollziehbaren Anordnung nach § 17 Absatz 1 Satz 1 oder 2, jeweils auch in Verbindung mit Absatz 5, § 24 Satz 1, § 26, § 28 Satz 1 oder § 29 nicht, nicht richtig, nicht vollständig oder nicht rechtzeitig nachkommt,
6. eine Anlage entgegen einer vollziehbaren Untersagung nach § 25 Absatz 1 betreibt,
7. einer auf Grund der §§ 23, 32, 33 Absatz 1 Nummer 1 oder 2, §§ 34, 35, 37, 38 Absatz 2, § 39 oder § 48a Absatz 1 Satz 1 oder 2, Absatz 1a oder 3 erlassenen Rechtsverordnung oder einer auf Grund einer solchen Rechtsverordnung ergangenen vollziehbaren Anordnung zuwiderhandelt, soweit die Rechtsverordnung für einen bestimmten Tatbestand auf diese Bußgeldvorschrift verweist,

7a. entgegen § 38 Absatz 1 Satz 2 Kraftfahrzeuge und ihre Anhänger, die nicht zum Verkehr auf öffentlichen Straßen zugelassen sind, Schienen-, Luft- und Wasserfahrzeuge sowie Schwimmkörper und schwimmende Anlagen nicht so betreibt, dass vermeidbare Emissionen verhindert und unvermeidbare Emissionen auf ein Mindestmaß beschränkt bleiben oder

8. entgegen einer Rechtsverordnung nach § 49 Absatz 1 Nummer 2 oder einer auf Grund einer solchen Rechtsverordnung ergangenen vollziehbaren Anordnung eine ortsfeste Anlage errichtet, soweit die Rechtsverordnung für einen bestimmten Tatbestand auf diese Bußgeldvorschrift verweist,
9. entgegen § 37c Absatz 1 Satz 1 bis 3 der zuständigen Stelle die dort genannten Angaben nicht, nicht richtig, nicht vollständig oder nicht rechtzeitig mitteilt oder nicht oder nicht rechtzeitig eine Kopie des Vertrages mit dem Dritten vorlegt,

10. entgegen § 37c Absatz 1 Satz 4, auch in Verbindung mit Satz 5, oder Satz 6 der zuständigen Stelle die dort genannten Angaben nicht richtig mitteilt,
11. entgegen § 37f Absatz 1 Satz 1, auch in Verbindung mit einer Rechtsverordnung nach § 37d Absatz 2 Satz 1 Nummer 14, der zuständigen Stelle einen Bericht nicht, nicht richtig, nicht vollständig oder nicht rechtzeitig vorlegt.

(2) Ordnungswidrig handelt ferner, wer vorsätzlich oder fahrlässig

1. entgegen § 15 Absatz 1 oder 3 eine Anzeige nicht, nicht richtig, nicht vollständig oder nicht rechtzeitig macht,
1a. entgegen § 15 Absatz 2 Satz 2 eine Änderung vornimmt,
1b. entgegen § 23a Absatz 1 Satz 1 eine Anzeige nicht, nicht richtig, nicht vollständig oder nicht rechtzeitig macht,
2. entgegen § 27 Absatz 1 Satz 1 in Verbindung mit einer Rechtsverordnung nach Absatz 4 Satz 1 eine Emissionserklärung nicht, nicht richtig, nicht vollständig oder nicht rechtzeitig abgibt oder nicht, nicht richtig, nicht vollständig oder nicht rechtzeitig ergänzt,
3. entgegen § 31 Absatz 1 Satz 1 eine dort genannte Zusammenfassung oder dort genannte Daten nicht, nicht richtig, nicht vollständig oder nicht rechtzeitig vorlegt,
3a. entgegen § 31 Absatz 5 Satz 1 eine Mitteilung nicht, nicht richtig, nicht vollständig oder nicht rechtzeitig macht,
3b. einer Rechtsverordnung nach § 37d Absatz 3 Nummer 3 oder einer vollziehbaren Anordnung auf Grund einer solchen Rechtsverordnung zuwiderhandelt, soweit die Rechtsverordnung für einen bestimmten Tatbestand auf diese Bußgeldvorschrift verweist,
4. entgegen § 52 Absatz 2 Satz 1, 3 oder 4, auch in Verbindung mit Absatz 3 Satz 1 oder Absatz 6 Satz 1 Auskünfte nicht, nicht richtig, nicht vollständig oder nicht rechtzeitig erteilt, eine Maßnahme nicht duldet, Unterlagen nicht vorlegt, beauftragte Personen nicht hinzuzieht oder einer dort sonst genannten Verpflichtung zuwiderhandelt,
5. entgegen § 52 Absatz 3 Satz 2 die Entnahme von Stichproben nicht gestattet,
6. eine Anzeige nach § 67 Absatz 2 Satz 1 nicht, nicht richtig, nicht vollständig oder nicht rechtzeitig erstattet oder
7. entgegen § 67 Absatz 2 Satz 2 Unterlagen nicht, nicht richtig, nicht vollständig oder nicht rechtzeitig vorlegt.

(3) Ordnungswidrig handelt, wer vorsätzlich oder fahrlässig

1. einer unmittelbar geltenden Vorschrift in Rechtsakten der Europäischen Union zuwiderhandelt, die inhaltlich
   a) einem in Absatz 1 Nummer 1, 3, 4, 5, 6, 7a, 9 oder Nummer 10 oder
   b) einem in Absatz 2

   bezeichneten Gebot oder Verbot entspricht, soweit eine Rechtsverordnung nach Satz 2 für einen bestimmten Tatbestand auf diese Bußgeldvorschrift verweist, oder
2. einer unmittelbar geltenden Vorschrift in Rechtsakten der Europäischen Union zuwiderhandelt, die inhaltlich einer Regelung entspricht, zu der die in Absatz 1 Nummer 2, 7 oder Nummer 8 genannten Vorschriften ermächtigen, soweit eine Rechtsverordnung nach Satz 2 für einen bestimmten Tatbestand auf diese Bußgeldvorschrift verweist.

Das Bundesministerium für Umwelt, Naturschutz und nukleare Sicherheit wird ermächtigt, soweit dies zur Durchsetzung der Rechtsakte der Europäischen Union erforderlich ist, durch Rechtsverordnung mit Zustimmung des Bundesrates die Tatbestände zu bezeichnen, die als Ordnungswidrigkeit geahndet werden können.

(4) Die Ordnungswidrigkeit kann in den Fällen der Absätze 1 und 3 Nummer 1 Buchstabe a und Nummer 2 mit einer Geldbuße bis zu fünfzigtausend Euro und in den übrigen Fällen mit einer Geldbuße bis zu zehntausend Euro geahndet werden.

(5) Verwaltungsbehörde im Sinne des § 36 Absatz 1 Nummer 1 des Gesetzes über Ordnungswidrigkeiten ist in den Fällen des Absatzes 1 Nummer 9 bis 11 die zuständige Stelle.

§ 63
Entfall der aufschiebenden Wirkung

Widerspruch und Anfechtungsklage eines Dritten gegen die Zulassung einer Windenergieanlage an Land mit einer Gesamthöhe von mehr als 50 Metern haben keine aufschiebende Wirkung.

§§ 64
bis 65 (weggefallen)

Achter Teil
Schlussvorschriften

§ 66
Fortgeltung von Vorschriften

(1) (weggefallen)

(2) Bis zum Inkrafttreten von entsprechenden Rechtsverordnungen oder allgemeinen Verwaltungsvorschriften nach diesem Gesetz ist die Allgemeine Verwaltungsvorschrift zum Schutz gegen Baulärm – Geräuschimmissionen – vom 19. August 1970 (Beilage zum BAnz. Nr. 160 vom 1. September 1970) maßgebend.

§ 67
Übergangsvorschrift

(1) Eine Genehmigung, die vor dem Inkrafttreten dieses Gesetzes nach § 16 oder § 25 Absatz 1 der Gewerbeordnung erteilt worden ist, gilt als Genehmigung nach diesem Gesetz fort.

(2) Eine genehmigungsbedürftige Anlage, die bei Inkrafttreten der Verordnung nach § 4 Absatz 1 Satz 3 errichtet oder wesentlich geändert ist, oder mit deren Errichtung oder wesentlichen Änderung begonnen worden ist, muss innerhalb eines Zeitraums von drei Monaten nach Inkrafttreten der Verordnung der zuständigen Behörde angezeigt werden, sofern die Anlage nicht nach § 16 Absatz 1 oder § 25 Absatz 1 der Gewerbeordnung genehmigungsbedürftig war oder nach § 16 Absatz 4 der Gewerbeordnung angezeigt worden ist. Der zuständigen Behörde sind innerhalb eines Zeitraums von zwei Monaten nach Erstattung der Anzeige Unterlagen gemäß § 10 Absatz 1 über Art, Lage, Umfang und Betriebsweise der Anlage im Zeitpunkt des Inkrafttretens der Verordnung nach § 4 Absatz 1 Satz 3 vorzulegen.

(3) Die Anzeigepflicht nach Absatz 2 gilt nicht für ortsveränderliche Anlagen, die im vereinfachten Verfahren (§ 19) genehmigt werden können.

(4) Bereits begonnene Verfahren sind nach den Vorschriften dieses Gesetzes und der auf dieses Gesetz gestützten Rechts- und Verwaltungsvorschriften zu Ende zu führen.

(5) Soweit durch das Gesetz zur Umsetzung der Richtlinie über Industrieemissionen vom 8. April 2013 (BGBl. I S. 734) neue Anforderungen festgelegt worden sind, sind diese Anforderungen von Anlagen nach der Industrieemissions-Richtlinie erst ab dem 7. Januar 2014 zu erfüllen, wenn vor dem 7. Januar 2013
1. die Anlage sich im Betrieb befand oder
2. eine Genehmigung für die Anlage erteilt wurde oder vom Vorhabenträger ein vollständiger Genehmigungsantrag gestellt wurde.

Bestehende Anlagen nach Satz 1, die nicht von Anhang I der Richtlinie 2008/1/EG des Europäischen Parlaments und des Rates vom 15. Januar 2008 über die integrierte Vermeidung und Verminderung der Umweltverschmutzung (ABl. L 24 vom 29.1.2008, S. 8), die durch die Richtlinie 2009/31/EG (ABl. L 140 vom 5.6.2009, S. 114) geändert worden ist, erfasst wurden, haben abweichend von Satz 1 die dort genannten Anforderungen ab dem 7. Juli 2015 zu erfüllen.

(6) Eine nach diesem Gesetz erteilte Genehmigung für eine Anlage zum Umgang mit
1. gentechnisch veränderten Mikroorganismen,
2. gentechnisch veränderten Zellkulturen, soweit sie nicht dazu bestimmt sind, zu Pflanzen regeneriert zu werden,
3. Bestandteilen oder Stoffwechselprodukten von Mikroorganismen nach Nummer 1 oder Zellkulturen nach Nummer 2, soweit sie biologisch aktive, rekombinante Nukleinsäure enthalten,

ausgenommen Anlagen, die ausschließlich Forschungszwecken dienen, gilt auch nach dem Inkrafttreten eines Gesetzes zur Regelung von Fragen der Gentechnik fort. Absatz 4 gilt entsprechend.

(7) Eine Planfeststellung oder Genehmigung nach dem Abfallgesetz gilt als Genehmigung nach diesem Gesetz fort. Eine Anlage, die nach dem Abfallgesetz angezeigt wurde, gilt als nach diesem Gesetz angezeigt. Abfallentsorgungsanlagen, die weder nach dem Abfallgesetz planfestgestellt oder genehmigt noch angezeigt worden sind, sind unverzüglich bei der zuständigen Behörde anzuzeigen. Absatz 2 Satz 2 gilt entsprechend.

(8) Für die für das Jahr 1996 abzugebenden Emissionserklärungen ist § 27 in der am 14. Oktober 1996 geltenden Fassung weiter anzuwenden.

(9) Baugenehmigungen für Windkraftanlagen mit einer Gesamthöhe von mehr als 50 Metern, die bis zum 1. Juli 2005 erteilt worden sind, gelten als Genehmigungen nach diesem Gesetz. Nach diesem Gesetz erteilte Genehmigungen für Windfarmen gelten als Genehmigungen für die einzelnen Windkraftanlagen. Verfahren auf Erteilung einer Baugenehmigung für Windkraftanlagen, die vor dem 1. Juli 2005 rechtshängig geworden sind, werden nach den Vorschriften der Verordnung über genehmigungsbedürftige Anlagen und der Anlage 1 des Gesetzes über die Umweltverträglichkeitsprüfung in der bisherigen Fassung abgeschlossen; für die in diesem Zusammenhang erteilten Baugenehmigungen gilt Satz 1 entsprechend. Sofern ein Verfahren nach Satz 3 in eine Klage auf Erteilung einer Genehmigung nach diesem Gesetz geändert wird, gilt diese Änderung als sachdienlich.

(10) § 47 Absatz 5a gilt für die Verfahren zur Aufstellung oder Änderung von Luftreinhalteplänen nach § 47, die nach dem 25. Juni 2005 eingeleitet worden sind.

(11) (weggefallen)

§67a
Überleitungsregelung aus Anlass der Herstellung der Einheit Deutschlands

(1) In dem in Artikel 3 des Einigungsvertrages genannten Gebiet muss eine genehmigungsbedürftige Anlage, die vor dem 1. Juli 1990 errichtet worden ist oder mit deren Errichtung vor diesem Zeitpunkt begonnen wurde, innerhalb von sechs Monaten nach diesem Zeitpunkt der zuständigen Behörde angezeigt werden. Der Anzeige sind Unterlagen über Art, Umfang und Betriebsweise beizufügen.

(2) In dem in Artikel 3 des Einigungsvertrages genannten Gebiet darf die Erteilung einer Genehmigung zur Errichtung und zum Betrieb oder zur wesentlichen Änderung der Lage, Beschaffenheit oder des Betriebs einer genehmigungsbedürftigen Anlage wegen der Überschreitung eines Immissionswertes durch die Immissionsvorbelastung nicht versagt werden, wenn
1. die Zusatzbelastung geringfügig ist und mit einer deutlichen Verminderung der Immissionsbelastung im Einwirkungsbereich der Anlage innerhalb von fünf Jahren ab Genehmigung zu rechnen ist oder
2. im Zusammenhang mit dem Vorhaben Anlagen stillgelegt oder verbessert werden und dadurch eine Verminderung der Vorbelastung herbeigeführt wird, die im Jahresmittel mindestens doppelt so groß ist wie die von der Neuanlage verursachte Zusatzbelastung.

(3) Soweit die Technische Anleitung zur Reinhaltung der Luft vom 27. Februar 1986 (GMBl. S. 95, 202) die Durchführung von Maßnahmen zur Sanierung von Altanlagen bis zu einem bestimmten Termin vorsieht, verlängern sich die hieraus ergebenden Fristen für das in Artikel 3 des Einigungsvertrages genannte Gebiet um ein Jahr; als Fristbeginn gilt der 1. Juli 1990.

§§68 bis 72
(Änderung von Rechtsvorschriften, Überleitung von Verweisungen, Aufhebung von Vorschriften)

(Änderung von Rechtsvorschriften, Überleitung von Verweisungen, Aufhebung von Vorschriften)

§73
Bestimmungen zum Verwaltungsverfahren

Von den in diesem Gesetz und auf Grund dieses Gesetzes getroffenen Regelungen des Verwaltungsverfahrens kann durch Landesrecht nicht abgewichen werden.

Anlage (zu §3 Abs. 6)
Kriterien zur Bestimmung des Standes der Technik

(Fundstelle: BGBl. I 2013, 1311)

Bei der Bestimmung des Standes der Technik sind unter Berücksichtigung der Verhältnismäßigkeit zwischen Aufwand und Nutzen möglicher Maßnahmen sowie des Grundsatzes der Vorsorge und der Vorbeugung, jeweils bezogen auf Anlagen einer bestimmten Art, insbesondere folgende Kriterien zu berücksichtigen:

1. Einsatz abfallarmer Technologie,
2. Einsatz weniger gefährlicher Stoffe,
3. Förderung der Rückgewinnung und Wiederverwertung der bei den einzelnen Verfahren erzeugten und verwendeten Stoffe und gegebenenfalls der Abfälle,
4. vergleichbare Verfahren, Vorrichtungen und Betriebsmethoden, die mit Erfolg im Betrieb erprobt wurden,
5. Fortschritte in der Technologie und in den wissenschaftlichen Erkenntnissen,
6. Art, Auswirkungen und Menge der jeweiligen Emissionen,
7. Zeitpunkte der Inbetriebnahme der neuen oder der bestehenden Anlagen,
8. für die Einführung einer besseren verfügbaren Technik erforderliche Zeit,
9. Verbrauch an Rohstoffen und Art der bei den einzelnen Verfahren verwendeten Rohstoffe (einschließlich Wasser) sowie Energieeffizienz,
10. Notwendigkeit, die Gesamtwirkung der Emissionen und die Gefahren für den Menschen und die Umwelt so weit wie möglich zu vermeiden oder zu verringern,
11. Notwendigkeit, Unfällen vorzubeugen und deren Folgen für den Menschen und die Umwelt zu verringern,
12. Informationen, die von internationalen Organisationen veröffentlicht werden,
13. Informationen, die in BVT-Merkblättern enthalten sind.

XV. EU-Umweltmanagement und Umweltbetriebsprüfung-VO (EMAS-VO)

VERORDNUNG (EG) Nr. 1221/2009 DES EUROPÄISCHEN PARLAMENTS UND DES RATES
vom 25. November 2009
über die freiwillige Teilnahme von Organisationen an einem Gemeinschaftssystem für Umweltmanagement und Umweltbetriebsprüfung und zur Aufhebung der Verordnung (EG) Nr. 761/2001, sowie der Beschlüsse der Kommission 2001/681/EG und 2006/193/EG

DAS EUROPÄISCHE PARLAMENT UND DER RAT DER EUROPÄISCHEN UNION –

gestützt auf den Vertrag zur Gründung der Europäischen Gemeinschaft, insbesondere auf Artikel 175 Absatz 1,

auf Vorschlag der Kommission,

nach Stellungnahme des Europäischen Wirtschafts- und Sozialausschusses ([1]),

nach Stellungnahme des Ausschusses der Regionen ([2]),

gemäß dem Verfahren des Artikels 251 des Vertrags ([3]),

in Erwägung nachstehender Gründe:

(1) Gemäß Artikel 2 des Vertrags hat die Gemeinschaft unter anderem die Aufgabe, in der gesamten Gemeinschaft ein nachhaltiges Wachstum zu fördern.

(2) In dem Beschluss Nr. 1600/2002/EG des Europäischen Parlaments und des Rates vom 22. Juli 2002 über das sechste Umweltaktionsprogramm der Europäischen Gemeinschaft ([4]) ist die Verbesserung der Zusammenarbeit und Partnerschaft mit Unternehmen als ein strategisches Konzept zur Erfüllung der Umweltziele genannt. Freiwillige Verpflichtungen sind hiervon ein wesentlicher Bestandteil. In diesem Zusammenhang wird es für notwendig erachtet, eine größere Teilnahme am Gemeinschaftssystem für Umweltmanagement und Umweltbetriebsprüfung (EMAS) zu fördern und Maßnahmen zu entwickeln, mit denen die Organisationen angeregt werden sollen, strenge und von unabhängiger Stelle überprüfte Berichte über Umwelt und nachhaltige Entwicklung zu veröffentlichen.

(3) In der Mitteilung der Kommission vom 30. April 2007 über die Halbzeitbewertung des Sechsten Umweltaktionsprogramms der Gemeinschaft wird festgestellt, dass die Funktionsweise der für die Wirtschaft konzipierten freiwilligen Instrumente verbessert werden muss und dass die Instrumente ein hohes Potenzial aufweisen, das bisher aber nicht voll ausgeschöpft wurde. Die Kommission wird aufgefordert, die Instrumente zu überarbeiten, um ihre Anwendung zu fördern und den damit einhergehenden Verwaltungsaufwand zu verringern.

(4) In der Mitteilung der Kommission vom 16. Juli 2008 über den Aktionsplan für Nachhaltigkeit in Produktion und Verbrauch und für eine nachhaltige Industriepolitik wird festgestellt, dass EMAS die Organisationen bei der Optimierung ihrer Produktionsprozesse, der Verringerung der Umweltauswirkungen und bei einer effektiveren Ressourcennutzung unterstützt.

(5) Um eine kohärente Vorgehensweise zwischen den auf Gemeinschaftsebene im Bereich des Umweltschutzes entwickelten Rechtsinstrumenten zu fördern, sollten die Kommission und die Mitgliedstaaten untersuchen, wie die EMAS-Registrierung bei der Ausarbeitung von Rechtsvorschriften berücksichtigt oder als Instrument zur Durchsetzung von Rechtsvorschriften verwendet werden kann. Um EMAS für Organisationen attraktiver zu ma-

chen, sollten sie EMAS auch im Rahmen ihrer Beschaffungspolitik berücksichtigen und bei Bau- und Dienstleistungsaufträgen gegebenenfalls auf EMAS oder gleichwertige Umweltmanagementsysteme als eine Bedingung für die Auftragsausführung verweisen.

(6) Gemäß Artikel 15 der Verordnung (EG) Nr. 761/2001 des Europäischen Parlaments und des Rates vom 19. März 2001 über die freiwillige Beteiligung von Organisationen an einem Gemeinschaftssystem für das Umweltmanagement und die Umweltbetriebsprüfung (EMAS) ([5]) überprüft die Kommission EMAS im Lichte der bei der Durchführung gemachten Erfahrungen und schlägt dem Europäischen Parlament und dem Rat gegebenenfalls Änderungen vor.

(7) Die Anwendung von Umweltmanagementsystemen, einschließlich EMAS gemäß der Verordnung (EG) Nr. 761/2001, hat sich als wirksames Instrument zur Förderung von Verbesserungen der Umweltleistung von Organisationen erwiesen. Jedoch muss die Zahl der sich an EMAS beteiligenden Organisationen erhöht werden, um eine bessere Gesamtwirkung in Bezug auf Verbesserungen im Umweltbereich erzielen zu können. Um dies zu erreichen, sollten die bei der Anwendung dieser Verordnung gewonnenen Erfahrungen genutzt werden, um das Potential von EMAS zur Verbesserung der Umweltleistung von Organisationen insgesamt zu steigern.

(8) Organisationen sollten zur freiwilligen Teilnahme an EMAS angeregt werden und könnten so einen zusätzlichen Vorteil hinsichtlich der behördlichen Kontrolle, der Kosteneinsparungen und ihres Bildes in der Öffentlichkeit erhalten, wenn sie in Bezug auf die Umweltleistung eine Verbesserung ihres Niveaus nachweisen können.

(9) EMAS sollte allen Organisationen innerhalb und außerhalb der Gemeinschaft, deren Tätigkeiten Umweltauswirkungen haben, offen stehen. EMAS sollte diesen Organisationen ein Mittel an die Hand geben, mit dem sie diese Auswirkungen beherrschen und ihre Umweltleistung insgesamt verbessern können.

(10) Organisationen, insbesondere kleine Organisationen, sollten zur Teilnahme an EMAS angeregt werden. Ihre Beteiligung sollte gefördert werden, indem der Zugang zu Informationen, vorhandenen Fördermitteln und öffentlichen Einrichtungen erleichtert und Maßnahmen der technischen Hilfe eingeführt oder unterstützt werden.

(11) Organisationen, die andere Umweltmanagementsysteme anwenden und auf EMAS umsteigen wollen, sollten dies auf möglichst einfache Weise tun können. Daher sollten Verknüpfungen mit anderen Umweltmanagementsystemen in Betracht gezogen werden.

(12) Organisationen mit verschiedenen Standorten in einem oder mehreren Mitgliedstaaten sollten alle oder eine bestimmte Zahl dieser Standorte unter einer einzigen Registrierung registrieren lassen können.

(13) Der Mechanismus, mit dem festgestellt wird, ob eine Organisation alle einschlägigen Umweltvorschriften einhält, sollte verbessert werden, um die Glaubwürdigkeit von EMAS zu erhöhen und insbesondere den Mitgliedstaaten die Möglichkeit zu geben, den Verwaltungsaufwand für registrierte Organisationen durch Deregulierung oder regulatorische Entlastung zu verringern.

(14) Bei der Anwendung von EMAS sollte auch eine Beteiligung der Arbeiter und Angestellten der Organisation vorgesehen werden, da dadurch die Arbeitszufriedenheit wächst und die Umweltkenntnisse verbessert werden, die innerhalb und außerhalb des Arbeitsumfelds nutzbringend angewandt werden können.

(15) Das EMAS-Logo sollte für Organisationen ein attraktives Kommunikations- und Marketinginstrument sein, mit dem die Käufer und andere Interessenträger für EMAS sensibilisiert werden. Die Bestimmungen für die Verwendung des EMAS-Logos sollten durch die Verwendung eines einzigen Logos vereinfacht werden, und die bestehenden Beschrän-

kungen sollten aufgehoben werden, außer denen, die sich auf das Produkt und seine Verpackung beziehen. Die Möglichkeit von Verwechslungen mit Umwelt-Produktkennzeichnungen sollte ausgeschlossen werden.

(16) Die Kosten und Gebühren für die EMAS-Registrierung sollten sich in einem vertretbaren Rahmen halten und in einem angemessenen Verhältnis zur Größe der Organisation und zu dem damit verbundenen Arbeitsaufwand für die zuständigen Stellen stehen. Unbeschadet der Bestimmungen des Vertrags über staatliche Beihilfen sollten Gebührenbefreiungen oder -ermäßigungen für kleine Organisationen in Erwägung gezogen werden.

(17) Die Organisationen sollten in regelmäßigen Abständen Umwelterklärungen erstellen und öffentlich zugänglich machen, in denen die Öffentlichkeit und andere interessierte Kreise über die Einhaltung aller einschlägigen Umweltvorschriften durch die betreffende Organisation sowie über deren Umweltleistung informiert werden.

(18) Damit Relevanz und Vergleichbarkeit der Informationen gewährleistet sind, sollte die Berichterstattung über die Umweltleistung der Organisationen auf der Grundlage allgemeiner und branchenspezifischer Leistungsindikatoren erfolgen, deren Schwerpunkt bei Verwendung geeigneter Referenzwerte und Skalen auf Prozess- und Produktebene auf den wesentlichen Umweltbereichen liegt. Dies dürfte dazu beitragen, dass die Organisationen ihre Umweltleistung sowohl von einem Berichterstattungszeitraum zum anderen als auch mit der Umweltleistung anderer Organisationen vergleichen können.

(19) Durch Informationsaustausch und Zusammenarbeit zwischen den Mitgliedstaaten sollten Referenzdokumente, auch über bewährte Umweltmanagementpraktiken und Umweltleistungsindikatoren für bestimmte Branchen, ausgearbeitet werden. Diese Dokumente dürften den Organisationen helfen, sich besser auf die wichtigsten Umweltaspekte in einem gegebenen Branche zu konzentrieren.

(20) Die Verordnung (EG) Nr. 765/2008 des Europäischen Parlaments und des Rates vom 9. Juli 2008 über die Vorschriften für die Akkreditierung und Marktüberwachung im Zusammenhang mit der Vermarktung von Produkten ([6]) regelt die Akkreditierung auf einzelstaatlicher und europäischer Ebene und legt den allgemeinen Rahmen für die Akkreditierung fest. Die vorliegende Verordnung sollte diese Bestimmungen soweit erforderlich ergänzen, wobei die Besonderheiten von EMAS, wie die Notwendigkeit, ein hohes Maß an Glaubwürdigkeit gegenüber Interessenträgern, namentlich den Mitgliedstaaten, zu sichern, berücksichtigt und gegebenenfalls speziellere Bestimmungen festgelegt werden sollten. Die EMAS-Bestimmungen dürften die Kompetenz der Umweltgutachter gewährleisten und fortlaufend verbessern, indem ein unabhängiges, neutrales Akkreditierungs- oder Zulassungssystem, die Ausbildung der Umweltgutachter und eine angemessene Überwachung von deren Tätigkeiten vorgesehen und damit die Transparenz und Glaubwürdigkeit der an EMAS teilnehmenden Organisationen sichergestellt werden.

(21) Entscheidet sich ein Mitgliedstaat gegen eine Akkreditierung für EMAS, so sollte Artikel 5 Absatz 2 der Verordnung (EG) Nr. 765/2008 Anwendung finden.

(22) Die Mitgliedstaaten und die Kommission sollten Werbung betreiben und Fördermaßnahmen durchführen.

(23) Unbeschadet der Bestimmungen des Vertrags über staatliche Beihilfen sollten die Mitgliedstaaten im Rahmen von Regelungen zur Förderung der Umweltleistung der Industrie EMAS-registrierten Organisationen Anreize wie den Zugang zu Finanzierungsmitteln oder steuerliche Anreize bieten, sofern die Organisationen eine Verbesserung ihrer Umweltleistung nachweisen können.

(24) Die Mitgliedstaaten und die Kommission sollten spezielle Maßnahmen ausarbeiten und durchführen, um eine stärkere Beteiligung von Organisationen und insbesondere kleinen Organisationen an EMAS zu erreichen.

(25) Um die einheitliche Anwendung dieser Verordnung zu gewährleisten, sollte die Kommission nach einer Prioritätenliste branchenspezifische Referenzdokumente auf dem unter diese Verordnung fallenden Gebiet ausarbeiten.

(26) Diese Verordnung sollte gegebenenfalls innerhalb von fünf Jahren nach ihrem Inkrafttreten anhand der gewonnenen Erfahrungen überprüft werden.

(27) Diese Verordnung ersetzt die Verordnung (EG) Nr. 761/2001, die daher aufgehoben werden sollte.

(28) Da zweckdienliche Elemente aus der Empfehlung 2001/680/EG der Kommission vom 7. September 2001 über Leitlinien für die Anwendung der Verordnung (EG) Nr. 761/2001 ([7]) und der Empfehlung 2003/532/EG der Kommission vom 10. Juli 2003 über Leitlinien zur Durchführung der Verordnung (EG) Nr. 761/2001 des Europäischen Parlaments und des Rates über die freiwillige Beteiligung von Organisationen an einem Gemeinschaftssystem für das Umweltmanagement und die Umweltbetriebsprüfung (EMAS) in Bezug auf die Auswahl und Verwendung von Umweltleistungskennzahlen ([8]) in die vorliegende Verordnung übernommen wurden, sollten die genannten Rechtsakte nicht länger angewandt werden.

(29) Da die Ziele dieser Verordnung, nämlich die Schaffung eines einzigen, glaubwürdigen Systems und die Vermeidung der Einführung unterschiedlicher einzelstaatlicher Systeme, auf Ebene der Mitgliedstaaten nicht ausreichend verwirklicht werden können und aufgrund ihres Umfangs und ihrer Wirkungen besser auf Gemeinschaftsebene zu verwirklichen sind, kann die Gemeinschaft im Einklang mit dem in Artikel 5 des Vertrags niedergelegten Subsidiaritätsprinzip tätig werden. Entsprechend dem in demselben Artikel genannten Grundsatz der Verhältnismäßigkeit geht diese Verordnung nicht über das zur Erreichung dieser Ziele erforderliche Maß hinaus.

(30) Die zur Durchführung dieser Verordnung erforderlichen Maßnahmen sollten gemäß dem Beschluss 1999/468/EG des Rates vom 28. Juni 1999 zur Festlegung der Modalitäten für die Ausübung der der Kommission übertragenen Durchführungsbefugnisse ([9]) erlassen werden.

(31) Insbesondere sollte die Kommission die Befugnis erhalten, Verfahren für die Bewertung der zuständigen Stellen durch Fachkollegen (peer review) festzulegen, branchenspezifische Referenzdokumente auszuarbeiten, bestehende Umweltmanagementsysteme oder Teile davon als den jeweiligen Anforderungen dieser Verordnung entsprechend anzuerkennen, und die Anhänge I bis VIII zu ändern. Da es sich hierbei um Maßnahmen von allgemeiner Tragweite handelt, die eine Änderung nicht wesentlicher Bestimmungen dieser Verordnung, auch durch Ergänzung um neue nicht wesentliche Bestimmungen, bewirken, sind diese Maßnahmen nach dem Regelungsverfahren mit Kontrolle des Artikels 5a des Beschlusses 1999/468/EG zu erlassen.

(32) Da ein gewisser Zeitraum erforderlich ist, um den Rahmen für das ordnungsgemäße Funktionieren dieser Verordnung vorzugeben, sollten die Mitgliedstaaten ab Inkrafttreten dieser Verordnung über einen Zeitraum von zwölf Monaten verfügen, um die von den Akkreditierungsstellen und zuständigen Stellen nach den entsprechenden Vorschriften dieser Verordnung angewandten Verfahren zu ändern. Innerhalb dieses Zeitraums von zwölf Monaten sollten die Akkreditierungsstellen und zuständigen Stellen die im Rahmen der Verordnung (EG) Nr. 761/2001 vorgesehenen Verfahren weiterhin anwenden können –

HABEN FOLGENDE VERORDNUNG ERLASSEN:

KAPITEL I
ALLGEMEINE BESTIMMUNGEN

Artikel 1
Zielsetzung

Es wird ein Gemeinschaftssystem für das Umweltmanagement und die Umweltbetriebsprüfung (nachstehend als „EMAS“ bezeichnet) geschaffen, an dem sich Organisationen innerhalb und außerhalb der Gemeinschaft freiwillig beteiligen können.

Das Ziel von EMAS, einem wichtigen Instrument des Aktionsplans für Nachhaltigkeit in Produktion und Verbrauch und für eine nachhaltige Industriepolitik, besteht darin, kontinuierliche Verbesserungen der Umweltleistung von Organisationen zu fördern, indem die Organisationen Umweltmanagementsysteme errichten und anwenden, die Leistung dieser Systeme einer systematischen, objektiven und regelmäßigen Bewertung unterzogen wird, Informationen über die Umweltleistung vorgelegt werden, ein offener Dialog mit der Öffentlichkeit und anderen interessierten Kreisen geführt wird und die Arbeitnehmer der Organisationen aktiv beteiligt werden und eine angemessene Schulung erhalten.

Artikel 2
Begriffsbestimmungen

Für die Zwecke dieser Verordnung gelten folgende Begriffsbestimmungen:

1. „Umweltpolitik“: die von den obersten Führungsebenen einer Organisation verbindlich dargelegten Absichten und Ausrichtungen dieser Organisation in Bezug auf ihre Umweltleistung, einschließlich der Einhaltung aller geltenden Umweltvorschriften und der Verpflichtung zur kontinuierlichen Verbesserung der Umweltleistung. Sie bildet den Rahmen für die Maßnahmen und für die Festlegung umweltbezogener Zielsetzungen und Einzelziele;
2. „Umweltleistung“: die messbaren Ergebnisse des Managements der Umweltaspekte einer Organisation durch diese Organisation;
3. „Einhaltung der Rechtsvorschriften“: vollständige Einhaltung der geltenden Umweltvorschriften, einschließlich der Genehmigungsbedingungen;
4. „Umweltaspekt“: derjenige Bestandteil der Tätigkeiten, Produkte oder Dienstleistungen einer Organisation, der Auswirkungen auf die Umwelt hat oder haben kann;
5. „bedeutender Umweltaspekt“: ein Umweltaspekt, der bedeutende Umweltauswirkungen hat oder haben kann;
6. „direkter Umweltaspekt“: ein Umweltaspekt im Zusammenhang mit Tätigkeiten, Produkten und Dienstleistungen der Organisation selbst, der deren direkter betrieblicher Kontrolle unterliegt;
7. „indirekter Umweltaspekt“: ein Umweltaspekt, der das Ergebnis der Interaktion einer Organisation mit Dritten sein und in angemessenem Maße von einer Organisation beeinflusst werden kann;
8. „Umweltauswirkung“: jede positive oder negative Veränderung der Umwelt, die ganz oder teilweise auf Tätigkeiten, Produkte oder Dienstleistungen einer Organisation zurückzuführen ist;
9. „Umweltprüfung“: eine erstmalige umfassende Untersuchung der Umweltaspekte, der Umweltauswirkungen und der Umweltleistung im Zusammenhang mit den Tätigkeiten, Produkten und Dienstleistungen einer Organisation;

10. „Umweltprogramm“: eine Beschreibung der Maßnahmen, Verantwortlichkeiten und Mittel, die zur Verwirklichung der Umweltzielsetzungen und -einzelziele getroffen, eingegangen und eingesetzt wurden oder vorgesehen sind, und der diesbezügliche Zeitplan;
11. „Umweltzielsetzung“: ein sich aus der Umweltpolitik ergebendes und nach Möglichkeit zu quantifizierendes Gesamtziel, das sich eine Organisation gesetzt hat;
12. „Umwelteinzelziel“: eine für die gesamte Organisation oder Teile davon geltende detaillierte Leistungsanforderung, die sich aus den Umweltzielsetzungen ergibt und festgelegt und eingehalten werden muss, um diese Zielsetzungen zu erreichen;
13. „Umweltmanagementsystem“: der Teil des gesamten Managementsystems, der die Organisationsstruktur, Planungstätigkeiten, Verantwortlichkeiten, Verhaltensweisen, Vorgehensweisen, Verfahren und Mittel für die Festlegung, Durchführung, Verwirklichung, Überprüfung und Fortführung der Umweltpolitik und das Management der Umweltaspekte umfasst;
14. „bewährte Umweltmanagementpraktiken“: die wirkungsvollste Art der Umsetzung des Umweltmanagementsystems durch Organisationen in einer Branche, die unter bestimmten wirtschaftlichen und technischen Voraussetzungen zu besten Umweltleistungen führen kann;
15. „wesentliche Änderung“: jegliche Änderungen in Bezug auf Betrieb, Struktur, Verwaltung, Verfahren, Tätigkeiten, Produkte oder Dienstleistungen einer Organisation, die bedeutende Auswirkungen auf das Umweltmanagementsystem der Organisation, die Umwelt oder die menschliche Gesundheit haben oder haben können;
16. „Umweltbetriebsprüfung“: die systematische, dokumentierte, regelmäßige und objektive Bewertung der Umweltleistung einer Organisation, des Managementsystems und der Verfahren zum Schutz der Umwelt;
17. „Betriebsprüfer“: eine zur Belegschaft der Organisation gehörende Person oder Gruppe von Personen oder eine organisationsfremde natürliche oder juristische Person, die im Namen der Organisation handelt und insbesondere die bestehenden Umweltmanagementsysteme bewertet und prüft, ob diese mit der Umweltpolitik und dem Umweltprogramm der Organisation übereinstimmen und ob die geltenden umweltrechtlichen Verpflichtungen eingehalten werden;
18. „Umwelterklärung“: die umfassende Information der Öffentlichkeit und anderer interessierter Kreise mit folgenden Angaben zur Organisation:
    a) Struktur und Tätigkeiten,
    b) Umweltpolitik und Umweltmanagementsystem,
    c) Umweltaspekte und -auswirkungen,
    d) Umweltprogramm, -zielsetzung und -einzelziele,
    e) Umweltleistung und Einhaltung der geltenden umweltrechtlichen Verpflichtungen gemäß Anhang IV;
19. „aktualisierte Umwelterklärung“: die umfassende Information der Öffentlichkeit und anderer interessierter Kreise, die Aktualisierungen der letzten validierten Umwelterklärung enthält, wozu nur Informationen über die Umweltleistung einer Organisation und die Einhaltung der für sie geltenden umweltrechtlichen Verpflichtungen gemäß Anhang IV gehören;
20. „Umweltgutachter“:
    a) eine Konformitätsbewertungsstelle im Sinne der Verordnung (EG) Nr. 765/2008 oder jede Vereinigung oder Gruppe solcher Stellen, die gemäß der vorliegenden Verordnung akkreditiert ist; oder

b) jede natürliche oder juristische Person oder jede Vereinigung oder Gruppe solcher Personen, der eine Zulassung zur Durchführung von Begutachtungen und Validierungen gemäß der vorliegenden Verordnung erteilt worden ist;

21. „Organisation": Gesellschaft, Körperschaft, Betrieb, Unternehmen, Behörde oder Einrichtung bzw. Teil oder Kombination hiervon, innerhalb oder außerhalb der Gemeinschaft, mit oder ohne Rechtspersönlichkeit, öffentlich oder privat, mit eigenen Funktionen und eigener Verwaltung;
22. „Standort": ein bestimmter geografischer Ort, der der Kontrolle einer Organisation untersteht und an dem Tätigkeiten ausgeführt, Produkte hergestellt und Dienstleistungen erbracht werden, einschließlich der gesamten Infrastruktur, aller Ausrüstungen und aller Materialien; ein Standort ist die kleinste für die Registrierung in Betracht zu ziehende Einheit;
23. „Cluster": eine Gruppe von voneinander unabhängigen Organisationen, die durch ihre räumliche Nähe oder ihre geschäftlichen Tätigkeiten miteinander in Beziehung stehen und zusammenwirkend ein Umweltmanagementsystem anwenden;
24. „Begutachtung": eine von einem Umweltgutachter durchgeführte Konformitätsbewertung, mit der festgestellt werden soll, ob Umweltprüfung, Umweltpolitik, Umweltmanagementsystem und interne Umweltbetriebsprüfung einer Organisation sowie deren Umsetzung den Anforderungen dieser Verordnung entsprechen;
25. „Validierung": die Bestätigung des Umweltgutachters, der die Begutachtung durchgeführt hat, dass die Informationen und Daten in der Umwelterklärung einer Organisation und die Aktualisierungen der Erklärung zuverlässig, glaubhaft und korrekt sind und den Anforderungen dieser Verordnung entsprechen;
26. „Durchsetzungsbehörden": zuständige Behörden, die von den Mitgliedstaaten dazu bestimmt wurden, Verstöße gegen das geltende Umweltrecht aufzudecken, zu verhüten und aufzuklären sowie erforderlichenfalls Durchsetzungsmaßnahmen zu ergreifen;
27. „Umweltleistungsindikator": ein spezifischer Parameter, mit dem sich die Umweltleistung einer Organisation messen lässt;
28. „kleine Organisationen":
    a) Kleinstunternehmen sowie kleine und mittlere Unternehmen im Sinne der Empfehlung 2003/361/EG der Kommission vom 6. Mai 2003 betreffend die Definition der Kleinstunternehmen sowie der kleinen und mittleren Unternehmen ([10]), oder
    b) lokale Behörden, die für weniger als 10 000 Einwohner zuständig sind, oder sonstige Behörden, die weniger als 250 Personen beschäftigen und die entweder über einen Jahreshaushalt von höchstens 50 Mio. EUR verfügen oder deren Jahresbilanzsumme sich auf höchstens 43 Mio. EUR beläuft; hierzu gehören:
        i) Regierungsstellen oder andere Stellen der öffentlichen Verwaltung oder öffentliche Beratungsgremien auf nationaler, regionaler oder lokaler Ebene,
        ii) natürliche oder juristische Personen, die nach einzelstaatlichem Recht Aufgaben der öffentlichen Verwaltung, einschließlich bestimmter Pflichten, Tätigkeiten oder Dienstleistungen im Zusammenhang mit der Umwelt wahrnehmen, und
        iii) natürliche oder juristische Personen, die unter der Kontrolle einer unter Buchstabe b genannten Stelle oder Person im Zusammenhang mit der Umwelt öffentliche Zuständigkeiten haben, öffentliche Aufgaben wahrnehmen oder öffentliche Dienstleistungen erbringen;

29. „Sammelregistrierung“: eine einzige Registrierung aller oder einiger Standorte einer Organisation mit verschiedenen Standorten in einem oder mehreren Mitgliedstaaten oder Drittländern;
30. „Akkreditierungsstelle“: eine nach Artikel 4 der Verordnung (EG) Nr. 765/2008 benannte nationale Akkreditierungsstelle, die für die Akkreditierung und Beaufsichtigung der Umweltgutachter zuständig ist;
31. „Zulassungsstelle“: eine nach Artikel 5 Absatz 2 der Verordnung (EG) Nr. 765/2008 benannte Stelle, die für die Zulassung und Beaufsichtigung von Umweltgutachtern zuständig ist.

KAPITEL II
REGISTRIERUNG VON ORGANISATIONEN

Artikel 3
Bestimmung der zuständigen Stelle

(1) Registrierungsanträge von Organisationen, die innerhalb eines Mitgliedstaats ansässig sind, erfolgen bei einer zuständigen Stelle in dem betreffenden Mitgliedstaat.

(2) Eine Organisation mit verschiedenen Standorten in einem oder mehreren Mitgliedstaaten oder in Drittländern kann für alle oder einige dieser Standorte eine Sammelregistrierung beantragen.

Anträge auf Sammelregistrierung erfolgen bei einer zuständigen Stelle des Mitgliedstaats, in dem sich der Hauptsitz oder das für die Zwecke dieses Absatzes benannte Managementzentrale der Organisation befindet.

(3) Registrierungsanträge von Organisationen, die außerhalb der Gemeinschaft ansässig sind, einschließlich Sammelregistrierungen von Organisationen, deren Standorte sich ausschließlich außerhalb der Gemeinschaft befinden, können bei jeder zuständigen Stelle in denjenigen Mitgliedstaaten gestellt werden, die die Registrierung von Organisationen von außerhalb der Gemeinschaft gemäß Artikel 11 Absatz 1 Unterabsatz 2 vornehmen.

Diese Organisationen stellen sicher, dass der Umweltgutachter, der die Begutachtung durchführen und das Umweltmanagementsystem der Organisation validieren wird, in dem Mitgliedstaat, in dem die Organisation ihren Registrierungsantrag stellt, akkreditiert oder zugelassen ist.

Artikel 4
Vorbereitung der Registrierung

(1) Organisationen, die erstmalig eine Registrierung anstreben,
   a) nehmen eine Umweltprüfung aller sie betreffenden Umweltaspekte gemäß den Anforderungen in Anhang I und in Anhang II Nummer A.3.1. vor;
   b) führen auf der Grundlage der Ergebnisse dieser Umweltprüfung ein von ihnen entwickeltes Umweltmanagementsystem ein, das alle in Anhang II genannten Anforderungen abdeckt und etwaige bewährte branchenspezifische Umweltmanagementpraktiken gemäß Artikel 46 Absatz 1 Buchstabe a berücksichtigt;
   c) führen eine Umweltbetriebsprüfung gemäß den Anforderungen in Anhang II Nummer A.5.5. und Anhang III durch;

d) erstellen eine Umwelterklärung gemäß Anhang IV. Sofern branchenspezifische Referenzdokumente gemäß Artikel 46 für die betreffende Branche zur Verfügung stehen, erfolgt die Beurteilung der Umweltleistung der Organisation unter Berücksichtigung dieser einschlägigen Dokumente.

(2) Die Organisationen können die Unterstützung gemäß Artikel 32, die in dem Mitgliedstaat, in dem die Organisation die Registrierung beantragt, zur Verfügung steht, in Anspruch nehmen.

(3) Organisationen mit einem zertifizierten und gemäß Artikel 45 Absatz 4 anerkannten Umweltmanagementsystem sind nicht verpflichtet, jene Bestandteile durchzuführen, die als den Bestimmungen dieser Verordnung gleichwertig anerkannt wurden.

(4) Die Organisationen erbringen den materiellen oder dokumentarischen Nachweis, dass sie alle für sie geltenden Umweltvorschriften einhalten.

Die Organisationen können bei der/den zuständigen Durchsetzungsbehörde(n) gemäß Artikel 32 oder bei dem Umweltgutachter Informationen anfordern.

Organisationen von außerhalb der Gemeinschaft müssen sich auch an die Umweltvorschriften halten, die für ähnliche Organisationen in den Mitgliedstaaten gelten, in denen sie einen Antrag stellen wollen.

Sofern branchenspezifische Referenzdokumente gemäß Artikel 46 für die betreffende Branche zur Verfügung stehen, erfolgt die Beurteilung der Umweltleistung der Organisation anhand dieser einschlägigen Dokumente.

(5) Die erste Umweltprüfung, das Umweltmanagementsystem, das Verfahren für die Umweltbetriebsprüfung und seine Umsetzung werden von einem akkreditierten oder zugelassenen Umweltgutachter begutachtet und die Umwelterklärung wird von diesem validiert.

Artikel 5
Registrierungsantrag

(1) Organisationen, die die Anforderungen gemäß Artikel 4 erfüllen, können eine Registrierung beantragen.

(2) Der Registrierungsantrag ist bei der zuständigen Stelle gemäß Artikel 3 zu stellen und umfasst Folgendes:
a) die validierte Umwelterklärung in elektronischer oder gedruckter Form;
b) die vom Umweltgutachter, der die Umwelterklärung validiert hat, unterzeichnete Erklärung gemäß Artikel 25 Absatz 9;
c) ein ausgefülltes Formular, das mindestens die in Anhang VI aufgeführten Mindestangaben enthält;
d) gegebenenfalls Nachweise über die Zahlung der fälligen Gebühren.

(3) Der Antrag ist in einer Amtssprache des Mitgliedstaats, in dem die Organisation die Registrierung beantragt, abzufassen.

KAPITEL III
VERPFLICHTUNGEN REGISTRIERTER ORGANISATIONEN

Artikel 6
Verlängerung der EMAS-Registrierung

(1) Eine registrierte Organisation muss mindestens alle drei Jahre
   a) ihr gesamtes Umweltmanagementsystem und das Programm für die Umweltbetriebsprüfung und deren Umsetzung begutachten lassen;
   b) eine Umwelterklärung gemäß den Anforderungen in Anhang IV erstellen und von einem Umweltgutachter validieren lassen;
   c) die validierte Umwelterklärung der zuständigen Stelle übermitteln;
   d) der zuständigen Stelle ein ausgefülltes Formular mit wenigstens den in Anhang VI aufgeführten Mindestangaben übermitteln;
   e) gegebenenfalls eine Gebühr für die weitere Führung der Registrierung an die zuständige Stelle entrichten.

(2) Unbeschadet des Absatzes 1 muss eine registrierte Organisation in den dazwischen liegenden Jahren
   a) gemäß dem Programm für die Betriebsprüfung eine Betriebsprüfung ihrer Umweltleistung und der Einhaltung der geltenden Umweltvorschriften gemäß Anhang III vornehmen;
   b) eine aktualisierte Umwelterklärung gemäß den Anforderungen in Anhang IV erstellen und von einem Umweltgutachter validieren lassen;
   c) der zuständigen Stelle die validierte aktualisierte Umwelterklärung übermitteln;
   d) der zuständigen Stelle ein ausgefülltes Formular mit wenigstens den in Anhang VI aufgeführten Mindestangaben übermitteln,
   e) gegebenenfalls eine Gebühr für die weitere Führung der Registrierung an die zuständige Stelle entrichten.

(3) Die registrierten Organisationen veröffentlichen ihre Umwelterklärung und deren Aktualisierungen innerhalb eines Monats nach der Registrierung und innerhalb eines Monats nach der Verlängerung der Registrierung.

Die registrierten Organisationen können dieser Anforderung nachkommen, indem sie die Umwelterklärung und deren Aktualisierungen auf Anfrage zugänglich machen oder Links zu Internet-Seiten einrichten, auf denen diese Umwelterklärungen zu finden sind.

Die registrierten Organisationen teilen mit, auf welche Weise sie den öffentlichen Zugang zu Informationen in den in Anhang VI genannten Formularen gewährleisten.

Artikel 7
Ausnahmeregelung für kleine Organisationen

(1) Auf Antrag einer kleinen Organisation verlängern die zuständigen Stellen für diese Organisation das Dreijahresintervall gemäß Artikel 6 Absatz 1 auf bis zu vier Jahre oder das Jahresintervall gemäß Artikel 6 Absatz 2 auf bis zu zwei Jahre, sofern der Umweltgutachter, der die Organisation begutachtet hat, bestätigt, dass alle nachfolgenden Bedingungen erfüllt sind:
   a) Es liegen keine wesentlichen Umweltrisiken vor,

b) die Organisation plant keine wesentlichen Änderungen im Sinne von Artikel 8, und
c) es liegen keine wesentlichen lokalen Umweltprobleme vor, zu denen die Organisation beiträgt.

Zur Einreichung des in Unterabsatz 1 genannten Antrags kann die Organisation die in Anhang VI genannten Formulare verwenden.

(2) Die zuständige Stelle lehnt den Antrag ab, wenn die in Absatz 1 genannten Bedingungen nicht erfüllt sind. Sie übermittelt der Organisation hierfür eine ausführliche Begründung.

(3) Organisationen, denen gemäß Absatz 1 eine Verlängerung auf bis zu zwei Jahre gewährt wurde, übermitteln der zuständigen Stelle in jedem Jahr, in dem sie von der Verpflichtung zur Vorlage einer validierten aktualisierten Umwelterklärung befreit sind, die nicht validierte aktualisierte Umwelterklärung.

Artikel 8
Wesentliche Änderungen

(1) Plant eine registrierte Organisation wesentliche Änderungen, so führt sie eine Umweltprüfung dieser Änderungen, einschließlich ihrer Umweltaspekte und -auswirkungen, durch.

(2) Nach der Umweltprüfung der Änderungen aktualisiert die Organisation die erste Umweltprüfung, ändert die Umweltpolitik, das Umweltprogramm und das Umweltmanagementsystem und überprüft und aktualisiert die gesamte Umwelterklärung entsprechend.

(3) Alle gemäß Absatz 2 geänderten und aktualisierten Dokumente sind innerhalb von sechs Monaten zu begutachten und zu validieren.

(4) Nach der Validierung übermittelt die Organisation die Änderungen der zuständigen Stelle anhand des Formulars in Anhang VI und veröffentlicht die Änderungen.

Artikel 9
Interne Umweltbetriebsprüfung

(1) Registrierte Organisationen stellen ein Programm für die Umweltbetriebsprüfung auf, das gewährleistet, dass alle Tätigkeiten der Organisation innerhalb eines Zeitraums von höchstens drei Jahren einer internen Umweltbetriebsprüfung gemäß Anhang III unterzogen werden, oder innerhalb eines Zeitraums von höchstens vier Jahren, wenn die in Artikel 7 genannte Ausnahmeregelung Anwendung findet.

(2) Die Prüfung wird von Betriebsprüfern vorgenommen, die einzeln oder als Gruppe über die erforderlichen fachlichen Qualifikationen für die Ausführung dieser Aufgaben verfügen, und deren Unabhängigkeit gegenüber den geprüften Tätigkeiten ausreichend ist, um eine objektive Beurteilung zu gestatten.

(3) Im Programm der Organisation für die Umweltbetriebsprüfung sind die Zielsetzungen jeder Umweltbetriebsprüfung bzw. jedes Betriebsprüfungszyklus, einschließlich der Häufigkeit der Prüfung jeder Tätigkeit, festzulegen.

(4) Nach jeder Umweltbetriebsprüfung und nach jedem Prüfungszyklus erstellen die Betriebsprüfer einen schriftlichen Bericht.

(5) Der Betriebsprüfer teilt die Ergebnisse und Schlussfolgerungen aus der Umweltbetriebsprüfung der Organisation mit.

(6) Im Anschluss an die Umweltbetriebsprüfung erstellt die Organisation einen geeigneten Aktionsplan und setzt diesen um.

(7) Die Organisation schafft geeignete Mechanismen, die gewährleisten, dass die Ergebnisse der Umweltbetriebsprüfung in der Folge berücksichtigt werden.

Artikel 10
Verwendung des EMAS-Logos

(1) Unbeschadet des Artikels 35 Absatz 2 darf das EMAS-Logo gemäß Anhang V nur von registrierten Organisationen und nur während der Gültigkeitsdauer ihrer Registrierung verwendet werden.

Das Logo muss stets die Registrierungsnummer der Organisation aufweisen.

(2) Das EMAS-Logo darf nur im Einklang mit den technischen Spezifikationen in Anhang V verwendet werden.

(3) Organisationen, die gemäß Artikel 3 Absatz 3 beschlossen haben, nicht alle ihre Standorte in die Sammelregistrierung einzubeziehen, müssen sicherstellen, dass in ihren Informationen für die Öffentlichkeit und bei der Verwendung des EMAS-Logos erkenntlich ist, welche Standorte von der Registrierung erfasst sind.

(4) Das EMAS-Logo darf nicht verwendet werden
a) auf Produkten oder ihrer Verpackung, oder
b) in Verbindung mit Vergleichen mit anderen Tätigkeiten und Dienstleistungen oder in einer Weise, die zu Verwechslungen mit Umwelt-Produktkennzeichnungen führen kann.

(5) Jede von einer registrierten Organisation veröffentlichte Umweltinformation darf das EMAS-Logo tragen, sofern in den Informationen auf die zuletzt vorgelegte Umwelterklärung oder aktualisierte Umwelterklärung der Organisation verwiesen wird, aus der diese Information stammt, und sie von einem Umweltgutachter als
a) sachlich richtig,
b) begründet und nachprüfbar,
c) relevant und im richtigen Kontext bzw. Zusammenhang verwendet,
d) repräsentativ für die gesamte Umweltleistung der Organisation,
e) unmissverständlich und
f) wesentlich in Bezug auf die gesamten Umweltauswirkungen validiert wurde.

KAPITEL IV
VORSCHRIFTEN FÜR DIE ZUSTÄNDIGEN STELLEN

Artikel 11
Benennung und Aufgaben der zuständigen Stellen

(1) Die Mitgliedstaaten benennen zuständige Stellen, die für die Registrierung von innerhalb der Gemeinschaft angesiedelten Organisationen gemäß dieser Verordnung verantwortlich sind.

Die Mitgliedstaaten können vorsehen, dass die von ihnen benannten zuständigen Stellen für die Registrierung von außerhalb der Gemeinschaft angesiedelten Organisationen sorgen und gemäß dieser Verordnung zuständig sind.

Die zuständigen Stellen überwachen die Registrierung und weitere Führung von Organisationen im Register, einschließlich der Aussetzung oder Streichung von Registrierungen.

(2) Bei den zuständigen Stellen kann es sich um nationale, regionale oder lokale Stellen handeln.

(3) Die Zusammensetzung der zuständigen Stellen gewährleistet ihre Unabhängigkeit und Neutralität.

(4) Die zuständigen Stellen verfügen zur ordnungsgemäßen Wahrnehmung ihrer Aufgaben über die geeigneten finanziellen und personellen Mittel.

(5) Die zuständigen Stellen wenden diese Verordnung einheitlich an und nehmen regelmäßig an Bewertungen durch Fachkollegen (peer reviews) gemäß Artikel 17 teil.

Artikel 12
Verpflichtungen im Zusammenhang mit dem Registrierungsverfahren

(1) Die zuständigen Stellen legen Verfahren für die Registrierung von Organisationen fest. Sie stellen insbesondere Regeln auf, die es ermöglichen,

a) die Bemerkungen interessierter Kreise, einschließlich Akkreditierungs- und Zulassungsstellen, zuständige Durchsetzungsbehörden und Vertretungsgremien der Organisationen, zu Antrag stellenden oder registrierten Organisationen zu berücksichtigen,

b) die Registrierung von Organisationen abzulehnen, auszusetzen oder zu streichen und

c) Beschwerden und Einsprüche gegen ihre Entscheidungen zu regeln.

(2) Die zuständigen Stellen erstellen und führen ein Register der in ihren Mitgliedstaaten registrierten Organisationen, einschließlich der Information, auf welche Weise deren Umwelterklärung bzw. aktualisierte Umwelterklärung erhältlich ist, und bringen im Falle von Änderungen dieses Register monatlich auf den neuesten Stand.

Das Register wird auf einer Internet-Seite veröffentlicht.

(3) Die zuständigen Stellen teilen der Kommission monatlich entweder auf direktem Weg oder über die nationalen Behörden, so wie es die betroffenen Mitgliedstaaten beschlossen haben, Änderungen des Registers gemäß Absatz 2 mit.

Artikel 13
Registrierung von Organisationen

(1) Die zuständigen Stellen prüfen die Registrierungsanträge von Organisationen nach den zu diesem Zwecke aufgestellten Verfahren.

(2) Stellt eine Organisation einen Registrierungsantrag, so registriert die zuständige Stelle die betreffende Organisation und vergibt eine Registrierungsnummer, sofern alle folgenden Bedingungen erfüllt sind:

a) Die zuständige Stelle hat einen Registrierungsantrag erhalten, der alle in Artikel 5 Absatz 2 Buchstaben a bis d aufgeführten Unterlagen enthält;

b) die zuständige Stelle hat sich vergewissert, dass die Begutachtung und Validierung gemäß den Artikeln 25, 26 und 27 durchgeführt wurden;

c) die zuständige Stelle ist aufgrund der vorliegenden materiellen Nachweise, beispielsweise eines schriftlichen Berichts der zuständigen Durchsetzungsbehörde davon überzeugt, dass es keinen Nachweis für einen Verstoß gegen die geltenden Umweltrechtsvorschriften gibt,
d) es liegen keine Beschwerden von interessierten Kreisen vor bzw. Beschwerden wurden positiv geklärt;
e) die zuständige Stelle ist aufgrund von Nachweisen überzeugt, dass die Organisation alle Forderungen dieser Verordnung einhält; und
f) die zuständige Stelle hat gegebenenfalls eine Registrierungsgebühr erhalten.

(3) Die zuständige Stelle teilt der Organisation mit, dass sie registriert wurde, und vergibt die Registrierungsnummer sowie das EMAS-Logo an die Organisation.

(4) Gelangt eine zuständige Stelle zu dem Schluss, dass eine Organisation, die eine Registrierung beantragt hat, die Anforderungen gemäß Absatz 2 nicht erfüllt, so lehnt sie die Registrierung der Organisation ab und übermittelt ihr hierfür eine ausführliche Begründung.

(5) Erhält die zuständige Stelle von der Akkreditierungsstellen oder der Zulassungsstelle einen schriftlichen Kontrollbericht, dem zufolge die Tätigkeiten des Umweltgutachters nicht ausreichten, um zu gewährleisten, dass die antragstellende Organisation die Anforderungen dieser Verordnung erfüllt, so lehnt sie die Registrierung dieser Organisation ab. Die zuständige Stelle fordert die betreffende Organisation auf, erneut einen Antrag auf Registrierung zu stellen.

(6) Die zuständige Stelle hört die betroffenen Beteiligten, einschließlich der Organisation, um sich die erforderlichen Entscheidungsgrundlagen für die Ablehnung der Registrierung einer Organisation zu verschaffen.

Artikel 14
Verlängerung der EMAS-Registrierung

(1) Die zuständige Stelle verlängert die Registrierung der Organisation, sofern die folgenden Bedingungen insgesamt erfüllt sind:
a) der zuständigen Stelle wurde eine validierte Umwelterklärung nach Artikel 6 Absatz 1 Buchstabe c, eine aktualisierte validierte Umwelterklärung nach Artikel 6 Absatz 2 Buchstabe c oder eine nicht validierte aktualisierte Umwelterklärung nach Artikel 7 Absatz 3 übermittelt;
b) der zuständigen Stelle wurde ein ausgefülltes Formular mit wenigstens den in Anhang VI aufgeführten Mindestangaben nach Artikel 6 Absatz 1 Buchstabe d und Artikel 6 Absatz 2 Buchstabe d übermittelt;
c) der zuständigen Stelle liegen keine Nachweise vor, dass die Begutachtung und Validierung nicht entsprechend den Artikeln 25, 26 und 27 durchgeführt wurden;
d) der zuständigen Stelle liegen keine Nachweise vor, dass die Organisation die geltenden Umweltvorschriften nicht eingehalten hat;
e) es liegen keine Beschwerden von interessierten Kreisen vor bzw. Beschwerden wurden positiv geklärt;
f) die zuständige Stelle ist aufgrund von vorliegenden Nachweisen überzeugt, dass die Organisation alle Forderungen dieser Verordnung einhält, und
g) die zuständige Stelle hat gegebenenfalls eine Gebühr für die Verlängerung der Registrierung erhalten.

(2) Die zuständige Stelle teilt der Organisation mit, dass ihre Registrierung verlängert wurde.

Artikel 15
Aussetzung oder Streichung der Registrierung von Organisationen

(1) Ist eine zuständige Stelle der Auffassung, dass eine registrierte Organisation die Bestimmungen dieser Verordnung nicht einhält, so gibt sie der Organisation Gelegenheit, zur Sache Stellung zu nehmen. Ist die Antwort der Organisation unzulänglich, so wird ihre Registrierung ausgesetzt oder gestrichen.

(2) Erhält die zuständige Stelle von der Akkreditierungsstelle oder Zulassungsstelle einen schriftlichen Kontrollbericht, dem zufolge die Tätigkeiten des Umweltgutachters nicht ausreichten, um zu gewährleisten, dass die registrierte Organisation die Anforderungen dieser Verordnung erfüllt, so wird die Registrierung ausgesetzt.

(3) Die Registrierung einer Organisation wird ausgesetzt oder im Register gestrichen, wenn die Organisation es versäumt, der zuständigen Stelle innerhalb von zwei Monaten nach einer entsprechenden Aufforderung Folgendes zu übermitteln:

a) die validierte Umwelterklärung, eine aktualisierte Umwelterklärung oder die unterzeichnete Erklärung gemäß Artikel 25 Absatz 9;
b) ein Formular, das wenigstens die in Anhang VI vorgesehenen Mindestangaben zur Organisation enthält.

(4) Wird eine zuständige Stelle von der zuständigen Durchsetzungsbehörde in einem schriftlichen Bericht über einen Verstoß der Organisation gegen geltende Umweltvorschriften unterrichtet, so setzt sie die Registrierung der betreffenden Organisation aus bzw. streicht den Registereintrag.

(5) Bei ihrer Entscheidung über die Aussetzung oder Streichung einer Registrierung berücksichtigt die zuständige Stelle mindestens Folgendes:

a) die Umweltauswirkung der Nichteinhaltung der Verpflichtungen gemäß dieser Verordnung durch die Organisation,
b) die Vorhersehbarkeit der Nichteinhaltung von Verpflichtungen gemäß dieser Verordnung durch die Organisation oder die Umstände, die dazu führen,
c) die vorangegangene Nichteinhaltung von Verpflichtungen gemäß dieser Verordnung durch die Organisation und
d) die besondere Situation der Organisation.

(6) Die zuständige Stelle hört die betroffenen Beteiligten, einschließlich der Organisation, um sich die erforderlichen Entscheidungsgrundlagen für die Aussetzung der Registrierung der betreffenden Organisation oder ihre Streichung aus dem Register zu verschaffen.

(7) Erhält die zuständige Stelle auf anderem Wege als durch einen schriftlichen Kontrollbericht der Akkreditierungsstelle oder der Zulassungsstelle den Nachweis dafür, dass die Tätigkeiten des Umweltgutachters nicht ausreichten, um zu gewährleisten, dass die Organisation die Anforderungen dieser Verordnung erfüllt, so konsultiert sie die Akkreditierungsstelle oder Zulassungsstelle, die den Umweltgutachter beaufsichtigt.

(8) Die zuständige Stelle gibt die Gründe für die getroffenen Maßnahmen an.

(9) Die zuständige Stelle informiert die Organisation in angemessener Weise über die mit den betroffenen Beteiligten geführten Gespräche.

(10) Die Aussetzung der Registrierung einer Organisation wird rückgängig gemacht, wenn die zuständige Stelle hinreichend darüber informiert wurde, dass die Organisation die Vorschriften dieser Verordnung einhält.

Artikel 16
Forum der zuständigen Stellen

(1) Die zuständigen Stellen richten ein Forum der zuständigen Stellen aller Mitgliedstaaten (nachstehend als „Forum der zuständigen Stellen“ bezeichnet) ein, das mindestens einmal jährlich zusammentritt, wobei ein Vertreter der Kommission anwesend ist.

Das Forum der zuständigen Stellen gibt sich eine Geschäftsordnung.

(2) Die zuständigen Stellen aller Mitgliedstaaten nehmen an dem Forum der zuständigen Stellen teil. Verfügt ein Mitgliedstaat über mehrere zuständige Stellen, so sind geeignete Maßnahmen zu treffen, um sicherzustellen, dass alle Stellen über die Tätigkeiten des Forums der zuständigen Stellen informiert werden.

(3) Das Forum der zuständigen Stellen erstellt Leitlinien, um einheitliche Verfahren für die Registrierung von Organisationen im Einklang mit dieser Verordnung einschließlich der Verlängerung und der Aussetzung der Registrierung oder der Streichung des Registereintrags von Organisationen innerhalb und außerhalb der Gemeinschaft sicherzustellen.

Das Forum der zuständigen Stellen übermittelt der Kommission die Leitlinien und die Unterlagen für die Bewertung durch Fachkollegen.

(4) Die vom Forum der zuständigen Stellen angenommenen Leitlinien für Harmonisierungsverfahren werden von der Kommission gegebenenfalls zur Annahme nach dem in Artikel 49 Absatz 3 genannten Regelungsverfahren mit Kontrolle vorgeschlagen.

Diese Dokumente werden veröffentlicht.

Artikel 17
Bewertung der zuständigen Stellen durch Fachkollegen

(1) Das Forum der zuständigen Stellen veranstaltet eine Bewertung durch Fachkollegen, um zu prüfen, ob die Registrierungssysteme der einzelnen zuständigen Stellen mit dieser Verordnung übereinstimmen, und um zu einem einheitlichen Konzept für die Anwendung der Registrierungsregeln zu gelangen.

(2) Die Bewertung durch Fachkollegen erfolgt in regelmäßigen Zeitabständen und mindestens alle vier Jahre und umfasst eine Bewertung der in den Artikeln 12, 13 und 15 genannten Regeln und Verfahren. An der Bewertung durch Fachkollegen nehmen alle zuständigen Stellen teil.

(3) Die Kommission entwickelt ein Verfahren für die Bewertung durch Fachkollegen, einschließlich geeigneter Verfahren für Einsprüche gegen die aufgrund der Bewertung durch Fachkollegen getroffenen Entscheidungen.

Diese Maßnahmen, die durch Hinzufügung eine Änderung nicht wesentlicher Bestimmungen dieser Richtlinie bewirken, werden nach dem in Artikel 49 Absatz 3 genannten Regelungsverfahren mit Kontrolle erlassen.

(4) Die in Absatz 3 genannten Verfahren werden eingeführt, bevor die erste Bewertung durch Fachkollegen stattfindet.

(5) Das Forum der zuständigen Stellen übermittelt der Kommission und dem gemäß Artikel 49 Absatz 1 eingesetzten Ausschuss regelmäßig einen Bericht über die Bewertung durch Fachkollegen.

Dieser Bericht wird nach Genehmigung durch das Forum der zuständigen Stellen und den in Unterabsatz 1 genannten Ausschuss veröffentlicht.

KAPITEL V
UMWELTGUTACHTER

Artikel 18
Aufgaben der Umweltgutachter

(1) Die Umweltgutachter prüfen, ob die Umweltprüfung, die Umweltpolitik, das Umweltmanagementsystem, die Umweltbetriebsprüfungsverfahren einer Organisation und deren Durchführung den Anforderungen dieser Verordnung entsprechen.

(2) Der Umweltgutachter prüft Folgendes:

a) die Einhaltung aller Vorschriften dieser Verordnung durch die Organisation in Bezug auf die erste Umweltprüfung, das Umweltmanagementsystem, die Umweltbetriebsprüfung und ihre Ergebnisse und die Umwelterklärung oder die aktualisierte Umwelterklärung;

b) die Einhaltung der geltenden gemeinschaftlichen, nationalen, regionalen und lokalen Umweltvorschriften durch die Organisation;

c) die kontinuierliche Verbesserung der Umweltleistung der Organisation; und

d) die Zuverlässigkeit, die Glaubwürdigkeit und die Richtigkeit der Daten und Informationen in folgenden Dokumenten:

   i) Umwelterklärung,

   ii) aktualisierte Umwelterklärung,

   iii) zu validierende Umweltinformationen.

(3) Der Umweltgutachter prüft insbesondere die Angemessenheit der ersten Umweltprüfung, der Umweltbetriebsprüfung oder anderer von der Organisation angewandter Verfahren, wobei er auf jede unnötige Doppelarbeit verzichtet.

(4) Der Umweltgutachter prüft, ob die Ergebnisse der internen Umweltbetriebsprüfung zuverlässig sind. Gegebenenfalls führt er zu diesem Zweck Stichproben durch.

(5) Bei der Begutachtung in Vorbereitung der Registrierung einer Organisation untersucht der Umweltgutachter, ob die Organisation mindestens folgende Anforderungen erfüllt:

a) Sie verfügt über ein voll funktionsfähiges Umweltmanagementsystem gemäß Anhang II;

b) es besteht ein Programm für die Umweltbetriebsprüfung gemäß Anhang III, dessen Planung abgeschlossen und das bereits angelaufen ist, so dass zumindest die bedeutendsten Umweltauswirkungen erfasst sind;

c) es wurde eine Managementbewertung gemäß Anhang II Teil A vorgenommen, und

d) es wurde eine Umwelterklärung gemäß Anhang IV erstellt und es wurden – soweit verfügbar – branchenspezifische Referenzdokumente berücksichtigt.

(6) Im Rahmen der Begutachtung für die Verlängerung der Registrierung gemäß Artikel 6 Absatz 1 untersucht der Umweltgutachter, ob die Organisation folgende Anforderungen erfüllt:
   a) Die Organisation verfügt über ein voll funktionsfähiges Umweltmanagementsystem gemäß Anhang II;
   b) die Organisation verfügt über ein Programm für die Umweltbetriebsprüfung gemäß Anhang III, für das die operative Planung und mindestens ein Prüfzyklus abgeschlossen sind;
   c) die Organisation hat eine Managementbewertung vorgenommen und
   d) die Organisation hat eine Umwelterklärung gemäß Anhang IV erstellt, und es wurden – soweit verfügbar – branchenspezifische Referenzdokumente berücksichtigt.

(7) Im Rahmen der Begutachtung für die Verlängerung der Registrierung gemäß Artikel 6 Absatz 2 untersucht der Umweltgutachter, ob die Organisation mindestens folgende Anforderungen erfüllt:
   a) Sie hat eine interne Umweltbetriebsprüfung und eine Prüfung der Einhaltung der geltenden Umweltvorschriften gemäß Anhang III vorgenommen;
   b) sie erbringt den Nachweis für die dauerhafte Einhaltung der geltenden Umweltvorschriften und die kontinuierliche Verbesserung der Umweltleistung der Organisation und
   c) sie hat eine aktualisierte Umwelterklärung gemäß Anhang IV erstellt, und es wurden – soweit verfügbar – branchenspezifische Referenzdokumente berücksichtigt.

Artikel 19
Häufigkeit der Begutachtungen

(1) Der Umweltgutachter erstellt in Abstimmung mit der Organisation ein Programm, durch das sichergestellt wird, dass alle für die Registrierung und Verlängerung der Registrierung erforderlichen Komponenten gemäß den Artikeln 4, 5 und 6 begutachtet werden.

(2) Der Umweltgutachter validiert in Abständen von höchstens zwölf Monaten sämtliche aktualisierten Informationen der Umwelterklärung oder der aktualisierten Umwelterklärung.

Gegebenenfalls wird die Ausnahmeregelung nach Artikel 7 angewandt.

Artikel 20
Anforderungen an Umweltgutachter

(1) Umweltgutachter, die eine Akkreditierung oder Zulassung gemäß dieser Verordnung anstreben, stellen einen entsprechenden Antrag bei der Akkreditierungsstelle oder Zulassungsstelle.

In dem Antrag ist der Geltungsbereich der beantragten Akkreditierung oder Zulassung gemäß der in der Verordnung (EG) Nr. 1893/2006 ([11]) festgelegten Systematik der Wirtschaftszweige zu präzisieren.

(2) Der Umweltgutachter weist der Akkreditierungsstelle oder Zulassungsstelle auf geeignete Weise nach, dass er in den folgenden Bereichen über die für die beantragte Akkreditierung oder Zulassung erforderlichen Qualifikationen, einschließlich der Kenntnisse, einschlägigen Erfahrungen und technischen Fähigkeiten, verfügt:

a) vorliegende Verordnung;
b) allgemeine Funktionsweise von Umweltmanagementsystemen;
c) einschlägige branchenspezifische Referenzdokumente, die von der Kommission gemäß Artikel 46 für die Anwendung dieser Verordnung erstellt wurden;
d) Rechts- und Verwaltungsvorschriften für die zu begutachtende und zu validierende Tätigkeit;
e) Umweltaspekte und -auswirkungen, einschließlich der Umweltdimension der nachhaltigen Entwicklung;
f) umweltbezogene technische Aspekte der zu begutachtenden und zu validierenden Tätigkeit;
g) allgemeine Funktionsweise der zu begutachtenden und zu validierenden Tätigkeit, um die Eignung des Managementsystems im Hinblick auf die Interaktion der Organisation, ihrer Tätigkeiten, Produkte und Dienstleistungen mit der Umwelt bewerten zu können, einschließlich mindestens folgender Elemente:
   i) von der Organisation eingesetzte Techniken,
   ii) im Rahmen der Tätigkeiten verwendete Definitionen und Hilfsmittel,
   iii) Betriebsabläufe und Merkmale ihrer Interaktion mit der Umwelt,
   iv) Methoden für die Bewertung bedeutender Umweltaspekte,
   v) Techniken zur Kontrolle und Verminderung von Umweltbelastungen;
h) Anforderungen an die Umweltbetriebsprüfung und angewandte Methoden einschließlich der Fähigkeit, eine wirksame Kontrollprüfung eines Umweltmanagementsystems vorzunehmen, Formulierung der Erkenntnisse und Schlussfolgerungen der Umweltbetriebsprüfung in geeigneter Form sowie mündliche und schriftliche Berichterstattung, um eine klare Darstellung der Umweltbetriebsprüfung zu geben;
i) Begutachtung von Umweltinformationen, Umwelterklärung und aktualisierter Umwelterklärung unter den Gesichtspunkten Datenmanagement, Datenspeicherung und Datenverarbeitung, schriftliche und grafische Darstellung von Daten zwecks Evaluierung potenzieller Datenfehler, Verwendung von Annahmen und Schätzungen;
j) Umweltdimension von Produkten und Dienstleistungen einschließlich Umweltaspekte und Umweltleistung in der Gebrauchsphase und danach sowie Integrität der für umweltrelevante Entscheidungen bereitgestellten Daten.

(3) Der Umweltgutachter muss nachweisen, dass er sich beständig auf den Fachgebieten gemäß Absatz 2 fortbildet, und muss bereit sein, seinen Kenntnisstand von der Akkreditierungsstelle oder Zulassungsstelle bewerten zu lassen.

(4) Der Umweltgutachter muss ein externen Dritter und bei der Ausübung seiner Tätigkeit insbesondere von dem Betriebsprüfer oder Berater der Organisation unabhängig sowie unparteiisch und objektiv sein.

(5) Der Umweltgutachter muss die Gewähr bieten, dass er keinem kommerziellen, finanziellen oder sonstigen Druck unterliegt, der sein Urteil beeinflusst oder das Vertrauen in seine Unabhängigkeit und Integrität bei der Gutachtertätigkeit in Frage stellen könnte. Er gewährleistet ferner, dass alle diesbezüglichen Vorschriften eingehalten werden.

(6) Der Umweltgutachter verfügt im Hinblick auf die Einhaltung der Begutachtungs- und Validierungsvorschriften dieser Verordnung über dokumentierte Prüfungsmethoden und -verfahren, einschließlich Qualitätskontrollmechanismen und Vorkehrungen zur Wahrung der Vertraulichkeit.

(7) Organisationen, die Umweltgutachtertätigkeiten ausführen, verfügen über einen Organisationsplan mit ausführlichen Angaben über die Strukturen und Verantwortungsbereiche innerhalb der Organisation sowie über eine Erklärung über den Rechtsstatus, die Besitzverhältnisse und die Finanzierungsquellen.

Der Organisationsplan wird auf Verlangen zur Verfügung gestellt.

(8) Die Einhaltung dieser Vorschriften wird durch die vor der Akkreditierung oder Zulassung erfolgende Beurteilung und durch die von der Akkreditierungsstelle oder Zulassungsstelle wahrgenommene Beaufsichtigung sichergestellt.

Artikel 21
Zusätzliche Vorschriften für Umweltgutachter, die als natürliche Personen eigenständig Begutachtungen und Validierungen durchführen

Für natürliche Personen, die als Umweltgutachter eigenständig Begutachtungen und Validierungen durchführen, gelten zusätzlich zu den Vorschriften von Artikel 20 folgende Vorschriften:

a) Sie müssen über alle fachlichen Qualifikationen verfügen, die für Begutachtungen und Validierungen in den Bereichen, für die sie zugelassen werden, erforderlich sind;

b) eine im Umfang begrenzte Zulassung entsprechend ihrer fachlichen Qualifikation erhalten.

Artikel 22
Zusätzliche Vorschriften für Umweltgutachter, die Gutachtertätigkeiten in Drittländern durchführen

(1) Umweltgutachter, die Gutachter- und Validierungstätigkeiten in Drittländern durchzuführen beabsichtigen, beantragen eine Akkreditierung oder Zulassung für bestimmte Drittländer.

(2) Um für ein Drittland eine Akkreditierung oder Zulassung zu erhalten, muss der Umweltgutachter neben den Vorschriften der Artikel 20 und 21 die folgenden Anforderungen erfüllen:

  a) Kenntnis und Verständnis der Rechts- und Verwaltungsvorschriften im Umweltbereich, die in dem Drittland gelten, für das die Akkreditierung oder die Zulassung beantragt wird;

  b) Kenntnis und Verständnis der Amtssprache des Drittlandes, für das die Akkreditierung oder die Zulassung beantragt wird.

(3) Die Anforderungen gemäß Absatz 2 gelten als erfüllt, wenn der Umweltgutachter nachweist, dass zwischen ihm und einer qualifizierten Person oder Organisation, die diese Anforderungen erfüllt, eine vertragliche Vereinbarung besteht.

Die betreffende Person oder Organisation muss von der zu begutachtenden Organisation unabhängig sein.

Artikel 23
Aufsicht über Umweltgutachter

(1) Die Aufsicht über die Gutachter- und Validierungstätigkeiten der Umweltgutachter

a) in dem Mitgliedstaat, in dem diese akkreditiert sind oder eine Zulassung haben, erfolgt durch die Akkreditierungsstelle oder Zulassungsstelle, die die Akkreditierung oder die Zulassung erteilt hat;

b) in einem Drittland erfolgt durch die Akkreditierungsstelle oder die Zulassungsstelle, die den Umweltgutachter für diese Tätigkeiten akkreditiert oder ihm eine Zulassung erteilt hat;

c) in einem anderen Mitgliedstaat als dem Akkreditierungs- oder Zulassungsmitgliedstaat erfolgt durch die Akkreditierungsstelle oder die Zulassungsstelle des Mitgliedstaats, in dem die Begutachtung stattfindet.

(2) Spätestens vier Wochen vor der Aufnahme einer Gutachtertätigkeit in einem Mitgliedstaat teilt der Umweltgutachter der Akkreditierungsstelle oder der Zulassungsstelle, die für die Beaufsichtigung seiner Tätigkeiten zuständig ist, die Einzelheiten seiner Akkreditierung oder Zulassung sowie Ort und Zeitpunkt der Begutachtung mit.

(3) Der Umweltgutachter hat die Akkreditierungsstelle oder Zulassungsstelle unverzüglich über jede Veränderung zu unterrichten, die seine Akkreditierung bzw. Zulassung oder deren Geltungsbereich betrifft.

(4) In regelmäßigen Zeitabständen und mindestens alle 24 Monate vergewissert sich die Akkreditierungsstelle oder Zulassungsstelle, ob der Umweltgutachter weiterhin die Akkreditierungs- oder Zulassungsanforderungen erfüllt, und kontrolliert die Qualität der vorgenommenen Begutachtungen und Validierungen.

(5) Die Aufsicht kann anhand einer Überprüfung im Umweltgutachterbüro (Office-audit), einer Vor-Ort-Aufsicht in den Organisationen, durch Fragebögen oder durch Prüfung der von den Umweltgutachtern validierten Umwelterklärungen und aktualisierten Umwelterklärungen oder Prüfung der Gutachterberichte erfolgen.

Der Umfang der Aufsicht sollte sich an der Tätigkeit des Umweltgutachters orientieren.

(6) Die Organisationen müssen den Akkreditierungsstellen oder Zulassungsstellen gestatten, den Umweltgutachter während seiner Begutachtungs- und Validierungstätigkeit zu beaufsichtigen.

(7) Entscheidungen über den Entzug oder die Aussetzung der Akkreditierung bzw. der Zulassung oder die Einschränkung von deren Geltungsbereich werden von der Akkreditierungsstelle oder der Zulassungsstelle erst getroffen, nachdem der Umweltgutachter die Möglichkeit hatte, hierzu Stellung zu nehmen.

(8) Ist die Aufsicht führende Akkreditierungsstelle oder Zulassungsstelle der Ansicht, dass die Qualität der von einem Umweltgutachter ausgeführten Arbeiten nicht den Anforderungen dieser Verordnung entspricht, so wird dem betreffenden Umweltgutachter und der zuständigen Stelle, bei der die betreffende Organisation die Registrierung zu beantragen beabsichtigt oder die die betreffende Organisation registriert hat, ein schriftlicher Kontrollbericht zugeleitet.

Bei weiteren Streitigkeiten wird der Kontrollbericht dem Forum der Akkreditierungs- und Zulassungsstellen gemäß Artikel 30 übermittelt.

Artikel 24
Zusätzliche Vorschriften für die Aufsicht über Umweltgutachter, die Gutachtertätigkeiten in einem anderen Mitgliedstaat als dem Akkreditierungs- oder Zulassungsmitgliedstaat durchführen

(1) Ein Umweltgutachter, der in einem Mitgliedstaat eine Akkreditierung oder Zulassung erwirbt, teilt spätestens vier Wochen vor der Aufnahme von Gutachter- und Validierungstätigkeiten in einem anderen Mitgliedstaat der Akkreditierungsstelle oder Zulassungsstelle dieses Mitgliedstaats Folgendes mit:

a) die Einzelheiten seiner Akkreditierung oder Zulassung, seine fachlichen Qualifikationen, insbesondere Kenntnis der Umweltvorschriften und der Amtssprache des anderen Mitgliedstaats, sowie gegebenenfalls die Zusammensetzung des Teams;
b) Ort und Zeitpunkt der Begutachtung und Validierung;
c) Anschrift und Ansprechpartner der Organisation.

Diese Mitteilung ist vor jeder Begutachtung und Validierung zu übermitteln.

(2) Die Akkreditierungsstelle oder die Zulassungsstelle kann um weitere Auskünfte zu den Kenntnissen des Umweltgutachters über die geltenden Umweltvorschriften ersuchen.

(3) Die Akkreditierungsstelle oder die Zulassungsstelle kann andere als die in Absatz 1 genannten Anforderungen nur stellen, wenn diese das Recht des Umweltgutachters, in einem anderen Mitgliedstaat tätig zu werden als dem, in dem ihm die Akkreditierung oder die Zulassung erteilt wurde, nicht einschränken.

(4) Die Akkreditierungsstelle oder die Zulassungsstelle darf das Verfahren gemäß Absatz 1 nicht dazu nutzen, die Aufnahme der Umweltgutachtertätigkeit zu verzögern. Ist die Akkreditierungsstelle oder Zulassungsstelle nicht imstande, ihre Aufgaben gemäß den Absätzen 2 und 3 vor dem vom Umweltgutachter gemäß Absatz 1 Buchstabe b mitgeteilten Zeitpunkt der Begutachtung und Validierung wahrzunehmen, so liefert sie dem Umweltgutachter hierfür eine ausführliche Begründung.

(5) Die Akkreditierungsstellen oder Zulassungsstellen erheben für das Mitteilungs- und Aufsichtsverfahren keine diskriminierenden Gebühren.

(6) Ist die Aufsicht führende Akkreditierungsstelle oder Zulassungsstelle der Ansicht, dass die Qualität der vom Umweltgutachter ausgeführten Arbeiten nicht den Anforderungen dieser Verordnung entspricht, so wird dem betreffenden Umweltgutachter, der Akkreditierungsstelle oder Zulassungsstelle, die die Akkreditierung oder Zulassung erteilt hat, und der zuständigen Stelle, bei der die betreffende Organisation die Registrierung zu beantragen beabsichtigt oder die die betreffende Organisation registriert hat, ein schriftlicher Kontrollbericht zugeleitet. Bei weiteren Meinungsverschiedenheiten wird der Kontrollbericht dem Forum der Akkreditierungsstellen oder Zulassungsstellen gemäß Artikel 30 übermittelt.

Artikel 25
Bedingungen für die Begutachtung und Validierung

(1) Der Umweltgutachter übt seine Tätigkeit im Rahmen des Geltungsbereichs seiner Akkreditierung oder Zulassung und auf der Grundlage einer schriftlichen Vereinbarung mit der Organisation aus.

Diese Vereinbarung

a) legt den Gegenstand der Tätigkeit fest,
b) legt Bedingungen fest, die dem Umweltgutachter die Möglichkeit geben sollen, professionell und unabhängig zu handeln, und
c) verpflichtet die Organisation zur Zusammenarbeit im jeweils erforderlichen Umfang.

(2) Der Umweltgutachtergewährleistet, dass die Teile der Organisation eindeutig beschrieben sind und diese Beschreibung der tatsächlichen Aufteilung der Tätigkeiten entspricht.

Die Umwelterklärung muss die verschiedenen zu begutachtenden und zu validierenden Punkte klar angeben.

(3) Der Umweltgutachter nimmt eine Bewertung der in Artikel 18 aufgeführten Elemente vor.

(4) Im Rahmen der Begutachtung und Validierung prüft der Umweltgutachter die Unterlagen, besucht die Organisation, nimmt Stichprobenkontrollen vor und führt Gespräche mit dem Personal.

(5) Die Organisation liefert dem Umweltgutachter vor seinem Besuch grundlegende Informationen über die Organisation und ihre Tätigkeiten, die Umweltpolitik und das Umweltprogramm, eine Beschreibung des in der Organisation angewandten Umweltmanagementsystems, Einzelheiten der durchgeführten Umweltprüfung oder Umweltbetriebsprüfung, den Bericht über diese Umweltprüfung oder Umweltbetriebsprüfung und über etwaige anschließend getroffene Korrekturmaßnahmen und den Entwurf einer Umwelterklärung oder einer aktualisierten Umwelterklärung.

(6) Der Umweltgutachter erstellt für die Organisation einen schriftlichen Bericht über die Ergebnisse der Begutachtung, der Folgendes umfasst:
a) alle für die Arbeit des Umweltgutachters relevanten Sachverhalte;
b) eine Beschreibung der Einhaltung sämtlicher Vorschriften dieser Verordnung, einschließlich Nachweise, Feststellungen und Schlussfolgerungen.
c) einen Vergleich der Umweltleistungen und Einzelziele mit den früheren Umwelterklärungen und die Bewertung der Umweltleistung und der ständigen Umweltleistungsverbesserung der Organisation;
d) die bei der Umweltprüfung oder der Umweltbetriebsprüfung oder dem Umweltmanagementsystem oder anderen relevanten Prozessen aufgetretenen technischen Mängel,

(7) Im Falle der Nichteinhaltung der Bestimmungen dieser Verordnung enthält der Bericht zusätzlich folgende Angaben:
a) Feststellungen und Schlussfolgerungen betreffend die Nichteinhaltung der Bestimmungen durch die Organisation und Sachverhalte, auf denen diese Feststellungen und Schlussfolgerungen basieren,
b) Einwände gegen den Entwurf der Umwelterklärung oder der aktualisierten Umwelterklärung sowie Einzelheiten der Änderungen oder Zusätze, die in die Umwelterklärung oder die aktualisierte Umwelterklärung aufgenommen werden sollten.

(8) Nach der Begutachtung validiert der Umweltgutachter die Umwelterklärung oder die aktualisierte Umwelterklärung der Organisation und bestätigt, dass sie die Anforderungen dieser Verordnung erfüllen, sofern die Ergebnisse der Begutachtung und Validierung zeigen,

a) dass die Informationen und Daten in der Umwelterklärung oder der aktualisierten Umwelterklärung der Organisation zuverlässig und korrekt sind und den Vorschriften dieser Verordnung entsprechen, und
b) dass keine Nachweise für die Nichteinhaltung der geltenden Umweltvorschriften durch die Organisation vorliegen.

(9) Nach der Validierung stellt der Umweltgutachter eine unterzeichnete Erklärung gemäß Anhang VII aus, mit der bestätigt wird, dass die Begutachtung und die Validierung im Einklang mit dieser Verordnung erfolgt sind.

(10) Die in einem Mitgliedstaat akkreditierten oder zugelassenen Umweltgutachter dürfen nach Maßgabe der Vorschriften dieser Verordnung in allen anderen Mitgliedstaaten Begutachtungen und Validierungen vornehmen.

Die Gutachter- oder Validierungstätigkeit unterliegt der Aufsicht durch die Akkreditierungsstelle oder Zulassungsstelle des Mitgliedstaats, in dem die Tätigkeit ausgeübt wird. Die Aufnahme der Tätigkeit ist dieser Akkreditierungsstelle oder Zulassungsstelle innerhalb der in Artikel 24 Absatz 1 genannten Frist zu melden.

Artikel 26
Begutachtung und Validierung von kleinen Organisationen

(1) Bei der Begutachtung und Validierung berücksichtigt der Umweltgutachter die besonderen Merkmale, die kleine Organisationen kennzeichnen, insbesondere
a) kurze Kommunikationswege,
b) multifunktionelles Arbeitsteam,
c) Ausbildung am Arbeitsplatz,
d) Fähigkeit, sich schnell an Veränderungen anzupassen, und
e) begrenzte Dokumentierung der Verfahren.

(2) Der Umweltgutachter führt die Begutachtung oder Validierung so durch, dass kleine Organisationen nicht unnötig belastet werden.

(3) Der Umweltgutachter zieht objektive Belege für die Wirksamkeit des Systems heran; insbesondere berücksichtigt er, ob die Verfahren innerhalb der Organisation in einem angemessenen Verhältnis zum Umfang und zur Komplexität des Betriebs, der Art der damit verbundenen Umweltauswirkungen sowie der Kompetenz der Beteiligten stehen.

Artikel 27
Bedingungen für Begutachtungen und Validierungen in Drittländern

(1) Die in einem Mitgliedstaat akkreditierten oder zugelassenen Umweltgutachter dürfen nach Maßgabe der Vorschriften dieser Verordnung für eine in einem Drittland ansässige Organisation Begutachtungen und Validierungen vornehmen.

(2) Spätestens sechs Wochen vor der Aufnahme von Gutachter- oder Validierungstätigkeiten in einem Drittland teilt der Umweltgutachter der Akkreditierungsstelle oder der Zulassungsstelle des Mitgliedstaats, in dem die betreffende Organisation die Registrierung zu beantragen beabsichtigt oder registriert ist, die Einzelheiten seiner Akkreditierung oder Zulassung sowie Ort und Zeitpunkt der Begutachtung oder Validierung mit.

(3) Die Gutachter- und Validierungstätigkeit unterliegt der Aufsicht durch die Akkreditierungsstelle oder Zulassungsstelle des Mitgliedstaats, in dem der Umweltgutachter ak-

kreditiert oder zugelassen ist. Die Aufnahme der Tätigkeit ist dieser Akkreditierungsstelle oder Zulassungsstelle innerhalb der in Absatz 2 genannten Frist zu melden.

KAPITEL VI
AKKREDITIERUNGS- UND ZULASSUNGSSTELLEN

Artikel 28
Verfahren der Akkreditierung und Erteilung von Zulassungen

(1) Die von den Mitgliedstaaten nach Artikel 4 der Verordnung (EG) Nr. 765/2008 benannten Akkreditierungsstellen sind für die Akkreditierung der Umweltgutachter und die Beaufsichtigung der von den Umweltgutachtern gemäß der vorliegenden Verordnung durchgeführten Tätigkeiten zuständig.

(2) Die Mitgliedstaaten können eine Zulassungsstelle nach Artikel 5 Absatz 2 der Verordnung (EG) Nr. 765/2008 benennen, die für die Erteilung von Zulassungen für Umweltgutachter und deren Beaufsichtigung zuständig ist.

(3) Die Mitgliedstaaten können beschließen, natürlichen Personen keine Akkreditierung oder Zulassung als Umweltgutachter zu erteilen.

(4) Die Akkreditierungs- und Zulassungsstellen beurteilen die fachliche Qualifikation des Umweltgutachters anhand der für den Geltungsbereich der beantragten Akkreditierung relevanten Kriterien gemäß den Artikeln 20, 21 und 22.

(5) Der Geltungsbereich der Akkreditierung oder der Zulassung von Umweltgutachtern wird gemäß der in der Verordnung (EG) Nr. 1893/2006 festgelegten Systematik der Wirtschaftszweige bestimmt. Er wird durch die fachliche Qualifikation des Umweltgutachters begrenzt, wobei gegebenenfalls auch dem Umfang und der Komplexität der zu prüfenden Tätigkeit Rechnung zu tragen ist.

(6) Die Akkreditierungs- und Zulassungsstellen legen geeignete Verfahren für die Akkreditierung oder Zulassungsvergabe sowie die Ablehnung, die Aussetzung und den Entzug der Akkreditierung oder Zulassung von Umweltgutachtern und für die Aufsicht über Umweltgutachter fest.

Diese Verfahren umfassen Regeln, die es ermöglichen, Bemerkungen der betroffenen Beteiligten einschließlich der zuständigen Stellen und Vertretungsgremien der Organisationen zu Antrag stellenden und akkreditierten oder zugelassenen Umweltgutachtern zu berücksichtigen.

(7) Lehnt die Akkreditierungs- oder Zulassungsstelle die Akkreditierung oder Zulassung ab, so teilt sie dem Umweltgutachter die Gründe für ihre Entscheidung mit.

(8) Die Akkreditierungs- oder Zulassungsstellen erstellen, überarbeiten und aktualisieren eine Liste der Umweltgutachter in ihrem Mitgliedstaat und des Geltungsbereichs der Akkreditierung oder Zulassung und teilen monatlich auf direktem Wege oder über die von den Mitgliedstaaten bestimmten nationalen Behörden der Kommission und der zuständigen Stelle des Mitgliedstaats, in dem sie ansässig sind, Änderungen dieser Liste mit.

(9) Im Rahmen der Regeln und Verfahren für die Überwachung von Tätigkeiten gemäß Artikel 5 Absatz 3 der Verordnung (EG) Nr. 765/2008 erstellen die Akkreditierungs- und Zulassungsstellen einen Kontrollbericht, wenn sie nach Anhörung des betreffenden Umweltgutachters zu dem Schluss gelangen, dass

a) die Tätigkeiten des Umweltgutachters nicht ausreichten, um zu gewährleisten, dass die Organisation die Vorschriften dieser Verordnung einhält, oder
b) der Umweltgutachter bei der Ausführung seiner Gutachter- und Validierungstätigkeiten gegen eine oder mehrere Vorschriften dieser Verordnung verstoßen hat.

Dieser Bericht wird der zuständigen Stelle des Mitgliedstaats, in dem die Organisation registriert ist oder die Registrierung beantragt, und gegebenenfalls der Akkreditierungs- oder Zulassungsstelle, die die Akkreditierung oder Zulassung erteilt hat, übermittelt.

Artikel 29
Aussetzung und Entzug der Akkreditierung oder Zulassung

(1) Die Aussetzung oder der Entzug der Akkreditierung oder Zulassung erfordert die Anhörung der betroffenen Beteiligten, einschließlich des Umweltgutachters, damit die Akkreditierungs- oder Zulassungsstelle über die erforderlichen Entscheidungsgrundlagen verfügt.

(2) Die Akkreditierungs- oder Zulassungsstelle unterrichtet den Umweltgutachter über die Gründe für die getroffenen Maßnahmen und gegebenenfalls über die Gespräche mit der zuständigen Durchsetzungsbehörde.

(3) Die Akkreditierung oder Zulassung wird je nach Art und Umfang des Versäumnisses oder des Verstoßes gegen die Rechtsvorschriften ausgesetzt oder entzogen, bis nachgewiesen ist, dass der Umweltgutachter diese Verordnung einhält.

(4) Die Aussetzung der Akkreditierung oder Zulassung wird rückgängig gemacht, wenn die Akkreditierungs- oder Zulassungsstelle hinreichend darüber informiert worden ist, dass der Umweltgutachter diese Verordnung einhält.

Artikel 30
Forum der Akkreditierungs- und Zulassungsstellen

(1) Ein Forum der Akkreditierungs- und Zulassungsstellen aller Mitgliedstaaten wird eingerichtet und tritt mindestens einmal jährlich zusammen (nachstehend „Forum der Akkreditierungs- und Zulassungsstellen" genannt), wobei ein Vertreter der Kommission anwesend ist.

(2) Das Forum der Akkreditierungs- und Zulassungsstellen hat die Aufgabe, einheitliche Verfahren sicherzustellen für
   a) die Akkreditierung oder Zulassung der Umweltgutachter im Rahmen dieser Verordnung, einschließlich Ablehnung, Aussetzung und Entzug der Akkreditierung oder Zulassung, und
   b) die Beaufsichtigung der Tätigkeiten der akkreditierten oder zugelassenen Umweltgutachter.

(3) Das Forum der Akkreditierungs- und Zulassungsstellen erstellt Leitlinien zu Fragen, die in den Zuständigkeitsbereich der Akkreditierungs- und Zulassungsstellen fallen.

(4) Das Forum der Akkreditierungs- und Zulassungsstellen gibt sich eine Geschäftsordnung.

(5) Die Leitlinien gemäß Absatz 3 und die Geschäftsordnung gemäß Absatz 4 werden der Kommission übermittelt.

(6) Die vom Forum der Akkreditierungs- und Zulassungsstellen angenommenen Leitlinien für Harmonisierungsverfahren werden von der Kommission gegebenenfalls zur

Annahme nach dem in Artikel 49 Absatz 3 genannten Regelungsverfahren mit Kontrolle vorgeschlagen.

Diese Dokumente werden veröffentlicht.

Artikel 31
Bewertung der Akkreditierungs- und Zulassungsstellen durch Fachkollegen

(1) Die Bewertung durch Fachkollegen in Bezug auf die Akkreditierung und Zulassung von Umweltgutachtern im Rahmen dieser Verordnung, die vom Forum der Akkreditierungs- und Zulassungsstellen vorzunehmen ist, erfolgt in regelmäßigen Zeitabständen, mindestens alle vier Jahre, und umfasst die Bewertung der in den Artikeln 28 und 29 genannten Regeln und Verfahren.

An der Bewertung durch Fachkollegen nehmen alle Akkreditierungs- und Zulassungsstellen teil.

(2) Das Forum der Akkreditierungs- und Zulassungsstellen übermittelt der Kommission und dem nach Artikel 49 Ansatz 1 eingerichteten Ausschuss regelmäßig einen Bericht über die Bewertung durch Fachkollegen

Dieser Bericht wird nach seiner Genehmigung durch das Forum der Akkreditierungs- und Zulassungsstellen und den in Absatz 1 genannten Ausschuss veröffentlicht.

KAPITEL VII
VORSCHRIFTEN FÜR DIE MITGLIEDSTAATEN

Artikel 32
Unterstützung der Organisationen bei der Einhaltung von Umweltvorschriften

(1) Die Mitgliedstaaten stellen sicher, dass Organisationen Zugang zu Informationen und Unterstützungsmöglichkeiten im Zusammenhang mit den in dem betreffenden Mitgliedstaat geltenden Umweltvorschriften erhalten.

(2) Die Unterstützung umfasst Folgendes:
   a) Informationen über die geltenden Umweltvorschriften,
   b) Angabe der für die jeweiligen Umweltvorschriften, die als anwendbar identifiziert worden sind, zuständigen Durchsetzungsbehörden,

(3) Die Mitgliedstaaten können die Aufgaben gemäß den Absätzen 1 und 2 den zuständigen Stellen oder einer anderen Stelle, die über die erforderliche Erfahrung und die geeigneten Mittel zur Wahrnehmung der Aufgaben verfügt, übertragen.

(4) Die Mitgliedstaaten gewährleisten, dass die Durchsetzungsbehörden zumindest Anfragen von kleinen Organisationen zu den in ihren Zuständigkeitsbereich fallenden geltenden Umweltvorschriften beantworten und die Organisationen über die Mittel zum Nachweis der Einhaltung der relevanten Vorschriften durch diese Organisationen informieren.

(5) Die Mitgliedstaaten gewährleisten, dass die zuständigen Durchsetzungsbehörden eine Nichteinhaltung geltender Umweltvorschriften durch eine registrierte Organisation der zuständigen Stelle mitteilen, die die Organisation registriert hat.

Die zuständige Durchsetzungsbehörde informiert die zuständige Stelle sobald wie möglich, in jedem Fall jedoch binnen eines Monats, nachdem sie von der Nichteinhaltung Kenntnis erlangt hat.

Artikel 33
Werbeprogramm für EMAS

(1) Die Mitgliedstaaten führen in Zusammenarbeit mit den zuständigen Stellen, den Durchsetzungsbehörden und anderen relevanten Interessenträgern Werbung für EMAS durch und berücksichtigen dabei die in den Artikeln 34 bis 38 genannten Tätigkeiten.

(2) Zu diesem Zweck können die Mitgliedstaaten eine Werbestrategie festlegen, welche regelmäßig überprüft wird.

Artikel 34
Information

(1) Die Mitgliedstaaten treffen geeignete Maßnahmen, um
   a) die Öffentlichkeit über die Ziele und die wichtigsten Komponenten von EMAS zu unterrichten;
   b) Organisationen über den Inhalt dieser Verordnung zu unterrichten.

(2) Die Mitgliedstaaten benutzen gegebenenfalls Fachveröffentlichungen, Lokalzeitungen, Werbekampagnen oder andere geeignete Mittel, um die Öffentlichkeit stärker für EMAS zu sensibilisieren.

Die Mitgliedstaaten können insbesondere mit Unternehmens- und Verbraucherverbänden, Umweltorganisationen, Gewerkschaften, kommunalen Einrichtungen und anderen relevanten Interessenträgern zusammenarbeiten.

Artikel 35
Werbemaßnahmen

(1) Die Mitgliedstaaten führen Werbemaßnahmen für EMAS durch. Zu diesen Maßnahmen kann Folgendes gehören:
   a) Förderung des Austauschs von Wissen und bewährten Praktiken im EMAS-Bereich zwischen allen betroffenen Beteiligten;
   b) Entwicklung wirksamer Instrumente für die EMAS-Werbung, die sie den Organisationen zur Verfügung stellen;
   c) technische Unterstützung für Organisationen bei der Konzipierung und Durchführung ihrer mit EMAS verknüpften Marketingmaßnahmen;
   d) Förderung von Partnerschaften von Organisationen für die EMAS-Werbung.

(2) Das EMAS-Logo ohne Registrierungsnummer kann von zuständigen Stellen, Akkreditierungs- und Zulassungsstellen, nationalen Behörden und anderen Interessenträgern zu mit EMAS verknüpften Vermarktungs- und Werbezwecken verwendet werden. In solchen Fällen bedeutet die Verwendung des in Anhang V enthaltenen EMAS-Logos nicht, dass der Benutzer registriert ist, wo dies nicht zutrifft.

Artikel 36
Förderung der Teilnahme von kleinen Organisationen

Die Mitgliedstaaten treffen geeignete Maßnahmen, um die Teilnahme von kleinen Organisationen zu fördern, indem sie unter anderem

a) den Zugang zu eigens auf diese Organisationen zugeschnittenen Informationen und Unterstützungsfonds erleichtern;

b) sicher stellen, dass vernünftig gestaltete Registrierungsgebühren diese Organisationen zur Teilnahme motivieren;

c) Maßnahmen der technischen Unterstützung fördern.

Artikel 37
Clusterkonzept und schrittweises Vorgehen

(1) Die Mitgliedstaaten fordern die Kommunalbehörden dazu auf, unter Beteiligung von Industrieverbänden, Handelskammern und anderen betroffenen Beteiligten Clustern von Organisationen dabei behilflich zu sein, die Registrierungsanforderungen gemäß den Artikeln 4, 5 und 6 zu erfüllen.

Jede einem Cluster angehörende Organisation wird getrennt registriert.

(2) Die Mitgliedstaaten fordern die Organisationen zur Anwendung eines Umweltmanagementsystems auf. Sie fördern insbesondere ein schrittweises Vorgehen, das zu einer EMAS-Registrierung führt.

(3) Bei der Anwendung von Systemen, die gemäß den Absätzen 1 und 2 erstellt werden, sind unnötige Kosten für die Teilnehmer, insbesondere kleine Organisationen, zu vermeiden.

Artikel 38
EMAS und andere Strategien und Instrumente der Gemeinschaft

(1) Die Mitgliedstaaten prüfen unbeschadet der Gemeinschaftsvorschriften, wie die EMAS-Registrierung nach dieser Verordnung

a) bei der Ausarbeitung neuer Rechtsvorschriften berücksichtigt werden kann,

b) als Instrument für die Durchführung und Durchsetzung der Rechtsvorschriften genutzt werden kann,

c) im öffentlichen Beschaffungs- und Auftragswesen berücksichtigt werden kann.

(2) Unbeschadet der Gemeinschaftsvorschriften, insbesondere in den Bereichen Wettbewerb, Steuern und staatliche Beihilfen, ergreifen die Mitgliedstaaten gegebenenfalls Maßnahmen, die den Organisationen die EMAS-Registrierung oder die Aufrechterhaltung der EMAS-Registrierung erleichtern.

Diese Maßnahmen können unter anderem auf Folgendes beinhalten:

a) regulatorische Entlastung, so dass für eine registrierte Organisation gilt, dass sie bestimmte in anderen Rechtsakten festgelegte und von den zuständigen Behörden angegebene Umweltvorschriften erfüllt;

b) bessere Rechtsetzung, wodurch andere Rechtsinstrumente geändert werden, so dass der Arbeitsaufwand für Organisationen, die an EMAS teilnehmen, beseitigt, verringert oder vereinfacht wird, um so das wirksame Funktionieren der Märkte zu fördern und die Wettbewerbsfähigkeit zu verbessern.

Artikel 39
Gebühren

(1) Die Mitgliedstaaten können Gebühren erheben, die Folgendem Rechnung tragen:
a) den Kosten im Zusammenhang mit der Bereitstellung von Informationen und der Unterstützung von Organisationen durch die gemäß Artikel 32 von den Mitgliedstaaten benannten oder zu diesem Zweck geschaffenen Stellen;
b) den Kosten im Zusammenhang mit der Akkreditierung, Zulassungserteilung und Beaufsichtigung von Umweltgutachtern;
c) den Kosten für die Registrierung, die Verlängerung und die Aussetzung der Registrierung oder die Streichung des Registereintrags durch die zuständigen Stellen sowie den zusätzlichen Kosten für die Verwaltung dieser Verfahren für Organisationen von außerhalb der Gemeinschaft.

Die Gebühren müssen sich innerhalb eines vertretbaren Rahmens bewegen und in einem angemessenen Verhältnis zur Größe der Organisation und zur auszuführenden Arbeit stehen.

(2) Die Mitgliedstaaten stellen sicher, dass Organisationen über alle anfallenden Gebühren informiert sind.

Artikel 40
Nichteinhaltung von Vorschriften

(1) Im Falle der Nichteinhaltung dieser Verordnung treffen die Mitgliedstaaten geeignete rechtliche oder administrative Maßnahmen.

(2) Die Mitgliedstaaten erlassen wirksame Vorschriften, um jede dieser Verordnung zuwiderlaufende Verwendung des EMAS-Logos zu ahnden.

Vorschriften, die gemäß der Richtlinie 2005/29/EG des Europäischen Parlaments und des Rates vom 11. Mai 2005 über unlautere Geschäftspraktiken im binnenmarktinternen Geschäftsverkehr zwischen Unternehmen und Verbrauchern ([12]) eingeführt wurden, können angewendet werden.

Artikel 41
Information und Berichterstattung an die Kommission

(1) Die Mitgliedstaaten unterrichten die Kommission über Struktur und Verfahren im Zusammenhang mit den zuständigen Stellen und den Akkreditierungs- und Zulassungsstellen und aktualisieren gegebenenfalls diese Informationen.

(2) Die Mitgliedstaaten erstatten der Kommission alle zwei Jahre einen aktualisierten Bericht über die Maßnahmen, die in Anwendung dieser Verordnung getroffen wurden.

In diesen Berichten tragen die Mitgliedstaaten dem letzten Bericht Rechnung, den die Kommission dem Europäischen Parlament und dem Rat gemäß Artikel 47 vorgelegt hat.

KAPITEL VIII
VORSCHRIFTEN FÜR DIE KOMMISSION

Artikel 42
Information

(1) Die Kommission unterrichtet
   a) die Öffentlichkeit über die Zielsetzungen und die wichtigsten Komponenten von EMAS;
   b) die Organisationen über den Inhalt dieser Verordnung.

(2) Die Kommission führt und macht öffentlich zugänglich:
   a) ein Verzeichnis von Umweltgutachtern und der registrierten Organisationen,
   b) eine elektronische Datenbank über Umwelterklärungen;
   c) eine Datenbank bewährter Verfahren zu EMAS, in die auch wirksame Instrumente für die EMAS-Werbung und Beispiele für technische Unterstützung für Organisationen aufgenommen werden;
   d) eine Liste der gemeinschaftlichen Finanzierungsquellen für die Umsetzung von EMAS und anderer zugehöriger Projekte und Tätigkeiten.

Artikel 43
Zusammenarbeit und Koordinierung

(1) Die Kommission fördert erforderlichenfalls die Zusammenarbeit zwischen den Mitgliedstaaten insbesondere im Hinblick auf die Erreichung einer gemeinschaftsweiten einheitlichen und kohärenten Anwendung der Vorschriften für
   a) die Registrierung von Organisationen;
   b) Umweltgutachter;
   c) die Information und Unterstützung gemäß Artikel 32.

(2) Unbeschadet der Gemeinschaftsvorschriften über das öffentliche Beschaffungswesen nehmen die Kommission und die anderen Gemeinschaftsorgane und -einrichtungen bei Bau- und Dienstleistungsaufträgen für die Bedingungen der Auftragsausführung je nach Sachlage auf EMAS oder andere gemäß Artikel 45 anerkannte, gleichwertige Umweltmanagementsysteme Bezug.

Artikel 44
Einbindung von EMAS in andere Umweltstrategien und -instrumente der Gemeinschaft

Die Kommission prüft, wie die EMAS-Registrierung nach dieser Verordnung

1. bei der Ausarbeitung neuer Rechtsvorschriften und der Überarbeitung geltender Rechtsvorschriften berücksichtigt werden kann, und zwar insbesondere in Form regulatorischer Entlastung und besserer Rechtsetzung gemäß Artikel 38 Absatz 2;
2. als Instrument bei der Anwendung und Durchsetzung von Rechtsvorschriften genutzt werden kann.

Artikel 45
Beziehungen zu anderen Umweltmanagementsystemen

(1) Die Mitgliedstaaten können bei der Kommission einen schriftlichen Antrag auf Anerkennung bestehender Umweltmanagementsysteme oder Teile von Umweltmanagementsystemen stellen, für die nach geeigneten und auf nationaler oder regionaler Ebene anerkannten Zertifizierungsverfahren bescheinigt wurde, dass sie die entsprechenden Anforderungen dieser Verordnung erfüllen.

(2) Die Mitgliedstaaten präzisieren in ihrem Antrag die maßgeblichen Teile des Umweltmanagementsystems und die entsprechenden Anforderungen dieser Verordnung.

(3) Die Mitgliedstaaten weisen für alle maßgeblichen Teile des betreffenden Umweltmanagementsystems nach, dass sie den Anforderungen dieser Verordnung entsprechen.

(4) Nach Prüfung des Antrags gemäß Absatz 1 erkennt die Kommission nach dem in Artikel 49 Absatz 2 genannten Beratungsverfahren die maßgeblichen Teile des Umweltmanagementsystems und die von den Zertifizierungsstellen zu erfüllenden Anforderungen zur Akkreditierung und Erteilung von Zulassungen an, wenn sie der Ansicht ist, dass der Mitgliedstaat
- a) in seinem Antrag die maßgeblichen Teile des Umweltmanagementsystems und die entsprechenden Anforderungen dieser Verordnung hinreichend klar angegeben hat;
- b) für alle maßgeblichen Teile des betreffenden Umweltmanagementsystems hinreichend nachgewiesen hat, dass sie den Anforderungen dieser Verordnung entsprechen.

(5) Die Kommission veröffentlicht die Angaben zu den anerkannten Umweltmanagementsystemen mit Verweis auf die Abschnitte von EMAS gemäß Anhang I, auf die diese Angaben Anwendung finden, und zu den anerkannten Anforderungen zur Akkreditierung und Erteilung von Zulassungen, im *Amtsblatt der Europäischen Union.*

Artikel 46
Ausarbeitung von Referenzdokumenten und Anleitungen

(1) Die Kommission erarbeitet in Absprache mit den Mitgliedstaaten und anderen Interessensträgern branchenspezifische Referenzdokumente, die Folgendes umfassen:
- a) bewährte Praktiken im Umweltmanagement;
- b) branchenspezifische einschlägige Indikatoren für die Umweltleistung;
- c) erforderlichenfalls Leistungsrichtwerte und Systeme zur Bewertung der Umweltleistungsniveaus.

Die Kommission kann auch Referenzdokumente zur branchenübergreifenden Verwendung ausarbeiten.

(2) Die Kommission berücksichtigt bestehende Referenzdokumente und Umweltleistungsindikatoren, die gemäß anderen umweltpolitischen Maßnahmen und Instrumenten der Gemeinschaft oder internationalen Normen ausgearbeitet wurden.

(3) Bis Jahresende 2010 erstellt die Kommission einen Arbeitsplan, der eine als Anhaltspunkt dienende Liste der Branchen enthält, die in den kommenden drei Jahren bei der Ausarbeitung der branchenspezifischen Referenzdokumente Vorrang haben.

Dieser Arbeitsplan wird öffentlich zugänglich gemacht und regelmäßig aktualisiert.

(4) Die Kommission erarbeitet in Zusammenarbeit mit dem Forum der zuständigen Stellen einen Leitfaden zur Registrierung von Organisationen von außerhalb der Gemeinschaft.

(5) Die Kommission veröffentlicht ein Nutzerhandbuch, in dem die Schritte dargelegt sind, die für eine Beteiligung am EMAS unternommen werden müssen.

Dieses Handbuch muss in allen Amtssprachen der Organe der Europäischen Union im Internet verfügbar sein.

(6) Die nach den Absätzen 1 und 4 erarbeiteten Dokumente werden zur Annahme unterbreitet. Diese Maßnahmen, die durch Hinzufügung eine Änderung nicht wesentlicher Bestimmungen dieser Richtlinie bewirken, werden nach dem in Artikel 49 Absatz 3 genannten Regelungsverfahren mit Kontrolle erlassen.

Artikel 47
Berichterstattung

Die Kommission übermittelt dem Europäischen Parlament und dem Rat alle fünf Jahre einen Bericht mit Angaben über die aufgrund dieses Kapitels getroffenen Aktionen und Maßnahmen sowie mit den Informationen, die gemäß Artikel 41 von den Mitgliedstaaten übermittelt wurden.

Der Bericht beinhaltet eine Bewertung der Auswirkungen des Systems auf die Umwelt und die sich abzeichnende Entwicklung bezüglich der Teilnehmerzahl.

KAPITEL IX
SCHLUSSBESTIMMUNGEN

Artikel 48
Änderung der Anhänge

(1) Die Kommission kann die Anhänge im Lichte der bei der Durchführung von EMAS gewonnenen Erfahrungen anpassen, wenn ein Klärungsbedarf hinsichtlich der EMAS-Anforderungen besteht, sowie im Lichte der Änderungen von internationalen Normen oder neuer Normen mit Bedeutung für die Wirksamkeit dieser Verordnung.

(2) Diese Maßnahmen, die eine Änderung nicht wesentlicher Bestimmungen dieser Verordnung bewirken, werden nach dem in Artikel 49 Absatz 3 genannten Regelungsverfahren mit Kontrolle erlassen.

Artikel 49
Ausschussverfahren

(1) Die Kommission wird von einem Ausschuss unterstützt.

(2) Wird auf diesen Absatz Bezug genommen, so gilt Artikel 3 des Beschlusses 1999/468/EG unter Beachtung von dessen Artikel 7 Absatz 3 und Artikel 8.

(3) Wird auf diesen Absatz Bezug genommen, so gelten Artikel 5a Absätze 1 bis 4 und Artikel 7 des Beschlusses 1999/468/EG unter Beachtung von dessen Artikel 8.

Artikel 50
Überarbeitung

Die Kommission überarbeitet EMAS im Lichte der bei der Durchführung gewonnenen Erfahrungen und der internationalen Entwicklungen bis zum 11. Januar 2015. Sie trägt dabei den Berichten Rechnung, die gemäß Artikel 47 dem Europäischen Parlament und dem Rat übermittelt wurden.

Artikel 51
Aufhebung und Übergangsbestimmungen

(1) Die folgenden Rechtsakte werden aufgehoben:
- a) Verordnung (EG) Nr. 761/2001,
- b) Entscheidung 2001/681/EG der Kommission vom 7. September 2001 über Leitlinien für die Anwendung der Verordnung (EG) Nr. 761/2001 des Europäischen Parlaments und des Rates über die freiwillige Beteiligung von Organisationen an einem Gemeinschaftssystem für das Umweltmanagement und die Umweltbetriebsprüfung (EMAS) ([13]),
- c) Entscheidung 2006/193/EG der Kommission vom 1. März 2006 zur Festlegung von Regeln, gemäß der Verordnung (EG) Nr. 761/2001 des Europäischen Parlaments und des Rates, für die Verwendung des EMAS-Logos für als Ausnahmefall geltende Transportverpackungen und Drittverpackungen ([14]).

(2) Abweichend von Absatz 1
- a) bleiben die gemäß der Verordnung (EG) Nr. 761/2001 eingesetzten nationalen Akkreditierungsstellen und zuständigen Stellen bestehen. Die Mitgliedstaaten ändern die Verfahrensvorschriften für Akkreditierungsstellen und zuständige Stellen nach Maßgabe der vorliegenden Verordnung. Die Mitgliedstaaten gewährleisten, dass die Systeme zur Umsetzung der geänderten Verfahren bis zum 11. Januar 2011 voll funktionsfähig sind.
- b) verbleiben Organisationen, die gemäß der Verordnung (EG) Nr. 761/2001 registriert wurden, im EMAS-Register. Bei der nächsten Begutachtung einer Organisation prüft der Umweltgutachter, ob sie die neuen Anforderungen der vorliegenden Verordnung erfüllt. Hat die nächste Begutachtung vor dem 11. Juli 2010 zu erfolgen, so kann die Frist im Einvernehmen mit dem Umweltgutachter und den zuständigen Stellen bis zur nächsten Begutachtung um sechs Monate verlängert werden.
- c) können die gemäß der Verordnung (EG) Nr. 761/2001 akkreditierten Umweltgutachter ihre Tätigkeiten unter Einhaltung der vorliegenden Verordnung weiterhin ausüben.

(3) Verweise auf die Verordnung (EG) Nr. 761/2001 gelten als Verweise auf die vorliegende Verordnung nach der Entsprechungstabelle in Anhang VIII.

Artikel 52
Inkrafttreten

Diese Verordnung tritt am zwanzigsten Tag nach ihrer Veröffentlichung im *Amtsblatt der Europäischen Union* in Kraft.

Diese Verordnung ist in allen ihren Teilen verbindlich und gilt unmittelbar in jedem Mitgliedstaat.

Geschehen zu Straßburg am 25. November 2009.
Im Namen des Europäischen Parlaments
Der Präsident
J. BUZEK
Im Namen des Rates
Die Präsidentin
Å. TORSTENSSON

(1) Stellungnahme vom 25. Februar 2009 (noch nicht im Amtsblatt veröffentlicht).
(2) ABl. C 120 vom 28.5.2009, S. 56.
(3) Stellungnahme des Europäischen Parlaments vom 2. April 2009 (noch nicht im Amtsblatt veröffentlicht) und Beschluss des Rates vom 26. Oktober 2009.
(4) ABl. L 242 vom 10.9.2002, S. 1.
(5) ABl. L 114 vom 24.4.2001, S. 1.
(6) ABl. L 218 vom 13.8.2008, S. 30.
(7) ABl. L 247 vom 17.9.2001, S. 1.
(8) ABl. L 184 vom 23.7.2003, S. 19.
(9) ABl. L 184 vom 17.7.1999, S. 23.
(10) ABl. L 124 vom 20.5.2003, S. 36.
(11) Verordnung (EG) Nr. 1893/2006 des Europäischen Parlaments und des Rates vom 20. Dezember 2006 zur Aufstellung der statistischen Systematik der Wirtschaftszweige NACE Revision 2 (ABl. L 393 vom 30.12.2006, S. 1).
(12) ABl. L 149 vom 11.6.2005, S. 22.
(13) ABl. L 247 vom 17.9.2001, S. 24.
(14) ABl. L 70 vom 9.3.2006, S. 63.

ANHANG I
UMWELTPRÜFUNG

Die Umweltprüfung deckt folgende Bereiche ab:

1. **Erfassung der geltenden Umweltvorschriften**

   Zusätzlich zur Aufstellung einer Liste der geltenden Rechtsvorschriften gibt die Organisation auch an, wie der Nachweis dafür erbracht werden kann, dass sie die verschiedenen Vorschriften einhält.

2. Erfassung aller direkten und indirekten Umweltaspekte, die bedeutende Umweltauswirkungen haben und die gegebenenfalls qualitativ einzustufen und zu quantifizieren sind, und Erstellung eines Verzeichnisses der als bedeutend ausgewiesenen Aspekte.

   Bei der Beurteilung der Bedeutung eines Umweltaspekts berücksichtigt die Organisation Folgendes:

   i) Umweltgefährdungspotenzial,
   ii) Anfälligkeit der lokalen, regionalen oder globalen Umwelt,
   iii) Ausmaß, Anzahl, Häufigkeit und Umkehrbarkeit der Aspekte oder der Auswirkungen,
   iv) Vorliegen einschlägiger Umweltvorschriften und deren Anforderungen,
   v) Bedeutung für die Interessenträger und die Mitarbeiter der Organisation.

   a) Direkte Umweltaspekte

      Direkte Umweltaspekte sind verbunden mit Tätigkeiten, Produkten und Dienstleistungen der Organisation selbst, die deren direkter betrieblicher Kontrolle unterliegen.

Alle Organisationen müssen die direkten Aspekte ihrer Betriebsabläufe prüfen. Die direkten Umweltaspekte betreffen u. a.

i) Rechtsvorschriften und zulässige Grenzwerte in Genehmigungen;
ii) Emissionen in die Atmosphäre;
iii) Ein- und Ableitungen in Gewässer;
iv) Erzeugung, Recycling, Wiederverwendung, Transport und Entsorgung von festen und anderen Abfällen, insbesondere von gefährlichen Abfällen;
v) Nutzung und Kontaminierung von Böden;
vi) Nutzung von natürlichen Ressourcen und Rohstoffen (einschließlich Energie);
vii) Nutzung von Zusätzen und Hilfsmitteln sowie Halbfertigprodukten;
viii) lokale Phänomene (Lärm, Erschütterungen, Gerüche, Staub, ästhetische Beeinträchtigung usw.);
ix) Verkehr (in Bezug auf Waren und Dienstleistungen);
x) Risiko von Umweltunfällen und Umweltauswirkungen, die sich aus Vorfällen, Unfällen und potenziellen Notfallsituationen ergeben oder ergeben könnten;
xi) Auswirkungen auf die biologische Vielfalt.

b) Indirekte Umweltaspekte

Indirekte Umweltaspekte können das Ergebnis der Wechselbeziehung einer Organisation mit Dritten sein und in gewissem Maße von der Organisation, die die EMAS-Registrierung anstrebt, beeinflusst werden.

Für nichtindustrielle Organisationen wie Kommunalbehörden oder Finanzinstitute ist es wesentlich, dass sie auch die Umweltaspekte berücksichtigen, die mit ihrer eigentlichen Tätigkeit zusammenhängen. Ein Verzeichnis, das sich auf die Umweltaspekte des Standorts und der Einrichtungen einer Organisation beschränkt, reicht nicht aus.

Die indirekten Umweltaspekte betreffen u. a.

i) produktlebenszyklusbezogene Aspekte (Design, Entwicklung, Verpackung, Transport, Verwendung und Wiederverwendung/Entsorgung von Abfall);
ii) Kapitalinvestitionen, Kreditvergabe und Versicherungsdienstleistungen;
iii) neue Märkte;
iv) Auswahl und Zusammensetzung von Dienstleistungen (z. B. Transport- oder Gaststättengewerbe);
v) Verwaltungs- und Planungsentscheidungen;
vi) Zusammensetzung des Produktangebots;
vii) Umweltleistung und -verhalten von Auftragnehmern, Unterauftragnehmern und Lieferanten.

Organisationen müssen nachweisen können, dass die bedeutenden Umweltaspekte im Zusammenhang mit ihren Beschaffungsverfahren ermittelt wurden und bedeutende Umweltauswirkungen, die sich aus diesen Aspekten ergeben, im Managementsystem berücksichtigt wurden. Die Organisation sollte bestrebt sein, dafür zu sorgen, dass die Lieferanten und alle im Auftrag der Organisation Handelnden bei der Ausführung ihres Auftrags der Umweltpolitik der Organisation genügen.

Bei diesen indirekten Umweltaspekten sollte die Organisation prüfen, inwiefern sie diese Aspekte beeinflussen kann und welche Maßnahmen zur Reduzierung der Umweltauswirkungen getroffen werden können.

3. **Beschreibung der Kriterien für die Beurteilung der Bedeutung der Umweltauswirkungen**

   Die Organisation muss Kriterien festlegen, anhand deren die Bedeutung der Umweltaspekte ihrer Tätigkeiten, Produkte und Dienstleistungen beurteilt wird, um zu bestimmen, welche davon bedeutende Umweltauswirkungen haben.

   Die von einer Organisation festgelegten Kriterien sollten den gemeinschaftlichen Rechtsvorschriften Rechnung tragen, umfassend und nachvollziehbar sein, unabhängig nachgeprüft werden können und veröffentlicht werden.

   Bei der Festlegung der Kriterien für die Beurteilung der Bedeutung der Umweltaspekte einer Organisation kann u. a. Folgendes berücksichtigt werden:

   a) Informationen über den Zustand der Umwelt, um festzustellen, welche Tätigkeiten, Produkte und Dienstleistungen der Organisation Umweltauswirkungen haben können;
   b) die vorhandenen Daten der Organisation über den Material- und Energieeinsatz, Ableitungen, Abfälle und Emissionen im Hinblick auf das damit verbundene Umweltrisiko;
   c) Standpunkte der interessierten Kreise;
   d) geregelte Umwelttätigkeiten der Organisation;
   e) Beschaffungstätigkeiten;
   f) Design, Entwicklung, Herstellung, Vertrieb, Kundendienst, Verwendung, Wiederverwendung, Recycling und Entsorgung der Produkte der Organisation;
   g) Tätigkeiten der Organisation mit den signifikantesten Umweltkosten und Umweltnutzen.

   Bei der Beurteilung der Bedeutung der Umweltauswirkungen ihrer Tätigkeiten geht die Organisation nicht nur von den normalen Betriebsbedingungen aus, sondern berücksichtigt auch die Bedingungen bei Aufnahme bzw. Abschluss der Tätigkeiten sowie Notfallsituationen, mit denen realistischerweise gerechnet werden muss. Berücksichtigt werden vergangene, laufende und geplante Tätigkeiten.

4. Prüfung aller angewandten Praktiken und laufenden Verfahren des Umweltmanagements

5. Bewertung der Reaktionen auf frühere Vorfälle

ANHANG II
Anforderungen an ein Umweltmanagementsystem und von EMAS-Teilnehmerorganisationen zu regelnde zusätzliche Fragen

Die Anforderungen an ein Umweltmanagementsystem im Rahmen von EMAS entsprechen den Vorschriften gemäß Abschnitt 4 der Europäischen Norm EN ISO 14001:2004. Diese Anforderungen sind in der linken Spalte der nachstehenden Tabelle aufgeführt, die Teil A dieses Anhangs bildet.

Darüber hinaus müssen registrierte Organisationen eine Reihe zusätzlicher Fragen angehen, die zu verschiedenen Elementen von Abschnitt 4 der Europäischen Norm EN ISO 14001:2004 in direktem Zusammenhang stehen. Diese zusätzlichen Anforderungen sind in der rechten Tabellenspalte aufgeführt, die Teil B dieses Anhangs bildet.

TEIL A **Anforderungen an ein Umweltmanagementsystem im Rahmen der Europäischen Norm EN ISO 14001:2004**	**TEIL B** **Von EMAS-Teilnehmerorganisationen anzugehende zusätzliche Fragen**
Organisationen, die sich am Gemeinschaftssystem für das Umweltmanagement und die Umweltbetriebsprüfung (EMAS) beteiligen, haben die Anforderungen zu erfüllen, die in Abschnitt 4 der Europäischen Norm ([1]) EN ISO 14001:2004 festgelegt sind und nachstehend vollständig wiedergegeben werden:	
A. Anforderungen an ein Umweltmanagementsystem	
A.1. Allgemeine Anforderungen	
Die Organisation muss in Übereinstimmung mit den Anforderungen dieser Internationalen Norm ein Umweltmanagementsystem einführen, dokumentieren, verwirklichen, aufrechterhalten und ständig verbessern und bestimmen, wie sie diese Anforderungen erfüllen wird.	
Die Organisation muss den Anwendungsbereich ihres Umweltmanagementsystems festlegen und dokumentieren.	
A.2. Umweltpolitik	
Das oberste Führungsgremium muss die Umweltpolitik der Organisation festlegen und sicherstellen, dass sie innerhalb des festgelegten Anwendungsbereiches ihres Umweltmanagementsystems	
a) in Bezug auf Art, Umfang und Umweltauswirkungen ihrer Tätigkeiten, Produkte und Dienstleistungen angemessen ist;	
b) eine Verpflichtung zur ständigen Verbesserung und zur Vermeidung von Umweltbelastungen enthält;	
c) eine Verpflichtung zur Einhaltung der geltenden rechtlichen Verpflichtungen und anderer Anforderungen enthält, zu denen sich die Organisation bekennt und die auf deren Umweltaspekte bezogen sind;	
d) den Rahmen für die Festlegung und Bewertung der umweltbezogenen Zielsetzungen und Einzelziele bildet;	
e) dokumentiert, implementiert und aufrechterhalten wird;	
f) allen Personen mitgeteilt wird, die für die Organisation oder in deren Auftrag arbeiten, und	
g) für die Öffentlichkeit zugänglich ist.	
A.3. Planung	
A.3.1. Umweltaspekte	
Die Organisation muss (ein) Verfahren einführen, verwirklichen und aufrechterhalten, um	

a) jene Umweltaspekte ihrer Tätigkeiten, Produkte und Dienstleistungen innerhalb des festgelegten Anwendungsbereiches des Umweltmanagementsystems, die sie überwachen und auf die sie Einfluss nehmen kann, unter Berücksichtigung geplanter oder neuer Entwicklungen oder neuer oder modifizierter Tätigkeiten, Produkte und Dienstleistungen zu ermitteln, und	
b) jene Umweltaspekte, die bedeutende Auswirkung(en) auf die Umwelt haben oder haben können, zu bestimmen (d.h. bedeutende Umweltaspekte).	
Die Organisation muss diese Informationen dokumentieren und auf dem neuesten Stand halten.	
Die Organisation muss sicherstellen, dass die bedeutenden Umweltaspekte beim Einführen, Verwirklichen und Aufrechterhalten ihres Umweltmanagementsystems beachtet werden.	
	B.1. Umweltprüfung Die Organisationen führen eine erste Umweltprüfung gemäß Anhang I zur Feststellung und Bewertung ihrer Umweltaspekte sowie zur Ermittlung geltender Umweltvorschriften durch.
	Organisationen von außerhalb der Gemeinschaft müssen sich auch an die Umweltvorschriften halten, die für ähnliche Organisationen in den Mitgliedstaaten gelten, in denen sie einen Antrag stellen wollen.
A.3.2. Rechtliche Verpflichtungen und andere Anforderungen	
Die Organisation muss (ein) Verfahren einführen, verwirklichen und aufrechterhalten, um	
a) geltende rechtliche Verpflichtungen und andere Anforderungen, zu denen sich die Organisation in Bezug auf ihre Umweltaspekte verpflichtet hat, zu ermitteln und zugänglich zu haben, und	
b) zu bestimmen, wie diese Anforderungen auf ihre Umweltaspekte anwendbar sind.	
Die Organisation muss sicherstellen, dass diese geltenden rechtlichen Verpflichtungen und anderen Anforderungen, zu denen sich die Organisation verpflichtet hat, beim Einführen, Verwirklichen und Aufrechterhalten des Umweltmanagementsystems berücksichtigt werden.	
	B.2. Einhaltung von Rechtsvorschriften

	Organisationen, die sich nach EMAS registrieren möchten, weisen nach, dass sie
	1) alle geltenden rechtlichen Verpflichtungen im Umweltbereich ermittelt haben und die im Rahmen der Umweltprüfung gemäß Anhang I festgestellten Auswirkungen dieser Verpflichtungen auf ihre Organisationen kennen;
	2) für die Einhaltung der Umweltvorschriften, einschließlich Genehmigungen und zulässiger Grenzwerte in Genehmigungen, sorgen; und
	3) über Verfahren verfügen, die es ihnen ermöglichen, diesen Verpflichtungen dauerhaft nachzukommen.
A.3.3. Zielsetzungen, Einzelziele und Programm(e)	
Die Organisation muss dokumentierte umweltbezogene Zielsetzungen und Einzelziele für relevante Funktionen und Ebenen innerhalb der Organisation einführen, verwirklichen und aufrechterhalten.	
Die Zielsetzungen und Einzelziele müssen, soweit praktikabel, messbar sein und im Einklang mit der Umweltpolitik stehen, einschließlich der Verpflichtungen zur Vermeidung von Umweltbelastungen, zur Einhaltung geltender rechtlicher Verpflichtungen und anderer Anforderungen, zu denen sich die Organisation verpflichtet hat, und zur ständigen Verbesserung.	
Beim Festlegen und Bewerten ihrer Zielsetzungen und Einzelziele muss eine Organisation die rechtlichen Verpflichtungen und anderen Anforderungen, zu denen sie sich verpflichtet hat, berücksichtigen und deren bedeutende Umweltaspekte beachten. Sie muss außerdem ihre technologischen Optionen, ihre finanziellen, betrieblichen und geschäftlichen Anforderungen sowie die Standpunkte interessierter Kreise berücksichtigen.	
Die Organisation muss (ein) Programm(e) zum Erreichen ihrer Zielsetzungen und Einzelziele einführen, verwirklichen und aufrechterhalten. Das Programm/die Programme muss/müssen enthalten:	
a) Festlegung der Verantwortlichkeit für das Erreichen der Zielsetzungen und Einzelziele für relevante Funktionen und Ebenen der Organisation und	
b) die Mittel und den Zeitrahmen für ihr Erreichen.	

	B.3. Umweltleistung
	1) Organisationen müssen nachweisen können, dass das Managementsystem und die Verfahren für die Betriebsprüfung sich in Bezug auf die in der Umweltprüfung gemäß Anhang I ermittelten direkten und indirekten Aspekte an der tatsächlichen Umweltleistung der Organisation orientieren.
	2) Die Umweltleistung der Organisation gemessen an ihren Zielsetzungen und Einzelzielen muss als Teil der Managementprüfung evaluiert werden. Die Organisation muss sich ferner verpflichten, ihre Umweltleistung kontinuierlich zu verbessern. Dabei kann sie ihre Maßnahmen auf lokale, regionale und nationale Umweltprogramme stützen.
	3) Bei den Maßnahmen zur Verwirklichung von Zielsetzungen und Einzelzielen darf es sich nicht um Umweltziele handeln. Hat die Organisation mehrere Standorte, so muss jeder Standort, für den EMAS gilt, alle EMAS-Anforderungen, einschließlich der Verpflichtung zur kontinuierlichen Verbesserung der Umweltleistung im Sinne von Artikel 2 Absatz 2, erfüllen.
A.4. Verwirklichung und Betrieb	
A.4.1. Ressourcen, Aufgaben, Verantwortlichkeit und Befugnis	
Die Leitung der Organisation muss die Verfügbarkeit der benötigten Ressourcen für die Einführung, Verwirklichung, Aufrechterhaltung und Verbesserung des Umweltmanagementsystems sicherstellen. Die Ressourcen umfassen das erforderliche Personal und spezielle Fähigkeiten, die Infrastruktur der Organisation, technische und finanzielle Mittel.	
Aufgaben, Verantwortlichkeiten und Befugnisse müssen festgelegt, dokumentiert und kommuniziert werden, um wirkungsvolles Umweltmanagement zu erleichtern.	

Das oberste Führungsgremium der Organisation muss (einen) spezielle(n) Beauftragte(n) des Managements bestellen, welche(r), ungeachtet anderer Zuständigkeiten, festgelegte Aufgaben, Verantwortlichkeiten und Befugnisse hat/haben, um	
a) sicherzustellen, dass ein Umweltmanagementsystem in Übereinstimmung mit den Anforderungen dieser Internationalen Norm eingeführt, verwirklicht und aufrechterhalten wird;	
b) über die Leistung des Umweltmanagementsystems an das oberste Führungsgremium zur Bewertung, einschließlich Empfehlungen für Verbesserungen, zu berichten.	
A.4.2. Fähigkeit, Schulung und Bewusstsein	B.4. Mitarbeiterbeteiligung
	1) Die Organisation sollte anerkennen, dass die aktive Einbeziehung ihrer Mitarbeiter treibende Kraft und Vorbedingung für kontinuierliche und erfolgreiche Umweltverbesserungen sowie eine der Hauptressourcen für die Verbesserung der Umweltleistung und der richtige Weg zur erfolgreichen Verankerung des Umweltmanagement- und -betriebsprüfungssystems in der Organisation ist.
	2) Der Begriff „Mitarbeiterbeteiligung“ umfasst sowohl die Einbeziehung als auch die Information der einzelnen Mitarbeiter der Organisation und ihrer Vertreter. Daher sollte auf allen Ebenen ein System der Mitarbeiterbeteiligung vorgesehen werden. Die Organisation sollte anerkennen, dass Engagement, Reaktionsfähigkeit und aktive Unterstützung seitens der Organisationsleitung Vorbedingung für den Erfolg dieser Prozesse sind. In diesem Zusammenhang wird auf den notwendigen Informationsrückfluss von der Leitung an die Mitarbeiter der Organisation verwiesen.

Die Organisation muss sicherstellen, dass jede Person, die für sie oder in ihrem Auftrag Tätigkeiten ausübt, von denen nach Feststellung der Organisation (eine) bedeutende Umweltauswirkung ausgehen können (kann), durch Ausbildung, Schulung oder Erfahrung qualifiziert ist, und muss damit verbundene Aufzeichnungen aufbewahren.	
Die Organisation muss den Schulungsbedarf ermitteln, der mit ihren Umweltaspekten und ihrem Umweltmanagementsystem verbunden ist. Sie muss Schulungen anbieten oder andere Maßnahmen ergreifen, um diesen Bedarf zu decken, und muss die damit verbundenen Aufzeichnungen aufbewahren.	
Die Organisation muss (ein) Verfahren einführen, verwirklichen und aufrechterhalten, die sicherstellen (das sicherstellt), dass Personen, die für sie oder in ihrem Auftrag arbeiten, sich bewusst werden über:	
a) die Wichtigkeit des Übereinstimmens mit der Umweltpolitik und den zugehörigen Verfahren und mit den Anforderungen des Umweltmanagementsystems;	
b) die bedeutenden Umweltaspekte und die damit verbundenen tatsächlichen oder potenziellen Auswirkungen im Zusammenhang mit ihrer Tätigkeit und die umweltbezogenen Vorteile durch verbesserte persönliche Leistung;	
c) ihre Aufgaben und Verantwortlichkeiten zum Erreichen der Konformität mit den Anforderungen des Umweltmanagementsystems und	
d) die möglichen Folgen eines Abweichens von festgelegten Abläufen.	
	3) Über diese Anforderungen hinaus müssen Mitarbeiter in den Prozess der kontinuierlichen Verbesserung der Umweltleistung der Organisation einbezogen werden, die erreicht werden soll durch
	a) die erste Umweltprüfung und die Prüfung des derzeitigen Stands sowie die Erhebung und Begutachtung von Informationen,
	b) die Festlegung und Durchführung eines Umweltmanagement- und -betriebsprüfungssystems zur Verbesserung der Umweltleistung,

	c) Umweltgremien, die Informationen einholen und sicherstellen, dass Umweltbeauftragte/Vertreter der Organisationsleitung sowie Mitarbeiter der Organisation und ihre Vertreter mitwirken,
	d) gemeinsame Arbeitsgruppen für Umweltaktionsprogramm und Umweltbetriebsprüfung,
	e) die Ausarbeitung von Umwelterklärungen.
	4) Zu diesem Zweck sollte auf geeignete Formen der Mitarbeiterbeteiligung wie das betriebliche Vorschlagswesen oder projektbezogene Gruppenarbeit oder Umweltgremien zurückgegriffen werden. Die Organisationen nehmen Kenntnis von den Leitlinien der Kommission über bewährte Praktiken in diesem Bereich. Auf Antrag werden auch Mitarbeitervertreter einbezogen.
A.4.3. Kommunikation	
Im Hinblick auf ihre Umweltaspekte und ihr Umweltmanagementsystem muss die Organisation (ein) Verfahren einführen, verwirklichen und aufrechterhalten für	
a) die interne Kommunikation zwischen den verschiedenen Ebenen und Funktionsbereichen der Organisation;	
b) die Entgegennahme, Dokumentierung und Beantwortung relevanter Äußerungen externer interessierter Kreise.	
Die Organisation muss entscheiden, ob sie über ihre bedeutenden Umweltaspekte extern kommunizieren will, und muss ihre Entscheidung dokumentieren. Wenn die Entscheidung fällt zu kommunizieren, muss die Organisation (eine) Methode(n) für diese externe Kommunikation einführen und verwirklichen.	
	B.5. Kommunikation

	1) Die Organisationen müssen nachweisen können, dass sie mit der Öffentlichkeit und anderen interessierten Kreisen, einschließlich Lokalgemeinschaften und Kunden, über die Umweltauswirkungen ihrer Tätigkeiten, Produkte und Dienstleistungen in offenem Dialog stehen, um die Belange der Öffentlichkeit und anderer interessierter Kreise in Erfahrung zu bringen.
	2) Offenheit, Transparenz und regelmäßige Bereitstellung von Umweltinformationen sind Schlüsselfaktoren, durch die sich EMAS von anderen Systemen abhebt. Diese Faktoren helfen der Organisation auch dabei, bei interessierten Kreisen Vertrauen aufzubauen.
	3) EMAS ist so flexibel, dass Organisationen relevante Informationen an spezielle Zielgruppen richten und dabei gewährleisten können, dass sämtliche Informationen denjenigen Personen zur Verfügung stehen, die sie benötigen.
A.4.4. Dokumentation	
Die Dokumentation des Umweltmanagementsystems muss enthalten:	
a) die Umweltpolitik, Zielsetzungen und Einzelziele;	
b) eine Beschreibung des Geltungsbereiches des Umweltmanagementsystems;	
c) eine Beschreibung der Hauptelemente des Umweltmanagementsystems und ihrer Wechselwirkung sowie Hinweise auf zugehörige Dokumente;	
d) Dokumente, einschließlich Aufzeichnungen, die von dieser Internationalen Norm gefordert werden, und	
e) Dokumente, einschließlich Aufzeichnungen, die von der Organisation als notwendig eingestuft werden, um die effektive Planung, Durchführung und Kontrolle von Prozessen sicherzustellen, die sich auf ihre bedeutenden Umweltaspekte beziehen.	

A.4.5. Lenkung von Dokumenten	
Mit Dokumenten, die vom Umweltmanagementsystem und von dieser Internationalen Norm benötigt werden, muss kontrolliert umgegangen werden. Aufzeichnungen sind eine spezielle Art von Dokumenten und müssen nach den Anforderungen in A.5.4 gelenkt werden.	
Die Organisation muss (ein) Verfahren einführen, verwirklichen und aufrechterhalten, um	
a) Dokumente bezüglich ihrer Angemessenheit vor ihrer Herausgabe zu genehmigen;	
b) Dokumente zu bewerten und bei Bedarf zu aktualisieren und erneut zu genehmigen;	
c) sicherzustellen, dass Änderungen und der aktuelle Überarbeitungsstatus von Dokumenten gekennzeichnet werden;	
d) sicherzustellen, dass relevante Fassungen aller maßgeblichen Dokumente vor Ort verfügbar sind;	
e) sicherzustellen, dass Dokumente lesbar und leicht identifizierbar bleiben;	
f) sicherzustellen, dass Dokumente externer Herkunft, die von der Organisation als notwendig für die Planung und den Betrieb des Umweltmanagementsystems eingestuft wurden, gekennzeichnet sind und ihre Verteilung gelenkt wird, und	
g) die unbeabsichtigte Verwendung veralteter Dokumente zu verhindern und diese in geeigneter Weise zu kennzeichnen, falls sie aus irgendeinem Grund aufbewahrt werden.	
A.4.6. Ablauflenkung	
Die Organisation muss in Erfüllung ihrer Umweltpolitik, Zielsetzungen und Einzelziele die Abläufe ermitteln und planen, die im Zusammenhang mit den festgestellten bedeutenden Umweltaspekten stehen, um sicherzustellen, dass sie unter festgesetzten Bedingungen ausgeführt werden durch:	
a) Einführen, Verwirklichen und Aufrechterhalten dokumentierter Verfahren, um Situationen zu regeln, in denen das Fehlen dokumentierter Verfahren zu Abweichungen von der Umweltpolitik, umweltbezogenen Zielsetzungen und Einzelzielen führen könnte, und	
b) Festlegen betrieblicher Vorgaben in den Verfahren, und	
c) Einführen, Verwirklichen und Aufrechterhalten von Verfahren in Bezug auf die ermittelten bedeutenden Umweltaspekte der von der Organisation benutzten Waren und Dienstleistungen sowie Bekanntgabe anzuwendender Verfahren und Anforderungen an Zulieferer, einschließlich Auftragnehmer.	
A.4.7. Notfallvorsorge und Gefahrenabwehr	

Die Organisation muss (ein) Verfahren einführen, verwirklichen und aufrechterhalten, um mögliche Notfallsituationen und mögliche Unfälle zu ermitteln, die (eine) Auswirkung(en) auf die Umwelt haben können, und zu ermitteln, wie sie darauf reagiert.	
Die Organisation muss auf eingetretene Notfallsituationen und Unfälle reagieren und damit verbundene ungünstige Umweltauswirkungen verhindern oder mindern.	
Die Organisation muss regelmäßig ihre Maßnahmen zur Notfallvorsorge und Gefahrenabwehr überprüfen und, soweit notwendig, überarbeiten, insbesondere nach dem Eintreten von Unfällen und Notfallsituationen.	
Zudem muss die Organisation diese Verfahren, sofern durchführbar, regelmäßig erproben.	
A.5. Überprüfung	
A.5.1. Überwachung und Messung	
Die Organisation muss (ein) Verfahren einführen, verwirklichen und aufrechterhalten, um regelmäßig die maßgeblichen Merkmale ihrer Arbeitsabläufe, die eine bedeutende Auswirkung auf die Umwelt haben können, zu überwachen und zu messen. Diese(s) Verfahren muss (müssen) die Aufzeichnung von Informationen einschließen, um die Leistung, angemessene Steuerung der Arbeitsabläufe und Konformität mit den umweltbezogenen Zielsetzungen und Einzelzielen der Organisation zu überwachen.	
Die Organisation muss sicherstellen, dass kalibrierte bzw. nachweislich überprüfte Überwachungs- und Messgeräte zur Anwendung kommen, deren Instandhaltung erfolgt, und Aufzeichnungen darüber aufbewahrt werden.	
A.5.2. Bewertung der Einhaltung von Rechtsvorschriften	
A.5.2.1. Entsprechend ihrer Verpflichtung zur Einhaltung der Rechtsvorschriften muss die Organisation ein Verfahren zur regelmäßigen Bewertung der Einhaltung der einschlägigen rechtlichen Verpflichtungen einführen, verwirklichen und aufrechterhalten.	
Die Organisation muss Aufzeichnungen über die Ergebnisse ihrer regelmäßigen Bewertungen aufbewahren.	
A.5.2.2. Die Organisation muss die Einhaltung anderer Anforderungen, zu denen sie sich verpflichtet hat, bewerten. Die Organisation darf diese Bewertung mit der unter A.5.2.1 genannten Bewertung der Einhaltung der Gesetze kombinieren oder (ein) eigene(s) Verfahren einführen.	
Die Organisation muss Aufzeichnungen über die Ergebnisse ihrer regelmäßigen Bewertungen aufbewahren.	
A.5.3. Nichtkonformität, Korrektur- und Vorbeugungsmaßnahmen	

Die Organisation muss (ein) Verfahren zum Umgang mit tatsächlicher und potenzieller Nichtkonformität und Ergreifen von Korrektur- und Vorbeugungsmaßnahmen einführen, verwirklichen und aufrechterhalten. Die Verfahren müssen Anforderungen festlegen zum:	
a) Feststellen und Korrigieren von Nichtkonformität(en) und Ergreifen von Maßnahmen zur Minderung ihrer Umweltauswirkung(en);	
b) Ermitteln von Nichtkonformität(en), Bestimmen derer Ursache(n) und Ergreifen von Maßnahmen, um deren Wiederauftreten zu vermeiden;	
c) Bewerten der Notwendigkeit von Maßnahmen zur Vermeidung von Nichtkonformitäten sowie Verwirklichung geeigneter Maßnahmen, um deren Auftreten zu verhindern;	
d) Aufzeichnen der Ergebnisse von ergriffenen Korrektur- und Vorbeugungsmaßnahmen, und	
e) Überprüfen der Wirksamkeit von ergriffenen Korrektur- und Vorbeugungsmaßnahmen. Die ergriffenen Maßnahmen müssen dem Ausmaß des Problems und der damit verbundenen Umweltauswirkung angemessen sein.	
Die Organisation muss sicherstellen, dass alle notwendigen Änderungen der Dokumentation des Umweltmanagementsystems vorgenommen werden.	
A.5.4. Lenkung von Aufzeichnungen	
Die Organisation muss, soweit zum Nachweis der Konformität mit den Anforderungen ihres Umweltmanagementsystems und dieser Internationalen Norm beziehungsweise zur Aufzeichnung der erzielten Ergebnisse erforderlich, Aufzeichnungen erstellen und aufrechterhalten.	
Die Organisation muss (ein) Verfahren für die Identifizierung, Speicherung, Sicherung, Wiederauffindung, Zurückziehung und Vernichtung der Aufzeichnungen einführen, verwirklichen und aufrechterhalten.	
Aufzeichnungen müssen lesbar, identifizierbar und auffindbar sein und bleiben.	
A.5.5. Internes Audit	
Die Organisation muss sicherstellen, dass interne Audits des Umweltmanagementsystems in festgelegten Abständen durchgeführt werden, um:	
a) festzustellen, ob das Umweltmanagementsystem	
— die vorgesehenen Regelungen für das Umweltmanagement einschließlich der Anforderungen dieser Internationalen Norm erfüllt, und	
— ordnungsgemäß verwirklicht wurde und aufrechterhalten wird, und	

b) dem Management Informationen über Audit-Ergebnisse zur Verfügung zu stellen.	
(Ein) Auditprogramm(e) muss (müssen) von der Organisation geplant, eingeführt, verwirklicht und aufrechterhalten werden, wobei die Umweltrelevanz der betroffenen Tätigkeit(en) und die Ergebnisse vorangegangener Audits zu berücksichtigen sind.	
(Ein) Auditverfahren muss (müssen) eingeführt, verwirklicht und aufrechterhalten werden, das (die) Folgendes enthält (enthalten):	
— die Verantwortlichkeiten für und Anforderungen an die Planung und Durchführung von Audits, die Aufzeichnung von Ergebnissen und die Aufbewahrung damit verbundener Aufzeichnungen;	
— die Bestimmung der Auditkriterien, des Anwendungsbereichs, der Häufigkeit und der Vorgehensweise.	
Die Auswahl der Auditoren und die Auditdurchführung(en) müssen Objektivität gewährleisten und die Unparteilichkeit des Auditprozesses sicherstellen.	
A.6. Managementbewertung	
Das oberste Führungsgremium muss das Umweltmanagementsystem der Organisation in festgelegten Abständen bewerten, um dessen fortdauernde Eignung, Angemessenheit und Wirksamkeit sicherzustellen. Bewertungen müssen die Beurteilung der Verbesserungspotenziale und den Anpassungsbedarf des Umweltmanagementsystems, einschließlich der Umweltpolitik, der umweltbezogenen Zielsetzungen und Einzelziele beinhalten.	
Aufzeichnungen der Bewertungen durch das Management müssen aufbewahrt werden.	
Der Input für die Bewertung muss enthalten:	
a) Ergebnisse von internen Audits und der Beurteilung der Einhaltung von rechtlichen Verpflichtungen und anderen Anforderungen, zu denen sich die Organisation verpflichtet hat;	
b) Äußerungen von externen interessierten Kreisen, einschließlich Beschwerden;	
c) die Umweltleistung der Organisation;	
d) den erreichten Erfüllungsgrad der Zielsetzungen und Einzelziele;	
e) Status von Korrektur- und Vorbeugungsmaßnahmen;	
f) Folgemaßnahmen von früheren Bewertungen durch das Management;	

g) sich ändernde Rahmenbedingungen, einschließlich Entwicklungen bei den rechtlichen Verpflichtungen und anderen Anforderungen in Bezug auf die Umweltaspekte der Organisation, und	
h) Verbesserungsvorschläge.	
Die Ergebnisse von Bewertungen durch das Management müssen alle Entscheidungen und Maßnahmen in Bezug auf mögliche Änderungen der Umweltpolitik, der Zielsetzungen, der Einzelziele und anderer Elemente des Umweltmanagementsystems in Übereinstimmung mit der Verpflichtung zur ständigen Verbesserung enthalten.	
Liste der nationalen Normungsgremien BE: IBN/BIN (Institut Belge de Normalisation/Belgisch Instituut voor Normalisatie) CZ: ČNI (Český normalizační institut) DK: DS (Dansk Standard) DE: DIN (Deutsches Institut für Normung e. V.) EE: EVS (Eesti Standardikeskus) EL: ELOT (Ελληνικός Οργανισμός Τυποποίησης) ES: AENOR (Asociación Española de Normalización y Certificación) FR: AFNOR (Association Française de Normalisation) IE: NSAI (National Standards Authority of Ireland) IT: UNI (Ente Nazionale Italiano di Unificazione) CY: Κυπριακός Οργανισμός Προώθησης Ποιότητας LV: LVS (Latvijas Standarts) LT: LST (Lietuvos standartizacijos departamentas) LU: SEE (Service de l'Energie de l'Etat) (Luxembourg) HU: MSZT (Magyar Szabványügyi Testület) MT: MSA (Awtorità Maltija dwar l-iStandards/Malta Standards Authority) NL: NEN (Nederlands Normalisatie-Instituut) AT: ON (Österreichisches Normungsinstitut) PL: PKN (Polski Komitet Normalizacyjny) PT: IPQ (Instituto Português da Qualidade) SI: SIST (Slovenski inštitut za standardizacijo) SK: SÚTN (Slovenský ústav technickej normalizácie) FI: SFS (Suomen Standardisoimisliitto r.y) SE: SIS (Swedish Standards Institute) UK: BSI (British Standards Institution).	
	Ergänzende Liste nationaler Normungsgremien
	Nationale Normungsgremien in den Mitgliedstaaten, die nicht von der Europäischen Norm EN ISO 14001:2004 abgedeckt sind:

	BG: BDS (Български институт за стандартизация),
	RO: ASRO (Asociaţia de Standardizare din România).
	Nationale Normungsgremien in Mitgliedstaaten, in denen ein in der Europäischen Norm EN ISO 14001:2004 aufgeführtes Normungsgremium ersetzt wurde:
	CZ: ÚNMZ (Ústav pro technickou normalizaci, metrologii a státní zkušebnictví).

(1) Die Verwendung des in diesem Anhang wiedergegebenen Texts erfolgt mit Zustimmung des Europäischen Komitees für Normung (CEN). Der vollständige Wortlaut kann bei den im Anhang aufgeführten nationalen Normungsgremien erworben werden. Die Vervielfältigung dieses Anhangs für kommerzielle Zwecke ist nicht gestattet.

ANHANG III
INTERNE UMWELTBETRIEBSPRÜFUNG

A. Programm für die Umweltbetriebsprüfung und Häufigkeit der Prüfungen

1. Programm für die Umweltbetriebsprüfung

Das Programm für die Umweltbetriebsprüfung gewährleistet, dass die Leitung der Organisation die Informationen erhält, die sie benötigt, um die Umweltleistung der Organisation und die Wirksamkeit des Umweltmanagementsystems zu überprüfen und nachweisen zu können, dass alles unter Kontrolle ist.

2. Ziele des Programms für die Umweltbetriebsprüfung

Zu den Zielen gehören insbesondere die Bewertung der vorhandenen Managementsysteme und die Feststellung der Übereinstimmung mit der Politik und dem Programm der Organisation, was auch die Übereinstimmung mit den einschlägigen Umweltvorschriften einschließt.

3. Umfang der Umweltbetriebsprüfung

Der Umfang der Umweltbetriebsprüfungen bzw. der einzelnen Abschnitte eines Betriebsprüfungszyklus muss eindeutig festgelegt sein, wobei folgende Angaben erforderlich sind:

a) die erfassten Bereiche;

b) die zu prüfenden Tätigkeiten;

c) die zu berücksichtigenden Umweltkriterien;

d) der von der Umweltbetriebsprüfung erfasste Zeitraum.

Die Umweltbetriebsprüfung umfasst die Beurteilung der zur Bewertung der Umweltleistung notwendigen Daten.

4. Häufigkeit der Umweltbetriebsprüfungen

Die Umweltbetriebsprüfung oder der Betriebsprüfungszyklus, die/der sich auf alle Tätigkeiten der Organisation erstreckt, ist in regelmäßigen Abständen abzuschließen; die Abstände betragen nicht mehr als 3 Jahre, im Fall der Ausnahmeregelung gemäß Artikel 7 jedoch 4 Jahre. Die Häufigkeit, mit der eine Tätigkeit geprüft wird, hängt von folgenden Faktoren ab:

a) Art, Umfang und Komplexität der Tätigkeiten;
b) Bedeutung der damit verbundenen Umweltauswirkungen;
c) Wichtigkeit und Dringlichkeit der bei früheren Umweltbetriebsprüfungen festgestellten Probleme;
d) Vorgeschichte der Umweltprobleme.

Komplexere Tätigkeiten mit bedeutenderen Umweltauswirkungen werden häufiger geprüft.

Die Organisation führt Umweltbetriebsprüfungen mindestens einmal jährlich durch, weil so der Organisationsleitung und dem Umweltgutachter nachgewiesen werden kann, dass die bedeutenden Umweltaspekte unter Kontrolle sind.

Die Organisation führt Umweltbetriebsprüfungen durch in Bezug auf

a) ihre Umweltleistung und
b) die Einhaltung der geltenden Umweltvorschriften durch die Organisation.

B. Tätigkeiten der Umweltbetriebsprüfung

Die Umweltbetriebsprüfung umfasst Gespräche mit dem Personal, die Prüfung der Betriebsbedingungen und der Ausrüstung, die Prüfung von Aufzeichnungen, der schriftlichen Verfahren und anderer einschlägiger Unterlagen mit dem Ziel einer Bewertung der Umweltleistung der jeweils geprüften Tätigkeit; dabei wird untersucht, ob die geltenden Normen und Vorschriften eingehalten, die gesetzten Umweltzielsetzungen und -einzelziele erreicht und die entsprechenden Anforderungen erfüllt werden und ob das Umweltmanagementsystem wirksam und angemessen ist. Die Einhaltung dieser Kriterien sollte unter anderem stichprobenartig geprüft werden, um festzustellen, wie wirksam das gesamte Managementsystem funktioniert.

Zur Umweltbetriebsprüfung gehören insbesondere folgende Schritte:

a) Verständnis des Managementsystems;
b) Beurteilung der Stärken und Schwächen des Managementsystems;
c) Erfassung relevanter Nachweise;
d) Bewertung der Ergebnisse der Umweltbetriebsprüfung Erkenntnisse;
e) Formulierung von Schlussfolgerungen;
f) Berichterstattung über die Ergebnisse und Schlussfolgerungen der Umweltbetriebsprüfung.

C. Berichterstattung über die Ergebnisse und Schlussfolgerungen der Umweltbetriebsprüfung

Die grundlegenden Ziele eines schriftlichen Umweltbetriebsprüfungsberichts bestehen darin,

a) den Umfang der Umweltbetriebsprüfung zu dokumentieren;

b) die Leitung der Organisation über den Grad der Übereinstimmung mit der Umweltpolitik der Organisation und über Fortschritte im Bereich des internen Umweltschutzes zu unterrichten;

c) die Organisationsleitung über die Wirksamkeit und Zuverlässigkeit der Regelungen für die Überwachung der Umweltauswirkungen der Organisation zu unterrichten;

d) gegebenenfalls die Notwendigkeit von Korrekturmaßnahmen zu belegen.

ANHANG IV UMWELTBERICHTERSTATTUNG

A. Einleitung

Die Umweltinformationen sind klar und zusammenhängend zu präsentieren und in elektronischer oder gedruckter Form vorzulegen.

B. Umwelterklärung

Die Umwelterklärung enthält mindestens die nachstehenden Elemente und erfüllt die nachstehenden Mindestanforderungen:

a) klare und unmissverständliche Beschreibung der Organisation, die sich nach EMAS registrieren lässt, und eine Zusammenfassung ihrer Tätigkeiten, Produkte und Dienstleistungen sowie gegebenenfalls der Beziehung zu etwaigen Mutterorganisationen;

b) Umweltpolitik der Organisation und kurze Beschreibung ihres Umweltmanagementsystems;

c) Beschreibung aller bedeutenden direkten und indirekten Umweltaspekte, die zu bedeutenden Umweltauswirkungen der Organisation führen, und Erklärung der Art der auf diese Umweltaspekte bezogenen Auswirkungen (Anhang I Nummer 2);

d) Beschreibung der Umweltzielsetzungen und -einzelziele im Zusammenhang mit den bedeutenden Umweltaspekten und -auswirkungen;

e) Zusammenfassung der verfügbaren Daten über die Umweltleistung, gemessen an den Umweltzielsetzungen und -einzelzielen der Organisation und bezogen auf ihre bedeutenden Umweltauswirkungen. Die Informationen beziehen sich auf die Kernindikatoren und andere bereits vorhandene einschlägige Indikatoren für die Umweltleistung gemäß Abschnitt C;

f) sonstige Faktoren der Umweltleistung, einschließlich der Einhaltung von Rechtsvorschriften im Hinblick auf ihre bedeutenden Umweltauswirkungen;

g) Bezugnahme auf die geltenden Umweltvorschriften;

h) Name und Akkreditierungs- oder Zulassungsnummer des Umweltgutachters und Datum der Validierung.

Die aktualisierte Umwelterklärung enthält mindestens die Elemente und erfüllt die Mindestanforderungen, die unter den Buchstaben e bis h genannt sind.

C. Kernindikatoren und andere bereits vorhandene einschlägige Indikatoren für die Umweltleistung

1. Einleitung

Die Organisationen liefern in der Umwelterklärung und deren Aktualisierungen Angaben zu den nachstehend aufgeführten Kernindikatoren, soweit sie sich auf die direkten Umweltaspekte der Organisation beziehen, und zu anderen bereits vorhandenen Indikatoren für die Umweltleistung.

Die Erklärungen enthalten Angaben zu den tatsächlichen Inputs/Auswirkungen. Wenn durch die Offenlegung der Daten die Vertraulichkeit kommerzieller und industrieller Informationen der Organisation verletzt wird und eine solche Vertraulichkeit durch nationale oder gemeinschaftliche Rechtsvorschriften gewährleistet wird, um berechtigte wirtschaftliche Interessen zu wahren, kann die Organisation diese Informationen an eine Messziffer koppeln, z. B. durch die Festlegung eines Bezugsjahrs (mit der Messziffer 100), auf das sich die Entwicklung des tatsächlichen Inputs bzw. der tatsächlichen Auswirkungen bezieht.

Die Indikatoren müssen

a) die Umweltleistung der Organisation unverfälscht darstellen;

b) verständlich und eindeutig sein;

c) einen Vergleich von Jahr zu Jahr ermöglichen, damit beurteilt werden kann, wie sich die Umweltleistung der Organisation entwickelt;

d) gegebenenfalls einen Vergleich zwischen verschiedenen branchenbezogenen, nationalen oder regionalen Referenzwerten (Benchmarks) ermöglichen;

e) gegebenenfalls einen Vergleich mit Rechtsvorschriften ermöglichen.

2. Kernindikatoren

a) Kernindikatoren gelten für alle Arten von Organisationen. Sie betreffen die Umweltleistung in folgenden Schlüsselbereichen:

   i) Energieeffizienz,
   ii) Materialeffizienz,
   iii) Wasser,
   iv) Abfall,
   v) biologische Vielfalt und
   vi) Emissionen.

   Ist eine Organisation der Auffassung, dass einer oder mehrere Kernindikatoren für ihre direkten Umweltaspekte nicht wesentlich sind, muss die Organisation keine Informationen zu diesen Kernindikatoren geben. Die Organisation gibt hierfür eine Begründung, die in Bezug zu ihrer Umweltprüfung steht.

b) Jeder Indikator setzt sich zusammen aus

   i) einer Zahl A zur Angabe der gesamten jährlichen Inputs/Auswirkungen in dem betreffenden Bereich;
   ii) einer Zahl B zur Angabe des gesamten jährlichen Outputs der Organisation, und
   iii) einer Zahl R zur Angabe des Verhältnisses A/B.

   Jede Organisation liefert Angaben zu allen drei Elementen jedes Indikators.

c) Die gesamten jährlichen Inputs/Auswirkungen in dem betreffenden Bereich (Zahl A) werden wie folgt angegeben:

   i) Bereich Energieeffizienz

- „gesamter direkter Energieverbrauch“ mit Angabe des jährlichen Gesamtenergieverbrauchs, ausgedrückt in MWh oder GJ;
- „Gesamtverbrauch an erneuerbaren Energien“ mit Angabe des Anteils der Energie aus erneuerbaren Energiequellen am jährlichen Gesamtverbrauch (Strom und Wärme) der Organisation;

ii) Bereich Materialeffizienz
- „jährlicher Massenstrom der verschiedenen Einsatzmaterialien“ (ohne Energieträger und Wasser), ausgedrückt in Tonnen;

iii) Bereich Wasser
- „gesamter jährlicher Wasserverbrauch“, ausgedrückt in m^3;

iv) Bereich Abfall
- „gesamtes jährliches Abfallaufkommen“, aufgeschlüsselt nach Abfallart und ausgedrückt in Tonnen;
- „gesamtes jährliches Aufkommen an gefährlichen Abfällen“, ausgedrückt in Kilogramm oder Tonnen;

v) Bereich biologische Vielfalt
- „Flächenverbrauch“, ausgedrückt in m^2 bebauter Fläche;

vi) Bereich Emissionen
- „jährliche Gesamtemissionen von Treibhausgasen“, die mindestens die Emissionen an CO_2, CH_4, N_2O, Hydrofluorkarbonat, Perfluorkarbonat und SF_6 enthalten, ausgedrückt in Tonnen CO_2-Äquivalent;
- „jährliche Gesamtemissionen in die Luft“, die mindestens die Emissionen an SO_2, NO_X und PM enthalten, ausgedrückt in Kilogramm oder Tonnen.

Zusätzlich zu den oben definierten Indikatoren können die Organisationen auch andere Indikatoren verwenden, um die gesamten jährlichen Inputs/Auswirkungen in dem betreffenden Bereich anzugeben.

d) Die Angabe des jährlichen Gesamtoutputs der Organisation (Zahl B) ist in allen Bereichen gleich, wird aber an die verschiedenen Arten von Organisationen nach Maßgabe ihrer Tätigkeitsart angepasst, und ist wie folgt anzugeben.

i) Für in der Produktion tätige Organisationen (Industrie) wird die jährliche Gesamtbruttowertschöpfung, ausgedrückt in Millionen Euro (Mio. EUR), oder die jährliche Gesamtausbringungsmenge, ausgedrückt in Tonnen, bzw. – bei kleinen Organisationen – der jährliche Gesamtumsatz oder die Zahl der Mitarbeiter angegeben.

ii) Für Organisationen in den nicht produzierenden Branchen (Verwaltung/Dienstleistungen) wird die Größe der Organisation, ausgedrückt als Zahl ihrer Mitarbeiter, angegeben.

Zusätzlich zu den oben definierten Indikatoren können die Organisationen auch andere Indikatoren verwenden, um ihren jährlichen Gesamtoutput anzugeben.

3. Andere einschlägige Indikatoren für die Umweltleistung

Jede Organisation erstattet zudem alljährlich Bericht über ihre Leistung in Bezug auf die spezifischeren der in ihrer Umwelterklärung genannten Umweltaspekte, wobei sie – soweit verfügbar – die branchenspezifischen Referenzdokumente gemäß Artikel 46 berücksichtigt.

D. Öffentlicher Zugang

Die Organisation muss dem Umweltgutachter nachweisen können, dass jedem, den die Umweltleistung der Organisation interessiert, problemlos und frei Zugang zu den gemäß den Abschnitten B und C vorgeschriebenen Informationen erteilt werden kann.

Die Organisation sorgt dafür, dass diese Informationen in (einer) der Amtssprache(n) des Mitgliedstaats, in dem die Organisation registriert ist, und gegebenenfalls in (einer) der Amtssprache(n) der Mitgliedstaaten, in denen sich von einer Sammelregistrierung erfasste Standorte befinden, verfügbar sind.

E. Lokale Rechenschaftspflicht

Organisationen, die sich nach EMAS registrieren lassen, ziehen es womöglich vor, eine Art Gesamt-Umwelterklärung zu erstellen, die verschiedene Standorte umfasst.

Da in EMAS eine lokale Rechenschaftspflicht angestrebt wird, müssen die Organisationen dafür sorgen, dass die bedeutenden Umweltauswirkungen eines jeden Standorts eindeutig beschrieben und in der Gesamt-Umwelterklärung erfasst sind.

[…]

XVI. Umweltauditgesetz (UAG)

Gesetz zur Ausführung der Verordnung (EG) Nr. 1221/2009 des Europäischen Parlaments und des Rates vom 25. November 2009 über die freiwillige Teilnahme von Organisationen an einem Gemeinschaftssystem für Umweltmanagement und Umweltbetriebsprüfung und zur Aufhebung der Verordnung (EG) Nr. 761/2001, sowie der Beschlüsse der Kommission 2001/681EG und 2006/193/EGAusfertigungsdatum: 07.12.1995

Vollzitat:

„Umweltauditgesetz in der Fassung der Bekanntmachung vom 4. September 2002 (BGBl. I S. 3490), das zuletzt durch Artikel 17 des Gesetzes vom 10. August 2021 (BGBl. I S. 3436) geändert worden ist"

Stand: Neugefasst durch Bek. v. 4.9.2002 I 3490;

zuletzt geändert Art. 17 G v. 10.8.2021 I 3436

Überschrift: IdF d. Art. 1 Nr. 1 G v. 16.8.2002 I 3167 mWv 21.8.2002 u. d. Art. 1 Nr. 1 G v. 6.12.2011 I 2509 mWv 13.12.2011

Teil 1
Allgemeine Vorschriften

§ 1
Zweck des Gesetzes

(1) Zweck dieses Gesetzes ist es, eine wirksame Durchführung der Verordnung (EG) Nr. 1221/2009 des Europäischen Parlaments und des Rates vom 25. November 2009 über die freiwillige Teilnahme von Organisationen an einem Gemeinschaftssystem für Umweltmanagement und Umweltbetriebsprüfung und zur Aufhebung der Verordnung (EG) Nr. 761/2001, sowie der Beschlüsse der Kommission 2001/681/EG und 2006/193/EG (ABl. L 342 vom 22.12.2009, S. 1) in der jeweils geltenden Fassung sicherzustellen, auch in Bezug auf die Umweltdimension der nachhaltigen Entwicklung und die Grundlagen einer nachhaltigen Unternehmensführung, und insbesondere dadurch, dass

1. unabhängige, zuverlässige und fachkundige Umweltgutachter und Umweltgutachterorganisationen zugelassen werden,
2. eine wirksame Aufsicht über zugelassene Umweltgutachter und Umweltgutachterorganisationen ausgeübt wird und
3. Register über die geprüften Organisationen geführt werden.

(2) Sofern Ergebnisse der Umweltprüfung freiwillig oder auf Grund einer gesetzlichen Verpflichtung in einen Jahresabschluss, einen Einzelabschluss nach internationalen Rechnungslegungsstandards (§ 325 Abs. 2a des Handelsgesetzbuchs), einen Lagebericht, einen Konzernabschluss oder einen Konzernlagebericht aufgenommen werden, bleibt die Verantwortung des Abschlussprüfers nach den §§ 322, 323 des Handelsgesetzbuchs unberührt.

§2
Begriffsbestimmungen

(1) Für Zwecke dieses Gesetzes sind die in Artikel 2 der Verordnung (EG) Nr. 1221/2009 genannten Begriffsbestimmungen anzuwenden. Ergänzend gelten die Begriffsbestimmungen der Absätze 2 bis 4.

(2) Umweltgutachter im Sinne dieses Gesetzes sind natürliche Personen, die zur Wahrnehmung der Aufgaben im Sinne der Artikel 4 Absatz 5 sowie Artikel 6 in Verbindung mit Artikel 18, 19 und 25 bis 27 der Verordnung (EG) Nr. 1221/2009 nach diesem Gesetz zugelassen sind oder die in einem anderen Mitgliedstaat der Europäischen Union im Rahmen des Artikels 28 Absätze 1 bis 5 der Verordnung (EG) Nr. 1221/2009 nach dessen innerstaatlichem Recht zugelassen sind.

(3) Umweltgutachterorganisationen sind eingetragene Vereine, Aktiengesellschaften, Kommanditgesellschaften auf Aktien, Gesellschaften mit beschränkter Haftung, eingetragene Genossenschaften, offene Handelsgesellschaften, Kommanditgesellschaften und Partnerschaftsgesellschaften, die zur Wahrnehmung der Aufgaben im Sinne der Artikel 4 Absatz 5 sowie Artikel 6 in Verbindung mit Artikel 18, 19 und 25 bis 27 der Verordnung (EG) Nr. 1221/2009 nach diesem Gesetz zugelassen sind, sowie Personenvereinigungen, die in einem anderen Mitgliedstaat der Europäischen Union im Rahmen des Artikels 28 der Verordnung (EG) Nr. 1221/2009 nach dessen innerstaatlichem Recht als Umweltgutachterorganisationen zugelassen sind.

(4) Zulassungsbereiche im Sinne dieses Gesetzes sind die Ebenen und Zwischenstufen der Klassifizierung gemäß Anhang I der Verordnung (EG) Nr. 1893/2006 des Europäischen Parlaments und des Rates vom 20. Dezember 2006 zur Aufstellung der statistischen Systematik der Wirtschaftszweige NACE Revision 2 und zur Änderung der Verordnung (EWG) Nr. 3037/90 des Rates sowie einiger Verordnungen der EG über bestimmte Bereiche der Statistik (ABl. EU Nr. L 393 S. 1) in der jeweils geltenden Fassung in Verbindung mit der deutschen Klassifikation der Wirtschaftszweige des Statistischen Bundesamtes, Ausgabe 2008 (WZ 2008).

§3

(weggefallen)

Teil 2
Zulassung von Umweltgutachtern und Umweltgutachterorganisationen sowie Aufsicht; Beschränkung der Haftung

Abschnitt 1
Zulassung

§4
Anforderungen an Umweltgutachter

(1) Umweltgutachter besitzen die nach der Verordnung (EG) Nr. 1221/2009 für die Wahrnehmung ihrer Aufgaben erforderliche Zuverlässigkeit, Unabhängigkeit und Fach-

kunde, wenn sie die in den §§5 bis 7 genannten Anforderungen erfüllen. Sie müssen den Nachweis erbringen, dass sie über dokumentierte Prüfungsmethoden und -verfahren (einschließlich der Qualitätskontrolle und der Vorkehrungen zur Wahrung der Vertraulichkeit) zur Erfüllung ihrer gutachterlichen Aufgaben verfügen.

(2) Die Tätigkeit als Umweltgutachter ist keine gewerbsmäßige Tätigkeit.

(3) Umweltgutachter müssen der Zulassungsstelle bei Antragstellung eine zustellungsfähige Anschrift im Bundesgebiet angeben. Nachträgliche Änderungen der zustellungsfähigen Anschrift sind der Zulassungsstelle innerhalb von vier Wochen nach der Änderung anzugeben.

(4) Umweltgutachter haben im beruflichen Verkehr die Berufsbezeichnung „Umweltgutachter" zu führen, Frauen können die Berufsbezeichnung „Umweltgutachterin" führen. Die Berufsbezeichnung darf nicht führen, wer keine Zulassung nach §9 besitzt.

(5) Die Bundesregierung kann nach Anhörung des Umweltgutachterausschusses durch Rechtsverordnung, die nicht der Zustimmung des Bundesrates bedarf, die Anforderungen der §§5 bis 7 zu dem in §1 Abs. 1 Nr. 1 bestimmten Zweck näher bestimmen.

§5
Zuverlässigkeit

(1) Die erforderliche Zuverlässigkeit besitzt ein Umweltgutachter, wenn er auf Grund seiner persönlichen Eigenschaften, seines Verhaltens und seiner Fähigkeiten zur ordnungsgemäßen Erfüllung der ihm obliegenden Aufgaben geeignet ist.

(2) Für die Zuverlässigkeit bietet in der Regel derjenige keine Gewähr, der
1. wegen Verletzung der Vorschriften
   a) des Strafrechts über Eigentums- und Vermögensdelikte, Urkundenfälschung, Insolvenzstraftaten, gemeingefährliche Delikte und Umweltdelikte,
   b) des Immissionsschutz-, Abfall-, Wasser-, Natur- und Landschaftsschutz-, Chemikalien-, Gentechnik- oder Atom- und Strahlenschutzrechts,
   c) des Lebensmittel-, Arzneimittel-, Pflanzenschutz- oder Infektionsschutzrechts
   d) des Gewerbe- oder Arbeitsschutzrechts,
   e) des Betäubungsmittel-, Waffen- oder Sprengstoffrechts

mit einer Strafe oder in den Fällen der Buchstaben b bis e mit einer Geldbuße in Höhe von mehr als tausend Deutsche Mark oder fünfhundert Euro belegt worden ist,
2. wiederholt oder grob pflichtwidrig
   a) gegen Vorschriften nach Nummer 1 Buchstabe b bis e verstoßen hat oder
   b) als Betriebsbeauftragter für Immissionsschutz, Gewässerschutz, Abfall, als Strahlenschutzbeauftragter im Sinne des §70 des Strahlenschutzgesetzes oder als Störfallbeauftragter im Sinne des §58a des Bundes-Immissionsschutzgesetzes seine Verpflichtungen als Beauftragter verletzt hat,
3. infolge strafgerichtlicher Verurteilung die Fähigkeit zur Bekleidung öffentlicher Ämter verloren hat,
4. sich nicht in geordneten wirtschaftlichen Verhältnissen befindet, es sei denn, dass dadurch die Interessen der Auftraggeber oder anderer Personen nicht gefährdet sind, oder
5. aus gesundheitlichen Gründen nicht nur vorübergehend unfähig ist, den Beruf des Umweltgutachters ordnungsgemäß auszuüben.

§6
Unabhängigkeit

(1) Der Umweltgutachter muss die gemäß Artikel 20 Absatz 4 und 5 der Verordnung (EG) Nr. 1221/2009 erforderliche Unabhängigkeit aufweisen.

(2) Für die gemäß Artikel 20 Absatz 4 und 5 der Verordnung (EG) Nr. 1221/2009 erforderliche Unabhängigkeit bietet in der Regel derjenige keine Gewähr, der

1. neben seiner Tätigkeit als Umweltgutachter
   a) Inhaber einer Organisation oder der Mehrheit der Anteile an einer Organisation im Sinne des Artikels 2 Nummer 21 der Verordnung (EG) Nr. 1221/2009 aus derselben Gruppe gemäß NACE Revision 2 in der jeweils geltenden Fassung ist, auf die sich seine Tätigkeit als Umweltgutachter bezieht,
   b) Angestellter einer Organisation im Sinne des Artikels 2 Nummer 21 der Verordnung (EG) Nr. 1221/2009 aus derselben Gruppe gemäß NACE Revision 2 in der jeweils geltenden Fassung ist, auf die sich seine Tätigkeit als Umweltgutachter bezieht,
   c) eine Tätigkeit auf Grund eines Beamtenverhältnisses, Soldatenverhältnisses oder eines Anstellungsvertrages mit einer juristischen Person des öffentlichen Rechts, mit Ausnahme der in Absatz 3 genannten Fälle, ausübt, soweit nicht § 17 Absatz 2 Satz 3 Anwendung findet,
   d) ine Tätigkeit auf Grund eines Richterverhältnisses, öffentlich-rechtlichen Dienstverhältnisses als Wahlbeamter auf Zeit oder eines öffentlich-rechtlichen Amtsverhältnisses ausübt, es sei denn, dass er die ihm übertragenen Aufgaben ehrenamtlich wahrnimmt,
2. Weisungen auf Grund vertraglicher oder sonstiger Beziehungen bei der Tätigkeit als Umweltgutachter auch dann zu befolgen hat, wenn sie ihn zu gutachterlichen Handlungen gegen seine Überzeugung verpflichten,
3. organisatorisch, wirtschaftlich, kapital- oder personalmäßig mit Dritten verflochten ist, ohne dass deren Einflussnahme auf die Wahrnehmung der Aufgaben als Umweltgutachter, insbesondere durch Festlegungen in Satzung, Gesellschaftsvertrag oder Anstellungsvertrag auszuschließen ist.

Satz 1 Nr. 1 Buchstabe a und b gilt nicht für den Fall einer Begutachtung des Umweltmanagementsystems eines Umweltgutachters, einer Umweltgutachterorganisation oder eines Inhabers einer Fachkenntnisbescheinigung.

(3) Vereinbar mit dem Beruf des Umweltgutachters ist eine Beratungstätigkeit als Bediensteter einer Industrie- und Handelskammer, Handwerkskammer, Berufskammer oder sonstigen Körperschaft des öffentlichen Rechts, die eine Selbsthilfeeinrichtung für Unternehmen ist, die sich an dem Gemeinschaftssystem beteiligen können; dies gilt nicht, wenn der Bedienstete im Hinblick auf seine Tätigkeit als Umweltgutachter für Registrierungsaufgaben im Sinne des Artikels 12 Absatz 2 und 3 der Verordnung (EG) Nr. 1221/2009 zuständig ist oder Weisungen im Sinne des Absatzes 2 Nr. 2 unterliegt.

§7
Fachkunde

(1) Die erforderliche Fachkunde besitzt ein Umweltgutachter, wenn er auf Grund seiner Ausbildung, beruflichen Bildung und praktischen Erfahrung zur ordnungsgemäßen Erfüllung der ihm obliegenden Aufgaben geeignet ist.

(2) Die Fachkunde erfordert
1. den Abschluss eines einschlägigen Studiums, insbesondere auf den Gebieten der Wirtschafts- oder Verwaltungswissenschaften, der Naturwissenschaften oder Technik, der Biowissenschaften, Agrarwissenschaften, Forstwissenschaften, Geowissenschaften, der Medizin oder des Rechts, an einer Hochschule im Sinne des § 1 des Hochschulrahmengesetzes, soweit nicht die Voraussetzungen des Absatzes 3 gegeben sind,
2. ausreichende Fachkenntnisse gemäß Artikel 20 Absatz 2 Buchstabe a bis j der Verordnung (EG) Nr. 1221/2009, die in den nachfolgenden Fachgebieten geprüft werden:
   a) Methodik, Durchführung und Beurteilung der Umweltbetriebsprüfung,
   b) Umweltmanagement und die Begutachtung von Umweltinformationen (Umwelterklärung sowie Ausschnitte aus dieser),
   c) zulassungsbereichsspezifische Angelegenheiten des Umweltschutzes, auch in Bezug auf die Umweltdimension der nachhaltigen Entwicklung und die Grundlagen einer nachhaltigen Unternehmensführung, einschließlich der einschlägigen Rechts- und veröffentlichten Verwaltungsvorschriften und
   d) Allgemeines Umweltrecht, nach Artikel 30 Absatz 3 und 6 in Verbindung mit Artikel 49 Absatz 3 der Verordnung (EG) Nr. 1221/2009 erstellte Leitlinien der Kommission und einschlägige Normen zum Umweltmanagement,
3. eine mindestens dreijährige eigenverantwortliche hauptberufliche Tätigkeit, bei der praktische Kenntnisse über den betrieblichen Umweltschutz erworben wurden.

(3) Von der Anforderung eines Hochschulstudiums nach Absatz 2 Nr. 1 können Ausnahmen erteilt werden, wenn in den Zulassungsbereichen, für die die Zulassung beantragt ist,
1. eine Fachschulausbildung, die Qualifikation als Meister oder eine gleichwertige Zulassung oder Anerkennung durch eine oberste Bundes- oder Landesbehörde oder eine Körperschaft des öffentlichen Rechts vorliegt und
2. Aufgaben in leitender Stellung oder als Selbständiger mindestens fünf Jahre hauptberuflich wahrgenommen wurden.

(4) Soweit die Ausnahme des Artikels 22 Absatz 3 der Verordnung (EG) Nr. 1221/2009 nicht vorliegt, wird ein Umweltgutachter für eine Tätigkeit in einem Land außerhalb der Europäischen Union in folgenden Fachgebieten geprüft:
   a) Kenntnis und Verständnis der Rechts- und Verwaltungsvorschriften im Umweltbereich des Landes, für das die Zulassung beantragt wird, sowie
   b) Kenntnis und Verständnis der Amtssprache dieses Landes.

Die Fachkundeanforderungen der Absätze 1 bis 3 bleiben hiervon unberührt.

§ 8
Fachkenntnisbescheinigung

(1) Eine Person, die nicht als Umweltgutachter zugelassen ist, darf für einen Umweltgutachter oder eine Umweltgutachterorganisation im Rahmen eines Angestelltenverhältnisses gutachterliche Tätigkeiten auf Grund der Verordnung (EG) Nr. 1221/2009 wahrnehmen, wenn sie
1. die Fachkundeanforderungen nach § 7 Absatz 2 Nummer 1 und 3 erfüllt,

2. auf mindestens einem der in § 7 Absatz 2 Nummer 2 genannten Fachgebiete diejenigen Fachkenntnisse besitzt, die für die Wahrnehmung gutachterlicher Tätigkeiten in einem oder mehreren Zulassungsbereichen erforderlich sind, und
3. in entsprechender Anwendung der §§ 5 und 6 die für ihre Tätigkeit erforderliche Zuverlässigkeit und Unabhängigkeit besitzt.

§ 7 Absatz 3 gilt entsprechend.

(2) Wenn die Anforderungen des Absatzes 1 erfüllt sind, ist von der Zulassungsstelle über Art und Umfang der nachgewiesenen Fachkenntnisse eine Bescheinigung zu erteilen, die erkennen lässt, auf welchen Fachgebieten und für welche Zulassungsbereiche die erforderlichen Fachkenntnisse vorliegen (Fachkenntnisbescheinigung). Die Fachkenntnisbescheinigung gestattet eine gutachterliche Tätigkeit nur in dem in ihr beschriebenen Umfang und nur als Angestellter eines Umweltgutachters oder einer Umweltgutachterorganisation im Zusammenwirken mit einem Umweltgutachter, der Berichte verantwortlich zeichnet, die Umwelterklärung validiert und die Erklärung nach Anhang VII der Verordnung (EG) Nr. 1221/2009 abgibt. Berichte, Umwelterklärungen und die Erklärung nach Anhang VII der Verordnung (EG) Nr. 1221/2009 sind vom Inhaber der Fachkenntnisbescheinigung lediglich mitzuzeichnen; Artikel 18, 19 und 25 der Verordnung (EG) Nr. 1221/2009 gelten für die Tätigkeit des Inhabers der Fachkenntnisbescheinigung entsprechend.

§ 9
Zulassung als Umweltgutachter

(1) Die Zulassung als Umweltgutachter ist von der Zulassungsstelle zu erteilen, wenn der Antragsteller die Anforderungen nach § 4 Abs. 1 und den §§ 5, 6 und 7 Absatz 1 bis 3 erfüllt. Die Zulassung ist auch auf Zulassungsbereiche zu erstrecken, für die der Umweltgutachter nicht selbst über die erforderliche Fachkunde verfügt,
1. wenn er im Hinblick auf die Erstellung der Gültigkeitserklärung nach Artikel 4 Absatz 6 der Verordnung (EWG) Nr. 1836/93 des Rates vom 29. Juni 1993 über die freiwillige Beteiligung gewerblicher Unternehmen an einem Gemeinschaftssystem für das Umweltmanagement und die Umweltbetriebsprüfung (ABl. L 168 vom 10.7.1993, S. 1, L 203 vom 29.8.1995, S. 17) oder nach Artikel 3 Absatz 2 und 3, Anhang V Abschnitte 5.4, 5.5 und 5.6 der Verordnung (EG) Nr. 761/2001 des Europäischen Parlaments und des Rates vom 19. März 2001 über die freiwillige Beteiligung von Organisationen an einem Gemeinschaftssystem für das Umweltmanagement und die Umweltbetriebsprüfung (EMAS) (ABl. L 114 vom 24.4.2001, S. 1) oder im Hinblick auf die Begutachtung und Validierung nach Artikel 4 Absatz 5, Artikel 18, 19 und 25 Absatz 4 und 8 der Verordnung (EG) Nr. 1221/2009 Personen angestellt hat, die für diese Zulassungsbereiche
   a) als Umweltgutachter zugelassen sind oder
   b) die erforderlichen Fachkenntnisbescheinigungen besitzen und
2. wenn er sicherstellt, dass die in der Nummer 1 Buchstabe b genannten Personen regelmäßig an Fortbildungsmaßnahmen teilnehmen können.

Die Erteilung der Zulassung für die Tätigkeit in einem Land außerhalb der Europäischen Union (Drittlandszulassung) setzt neben der Erfüllung der Anforderungen nach den Sätzen 1 und 2 voraus, dass der Antragsteller die Anforderungen nach § 7 Absatz 4 erfüllt.

(2) In dem Zulassungsbescheid ist anzugeben,

1. für welche Zulassungsbereiche der Umweltgutachter selbst die erforderliche Fachkunde besitzt,
2. auf welche Zulassungsbereiche sich die Zulassung auf Grund angestellter fachkundiger Personen im Sinne des Absatzes 1 Satz 2 Nummer 1 erstreckt,
3. im Falle der Drittlandszulassung
   a) auf welches Drittland sich die Zulassung erstreckt, sowie
   b) ob die Drittlandszulassung erfolgt auf Grund
      aa) eigener Rechts- und Sprachkenntnisse des Umweltgutachters gemäß Artikel 22 Absatz 2 der Verordnung (EG) Nr. 1221/2009 oder
      bb) einer gemäß Artikel 22 Absatz 3 der Verordnung (EG) Nr. 1221/2009 mit einer qualifizierten Person oder Organisation getroffenen vertraglichen Vereinbarung.

Im Falle der Nummer 3 Buchstabe b Doppelbuchstabe bb sind die Personen, die die Voraussetzungen des Artikels 22 Absatz 2 Buchstabe a und b der Verordnung (EG) Nr. 1221/2009 erfüllen, in dem Zulassungsbescheid genau zu bezeichnen.

(3) Soweit sich die Zulassung auf Zulassungsbereiche erstreckt, für die der Umweltgutachter nicht selbst über die erforderliche Fachkunde verfügt, gestattet die Zulassung eine gutachterliche Tätigkeit nur im Zusammenwirken mit den in Absatz 1 Satz 2 Nr. 1 genannten Personen oder mit den qualifizierten Personen oder Organisationen, mit denen der Umweltgutachter eine vertragliche Vereinbarung gemäß Artikel 22 Absatz 3 der Verordnung (EG) Nr. 1221/2009 geschlossen hat; insbesondere sind Berichte und die Validierung von Umwelterklärungen sowie die Erklärung nach Anhang VII der Verordnung (EG) Nr. 1221/2009 von diesen Personen oder Organisationen mitzuzeichnen.

(4) Die Zulassung umfasst die Befugnis, gemäß Artikel 9 Absatz 1 der Verordnung (EG) Nr. 761/2001 oder Artikel 4 Absatz 3 und Artikel 45 der Verordnung (EG) Nr. 1221/2009 Zertifizierungsbescheinigungen nach den von der Europäischen Kommission anerkannten Zertifizierungsverfahren zu erteilen. Sie umfasst ferner die Befugnis, Zertifizierungsbescheinigungen nach DIN EN ISO 14001:2004+AC:2009 (Ausgabe 11/2009), DIN EN ISO 14001:2015 (Ausgabe 11/2015), DIN EN 16001:2009 (Ausgabe 8/2009), DIN EN ISO 50001:2011 (Ausgabe 12/2011) und DIN EN ISO 50001:2018 (Ausgabe 12/2018) zu erteilen. Die genannten DIN-Normen sind bei der Beuth Verlag GmbH, 10772 Berlin, zu beziehen und bei der Deutschen Nationalbibliothek in Leipzig archivmäßig gesichert niedergelegt.

§ 10
Zulassung als Umweltgutachterorganisation

(1) Die Zulassung als Umweltgutachterorganisation setzt voraus, dass
1. mindestens ein Drittel der persönlich haftenden Gesellschafter, der Partner, der Mitglieder des Vorstandes oder der Geschäftsführer
   a) als Umweltgutachter zugelassen sind oder
   b) aus bei der Umweltgutachterorganisation angestellten Personen mit Fachkenntnisbescheinigungen und mindestens einem Umweltgutachter besteht,
2. im Hinblick auf Artikel 4 Absatz 5, Artikel 18, 19, 25 Absatz 4 und 8 der Verordnung (EG) Nr. 1221/2009 zeichnungsberechtigte persönlich haftende Gesellschafter, Partner, Mitglieder des Vorstandes oder Geschäftsführer oder zeichnungsberechtigte Angestellte für die Zulassungsbereiche, für die die Zulassung beantragt ist,

   a) als Umweltgutachter zugelassen sind oder
   b) die erforderlichen Fachkenntnisbescheinigungen besitzen und
3. sichergestellt ist, dass die in der Nummer 2 genannten Personen regelmäßig an Fortbildungsmaßnahmen teilnehmen können,
4. geordnete wirtschaftliche Verhältnisse bestehen,
5. kein wirtschaftlicher, finanzieller oder sonstiger Druck die gutachterliche Tätigkeit beeinflussen oder das Vertrauen in die unparteiische Aufgabenwahrnehmung in Frage stellen können, wobei § 6 Abs. 2 Nr. 1 Buchstabe a und Nr. 2 und 3 entsprechend gilt,
6. die Organisation über ein Organigramm mit ausführlichen Angaben über die Strukturen und Verantwortungsbereiche innerhalb der Organisation verfügt und dieses sowie eine Erklärung über den Rechtsstatus, die Eigentumsverhältnisse und die Finanzierungsquellen der Zulassungsstelle auf Verlangen vorlegt und
7. der Zulassungsstelle der Nachweis erbracht wird, dass die Antragstellerin über dokumentierte Prüfungsmethoden und -verfahren (einschließlich der Qualitätskontrolle und der Vorkehrungen zur Wahrung der Vertraulichkeit) zur Erfüllung ihrer gutachterlichen Aufgaben verfügt.

Eine Drittlandszulassung setzt neben der Erfüllung der Anforderungen nach Satz 1 voraus, dass die Umweltgutachterorganisation, soweit nicht die Ausnahme des Artikels 22 Absatz 3 der Verordnung (EG) Nr. 1221/2009 vorliegt, über einen oder mehrere Umweltgutachter mit einer Drittlandszulassung für das Land verfügt, auf das sich der Zulassungsantrag der Umweltgutachterorganisation bezieht, und die im Hinblick auf Artikel 4 Absatz 5, die Artikel 18, 19, 25 Absatz 4 und 8 der Verordnung (EG) Nr. 1221/2009 zeichnungsberechtigte Vertreter oder Angestellte der Umweltgutachterorganisation sind.

(2) Die Zulassung ist von der Zulassungsstelle zu erteilen, wenn die Voraussetzungen des Absatzes 1 erfüllt sind. Die Zulassung gestattet gutachterliche Tätigkeiten nur in denjenigen Zulassungsbereichen, für die die Voraussetzungen des Absatzes 1 Satz 1 Nummer 2 oder Absatz 1 Satz 2 vorliegen. In dem Zulassungsbescheid ist anzugeben,
1. auf welche Zulassungsbereiche sich die Zulassung der Umweltgutachterorganisation auf Grund von fachkundigen Personen im Sinne des Absatzes 1 Satz 1 Nummer 2 erstreckt,
2. im Falle der Drittlandszulassung
   a) auf welches Drittland sich die Zulassung erstreckt

sowie
   b) ob die Drittlandszulassung erfolgt auf Grund
      aa) des Vorhandenseins eines oder mehrerer Umweltgutachter im Sinne von Absatz 1 Satz 2, die im Hinblick auf Artikel 4 Absatz 5, die Artikel 18, 19, 25 Absatz 4 und 8 der Verordnung (EG) Nr. 1221/2009 zeichnungsberechtigte Vertreter oder Angestellte der Organisation sind oder
      bb) einer gemäß Artikel 22 Absatz 3 der Verordnung (EG) Nr. 1221/2009 mit einer qualifizierten Person oder Organisation getroffenen vertraglichen Vereinbarung.

Im Falle des Satzes 3 Nummer 2 Buchstabe b sind die Personen, die die Voraussetzungen des Artikels 22 Absatz 2 Buchstabe a und b der Verordnung (EG) Nr. 1221/2009 erfüllen, in dem Zulassungsbescheid genau zu bezeichnen.

(3) Die Zulassung gestattet gutachterliche Tätigkeiten von fachkundigen Personen im Sinne des Absatzes 1 Nr. 2 Buchstabe b nur im Zusammenwirken mit einem zuge-

lassenen Umweltgutachter, der Berichte und die Validierung der Umwelterklärungen verantwortlich zeichnet; die genannten Personen müssen mitzeichnen.

(4) § 9 Absatz 4 gilt entsprechend.

(5) Die zugelassene Umweltgutachterorganisation hat die Bezeichnung „Umweltgutachter" in die Firma oder den Namen aufzunehmen. Die Bezeichnung darf in die Firma oder den Namen nicht aufgenommen werden, wenn keine Zulassung nach Absatz 2 erteilt ist.

§ 10a
Ausländische Unterlagen und Nachweise; Verfahren

(1) Soweit im Rahmen des Zulassungsverfahrens Nachweise nach diesem Gesetz oder nach einer auf Grund dieses Gesetzes erlassenen Verordnung vorzulegen sind, stehen Nachweise aus einem anderen Mitgliedstaat der Europäischen Union oder einem anderen Vertragsstaat des Abkommens über den Europäischen Wirtschaftsraum inländischen Nachweisen gleich, wenn sie gleichwertig sind oder wenn aus ihnen hervorgeht, dass die betreffenden Anforderungen erfüllt sind. Es kann verlangt werden, dass die Unterlagen in beglaubigter Kopie und beglaubigter deutscher Übersetzung vorgelegt werden.

(2) Die Zulassungsstelle bestätigt den Empfang der von dem Antragsteller eingereichten Unterlagen innerhalb eines Monats und teilt gegebenenfalls mit, welche Unterlagen noch nachzureichen sind. Die Prüfung des Antrags auf Zulassung muss innerhalb von drei Monaten nach Einreichen der vollständigen Unterlagen abgeschlossen sein. Diese Frist kann in begründeten Fällen um einen Monat verlängert werden. Bestehen Zweifel an der Echtheit von vorgelegten Nachweisen nach Absatz 1 oder benötigt die Zulassungsstelle weitere Informationen, kann sie durch Nachfrage bei der zuständigen Stelle des Herkunftsstaates die Echtheit überprüfen und entsprechende Auskünfte einholen. Die mündliche Zulassungsprüfung ist innerhalb von sechs Monaten nach Vorliegen der erforderlichen Unterlagen abzuschließen, es sei denn, der Antragsteller beantragt einen späteren Prüfungszeitpunkt.

§ 11
Bescheinigungs- und Zulassungsverfahren

(1) Das Verfahren für die Erteilung einer Fachkenntnisbescheinigung nach § 8 und für die Zulassung nach den §§ 9 und 10 setzt einen schriftlichen Antrag voraus. Dem Antrag sind die zur Prüfung erforderlichen Unterlagen beizufügen.

(2) Die Fachkenntnisse des Umweltgutachters werden in einer mündlichen Prüfung von einem Prüfungsausschuss der Zulassungsstelle festgestellt. Gegenstand der mündlichen Prüfung sind

1. die in § 7 Abs. 2 Nr. 2 Buchstabe a bis d genannten Fachgebiete und
2. praktische Probleme aus der Berufsarbeit eines Umweltgutachters.

(3) Der Prüfungsgegenstand im Sinne des Absatzes 2 Nr. 1 ist insoweit beschränkt, als der Antragsteller für bestimmte Fachgebiete Fachkenntnisbescheinigungen vorgelegt hat oder der Antragsteller in vorherigen Prüfungen zur Zulassung als Umweltgutachter einzelne Fachgebiete bereits bestanden hat.

(4) Die nach § 7 Absatz 4 Satz 1 erforderlichen Rechts- und Sprachkenntnisse werden in einem Fachgespräch bei der Zulassungsstelle festgestellt. § 12 Absatz 1 Satz 1 gilt entsprechend.

(5) Für die Erteilung einer Fachkenntnisbescheinigung nach § 8 gelten die Absätze 2 und 3 entsprechend.

(6) Die Bundesregierung kann nach Anhörung des Umweltgutachterausschusses durch Rechtsverordnung, die nicht der Zustimmung des Bundesrates bedarf,
1. Verfahren nach den Absätzen 1 und 4, einschließlich Wiederholungsprüfungen,
2. Anforderungen an die Qualifikation der Mitglieder der Prüfungsausschüsse und die Durchführung der mündlichen Prüfung nach § 12 und
3. schriftliche Prüfungen allgemein oder für bestimmte Fachgebiete oder für bestimmte Zulassungsbereiche als unselbständigen Teil der Zulassungs- und Bescheinigungsverfahren vorschreiben und nähere Bestimmungen zu Gegenstand und Durchführung der schriftlichen Prüfungen treffen.

§ 12
Mündliche Prüfung

(1) Die mündliche Prüfung ist unselbständiger Teil der Zulassungs- und Bescheinigungsverfahren. Über den wesentlichen Inhalt und Ablauf der Prüfung ist eine Niederschrift zu fertigen.

(2) Zur Aufnahme in die Prüferliste des Umweltgutachterausschusses (§ 21 Abs. 1 Satz 2 Nr. 2) müssen die betreffenden Personen
1. ein Hochschulstudium abgeschlossen haben, das sie für die Prüfertätigkeit auf ihrem Fachgebiet qualifiziert,
2. über mindestens fünf Jahre eigenverantwortliche, hauptberufliche Erfahrungen in der Praxis des betrieblichen Umweltschutzes und,
3. im Falle der Zulassung als Prüfer für das Fachgebiet gemäß § 7 Abs. 2 Nr. 2 Buchstabe c, über mindestens fünf Jahre eigenverantwortliche, hauptberufliche Erfahrungen in einem betroffenen Zulassungsbereich verfügen.

(3) Die Zulassungsstelle wählt die Prüfer für die einzelnen Zulassungs- und Bescheinigungsverfahren aus der Prüferliste des Umweltgutachterausschusses (§ 21 Abs. 1 Satz 2 Nr. 2) aus und bestimmt den Vorsitzenden. Die Prüfer müssen jeweils die erforderliche Fachkunde für diejenigen Zulassungsbereiche und Fachgebiete besitzen, für die die Zulassung oder die Fachkenntnisbescheinigung im Einzelfall beantragt ist. Der Prüfer für das Fachgebiet „Recht" gemäß § 7 Abs. 2 Nr. 2 Buchstabe d muss zusätzlich die Befähigung zum Richteramt haben. Der Prüfungsausschuss besteht aus mindestens drei und höchstens fünf Mitgliedern. Mindestens ein Mitglied des Prüfungsausschusses muss jeweils als Umweltgutachter zugelassen sein.

§ 13

(weggefallen)

§ 14
Zulassungsregister

(1) Die Zulassungsstelle führt ein Zulassungsregister für Umweltgutachter, Umweltgutachterorganisationen und Inhaber von Fachkenntnisbescheinigungen. Das Zulassungsregister enthält Namen, Anschrift sowie Gegenstand der Zulassungen und Bescheinigungen der eingetragenen Personen und Umweltgutachterorganisationen. Die Zulassungsstelle übermittelt der Europäischen Kommission über das Bundesministerium für Umwelt, Naturschutz und nukleare Sicherheit nach Artikel 28 Absatz 8 der Verordnung (EG) Nr. 1221/2009 monatlich eine fortgeschriebene Liste der eingetragenen Umweltgutachter und Umweltgutachterorganisationen. Diese Liste, ergänzt um die registrierten Inhaber von Fachkenntnisbescheinigungen, ist gleichzeitig dem Umweltgutachterausschuss, den zuständigen obersten Landesbehörden und der Stelle nach § 32 Abs. 2 Satz 1 in geeigneter Weise zugänglich zu machen.

(2) Jeder ist nach Maßgabe des Umweltinformationsgesetzes berechtigt, das Zulassungsregister einzusehen.

Abschnitt 2
Aufsicht

§ 15
Überprüfung von Umweltgutachtern, Umweltgutachterorganisationen und Inhabern von Fachkenntnisbescheinigungen

(1) Umweltgutachter, Umweltgutachterorganisationen und Inhaber von Fachkenntnisbescheinigungen sind von der Zulassungsstelle in regelmäßigen Abständen, mindestens alle 24 Monate nach Wirksamwerden der Zulassung oder der Fachkenntnisbescheinigung dahin zu überprüfen, ob die Voraussetzungen für die Zulassung nach den §§ 9 und 10 und für die Erteilung der Fachkenntnisbescheinigung nach § 8 weiterhin vorliegen. Dabei muss auch eine Überprüfung der Qualität der vorgenommenen Begutachtungen erfolgen. Dies umfasst eine mindestens alle 24 Monate durchzuführende Überprüfung der vom Umweltgutachter oder der Umweltgutachterorganisation validierten oder vom Inhaber einer Fachkenntnisbescheinigung mitgezeichneten Umwelterklärungen und der erstellten Begutachtungsberichte.

(2) Umweltgutachter und Inhaber einer Fachkenntnisbescheinigung sind zur Feststellung der erforderlichen Fähigkeiten und Fachkunde spätestens alle sechs Jahre nach Wirksamwerden der Zulassung einer praktischen Überprüfung bei ihrer Arbeit in Organisationen zu unterziehen. Organisationen haben die Durchführung einer Überprüfung nach Satz 1 durch die Zulassungsstelle zu dulden.

(3) Die Zulassungsstelle kann, falls erforderlich, das Fortbestehen der Zulassungsvoraussetzungen, insbesondere die erforderlichen Fähigkeiten des Umweltgutachters, der Umweltgutachterorganisation oder des Inhabers einer Fachkenntnisbescheinigung anhand einer Überprüfung im Umweltgutachterbüro oder im Büro des Inhabers der Fachkenntnisbescheinigung überprüfen (Geschäftsstellenprüfung). In diesem Fall soll die Überprüfung gemäß Absatz 1 Satz 3 im Rahmen der Geschäftsstellenprüfung durchgeführt werden.

(4) Unbeschadet der Absätze 1 bis 3 können aus besonderem Anlass geeignete Aufsichtsmaßnahmen ergriffen werden, wenn die Zulassungsstelle Anhaltspunkte dafür hat,

dass der Umweltgutachter, die Umweltgutachterorganisation oder der Inhaber der Fachkenntnisbescheinigung die Voraussetzungen der Zulassung nicht mehr erfüllt oder seinen Aufgaben nach der Verordnung (EG) Nr. 1221/2009, nach diesem Gesetz oder nach den auf Grund dieses Gesetzes erlassenen Rechtsverordnungen nicht ordnungsgemäß nachgeht.

(5) Stellt die Zulassungsstelle im Rahmen der Aufsicht Mängel in der Qualität einer Begutachtung oder sonstige Tatsachen fest, die einen Grund für eine vorübergehende Aussetzung oder Streichung gemäß Artikel 15 Absätze 1 oder 4 der Verordnung (EG) Nr. 1221/2009 darstellen können, so setzt sie die Register führende Stelle über den Inhalt des Aufsichtsberichts in Kenntnis.

(6) Umweltgutachter, Umweltgutachterorganisationen und Inhaber von Fachkenntnisbescheinigungen sind verpflichtet,

1. Zweitschriften der von ihnen gezeichneten oder mitgezeichneten
   a) Vereinbarungen mit den Unternehmen über Gegenstand und Umfang der Begutachtung,
   b) Berichte an die Leitung der Organisation,
   c) in Abstimmung mit der Organisation erstellten Begutachtungsprogramme,
   d) validierten Umwelterklärungen, aktualisierten Umwelterklärungen und Umweltinformationen und
   e) Niederschriften über Besuche auf dem Betriebsgelände und über Gespräche mit dem Betriebspersonal

   im Sinne der Artikel 19 Absatz 1 und 25 Absatz 1 und 5 bis 9 der Verordnung (EG) Nr. 1221/2009 bis zur Überprüfung durch die Zulassungsstelle, jedoch nicht länger als fünf Jahre, aufzubewahren,
2. die Zulassungsstelle unverzüglich über alle Veränderungen zu unterrichten, die auf die Zulassung oder die Fachkenntnisbescheinigung Einfluss haben können,
3. sich bei Begutachtungen unparteiisch zu verhalten,
4. der Zulassungsstelle zur Vorbereitung der regelmäßig durchzuführenden Aufsichtsverfahren die erforderlichen Angaben zu machen und auf Verlangen der Zulassungsstelle die zur Überprüfung erforderlichen Unterlagen vorzulegen, wobei Umweltgutachterorganisationen auf Anforderung durch die Zulassungsstelle auch die zur Überprüfung der bei ihnen angestellten Umweltgutachter und Inhaber von Fachkenntnisbescheinigungen erforderlichen Unterlagen vorzulegen haben und
5. bei der Überprüfung von Organisationen neben den an den einzelnen Standorten der Organisation geltenden Rechtsvorschriften auch die hierzu ergangenen amtlich veröffentlichten Verwaltungsvorschriften des Bundes und der Länder zu berücksichtigen.

(7) Umweltgutachter und Inhaber von Fachkenntnisbescheinigungen sind verpflichtet, sich fortzubilden.

(8) Die Geschäftsräume der zu überprüfenden Umweltgutachter, Inhaber von Fachkenntnisbescheinigungen, Umweltgutachterorganisationen sowie, im Falle der Durchführung einer Überprüfung nach Absatz 2 Satz 1, der begutachteten Organisation, können zu den üblichen Geschäftszeiten betreten werden, wenn dies zur Feststellung der Anforderungen nach den §§ 8 bis 10 erforderlich ist.

(9) Der Aufsicht nach diesem Gesetz unterliegen Umweltgutachter oder Umweltgutachterorganisationen auch, soweit sie auf Grund ihrer Zulassung als Umweltgutachter oder Umweltgutachterorganisation befugt sind, Tätigkeiten auf Grund anderer rechtlicher Regelungen auszuüben. Dieser Paragraf gilt bei der Ausübung von Tätigkei-

ten durch Umweltgutachter oder Umweltgutachterorganisationen auf Grund anderer rechtlicher Regelungen entsprechend.

§ 16
Anordnung, Untersagung

(1) Zur Erfüllung der Anforderungen und Pflichten nach der Verordnung (EG) Nr. 1221/2009, nach diesem Gesetz, nach den auf Grund dieses Gesetzes erlassenen Rechtsverordnungen und bei Tätigkeiten auf Grund anderer rechtlicher Regelungen im Sinne von § 15 Absatz 9 kann die Zulassungsstelle die erforderlichen Maßnahmen gegenüber Umweltgutachtern, Umweltgutachterorganisationen und Inhabern von Fachkenntnisbescheinigungen treffen.

(2) Die Zulassungsstelle kann insbesondere die Fortführung gutachterlicher Tätigkeiten ganz oder teilweise vorläufig untersagen, wenn Umweltgutachter, Umweltgutachterorganisationen und Inhaber von Fachkenntnisbescheinigungen

1. unter Verstoß gegen die Pflichten nach Artikel 4 Absatz 5 und Artikel 25 Absatz 8, jeweils in Verbindung mit Artikel 18 und 19, der Verordnung (EG) Nr. 1221/2009 eine Umwelterklärung mit unzutreffenden Angaben und Beurteilungen, insbesondere hinsichtlich der Einhaltung der an einem Standort einer Organisation geltenden Umweltvorschriften, validiert haben,
2. die Pflichten nach § 15 Abs. 6 und 7 nicht ordnungsgemäß erfüllt haben oder
3. eine vollziehbare Anordnung der Zulassungsstelle nicht befolgt haben.

Die Untersagung hat zu unterbleiben oder ist wieder aufzuheben, sobald die Pflichten und Anordnungen nach Satz 1 erfüllt sind oder bei nachträglicher Unmöglichkeit keine Wiederholungsgefahr eines Rechtsverstoßes besteht.

§ 17
Rücknahme und Widerruf von Zulassung und Fachkenntnisbescheinigung

(1) Zulassung und Fachkenntnisbescheinigung sind mit Wirkung für die Zukunft zurückzunehmen, wenn nachträglich Tatsachen bekannt werden, bei deren Kenntnis die Zulassung oder die Erteilung der Fachkenntnisbescheinigung hätte versagt werden müssen.

(2) Zulassung und Fachkenntnisbescheinigung sind zu widerrufen, wenn

1. der Umweltgutachter oder der Inhaber einer Fachkenntnisbescheinigung
   a) eine Tätigkeit im Sinne des § 6 Abs. 2 Nr. 1 aufgenommen und innerhalb einer von der Zulassungsstelle zu setzenden Frist nicht aufgegeben hat,
   b) infolge strafgerichtlicher Verurteilung die Fähigkeit zur Bekleidung öffentlicher Ämter verloren hat (§ 5 Abs. 2 Nr. 3),
   c) aus gesundheitlichen Gründen nicht nur vorübergehend unfähig geworden ist, gutachterliche Tätigkeiten ordnungsgemäß auszuführen (§ 5 Abs. 2 Nr. 5),
2. die Umweltgutachterorganisation die Anforderungen nach § 10 Absatz 1 Satz 1 Nummer 1 nicht mehr erfüllt und innerhalb einer von der Zulassungsstelle zu setzenden Frist einen gesetzmäßigen Zustand nicht herbeigeführt hat.

Eine Zulassung oder Fachkenntnisbescheinigung wird abweichend von Satz 1 Nummer 1 Buchstabe a nicht widerrufen, wenn der Umweltgutachter oder Inhaber einer Fachkenntnisbescheinigung nur vorübergehend Angestellter einer juristischen Person des öffentlichen Rechts ist; der Umweltgutachter oder Inhaber einer Fachkenntnisbescheinigung darf jedoch keine gutachterlichen Tätigkeiten auf der Grundlage seiner Zulassung oder Fachkenntnisbescheinigung ausüben, es sei denn, die Zulassungsstelle gestattet es. Die Zulassungsstelle kann im Falle des Satzes 2 die Ausübung gutachterlicher Tätigkeiten auf Antrag des Umweltgutachters oder Inhabers einer Fachkenntnisbescheinigung gestatten, wenn sie sich davon überzeugt hat, dass der Umweltgutachter oder Inhaber der Fachkenntnisbescheinigung weiterhin die erforderliche Unabhängigkeit nach § 6 Absatz 1 besitzt. Die Zulassung ist teilweise zu widerrufen, soweit die Voraussetzungen des § 9 Abs. 1 Satz 2 und des § 10 Abs. 1 Satz 1 Nummer 2 weggefallen und innerhalb einer von der Zulassungsstelle zu setzenden Frist nicht wiederhergestellt sind.

(3) Die Drittlandszulassung ist zu widerrufen, soweit eine nach § 9 Absatz 1 Satz 1 und 2 einem Umweltgutachter oder eine nach § 10 Absatz 2 Satz 1 in Verbindung mit Absatz 1 Satz 1 einer Umweltgutachterorganisation erteilte Zulassung widerrufen wurde. Sie ist ferner zu widerrufen, wenn im Falle des Umweltgutachters die Voraussetzungen des § 7 Absatz 4 in Verbindung mit Artikel 22 Absatz 2 der Verordnung (EG) Nr. 1221/2009 oder im Falle der Umweltgutachterorganisation die Voraussetzungen des § 10 Absatz 1 Satz 2 weggefallen und innerhalb einer von der Zulassungsstelle zu setzenden Frist nicht wiederhergestellt sind. Darüber hinaus ist die Drittlandszulassung eines Umweltgutachters oder einer Umweltgutachterorganisation zu widerrufen, wenn die Voraussetzungen des Artikels 22 Absatz 3 der Verordnung (EG) Nr. 1221/2009 weggefallen und innerhalb einer von der Zulassungsstelle zu setzenden Frist nicht wiederhergestellt sind.

(4) Zulassung und Fachkenntnisbescheinigung können, außer nach den Vorschriften des Verwaltungsverfahrensgesetzes, widerrufen werden, wenn
1. der Umweltgutachter keine zustellungsfähige Anschrift im Bundesgebiet angegeben hat (§ 4 Abs. 3),
2. bei der Durchführung von Begutachtungsaufträgen im Einzelfall ein Abhängigkeitsverhältnis zum auftraggebenden Unternehmen oder zum Betriebsprüfer des Standortes oder Weisungsverhältnisse im Sinne des § 6 Abs. 2 Nr. 2 zwischen den begutachtenden Personen bestanden und die Gefahr der Wiederholung gegeben ist oder
3. vollziehbare Anordnungen der Zulassungsstelle im Rahmen der Aufsicht nicht befolgt werden.

§ 18
Umweltgutachter und Umweltgutachterorganisationen aus anderen Mitgliedstaaten der Europäischen Union

(1) Umweltgutachter und Umweltgutachterorganisationen, die in einem anderen Mitgliedstaat der Europäischen Union oder in einem Staat des Europäischen Wirtschaftsraums zugelassen sind, haben der Zulassungsstelle ihre gutachterliche Tätigkeit nach den Sätzen 2 und 3 vor jeder Begutachtung im Bundesgebiet mindestens vier Wochen vor Aufnahme ihrer Tätigkeit anzuzeigen. In der Anzeige sind der Name, die Anschrift, die fachlichen Qualifikationen und, bei Umweltgutachtern, auch die Staatsangehörigkeit sowie, bei Umweltgutachterorganisationen, die Zusammensetzung der die Begutachtung durchführenden Personengruppe anzugeben. Ferner sind Ort und Zeit der Begutachtung, Anschrift und Ansprechpartner der Organisation sowie, soweit erforderlich, die zur Sicherstellung der erforderlichen Sprach- und Rechtskennt-

nisse getroffenen Maßnahmen anzugeben. Wenn dies zur Gewährleistung der Qualität der Begutachtung erforderlich ist, kann die Zulassungsstelle weitere Nachweise zu den Sprach- und Rechtskenntnissen verlangen. Bei der erstmaligen Anzeige sowie danach auf Anforderung der Zulassungsstelle sind der Anzeige eine Ausfertigung oder beglaubigte Abschrift der Zulassung und eine beglaubigte deutsche Übersetzung beizufügen.

(2) Die Zulassungsstelle muss vor Aufnahme der Tätigkeit von Umweltgutachtern oder Umweltgutachterorganisationen, die in einem anderen Mitgliedstaat der Europäischen Union oder in einem Staat des Europäischen Wirtschaftsraums zugelassen sind, im Bundesgebiet überprüfen, ob diese über eine gültige Zulassung des Mitgliedstaates verfügen. In regelmäßigen Abständen und mindestens alle 24 Monate nach der ersten Anzeige muss auch eine Überprüfung der Qualität der im Bundesgebiet vorgenommenen Begutachtungen erfolgen. § 15 Absatz 5, 6, 8 und 9 sowie § 16 gelten hierfür entsprechend. Die Zulassungsstelle kann den Umweltgutachter oder die Umweltgutachterorganisation zur Sicherstellung der Qualität der vorgenommenen Begutachtungen einer praktischen Überprüfung bei seiner oder ihrer Arbeit in Organisationen unterziehen. Organisationen haben die Durchführung einer Überprüfung nach Satz 4 zu dulden.

(3) Die Zulassungsstelle erstellt einen Aufsichtsbericht. Ist die Qualität der Begutachtungen zu beanstanden, so übermittelt sie den Aufsichtsbericht dem betroffenen Umweltgutachter oder der Umweltgutachterorganisation, der Zulassungsstelle, die die Zulassung erteilt hat, der zuständigen Register führenden Stelle und, bei weiteren Streitigkeiten, dem Forum der Zulassungsstellen.

(4) Soweit dies zur Feststellung der Anforderungen nach den §§ 7 bis 10 erforderlich ist, dürfen die inländischen Geschäftsräume der ausländischen Umweltgutachter oder Umweltgutachterorganisationen sowie der von diesen begutachteten Organisation zu den üblichen Geschäftszeiten zur Durchführung der Überprüfung nach Absatz 2 Satz 4 betreten werden.

(5) Ist der Umweltgutachter oder die Umweltgutachterorganisation nicht im Inland ansässig oder vertreten, so erfolgen Zustellungen, sofern nicht besondere völkervertragliche Regelungen etwas Abweichendes vorschreiben, nach Absendung einer Abschrift des Bescheides durch Aufgabe des Bescheides zur Post mit Einschreiben; die Zustellung gilt nach Ablauf von zwei Wochen ab der Aufgabe zur Post als erfolgt.

§ 19
Verbot der Validierung von Umwelterklärungen

Wer nicht die erforderliche Zulassung oder Fachkenntnisbescheinigung besitzt, darf weder eine Umwelterklärung nach Artikel 19 Absatz 2 oder Artikel 25 Absatz 8 der Verordnung (EG) Nr. 1221/2009 validieren, noch eine Erklärung nach Anhang VII der Verordnung (EG) Nr. 1221/2009 abgeben oder eine Mitzeichnung nach § 8 Absatz 2 Satz 3 vornehmen.

§ 20
Aufsichtsverfahren

Die Bundesregierung kann nach Anhörung des Umweltgutachterausschusses durch Rechtsverordnung, die nicht der Zustimmung des Bundesrates bedarf, Inhalt und Umfang der

Pflichten nach § 15 Abs. 6 und 7 sowie das Verfahren für Aufsichtsmaßnahmen zu dem in § 1 Abs. 1 Nr. 2 genannten Zweck näher regeln.

Abschnitt 3
Umweltgutachterausschuss, Widerspruchsbehörde

§ 21
Aufgaben des Umweltgutachterausschusses

(1) Beim Bundesministerium für Umwelt, Naturschutz und nukleare Sicherheit wird ein Umweltgutachterausschuss gebildet. Der Umweltgutachterausschuss hat die Aufgabe,

1. Richtlinien für die Auslegung und Anwendung der §§ 4 bis 18 und der auf Grund dieser Rechtsvorschriften ergangenen Rechtsverordnungen zu erlassen,
2. eine Prüferliste für die Besetzung der Prüfungsausschüsse der Zulassungsstelle zu führen,
3. Empfehlungen für die Benennung von Sachverständigen durch die Widerspruchsbehörde auszusprechen,
4. das Bundesministerium für Umwelt, Naturschutz und nukleare Sicherheit in allen Zulassungs- und Aufsichtsangelegenheiten zu beraten,
5. die Verbreitung von EMAS zu fördern.

Die Richtlinien nach Satz 2 Nr. 1 sind vom Bundesministerium für Umwelt, Naturschutz und nukleare Sicherheit im Bundesanzeiger zu veröffentlichen.

(2) Der Umweltgutachterausschuss erhält von der Zulassungsstelle halbjährlich einen Bericht über Umfang, Inhalt und Probleme der Zulassungs- und Aufsichtstätigkeit. Insbesondere ist zu berichten über

1. die getroffenen Aufsichtsmaßnahmen,
2. die Praktikabilität und den Anpassungsbedarf erlassener Richtlinien nach Absatz 1 Satz 2 Nr. 1 und
3. den Regelungsbedarf durch neue Richtlinien nach Absatz 1 Satz 2 Nr. 1.

Der Umweltgutachterausschuss kann von der Zulassungsstelle Berichte zu besonderen Fragen anfordern.

§ 22
Mitglieder des Umweltgutachterausschusses

(1) Mitglieder des Umweltgutachterausschusses sind

- 6 Vertreter der Unternehmen oder ihrer Organisationen,
- 4 Vertreter der Umweltgutachter oder ihrer Organisationen,
- 2 Vertreter der Umweltverwaltung des Bundes,
- 1 Vertreter der Wirtschaftsverwaltung des Bundes,
- 4 Vertreter der Umweltverwaltung der Länder,
- 2 Vertreter der Wirtschaftsverwaltung der Länder,
- 3 Vertreter der Gewerkschaften,
- 3 Vertreter der Umweltverbände.

Sie unterliegen keinen Weisungen und sind ehrenamtlich tätig. Die Vorschriften der §§ 83 und 84 des Verwaltungsverfahrensgesetzes sind anzuwenden.

(2) Die Mitglieder des Umweltgutachterausschusses müssen in Angelegenheiten des betrieblichen Umweltschutzes über gründliche Fachkenntnisse und mindestens dreijährige praktische Erfahrungen verfügen.

(3) Das Bundesministerium für Umwelt, Naturschutz und nukleare Sicherheit beruft die Mitglieder des Umweltgutachterausschusses und für jedes Mitglied einen Stellvertreter für die Dauer von drei Jahren auf Vorschlag der Bundesdachverbände der Wirtschaft, der freien Berufe im Einvernehmen mit den Organisationen der Umweltgutachter, der Gewerkschaften und der Umweltverbände sowie der zuständigen obersten Bundes- und Landesbehörden. Für die Stellvertreter gelten die Absätze 1 und 2 entsprechend.

(4) Ein Mitglied wird höchstens zweimal in Folge für den Umweltgutachterausschuss berufen. Anschließend muss vor einer erneuten Berufung eine Unterbrechung von mindestens einer Berufungsperiode liegen.

§ 23
Geschäftsordnung, Vorsitz und Beschlussfassung des Umweltgutachterausschusses

(1) Der Umweltgutachterausschuss gibt sich eine Geschäftsordnung, die der Genehmigung durch das Bundesministerium für Umwelt, Naturschutz und nukleare Sicherheit bedarf.

(2) Der Umweltgutachterausschuss wählt den Vorsitzenden und vier Stellvertreter aus seiner Mitte. Zu ihnen muss jeweils ein Vertreter der Unternehmen, der Umweltgutachter, der Verwaltung, der Gewerkschaften und der Umweltverbände gehören.

(3) Der Umweltgutachterausschuss beschließt

1. in Angelegenheiten nach § 21 Abs. 1 Satz 2 Nr. 1 und 2 mit der Mehrheit von zwei Dritteln der gesetzlichen Mitgliederzahl,
2. in Angelegenheiten der Geschäftsordnung mit der Mehrheit der gesetzlichen Mitgliederzahl und
3. in sonstigen Fällen mit der Mehrheit der anwesenden Mitglieder.

(4) An den Sitzungen des Umweltgutachterausschusses, einschließlich der Beratung und Beschlussfassung, können einzelne oder alle Mitglieder auch im Wege elektronischer Kommunikation teilnehmen. Einzelheiten, insbesondere zur Durchführung elektronischer Abstimmungen und zur Dokumentation, können in der Geschäftsordnung festgelegt werden.

§ 24
Widerspruchsbehörde

(1) Zuständig für die Entscheidung über Widersprüche gegen Verwaltungsakte der Zulassungsstelle ist das Bundesverwaltungsamt, das insoweit den fachlichen Weisungen des Bundesministeriums für Umwelt, Naturschutz und nukleare Sicherheit unterliegt.

(2) Die Entscheidung ist durch einen Beamten der Bundesverwaltung zu treffen, der die Befähigung zum Richteramt besitzt. Von der Widerspruchsbehörde hinzugezogene Sachverständige dürfen nicht dem Umweltgutachterausschuss angehören. Sie müssen in Angelegenheiten des betrieblichen Umweltschutzes über gründliche Fachkenntnisse und mindestens dreijährige praktische Erfahrungen verfügen.

(3) Die Widerspruchsbehörde kann an den Sitzungen des Umweltgutachterausschusses teilnehmen. Ihr ist auf Verlangen das Wort zu erteilen.

§25
Widerspruchsverfahren

(1) Der Widerspruch soll vor Erlass des Widerspruchsbescheides mit den Beteiligten mündlich erörtert werden. Mit Einverständnis aller Beteiligten kann von der mündlichen Erörterung abgesehen werden. Im Übrigen ist das Widerspruchsverfahren an bestimmte Formen nicht gebunden, soweit die §§68 bis 73 der Verwaltungsgerichtsordnung keine besonderen Rechtsvorschriften für die Form des Verfahrens enthalten. Es ist einfach und zweckmäßig durchzuführen.

(2) Soweit der Widerspruch gegen Entscheidungen der auf Grund des §28 beliehenen Zulassungsstelle erfolgreich ist, sind die Aufwendungen des Widerspruchsführers nach §80 Abs. 1 Satz 1 und 2 des Verwaltungsverfahrensgesetzes von dem privaten Rechtsträger der Zulassungsstelle zu erstatten.

§26
Geschäftsstelle

Für die Arbeit des Umweltgutachterausschusses wird eine Geschäftsstelle eingerichtet. Sie unterliegt den Weisungen des Vorsitzenden des Umweltgutachterausschusses.

§27
Rechtsaufsicht

(1) Der Umweltgutachterausschuss steht unter der Aufsicht des Bundesministeriums für Umwelt, Naturschutz und nukleare Sicherheit (Aufsichtsbehörde). Die Aufsicht erstreckt sich auf die Rechtmäßigkeit der Ausschusstätigkeit, insbesondere darauf, dass die gesetzlichen Aufgaben erfüllt werden.

(2) Die Aufsichtsbehörde kann an den Sitzungen des Umweltgutachterausschusses teilnehmen. Ihr ist auf Verlangen das Wort zu erteilen. Sie kann schriftliche oder elektronische Berichte und Aktenvorlage fordern.

(3) Beschlüsse nach §21 Abs. 1 Satz 2 Nr. 1 bis 3 bedürfen der Genehmigung durch die Aufsichtsbehörde. Die Aufsichtsbehörde kann rechtswidrige Beschlüsse des Umweltgutachterausschusses beanstanden und nach vorheriger Beanstandung aufheben. Wenn der Umweltgutachterausschuss Beschlüsse oder sonstige Handlungen unterlässt, die zur Erfüllung seiner gesetzlichen Aufgaben erforderlich sind, kann die Aufsichtsbehörde anordnen, dass innerhalb einer bestimmten Frist die erforderlichen Maßnahmen getroffen werden. Die Aufsichtsbehörde hat die geforderten Handlungen im Einzelnen zu bezeichnen. Sie kann ihre Anordnung selbst durchführen oder von einem anderen durchführen lassen, wenn die Anordnung vom Umweltgutachterausschuss nicht befolgt worden ist.

(4) Wenn die Aufsichtsmittel nach Absatz 3 nicht ausreichen, kann die Aufsichtsbehörde den Umweltgutachterausschuss auflösen. Sie hat nach Eintritt der Unanfechtbarkeit der Auflösungsanordnung unverzüglich neue Mitglieder gemäß §22 Abs. 3 zu berufen. Sie braucht vorgeschlagene Personen nicht zu berücksichtigen, die Mitglieder des aufgelösten Ausschusses waren.

Abschnitt 4
Zuständigkeit

§ 28
Zulassungsstelle

Das Bundesministerium für Umwelt, Naturschutz und nukleare Sicherheit wird ermächtigt, eine oder mehrere juristische Personen des Privatrechts mit den Aufgaben der Zulassungsstelle durch Rechtsverordnung, die nicht der Zustimmung des Bundesrates bedarf, zu beleihen, wenn deren Bereitschaft und Eignung zur ordnungsgemäßen Erfüllung der Zulassungs- und Aufsichtsaufgaben gegeben sind. Die Zulassungsstelle nimmt die Aufgaben der Zulassung und Beaufsichtigung der Umweltgutachter und Umweltgutachterorganisationen sowie der Inhaber von Fachkenntnisbescheinigungen gemäß Artikel 20 bis 24 und 27 bis 29 der Verordnung (EG) Nr. 1221/2009 und diesem Gesetz wahr. Sie berichtet dem Bundesministerium für Umwelt, Naturschutz und nukleare Sicherheit und dem Umweltgutachterausschuss regelmäßig über die Treffen und weiteren Aktivitäten des Forums der Zulassungsstellen der Mitgliedstaaten gemäß Artikel 30 und 31 der Verordnung (EG) Nr. 1221/2009.

§ 29
Aufsicht über die Zulassungsstelle

Die nach § 28 beliehene Zulassungsstelle steht unter der Aufsicht des Bundesministeriums für Umwelt, Naturschutz und nukleare Sicherheit (Aufsichtsbehörde). Die Aufsicht erstreckt sich auf die Rechtmäßigkeit der Zulassungs- und Aufsichtstätigkeit und auf die Entscheidungen nach § 16 Abs. 2, § 17 Absatz 4 Nr. 2 und 3 sowie § 18 Abs. 2 Satz 3.

Abschnitt 5
Beschränkung der Haftung

§ 30
Beschränkung der Haftung

Auf die Schadensersatzpflicht von Personen, die fahrlässig gehandelt haben, findet § 323 Abs. 2 des Handelsgesetzbuchs entsprechende Anwendung.

§ 31

(weggefallen)

Teil 3
Registrierung geprüfter Organisationen, Kosten, Bußgeld-, Übergangs- und Schlussvorschriften

Abschnitt 1
Registrierung geprüfter Organisationen

§ 32
EMAS-Register

(1) In das EMAS-Register wird eingetragen, an welchen Standorten die Organisation ein Umweltmanagementsystem betreibt, das die Anforderungen der Verordnung (EG) Nr. 1221/2009 erfüllt. Die Führung des Registers und die übrigen Aufgaben gemäß den Artikeln 11 bis 17 und Artikel 32 Absatz 3 der Verordnung (EG) Nr. 1221/2009 werden den Industrie- und Handelskammern und den Handwerkskammern übertragen. Bei Registrierung einer Organisation mit mehreren an EMAS teilnehmenden Standorten bestimmt sich die Register führende Stelle nach Wahl der Organisation nach dem Hauptsitz oder dem Sitz der Managementzentrale im Sinne des Artikels 3 Absatz 2 Unterabsatz 2 der Verordnung (EG) Nr. 1221/2009 der Organisation. Aufsichtsmaßnahmen werden von der Aufsichtsbehörde im Einvernehmen mit der obersten für den Umweltschutz zuständigen Behörde des Landes getroffen.

(2) Die Register führenden Stellen benennen durch schriftliche oder elektronische Vereinbarung eine gemeinsame Stelle, die der Europäischen Kommission nach Artikel 12 Absatz 2 und 3 der Verordnung (EG) Nr. 1221/2009 monatlich ein fortgeschriebenes Verzeichnis nach Absatz 1 Satz 1 übermittelt. Das Verzeichnis ist gleichzeitig dem Bundesministerium für Umwelt, Naturschutz und nukleare Sicherheit, der Zulassungsstelle, dem Umweltgutachterausschuss und den zuständigen obersten Landesbehörden in geeigneter Weise zur Verfügung zu stellen. Die gemeinsame Stelle vertritt die Register führenden Stellen bei den Treffen der Register führenden Stellen der Mitgliedstaaten gemäß Artikel 16 Absatz 1 der Verordnung (EG) Nr. 1221/2009. Zu den in Artikel 16 Absatz 3 und Artikel 17 der Verordnung (EG) Nr. 1221/2009 genannten Zwecken ist sie berechtigt, bei den Register führenden Stellen Daten zu erheben und diese bei den Treffen der Register führenden Stellen der Mitgliedstaaten und etwaiger im Rahmen dessen gegründeter Arbeitsgruppen bekannt zu geben und zu verwenden.

(3) Die Industrie- und Handelskammern und die Handwerkskammern können schriftlich oder elektronisch vereinbaren, dass die von ihnen nach Absatz 1 Satz 2 wahrgenommenen Aufgaben auf eine Industrie- und Handelskammer oder eine Handwerkskammer ganz oder teilweise übertragen werden. Die Vereinbarung bedarf der Genehmigung der Aufsichtsbehörde im Einvernehmen mit der zuständigen Umweltbehörde.

(4) Jeder ist nach Maßgabe des Umweltinformationsgesetzes berechtigt, das EMAS-Register einzusehen.

(5) Der Zulassungsstelle ist zum Zweck der Aufsicht über Umweltgutachter, Umweltgutachterorganisationen und Inhaber von Fachkenntnisbescheinigungen Einsicht in die für die Aufsicht relevanten Daten oder Unterlagen der Register führenden Stellen zu gewähren.

§ 33
Registrierung im EMAS-Register

(1) Die für eine Registrierung im EMAS-Register nach Artikel 13 bis 15 der Verordnung (EG) Nr. 1221/2009 erforderliche Glaubhaftmachung, dass die Organisation alle Bedingungen der Verordnung (EG) Nr. 1221/2009 erfüllt, ist insbesondere dann nicht gegeben, wenn

1. die Umwelterklärung nicht von einem zugelassenen Umweltgutachter oder einer zugelassenen Umweltgutachterorganisation validiert worden ist oder
2. die Personen, die die Validierung der Umwelterklärung mitgezeichnet haben, nach dem Inhalt ihrer Zulassung oder Fachkenntnisbescheinigung insgesamt nicht über die Fachkunde verfügen, die zur Begutachtung der geprüften Organisation erforderlich ist.

Zur Glaubhaftmachung im Sinne des Satzes 1 ist es nicht erforderlich, dass die Personen, die die Umwelterklärung validiert haben, bei demselben Umweltgutachter oder derselben Umweltgutachterorganisation angestellt sind; Umweltgutachter und Umweltgutachterorganisationen können auch auf Grund gesonderter Vereinbarungen, die nur für einzelne Begutachtungsaufträge geschlossen werden, zusammenwirken (Fallkooperation).

(2) Im Falle einer Sammelregistrierung gemäß Artikel 3 Absatz 2 in Verbindung mit Artikel 13 der Verordnung (EG) Nr. 1221/2009 ist eine Organisation unter Auflistung aller ihrer an EMAS teilnehmenden Standorte in das Register einzutragen.

(3) Vor der Eintragung einer Organisation, einschließlich der Ergänzung der Eintragung um einen neuen, bisher noch nicht in das Umweltmanagement der Organisation einbezogenen Standort, gibt die Register führende Stelle den für die Belange des Umweltschutzes an dem jeweiligen Standort zuständigen Behörden (Umweltbehörden) Gelegenheit, sich innerhalb einer Frist von vier Wochen zu der beabsichtigten Eintragung zu äußern. Im Falle der Eintragung einer Organisation mit mehreren Standorten gibt die Register führende Stelle die Stellungnahme der Umweltbehörden den Industrie- und Handelskammern oder Handwerkskammern, die bei gesonderter Eintragung der einzelnen Standorte als Register führende Stellen zuständig wären, zur Kenntnis. Wird die Register führende Stelle von der zuständigen Umweltbehörde über einen Verstoß gegen an einem Standort der Organisation geltende Umweltvorschriften unterrichtet, so verweigert sie die Eintragung der antragstellenden Organisation, bis der Nachweis gemäß Artikel 13 Absatz 2 Buchstabe c der Verordnung (EG) Nr. 1221/2009 erbracht wird, dass der Verstoß behoben ist. Hält die Umweltbehörde oder die Register führende Stelle einen Verstoß gegen an einem Standort der Organisation geltende Umweltvorschriften für gegeben und bestreitet die betroffene Organisation diesen Rechtsverstoß, so ist die Entscheidung über die Eintragung bis zur Klärung zwischen Umweltbehörde und Organisation auszusetzen. Bevor die Register führende Stelle die Eintragung einer Organisation auf Grund des Artikels 13 Absatz 4 der Verordnung (EG) Nr. 1221/2009 wegen eines Verstoßes gegen an einem Standort geltende Umweltvorschriften verweigert, ist der betroffenen Organisation gemäß Artikel 13 Absatz 6 der Verordnung (EG) Nr. 1221/2009 Gelegenheit zur Stellungnahme zu geben. Die Register führende Stelle unterrichtet die Leitung der Organisation gemäß Artikel 13 Absatz 4 der Verordnung (EG) Nr. 1221/2009 über die Gründe für die ergriffenen Maßnahmen und die mit der zuständigen Umweltbehörde geführten Gespräche.

(4) Die Register führenden Stellen und die gemeinsame Stelle sind berechtigt, die zum Zweck der Erfüllung ihrer Aufgaben nach diesem Gesetz erforderlichen Angaben zu speichern.

(5) Die Register führende Stelle setzt die Umweltbehörden über das Ergebnis des Registrierungsverfahrens in Kenntnis.

(6) Ergänzende Regelungen über die Registrierung ausländischer Standorte nach § 35 Absatz 1 Satz 1 oder auf Grund einer Verordnung nach § 35 Absatz 2 bleiben unberührt.

§ 34
Verlängerung der EMAS-Registrierung, Verfahren bei Verstößen, Streichung und vorübergehende Aufhebung der Registrierung

(1) Stellt die Umweltbehörde fest, dass eine registrierte Organisation gegen Umweltvorschriften verstößt, so setzt sie die Register führende Stelle hierüber in Kenntnis.

(2) Bei Anhaltspunkten für einen Verstoß gegen an einem Standort der Organisation geltende Umweltvorschriften erkundigt sich die Register führende Stelle bei der Umweltbehörde, ob ein Umweltrechtsverstoß vorliegt.

(3) Wird der Register führenden Stelle eine vollständige Umwelterklärung nach Artikel 6 Absatz 1 Buchstabe c der Verordnung (EG) Nr. 1221/2009 vorgelegt, prüft sie, ob ihr Informationen nach Absatz 1 oder Anhaltspunkte nach Absatz 2 dieses Gesetzes vorliegen.

(4) Bevor die Register führende Stelle die Eintragung einer Organisation

1. auf Grund des Artikels 15 Absatz 1 oder Absatz 3 der Verordnung (EG) Nr. 1221/2009 wegen nachträglicher Nichterfüllung der einschlägigen Anforderungen am Standort vorübergehend aufhebt oder streicht oder
2. auf Grund des Artikels 15 Absatz 4 der Verordnung (EG) Nr. 1221/2009 wegen eines Verstoßes gegen an einem Standort geltende Umweltvorschriften vorübergehend aufhebt oder streicht oder
3. auf Grund des Artikels 15 Absatz 2 oder Absatz 7 der Verordnung (EG) Nr. 1221/2009 wegen nicht ausreichend gründlicher Durchführung der gutachterlichen Tätigkeit des Umweltgutachters vorübergehend aufhebt,

ist der betroffenen Organisation und, im Falle der Nummer 2, der für den betroffenen Standort zuständigen Umweltbehörde nach Maßgabe des Artikels 15 Absatz 1 Satz 1 und Absatz 6 der Verordnung (EG) Nr. 1221/2009 Gelegenheit zur Stellungnahme zu geben. Bestreitet die Organisation mit vertretbaren Gründen das Vorliegen von Verstößen im Sinne des Satzes 1 Nr. 1 bis 3 und macht sie glaubhaft, dass die Streichung oder vorübergehende Aufhebung der Eintragung zu erheblichen wirtschaftlichen oder sonstigen Nachteilen für die Organisation führen würde, so darf die Streichung oder vorübergehende Aufhebung der Eintragung erst erfolgen, wenn wegen der Verstöße im Sinne des Satzes 1 Nr. 1 bis 3 ein vollziehbarer Verwaltungsakt, ein rechtskräftiger Bußgeldbescheid oder eine rechtskräftige strafgerichtliche Verurteilung vorliegt. Die Register führende Stelle unterrichtet die Leitung der Organisation gemäß Artikel 15 Absatz 8 und 9 der Verordnung (EG) Nr. 1221/2009 über die Gründe für die ergriffenen Maßnahmen und die mit der zuständigen Umweltbehörde geführten Gespräche.

(5) Die Registrierung einer Organisation mit mehreren Standorten wird ausgesetzt oder gestrichen, wenn einer oder mehrere Standorte die Voraussetzungen gemäß Artikel 15

Absatz 1 Satz 2, Absatz 2, 3 oder Absatz 4 der Verordnung (EG) Nr. 1221/2009 nicht mehr erfüllt.

(6) Die Register führende Stelle setzt die Umweltbehörde über das Ergebnis des Verfahrens zur Verlängerung der Registrierung gemäß Artikel 15 Absatz 3 der Verordnung (EG) Nr. 1221/2009 in Kenntnis.

§ 35
Registrierungsverfahren; Verordnungsermächtigung

(1) Die Industrie- und Handelskammern und die Handwerkskammern können das Verfahren für die Registrierung und Streichung von Standorten kammerzugehöriger Unternehmen und für die vorübergehende Aufhebung von Registrierungen gemäß Artikel 3 Absatz 2 und 3 sowie Artikel 13 Absatz 2 bis 5, Artikel 14 und Artikel 15 Absatz 1 bis 4 und 10 der Verordnung (EG) Nr. 1221/2009 mit Ausnahme des Verfahrens für Organisationen, die ihren Sitz in Staaten außerhalb der Europäischen Union haben, durch Satzung näher regeln, die der Genehmigung durch die Aufsichtsbehörde im Einvernehmen mit der obersten für den Umweltschutz zuständigen Behörde eines Landes bedarf. Die Satzungen gelten auch für Organisationen, die nicht Mitglied einer Kammer sind.

(2) Das Bundesministerium für Umwelt, Naturschutz und nukleare Sicherheit wird ermächtigt, durch Rechtsverordnung, die nicht der Zustimmung des Bundesrates bedarf, von § 33 und § 34 abweichende Regelungen des Registrierungsverfahrens für Organisationen, die ihren Sitz in Staaten außerhalb der Europäischen Union haben, zu treffen.

Abschnitt 2
Kosten und Bußgeldvorschriften

§ 36
Gebühren und Auslagen

(1) Für individuell zurechenbare öffentliche Leistungen auf Grund dieses Gesetzes werden Gebühren und Auslagen erhoben.

(2) Das Bundesministerium für Umwelt, Naturschutz und nukleare Sicherheit wird ermächtigt, nach Anhörung des Umweltgutachterausschusses durch Rechtsverordnung, die nicht der Zustimmung des Bundesrates bedarf, für individuell zurechenbare öffentliche Leistungen der Zulassungsstelle und der Widerspruchsbehörde auf Grund dieses Gesetzes die Höhe der Gebühren, die gebührenpflichtigen Tatbestände und die Auslagen näher zu bestimmen und dabei feste Sätze und Rahmensätze vorzusehen.

(3) Die Industrie- und Handelskammern und die Handwerkskammern werden ermächtigt, für individuell zurechenbare öffentliche Leistungen der Register führenden Stelle die Höhe der Gebühren durch Satzung zu bestimmen. Dabei ist Artikel 36 Buchstabe b der Verordnung (EG) Nr. 1221/2009 zu beachten. Die Satzung bedarf der Genehmigung durch die Aufsichtsbehörde im Einvernehmen mit der zuständigen Umweltbehörde. § 35 Absatz 1 Satz 2 findet Anwendung.

§ 37
Bußgeldvorschriften

(1) Ordnungswidrig handelt, wer vorsätzlich oder fahrlässig
1. entgegen § 4 Abs. 3 eine Angabe nicht, nicht richtig oder nicht rechtzeitig macht,
2. entgegen § 4 Abs. 4 Satz 2 in Verbindung mit Satz 1 die dort genannte Berufsbezeichnung führt,
3. entgegen § 10 Abs. 5 Satz 2 in Verbindung mit Satz 1 die dort genannte Bezeichnung in die Firma oder den Namen aufnimmt,
4. entgegen § 15 Abs. 6 Nr. 1 eine Zweitschrift nicht oder nicht für die vorgeschriebene Dauer aufbewahrt,
5. entgegen § 15 Abs. 6 Nr. 2 die Zulassungsstelle nicht oder nicht rechtzeitig unterrichtet,
6. entgegen § 15 Abs. 6 Nr. 4 eine Unterlage nicht oder nicht rechtzeitig vorlegt,
7. einer vollziehbaren Anordnung nach § 15 Abs. 4 oder nach § 16 Abs. 1, auch in Verbindung mit § 18 Abs. 2 Satz 3, zuwiderhandelt,
8. entgegen § 18 Abs. 1 Satz 1 eine Anzeige nicht, nicht richtig, nicht vollständig oder nicht rechtzeitig erstattet,
9. entgegen § 19 eine Umwelterklärung validiert oder eine Validierung oder Erklärung mitzeichnet,
10. einer Rechtsverordnung nach § 20 oder nach § 35 Absatz 2 oder einer auf Grund einer solchen Rechtsverordnung ergangenen vollziehbaren Anordnung zuwiderhandelt, soweit die Rechtsverordnung für einen bestimmten Tatbestand auf diese Bußgeldvorschrift verweist,
11. entgegen Artikel 10 Absatz 1 der Verordnung (EG) Nr. 1221/2009 des Europäischen Parlaments und des Rates vom 25. November 2009 über die freiwillige Teilnahme von Organisationen an einem Gemeinschaftssystem für Umweltmanagement und Umweltbetriebsprüfung und zur Aufhebung der Verordnung (EG) Nr. 761/2001, sowie der Beschlüsse der Kommission 2001/681/EG und 2006/193/EG (ABl. L 342 vom 22.12.2009, S. 1) das EMAS-Zeichen verwendet, obwohl er oder sie keine gültige Eintragung in das EMAS-Register besitzt,
12. entgegen Artikel 19 Absatz 2 oder Artikel 25 Absatz 8 der Verordnung (EG) Nr. 1221/2009, jeweils auch in Verbindung mit § 8 Absatz 2 Satz 3, eine dort genannte Information oder Umwelterklärung nicht, nicht richtig, nicht vollständig oder nicht rechtzeitig validiert,

12a. entgegen Artikel 25 Absatz 9 der Verordnung (EG) Nr. 1221/2009, auch in Verbindung mit § 8 Absatz 2 Satz 3, eine dort genannte Erklärung nicht, nicht richtig, nicht vollständig oder nicht rechtzeitig ausstellt, oder

13. einer unmittelbar geltenden Vorschrift in Rechtsakten der Europäischen Gemeinschaften oder der Europäischen Union im Anwendungsbereich dieses Gesetzes zuwiderhandelt, soweit eine nach Anhörung des Umweltgutachterausschusses erlassene Rechtsverordnung nach Absatz 2 für einen bestimmten Tatbestand auf diese Bußgeldvorschrift verweist.

(2) Das Bundesministerium für Umwelt, Naturschutz und nukleare Sicherheit wird ermächtigt, soweit dies zur Durchsetzung der Rechtsakte der Europäischen Gemeinschaften oder der Europäischen Union erforderlich ist, durch Rechtsverordnung ohne Zustimmung des Bundesrates die Tatbestände zu bezeichnen, die als Ordnungswidrigkeiten gemäß Absatz 1 Nr. 13 geahndet werden können.

(3) Die Ordnungswidrigkeit kann in den Fällen des Absatzes 1 Nr. 2 bis 4, 7, 9, 11, 12 und 13 mit einer Geldbuße bis zu fünfundzwanzigtausend Euro, in den Fällen des

Absatzes 1 Nr. 1, 5, 6, 8 und 10 mit einer Geldbuße bis zu fünftausend Euro geahndet werden.

Abschnitt 3
Übergangs- und Schlussvorschriften

§ 38
Übergangsvorschriften

(1) Zulassungen von Umweltgutachtern, Umweltgutachterorganisationen und Inhabern von Fachkenntnisbescheinigungen, die vor dem 13. Dezember 2011 erteilt worden sind, behalten auch nach diesem Zeitpunkt ihre Gültigkeit.

(2) Vor dem 21. August 2002 nach § 13 Abs. 2 des Umweltauditgesetzes vom 7. Dezember 1995 (BGBl. I S. 1591), das zuletzt durch Artikel 26 des Gesetzes vom 27. April 2002 (BGBl. I S. 1467) geändert worden ist, allgemein anerkannte Qualifikationsnachweise behalten auch nach dem 21. August 2002 ihre Gültigkeit. § 9 Abs. 1 Nr. 1 Buchstabe c, § 10 Abs. 1 Nr. 2 Buchstabe c, § 11 Abs. 3, § 15 Abs. 3 und die §§ 19 und 33 Abs. 1 Nr. 2 des Umweltauditgesetzes in der in Satz 1 genannten Fassung sind auf vor dem 21. August 2002 allgemein anerkannte Qualifikationsnachweise im Sinne des Satzes 1 weiterhin anzuwenden.

§ 39

(Inkrafttreten)

XVII. Konfliktmaterialien-VO

VERORDNUNG (EU) 2017/821 DES EUROPÄISCHEN PARLAMENTS UND DES RATES

vom 17. Mai 2017

zur Festlegung von Pflichten zur Erfüllung der Sorgfaltspflichten in der Lieferkette für Unionseinführer von Zinn, Tantal, Wolfram, deren Erzen und Gold aus Konflikt- und Hochrisikogebieten

DAS EUROPÄISCHE PARLAMENT UND DER RAT DER EUROPÄISCHEN UNION –

gestützt auf den Vertrag über die Arbeitsweise der Europäischen Union, insbesondere auf Artikel 207,

auf Vorschlag der Europäischen Kommission,

nach Zuleitung des Entwurfs des Gesetzgebungsakts an die nationalen Parlamente,

gemäß dem ordentlichen Gesetzgebungsverfahren ([1]),

in Erwägung nachstehender Gründe:

(1) Auch wenn sie ein erhebliches Entwicklungspotenzial bergen, können natürliche mineralische Ressourcen in Konflikt- oder Hochrisikogebieten Anlass zu Kontroversen geben, wenn ihre Erträge den Ausbruch oder die Weiterführung gewaltsamer Konflikte anheizen und dadurch Bemühungen um Entwicklung, verantwortungsvolle Staatsführung und Rechtsstaatlichkeit untergraben. In diesen Gebieten ist ein entscheidender Faktor für die Gewährleistung von Frieden, Entwicklung und Stabilität, dass die Verknüpfung zwischen Konflikten und illegalem Mineralabbau durchbrochen wird.

(2) Den Herausforderungen, die aus dem Wunsch erwachsen, die Finanzierung bewaffneter Gruppen und Sicherheitskräfte in rohstoffreichen Gebieten zu verhindern, haben sich Regierungen und internationale Organisationen gemeinsam mit Wirtschaftsbeteiligten und Organisationen der Zivilgesellschaft, einschließlich Frauenorganisationen, die an vorderster Front auf die von solchen Gruppen und Sicherheitskräften aufgezwungenen ausbeuterischen Bedingungen sowie auf Vergewaltigungen und sonstige Gewalthandlungen zum Zweck der Beherrschung der lokalen Bevölkerungsgruppen aufmerksam machen, gestellt.

(3) Menschenrechtsverletzungen sind in rohstoffreichen Konflikt- oder Hochrisikogebieten weit verbreitet und können Kinderarbeit, sexuelle Gewalt, das Verschwindenlassen von Menschen, Zwangsumsiedlungen und die Zerstörung von rituell oder kulturell bedeutsamen Orten umfassen.

(4) Die Union engagiert sich aktiv für eine Initiative der Organisation für wirtschaftliche Zusammenarbeit und Entwicklung (OECD) zur Förderung der verantwortungsvollen Beschaffung von Mineralen aus Konfliktgebieten, aus der ein staatlich unterstützter Prozess hervorgegangen ist, in den zahlreiche Interessenträger eingebunden sind und der zur Verabschiedung der OECD-Leitsätze für die Erfüllung der Sorgfaltspflicht zur Förderung verantwortungsvoller Lieferketten für Minerale aus Konflikt- und Hochrisikogebieten (OECD Due Diligence Guidance for Responsible Supply Chains of Minerals from Conflict-Affected and High-Risk Areas) (im Folgenden „OECD-Leitsätze für die Erfüllung der Sorgfaltspflicht") einschließlich ihrer Anhänge und Ergänzungen führte. Im Mai 2011 empfahl der OECD-Ministerrat, die Befolgung dieser Leitsätze aktiv zu fördern.

(5) Das Konzept der verantwortungsvollen Beschaffung, auf das in den aktualisierten OECD-Leitsätzen für multinationale Unternehmen (OECD Guidelines for Multinational Enterprises) ([2]) Bezug genommen wird, steht im Einklang mit den von den Vereinten Nationen aufgestellten Leitprinzipien für Wirtschaft und Menschenrechte (United Nations Gui-

ding Principles on Business and Human Rights) (3). Beide Leitfäden zielen darauf ab, Verfahren zur Erfüllung der Sorgfaltspflicht in der Lieferkette zu fördern, wenn Unternehmen Erzeugnisse aus Gebieten beziehen, die von Konflikten und Instabilität betroffen sind. Auf höchster internationaler Ebene wurde in der Resolution 1952 (2010) des VN-Sicherheitsrates, die speziell auf die Demokratische Republik Kongo (DR Kongo) und ihre Nachbarn in Zentralafrika ausgerichtet war, die Erfüllung der Sorgfaltspflicht in der Lieferkette gefordert. An diese Resolution anknüpfend befürwortete auch die VN-Expertengruppe zur DR Kongo die Einhaltung der OECD-Leitsätze für die Erfüllung der Sorgfaltspflicht.

(6) Zusätzlich zu den multilateralen Initiativen gingen die Staats- und Regierungschefs der afrikanischen Region der Großen Seen am 15. Dezember 2010 in Lusaka eine politische Verpflichtung ein, die illegale Ausbeutung von Naturressourcen im Raum der Großen Seen zu bekämpfen, und stimmten unter anderem einem regionalen Zertifizierungsmechanismus auf der Grundlage der OECD-Leitsätze für die Erfüllung der Sorgfaltspflicht zu.

(7) Diese Verordnung ist eine der Möglichkeiten, die Finanzierung bewaffneter Gruppen zu verhindern, indem der Handel mit Mineralen aus Konfliktgebieten kontrolliert wird. Auch die außen- und entwicklungspolitischen Maßnahmen der Union tragen zum Kampf gegen die Korruption auf lokaler Ebene, zur Stärkung der Grenzen sowie zur Fortbildung der lokalen Bevölkerungsgruppen und ihrer Vertreter mit Blick auf die Meldung von Missständen bei.

(8) Die Kommission erkannte in ihrer Mitteilung vom 4. November 2008„Die Rohstoffinitiative – Sicherung der Versorgung Europas mit den für Wachstum und Beschäftigung notwendigen Gütern“ an, dass ein verlässlicher, von Marktverzerrungen unbeeinträchtigter Zugang zu Rohstoffen ein wichtiger Faktor für die Wettbewerbsfähigkeit der Union ist. Die Rohstoffinitiative in dieser Mitteilung der Kommission ist eine umfassende Strategie, die darauf abzielt, die verschiedenen Herausforderungen im Zusammenhang mit dem Zugang zu nichtenergetischen und nichtlandwirtschaftlichen Rohstoffen anzugehen. Mit der Initiative werden die finanzielle Transparenz und die Transparenz der Lieferkette sowie die Anwendung von Standards der sozialen Verantwortung der Unternehmen anerkannt und gefördert.

(9) In seinen Entschließungen vom 7. Oktober 2010, 8. März 2011, 5. Juli 2011 und 26. Februar 2014 forderte das Europäische Parlament die Union auf, mit dem US-amerikanischen Gesetz über Konfliktminerale, Artikel 1502 des Dodd-Frank-Gesetzes zur Reform der Wall Street und zum Verbraucherschutz (*Dodd-Frank Wall Street Reform and Consumer Protection Act*), vergleichbare Rechtsvorschriften zu erlassen. Die Kommission bekundete in ihren Mitteilungen „Grundstoffmärkte und Rohstoffe: Herausforderungen und Lösungsansätze“ vom 2. Februar 2011 und „Handel, Wachstum und Entwicklung: eine maßgeschneiderte Handels- und Investitionspolitik für die bedürftigsten Länder“ vom 27. Januar 2012 ihre Absicht, Möglichkeiten zur Verbesserung der Transparenz entlang der gesamten Lieferkette, einschließlich Aspekten der Sorgfaltspflicht, zu untersuchen. In der letztgenannten Mitteilung sprach sich die Kommission im Einklang mit ihrer auf dem OECD-Ministerrat vom Mai 2011 eingegangenen Verpflichtung auch für eine stärkere Unterstützung und Anwendung der OECD-Leitsätze für multinationale Unternehmen und der OECD-Leitsätze für die Erfüllung der Sorgfaltspflicht aus, und zwar auch außerhalb der Mitgliedsländer der OECD.

(10) Unionsbürger und Akteure der Zivilgesellschaft haben das Bewusstsein dafür geschärft, dass Wirtschaftsbeteiligte der Union für ihre mögliche Verbindung zum illegalen Abbau von und Handel mit Mineralen aus Konfliktgebieten nicht rechenschaftspflichtig sind. Verbraucher geraten durch solche potenziell in Konsumgütern enthaltene Minerale mit Konflikten außerhalb der Union in Verbindung. Dadurch geraten die Verbraucher indirekt in Verbindung mit Konflikten, die schwerwiegende Auswirkungen auf die Menschenrechte haben, und zwar insbesondere die Frauenrechte, da bewaffnete Gruppen häufig

Massenvergewaltigungen gezielt einsetzen, um lokale Bevölkerungsgruppen einzuschüchtern und zu beherrschen und so ihre eigenen Interessen zu wahren. Daher haben Unionsbürger insbesondere auf dem Weg von Petitionen gefordert, dass die Kommission dem Europäischen Parlament und dem Rat einen Gesetzgebungsvorschlag für vorlegt, damit Wirtschaftsbeteiligte nach Maßgabe der von den Vereinten Nationen und der OECD aufgestellten einschlägigen Leitsätze rechenschaftspflichtig sind.

(11) Im Rahmen dieser Verordnung, und wie in den OECD-Leitsätzen für die Erfüllung der Sorgfaltspflicht dargelegt, ist die Erfüllung der Sorgfaltspflicht in der Lieferkette ein laufender, in die Zukunft wirkender und reaktiver Prozess, durch den Wirtschaftsbeteiligte ihre Beschaffungen und Verkäufe so überwachen und verwalten, dass sichergestellt wird, dass sie nicht zu Konflikten oder deren negativen Auswirkungen beitragen.

(12) Die Durchführung von Prüfungen durch Dritte (Third Party Audits) in Bezug auf die Verfahren eines Wirtschaftsbeteiligten zur Erfüllung der Sorgfaltspflicht in der Lieferkette stellt Glaubwürdigkeit sicher, von der die nachgelagerten Wirtschaftsbeteiligten profitieren, und trägt zur Verbesserung der Praxis in Bezug auf die Erfüllung der Sorgfaltspflicht im vorgelagerten Bereich bei.

(13) Durch die öffentliche Berichterstattung der Wirtschaftsbeteiligten über ihre Strategien und ihre Verfahren zur Erfüllung der Sorgfaltspflicht in der Lieferkette wird die nötige Transparenz geschaffen, um das Vertrauen der Öffentlichkeit in die von den Wirtschaftsbeteiligten getroffenen Maßnahmen zu stärken.

(14) Die Unionseinführer tragen individuell Verantwortung dafür, dass sie die in dieser Verordnung festgelegten Pflichten zur Erfüllung der Sorgfaltspflichten einhalten. Viele bereits bestehende und zukünftige Systeme zur Erfüllung der Sorgfaltspflicht in der Lieferkette (im Folgenden „Systeme zur Erfüllung der Sorgfaltspflicht“) könnten jedoch zum Erreichen der Ziele dieser Verordnung beitragen. Es existieren bereits Systeme zur Erfüllung der Sorgfaltspflicht, die dazu beitragen sollen, die Verknüpfung zwischen Konflikten und der Beschaffung von Zinn, Tantal, Wolfram und Gold zu durchbrechen. Im Rahmen dieser Systeme werden mithilfe von Prüfungen durch unabhängige Dritte Hütten und Raffinerien zertifiziert, die über Systeme verfügen, mit denen sichergestellt wird, dass Minerale auf verantwortungsvolle Weise beschafft werden. Es sollte möglich sein, diese Systeme im Rahmen des Unionssystems für die Erfüllung der Sorgfaltspflicht in der Lieferkette (im Folgenden „Unionssystem“) anzuerkennen. Die Methoden und Kriterien für die Anerkennung solcher Systeme als gleichwertig mit den Anforderungen dieser Verordnung sollten in einem delegierten Rechtsakt festgelegt werden, damit die einzelnen Wirtschaftsbeteiligten, die Teilnehmer dieser Systeme sind, diese Verordnung einhalten können, und damit es nicht zu doppelten Prüfungen kommt. Solche Systeme sollten die übergeordneten Grundsätze für die Erfüllung der Sorgfaltspflicht einschließen, und es sollte durch sie sichergestellt werden, dass die Anforderungen mit den spezifischen Empfehlungen in den OECD-Leitsätzen für die Erfüllung der Sorgfaltspflicht im Einklang stehen und die Verfahrensanforderungen wie die Mitwirkung der Interessenträger, Beschwerdemechanismen und Reaktionsfähigkeit beachtet werden.

(15) Die Wirtschaftsbeteiligten in der Union haben mittels öffentlicher Konsultationen ihr Interesse an der verantwortungsvollen Beschaffung von Mineralen bekundet und über derzeitige Systeme zur Erfüllung der Sorgfaltspflicht berichtet, die auf die Verfolgung ihrer Ziele im Bereich der sozialen Verantwortung der Unternehmen, auf Kundenanfragen oder die Versorgungssicherheit abstellen. Die Wirtschaftsbeteiligten in der Union haben indessen auch über zahllose Schwierigkeiten und praktische Probleme bei der Wahrnehmung ihrer Sorgfaltspflicht in der Lieferkette berichtet, die dadurch bedingt sind, dass in lange und komplexe globale Lieferketten eine Vielzahl von Wirtschaftsbeteiligten eingebunden

ist, die sich der Problematik oftmals nur unzureichend bewusst sind oder kein Interesse an ethischen Angelegenheiten haben. Die Kommission sollte die Kosten der verantwortungsvollen Beschaffung und der Durchführung von Prüfungen durch unabhängige Dritte, die verwaltungstechnischen Auswirkungen einer solchen Beschaffung und Prüfung und ihre möglichen Auswirkungen auf die Wettbewerbsfähigkeit insbesondere von kleinen und mittleren Unternehmen (KMU) überprüfen und dem Parlament und dem Rat über ihre Erkenntnisse Bericht erstatten. Die Kommission sollte sicherstellen, dass Kleinstunternehmen sowie kleine und mittlere Unternehmen von geeigneter technischer Unterstützung profitieren, und sie sollte den Informationsaustausch unterstützen, damit diese Verordnung umgesetzt wird. In der Union niedergelassene Kleinstunternehmen sowie kleine und mittlere Unternehmen, die Minerale und Metalle einführen, sollten daher durch das mit der Verordnung (EU) Nr. 1287/2013 des Europäischen Parlamentes und des Rates ([4]) eingerichtete Programm für die Wettbewerbsfähigkeit von Unternehmen und für kleine und mittlere Unternehmen (COSME) unterstützt werden.

(16) Hütten und Raffinerien sind eine wichtige Stufe in den globalen Lieferketten für Minerale, denn sie sind in der Regel die letzte Stufe, auf der die Erfüllung der Sorgfaltspflicht effektiv nachgewiesen werden kann, indem Informationen zum Ursprung der Minerale und zur Gewahrsamskette (Chain of Custody) gesammelt, offengelegt und überprüft werden. Nach dieser Verarbeitungsstufe wird eine Rückverfolgung bis zum Ursprung der Minerale oftmals als unmöglich erachtet. Gleiches gilt für recycelte Metalle, die sogar noch mehr Verarbeitungsschritte durchlaufen haben. Eine weltweite Unionsliste verantwortungsvoller Hütten und Raffinerien könnte daher Transparenz schaffen und nachgelagerten Wirtschaftsbeteiligten Sicherheit bieten, was die Praxis hinsichtlich der Erfüllung der Sorgfaltspflicht in der Lieferkette betrifft. Gemäß den OECD-Leitsätzen für die Erfüllung der Sorgfaltspflicht sollten vorgelagerte Wirtschaftsbeteiligte wie Hütten und Raffinerien einer Prüfung ihrer Verfahren zur Erfüllung der Sorgfaltspflicht in der Lieferkette durch unabhängige Dritte unterzogen werden, um auch in die weltweite Liste verantwortungsvoller Hütten und Raffinerien aufgenommen zu werden.

(17) Es ist von grundlegender Bedeutung, dass die Unionseinführer von Mineralen und Metallen, die unter diese Verordnung fallen, die Bestimmungen dieser Verordnung einhalten; dies gilt auch für Hütten und Raffinerien in der Union, die Minerale und deren Konzentrate einführen und verarbeiten.

(18) Um das ordnungsgemäße Funktionieren des Unionssystems sicherzustellen und um zu gewährleisten, dass die überwiegende Mehrheit der Minerale und Metalle, die unter die vorliegende Verordnung fallen und in die Union eingeführt werden, den Anforderungen dieser Verordnung unterliegen, sollte diese Verordnung nicht in Fällen gelten, in denen die jährlichen Einfuhrmengen eines Unionseinführers bei den einzelnen betroffenen Mineralen oder Metallen unterhalb der in Anhang I dieser Verordnung aufgeführten Mengenschwellen liegen.

(19) Um das ordnungsgemäße Funktionieren des Unionssystems sicherzustellen und die Bewertung von Systemen zur Erfüllung der Sorgfaltspflicht zu ermöglichen, die aufgrund dieser Verordnung anerkannt werden könnten, sollte der Kommission die Befugnis übertragen werden, gemäß Artikel 290 des Vertrags über die Arbeitsweise der Europäischen Union Rechtsakte zu erlassen, mit denen der Anhang I dieser Verordnung durch die Aufstellung und Änderung von Mengenschwellen für Minerale und Metalle geändert wird und die bei der entsprechenden Bewertung anzuwendenden Methoden und Kriterien unter Würdigung der Tätigkeit der OECD festgelegt werden. Es ist von besonderer Bedeutung, dass die Kommission im Zuge ihrer Vorbereitungsarbeit angemessene Konsultationen, auch auf der Ebene von Sachverständigen, durchführt und dass diese Konsultationen mit den Grundsätzen im Einklang stehen, die in der Interinstitutionellen Vereinbarung vom 13. April 2016 über bessere Rechtsetzung ([5])

niedergelegt sind. Um insbesondere eine gleichberechtigte Beteiligung an der Ausarbeitung delegierter Rechtsakte sicherzustellen, erhalten das Europäische Parlament und der Rat alle Dokumente zur gleichen Zeit wie die Sachverständigen der Mitgliedstaaten, und ihre Sachverständigen haben systematisch Zugang zu den Sitzungen der Sachverständigengruppen der Kommission, die mit der Ausarbeitung der delegierten Rechtsakte befasst sind.

(20) Es sollte den zuständigen Mitgliedstaatsbehörden obliegen, sicherzustellen, dass die Unionseinführer von unter diese Verordnung fallenden Mineralen oder Metallen die Bestimmungen einheitlich einhalten, indem geeignete nachträgliche Kontrollen durchgeführt werden. Aufzeichnungen über solche Kontrollen sollten mindestens fünf Jahre lang aufbewahrt werden. Es sollte den Mitgliedstaaten obliegen, die Regeln festzulegen, die bei Verstößen gegen diese Verordnung anzuwenden sind.

(21) Zur Gewährleistung einheitlicher Bedingungen für die Durchführung dieser Verordnung sollten der Kommission Durchführungsbefugnisse übertragen werden. Die Durchführungsbefugnisse in Bezug auf die Anerkennung von Systemen zur Erfüllung der Sorgfaltspflicht als gleichwertig, die Aberkennung der Gleichwertigkeit im Falle von Mängeln und die Erstellung der weltweiten Liste verantwortungsvoller Hütten und Raffinerien sollten im Einklang mit der Verordnung (EU) Nr. 182/2011 des Europäischen Parlaments und des Rates ([6]) ausgeübt werden. Angesichts der Natur dieser Durchführungsrechtsakte und im Hinblick auf das begrenzte Ermessen der Kommission dahin gehend, dass diese Rechtsakte auf im Wege eines delegierten Rechtsakts zu erlassende Methoden und Kriterien zur Anerkennung von Systemen zur Erfüllung der Sorgfaltspflicht durch die Kommission gestützt werden sollten, wird für den Erlass dieser Durchführungsrechtsakte das Beratungsverfahren als das geeignete Verfahren erachtet.

(22) Um die effiziente Umsetzung dieser Verordnung zu gewährleisten, sollte eine Übergangszeit vorgesehen werden, damit unter anderem die zuständigen Behörden der Mitgliedstaaten eingerichtet werden können, die Kommission Systeme zur Erfüllung der Sorgfaltspflicht anerkennen kann und die Wirtschaftsbeteiligten die Möglichkeit haben, sich mit ihren Pflichten gemäß dieser Verordnung vertraut zu machen.

(23) Die Kommission und der Hohe Vertreter der Union für Außen- und Sicherheitspolitik sollten ihre Zusagen bezüglich finanzieller Unterstützung und ihr politisches Engagement in Bezug auf Konflikt- und Hochrisikogebiete, in denen Zinn, Tantal, Wolfram und Gold abgebaut werden – insbesondere in der afrikanischen Region der Großen Seen –, regelmäßig überprüfen, um die politische Kohärenz sicherzustellen und um Anreize zu schaffen und die Grundlagen zu festigen für verantwortungsvolle Staatsführung, Rechtsstaatlichkeit und ethisch korrekten Bergbau.

(24) Die Kommission sollte dem Europäischen Parlament und dem Rat regelmäßig Bericht über die Auswirkungen des Unionssystems gemäß dieser Verordnung erstatten. Bis zum 1. Januar 2023 und danach alle drei Jahre sollte die Kommission die Anwendung und die Wirksamkeit des Unionssystems und seine Auswirkungen vor Ort hinsichtlich der Förderung der verantwortungsvollen Beschaffung von unter die Verordnung fallenden Mineralen aus Konflikt- und Hochrisikogebieten sowie seine Auswirkungen auf die Wirtschaftsbeteiligten in der Union, einschließlich KMU, überprüfen und dem Europäischen Parlament und dem Rat Bericht erstatten. Den Berichten können erforderlichenfalls geeignete Gesetzgebungsvorschläge beigefügt werden, die weitere verbindliche Maßnahmen enthalten können.

(25) In ihrer gemeinsamen Mitteilung vom 5. März 2014„Verantwortungsvolle Beschaffung von Mineralen aus Konflikt- und Hochrisikogebieten: Für ein integriertes EU-Konzept" (im Folgenden „gemeinsame Mitteilung vom 5. März 2014") haben sich die Kommission und die Hohe Vertreterin der Union für Außen- und Sicherheitspolitik zur

Umsetzung von Begleitmaßnahmen verpflichtet, aus denen sich ein integrierter Ansatz der Union für verantwortungsvolle Beschaffung parallel zu dieser Verordnung ergeben soll, wobei nicht nur eine umfangreiche Mitwirkung von Wirtschaftsbeteiligten an dem in dieser Verordnung vorgesehenen Unionssystem angestrebt wird, sondern auch ein globaler, kohärenter und umfassender Ansatz sichergestellt werden soll, um die verantwortungsvolle Beschaffung aus Konflikt- und Hochrisikogebieten zu fördern.

(26) Indem durch die Erfüllung der Sorgfaltspflicht und mittels Transparenz verhindert wird, dass die Gewinne aus dem Handel mit Mineralen und Metallen zur Finanzierung bewaffneter Konflikte verwendet werden, werden verantwortungsvolle Staatsführung und nachhaltige Wirtschaftsentwicklung gefördert. Folglich betrifft diese Verordnung zusätzlich zu dem vorwiegend abgedeckten Bereich der gemeinsamen Handelspolitik der Union Teilbereiche der Politik der Union im Bereich der Entwicklungszusammenarbeit –

HABEN FOLGENDE VERORDNUNG ERLASSEN:

Artikel 1
Gegenstand und Anwendungsbereich

(1) Mit dieser Verordnung wird ein Unionssystem für die Erfüllung der Sorgfaltspflicht in der Lieferkette (im Folgenden „Unionssystem") geschaffen mit dem Ziel, die Möglichkeiten für bewaffnete Gruppen und Sicherheitskräfte zum Handel mit Zinn, Tantal und Wolfram, deren Erzen und Gold einzuschränken. Diese Verordnung zielt darauf ab, für Transparenz und Sicherheit hinsichtlich der Lieferpraktiken von Unionseinführern sowie von Hütten und Raffinerien zu sorgen, die Rohstoffe aus Konflikt- und Hochrisikogebieten beziehen.

(2) Mit dieser Verordnung werden die Pflichten zur Erfüllung der Sorgfaltspflichten in der Lieferkette festgelegt, denen Unionseinführer der in Anhang I aufgeführten Minerale oder Metalle unterliegen, in denen Zinn, Tantal, Wolfram oder Gold enthalten sind oder die daraus bestehen.

(3) Diese Verordnung gilt nicht für Unionseinführer von Mineralen oder Metallen, wenn deren jährliche Einfuhrmengen bei den einzelnen betroffenen Mineralen oder Metallen unterhalb der in Anhang I festgelegten Mengenschwellen liegen.

Sämtliche Mengenschwellen sind in einer Höhe festgesetzt, durch die sichergestellt wird, dass der überwiegende Teil, mindestens jedoch 95 % der gesamten in die Union eingeführten Mengen eines jeden Minerals und Metalls gemäß dem Code der Kombinierten Nomenklatur Gegenstand der in dieser Verordnung festgelegten Pflichten der Unionseinführer ist.

(4) Die Kommission erlässt nach Möglichkeit bis zum 1. April 2020 und spätestens bis zum 1. Juli 2020 einen delegierten Rechtsakt gemäß Artikel 18 und 19 zur Änderung des Anhangs I durch Festlegung der Mengenschwellen für Tantal- und Nioberze und deren Konzentrate, Golderze und deren Konzentrate, Zinnoxide und -hydroxide, Tantalate und Tantalcarbide.

(5) Der Kommission wird die Befugnis übertragen, nach dem 1. Januar 2021 alle drei Jahre delegierte Rechtsakte zur Änderung der in Anhang I aufgeführten Schwellen gemäß Artikel 18 und 19 zu erlassen.

(6) Mit Ausnahme von Artikel 7 Absatz 4 gilt diese Verordnung nicht für recycelte Metalle.

(7) Diese Verordnung findet auf Bestände keine Anwendung, wenn ein Unionseinführer nachweist, dass besagte Bestände in der jeweils aktuellen Form zu einem nachprüfbaren Datum vor dem 1. Februar 2013 angelegt wurden.

(8) Diese Verordnung gilt für in Anhang I aufgeführte Minerale und Metalle, die als Nebenprodukte gemäß der Begriffsbestimmung in Artikel 2 Buchstabe t gewonnen werden.

Artikel 2
Begriffsbestimmungen

Im Sinne dieser Verordnung bezeichnet der Ausdruck

a) „Minerale" die Folgenden wie in Anhang I Teil A aufgeführt:
   – Erze und Konzentrate, die Zinn, Tantal oder Wolfram enthalten, sowie
   – Gold;

b) „Metalle" Metalle, die Zinn, Tantal, Wolfram oder Gold enthalten oder daraus bestehen, wie in Anhang I Teil B aufgeführt;

c) „Lieferkette für Minerale" das System der Aktivitäten, Organisationen, Akteure, Technologien, Informationen, Ressourcen und Dienste, die an der Verbringung und Aufbereitung der Minerale von der Abbaustätte bis hin zu ihrer Verarbeitung im Endprodukt beteiligt sind;

d) „Sorgfaltspflicht in der Lieferkette" die Pflichten von Unionseinführern von Zinn, Tantal und Wolfram, deren Erzen und Gold in Bezug auf ihr Managementsystem, das Risikomanagement, von unabhängigen Dritten durchgeführte Prüfungen und die Offenlegung von Informationen mit dem Ziel, tatsächliche und potenzielle Risiken im Zusammenhang mit Konflikt- und Hochrisikogebieten zu ermitteln und ihnen zu begegnen, um mit ihren Beschaffungstätigkeiten verbundene schädliche Auswirkungen zu verhindern oder zu mildern;

e) „System zur Rückverfolgbarkeit der Gewahrsams- oder Lieferkette" eine Aufzeichnung der Abfolge von Wirtschaftsbeteiligten, in deren Gewahrsam (custody) sich die Minerale und Metalle auf ihrem Weg durch die Lieferkette befinden;

f) „Konflikt- und Hochrisikogebiete" Gebiete, in denen bewaffnete Konflikte geführt werden oder die sich nach Konflikten in einer fragilen Situation befinden, sowie Gebiete, in denen Staatsführung und Sicherheit schwach oder nicht vorhanden sind, zum Beispiel gescheiterte Staaten, und in denen weitverbreitete und systematische Verstöße gegen internationales Recht einschließlich Menschenrechtsverletzungen stattfinden;

g) „bewaffnete Gruppen und Sicherheitskräfte" in Anhang II der OECD-Leitsätze für die Erfüllung der Sorgfaltspflicht aufgeführte Gruppen;

h) „Hütte und Raffinerie" eine natürliche oder juristische Person, die aus Aufbereitungsschritten bestehende metallurgische Verfahren zur Gewinnung von Metallen aus Mineralen durchführt;

i) „verantwortungsvolle Hütten und Raffinerien weltweit" Hütten und Raffinerien innerhalb oder außerhalb der Union, die anerkanntermaßen die Anforderungen gemäß dieser Verordnung erfüllen;

j) „vorgelagert" die Lieferkette für Minerale von den Abbaustätten bis einschließlich zu den Hütten und Raffinerien;

k) „nachgelagert" die Metalllieferkette, beginnend mit dem Stadium, das auf die Hütte und Raffinerie folgt, bis hin zum Endprodukt;

l) „Unionseinführer“ eine natürliche oder juristische Person, die Minerale oder Metalle zur Überführung in den zollrechtlich freien Verkehr im Sinne des Artikels 201 der Verordnung (EU) Nr. 952/2013 des Europäischen Parlaments und des Rates ([7]) anmeldet, oder eine natürliche oder juristische Person, in deren Auftrag eine solche Anmeldung abgegeben wird, wie in Anhang B Datenelemente 3/15 und 3/16 der Delegierten Verordnung (EU) 2015/2446 der Kommission ([8]) angegeben;

m) „System zur Erfüllung der Sorgfaltspflicht in der Lieferkette“ oder „System zur Erfüllung der Sorgfaltspflicht“ eine Kombination von freiwilligen Verfahren, Instrumenten oder Mechanismen, einschließlich von unabhängigen Dritten durchgeführter Prüfungen, zur Erfüllung der Sorgfaltspflicht in der Lieferkette, die von Regierungen, Industrieverbänden oder anderen Gruppierungen interessierter Organisationen entwickelt wurden und überwacht werden;

n) „zuständige Mitgliedstaatsbehörden“ von Mitgliedstaaten gemäß Artikel 10 benannte Behörden mit Fachwissen über Rohstoffe, industrielle Verfahren und die Durchführung von Prüfungen;

o) „OECD-Leitsätze für die Erfüllung der Sorgfaltspflicht“ die Leitsätze der OECD für die Erfüllung der Sorgfaltspflicht zur Förderung verantwortungsvoller Lieferketten für Minerale aus Konflikt- und Hochrisikogebieten (zweite Ausgabe, OECD, 2013), einschließlich aller Anhänge und Ergänzungen;

p) „Beschwerdemechanismus“ ein Frühwarnsystem zur Risikoerkennung, das es allen interessierten Parteien, einschließlich Informanten, ermöglicht, Bedenken hinsichtlich der Umstände des Mineralabbaus sowie des Handels und Umgangs mit diesen Mineralen in Konflikt- und Hochrisikogebieten und ihrer Ausfuhr aus Konflikt- und Hochrisikogebieten zu äußern;

q) „Musterstrategie für Lieferketten“ eine Lieferkettenstrategie, die Anhang II der OECD-Leitsätze für die Erfüllung der Sorgfaltspflicht entspricht und in der die Risiken erheblicher schädlicher Auswirkungen dargelegt werden, die mit dem Mineralabbau sowie dem Handel und Umgang mit diesen Mineralen in Konflikt- und Hochrisikogebieten und ihrer Ausfuhr aus Konflikt- und Hochrisikogebieten verbunden sein können;

r) „Risikomanagementplan“ die schriftliche Reaktion eines Unionseinführers auf die ermittelten Lieferkettenrisiken nach Maßgabe des Anhangs III der OECD-Leitsätze für die Erfüllung der Sorgfaltspflicht;

s) „recycelte Metalle“ Produkte, die beim Endnutzer oder nach dem Gebrauch durch Recycling gewonnen wurden, oder Metallschrotte, die bei der Produktherstellung entstanden sind; hierzu gehören überschüssige, nicht mehr genutzte, beschädigte Materialien und Metallschrottmaterialien, die veredelte oder verarbeitete Metalle enthalten, die für das Recycling bei der Gewinnung von Zinn, Tantal, Wolfram oder Gold geeignet sind. Im Sinne dieser Begriffsbestimmung sind teil- bzw. unverarbeitete Minerale oder Nebenprodukte anderer Erze keine recycelten Metalle;

t) „Nebenprodukt“ ein Mineral oder Metall, das unter diese Verordnung fällt und das durch die Verarbeitung eines Minerals oder Metalls gewonnen wird, das nicht unter diese Verordnung fällt und das nicht ohne die Verarbeitung des Primärminerals oder -metalls, das nicht unter diese Verordnung fällt, gewonnen worden wäre;

u) „nachprüfbares Datum“ ein Datum, das durch die Überprüfung von materiellen Datumsstempeln auf Erzeugnissen oder von Bestandsverzeichnissen nachgeprüft werden kann.

Artikel 3
Einhaltung der Pflichten zur Erfüllung der Sorgfaltspflichten in der Lieferkette durch Unionseinführer

(1) Unionseinführer von Mineralen oder Metallen müssen die in dieser Verordnung festgelegten Pflichten zur Erfüllung der Sorgfaltspflichten in der Lieferkette einhalten und Unterlagen aufbewahren, durch die sie jeweils ihre Einhaltung dieser Pflichten nachweisen und die auch die Ergebnisse der von unabhängigen Dritten durchgeführten Prüfungen enthalten.

(2) Den zuständigen Mitgliedstaatsbehörden obliegt die Durchführung geeigneter nachträglicher Kontrollen gemäß Artikel 11.

(3) Interessierte Parteien können gemäß Artikel 8 Absatz 1 Systeme zur Erfüllung der Sorgfaltspflicht in der Lieferkette zur Anerkennung durch die Kommission einreichen, um den Unionseinführern zu erleichtern, die einschlägigen Anforderungen gemäß den Artikeln 4 bis 7 einzuhalten.

Artikel 4
Pflichten in Bezug auf das Managementsystem

Unionseinführer von Mineralen oder Metallen

a) legen ihre Lieferkettenpolitik für die möglicherweise aus Konflikt- und Hochrisikogebieten stammenden Minerale und Metalle fest und teilen aktuelle Informationen darüber in unmissverständlicher Weise ihren Lieferanten und der Öffentlichkeit mit;

b) nehmen in ihre Lieferkettenpolitik die für die Erfüllung der Sorgfaltspflicht in der Lieferkette maßgeblichen Standards auf, die den Standards in der Musterstrategie für Lieferketten in Anhang II der OECD-Leitsätze für die Erfüllung der Sorgfaltspflicht entsprechen;

c) strukturieren ihre jeweiligen internen Managementsysteme so, dass die Erfüllung der Sorgfaltspflicht in der Lieferkette unterstützt wird, indem Mitglieder des gehobenen Managements, soweit es sich beim dem Unionseinführer nicht um eine natürliche Person handelt, damit betraut werden, den Prozess der Erfüllung der Sorgfaltspflicht in der Lieferkette zu überwachen und mindestens fünf Jahre lang Aufzeichnungen über diese Systeme zu führen;

d) stärken ihre Beziehungen zu den Lieferanten, indem sie ihre Lieferkettenpolitik im Einklang mit Anhang II der OECD-Leitsätze für die Erfüllung der Sorgfaltspflicht in Verträge und Vereinbarungen mit den Lieferanten integrieren;

e) führen einen Beschwerdemechanismus als Frühwarnsystem zur Risikoerkennung ein oder stellen einen solchen Mechanismus bereit, sei es mittels Kooperationsvereinbarungen mit anderen Wirtschaftsbeteiligten oder Organisationen oder indem die Inanspruchnahme eines externen Sachverständigen oder Gremiums wie beispielsweise eines Ombudsmanns erleichtert wird;

f) stützen sich auf ein System zur Rückverfolgbarkeit der Gewahrsams- oder Lieferkette in Bezug auf Minerale, das folgende, durch entsprechende Unterlagen belegte Informationen enthält:
   i) Beschreibung des Minerals einschließlich seines Handelsnamens und Typs,
   ii) Name und Anschrift des Lieferanten des Unionseinführers,
   iii) Ursprungsland der Minerale,

iv) Abbaumengen und -daten, sofern verfügbar, ausgedrückt in Volumen oder Gewicht,
v) wenn Minerale aus Konflikt- und Hochrisikogebieten stammen oder wenn der Unionseinführer andere in den OECD-Leitsätzen für die Erfüllung der Sorgfaltspflicht aufgeführte Lieferkettenrisiken festgestellt hat, zusätzliche Informationen nach Maßgabe der spezifischen Empfehlungen für vorgelagerte Wirtschaftsbeteiligte in den OECD-Leitsätzen für die Erfüllung der Sorgfaltspflicht, zum Beispiel die Ursprungsmine des Minerals, die Orte, an denen die Minerale zusammengeführt, gehandelt und aufbereitet werden, und die gezahlten Steuern, Abgaben und Gebühren;

g) stützen sich auf ein System zur Rückverfolgbarkeit der Gewahrsams- oder Lieferkette in Bezug auf Metalle, das folgende, durch entsprechende Unterlagen belegte Informationen enthält:
i) Beschreibung des Metalls einschließlich seines Handelsnamens und Typs,
ii) Name und Anschrift des Lieferanten des Unionseinführers,
iii) Name und Anschrift der Hütten und Raffinerien in der Lieferkette des Einführers,
iv) sofern verfügbar, Aufzeichnungen der Berichte der von Dritten durchgeführten Prüfungen der Hütten und Raffinerien oder Nachweis der Konformität mit einem von der Kommission gemäß Artikel 8 anerkannten System zur Erfüllung der Sorgfaltspflicht in der Lieferkette,
v) wenn die Aufzeichnungen nach Ziffer iv nicht zur Verfügung stehen,
- Ursprungsländer der Minerale in der Lieferkette der Hütten und Raffinerien,
- wenn die Metalle aus Mineralen gewonnen wurden, die aus Konflikt- oder Hochrisikogebieten stammen, oder wenn der Unionseinführer andere in den OECD-Leitsätzen für die Erfüllung der Sorgfaltspflicht aufgeführte Lieferkettenrisiken festgestellt hat, zusätzliche Informationen nach Maßgabe der spezifischen Empfehlungen für nachgelagerte Wirtschaftsbeteiligte in diesen Leitsätzen;

h) stellen hinsichtlich Nebenprodukten durch Unterlagen belegte Informationen beginnend mit dem Ursprungsort dieser Nebenprodukte bereit, d. h. dem Ort, an dem das Nebenprodukt erstmalig von seinem Primärmineral bzw. Primärmetall, das nicht unter diese Verordnung fällt, getrennt wird.

Artikel 5
Risikomanagementpflichten

(1) Unionseinführer der Minerale
a) ermitteln und bewerten die Risiken schädlicher Auswirkungen in ihrer Lieferkette für Minerale unter Zugrundelegung der nach Artikel 4 vorgelegten Informationen anhand der Standards ihrer im Einklang mit den Sorgfaltspflicht-Empfehlungen sowie mit Anhang II der OECD-Leitsätze für die Erfüllung der Sorgfaltspflicht stehenden Lieferkettenpolitik,
b) setzen zur Reaktion auf die ermittelten Risiken eine Strategie um, die konzipiert wurde, um negative Auswirkungen zu verhindern oder zu mildern, und zwar durch
i) Mitteilung der Ergebnisse der Lieferketten-Risikobewertung an die eigens dafür benannten Mitglieder des gehobenen Managements, soweit es sich bei dem Unionseinführer nicht um eine natürliche Person handelt;

ii) Risikomanagementmaßnahmen im Einklang mit den Sorgfaltspflicht-Empfehlungen sowie mit Anhang II der OECD-Leitsätze für die Erfüllung der Sorgfaltspflicht unter Berücksichtigung ihrer Fähigkeit, auf Lieferanten, die das ermittelte Risiko am wirksamsten unterbinden oder verringern können, einzuwirken oder erforderlichenfalls durch geeignete Schritte Druck auszuüben; dabei gibt es folgende Möglichkeiten:
   - Fortsetzung des Handels bei gleichzeitiger Durchführung messbarer Bemühungen um Risikominderung,
   - vorübergehende Aussetzung des Handels bei Weiterverfolgung der laufenden messbaren Bemühungen um Risikominderung oder
   - Beendigung der Beziehungen zu einem Lieferanten nach fehlgeschlagenen Versuchen der Risikominderung;

iii) Umsetzung des Risikomanagementplans, Überwachung und Verfolgung der Ergebnisse der Bemühungen um Risikominderung, Berichterstattung an die eigens dafür benannten Mitglieder des gehobenen Managements, soweit es sich bei dem Unionseinführer nicht um eine natürliche Person handelt, und Erwägung der Aussetzung oder Beendigung der Beziehungen zu einem Lieferanten nach fehlgeschlagenen Versuchen der Risikominderung,

iv) zusätzliche Bewertungen des Sachverhalts und der Risiken bei Risiken, die verringert werden müssen, oder nach einer Veränderung der Umstände.

(2) Unternimmt ein Unionseinführer von Mineralen Bemühungen um Risikominderung und setzt dabei den Handel fort oder setzt ihn vorübergehend aus, konsultiert er die Lieferanten und betroffenen Interessenträger, einschließlich lokaler und zentraler Behörden, internationaler oder zivilgesellschaftlicher Organisationen und betroffener Dritter, und vereinbart mit ihnen eine Strategie zur messbaren Risikominderung im Risikomanagementplan.

(3) Unionseinführer von Mineralen stützen sich bei der Konzipierung von auf Konflikte und hohe Risiken ausgerichteten Strategien zur Risikominderung in dem Risikomanagementplan auf die in Anhang III der OECD-Leitsätze für die Erfüllung der Sorgfaltspflicht aufgeführten Maßnahmen und Indikatoren und messen die schrittweise Verbesserung.

(4) Unionseinführer von Metallen ermitteln und bewerten, im Einklang mit Anhang II der OECD-Leitsätze für die Erfüllung der Sorgfaltspflicht und den spezifischen Empfehlungen in diesen Leitsätzen, die Risiken in ihrer Lieferkette auf der Grundlage von Berichten der von Dritten durchgeführten Prüfungen der Hütten und Raffinerien in dieser Kette und durch die geeignete Bewertung der von den Hütten und Raffinerien angewandten Verfahren für die Erfüllung der Sorgfaltspflicht. Diese Prüfungsberichte müssen mit Artikel 6 Absatz 1 dieser Verordnung im Einklang stehen. Wenn solche Berichte der von Dritten durchgeführten Prüfungen der Hütten und Raffinerien in ihrer Lieferkette nicht zur Verfügung stehen, ermitteln und bewerten die Unionseinführer von Metallen die Risiken in ihrer Lieferkette im Rahmen ihres eigenen Risikomanagementsystems. In diesen Fällen führen Unionseinführer von Metallen mithilfe eines unabhängigen Dritten gemäß Artikel 6 dieser Verordnung Prüfungen der Erfüllung ihrer eigenen Sorgfaltspflicht in der Lieferkette durch.

(5) Soweit es sich bei ihnen nicht um natürliche Personen handelt, berichten die Unionseinführer von Metallen den eigens dafür benannten Mitgliedern ihres gehobenen Managements über die im Rahmen der Risikobewertung gemäß Absatz 4 gewonnenen Erkenntnisse und setzen zur Reaktion darauf eine Strategie um, die konzipiert wurde, um schädliche Auswirkungen zu verhindern oder zu mildern, im Einklang mit

Anhang II der OECD-Leitsätze für die Erfüllung der Sorgfaltspflicht und den spezifischen Empfehlungen in diesen Leitsätzen.

Artikel 6
Verpflichtungen zur Durchführung von Prüfungen durch Dritte

(1) Unionseinführer von Mineralen oder Metallen lassen von einem unabhängigen Dritten Prüfungen durchführen (im Folgenden „Prüfung durch Dritte").

Bei dieser Prüfung durch Dritte

a) sind in deren Umfang alle Tätigkeiten, Prozesse und Systeme des Unionseinführers eingeschlossen, die der Erfüllung der Sorgfaltspflicht in der Lieferkette für die Minerale oder Metalle dienen, darunter auch das Managementsystem und das Risikomanagement des Unionseinführers sowie die von ihm vorgenommene Offenlegung von Informationen, jeweils gemäß Artikel 4, 5 bzw. 7,
b) besteht das Ziel darin, zu ermitteln, ob die Verfahren des Unionseinführers zur Erfüllung der Sorgfaltspflicht in der Lieferkette mit den Artikeln 4, 5 und 7 im Einklang stehen,
c) werden Empfehlungen an den Unionseinführer zur Verbesserung seiner Verfahren zur Erfüllung der Sorgfaltspflicht in der Lieferkette abgegeben und
d) werden die nach den OECD-Leitsätzen für die Erfüllung der Sorgfaltspflicht für Audits vorgesehenen Grundsätze der Unabhängigkeit, Kompetenz und Rechenschaftspflicht eingehalten.

(2) Unionseinführer von Metallen sind von der Verpflichtung in Bezug auf Prüfungen durch Dritte nach Absatz 1 ausgenommen, sofern sie substanzielle Nachweise einschließlich Berichten über von Dritten durchgeführte Prüfungen dafür vorlegen, dass alle Hütten und Raffinerien in ihrer Lieferkette die Bestimmungen dieser Verordnung einhalten.

Die Anforderung substanzieller Nachweise gilt als erfüllt, wenn die Unionseinführer von Metallen nachweisen, dass ihre Bezugsquellen ausschließlich von der Kommission gemäß Artikel 9 gelistete Hütten und Raffinerien sind.

Artikel 7
Offenlegungspflicht

(1) Unionseinführer von Mineralen oder Metallen stellen den zuständigen Behörden des Mitgliedstaats die Berichte über gemäß Artikel 6 durchgeführte Prüfungen durch Dritte oder den Nachweis der Konformität mit einem von der Kommission gemäß Artikel 8 anerkannten System zur Erfüllung der Sorgfaltspflicht in der Lieferkette zur Verfügung.

(2) Unionseinführer von Mineralen oder Metallen stellen ihren unmittelbar nachgelagerten Abnehmern alle im Rahmen der Erfüllung ihrer Sorgfaltspflicht in der Lieferkette erlangten und auf aktuellem Stand gehaltenen Informationen zur Verfügung, wobei sie der Wahrung von Geschäftsgeheimnissen und anderen Wettbewerbsbedenken gebührend Rechnung tragen.

(3) Unionseinführer von Mineralen oder Metallen berichten jährlich öffentlich und in möglichst breitem Rahmen, auch über das Internet, über ihre Strategien zur Erfüllung ihrer Sorgfaltspflicht in der Lieferkette und ihre Verfahren im Hinblick auf eine verantwortungsvolle Beschaffung. Dieser Bericht enthält die von ihnen unternommenen

Schritte zur Umsetzung der Pflichten in Bezug auf ihr Managementsystem gemäß Artikel 4 und ihr Risikomanagement gemäß Artikel 5 sowie einen zusammenfassenden Bericht der von Dritten durchgeführten Prüfungen mit Angabe des Namens der prüfenden Stelle, wobei der Wahrung von Geschäftsgeheimnissen und anderen Wettbewerbsbedenken gebührend Rechnung getragen wird.

(4) Wenn ein Unionseinführer Anlass zu der Feststellung hat, dass Metalle nur aus dem Recycling stammen oder aus Schrott gewonnen wurden, unternimmt er unter gebührender Berücksichtigung der Wahrung von Geschäftsgeheimnissen und anderen Wettbewerbsbedenken folgende Schritte:

a) Er macht seine Feststellung öffentlich und
b) beschreibt hinreichend detailliert die Maßnahmen zur Erfüllung der Sorgfaltspflicht in der Lieferkette, die er im Vorlauf zu dieser Feststellung ergriffen hat.

Artikel 8
Anerkennung von Systemen zur Erfüllung der Sorgfaltspflicht in der Lieferkette

(1) Regierungen, Industrieverbände und Gruppierungen interessierter Organisationen, die über Systeme zur Erfüllung der Sorgfaltspflicht verfügen (im Folgenden „Systembetreiber"), können bei der Kommission beantragen, dass die von ihnen entwickelten und beaufsichtigten Systeme zur Erfüllung der Sorgfaltspflicht in der Lieferkette von der Kommission anerkannt werden. Dem Antrag sind geeignete Nachweise und Informationen beizufügen.

(2) Die Kommission erlässt ergänzend zu dieser Verordnung delegierte Rechtsakte gemäß Artikel 19, in denen die Methoden und Kriterien festgelegt werden, anhand deren die Kommission bewerten kann, ob Systeme zur Erfüllung der Sorgfaltspflicht in der Lieferkette die Erfüllung der Anforderungen dieser Verordnung seitens der Wirtschaftsbeteiligten erleichtern, und die sie in die Lage versetzen, solche Systeme anzuerkennen.

(3) Stellt die Kommission anhand der gemäß Absatz 1 übermittelten Nachweise und Informationen und der gemäß Absatz 2 festgelegten Methoden und Kriterien zur Anerkennung fest, dass ein System zur Erfüllung der Sorgfaltspflicht in der Lieferkette einem Unionseinführer von Mineralen oder Metallen, der dieses System wirksam anwendet, die Einhaltung dieser Verordnung ermöglicht, erlässt sie einen Durchführungsrechtsakt, mit dem dem System die Anerkennung der Gleichwertigkeit mit den Anforderungen dieser Verordnung gewährt wird. Das OECD-Sekretariat wird gegebenenfalls vor der Annahme solcher Durchführungsrechtsakte konsultiert.

Wenn die Kommission eine Entscheidung bezüglich der Anerkennung eines Systems zur Erfüllung der Sorgfaltspflicht trifft, berücksichtigt sie die verschiedenen branchenspezifischen Verfahren, auf die sich das System erstreckt, sowie den risikobasierten Ansatz und die risikobasierte Methode, die im Rahmen des Systems zur Ermittlung von Konflikt- und Hochrisikogebieten angewandt werden, und deren aufgeführte Ergebnisse. Diese aufgeführten Ergebnisse werden vom Systembetreiber offengelegt.

Die Durchführungsrechtsakte im Sinne des ersten Unterabsatzes dieses Absatzes werden gemäß dem in Artikel 15 Absatz 2 genannten Beratungsverfahren angenommen.

(4) Die Kommission überprüft außerdem je nach Bedarf in regelmäßigen Abständen, dass die anerkannten Systeme zur Erfüllung der Sorgfaltspflicht nach wie vor die

Kriterien erfüllen, die die Grundlage einer gemäß Absatz 3 getroffenen Entscheidung über die Anerkennung der Gleichwertigkeit gebildet haben.

(5) Der Betreiber eines Systems zur Erfüllung der Sorgfaltspflicht in der Lieferkette, dessen Gleichwertigkeit nach Maßgabe des Absatzes 3 anerkannt wurde, informiert die Kommission unverzüglich über Änderungen oder Aktualisierungen dieses Systems.

(6) Bei nachweislichem Vorliegen wiederkehrender oder erheblicher Fälle, in denen Wirtschaftsbeteiligte, die ein nach Maßgabe des Absatzes 3 anerkanntes System anwenden, die Anforderungen dieser Verordnung nicht erfüllt haben, überprüft die Kommission in Abstimmung mit dem Betreiber des anerkannten Systems, ob diese Fälle auf Mängel in dem System hindeuten.

(7) Wenn die Kommission Verstöße gegen diese Verordnung oder Mängel in einem anerkannten System zur Erfüllung der Sorgfaltspflicht in der Lieferkette feststellt, kann sie dem Systembetreiber eine angemessene Frist für Abhilfemaßnahmen einräumen.

Wenn der Systembetreiber die notwendigen Abhilfemaßnahmen nicht ergreift oder sich weigert, diese Maßnahmen zu ergreifen, und wenn die Kommission feststellt, dass der Unionseinführer, der das System anwendet, aufgrund der in Unterabsatz 1 dieses Absatzes genannten Verstöße oder Mängel nicht mehr in der Lage ist, diese Verordnung einzuhalten, oder wenn wiederkehrende oder erhebliche Fälle von Verstößen durch Wirtschaftsbeteiligte, die das System anwenden, auf Schwachstellen in dem System zurückzuführen sind, erlässt die Kommission gemäß dem in Artikel 15 Absatz 2 genannten Beratungsverfahren einen Durchführungsrechtsakt, mit dem die Anerkennung des Systems widerrufen wird.

(8) Die Kommission erstellt und aktualisiert ein Register der anerkannten Systeme zur Erfüllung der Sorgfaltspflicht in der Lieferkette. Das Register wird über das Internet öffentlich zugänglich gemacht.

Artikel 9
Weltweite Liste verantwortungsvoller Hütten und Raffinerien

(1) Die Kommission erlässt Durchführungsrechtsakte zur Aufstellung oder Änderung einer weltweiten Liste der Namen und Anschriften verantwortungsvoller Hütten und Raffinerien.

Bei der Erstellung dieser Liste werden verantwortungsvolle Hütten und Raffinerien weltweit, die von den von der Kommission gemäß Artikel 8 anerkannten Systemen zur Erfüllung der Sorgfaltspflicht in der Lieferkette erfasst werden, sowie die von den Mitgliedstaaten übermittelten Informationen gemäß Artikel 17 Absatz 1 berücksichtigt.

(2) Die Kommission bemüht sich nach besten Kräften, diejenigen Hütten und Raffinerien auf der in Absatz 1 dieses Artikels genannten Liste zu kennzeichnen, deren Beschaffungsquellen – zumindest zum Teil – in Konflikt- und Hochrisikogebieten liegen, wobei sie sich insbesondere auf Informationen stützt, die von den Betreibern von Systemen zur Erfüllung der Sorgfaltspflicht in der Lieferkette, welche gemäß Artikel 8 anerkannt wurden, bereitgestellt werden.

(3) Die Kommission erlässt die Liste bzw. ändert sie unter Verwendung des Musters in Anhang II nach dem Beratungsverfahren des Artikels 15 Absatz 2. Das OECD-Sekretariat wird gegebenenfalls vor der Aufstellung oder Änderung der Liste konsultiert.

(4) Die Kommission streicht im Wege eines Durchführungsrechtsakts die Namen und Anschriften der Hütten und Raffinerien von der Liste, die aufgrund der gemäß Ar-

tikel 8 und Artikel 17 Absatz 1 erhaltenen Informationen nicht mehr als verantwortungsvoll anerkannt werden. Dieser Durchführungsrechtsakt wird nach dem in Artikel 15 Absatz 2 genannten Beratungsverfahren erlassen.

(5) Die Kommission nimmt zeitnah eine Aktualisierung der in der weltweiten Liste verantwortungsvoller Hütten und Raffinerien enthaltenen Informationen vor und macht diese öffentlich zugänglich, unter anderem über das Internet.

Artikel 10
Zuständige Mitgliedstaatsbehörden

(1) Jeder Mitgliedstaat bezeichnet eine oder mehrere zuständige Behörden, die für die Anwendung dieser Verordnung verantwortlich sind.

Die Mitgliedstaaten teilen der Kommission bis 9. Dezember 2017 die Namen und Anschriften der zuständigen Behörden mit. Die Mitgliedstaaten unterrichten die Kommission über etwaige Änderungen bei den Namen oder Anschriften der zuständigen Behörden.

(2) Die Kommission veröffentlicht – auch im Internet – eine unter Verwendung des Musters in Anhang III erstellte Liste der zuständigen Behörden. Sie aktualisiert diese Liste regelmäßig.

(3) Die zuständigen Behörden der Mitgliedstaaten sind für die wirksame und einheitliche Anwendung dieser Verordnung in der gesamten Union verantwortlich.

Artikel 11
Nachträgliche Kontrollen der Unionseinführer

(1) Die zuständigen Behörden der Mitgliedstaaten sind für die Durchführung geeigneter nachträglicher Kontrollen verantwortlich, mit denen sie sicherstellen, dass Unionseinführer von Mineralen oder Metallen die Plichten nach den Artikeln 4 bis 7 einhalten.

(2) Bei der Durchführung der in Absatz 1 genannten nachträglichen Kontrollen wird ein risikobasierter Ansatz verfolgt; sie werden auch in Fällen durchgeführt, in denen einer zuständigen Behörde einschlägige Informationen, auch solche aufgrund begründeter Bedenken Dritter, über die Einhaltung dieser Verordnung durch einen Unionseinführer vorliegen.

(3) Die in Absatz 1 genannten nachträglichen Kontrollen umfassen unter anderem Folgendes:

a) Überprüfung, ob der Unionseinführer seine Pflichten zur Erfüllung der Sorgfaltspflichten in der Lieferkette gemäß dieser Verordnung, einschließlich seiner Verpflichtungen in Bezug auf das Managementsystem, das Risikomanagement, von unabhängigen Dritten durchgeführte Prüfungen und die Offenlegung erfüllt;

b) Überprüfung der Unterlagen und Aufzeichnungen, mit denen die ordnungsgemäße Einhaltung der unter Buchstabe a genannten Pflichten belegt werden soll;

c) Überprüfung der Erfüllung der Prüfpflichten gemäß dem Umfang, dem Ziel und den Grundsätzen des Artikels 6.

Die in Absatz 1 genannten nachträglichen Kontrollen sollten Kontrollen vor Ort einschließen, auch in den Räumlichkeiten des Unionseinführers.

(4) Die Unionseinführer leisten jede zur Erleichterung der Durchführung der in Absatz 1 genannten nachträglichen Kontrollen erforderliche Hilfestellung, insbesondere indem

sie Zutritt zu den Räumlichkeiten gewähren und Unterlagen und Aufzeichnungen vorlegen.

(5) Um die Klarheit der Aufgaben und die Kohärenz der Tätigkeiten zwischen den zuständigen Behörden der Mitgliedstaaten sicherzustellen, arbeitet die Kommission unverbindliche Leitlinien in Form eines Handbuchs aus, in dem die Schritte ausführlich aufgeschlüsselt sind, die die zuständigen Behörden der Mitgliedstaaten bei der Durchführung der in Absatz 1 genannten nachträglichen Kontrollen unternehmen müssen. Die Leitlinien enthalten gegebenenfalls Muster für Dokumente, durch die die Durchführung dieser Verordnung erleichtert wird.

Artikel 12
Aufzeichnungen über die nachträglichen Kontrollen der Unionseinführer

Die zuständigen Behörden der Mitgliedstaaten führen Aufzeichnungen über die in Artikel 11 Absatz 1 genannten nachträglichen Kontrollen, in denen insbesondere die Art und die Ergebnisse dieser Kontrollen festgehalten werden, sowie über etwaige Mitteilungen über zu ergreifende Abhilfemaßnahmen nach Artikel 16 Absatz 3.

Die Aufzeichnungen über die in Artikel 11 Absatz 1 genannten nachträglichen Kontrollen werden mindestens fünf Jahre lang aufbewahrt.

Artikel 13
Zusammenarbeit und Austausch von Informationen

(1) Die zuständigen Behörden der Mitgliedstaaten tauschen – auch mit ihren jeweiligen Zollbehörden – Informationen über Angelegenheiten aus, die die Erfüllung der Sorgfaltspflicht in der Lieferkette und die nachträglich durchgeführten Kontrollen betreffen.

(2) Die zuständigen Behörden der Mitgliedstaaten tauschen mit den zuständigen Behörden der anderen Mitgliedstaaten und mit der Kommission Informationen über Mängel, die durch die in Artikel 11 Absatz 1 genannten nachträglichen Kontrollen festgestellt wurden, sowie über die nach Artikel 16 geltenden Regeln über Verstöße aus.

(3) Die Zusammenarbeit gemäß den Absätzen 1 und 2 erfolgt unter uneingeschränkter Beachtung der Richtlinie 95/46/EG des Europäischen Parlaments und des Rates ([9]) und der Verordnung (EG) Nr. 45/2001 des Europäischen Parlaments und des Rates ([10]) über den Datenschutz sowie der Verordnung (EU) Nr. 952/2013 über die Offenlegung vertraulicher Informationen.

Artikel 14
Leitlinien

(1) In Abstimmung mit dem Europäischen Auswärtigen Dienst und der OECD arbeitet die Kommission unverbindliche Leitlinien in Form eines Handbuchs für Wirtschaftsbeteiligte aus, um diesen, und insbesondere KMU, Klarheit und Sicherheit zu verschaffen und für Kohärenz zwischen den Verfahren der Wirtschaftsbeteiligten zu sorgen, wobei sie in dem Handbuch erläutert, wie die Kriterien für die Ermittlung von Konflikt- und Hochrisikogebieten am besten angewendet werden. In diesem Handbuch wird auf die Definition des Begriffs „Konflikt- und Hochrisikogebiete"

in Artikel 2 Buchstabe f dieser Verordnung abgestellt und den einschlägigen OECD-Leitsätzen für die Erfüllung der Sorgfaltspflicht auf diesem Gebiet, einschließlich anderer Risiken in der Lieferkette, die zur Auslösung von Warnungen führen, und in den einschlägigen Anhängen dieser Leitsätze aufgeführt sind, Rechnung getragen.

(2) Die Kommission greift auf externes Fachwissen zurück, um eine zur Orientierung dienende, keinen Anspruch auf Vollständigkeit erhebende und regelmäßig aktualisierte Liste von Konflikt- und Hochrisikogebieten zu erstellen. Diese Liste baut auf Analysen des in Absatz 1 genannten Handbuchs seitens der externen Sachverständigen und auf vorhandenen Informationen unter anderem aus der Wissenschaft und aus Systemen zur Erfüllung der Sorgfaltspflicht in der Lieferkette auf. Auch Unionseinführer, deren Beschaffungsquellen in Gebieten liegen, die nicht in dieser Liste aufgeführt sind, sind weiterhin dafür verantwortlich, die Pflichten zur Erfüllung der Sorgfaltspflichten gemäß dieser Verordnung einzuhalten.

Artikel 15
Ausschussverfahren

(1) Die Kommission wird von einem Ausschuss unterstützt. Dieser Ausschuss ist ein Ausschuss im Sinne der Verordnung (EU) Nr. 182/2011.

(2) Wird auf diesen Absatz Bezug genommen, gilt Artikel 4 der Verordnung (EU) Nr. 182/2011.

Wird die Stellungnahme des Ausschusses im schriftlichen Verfahren eingeholt, wird das Verfahren ohne Ergebnis abgeschlossen, wenn dies innerhalb der Frist für die Abgabe der Stellungnahme vom Vorsitz beschlossen oder von einer einfachen Mehrheit der Ausschussmitglieder verlangt wird.

Artikel 16
Regeln über Verstöße

(1) Die Mitgliedstaaten legen die Regeln über Verstöße gegen diese Verordnung fest.

(2) Die Mitgliedstaaten teilen der Kommission die Regeln nach Absatz 1 mit und melden ihr diesbezügliche spätere Änderungen unverzüglich.

(3) Bei einem Verstoß gegen diese Verordnung teilen die zuständigen Mitgliedstaatsbehörden dem Unionseinführer die zu ergreifenden Abhilfemaßnahmen mit.

Artikel 17
Berichterstattung und Überprüfung

(1) Bis zum 30. Juni jeden Jahres übermitteln die Mitgliedstaaten der Kommission einen Bericht über die Anwendung dieser Verordnung und insbesondere über Mitteilungen bezüglich Abhilfemaßnahmen, die von ihren zuständigen Behörden gemäß Artikel 16 Absatz 3 herausgegeben werden, sowie über die Berichte über Prüfungen durch Dritte, die gemäß Artikel 7 Absatz 1 zur Verfügung gestellt wurden.

(2) Bis zum 1. Januar 2023 und danach alle drei Jahre überprüft die Kommission das Funktionieren und die Wirksamkeit dieser Verordnung. Diese Überprüfung erstreckt sich unter anderem auf die Auswirkungen dieser Verordnung vor Ort, auch in Bezug auf die Förderung und die Kosten der verantwortungsvollen Beschaffung von in ihren Geltungsbereich fallenden Mineralen aus Konflikt- und Hochrisikogebieten,

auf die Auswirkungen dieser Verordnung auf die Wirtschaftsbeteiligten der Union, einschließlich KMU, sowie auf die in der Gemeinsamen Mitteilung vom 5. März 2014 dargelegten begleitenden Maßnahmen. Die Kommission erörtert den Überprüfungsbericht mit dem Europäischen Parlament und mit dem Rat. Der Bericht schließt eine unabhängige Bewertung des Anteils der gesamten nachgelagerten Wirtschaftsbeteiligten der Union ein, in deren Lieferkette sich Zinn, Tantal, Wolfram oder Gold finden und die Systeme zur Erfüllung der Sorgfaltspflicht eingeführt haben. In dem Bericht werden die Angemessenheit und die Umsetzung dieser Systeme zur Erfüllung der Sorgfaltspflicht, die Auswirkungen des Unionssystems vor Ort und der Bedarf an zusätzlichen verbindlichen Maßnahmen zur Sicherstellung einer hinreichenden Hebelwirkung des gesamten Marktes der Union auf die verantwortungsvolle weltweite Lieferkette für Minerale bewertet.

(3) Auf der Grundlage der Ergebnisse der Überprüfung gemäß Absatz 2 bewertet die Kommission, ob die zuständigen Behörden der Mitgliedstaaten die Befugnis erhalten sollten, Strafen gegen Unionseinführer wegen anhaltender Nichteinhaltung der in dieser Verordnung festgelegten Pflichten zu verhängen. Gegebenenfalls kann sie dem Europäischen Parlament und dem Rat einen diesbezüglichen Gesetzgebungsvorschlag vorlegen.

Artikel 18
Methoden zur Berechnung der Schwellen

Falls in dieser Verordnung nichts anderes bestimmt ist, wählt die Kommission auf der Grundlage der Zollinformationen zu den jährlichen Einfuhrmengen, die der Kommission auf Ersuchen von den Mitgliedstaaten, aufgeschlüsselt nach Unionseinführern und nach den in Anhang I aufgeführten Codes der Kombinierten Nomenklatur, für ihre jeweiligen Hoheitsgebiete zur Verfügung gestellt werden, die größte jährliche Einfuhrmenge pro Unionseinführer und pro Code der Kombinierten Nomenklatur, die mindestens 95 % der gesamten jährlichen Menge der Einfuhren in die Union für den jeweiligen Code der Kombinierten Nomenklatur entspricht, als neue, in Anhang I aufzunehmende Schwelle. Dabei stützt sich die Kommission auf die von den Mitgliedstaaten für die zwei vorhergegangenen Jahre zur Verfügung gestellten Informationen über die Einfuhren pro Unionseinführer.

Artikel 19
Ausübung der Befugnisübertragung

(1) Die Befugnis zum Erlass delegierter Rechtsakte wird der Kommission unter den in diesem Artikel festgelegten Bedingungen übertragen.

(2) Die Befugnis zum Erlass delegierter Rechtsakte gemäß Artikel 1 Absätze 4 und 5 und Artikel 8 Absatz 2 wird der Kommission für einen Zeitraum von fünf Jahren ab dem 8. Juni 2017 übertragen. Die Kommission erstellt spätestens neun Monate vor Ablauf des Zeitraums von fünf Jahren einen Bericht über die Befugnisübertragung. Die Befugnisübertragung gemäß Artikel 1 Absatz 5 und Artikel 8 Absatz 2 verlängert sich stillschweigend um Zeiträume gleicher Länge, es sei denn, das Europäische Parlament oder der Rat widersprechen einer solchen Verlängerung spätestens drei Monate vor Ablauf des jeweiligen Zeitraums.

(3) Die Befugnisübertragung gemäß Artikel 1 Absätze 4 und 5 und Artikel 8 Absatz 2 kann vom Europäischen Parlament oder vom Rat jederzeit widerrufen werden. Der Beschluss über den Widerruf beendet die Übertragung der in diesem Beschluss an-

gegebenen Befugnis. Er wird am Tag nach seiner Veröffentlichung im *Amtsblatt der Europäischen Union* oder zu einem im Beschluss über den Widerruf angegebenen späteren Zeitpunkt wirksam. Die Gültigkeit von delegierten Rechtsakten, die bereits in Kraft sind, wird von dem Beschluss über den Widerruf nicht berührt.

(4) Vor dem Erlass eines delegierten Rechtsakts konsultiert die Kommission die von den einzelnen Mitgliedstaaten benannten Sachverständigen, im Einklang mit den in der Interinstitutionellen Vereinbarung vom 13. April 2016 über bessere Rechtsetzung enthaltenen Grundsätzen.

(5) Sobald die Kommission einen delegierten Rechtsakt erlässt, übermittelt sie ihn gleichzeitig dem Europäischen Parlament und dem Rat.

(6) Ein delegierter Rechtsakt, der gemäß Artikel 1 Absätze 4 und 5 und Artikel 8 Absatz 2 erlassen wurde, tritt nur in Kraft, wenn weder das Europäische Parlament noch der Rat innerhalb einer Frist von zwei Monaten nach Übermittlung dieses Rechtsakts an das Europäische Parlament und an den Rat Einwände erhoben haben oder wenn vor Ablauf dieser Frist das Europäische Parlament und der Rat beide der Kommission mitgeteilt haben, dass sie keine Einwände erheben werden. Auf Initiative des Europäischen Parlaments oder des Rates wird diese Frist um zwei Monate verlängert.

Artikel 20
Inkrafttreten und Geltungsbeginn

(1) Diese Verordnung tritt am zwanzigsten Tag nach ihrer Veröffentlichung im *Amtsblatt der Europäischen Union* in Kraft.

(2) Mit Ausnahme der in Absatz 3 genannten Bestimmungen gilt diese Verordnung ab dem 9. Juli 2017.

(3) Artikel 1 Absatz 5, Artikel 3 Absätze 1 und 2, Artikel 4 bis 7, Artikel 8 Absätze 6 und 7, Artikel 10 Absatz 3, Artikel 11 Absätze 1 bis 4, Artikel 12 und 13, Artikel 16 Absatz 3 und Artikel 17 gelten ab dem 1. Januar 2021.

Diese Verordnung ist in allen ihren Teilen verbindlich und gilt unmittelbar in jedem Mitgliedstaat.

Geschehen zu Straßburg am 17. Mai 2017.

Im Namen des Europäischen Parlaments

Der Präsident

A. TAJANI

Im Namen des Rates

Der Präsident

C. ABELA

---

(1) Standpunkt des Europäischen Parlamentes vom 16. März 2017 (noch nicht im Amtsblatt veröffentlicht) und Beschluss des Rates vom 3. April 2017.

(2) OECD Guidelines for Multinational Enterprises, OECD, Ausgabe 2011.

(3) Guiding Principles on Business and Human Rights: Implementing the United Nations „Protect, Respect and Remedy" Framework, vom Menschenrechtsrat der Vereinten Nationen in seiner Resolution 17/4 vom 6. Juli 2011 (A/HRC/RES/17/4) gebilligt.

(4) Verordnung (EU) Nr. 1287/2013 des Europäischen Parlaments und des Rates vom 11. Dezember 2013 über ein Programm für die Wettbewerbsfähigkeit von Unternehmen und für kleine und mittlere Unter-

nehmen (COSME) (2014-2020) und zur Aufhebung des Beschlusses Nr. 1639/2006/EG (ABl. L 347 vom 20.12.2013, S. 33).

([5]) ABl. L 123 vom 12.5.2016, S. 1.

([6]) Verordnung (EU) Nr. 182/2011 des Europäischen Parlaments und des Rates vom 16. Februar 2011 zur Festlegung der allgemeinen Regeln und Grundsätze, nach denen die Mitgliedstaaten die Wahrnehmung der Durchführungsbefugnisse durch die Kommission kontrollieren (ABl. L 55 vom 28.2.2011, S. 13).

([7]) Verordnung (EU) Nr. 952/2013 des Europäischen Parlaments und des Rates vom 9. Oktober 2013 zur Festlegung des Zollkodex der Union (ABl. L 269 vom 10.10.2013, S. 1).

([8]) Delegierte Verordnung (EU) 2015/2446 der Kommission vom 28. Juli 2015 zur Ergänzung der Verordnung (EU) Nr. 952/2013 des Europäischen Parlaments und des Rates mit Einzelheiten zur Präzisierung von Bestimmungen des Zollkodex der Union (ABl. L 343 vom 29.12.2015, S. 1).

([9]) Richtlinie 95/46/EG des Europäischen Parlaments und des Rates vom 24. Oktober 1995 zum Schutz natürlicher Personen bei der Verarbeitung personenbezogener Daten und zum freien Datenverkehr (ABl. L 281 vom 23.11.1995, S. 31).

([10]) Verordnung (EG) Nr. 45/2001 des Europäischen Parlaments und des Rates vom 18. Dezember 2000 zum Schutz natürlicher Personen bei der Verarbeitung personenbezogener Daten durch die Organe und Einrichtungen der Gemeinschaft und zum freien Datenverkehr (ABl. L 8 vom 12.1.2001, S. 1).

ANHANG I

Liste der unter Verordnung (EU) 2017/821 fallenden Minerale und Metalle nach ihrer Einreihung in der Kombinierten Nomenklatur

Teil A: Minerale

Bezeichnung	**KN-Code**	**TARIC-Unterteilung**	**Mengenschwelle (kg)**
Zinnerze und ihre Konzentrate	2609 00 00		5 000
Wolframerze und ihre Konzentrate	2611 00 00		250 000
Tantalerze oder Nioberze und ihre Konzentrate	ex 2615 90 00	10	es gelten Artikel 1 Absatz 4 und Artikel 18
Golderze und ihre Konzentrate	ex 2616 90 00	10	es gelten Artikel 1 Absatz 4 und Artikel 18
Gold, in Rohform oder als Halbzeug oder Pulver mit einer Goldkonzentration von unter 99,5 %, das die Veredelungsstufe nicht durchlaufen hat	ex 7108 ([*1])		100

Teil B: Metalle

Bezeichnung	**KN-Code**	**TARIC-Unterteilung**	**Mengenschwelle (kg)**
Wolframoxide und -hydroxide	2825 90 40		100 000
Zinnoxide und -hydroxide	ex 2825 90 85	10	es gelten Artikel 1 Absatz 4 und Artikel 18

Bezeichnung	**KN-Code**	**TARIC-Unterteilung**	**Mengenschwelle (kg)**
Zinnchloride	2827 39 10		10 000
Wolframate	2841 80 00		100 000
Tantalate	ex 2841 90 85	30	es gelten Artikel 1 Absatz 4 und Artikel 18
Carbide des Wolframs	2849 90 30		10 000
Carbide des Tantals	ex 2849 90 50	10	es gelten Artikel 1 Absatz 4 und Artikel 18
Gold, unbearbeitet, als Halbzeug oder in Pulverform mit einer Goldkonzentration von 99,5 % oder höher, das die Veredelungsstufe durchlaufen hat	ex 7108 (*2)		100
Ferrowolfram und Ferrosiliciumwolfram	7202 80 00		25 000
Zinn, in Rohform	8001		100 000
Stangen (Stäbe), Profile und Draht, aus Zinn	8003 00 00		1 400
Andere Waren aus Zinn	8007 00		2 100
Pulver aus Wolfram	8101 10 00		2 500
Wolfram in Rohform, einschließlich nur gesinterte Stangen (Stäbe)	8101 94 00		500
Draht aus Wolfram	8101 96 00		250
Stangen (Stäbe), ausgenommen nur gesinterte, Profile, Bleche, Bänder und Folien sowie andere aus Wolfram	8101 99		350
Tantal in Rohform, einschließlich nur gesinterte Stangen (Stäbe); Pulver	8103 20 00		2 500
Stangen (Stäbe), ausgenommen nur gesinterte, Profile, Draht, Bleche, Bänder und Folien sowie andere aus Tantal	8103 90		150

(*1) Zur Änderung dieser Schwelle wird die eingeführte Menge, die man durch die Anwendung der Methode und der Kriterien gemäß Artikel 18 erhält, als Schwelle für beide ex 7108 Zolllinien in Anhang I festgesetzt.

(*2) Zur Änderung dieser Schwelle wird die eingeführte Menge, die man durch die Anwendung der Methode und der Kriterien gemäß Artikel 18 erhält, als Schwelle für beide ex 7108 Zolllinien in Anhang I festgesetzt.

[…]